2025

法律法规全书系列

中华人民共和国劳动和社会保障法律法规全书

（含规章及法律解释）

中国法治出版社
CHINA LEGAL PUBLISHING HOUSE

出版说明

随着中国特色社会主义法律体系的建成，中国的立法进入了"修法时代"。在这一时期，为了使法律体系进一步保持内部的科学、和谐、统一，会频繁出现对法律各层级文件的适时清理。目前，清理工作已经全面展开且取得了阶段性的成果，但这一清理过程在未来几年仍将持续。这对于读者如何了解最新法律修改信息、如何准确适用法律带来了使用上的不便。基于这一考虑，我们精心编辑出版了本书，一方面重在向读者展示我国立法的成果与现状，另一方面旨在帮助读者在法律文件修改频率较高的时代准确适用法律。

本书独具以下四重价值：

1. **文本权威，内容全面**。本书涵盖劳动和社会保障领域相关的常用法律、行政法规、国务院文件、部门规章、规范性文件、司法解释，及最高人民法院公布的典型案例、示范文本，独家梳理和收录人大代表建议的重要答复；书中收录文件均为经过清理修改的现行有效文本，方便读者及时掌握最新法律文件。

2. **查找方便，附录实用**。全书法律文件按照紧密程度排列，方便读者对某一类问题的集中查找；重点法律附加条旨，指引读者快速找到目标条文；附录相关典型案例、文书范本，其中案例具有指引"同案同判"的作用。同时，本书采用可平摊使用的独特开本，避免因书籍太厚难以摊开使用的弊端。

3. **免费增补，动态更新**。为保持本书与新法的同步更新，避免读者因部分法律的修改而反复购买同类图书，我们为读者专门设置了以下服务：（1）扫码添加书后"法规编辑部"公众号→点击菜单栏→进入资料下载栏→选择法律法规全书资料项→点击网址或扫码下载，即可获取本书下次改版修订内容的电子版文件；（2）通过"法规编辑部"公众号，及时了解最新立法信息，并可线上留言，编辑团队会就图书相关疑问动态解答。

4. **目录赠送，配套使用**。赠送本书目录的电子版，与纸书配套，立体化、电子化使用，便于检索、快速定位；同时实现将本书装进电脑，随时随地查。

修 订 说 明

本次再版，对本书作出如下改进：一是根据近年国家立法的变化，更新了相应的文件，如最新修改的《全国年节及纪念日放假办法》《煤矿安全生产条例》《职业病分类和目录》《失业保险金申领发放办法》等。同时，最新出台的《全国人民代表大会常务委员会关于实施渐进式延迟法定退休年龄的决定》《国有企业管理人员处分条例》《新就业形态劳动者休息和劳动报酬权益保障指引》《新就业形态劳动者劳动规则公示指引》《新就业形态劳动者权益维护服务指南》《生产安全事故罚款处罚规定》《企业职工基本养老保险病残津贴暂行办法》等文件也均予以收录，保证了本书的时效性。二是适当删除了一些已失去普遍指导作用的文件。三是增加了一些最高人民法院发布的典型案例，如最高人民法院发布的六起劳动争议典型案例。四是选录了人力资源社会保障部对人大代表建议的重要答复。

总 目 录

一、劳动篇 …………………………………… (1)
  1. 综合 ……………………………………… (1)
  2. 就业 ……………………………………… (62)
    (1) 综合 …………………………………… (62)
    (2) 就业服务与管理 ……………………… (80)
    (3) 职业培训与考核 ……………………… (103)
    (4) 残疾人就业 …………………………… (109)
    (5) 涉外就业 ……………………………… (116)
  3. 劳动合同 ………………………………… (129)
    (1) 综合 …………………………………… (129)
    (2) 劳动合同的签订与履行 ……………… (145)
    (3) 劳动关系的确立与处理 ……………… (146)
    (4) 集体合同、非全日制用工 …………… (147)
    (5) 劳动合同的解除与终止 ……………… (152)
  4. 劳动报酬 ………………………………… (182)
  5. 工时与休假 ……………………………… (222)
  6. 劳动安全 ………………………………… (228)
    (1) 综合 …………………………………… (228)
    (2) 劳动防护用品 ………………………… (284)
    (3) 职业健康管理 ………………………… (286)
    (4) 事故处理 ……………………………… (298)
  7. 女职工和未成年工特殊保护 …………… (318)
  8. 劳动争议处理 …………………………… (323)

二、人事篇 …………………………………… (368)
  1. 综合 ……………………………………… (368)
  2. 公务员管理 ……………………………… (406)
  3. 事业单位 ………………………………… (419)
  4. 专业技术人员管理 ……………………… (449)

三、社会保障篇 ……………………………… (463)
  1. 综合 ……………………………………… (463)
  2. 养老保险 ………………………………… (517)
  3. 医疗保险 ………………………………… (566)
  4. 工伤保险 ………………………………… (577)
    (1) 综合 …………………………………… (577)
    (2) 职业病鉴定 …………………………… (600)
    (3) 劳动能力鉴定 ………………………… (608)
    (4) 工伤待遇 ……………………………… (658)
  5. 失业保险 ………………………………… (674)
  6. 生育保险 ………………………………… (678)

四、人大代表建议的答复 …………………… (683)
  1. 就业创业 ………………………………… (683)
  2. 劳动关系 ………………………………… (688)
  3. 专业技术人员管理 ……………………… (690)
  4. 社会保险 ………………………………… (691)

目 录*

一、劳动篇

1. 综合

中华人民共和国劳动法 ……………………（1）
　　（2018 年 12 月 29 日）
中华人民共和国工会法 ……………………（7）
　　（2021 年 12 月 24 日）
中华人民共和国刑法（节录）………………（11）
　　（2023 年 12 月 29 日）
中华人民共和国个人所得税法 ……………（12）
　　（2018 年 8 月 31 日）
中华人民共和国外商投资法（节录）………（15）
　　（2019 年 3 月 15 日）
中华人民共和国个人独资企业法（节录）……（15）
　　（1999 年 8 月 30 日）
中华人民共和国公司法（节录）……………（15）
　　（2023 年 12 月 29 日）
中华人民共和国企业破产法（节录）………（17）
　　（2006 年 8 月 27 日）
全国人民代表大会常务委员会关于实施渐进
　　式延迟法定退休年龄的决定 ……………（18）
　　（2024 年 9 月 13 日）
劳动保障监察条例 …………………………（35）
　　（2004 年 11 月 1 日）
关于实施《劳动保障监察条例》若干规定 ……（38）
　　（2022 年 1 月 7 日）
劳动监察员管理办法 ………………………（41）
　　（2010 年 11 月 12 日）
跨地区劳动保障监察案件协查办法 ………（42）
　　（2010 年 12 月 22 日）
关于贯彻执行《中华人民共和国劳动法》若干
　　问题的意见 ……………………………（43）
　　（1995 年 8 月 4 日）

企业劳动保障守法诚信等级评价办法 ……（50）
　　（2016 年 7 月 25 日）
重大劳动保障违法行为社会公布办法 ……（51）
　　（2016 年 9 月 1 日）
劳动行政处罚听证程序规定 ………………（52）
　　（2022 年 1 月 7 日）
关于开展区域性行业性集体协商工作的意见 ……（53）
　　（2006 年 8 月 17 日）
中国工会章程 ………………………………（55）
　　（2023 年 10 月 12 日）
最高人民法院关于在民事审判工作中适用《中
　　华人民共和国工会法》若干问题的解释 ……（61）
　　（2020 年 12 月 29 日）

2. 就业

（1）综合

中华人民共和国就业促进法 ………………（62）
　　（2015 年 4 月 24 日）
国务院办公厅关于进一步支持大学生创新创
　　业的指导意见 …………………………（65）
　　（2021 年 9 月 22 日）
就业补助资金管理办法 ……………………（68）
　　（2017 年 10 月 13 日）
财政部、人力资源社会保障部、中国人民银行
　　关于进一步做好创业担保贷款财政贴息工作
　　的通知 …………………………………（72）
　　（2018 年 3 月 27 日）
关于维护新就业形态劳动者劳动保障权益的
　　指导意见 ………………………………（74）
　　（2021 年 7 月 16 日）

---

* 编者按：本目录中的时间为法律文件的公布时间或最后一次修正、修订公布时间。

新就业形态劳动者休息和劳动报酬权益保障
　　指引 ………………………………………（75）
　　　（2023年11月8日）
新就业形态劳动者劳动规则公示指引 ………（76）
　　　（2023年11月8日）
新就业形态劳动者权益维护服务指南 ………（77）
　　　（2023年11月8日）
人力资源和社会保障部、教育部、卫生部关于
　　进一步规范入学和就业体检项目维护乙肝表
　　面抗原携带者入学和就业权利的通知 ……（78）
　　　（2010年2月10日）
人力资源社会保障部关于香港澳门台湾居民在
　　内地（大陆）就业有关事项的通知 …………（80）
　　　（2018年8月23日）
（2）就业服务与管理
人力资源市场暂行条例 ………………………（80）
　　　（2018年6月29日）
网络招聘服务管理规定 ………………………（83）
　　　（2020年12月18日）
就业服务与就业管理规定 ……………………（86）
　　　（2022年1月7日）
人才市场管理规定 ……………………………（92）
　　　（2019年12月31日）
人力资源服务机构管理规定 …………………（94）
　　　（2023年6月29日）
外商投资人才中介机构管理暂行规定 ………（99）
　　　（2019年12月31日）
外商投资职业介绍机构设立管理暂行规定 …（101）
　　　（2019年12月31日）
人力资源社会保障部办公厅关于做好共享用工
　　指导和服务的通知 ………………………（101）
　　　（2020年9月30日）
（3）职业培训与考核
关于全面推行中国特色企业新型学徒制 加强
　　技能人才培养的指导意见 ………………（103）
　　　（2021年6月8日）
中外合作职业技能培训办学管理办法 ………（104）
　　　（2015年4月30日）
（4）残疾人就业
残疾人就业条例 ………………………………（109）
　　　（2007年2月25日）

财政部、国家税务总局关于促进残疾人就业增
　　值税优惠政策的通知 ……………………（111）
　　　（2016年5月5日）
促进残疾人就业增值税优惠政策管理办法 …（112）
　　　（2018年6月15日）
残疾人就业保障金征收使用管理办法 ………（113）
　　　（2015年9月9日）
财政部、民政部、中国残疾人联合会关于促进
　　残疾人就业政府采购政策的通知 ………（115）
　　　（2017年8月22日）
（5）涉外就业
对外劳务合作管理条例 ………………………（116）
　　　（2012年6月4日）
外国人在中国就业管理规定 …………………（120）
　　　（2017年3月13日）
境外就业中介管理规定 ………………………（123）
　　　（2002年5月14日）
人力资源社会保障部、外交部、教育部关于允
　　许优秀外籍高校毕业生在华就业有关事项的
　　通知 ………………………………………（125）
　　　（2017年1月6日）
外国人入境完成短期工作任务的相关办理程序
　　（试行） …………………………………（126）
　　　（2014年11月6日）
·指导案例·
闫佳琳诉浙江喜来登度假村有限公司平等就
　　业权纠纷案 ………………………………（128）

3. 劳动合同
（1）综合
中华人民共和国劳动合同法 …………………（129）
　　　（2012年12月28日）
中华人民共和国劳动合同法实施条例 ………（137）
　　　（2008年9月18日）
劳务派遣暂行规定 ……………………………（140）
　　　（2014年1月24日）
劳务派遣行政许可实施办法 …………………（142）
　　　（2013年6月20日）
（2）劳动合同的签订与履行
电子劳动合同订立指引 ………………………（145）
　　　（2021年7月1日）

·请示答复·
人力资源社会保障部办公厅关于订立电子劳动
　　合同有关问题的函 …………………………（146）
　　（2020年3月4日）
（3）劳动关系的确立与处理
劳动和社会保障部关于确立劳动关系有关事项
　　的通知 ………………………………………（146）
　　（2005年5月25日）
·请示答复·
劳动部办公厅关于职工应征入伍后与企业劳动
　　关系的复函 …………………………………（147）
　　（1997年5月30日）
（4）集体合同、非全日制用工
集体合同规定 ……………………………………（147）
　　（2004年1月20日）
劳动和社会保障部关于非全日制用工若干问题
　　的意见 ………………………………………（151）
　　（2003年5月30日）
（5）劳动合同的解除与终止
企业经济性裁减人员规定 ………………………（152）
　　（1994年11月14日）
违反《劳动法》有关劳动合同规定的赔偿办法 …（152）
　　（1995年5月10日）
·指导案例·
1. 中兴通讯（杭州）有限责任公司诉王鹏劳
　　动合同纠纷案 ………………………………（153）
2. 聂美兰诉北京林氏兄弟文化有限公司确认
　　劳动关系案 …………………………………（154）
3. 房玥诉中美联泰大都会人寿保险有限公司
　　劳动合同纠纷案 ……………………………（155）
4. 马筱楠诉北京搜狐新动力信息技术有限公
　　司竞业限制纠纷案 …………………………（156）
·典型案例·
1. 上海安盛物业有限公司诉王文正劳动合同
　　纠纷案 ………………………………………（157）
2. 吴继威诉南京博峰电动工具有限公司劳动
　　合同纠纷案 …………………………………（160）
3. 李林霞诉重庆漫咖文化传播有限公司劳动
　　合同纠纷案 …………………………………（161）
4. 刘丹萍与南京仁创物资有限公司劳动争议
　　纠纷案 ………………………………………（163）

5. 王云飞诉施耐德电气（中国）投资有限公
　　司上海分公司劳动争议纠纷案 ……………（165）
6. 梁介树诉南京乐府餐饮管理有限公司劳动
　　争议案 ………………………………………（167）
·文书范本·
1. 劳动合同（通用）………………………………（169）
2. 劳动合同（劳务派遣）…………………………（173）
3. 竞业限制合同 …………………………………（177）
4. 集体劳动合同 …………………………………（178）
5. 非全日制用工简易劳动合同（参考文本）……（180）
4. **劳动报酬**
保障农民工工资支付条例 ………………………（182）
　　（2019年12月30日）
关于工资总额组成的规定 ………………………（187）
　　（1990年1月1日）
工资支付暂行规定 ………………………………（188）
　　（1994年12月6日）
对《工资支付暂行规定》有关问题的补充规定 …（189）
　　（1995年5月12日）
最低工资规定 ……………………………………（190）
　　（2004年1月20日）
工资集体协商试行办法 …………………………（192）
　　（2000年11月8日）
劳动和社会保障部关于职工全年月平均工作时
　　间和工资折算问题的通知 …………………（193）
　　（2008年1月3日）
全民所有制机关、事业单位职工人数和工资总
　　额计划管理暂行办法 ………………………（194）
　　（1990年8月14日）
城镇集体所有制企业工资同经济效益挂钩办法…（195）
　　（1991年10月5日）
国有企业工资总额同经济效益挂钩规定 ………（198）
　　（1993年7月9日）
国有企业工资内外收入监督管理规定 …………（199）
　　（2022年8月30日）
人力资源社会保障部、财政部关于做好国有
　　企业津贴补贴和福利管理工作的通知 ……（202）
　　（2023年2月16日）
国有企业科技人才薪酬分配指引 ………………（204）
　　（2022年11月9日）
技能人才薪酬分配指引 …………………………（208）
　　（2021年1月26日）

拖欠农民工工资"黑名单"管理暂行办法 …… (213)
　　(2017年9月25日)
拖欠农民工工资失信联合惩戒对象名单管理暂
　　行办法 …………………………………… (214)
　　(2021年11月10日)
工程建设领域农民工工资保证金规定 ……… (215)
　　(2021年8月17日)
工程建设领域农民工工资专用账户管理暂行
　　办法 ……………………………………… (218)
　　(2021年7月7日)
・指导案例・
　1. 胡克金拒不支付劳动报酬案 …………… (221)
　2. 彭宇翔诉南京市城市建设开发(集团)有
　　限责任公司追索劳动报酬纠纷案 ……… (221)

5. 工时与休假

国务院关于职工工作时间的规定 …………… (222)
　　(1995年3月25日)
职工带薪年休假条例 ………………………… (223)
　　(2007年12月14日)
全国年节及纪念日放假办法 ………………… (224)
　　(2024年11月10日)
国务院关于职工探亲待遇的规定 …………… (224)
　　(1981年3月14日)
企业职工带薪年休假实施办法 ……………… (225)
　　(2008年9月18日)
机关事业单位工作人员带薪年休假实施办法 … (226)
　　(2008年2月15日)
国家机关、事业单位贯彻《国务院关于职工工
　　作时间的规定》的实施办法 …………… (227)
　　(1995年3月26日)
企业职工患病或非因工负伤医疗期规定 …… (227)
　　(1994年12月1日)
关于企业实行不定时工作制和综合计算工时工
　　作制的审批办法 ………………………… (228)
　　(1994年12月14日)

6. 劳动安全

(1) 综合
中华人民共和国安全生产法 ………………… (228)
　　(2021年6月10日)
中华人民共和国矿山安全法 ………………… (240)
　　(2009年8月27日)
中华人民共和国职业病防治法 ……………… (243)
　　(2018年12月29日)

中华人民共和国矿山安全法实施条例 ……… (251)
　　(1996年10月30日)
煤矿安全生产条例 …………………………… (256)
　　(2024年1月24日)
安全生产许可证条例 ………………………… (264)
　　(2014年7月29日)
使用有毒物品作业场所劳动保护条例 ……… (265)
　　(2024年12月6日)
中华人民共和国尘肺病防治条例 …………… (272)
　　(1987年12月3日)
安全生产事故隐患排查治理暂行规定 ……… (274)
　　(2007年12月28日)
安全生产非法违法行为查处办法 …………… (276)
　　(2011年10月14日)
安全生产严重失信主体名单管理办法 ……… (278)
　　(2023年8月8日)
生产经营单位从业人员安全生产举报处理
　　规定 ……………………………………… (280)
　　(2020年9月16日)
生产经营单位安全培训规定 ………………… (281)
　　(2015年5月29日)
(2) 劳动防护用品
用人单位劳动防护用品管理规范 …………… (284)
　　(2018年1月15日)
(3) 职业健康管理
用人单位职业卫生监督执法工作规范 ……… (286)
　　(2020年8月31日)
职业健康检查管理办法 ……………………… (288)
　　(2019年2月28日)
用人单位职业健康监护监督管理办法 ……… (290)
　　(2012年4月27日)
工作场所职业卫生管理规定 ………………… (293)
　　(2020年12月31日)
(4) 事故处理
生产安全事故报告和调查处理条例 ………… (298)
　　(2007年4月9日)
生产安全事故应急条例 ……………………… (302)
　　(2019年2月17日)
生产安全事故信息报告和处置办法 ………… (305)
　　(2009年6月16日)
生产安全事故应急预案管理办法 …………… (307)
　　(2019年7月11日)

生产安全事故罚款处罚规定 …………… (311)
　　(2024年1月10日)
最高人民法院、最高人民检察院关于办理危
　害生产安全刑事案件适用法律若干问题的
　解释 …………………………………… (314)
　　(2015年12月14日)
最高人民法院、最高人民检察院关于办理危
　害生产安全刑事案件适用法律若干问题的
　解释(二) ……………………………… (316)
　　(2022年12月15日)

7. 女职工和未成年工特殊保护

中华人民共和国未成年人保护法(节录) …… (318)
　　(2024年4月26日)
中华人民共和国妇女权益保障法(节录) …… (318)
　　(2022年10月30日)
禁止使用童工规定 ……………………… (319)
　　(2002年10月1日)
女职工劳动保护特别规定 ……………… (320)
　　(2012年4月28日)
未成年工特殊保护规定 ………………… (322)
　　(1994年12月9日)

8. 劳动争议处理

中华人民共和国劳动争议调解仲裁法 …… (323)
　　(2007年12月29日)
企业劳动争议协商调解规定 …………… (327)
　　(2011年11月30日)
劳动人事争议仲裁组织规则 …………… (329)
　　(2017年5月8日)
劳动人事争议仲裁办案规则 …………… (331)
　　(2017年5月8日)

人力资源社会保障部、中央政法委、最高人民
　法院、工业和信息化部、司法部、财政部、
　中华全国总工会、中华全国工商业联合会、
　中国企业联合会/中国企业家协会关于进一
　步加强劳动人事争议协商调解工作的意见 … (337)
　　(2022年10月13日)
人力资源社会保障部、最高人民法院关于加强劳
　动人事争议仲裁与诉讼衔接机制建设的意见 … (340)
　　(2017年11月8日)
人力资源社会保障部、最高人民法院关于劳动人
　事争议仲裁与诉讼衔接有关问题的意见(一) … (342)
　　(2022年2月21日)
最高人民法院关于审理劳动争议案件适用法律
　问题的解释(一) ……………………… (343)
　　(2020年12月29日)
最高人民法院关于审理拒不支付劳动报酬刑事
　案件适用法律若干问题的解释 ………… (348)
　　(2013年1月16日)
・指导案例・
1. 郑某诉霍尼韦尔自动化控制(中国)有
　限公司劳动合同纠纷案 ……………… (349)
2. 孙贤锋诉淮安西区人力资源开发有限公
　司劳动合同纠纷案 …………………… (350)
・典型案例・
1. 人力资源社会保障部、最高人民法院联
　合发布的第二批劳动人事争议典型案例 … (352)
2. 人力资源社会保障部、最高人民法院联
　合发布的第三批劳动人事争议典型案例 … (358)
3. 最高人民法院发布的六起劳动争议典
　型案例 ………………………………… (364)

二、人事篇

1. 综合

中华人民共和国公务员法 ……………… (368)
　　(2018年12月29日)
中华人民共和国公职人员政务处分法 …… (375)
　　(2020年6月20日)
中华人民共和国退役军人保障法 ………… (381)
　　(2020年11月11日)

国有企业管理人员处分条例 …………… (386)
　　(2024年5月21日)
退役军人安置条例 ……………………… (392)
　　(2024年7月29日)
干部人事档案工作条例 ………………… (399)
　　(2018年10月28日)
流动人员人事档案管理服务规定 ………… (403)
　　(2021年12月29日)

2. 公务员管理

公务员范围规定 ……………………（406）
　　（2020年3月3日）
公务员申诉规定 ……………………（408）
　　（2022年3月19日）
公务员考核规定 ……………………（411）
　　（2020年12月28日）
公务员辞退规定 ……………………（413）
　　（2020年12月28日）
公务员辞去公职规定 ………………（415）
　　（2020年12月28日）
公务员职务任免与职务升降规定（试行）……（417）
　　（2008年2月29日）

3. 事业单位

事业单位人事管理条例 ……………（419）
　　（2014年4月25日）
事业单位人事管理回避规定 ………（421）
　　（2019年9月18日）
事业单位公开招聘人员暂行规定 …（423）
　　（2005年11月16日）
事业单位公开招聘违纪违规行为处理规定 ……（424）
　　（2017年10月9日）
事业单位工作人员处分规定 ………（426）
　　（2023年11月6日）
事业单位工作人员申诉规定 ………（431）
　　（2014年6月27日）
事业单位工作人员申诉案件办理规则 ……（434）
　　（2019年1月18日）
事业单位领导人员管理规定 ………（436）
　　（2022年1月14日）

事业单位工作人员奖励规定 ………（440）
　　（2018年12月18日）
事业单位工作人员考核规定 ………（442）
　　（2023年1月12日）
事业单位岗位设置管理试行办法 …（446）
　　（2006年7月4日）
最高人民法院关于人民法院审理事业单位人事
　争议案件若干问题的规定 ……（448）
　　（2003年8月27日）
最高人民法院关于人事争议申请仲裁的时效期
　间如何计算的批复 ……………（449）
　　（2013年9月12日）

4. 专业技术人员管理

中共中央组织部、中共中央宣传部、中共中央
　统战部等关于高技能人才享受国务院颁发政
　府特殊津贴的意见 ……………（449）
　　（2008年3月10日）
职称评审管理暂行规定 ……………（450）
　　（2019年7月1日）
职称评审监管暂行办法 ……………（453）
　　（2024年7月25日）
专业技术资格评定试行办法 ………（455）
　　（1994年10月31日）
专业技术人员继续教育规定 ………（457）
　　（2015年8月13日）
专业技术人员资格考试违纪违规行为处理规定 ……（459）
　　（2017年2月16日）
人力资源社会保障部办公厅、公安部办公厅、
　市场监管总局办公厅关于加强职业技能评价
　规范管理工作的通知 …………（461）
　　（2024年5月9日）

三、社会保障篇

1. 综合

中华人民共和国社会保险法 ………（463）
　　（2018年12月29日）
全国人民代表大会常务委员会关于《中华人民
　共和国刑法》第二百六十六条的解释 ……（470）
　　（2014年4月24日）

社会保险经办条例 …………………（470）
　　（2023年8月16日）
全国社会保障基金条例 ……………（474）
　　（2016年3月10日）
社会保险费征缴暂行条例 …………（476）
　　（2019年3月24日）

住房公积金管理条例 …………………………（478）
　　（2019年3月24日）
城市居民最低生活保障条例 ……………………（481）
　　（1999年9月28日）
社会救助暂行办法 ………………………………（483）
　　（2019年3月2日）
最低生活保障审核确认办法 ……………………（487）
　　（2021年6月11日）
特困人员认定办法 ………………………………（490）
　　（2021年4月26日）
实施《中华人民共和国社会保险法》若干规定 …（492）
　　（2011年6月29日）
香港澳门台湾居民在内地（大陆）参加社会保
　　险暂行办法 …………………………………（495）
　　（2019年11月29日）
在中国境内就业的外国人参加社会保险暂行
　　办法 …………………………………………（496）
　　（2011年9月6日）
社会保险个人权益记录管理办法 ………………（497）
　　（2011年6月29日）
社会保险基金先行支付暂行办法 ………………（499）
　　（2018年12月14日）
社会保险费征缴监督检查办法 …………………（501）
　　（1999年3月19日）
社会保险稽核办法 ………………………………（503）
　　（2003年2月27日）
社会保险欺诈案件管理办法 ……………………（504）
　　（2016年4月28日）
社会保险领域严重失信人名单管理暂行办法 …（508）
　　（2019年10月28日）
社会保险业务档案管理规定（试行）……………（509）
　　（2009年7月23日）
社会保险基金监督举报工作管理办法 …………（510）
　　（2023年1月17日）
社会保险基金行政监督办法 ……………………（514）
　　（2022年2月9日）
最高人民检察院关于贪污养老、医疗等社会保
　　险基金能否适用《最高人民法院、最高人民
　　检察院关于办理贪污贿赂刑事案件适用法律
　　若干问题的解释》第一条第二款第一项规定
　　的批复 ………………………………………（517）
　　（2017年7月26日）

2．养老保险

国务院关于机关事业单位工作人员养老保险制
　　度改革的决定 ………………………………（517）
　　（2015年1月3日）
国务院关于建立统一的城乡居民基本养老保险
　　制度的意见 …………………………………（519）
　　（2014年2月21日）
国务院办公厅关于推动个人养老金发展的意见……（522）
　　（2022年4月8日）
机关事业单位工作人员基本养老保险经办规程……（523）
　　（2015年3月25日）
机关事业单位基本养老保险关系和职业年金
　　转移接续经办规程（暂行）…………………（531）
　　（2017年1月18日）
个人养老金实施办法 ……………………………（535）
　　（2022年10月26日）
人力资源社会保障部、财政部、国家税务总
　　局、金融监管总局、中国证监会关于全面
　　实施个人养老金制度的通知 ………………（538）
　　（2024年12月10日）
关于个人养老金有关个人所得税政策的公告 …（539）
　　（2022年11月3日）
企业职工基本养老保险病残津贴暂行办法 ……（540）
　　（2024年9月27日）
人力资源社会保障部、财政部、国家税务总局
　　关于大龄领取失业保险金人员参加企业职工
　　基本养老保险有关问题的通知 ……………（541）
　　（2024年10月26日）
人力资源社会保障部、财政部关于2024年调整
　　退休人员基本养老金的通知 ………………（541）
　　（2024年6月13日）
城乡养老保险制度衔接暂行办法 ………………（542）
　　（2014年2月24日）
城乡养老保险制度衔接经办规程（试行）………（543）
　　（2014年2月24日）
企业年金办法 ……………………………………（545）
　　（2017年12月18日）
企业年金基金管理办法 …………………………（547）
　　（2015年4月30日）
企业年金基金管理机构资格认定暂行办法 ……（554）
　　（2015年4月30日）
机关事业单位职业年金办法 ……………………（556）
　　（2015年3月27日）

基本养老保险基金投资管理办法 ……………… (557)
　　（2015年8月17日）
城镇企业职工基本养老保险关系转移接续暂行
　　办法 ………………………………………… (562)
　　（2009年12月28日）
人力资源社会保障部关于城镇企业职工基本养
　　老保险关系转移接续若干问题的通知 …… (563)
　　（2016年11月28日）
人力资源社会保障部办公厅关于职工基本养老
　　保险关系转移接续有关问题的补充通知 … (564)
　　（2019年9月29日）
·请示答复·
人力资源社会保障部办公厅关于养老保险关系跨
　　省转移视同缴费年限计算地有关问题的复函…… (566)
　　（2017年6月26日）

3. 医疗保险

医疗保障基金使用监督管理条例 ……………… (566)
　　（2021年1月15日）
国务院办公厅关于全面推进生育保险和职工
　　基本医疗保险合并实施的意见 …………… (570)
　　（2019年3月6日）
国家医保局、财政部关于建立医疗保障待遇清
　　单制度的意见 ……………………………… (571)
　　（2021年1月19日）
教育部等五部门关于将在内地（大陆）就读的
　　港澳台大学生纳入城镇居民基本医疗保险范
　　围的通知 …………………………………… (574)
　　（2013年10月10日）
流动就业人员基本医疗保障关系转移接续暂行
　　办法 ………………………………………… (575)
　　（2009年12月31日）
关于做好进城落户农民参加基本医疗保险和关
　　系转移接续工作的办法 …………………… (575)
　　（2015年8月27日）

4. 工伤保险

（1）综合
工伤保险条例 …………………………………… (577)
　　（2010年12月20日）
工伤认定办法 …………………………………… (583)
　　（2010年12月31日）
部分行业企业工伤保险费缴纳办法 …………… (584)
　　（2010年12月31日）
工伤保险辅助器具配置管理办法 ……………… (585)
　　（2018年12月14日）
工伤预防费使用管理暂行办法 ………………… (587)
　　（2017年8月17日）
人力资源和社会保障部关于执行《工伤保险条
　　例》若干问题的意见 ……………………… (588)
　　（2013年4月25日）
人力资源社会保障部关于执行《工伤保险条例》
　　若干问题的意见（二） …………………… (589)
　　（2016年3月28日）
人力资源社会保障部、财政部关于调整工伤保
　　险费率政策的通知 ………………………… (590)
　　（2015年7月22日）
人力资源社会保障部、财政部、国家税务总局
　　关于阶段性降低失业保险、工伤保险费率有
　　关问题的通知 ……………………………… (591)
　　（2023年3月29日）
人力资源社会保障部、财政部、国家卫生健康
　　委关于开展工伤保险跨省异地就医直接结算
　　试点工作的通知 …………………………… (592)
　　（2024年1月12日）
最高人民法院关于审理工伤保险行政案件若干
　　问题的规定 ………………………………… (599)
　　（2014年6月18日）

（2）职业病鉴定
职业病诊断与鉴定管理办法 …………………… (600)
　　（2021年1月4日）
职业病分类和目录 ……………………………… (605)
　　（2024年12月11日）
用人单位职业病危害因素定期检测管理规范 … (607)
　　（2015年2月28日）

（3）劳动能力鉴定
劳动能力鉴定　职工工伤与职业病致残等级 … (608)
　　（2014年9月3日）
职工非因工伤残或因病丧失劳动能力程度鉴定
　　标准（试行） ……………………………… (653)
　　（2002年4月5日）
工伤职工劳动能力鉴定管理办法 ……………… (655)
　　（2018年12月14日）

（4）工伤待遇
人力资源社会保障部关于工伤保险待遇调整和
　　确定机制的指导意见 ……………………… (658)
　　（2017年7月28日）

非法用工单位伤亡人员一次性赔偿办法 ………（659）
（2010年12月31日）
因工死亡职工供养亲属范围规定 ………（660）
（2003年9月23日）
· 指导案例 ·
1. 重庆市涪陵志大物业管理有限公司诉重庆市涪陵区人力资源和社会保障局劳动和社会保障行政确认案 ………（661）
2. 王明德诉乐山市人力资源和社会保障局工伤认定案 ………（662）
· 典型案例 ·
1. 安民重、兰自姣诉深圳市水湾远洋渔业有限公司工伤保险待遇纠纷案 ………（663）
2. 伏恒生等诉连云港开发区华源市政园林工程公司工伤待遇赔偿纠纷案 ………（665）
3. 吴江市佳帆纺织有限公司诉周付坤工伤保险待遇纠纷案 ………（667）
4. 张成兵与上海市松江区人力资源和社会保障局工伤认定行政上诉案 ………（668）
5. 孙立兴诉天津新技术产业园区劳动局工伤认定行政案 ………（669）

6. 何培祥诉江苏省新沂市劳动和社会保障局工伤认定行政案 ………（669）
7. 邹政贤诉广东省佛山市禅城区劳动和社会保障局工伤认定行政案 ………（670）
· 文书范本 ·
1. 工伤认定申请表 ………（671）
2. 劳动能力鉴定、确认申请表 ………（673）

5. 失业保险
失业保险条例 ………（674）
（1999年1月22日）
失业保险金申领发放办法 ………（676）
（2024年6月14日）
人力资源社会保障部、财政部、国家税务总局关于延续实施失业保险援企稳岗政策的通知 ………（677）
（2024年4月26日）

6. 生育保险
中华人民共和国人口与计划生育法 ………（678）
（2021年8月20日）
企业职工生育保险试行办法 ………（681）
（1994年12月14日）

四、人大代表建议的答复

1. 就业创业
对十三届全国人大四次会议第2035号建议的答复 ………（683）
——关于关注就业新形态短板的建议
（2021年8月17日）
对十三届全国人大四次会议第3237号建议的答复 ………（684）
——关于推进新职业应用型技术技能人才培养的建议
（2021年7月1日）
对十三届全国人大三次会议第7621号建议的答复 ………（685）
——关于落实乡村振兴战略推动农村牧区人才队伍建设的建议
（2020年11月4日）

对十四届全国人大一次会议第1404号建议的答复 ………（686）
——关于高校毕业女生就业合法权益保障的建议
（2023年8月23日）

2. 劳动关系
对十三届全国人大二次会议第6979号建议的答复 ………（688）
——关于撤销《中华人民共和国劳动合同法实施条例》第二十一条的建议
（2019年7月24日）
人力资源社会保障部对十二届全国人大三次会议第2803号建议的答复 ………（689）
——关于在《劳动合同法实施条例》中增加企业用人权利双向对等条款的建议
（2015年6月25日）

人力资源社会保障部对十三届全国人大二次会议第7385号建议的答复 …………（689）
　　——关于设立"孝亲假"的建议
　　（2019年4月4日）

3. 专业技术人员管理

对十三届全国人大三次会议第2383号建议的答复 ………………………（690）
　　——关于进一步改革我国职称评审管理规定的建议
　　（2020年11月11日）

4. 社会保险

对十三届全国人大三次会议第7736号建议的答复 ………………………（691）
　　——关于在退休审批过程中对有"除名"和"自动离职"两类情形职工原工作年限视同缴费年限的建议
　　（2020年11月19日）
对十三届全国人大三次会议第4296号建议的答复 ………………………（692）
　　——关于对《中华人民共和国社会保险法》有关先行支付条款修订的建议
　　（2020年11月18日）
对十三届全国人大三次会议第4905号建议的答复 ………………………（692）
　　——关于允许大学生、研究生自愿缴费参保的建议
　　（2020年11月9日）
对十三届全国人大三次会议第2467号建议的答复 ………………………（693）
　　——关于完善农民工社保缴纳的建议
　　（2020年11月2日）
对十三届全国人大二次会议第6160号建议的答复 ………………………（694）
　　——关于加快出台企业退休人员继续务工社会保险政策的建议
　　（2019年7月8日）
对十三届全国人大二次会议第6293号建议的答复 ………………………（695）
　　——关于罪犯在服刑期间通过劳动获得相应的报酬用于购买基本养老保险的建议
　　（2019年7月3日）

对十三届全国人大三次会议第1707号建议的答复 ………………………（696）
　　——关于尽快完善我国现行工伤认定法律程序的建议
　　（2020年11月18日）
对十三届全国人大三次会议第8243号建议的答复 ………………………（696）
　　——关于健全完善工伤保险法规政策的建议
　　（2020年11月18日）
对十三届全国人大三次会议第5161号建议的答复 ………………………（697）
　　——关于修改上下班途中交通事故工伤认定的建议
　　（2020年11月2日）
对十三届全国人大三次会议第3781号建议的答复 ………………………（697）
　　——关于将种养殖企业按项目纳入工伤保险参保范围的建议
　　（2020年11月2日）
对十三届全国人大三次会议第4027号建议的答复 ………………………（698）
　　——关于对不依法缴纳工伤保险费及拒不支付劳动者工伤待遇的用人单位追究其刑事责任的建议
　　（2020年11月2日）
对十三届全国人大三次会议第2814号建议的答复 ………………………（699）
　　——关于失业人员领取失业保险金的建议
　　（2020年10月10日）
对十三届全国人大二次会议第1104号建议的答复 ………………………（700）
　　——关于解决缴费未满15年的一级到四级工伤职工无法办理退休手续问题的建议
　　（2019年7月22日）

一、劳动篇

1. 综合

中华人民共和国劳动法

- 1994年7月5日第八届全国人民代表大会常务委员会第八次会议通过
- 根据2009年8月27日第十一届全国人民代表大会常务委员会第十次会议《关于修改部分法律的决定》第一次修正
- 根据2018年12月29日第十三届全国人民代表大会常务委员会第七次会议《关于修改〈中华人民共和国劳动法〉等七部法律的决定》第二次修正

第一章 总 则

第一条 【立法宗旨】* 为了保护劳动者的合法权益,调整劳动关系,建立和维护适应社会主义市场经济的劳动制度,促进经济发展和社会进步,根据宪法,制定本法。

第二条 【适用范围】在中华人民共和国境内的企业、个体经济组织(以下统称用人单位)和与之形成劳动关系的劳动者,适用本法。

国家机关、事业组织、社会团体和与之建立劳动合同关系的劳动者,依照本法执行。

第三条 【劳动者的权利和义务】劳动者享有平等就业和选择职业的权利、取得劳动报酬的权利、休息休假的权利、获得劳动安全卫生保护的权利、接受职业技能培训的权利、享受社会保险和福利的权利、提请劳动争议处理的权利以及法律规定的其他劳动权利。

劳动者应当完成劳动任务,提高职业技能,执行劳动安全卫生规程,遵守劳动纪律和职业道德。

第四条 【用人单位规章制度】用人单位应当依法建立和完善规章制度,保障劳动者享有劳动权利和履行劳动义务。

第五条 【国家发展劳动事业】国家采取各种措施,促进劳动就业,发展职业教育,制定劳动标准,调节社会收入,完善社会保险,协调劳动关系,逐步提高劳动者的生活水平。

第六条 【国家的倡导、鼓励和奖励政策】国家提倡劳动者参加社会义务劳动,开展劳动竞赛和合理化建议活动,鼓励和保护劳动者进行科学研究、技术革新和发明创造,表彰和奖励劳动模范和先进工作者。

第七条 【工会的组织和权利】劳动者有权依法参加和组织工会。

工会代表和维护劳动者的合法权益,依法独立自主地开展活动。

第八条 【劳动者参与民主管理和平等协商】劳动者依照法律规定,通过职工大会、职工代表大会或者其他形式,参与民主管理或者就保护劳动者合法权益与用人单位进行平等协商。

第九条 【劳动行政部门设置】国务院劳动行政部门主管全国劳动工作。

县级以上地方人民政府劳动行政部门主管本行政区域内的劳动工作。

第二章 促进就业

第十条 【国家促进就业政策】国家通过促进经济和社会发展,创造就业条件,扩大就业机会。

国家鼓励企业、事业组织、社会团体在法律、行政法规规定的范围内兴办产业或者拓展经营,增加就业。

国家支持劳动者自愿组织起来就业和从事个体经营实现就业。

第十一条 【地方政府促进就业措施】地方各级人民政府应当采取措施,发展多种类型的职业介绍机构,提供就业服务。

第十二条 【就业平等原则】劳动者就业,不因民族、种族、性别、宗教信仰不同而受歧视。

第十三条 【妇女享有与男子平等的就业权利】妇女享有与男子平等的就业权利。在录用职工时,除国家规定的不适合妇女的工种或者岗位外,不得以性别为由拒绝录用妇女或者提高对妇女的录用标准。

第十四条 【特殊就业群体的就业保护】残疾人、少

---

* 条文主旨为编者所加,下同。

数民族人员、退出现役的军人的就业,法律、法规有特别规定的,从其规定。

第十五条　【使用童工的禁止】禁止用人单位招用未满16周岁的未成年人。

文艺、体育和特种工艺单位招用未满16周岁的未成年人,必须遵守国家有关规定,并保障其接受义务教育的权利。

第三章　劳动合同和集体合同

第十六条　【劳动合同的概念】劳动合同是劳动者与用人单位确立劳动关系、明确双方权利和义务的协议。

建立劳动关系应当订立劳动合同。

第十七条　【订立和变更劳动合同的原则】订立和变更劳动合同,应当遵循平等自愿、协商一致的原则,不得违反法律、行政法规的规定。

劳动合同依法订立即具有法律约束力,当事人必须履行劳动合同规定的义务。

第十八条　【无效劳动合同】下列劳动合同无效:

(一)违反法律、行政法规的劳动合同;

(二)采取欺诈、威胁等手段订立的劳动合同。

无效的劳动合同,从订立的时候起,就没有法律约束力。确认劳动合同部分无效的,如果不影响其余部分的效力,其余部分仍然有效。

劳动合同的无效,由劳动争议仲裁委员会或者人民法院确认。

第十九条　【劳动合同的形式和内容】劳动合同应当以书面形式订立,并具备以下条款:

(一)劳动合同期限;

(二)工作内容;

(三)劳动保护和劳动条件;

(四)劳动报酬;

(五)劳动纪律;

(六)劳动合同终止的条件;

(七)违反劳动合同的责任。

劳动合同除前款规定的必备条款外,当事人可以协商约定其他内容。

第二十条　【劳动合同的期限】劳动合同的期限分为有固定期限、无固定期限和以完成一定的工作为期限。

劳动者在同一用人单位连续工作满10年以上,当事人双方同意续延劳动合同的,如果劳动者提出订立无固定期限的劳动合同,应当订立无固定期限的劳动合同。

第二十一条　【试用期条款】劳动合同可以约定试用期。试用期最长不得超过6个月。

第二十二条　【保守商业秘密之约定】劳动合同当事人可以在劳动合同中约定保守用人单位商业秘密的有关事项。

第二十三条　【劳动合同的终止】劳动合同期满或者当事人约定的劳动合同终止条件出现,劳动合同即行终止。

第二十四条　【劳动合同的合意解除】经劳动合同当事人协商一致,劳动合同可以解除。

第二十五条　【过失性辞退】劳动者有下列情形之一的,用人单位可以解除劳动合同:

(一)在试用期间被证明不符合录用条件的;

(二)严重违反劳动纪律或者用人单位规章制度的;

(三)严重失职,营私舞弊,对用人单位利益造成重大损害的;

(四)被依法追究刑事责任的。

第二十六条　【非过失性辞退】有下列情形之一的,用人单位可以解除劳动合同,但是应当提前30日以书面形式通知劳动者本人:

(一)劳动者患病或者非因工负伤,医疗期满后,不能从事原工作也不能从事由用人单位另行安排的工作的;

(二)劳动者不能胜任工作,经过培训或者调整工作岗位,仍不能胜任工作的;

(三)劳动合同订立时所依据的客观情况发生重大变化,致使原劳动合同无法履行,经当事人协商不能就变更劳动合同达成协议的。

第二十七条　【用人单位经济性裁员】用人单位濒临破产进行法定整顿期间或者生产经营状况发生严重困难,确需裁减人员的,应当提前30日向工会或者全体职工说明情况,听取工会或者职工的意见,经向劳动行政部门报告后,可以裁减人员。

用人单位依据本条规定裁减人员,在6个月内录用人员的,应当优先录用被裁减的人员。

第二十八条　【用人单位解除劳动合同的经济补偿】用人单位依据本法第二十四条、第二十六条、第二十七条的规定解除劳动合同的,应当依照国家有关规定给予经济补偿。

第二十九条　【用人单位不得解除劳动合同的情形】劳动者有下列情形之一的,用人单位不得依据本法第二十六条、第二十七条的规定解除劳动合同:

(一)患职业病或者因工负伤并被确认丧失或者部分丧失劳动能力的;

（二）患病或者负伤，在规定的医疗期内的；
（三）女职工在孕期、产期、哺乳期内的；
（四）法律、行政法规规定的其他情形。

第三十条　【工会对用人单位解除劳动合同的监督权】用人单位解除劳动合同，工会认为不适当的，有权提出意见。如果用人单位违反法律、法规或者劳动合同，工会有权要求重新处理；劳动者申请仲裁或者提起诉讼的，工会应当依法给予支持和帮助。

第三十一条　【劳动者单方解除劳动合同】劳动者解除劳动合同，应当提前30日以书面形式通知用人单位。

第三十二条　【劳动者无条件解除劳动合同的情形】有下列情形之一的，劳动者可以随时通知用人单位解除劳动合同：
（一）在试用期内的；
（二）用人单位以暴力、威胁或者非法限制人身自由的手段强迫劳动的；
（三）用人单位未按照劳动合同约定支付劳动报酬或者提供劳动条件的。

第三十三条　【集体合同的内容和签订程序】企业职工一方与企业可以就劳动报酬、工作时间、休息休假、劳动安全卫生、保险福利等事项，签订集体合同。集体合同草案应当提交职工代表大会或者全体职工讨论通过。

集体合同由工会代表职工与企业签订；没有建立工会的企业，由职工推举的代表与企业签订。

第三十四条　【集体合同的审查】集体合同签订后应当报送劳动行政部门；劳动行政部门自收到集体合同文本之日起15日内未提出异议的，集体合同即行生效。

第三十五条　【集体合同的效力】依法签订的集体合同对企业和企业全体职工具有约束力。职工个人与企业订立的劳动合同中劳动条件和劳动报酬等标准不得低于集体合同的规定。

第四章　工作时间和休息休假

第三十六条　【标准工作时间】国家实行劳动者每日工作时间不超过8小时、平均每周工作时间不超过44小时的工时制度。

第三十七条　【计件工作时间】对实行计件工作的劳动者，用人单位应当根据本法第三十六条规定的工时制度合理确定其劳动定额和计件报酬标准。

第三十八条　【劳动者的周休日】用人单位应当保证劳动者每周至少休息1日。

第三十九条　【其他工时制度】企业因生产特点不能实行本法第三十六条、第三十八条规定的，经劳动行政部门批准，可以实行其他工作和休息办法。

第四十条　【法定休假节日】用人单位在下列节日期间应当依法安排劳动者休假：
（一）元旦；
（二）春节；
（三）国际劳动节；
（四）国庆节；
（五）法律、法规规定的其他休假节日。

第四十一条　【延长工作时间】用人单位由于生产经营需要，经与工会和劳动者协商后可以延长工作时间，一般每日不得超过1小时；因特殊原因需要延长工作时间的，在保障劳动者身体健康的条件下延长工作时间每日不得超过3小时，但是每月不得超过36小时。

第四十二条　【特殊情况下的延长工作时间】有下列情形之一的，延长工作时间不受本法第四十一条规定的限制：
（一）发生自然灾害、事故或者因其他原因，威胁劳动者生命健康和财产安全，需要紧急处理的；
（二）生产设备、交通运输线路、公共设施发生故障，影响生产和公众利益，必须及时抢修的；
（三）法律、行政法规规定的其他情形。

第四十三条　【用人单位延长工作时间的禁止】用人单位不得违反本法规定延长劳动者的工作时间。

第四十四条　【延长工作时间的工资支付】有下列情形之一的，用人单位应当按照下列标准支付高于劳动者正常工作时间工资的工资报酬：
（一）安排劳动者延长工作时间的，支付不低于工资的150%的工资报酬；
（二）休息日安排劳动者工作又不能安排补休的，支付不低于工资的200%的工资报酬；
（三）法定休假日安排劳动者工作的，支付不低于工资的300%的工资报酬。

第四十五条　【年休假制度】国家实行带薪年休假制度。

劳动者连续工作1年以上的，享受带薪年休假。具体办法由国务院规定。

第五章　工　资

第四十六条　【工资分配基本原则】工资分配应当遵循按劳分配原则，实行同工同酬。

工资水平在经济发展的基础上逐步提高。国家对工资总量实行宏观调控。

第四十七条　【用人单位自主确定工资分配】用人单位根据本单位的生产经营特点和经济效益，依法自主确定本单位的工资分配方式和工资水平。

第四十八条　【最低工资保障】国家实行最低工资保障制度。最低工资的具体标准由省、自治区、直辖市人民政府规定，报国务院备案。

用人单位支付劳动者的工资不得低于当地最低工资标准。

第四十九条　【确定和调整最低工资标准的因素】确定和调整最低工资标准应当综合参考下列因素：

（一）劳动者本人及平均赡养人口的最低生活费用；

（二）社会平均工资水平；

（三）劳动生产率；

（四）就业状况；

（五）地区之间经济发展水平的差异。

第五十条　【工资支付形式和不得克扣、拖欠工资】工资应当以货币形式按月支付给劳动者本人。不得克扣或者无故拖欠劳动者的工资。

第五十一条　【法定休假日等的工资支付】劳动者在法定休假日和婚丧假期间以及依法参加社会活动期间，用人单位应当依法支付工资。

第六章　劳动安全卫生

第五十二条　【劳动安全卫生制度的建立】用人单位必须建立、健全劳动安全卫生制度，严格执行国家劳动安全卫生规程和标准，对劳动者进行劳动安全卫生教育，防止劳动过程中的事故，减少职业危害。

第五十三条　【劳动安全卫生设施】劳动安全卫生设施必须符合国家规定的标准。

新建、改建、扩建工程的劳动安全卫生设施必须与主体工程同时设计、同时施工、同时投入生产和使用。

第五十四条　【用人单位的劳动保护义务】用人单位必须为劳动者提供符合国家规定的劳动安全卫生条件和必要的劳动防护用品，对从事有职业危害作业的劳动者应当定期进行健康检查。

第五十五条　【特种作业的上岗要求】从事特种作业的劳动者必须经过专门培训并取得特种作业资格。

第五十六条　【劳动者在安全生产中的权利和义务】劳动者在劳动过程中必须严格遵守安全操作规程。

劳动者对用人单位管理人员违章指挥、强令冒险作业，有权拒绝执行；对危害生命安全和身体健康的行为，有权提出批评、检举和控告。

第五十七条　【伤亡事故和职业病的统计、报告、处理】国家建立伤亡事故和职业病统计报告和处理制度。县级以上各级人民政府劳动行政部门、有关部门和用人单位应当依法对劳动者在劳动过程中发生的伤亡事故和劳动者的职业病状况，进行统计、报告和处理。

第七章　女职工和未成年工特殊保护

第五十八条　【女职工和未成年工的特殊劳动保护】国家对女职工和未成年工实行特殊劳动保护。

未成年工是指年满16周岁未满18周岁的劳动者。

第五十九条　【女职工禁忌劳动的范围】禁止安排女职工从事矿山井下、国家规定的第四级体力劳动强度的劳动和其他禁忌从事的劳动。

第六十条　【女职工经期的保护】不得安排女职工在经期从事高处、低温、冷水作业和国家规定的第三级体力劳动强度的劳动。

第六十一条　【女职工孕期的保护】不得安排女职工在怀孕期间从事国家规定的第三级体力劳动强度的劳动和孕期禁忌从事的劳动。对怀孕7个月以上的女职工，不得安排其延长工作时间和夜班劳动。

第六十二条　【女职工产期的保护】女职工生育享受不少于90天的产假。

第六十三条　【女职工哺乳期的保护】不得安排女职工在哺乳未满1周岁的婴儿期间从事国家规定的第三级体力劳动强度的劳动和哺乳期禁忌从事的其他劳动，不得安排其延长工作时间和夜班劳动。

第六十四条　【未成年工禁忌劳动的范围】不得安排未成年工从事矿山井下、有毒有害、国家规定的第四级体力劳动强度的劳动和其他禁忌从事的劳动。

第六十五条　【未成年工定期健康检查】用人单位应当对未成年工定期进行健康检查。

第八章　职业培训

第六十六条　【国家发展职业培训事业】国家通过各种途径，采取各种措施，发展职业培训事业，开发劳动者的职业技能，提高劳动者素质，增强劳动者的就业能力和工作能力。

第六十七条　【各级政府的职责】各级人民政府应当把发展职业培训纳入社会经济发展的规划，鼓励和支持有条件的企业、事业组织、社会团体和个人进行各种形式的职业培训。

第六十八条　【用人单位建立职业培训制度】用人单位应当建立职业培训制度，按照国家规定提取和使用职业培训经费,根据本单位实际,有计划地对劳动者进行职业培训。

从事技术工种的劳动者,上岗前必须经过培训。

第六十九条 【职业技能资格】国家确定职业分类,对规定的职业制定职业技能标准,实行职业资格证书制度,由经备案的考核鉴定机构负责对劳动者实施职业技能考核鉴定。

第九章 社会保险和福利

第七十条 【社会保险制度】国家发展社会保险事业,建立社会保险制度,设立社会保险基金,使劳动者在年老、患病、工伤、失业、生育等情况下获得帮助和补偿。

第七十一条 【社会保险水平】社会保险水平应当与社会经济发展水平和社会承受能力相适应。

第七十二条 【社会保险基金】社会保险基金按照保险类型确定资金来源,逐步实行社会统筹。用人单位和劳动者必须依法参加社会保险,缴纳社会保险费。

第七十三条 【享受社会保险待遇的条件和标准】劳动者在下列情形下,依法享受社会保险待遇:

(一)退休;

(二)患病、负伤;

(三)因工伤残或者患职业病;

(四)失业;

(五)生育。

劳动者死亡后,其遗属依法享受遗属津贴。

劳动者享受社会保险待遇的条件和标准由法律、法规规定。

劳动者享受的社会保险金必须按时足额支付。

第七十四条 【社会保险基金管理】社会保险基金经办机构依照法律规定收支、管理和运营社会保险基金,并负有使社会保险基金保值增值的责任。

社会保险基金监督机构依照法律规定,对社会保险基金的收支、管理和运营实施监督。

社会保险基金经办机构和社会保险基金监督机构的设立和职能由法律规定。

任何组织和个人不得挪用社会保险基金。

第七十五条 【补充保险和个人储蓄保险】国家鼓励用人单位根据本单位实际情况为劳动者建立补充保险。

国家提倡劳动者个人进行储蓄性保险。

第七十六条 【职工福利】国家发展社会福利事业,兴建公共福利设施,为劳动者休息、休养和疗养提供条件。

用人单位应当创造条件,改善集体福利,提高劳动者的福利待遇。

第十章 劳动争议

第七十七条 【劳动争议的解决途径】用人单位与劳动者发生劳动争议,当事人可以依法申请调解、仲裁、提起诉讼,也可以协商解决。

调解原则适用于仲裁和诉讼程序。

第七十八条 【劳动争议的处理原则】解决劳动争议,应当根据合法、公正、及时处理的原则,依法维护劳动争议当事人的合法权益。

第七十九条 【劳动争议的调解、仲裁和诉讼的相互关系】劳动争议发生后,当事人可以向本单位劳动争议调解委员会申请调解;调解不成,当事人一方要求仲裁的,可以向劳动争议仲裁委员会申请仲裁。当事人一方也可以直接向劳动争议仲裁委员会申请仲裁。对仲裁裁决不服的,可以向人民法院提起诉讼。

第八十条 【劳动争议的调解】在用人单位内,可以设立劳动争议调解委员会。劳动争议调解委员会由职工代表、用人单位代表和工会代表组成。劳动争议调解委员会主任由工会代表担任。

劳动争议经调解达成协议的,当事人应当履行。

第八十一条 【劳动争议仲裁委员会的组成】劳动争议仲裁委员会由劳动行政部门代表、同级工会代表、用人单位方面的代表组成。劳动争议仲裁委员会主任由劳动行政部门代表担任。

第八十二条 【劳动争议仲裁的程序】提出仲裁要求的一方应当自劳动争议发生之日起60日内向劳动争议仲裁委员会提出书面申请。仲裁裁决一般应在收到仲裁申请的60日内作出。对仲裁裁决无异议的,当事人必须履行。

第八十三条 【仲裁裁决的效力】劳动争议当事人对仲裁裁决不服的,可以自收到仲裁裁决书之日起15日内向人民法院提起诉讼。一方当事人在法定期限内不起诉又不履行仲裁裁决的,另一方当事人可以申请人民法院强制执行。

第八十四条 【集体合同争议的处理】因签订集体合同发生争议,当事人协商解决不成的,当地人民政府劳动行政部门可以组织有关各方协调处理。

因履行集体合同发生争议,当事人协商解决不成的,可以向劳动争议仲裁委员会申请仲裁;对仲裁裁决不服的,可以自收到仲裁裁决书之日起15日内向人民法院提起诉讼。

第十一章　监督检查

第八十五条　【劳动行政部门的监督检查】 县级以上各级人民政府劳动行政部门依法对用人单位遵守劳动法律、法规的情况进行监督检查,对违反劳动法律、法规的行为有权制止,并责令改正。

第八十六条　【劳动监察机构的监察程序】 县级以上各级人民政府劳动行政部门监督检查人员执行公务,有权进入用人单位了解执行劳动法律、法规的情况,查阅必要的资料,并对劳动场所进行检查。

县级以上各级人民政府劳动行政部门监督检查人员执行公务,必须出示证件,秉公执法并遵守有关规定。

第八十七条　【政府有关部门的监察】 县级以上各级人民政府有关部门在各自职责范围内,对用人单位遵守劳动法律、法规的情况进行监督。

第八十八条　【工会监督、社会监督】 各级工会依法维护劳动者的合法权益,对用人单位遵守劳动法律、法规的情况进行监督。

任何组织和个人对于违反劳动法律、法规的行为有权检举和控告。

第十二章　法律责任

第八十九条　【劳动规章制度违法的法律责任】 用人单位制定的劳动规章制度违反法律、法规规定的,由劳动行政部门给予警告,责令改正;对劳动者造成损害的,应当承担赔偿责任。

第九十条　【违法延长工时的法律责任】 用人单位违反本法规定,延长劳动者工作时间的,由劳动行政部门给予警告,责令改正,并可以处以罚款。

第九十一条　【用人单位侵权的民事责任】 用人单位有下列侵害劳动者合法权益情形之一的,由劳动行政部门责令支付劳动者的工资报酬、经济补偿,并可以责令支付赔偿金:

(一)克扣或者无故拖欠劳动者工资的;

(二)拒不支付劳动者延长工作时间工资报酬的;

(三)低于当地最低工资标准支付劳动者工资的;

(四)解除劳动合同后,未依照本法规定给予劳动者经济补偿的。

第九十二条　【用人单位违反劳动安全卫生规定的法律责任】 用人单位的劳动安全设施和劳动卫生条件不符合国家规定或者未向劳动者提供必要的劳动防护用品和劳动保护设施的,由劳动行政部门或者有关部门责令改正,可以处以罚款;情节严重的,提请县级以上人民政府决定责令停产整顿;对事故隐患不采取措施,致使发生重大事故,造成劳动者生命和财产损失的,对责任人员依照刑法有关规定追究刑事责任。

第九十三条　【强令劳动者违章作业的法律责任】 用人单位强令劳动者违章冒险作业,发生重大伤亡事故,造成严重后果的,对责任人员依法追究刑事责任。

第九十四条　【用人单位非法招用未成年工的法律责任】 用人单位非法招用未满十六周岁的未成年人的,由劳动行政部门责令改正,处以罚款;情节严重的,由市场监督管理部门吊销营业执照。

第九十五条　【违反女职工和未成年工保护规定的法律责任】 用人单位违反本法对女职工和未成年工的保护规定,侵害其合法权益的,由劳动行政部门责令改正,处以罚款;对女职工或者未成年工造成损害的,应当承担赔偿责任。

第九十六条　【侵犯劳动者人身自由的法律责任】 用人单位有下列行为之一,由公安机关对责任人员处以十五日以下拘留、罚款或者警告;构成犯罪的,对责任人员依法追究刑事责任:

(一)以暴力、威胁或者非法限制人身自由的手段强迫劳动的;

(二)侮辱、体罚、殴打、非法搜查和拘禁劳动者的。

第九十七条　【订立无效合同的民事责任】 由于用人单位的原因订立的无效合同,对劳动者造成损害的,应当承担赔偿责任。

第九十八条　【违法解除或故意拖延不订立劳动合同的法律责任】 用人单位违反本法规定的条件解除劳动合同或者故意拖延不订立劳动合同的,由劳动行政部门责令改正;对劳动者造成损害的,应当承担赔偿责任。

第九十九条　【招用尚未解除劳动合同者的法律责任】 用人单位招用尚未解除劳动合同的劳动者,对原用人单位造成经济损失的,该用人单位应当依法承担连带赔偿责任。

第一百条　【用人单位不缴纳社会保险费的法律责任】 用人单位无故不缴纳社会保险费的,由劳动行政部门责令其限期缴纳;逾期不缴的,可以加收滞纳金。

第一百零一条　【阻挠监督检查、打击报复举报人员的法律责任】 用人单位无理阻挠劳动行政部门、有关部门及其工作人员行使监督检查权,打击报复举报人员的,由劳动行政部门或者有关部门处以罚款;构成犯罪的,对责任人员依法追究刑事责任。

第一百零二条　【劳动者违法解除劳动合同或违反保密约定的民事责任】劳动者违反本法规定的条件解除劳动合同或者违反劳动合同中约定的保密事项，对用人单位造成经济损失的，应当依法承担赔偿责任。

第一百零三条　【劳动行政部门和有关部门工作人员渎职的法律责任】劳动行政部门或者有关部门的工作人员滥用职权、玩忽职守、徇私舞弊，构成犯罪的，依法追究刑事责任；不构成犯罪的，给予行政处分。

第一百零四条　【挪用社会保险基金的法律责任】国家工作人员和社会保险基金经办机构的工作人员挪用社会保险基金，构成犯罪的，依法追究刑事责任。

第一百零五条　【其他法律、行政法规的处罚效力】违反本法规定侵害劳动者合法权益，其他法律、行政法规已规定处罚的，依照该法律、行政法规的规定处罚。

第十三章　附　则

第一百零六条　【省级人民政府实施步骤的制定和备案】省、自治区、直辖市人民政府根据本法和本地区的实际情况，规定劳动合同制度的实施步骤，报国务院备案。

第一百零七条　【施行时间】本法自 1995 年 1 月 1 日起施行。

中华人民共和国工会法

- 1992 年 4 月 3 日第七届全国人民代表大会第五次会议通过
- 根据 2001 年 10 月 27 日第九届全国人民代表大会常务委员会第二十四次会议《关于修改〈中华人民共和国工会法〉的决定》第一次修正
- 根据 2009 年 8 月 27 日第十一届全国人民代表大会常务委员会第十次会议《关于修改部分法律的决定》第二次修正
- 根据 2021 年 12 月 24 日第十三届全国人民代表大会常务委员会第三十二次会议《关于修改〈中华人民共和国工会法〉的决定》第三次修正

第一章　总　则

第一条　为保障工会在国家政治、经济和社会生活中的地位，确定工会的权利与义务，发挥工会在社会主义现代化建设事业中的作用，根据宪法，制定本法。

第二条　工会是中国共产党领导的职工自愿结合的工人阶级群众组织，是中国共产党联系职工群众的桥梁和纽带。

中华全国总工会及其各工会组织代表职工的利益，依法维护职工的合法权益。

第三条　在中国境内的企业、事业单位、机关、社会组织（以下统称用人单位）中以工资收入为主要生活来源的劳动者，不分民族、种族、性别、职业、宗教信仰、教育程度，都有依法参加和组织工会的权利。任何组织和个人不得阻挠和限制。

工会适应企业组织形式、职工队伍结构、劳动关系、就业形态等方面的发展变化，依法维护劳动者参加和组织工会的权利。

第四条　工会必须遵守和维护宪法，以宪法为根本的活动准则，以经济建设为中心，坚持社会主义道路，坚持人民民主专政，坚持中国共产党的领导，坚持马克思列宁主义、毛泽东思想、邓小平理论、"三个代表"重要思想、科学发展观、习近平新时代中国特色社会主义思想，坚持改革开放，保持和增强政治性、先进性、群众性，依照工会章程独立自主地开展工作。

工会会员全国代表大会制定或者修改《中国工会章程》，章程不得与宪法和法律相抵触。

国家保护工会的合法权益不受侵犯。

第五条　工会组织和教育职工依照宪法和法律的规定行使民主权利，发挥国家主人翁的作用，通过各种途径和形式，参与管理国家事务、管理经济和文化事业、管理社会事务；协助人民政府开展工作，维护工人阶级领导的、以工农联盟为基础的人民民主专政的社会主义国家政权。

第六条　维护职工合法权益、竭诚服务职工群众是工会的基本职责。工会在维护全国人民总体利益的同时，代表和维护职工的合法权益。

工会通过平等协商和集体合同制度等，推动健全劳动关系协调机制，维护职工劳动权益，构建和谐劳动关系。

工会依照法律规定通过职工代表大会或者其他形式，组织职工参与本单位的民主选举、民主协商、民主决策、民主管理和民主监督。

工会建立联系广泛、服务职工的工会工作体系，密切联系职工，听取和反映职工的意见和要求，关心职工的生活，帮助职工解决困难，全心全意为职工服务。

第七条　工会动员和组织职工积极参加经济建设，努力完成生产任务和工作任务。教育职工不断提高思想道德、技术业务和科学文化素质，建设有理想、有道德、有文化、有纪律的职工队伍。

第八条　工会推动产业工人队伍建设改革，提高产业工人队伍整体素质，发挥产业工人骨干作用，维护产业工人合法权益，保障产业工人主人翁地位，造就一支有理想守信念、懂技术会创新、敢担当讲奉献的宏大产业工人队伍。

第九条 中华全国总工会根据独立、平等、互相尊重、互不干涉内部事务的原则,加强同各国工会组织的友好合作关系。

第二章 工会组织

第十条 工会各级组织按照民主集中制原则建立。

各级工会委员会由会员大会或者会员代表大会民主选举产生。企业主要负责人的近亲属不得作为本企业基层工会委员会成员的人选。

各级工会委员会向同级会员大会或者会员代表大会负责并报告工作,接受其监督。

工会会员大会或者会员代表大会有权撤换或者罢免其所选举的代表或者工会委员会组成人员。

上级工会组织领导下级工会组织。

第十一条 用人单位有会员二十五人以上的,应当建立基层工会委员会;不足二十五人的,可以单独建立基层工会委员会,也可以由两个以上单位的会员联合建立基层工会委员会,也可以选举组织员一人,组织会员开展活动。女职工人数较多的,可以建立工会女职工委员会,在同级工会领导下开展工作;女职工人数较少的,可以在工会委员会中设女职工委员。

企业职工较多的乡镇、城市街道,可以建立基层工会的联合会。

县级以上地方建立地方各级总工会。

同一行业或者性质相近的几个行业,可以根据需要建立全国的或者地方的产业工会。

全国建立统一的中华全国总工会。

第十二条 基层工会、地方各级总工会、全国或者地方产业工会组织的建立,必须报上一级工会批准。

上级工会可以派员帮助和指导企业职工组建工会,任何单位和个人不得阻挠。

第十三条 任何组织和个人不得随意撤销、合并工会组织。

基层工会所在的用人单位终止或者被撤销,该工会组织相应撤销,并报告上一级工会。

依前款规定被撤销的工会,其会员的会籍可以继续保留,具体管理办法由中华全国总工会制定。

第十四条 职工二百人以上的企业、事业单位、社会组织的工会,可以设专职工会主席。工会专职工作人员的人数由工会与企业、事业单位、社会组织协商确定。

第十五条 中华全国总工会、地方总工会、产业工会具有社会团体法人资格。

基层工会组织具备民法典规定的法人条件的,依法取得社会团体法人资格。

第十六条 基层工会委员会每届任期三年或者五年。各级地方总工会委员会和产业工会委员会每届任期五年。

第十七条 基层工会委员会定期召开会员大会或者会员代表大会,讨论决定工会工作的重大问题。经基层工会委员会或者三分之一以上的工会会员提议,可以临时召开会员大会或者会员代表大会。

第十八条 工会主席、副主席任期未满时,不得随意调动其工作。因工作需要调动时,应当征得本级工会委员会和上一级工会的同意。

罢免工会主席、副主席必须召开会员大会或者会员代表大会讨论,非经会员大会全体会员或者会员代表大会全体代表过半数通过,不得罢免。

第十九条 基层工会专职主席、副主席或者委员自任职之日起,其劳动合同期限自动延长,延长期限相当于其任职期间;非专职主席、副主席或者委员自任职之日起,其尚未履行的劳动合同期限短于任期的,劳动合同期限自动延长至任期期满。但是,任职期间个人严重过失或者达到法定退休年龄的除外。

第三章 工会的权利和义务

第二十条 企业、事业单位、社会组织违反职工代表大会制度和其他民主管理制度,工会有权要求纠正,保障职工依法行使民主管理的权利。

法律、法规规定应当提交职工大会或者职工代表大会审议、通过、决定的事项,企业、事业单位、社会组织应当依法办理。

第二十一条 工会帮助、指导职工与企业、实行企业化管理的事业单位、社会组织签订劳动合同。

工会代表职工与企业、实行企业化管理的事业单位、社会组织进行平等协商,依法签订集体合同。集体合同草案应当提交职工代表大会或者全体职工讨论通过。

工会签订集体合同,上级工会应当给予支持和帮助。

企业、事业单位、社会组织违反集体合同,侵犯职工劳动权益的,工会可以依法要求企业、事业单位、社会组织予以改正并承担责任;因履行集体合同发生争议,经协商解决不成的,工会可以向劳动争议仲裁机构提请仲裁,仲裁机构不予受理或者对仲裁裁决不服的,可以向人民法院提起诉讼。

第二十二条 企业、事业单位、社会组织处分职工,工会认为不适当的,有权提出意见。

　　用人单位单方面解除职工劳动合同时,应当事先将理由通知工会,工会认为用人单位违反法律、法规和有关合同,要求重新研究处理时,用人单位应当研究工会的意见,并将处理结果书面通知工会。

　　职工认为用人单位侵犯其劳动权益而申请劳动争议仲裁或者向人民法院提起诉讼的,工会应当给予支持和帮助。

　　第二十三条　企业、事业单位、社会组织违反劳动法律法规规定,有下列侵犯职工劳动权益情形,工会应当代表职工与企业、事业单位、社会组织交涉,要求企业、事业单位、社会组织采取措施予以改正;企业、事业单位、社会组织应当予以研究处理,并向工会作出答复;企业、事业单位、社会组织拒不改正的,工会可以提请当地人民政府依法作出处理:

　　(一)克扣、拖欠职工工资的;
　　(二)不提供劳动安全卫生条件的;
　　(三)随意延长劳动时间的;
　　(四)侵犯女职工和未成年工特殊权益的;
　　(五)其他严重侵犯职工劳动权益的。

　　第二十四条　工会依照国家规定对新建、扩建企业和技术改造工程中的劳动条件和安全卫生设施与主体工程同时设计、同时施工、同时投产使用进行监督。对工会提出的意见,企业或者主管部门应当认真处理,并将处理结果书面通知工会。

　　第二十五条　工会发现企业违章指挥、强令工人冒险作业,或者生产过程中发现明显重大事故隐患和职业危害,有权提出解决的建议,企业应当及时研究答复;发现危及职工生命安全的情况时,工会有权向企业建议组织职工撤离危险现场,企业必须及时作出处理决定。

　　第二十六条　工会有权对企业、事业单位、社会组织侵犯职工合法权益的问题进行调查,有关单位应当予以协助。

　　第二十七条　职工因工伤亡事故和其他严重危害职工健康问题的调查处理,必须有工会参加。工会应当向有关部门提出处理意见,并有权要求追究直接负责的主管人员和有关责任人员的责任。对工会提出的意见,应当及时研究,给予答复。

　　第二十八条　企业、事业单位、社会组织发生停工、怠工事件,工会应当代表职工同企业、事业单位、社会组织或者有关方面协商,反映职工的意见和要求并提出解决意见。对于职工的合理要求,企业、事业单位、社会组织应当予以解决。工会协助企业、事业单位、社会组织做好工作,尽快恢复生产、工作秩序。

　　第二十九条　工会参加企业的劳动争议调解工作。地方劳动争议仲裁组织应当有同级工会代表参加。

　　第三十条　县级以上各级总工会依法为所属工会和职工提供法律援助等法律服务。

　　第三十一条　工会协助用人单位办好职工集体福利事业,做好工资、劳动安全卫生和社会保险工作。

　　第三十二条　工会会同用人单位加强对职工的思想政治引领,教育职工以国家主人翁态度对待劳动,爱护国家和单位的财产;组织职工开展群众性的合理化建议、技术革新、劳动和技能竞赛活动,进行业余文化技术学习和职工培训,参加职业教育和文化体育活动,推进职业安全健康教育和劳动保护工作。

　　第三十三条　根据政府委托,工会与有关部门共同做好劳动模范和先进生产(工作)者的评选、表彰、培养和管理工作。

　　第三十四条　国家机关在组织起草或者修改直接涉及职工切身利益的法律、法规、规章时,应当听取工会意见。

　　县级以上各级人民政府制定国民经济和社会发展计划,对涉及职工利益的重大问题,应当听取同级工会的意见。

　　县级以上各级人民政府及其有关部门研究制定劳动就业、工资、劳动安全卫生、社会保险等涉及职工切身利益的政策、措施时,应当吸收同级工会参加研究,听取工会意见。

　　第三十五条　县级以上地方各级人民政府可以召开会议或者采取适当方式,向同级工会通报政府的重要的工作部署和与工会工作有关的行政措施,研究解决工会反映的职工群众的意见和要求。

　　各级人民政府劳动行政部门应当会同同级工会和企业方面代表,建立劳动关系三方协商机制,共同研究解决劳动关系方面的重大问题。

第四章　基层工会组织

　　第三十六条　国有企业职工代表大会是企业实行民主管理的基本形式,是职工行使民主管理权力的机构,依照法律规定行使职权。

　　国有企业的工会委员会是职工代表大会的工作机构,负责职工代表大会的日常工作,检查、督促职工代表大会决议的执行。

　　第三十七条　集体企业的工会委员会,应当支持和组织职工参加民主管理和民主监督,维护职工选举和罢免管理人员、决定经营管理的重大问题的权力。

第三十八条 本法第三十六条、第三十七条规定以外的其他企业、事业单位的工会委员会,依照法律规定组织职工采取与企业、事业单位相适应的形式,参与企业、事业单位民主管理。

第三十九条 企业、事业单位、社会组织研究经营管理和发展的重大问题应当听取工会的意见;召开会议讨论有关工资、福利、劳动安全卫生、工作时间、休息休假、女职工保护和社会保险等涉及职工切身利益的问题,必须有工会代表参加。

企业、事业单位、社会组织应当支持工会依法开展工作,工会应当支持企业、事业单位、社会组织依法行使经营管理权。

第四十条 公司的董事会、监事会中职工代表的产生,依照公司法有关规定执行。

第四十一条 基层工会委员会召开会议或者组织职工活动,应当在生产或者工作时间以外进行,需要占用生产或者工作时间的,应当事先征得企业、事业单位、社会组织的同意。

基层工会的非专职委员占用生产或者工作时间参加会议或者从事工会工作,每月不超过三个工作日,其工资照发,其他待遇不受影响。

第四十二条 用人单位工会委员会的专职工作人员的工资、奖励、补贴,由所在单位支付。社会保险和其他福利待遇等,享受本单位职工同等待遇。

第五章 工会的经费和财产

第四十三条 工会经费的来源:
(一)工会会员缴纳的会费;
(二)建立工会组织的用人单位按每月全部职工工资总额的百分之二向工会拨缴的经费;
(三)工会所属的企业、事业单位上缴的收入;
(四)人民政府的补助;
(五)其他收入。

前款第二项规定的企业、事业单位、社会组织拨缴的经费在税前列支。

工会经费主要用于为职工服务和工会活动。经费使用的具体办法由中华全国总工会制定。

第四十四条 企业、事业单位、社会组织无正当理由拖延或者拒不拨缴工会经费,基层工会或者上级工会可以向当地人民法院申请支付令;拒不执行支付令的,工会可以依法申请人民法院强制执行。

第四十五条 工会应当根据经费独立原则,建立预算、决算和经费审查监督制度。

各级工会建立经费审查委员会。

各级工会经费收支情况应当由同级工会经费审查委员会审查,并且定期向会员大会或者会员代表大会报告,接受监督。工会会员大会或者会员代表大会有权对经费使用情况提出意见。

工会经费的使用应当依法接受国家的监督。

第四十六条 各级人民政府和用人单位应当为工会办公和开展活动,提供必要的设施和活动场所等物质条件。

第四十七条 工会的财产、经费和国家拨给工会使用的不动产,任何组织和个人不得侵占、挪用和任意调拨。

第四十八条 工会所属的为职工服务的企业、事业单位,其隶属关系不得随意改变。

第四十九条 县级以上各级工会的离休、退休人员的待遇,与国家机关工作人员同等对待。

第六章 法律责任

第五十条 工会对违反本法规定侵犯其合法权益的,有权提请人民政府或者有关部门予以处理,或者向人民法院提起诉讼。

第五十一条 违反本法第三条、第十二条规定,阻挠职工依法参加和组织工会或者阻挠上级工会帮助、指导职工筹建工会的,由劳动行政部门责令其改正;拒不改正的,由劳动行政部门提请县级以上人民政府处理;以暴力、威胁等手段阻挠造成严重后果,构成犯罪的,依法追究刑事责任。

第五十二条 违反本法规定,对依法履行职责的工会工作人员无正当理由调动工作岗位,进行打击报复的,由劳动行政部门责令改正、恢复原工作;造成损失的,给予赔偿。

对依法履行职责的工会工作人员进行侮辱、诽谤或者进行人身伤害,构成犯罪的,依法追究刑事责任;尚未构成犯罪的,由公安机关依照治安管理处罚法的规定处罚。

第五十三条 违反本法规定,有下列情形之一的,劳动行政部门责令恢复其工作,并补发被解除劳动合同期间应得的报酬,或者责令给予本人年收入二倍的赔偿:
(一)职工因参加工会活动而被解除劳动合同的;
(二)工会工作人员因履行本法规定的职责而被解除劳动合同的。

第五十四条 违反本法规定,有下列情形之一的,由

县级以上人民政府责令改正,依法处理:

(一)妨碍工会组织职工通过职工代表大会和其他形式依法行使民主权利的;

(二)非法撤销、合并工会组织的;

(三)妨碍工会参加职工因工伤亡事故以及其他侵犯职工合法权益问题的调查处理的;

(四)无正当理由拒绝进行平等协商的。

第五十五条 违反本法第四十七条规定,侵占工会经费和财产拒不返还的,工会可以向人民法院提起诉讼,要求返还,并赔偿损失。

第五十六条 工会工作人员违反本法规定,损害职工或者工会权益的,由同级工会或者上级工会责令改正,或者予以处分;情节严重的,依照《中国工会章程》予以罢免;造成损失的,应当承担赔偿责任;构成犯罪的,依法追究刑事责任。

第七章 附 则

第五十七条 中华全国总工会会同有关国家机关制定机关工会实施本法的具体办法。

第五十八条 本法自公布之日起施行。1950年6月29日中央人民政府颁布的《中华人民共和国工会法》同时废止。

中华人民共和国刑法(节录)

- 1979年7月1日第五届全国人民代表大会第二次会议通过
- 1997年3月14日第八届全国人民代表大会第五次会议修订
- 根据1998年12月29日第九届全国人民代表大会常务委员会第六次会议通过的《全国人民代表大会常务委员会关于惩治骗购外汇、逃汇和非法买卖外汇犯罪的决定》、1999年12月25日第九届全国人民代表大会常务委员会第十三次会议通过的《中华人民共和国刑法修正案》、2001年8月31日第九届全国人民代表大会常务委员会第二十三次会议通过的《中华人民共和国刑法修正案(二)》、2001年12月29日第九届全国人民代表大会常务委员会第二十五次会议通过的《中华人民共和国刑法修正案(三)》、2002年12月28日第九届全国人民代表大会常务委员会第三十一次会议通过的《中华人民共和国刑法修正案(四)》、2005年2月28日第十届全国人民代表大会常务委员会第十四次会议通过的《中华人民共和国刑法修正案(五)》、2006年6月29日第十届全国人民代表大会常务委员会第二十二次会议通过的《中华人民共和国刑法修正案(六)》、2009年2月28日第十一届全国人民代表大会常务委员会第七次会议通过的《中华人民共和国刑法修正案(七)》、2009年8月27日第十一届全国人民代表大会常务委员会第十次会议通过的《全国人民代表大会常务委员会关于修改部分法律的决定》、2011年2月25日第十一届全国人民代表大会常务委员会第十九次会议通过的《中华人民共和国刑法修正案(八)》、2015年8月29日第十二届全国人民代表大会常务委员会第十六次会议通过的《中华人民共和国刑法修正案(九)》、2017年11月4日第十二届全国人民代表大会常务委员会第三十次会议通过的《中华人民共和国刑法修正案(十)》、2020年12月26日第十三届全国人民代表大会常务委员会第二十四次会议通过的《中华人民共和国刑法修正案(十一)》和2023年12月29日第十四届全国人民代表大会常务委员会第七次会议通过的《中华人民共和国刑法修正案(十二)》修正[*]

……

第二百四十四条 【强迫劳动罪】以暴力、威胁或者限制人身自由的方法强迫他人劳动的,处三年以下有期徒刑或者拘役,并处罚金;情节严重的,处三年以上十年以下有期徒刑,并处罚金。

明知他人实施前款行为,为其招募、运送人员或者有其他协助强迫他人劳动行为的,依照前款的规定处罚。

单位犯前两款罪的,对单位判处罚金,并对其直接负责的主管人员和其他直接责任人员,依照第一款的规定处罚。

第二百四十四条之一 【雇用童工从事危重劳动罪】违反劳动管理法规,雇用未满十六周岁的未成年人从事超强度体力劳动的,或者从事高空、井下作业的,或者在爆炸性、易燃性、放射性、毒害性等危险环境下从事劳动,情节严重的,对直接责任人员,处三年以下有期徒刑或者拘役,并处罚金;情节特别严重的,处三年以上七年以下有期徒刑,并处罚金。

有前款行为,造成事故,又构成其他犯罪的,依照数罪并罚的规定处罚。

……

第二百七十六条之一 【拒不支付劳动报酬罪】以转移财产、逃匿等方法逃避支付劳动者的劳动报酬或者有能力支付而不支付劳动者的劳动报酬,数额较大,经政府有关部门责令支付仍不支付的,处三年以下有期徒刑

---

[*] 刑法、历次刑法修正案、涉及修改刑法的决定的施行日期,分别依据各法律所规定的施行日期确定。

另,分则部分条文主旨是根据司法解释确定罪名所加。

或者拘役,并处或者单处罚金;造成严重后果的,处三年以上七年以下有期徒刑,并处罚金。

单位犯前款罪的,对单位判处罚金,并对其直接负责的主管人员和其他直接责任人员,依照前款的规定处罚。

有前两款行为,尚未造成严重后果,在提起公诉前支付劳动者的劳动报酬,并依法承担相应赔偿责任的,可以减轻或者免除处罚。

……

中华人民共和国个人所得税法

- 1980年9月10日第五届全国人民代表大会第三次会议通过
- 根据1993年10月31日第八届全国人民代表大会常务委员会第四次会议《关于修改〈中华人民共和国个人所得税法〉的决定》第一次修正
- 根据1999年8月30日第九届全国人民代表大会常务委员会第十一次会议《关于修改〈中华人民共和国个人所得税法〉的决定》第二次修正
- 根据2005年10月27日第十届全国人民代表大会常务委员会第十八次会议《关于修改〈中华人民共和国个人所得税法〉的决定》第三次修正
- 根据2007年6月29日第十届全国人民代表大会常务委员会第二十八次会议《关于修改〈中华人民共和国个人所得税法〉的决定》第四次修正
- 根据2007年12月29日第十届全国人民代表大会常务委员会第三十一次会议《关于修改〈中华人民共和国个人所得税法〉的决定》第五次修正
- 根据2011年6月30日第十一届全国人民代表大会常务委员会第二十一次会议《关于修改〈中华人民共和国个人所得税法〉的决定》第六次修正
- 根据2018年8月31日第十三届全国人民代表大会常务委员会第五次会议《关于修改〈中华人民共和国个人所得税法〉的决定》第七次修正

第一条 在中国境内有住所,或者无住所而一个纳税年度内在中国境内居住累计满一百八十三天的个人,为居民个人。居民个人从中国境内和境外取得的所得,依照本法规定缴纳个人所得税。

在中国境内无住所又不居住,或者无住所而一个纳税年度内在中国境内居住累计不满一百八十三天的个人,为非居民个人。非居民个人从中国境内取得的所得,依照本法规定缴纳个人所得税。

纳税年度,自公历一月一日起至十二月三十一日止。

第二条 下列各项个人所得,应当缴纳个人所得税:
(一)工资、薪金所得;
(二)劳务报酬所得;
(三)稿酬所得;
(四)特许权使用费所得;
(五)经营所得;
(六)利息、股息、红利所得;
(七)财产租赁所得;
(八)财产转让所得;
(九)偶然所得。

居民个人取得前款第一项至第四项所得(以下称综合所得),按纳税年度合并计算个人所得税;非居民个人取得前款第一项至第四项所得,按月或者按次分项计算个人所得税。纳税人取得前款第五项至第九项所得,依照本法规定分别计算个人所得税。

第三条 个人所得税的税率:
(一)综合所得,适用百分之三至百分之四十五的超额累进税率(税率表附后);
(二)经营所得,适用百分之五至百分之三十五的超额累进税率(税率表附后);
(三)利息、股息、红利所得,财产租赁所得,财产转让所得和偶然所得,适用比例税率,税率为百分之二十。

第四条 下列各项个人所得,免征个人所得税:
(一)省级人民政府、国务院部委和中国人民解放军军以上单位,以及外国组织、国际组织颁发的科学、教育、技术、文化、卫生、体育、环境保护等方面的奖金;
(二)国债和国家发行的金融债券利息;
(三)按照国家统一规定发给的补贴、津贴;
(四)福利费、抚恤金、救济金;
(五)保险赔款;
(六)军人的转业费、复员费、退役金;
(七)按照国家统一规定发给干部、职工的安家费、退职费、基本养老金或者退休费、离休费、离休生活补助费;
(八)依照有关法律规定应予免税的各国驻华使馆、领事馆的外交代表、领事官员和其他人员的所得;
(九)中国政府参加的国际公约、签订的协议中规定免税的所得;
(十)国务院规定的其他免税所得。

前款第十项免税规定,由国务院报全国人民代表大会常务委员会备案。

第五条 有下列情形之一的,可以减征个人所得税,具体幅度和期限,由省、自治区、直辖市人民政府规定,并报同级人民代表大会常务委员会备案：

（一）残疾、孤老人员和烈属的所得；

（二）因自然灾害遭受重大损失的。

国务院可以规定其他减税情形，报全国人民代表大会常务委员会备案。

第六条　应纳税所得额的计算：

（一）居民个人的综合所得，以每一纳税年度的收入额减除费用六万元以及专项扣除、专项附加扣除和依法确定的其他扣除后的余额，为应纳税所得额。

（二）非居民个人的工资、薪金所得，以每月收入额减除费用五千元后的余额为应纳税所得额；劳务报酬所得、稿酬所得、特许权使用费所得，以每次收入额为应纳税所得额。

（三）经营所得，以每一纳税年度的收入总额减除成本、费用以及损失后的余额，为应纳税所得额。

（四）财产租赁所得，每次收入不超过四千元的，减除费用八百元；四千元以上的，减除百分之二十的费用，其余额为应纳税所得额。

（五）财产转让所得，以转让财产的收入额减除财产原值和合理费用后的余额，为应纳税所得额。

（六）利息、股息、红利所得和偶然所得，以每次收入额为应纳税所得额。

劳务报酬所得、稿酬所得、特许权使用费所得以收入减除百分之二十的费用后的余额为收入额。稿酬所得的收入额减按百分之七十计算。

个人将其所得对教育、扶贫、济困等公益慈善事业进行捐赠，捐赠额未超过纳税人申报的应纳税所得额百分之三十的部分，可以从其应纳税所得额中扣除；国务院规定对公益慈善事业捐赠实行全额税前扣除的，从其规定。

本条第一款第一项规定的专项扣除，包括居民个人按照国家规定的范围和标准缴纳的基本养老保险、基本医疗保险、失业保险等社会保险费和住房公积金等；专项附加扣除，包括子女教育、继续教育、大病医疗、住房贷款利息或者住房租金、赡养老人等支出，具体范围、标准和实施步骤由国务院确定，并报全国人民代表大会常务委员会备案。

第七条　居民个人从中国境外取得的所得，可以从其应纳税额中抵免已在境外缴纳的个人所得税税额，但抵免额不得超过该纳税人境外所得依照本法规定计算的应纳税额。

第八条　有下列情形之一的，税务机关有权按照合理方法进行纳税调整：

（一）个人与其关联方之间的业务往来不符合独立交易原则而减少本人或者其关联方应纳税额，且无正当理由；

（二）居民个人控制的，或者居民个人和居民企业共同控制的设立在实际税负明显偏低的国家（地区）的企业，无合理经营需要，对应当归属于居民个人的利润不作分配或者减少分配；

（三）个人实施其他不具有合理商业目的的安排而获取不当税收利益。

税务机关依照前款规定作出纳税调整，需要补征税款的，应当补征税款，并依法加收利息。

第九条　个人所得税以所得人为纳税人，以支付所得的单位或者个人为扣缴义务人。

纳税人有中国公民身份号码的，以中国公民身份号码为纳税人识别号；纳税人没有中国公民身份号码的，由税务机关赋予其纳税人识别号。扣缴义务人扣缴税款时，纳税人应当向扣缴义务人提供纳税人识别号。

第十条　有下列情形之一的，纳税人应当依法办理纳税申报：

（一）取得综合所得需要办理汇算清缴；

（二）取得应税所得没有扣缴义务人；

（三）取得应税所得，扣缴义务人未扣缴税款；

（四）取得境外所得；

（五）因移居境外注销中国户籍；

（六）非居民个人在中国境内从两处以上取得工资、薪金所得；

（七）国务院规定的其他情形。

扣缴义务人应当按照国家规定办理全员全额扣缴申报，并向纳税人提供其个人所得和已扣缴税款等信息。

第十一条　居民个人取得综合所得，按年计算个人所得税；有扣缴义务人的，由扣缴义务人按月或者按次预扣预缴税款；需要办理汇算清缴的，应当在取得所得的次年三月一日至六月三十日内办理汇算清缴。预扣预缴办法由国务院税务主管部门制定。

居民个人向扣缴义务人提供专项附加扣除信息的，扣缴义务人按月预扣预缴税款时应当按照规定予以扣除，不得拒绝。

非居民个人取得工资、薪金所得，劳务报酬所得，稿酬所得和特许权使用费所得，有扣缴义务人的，由扣缴义务人按月或者按次代扣代缴税款，不办理汇算清缴。

第十二条　纳税人取得经营所得，按年计算个人所得税，由纳税人在月度或者季度终了后十五日内向税务机关报送纳税申报表,并预缴税款;在取得所得的次年三月三十一日前办理汇算清缴。

纳税人取得利息、股息、红利所得,财产租赁所得,财产转让所得和偶然所得,按月或者按次计算个人所得税,有扣缴义务人的,由扣缴义务人按月或者按次代扣代缴税款。

第十三条 纳税人取得应税所得没有扣缴义务人的,应当在取得所得的次月十五日内向税务机关报送纳税申报表,并缴纳税款。

纳税人取得应税所得,扣缴义务人未扣缴税款的,纳税人应当在取得所得的次年六月三十日前,缴纳税款;税务机关通知限期缴纳的,纳税人应当按照期限缴纳税款。

居民个人从中国境外取得所得的,应当在取得所得的次年三月一日至六月三十日内申报纳税。

非居民个人在中国境内从两处以上取得工资、薪金所得的,应当在取得所得的次月十五日内申报纳税。

纳税人因移居境外注销中国户籍的,应当在注销中国户籍前办理税款清算。

第十四条 扣缴义务人每月或者每次预扣、代扣的税款,应当在次月十五日内缴入国库,并向税务机关报送扣缴个人所得税申报表。

纳税人办理汇算清缴退税或者扣缴义务人为纳税人办理汇算清缴退税的,税务机关审核后,按照国库管理的有关规定办理退税。

第十五条 公安、人民银行、金融监督管理等相关部门应当协助税务机关确认纳税人的身份、金融账户信息。教育、卫生、医疗保障、民政、人力资源社会保障、住房城乡建设、公安、人民银行、金融监督管理等相关部门应当向税务机关提供纳税人子女教育、继续教育、大病医疗、住房贷款利息、住房租金、赡养老人等专项附加扣除信息。

个人转让不动产的,税务机关应当根据不动产登记等相关信息核验应缴的个人所得税,登记机构办理转移登记时,应当查验与该不动产转让相关的个人所得税的完税凭证。个人转让股权办理变更登记的,市场主体登记机关应当查验与该股权交易相关的个人所得税的完税凭证。

有关部门依法将纳税人、扣缴义务人遵守本法的情况纳入信用信息系统,并实施联合激励或者惩戒。

第十六条 各项所得的计算,以人民币为单位。所得为人民币以外的货币的,按照人民币汇率中间价折合成人民币缴纳税款。

第十七条 对扣缴义务人按所扣缴的税款,付给百分之二的手续费。

第十八条 对储蓄存款利息所得开征、减征、停征个人所得税及其具体办法,由国务院规定,并报全国人民代表大会常务委员会备案。

第十九条 纳税人、扣缴义务人和税务机关及其工作人员违反本法规定的,依照《中华人民共和国税收征收管理法》和有关法律法规的规定追究法律责任。

第二十条 个人所得税的征收管理,依照本法和《中华人民共和国税收征收管理法》的规定执行。

第二十一条 国务院根据本法制定实施条例。

第二十二条 本法自公布之日起施行。

个人所得税税率表一
（综合所得适用）

级数	全年应纳税所得额	税率(%)
1	不超过36000元的	3
2	超过36000元至144000元的部分	10
3	超过144000元至300000元的部分	20
4	超过300000元至420000元的部分	25
5	超过420000元至660000元的部分	30
6	超过660000元至960000元的部分	35
7	超过960000元的部分	45

（注1:本表所称全年应纳税所得额是指依照本法第六条的规定,居民个人取得综合所得以每一纳税年度收入额减除费用六万元以及专项扣除、专项附加扣除和依法确定的其他扣除后的余额。

注2:非居民个人取得工资、薪金所得,劳务报酬所得,稿酬所得和特许权使用费所得,依照本表按月换算后计算应纳税额。）

个人所得税税率表二
（经营所得适用）

级数	全年应纳税所得额	税率(%)
1	不超过30000元的	5
2	超过30000元至90000元的部分	10
3	超过90000元至300000元的部分	20
4	超过300000元至500000元的部分	30
5	超过500000元的部分	35

（注:本表所称全年应纳税所得额是指依照本法第六条的规定,以每一纳税年度的收入总额减除成本、费用以及损失后的余额。）

中华人民共和国外商投资法（节录）

- 2019年3月15日第十三届全国人民代表大会第二次会议通过
- 2019年3月15日中华人民共和国主席令第26号公布
- 自2020年1月1日起施行

......

第八条 外商投资企业职工依法建立工会组织，开展工会活动，维护职工的合法权益。外商投资企业应当为本企业工会提供必要的活动条件。

......

中华人民共和国个人独资企业法（节录）

- 1999年8月30日第九届全国人民代表大会常务委员会第十一次会议通过
- 1999年8月30日中华人民共和国主席令第20号公布
- 自2000年1月1日起施行

第一章 总 则

......

第六条 个人独资企业应当依法招用职工。职工的合法权益受法律保护。

个人独资企业职工依法建立工会，工会依法开展活动。

第十九条 个人独资企业投资人可以自行管理企业事务，也可以委托或者聘用其他具有民事行为能力的人负责企业的事务管理。

投资人委托或者聘用他人管理个人独资企业事务，应当与受托人或者被聘用的人签订书面合同，明确委托的具体内容和授予的权利范围。

受托人或者被聘用的人员应当履行诚信、勤勉义务，按照与投资人签订的合同负责个人独资企业的事务管理。

投资人对受托人或者被聘用的人员职权的限制，不得对抗善意第三人。

第二十二条 个人独资企业招用职工的，应当依法与职工签订劳动合同，保障职工的劳动安全，按时、足额发放职工工资。

第二十三条 个人独资企业应当按照国家规定参加社会保险，为职工缴纳社会保险费。

......

第二十九条 个人独资企业解散的，财产应当按照下列顺序清偿：

（一）所欠职工工资和社会保险费用；
（二）所欠税款；
（三）其他债务。

......

中华人民共和国公司法（节录）

- 1993年12月29日第八届全国人民代表大会常务委员会第五次会议通过
- 根据1999年12月25日第九届全国人民代表大会常务委员会第十三次会议《关于修改〈中华人民共和国公司法〉的决定》第一次修正
- 根据2004年8月28日第十届全国人民代表大会常务委员会第十一次会议《关于修改〈中华人民共和国公司法〉的决定》第二次修正
- 2005年10月27日第十届全国人民代表大会常务委员会第十八次会议第一次修订
- 根据2013年12月28日第十二届全国人民代表大会常务委员会第六次会议《关于修改〈中华人民共和国海洋环境保护法〉等七部法律的决定》第三次修正
- 根据2018年10月26日第十三届全国人民代表大会常务委员会第六次会议《关于修改〈中华人民共和国公司法〉的决定》第四次修正
- 2023年12月29日第十四届全国人民代表大会常务委员会第七次会议第二次修订
- 2023年12月29日中华人民共和国主席令第15号公布
- 自2024年7月1日起施行

......

第十六条 公司应当保护职工的合法权益，依法与职工签订劳动合同，参加社会保险，加强劳动保护，实现安全生产。

公司应当采用多种形式，加强公司职工的职业教育和岗位培训，提高职工素质。

第十七条 公司职工依照《中华人民共和国工会法》组织工会，开展工会活动，维护职工合法权益。公司应当为本公司工会提供必要的活动条件。公司工会代表职工就职工的劳动报酬、工作时间、休息休假、劳动安全卫生和保险福利等事项依法与公司签订集体合同。

公司依照宪法和有关法律的规定，建立健全以职工代表大会为基本形式的民主管理制度，通过职工代表大会或者其他形式，实行民主管理。

公司研究决定改制、解散、申请破产以及经营方面的重大问题、制定重要的规章制度时,应当听取公司工会的意见,并通过职工代表大会或者其他形式听取职工的意见和建议。

……

第八章 公司董事、监事、高级管理人员的资格和义务

第一百七十八条 有下列情形之一的,不得担任公司的董事、监事、高级管理人员:

(一)无民事行为能力或者限制民事行为能力;

(二)因贪污、贿赂、侵占财产、挪用财产或者破坏社会主义市场经济秩序,被判处刑罚,或者因犯罪被剥夺政治权利,执行期满未逾五年,被宣告缓刑的,自缓刑考验期满之日起未逾二年;

(三)担任破产清算的公司、企业的董事或者厂长、经理,对该公司、企业的破产负有个人责任的,自该公司、企业破产清算完结之日起未逾三年;

(四)担任因违法被吊销营业执照、责令关闭的公司、企业的法定代表人,并负有个人责任的,自该公司、企业被吊销营业执照、责令关闭之日起未逾三年;

(五)个人因所负数额较大债务到期未清偿被人民法院列为失信被执行人。

违反前款规定选举、委派董事、监事或者聘任高级管理人员的,该选举、委派或者聘任无效。

董事、监事、高级管理人员在任职期间出现本条第一款所列情形的,公司应当解除其职务。

第一百七十九条 董事、监事、高级管理人员应当遵守法律、行政法规和公司章程。

第一百八十条 董事、监事、高级管理人员对公司负有忠实义务,应当采取措施避免自身利益与公司利益冲突,不得利用职权牟取不正当利益。

董事、监事、高级管理人员对公司负有勤勉义务,执行职务应当为公司的最大利益尽到管理者通常应有的合理注意。

公司的控股股东、实际控制人不担任公司董事但实际执行公司事务的,适用前两款规定。

第一百八十一条 董事、监事、高级管理人员不得有下列行为:

(一)侵占公司财产、挪用公司资金;

(二)将公司资金以其个人名义或者以其他个人名义开立账户存储;

(三)利用职权贿赂或者收受其他非法收入;

(四)接受他人与公司交易的佣金归为己有;

(五)擅自披露公司秘密;

(六)违反对公司忠实义务的其他行为。

第一百八十二条 董事、监事、高级管理人员,直接或者间接与本公司订立合同或者进行交易,应当就与订立合同或者进行交易有关的事项向董事会或者股东会报告,并按照公司章程的规定经董事会或者股东会决议通过。

董事、监事、高级管理人员的近亲属,董事、监事、高级管理人员或者其近亲属直接或者间接控制的企业,以及与董事、监事、高级管理人员有其他关联关系的关联人,与公司订立合同或者进行交易,适用前款规定。

第一百八十三条 董事、监事、高级管理人员,不得利用职务便利为自己或者他人谋取属于公司的商业机会。但是,有下列情形之一的除外:

(一)向董事会或者股东会报告,并按照公司章程的规定经董事会或者股东会决议通过;

(二)根据法律、行政法规或者公司章程的规定,公司不能利用该商业机会。

第一百八十四条 董事、监事、高级管理人员未向董事会或者股东会报告,并按照公司章程的规定经董事会或者股东会决议通过,不得自营或者为他人经营与其任职公司同类的业务。

第一百八十五条 董事会对本法第一百八十二条至第一百八十四条规定的事项决议时,关联董事不得参与表决,其表决权不计入表决权总数。出席董事会会议的无关联关系董事人数不足三人的,应当将该事项提交股东会审议。

第一百八十六条 董事、监事、高级管理人员违反本法第一百八十一条至第一百八十四条规定所得的收入应当归公司所有。

第一百八十七条 股东会要求董事、监事、高级管理人员列席会议的,董事、监事、高级管理人员应当列席并接受股东的质询。

第一百八十八条 董事、监事、高级管理人员执行职务违反法律、行政法规或者公司章程的规定,给公司造成损失的,应当承担赔偿责任。

第一百八十九条 董事、高级管理人员有前条规定的情形的,有限责任公司的股东、股份有限公司连续一百八十日以上单独或者合计持有公司百分之一以上股份的股东,可以书面请求监事会向人民法院提起诉讼;监事有前条规定的情形的,前述股东可以书面请求董事会向人民法院提起诉讼。

监事会或者董事会收到前款规定的股东书面请求后拒绝提起诉讼,或者自收到请求之日起三十日内未提起诉讼,或者情况紧急、不立即提起诉讼将会使公司利益受到难以弥补的损害的,前款规定的股东有权为公司利益以自己的名义直接向人民法院提起诉讼。

他人侵犯公司合法权益,给公司造成损失的,本条第一款规定的股东可以依照前两款的规定向人民法院提起诉讼。

公司全资子公司的董事、监事、高级管理人员有前条规定情形,或者他人侵犯公司全资子公司合法权益造成损失的,有限责任公司的股东、股份有限公司连续一百八十日以上单独或者合计持有公司百分之一以上股份的股东,可以依照前三款规定书面请求全资子公司的监事会、董事会向人民法院提起诉讼或者以自己的名义直接向人民法院提起诉讼。

第一百九十条 董事、高级管理人员违反法律、行政法规或者公司章程的规定,损害股东利益的,股东可以向人民法院提起诉讼。

第一百九十一条 董事、高级管理人员执行职务,给他人造成损害的,公司应当承担赔偿责任;董事、高级管理人员存在故意或者重大过失的,也应当承担赔偿责任。

第一百九十二条 公司的控股股东、实际控制人指示董事、高级管理人员从事损害公司或者股东利益的行为的,与该董事、高级管理人员承担连带责任。

第一百九十三条 公司可以在董事任职期间为董事因执行公司职务承担的赔偿责任投保责任保险。

公司为董事投保责任保险或者续保后,董事会应当向股东会报告责任保险的投保金额、承保范围及保险费率等内容。

……

中华人民共和国企业破产法(节录)

- 2006年8月27日第十届全国人民代表大会常务委员会第二十三次会议通过
- 2006年8月27日中华人民共和国主席令第54号公布
- 自2007年6月1日起施行

……

第六条 人民法院审理破产案件,应当依法保障企业职工的合法权益,依法追究破产企业经营管理人员的法律责任。

……

第八条 向人民法院提出破产申请,应当提交破产申请书和有关证据。

破产申请书应当载明下列事项:
(一)申请人、被申请人的基本情况;
(二)申请目的;
(三)申请的事实和理由;
(四)人民法院认为应当载明的其他事项。

债务人提出申请的,还应当向人民法院提交财产状况说明、债务清册、债权清册、有关财务会计报告、职工安置预案以及职工工资的支付和社会保险费用的缴纳情况。

……

第十一条 人民法院受理破产申请的,应当自裁定作出之日起五日内送达申请人。

债权人提出申请的,人民法院应当自裁定作出之日起五日内送达债务人。债务人应当自裁定送达之日起十五日内,向人民法院提交财产状况说明、债务清册、债权清册、有关财务会计报告以及职工工资的支付和社会保险费用的缴纳情况。

……

第四十八条 债权人应当在人民法院确定的债权申报期限内向管理人申报债权。

债务人所欠职工的工资和医疗、伤残补助、抚恤费用,所欠的应当划入职工个人账户的基本养老保险、基本医疗保险费用,以及法律、行政法规规定应当支付给职工的补偿金,不必申报,由管理人调查后列出清单并予以公示。职工对清单记载有异议的,可以要求管理人更正;管理人不予更正的,职工可以向人民法院提起诉讼。

……

第五十九条 依法申报债权的债权人为债权人会议的成员,有权参加债权人会议,享有表决权。

债权尚未确定的债权人,除人民法院能够为其行使表决权而临时确定债权额的外,不得行使表决权。

对债务人的特定财产享有担保权的债权人,未放弃优先受偿权利的,对于本法第六十一条第一款第七项、第十项规定的事项不享有表决权。

债权人可以委托代理人出席债权人会议,行使表决权。代理人出席债权人会议,应当向人民法院或者债权人会议主席提交债权人的授权委托书。

债权人会议应当有债务人的职工和工会的代表参加,对有关事项发表意见。

……

第六十七条 债权人会议可以决定设立债权人委员

会。债权人委员会由债权人会议选任的债权人代表和一名债务人的职工代表或者工会代表组成。债权人委员会成员不得超过九人。

债权人委员会成员应当经人民法院书面决定认可。

……

第八十二条 下列各类债权的债权人参加讨论重整计划草案的债权人会议，依照下列债权分类，分组对重整计划草案进行表决：

（一）对债务人的特定财产享有担保权的债权；

（二）债务人所欠职工的工资和医疗、伤残补助、抚恤费用，所欠的应当划入职工个人账户的基本养老保险、基本医疗保险费用，以及法律、行政法规规定应当支付给职工的补偿金；

（三）债务人所欠税款；

（四）普通债权。

人民法院在必要时可以决定在普通债权组中设小额债权组对重整计划草案进行表决。

……

第一百一十三条 破产财产在优先清偿破产费用和共益债务后，依照下列顺序清偿：

（一）破产人所欠职工的工资和医疗、伤残补助、抚恤费用，所欠的应当划入职工个人账户的基本养老保险、基本医疗保险费用，以及法律、行政法规规定应当支付给职工的补偿金；

（二）破产人欠缴的除前项规定以外的社会保险费用和破产人所欠税款；

（三）普通破产债权。

破产财产不足以清偿同一顺序的清偿要求的，按照比例分配。

破产企业的董事、监事和高级管理人员的工资按照该企业职工的平均工资计算。

……

全国人民代表大会常务委员会
关于实施渐进式延迟法定退休年龄的决定

- 2024年9月13日第十四届全国人民代表大会常务委员会第十一次会议通过
- 自2025年1月1日起施行

为了深入贯彻落实党中央关于渐进式延迟法定退休年龄的决策部署，适应我国人口发展新形势，充分开发利用人力资源，根据宪法，第十四届全国人民代表大会常务委员会第十一次会议决定：

一、同步启动延迟男、女职工的法定退休年龄，用十五年时间，逐步将男职工的法定退休年龄从原六十周岁延迟至六十三周岁，将女职工的法定退休年龄从原五十周岁、五十五周岁分别延迟至五十五周岁、五十八周岁。

二、实施渐进式延迟法定退休年龄坚持小步调整、弹性实施、分类推进、统筹兼顾的原则。

三、各级人民政府应当积极应对人口老龄化，鼓励和支持劳动者就业创业，切实保障劳动者权益，协调推进养老托育等相关工作。

四、批准《国务院关于渐进式延迟法定退休年龄的办法》。国务院根据实际需要，可以对落实本办法进行补充和细化。

五、本决定自2025年1月1日起施行。第五届全国人民代表大会常务委员会第二次会议批准的《国务院关于安置老弱病残干部的暂行办法》和《国务院关于工人退休、退职的暂行办法》中有关退休年龄的规定不再施行。

国务院关于渐进式延迟法定退休年龄的办法

坚持以习近平新时代中国特色社会主义思想为指导，深入贯彻党的二十大和二十届二中、三中全会精神，综合考虑我国人均预期寿命、健康水平、人口结构、国民受教育程度、劳动力供给等因素，按照小步调整、弹性实施、分类推进、统筹兼顾的原则，实施渐进式延迟法定退休年龄。为了做好这项工作，特制定本办法。

第一条 从2025年1月1日起，男职工和原法定退休年龄为五十五周岁的女职工，法定退休年龄每四个月延迟一个月，分别逐步延迟至六十三周岁和五十八周岁；原法定退休年龄为五十周岁的女职工，法定退休年龄每二个月延迟一个月，逐步延迟至五十五周岁。国家另有规定的，从其规定。

第二条 从2030年1月1日起，将职工按月领取基本养老金最低缴费年限由十五年逐步提高至二十年，每年提高六个月。职工达到法定退休年龄但不满最低缴费年限的，可以按照规定通过延长缴费或者一次性缴费的办法达到最低缴费年限，按月领取基本养老金。

第三条 职工达到最低缴费年限，可以自愿选择弹性提前退休，提前时间最长不超过三年，且退休年龄不得低于女职工五十周岁、五十五周岁及男职工六十周岁的原法定退休年龄。职工达到法定退休年龄，所在单位与职工协商一致的，可以弹性延迟退休，延迟时间最长不超过三年。国家另有规定的，从其规定。实施中不得违背职工意愿，违法强制或者变相强制职工选择退休年龄。

第四条 国家健全养老保险激励机制。鼓励职工长缴多得、多缴多得、晚退多得。基础养老金计发比例与个人累计缴费年限挂钩，基础养老金计发基数与个人实际缴费挂钩，个人账户养老金根据个人退休年龄、个人账户储存额等因素确定。

第五条 国家实施就业优先战略，促进高质量充分就业。完善就业公共服务体系，健全终身职业技能培训制度。支持青年人就业创业，强化大龄劳动者就业岗位开发，完善困难人员就业援助制度。加强对就业年龄歧视的防范和治理，激励用人单位吸纳更多大龄劳动者就业。

第六条 用人单位招用超过法定退休年龄的劳动者，应当保障劳动者获得劳动报酬、休息休假、劳动安全卫生、工伤保障等基本权益。

国家加强灵活就业和新就业形态劳动者权益保障。

国家完善带薪年休假制度。

第七条 对领取失业保险金且距法定退休年龄不足一年的人员，领取失业保险金年限延长至法定退休年龄，在实施渐进式延迟法定退休年龄期间，由失业保险基金按照规定为其缴纳养老保险费。

第八条 国家规范完善特殊工种等提前退休政策。从事井下、高空、高温、特别繁重体力劳动等国家规定的特殊工种，以及在高海拔地区工作的职工，符合条件的可以申请提前退休。

第九条 国家建立居家社区机构相协调、医养康养相结合的养老服务体系，大力发展普惠托育服务体系。

附件：

1. 男职工延迟法定退休年龄对照表
2. 原法定退休年龄五十五周岁的女职工延迟法定退休年龄对照表
3. 原法定退休年龄五十周岁的女职工延迟法定退休年龄对照表
4. 提高最低缴费年限情况表

附件1：

男职工延迟法定退休年龄对照表

延迟法定退休年龄每4个月延迟1个月				
出生时间	改革后法定退休年龄	改革后退休时间	延迟月数
1965年1月	60岁1个月	2025年2月	1
1965年2月		2025年3月	
1965年3月		2025年4月	
1965年4月		2025年5月	
1965年5月	60岁2个月	2025年7月	2
1965年6月		2025年8月	
1965年7月		2025年9月	
1965年8月		2025年10月	
1965年9月	60岁3个月	2025年12月	3
1965年10月		2026年1月	
1965年11月		2026年2月	
1965年12月		2026年3月	

续表

延迟法定退休年龄每 4 个月延迟 1 个月				
出生时间	改革后法定退休年龄	改革后退休时间	延迟月数
1966 年 1 月	60 岁 4 个月	2026 年 5 月	4
1966 年 2 月	^	2026 年 6 月	^
1966 年 3 月	^	2026 年 7 月	^
1966 年 4 月	^	2026 年 8 月	^
1966 年 5 月	60 岁 5 个月	2026 年 10 月	5
1966 年 6 月	^	2026 年 11 月	^
1966 年 7 月	^	2026 年 12 月	^
1966 年 8 月	^	2027 年 1 月	^
1966 年 9 月	60 岁 6 个月	2027 年 3 月	6
1966 年 10 月	^	2027 年 4 月	^
1966 年 11 月	^	2027 年 5 月	^
1966 年 12 月	^	2027 年 6 月	^
1967 年 1 月	60 岁 7 个月	2027 年 8 月	7
1967 年 2 月	^	2027 年 9 月	^
1967 年 3 月	^	2027 年 10 月	^
1967 年 4 月	^	2027 年 11 月	^
1967 年 5 月	60 岁 8 个月	2028 年 1 月	8
1967 年 6 月	^	2028 年 2 月	^
1967 年 7 月	^	2028 年 3 月	^
1967 年 8 月	^	2028 年 4 月	^
1967 年 9 月	60 岁 9 个月	2028 年 6 月	9
1967 年 10 月	^	2028 年 7 月	^
1967 年 11 月	^	2028 年 8 月	^
1967 年 12 月	^	2028 年 9 月	^
1968 年 1 月	60 岁 10 个月	2028 年 11 月	10
1968 年 2 月	^	2028 年 12 月	^
1968 年 3 月	^	2029 年 1 月	^
1968 年 4 月	^	2029 年 2 月	^

续表

延迟法定退休年龄每4个月延迟1个月			
出生时间	改革后法定退休年龄	改革后退休时间	延迟月数
1968年5月	60岁11个月	2029年4月	11
1968年6月		2029年5月	
1968年7月		2029年6月	
1968年8月		2029年7月	
1968年9月	61岁	2029年9月	12
1968年10月		2029年10月	
1968年11月		2029年11月	
1968年12月		2029年12月	
1969年1月	61岁1个月	2030年2月	13
1969年2月		2030年3月	
1969年3月		2030年4月	
1969年4月		2030年5月	
1969年5月	61岁2个月	2030年7月	14
1969年6月		2030年8月	
1969年7月		2030年9月	
1969年8月		2030年10月	
1969年9月	61岁3个月	2030年12月	15
1969年10月		2031年1月	
1969年11月		2031年2月	
1969年12月		2031年3月	
1970年1月	61岁4个月	2031年5月	16
1970年2月		2031年6月	
1970年3月		2031年7月	
1970年4月		2031年8月	
1970年5月	61岁5个月	2031年10月	17
1970年6月		2031年11月	
1970年7月		2031年12月	
1970年8月		2032年1月	

续表

延迟法定退休年龄每4个月延迟1个月			
出生时间	改革后法定退休年龄	改革后退休时间	延迟月数
1970年9月	61岁6个月	2032年3月	18
1970年10月		2032年4月	
1970年11月		2032年5月	
1970年12月		2032年6月	
1971年1月	61岁7个月	2032年8月	19
1971年2月		2032年9月	
1971年3月		2032年10月	
1971年4月		2032年11月	
1971年5月	61岁8个月	2033年1月	20
1971年6月		2033年2月	
1971年7月		2033年3月	
1971年8月		2033年4月	
1971年9月	61岁9个月	2033年6月	21
1971年10月		2033年7月	
1971年11月		2033年8月	
1971年12月		2033年9月	
1972年1月	61岁10个月	2033年11月	22
1972年2月		2033年12月	
1972年3月		2034年1月	
1972年4月		2034年2月	
1972年5月	61岁11个月	2034年4月	23
1972年6月		2034年5月	
1972年7月		2034年6月	
1972年8月		2034年7月	
1972年9月	62岁	2034年9月	24
1972年10月		2034年10月	
1972年11月		2034年11月	
1972年12月		2034年12月	

续表

延迟法定退休年龄每4个月延迟1个月			
出生时间	改革后法定退休年龄	改革后退休时间	延迟月数
1973年1月	62岁1个月	2035年2月	25
1973年2月	62岁1个月	2035年3月	25
1973年3月	62岁1个月	2035年4月	25
1973年4月	62岁1个月	2035年5月	25
1973年5月	62岁2个月	2035年7月	26
1973年6月	62岁2个月	2035年8月	26
1973年7月	62岁2个月	2035年9月	26
1973年8月	62岁2个月	2035年10月	26
1973年9月	62岁3个月	2035年12月	27
1973年10月	62岁3个月	2036年1月	27
1973年11月	62岁3个月	2036年2月	27
1973年12月	62岁3个月	2036年3月	27
1974年1月	62岁4个月	2036年5月	28
1974年2月	62岁4个月	2036年6月	28
1974年3月	62岁4个月	2036年7月	28
1974年4月	62岁4个月	2036年8月	28
1974年5月	62岁5个月	2036年10月	29
1974年6月	62岁5个月	2036年11月	29
1974年7月	62岁5个月	2036年12月	29
1974年8月	62岁5个月	2037年1月	29
1974年9月	62岁6个月	2037年3月	30
1974年10月	62岁6个月	2037年4月	30
1974年11月	62岁6个月	2037年5月	30
1974年12月	62岁6个月	2037年6月	30
1975年1月	62岁7个月	2037年8月	31
1975年2月	62岁7个月	2037年9月	31
1975年3月	62岁7个月	2037年10月	31
1975年4月	62岁7个月	2037年11月	31

续表

延迟法定退休年龄每4个月延迟1个月			
出生时间	改革后法定退休年龄	改革后退休时间	延迟月数
1975年5月	62岁8个月	2038年1月	32
1975年6月	^	2038年2月	^
1975年7月	^	2038年3月	^
1975年8月	^	2038年4月	^
1975年9月	62岁9个月	2038年6月	33
1975年10月	^	2038年7月	^
1975年11月	^	2038年8月	^
1975年12月	^	2038年9月	^
1976年1月	62岁10个月	2038年11月	34
1976年2月	^	2038年12月	^
1976年3月	^	2039年1月	^
1976年4月	^	2039年2月	^
1976年5月	62岁11个月	2039年4月	35
1976年6月	^	2039年5月	^
1976年7月	^	2039年6月	^
1976年8月	^	2039年7月	^
1976年9月	63岁	2039年9月	36
1976年10月	^	2039年10月	^
1976年11月	^	2039年11月	^
1976年12月	^	2039年12月	^

附件2：

原法定退休年龄五十五周岁的女职工延迟法定退休年龄对照表

延迟法定退休年龄每4个月延迟1个月			
出生时间	改革后法定退休年龄	改革后退休时间	延迟月数
1970年1月	55岁1个月	2025年2月	1
1970年2月	^	2025年3月	^
1970年3月	^	2025年4月	^
1970年4月	^	2025年5月	^

续表

延迟法定退休年龄每 4 个月延迟 1 个月			
出生时间	改革后法定退休年龄	改革后退休时间	延迟月数
1970 年 5 月	55 岁 2 个月	2025 年 7 月	2
1970 年 6 月		2025 年 8 月	
1970 年 7 月		2025 年 9 月	
1970 年 8 月		2025 年 10 月	
1970 年 9 月	55 岁 3 个月	2025 年 12 月	3
1970 年 10 月		2026 年 1 月	
1970 年 11 月		2026 年 2 月	
1970 年 12 月		2026 年 3 月	
1971 年 1 月	55 岁 4 个月	2026 年 5 月	4
1971 年 2 月		2026 年 6 月	
1971 年 3 月		2026 年 7 月	
1971 年 4 月		2026 年 8 月	
1971 年 5 月	55 岁 5 个月	2026 年 10 月	5
1971 年 6 月		2026 年 11 月	
1971 年 7 月		2026 年 12 月	
1971 年 8 月		2027 年 1 月	
1971 年 9 月	55 岁 6 个月	2027 年 3 月	6
1971 年 10 月		2027 年 4 月	
1971 年 11 月		2027 年 5 月	
1971 年 12 月		2027 年 6 月	
1972 年 1 月	55 岁 7 个月	2027 年 8 月	7
1972 年 2 月		2027 年 9 月	
1972 年 3 月		2027 年 10 月	
1972 年 4 月		2027 年 11 月	
1972 年 5 月	55 岁 8 个月	2028 年 1 月	8
1972 年 6 月		2028 年 2 月	
1972 年 7 月		2028 年 3 月	
1972 年 8 月		2028 年 4 月	

续表

| 延迟法定退休年龄每 4 个月延迟 1 个月 ||||
出生时间	改革后法定退休年龄	改革后退休时间	延迟月数
1972 年 9 月	55 岁 9 个月	2028 年 6 月	9
1972 年 10 月		2028 年 7 月	
1972 年 11 月		2028 年 8 月	
1972 年 12 月		2028 年 9 月	
1973 年 1 月	55 岁 10 个月	2028 年 11 月	10
1973 年 2 月		2028 年 12 月	
1973 年 3 月		2029 年 1 月	
1973 年 4 月		2029 年 2 月	
1973 年 5 月	55 岁 11 个月	2029 年 4 月	11
1973 年 6 月		2029 年 5 月	
1973 年 7 月		2029 年 6 月	
1973 年 8 月		2029 年 7 月	
1973 年 9 月	56 岁	2029 年 9 月	12
1973 年 10 月		2029 年 10 月	
1973 年 11 月		2029 年 11 月	
1973 年 12 月		2029 年 12 月	
1974 年 1 月	56 岁 1 个月	2030 年 2 月	13
1974 年 2 月		2030 年 3 月	
1974 年 3 月		2030 年 4 月	
1974 年 4 月		2030 年 5 月	
1974 年 5 月	56 岁 2 个月	2030 年 7 月	14
1974 年 6 月		2030 年 8 月	
1974 年 7 月		2030 年 9 月	
1974 年 8 月		2030 年 10 月	
1974 年 9 月	56 岁 3 个月	2030 年 12 月	15
1974 年 10 月		2031 年 1 月	
1974 年 11 月		2031 年 2 月	
1974 年 12 月		2031 年 3 月	

续表

延迟法定退休年龄每4个月延迟1个月			
出生时间	改革后法定退休年龄	改革后退休时间	延迟月数
1975 年 1 月	56 岁 4 个月	2031 年 5 月	16
1975 年 2 月		2031 年 6 月	
1975 年 3 月		2031 年 7 月	
1975 年 4 月		2031 年 8 月	
1975 年 5 月	56 岁 5 个月	2031 年 10 月	17
1975 年 6 月		2031 年 11 月	
1975 年 7 月		2031 年 12 月	
1975 年 8 月		2032 年 1 月	
1975 年 9 月	56 岁 6 个月	2032 年 3 月	18
1975 年 10 月		2032 年 4 月	
1975 年 11 月		2032 年 5 月	
1975 年 12 月		2032 年 6 月	
1976 年 1 月	56 岁 7 个月	2032 年 8 月	19
1976 年 2 月		2032 年 9 月	
1976 年 3 月		2032 年 10 月	
1976 年 4 月		2032 年 11 月	
1976 年 5 月	56 岁 8 个月	2033 年 1 月	20
1976 年 6 月		2033 年 2 月	
1976 年 7 月		2033 年 3 月	
1976 年 8 月		2033 年 4 月	
1976 年 9 月	56 岁 9 个月	2033 年 6 月	21
1976 年 10 月		2033 年 7 月	
1976 年 11 月		2033 年 8 月	
1976 年 12 月		2033 年 9 月	
1977 年 1 月	56 岁 10 个月	2033 年 11 月	22
1977 年 2 月		2033 年 12 月	
1977 年 3 月		2034 年 1 月	
1977 年 4 月		2034 年 2 月	

续表

延迟法定退休年龄每4个月延迟1个月				
出生时间	改革后法定退休年龄	改革后退休时间	延迟月数
1977 年 5 月	56 岁 11 个月	2034 年 4 月	23
1977 年 6 月	^	2034 年 5 月	^
1977 年 7 月	^	2034 年 6 月	^
1977 年 8 月	^	2034 年 7 月	^
1977 年 9 月	57 岁	2034 年 9 月	24
1977 年 10 月	^	2034 年 10 月	^
1977 年 11 月	^	2034 年 11 月	^
1977 年 12 月	^	2034 年 12 月	^
1978 年 1 月	57 岁 1 个月	2035 年 2 月	25
1978 年 2 月	^	2035 年 3 月	^
1978 年 3 月	^	2035 年 4 月	^
1978 年 4 月	^	2035 年 5 月	^
1978 年 5 月	57 岁 2 个月	2035 年 7 月	26
1978 年 6 月	^	2035 年 8 月	^
1978 年 7 月	^	2035 年 9 月	^
1978 年 8 月	^	2035 年 10 月	^
1978 年 9 月	57 岁 3 个月	2035 年 12 月	27
1978 年 10 月	^	2036 年 1 月	^
1978 年 11 月	^	2036 年 2 月	^
1978 年 12 月	^	2036 年 3 月	^
1979 年 1 月	57 岁 4 个月	2036 年 5 月	28
1979 年 2 月	^	2036 年 6 月	^
1979 年 3 月	^	2036 年 7 月	^
1979 年 4 月	^	2036 年 8 月	^
1979 年 5 月	57 岁 5 个月	2036 年 10 月	29
1979 年 6 月	^	2036 年 11 月	^
1979 年 7 月	^	2036 年 12 月	^
1979 年 8 月	^	2037 年 1 月	^

续表

出生时间	改革后法定退休年龄	改革后退休时间	延迟月数
\multicolumn{4}{	c	}{延迟法定退休年龄每4个月延迟1个月}
1979年9月	57岁6个月	2037年3月	30
1979年10月		2037年4月	
1979年11月		2037年5月	
1979年12月		2037年6月	
1980年1月	57岁7个月	2037年8月	31
1980年2月		2037年9月	
1980年3月		2037年10月	
1980年4月		2037年11月	
1980年5月	57岁8个月	2038年1月	32
1980年6月		2038年2月	
1980年7月		2038年3月	
1980年8月		2038年4月	
1980年9月	57岁9个月	2038年6月	33
1980年10月		2038年7月	
1980年11月		2038年8月	
1980年12月		2038年9月	
1981年1月	57岁10个月	2038年11月	34
1981年2月		2038年12月	
1981年3月		2039年1月	
1981年4月		2039年2月	
1981年5月	57岁11个月	2039年4月	35
1981年6月		2039年5月	
1981年7月		2039年6月	
1981年8月		2039年7月	
1981年9月	58岁	2039年9月	36
1981年10月		2039年10月	
1981年11月		2039年11月	
1981年12月		2039年12月	

附件 3：

原法定退休年龄五十周岁的女职工延迟法定退休年龄对照表

延迟法定退休年龄每 2 个月延迟 1 个月			
出生时间	改革后法定退休年龄	改革后退休时间	延迟月数
1975 年 1 月	50 岁 1 个月	2025 年 2 月	1
1975 年 2 月	50 岁 1 个月	2025 年 3 月	1
1975 年 3 月	50 岁 2 个月	2025 年 5 月	2
1975 年 4 月	50 岁 2 个月	2025 年 6 月	2
1975 年 5 月	50 岁 3 个月	2025 年 8 月	3
1975 年 6 月	50 岁 3 个月	2025 年 9 月	3
1975 年 7 月	50 岁 4 个月	2025 年 11 月	4
1975 年 8 月	50 岁 4 个月	2025 年 12 月	4
1975 年 9 月	50 岁 5 个月	2026 年 2 月	5
1975 年 10 月	50 岁 5 个月	2026 年 3 月	5
1975 年 11 月	50 岁 6 个月	2026 年 5 月	6
1975 年 12 月	50 岁 6 个月	2026 年 6 月	6
1976 年 1 月	50 岁 7 个月	2026 年 8 月	7
1976 年 2 月	50 岁 7 个月	2026 年 9 月	7
1976 年 3 月	50 岁 8 个月	2026 年 11 月	8
1976 年 4 月	50 岁 8 个月	2026 年 12 月	8
1976 年 5 月	50 岁 9 个月	2027 年 2 月	9
1976 年 6 月	50 岁 9 个月	2027 年 3 月	9
1976 年 7 月	50 岁 10 个月	2027 年 5 月	10
1976 年 8 月	50 岁 10 个月	2027 年 6 月	10
1976 年 9 月	50 岁 11 个月	2027 年 8 月	11
1976 年 10 月	50 岁 11 个月	2027 年 9 月	11
1976 年 11 月	51 岁	2027 年 11 月	12
1976 年 12 月	51 岁	2027 年 12 月	12
1977 年 1 月	51 岁 1 个月	2028 年 2 月	13
1977 年 2 月	51 岁 1 个月	2028 年 3 月	13
1977 年 3 月	51 岁 2 个月	2028 年 5 月	14
1977 年 4 月	51 岁 2 个月	2028 年 6 月	14

续表

延迟法定退休年龄每 2 个月延迟 1 个月			
出生时间	改革后法定退休年龄	改革后退休时间	延迟月数
1977 年 5 月	51 岁 3 个月	2028 年 8 月	15
1977 年 6 月		2028 年 9 月	
1977 年 7 月	51 岁 4 个月	2028 年 11 月	16
1977 年 8 月		2028 年 12 月	
1977 年 9 月	51 岁 5 个月	2029 年 2 月	17
1977 年 10 月		2029 年 3 月	
1977 年 11 月	51 岁 6 个月	2029 年 5 月	18
1977 年 12 月		2029 年 6 月	
1978 年 1 月	51 岁 7 个月	2029 年 8 月	19
1978 年 2 月		2029 年 9 月	
1978 年 3 月	51 岁 8 个月	2029 年 11 月	20
1978 年 4 月		2029 年 12 月	
1978 年 5 月	51 岁 9 个月	2030 年 2 月	21
1978 年 6 月		2030 年 3 月	
1978 年 7 月	51 岁 10 个月	2030 年 5 月	22
1978 年 8 月		2030 年 6 月	
1978 年 9 月	51 岁 11 个月	2030 年 8 月	23
1978 年 10 月		2030 年 9 月	
1978 年 11 月	52 岁	2030 年 11 月	24
1978 年 12 月		2030 年 12 月	
1979 年 1 月	52 岁 1 个月	2031 年 2 月	25
1979 年 2 月		2031 年 3 月	
1979 年 3 月	52 岁 2 个月	2031 年 5 月	26
1979 年 4 月		2031 年 6 月	
1979 年 5 月	52 岁 3 个月	2031 年 8 月	27
1979 年 6 月		2031 年 9 月	
1979 年 7 月	52 岁 4 个月	2031 年 11 月	28
1979 年 8 月		2031 年 12 月	

续表

延迟法定退休年龄每 2 个月延迟 1 个月			
出生时间	改革后法定退休年龄	改革后退休时间	延迟月数
1979 年 9 月	52 岁 5 个月	2032 年 2 月	29
1979 年 10 月	52 岁 5 个月	2032 年 3 月	29
1979 年 11 月	52 岁 6 个月	2032 年 5 月	30
1979 年 12 月	52 岁 6 个月	2032 年 6 月	30
1980 年 1 月	52 岁 7 个月	2032 年 8 月	31
1980 年 2 月	52 岁 7 个月	2032 年 9 月	31
1980 年 3 月	52 岁 8 个月	2032 年 11 月	32
1980 年 4 月	52 岁 8 个月	2032 年 12 月	32
1980 年 5 月	52 岁 9 个月	2033 年 2 月	33
1980 年 6 月	52 岁 9 个月	2033 年 3 月	33
1980 年 7 月	52 岁 10 个月	2033 年 5 月	34
1980 年 8 月	52 岁 10 个月	2033 年 6 月	34
1980 年 9 月	52 岁 11 个月	2033 年 8 月	35
1980 年 10 月	52 岁 11 个月	2033 年 9 月	35
1980 年 11 月	53 岁	2033 年 11 月	36
1980 年 12 月	53 岁	2033 年 12 月	36
1981 年 1 月	53 岁 1 个月	2034 年 2 月	37
1981 年 2 月	53 岁 1 个月	2034 年 3 月	37
1981 年 3 月	53 岁 2 个月	2034 年 5 月	38
1981 年 4 月	53 岁 2 个月	2034 年 6 月	38
1981 年 5 月	53 岁 3 个月	2034 年 8 月	39
1981 年 6 月	53 岁 3 个月	2034 年 9 月	39
1981 年 7 月	53 岁 4 个月	2034 年 11 月	40
1981 年 8 月	53 岁 4 个月	2034 年 12 月	40
1981 年 9 月	53 岁 5 个月	2035 年 2 月	41
1981 年 10 月	53 岁 5 个月	2035 年 3 月	41
1981 年 11 月	53 岁 6 个月	2035 年 5 月	42
1981 年 12 月	53 岁 6 个月	2035 年 6 月	42

续表

延迟法定退休年龄每2个月延迟1个月			
出生时间	改革后法定退休年龄	改革后退休时间	延迟月数
1982 年 1 月	53 岁 7 个月	2035 年 8 月	43
1982 年 2 月	53 岁 7 个月	2035 年 9 月	43
1982 年 3 月	53 岁 8 个月	2035 年 11 月	44
1982 年 4 月	53 岁 8 个月	2035 年 12 月	44
1982 年 5 月	53 岁 9 个月	2036 年 2 月	45
1982 年 6 月	53 岁 9 个月	2036 年 3 月	45
1982 年 7 月	53 岁 10 个月	2036 年 5 月	46
1982 年 8 月	53 岁 10 个月	2036 年 6 月	46
1982 年 9 月	53 岁 11 个月	2036 年 8 月	47
1982 年 10 月	53 岁 11 个月	2036 年 9 月	47
1982 年 11 月	54 岁	2036 年 11 月	48
1982 年 12 月	54 岁	2036 年 12 月	48
1983 年 1 月	54 岁 1 个月	2037 年 2 月	49
1983 年 2 月	54 岁 1 个月	2037 年 3 月	49
1983 年 3 月	54 岁 2 个月	2037 年 5 月	50
1983 年 4 月	54 岁 2 个月	2037 年 6 月	50
1983 年 5 月	54 岁 3 个月	2037 年 8 月	51
1983 年 6 月	54 岁 3 个月	2037 年 9 月	51
1983 年 7 月	54 岁 4 个月	2037 年 11 月	52
1983 年 8 月	54 岁 4 个月	2037 年 12 月	52
1983 年 9 月	54 岁 5 个月	2038 年 2 月	53
1983 年 10 月	54 岁 5 个月	2038 年 3 月	53
1983 年 11 月	54 岁 6 个月	2038 年 5 月	54
1983 年 12 月	54 岁 6 个月	2038 年 6 月	54
1984 年 1 月	54 岁 7 个月	2038 年 8 月	55
1984 年 2 月	54 岁 7 个月	2038 年 9 月	55
1984 年 3 月	54 岁 8 个月	2038 年 11 月	56
1984 年 4 月	54 岁 8 个月	2038 年 12 月	56

续表

延迟法定退休年龄每 2 个月延迟 1 个月			
出生时间	改革后法定退休年龄	改革后退休时间	延迟月数
1984 年 5 月	54 岁 9 个月	2039 年 2 月	57
1984 年 6 月		2039 年 3 月	
1984 年 7 月	54 岁 10 个月	2039 年 5 月	58
1984 年 8 月		2039 年 6 月	
1984 年 9 月	54 岁 11 个月	2039 年 8 月	59
1984 年 10 月		2039 年 9 月	
1984 年 11 月	55 岁	2039 年 11 月	60
1984 年 12 月		2039 年 12 月	

附件 4：

提高最低缴费年限情况表

年　份	当年最低缴费年限
2025 年	15 年
2026 年	15 年
2027 年	15 年
2028 年	15 年
2029 年	15 年
2030 年	15 年+6 个月
2031 年	16 年
2032 年	16 年+6 个月
2033 年	17 年
2034 年	17 年+6 个月
2035 年	18 年
2036 年	18 年+6 个月
2037 年	19 年
2038 年	19 年+6 个月
2039 年	20 年

劳动保障监察条例

- 2004年10月26日国务院第68次常务会议通过
- 2004年11月1日中华人民共和国国务院令第423号公布
- 自2004年12月1日起施行

第一章 总 则

第一条 为了贯彻实施劳动和社会保障(以下称劳动保障)法律、法规和规章,规范劳动保障监察工作,维护劳动者的合法权益,根据劳动法和有关法律,制定本条例。

第二条 对企业和个体工商户(以下称用人单位)进行劳动保障监察,适用本条例。

对职业介绍机构、职业技能培训机构和职业技能考核鉴定机构进行劳动保障监察,依照本条例执行。

第三条 国务院劳动保障行政部门主管全国的劳动保障监察工作。县级以上地方各级人民政府劳动保障行政部门主管本行政区域内的劳动保障监察工作。

县级以上各级人民政府有关部门根据各自职责,支持、协助劳动保障行政部门的劳动保障监察工作。

第四条 县级、设区的市级人民政府劳动保障行政部门可以委托符合监察执法条件的组织实施劳动保障监察。

劳动保障行政部门和受委托实施劳动保障监察的组织中的劳动保障监察员应当经过相应的考核或者考试录用。

劳动保障监察证件由国务院劳动保障行政部门监制。

第五条 县级以上地方各级人民政府应当加强劳动保障监察工作。劳动保障监察所需经费列入本级财政预算。

第六条 用人单位应当遵守劳动保障法律、法规和规章,接受并配合劳动保障监察。

第七条 各级工会依法维护劳动者的合法权益,对用人单位遵守劳动保障法律、法规和规章的情况进行监督。

劳动保障行政部门在劳动保障监察工作中应当注意听取工会组织的意见和建议。

第八条 劳动保障监察遵循公正、公开、高效、便民的原则。

实施劳动保障监察,坚持教育与处罚相结合,接受社会监督。

第九条 任何组织或者个人对违反劳动保障法律、法规或者规章的行为,有权向劳动保障行政部门举报。

劳动者认为用人单位侵犯其劳动保障合法权益的,有权向劳动保障行政部门投诉。

劳动保障行政部门应当为举报人保密;对举报属实、为查处重大违反劳动保障法律、法规或者规章的行为提供主要线索和证据的举报人,给予奖励。

第二章 劳动保障监察职责

第十条 劳动保障行政部门实施劳动保障监察,履行下列职责:

(一)宣传劳动保障法律、法规和规章,督促用人单位贯彻执行;

(二)检查用人单位遵守劳动保障法律、法规和规章的情况;

(三)受理对违反劳动保障法律、法规或者规章的行为的举报、投诉;

(四)依法纠正和查处违反劳动保障法律、法规或者规章的行为。

第十一条 劳动保障行政部门对下列事项实施劳动保障监察:

(一)用人单位制定内部劳动保障规章制度的情况;

(二)用人单位与劳动者订立劳动合同的情况;

(三)用人单位遵守禁止使用童工规定的情况;

(四)用人单位遵守女职工和未成年工特殊劳动保护规定的情况;

(五)用人单位遵守工作时间和休息休假规定的情况;

(六)用人单位支付劳动者工资和执行最低工资标准的情况;

(七)用人单位参加各项社会保险和缴纳社会保险费的情况;

(八)职业介绍机构、职业技能培训机构和职业技能考核鉴定机构遵守国家有关职业介绍、职业技能培训和职业技能考核鉴定的规定的情况;

(九)法律、法规规定的其他劳动保障监察事项。

第十二条 劳动保障监察员依法履行劳动保障监察职责,受法律保护。

劳动保障监察员应当忠于职守,秉公执法,勤政廉洁,保守秘密。

任何组织或者个人对劳动保障监察员的违法违纪行为,有权向劳动保障行政部门或者有关机关检举、控告。

第三章 劳动保障监察的实施

第十三条 对用人单位的劳动保障监察,由用人单位用工所在地的县级或者设区的市级劳动保障行政部门管辖。

上级劳动保障行政部门根据工作需要,可以调查处理下级劳动保障行政部门管辖的案件。劳动保障行政部门对劳动保障监察管辖发生争议的，报请共同的上一级劳动保障行政部门指定管辖。

省、自治区、直辖市人民政府可以对劳动保障监察的管辖制定具体办法。

第十四条 劳动保障监察以日常巡视检查、审查用人单位按照要求报送的书面材料以及接受举报投诉等形式进行。

劳动保障行政部门认为用人单位有违反劳动保障法律、法规或者规章的行为，需要进行调查处理的，应当及时立案。

劳动保障行政部门或者受委托实施劳动保障监察的组织应当设立举报、投诉信箱和电话。

对因违反劳动保障法律、法规或者规章的行为引起的群体性事件，劳动保障行政部门应当根据应急预案，迅速会同有关部门处理。

第十五条 劳动保障行政部门实施劳动保障监察，有权采取下列调查、检查措施：

（一）进入用人单位的劳动场所进行检查；

（二）就调查、检查事项询问有关人员；

（三）要求用人单位提供与调查、检查事项相关的文件资料，并作出解释和说明，必要时可以发出调查询问书；

（四）采取记录、录音、录像、照像或者复制等方式收集有关情况和资料；

（五）委托会计师事务所对用人单位工资支付、缴纳社会保险费的情况进行审计；

（六）法律、法规规定可以由劳动保障行政部门采取的其他调查、检查措施。

劳动保障行政部门对事实清楚、证据确凿、可以当场处理的违反劳动保障法律、法规或者规章的行为有权当场予以纠正。

第十六条 劳动保障监察员进行调查、检查，不得少于2人，并应当佩戴劳动保障监察标志、出示劳动保障监察证件。

劳动保障监察员办理的劳动保障监察事项与本人或者其近亲属有直接利害关系的，应当回避。

第十七条 劳动保障行政部门对违反劳动保障法律、法规或者规章的行为的调查，应当自立案之日起60个工作日内完成；对情况复杂的，经劳动保障行政部门负责人批准，可以延长30个工作日。

第十八条 劳动保障行政部门对违反劳动保障法律、法规或者规章的行为，根据调查、检查的结果，作出以下处理：

（一）对依法应当受到行政处罚的，依法作出行政处罚决定；

（二）对应当改正未改正的，依法责令改正或作出相应的行政处理决定；

（三）对情节轻微且已改正的，撤销立案。

发现违法案件不属于劳动保障监察事项的，应当及时移送有关部门处理；涉嫌犯罪的，应当依法移送司法机关。

第十九条 劳动保障行政部门对违反劳动保障法律、法规或者规章的行为作出行政处罚或者行政处理决定前，应当听取用人单位的陈述、申辩；作出行政处罚或者行政处理决定，应当告知用人单位依法享有申请行政复议或者提起行政诉讼的权利。

第二十条 违反劳动保障法律、法规或者规章的行为在2年内未被劳动保障行政部门发现，也未被举报、投诉的，劳动保障行政部门不再查处。

前款规定的期限，自违反劳动保障法律、法规或者规章的行为发生之日起计算；违反劳动保障法律、法规或者规章的行为有连续或者继续状态的，自行为终了之日起计算。

第二十一条 用人单位违反劳动保障法律、法规或者规章，对劳动者造成损害的，依法承担赔偿责任。劳动者与用人单位就赔偿发生争议的，依照国家有关劳动争议处理的规定处理。

对应当通过劳动争议处理程序解决的事项或者已经按照劳动争议处理程序申请调解、仲裁或者已经提起诉讼的事项，劳动保障行政部门应当告知投诉人依照劳动争议处理或者诉讼的程序办理。

第二十二条 劳动保障行政部门应当建立用人单位劳动保障守法诚信档案。用人单位有重大违反劳动保障法律、法规或者规章的行为的，由有关的劳动保障行政部门向社会公布。

第四章 法律责任

第二十三条 用人单位有下列行为之一的，由劳动保障行政部门责令改正，按照受侵害的劳动者每人1000元以上5000元以下的标准计算，处以罚款：

（一）安排女职工从事矿山井下劳动、国家规定的第四级体力劳动强度的劳动或者其他禁忌从事的劳动的；

（二）安排女职工在经期从事高处、低温、冷水作业或者国家规定的第三级体力劳动强度的劳动的；

（三）安排女职工在怀孕期间从事国家规定的第三级体力劳动强度的劳动或者孕期禁忌从事的劳动的；

（四）安排怀孕7个月以上的女职工夜班劳动或者延

长其工作时间的;

(五)女职工生育享受产假少于90天的;

(六)安排女职工在哺乳未满1周岁的婴儿期间从事国家规定的第三级体力劳动强度的劳动或者哺乳期禁忌从事的其他劳动,以及延长其工作时间或者安排其夜班劳动的;

(七)安排未成年工从事矿山井下、有毒有害、国家规定的第四级体力劳动强度的劳动或者其他禁忌从事的劳动的;

(八)未对未成年工定期进行健康检查的。

第二十四条 用人单位与劳动者建立劳动关系不依法订立劳动合同的,由劳动保障行政部门责令改正。

第二十五条 用人单位违反劳动保障法律、法规或者规章延长劳动者工作时间的,由劳动保障行政部门给予警告,责令限期改正,并可以按照受侵害的劳动者每人100元以上500元以下的标准计算,处以罚款。

第二十六条 用人单位有下列行为之一的,由劳动保障行政部门分别责令限期支付劳动者的工资报酬、劳动者工资低于当地最低工资标准的差额或者解除劳动合同的经济补偿;逾期不支付的,责令用人单位按照应付金额50%以上1倍以下的标准计算,向劳动者加付赔偿金:

(一)克扣或者无故拖欠劳动者工资报酬的;

(二)支付劳动者的工资低于当地最低工资标准的;

(三)解除劳动合同未依法给予劳动者经济补偿的。

第二十七条 用人单位向社会保险经办机构申报应缴纳的社会保险费数额时,瞒报工资总额或者职工人数的,由劳动保障行政部门责令改正,并处瞒报工资数额1倍以上3倍以下的罚款。

骗取社会保险待遇或者骗取社会保险基金支出的,由劳动保障行政部门责令退还,并处骗取金额1倍以上3倍以下的罚款;构成犯罪的,依法追究刑事责任。

第二十八条 职业介绍机构、职业技能培训机构或者职业技能考核鉴定机构违反国家有关职业介绍、职业技能培训或者职业技能考核鉴定的规定的,由劳动保障行政部门责令改正,没收违法所得,并处1万元以上5万元以下的罚款;情节严重的,吊销许可证。

未经劳动保障行政部门许可,从事职业介绍、职业技能培训或者职业技能考核鉴定的组织或者个人,由劳动保障行政部门、工商行政管理部门依照国家有关无照经营查处取缔的规定查处取缔。

第二十九条 用人单位违反《中华人民共和国工会法》,有下列行为之一的,由劳动保障行政部门责令改正:

(一)阻挠劳动者依法参加和组织工会,或者阻挠上级工会帮助、指导劳动者筹建工会的;

(二)无正当理由调动依法履行职责的工会工作人员的工作岗位,进行打击报复的;

(三)劳动者因参加工会活动而被解除劳动合同的;

(四)工会工作人员因依法履行职责被解除劳动合同的。

第三十条 有下列行为之一的,由劳动保障行政部门责令改正;对有第(一)项、第(二)项或者第(三)项规定的行为的,处2000元以上2万元以下的罚款:

(一)无理抗拒、阻挠劳动保障行政部门依照本条例的规定实施劳动保障监察的;

(二)不按照劳动保障行政部门的要求报送书面材料,隐瞒事实真相,出具伪证或者隐匿、毁灭证据的;

(三)经劳动保障行政部门责令改正拒不改正,或者拒不履行劳动保障行政部门的行政处理决定的;

(四)打击报复举报人、投诉人的。

违反前款规定,构成违反治安管理行为的,由公安机关依法给予治安管理处罚;构成犯罪的,依法追究刑事责任。

第三十一条 劳动保障监察员滥用职权、玩忽职守、徇私舞弊或者泄露在履行职责过程中知悉的商业秘密的,依法给予行政处分;构成犯罪的,依法追究刑事责任。

劳动保障行政部门和劳动保障监察员违法行使职权,侵犯用人单位或者劳动者的合法权益的,依法承担赔偿责任。

第三十二条 属于本条例规定的劳动保障监察事项,法律、其他行政法规对处罚另有规定的,从其规定。

第五章 附 则

第三十三条 对无营业执照或者已被依法吊销营业执照,有劳动用工行为的,由劳动保障行政部门依照本条例实施劳动保障监察,并及时通报工商行政管理部门予以查处取缔。

第三十四条 国家机关、事业单位、社会团体执行劳动保障法律、法规和规章的情况,由劳动保障行政部门根据其职责,依照本条例实施劳动保障监察。

第三十五条 劳动安全卫生的监督检查,由卫生部门、安全生产监督管理部门、特种设备安全监督管理部门等有关部门依照有关法律、行政法规的规定执行。

第三十六条 本条例自2004年12月1日起施行。

关于实施《劳动保障监察条例》若干规定

- 2004年12月31日劳动和社会保障部令第25号公布
- 根据2022年1月7日《人力资源社会保障部关于修改部分规章的决定》修订

第一章 总 则

第一条 为了实施《劳动保障监察条例》,规范劳动保障监察行为,制定本规定。

第二条 劳动保障行政部门及所属劳动保障监察机构对企业和个体工商户(以下称用人单位)遵守劳动保障法律、法规和规章(以下简称劳动保障法律)的情况进行监察,适用本规定;对职业介绍机构、职业技能培训机构和职业技能考核鉴定机构进行劳动保障监察,依照本规定执行;对国家机关、事业单位、社会团体执行劳动保障法律情况进行劳动保障监察,根据劳动保障行政部门的职责,依照本规定执行。

第三条 劳动保障监察遵循公正、公开、高效、便民的原则。

实施劳动保障行政处罚坚持以事实为依据,以法律为准绳,坚持教育与处罚相结合,接受社会监督。

第四条 劳动保障监察实行回避制度。

第五条 县级以上劳动保障行政部门设立的劳动保障监察行政机构和劳动保障行政部门依法委托实施劳动保障监察的组织(以下统称劳动保障监察机构)具体负责劳动保障监察管理工作。

第二章 一般规定

第六条 劳动保障行政部门对用人单位及其劳动场所的日常巡视检查,应当制定年度计划和中长期规划,确定重点检查范围,并按照现场检查的规定进行。

第七条 劳动保障行政部门对用人单位按照要求报送的有关遵守劳动保障法律情况的书面材料应进行审查,并对审查中发现的问题及时予以纠正和查处。

第八条 劳动保障行政部门可以针对劳动保障法律实施中存在的重点问题集中组织专项检查活动,必要时,可以联合有关部门或组织共同进行。

第九条 劳动保障行政部门应当设立举报、投诉信箱,公开举报、投诉电话,依法查处举报和投诉反映的违反劳动保障法律的行为。

第三章 受理与立案

第十条 任何组织或个人对违反劳动保障法律的行为,有权向劳动保障行政部门举报。

第十一条 劳动保障行政部门对举报人反映的违反劳动保障法律的行为应当依法予以查处,并为举报人保密;对举报属实,为查处重大违反劳动保障法律的行为提供主要线索和证据的举报人,给予奖励。

第十二条 劳动者对用人单位违反劳动保障法律、侵犯其合法权益的行为,有权向劳动保障行政部门投诉。对因同一事由引起的集体投诉,投诉人可推举代表投诉。

第十三条 投诉应当由投诉人向劳动保障行政部门递交投诉文书。书写投诉文书确有困难的,可以口头投诉,由劳动保障监察机构进行笔录,并由投诉人签字。

第十四条 投诉文书应当载明下列事项:

(一)投诉人的姓名、性别、年龄、职业、工作单位、住所和联系方式,被投诉用人单位的名称、住所、法定代表人或者主要负责人的姓名、职务;

(二)劳动保障合法权益受到侵害的事实和投诉请求事项。

第十五条 有下列情形之一的投诉,劳动保障行政部门应当告知投诉人依照劳动争议处理或者诉讼程序办理:

(一)应当通过劳动争议处理程序解决的;

(二)已经按照劳动争议处理程序申请调解、仲裁的;

(三)已经提起劳动争议诉讼的。

第十六条 下列因用人单位违反劳动保障法律行为对劳动者造成损害,劳动者与用人单位就赔偿发生争议的,依照国家有关劳动争议处理的规定处理:

(一)因用人单位制定的劳动规章制度违反法律、法规规定,对劳动者造成损害的;

(二)因用人单位违反对女职工和未成年工的保护规定,对女职工和未成年工造成损害的;

(三)因用人单位原因订立无效合同,对劳动者造成损害的;

(四)因用人单位违法解除劳动合同或者故意拖延不订立劳动合同,对劳动者造成损害的;

(五)法律、法规和规章规定的其他因用人单位违反劳动保障法律的行为,对劳动者造成损害的。

第十七条 劳动者或者用人单位与社会保险经办机构发生的社会保险行政争议,按照《社会保险行政争议处理办法》处理。

第十八条 对符合下列条件的投诉,劳动保障行政部门应当在接到投诉之日起5个工作日内依法受理,并于受理之日立案查处:

(一)违反劳动保障法律的行为发生在2年内的;

(二)有明确的被投诉用人单位,且投诉人的合法权益受到侵害是被投诉用人单位违反劳动保障法律的行为所造成的；

（三）属于劳动保障监察职权范围并由受理投诉的劳动保障行政部门管辖。

对不符合第一款第（一）项规定的投诉，劳动保障行政部门应当在接到投诉之日起5个工作日内决定不予受理，并书面通知投诉人。

对不符合第一款第（二）项规定的投诉，劳动保障监察机构应当告知投诉人补正投诉材料。

对不符合第一款第（三）项规定的投诉，即对不属于劳动保障监察职权范围的投诉，劳动保障监察机构应当告诉投诉人；对属于劳动保障监察职权范围但不属于受理投诉的劳动保障行政部门管辖的投诉，应当告知投诉人向有关劳动保障行政部门提出。

第十九条 劳动保障行政部门通过日常巡视检查、书面审查、举报等发现用人单位有违反劳动保障法律的行为，需要进行调查处理的，应当及时立案查处。

立案应当填写立案审批表，报劳动保障监察机构负责人审查批准。劳动保障监察机构负责人批准之日即为立案之日。

第四章 调查与检查

第二十条 劳动保障监察员进行调查、检查不得少于2人。

劳动保障监察机构应指定其中1名为主办劳动保障监察员。

第二十一条 劳动保障监察员对用人单位遵守劳动保障法律情况进行监察时，应当遵循以下规定：

（一）进入用人单位时，应佩戴劳动保障监察执法标志，出示劳动保障监察证件，并说明身份；

（二）就调查事项制作笔录，应由劳动保障监察员和被调查人（或其委托代理人）签名或盖章。被调查人拒不签名、盖章的，应注明拒签情况。

第二十二条 劳动保障监察员进行调查、检查时，承担下列义务：

（一）依法履行职责，秉公执法；

（二）保守在履行职责过程中获知的商业秘密；

（三）为举报人保密。

第二十三条 劳动保障监察员在实施劳动保障监察时，有下列情形之一的，应当回避：

（一）本人是用人单位法定代表人或主要负责人近亲属的；

（二）本人或其近亲属与承办查处的案件事项有直接利害关系的；

（三）因其他原因可能影响案件公正处理的。

第二十四条 当事人认为劳动保障监察员符合本规定第二十三条规定应当回避的，有权向劳动保障行政部门申请，要求其回避。当事人申请劳动保障监察员回避，应当采用书面形式。

第二十五条 劳动保障行政部门应当在收到回避申请之日起3个工作日内依法审查，并由劳动保障行政部门负责人作出回避决定。决定作出前，不停止实施劳动保障监察。回避决定应当告知申请人。

第二十六条 劳动保障行政部门实施劳动保障监察，有权采取下列措施：

（一）进入用人单位的劳动场所进行检查；

（二）就调查、检查事项询问有关人员；

（三）要求用人单位提供与调查、检查事项相关的文件资料，必要时可以发出调查询问书；

（四）采取记录、录音、录像、照像和复制等方式收集有关的情况和资料；

（五）对事实确凿，可以当场处理的违反劳动保障法律、法规或规章的行为当场予以纠正；

（六）可以委托注册会计师事务所对用人单位工资支付、缴纳社会保险费的情况进行审计；

（七）法律、法规规定可以由劳动保障行政部门采取的其他调查、检查措施。

第二十七条 劳动保障行政部门调查、检查时，有下列情形之一的可以采取证据登记保存措施：

（一）当事人可能对证据采取伪造、变造、毁灭行为的；

（二）当事人采取措施不当可能导致证据灭失的；

（三）不采取证据登记保存措施以后难以取得的；

（四）其他可能导致证据灭失的情形。

第二十八条 采取证据登记保存措施应当按照下列程序进行：

（一）劳动保障监察机构根据本规定第二十七条的规定，提出证据登记保存申请，报劳动保障行政部门负责人批准；

（二）劳动保障监察员将证据登记保存通知书及证据登记清单交付当事人，由当事人签收。当事人拒不签名或者盖章的，由劳动保障监察员注明情况；

（三）采取证据登记保存措施后，劳动保障行政部门应当在7日内及时作出处理决定，期限届满后应当解除证据登记保存措施。

在证据登记保存期内，当事人或者有关人员不得销毁或者转移证据;劳动保障监察机构及劳动保障监察员可以随时调取证据。

第二十九条 劳动保障行政部门在实施劳动保障监察中涉及异地调查取证的,可以委托当地劳动保障行政部门协助调查。受委托方的协助调查应在双方商定的时间内完成。

第三十条 劳动保障行政部门对违反劳动保障法律的行为的调查,应当自立案之日起60个工作日内完成;情况复杂的,经劳动保障行政部门负责人批准,可以延长30个工作日。

第五章 案件处理

第三十一条 对用人单位存在的违反劳动保障法律的行为事实确凿并有法定处罚(处理)依据的,可以当场作出限期整改指令或依法当场作出行政处罚决定。

当场作出限期整改指令或行政处罚决定的,劳动保障监察员应当填写预定格式、编有号码的限期整改指令书或行政处罚决定书,当场交付当事人。

第三十二条 当场处以警告或罚款处罚的,应当按照下列程序进行:

(一)口头告知当事人违法行为的基本事实、拟作出的行政处罚、依据及其依法享有的权利;

(二)听取当事人的陈述和申辩;

(三)填写预定格式的处罚决定书;

(四)当场处罚决定书应当由劳动保障监察员签名或者盖章;

(五)将处罚决定书当场交付当事人,由当事人签收。

劳动保障监察员应当在2日内将当场限期整改指令和行政处罚决定书存档联交所属劳动保障行政部门存档。

第三十三条 对不能当场作出处理的违法案件,劳动保障监察员经调查取证,应当提出初步处理建议,并填写案件处理报批表。

案件处理报批表应写明被处理单位名称、案由、违反劳动保障法律行为事实、被处理单位的陈述、处理依据、建议处理意见。

第三十四条 对违反劳动保障法律的行为作出行政处罚或者行政处理决定前,应当告知用人单位,听取其陈述和申辩;法律、法规规定应当依法听证的,应当告知用人单位有权依法要求举行听证;用人单位要求证的,劳动保障行政部门应当组织听证。

第三十五条 劳动保障行政部门对违反劳动保障法律的行为,根据调查、检查的结果,作出以下处理:

(一)对依法应当受到行政处罚的,依法作出行政处罚决定;

(二)对应当改正未改正的,依法责令改正或者作出相应的行政处理决定;

(三)对情节轻微,且已改正的,撤销立案。

经调查、检查,劳动保障行政部门认定违法事实不能成立的,也应当撤销立案。

发现违法案件不属于劳动保障监察事项的,应当及时移送有关部门处理;涉嫌犯罪的,应当依法移送司法机关。

第三十六条 劳动保障监察行政处罚(处理)决定书应载明下列事项:

(一)被处罚(处理)单位名称、法定代表人、单位地址;

(二)劳动保障行政部门认定的违法事实和主要证据;

(三)劳动保障行政处罚(处理)的种类和依据;

(四)处罚(处理)决定的履行方式和期限;

(五)不服行政处罚(处理)决定,申请行政复议或者提起行政诉讼的途径和期限;

(六)作出处罚(处理)决定的行政机关名称和作出处罚(处理)决定的日期。

劳动保障行政处罚(处理)决定书应当加盖劳动保障行政部门印章。

第三十七条 劳动保障行政部门立案调查完成,应在15个工作日内作出行政处罚(行政处理或者责令改正)或者撤销立案决定;特殊情况,经劳动保障行政部门负责人批准可以延长。

第三十八条 劳动保障监察限期整改指令书、劳动保障行政处理决定书、劳动保障行政处罚决定书应当在宣告后当场交付当事人;当事人不在场的,劳动保障行政部门应当在7日内依照《中华人民共和国民事诉讼法》的有关规定,将劳动保障监察限期整改指令书、劳动保障行政处理决定书、劳动保障行政处罚决定书送达当事人。

第三十九条 作出行政处罚、行政处理决定的劳动保障行政部门发现决定不适当的,应当予以纠正并及时告知当事人。

第四十条 劳动保障监察案件结案后应建立档案。档案资料应当至少保存三年。

第四十一条 劳动保障行政处理或处罚决定依法作出后,当事人应当在决定规定的期限内予以履行。

第四十二条 当事人对劳动保障行政处理或行政处罚决定不服申请行政复议或者提起行政诉讼的,行政处理或行政处罚决定不停止执行。法律另有规定的除外。

第四十三条 当事人确有经济困难,需要延期或者分期缴纳罚款的,经当事人申请和劳动保障行政部门批准,可以暂缓或者分期缴纳。

第四十四条 当事人对劳动保障行政部门作出的行政处罚决定、责令支付劳动者工资报酬、赔偿金或者征缴社会保险费等行政处理决定逾期不履行的,劳动保障行政部门可以申请人民法院强制执行,或者依法强制执行。

第四十五条 除依法当场收缴的罚款外,作出罚款决定的劳动保障行政部门及其劳动保障监察员不得自行收缴罚款。当事人应当自收到行政处罚决定书之日起15日内,到指定银行缴纳罚款。

第四十六条 地方各级劳动保障行政部门应当按照劳动保障部有关规定对承办的案件进行统计并填表上报。

地方各级劳动保障行政部门制作的行政处罚决定书,应当在10个工作日内报送上一级劳动保障行政部门备案。

第六章 附 则

第四十七条 对无营业执照或者已被依法吊销营业执照,有劳动用工行为的,由劳动保障行政部门依照本规定实施劳动保障监察。

第四十八条 本规定自2005年2月1日起施行。原《劳动监察规定》(劳部发〔1993〕167号)、《劳动监察程序规定》(劳部发〔1995〕457号)、《处理举报劳动违法行为规定》(劳动部令第5号,1996年12月17日)同时废止。

劳动监察员管理办法

- 1994年11月14日劳部发〔1994〕448号公布
- 根据2010年11月12日《人力资源和社会保障部关于废止和修改部分人力资源和社会保障规章的决定》修正

第一条 为加强劳动监察员管理工作,规范劳动监察行为,提高劳动监察工作质量,保障劳动法律、法规的贯彻实施,根据《中华人民共和国劳动法》有关监督检查人员的规定,制定本办法。

第二条 县级以上各级人民政府劳动行政部门应按照本办法规定对劳动监察员进行管理和监督。

劳动安全卫生监察员管理工作,按照现行规定执行。

第三条 劳动监察员是县级以上各级人民政府劳动行政部门执行劳动监督检查公务的人员。

第四条 劳动监察员必须坚持严肃执法、文明执法原则,做到有法必依、执法必严、违法必究。

第五条 县级以上各级人民政府劳动行政部门根据工作需要配备专职劳动监察员和兼职劳动监察员。专职劳动监察员是劳动行政部门专门从事劳动监察工作的人员,兼职劳动监察员是劳动行政部门非专门从事劳动监察工作的人员。兼职监察员,主要负责与其业务有关的单项监察,须对用人单位处罚时,应会同专职监察员进行。

第六条 劳动监察人员执行公务,有权进入用人单位了解遵守劳动法律、法规的情况,查阅必要的资料,并对劳动场所进行检查。劳动监察人员执行公务,必须出示中华人民共和国劳动监察证件,秉公执法,并遵守有关规定。

第七条 劳动监察员应当具备以下任职条件:

(一)认真贯彻执行国家法律、法规和政策;

(二)熟悉劳动业务,熟练掌握和运用劳动法律、法规知识;

(三)坚持原则,作风正派,勤政廉洁;

(四)在劳动行政部门从事劳动行政业务工作三年以上,并经国务院劳动行政部门或省级劳动行政部门劳动监察专业培训合格。

第八条 劳动监察员培训工作应纳入劳动行政部门公务员培训计划,按照有关公务员培训规定办理。

第九条 劳动监察员的任命程序:

劳动行政部门专职劳动监察员的任命,由劳动监察机构负责提出任命建议并填写中华人民共和国劳动监察员审批表,经同级人事管理机构审核,报劳动行政部门领导批准;兼职劳动监察员的任命,由有关业务工作机构按规定推荐人选,并填写中华人民共和国劳动监察员审批表,经同级劳动监察机构和人事管理机构进行审核,报劳动行政部门领导批准。经批准任命的劳动监察员由劳动监察机构办理颁发中华人民共和国劳动监察证件手续。

劳动监察员任命后,地方各级劳动行政部门按照规定填写《中华人民共和国劳动监察证件统计表》,逐级上报省级劳动行政部门,由省级劳动行政部门汇总并报国务院劳动行政部门备案。

第十条 中华人民共和国劳动监察证件由国务院劳动行政部门统一监制。

第十一条 劳动监察员遗失劳动监察证件应立即向发证单位报告。发证单位应在报上登载启事声明作废。对遗失证件者,经发证机关审核后,予以补发。

劳动监察员调离原工作岗位,或不再直接承担劳动监察任务时,由任命机关免去任职,监察机构负责收回其监察证件,并交回发证机关注销。

第十二条 劳动监察员实行每三年进行一次考核验证制度。对经考核合格的换发新证,并按本办法第九条第二款规定填写报送《中华人民共和国劳动监察证件统计表》。

持证人未按规定考核验证或经考核不能胜任劳动监察工作的,注销其中华人民共和国劳动监察证件。

第十三条 各级劳动行政部门应建立劳动监察员培训制度,制定培训计划,按岗位技能要求,组织进行职业技能、专业理论知识等方面的培训,不断提高监察人员的政治素质和业务素质。

第十四条 劳动行政部门对模范执法、成绩优异的劳动监察员应当按照《中华人民共和国公务员法》给予奖励。

第十五条 应加强对劳动监察员的监督。对越权或非公务场合使用劳动监察证件,或利用职权谋取私利、违法乱纪的劳动监察人员,应给予批评教育;情节严重的,由任命机关撤销任命、收缴其劳动监察证件,并给予处分;触犯刑律的,由司法机关依法追究刑事责任。

第十六条 本办法自1995年1月1日起实行。

跨地区劳动保障监察案件协查办法

· 2010年12月22日
· 人社部发〔2010〕103号

第一条 为规范跨地区劳动保障监察案件协查工作,提高劳动保障监察案件办理工作质量和效率,根据《关于实施〈劳动保障监察条例〉若干规定》(劳动保障部部令第25号),制定本办法。

第二条 跨地区劳动保障监察案件协查,是指各级人力资源社会保障行政部门在实施劳动保障监察过程中,发现劳动保障监察案件需要跨省、自治区、直辖市(以下简称跨地区)调查的,可以委托案件相关地人力资源社会保障行政部门协助调查并反馈协查结果的工作。

第三条 跨地区劳动保障监察案件协查工作应遵循合法、公正、高效的原则。

第四条 本办法适用于地方各级人力资源社会保障行政部门对跨地区劳动保障监察案件的协查。

第五条 人力资源社会保障部负责指导跨地区劳动保障监察案件协查工作。

各省级人力资源社会保障行政部门负责对跨地区劳动保障监察案件协查工作的组织实施。

第六条 跨地区劳动保障监察案件的查处以用人单位用工所在地人力资源社会保障行政部门为主,案件相关地人力资源社会保障行政部门协助调查。

第七条 跨地区劳动保障监察案件协查的具体实施,由用人单位用工所在地省级人力资源社会保障行政部门的劳动保障监察机构(以下简称委托方)向案件相关地有关省级人力资源社会保障行政部门的劳动保障监察机构(以下简称受托方)发出委托协查请求。

各地可根据协查工作需要,与案件相关地省级人力资源社会保障行政部门的劳动保障监察机构协商进一步明确委托和受托主体。

第八条 劳动保障监察案件有下列情形之一且需要相关地区协助的,委托方可以启动委托协查工作:

(一)本地区发生劳动保障监察案件的用人单位注册地、主要营业地或者主要办事机构所在地在其他地区的;

(二)本地区发生劳动保障监察案件的违法行为涉及其他地区的;

(三)本地区在查处劳动保障监察案件过程中需要相关地区协助的。

第九条 委托协查的工作范围包括:

(一)协助调查工作;

(二)协助核实证据材料;

(三)协助送达文书;

(四)协助督促整改;

(五)其他事项。

第十条 委托协查以书面形式进行,由委托方发出委托协查函,同时提供已掌握的违法线索情况。委托协查函的内容包括:涉案单位基本情况、协查范围、涉嫌违法事实、协助调查事项及内容等。

第十一条 委托方应指定专人负责与受托方联系,及时沟通信息,确保协查信息的真实、有效。

第十二条 委托方收到协查回函结果后,如需再次发出委托协查请求,应提供新发现的违法事实及相关证据材料。

第十三条 委托方协查案件的归档资料应包括委托协查函、协查回函(样式附后)(略)及受托方寄送的相关材料等。

第十四条 受托方收到委托协查函后,按照协查请求和本办法规定开展协查工作。受托方应指定专人负责协查工作的组织协调,根据需要可以通过信函、电话、传真、电邮等方式及时沟通情况。

第十五条 受托方按照委托协查相关要求及时发送协查回函。一般情况下,回函时间自收到委托协查函之日起不超过20个工作日。对案情特别重大和紧急的委托协查,回函时间自收到委托协查函之日起不超过10个工作日。特殊情况不能如期回函的,应及时向委托方说明原因。

第十六条 受托方在协查中发现被调查对象存在管辖范围内的违法行为,应按照有关规定及时立案查处。

第十七条 委托方、受托方如以传真、电邮等形式发送相关函件,应在发送后的1个工作日内将委托协查函原件或协查回函原件及相关材料寄送对方。

第十八条 各省级人力资源社会保障行政部门应根据本办法建立本行政区域内跨地区劳动保障监察案件协查工作制度。

第十九条 本办法自发布之日起施行。

附件:跨地区劳动保障监察案件委托协查函(样式)(略)

关于贯彻执行《中华人民共和国劳动法》若干问题的意见

· 1995年8月4日
· 劳部发[1995]309号

《中华人民共和国劳动法》(以下简称劳动法)已于1995年1月1日起施行,现就劳动法在贯彻执行中遇到的若干问题提出以下意见。

一、适用范围

1. 劳动法第二条中的"个体经济组织"是指一般雇工在七人以下的个体工商户。

2. 中国境内的企业、个体经济组织与劳动者之间,只要形成劳动关系,即劳动者事实上已成为企业、个体经济组织的成员,并为其提供有偿劳动,适用劳动法。

3. 国家机关、事业组织、社会团体实行劳动合同制度的以及按规定应实行劳动合同制度的工勤人员;实行企业化管理的事业组织的人员;其他通过劳动合同与国家机关、事业组织、社会团体建立劳动关系的劳动者,适用劳动法。

4. 公务员和比照实行公务员制度的事业组织和社会团体的工作人员,以及农村劳动者(乡镇企业职工和进城务工、经商的农民除外)、现役军人和家庭保姆等不适用劳动法。

5. 中国境内的企业、个体经济组织在劳动法中被称为用人单位。国家机关、事业组织、社会团体和与之建立劳动合同关系的劳动者依照劳动法执行。根据劳动法的这一规定,国家机关、事业组织、社会团体应当视为用人单位。

二、劳动合同和集体合同①

(一)劳动合同的订立

6. 用人单位应当与其富余人员、放长假的职工,签订劳动合同,但其劳动合同与在岗职工的劳动合同在内容上可以有所区别。用人单位与劳动者经协商一致可以在劳动合同中就不在岗期间的有关事项作出规定。

7. 用人单位应当与其长期被外单位借用的人员、带薪上学人员、以及其他非在岗但仍保持劳动关系的人员签订劳动合同,但在外借和上学期间,劳动合同中的某些相关条款经双方协商可以变更。

8. 请长病假的职工,在病假期间与原单位保持着劳动关系,用人单位应与其签订劳动合同。

9. 原固定工中经批准的停薪留职人员,愿意回原单位继续工作的,原单位应与其签订劳动合同;不愿回原单位继续工作的,原单位可以与其解除劳动关系。

10. 根据劳动部《实施〈劳动法〉中有关劳动合同问题的解答》(劳部发[1995]202号)的规定,党委书记、工会主席等党群专职人员也是职工的一员,依照劳动法的规定,与用人单位签订劳动合同。对于有特殊规定的,可以按有关规定办理。

11. 根据劳动部《实施〈劳动法〉中有关劳动合同问题的解答》(劳部发[1995]202号)的规定,经理由其上级部门聘任(委任)的,应与聘任(委任)部门签订劳动合同。实行公司制的经理和有关经营管理人员,应依据《中华人民共和国公司法》的规定与董事会签订劳动合同。

12. 在校生利用业余时间勤工助学,不视为就业,未建立劳动关系,可以不签订劳动合同。

13. 用人单位发生分立或合并后,分立或合并后的用人单位可依据其实际情况与原用人单位的劳动者遵循平等自愿、协商一致的原则变更原劳动合同。

14. 派出到合资、参股单位的职工如果与原单位仍保持着劳动关系,应当与原单位签订劳动合同,原单位可就劳动合同的有关内容在与合资、参股单位订立的劳务合同时,明确职工的工资、保险、福利、休假等有关待遇。

---

① 本部分内容与《劳动合同法》、《劳动合同法实施条例》冲突的,以《劳动合同法》及其实施条例为准。

15. 租赁经营(生产)、承包经营(生产)的企业,所有权并没有发生改变,法人名称未变,在与职工订立劳动合同时,该企业仍为用人单位一方。依据租赁合同或承包合同,租赁人、承包人如果作为该企业的法定代表人或者该法定代表人的授权委托人时,可代表该企业(用人单位)与劳动者订立劳动合同。

16. 用人单位与劳动者签订劳动合同时,劳动合同可以由用人单位拟定,也可以由双方当事人共同拟定,但劳动合同必须经双方当事人协商一致后才能签订,职工被迫签订的劳动合同或未经协商一致签订的劳动合同为无效劳动合同。

17. 用人单位与劳动者之间形成了事实劳动关系,而用人单位故意拖延不订立劳动合同,劳动行政部门应予以纠正。用人单位因此给劳动者造成损害的,应按劳动部《违反〈劳动法〉有关劳动合同规定的赔偿办法》(劳部发〔1995〕223号)的规定进行赔偿。

(二)劳动合同的内容

18. 劳动者被用人单位录用后,双方可以在劳动合同中约定试用期,试用期应包括在劳动合同期限内。

19. 试用期是用人单位和劳动者为相互了解、选择而约定的不超过六个月的考察期。一般对初次就业或再次就业的职工可以约定。在原固定工进行劳动合同制度的转制过程中,用人单位与原固定工签订劳动合同时,可以不再约定试用期。

20. 无固定期限的劳动合同是指不约定终止日期的劳动合同。按照平等自愿、协商一致的原则,用人单位和劳动者只要达成一致,无论初次就业的,还是由固定工转制的,都可以签订无固定期限的劳动合同。

无固定期限的劳动合同不得将法定解除条件约定为终止条件,以规避解除劳动合同时用人单位应承担支付给劳动者经济补偿的义务。

21. 用人单位经批准招用农民工,其劳动合同期限可以由用人单位和劳动者协商确定。

从事矿山井下以及在其他有害身体健康的工种、岗位工作的农民工,实行定期轮换制度,合同期限最长不超过八年。

22. 劳动法第二十条中的"在同一用人单位连续工作满十年以上"是指劳动者与同一用人单位签订的劳动合同的期限不间断达到十年,劳动合同期满双方同意续订劳动合同时,只要劳动者提出签订无固定期限劳动合同的,用人单位应当与其签订无固定期限的劳动合同。在固定工转制中各地如有特殊规定的,从其规定。

23. 用人单位用于劳动者职业技能培训费用的支付和劳动者违约时培训费的赔偿可以在劳动合同中约定,但约定劳动者违约时负担的培训费和赔偿金的标准不得违反劳动部《违反〈劳动法〉有关劳动合同规定的赔偿办法》(劳部发〔1995〕223号)等有关规定。

24. 用人单位在与劳动者订立劳动合同时,不得以任何形式向劳动者收取定金、保证金(物)或抵押金(物)。对违反以上规定的,应按照劳动部、公安部、全国总工会《关于加强外商投资企业和私营企业劳动管理切实保障职工合法权益的通知》(劳部发〔1994〕118号)和劳动部办公厅《对"关于国有企业和集体所有制企业能否参照执行劳部发〔1994〕118号文件中的有关规定的请示"的复函》(劳办发〔1994〕256号)的规定,由公安部门和劳动行政部门责令用人单位立即退还给劳动者本人。

(三)经济性裁员

25. 依据劳动法第二十七条和劳动部《企业经济性裁减人员规定》[①](劳部发〔1994〕447号)第四条的规定,用人单位确需裁减人员,应按下列程序进行:

(1)提前30日向工会或全体职工说明情况,并提供有关生产经营状况的资料;

(2)提出裁减人员方案,内容包括:被裁减人员名单、裁减时间及实施步骤,符合法律、法规规定和集体合同约定的被裁减人员的经济补偿办法;

(3)将裁减人员方案征求工会或者全体职工的意见,并对方案进行修改和完善;

(4)向当地劳动行政部门报告裁减人员方案以及工会或者全体职工的意见,并听取劳动行政部门的意见;

(5)由用人单位正式公布裁减人员方案,与被裁减人员办理解除劳动合同手续,按照有关规定向被裁减人员本人支付经济补偿金,并出具裁减人员证明书。

(四)劳动合同的解除和无效劳动合同

26. 劳动合同的解除是指劳动合同订立后,尚未全部履行以前,由于某种原因导致劳动合同一方或双方当事人提前消灭劳动关系的法律行为。劳动合同的解除分为法定解除和约定解除两种。根据劳动法的规定,劳动合同既可以由单方依法解除,也可以双方协商解除。劳动合同的解除,只对未履行的部分发生效力,不涉及已履

---

① 因与《劳动合同法》不一致,《企业经济性裁减人员规定》已被列入拟修订的劳动和社会保障规章目录。

行的部分。

27. 无效劳动合同是指所订立的劳动合同不符合法定条件,不能发生当事人预期的法律后果的劳动合同。劳动合同的无效由人民法院或劳动争议仲裁委员会确认,不能由合同双方当事人决定。

28. 劳动者涉嫌违法犯罪被有关机关收容审查、拘留或逮捕的,用人单位在劳动者被限制人身自由期间,可与其暂时停止劳动合同的履行。

暂时停止履行劳动合同期间,用人单位不承担劳动合同规定的相应义务。劳动者经证明被错误限制人身自由的,暂时停止履行劳动合同期间劳动者的损失,可由其依据《国家赔偿法》要求有关部门赔偿。

29. 劳动者被依法追究刑事责任的,用人单位可依据劳动法第二十五条解除劳动合同。

"被依法追究刑事责任"是指:被人民检察院免于起诉的、被人民法院判处刑罚的、被人民法院依据刑法第三十二条免予刑事处分的。

劳动者被人民法院判处拘役、3年以下有期徒刑缓刑的,用人单位可以解除劳动合同。

30. 劳动法第二十五条为用人单位可以解除劳动合同的条款,即使存在第二十九条规定的情况,只要劳动者同时存在第二十五条规定的四种情形之一,用人单位也可以根据第二十五条的规定解除劳动合同。

31. 劳动者被劳动教养的,用人单位可以依据被劳教的事实解除与该劳动者的劳动合同。

32. 按照劳动法第三十一条的规定,劳动者解除劳动合同,应当提前30日以书面形式通知用人单位。超过30日,劳动者可以向用人单位提出办理解除劳动合同手续,用人单位予以办理。如果劳动者违法解除劳动合同给原用人单位造成经济损失,应当承担赔偿责任。

33. 劳动者违反劳动法规定或劳动合同的约定解除劳动合同(如擅自离职),给用人单位造成经济损失的,应当根据劳动法第一百零二条和劳动部《违反〈劳动法〉有关劳动合同规定的赔偿办法》(劳部发〔1995〕223号)的规定,承担赔偿责任。

34. 除劳动法第二十五条规定的情形外,劳动者在医疗期、孕期、产期和哺乳期内,劳动合同期限届满时,用人单位不得终止劳动合同。劳动合同的期限应自动延续至医疗期、孕期、产期和哺乳期期满为止。

35. 请长病假的职工在医疗期满后,能从事原工作的,可以继续履行劳动合同;医疗期满后仍不能从事原工作也不能从事由单位另行安排的工作的,由劳动鉴定委员会参照工伤与职业病致残程度鉴定标准进行劳动能力鉴定。被鉴定为一至四级的,应当退出劳动岗位,解除劳动关系,办理因病或非因工负伤退休退职手续,享受相应的退休退职待遇;被鉴定为五至十级的,用人单位可以解除劳动合同,并按规定支付经济补偿金和医疗补助费。

(五)解除劳动合同的经济补偿

36. 用人单位依据劳动法第二十四条、第二十六条、第二十七条的规定解除劳动合同,应当按照劳动法和劳动部《违反和解除劳动合同的经济补偿办法》(劳部发〔1994〕481号)①支付劳动者经济补偿金。

37. 根据《民法通则》第四十四条第二款"企业法人分立、合并,它的权利和义务由变更后的法人享有和承担"的规定,用人单位发生分立或合并后,分立或合并后的用人单位可依据其实际情况与原用人单位的劳动者遵循平等自愿、协商一致的原则变更、解除或重新签订劳动合同。在此种情况下的重新签订劳动合同视为原劳动合同的变更,用人单位变更劳动合同,劳动者不能依据劳动法第二十八条要求经济补偿。

38. 劳动合同期满或者当事人约定的劳动合同终止条件出现,劳动合同即行终止,用人单位可以不支付劳动者经济补偿金。国家另有规定的,可以从其规定。

39. 用人单位依据劳动法第二十五条解除劳动合同,可以不支付劳动者经济补偿金。

40. 劳动者依据劳动法第三十二条第(一)项解除劳动合同,用人单位可以不支付经济补偿金,但应按照劳动者的实际工作天数支付工资。

41. 在原固定工实行劳动合同制度的过程中,企业富余职工辞职,经企业同意可以不与企业签订劳动合同的,企业应根据《国有企业富余职工安置规定》(国务院令第111号,1993年公布)发给劳动者一次性生活补助费。

42. 职工在接近退休年龄(按有关规定一般为五年以内)时因劳动合同到期终止劳动合同的,如果符合退休、退职条件,可以办理退休、退职手续;不符合退休、退职条件的,在终止劳动合同后按规定领取失业救济金。享受失业救济金的期限届满仍未就业,符合社会救济条件的,可以按规定领取社会救济金,达到退休年龄时办

---

① 《违反和解除劳动合同的经济补偿办法》已被废止。

43. 劳动合同解除后，用人单位对符合规定的劳动者应支付经济补偿金。不能因劳动者领取了失业救济金而拒付或克扣经济补偿金，失业保险机构也不得以劳动者领取了经济补偿金为由，停发或减发失业救济金。

（六）体制改革过程中实行劳动合同制度的有关政策

44. 困难企业签订劳动合同，应区分不同情况，有些亏损企业属政策性亏损，生产仍在进行，还能发出工资，应该按照劳动法的规定签订劳动合同。已经停产半停产的企业，要根据具体情况签订劳动合同，保证这些企业职工的基本生活。

45. 在国有企业固定工转制过程中，劳动者无正当理由不得单方面与用人单位解除劳动关系；用人单位也不得以实行劳动合同制度为由，借机辞退部分职工。

46. 关于在企业内录干、聘干问题，劳动法规定用人单位内的全体职工统称为劳动者，在同一用人单位内，各种不同的身份界限随之打破。应该按照劳动法的规定，通过签订劳动合同来明确劳动者的工作内容、岗位等。用人单位根据工作需要，调整劳动者的工作岗位时，可以与劳动者协商一致，变更劳动合同的相关内容。

47. 由于各用人单位千差万别，对工作内容、劳动报酬的规定也就差异很大，因此，国家不宜制定统一的劳动合同标准文本。目前，各地、各行业制定并向企业推荐的劳动合同文本，对于用人单位和劳动者双方有一定的指导意义，但这些劳动合同文本只能供用人单位和劳动者参考。

48. 按照劳动部办公厅《对全面实行劳动合同制若干问题的请示的复函》（劳办发〔1995〕19号）的规定，各地企业在与原固定工签订劳动合同时，应注意保护老弱病残职工的合法权益。对工作时间较长、年龄较大的职工，各地可以根据劳动法第一百零六条制定一次性的过渡政策，具体办法由各省、自治区、直辖市确定。

49. 在企业全面建立劳动合同制度以后，原合同制工人与本企业内的原固定工应享受同等待遇。是否发给15%的工资性补贴，可以由各省、自治区、直辖市人民政府根据劳动法第一百零六条在制定劳动合同制度的实施步骤时加以规定。

50. 在目前工伤保险和残疾人康复就业制度尚未建立和完善的情况下，对因工部分丧失劳动能力的职工，劳动合同期满也不能终止劳动合同，仍由原单位按照国家有关规定提供医疗等待遇。

（七）集体合同

51. 当前签订集体合同的重点应在非国有企业和现代企业制度试点的企业进行，积累经验，逐步扩大范围。

52. 关于国有企业在承包制条件下签订的"共保合同"，凡内容符合劳动法和有关法律、法规和规章关于集体合同规定的，应按照有关规定办理集体合同送审、备案手续；凡不符合劳动法和有关法律、法规和规章规定的，应积极创造条件逐步向规范的集体合同过渡。

三、工 资

（一）最低工资

53. 劳动法中的"工资"是指用人单位依据国家有关规定或劳动合同的约定，以货币形式直接支付给本单位劳动者的劳动报酬，一般包括计时工资、计件工资、奖金、津贴和补贴、延长工作时间的工资报酬以及特殊情况下支付的工资等。"工资"是劳动者劳动收入的主要组成部分。劳动者的以下劳动收入不属于工资范围：（1）单位支付给劳动者个人的社会保险福利费用，如丧葬抚恤救济费、生活困难补助费、计划生育补贴等；（2）劳动保护方面的费用，如用人单位支付给劳动者的工作服、解毒剂、清凉饮料费用等；（3）按规定未列入工资总额的各种劳动报酬及其他劳动收入，如根据国家规定发放的创造发明奖、国家星火奖、自然科学奖、科学技术进步奖、合理化建议和技术改进奖、中华技能大奖等，以及稿费、讲课费、翻译费等。

54. 劳动法第四十八条中的"最低工资"是指劳动者在法定工作时间内履行了正常劳动义务的前提下，由其所在单位支付的最低劳动报酬。最低工资不包括延长工作时间的工资报酬，以货币形式支付的住房和用人单位支付的伙食补贴，中班、夜班、高温、低温、井下、有毒有害等特殊工作环境和劳动条件下的津贴，国家法律、法规、规章规定的社会保险福利待遇。

55. 劳动法第四十四条中的"劳动者正常工作时间工资"是指劳动合同规定的劳动者本人所在工作岗位（职位）相对应的工资。鉴于当前劳动合同制度尚处于推进过程中，按上述规定执行确有困难的用人单位，地方或行业劳动部门可在不违反劳动部《关于工资〈支付暂行规定〉有关问题的补充规定》（劳部发〔1995〕226号）文件所确定的总的原则的基础上，制定过渡办法。

56. 在劳动合同中，双方当事人约定的劳动者在未完成劳动定额或承包任务的情况下，用人单位可低于最低工资标准支付劳动者工资的条款不具有法律效力。

57. 劳动者与用人单位形成或建立劳动关系后，试用、熟练、见习期间,在法定工作时间内提供了正常劳动,其所在的用人单位应当支付其不低于最低工资标准的工资。

58. 企业下岗待工人员,由企业依据当地政府的有关规定支付其生活费,生活费可以低于最低工资标准,下岗待工人员中重新就业的,企业应停发其生活费。女职工因生育、哺乳请长假而下岗的,在其享受法定产假期间,依法领取生育津贴;没有参加生育保险的企业,由企业照发原工资。

59. 职工患病或非因工负伤治疗期间,在规定的医疗期间内由企业按有关规定支付其病假工资或疾病救济费,病假工资或疾病救济费可以低于当地最低工资标准支付,但不能低于最低工资标准的80%。

(二)延长工作时间的工资报酬

60. 实行每天不超过8小时,每周不超过44小时或40小时标准工作时间制度的企业,以及经批准实行综合计算工时工作制的企业,应当按照劳动法的规定支付劳动者延长工作时间的工资报酬。全体职工已实行劳动合同制度的企业,一般管理人员(实行不定时工作制人员除外)经批准延长工作时间的,可以支付延长工作时间的工资报酬。

61. 实行计时工资制的劳动者的日工资,按其本人月工资标准除以平均每月法定工作天数(实行每周40小时工作制的为21.16天,实行每周44小时工作制的为23.33天)进行计算。

62. 实行综合计算工时工作制的企业职工,工作日正好是周休息日的,属于正常工作;工作日正好是法定节假日时,要依照劳动法第四十四条第(三)项的规定支付职工的工资报酬。

(三)有关企业工资支付的政策

63. 企业克扣或无故拖欠劳动者工资的,劳动监察部门应根据劳动法第九十一条、劳动部《违反和解除劳动合同的经济补偿办法》第三条、《违反〈中华人民共和国劳动法〉行政处罚办法》第六条予以处理。

64. 经济困难的企业执行劳动部《工资支付暂行规定》(劳部发〔1994〕489号)确有困难,应根据以下规定执行:

(1)《关于做好国有企业职工和离退休人员基本生活保障工作的通知》(国发〔1993〕76号)的规定,"企业发放工资确有困难时,应发给职工基本生活费,具体标准由各地区、各部门根据实际情况确定";

(2)《关于国有企业流动资金贷款的紧急通知》(银传〔1994〕34号)的规定,"地方政府通过财政补贴,企业主管部门有可能也要拿出一部分资金,银行要拿出一部分贷款,共同保证职工基本生活和社会的稳定";

(3)《国有企业富余职工安置规定》(国务院令第111号,1993年发布)的规定:"企业可以对职工实行有限期的放假。职工放假期间,由企业发给生活费"。

四、工作时间和休假

(一)综合计算工作时间

65. 经批准实行综合计算工作时间的用人单位,分别以周、月、季、年等为周期综合计算工作时间,但其平均日工作时间和平均周工作时间应与法定标准工作时间基本相同。

66. 对于那些在市场竞争中,由于外界因素的影响,生产任务不均衡的企业的部分职工,经劳动行政部门严格审批后,可以参照综合计算工时工作制的办法实施,但用人单位应采取适当方式确保职工的休息休假权利和生产、工作任务的完成。

67. 经批准实行不定时工作制的职工,不受劳动法第四十一条规定的日延长工作时间标准和月延长工作时间标准的限制,但用人单位应采用弹性工作时间等适当的工作和休息方式,确保职工的休息休假权利和生产、工作任务的完成。

68. 实行标准工时制度的企业,延长工作时间应严格按劳动法第四十一条的规定执行,不能按季、年综合计算延长工作时间。

69. 中央直属企业、企业化管理的事业单位实行不定时工作制和综合计算工时工作制等其他工作和休息办法的,须经国务院行业主管部门审核,报国务院劳动行政部门批准。地方企业实行不定时工作制和综合计算工时工作制等其他工作和休息办法的审批办法,由省、自治区、直辖市人民政府劳动行政部门制定,报国务院劳动行政部门备案。

(二)延长工作时间

70. 休息日安排劳动者工作的,应先按同等时间安排其补休,不能安排补休的应按劳动法第四十四条第(二)项的规定支付劳动者延长工作时间的工资报酬。法定节假日(元旦、春节、劳动节、国庆节)安排劳动者工作的,应按劳动法第四十四条第(三)项支付劳动者延长工作时间的工资报酬。

71. 协商是企业决定延长工作时间的程序(劳动法第四十二条和《劳动部贯彻〈国务院关于职工工作时间的规定〉的实施办法》第七条规定除外),企业确因生产经营需要,必须延长工作时间时,应与工会和劳动者协商。协商后,企业可以在劳动法限定的延长工作时数内决定延长工作时间,对企业违反法律、法规强迫劳动者延长工作时间的,劳动者有权拒绝。若由此发生劳动争议,可以提请劳动争议处理机构予以处理。

(三)休假

72. 实行新工时制度后,企业职工原有的年休假制度仍然实行。在国务院尚未作出新的规定之前,企业可以按照1991年6月5日《中共中央 国务院关于职工休假问题的通知》,安排职工休假。

五、社会保险

73. 企业实施破产时,按照国家有关企业破产的规定,从其财产清产和土地转让所得中按实际需要划拨出社会保险费用和职工再就业的安置费。其划拨的养老保险费和失业保险费由当地社会保险基金经办机构和劳动部门就业服务机构接收,并负责支付离退休人员的养老保险费用和支付失业人员应享受的失业保险待遇。

74. 企业富余职工、请长假人员、请长病假人员、外借人员和带薪上学人员,其社会保险费仍按规定由原单位和个人继续缴纳,缴纳保险费期间计算为缴费年限。

75. 用人单位全部职工实行劳动合同制度后,职工在用人单位内由转制前的原工人岗位转为原干部(技术)岗位或由原干部(技术)岗位转为原工人岗位,其退休年龄和条件,按现岗位国家规定执行。

76. 依据劳动部《企业职工患病或非因工负伤医疗期的规定》(劳部发〔1994〕479号)和劳动部《关于贯彻〈企业职工患病或非因工负伤医疗期的规定〉的通知》(劳部发〔1995〕236号),职工患病或非因工负伤,根据本人实际参加工作的年限和本企业工作年限长短,享受3-24个月的医疗期。对于某些患特殊疾病(如癌症、精神病、瘫痪)的职工,在24个月内尚不能痊愈的,经企业和当地劳动部门批准,可以适当延长医疗期。

77. 劳动者的工伤待遇在国家尚未颁布新的工伤保险法律、行政法规之前,各类企业仍要执行《劳动保险条例》及相关的政策规定,如果当地政府已实行工伤保险制度改革的,应执行当地的新规定;个体经济组织的劳动者的工伤保险参照企业职工的规定执行;国家机关、事业组织、社会团体的劳动者的工伤保险,如果包括在地方人民政府的工伤改革规定范围内的,按地方政府的规定执行。

78. 劳动者患职业病按照1987年由卫生部等部门发布的《职业病范围和职业病患者处理办法的规定》和所附的"职业病名单"(〔87〕卫防第60号)处理,经职业病诊断机构确诊并发给《职业病诊断证明书》,劳动行政部门据此确认工伤,并通知用人单位或者社会保险基金经办机构发给有关工伤保险待遇;劳动者因工负伤的,劳动行政部门根据企业的工伤事故报告和工伤者本人的申请,作出工伤认定,由社会保险基金经办机构或用人单位,发给有关工伤保险待遇。患职业病或工伤致残的,由当地劳动鉴定委员会按照劳动部《职工工伤和职业病致残程度鉴定标准》(劳险字〔1992〕6号)①评定伤残等级和护理依赖程度。劳动鉴定委员会的伤残等级和护理依赖程度的结论,以医学检查、诊断结果为技术依据。

79. 劳动者因工负伤或患职业病,用人单位应按国家和地方政府的规定进行工伤事故报告,或者经职业病诊断机构确诊进行职业病报告。用人单位和劳动者有权按规定向当地劳动行政部门报告。如果用人单位瞒报、漏报工伤或职业病,工会、劳动者可以向劳动行政部门报告。经劳动行政部门确认后,用人单位或社会保险基金经办机构应补发工伤保险待遇。

80. 劳动者对劳动行政部门作出的工伤或职业病的确认意见不服,可依法提起行政复议或行政诉讼。

81. 劳动者被认定患职业病或因工负伤后,对劳动鉴定委员会作出的伤残等级和护理依赖程度鉴定结论不服,可依法提起行政复议或行政诉讼。对劳动能力鉴定结论所依据的医学检查、诊断结果有异议的,可以要求复查诊断,复查诊断按各省、自治区和直辖市劳动鉴定委员会规定的程序进行。

六、劳动争议

82. 用人单位与劳动者发生劳动争议不论是否订立劳动合同,只要存在事实劳动关系,并符合劳动法的适用范围和《中华人民共和国企业劳动争议处理条例》②的受案范围,劳动争议仲裁委员会均应受理。

83. 劳动合同鉴证是劳动行政部门审查、证明劳动合同的真实性、合法性的一项行政监督措施,尤其在劳动合同制度全面实施的初期有其必要性。劳动行政部门鼓励并提倡用人单位和劳动者进行劳动合同鉴证。劳动争议仲裁委员会不能以劳动合同未经鉴证为由不受理相关

---

① 自2015年1月1日起,劳动能力鉴定适用新标准《劳动能力鉴定 职工工伤与职业病致残等级》。
② 自2008年5月1日起,劳动争议的调解、仲裁程序应按《中华人民共和国劳动争议调解仲裁法》的规定执行。

的劳动争议案件。

84. 国家机关、事业组织、社会团体与本单位工人以及其他与之建立劳动合同关系的劳动者之间，个体工商户与帮工、学徒之间，以及军队、武警部队的事业组织和企业与其无军籍的职工之间发生的劳动争议，只要符合劳动争议的受案范围，劳动争议仲裁委员会应予受理。

85. "劳动争议发生之日"是指当事人知道或者应当知道其权利被侵害之日。

86. 根据《中华人民共和国商业银行法》的规定，商业银行为企业法人。商业银行与其职工适用《劳动法》、《中华人民共和国企业劳动争议处理条例》等劳动法律、法规和规章。商业银行与其职工发生的争议属于劳动争议的受案范围的，劳动争议仲裁委员会应予受理。

87. 劳动法第二十五条第（三）项中的"重大损害"，应由企业内部规章来规定，不便于在全国对其作统一解释。若用人单位以此为由解除劳动合同，与劳动者发生劳动争议，当事人向劳动争议仲裁委员会申请仲裁的，由劳动争议仲裁委员会根据企业类型、规模和损害程度等情况，对企业规章中规定的"重大损害"进行认定。

88. 劳动监察是劳动法授予劳动行政部门的职责，劳动争议仲裁是劳动法授予各级劳动争议仲裁委员会的职能。用人单位或行业部门不能设立劳动监察机构和劳动争议仲裁委员会，也不能设立劳动行政部门门劳动监察机构的派出机构和劳动争议仲裁委员会的派出机构。

89. 劳动争议当事人向企业劳动争议调解委员会申请调解，从当事人提出申请之日起，仲裁申诉时效中止，企业劳动争议调解委员会应当在30日内结束调解，即中止期间最长不得超过30日。结束调解之日起，当事人的申诉时效继续计算。调解超过30日的，申诉时效从30日之后的第一天继续计算。

90. 劳动争议仲裁委员会的办事机构对未予受理的仲裁申请，应逐件向仲裁委员会报告并说明情况，仲裁委员会认为应当受理的，应及时通知当事人。当事人从申请至受理的期间应视为时效中止。

七、法律责任

91. 劳动法第九十一条的含义是，如果用人单位实施了本条规定的前三项侵权行为之一的，劳动行政部门应责令用人单位支付劳动者的工资报酬和经济补偿，并可以责令支付赔偿金。如果用人单位实施了本条规定的第四项侵权行为，即解除劳动合同后未依法给予劳动者经济补偿的，因不存在支付工资报酬的问题，故劳动行政部门只责令用人单位支付劳动者经济补偿，还可以支付赔偿金。

92. 用人单位实施下列行为之一的，应认定为劳动法第一百零一条中的"无理阻挠"行为：

（1）阻止劳动监督检查人员进入用人单位内（包括进入劳动现场）进行监督检查的；

（2）隐瞒事实真相，出具伪证，或者隐匿、毁灭证据的；

（3）拒绝提供有关资料的；

（4）拒绝在规定的时间和地点就劳动行政部门所提问题作出解释和说明的；

（5）法律、法规和规章规定的其他情况。

八、适用法律

93. 劳动部、外经贸部《外商投资企业劳动管理规定》（劳部发〔1994〕246号）①与劳动部《违反和解除劳动合同的经济补偿办法》（劳部发〔1994〕481号）中关于解除劳动合同的经济补偿规定是一致的，246号文中的"生活补助费"是劳动法第二十八条所指经济补偿的具体化，与481号文中的"经济补偿金"可视为同一概念。

94. 劳动部、外经贸部《外商投资企业劳动管理规定》（劳部发〔1994〕246号）与劳动部《违反〈中华人民共和国劳动法〉行政处罚办法》（劳部发〔1994〕532号）在企业低于当地最低工资标准支付职工工资应付赔偿金的标准，延长工作时间的罚款标准，阻止劳动监察人员行使监督检查权的罚款标准等方面规定不一致，按照同等效力的法律规范新法优于旧法执行的原则，应执行劳动部劳部发〔1994〕532号规章。

95. 劳动部《企业最低工资规定》（劳部发〔1993〕333号）②与劳动部《违反〈中华人民共和国劳动法〉行政处罚办法》（劳部发〔1994〕532号）在拖欠或低于国家最低工资标准支付工资的赔偿金标准方面规定不一致，应按劳动部劳部发〔1994〕532号规章执行。

96. 劳动部《违反〈中华人民共和国劳动法〉行政处罚办法》（劳部发〔1994〕532号）对行政处罚行为、处罚标准未作规定，而其他劳动行政规章和地方政府规章作了规定的，按有关规定执行。

---

① 该规定已被《关于废止部分劳动和社会保障规章的决定》（2007年11月9日劳动和社会保障部令第29号）废止。
② 自2004年3月1日起开始执行《最低工资规定》，《企业最低工资规定》同时废止。

97. 对违反劳动法的用人单位，劳动行政部门有权依据劳动法律、法规和规章的规定予以处理，用人单位对劳动行政部门作出的行政处罚决定不服，在法定期限内不提起诉讼或不申请复议又不执行行政处罚决定的，劳动行政部门可以根据行政诉讼法第六十六条申请人民法院强制执行。劳动行政部门依法申请人民法院强制执行时，应当提交申请执行书，据以执行的法律文书和其他必须提交的材料。

98. 适用法律、法规、规章及其他规范性文件遵循下列原则：

（1）法律的效力高于行政法规与地方性法规；行政法规与地方性法规效力高于部门规章和地方政府规章；部门规章和地方政府规章效力高于其他规范性文件。

（2）在适用同一效力层次的文件时，新法律优于旧法律；新法规优于旧法规；新规章优于旧规章；新规范性文件优于旧规范性文件。

99. 依据《法规规章备案规定》（国务院令第48号，1990年发布）"地方人民政府规章同国务院部门规章之间或者国务院部门规章相互之间有矛盾的，由国务院法制局进行协调；经协调不能取得一致意见的，由国务院法制局提出意见，报国务院决定。"地方劳动行政部门在发现劳动部规章与国务院其他部门规章或地方政府规章相矛盾时，可将情况报劳动部，由劳动部报国务院法制局进行协调或决定。

100. 地方或行业劳动部门发现劳动部的规章之间、其他规范性文件之间或规章与其他规范性文件之间相矛盾，一般适用"新文件优于旧文件"的原则，同时可向劳动部请示。

企业劳动保障守法诚信等级评价办法

- 2016年7月25日
- 人社部规〔2016〕1号

第一条 为增强劳动保障监察的针对性和效率，实行企业分类监管，督促企业遵守劳动保障法律规定，履行守法诚信义务，根据《劳动保障监察条例》有关规定，制定本办法。

第二条 企业劳动保障守法诚信等级评价是根据企业遵守劳动保障法律、法规和规章的情况，对企业进行劳动保障守法诚信等级评价的行为。

第三条 开展企业劳动保障守法诚信等级评价，应当根据事实，遵循依法、公正原则。

第四条 县级以上地方人力资源社会保障行政部门按照劳动保障监察管辖范围负责企业劳动保障守法诚信等级评价工作，由劳动保障监察机构负责组织实施，每年开展一次评价。

第五条 企业劳动保障守法诚信等级评价主要依据日常巡视检查、书面材料审查、举报投诉查处以及专项检查等劳动保障监察和其他有关工作中取得的企业上一年度信用记录进行。

开展企业劳动保障守法诚信等级评价应注意听取当地政府有关部门及工会组织的意见和建议。

第六条 人力资源社会保障行政部门根据下列情况对企业劳动保障守法诚信等级进行评价：

（一）制定内部劳动保障规章制度的情况；

（二）与劳动者订立劳动合同的情况；

（三）遵守劳务派遣规定的情况；

（四）遵守禁止使用童工规定的情况；

（五）遵守女职工和未成年工特殊劳动保护规定的情况；

（六）遵守工作时间和休息休假规定的情况；

（七）支付劳动者工资和执行最低工资标准的情况；

（八）参加各项社会保险和缴纳社会保险费的情况；

（九）其他遵守劳动保障法律、法规和规章的情况。

第七条 企业劳动保障守法诚信等级划分为A、B、C三级：

（一）企业遵守劳动保障法律、法规和规章，未因劳动保障违法行为被查处的，评为A级。

（二）企业因劳动保障违法行为被查处，但不属于C级所列情形的，评为B级。

（三）企业存在下列情形之一的，评为C级。

1. 因劳动保障违法行为被查处三次以上（含三次）的；

2. 因劳动保障违法行为引发群体性事件、极端事件或造成严重不良社会影响的；

3. 因使用童工、强迫劳动等严重劳动保障违法行为被查处的；

4. 拒不履行劳动保障监察限期整改指令、行政处理决定或者行政处罚决定的；

5. 无理抗拒、阻挠人力资源社会保障行政部门实施劳动保障监察的；

6. 因劳动保障违法行为被追究刑事责任的。

第八条 作出劳动保障守法诚信等级评价的人力资源社会保障行政部门可以适当方式将评价结果告知企业。

第九条　劳动保障守法诚信等级评价结果应归入企业劳动保障守法诚信档案,至少保留3年。

第十条　人力资源社会保障行政部门根据企业劳动保障守法诚信等级评价情况,对劳动保障监察管辖范围内的企业实行分类监管。

对于被评为A级的企业,适当减少劳动保障监察日常巡视检查频次。

对于被评为B级的企业,适当增加劳动保障监察日常巡视检查频次。

对于被评为C级的企业,列入劳动保障监察重点对象,强化劳动保障监察日常巡视检查。

第十一条　对于被评为C级的企业,人力资源社会保障行政部门应对其主要负责人、直接责任人进行约谈,敦促其遵守劳动保障法律、法规和规章。

第十二条　企业劳动保障守法诚信等级评价结果确定后,发生劳动保障违法行为需要降级的,作出评价的人力资源社会保障行政部门应当重新评价,及时调整其劳动保障守法诚信等级。

第十三条　人力资源社会保障行政部门应当与工商、金融、住房城乡建设、税务等部门和工会组织建立信用信息交换共享机制,对企业实行守信联合激励和失信联合惩戒。

第十四条　人力资源社会保障行政部门应当加强劳动保障监察管理信息系统建设,充分利用信息技术和手段,整合信息资源,提高企业劳动保障守法诚信等级评价工作效率。

第十五条　人力资源社会保障行政部门工作人员在企业劳动保障守法诚信等级评价工作中滥用职权、玩忽职守、徇私舞弊的,按照有关规定给予处分。

第十六条　对其他劳动保障监察对象开展劳动保障守法诚信等级评价工作,依照本办法执行。

第十七条　省级人力资源社会保障行政部门可根据本办法和本地实际,制定实施办法。

第十八条　本办法自2017年1月1日起施行。

重大劳动保障违法行为社会公布办法

- 2016年9月1日人力资源和社会保障部令第29号公布
- 自2017年1月1日起施行

第一条　为加强对重大劳动保障违法行为的惩戒,强化社会舆论监督,促进用人单位遵守劳动保障法律、法规和规章,根据《劳动保障监察条例》《企业信息公示暂行条例》等有关规定,制定本办法。

第二条　人力资源社会保障行政部门依法向社会公布用人单位重大劳动保障违法行为,适用本办法。

第三条　人力资源社会保障行政部门向社会公布重大劳动保障违法行为,应当遵循依法依规、公平公正、客观真实的原则。

第四条　人力资源社会保障部负责指导监督全国重大劳动保障违法行为社会公布工作,并向社会公布在全国有重大影响的劳动保障违法行为。

省、自治区、直辖市人力资源社会保障行政部门负责指导监督本行政区域重大劳动保障违法行为社会公布工作,并向社会公布在本行政区域有重大影响的劳动保障违法行为。

地市级、县级人力资源社会保障行政部门依据行政执法管辖权限,负责本辖区的重大劳动保障违法行为社会公布工作。

第五条　人力资源社会保障行政部门对下列已经依法查处并作出处理决定的重大劳动保障违法行为,应当向社会公布:

(一)克扣、无故拖欠劳动者劳动报酬,数额较大的;拒不支付劳动报酬,依法移送司法机关追究刑事责任的;

(二)不依法参加社会保险或者不依法缴纳社会保险费,情节严重的;

(三)违反工作时间和休息休假规定,情节严重的;

(四)违反女职工和未成年工特殊劳动保护规定,情节严重的;

(五)违反禁止使用童工规定的;

(六)因劳动保障违法行为造成严重不良社会影响的;

(七)其他重大劳动保障违法行为。

第六条　向社会公布重大劳动保障违法行为,应当列明下列事项:

(一)违法主体全称、统一社会信用代码(或者注册号)及地址;

(二)法定代表人或者负责人姓名;

(三)主要违法事实;

(四)相关处理情况。

涉及国家秘密、商业秘密以及个人隐私的信息不得公布。

第七条　重大劳动保障违法行为应当在人力资源社会保障行政部门门户网站公布,并在本行政区域主要报刊、电视等媒体予以公布。

第八条　地市级、县级人力资源社会保障行政部门对本辖区发生的重大劳动保障违法行为每季度向社会公布一次。

人力资源社会保障部和省级人力资源社会保障行政部门每半年向社会公布一次重大劳动保障违法行为。

根据工作需要，对重大劳动保障违法行为可随时公布。

第九条　县级以上地方人力资源社会保障行政部门在向社会公布重大劳动保障违法行为之前，应当将公布的信息报告上一级人力资源社会保障行政部门。

第十条　人力资源社会保障行政部门应当将重大劳动保障违法行为及其社会公布情况记入用人单位劳动保障守法诚信档案，纳入人力资源社会保障信用体系，并与其他部门和社会组织依法依规实施信息共享和联合惩戒。

第十一条　用人单位对社会公布内容有异议的，由负责查处的人力资源社会保障行政部门自收到申请之日起15个工作日内予以复核和处理，并通知用人单位。

重大劳动保障违法行为处理决定被依法变更或者撤销的，负责查处的人力资源社会保障行政部门应当自变更或者撤销之日起10个工作日内，对社会公布内容予以更正。

第十二条　人力资源社会保障行政部门工作人员在重大劳动保障违法行为社会公布中滥用职权、玩忽职守、徇私舞弊的，依法予以处理。

第十三条　本办法自2017年1月1日起施行。

劳动行政处罚听证程序规定

· 1996年9月27日劳动部令第2号发布
· 根据2022年1月7日《人力资源社会保障部关于修改部分规章的决定》修订

第一条　为规范劳动行政处罚听证程序，根据《中华人民共和国行政处罚法》，制定本规定。

第二条　本规定适用于依法享有行政处罚权的县级以上劳动行政部门和依法申请听证的行政处罚当事人。

县级以上劳动行政部门的法制工作机构或承担法制工作的机构负责本部门的听证工作。

劳动行政部门的法制工作机构与劳动行政执法机构为同一机构的，应遵循听证与案件调查取证职责分离的原则。

第三条　劳动行政部门作出下列行政处罚决定，应当告知当事人有要求听证的权利，当事人要求听证的，劳动行政部门应当组织听证：

（一）较大数额罚款；

（二）没收较大数额违法所得、没收较大价值非法财物；

（三）降低资质等级、吊销许可证件；

（四）责令停产停业、责令关闭、限制从业；

（五）其他较重的行政处罚；

（六）法律、法规、规章规定的其他情形。

当事人不承担组织听证的费用。

第四条　听证由听证主持人、听证记录员、案件调查取证人员、当事人及其委托代理人、与案件的处理结果有直接利害关系的第三人参加。

第五条　劳动行政部门应当从本部门的下列人员中指定一名听证主持人、一名听证记录员：

（一）法制工作机构的公务员；

（二）未设法制机构的，承担法制工作的其他机构的公务员；

（三）法制机构与行政执法机构为同一机构的，该机构其他非参与本案调查的公务员。

第六条　听证主持人享有下列权利：

（一）决定举行听证的时间和地点；

（二）就案件的事实或者与之相关的法律进行询问、发问；

（三）维护听证秩序，对违反听证秩序的人员进行警告或者批评；

（四）中止或者终止听证；

（五）就听证案件的处理向劳动行政部门的负责人提出书面建议。

第七条　听证主持人承担下列义务：

（一）将与听证有关的通知及有关材料依法及时送达当事人及其他有关人员；

（二）根据听证认定的证据，依法独立、客观、公正地作出判断并写出书面报告；

（三）保守与案件相关的国家秘密、商业秘密和个人隐私。

听证记录员负责制作听证笔录，并承担前款第（三）项的义务。

第八条　听证案件的当事人依法享有下列权利：

（一）申请回避权。依法申请听证主持人、听证记录员回避；

（二）委托代理权。当事人可以亲自参加听证，也可以委托一至二人代理参加听证；

（三）质证权。对本案的证据向调查人员及其证人进行质询；

（四）申辩权。就本案的事实与法律问题进行申辩；

（五）最后陈述权。听证结束前有权就本案的事实、法律及处理进行最后陈述。

第九条 听证案件的当事人依法承担下列义务：

（一）按时参加听证；

（二）如实回答听证主持人的询问；

（三）遵守听证秩序。

第十条 与案件的处理结果有直接利害关系的第三人享有与当事人相同的权利并承担相同的义务。

第十一条 劳动行政部门告知当事人有要求举行听证的权利，可以用书面形式告知，也可以用口头形式告知。以口头形式告知应当制作笔录，并经当事人签名。在告知当事人有权要求听证的同时，必须告知当事人要求举行听证的期限，即应在告知后5个工作日内提出。

当事人要求听证的，应当在接受劳动行政部门告知后5个工作日内以书面或者口头形式提出。经口头形式提出的，劳动行政部门应制作笔录，并经当事人签名。逾期不提出者，视为放弃听证权。

第十二条 劳动行政部门负责听证的机构接到当事人要求听证的申请后，应当立即确定听证主持人和听证记录员。由听证主持人在举行听证的7个工作日前送达听证通知书。听证通知书应载明听证主持人和听证记录员姓名、听证时间、听证地点、调查取证人员认定的违法事实、证据及行政处罚建议等内容。

劳动行政部门的有关机构或人员接到当事人要求听证的申请后，应当立即告知本部门负责听证的机构。

除涉及国家秘密、商业秘密或者个人隐私依法予以保密外，听证应当公开进行。对于公开举行的听证，劳动行政部门可以先期公布听证案由、听证时间及地点。

第十三条 听证主持人有下列情况之一的，应当自行回避，当事人也有权申请其回避：

（一）参与本案的调查取证人员；

（二）本案当事人的近亲属或者与当事人有其他利害关系的人员；

（三）与案件的处理结果有利害关系，可能影响听证公正进行的人员。

听证记录员的回避适用前款的规定。

听证主持人和听证记录员的回避，由劳动行政部门负责人决定。

第十四条 听证应当按照下列程序进行：

（一）由听证主持人宣布听证会开始，宣布听证纪律，告知当事人听证中的权利和义务；

（二）由案件调查取证人员宣布案件的事实、证据、适用的法律、法规和规章，以及拟作出的行政处罚决定的理由；

（三）听证主持人询问当事人、案件调查取证人员、证人和其他有关人员并要求出示有关证据材料；

（四）由当事人或者其代理人从事实和法律上进行答辩，并对证据材料进行质证；

（五）当事人或者其代理人和本案调查取证人员就本案相关的事实和法律问题进行辩论；

（六）辩论结束后，当事人作最后陈述；

（七）听证主持人宣布听证会结束。

当事人及其代理人无正当理由拒不出席听证或者未经许可中途退出听证的，视为放弃听证权利，劳动行政部门终止听证。

第十五条 听证应当制作笔录。笔录由听证记录员制作。听证笔录在听证结束后，应当立即交当事人或者其代理人核对无误后签字或者盖章。当事人或者其代理人拒绝签字或者盖章的，由听证主持人在笔录中注明。

第十六条 所有与认定案件主要事实有关的证据都必须在听证中出示，并通过质证和辩论进行认定。劳动行政部门不得以未经听证认定的证据作为行政处罚的依据。

第十七条 听证结束后，听证主持人应当根据听证确定的事实和证据，依据法律、法规和规章，向劳动行政部门负责人提出对听证案件处理的书面建议。劳动行政部门应当根据听证笔录，依据《中华人民共和国行政处罚法》第五十七条的规定作出决定。

第十八条 本规定自1996年10月1日起施行。

关于开展区域性行业性集体协商工作的意见

·2006年8月17日
·劳社部发〔2006〕32号

各省、自治区、直辖市劳动和社会保障厅（局）、总工会、企业联合会/企业家协会：

为进一步开展区域性行业性集体协商工作，充分发挥集体合同制度在协调劳动关系中的作用，促进劳动关系和谐稳定，现提出以下意见：

一、开展区域性行业性集体协商的重要意义

随着社会主义市场经济的发展，我国非公有制企业迅速增多，这些企业大多规模较小，职工流动性较大，工会力量薄弱，职工合法权益受侵害的现象时有发生，劳动关系矛盾相对突出。一些地方的实践经验证明，在非公有制小企业或同行业企业比较集中的地区开展区域性行业性集体协商签订集体合同工作，对维护职工和企业双方的合法权益，构建和谐稳定的劳动关系，营造有利于企业持续健康发展的良好环境，促进区域和行业经济的协调发展，维护社会稳定，将发挥重要的作用。

二、区域性行业性集体协商的范围

区域性行业性集体协商是指区域内的工会组织或行业工会组织与企业代表或企业代表组织，就劳动报酬、工作时间、休息休假、劳动安全卫生、保险福利等事项，开展集体协商签订集体合同的行为。

区域性行业性集体协商一般在小型企业或同行业企业比较集中的乡镇、街道、社区和工业园区（经济技术开发区、高新技术产业园区）开展。在行业特点明显的区域要重点推行行业性集体协商和集体合同工作，具备条件的地区可以根据实际情况在县（区）一级开展行业性集体协商签订集体合同。

三、区域性行业性集体协商代表的产生方式

区域性行业性集体协商代表应按照规范程序产生。职工一方的协商代表由区域内的工会组织或行业工会组织选派，首席代表由工会主席担任。企业一方的协商代表由区域内的企业联合会/企业家协会或其他企业组织、行业协会选派，也可以由上级企业联合会/企业家协会组织区域内的企业主经民主推选或授权委托等方式产生，首席代表由企业方代表民主推选产生。

集体协商双方的代表人数应当对等，一般每方 3-10人。双方首席代表可以书面委托专家、学者、律师等专业人员作为本方的协商代表，但委托人数不得超过本方代表的三分之一。

四、区域性行业性集体协商的内容

开展区域性行业性集体协商工作，要从本区域、本行业劳动关系的特点和企业实际出发，紧紧围绕劳动报酬、劳动定额、工作时间、休息休假、劳动安全卫生、保险福利、女职工和未成年工特殊劳动保护等问题进行。通过协商签订的区域性行业性集体合同可以是综合性的，也可以是专项的。在协商过程中要力求重点突出，议题集中，措施可行。签订集体合同的条款要具体，标准要量化，切实增强针对性和实效性。

当前，要将职工工资水平、工作时间以及与此直接相关的劳动定额、计件单价等劳动标准作为区域性行业性集体协商的重点，通过集体协商妥善处理各方的利益分配关系，推动企业建立正常的工资决定机制。

五、区域性行业性集体协商的程序

开展区域性行业性集体协商要严格履行程序，协商过程要充分表达职工群众和企业方的意愿和要求，协商内容要得到双方的一致认可。一般应按照以下程序进行：

（一）一方协商代表应以书面形式向另一方提出协商要求，另一方应以书面形式回应。

（二）双方协商代表在分别广泛征求职工和企业方的意见基础上，拟定集体协商议题。

（三）召开集体协商会议，在协商一致的基础上形成集体合同草案。

（四）集体合同草案要经区域职工代表大会或区域内企业的职工代表大会或职工大会审议通过，并经区域内企业主签字（或盖公章）确认后，由集体协商双方首席代表签字。

（五）企业方协商代表将集体合同报送当地劳动保障行政部门审核备案。

（六）劳动保障行政部门在收到文本之日起 15 日内未提出异议的，集体合同即行生效。

（七）区域性行业性集体合同生效后，由企业方代表采取适当方式及时向全体职工公布。

企业方代表向劳动保障行政部门报送集体合同时，除报送《劳动部关于加强集体合同审核管理工作的通知》（劳部发〔1996〕360 号）规定的材料外，还须报送企业主对集体合同的签字确认件以及职工代表大会或职工大会审议通过的文件。

六、区域性行业性集体合同的效力和争议处理

按照规定签订的区域性行业性集体合同，对辖区内签约的所有企业和职工具有约束力。企业签订的集体合同，其标准不得低于区域性行业性集体合同的规定。

对在区域性行业性集体协商过程中发生的争议，双方当事人不能协商解决的，当事人一方或双方可以书面向辖区内的劳动保障行政部门提出协调处理申请；未提出申请的，劳动保障行政部门认为必要时也可以进行协调处理。劳动保障行政部门应当组织同级工会和企业代表组织等三方面的人员，共同协调处理集体协商争议。

对在区域性行业性集体合同履行过程中发生的争议，按照《劳动法》和《集体合同规定》的有关规定协调和处理。

七、区域性行业性集体协商工作的组织实施

各级劳动保障部门、工会组织和企业联合会/企业家协会要从构建社会主义和谐社会的高度,充分认识开展区域性行业性集体协商工作的重要性和必要性,在当地党委和政府的领导下,将其纳入经济社会发展整体规划,加强协调配合,创新工作思路,加大工作力度,采取有效措施积极推动这项工作规范有序开展。各级劳动保障部门要认真研究完善区域性行业性集体协商的有关政策,改进和加强集体合同审核备案工作,会同同级工会和企业代表组织及时妥善处理区域性行业性集体协商争议和履行合同争议。各级工会组织要加强县以下区域和行业工会的组织建设,指导区域和行业工会积极开展集体协商要约行动;要大力培训工会干部和职工代表,提高他们的协商能力和水平。各级企业联合会/企业家协会要建立健全组织,将协调劳动关系工作向乡镇、街道、社区延伸,培育企业方协商主体;要教育和引导企业经营管理者加强相关法律法规和政策的学习,履行好企业的社会责任,重视和支持集体协商工作,认真履行集体合同。各级三方要加强沟通、协调和信息交流,认真总结推广典型经验,注意研究解决签订和履行集体合同工作中的各种问题,及时将开展区域性行业性集体协商集体合同工作中遇到的新情况新问题上报国家协调劳动关系三方会议办公室。

中国工会章程

· 中国工会第十八次全国代表大会部分修改
· 2023年10月12日通过

总　则

中国工会是中国共产党领导的职工自愿结合的工人阶级群众组织,是党联系职工群众的桥梁和纽带,是国家政权的重要社会支柱,是会员和职工利益的代表。

中国工会以宪法为根本活动准则,按照《中华人民共和国工会法》和本章程独立自主地开展工作,依法行使权利和履行义务。

工人阶级是我国的领导阶级,是先进生产力和生产关系的代表,是中国共产党最坚实最可靠的阶级基础,是改革开放和社会主义现代化建设的主力军,是维护社会安定的强大而集中的社会力量。中国工会高举中国特色社会主义伟大旗帜,坚持马克思列宁主义、毛泽东思想、邓小平理论、"三个代表"重要思想、科学发展观,全面贯彻习近平新时代中国特色社会主义思想,贯彻执行党的以经济建设为中心,坚持四项基本原则,坚持改革开放的基本路线,保持和增强政治性、先进性、群众性,坚定不移地走中国特色社会主义工会发展道路,推动党的全心全意依靠工人阶级的根本指导方针的贯彻落实,全面履行工会的社会职能,在维护全国人民总体利益的同时,更好地表达和维护职工的具体利益,团结和动员全国职工自力更生、艰苦创业,坚持和发展中国特色社会主义,为全面建成社会主义现代化强国、实现第二个百年奋斗目标,以中国式现代化全面推进中华民族伟大复兴而奋斗。

中国工会坚持自觉接受中国共产党的领导,承担团结引导职工群众听党话、跟党走的政治责任,巩固和扩大党执政的阶级基础和群众基础。

中国工会的基本职责是维护职工合法权益、竭诚服务职工群众。

中国工会按照中国特色社会主义事业"五位一体"总体布局和"四个全面"战略布局,贯彻创新、协调、绿色、开放、共享的新发展理念,把握为实现中华民族伟大复兴的中国梦而奋斗的工人运动时代主题,弘扬劳模精神、劳动精神、工匠精神,动员和组织职工积极参加建设和改革,努力促进经济、政治、文化、社会和生态文明建设;发展全过程人民民主,代表和组织职工参与管理国家事务、管理经济和文化事业、管理社会事务,参与企业、事业单位、机关、社会组织的民主管理;教育职工践行社会主义核心价值观,不断提高思想道德素质、科学文化素质和技术技能素质,建设有理想、有道德、有文化、有纪律的职工队伍,不断发展工人阶级先进性。

中国工会以忠诚党的事业、竭诚服务职工为己任,坚持组织起来、切实维权的工作方针,坚持以职工为本、主动依法科学维权的维权观,促进完善社会主义劳动法律,维护职工的经济、政治、文化和社会权利,参与协调劳动关系和社会利益关系,推动构建和谐劳动关系,促进经济高质量发展和社会的长期稳定,维护工人阶级和工会组织的团结统一,为构建社会主义和谐社会作贡献。

中国工会维护工人阶级领导的、以工农联盟为基础的人民民主专政的社会主义国家政权,协助人民政府开展工作,依法发挥民主参与和社会监督作用。

中国工会推动产业工人队伍建设改革,强化产业工人思想政治引领,提高产业工人队伍整体素质,发挥产业工人骨干作用,维护产业工人合法权益,保障产业工人主人翁地位,造就一支有理想守信念、懂技术会创新、敢担当讲奉献的宏大产业工人队伍。

中国工会在企业、事业单位、社会组织中,按照促进

企事业和社会组织发展、维护职工权益的原则,支持行政依法行使管理权力,组织职工参与本单位民主选举、民主协商、民主决策、民主管理和民主监督,与行政方面建立协商制度,保障职工的合法权益,调动职工的积极性,促进企业、事业单位、社会组织的发展。

中国工会实行产业和地方相结合的组织领导原则,坚持民主集中制。

中国工会坚持以改革创新精神加强自身建设,健全联系广泛、服务职工的工作体系,增强团结教育、维护权益、服务职工的功能,坚持群众化、民主化,保持同会员群众的密切联系,依靠会员群众开展工会工作。各级工会领导机关坚持把工作重点放到基层,着力扩大覆盖面、增强代表性,着力强化服务意识、提高维权能力,着力加强队伍建设、提升保障水平,坚持服务职工群众的工作生命线,全心全意为基层、为职工服务,构建智慧工会,增强基层工会的吸引力凝聚力战斗力,把工会组织建设得更加充满活力、更加坚强有力,成为深受职工群众信赖的学习型、服务型、创新型"职工之家"。

工会兴办的企业、事业单位,坚持公益性、服务性,坚持为改革开放和发展社会生产力服务,为职工群众服务,为推进工运事业服务。

中国工会努力巩固和发展工农联盟,坚持最广泛的爱国统一战线,加强包括香港特别行政区同胞、澳门特别行政区同胞、台湾同胞和海外侨胞在内的全国各族人民的大团结,促进祖国的统一、繁荣和富强。

中国工会在国际事务中坚持独立自主、互相尊重、求同存异、加强合作、增进友谊的方针,在独立、平等、互相尊重、互不干涉内部事务的原则基础上,广泛建立和发展同国际和各国工会组织的友好关系,积极参与"一带一路"建设,增进我国工人阶级同各国工人阶级的友谊,同全世界工人和工会一起,在推动构建人类命运共同体中发挥作用,为世界的和平、发展、合作、工人权益和社会进步而共同努力。

中国工会深入学习贯彻习近平总书记关于党的建设的重要思想,落实新时代党的建设总要求,贯彻全面从严治党战略方针,以党的政治建设为统领,加强党的建设,深刻领悟"两个确立"的决定性意义,增强"四个意识"、坚定"四个自信"、做到"两个维护",在思想上政治上行动上同以习近平同志为核心的党中央保持高度一致。

第一章 会　员

第一条　凡在中国境内的企业、事业单位、机关、社会组织中,以工资收入为主要生活来源或者与用人单位建立劳动关系的劳动者,不分民族、种族、性别、职业、宗教信仰、教育程度,承认工会章程,都可以加入工会为会员。

工会适应企业组织形式、职工队伍结构、劳动关系、就业形态等方面的发展变化,依法维护劳动者参加和组织工会的权利。

第二条　职工加入工会,由本人自愿申请,经基层工会委员会批准并发给会员证。

第三条　会员享有以下权利:

(一)选举权、被选举权和表决权。

(二)对工会工作进行监督,提出意见和建议,要求撤换或者罢免不称职的工会工作人员。

(三)对国家和社会生活问题及本单位工作提出批评与建议,要求工会组织向有关方面如实反映。

(四)在合法权益受到侵犯时,要求工会给予保护。

(五)工会提供的文化、教育、体育、旅游、疗休养、互助保障、生活救助、法律服务、就业服务等优惠待遇;工会给予的各种奖励。

(六)在工会会议和工会媒体上,参加关于工会工作和职工关心问题的讨论。

第四条　会员履行下列义务:

(一)认真学习贯彻习近平新时代中国特色社会主义思想,学习政治、经济、文化、法律、科技和工会基本知识等。

(二)积极参加民主管理,努力完成生产和工作任务,立足本职岗位建功立业。

(三)遵守宪法和法律,践行社会主义核心价值观,弘扬中华民族传统美德,恪守社会公德、职业道德、家庭美德、个人品德,遵守劳动纪律。

(四)正确处理国家、集体、个人三者利益关系,向危害国家、社会利益的行为作斗争。

(五)维护中国工人阶级和工会组织的团结统一,发扬阶级友爱,搞好互助互济。

(六)遵守工会章程,执行工会决议,参加工会活动,按月交纳会费。

第五条　会员组织关系随劳动(工作)关系变动,凭会员证明接转。

第六条　会员有退会自由。会员退会由本人向工会小组提出,由基层工会委员会宣布其退会并收回会员证。

会员没有正当理由连续六个月不交纳会费、不参加工会组织生活,经教育拒不改正,应当视为自动退会。

第七条　对不执行工会决议、违反工会章程的会员,给予批评教育。对严重违法犯罪并受到刑事处罚的会员，开除会籍。开除会员会籍，须经工会小组讨论，提出意见，由基层工会委员会决定，报上一级工会备案。

第八条 会员离休、退休和失业，可保留会籍。保留会籍期间免交会费。

工会组织要关心离休、退休和失业会员的生活，积极向有关方面反映他们的愿望和要求。

第二章 组织制度

第九条 中国工会实行民主集中制，主要内容是：

（一）个人服从组织，少数服从多数，下级组织服从上级组织。

（二）工会的各级领导机关，除它们派出的代表机关外，都由民主选举产生。

（三）工会的最高领导机关，是工会的全国代表大会和它所产生的中华全国总工会执行委员会。工会的地方各级领导机关，是工会的地方各级代表大会和它所产生的总工会委员会。

（四）工会各级委员会，向同级会员大会或者会员代表大会负责并报告工作，接受会员监督。会员大会和会员代表大会有权撤换或者罢免其所选举的代表和工会委员会组成人员。

（五）工会各级委员会，实行集体领导和分工负责相结合的制度。凡属重大问题由委员会民主讨论，作出决定，委员会成员根据集体的决定和分工，履行自己的职责。

（六）工会各级领导机关，加强对下级组织的领导和服务，经常向下级组织通报情况，听取下级组织和会员的意见，研究和解决他们提出的问题。下级组织应及时向上级组织请示报告工作。

第十条 工会各级代表大会的代表和委员会的产生，要充分体现选举人的意志。候选人名单，要反复酝酿，充分讨论。选举采用无记名投票方式，可以直接采用候选人数多于应选人数的差额选举办法进行正式选举，也可以先采用差额选举办法进行预选，产生候选人名单，然后进行正式选举。任何组织和个人，不得以任何方式强迫选举人选举或不选举某个人。

第十一条 中国工会实行产业和地方相结合的组织领导原则。同一企业、事业单位、机关、社会组织中的会员，组织在一个基层工会组织中；同一行业或者性质相近的几个行业，根据需要建立全国的或者地方的产业工会组织。除少数行政管理体制实行垂直管理的产业，其产业工会实行产业工会和地方工会双重领导，以产业工会领导为主外，其他产业工会均实行以地方工会领导为主，同时接受上级产业工会领导的体制。各产业工会的领导体制，由中华全国总工会确定。

省、自治区、直辖市，设区的市和自治州，县（旗）、自治县、不设区的市建立地方总工会。地方总工会是当地地方工会组织和产业工会地方组织的领导机关。全国建立统一的中华全国总工会。中华全国总工会是各级地方总工会和各产业工会全国组织的领导机关。

中华全国总工会执行委员会委员和产业工会全国委员会委员实行替补制，各级地方总工会委员会委员和地方产业工会委员会委员，也可以实行替补制。

第十二条 县和县以上各级地方总工会委员会，根据工作需要可以派出代表机关。

县和县以上各级工会委员会，在两次代表大会之间，认为有必要时，可以召集代表会议，讨论和决定需要及时解决的重大问题。代表会议代表的名额和产生办法，由召集代表会议的总工会决定。

全国产业工会、各级地方产业工会、乡镇工会、城市街道工会和区域性、行业性工会联合会的委员会，可以按照联合制、代表制原则，由下一级工会组织民主选举的主要负责人和适当比例的有关方面代表组成。

上级工会可以派员帮助和指导用人单位的职工组建工会。

第十三条 各级工会代表大会选举产生同级经费审查委员会。中华全国总工会经费审查委员会设常务委员会，省、自治区、直辖市总工会经费审查委员会和独立管理经费的全国产业工会经费审查委员会，应当设常务委员会。经费审查委员会负责审查同级工会组织及其直属企业、事业单位的经费收支和资产管理情况，监督财经法纪的贯彻执行和工会经费的使用，并接受上级工会经费审查委员会的指导和监督。工会经费审查委员会向同级会员大会或会员代表大会负责并报告工作；在大会闭会期间，向同级工会委员会负责并报告工作。

上级经费审查委员会应当对下一级工会及其直属企业、事业单位的经费收支和资产管理情况进行审查。

中华全国总工会经费审查委员会委员实行替补制，各级地方总工会经费审查委员会委员和独立管理经费的产业工会经费审查委员会委员，也可以实行替补制。

第十四条 各级工会建立女职工委员会，表达和维护女职工的合法权益。女职工委员会由同级工会委员会提名，在充分协商的基础上组成或者选举产生，女职工委员会与工会委员会同时建立，在同级工会委员会领导下开展工作。企业工会女职工委员会是县或者县以上妇联的团体会员,通过县以上地方工会接受妇联的业务指导。

第十五条 县和县以上各级工会组织应当建立法律服务机构,为保护职工和工会组织的合法权益提供服务。

各级工会组织应当组织和代表职工开展劳动法律监督。

第十六条 成立或者撤销工会组织,必须经会员大会或者会员代表大会通过,并报上一级工会批准。基层工会组织所在的企业终止,或者所在的事业单位、机关、社会组织被撤销,该工会组织相应撤销,并报上级工会备案。其他组织和个人不得随意撤销工会组织,也不得把工会组织的机构撤销、合并或者归属其他工作部门。

第三章 全国组织

第十七条 中国工会全国代表大会,每五年举行一次,由中华全国总工会执行委员会召集。在特殊情况下,由中华全国总工会执行委员会主席团提议,经执行委员会全体会议通过,可以提前或者延期举行。代表名额和代表选举办法由中华全国总工会决定。

第十八条 中国工会全国代表大会的职权是:

(一)审议和批准中华全国总工会执行委员会的工作报告。

(二)审议和批准中华全国总工会执行委员会的经费收支情况报告和经费审查委员会的工作报告。

(三)修改中国工会章程。

(四)选举中华全国总工会执行委员会和经费审查委员会。

第十九条 中华全国总工会执行委员会,在全国代表大会闭会期间,负责贯彻执行全国代表大会的决议,领导全国工会工作。

执行委员会全体会议选举主席一人、副主席若干人、主席团委员若干人,组成主席团。

执行委员会全体会议由主席团召集,每年至少举行一次。

第二十条 中华全国总工会执行委员会全体会议闭会期间,由主席团行使执行委员会的职权。主席团全体会议,由主席召集。

主席团闭会期间,由主席、副主席组成的主席会议行使主席团职权。主席会议由中华全国总工会主席召集并主持。

主席团下设书记处,由主席团在主席团成员中推选第一书记一人,书记若干人组成。书记处在主席团领导下,主持中华全国总工会的日常工作。

第二十一条 产业工会全国组织的设置,由中华全国总工会根据需要确定。

产业工会全国委员会的建立,经中华全国总工会批准,可以按照联合制、代表制原则组成,也可以由产业工会全国代表大会选举产生。全国委员会每届任期五年。任期届满,应当如期召开会议,进行换届选举。在特殊情况下,经中华全国总工会批准,可以提前或者延期举行。

产业工会全国代表大会和按照联合制、代表制原则组成的产业工会全国委员会全体会议的职权是:审议和批准产业工会全国委员会的工作报告;选举产业工会全国委员会或者产业工会全国委员会常务委员会。独立管理经费的产业工会,选举经费审查委员会,并向产业工会全国代表大会或者委员会全体会议报告工作。产业工会全国委员会常务委员会由主席一人、副主席若干人、常务委员若干人组成。

第四章 地方组织

第二十二条 省、自治区、直辖市,设区的市和自治州,县(旗)、自治县、不设区的市的工会代表大会,由同级总工会委员会召集,每五年举行一次。在特殊情况下,由同级总工会委员会提议,经上一级工会批准,可以提前或者延期举行。工会的地方各级代表大会的职权是:

(一)审议和批准同级总工会委员会的工作报告。

(二)审议和批准同级总工会委员会的经费收支情况报告和经费审查委员会的工作报告。

(三)选举同级总工会委员会和经费审查委员会。

各级地方总工会委员会,在代表大会闭会期间,执行上级工会的决定和同级工会代表大会的决议,领导本地区的工会工作,定期向上级总工会委员会报告工作。

根据工作需要,省、自治区总工会可在地区设派出代表机关。直辖市和设区的市总工会在区一级建立总工会。

县和城市的区可在乡镇和街道建立乡镇工会和街道工会组织,具备条件的,建立总工会。

第二十三条 各级地方总工会委员会选举主席一人、副主席若干人、常务委员若干人,组成常务委员会。工会委员会、常务委员会和主席、副主席以及经费审查委员会的选举结果,报上一级总工会批准。

各级地方总工会委员会全体会议,每年至少举行一次,由常务委员会召集。各级地方总工会常务委员会,在委员会全体会议闭会期间,行使委员会的职权。

第二十四条 各级地方产业工会组织的设置,由同级地方总工会根据本地区的实际情况确定。

第五章　基层组织

第二十五条　企业、事业单位、机关、社会组织等基层单位，应当依法建立工会组织。社区和行政村可以建立工会组织。从实际出发，建立区域性、行业性工会联合会，推进新经济组织、新社会组织工会组织建设。

有会员二十五人以上的，应当成立基层工会委员会；不足二十五人的，可以单独建立基层工会委员会，也可以由两个以上单位的会员联合建立基层工会委员会，也可以选举组织员或者工会主席一人，主持基层工会工作。基层工会委员会有女会员十人以上的建立女职工委员会，不足十人的设女职工委员。

职工二百人以上企业、事业单位、社会组织的工会设专职工会主席。工会专职工作人员的人数由工会与企业、事业单位、社会组织协商确定。

基层工会组织具备民法典规定的法人条件的，依法取得社会团体法人资格，工会主席为法定代表人。

第二十六条　基层工会会员大会或者会员代表大会，每年至少召开一次。经基层工会委员会或者三分之一以上的工会会员提议，可以临时召开会员大会或者会员代表大会。工会会员在一百人以下的基层工会应当召开会员大会。

工会会员大会或者会员代表大会的职权是：

（一）审议和批准基层工会委员会的工作报告。

（二）审议和批准基层工会委员会的经费收支情况报告和经费审查委员会的工作报告。

（三）选举基层工会委员会和经费审查委员会。

（四）撤换或者罢免其所选举的代表或者工会委员会组成人员。

（五）讨论决定工会工作的重大问题。

基层工会委员会和经费审查委员会每届任期三年或者五年，具体任期由会员大会或者会员代表大会决定。任期届满，应当如期召开会议，进行换届选举。在特殊情况下，经上一级工会批准，可以提前或者延期举行。

会员代表大会的代表实行常任制，任期与本单位工会委员会相同。

第二十七条　基层工会委员会的委员，应当在会员或者会员代表充分酝酿协商的基础上选举产生；主席、副主席，可以由会员大会或者会员代表大会直接选举产生，也可以由基层工会委员会选举产生。大型企业、事业单位的工会委员会，根据工作需要，经上级工会委员会批准，可以设立常务委员会。基层工会委员会、常务委员会和主席、副主席以及经费审查委员会的选举结果，报上一级工会批准。

第二十八条　基层工会委员会的基本任务是：

（一）执行会员大会或者会员代表大会的决议和上级工会的决定，主持基层工会的日常工作。

（二）代表和组织职工依照法律规定，通过职工代表大会、厂务公开和其他形式，参与本单位民主选举、民主协商、民主决策、民主管理和民主监督，保障职工知情权、参与权、表达权和监督权，在公司制企业落实职工董事、职工监事制度。企业、事业单位工会委员会是职工代表大会工作机构，负责职工代表大会的日常工作，检查、督促职工代表大会决议的执行。

（三）参与协调劳动关系和调解劳动争议，与企业、事业单位、社会组织行政方面建立协商制度，协商解决涉及职工切身利益问题。帮助和指导职工与企业、事业单位、社会组织行政方面签订和履行劳动合同，代表职工与企业、事业单位、社会组织行政方面签订集体合同或者其他专项协议，并监督执行。

（四）组织职工开展劳动和技能竞赛、合理化建议、技能培训、技术革新和技术协作等活动，培育工匠、高技能人才，总结推广先进经验。做好劳动模范和先进生产（工作）者的评选、表彰、培养和管理服务工作。

（五）加强对职工的政治引领和思想教育，开展法治宣传教育，重视人文关怀和心理疏导，鼓励支持职工学习文化科学技术和管理知识，开展健康的文化体育活动。推进企业文化职工文化建设，办好工会文化、教育、体育事业。

（六）监督有关法律、法规的贯彻执行。协助和督促行政方面做好工资、安全生产、职业病防治和社会保险等方面的工作，推动落实职工福利待遇。办好职工集体福利事业，改善职工生活，对困难职工开展帮扶。依法参与生产安全事故和职业病危害事故的调查处理。

（七）维护女职工的特殊权益，同歧视、虐待、摧残、迫害女职工的现象作斗争。

（八）搞好工会组织建设，健全民主制度和民主生活。建立和发展工会积极分子队伍。做好会员的发展、接收、教育和会籍管理工作。加强职工之家建设。

（九）收好、管好、用好工会经费，管理好工会资产和工会的企业、事业。

第二十九条　教育、科研、文化、卫生、体育等事业单位和机关工会，从脑力劳动者比较集中的特点出发开展工作，积极了解和关心职工的思想、工作和生活，推动党的知识分子政策的贯彻落实。组织职工搞好本单位的民主选举、民主协商、民主决策、民主管理和民主监督,为发挥职工的聪明才智创造良好的条件。

第三十条 基层工会委员会根据工作需要,可以在分厂、车间(科室)建立分厂、车间(科室)工会委员会。分厂、车间(科室)工会委员会由分厂、车间(科室)会员大会或者会员代表大会选举产生,任期和基层工会委员会相同。

基层工会委员会和分厂、车间(科室)工会委员会,可以根据需要设若干专门委员会或者专门小组。

按照生产(行政)班组建立工会小组,民主选举工会小组长,积极开展工会小组活动。

第六章 工会干部

第三十一条 各级工会组织按照革命化、年轻化、知识化、专业化的要求,落实新时代好干部标准,努力建设一支坚持党的基本路线,熟悉本职业务,热爱工会工作,受到职工信赖的干部队伍。

第三十二条 工会干部要努力做到:

(一)认真学习马克思列宁主义、毛泽东思想、邓小平理论、"三个代表"重要思想、科学发展观、习近平新时代中国特色社会主义思想,学习党的基本知识和党的历史,学习政治、经济、历史、文化、法律、科技和工会业务等知识,提高政治能力、思维能力、实践能力,增强推动高质量发展本领、服务群众本领、防范化解风险本领。

(二)执行党的基本路线和各项方针政策,遵守国家法律、法规,在改革开放和社会主义现代化建设中勇于开拓创新。

(三)信念坚定,忠于职守,勤奋工作,敢于担当,廉洁奉公,顾全大局,维护团结。

(四)坚持实事求是,认真调查研究,如实反映职工的意见、愿望和要求。

(五)坚持原则,不谋私利,热心为职工说话办事,依法维护职工的合法权益。

(六)作风民主,联系群众,增强群众意识和群众感情,自觉接受职工群众的批评和监督。

第三十三条 各级工会组织根据有关规定管理工会干部,重视发现培养和选拔优秀年轻干部、女干部、少数民族干部,成为培养干部的重要基地。

基层工会主席、副主席任期未满不得随意调动其工作。因工作需要调动时,应事先征得本级工会委员会和上一级工会同意。

县和县以上工会可以为基层工会选派、聘用社会化工会工作者等工作人员。

第三十四条 各级工会组织建立与健全干部培训制度。办好工会干部院校和各种培训班。

第三十五条 各级工会组织关心工会干部的思想、学习和生活,督促落实相应的待遇,支持他们的工作,坚决同打击报复工会干部的行为作斗争。

县和县以上工会设立工会干部权益保障金,保障工会干部依法履行职责。

第七章 工会经费和资产

第三十六条 工会经费的来源:

(一)会员交纳的会费。

(二)企业、事业单位、机关、社会组织按全部职工工资总额的百分之二向工会拨缴的经费或者建会筹备金。

(三)工会所属的企业、事业单位上缴的收入。

(四)人民政府和企业、事业单位、机关、社会组织的补助。

(五)其他收入。

第三十七条 工会经费主要用于为职工服务和开展工会活动。各级工会组织应坚持正确使用方向,加强预算管理,优化支出结构,开展监督检查。

第三十八条 县和县以上各级工会应当与税务、财政等有关部门合作,依照规定做好工会经费收缴和应当由财政负担的工会经费拨缴工作。

未成立工会的企业、事业单位、机关、社会组织,按工资总额的百分之二向上级工会拨缴工会建会筹备金。

具备社会团体法人资格的工会应当依法设立独立经费账户。

第三十九条 工会资产是社会团体资产,中华全国总工会对各级工会的资产拥有终极所有权。各级工会依法依规加强对工会资产的监督、管理,保护工会资产不受损害,促进工会资产保值增值。根据经费独立原则,建立预算、决算、资产监管和经费审查监督制度。实行"统一领导、分级管理"的财务体制、"统一所有、分级监管、单位使用"的资产监管体制和"统一领导、分级管理、分级负责、下审一级"的经费审查监督体制。工会经费、资产的管理和使用办法以及工会经费审查监督制度,由中华全国总工会制定。

第四十条 各级工会委员会按照规定编制和审批预算、决算,定期向会员大会或者会员代表大会和上一级工会委员会报告经费收支和资产管理情况,接受上级和同级工会经费审查委员会审查监督。

第四十一条 工会经费、资产和国家及企业、事业单位等拨给工会的不动产和拨付资金形成的资产受法律保护,任何单位和个人不得侵占、挪用和任意调拨;不经批准,不得改变工会所属企业、事业单位的隶属关系和产权关系。

工会组织合并,其经费资产归合并后的工会所有;工会组织撤销或者解散,其经费资产由上级工会处置。

第八章 会 徽

第四十二条 中国工会会徽,选用汉字"中"、"工"两字,经艺术造型呈圆形重叠组成,并在两字外加一圆线,象征中国工会和中国工人阶级的团结统一。会徽的制作标准,由中华全国总工会规定。

第四十三条 中国工会会徽,可在工会办公地点、活动场所、会议会场悬挂,可作为纪念品、办公用品上的工会标志,也可以作为徽章佩戴。

第九章 附 则

第四十四条 本章程解释权属于中华全国总工会。

最高人民法院关于在民事审判工作中适用《中华人民共和国工会法》若干问题的解释

- 2003年1月9日最高人民法院审判委员会第1263次会议通过
- 根据2020年12月23日最高人民法院审判委员会第1823次会议通过的《最高人民法院关于修改〈最高人民法院关于在民事审判工作中适用《中华人民共和国工会法》若干问题的解释〉等二十七件民事类司法解释的决定》修正
- 2020年12月29日最高人民法院公告公布
- 该修正自2021年1月1日起施行
- 法释〔2020〕17号

为正确审理涉及工会经费和财产、工会工作人员权利的民事案件,维护工会和职工的合法权益,根据《中华人民共和国民法典》《中华人民共和国工会法》和《中华人民共和国民事诉讼法》等法律的规定,现就有关法律的适用问题解释如下:

第一条 人民法院审理涉及工会组织的有关案件时,应当认定依照工会法建立的工会组织的社团法人资格。具有法人资格的工会组织依法独立享有民事权利,承担民事义务。建立工会的企业、事业单位、机关与所建工会以及工会投资兴办的企业,根据法律和司法解释的规定,应当分别承担各自的民事责任。

第二条 根据工会法第十八条规定,人民法院审理劳动争议案件,涉及确定基层工会专职主席、副主席或者委员延长的劳动合同期限的,应当自上述人员工会职务任职期限届满之日起计算,延长的期限等于其工会职务任职的期间。

工会法第十八条规定的"个人严重过失",是指具有《中华人民共和国劳动法》第二十五条第(二)项、第(三)项或者第(四)项规定的情形。

第三条 基层工会或者上级工会依照工会法第四十三条规定向人民法院申请支付令的,由被申请人所在地的基层人民法院管辖。

第四条 人民法院根据工会法第四十三条的规定受理工会提出的拨缴工会经费的支付令申请后,应当先行征询被申请人的意见。被申请人仅对应拨缴经费数额有异议的,人民法院应当就无异议部分的工会经费数额发出支付令。

人民法院在审理涉及工会经费的案件中,需要按照工会法第四十二条第一款第(二)项规定的"全部职工""工资总额"确定拨缴数额的,"全部职工""工资总额"的计算,应当按照国家有关部门规定的标准执行。

第五条 根据工会法第四十三条和民事诉讼法的有关规定,上级工会向人民法院申请支付令或者提起诉讼,要求企业、事业单位拨缴工会经费的,人民法院应当受理。基层工会要求参加诉讼的,人民法院可以准许其作为共同申请人或者共同原告参加诉讼。

第六条 根据工会法第五十二条规定,人民法院审理涉及职工和工会工作人员因参加工会活动或者履行工会法规定的职责而被解除劳动合同的劳动争议案件,可以根据当事人的请求裁判用人单位恢复其工作,并补发被解除劳动合同期间应得的报酬;或者根据当事人的请求裁判用人单位给予本人年收入二倍的赔偿,并根据劳动合同法第四十六条、第四十七条规定给予解除劳动合同时的经济补偿。

第七条 对于企业、事业单位无正当理由拖延或者拒不拨缴工会经费的,工会组织向人民法院请求保护其权利的诉讼时效期间,适用民法典第一百八十八条的规定。

第八条 工会组织就工会经费的拨缴向人民法院申请支付令的,应当按照《诉讼费用交纳办法》第十四条的规定交纳申请费;督促程序终结后,工会组织另行起诉的,按照《诉讼费用交纳办法》第十三条规定的财产案件受理费标准交纳诉讼费用。

2. 就业

(1) 综合

中华人民共和国就业促进法

- 2007年8月30日第十届全国人民代表大会常务委员会第二十九次会议通过
- 根据2015年4月24日第十二届全国人民代表大会常务委员会第十四次会议《关于修改〈中华人民共和国电力法〉等六部法律的决定》修正

第一章 总 则

第一条 为了促进就业，促进经济发展与扩大就业相协调，促进社会和谐稳定，制定本法。

第二条 国家把扩大就业放在经济社会发展的突出位置，实施积极的就业政策，坚持劳动者自主择业、市场调节就业、政府促进就业的方针，多渠道扩大就业。

第三条 劳动者依法享有平等就业和自主择业的权利。

劳动者就业，不因民族、种族、性别、宗教信仰等不同而受歧视。

第四条 县级以上人民政府把扩大就业作为经济和社会发展的重要目标，纳入国民经济和社会发展规划，并制定促进就业的中长期规划和年度工作计划。

第五条 县级以上人民政府通过发展经济和调整产业结构、规范人力资源市场、完善就业服务、加强职业教育和培训、提供就业援助等措施，创造就业条件，扩大就业。

第六条 国务院建立全国促进就业工作协调机制，研究就业工作中的重大问题，协调推动全国的促进就业工作。国务院劳动行政部门具体负责全国的促进就业工作。

省、自治区、直辖市人民政府根据促进就业工作的需要，建立促进就业工作协调机制，协调解决本行政区域就业工作中的重大问题。

县级以上人民政府有关部门按照各自的职责分工，共同做好促进就业工作。

第七条 国家倡导劳动者树立正确的择业观念，提高就业能力和创业能力；鼓励劳动者自主创业、自谋职业。

各级人民政府和有关部门应当简化程序，提高效率，为劳动者自主创业、自谋职业提供便利。

第八条 用人单位依法享有自主用人的权利。

用人单位应当依照本法以及其他法律、法规的规定，保障劳动者的合法权益。

第九条 工会、共产主义青年团、妇女联合会、残疾人联合会以及其他社会组织，协助人民政府开展促进就业工作，依法维护劳动者的劳动权利。

第十条 各级人民政府和有关部门对在促进就业工作中作出显著成绩的单位和个人，给予表彰和奖励。

第二章 政策支持

第十一条 县级以上人民政府应当把扩大就业作为重要职责，统筹协调产业政策与就业政策。

第十二条 国家鼓励各类企业在法律、法规规定的范围内，通过兴办产业或者拓展经营，增加就业岗位。

国家鼓励发展劳动密集型产业、服务业，扶持中小企业，多渠道、多方式增加就业岗位。

国家鼓励、支持、引导非公有制经济发展，扩大就业，增加就业岗位。

第十三条 国家发展国内外贸易和国际经济合作，拓宽就业渠道。

第十四条 县级以上人民政府在安排政府投资和确定重大建设项目时，应当发挥投资和重大建设项目带动就业的作用，增加就业岗位。

第十五条 国家实行有利于促进就业的财政政策，加大资金投入，改善就业环境，扩大就业。

县级以上人民政府应当根据就业状况和就业工作目标，在财政预算中安排就业专项资金用于促进就业工作。

就业专项资金用于职业介绍、职业培训、公益性岗位、职业技能鉴定、特定就业政策和社会保险等的补贴，小额贷款担保基金和微利项目的小额担保贷款贴息，以及扶持公共就业服务等。就业专项资金的使用管理办法由国务院财政部门和劳动行政部门规定。

第十六条 国家建立健全失业保险制度，依法确保失业人员的基本生活，并促进其实现就业。

第十七条 国家鼓励企业增加就业岗位，扶持失业人员和残疾人就业，对下列企业、人员依法给予税收优惠：

（一）吸纳符合国家规定条件的失业人员达到规定要求的企业；

（二）失业人员创办的中小企业；

（三）安置残疾人员达到规定比例或者集中使用残疾人的企业；

（四）从事个体经营的符合国家规定条件的失业人员；

（五）从事个体经营的残疾人；

（六）国务院规定给予税收优惠的其他企业、人员。

第十八条 对本法第十七条第四项、第五项规定的人员，有关部门应当在经营场地等方面给予照顾，免除行政事业性收费。

第十九条 国家实行有利于促进就业的金融政策,增加中小企业的融资渠道;鼓励金融机构改进金融服务,加大对中小企业的信贷支持,并对自主创业人员在一定期限内给予小额信贷等扶持。

第二十条 国家实行城乡统筹的就业政策,建立健全城乡劳动者平等就业的制度,引导农业富余劳动力有序转移就业。

县级以上地方人民政府推进小城镇建设和加快县域经济发展,引导农业富余劳动力就地就近转移就业;在制定小城镇规划时,将本地区农业富余劳动力转移就业作为重要内容。

县级以上地方人民政府引导农业富余劳动力有序向城市异地转移就业;劳动力输出地和输入地人民政府应当互相配合,改善农村劳动者进城就业的环境和条件。

第二十一条 国家支持区域经济发展,鼓励区域协作,统筹协调不同地区就业的均衡增长。

国家支持民族地区发展经济,扩大就业。

第二十二条 各级人民政府统筹做好城镇新增劳动力就业、农业富余劳动力转移就业和失业人员就业工作。

第二十三条 各级人民政府采取措施,逐步完善和实施与非全日制用工等灵活就业相适应的劳动和社会保险政策,为灵活就业人员提供帮助和服务。

第二十四条 地方各级人民政府和有关部门应当加强对失业人员从事个体经营的指导,提供政策咨询、就业培训和开业指导等服务。

第三章 公平就业

第二十五条 各级人民政府创造公平就业的环境,消除就业歧视,制定政策并采取措施对就业困难人员给予扶持和援助。

第二十六条 用人单位招用人员、职业中介机构从事职业中介活动,应当向劳动者提供平等的就业机会和公平的就业条件,不得实施就业歧视。

第二十七条 国家保障妇女享有与男子平等的劳动权利。

用人单位招用人员,除国家规定的不适合妇女的工种或者岗位外,不得以性别为由拒绝录用妇女或者提高对妇女的录用标准。

用人单位录用女职工,不得在劳动合同中规定限制女职工结婚、生育的内容。

第二十八条 各民族劳动者享有平等的劳动权利。

用人单位招用人员,应当依法对少数民族劳动者给予适当照顾。

第二十九条 国家保障残疾人的劳动权利。

各级人民政府应当对残疾人就业统筹规划,为残疾人创造就业条件。

用人单位招用人员,不得歧视残疾人。

第三十条 用人单位招用人员,不得以是传染病病原携带者为由拒绝录用。但是,经医学鉴定传染病病原携带者在治愈前或者排除传染嫌疑前,不得从事法律、行政法规和国务院卫生行政部门规定禁止从事的易使传染病扩散的工作。

第三十一条 农村劳动者进城就业享有与城镇劳动者平等的劳动权利,不得对农村劳动者进城就业设置歧视性限制。

第四章 就业服务和管理

第三十二条 县级以上人民政府培育和完善统一开放、竞争有序的人力资源市场,为劳动者就业提供服务。

第三十三条 县级以上人民政府鼓励社会各方面依法开展就业服务活动,加强对公共就业服务和职业中介服务的指导和监督,逐步完善覆盖城乡的就业服务体系。

第三十四条 县级以上人民政府加强人力资源市场信息网络及相关设施建设,建立健全人力资源市场信息服务体系,完善市场信息发布制度。

第三十五条 县级以上人民政府建立健全公共就业服务体系,设立公共就业服务机构,为劳动者免费提供下列服务:

(一)就业政策法规咨询;

(二)职业供求信息、市场工资指导价位信息和职业培训信息发布;

(三)职业指导和职业介绍;

(四)对就业困难人员实施就业援助;

(五)办理就业登记、失业登记等事务;

(六)其他公共就业服务。

公共就业服务机构应当不断提高服务的质量和效率,不得从事经营性活动。

公共就业服务经费纳入同级财政预算。

第三十六条 县级以上地方人民政府对职业中介机构提供公益性就业服务的,按照规定给予补贴。

国家鼓励社会各界为公益性就业服务提供捐赠、资助。

第三十七条 地方各级人民政府和有关部门不得举办或者与他人联合举办经营性的职业中介机构。

地方各级人民政府和有关部门、公共就业服务机构举办的招聘会,不得向劳动者收取费用。

第三十八条 县级以上人民政府和有关部门加强对职业中介机构的管理,鼓励其提高服务质量,发挥其在促进就业中的作用。

第三十九条 从事职业中介活动,应当遵循合法、诚实信用、公平、公开的原则。

用人单位通过职业中介机构招用人员,应当如实向职业中介机构提供岗位需求信息。

禁止任何组织或者个人利用职业中介活动侵害劳动者的合法权益。

第四十条 设立职业中介机构应当具备下列条件:

(一)有明确的章程和管理制度;

(二)有开展业务必备的固定场所、办公设施和一定数额的开办资金;

(三)有一定数量具备相应职业资格的专职工作人员;

(四)法律、法规规定的其他条件。

设立职业中介机构应当在工商行政管理部门办理登记后,向劳动行政部门申请行政许可。

未经依法许可和登记的机构,不得从事职业中介活动。

国家对外商投资职业中介机构和向劳动者提供境外就业服务的职业中介机构另有规定的,依照其规定。

第四十一条 职业中介机构不得有下列行为:

(一)提供虚假就业信息;

(二)为无合法证照的用人单位提供职业中介服务;

(三)伪造、涂改、转让职业中介许可证;

(四)扣押劳动者的居民身份证和其他证件,或者向劳动者收取押金;

(五)其他违反法律、法规规定的行为。

第四十二条 县级以上人民政府建立失业预警制度,对可能出现的较大规模的失业,实施预防、调节和控制。

第四十三条 国家建立劳动力调查统计制度和就业登记、失业登记制度,开展劳动力资源和就业、失业状况调查统计,并公布调查统计结果。

统计部门和劳动行政部门进行劳动力调查统计和就业、失业登记时,用人单位和个人应当如实提供调查统计和登记所需要的情况。

第五章 职业教育和培训

第四十四条 国家依法发展职业教育,鼓励开展职业培训,促进劳动者提高职业技能,增强就业能力和创业能力。

第四十五条 县级以上人民政府根据经济社会发展和市场需求,制定并实施职业能力开发计划。

第四十六条 县级以上人民政府加强统筹协调,鼓励和支持各类职业院校、职业技能培训机构和用人单位依法开展就业前培训、在职培训、再就业培训和创业培训;鼓励劳动者参加各种形式的培训。

第四十七条 县级以上地方人民政府和有关部门根据市场需求和产业发展方向,鼓励、指导企业加强职业教育和培训。

职业院校、职业技能培训机构与企业应当密切联系,实行产教结合,为经济建设服务,培养实用人才和熟练劳动者。

企业应当按照国家有关规定提取职工教育经费,对劳动者进行职业技能培训和继续教育培训。

第四十八条 国家采取措施建立健全劳动预备制度,县级以上地方人民政府对有就业要求的初高中毕业生实行一定期限的职业教育和培训,使其取得相应的职业资格或者掌握一定的职业技能。

第四十九条 地方各级人民政府鼓励和支持开展就业培训,帮助失业人员提高职业技能,增强其就业能力和创业能力。失业人员参加就业培训的,按照有关规定享受政府培训补贴。

第五十条 地方各级人民政府采取有效措施,组织和引导进城就业的农村劳动者参加技能培训,鼓励各类培训机构为进城就业的农村劳动者提供技能培训,增强其就业能力和创业能力。

第五十一条 国家对从事涉及公共安全、人身健康、生命财产安全等特殊工种的劳动者,实行职业资格证书制度,具体办法由国务院规定。

第六章 就业援助

第五十二条 各级人民政府建立健全就业援助制度,采取税费减免、贷款贴息、社会保险补贴、岗位补贴等办法,通过公益性岗位安置等途径,对就业困难人员实行优先扶持和重点帮助。

就业困难人员是指因身体状况、技能水平、家庭因素、失去土地等原因难以实现就业,以及连续失业一定时间仍未能实现就业的人员。就业困难人员的具体范围,由省、自治区、直辖市人民政府根据本行政区域的实际情况规定。

第五十三条 政府投资开发的公益性岗位,应当优先安排符合岗位要求的就业困难人员。被安排在公益性岗位工作的,按照国家规定给予岗位补贴。

第五十四条 地方各级人民政府加强基层就业援助服务工作，对就业困难人员实施重点帮助，提供有针对性的就业服务和公益性岗位援助。

地方各级人民政府鼓励和支持社会各方面为就业困难人员提供技能培训、岗位信息等服务。

第五十五条 各级人民政府采取特别扶助措施，促进残疾人就业。

用人单位应当按照国家规定安排残疾人就业，具体办法由国务院规定。

第五十六条 县级以上地方人民政府采取多种就业形式，拓宽公益性岗位范围，开发就业岗位，确保城市有就业需求的家庭至少有一人实现就业。

法定劳动年龄内的家庭人员均处于失业状况的城市居民家庭，可以向住所地街道、社区公共就业服务机构申请就业援助。街道、社区公共就业服务机构经确认属实的，应当为该家庭中至少一人提供适当的就业岗位。

第五十七条 国家鼓励资源开采型城市和独立工矿区发展与市场需求相适应的产业，引导劳动者转移就业。

对因资源枯竭或者经济结构调整等原因造成就业困难人员集中的地区，上级人民政府应当给予必要的扶持和帮助。

第七章 监督检查

第五十八条 各级人民政府和有关部门应当建立促进就业的目标责任制度。县级以上人民政府按照促进就业目标责任制的要求，对所属的有关部门和下一级人民政府进行考核和监督。

第五十九条 审计机关、财政部门应当依法对就业专项资金的管理和使用情况进行监督检查。

第六十条 劳动行政部门应当对本法实施情况进行监督检查，建立举报制度，受理对违反本法行为的举报，并及时予以核实、处理。

第八章 法律责任

第六十一条 违反本法规定，劳动行政等有关部门及其工作人员滥用职权、玩忽职守、徇私舞弊的，对直接负责的主管人员和其他直接责任人员依法给予处分。

第六十二条 违反本法规定，实施就业歧视的，劳动者可以向人民法院提起诉讼。

第六十三条 违反本法规定，地方各级人民政府和有关部门、公共就业服务机构举办经营性的职业中介机构，从事经营性职业中介活动，向劳动者收取费用的，由上级主管机关责令限期改正，将违法收取的费用退还劳动者，并对直接负责的主管人员和其他直接责任人员依法给予处分。

第六十四条 违反本法规定，未经许可和登记，擅自从事职业中介活动的，由劳动行政部门或者其他主管部门依法予以关闭；有违法所得的，没收违法所得，并处一万元以上五万元以下的罚款。

第六十五条 违反本法规定，职业中介机构提供虚假就业信息，为无合法证照的用人单位提供职业中介服务，伪造、涂改、转让职业中介许可证的，由劳动行政部门或者其他主管部门责令改正；有违法所得的，没收违法所得，并处一万元以上五万元以下的罚款；情节严重的，吊销职业中介许可证。

第六十六条 违反本法规定，职业中介机构扣押劳动者居民身份证等证件的，由劳动行政部门责令限期退还劳动者，并依照有关法律规定给予处罚。

违反本法规定，职业中介机构向劳动者收取押金的，由劳动行政部门责令限期退还劳动者，并以每人五百元以上二千元以下的标准处以罚款。

第六十七条 违反本法规定，企业未按照国家规定提取职工教育经费，或者挪用职工教育经费的，由劳动行政部门责令改正，并依法给予处分。

第六十八条 违反本法规定，侵害劳动者合法权益，造成财产损失或者其他损害的，依法承担民事责任；构成犯罪的，依法追究刑事责任。

第九章 附则

第六十九条 本法自 2008 年 1 月 1 日起施行。

国务院办公厅关于进一步支持大学生创新创业的指导意见

· 2021 年 9 月 22 日
· 国办发〔2021〕35 号

各省、自治区、直辖市人民政府，国务院各部委、各直属机构：

纵深推进大众创业万众创新是深入实施创新驱动发展战略的重要支撑，大学生是大众创业万众创新的生力军，支持大学生创新创业具有重要意义。近年来，越来越多的大学生投身创新创业实践，但也面临融资难、经验少、服务不到位等问题。为提升大学生创新创业能力、增强创新活力，进一步支持大学生创新创业，经国务院同意，现提出以下意见。

一、总体要求

以习近平新时代中国特色社会主义思想为指导，深入贯彻落实党的十九大和十九届二中、三中、四中、五中全会精神，全面贯彻党的教育方针，落实立德树人根本任务，立足新发展阶段，贯彻新发展理念，构建新发展格局，坚持创新引领创业、创业带动就业，支持在校大学生提升创新创业能力，支持高校毕业生创业就业，提升人力资源素质，促进大学生全面发展，实现大学生更加充分更高质量就业。

二、提升大学生创新创业能力

（一）将创新创业教育贯穿人才培养全过程。深化高校创新创业教育改革，健全课堂教学、自主学习、结合实践、指导帮扶、文化引领融为一体的高校创新创业教育体系，增强大学生的创新精神、创业意识和创新创业能力。建立以创新创业为导向的新型人才培养模式，健全校校、校企、校地、校所协同的创新创业人才培养机制，打造一批创新创业教育特色示范课程。（教育部牵头，人力资源社会保障部等按职责分工负责）

（二）提升教师创新创业教育教学能力。强化高校教师创新创业教育教学能力和素养培训，改革教学方法和考核方式，推动教师把国际前沿学术发展、最新研究成果和实践经验融入课堂教学。完善高校双创指导教师到行业企业挂职锻炼的保障激励政策。实施高校双创校外导师专项人才计划，探索实施驻校企业家制度，吸引更多各行各业优秀人才担任双创导师。支持建设一批双创导师培训基地，定期开展培训。（教育部牵头，人力资源社会保障部等按职责分工负责）

（三）加强大学生创新创业培训。打造一批高校创新创业培训活动品牌，创新培训模式，面向大学生开展高质量、有针对性的创新创业培训，提升大学生创新创业能力。组织双创导师深入校园举办创业大讲堂，进行创业政策解读、经验分享、实践指导等。支持各类创新创业大赛对大学生创业者给予倾斜。（人力资源社会保障部、教育部等按职责分工负责）

三、优化大学生创新创业环境

（四）降低大学生创新创业门槛。持续提升企业开办服务能力，为大学生创业提供高效便捷的登记服务。推动众创空间、孵化器、加速器、产业园全链条发展，鼓励各类孵化器面向大学生创新创业团队开放一定比例的免费孵化空间，并将开放情况纳入国家级科技企业孵化器考核评价，降低大学生创新创业团队入驻条件。政府投资开发的孵化器等创业载体应安排30%左右的场地，免费提供给高校毕业生。有条件的地方可对高校毕业生到孵化器创业给予租金补贴。（科技部、教育部、市场监管总局等和地方各级人民政府按职责分工负责）

（五）便利化服务大学生创新创业。完善科技创新资源开放共享平台，强化对大学生的技术创新服务。各地区、各高校和科研院所的实验室以及科研仪器、设施等科技创新资源可以面向大学生开放共享，提供低价、优质的专业服务，支持大学生创新创业。支持行业企业面向大学生发布企业需求清单，引导大学生精准创新创业。鼓励国有大中型企业面向高校和大学生发布技术创新需求，开展"揭榜挂帅"。（科技部、发展改革委、教育部、国资委等按职责分工负责）

（六）落实大学生创新创业保障政策。落实大学生创业帮扶政策，加大对创业失败大学生的扶持力度，按规定提供就业服务、就业援助和社会救助。加强政府支持引导，发挥市场主渠道作用，鼓励有条件的地方探索建立大学生创业风险救助机制，可采取创业风险补贴、商业险保费补助等方式予以支持，积极研究更加精准、有效的帮扶措施，及时总结经验、适时推广。毕业后创业的大学生可按规定缴纳"五险一金"，减少大学生创业的后顾之忧。（人力资源社会保障部、教育部、财政部、民政部、医保局等和地方各级人民政府按职责分工负责）

四、加强大学生创新创业服务平台建设

（七）建强高校创新创业实践平台。充分发挥大学科技园、大学生创业园、大学生创客空间等校内创新创业实践平台作用，面向在校大学生免费开放，开展专业化孵化服务。结合学校学科专业特色优势，联合有关行业企业建设一批校外大学生双创实践教学基地，深入实施大学生创新创业训练计划。（教育部、科技部、人力资源社会保障部等按职责分工负责）

（八）提升大众创业万众创新示范基地带动作用。加强双创示范基地建设，深入实施创业就业"校企行"专项行动，推动企业示范基地和高校示范基地结对共建、建立稳定合作关系。指导高校示范基地所在城市主动规划和布局高校周边产业，积极承接大学生创新成果和人才等要素，打造"城校共生"的创新创业生态。推动中央企业、科研院所和相关公共服务机构利用自身技术、人才、场地、资本等优势，为大学生建设集研发、孵化、投资等于一体的创业创新培育中心、互联网双创平台、孵化器和科技产业园区。（发展改革委、教育部、科技部、国资委等按职责分工负责）

五、推动落实大学生创新创业财税扶持政策

（九）继续加大对高校创新创业教育的支持力度。

在现有基础上,加大教育部中央彩票公益金大学生创新创业教育发展资金支持力度。加大中央高校教育教学改革专项资金支持力度,将创新创业教育和大学生创新创业情况作为资金分配重要因素。(财政部、教育部等按职责分工负责)

(十)落实落细减税降费政策。高校毕业生在毕业年度内从事个体经营,符合规定条件的,在3年内按一定限额依次扣减其当年实际应缴纳的增值税、城市维护建设税、教育费附加、地方教育附加和个人所得税;对月销售额15万元以下的小规模纳税人免征增值税,对小微企业和个体工商户按规定减免所得税。对创业投资企业、天使投资人投资于未上市的中小高新技术企业以及种子期、初创期科技型企业的投资额,按规定抵扣所得税应纳税所得额。对国家级、省级科技企业孵化器和大学科技园以及国家备案众创空间按规定免征增值税、房产税、城镇土地使用税。做好纳税服务,建立对接机制,强化精准支持。(财政部、税务总局等按职责分工负责)

六、加强对大学生创新创业的金融政策支持

(十一)落实普惠金融政策。鼓励金融机构按照市场化、商业可持续原则对大学生创业项目提供金融服务,解决大学生创业融资难题。落实创业担保贷款政策及贴息政策,将高校毕业生个人最高贷款额度提高至20万元,对10万元以下贷款、获得设区的市级以上荣誉的高校毕业生创业者免除反担保要求;对高校毕业生设立的符合条件的小微企业,最高贷款额度提高至300万元;降低贷款利率,简化贷款申报审核流程,提高贷款便利性,支持符合条件的高校毕业生创业就业。鼓励和引导金融机构加快产品和服务创新,为符合条件的大学生创业项目提供金融服务。(财政部、人力资源社会保障部、人民银行、银保监会等按职责分工负责)

(十二)引导社会资本支持大学生创新创业。充分发挥社会资本作用,以市场化机制促进社会资源与大学生创新创业需求更好对接,引导创新创业平台投资基金和社会资本参与大学生创业项目早期投资与投智,助力大学生创新创业项目健康成长。加快发展天使投资,培育一批天使投资人和创业投资机构。发挥财政政策作用,落实税收政策,支持天使投资、创业投资发展,推动大学生创新创业。(发展改革委、财政部、税务总局、证监会等按职责分工负责)

七、促进大学生创新创业成果转化

(十三)完善成果转化机制。研究设立大学生创新创业成果转化服务机构,建立相关成果与行业产业对接长效机制,促进大学生创新创业成果在有关行业企业推广应用。做好大学生创新创业项目的知识产权确权、保护等工作,强化激励导向,加快落实以增加知识价值为导向的分配政策,落实成果转化奖励和收益分配办法。加强面向大学生的科技成果转化培训课程建设。(科技部、教育部、知识产权局等按职责分工负责)

(十四)强化成果转化服务。推动地方、企业和大学生创新创业团队加强合作对接,拓宽成果转化渠道,为创新成果转化和创业项目落地提供帮助。鼓励国有大中型企业和产教融合型企业利用孵化器、产业园等平台,支持高校科技成果转化,促进高校科技成果和大学生创新创业项目落地发展。汇集政府、企业、高校及社会资源,加强对中国国际"互联网+"大学生创新创业大赛中涌现的优秀创新创业项目的后续跟踪支持,落实科技成果转化相关税收优惠政策,推动一批大赛优秀项目落地,支持获奖项目成果转化,形成大学生创新创业示范效应。(教育部、科技部、发展改革委、财政部、国资委、税务总局等按职责分工负责)

八、办好中国国际"互联网+"大学生创新创业大赛

(十五)完善大赛可持续发展机制。鼓励省级人民政府积极承办大赛,压实主办职责,进一步加强组织领导和综合协调,落实配套支持政策和条件保障。坚持政府引导、公益支持,支持行业企业深化赛事合作,拓宽办赛资金筹措渠道,适当增加大赛冠名赞助经费额度。充分利用市场化方式,研究推动中央企业、社会资本发起成立中国国际"互联网+"大学生创新创业大赛项目专项发展基金。(教育部、国资委、证监会、建设银行等按职责分工负责)

(十六)打造创新创业大赛品牌。强化大赛创新创业教育实践平台作用,鼓励各学段学生积极参赛。坚持以赛促教、以赛促学、以赛促创,丰富竞赛形式和内容。建立健全中国国际"互联网+"大学生创新创业大赛与各级各类创新创业比赛联动机制,推进大赛国际化进程,搭建全球性创新创业竞赛平台,深化创新创业教育国际交流合作。(教育部等按职责分工负责)

九、加强大学生创新创业信息服务

(十七)建立大学生创新创业信息服务平台。汇集创新创业帮扶政策、产业激励政策和全国创新创业教育优质资源,加强信息资源整合,做好国家和地方的政策发布、解读等工作。及时收集国家、区域、行业需求,为大学生精准推送行业和市场动向等信息。加强对创新创业大学生和项目的跟踪、服务,畅通供需对接渠道,支持各地积极举办大学生创新创业项目需求与投融资对接会。

(教育部、发展改革委、人力资源社会保障部等按职责分工负责)

(十八)加强宣传引导。大力宣传加强高校创新创业教育、促进大学生创新创业的必要性、重要性。及时总结推广各地区、各高校的好经验好做法,选树大学生创新创业成功典型,丰富宣传形式,培育创客文化,营造敢为人先、宽容失败的环境,形成支持大学生创新创业的社会氛围。做好政策宣传宣讲,推动大学生用足用好税费减免、企业登记等支持政策。(教育部、中央宣传部牵头,地方各级人民政府、各有关部门按职责分工负责)

各地区、各有关部门要认真贯彻落实党中央、国务院决策部署,抓好本意见的贯彻落实。教育部要会同有关部门加强协调指导,督促支持大学生创新创业各项政策的落实,加强经验交流和推广。地方各级人民政府要加强组织领导,深入了解情况,优化创新创业环境,积极研究制定和落实支持大学生创新创业的政策措施,及时帮助大学生解决实际问题。

就业补助资金管理办法

· 2017年10月13日
· 财社〔2017〕164号

第一章 总 则

第一条 为落实好各项就业政策,规范就业补助资金管理,提高资金使用效益,根据《中华人民共和国预算法》《中华人民共和国就业促进法》等相关法律法规,制定本办法。

第二条 本办法所称就业补助资金是由县级以上人民政府设立,由本级财政部门会同人力资源社会保障部门(以下简称人社部门)管理,通过一般公共预算安排用于促进就业创业的专项资金。

第三条 就业补助资金管理应遵循以下原则:

(一)注重普惠,重点倾斜。落实国家普惠性的就业创业政策,重点支持就业困难群体就业创业,适度向中西部地区、就业工作任务重地区倾斜,促进各类劳动者公平就业,推动地区间就业协同发展。

(二)奖补结合,激励相容。优化机制设计,奖补结合,充分发挥各级政策执行部门、政策对象等积极性。

(三)易于操作,精准效能。提高政策可操作性和精准性,加强监督与控制,以绩效导向、结果导向强化就业补助资金管理。

第二章 资金支出范围

第四条 就业补助资金分为对个人和单位的补贴、公共就业服务能力建设补助两类。

对个人和单位的补贴资金用于职业培训补贴、职业技能鉴定补贴、社会保险补贴、公益性岗位补贴、创业补贴、就业见习补贴、求职创业补贴等支出;公共就业服务能力建设补助资金用于就业创业服务补助和高技能人才培养补助等支出。

同一项目就业补助资金补贴与失业保险待遇有重复的,个人和单位不可重复享受。

第五条 享受职业培训补贴的人员范围包括:贫困家庭子女、毕业年度高校毕业生(含技师学院高级工班、预备技师班和特殊教育院校职业教育类毕业生,下同)、城乡未继续升学的应届初高中毕业生、农村转移就业劳动者、城镇登记失业人员(以下简称五类人员),以及符合条件的企业职工。

职业培训补贴用于以下方面:

(一)五类人员就业技能培训和创业培训。对参加就业技能培训和创业培训的五类人员,培训后取得职业资格证书的(或职业技能等级证书、专项职业能力证书、培训合格证书,下同),给予一定标准的职业培训补贴。各地应当精准对接产业发展需求和受教育者需求,定期发布重点产业职业培训需求指导目录,对指导目录内的职业培训,可适当提高补贴标准。对为城乡未继续升学的应届初高中毕业生垫付劳动预备制培训费的培训机构,给予一定标准的职业培训补贴。其中农村学员和城市低保家庭学员参加劳动预备制培训的,同时给予一定标准的生活费补贴。

(二)符合条件的企业职工岗位技能培训。对企业新录用的五类人员,与企业签订1年以上期限劳动合同、并于签订劳动合同之日起1年内参加由企业依托所属培训机构或政府认定的培训机构开展岗位技能培训的,在取得职业资格证书后给予职工个人或企业一定标准的职业培训补贴。对按国家有关规定参加企业新型学徒制培训、技师培训的企业在职职工,培训后取得职业资格证书的,给予职工个人或企业一定标准的职业培训补贴。

(三)符合条件人员项目制培训。各地人社、财政部门可通过项目制方式,向政府认定的培训机构整建制购买就业技能培训或创业培训项目,为化解钢铁煤炭煤电行业过剩产能企业失业人员(以下简称去产能失业人员)、建档立卡贫困劳动力免费提供就业技能培训或创业培训。对承担项目制培训任务的培训机构,给予一定标准的职业培训补贴。

第六条 对通过初次职业技能鉴定并取得职业资格

证书(不含培训合格证)的五类人员,给予职业技能鉴定补贴。对纳入重点产业职业资格和职业技能等级评定指导目录的,可适当提高补贴标准。

第七条 享受社会保险补贴的人员范围包括:符合《就业促进法》规定的就业困难人员和高校毕业生。

社会保险补贴用于以下方面:

(一)就业困难人员社会保险补贴。对招用就业困难人员并缴纳社会保险费的单位,以及通过公益性岗位安置就业困难人员并缴纳社会保险费的单位,按其为就业困难人员实际缴纳的基本养老保险费、基本医疗保险费和失业保险费给予补贴,不包括就业困难人员个人应缴纳的部分。对就业困难人员灵活就业后缴纳的社会保险费,给予一定数额的社会保险补贴,补贴标准原则上不超过其实际缴费的2/3。就业困难人员社会保险补贴期限,除对距法定退休年龄不足5年的就业困难人员可延长至退休外,其余人员最长不超过3年(以初次核定其享受社会保险补贴时年龄为准)。

(二)高校毕业生社会保险补贴。对招用毕业年度高校毕业生,与之签订1年以上劳动合同并为其缴纳社会保险费的小微企业,给予最长不超过1年的社会保险补贴,不包括高校毕业生个人应缴纳的部分。对离校1年内未就业的高校毕业生灵活就业后缴纳的社会保险费,给予一定数额的社会保险补贴,补贴标准原则上不超过其实际缴费的2/3,补贴期限最长不超过2年。

第八条 享受公益性岗位补贴的人员范围为就业困难人员,重点是大龄失业人员和零就业家庭人员。

对公益性岗位安置的就业困难人员给予岗位补贴,补贴标准参照当地最低工资标准执行。

公益性岗位补贴期限,除对距法定退休年龄不足5年的就业困难人员可延长至退休外,其余人员最长不超过3年(以初次核定其享受公益性岗位补贴时年龄为准)。

第九条 对首次创办小微企业或从事个体经营,且所创办企业或个体工商户自工商登记注册之日起正常运营1年以上的离校2年内高校毕业生、就业困难人员,试点给予一次性创业补贴。具体试点办法由省级财政、人社部门另行制定。

第十条 享受就业见习补贴的人员范围为离校2年内未就业高校毕业生,艰苦边远地区、老工业基地、国家级贫困县可扩大至离校2年内未就业中职毕业生。对吸纳上述人员参加就业见习的单位,给予一定标准的就业见习补贴,用于见习单位支付见习人员见习期间基本生活费、为见习人员办理人身意外伤害保险,以及对见习人员的指导管理费用。对见习人员见习期满留用率达到50%以上的单位,可适当提高见习补贴标准。

第十一条 对在毕业年度有就业创业意愿并积极求职创业的低保家庭、贫困残疾人家庭、建档立卡贫困家庭和特困人员中的高校毕业生,残疾及获得国家助学贷款的高校毕业生,给予一次性求职创业补贴。

第十二条 就业创业服务补助用于加强公共就业创业服务机构服务能力建设,重点支持信息网络系统建设及维护,公共就业创业服务机构及其与高校开展的招聘活动和创业服务,对创业孵化基地给予奖补,以及向社会购买基本就业创业服务成果。

第十三条 高技能人才培养补助重点用于高技能人才培训基地建设和技能大师工作室建设等支出。

第十四条 其他支出是指各地经省级人民政府批准,符合中央专项转移支付相关管理规定,确需新增的项目支出。

第十五条 就业补助资金中对个人和单位的补贴资金的具体标准,在符合以上原则规定的基础上,由省级财政、人社部门结合当地实际确定。各地要严格控制就业创业服务补助的支出比例。

第十六条 就业补助资金不得用于以下支出:

(一)办公用房建设支出。

(二)职工宿舍建设支出。

(三)购置交通工具支出。

(四)发放工作人员津贴补贴等支出。

(五)"三公"经费支出。

(六)普惠金融项下创业担保贷款(原小额担保贷款,下同)贴息及补充创业担保贷款基金相关支出。

(七)部门预算已安排支出。

(八)法律法规禁止的其他支出。

个人、单位按本办法申领获得的补贴资金,具体用途可由申请人或申请单位确定,不受本条规定限制。

第三章 资金分配与下达

第十七条 中央财政就业补助资金实行因素法分配。

分配因素包括基础因素、投入因素和绩效因素三类。其中:

(一)基础因素主要根据劳动力人口等指标,重点考核就业工作任务量。

(二)投入因素主要根据地方政府就业补助资金的安排使用等指标,重点考核地方投入力度。

(三)绩效因素主要根据各地失业率和新增就业人数等指标,重点考核各地落实各项就业政策的成效。

每年分配资金选择的因素、权重、方式及增减幅上下限,可根据年度就业整体形势和工作任务重点适当调整。

第十八条　地方可对公共就业服务能力建设补助资金中的高技能人才培养补助资金,实行项目管理,各地人社部门应当编制高技能人才培养中长期规划,确定本地区支持的高技能人才重点领域。

各省级人社部门每年需会同财政部门组织专家对拟实施高技能人才培养项目进行评审,省级财政部门会同人社部门根据评审结果给予定额补助,评审结果需报人力资源社会保障部和财政部备案。

第十九条　财政部会同人力资源社会保障部于每年10月31日前将下一年度就业补助资金预计数下达至各省级财政和人社部门;每年在全国人民代表大会审查批准中央预算后90日内,正式下达中央财政就业补助资金预算。

第二十条　各省级财政、人社部门应在收到中央财政就业补助资金后30日内,正式下达到市、县级财政和人社部门;省、市级财政、人社部门应当将本级政府预算安排给下级政府的就业补助资金在本级人民代表大会批准预算后60日内正式下达到下级财政、人社部门。

地方各级财政、人社部门应对其使用的就业补助资金提出明确的资金管理要求,及时组织实施各项就业创业政策。

第二十一条　就业补助资金应按照财政部关于专项转移支付绩效目标管理的规定,做好绩效目标的设定、审核、下达工作。

第四章　资金申请与使用

第二十二条　职业培训补贴实行"先垫后补"和"信用支付"等办法。有条件的地区应探索为劳动者建立职业培训个人信用账户,鼓励劳动者自主选择培训机构和课程,并通过信用账户支付培训费用。

申请职业培训补贴资金根据资金的具体用途分别遵循以下要求:

(一)五类人员申请就业技能培训和创业培训补贴应向当地人社部门提供以下材料:《就业创业证》(或《就业失业登记证》、《社会保障卡》,下同)复印件、职业资格证书复印件、培训机构开具的行政事业性收费票据(或税务发票,下同)等。

(二)职业培训机构为城乡未继续升学的初高中毕业生、贫困家庭子女、城镇登记失业人员代为申请职业培训补贴的,还应提供以下材料:身份证复印件(城镇登记失业人员凭《就业创业证》复印件)、初高中毕业证书复印件、代为申请协议;城市低保家庭学员的生活费补贴申请材料还应附城市居民最低生活保障证明材料。

(三)符合条件的企业在职职工申请技能培训补贴应向当地人社部门提供以下材料:职业资格证书复印件、培训机构出具的行政事业性收费票据等。企业为在职职工申请新型学徒制培训补贴应提供以下材料:职业资格证书复印件、培训机构出具的行政事业性收费票据等。企业在开展技师培训或新型学徒制培训前,还应将培训计划、培训人员花名册、劳动合同复印件等有关材料报当地人社部门备案。

(四)职业培训机构为去产能失业人员、建档立卡贫困劳动力开展项目制培训的,申请补贴资金应向委托培训的人社部门提供以下材料:身份证复印件、职业资格证书复印件、培训机构开具的行政事业性收费票据、培训计划和大纲、培训内容和教材、授课教师信息、全程授课视频资料等。培训机构在开展项目制培训前,还应将培训计划和大纲、培训人员花名册等有关材料报当地人社部门备案。

上述申请材料经人社部门审核后,对五类人员和企业在职职工个人申请的培训补贴或生活费补贴资金,按规定支付到申请者本人个人银行账户或个人信用账户;对企业和培训机构代为申请或直补培训机构的培训补贴资金,按规定支付到企业和培训机构在银行开立的基本账户。

第二十三条　五类人员申请职业技能鉴定补贴应向当地人社部门提供以下材料:《就业创业证》复印件、职业资格证书复印件、职业技能鉴定机构开具的行政事业性收费票据(或税务发票)等。经人社部门审核后,按规定将补贴资金支付到申请者本人个人银行账户。

第二十四条　社会保险补贴实行"先缴后补",并根据资金具体用途分别遵循以下要求:

(一)招用就业困难人员的单位和招用毕业年度高校毕业生的小微企业,申请社会保险补贴应向当地人社部门提供以下材料:符合条件人员名单、《就业创业证》复印件或毕业证书复印件、劳动合同复印件、社会保险费征缴机构出具的社会保险缴费明细账(单)等。

(二)灵活就业的就业困难人员和灵活就业的离校1年内高校毕业生,申请社会保险补贴应向当地人社部门提供以下材料:《就业创业证》复印件或毕业证书复印件、灵活就业证明材料、社会保险费征缴机构出具的社会保险缴费明细账(单)等。

（三）通过公益性岗位安置就业困难人员的单位，申请社会保险补贴应向当地人社部门提供以下材料：《就业创业证》复印件、享受社会保险补贴年限证明材料、社会保险费征缴机构出具的社会保险缴费明细账(单)等。

上述资金经人社部门审核后，按规定将补贴资金支付到单位在银行开立的基本账户或申请者本人个人银行账户。

第二十五条 通过公益性岗位安置就业困难人员的单位，申请公益性岗位补贴应向当地人社部门提供以下材料：《就业创业证》复印件、享受公益性岗位补贴年限证明材料、单位发放工资明细账(单)等。经人社部门审核后，按规定将补贴资金支付到单位在银行开立的基本账户或公益性岗位安置人员本人个人银行账户。

第二十六条 吸纳离校2年内未就业高校毕业生参加就业见习的单位，申请就业见习补贴应向当地人社部门提供以下材料：参加就业见习的人员名单、就业见习协议书、《就业创业证》复印件、毕业证书复印件、单位发放基本生活补助明细账(单)、为见习人员办理人身意外伤害保险发票复印件等。经人社部门审核后，按规定将补贴资金支付到单位在银行开立的基本账户。

第二十七条 符合条件的高校毕业生所在高校申请求职创业补贴应向当地人社部门提供以下材料：毕业生获得国家助学贷款（或享受低保、身有残疾、建档立卡贫困家庭、贫困残疾人家庭、特困救助供养）证明材料、毕业证书（或学籍证明）复印件等。申请材料经毕业生所在高校初审报当地人社部门审核后，按规定将补贴资金支付到毕业生本人个人银行账户。

第二十八条 县级以上财政、人社部门可通过就业创业服务补助资金，支持下级公共就业服务机构加强其人力资源市场信息网络系统建设。对于基层公共就业服务机构承担的免费公共就业服务和创业孵化基地开展的创业孵化服务，应根据工作量、专业性和成效等，给予一定的补助。对公共就业创业服务机构及其与高校开展的招聘活动和创业服务，应根据服务人数、成效和成本等，给予一定的补助。

县级以上财政、人社部门可按政府购买服务相关规定，向社会购买基本就业创业服务成果，具体范围和办法由省级财政、人社部门确定。

第二十九条 各地应当结合区域经济发展、产业振兴发展规划和新兴战略性产业发展的需要，依托具备高技能人才培训能力的职业培训机构和城市公共实训基地，建设高技能人才培训基地，重点开展高技能人才研修提升培训、高技能人才评价、职业技能竞赛、高技能人才课程研发、高技能人才成果交流等活动。

各地应当发挥高技能领军人才在带徒传技、技能攻关、技艺传承、技能推广等方面的重要作用，选拔行业、企业生产、服务一线的优秀高技能人才，依托其所在单位建设技能大师工作室，开展培训、研修、攻关、交流等技能传承提升活动。

高技能人才培养补助资金使用具体范围由省级财政、人社部门结合实际情况，按照现行规定确定。

第三十条 地方各级人社、财政部门应当进一步优化业务流程，积极推进网上申报、网上审核、联网核查。对能依托管理信息系统或与相关单位信息共享、业务协同获得的个人及单位信息、资料的，可直接审核拨付补贴资金，不再要求单位及个人报送纸质材料。

第三十一条 就业补助资金的支付，按财政国库管理制度相关规定执行。

第五章 资金管理与监督

第三十二条 地方各级财政、人社部门应当建立健全财务管理规章制度，强化内部财务管理，优化业务流程，加强内部风险防控。

地方各级人社部门应当建立和完善就业补助资金发放台账，做好就业补助资金使用管理的基础工作，有效甄别享受补贴政策人员和单位的真实性，防止出现造假行为。落实好政府采购等法律法规的有关规定，规范采购行为。加强信息化建设，将享受补贴人员、项目补助单位、资金标准、预算安排和执行等情况及时纳入管理信息系统，并实现与财政部门的信息共享。

第三十三条 各地财政、人社部门应当建立完善科学规范的绩效评价指标体系，积极推进就业补助资金的绩效管理。财政部和人力资源社会保障部应当根据各地就业工作情况，定期委托第三方进行就业补助资金绩效评价。地方各级财政、人社部门应当对本地区就业补助资金使用情况进行绩效评价，并将评价结果作为就业补助资金分配的重要依据。

第三十四条 各级财政部门应当加快资金拨付进度，减少结转结余。人社部门要按照本办法规定积极推动落实就业创业扶持政策，确保资金用出成效。

第三十五条 各级财政、人社部门应当将就业补助资金管理使用情况列入重点监督检查范围，有条件的地方，可聘请具备资质的社会中介机构开展第三方监督检查，自觉接受审计等部门的检查和社会监督。

第三十六条 地方各级财政、人社部门应当按照财政预决算管理的总体要求,做好年度预决算工作。

第三十七条 各级人社、财政部门应当做好信息公开工作,通过当地媒体、部门网站等向社会公开年度就业工作总体目标、工作任务完成、各项补贴资金的使用等情况。

各项补贴资金的使用情况公开内容包括:享受各项补贴的单位名称或人员名单(含身份证号码)、补贴标准及具体金额等。其中,职业培训补贴还应公开培训的内容、取得的培训成果等;公益性岗位补贴还应公开公益性岗位名称、设立单位、安置人员名单、享受补贴时间等;求职创业补贴应在各高校初审时先行在校内公示。

第三十八条 各级财政、人社部门应当建立就业补助资金"谁使用、谁负责"的责任追究机制。

各级财政、人社部门及其工作人员在就业补助资金的分配审核、使用管理等工作中,存在违反本办法规定的行为,以及其他滥用职权、玩忽职守、徇私舞弊等违法违纪行为的,依照《中华人民共和国预算法》《中华人民共和国公务员法》《中华人民共和国行政监察法》等国家有关法律法规追究相应责任。涉嫌犯罪的,依法移送司法机关处理。

对疏于管理、违规使用资金的地区,中央财政将相应扣减其下一年度就业补助资金;情节严重的,取消下一年度其获得就业补助资金的资格,并在全国范围内予以通报。

第六章 附则

第三十九条 省级财政、人社部门可根据各地实际情况,依照本办法制定就业补助资金管理和使用的具体实施办法。

第四十条 本办法自发布之日起施行。《财政部 人力资源社会保障部关于印发〈就业补助资金管理暂行办法〉的通知》(财社〔2015〕290号)同时废止。

财政部、人力资源社会保障部、中国人民银行关于进一步做好创业担保贷款财政贴息工作的通知

- 2018年3月27日
- 财金〔2018〕22号

各省、自治区、直辖市、计划单列市财政厅(局)、人力资源社会保障厅(局),中国人民银行上海总部、各分行、营业管理部、省(首府)城市中心支行、各副省级城市中心支行,有关金融机构:

党中央、国务院高度重视就业创业工作。创业担保贷款财政贴息政策自实行以来,资金支持力度不断加大,在切实减轻创业者和用人单位负担,助力大众创业、万众创新,扩大有效就业方面发挥了良好的引导和带动作用。当前,经济社会发展聚焦更高水平、更高质量,对创业担保贷款工作提出了更高要求。为进一步加大支持力度,加强财政贴息资金管理,提高资金使用效益,现将有关事项通知如下:

一、加大政策支持力度

(一)扩大贷款对象范围。除原规定的创业担保贷款对象(城镇登记失业人员、就业困难人员、复原转业退役军人、刑满释放人员、高校毕业生、化解过剩产能企业职工和失业人员、返乡创业农民工、网络商户、建档立卡贫困人口)外,将农村自主创业农民纳入支持范围。将小微企业贷款对象范围调整为:当年新招用符合创业担保贷款申请条件的人员数量达到企业现有在职职工人数25%(超过100人的企业达到15%)、并与其签订1年以上劳动合同的小微企业。

(二)降低贷款申请条件。个人创业担保贷款申请人贷款记录的要求调整为:除助学贷款、扶贫贷款、住房贷款、购车贷款、5万元以下小额消费贷款(含信用卡消费)以外,申请人提交创业担保贷款申请时,本人及其配偶应没有其他贷款。

(三)放宽担保和贴息要求。对已享受财政部门贴息支持的小微企业创业担保贷款,可通过创业担保贷款担保基金提供担保形式支持。对还款积极、带动就业能力强、创业项目好的借款个人和小微企业,可继续提供创业担保贷款贴息,但累计次数不得超过3次。

二、优化申请办理程序

(四)健全服务机制。各地、各部门要简化流程、提高效率,为符合条件的创业者办理创业担保贷款提供便利化服务,探索将申请受理、材料审核、征信查询等贷款手续和担保手续一次性办结。有条件的地方,应积极探索电子化审批流转模式,优化贷款申请、审核、发放各环节,保障服务的快捷优质。

(五)完善担保机制。鼓励各地聚焦第一还款来源,探索通过信用方式发放创业贷款,在不断提高风险评估能力的基础上,逐步取消反担保。对获得市(设区的市)级以上荣誉称号的创业人员、创业项目、创业企业,经金融机构评估认定的信用小微企业、商户、农户,经营稳定守信的二次创业者等特定群体原则上取消反担保。

三、因地制宜推进工作

（六）落实地方自主管理权限。符合中央规定标准的贷款产生的贴息资金支出，由中央和地方财政按规定比例共担，中央财政负担部分按照普惠金融发展专项资金管理办法有关规定在年度预算规模内核定。比照实施西部大开发政策的地区，执行西部地区分担比例。除贫困地区外的其他地区，对个人贷款按2年（第1年、第2年）全额贴息执行。各地应把握节奏，分清轻重缓急，财政贴息资金要按规定及时足额拨付到位，对超出中央规定的贷款贴息部分，由地方财政自行承担，具体贴息标准和条件由地方结合实际予以确定。对地方财政部门自行安排贴息的创业担保贷款，要与中央财政贴息支持的创业担保贷款分离管理，分账核算。

（七）加强基础管理。各地应优化管理方式，提高管理效率，加强信息数据收集和统计工作，掌握贷款发放和财政贴息资金使用动态，防止重复申报、不当使用，防范道德风险、保障财政资金安全，及时将创业担保贷款信息纳入金融信用信息基础数据库。财政部将与人民银行建立合作机制，开展创业担保贷款贴息资金使用情况总结分析和后评估等工作，推动提升政策精准度，优化政策执行效果。

四、加强监督管理

（八）完善配套制度。各地、各部门要制定所辖地区创业担保贷款贴息资金管理办法、业务操作规程、工作人员管理办法等配套制度。鼓励各地结合实际，积极探索优化创业担保贷款风险分担机制和呆账核销机制，巩固提升创业担保贷款政策实施效果。各经办银行要按照人民银行等部门政策规定，严格贷前审核，强化贷中服务，加强贷后管理，不断提高贷款服务质量和效率。

（九）强化部门协作。各地要进一步明确各部门职责，各司其职、各担其责。人力资源和社会保障部门主要负责审核贷款贴息对象申报资格；人民银行主要负责督促经办银行规范创业担保贷款发放；财政部门主要负责按规定拨付贴息及奖补资金。各级财政、人民银行、人力资源和社会保障部门及其工作人员在专项资金办理、审批、分配工作中，若存在以虚报、冒领等方式骗取或滞留、截留、挤占、挪用专项资金的情况，以及其他滥用职权、玩忽职守、徇私舞弊等违法违纪行为的，按照《预算法》《公务员法》《行政监察法》《财政违法行为处罚处分条例》等法律法规追究相应责任；涉嫌犯罪的，移送司法机关处理。

（十）加强绩效评价。地方财政部门要设定创业担保贷款财政贴息资金绩效目标和相应绩效指标，对资金实际产出和效益进行评估，加强对绩效目标的审核和下达，强化绩效目标执行监控，确保目标如期落实。可委托第三方开展绩效评价，不断优化资金分配和使用。

（十一）组织专项检查。财政部驻各地专员办要加强资金使用监督，督促有关部门和金融机构不断提升管理和服务水平。除对省级财政部门报送的材料进行合规性、完整性、真实性审核外，应对创业担保贷款财政贴息政策执行情况组织专项检查，原则上每两年至少组织一次，及时发现问题，分析提出相关建议。对检查过程中发现的重大问题，要及时向财政部报告。

（十二）推进信息公开。各地要强化信息公开意识，不断扩宽创业担保贷款信息公开范围，细化公开事项、内容、时限、方式、责任主体，增加公开手段和渠道，提升公众信息获取的便利度。在杜绝个人敏感信息泄露的前提下，对贷款拟发放对象要提前进行公示，对创业担保贷款管理规定、贷款审核发放、资金拨付情况等信息做到及时、全面、准确发布。

五、做好组织实施

（十三）切实真抓实干。各地、各部门要高度重视，将落实好创业担保贷款政策作为工作重要目标和重点内容。要结合实际制定当地工作计划，抓紧制定出台配套政策措施，明确年度目标任务和具体工作措施。扎实推进相关工作，确保取得实效。

（十四）健全工作机制。各部门要加强配合、协同推进，既要防止管理错位，又要防止管理真空。各部门要定期不定期召开联席会议，加强沟通与信息共享，及时协商解决政策实施过程中存在的问题，构建平稳有序、高效顺畅的工作机制。

（十五）强化服务意识。各地、各部门要加强组织领导，不断深入推进简政放权、优化服务改革，健全服务体系，整合服务资源，提升信息化水平，推进基层便民服务，提升人民群众的满意度。

（十六）加大宣传力度。各地要着力探索积累经验，每年要总结并报告落实情况，综合运用各种媒介、方式，加强政策解释宣传。对优秀创业企业和个人，要树立典型，形成示范案例，以点带面、梯次推进。

本通知自发布之日起施行，此前发布的有关创业担保贷款政策与本通知不一致的，以本通知为准。本通知印发前已生效的创业担保贷款合同，仍按原合同约定执行。

关于维护新就业形态劳动者劳动保障权益的指导意见

- 2021年7月16日
- 人社部发〔2021〕56号

各省、自治区、直辖市人民政府、高级人民法院、总工会，新疆生产建设兵团，新疆维吾尔自治区高级人民法院生产建设兵团分院，新疆生产建设兵团总工会：

近年来，平台经济迅速发展，创造了大量就业机会，依托互联网平台就业的网约配送员、网约车驾驶员、货车司机、互联网营销师等新就业形态劳动者数量大幅增加，维护劳动者劳动保障权益面临新情况新问题。为深入贯彻落实党中央、国务院决策部署，支持和规范发展新就业形态，切实维护新就业形态劳动者劳动保障权益，促进平台经济规范健康持续发展，经国务院同意，现提出以下意见：

一、规范用工，明确劳动者权益保障责任

（一）指导和督促企业依法合规用工，积极履行用工责任，稳定劳动者队伍。主动关心关爱劳动者，努力改善劳动条件，拓展职业发展空间，逐步提高劳动者权益保障水平。培育健康向上的企业文化，推动劳动者共享企业发展成果。

（二）符合确立劳动关系情形的，企业应当依法与劳动者订立劳动合同。不完全符合确立劳动关系情形但企业对劳动者进行劳动管理（以下简称不完全符合确立劳动关系情形）的，指导企业与劳动者订立书面协议，合理确定企业与劳动者的权利义务。个人依托平台自主开展经营活动、从事自由职业等，按照民事法律调整双方的权利义务。

（三）平台企业采取劳务派遣等合作用工方式组织劳动者完成平台工作的，应选择具备合法经营资质的企业，并对其保障劳动者权益情况进行监督。平台企业采用劳务派遣方式用工的，依法履行劳务派遣用工单位责任。对采取外包等其他合作用工方式，劳动者权益受到损害的，平台企业依法承担相应责任。

二、健全制度，补齐劳动者权益保障短板

（四）落实公平就业制度，消除就业歧视。企业招用劳动者不得违法设置性别、民族、年龄等歧视性条件，不得以缴纳保证金、押金或者其他名义向劳动者收取财物，不得违法限制劳动者在多平台就业。

（五）健全最低工资和支付保障制度，推动将不完全符合确立劳动关系情形的新就业形态劳动者纳入制度保障范围。督促企业向提供正常劳动的劳动者支付不低于当地最低工资标准的劳动报酬，按时足额支付，不得克扣或者无故拖欠。引导企业建立劳动报酬合理增长机制，逐步提高劳动报酬水平。

（六）完善休息制度，推动行业明确劳动定员定额标准，科学确定劳动者工作量和劳动强度。督促企业按规定合理确定休息办法，在法定节假日支付高于正常工作时间劳动报酬的合理报酬。

（七）健全并落实劳动安全卫生责任制，严格执行国家劳动安全卫生保护标准。企业要牢固树立安全"红线"意识，不得制定损害劳动者安全健康的考核指标。要严格遵守安全生产相关法律法规，落实全员安全生产责任制，建立健全安全生产规章制度和操作规程，配备必要的劳动安全卫生设施和劳动防护用品，及时对劳动工具的安全和合规状态进行检查，加强安全生产和职业卫生教育培训，重视劳动者身心健康，及时开展心理疏导。强化恶劣天气等特殊情形下的劳动保护，最大限度减少安全生产事故和职业病危害。

（八）完善基本养老保险、医疗保险相关政策，各地要放开灵活就业人员在就业地参加基本养老、基本医疗保险的户籍限制，个别超大型城市难以一步实现的，要结合本地实际，积极创造条件逐步放开。组织未参加职工基本养老、职工基本医疗保险的灵活就业人员，按规定参加城乡居民基本养老、城乡居民基本医疗保险，做到应保尽保。督促企业依法参加社会保险。企业要引导和支持不完全符合确立劳动关系情形的新就业形态劳动者根据自身情况参加相应的社会保险。

（九）强化职业伤害保障，以出行、外卖、即时配送、同城货运等行业的平台企业为重点，组织开展平台灵活就业人员职业伤害保障试点，平台企业应当按规定参加。采取政府主导、信息化引领和社会力量承办相结合的方式，建立健全职业伤害保障管理服务规范和运行机制。鼓励平台企业通过购买人身意外、雇主责任等商业保险，提升平台灵活就业人员保障水平。

（十）督促企业制定修订平台进入退出、订单分配、计件单价、抽成比例、报酬构成及支付、工作时间、奖惩等直接涉及劳动者权益的制度规则和平台算法，充分听取工会或劳动者代表的意见建议，将结果公示并告知劳动者。工会或劳动者代表提出协商要求的，企业应当积极响应，并提供必要的信息和资料。指导企业建立健全劳动者申诉机制，保障劳动者的申诉得到及时回应和客观公正处理。

三、提升效能，优化劳动者权益保障服务

（十一）创新方式方法，积极为各类新就业形态劳动者提供个性化职业介绍、职业指导、创业培训等服务,及时发布职业薪酬和行业人工成本信息等,为企业和劳动者提供便捷化的劳动保障、税收、市场监管等政策咨询服务,便利劳动者求职就业和企业招工用工。

(十二)优化社会保险经办,探索适合新就业形态的社会保险经办服务模式,在参保缴费、权益查询、待遇领取和结算等方面提供更加便捷的服务,做好社会保险关系转移接续工作,提高社会保险经办服务水平,更好保障参保人员公平享受各项社会保险待遇。

(十三)建立适合新就业形态劳动者的职业技能培训模式,保障其平等享有培训的权利。对各类新就业形态劳动者在就业地参加职业技能培训的,优化职业技能培训补贴申领、发放流程,加大培训补贴资金直补企业工作力度,符合条件的按规定给予职业技能培训补贴。健全职业技能等级制度,支持符合条件的企业按规定开展职业技能等级认定。完善职称评审政策,畅通新就业形态劳动者职称申报评价渠道。

(十四)加快城市综合服务网点建设,推动在新就业形态劳动者集中居住区、商业区设置临时休息场所,解决停车、充电、饮水、如厕等难题,为新就业形态劳动者提供工作生活便利。

(十五)保障符合条件的新就业形态劳动者子女在常住地平等接受义务教育的权利。推动公共文体设施向劳动者免费或低收费开放,丰富公共文化产品和服务供给。

四、齐抓共管,完善劳动者权益保障工作机制

(十六)保障新就业形态劳动者权益是稳定就业、改善民生、加强社会治理的重要内容。各地区要加强组织领导,强化责任落实,切实做好新就业形态劳动者权益保障各项工作。人力资源社会保障部、国家发展改革委、交通运输部、应急部、市场监管总局、国家医保局、最高人民法院、全国总工会等部门和单位要认真履行职责,强化工作协同,将保障劳动者权益纳入数字经济协同治理体系,建立平台企业用工情况报告制度,健全劳动者权益保障联合激励惩戒机制,完善相关政策措施和司法解释。

(十七)各级工会组织要加强组织和工作有效覆盖,拓宽维权和服务范围,积极吸纳新就业形态劳动者加入工会。加强对劳动者的思想政治引领,引导劳动者理性合法维权。监督企业履行用工责任,维护好劳动者权益。积极与行业协会、头部企业或企业代表组织开展协商,签订行业集体合同或协议,推动制定行业劳动标准。

(十八)各级法院和劳动争议调解仲裁机构要加强劳动争议办案指导,畅通裁审衔接,根据用工事实认定企业和劳动者的关系,依法依规处理新就业形态劳动者劳动保障权益案件。各类调解组织、法律援助机构及其他专业化社会组织要依法为新就业形态劳动者提供更加便捷、优质高效的纠纷调解、法律咨询、法律援助等服务。

(十九)各级人力资源社会保障行政部门要加大劳动保障监察力度,督促企业落实新就业形态劳动者权益保障责任,加强治理拖欠劳动报酬、违法超时加班等突出问题,依法维护劳动者权益。各级交通运输、应急、市场监管等职能部门和行业主管部门要规范企业经营行为,加大监管力度,及时约谈、警示、查处侵害劳动者权益的企业。

各地区各有关部门要认真落实本意见要求,出台具体实施办法,加强政策宣传,积极引导社会舆论,增强新就业形态劳动者职业荣誉感,努力营造良好环境,确保各项劳动保障权益落到实处。

新就业形态劳动者休息和劳动报酬权益保障指引

·2023年11月8日
·人社厅发〔2023〕50号

第一章 总 则

第一条 为支持和规范发展新就业形态,维护新就业形态劳动者休息和劳动报酬权益,根据国家有关法律法规和政策,制定本指引。

第二条 本指引所称新就业形态劳动者,主要指线上接受互联网平台发布的配送、出行、运输、家政服务等工作任务,按照平台要求提供平台网约服务,通过劳动获取劳动报酬的劳动者。本指引所称企业是指平台企业和平台用工合作企业。

第二章 工作时间和休息

第三条 企业要制定完善新就业形态劳动者休息办法,科学确定劳动者工作量和劳动强度,确保劳动者获得必要休息时间,防止劳动者过度劳动,保障劳动者身体健康。

第四条 新就业形态劳动者每日工作时间包括当日累计接单时间和适当考虑劳动者必要的在线等单、服务准备、生理需求等因素确定的宽放时间。企业明确要求新就业形态劳动者在线时间或在指定时间前往指定场所接受常规管理的,企业要求的在线时间和线下接受常规管理时间计入工作时间。

接单时间是指劳动者自执行订单任务时起至完成任

务时止的全部时间。劳动者同一时间接两个及以上订单，接单时间不重复计算。劳动者因作业性质和特点，在接单时间内执行订单任务期间可获得连续较长休息时间的，该休息时间可不计入工作时间。

宽放时间由企业与工会或新就业形态劳动者代表结合行业实际，平等协商合理确定。

第五条 企业与工会或新就业形态劳动者代表要根据法律法规精神和行业管理规定，结合行业特点和企业实际，平等协商合理确定新就业形态劳动者连续最长接单时间和每日最长工作时间。劳动者达到连续最长接单时间和每日最长工作时间的，系统应推送休息提示，并停止推送订单一定时间。若劳动者当时正在执行订单任务过程中，从该订单任务完成后开始计算停止推送订单时长。

第六条 企业要建立新就业形态劳动者工作时间、接单时间台账，确保劳动者可通过应用程序自主查询本人工作时间、接单时间等完整记录。

第三章 劳动报酬

第七条 企业与工会或新就业形态劳动者代表结合行业特点和企业实际，平等协商制定新就业形态劳动者劳动报酬规则，明确劳动定额标准、抽成比例、计件单价、劳动报酬支付周期、考核办法等，确保新就业形态劳动者提供劳动获得合理劳动报酬。

第八条 不完全符合确立劳动关系情形但企业对劳动者进行劳动管理的新就业形态劳动者，适用劳动者实际工作地人民政府规定的小时最低工资标准。

第九条 新就业形态劳动者在法定节假日工作的，企业应向劳动者支付高于正常工作时间劳动报酬的合理报酬。

第十条 企业要以货币形式将劳动报酬支付给新就业形态劳动者本人，不得以实物及有价证券替代货币支付。

第十一条 企业应按时足额支付新就业形态劳动者劳动报酬，不得克扣或无故拖欠。企业支付劳动报酬时，应向劳动者提供本人的劳动报酬清单。

第十二条 平台企业要对用工合作企业按时足额发放新就业形态劳动者劳动报酬等情况进行监督。

第四章 附则

第十三条 符合确立劳动关系情形的新就业形态劳动者，休息和适用最低工资标准等按照《中华人民共和国劳动法》《最低工资规定》等法律法规规章执行。

第十四条 个人依托互联网平台完全自主开展经营活动的，不适用本指引。

新就业形态劳动者劳动规则公示指引

- 2023年11月8日
- 人社厅发〔2023〕50号

第一条 为引导平台企业依法合规制定和修订新就业形态劳动者劳动规则，保障新就业形态劳动者知情权和参与权，根据国家有关法律法规和政策，制定本指引。

第二条 本指引所称新就业形态劳动者，主要指线上接受互联网平台发布的配送、出行、运输、家政服务等工作任务，按照平台要求提供平台网约服务，通过劳动获取劳动报酬的劳动者。本指引所称企业是指平台企业和平台用工合作企业。

第三条 本指引所称劳动规则是指平台企业组织新就业形态劳动者提供网约服务，进行工作调度和劳动管理时所依据的规章制度、格式合同条款和算法规则等。

第四条 平台企业制定或修订平台劳动规则要遵循合法规范、公平公正、透明可释、科学合理、诚实信用的原则，依法履行民主程序。

第五条 平台企业要向依托平台就业的新就业形态劳动者公开订单分配、报酬及支付、工作时间和休息、职业健康与安全、服务规范等与劳动者基本权益直接相关的规章制度、格式合同条款、算法规则及其运行机制等。包括并不限于：

（一）新就业形态劳动者进入、退出平台规则；

（二）平台订单分配规则，包括订单分配的基本原则、订单优先分配或差别性分配规则等；

（三）报酬规则，包括计件单价及确定因素，抽成比例及确定因素，报酬构成及支付周期、支付方式等；

（四）工作时间和休息规则，包括任务完成时限要求及其确定依据和主要影响因素等，为防止疲劳对每日（或周/月）累计最长工作时间、停止推送订单休息等限制性规定；

（五）奖惩规则，包括服务要求和规范，考核制度，奖励和惩戒的情形、方式、标准，劳动者的申诉渠道和企业处理申诉的程序、结果反馈方式等；

（六）其他直接涉及劳动者切身利益的规则。

第六条 平台企业制定或修订直接涉及新就业形态劳动者权益的劳动规则，要提前通过应用程序弹窗等显著方式向劳动者公开征求意见，充分听取工会或劳动者代表的意见建议,将采纳情况告知劳动者。确定实施前,至少提前七日向劳动者予以公示。

第七条 平台企业拟调整经营方式或制定、修订劳动规则对新就业形态劳动者权益有重大影响的,了解或应当了解平台用工合作企业涉及新就业形态劳动者权益的重大制度规则调整的,要开展风险评估,并提前七日向服务所在地人力资源社会保障行政部门和相关主管部门报告,听取意见建议。

第八条 平台企业要在应用程序等显著位置,以清晰易懂的语言,真实、准确地持续公示有关内容,确保新就业形态劳动者能够随时方便查看完整内容,并提供反馈有关意见建议的渠道。

新就业形态劳动者权益维护服务指南

- 2023年11月8日
- 人社厅发〔2023〕50号

第一章 总则

第一条 为健全新就业形态劳动者权益维护机制,畅通维权渠道,及时、便捷、高质量化解涉新就业形态劳动纠纷,切实维护好新就业形态劳动者权益,促进平台经济持续健康发展,制定本指南。

第二条 政府行政部门、法院、工会、企业代表组织、平台企业等要不断探索创新适合新就业形态特点的劳动者维权服务方式,改进和优化对新就业形态劳动者的维权服务。

第三条 新就业形态劳动者维护自身权益时应当依法合理表达诉求,不得采取违法和过激形式。

第二章 企业内部劳动纠纷化解机制

第四条 平台企业要建立健全与新就业形态劳动者的常态化沟通机制和新就业形态劳动者申诉机制,畅通线上和线下沟通渠道。

第五条 新就业形态劳动者可向平台企业反映对平台劳动规则的意见建议或其他合理诉求,平台企业要认真听取并作出回应。

第六条 新就业形态劳动者认为平台用工合作企业侵犯其合法权益的,可向平台企业投诉。平台企业要积极核查,协调处理。情况属实的,要督促用工合作企业及时整改。

第七条 新就业形态劳动者对报酬计算、服务时长、服务费用扣减、奖惩、平台用工合作企业管理服务等有异议的,或遭遇职场欺凌、骚扰的,可向平台企业反映或申诉,平台企业要在承诺时间内予以回应并公正处理。

第八条 新就业形态劳动者认为自身劳动权益受到侵害时,可优先与企业协商解决,也可请工会或第三方组织共同与企业协商解决。

第九条 鼓励平台企业成立由工会代表、新就业形态劳动者代表和企业代表参加的企业内部劳动纠纷调解委员会,提供涉新就业形态劳动者劳动纠纷调解服务。新就业形态劳动者认为自身劳动权益受到侵害时,可向企业劳动纠纷调解委员会提出。调解委员会应当及时核实情况,协调企业进行整改或者向劳动者做出说明。

第三章 工会权益维护服务

第十条 新就业形态劳动者有权加入工会。工会组织要积极吸收新就业形态劳动者入会。

第十一条 工会组织要及时帮助新就业形态劳动者解决生活和工作中遇到的困难。新就业形态劳动者在生活和工作中遇到困难,可向所在工会组织或当地工会组织请求予以支持和帮助。

第十二条 工会组织要对平台企业、平台用工合作企业履行用工责任情况进行监督。平台企业、平台用工合作企业违反新就业形态劳动者权益保障相关法律法规政策,工会组织要提出意见或者要求纠正。新就业形态劳动者可向工会组织反映对企业劳动管理的意见建议。工会组织要收集新就业形态劳动者意见,并及时向企业反馈。对工会提出的意见和收集的新就业形态劳动者的意见建议,企业要及时研究,给予答复。

第十三条 工会组织要推动平台企业建立常态化的沟通协商机制,代表或组织新就业形态劳动者就涉及劳动者切身利益的事项与平台企业沟通、协商,订立集体合同或协议。新就业形态劳动者有权参与工会与企业组织的恳谈会、集体协商等活动,平台企业、平台用工合作企业应提供便利条件。

第十四条 新就业形态劳动者认为平台企业、平台用工合作企业侵犯自身劳动权益申请劳动争议仲裁或者向人民法院提起诉讼的,可向工会组织申请法律援助等服务。

第十五条 新就业形态劳动者可就近在工会组织等建立的服务站点申请协调解决权益维护问题。

第四章 相关部门机构权益维护服务

第十六条 新就业形态劳动者与企业发生纠纷,可向人民调解委员会和各级各类专业性劳动争议调解组织申请调解。经调解达成的调解协议,具有法律约束力,当事人应按照约定履行。符合条件的,可向人民法院申请司法确认或向劳动争议仲裁机构申请置换。

第十七条 发生争议后调解不成或当事人不愿调解，符合劳动争议受案范围的，新就业形态劳动者可向实际工作地的劳动争议仲裁机构申请劳动争议仲裁。不符合劳动争议受案范围的，新就业形态劳动者可向人民法院起诉，人民法院应当依法受理。

第十八条 符合劳动保障监察职权范围的事项，新就业形态劳动者可向人力资源社会保障行政部门举报投诉。各地人力资源社会保障行政部门应当畅通举报投诉渠道，及时受理新就业形态劳动者的举报投诉，依法维护劳动者合法权益。

第十九条 新就业形态劳动者可依法向法律援助机构申请法律援助。鼓励法律援助机构在新就业形态劳动者集中工作地或休息地设立法律援助站或者联络点，就近提供法律援助服务，开设新就业形态劳动者法律援助"绿色通道"，提供便捷高效服务。

第二十条 各地要积极构建新就业形态劳动纠纷多元调解机制，加强劳动人事争议调解与人民调解、行政调解、司法调解协调联动。

鼓励有条件的地方探索创新新就业形态劳动纠纷调处机制，联通法院、人社、司法行政、工会、企业代表组织等各类争议处理资源，建立"一站式"的新就业形态争议调处机构。

鼓励新就业形态劳动者比较集中的市、区以及有条件的县和乡镇、街道，联合相关资源力量，组建集咨询疏导、争议调解、劳动仲裁、法律援助、专业审判于一体的新就业形态劳动用工争议多元化解中心。

第二十一条 新就业形态劳动者生活困难需要救助的，可向有关部门申请救助。

第五章 附则

第二十二条 涉新就业形态商事纠纷不适用本指南。

人力资源和社会保障部、教育部、卫生部关于进一步规范入学和就业体检项目维护乙肝表面抗原携带者入学和就业权利的通知

- 2010年2月10日
- 人社部发〔2010〕12号

各省、自治区、直辖市人力资源社会保障(人事、劳动保障)厅(局)、教育厅(教委)、卫生厅(局)、新疆生产建设兵团人事局、劳动保障局、教育局、卫生局：

近年来，国家对保障乙肝表面抗原携带者入学(含入幼儿园、托儿所，下同)、就业权利问题高度重视，就业促进法、教育法、传染病防治法等法律明确规定，用人单位招用人员，不得以是传染病病原携带者为由拒绝录用；受教育者在入学、升学、就业等方面依法享有平等权利；任何单位和个人不得歧视传染病病原携带者。2007年原劳动和社会保障部、卫生部下发《关于维护乙肝表面抗原携带者就业权利的意见》，要求用人单位在招、用工过程中，除国家法律、行政法规和卫生部规定禁止从事的工作外，不得强行将乙肝病毒血清学指标作为体检标准。但目前仍有不少教育机构、用人单位在入学、就业体检时违规进行乙肝病毒血清学项目检查，并把检查结果作为入学、录用的条件；一些地方行政机关监督检查不到位，违法追究不落实，乙肝表面抗原携带者入学、就业受限制现象仍时有发生。为进一步维护乙肝表面抗原携带者公平入学、就业权利，现就有关问题通知如下：

一、进一步明确取消入学、就业体检中的乙肝检测项目

医学研究证明，乙肝病毒经血液、母婴及性接触三种途径传播，日常工作、学习或生活接触不会导致乙肝病毒传播。各级各类教育机构、用人单位在公民入学、就业体检中，不得要求开展乙肝项目检测(即乙肝病毒感染标志物检测，包括乙肝病毒表面抗原、乙肝病毒表面抗体、乙肝病毒e抗原、乙肝病毒e抗体、乙肝病毒核心抗体和乙肝病毒脱氧核糖核苷酸检测等，俗称"乙肝五项"和HBV-DNA检测等，下同)，不得要求提供乙肝项目检测报告，也不得询问是否为乙肝表面抗原携带者。各级医疗卫生机构不得在入学、就业体检中提供乙肝项目检测服务。因职业特殊确需在入学、就业体检时检测乙肝项目的，应由行业主管部门向卫生部提出研究报告和书面申请，经卫生部核准后方可开展相关检测。经核准的乙肝表面抗原携带者不得从事的职业，由卫生部向社会公布。军队、武警、公安特警的体检工作按照有关规定执行。

入学、就业体检需要评价肝脏功能的，应当检查丙氨酸氨基转移酶(ALT，简称转氨酶)项目。对转氨酶正常的受检者，任何体检组织者不得强制要求进行乙肝项目检测。

二、进一步维护乙肝表面抗原携带者入学、就业权利，保护乙肝表面抗原携带者隐私权

县级以上地方人民政府人力资源社会保障、教育、卫生部门要认真贯彻落实就业促进法、教育法、传染病防治

法等法律及相关法规和规章，切实维护乙肝表面抗原携带者公平入学、就业权利。各级各类教育机构不得以学生携带乙肝表面抗原为理由拒绝招收或要求退学。除卫生部核准并予以公布的特殊职业外，健康体检非因受检者要求不得检测乙肝项目，用人单位不得以劳动者携带乙肝表面抗原为由予以拒绝招（聘）用或辞退、解聘。有关检测乙肝项目的检测体检报告应密封，由受检者自行拆阅；任何单位和个人不得擅自拆阅他人的体检报告。

三、进一步加强监督管理，加大执法检查力度

入学、就业体检有关工作要依照修订后的《公共场所卫生管理条例实施细则》、《公务员录用体检通用标准（试用）》、招生体检工作相关规定的要求执行。县级以上地方人民政府人力资源社会保障、教育、卫生部门要抓紧对现行有关政策进行清理，凡属本部门发布的与本通知规定不一致的文件，自接到本通知之日起不再执行；属于地方人民政府发布的，其人力资源社会保障、教育、卫生部门要依据职责，向所属人民政府提出废止或修改的建议，自接到本通知之日起30日内完成废止或修改工作。

教育部门要按照修改后的招生体检工作相关规定，进一步规范入学体检表格内容。县级以上地方人民政府教育部门要加强对教育机构的监督检查，督促教育机构在招生体检中严格执行本通知相关规定，及时制止、纠正违规进行乙肝项目检测的行为；对教育机构违反本通知规定，要求学生进行乙肝项目检测的，要及时制止、纠正，给予通报批评，并对其直接负责的主管人员和其他直接责任人员进行处分。

县级以上地方人民政府人力资源社会保障行政部门要加强对用人单位招工、招聘体检和技工院校招生体检的监督检查，督促用人单位、技工院校严格执行本通知的规定；对用人单位违反本通知规定，要求受检者进行乙肝项目检测的，要及时制止、纠正，并依照《就业服务与就业管理规定》给予罚款等处罚；对技工院校违反本通知规定，要求学生进行乙肝项目检测的，要及时制止、纠正，给予通报批评，并对其直接负责的主管人员和其他直接责任人员进行处分。

县级以上地方卫生行政部门要加强对本行政区域内医疗卫生机构及其医务人员开展体检的监督管理，确保医疗卫生机构及其医务人员按照本通知规定，停止在入学、就业体检中进行乙肝项目检测，并保护受检者的隐私。对违反本通知规定进行乙肝项目检测，或泄露乙肝表面抗原携带者个人隐私的医疗卫生机构，卫生行政部门要及时纠正，给予通报批评；违规情节、后果严重的，禁止其开展体检服务。对泄露乙肝表面抗原携带者隐私的医护人员，县级以上卫生行政部门要依照执业医师法第三十七条、《护士条例》第三十一条的规定给予警告、责令暂停执业活动或者吊销执业证书的处罚。

县级以上地方人民政府人力资源社会保障、教育、卫生部门要设立并公布投诉、举报电话，认真受理投诉、举报；要督促党政机关在录用人员体检中带头执行不检测乙肝项目的规定。

人力资源社会保障、教育、卫生行政部门要对本通知的贯彻落实作出专门部署，并按照职责分工，明确监督检查对象，落实责任人，对其工作人员和下级部门履行本通知规定职责的情况加强监督。上级人力资源社会保障、教育、卫生部门发现下级部门，各人力资源社会保障、教育、卫生部门发现本行政机关工作人员未按照本通知要求履行职责，有失职、渎职行为的，要在职权范围内及时予以纠正，并依照《行政机关公务员处分条例》第二十条的规定给予记过、记大过、降级、撤职或者开除的处分。各级人力资源社会保障、教育、卫生部门要自觉接受监察机关对本行政机关履行本通知规定职责情况的检查，配合监察机关依法查处失职、渎职行为。

四、加强乙肝防治知识和维护乙肝表面抗原携带者合法权益的法律、法规、规章的宣传教育

县级以上地方人民政府人力资源社会保障、教育、卫生部门要高度重视乙肝防治知识和相关法律、法规、规章的宣传教育工作，制定宣传方案，做出工作安排。人力资源社会保障部门要积极帮助用人单位了解相关规定，引导劳动者依法维护自身权益。教育部门要面向教育机构开展系列宣传教育，将乙肝病毒传播途径与防治基本知识纳入中小学相关课程。卫生部门要把加强乙肝防治宣传教育工作纳入当地健康教育规划，广泛宣传乙肝科学知识以及维护乙肝表面抗原携带者权利的法律、法规、规章。县级以上地方人民政府人力资源社会保障、教育、卫生部门要密切配合同级广电、新闻出版部门，充分发挥广播、电视、报刊、网络等媒体的作用，采取多种形式宣传乙肝防治的科学知识，让老百姓看得懂、易接受、印象深。县级以上地方人民政府卫生部门要密切配合工商行政管理部门加强对乙肝治疗和药品虚假广告的查处和打击，防止其误导公众。有关宣传活动要充分发挥专家的作用。要通过宣传引导，帮助社会公众全面正确了解乙肝防治知识，消除公众在与乙肝表面抗原携带者一起工作、学习问题上的疑虑，形成有利于乙肝表面抗原携带者入学、就业的良好社会氛围。

县级以上地方人民政府人力资源社会保障、教育、卫生部门要密切关注本通知的执行情况,广泛收集社会反映,及时了解和处理维护乙肝表面抗原携带者入学和就业权利中遇到的新情况、新问题;对可能出现的情况制定应对预案。各省、自治区、直辖市人民政府人力资源社会保障、教育、卫生部门要在本通知执行一段时间后,就本地区执行通知的情况联合开展专项检查,并于2010年10月底前将检查情况向人力资源社会保障部、教育部、卫生部报告;各县级以上地方人民政府人力资源社会保障、教育、卫生部门要将本地区、本部门落实本通知中发生的重大问题,及时向上级人力资源社会保障、教育、卫生部门报告。

人力资源社会保障部关于香港澳门台湾居民在内地(大陆)就业有关事项的通知

- 2018年8月23日
- 人社部发〔2018〕53号

各省、自治区、直辖市人力资源社会保障厅(局):

2018年7月28日,国务院印发《关于取消一批行政许可事项的决定》(国发〔2018〕28号),取消台港澳人员在内地就业许可。8月23日,人力资源社会保障部颁布《关于废止〈台湾香港澳门居民在内地就业管理规定〉的决定》(人力资源社会保障部令第37号),废止《台湾香港澳门居民在内地就业管理规定》(劳动和社会保障部令第26号)。为进一步做好港澳台人员在内地(大陆)就业有关工作,现就有关事项通知如下:

一、在内地(大陆)求职、就业的港澳台人员,可使用港澳台居民居住证、港澳居民来往内地通行证、台湾居民来往大陆通行证等有效身份证件办理人力资源社会保障各项业务,以工商营业执照、劳动合同(聘用合同)、工资支付凭证或社会保险缴费记录等作为其在内地(大陆)就业的证明材料。

二、各地要完善相关制度,将港澳台人员纳入当地就业创业管理服务体系,参照内地(大陆)劳动者对其进行就业登记和失业登记,加强就业失业统计监测,为有在内地(大陆)就业创业意愿的人员提供政策咨询、职业介绍、开业指导、创业孵化等服务。要在2018年12月31日前完成对公共就业创业服务系统的改造升级,支持港澳台人员使用港澳台居民居住证、港澳居民来往内地通行证、台湾居民来往大陆通行证等有效身份证件注册登录,提供求职招聘服务。

三、各地要加强工作部署和政策宣传,及时帮助辖区内用人单位和港澳台人员了解掌握相关政策规定,依法维护港澳台人员在内地(大陆)就业权益,为港澳台人员在内地(大陆)就业营造良好环境。

四、2018年7月28日起,港澳台人员在内地(大陆)就业不再需要办理《台港澳人员就业证》。8月23日起,各地不再受理《台港澳人员就业证》申请;对此前已受理申请但尚未发放证件的,及时告知用人单位无需再申请办理。2018年12月31日前,处于有效期内的《台港澳人员就业证》仍可同时作为港澳台人员在内地(大陆)就业证明材料;2019年1月1日起终止使用。

各地要按照本通知精神,抓紧清理相关法规、政策,做好各项工作衔接。工作中遇到的新情况、新问题,请及时报送我部。

(2)就业服务与管理

人力资源市场暂行条例

- 2018年5月2日国务院第7次常务会议通过
- 2018年6月29日中华人民共和国国务院令第700号公布
- 自2018年10月1日起施行

第一章 总 则

第一条 为了规范人力资源市场活动,促进人力资源合理流动和优化配置,促进就业创业,根据《中华人民共和国就业促进法》和有关法律,制定本条例。

第二条 在中华人民共和国境内通过人力资源市场求职、招聘和开展人力资源服务,适用本条例。

法律、行政法规和国务院规定对求职、招聘和开展人力资源服务另有规定的,从其规定。

第三条 通过人力资源市场求职、招聘和开展人力资源服务,应当遵循合法、公平、诚实信用的原则。

第四条 国务院人力资源社会保障行政部门负责全国人力资源市场的统筹规划和综合管理工作。

县级以上地方人民政府人力资源社会保障行政部门负责本行政区域人力资源市场的管理工作。

县级以上人民政府发展改革、教育、公安、财政、商务、税务、市场监督管理等有关部门在各自职责范围内做好人力资源市场的管理工作。

第五条 国家加强人力资源服务标准化建设,发挥人力资源服务标准在行业引导、服务规范、市场监管等方面的作用。

第六条 人力资源服务行业协会应当依照法律、法规、规章及其章程的规定，制定行业自律规范，推进行业诚信建设，提高服务质量，对会员的人力资源服务活动进行指导、监督，依法维护会员合法权益，反映会员诉求，促进行业公平竞争。

第二章　人力资源市场培育

第七条　国家建立统一开放、竞争有序的人力资源市场体系，发挥市场在人力资源配置中的决定性作用，健全人力资源开发机制，激发人力资源创新创造创业活力，促进人力资源市场繁荣发展。

第八条　国家建立政府宏观调控、市场公平竞争、单位自主用人、个人自主择业、人力资源服务机构诚信服务的人力资源流动配置机制，促进人力资源自由有序流动。

第九条　县级以上人民政府应当将人力资源市场建设纳入国民经济和社会发展规划，运用区域、产业、土地等政策，推进人力资源市场建设，发展专业性、行业性人力资源市场，鼓励并规范高端人力资源服务等业态发展，提高人力资源服务业发展水平。

国家鼓励社会力量参与人力资源市场建设。

第十条　县级以上人民政府建立覆盖城乡和各行业的人力资源市场供求信息系统，完善市场信息发布制度，为求职、招聘提供服务。

第十一条　国家引导和促进人力资源在机关、企业、事业单位、社会组织之间以及不同地区之间合理流动。

任何地方和单位不得违反国家规定在户籍、地域、身份等方面设置限制人力资源流动的条件。

第十二条　人力资源社会保障行政部门应当加强人力资源市场监管，维护市场秩序，保障公平竞争。

第十三条　国家鼓励开展平等、互利的人力资源国际合作与交流，充分开发利用国际国内人力资源。

第三章　人力资源服务机构

第十四条　本条例所称人力资源服务机构，包括公共人力资源服务机构和经营性人力资源服务机构。

公共人力资源服务机构，是指县级以上人民政府设立的公共就业和人才服务机构。

经营性人力资源服务机构，是指依法设立的从事人力资源服务经营活动的机构。

第十五条　公共人力资源服务机构提供下列服务，不得收费：

（一）人力资源供求、市场工资指导价位、职业培训等信息发布；

（二）职业介绍、职业指导和创业开业指导；

（三）就业创业和人才政策法规咨询；

（四）对就业困难人员实施就业援助；

（五）办理就业登记、失业登记等事务；

（六）办理高等学校、中等职业学校、技工学校毕业生接收手续；

（七）流动人员人事档案管理；

（八）县级以上人民政府确定的其他服务。

第十六条　公共人力资源服务机构应当加强信息化建设，不断提高服务质量和效率。

公共人力资源服务经费纳入政府预算。人力资源社会保障行政部门应当依法加强公共人力资源服务经费管理。

第十七条　国家通过政府购买服务等方式支持经营性人力资源服务机构提供公益性人力资源服务。

第十八条　经营性人力资源服务机构从事职业中介活动的，应当依法向人力资源社会保障行政部门申请行政许可，取得人力资源服务许可证。

经营性人力资源服务机构开展人力资源供求信息的收集和发布、就业和创业指导、人力资源管理咨询、人力资源测评、人力资源培训、承接人力资源服务外包等人力资源服务业务的，应当自开展业务之日起15日内向人力资源社会保障行政部门备案。

经营性人力资源服务机构从事劳务派遣业务的，执行国家有关劳务派遣的规定。

第十九条　人力资源社会保障行政部门应当自收到经营性人力资源服务机构从事职业中介活动的申请之日起20日内依法作出行政许可决定。符合条件的，颁发人力资源服务许可证；不符合条件的，作出不予批准的书面决定并说明理由。

第二十条　经营性人力资源服务机构设立分支机构的，应当自工商登记办理完毕之日起15日内，书面报告分支机构所在地人力资源社会保障行政部门。

第二十一条　经营性人力资源服务机构变更名称、住所、法定代表人或者终止经营活动的，应当自工商变更登记或者注销登记办理完毕之日起15日内，书面报告人力资源社会保障行政部门。

第二十二条　人力资源社会保障行政部门应当及时向社会公布取得行政许可或者经过备案的经营性人力资源服务机构名单及其变更、延续等情况。

第四章　人力资源市场活动规范

第二十三条　个人求职，应当如实提供本人基本信息以及与应聘岗位相关的知识、技能、工作经历等情况。

第二十四条 用人单位发布或者向人力资源服务机构提供的单位基本情况、招聘人数、招聘条件、工作内容、工作地点、基本劳动报酬等招聘信息，应当真实、合法，不得含有民族、种族、性别、宗教信仰等方面的歧视性内容。

用人单位自主招用人员，需要建立劳动关系的，应当依法与劳动者订立劳动合同，并按照国家有关规定办理社会保险等相关手续。

第二十五条 人力资源流动，应当遵守法律、法规对服务期、从业限制、保密等方面的规定。

第二十六条 人力资源服务机构接受用人单位委托招聘人员，应当要求用人单位提供招聘简章、营业执照或者有关部门批准设立的文件、经办人的身份证件、用人单位的委托证明，并对所提供材料的真实性、合法性进行审查。

第二十七条 人力资源服务机构接受用人单位委托招聘人员或者开展其他人力资源服务，不得采取欺诈、暴力、胁迫或者其他不正当手段，不得以招聘为名牟取不正当利益，不得介绍单位或者个人从事违法活动。

第二十八条 人力资源服务机构举办现场招聘会，应当制定组织实施办法、应急预案和安全保卫工作方案，核实参加招聘会的招聘单位及其招聘简章的真实性、合法性，提前将招聘会信息向社会公布，并对招聘中的各项活动进行管理。

举办大型现场招聘会，应当符合《大型群众性活动安全管理条例》等法律法规的规定。

第二十九条 人力资源服务机构发布人力资源供求信息，应当建立健全信息发布审查和投诉处理机制，确保发布的信息真实、合法、有效。

人力资源服务机构在业务活动中收集用人单位和个人信息的，不得泄露或者违法使用所知悉的商业秘密和个人信息。

第三十条 经营性人力资源服务机构接受用人单位委托提供人力资源服务外包的，不得改变用人单位与个人的劳动关系，不得与用人单位串通侵害个人的合法权益。

第三十一条 人力资源服务机构通过互联网提供人力资源服务的，应当遵守本条例和国家有关网络安全、互联网信息服务管理的规定。

第三十二条 经营性人力资源服务机构应当在服务场所明示下列事项，并接受人力资源社会保障行政部门和市场监督管理、价格等主管部门的监督检查：

（一）营业执照；
（二）服务项目；
（三）收费标准；
（四）监督机关和监督电话。

从事职业中介活动的，还应当在服务场所明示人力资源服务许可证。

第三十三条 人力资源服务机构应当加强内部制度建设，健全财务管理制度，建立服务台账，如实记录服务对象、服务过程、服务结果等信息。服务台账应当保存2年以上。

第五章 监督管理

第三十四条 人力资源社会保障行政部门对经营性人力资源服务机构实施监督检查，可以采取下列措施：

（一）进入被检查单位进行检查；
（二）询问有关人员，查阅服务台账等服务信息档案；
（三）要求被检查单位提供与检查事项相关的文件资料，并作出解释和说明；
（四）采取记录、录音、录像、照相或者复制等方式收集有关情况和资料；
（五）法律、法规规定的其他措施。

人力资源社会保障行政部门实施监督检查时，监督检查人员不得少于2人，应当出示执法证件，并对被检查单位的商业秘密予以保密。

对人力资源社会保障行政部门依法进行的监督检查，被检查单位应当配合，如实提供相关资料和信息，不得隐瞒、拒绝、阻碍。

第三十五条 人力资源社会保障行政部门采取随机抽取检查对象、随机选派执法人员的方式实施监督检查。

监督检查的情况应当及时向社会公布。其中，行政处罚、监督检查结果可以通过国家企业信用信息公示系统或者其他系统向社会公示。

第三十六条 经营性人力资源服务机构应当在规定期限内，向人力资源社会保障行政部门提交经营情况年度报告。人力资源社会保障行政部门可以依法公示或者引导经营性人力资源服务机构依法公示年度报告的有关内容。

人力资源社会保障行政部门应当加强与市场监督管理等部门的信息共享。通过信息共享可以获取的信息，不得要求经营性人力资源服务机构重复提供。

第三十七条 人力资源社会保障行政部门应当加强人力资源市场诚信建设，把用人单位、个人和经营性人力资源服务机构的信用数据和失信情况等纳入市场诚信建设体系，建立守信激励和失信惩戒机制，实施信用分类监管。

第三十八条 人力资源社会保障行政部门应当按照国家有关规定，对公共人力资源服务机构进行监督管理。

第三十九条 在人力资源服务机构中，根据中国共产党章程及有关规定，建立党的组织并开展活动，加强对流动党员的教育监督和管理服务。人力资源服务机构应当为中国共产党组织的活动提供必要条件。

第四十条 人力资源社会保障行政部门应当畅通对用人单位和人力资源服务机构的举报投诉渠道，依法及时处理有关举报投诉。

第四十一条 公安机关应当依法查处人力资源市场的违法犯罪行为，人力资源社会保障行政部门予以配合。

第六章 法律责任

第四十二条 违反本条例第十八条第一款规定，未经许可擅自从事职业中介活动的，由人力资源社会保障行政部门予以关闭或者责令停止从事职业中介活动；有违法所得的，没收违法所得，并处1万元以上5万元以下的罚款。

违反本条例第十八条第二款规定，开展人力资源服务业务未备案，违反本条例第二十条、第二十一条规定，设立分支机构、办理变更或者注销登记未书面报告的，由人力资源社会保障行政部门责令改正；拒不改正的，处5000元以上1万元以下的罚款。

第四十三条 违反本条例第二十四条、第二十七条、第二十八条、第二十九条、第三十条、第三十一条规定，发布的招聘信息不真实、不合法，未依法开展人力资源服务业务的，由人力资源社会保障行政部门责令改正；有违法所得的，没收违法所得；拒不改正的，处1万元以上5万元以下的罚款；情节严重的，吊销人力资源服务许可证；给个人造成损害的，依法承担民事责任。违反其他法律、行政法规的，由有关主管部门依法给予处罚。

第四十四条 未按照本条例第三十二条规定明示有关事项，未按照本条例第三十三条规定建立健全内部制度或者保存服务台账，未按照本条例第三十六条规定提交经营情况年度报告的，由人力资源社会保障行政部门责令改正；拒不改正的，处5000元以上1万元以下的罚款。违反其他法律、行政法规的，由有关主管部门依法给予处罚。

第四十五条 公共人力资源服务机构违反本条例规定的，由上级主管机关责令改正；拒不改正的，对直接负责的主管人员和其他直接责任人员依法给予处分。

第四十六条 人力资源社会保障行政部门和有关主管部门及其工作人员有下列情形之一的，对直接负责的领导人员和其他直接责任人员依法给予处分：

（一）不依法作出行政许可决定；

（二）在办理行政许可或者备案、实施监督检查中，索取或者收受他人财物，或者谋取其他利益；

（三）不依法履行监督职责或者监督不力，造成严重后果；

（四）其他滥用职权、玩忽职守、徇私舞弊的情形。

第四十七条 违反本条例规定，构成违反治安管理行为的，依法给予治安管理处罚；构成犯罪的，依法追究刑事责任。

第七章 附 则

第四十八条 本条例自2018年10月1日起施行。

网络招聘服务管理规定

· 2020年12月18日人力资源和社会保障部令第44号公布
· 自2021年3月1日起施行

第一章 总 则

第一条 为了规范网络招聘服务，促进网络招聘服务业态健康有序发展，促进就业和人力资源流动配置，根据《中华人民共和国就业促进法》《中华人民共和国网络安全法》《中华人民共和国电子商务法》《人力资源市场暂行条例》《互联网信息服务管理办法》等法律、行政法规，制定本规定。

第二条 本规定所称网络招聘服务，是指人力资源服务机构在中华人民共和国境内通过互联网等信息网络，以网络招聘服务平台、平台内经营、自建网站或者其他网络服务方式，为劳动者求职和用人单位招用人员提供的求职、招聘服务。

人力资源服务机构包括公共人力资源服务机构和经营性人力资源服务机构。

第三条 国务院人力资源社会保障行政部门负责全国网络招聘服务的综合管理。

县级以上地方人民政府人力资源社会保障行政部门负责本行政区域网络招聘服务的管理工作。

县级以上人民政府有关部门在各自职责范围内依法对网络招聘服务实施管理。

第四条 从事网络招聘服务，应当遵循合法、公平、诚实信用的原则，履行网络安全和信息保护等义务，承担服务质量责任，接受政府和社会的监督。

第五条 对从事网络招聘服务的经营性人力资源服务机构提供公益性人力资源服务的，按照规定给予补贴或者通过政府购买服务等方式给予支持。

第六条 人力资源社会保障行政部门加强网络招聘服务标准化建设，支持企业、研究机构、高等学校、行业协会参与网络招聘服务国家标准、行业标准的制定。

第七条 人力资源服务行业协会应当依照法律、行政法规、规章及其章程的规定，加强网络招聘服务行业自律，推进行业诚信建设，促进行业公平竞争。

第二章 网络招聘服务活动准入

第八条 从事网络招聘服务，应当符合就业促进、人力资源市场管理、电信和互联网管理等法律、行政法规规定的条件。

第九条 经营性人力资源服务机构从事网络招聘服务，应当依法取得人力资源服务许可证。涉及经营电信业务的，还应当依法取得电信业务经营许可证。

第十条 对从事网络招聘服务的经营性人力资源服务机构，人力资源社会保障行政部门应当在其服务范围中注明"开展网络招聘服务"。

第十一条 网络招聘服务包括下列业务：

（一）为劳动者介绍用人单位；

（二）为用人单位推荐劳动者；

（三）举办网络招聘会；

（四）开展高级人才寻访服务；

（五）其他网络求职、招聘服务。

第十二条 从事网络招聘服务的经营性人力资源服务机构变更名称、住所、法定代表人或者终止网络招聘服务的，应当自市场主体变更登记或者注销登记办理完毕之日起15日内，书面报告人力资源社会保障行政部门，办理人力资源服务许可变更、注销。

第十三条 从事网络招聘服务的经营性人力资源服务机构应当依法在其网站、移动互联网应用程序等首页显著位置，持续公示营业执照、人力资源服务许可证等信息，或者上述信息的链接标识。

前款规定的信息发生变更的，从事网络招聘服务的经营性人力资源服务机构应当及时更新公示信息。

从事网络招聘服务的经营性人力资源服务机构自行终止网络招聘服务的，应当提前30日在首页显著位置持续公示有关信息。

第十四条 人力资源社会保障行政部门应当及时向社会公布从事网络招聘服务的经营性人力资源服务机构名单及其变更、注销等情况。

第三章 网络招聘服务规范

第十五条 用人单位向人力资源服务机构提供的单位基本情况、招聘人数、招聘条件、用工类型、工作内容、工作条件、工作地点、基本劳动报酬等网络招聘信息，应当合法、真实，不得含有民族、种族、性别、宗教信仰等方面的歧视性内容。

前款网络招聘信息不得违反国家规定在户籍、地域、身份等方面设置限制人力资源流动的条件。

第十六条 劳动者通过人力资源服务机构进行网络求职，应当如实提供本人基本信息以及与应聘岗位相关的知识、技能、工作经历等情况。

第十七条 从事网络招聘服务的人力资源服务机构应当建立完备的网络招聘信息管理制度，依法对用人单位所提供材料的真实性、合法性进行审查。审查内容应当包括以下方面：

（一）用人单位招聘简章；

（二）用人单位营业执照或者有关部门批准设立的文件；

（三）招聘信息发布经办人员的身份证明、用人单位的委托证明。

用人单位拟招聘外国人的，应当符合《外国人在中国就业管理规定》的有关要求。

第十八条 人力资源服务机构对其发布的网络求职招聘信息、用人单位对所提供的网络招聘信息应当及时更新。

第十九条 从事网络招聘服务的人力资源服务机构，不得以欺诈、暴力、胁迫或者其他不正当手段，牟取不正当利益。

从事网络招聘服务的经营性人力资源服务机构，不得向劳动者收取押金，应当明示其服务项目、收费标准等事项。

第二十条 从事网络招聘服务的人力资源服务机构应当按照国家网络安全法律、行政法规和网络安全等级保护制度要求，加强网络安全管理，履行网络安全保护义务，采取技术措施或者其他必要措施，确保招聘服务网络、信息系统和用户信息安全。

第二十一条 人力资源服务机构从事网络招聘服务时收集、使用其用户个人信息，应当遵守法律、行政法规有关个人信息保护的规定。

人力资源服务机构应当建立健全网络招聘服务用户信息保护制度，不得泄露、篡改、毁损或者非法出售、非法向他人提供其收集的个人公民身份号码、年龄、性别、住址、联系方式和用人单位经营状况等信息。

人力资源服务机构应当对网络招聘服务用户信息保护情况每年至少进行一次自查,记录自查情况,及时消除自查中发现的安全隐患。

第二十二条　从事网络招聘服务的人力资源服务机构因业务需要,确需向境外提供在中华人民共和国境内运营中收集和产生的个人信息和重要数据的,应当遵守国家有关法律、行政法规规定。

第二十三条　从事网络招聘服务的人力资源服务机构应当建立网络招聘服务有关投诉、举报制度,健全便捷有效的投诉、举报机制,公开有效的联系方式,及时受理并处理有关投诉、举报。

第二十四条　以网络招聘服务平台方式从事网络招聘服务的人力资源服务机构应当遵循公开、公平、公正的原则,制定平台服务协议和服务规则,明确进入和退出平台、服务质量保障、求职者权益保护、个人信息保护等方面的权利和义务。

鼓励从事网络招聘服务的人力资源服务机构运用大数据、区块链等技术措施,保证其网络招聘服务平台的网络安全、稳定运行,防范网络违法犯罪活动,保障网络招聘服务安全,促进人力资源合理流动和优化配置。

第二十五条　以网络招聘服务平台方式从事网络招聘服务的人力资源服务机构应当要求申请进入平台的人力资源服务机构提交其营业执照、地址、联系方式、人力资源服务许可证等真实信息,进行核验、登记,建立登记档案,并定期核验更新。

第二十六条　以网络招聘服务平台方式从事网络招聘服务的人力资源服务机构应当记录、保存平台上发布的招聘信息、服务信息,并确保信息的完整性、保密性、可用性。招聘信息、服务信息保存时间自服务完成之日起不少于3年。

第四章　监督管理

第二十七条　人力资源社会保障行政部门采取随机抽取检查对象、随机选派执法人员的方式,对经营性人力资源服务机构从事网络招聘服务情况进行监督检查,并及时向社会公布监督检查的情况。

人力资源社会保障行政部门运用大数据等技术,推行远程监管、移动监管、预警防控等非现场监管,提升网络招聘服务监管精准化、智能化水平。

第二十八条　人力资源社会保障行政部门应当加强网络招聘服务诚信体系建设,健全信用分级分类管理制度,完善守信激励和失信惩戒机制。对性质恶劣、情节严重、社会危害较大的网络招聘服务违法失信行为,按照国家有关规定实施联合惩戒。

第二十九条　从事网络招聘服务的经营性人力资源服务机构应当在规定期限内,向人力资源社会保障行政部门提交经营情况年度报告。人力资源社会保障行政部门可以依法公示或者引导从事网络招聘服务的经营性人力资源服务机构依法通过互联网等方式公示年度报告的有关内容。

第三十条　人力资源社会保障行政部门应当加强与其他部门的信息共享,提高对网络招聘服务的监管时效和能力。

第三十一条　人力资源社会保障行政部门应当畅通对从事网络招聘服务的人力资源服务机构的举报投诉渠道,依法及时处理有关举报投诉。

第五章　法律责任

第三十二条　违反本规定第九条规定,未取得人力资源服务许可证擅自从事网络招聘服务的,由人力资源社会保障行政部门依照《人力资源市场暂行条例》第四十二条第一款的规定予以处罚。

违反本规定第十二条规定,办理变更或者注销登记未书面报告的,由人力资源社会保障行政部门依照《人力资源市场暂行条例》第四十二条第二款的规定予以处罚。

第三十三条　未按照本规定第十三条规定公示人力资源服务许可证等信息,未按照本规定第十九条第二款规定明示有关事项,未按照本规定第二十九条规定提交经营情况年度报告的,由人力资源社会保障行政部门依照《人力资源市场暂行条例》第四十四条的规定予以处罚。

第三十四条　违反本规定第十五条第一款规定,发布的招聘信息不真实、不合法的,由人力资源社会保障行政部门依照《人力资源市场暂行条例》第四十三条的规定予以处罚。

违反本规定第十五条第二款规定,违法设置限制人力资源流动的条件,违反本规定第十七条规定,未依法履行信息审查义务的,由人力资源社会保障行政部门责令改正;拒不改正,无违法所得,处1万元以下的罚款;有违法所得的,没收违法所得,并处1万元以上3万元以下的罚款。

第三十五条　违反本规定第十九条第一款规定,牟取不正当利益的,由人力资源社会保障行政部门依照《人力资源市场暂行条例》第四十三条的规定予以处罚。

违反本规定第十九条第二款规定,向劳动者收取押金的,由人力资源社会保障行政部门依照《中华人民共和国就业促进法》第六十六条的规定予以处罚。

第三十六条 违反本规定第二十一条、第二十二条规定,未依法进行信息收集、使用、存储、发布的,由有关主管部门依照《中华人民共和国网络安全法》等法律、行政法规的规定予以处罚。

第三十七条 违反本规定第二十五条规定,不履行核验、登记义务,违反本规定第二十六条规定,不履行招聘信息、服务信息保存义务的,由人力资源社会保障行政部门依照《中华人民共和国电子商务法》第八十条的规定予以处罚。法律、行政法规对违法行为的处罚另有规定的,依照其规定执行。

第三十八条 公共人力资源服务机构违反本规定从事网络招聘服务的,由上级主管机关责令改正;拒不改正的,对直接负责的主管人员和其他直接责任人员依法给予处分。

第三十九条 人力资源社会保障行政部门及其工作人员玩忽职守、滥用职权、徇私舞弊的,对直接负责的领导人员和其他直接责任人员依法给予处分。

第四十条 违反本规定,给他人造成损害的,依法承担民事责任。违反其他法律、行政法规的,由有关主管部门依法给予处罚。

违反本规定,构成违反治安管理行为的,依法给予治安管理处罚;构成犯罪的,依法追究刑事责任。

第六章 附 则

第四十一条 本规定自 2021 年 3 月 1 日起施行。

就业服务与就业管理规定

- 2007 年 11 月 5 日劳动保障部令第 28 号公布
- 根据 2014 年 12 月 23 日《人力资源社会保障部关于修改〈就业服务与就业管理规定〉的决定》第一次修订
- 根据 2015 年 4 月 30 日《人力资源和社会保障部关于修改部分规章的决定》第二次修订
- 根据 2018 年 12 月 14 日《人力资源社会保障部关于修改部分规章的决定》第三次修订
- 根据 2022 年 1 月 7 日《人力资源社会保障部关于修改部分规章的决定》第四次修订

第一章 总 则

第一条 为了加强就业服务和就业管理,培育和完善统一开放、竞争有序的人力资源市场,为劳动者就业和用人单位招用人员提供服务,根据就业促进法等法律、行政法规,制定本规定。

第二条 劳动者求职与就业,用人单位招用人员,劳动保障行政部门举办的公共就业服务机构和经劳动保障行政部门审批的职业中介机构从事就业服务活动,适用本规定。

本规定所称用人单位,是指在中华人民共和国境内的企业、个体经济组织、民办非企业单位等组织,以及招用与之建立劳动关系的劳动者的国家机关、事业单位、社会团体。

第三条 县级以上劳动保障行政部门依法开展本行政区域内的就业服务和就业管理工作。

第二章 求职与就业

第四条 劳动者依法享有平等就业的权利。劳动者就业,不因民族、种族、性别、宗教信仰等不同而受歧视。

第五条 农村劳动者进城就业享有与城镇劳动者平等的就业权利,不得对农村劳动者进城就业设置歧视性限制。

第六条 劳动者依法享有自主择业的权利。劳动者年满 16 周岁,有劳动能力且有就业愿望的,可凭本人身份证件,通过公共就业服务机构、职业中介机构介绍或直接联系用人单位等渠道求职。

第七条 劳动者求职时,应当如实向公共就业服务机构或职业中介机构、用人单位提供个人基本情况以及与应聘岗位直接相关的知识技能、工作经历、就业现状等情况,并出示相关证明。

第八条 劳动者应当树立正确的择业观念,提高就业能力和创业能力。

国家鼓励劳动者在就业前接受必要的职业教育或职业培训,鼓励城镇初高中毕业生在就业前参加劳动预备制培训。

国家鼓励劳动者自主创业、自谋职业。各级劳动保障行政部门应当会同有关部门,简化程序,提高效率,为劳动者自主创业、自谋职业提供便利和相应服务。

第三章 招用人员

第九条 用人单位依法享有自主用人的权利。用人单位招用人员,应当向劳动者提供平等的就业机会和公平的就业条件。

第十条 用人单位可以通过下列途径自主招用人员:

(一)委托公共就业服务机构或职业中介机构;

(二)参加职业招聘洽谈会;

（三）委托报纸、广播、电视、互联网站等大众传播媒介发布招聘信息；

（四）利用本企业场所、企业网站等自有途径发布招聘信息；

（五）其他合法途径。

第十一条 用人单位委托公共就业服务机构或职业中介机构招用人员，或者参加招聘洽谈会时，应当提供招用人员简章，并出示营业执照（副本）或者有关部门批准其设立的文件、经办人的身份证件和受用人单位委托的证明。

招用人员简章应当包括用人单位基本情况、招用人数、工作内容、招录条件、劳动报酬、福利待遇、社会保险等内容，以及法律、法规规定的其他内容。

第十二条 用人单位招用人员时，应当依法如实告知劳动者有关工作内容、工作条件、工作地点、职业危害、安全生产状况、劳动报酬以及劳动者要求了解的其他情况。

用人单位应当根据劳动者的要求，及时向其反馈是否录用的情况。

第十三条 用人单位应当对劳动者的个人资料予以保密。公开劳动者的个人资料信息和使用劳动者的技术、智力成果，须经劳动者本人书面同意。

第十四条 用人单位招用人员不得有下列行为：

（一）提供虚假招聘信息，发布虚假招聘广告；

（二）扣押被录用人员的居民身份证和其他证件；

（三）以担保或者其他名义向劳动者收取财物；

（四）招用未满16周岁的未成年人以及国家法律、行政法规规定不得招用的其他人员；

（五）招用无合法身份证件的人员；

（六）以招用人员为名牟取不正当利益或进行其他违法活动。

第十五条 用人单位不得以诋毁其他用人单位信誉、商业贿赂等不正当手段招聘人员。

第十六条 用人单位在招用人员时，除国家规定的不适合妇女从事的工种或者岗位外，不得以性别为由拒绝录用妇女或者提高对妇女的录用标准。

用人单位录用女职工，不得在劳动合同中规定限制女职工结婚、生育的内容。

第十七条 用人单位招用人员，应当依法对少数民族劳动者给予适当照顾。

第十八条 用人单位招用人员，不得歧视残疾人。

第十九条 用人单位招用人员，不得以是传染病病原携带者为由拒绝录用。但是，经医学鉴定传染病病原携带者在治愈前或者排除传染嫌疑前，不得从事法律、行政法规和国务院卫生行政部门规定禁止从事的易使传染病扩散的工作。

用人单位招用人员，除国家法律、行政法规和国务院卫生行政部门规定禁止乙肝病原携带者从事的工作外，不得强行将乙肝病毒血清学指标作为体检标准。

第二十条 用人单位发布的招用人员简章或招聘广告，不得包含歧视性内容。

第二十一条 用人单位招用从事涉及公共安全、人身健康、生命财产安全等特殊工种的劳动者，应当依法招用持相应工种职业资格证书的人员；招用未持相应工种职业资格证书人员的，须组织其在上岗前参加专门培训，使其取得职业资格证书后方可上岗。

第二十二条 用人单位招用台港澳人员后，应当按有关规定到当地劳动保障行政部门备案，并为其办理《台港澳人员就业证》。

第二十三条 用人单位招用外国人，应当在外国人入境前，按有关规定到当地劳动保障行政部门为其申请就业许可，经批准并获得《中华人民共和国外国人就业许可证书》后方可招用。

用人单位招用外国人的岗位必须是有特殊技能要求、国内暂无适当人选的岗位，并且不违反国家有关规定。

第四章 公共就业服务

第二十四条 县级以上劳动保障行政部门统筹管理本行政区域内的公共就业服务工作，根据政府制定的发展计划，建立健全覆盖城乡的公共就业服务体系。

公共就业服务机构根据政府确定的就业工作目标任务，制定就业服务计划，推动落实就业扶持政策，组织实施就业服务项目，为劳动者和用人单位提供就业服务，开展人力资源市场调查分析，并受劳动保障行政部门委托经办促进就业的相关事务。

第二十五条 公共就业服务机构应当免费为劳动者提供以下服务：

（一）就业政策法规咨询；

（二）职业供求信息、市场工资指导价位信息和职业培训信息发布；

（三）职业指导和职业介绍；

（四）对就业困难人员实施就业援助；

（五）办理就业登记、失业登记等事务；

（六）其他公共就业服务。

第二十六条 公共就业服务机构应当积极拓展服务功能,根据用人单位需求提供以下服务:

(一)招聘用人指导服务;

(二)代理招聘服务;

(三)跨地区人员招聘服务;

(四)企业人力资源管理咨询等专业性服务;

(五)劳动保障事务代理服务;

(六)为满足用人单位需求开发的其他就业服务项目。

第二十七条 公共就业服务机构应当加强职业指导工作,配备专(兼)职职业指导工作人员,向劳动者和用人单位提供职业指导服务。

公共就业服务机构应当为职业指导工作提供相应的设施和条件,推动职业指导工作的开展,加强对职业指导工作的宣传。

第二十八条 职业指导工作包括以下内容:

(一)向劳动者和用人单位提供国家有关劳动保障的法律法规和政策、人力资源市场状况咨询;

(二)帮助劳动者了解职业状况,掌握求职方法,确定择业方向,增强择业能力;

(三)向劳动者提出培训建议,为其提供职业培训相关信息;

(四)开展对劳动者个人职业素质和特点的测试,并对其职业能力进行评价;

(五)对妇女、残疾人、少数民族人员及退出现役的军人等就业群体提供专门的职业指导服务;

(六)对大中专学校、职业院校、技工学校学生的职业指导工作提供咨询和服务;

(七)对准备从事个体劳动或开办私营企业的劳动者提供创业咨询服务;

(八)为用人单位提供选择招聘方法、确定用人条件和标准等方面的招聘用人指导;

(九)为职业培训机构确立培训方向和专业设置等提供咨询参考。

第二十九条 公共就业服务机构在劳动保障行政部门的指导下,组织实施劳动力资源调查和就业、失业状况统计工作。

第三十条 公共就业服务机构应当针对特定就业群体的不同需求,制定并组织实施专项计划。

公共就业服务机构应当根据服务对象的特点,在一定时期内为不同类型的劳动者、就业困难对象或用人单位集中组织活动,开展专项服务。

公共就业服务机构受劳动保障行政部门委托,可以组织开展促进就业的专项工作。

第三十一条 县级以上公共就业服务机构建立综合性服务场所,集中为劳动者和用人单位提供一站式就业服务,并承担劳动保障行政部门安排的其他工作。

街道、乡镇、社区公共就业服务机构建立基层服务窗口,开展以就业援助为重点的公共就业服务,实施劳动力资源调查统计,并承担上级劳动保障行政部门安排的其他就业服务工作。

公共就业服务机构使用全国统一标识。

第三十二条 公共就业服务机构应当不断提高服务的质量和效率。

公共就业服务机构应当加强内部管理,完善服务功能,统一服务流程,按照国家制定的服务规范和标准,为劳动者和用人单位提供优质高效的就业服务。

公共就业服务机构应当加强工作人员的政策、业务和服务技能培训,组织职业指导人员、职业信息分析人员、劳动保障协理员等专业人员参加相应职业资格培训。

公共就业服务机构应当公开服务制度,主动接受社会监督。

第三十三条 县级以上劳动保障行政部门和公共就业服务机构应当按照劳动保障信息化建设的统一规划、标准和规范,建立完善人力资源市场信息网络及相关设施。

公共就业服务机构应当逐步实行信息化管理与服务,在城市内实现就业服务、失业保险、就业培训信息共享和公共就业服务全程信息化管理,并逐步实现与劳动工资信息、社会保险信息的互联互通和信息共享。

第三十四条 公共就业服务机构应当建立健全人力资源市场信息服务体系,完善职业供求信息、市场工资指导价位信息、职业培训信息、人力资源市场分析信息的发布制度,为劳动者求职择业、用人单位招用人员以及培训机构开展培训提供支持。

第三十五条 县级以上劳动保障行政部门应当按照信息化建设统一要求,逐步实现全国人力资源市场信息联网。其中,城市应当按照劳动保障数据中心建设的要求,实现网络和数据资源的集中和共享;省、自治区应当建立人力资源市场信息网省级监测中心,对辖区内人力资源市场信息进行监测;劳动保障部设立人力资源市场信息网全国监测中心,对全国人力资源市场信息进行监测和分析。

第三十六条 县级以上劳动保障行政部门应当对公

共就业服务机构加强管理,定期对其完成各项任务情况进行绩效考核。

第三十七条 公共就业服务经费纳入同级财政预算。各级劳动保障行政部门和公共就业服务机构应当根据财政预算编制的规定,依法编制公共就业服务年度预算,报经同级财政部门审批后执行。

公共就业服务机构可以按照就业专项资金管理相关规定,依法申请公共就业服务专项扶持经费。

公共就业服务机构接受社会各界提供的捐赠和资助,按照国家有关法律法规管理和使用。

公共就业服务机构为用人单位提供的服务,应当规范管理,严格控制服务收费。确需收费的,具体项目由省级劳动保障行政部门会同相关部门规定。

第三十八条 公共就业服务机构不得从事经营性活动。

公共就业服务机构举办的招聘会,不得向劳动者收取费用。

第三十九条 各级残疾人联合会所属的残疾人就业服务机构是公共就业服务机构的组成部分,负责为残疾劳动者提供相关就业服务,并经劳动保障行政部门委托,承担残疾劳动者的就业登记、失业登记工作。

第五章 就业援助

第四十条 公共就业服务机构应当制定专门的就业援助计划,对就业援助对象实施优先扶持和重点帮助。

本规定所称就业援助对象包括就业困难人员和零就业家庭。就业困难对象是指因身体状况、技能水平、家庭因素、失去土地等原因难以实现就业,以及连续失业一定时间仍未能实现就业的人员。零就业家庭是指法定劳动年龄内的家庭人员均处于失业状况的城市居民家庭。

对援助对象的认定办法,由省级劳动保障行政部门依据当地人民政府规定的就业援助对象范围制定。

第四十一条 就业困难人员和零就业家庭可以向所在地街道、社区公共就业服务机构申请就业援助。经街道、社区公共就业服务机构确认属实的,纳入就业援助范围。

第四十二条 公共就业服务机构应当建立就业困难人员帮扶制度,通过落实各项就业扶持政策、提供就业岗位信息、组织技能培训等有针对性的就业服务和公益性岗位援助,对就业困难人员实施优先扶持和重点帮助。

在公益性岗位上安置的就业困难人员,按照国家规定给予岗位补贴。

第四十三条 公共就业服务机构应当建立零就业家庭即时岗位援助制度,通过拓宽公益性岗位范围,开发各类就业岗位等措施,及时向零就业家庭中的失业人员提供适当的就业岗位,确保零就业家庭至少有一人实现就业。

第四十四条 街道、社区公共就业服务机构应当对辖区内就业援助对象进行登记,建立专门台账,实行就业援助对象动态管理和援助责任制度,提供及时、有效的就业援助。

第六章 职业中介服务

第四十五条 县级以上劳动保障行政部门应当加强对职业中介机构的管理,鼓励其提高服务质量,发挥其在促进就业中的作用。

本规定所称职业中介机构,是指由法人、其他组织和公民个人举办,为用人单位招用人员和劳动者求职提供中介服务以及其他相关服务的经营性组织。

政府部门不得举办或者与他人联合举办经营性的职业中介机构。

第四十六条 从事职业中介活动,应当遵循合法、诚实信用、公平、公开的原则。

禁止任何组织或者个人利用职业中介活动侵害劳动者和用人单位的合法权益。

第四十七条 职业中介实行行政许可制度。设立职业中介机构或其他机构开展职业中介活动,须经劳动保障行政部门批准,并获得职业中介许可证。

未经依法许可和登记的机构,不得从事职业中介活动。

职业中介许可证由劳动和社会保障部统一印制并免费发放。

第四十八条 设立职业中介机构应当具备下列条件:

(一)有明确的机构章程和管理制度;

(二)有开展业务必备的固定场所、办公设施和一定数额的开办资金;

(三)有一定数量具备相应职业资格的专职工作人员;

(四)法律、法规规定的其他条件。

第四十九条 设立职业中介机构,应当向当地县级以上劳动保障行政部门提出申请,提交下列文件:

(一)设立申请书;

(二)机构章程和管理制度草案;

(三)场所使用权证明;

(四)拟任负责人的基本情况、身份证明;

(五)具备相应职业资格的专职工作人员的相关证明;

（六）工商营业执照（副本）；

（七）法律、法规规定的其他文件。

第五十条 劳动保障行政部门接到设立职业中介机构的申请后，应当自受理申请之日起20日内审理完毕。对符合条件的，应当予以批准；不予批准的，应当说明理由。

劳动保障行政部门对经批准设立的职业中介机构实行年度审验。

职业中介机构的具体设立条件、审批和年度审验程序，由省级劳动保障行政部门统一规定。

第五十一条 职业中介机构变更名称、住所、法定代表人等或者终止的，应当按照设立许可程序办理变更或者注销登记手续。

设立分支机构的，应当在征得原审批机关的书面同意后，由拟设立分支机构所在地县级以上劳动保障行政部门审批。

第五十二条 职业中介机构可以从事下列业务：

（一）为劳动者介绍用人单位；

（二）为用人单位和居民家庭推荐劳动者；

（三）开展职业指导、人力资源管理咨询服务；

（四）收集和发布职业供求信息；

（五）根据国家有关规定从事互联网职业信息服务；

（六）组织职业招聘洽谈会；

（七）经劳动保障行政部门核准的其他服务项目。

第五十三条 职业中介机构应当在服务场所明示营业执照、职业中介许可证、服务项目、收费标准、监督机关名称和监督电话等，并接受劳动保障行政部门及其他有关部门的监督检查。

第五十四条 职业中介机构应当建立服务台账，记录服务对象、服务过程、服务结果和收费情况等，并接受劳动保障行政部门的监督检查。

第五十五条 职业中介机构提供职业中介服务不成功的，应当退还向劳动者收取的中介服务费。

第五十六条 职业中介机构租用场地举办大规模职业招聘洽谈会，应当制定相应的组织实施办法和安全保卫工作方案，并向批准其设立的机关报告。

职业中介机构应当对入场招聘用人单位的主体资格真实性和招用人员简章真实性进行核实。

第五十七条 职业中介机构为特定对象提供公益性就业服务的，可以按照规定给予补贴。可以给予补贴的公益性就业服务的范围、对象、服务效果和补贴办法，由省级劳动保障行政部门会同有关部门制定。

第五十八条 禁止职业中介机构有下列行为：

（一）提供虚假就业信息；

（二）发布的就业信息中包含歧视性内容；

（三）伪造、涂改、转让职业中介许可证；

（四）为无合法证照的用人单位提供职业中介服务；

（五）介绍未满16周岁的未成年人就业；

（六）为无合法身份证件的劳动者提供职业中介服务；

（七）介绍劳动者从事法律、法规禁止从事的职业；

（八）扣押劳动者的居民身份证和其他证件，或者向劳动者收取押金；

（九）以暴力、胁迫、欺诈等方式进行职业中介活动；

（十）超出核准的业务范围经营；

（十一）其他违反法律、法规规定的行为。

第五十九条 县级以上劳动保障行政部门应当依法对经审批设立的职业中介机构开展职业中介活动进行监督指导，定期组织对其服务信用和服务质量进行评估，并将评估结果向社会公布。

县级以上劳动保障行政部门应当指导职业中介机构开展工作人员培训，提高服务质量。

县级以上劳动保障行政部门对在诚信服务、优质服务和公益性服务等方面表现突出的职业中介机构和个人，报经同级人民政府批准后，给予表彰和奖励。

第六十条 设立外商投资职业中介机构以及职业中介机构从事境外就业中介服务的，按照有关规定执行。

第七章 就业与失业管理

第六十一条 劳动保障行政部门应当建立健全就业登记制度和失业登记制度，完善就业管理和失业管理。

公共就业服务机构负责就业登记与失业登记工作，建立专门台账，及时、准确地记录劳动者就业与失业变动情况，并做好相应统计工作。

就业登记和失业登记在各省、自治区、直辖市范围内实行统一的就业失业登记证（以下简称登记证），向劳动者免费发放，并注明可享受的相应扶持政策。

就业登记、失业登记的具体程序和登记证的样式，由省级劳动保障行政部门规定。

第六十二条 劳动者被用人单位招用的，由用人单位为劳动者办理就业登记。用人单位招用劳动者和与劳动者终止或者解除劳动关系，应当到当地公共就业服务机构备案，为劳动者办理就业登记手续。用人单位招用人员后，应当于录用之日起30日内办理登记手续；用人单位与职工终止或者解除劳动关系后，应当于15日内办理登记手续。

劳动者从事个体经营或灵活就业的，由本人在街道、乡镇公共就业服务机构办理就业登记。

就业登记的内容主要包括劳动者个人信息、就业类型、就业时间、就业单位以及订立、终止或者解除劳动合同情况等。就业登记的具体内容和所需材料由省级劳动保障行政部门规定。

公共就业服务机构应当对用人单位办理就业登记及相关手续设立专门服务窗口，简化程序，方便用人单位办理。

第六十三条 在法定劳动年龄内，有劳动能力，有就业要求，处于无业状态的城镇常住人员，可以到常住地的公共就业服务机构进行失业登记。

第六十四条 劳动者进行失业登记时，须持本人身份证件；有单位就业经历的，还须持与原单位终止、解除劳动关系或者解聘的证明。

登记失业人员凭登记证享受公共就业服务和就业扶持政策；其中符合条件的，按规定申领失业保险金。

登记失业人员应当定期向公共就业服务机构报告就业失业状况，积极求职，参加公共就业服务机构安排的就业培训。

第六十五条 失业登记的范围包括下列失业人员：

（一）年满16周岁，从各类学校毕业、肄业的；

（二）从企业、机关、事业单位等各类用人单位失业的；

（三）个体工商户业主或私营企业业主停业、破产停止经营的；

（四）承包土地被征用，符合当地规定条件的；

（五）军人退出现役且未纳入国家统一安置的；

（六）刑满释放、假释、监外执行的；

（七）各地确定的其他失业人员。

第六十六条 登记失业人员出现下列情形之一的，由公共就业服务机构注销其失业登记：

（一）被用人单位录用的；

（二）从事个体经营或创办企业，并领取工商营业执照的；

（三）已从事有稳定收入的劳动，并且月收入不低于当地最低工资标准的；

（四）已享受基本养老保险待遇的；

（五）完全丧失劳动能力的；

（六）入学、服兵役、移居境外的；

（七）被判刑收监执行的；

（八）终止就业要求或拒绝接受公共就业服务的；

（九）连续6个月未与公共就业服务机构联系的；

（十）已进行就业登记的其他人员或各地规定的其他情形。

第八章 罚 则

第六十七条 用人单位违反本规定第十四条第（二）、（三）项规定的，按照劳动合同法第八十四条的规定予以处罚；用人单位违反第十四条第（四）项规定的，按照国家禁止使用童工和其他有关法律、法规的规定予以处罚。用人单位违反第十四条第（一）、（五）、（六）项规定的，由劳动保障行政部门责令改正，并可处以一千元以下的罚款；对当事人造成损害的，应当承担赔偿责任。

第六十八条 用人单位违反本规定第十九条第二款规定，在国家法律、行政法规和国务院卫生行政部门规定禁止乙肝病原携带者从事的工作岗位以外招用人员时，将乙肝病毒血清学指标作为体检标准的，由劳动保障行政部门责令改正，并可处以一千元以下的罚款；对当事人造成损害的，应当承担赔偿责任。

第六十九条 违反本规定第三十八条规定，公共就业服务机构从事经营性职业中介活动向劳动者收取费用的，由劳动保障行政部门责令限期改正，将违法收取的费用退还劳动者，并对直接负责的主管人员和其他直接责任人员依法给予处分。

第七十条 违反本规定第四十七条规定，未经许可和登记，擅自从事职业中介活动的，由劳动保障行政部门或者其他主管部门按照就业促进法第六十四条规定予以处罚。

第七十一条 职业中介机构违反本规定第五十三条规定，未明示职业中介许可证、监督电话的，由劳动保障行政部门责令改正，并可处以一千元以下的罚款；未明示收费标准的，提请价格主管部门依据国家有关规定处罚；未明示营业执照的，提请工商行政管理部门依据国家有关规定处罚。

第七十二条 职业中介机构违反本规定第五十四条规定，未建立服务台账，或虽建立服务台账但未记录服务对象、服务过程、服务结果和收费情况的，由劳动保障行政部门责令改正，并可处以一千元以下的罚款。

第七十三条 职业中介机构违反本规定第五十五条规定，在职业中介服务不成功后未向劳动者退还所收取的中介服务费的，由劳动保障行政部门责令改正，并可处以一千元以下的罚款。

第七十四条 职业中介机构违反本规定第五十八条第（一）、（三）、（四）、（八）项规定的，按照就业促进法第六十五条、第六十六条规定予以处罚。违反本规定第五十八条第（五）项规定的，按照国家禁止使用童工的规定予以处罚。违反本规定第五十八条其他各项规定的，由劳动保障行政部门责令改正，没有违法所得的，可处以一万元以下的罚款;有违法所得的,可处以不超过违法所得三倍的罚款,但最高不得超过三万元;情节严重的,提请工商部门依法吊销营业执照;对当事人造成损害的,应当承担赔偿责任。

第七十五条 用人单位违反本规定第六十二条规定,未及时为劳动者办理就业登记手续的,由劳动保障行政部门责令改正。

第九章 附 则

第七十六条 本规定自2008年1月1日起施行。劳动部1994年10月27日颁布的《职业指导办法》、劳动和社会保障部2000年12月8日颁布的《劳动力市场管理规定》同时废止。

人才市场管理规定

- 2001年9月11日人事部、国家工商行政管理总局令第1号公布
- 根据2005年3月22日《人事部、国家工商行政管理总局关于修改〈人才市场管理规定〉的决定》第一次修订
- 根据2015年4月30日《人力资源社会保障部关于修改部分规章的决定》第二次修订
- 根据2019年12月9日《人力资源社会保障部关于修改部分规章的决定》第三次修订
- 根据2019年12月31日《人力资源社会保障部关于修改部分规章的决定》第四次修订

第一章 总 则

第一条 为了建立和完善机制健全、运行规范、服务周到、指导监督有力的人才市场体系,优化人才资源配置,规范人才市场活动,维护人才、用人单位和人才中介服务机构的合法权益,根据有关法律、法规,制定本规定。

第二条 本规定所称的人才市场管理,是指对人才中介服务机构从事人才中介服务、用人单位招聘和个人应聘以及与之相关活动的管理。

人才市场服务的对象是指各类用人单位和具有中专以上学历或取得专业技术资格的人员,以及其他从事专业技术或管理工作的人员。

第三条 人才市场活动应当遵守国家的法律、法规及政策规定,坚持公开、平等、竞争、择优的原则,实行单位自主用人,个人自主择业。

第四条 县级以上政府人事行政部门是人才市场的综合管理部门,县级以上工商行政管理部门在职责范围内依法监督管理人才市场。

第二章 人才中介服务机构

第五条 本规定所称人才中介服务机构是指为用人单位和人才提供中介服务及其他相关服务的专营或兼营的组织。

人才中介服务机构的设置应当符合经济和社会发展的需要,根据人才市场发展的要求,统筹规划,合理布局。

第六条 设立人才中介服务机构应具备下列条件:

(一)有与开展人才中介业务相适应的场所、设施;

(二)有5名以上大专以上学历、取得人才中介服务资格证书的专职工作人员;

(三)有健全可行的工作章程和制度;

(四)有独立承担民事责任的能力;

(五)具备相关法律、法规规定的其他条件。

第七条 设立人才中介服务机构,可以通过信函、电报、电传、传真、电子数据交换和电子邮件等方式向政府人事行政部门提出申请,并按本规定第六条的要求提交有关证明材料,但学历证明除外。其中设立固定人才交流场所的,须做专门的说明。

未经政府人事行政部门批准,不得设立人才中介服务机构。

第八条 设立人才中介服务机构应当依据管理权限由县级以上政府人事行政部门(以下简称审批机关)审批。

国务院各部委、直属机构及其直属在京事业单位和在京中央直管企业、全国性社团申请设立人才中介服务机构,由人事部审批。中央在地方所属单位申请设立人才中介服务机构,由所在地的省级政府人事行政部门审批。

人才中介服务机构设立分支机构的,应当在征得原审批机关的书面同意后,由分支机构所在地政府人事行政部门审批。

政府人事行政部门应当建立完善人才中介服务机构许可制度,并在行政机关网站公布审批程序、期限和需要提交的全部材料的目录,以及批准设立的人才中介服务机构的名录等信息。

第九条 审批机关应当在接到设立人才中介服务机构申请报告之日起二十日内审核完毕,二十日内不能作出决定的,经本行政机关负责人批准,可以延长十日,并应当将延长期限的理由告知申请人。

批准同意的,发给《人才中介服务许可证》(以下简称许可证),并应当在作出决定之日起十日内向申请人颁发、送达许可证,不同意的应当书面通知申请人,并说明理由。

第十条 互联网信息服务提供者专营或兼营人才信息网络中介服务的,必须申领许可证。

第十一条 人才中介服务机构可以从事下列业务:

(一)人才供求信息的收集、整理、储存、发布和咨询服务;

(二)人才信息网络服务;

(三)人才推荐;

(四)人才招聘;

(五)人才培训;

(六)人才测评;

(七)法律、规章规定的其他有关业务。

审批机关可以根据人才中介服务机构所在地区或行业的经济、社会发展需要以及人才中介服务机构自身的设备条件、人员和管理情况等,批准其开展一项或多项业务。

第十二条 人才中介服务机构应当依法开展经营业务活动,不得超越许可证核准的业务范围经营;不得采取不正当竞争手段从事中介活动;不得提供虚假信息或作虚假承诺。

第十三条 人才中介服务机构应当公开服务内容和工作程序,公布收费项目和标准。收费项目和标准,应当符合国家和省、自治区、直辖市的有关规定。

第十四条 审批机关负责对其批准成立的人才中介服务机构依法进行检查或抽查,并可以查阅或者要求其报送有关材料。人才中介服务机构应接受检查,并如实提供有关情况和材料。审批机关应公布检查结果。

第十五条 人才中介服务机构有改变名称、住所、经营范围、法定代表人以及停业、终止等情形的,应当按原审批程序办理变更或者注销登记手续。

第十六条 人才中介服务机构可以建立行业组织,协调行业内部活动,促进公平竞争,提高服务质量,规范职业道德,维护行业成员的合法权益。

第三章 人事代理

第十七条 人才中介服务机构可在规定业务范围内接受用人单位和个人委托,从事各类人事代理服务。

第十八条 开展以下人事代理业务必须经过政府人事行政部门的授权。

(一)流动人员人事档案管理;

(二)因私出国政审;

(三)在规定的范围内申报或组织评审专业技术职务任职资格;

(四)转正定级和工龄核定;

(五)大中专毕业生接收手续;

(六)其他需经授权的人事代理事项。

第十九条 人事代理方式可由单位集体委托代理,也可由个人委托代理;可多项委托代理,也可单项委托代理;可单位全员委托代理,也可部分人员委托代理。

第二十条 单位办理委托人事代理,须向代理机构提交有效证件以及委托书,确定委托代理项目。经代理机构审定后,由代理机构与委托单位签定人事代理合同书,明确双方的权利和义务,确立人事代理关系。

个人委托办理人事代理,根据委托者的不同情况,须向代理机构提交有关证件复印件以及与代理有关的证明材料。经代理机构审定后,由代理机构与个人签订人事代理合同书,确立人事代理关系。

第四章 招聘与应聘

第二十一条 人才中介服务机构举办人才交流会的,应当制定相应的组织实施办法、应急预案和安全保卫工作方案,并对参加人才交流会的招聘单位的主体资格真实性和招用人员简章真实性进行核实,对招聘中的各项活动进行管理。

第二十二条 用人单位可以通过委托人才中介服务机构、参加人才交流会、在公共媒体和互联网发布信息以及其他合法方式招聘人才。

第二十三条 用人单位公开招聘人才,应当出具有关部门批准其设立的文件或营业执照(副本),并如实公布拟聘用人员的数量、岗位和条件。

用人单位在招聘人才时,不得以民族、宗教信仰为由拒绝聘用或者提高聘用标准;除国家规定的不适合妇女工作的岗位外,不得以性别为由拒绝招聘妇女或提高对妇女的招聘条件。

第二十四条 用人单位招聘人才,不得以任何名义向应聘者收取费用,不得有欺诈行为或采取其他方式谋取非法利益。

第二十五条 人才中介服务机构通过各种形式、在各种媒体(含互联网)为用人单位发布人才招聘广告,不得超出许可业务范围。广告发布者不得为超出许可业务范围或无许可证的中介服务机构发布人才招聘广告。

第二十六条 用人单位不得招聘下列人员:

(一)正在承担国家、省重点工程、科研项目的技术和管理的主要人员,未经单位或主管部门同意的;

(二)由国家统一派出而又未满轮换年限的赴新疆、西藏工作的人员;

(三)正在从事涉及国家安全或重要机密工作的人员;

（四）有违法违纪嫌疑正在依法接受审查尚未结案的人员；

（五）法律、法规规定暂时不能流动的其他特殊岗位的人员。

第二十七条 人才应聘可以通过人才中介服务机构、人才信息网络、人才交流会或直接与用人单位联系等形式进行。应聘时出具的证件以及履历等相关材料，必须真实、有效。

第二十八条 应聘人才离开原单位，应当按照国家的有关政策规定，遵守与原单位签定的合同或协议，不得擅自离职。

通过辞职或调动方式离开原单位的，应当按照国家的有关辞职、调动的规定办理手续。

第二十九条 对于符合国家人才流动政策规定的应聘人才，所在单位应当及时办理有关手续，按照国家有关规定为应聘人才提供证明文件以及相关材料，不得在国家规定之外另行设置限制条件。

应聘人才凡经单位出资培训的，如个人与单位订有合同，培训费问题按合同规定办理；没有合同的，单位可以适当收取培训费，收取标准按培训后回单位服务的年限，按每年递减20%的比例计算。

第三十条 应聘人才在应聘时和离开原单位后，不得带走原单位的技术资料和设备器材，不得侵犯原单位的知识产权、商业秘密及其他合法权益。

第三十一条 用人单位与应聘人才确定聘用关系后，应当在平等自愿、协商一致的基础上，依法签定聘用合同或劳动合同。

第五章 罚 则

第三十二条 违反本规定，未经政府人事行政部门批准擅自设立人才中介服务机构或从事人才中介服务活动的，由县级以上政府人事行政部门责令停办，并处10000元以下罚款；有违法所得的，可处以不超过违法所得3倍的罚款，但最高不得超过30000元。

第三十三条 人才中介服务机构违反本规定，擅自扩大许可业务范围、不依法接受检查或提供虚假材料、不按规定办理许可证变更等手续的，由县级以上政府人事行政部门予以警告，可并处10000元以下罚款；情节严重的，责令停业整顿，有违法所得的，没收违法所得，并可处以不超过违法所得3倍的罚款，但最高不得超过30000元。

第三十四条 违反本规定，未经政府人事行政部门授权从事人事代理业务的，由县级以上政府人事行政部门责令立即停办，并处10000元以下罚款；有违法所得的，可处以不超过违法所得3倍的罚款，但最高不得超过30000元；情节严重的，并责令停业整顿。

第三十五条 人才中介服务机构违反本规定，超出许可业务范围接受代理业务的，由县级以上政府人事行政部门予以警告，限期改正，并处10000元以下罚款。

第三十六条 用人单位违反本规定，以民族、性别、宗教信仰为由拒绝聘用或者提高聘用标准的，招聘不得招聘人员的，以及向应聘者收取费用或采取欺诈等手段谋取非法利益的，由县级以上政府人事行政部门责令改正；情节严重的，并处10000元以下罚款。

第三十七条 个人违反本规定给原单位造成损失的，应当承担赔偿责任。

第三十八条 用人单位、人才中介服务机构、广告发布者发布虚假人才招聘广告的，由工商行政管理部门依照《广告法》第三十七条处罚。

人才中介服务机构超出许可业务范围发布广告、广告发布者为超出许可业务范围或无许可证的中介服务机构发布广告的，由工商行政管理部门处以10000元以下罚款；有违法所得的，可处以不超过违法所得3倍的罚款，但最高不得超过30000元。

第三十九条 人才中介活动违反工商行政管理规定的，由工商行政管理部门依照有关规定予以查处。

第六章 附 则

第四十条 本规定由人事部、国家工商行政管理总局负责解释。

第四十一条 本规定自2001年10月1日起施行。1996年1月29日人事部发布的《人才市场管理暂行规定》（人发〔1996〕11号）同时废止。

人力资源服务机构管理规定

· 2023年6月29日人力资源社会保障部令第50号公布
· 自2023年8月1日起施行

第一章 总 则

第一条 为了加强对人力资源服务机构的管理，规范人力资源服务活动，健全统一开放、竞争有序的人力资源市场体系，促进高质量充分就业和优化人力资源流动配置，根据《中华人民共和国就业促进法》《人力资源市场暂行条例》等法律、行政法规，制定本规定。

第二条 在中华人民共和国境内的人力资源服务机构从事人力资源服务活动，适用本规定。

第三条 县级以上人力资源社会保障行政部门依法

开展本行政区域内的人力资源服务机构管理工作。

第四条 人力资源社会保障行政部门应当加强人力资源服务标准化、信息化建设,指导人力资源服务行业协会加强行业自律。

第二章 行政许可和备案

第五条 经营性人力资源服务机构从事职业中介活动的,应当在市场主体登记办理完毕后,依法向住所地人力资源社会保障行政部门申请行政许可,取得人力资源服务许可证。从事网络招聘服务的,还应当依法取得电信业务经营许可证。

本规定所称职业中介活动是指为用人单位招用人员和劳动者求职提供中介服务,包括为用人单位推荐劳动者、为劳动者介绍用人单位、组织开展招聘会、开展网络招聘服务、开展高级人才寻访(猎头)服务等经营性活动。

第六条 申请从事职业中介活动的,应当具备下列条件:
(一)有明确的章程和管理制度;
(二)有开展业务必备的固定场所、办公设施和一定数额的开办资金;
(三)有3名以上专职工作人员;
(四)法律、法规规定的其他条件。

第七条 申请从事职业中介活动的,可以自愿选择按照一般程序或者告知承诺制方式申请行政许可。按照一般程序申请的,应当向住所地人力资源社会保障行政部门提交以下申请材料:
(一)从事职业中介活动的申请书;
(二)机构章程和管理制度;
(三)场所的所有权证明或者租赁合同;
(四)专职工作人员的基本情况表;
(五)法律、法规规定的其他材料。

前款规定的申请材料通过政务信息共享可以获得的,人力资源社会保障行政部门应当通过政务信息共享获取。提交申请材料不齐全的,人力资源社会保障行政部门应当当场一次性告知需要补正的全部材料。

按照告知承诺制方式申请的,只须提交从事职业中介活动的申请书和承诺书。申请人有较严重不良信用记录或者存在曾作出虚假承诺等情形的,在信用修复前不适用告知承诺制。

第八条 按照一般程序申请行政许可的,人力资源社会保障行政部门应当自收到申请之日起20日内依法作出行政许可决定。按照告知承诺制方式申请行政许可的,人力资源社会保障行政部门应当经形式审查后当场作出行政许可决定。

符合条件,人力资源社会保障行政部门作出准予行政许可决定的,应当自作出决定之日起10日内向申请人颁发、送达人力资源服务许可证;不符合条件,人力资源社会保障行政部门作出不予行政许可书面决定的,应当说明理由,并告知申请人享有依法申请行政复议或者提起行政诉讼的权利。

第九条 经营性人力资源服务机构开展人力资源供求信息的收集和发布、就业和创业指导、人力资源管理咨询、人力资源测评、人力资源培训、人力资源服务外包等人力资源服务业务的,应当自开展业务之日起15日内向住所地人力资源社会保障行政部门备案,备案事项包括机构名称、法定代表人、住所地、服务范围等。

备案事项齐全的,人力资源社会保障行政部门应当予以备案,并出具备案凭证,载明备案事项、备案机关以及日期等;备案事项不齐全的,人力资源社会保障行政部门应当当场一次性告知需要补正的全部事项。

经营性人力资源服务机构开展劳务派遣、对外劳务合作业务的,执行国家有关劳务派遣、对外劳务合作的规定。

第十条 依法取得的人力资源服务许可证在全国范围内长期有效。

第十一条 人力资源服务许可证分为纸质证书(正、副本)和电子证书,具有同等法律效力。

人力资源服务许可证纸质证书样式、编号规则以及电子证书标准由人力资源社会保障部制定。

第十二条 经营性人力资源服务机构设立分支机构的,应当自市场主体登记办理完毕之日起15日内,书面报告分支机构住所地人力资源社会保障行政部门,书面报告事项包括机构名称、统一社会信用代码、许可证编号以及分支机构名称、负责人姓名、住所地、服务范围等。

人力资源社会保障行政部门收到书面报告后,应当出具收据,载明书面报告的名称、分支机构名称、页数以及收到时间等,并由经办人员签名或者盖章。

第十三条 经营性人力资源服务机构变更名称、住所、法定代表人或者终止经营活动的,应当自市场主体变更登记或者注销登记办理完毕之日起15日内,书面报告住所地人力资源社会保障行政部门。人力资源社会保障行政部门应当及时换发或者收回人力资源服务许可证、备案凭证。

经营性人力资源服务机构跨管辖区域变更住所的,

应当书面报告迁入地人力资源社会保障行政部门。迁出地人力资源社会保障行政部门应当及时移交经营性人力资源服务机构申请行政许可、办理备案的原始材料。

第十四条 人力资源社会保障行政部门应当公开申请行政许可和办理备案的材料目录、办事指南和咨询监督电话等信息，优化办理流程，推行当场办结、一次办结、限时办结等制度，实现集中办理、就近办理、网上办理，提升经营性人力资源服务机构申请行政许可、办理备案便利化程度。

人力资源社会保障行政部门应当及时向社会公布依法取得行政许可或者经过备案的经营性人力资源服务机构名单及其变更、注销等情况，并提供查询服务。

第三章 服务规范

第十五条 人力资源服务机构接受用人单位委托招聘人员的，发布招聘信息应当真实、合法，不得含有民族、种族、性别、宗教信仰等方面的歧视性内容。

人力资源服务机构不得违反国家规定，在户籍、地域、身份等方面设置限制人力资源流动的条件。

第十六条 人力资源服务机构接受用人单位委托招聘人员的，应当建立招聘信息管理制度，依法对用人单位所提供材料的真实性、合法性进行审查，并将相关审查材料存档备核。审查内容应当包括以下方面：

（一）用人单位招聘简章；

（二）用人单位营业执照或者有关部门批准设立的文件；

（三）经办人员的身份证件、用人单位的委托证明。

经办人员与用人单位的委托关系，人力资源服务机构可以依法通过企业银行结算账户等途径确认。

接受用人单位委托招聘外国人的，应当符合《外国人在中国就业管理规定》等法律、法规、规章的规定。

第十七条 人力资源服务机构不得有下列行为：

（一）伪造、涂改、转让人力资源服务许可证；

（二）为无合法证照的用人单位提供职业中介服务；

（三）介绍未满16周岁的未成年人就业；

（四）为无合法身份证件的劳动者提供职业中介服务；

（五）介绍劳动者从事法律、法规禁止从事的职业；

（六）介绍用人单位、劳动者从事违法活动；

（七）以欺诈、暴力、胁迫等方式开展相关服务活动；

（八）以开展相关服务为名牟取不正当利益；

（九）以欺诈、伪造证明材料等手段骗取社会保险基金支出、社会保险待遇；

（十）其他违反法律、法规规定的行为。

第十八条 人力资源服务机构对其发布的求职招聘信息，应当标注有效期限或者及时更新。

第十九条 人力资源服务机构接受委托或者自行组织开展人力资源培训的，不得危害国家安全、损害参训人员身心健康或者诱骗财物。

第二十条 人力资源服务机构举办现场招聘会，应当制定组织实施办法、应急预案和安全保卫工作方案，核实参加招聘会的招聘单位及其招聘简章的真实性、合法性，提前将招聘会信息向社会公布，并对招聘中的各项活动进行管理。

举办网络招聘会，除遵守前款规定外，还应当加强网络安全管理，履行网络安全保护义务，采取技术措施或者其他必要措施，确保网络招聘系统和用户信息安全。

举办大型现场招聘会，应当符合《大型群众性活动安全管理条例》等法律、法规的规定。

第二十一条 人力资源服务机构开展人力资源供求信息收集和发布的，应当建立健全信息发布审查和投诉处理机制，确保发布的人力资源供求信息真实、合法、有效，不得以人力资源供求信息收集和发布的名义开展职业中介活动。

人力资源服务机构在业务活动中收集用人单位信息的，不得泄露或者违法使用所知悉的商业秘密。

第二十二条 人力资源服务机构通过收集、存储、使用、加工、传输、提供、公开、删除等方式处理个人信息的，应当遵循合法、正当、必要和诚信原则，遵守法律、法规有关个人信息保护的规定。

人力资源服务机构收集个人信息应当限于劳动者本人基本信息以及与应聘岗位相关的知识、技能、工作经历等情况。

人力资源服务机构应当建立个人信息保护、个人信息安全监测预警等机制，不得泄露、篡改、损毁或者非法出售、非法向他人提供所收集的个人信息，并采取必要措施防范盗取个人信息等违法行为；应当对个人信息保护情况每年至少进行一次自查，记录自查情况，及时消除自查中发现的安全隐患。

第二十三条 人力资源服务机构因业务需要，确需向境外提供在中华人民共和国境内运营中收集和产生的个人信息和重要数据的，应当遵守有关法律、法规的规定。

第二十四条 人力资源服务机构应当建立和完善举报投诉处理机制，公布举报投诉方式，及时受理并处理有关举报投诉。

人力资源服务机构发现用人单位、与其合作的人力资源服务机构存在虚假招聘等违法活动的，应当保存有关记录，暂停或者终止提供有关服务，并向人力资源社会保障行政部门以及有关管理部门报告。

第二十五条 人力资源服务机构应当加强内部制度建设，健全财务管理制度，建立服务台账，如实记录服务对象、服务过程、服务结果等信息。服务台账应当保存 2 年以上。

以网络招聘服务平台方式从事网络招聘服务的人力资源服务机构应当记录、保存平台上发布的招聘信息、服务信息，并确保信息的完整性、保密性、可用性。招聘信息、服务信息应当自服务完成之日起保存 3 年以上。

第二十六条 经营性人力资源服务机构应当在服务场所明示营业执照、服务项目、收费标准、监督机关和监督电话等事项，并接受人力资源社会保障行政部门和市场监督管理、价格等主管部门的监督检查。

从事职业中介活动的，还应当在服务场所明示人力资源服务许可证。从事网络招聘服务的，应当依照《网络招聘服务管理规定》第十三条的规定公示相关信息。

第二十七条 经营性人力资源服务机构不得向个人收取明示服务项目以外的服务费用，不得以各种名目诱导、强迫个人参与贷款、入股、集资等活动。

经营性人力资源服务机构不得向个人收取押金，或者以担保等名义变相收取押金。

第二十八条 经营性人力资源服务机构接受用人单位委托，提供人力资源管理、开发、配置等人力资源服务外包的，不得有下列行为：

（一）以欺诈、胁迫、诱导劳动者注册为个体工商户等方式，改变用人单位与劳动者的劳动关系，帮助用人单位规避用工主体责任；

（二）以人力资源服务外包名义，实际上按劳务派遣，将劳动者派往其他单位工作；

（三）与用人单位串通侵害劳动者的合法权益。

第二十九条 经营性人力资源服务机构应当公平竞争，不得扰乱人力资源市场价格秩序，不得采取垄断、不正当竞争等手段开展服务活动。

第三十条 经营性人力资源服务机构提供公益性人力资源服务的，可以通过政府购买服务等方式给予支持。

第四章 监督管理

第三十一条 人力资源社会保障行政部门采取随机抽取检查对象、随机选派执法人员的方式和法律、法规规定的措施，对经营性人力资源服务机构实施监督检查。被检查单位应当配合监督检查，如实提供相关资料和信息，不得隐瞒、拒绝、阻碍。

人力资源社会保障行政部门应当将监督检查情况及时向社会公布。其中，行政处罚、监督检查结果可以通过国家企业信用信息公示系统或者其他途径向社会公示。

对按照告知承诺制方式取得人力资源服务许可证的，人力资源社会保障行政部门在实施监督检查时，应当重点对告知承诺事项真实性进行检查。

第三十二条 人力资源社会保障行政部门对经营性人力资源服务机构实施监督检查，按照"谁许可、谁监管，谁备案、谁监管"的原则，由作出行政许可决定或者办理备案的人力资源社会保障行政部门依法履行监督管理职责。

在作出行政许可决定、办理备案的人力资源社会保障行政部门管辖区域外，或者未经行政许可、未备案，违法从事人力资源服务活动的，由违法行为发生地人力资源社会保障行政部门管辖。多个地方人力资源社会保障行政部门对违法行为均具有管辖权的，由最先立案的人力资源社会保障行政部门管辖；发生管辖争议的，由共同的上一级人力资源社会保障行政部门指定管辖。

上级人力资源社会保障行政部门根据工作需要，可以调查处理下级人力资源社会保障行政部门管辖的案件；对重大复杂案件，可以直接指定管辖。

第三十三条 人力资源社会保障行政部门应当加强对经营性人力资源服务机构的事中事后监管，建立监管风险分析研判、市场主体警示退出等新型监管机制。

人力资源社会保障行政部门负责人力资源服务领域行政许可、备案的机构和劳动保障监察机构，应当健全监督管理协作机制。

人力资源社会保障行政部门应当加强与市场监督管理、公安等部门的信息共享和协同配合，健全跨部门综合监管机制。

第三十四条 人力资源社会保障行政部门应当依法督促经营性人力资源服务机构在规定期限内提交上一年度的经营情况年度报告，并在政府网站进行不少于 30 日的信息公示或者引导经营性人力资源服务机构在其服务场所公示年度报告的有关内容。

人力资源社会保障行政部门通过与市场监督管理等部门信息共享可以获取的信息，不得要求经营性人力资源服务机构重复提供。

第三十五条 人力资源社会保障行政部门应当加强人力资源市场诚信体系建设，制定经营性人力资源服务机构信用评价制度，建立健全诚信典型树立和失信行为曝光机制，依法依规实施守信激励和失信惩戒。

第三十六条　人力资源社会保障行政部门应当畅通对经营性人力资源服务机构的举报投诉渠道，依法及时处理有关举报投诉。

第三十七条　有下列情形之一的，人力资源社会保障行政部门可以依法撤销行政许可：

（一）工作人员滥用职权、玩忽职守作出准予许可决定的；

（二）超越法定职权作出准予许可决定的；

（三）违反法定程序作出准予许可决定的；

（四）对不具备申请资格或者不符合申请条件的申请人作出准予许可决定的；

（五）依法可以撤销行政许可的其他情形。

被许可人通过欺骗、贿赂等不正当手段取得行政许可的，应当予以撤销。

人力资源社会保障行政部门发现存在第一款、第二款规定情形的，应当及时开展调查核实，情况属实的，依法撤销行政许可。相关经营性人力资源服务机构及其人员无法联系或者拒不配合的，人力资源社会保障行政部门可以将人力资源服务许可证编号、行政许可时间等通过政府网站向社会公示，公示期为45日。公示期内没有提出异议的，人力资源社会保障行政部门可以作出撤销行政许可的决定。

第三十八条　有下列情形之一的，人力资源社会保障行政部门应当依法办理行政许可注销手续：

（一）经营性人力资源服务机构依法终止经营的；

（二）人力资源服务许可证被依法吊销或者行政许可依法被撤销的；

（三）因不可抗力导致行政许可事项无法实施的；

（四）法律、法规规定的应当注销行政许可的其他情形。

第五章　法律责任

第三十九条　违反本规定第五条第一款规定，未经许可擅自从事职业中介活动的，由人力资源社会保障行政部门依照《人力资源市场暂行条例》第四十二条第一款的规定处罚。

违反本规定第九条第一款规定，开展人力资源服务业务未备案，违反本规定第十二条、第十三条规定，设立分支机构、办理变更登记或者注销登记未书面报告的，由人力资源社会保障行政部门依照《人力资源市场暂行条例》第四十二条第二款的规定处罚。

第四十条　违反本规定第十五条第一款规定，发布的招聘信息不真实、不合法，违反本规定第二十一条的规定，未依法开展人力资源供求信息收集和发布的，由人力资源社会保障行政部门依照《人力资源市场暂行条例》第四十三条的规定处罚。

第四十一条　违反本规定第十七条第（一）（二）项规定，伪造、涂改、转让人力资源服务许可证，为无合法证照的用人单位提供职业中介服务的，由人力资源社会保障行政部门依照《中华人民共和国就业促进法》第六十五条的规定处罚。

违反本规定第十七条第（三）项规定，介绍未满16周岁的未成年人就业的，依照国家禁止使用童工的规定处罚。

违反本规定第十七条第（四）（五）项规定，为无合法身份证件的劳动者提供职业中介服务，介绍劳动者从事法律、法规禁止从事的职业的，由人力资源社会保障行政部门责令改正，没有违法所得的，可处以1万元以下的罚款；有违法所得的，可处以不超过违法所得3倍的罚款，最高不得超过3万元；情节严重的，提请市场监督管理部门吊销营业执照；对当事人造成损害的，应当承担赔偿责任。

违反本规定第十七条第（六）（七）（八）项规定，未依法开展人力资源服务业务，牟取不正当利益的，由人力资源社会保障行政部门依照《人力资源市场暂行条例》第四十三条的规定处罚。

违反本规定第十七条第（九）项规定，骗取社会保险基金支出、社会保险待遇的，由人力资源社会保障部门依照《中华人民共和国社会保险法》第八十七条、第八十八条的规定处罚。

第四十二条　违反本规定第二十条第一款规定，未依法举办现场招聘会活动，违反本规定第二十八条规定，未依法开展人力资源服务外包的，由人力资源社会保障行政部门依照《人力资源市场暂行条例》第四十三条的规定处罚。

第四十三条　违反本规定第二十二条、第二十三条规定，未依法处理个人信息的，由有关主管部门依照《中华人民共和国个人信息保护法》《中华人民共和国网络安全法》等法律、法规的规定处罚。

第四十四条　未依照本规定第二十五条第一款规定建立健全内部制度或者保存服务台账，未依照本规定第二十六条规定明示有关事项，未依照本规定第三十四条第一款规定提交经营情况年度报告的，由人力资源社会保障行政部门依照《人力资源市场暂行条例》第四十四条的规定处罚。

第四十五条 违反本规定第二十七条第一款规定,向个人收取明示服务项目以外的服务费用,或者以各种名目诱导、强迫个人参与贷款、入股、集资等活动的,由人力资源社会保障行政部门依照《人力资源市场暂行条例》第四十三条的规定处罚。违反本规定第二十七条第二款规定,向个人收取押金的,由人力资源社会保障行政部门依照《中华人民共和国就业促进法》第六十六条的规定处罚。

第四十六条 违反本规定第二十九条规定,扰乱人力资源市场价格秩序,采取垄断、不正当竞争等手段开展服务活动的,由有关主管部门依照《中华人民共和国反垄断法》《中华人民共和国反不正当竞争法》等法律、法规的规定处罚。

第四十七条 人力资源社会保障行政部门和有关主管部门及其工作人员有下列情形之一的,对直接负责的领导人员和其他直接责任人员依法给予处分:

(一)不依法作出行政许可决定的;

(二)在办理行政许可或者备案、实施监督检查中,索取或者收受他人财物,或者谋取其他利益的;

(三)不依法履行监督职责或者监督不力,造成严重后果的;

(四)其他滥用职权、玩忽职守、徇私舞弊的情形。

第四十八条 违反本规定,侵害劳动者合法权益,造成财产损失或者其他损害的,依法承担民事责任。

违反本规定,构成违反治安管理行为的,依法给予治安管理处罚;构成犯罪的,依法追究刑事责任。

第六章 附 则

第四十九条 在实行相对集中行政许可权改革或者综合行政执法改革的地区,对经营性人力资源服务机构从事人力资源服务活动的行政许可、监督管理等职责,法律、行政法规和国务院决定等另有规定的,依照有关规定执行。

第五十条 公共就业和人才服务机构的设立和管理,依照《中华人民共和国就业促进法》《就业服务与就业管理规定》等规定执行。

第五十一条 本规定自2023年8月1日起施行。此前人力资源社会保障部发布的人力资源服务机构管理有关规定,凡与本规定不一致的,依照本规定执行。

外商投资人才中介机构管理暂行规定

- 2003年9月4日人事部、商务部、国家工商行政管理总局令第2号公布
- 根据2005年5月24日《人事部、商务部、国家工商行政管理总局关于修改〈中外合资人才中介机构管理暂行规定〉的决定》第一次修订
- 根据2015年4月30日《人力资源社会保障部关于修改部分规章的决定》第二次修订
- 根据2019年12月31日《人力资源社会保障部关于修改部分规章的决定》第三次修订

第一章 总 则

第一条 为了加强对外商投资人才中介机构的管理,维护人才市场秩序,促进人才市场发展,根据有关法律、法规,制定本规定。

第二条 本规定所称外商投资人才中介机构,是指全部或者部分由外国投资者投资,依照中国法律在中国境内经登记、许可设立的人才中介机构。

第三条 外国企业常驻中国代表机构和在中国成立的商会等组织不得在中国境内从事人才中介服务。

第四条 外商投资人才中介机构必须遵守中华人民共和国法律、法规,不得损害中华人民共和国的社会公共利益和国家安全。

外商投资人才中介机构的正当经营活动和合法权益,受中华人民共和国法律保护。

第五条 县级以上人民政府人事行政部门、商务部门和工商行政管理部门依法按照职责分工负责本行政区域内外商投资人才中介机构的审批、登记、管理和监督工作。

第二章 设立与登记

第六条 申请设立外商投资人才中介机构,必须符合下列条件:

(一)有健全的组织机构;有熟悉人力资源管理业务的人员,其中必须有5名以上具有大专以上学历并取得人才中介服务资格证书的专职人员;

(二)有与其申请的业务相适应的固定场所、资金和办公设施;

(三)有健全可行的机构章程、管理制度、工作规则,有明确的业务范围;

(四)能够独立享有民事权利,承担民事责任;

(五)法律、法规规定的其他条件。

第七条 申请设立外商投资人才中介机构,应当由拟设立机构所在地的县级以上人民政府人事行政部门审批。

第八条 申请设立外商投资人才中介机构,可以通过信函、电报、电传、传真、电子数据交换和电子邮件等方式向县级以上人民政府人事行政部门提出申请。申请材料应包括以下内容:

(一)书面申请及可行性报告;

(二)管理制度草案与章程;

(三)工商营业执照(副本);

(四)法律、法规和县级以上人民政府人事行政部门要求提供的其他材料。

上述所列的申请材料凡是用外文书写的,应当附有中文译本。

第九条 县级以上人民政府人事行政部门在接到设立外商投资人才中介机构的申请报告之日起20日内审核完毕,20日内不能作出决定的,经本行政机关负责人批准,可以延长10日,并应当将延长期限的理由告知申请人。

批准同意的,发给《人才中介服务许可证》(以下简称许可证),并应当在作出决定之日起10日内向申请人颁发、送达许可证;不同意的应当书面通知申请人,并说明理由。

审批机关应在行政机关网站上公布审批程序、期限和需要提交的全部材料的目录,以及批准设立的外商投资人才中介机构的名录等信息。

第三章 经营范围与管理

第十条 县级以上人民政府人事行政部门根据外商投资人才中介机构的资金、人员和管理水平情况,在下列业务范围内,核准其开展一项或多项业务:

(一)人才供求信息的收集、整理、储存、发布和咨询服务;

(二)人才推荐;

(三)人才招聘;

(四)人才测评;

(五)人才培训;

(六)人才信息网络服务;

(七)法规、规章规定的其他有关业务。

第十一条 外商投资人才中介机构必须遵循自愿、公平、诚信的原则,遵守行业道德,在核准的业务范围内开展活动,不得采用不正当竞争手段。

第十二条 外商投资人才中介机构招聘人才出境,应当按照中国政府有关规定办理手续。其中,不得招聘下列人才出境:

(一)正在承担国家、省级重点工程、科研项目的技术和管理人员,未经单位或主管部门同意的;

(二)在职国家公务员;

(三)由国家统一派出而又未满轮换年限的支援西部开发的人员;

(四)在岗的涉密人员和离岗脱密期未满的涉密人员;

(五)有违法嫌疑正在依法接受审查尚未结案的人员;

(六)法律、法规规定暂时不能流动的其他特殊岗位的人员或者经批准方可出境的人员。

第十三条 外商投资人才中介机构设立分支机构、变更机构名称、法定代表人和经营场所,应当自工商登记或者变更登记办理完毕之日起15日内,书面报告人事行政部门。

第十四条 县级以上人民政府人事行政部门依法指导、检查和监督外商投资人才中介机构的日常管理和业务开展情况。

县级以上人民政府人事行政部门对其批准成立的外商投资人才中介机构依法进行检查或抽查,并可以查阅或者要求其报送有关材料。外商投资人才中介机构应接受检查,并如实提供有关情况和材料。县级以上人民政府人事行政部门应将检查结果进行公布。

第四章 罚则

第十五条 外商投资人才中介机构不依法接受检查,不按规定办理许可证变更等手续,提供虚假信息或者采取其他手段欺骗用人单位和应聘人员的,县级以上人民政府人事行政部门予以警告,并可处以10000元人民币以下罚款;情节严重的,有违法所得的,处以不超过违法所得3倍的罚款,但最高不得超过30000元人民币。

第十六条 违反本规定,未经批准擅自设立外商投资人才中介机构的,超出核准登记的经营范围从事经营活动的,按照《公司登记管理条例》、《无照经营查处取缔办法》和有关规定进行处罚。采用不正当竞争行为的,按照《反不正当竞争法》有关规定进行处罚。

第十七条 政府部门工作人员在审批和管理外商投资人才中介机构工作中,玩忽职守、徇私舞弊,侵犯单位、个人和合资各方合法权益的,按照管理权限,由有关部门给予行政处分;构成犯罪的,依法追究刑事责任。

第五章 附则

第十八条 香港特别行政区、澳门特别行政区、台湾地区投资者投资设立人才中介机构,参照本规定执行。法律法规另有规定的,依照其规定执行。

第十九条 外商投资人才中介机构在中国境内从事

涉及外籍人员业务活动的，按照有关规定执行。

　　第二十条　本规定由人事部、商务部、国家工商行政管理总局负责解释。

　　第二十一条　本规定自 2003 年 11 月 1 日起施行。

外商投资职业介绍机构设立管理暂行规定

- 2001 年 10 月 9 日劳动和社会保障部、国家工商行政管理总局令第 14 号公布
- 根据 2015 年 4 月 30 日《人力资源社会保障部关于修改部分规章的决定》第一次修订
- 根据 2019 年 12 月 31 日《人力资源社会保障部关于修改部分规章的决定》第二次修订

　　第一条　为规范外商投资职业介绍机构的设立，保障求职者和用人单位的合法权益，根据有关法律、法规，制定本规定。

　　第二条　本规定所称外商投资职业介绍机构，是指全部或者部分由外国投资者投资，依照中国法律在中国境内经登记、许可设立的职业介绍机构。

　　第三条　劳动保障行政部门、外经贸行政部门和工商行政管理部门在各自职权范围内负责外商投资职业介绍机构的审批、登记、管理和监督检查工作。

　　设立外商投资职业介绍机构应当到企业住所地国家工商行政管理总局授权的地方工商行政管理局进行登记注册后，由县级以上人民政府劳动保障行政部门（以下简称县级以上劳动保障行政部门）批准。

　　外国企业常驻中国代表机构和在中国成立的外国商会不得在中国从事职业介绍服务。

　　第四条　外商投资职业介绍机构应当依法开展经营活动，其依法开展的经营活动受中国法律保护。

　　第五条　外商投资职业介绍机构可以从事下列业务：

　　（一）为中外求职者和用人单位、居民家庭提供职业介绍服务；

　　（二）提供职业指导、咨询服务；

　　（三）收集和发布劳动力市场信息；

　　（四）举办职业招聘洽谈会；

　　（五）根据国家有关规定从事互联网职业信息服务；

　　（六）经县级以上劳动保障行政部门核准的其他服务项目。

　　外商投资职业介绍机构介绍中国公民出境就业和外国企业常驻中国代表机构聘用中方雇员按照国家有关规定执行。

　　第六条　拟设立的外商投资职业介绍机构应当具有一定数量具备职业介绍资格的专职工作人员，有明确的业务范围、机构章程、管理制度，有与开展业务相适应的固定场所、办公设施。

　　第七条　设立外商投资职业介绍机构，应当依法到拟设立企业住所所在地国家工商行政管理总局授权的地方工商行政管理局申请登记注册，领取营业执照。

　　第八条　外商投资职业介绍机构应当到县级以上劳动保障行政部门提出申请，并提交下列材料：

　　（一）设立申请书；

　　（二）机构章程和管理制度草案；

　　（三）拟任专职工作人员的简历和职业资格证明；

　　（四）住所使用证明；

　　（五）拟任负责人的基本情况、身份证明；

　　（六）工商营业执照（副本）；

　　（七）法律、法规规定的其他文件。

　　第九条　县级以上劳动保障行政部门应当在接到申请之日起 20 个工作日内审核完毕。批准同意的，发给职业介绍许可；不予批准的，应当通知申请者。

　　第十条　外商投资职业介绍机构设立分支机构，应当自工商登记办理完毕之日起 15 日内，书面报告劳动保障行政部门。

　　第十一条　外商投资职业介绍机构的管理适用《就业服务与就业管理规定》和外商投资企业的有关管理规定。

　　第十二条　香港特别行政区、澳门特别行政区投资者在内地以及台湾地区投资者在大陆投资设立职业介绍机构，参照本规定执行。法律法规另有规定的，依照其规定执行。

　　第十三条　本规定自 2001 年 12 月 1 日起施行。

人力资源社会保障部办公厅关于做好共享用工指导和服务的通知

- 2020 年 9 月 30 日
- 人社厅发〔2020〕98 号

各省、自治区、直辖市及新疆生产建设兵团人力资源社会保障厅（局）：

　　企业之间开展共享用工，进行用工余缺调剂合作，对解决用工余缺矛盾、提升人力资源配置效率和稳就业发挥了积极作用。为加强对共享用工的指导和服务，促进

共享用工有序开展,进一步发挥共享用工对稳就业的作用,现就有关事项通知如下:

一、支持企业间开展共享用工

各级人力资源社会保障部门要支持企业间开展共享用工,解决稳岗压力大、生产经营用工波动大的问题。重点关注生产经营暂时困难、稳岗意愿强的企业,以及因结构调整、转型升级长期停工停产企业,引导其与符合产业发展方向、短期内用人需求量大的企业开展共享用工。对通过共享用工稳定职工队伍的企业,阶段性减免社保费、稳岗返还等政策可按规定继续实施。

二、加强对共享用工的就业服务

各级人力资源社会保障部门要把企业间共享用工岗位供求信息纳入公共就业服务范围,及时了解企业缺工和劳动者富余信息,免费为有用工余缺的企业发布供求信息,按需组织专场对接活动。鼓励人力资源服务机构搭建共享用工信息对接平台,帮助有需求的企业精准、高效匹配人力资源。加强职业培训服务,对开展共享用工的劳动者需进行岗前培训、转岗培训的,可按规定纳入技能提升培训范围。对开展共享用工的企业和劳动者,免费提供劳动用工法律政策咨询服务,有效防范用工风险。

三、指导开展共享用工的企业及时签订合作协议

各级人力资源社会保障部门要指导开展共享用工的企业签订合作协议,明确双方的权利义务关系,防范开展共享用工中的矛盾风险。合作协议中可约定调剂劳动者的数量、时间、工作地点、工作内容、休息、劳动保护条件、劳动报酬标准和支付时间与方式、食宿安排、可以退回劳动者的情形、劳动者发生工伤后的责任划分和补偿办法以及交通等费用结算等。

四、指导企业充分尊重劳动者的意愿和知情权

各级人力资源社会保障部门要指导员工富余企业(原企业)在将劳动者安排到缺工企业工作前征求劳动者意见,与劳动者协商一致。共享用工期限不应超过劳动者与原企业订立的劳动合同剩余期限。要指导缺工企业如实告知劳动者工作内容、工作条件、工作地点、职业危害、安全生产状况、劳动报酬、企业规章制度以及劳动者需要了解的其他情况。企业不得将在本单位工作的被派遣劳动者以共享用工名义安排到其他单位工作。

五、指导企业依法变更劳动合同

原企业与劳动者协商一致,将劳动者安排到缺工企业工作,不改变原企业与劳动者之间的劳动关系。劳动者非由其用人单位安排而自行到其他单位工作的,不属于本通知所指共享用工情形。各级人力资源社会保障部门要指导原企业与劳动者协商变更劳动合同,明确劳动者新的工作地点、工作岗位、工作时间、休息休假、劳动报酬、劳动条件以及劳动者在缺工企业工作期间应遵守缺工企业依法制定的规章制度等。

六、维护好劳动者在共享用工期间的合法权益

各级人力资源社会保障部门要指导和督促缺工企业合理安排劳动者工作时间和工作任务,保障劳动者休息休假权利,提供符合国家规定的劳动安全卫生条件和必要的劳动防护用品,及时将劳动者的劳动报酬结算给原企业。要指导和督促原企业按时足额支付劳动者劳动报酬和为劳动者缴纳社会保险费,并不得克扣劳动者的劳动报酬和以任何名目从中收取费用。要指导和督促原企业跟踪了解劳动者在缺工企业的工作情况和有关诉求,及时帮助劳动者解决工作中的困难和问题。劳动者在缺工企业工作期间发生工伤事故的,按照《工伤保险条例》第四十三条第三款规定,由原企业承担工伤保险责任,补偿办法可与缺工企业约定。

七、保障企业用工和劳动者工作的自主权

劳动者在缺工企业工作期间,缺工企业未按照约定履行保护劳动者权益的义务的,劳动者可以回原企业,原企业不得拒绝。劳动者不适应缺工企业工作的,可以与原企业、缺工企业协商回原企业。劳动者严重违反缺工企业规章制度、不能胜任工作以及符合合作协议中约定的可以退回劳动者情形的,缺工企业可以将劳动者退回原企业。共享用工合作期满,劳动者应回原企业,原企业应及时予以接收安排。缺工企业需要、劳动者愿意继续在缺工企业工作且经原企业同意的,应当与原企业依法变更劳动合同,原企业与缺工企业续订合作协议。原企业不同意的,劳动者应回原企业或者依法与原企业解除劳动合同。劳动者不回原企业或者违法解除劳动合同给原企业造成损失的,应当依法承担赔偿责任。缺工企业招用尚未与原企业解除、终止劳动合同的劳动者,给原企业造成损失的,应当承担连带赔偿责任。

八、妥善处理劳动争议和查处违法行为

各级人力资源社会保障部门要指导开展共享用工的企业建立健全内部劳动纠纷协商解决机制,与劳动者依法自主协商化解劳动纠纷。加强对涉共享用工劳动争议的处理,加大调解力度,创新仲裁办案方式,做好调裁审衔接,及时处理因共享用工引发的劳动争议案件。要进一步畅通举报投诉渠道,加大劳动保障监察执法力度,及时查处共享用工中侵害劳动者合法权益的行为。对以共享用工名义违法开展劳务派遣和规避劳务派遣有关规定的,依法追究相应法律责任。

各级人力资源社会保障部门要按照本通知要求,结合当地实际,采取有效措施加强对企业开展共享用工的指导和服务,引导共享用工健康发展。

(3)职业培训与考核

关于全面推行中国特色企业新型学徒制加强技能人才培养的指导意见

- 2021年6月8日
- 人社部发〔2021〕39号

为贯彻落实党的十九届五中全会精神,加强新时代技能人才培养,现就全面推行中国特色企业新型学徒制提出以下指导意见。

一、指导思想

以习近平新时代中国特色社会主义思想为指导,全面贯彻党的十九大和十九届二中、三中、四中、五中全会精神,深入贯彻落实《新时期产业工人队伍建设改革方案》,以高质量发展为引领,以深化企业改革、加大技能人才培养为宗旨,以满足培育壮大发展新动能、促进产业转型升级和提高企业竞争力为根本,以产教融合、校企合作为重要手段,持续实施职业技能提升行动,面向企业全面推行新型学徒制培训,创新中国特色技能人才培养模式,进一步扩大技能人才培养规模,为实现高质量发展提供有力的人才和技能支撑。

二、基本原则

——坚持需求导向。坚持以满足高质量发展、适应产业变革、技术变革、组织变革和企业技术创新需求为目标,瞄准企业人力资源价值提升需求,面向企业技能岗位员工开展企业新型学徒制培训,满足人岗匹配和技能人才队伍梯次发展需要。

——坚持终身培训。进一步健全终身职业技能培训制度,支持企业职工在职业生涯发展的不同阶段通过多种方式,灵活接受职业技能培训,不断提高职工岗位技能,畅通技能人才职业发展通道。

——坚持校企政联动。在充分发挥企业培训主体作用和院校教育培训优势的基础上,各地人力资源社会保障部门要加强组织管理和协调服务,有序高效开展企业新型学徒制培养工作。

——坚持以用为本。充分利用企业新型学徒制培养成果,积极为企业新型学徒提升技能、干事创业提供机会和条件。鼓励企业新型学徒参与技术革新、技术攻关,在技能岗位发挥关键作用。

三、目标任务

按照政府引导、企业为主、院校参与的原则,在企业全面推行新型学徒制培训,进一步发挥各类企业主体作用,通过企校合作、工学交替方式,组织企业技能岗位新入职、转岗员工参加企业新型学徒制培训,力争使企业技能岗位新入职员工都有机会接受高质量岗前职业技能培训;力争使企业技能岗位转岗员工都有机会接受转岗转业就业储备性技能培训,达到"转岗即能顶岗"。以企业新型学徒制培训为引领,促进企业技能人才培养,不断提升企业技术创新能力和企业竞争力。

四、主要内容

(一)培养对象和培养模式。以至少签订1年以上劳动合同的技能岗位新招用和转岗等人员为主要培养对象,企业可结合生产实际自主确定培养对象。发挥企业培养主体作用,培养和评价"双结合",企业实训基地和院校培训基地"双基地",企业导师和院校导师"双导师"培养模式,大型企业可依托本企业培训中心等采取"师带徒"的方式,开展企业新型学徒制培养工作。

(二)培养目标和主要方式。学徒培养目标以符合企业岗位需求的中级工、高级工及技师、高级技师为主。培养期限为1-2年,特殊情况可延长到3年。各类企业特别是规模以上企业可结合实际需求和学徒职业发展、技能提升意愿,采用举办培训班、集训班等形式,采取弹性学制和学分制等管理手段,按照"一班一方案"开展学徒培训。中小微企业培训人员较少的情况,可由地方工商联及所属商会,会同当地人力资源社会保障部门根据培训职业,统一协调和集中多个中小微企业人员开展培训。

(三)培养内容。根据产业转型升级和高质量发展要求,紧扣制造强国、质量强国、数字中国建设之急需和企业未来技能需求,依据国家职业技能标准和行业、企业培训评价规范开展相应职业(工种)培训,积极应用"互联网+"、职业培训包等培训模式。加大企业生产岗位技能、数字技能、绿色技能、安全生产技能和职业道德、职业素养、工匠精神、质量意识、法律常识、创业创新、健康卫生等方面培训力度。

(四)培养主体职责。企业新型学徒培养的主要职责由所在企业承担。企业应与学徒签订培养协议,明确培训目标、培训内容与期限、质量考核标准等内容。同一批次同类职业(工种)可签订集体培养协议。企业委托培训机构承担学徒的部分培训任务,应与培训机构签订合作协议、明确培训的方式、内容、期限、费用、双方责任等具体内容，保证学徒在企业工作的同时，能够到培训机构参加系统的、有针对性的专业知识学习和相关技能训练。

五、激励机制

（一）完善经费补贴政策。对开展学徒培训的企业按规定给予职业培训补贴，补贴资金从职业技能提升行动专账资金或就业补助资金列支。补贴标准由各市（地）以上人力资源社会保障部门会同财政部门确定，学徒每人每年的补贴标准原则上5000元以上，补贴期限按照实际培训期限（不超过备案期限）计算，可结合经济发展、培训成本、物价指数等情况定期调整。企业在开展学徒培训前将有关材料报所在地人力资源社会保障部门备案，备案材料应包括培训计划、学徒名册、劳动合同复印件及其他相关材料（具体清单由所在地人力资源社会保障部门自行制定），经审核后列入学徒培训计划，并按规定向企业预支补贴资金。培训任务完成后，应向所在地人力资源社会保障部门及时提交职业资格证书（或职业技能等级证书、培训合格证书、毕业证书）编号或证书复印件、培训视频材料、培训机构出具的行政事业性收费票据（或税务发票）等符合财务管理规定的凭证，由相关部门按照符合补贴申领条件的人员数量，及时拨付其余补贴资金。企业可按照学徒社保缴纳地或就业所在地申领职业培训补贴。

（二）健全企业保障机制。学徒在学习培训期间，企业应当按照劳动合同法的规定支付工资，且工资不得低于企业所在地最低工资标准。企业按照与培训机构签订的合作协议约定，向培训机构支付学徒培训费用，所需资金从企业职工教育经费列支；符合有关政策规定的，由政府提供职业培训和职业技能鉴定补贴。承担带徒任务的企业导师享受导师带徒津贴，津贴标准由企业确定，津贴由企业承担。企业对学徒开展在岗培训、业务研修等企业内部发生的费用，符合有关政策规定的，可从企业职工教育经费中列支。

（三）建立奖励激励机制。充分发挥中华技能大奖获得者、全国技术能手、劳动模范、大国工匠等技能人才传帮带优势，充分利用技能大师（专家）工作室、劳模和工匠人才创新工作室等技能人才培养阵地，鼓励"名师带高徒""师徒结对子"，激发师徒主动性和积极性。鼓励企业建立学徒奖学金、师带徒津贴（授课费、课时费），制定职业技术技能等级认定优惠政策，畅通企业间流动渠道。

六、保障措施

（一）加强组织领导。各级人力资源社会保障部门、财政部门、国资监管部门、工会以及工商联要进一步提高认识，增强责任感和紧迫感，把全面推行企业新型学徒制培训作为实施职业技能提升行动、加强高技能人才培养的重要内容，认真组织实施。要建立密切配合、协同推进的工作机制，加强组织领导，全面推动实施。国资监管部门、工商联要以重点行业、重要领域和规模以上企业为着力点，大力推行企业新型学徒制培训。

（二）协调推动实施。企业按属地管理原则纳入当地工作范畴，享受当地政策。各级人力资源社会保障部门要建立与企业的联系制度，做好工作指导。要主动对接属地中央企业，做好资金、政策的落实以及服务保障工作。要加大工作力度，加强工作力量，做好对各类企业特别是中小微企业新型学徒培训的管理服务工作。各企业要加强组织实施，建立人事（劳资）部门牵头，生产、安全、财务、工会等有关部门密切配合、协同推进的工作机制，制定工作方案，认真规划、扎实组织、全面推动。各技工院校要积极参加企业新型学徒培养工作，并将其作为校企合作的重要内容。

（三）加强考核评价。鼓励企业职工人人持证，推动企业全面自主开展技能人才评价，并将参加新型学徒制培训的人员纳入其中。指导企业将学徒技能评价融入日常企业生产活动过程中，灵活运用过程化考核、模块化考核和业绩评审、直接认定等多种方式，对学徒进行职业技能等级认定，加大学徒高级工、技师、高级技师评价工作。加大社会培训评价机构和行业组织的征集遴选力度，注重发挥工商联所属商会作用，大力推行社会化职业技能等级认定。

（四）加强宣传动员。广泛动员企业、院校、培训机构和职工积极参与学徒制培训，扩大企业新型学徒制影响力和覆盖面。强化典型示范，突出导向作用，大力宣传推行企业新型学徒制的典型经验和良好成效，努力营造全社会关心尊重技能人才、重视支持企业职工培训工作的良好社会氛围。

中外合作职业技能培训办学管理办法

·2006年7月26日劳动和社会保障部令第27号公布
·根据2015年4月30日《人力资源社会保障部关于修改部分规章的决定》修订

第一章 总 则

第一条 为实施《中华人民共和国中外合作办学条例》（以下简称《中外合作办学条例》），规范中外合作职业技能培训办学活动,制定本办法。

第二条 中国教育机构同外国教育机构(以下简称中外合作办学者,教育机构含职业技能培训机构)合作举办职业技能培训机构和办学项目的设立、活动及管理,适用本办法。

本办法所称中外合作职业技能培训机构,是指中外合作办学者依照《中外合作办学条例》和本办法的规定,在中国境内合作举办的以中国公民为主要招生对象,实施职业技能培训的公益性办学机构。

本办法所称中外合作职业技能培训办学项目,是指中外合作办学者依照《中外合作办学条例》和本办法的规定,不设立新的职业技能培训机构,而是通过与现有中国教育机构合作设置以中国公民为主要招生对象的专业(职业、工种)、课程的方式开展的职业技能培训项目。

第三条 国家鼓励根据经济发展和劳动力市场对技能劳动者的需求及特点,引进体现国外先进技术、先进培训方法的优质职业技能培训资源。

国家鼓励在国内新兴和急需的技能含量高的职业领域开展中外合作办学。

第四条 中外合作职业技能培训机构根据法律法规的规定,享受国家给予民办学校的扶持与奖励政策。

劳动保障行政部门对发展中外合作职业技能培训办学做出突出贡献的社会组织和个人给予奖励和表彰。

第五条 国务院劳动保障行政部门负责全国中外合作职业技能培训办学工作的统筹规划、综合协调和宏观管理。省、自治区、直辖市人民政府劳动保障行政部门负责本行政区域内中外合作职业技能培训办学管理工作。

第二章 中外合作职业技能培训机构的设立

第六条 中外合作办学者应当符合《中外合作办学条例》规定的条件,具备相应的办学资格和较高的办学质量。

第七条 中外合作办学者应当在平等协商的基础上签订合作协议。合作协议应当载明下列内容:

(一)合作各方的名称、住所和法定代表人的姓名、职务、国籍;

(二)拟设立的中外合作职业技能培训机构的名称、住所、培养目标、办学宗旨、合作内容和期限;

(三)合作各方投入资产数额、方式及资金缴纳期限;

(四)解决合作各方争议的方式和程序;

(五)违反合作协议的责任;

(六)合作各方约定的其他事项。

合作协议应当为中文文本。有外文文本的,应当与中文文本的内容一致。

第八条 中外合作办学者投入的办学资金,应当与拟设立的中外合作职业技能培训机构的层次和规模相适应。

中外合作办学者应当按照合作协议按时、足额投入办学资金。中外合作职业技能培训机构存续期间,中外合作办学者不得抽逃办学资金,不得挪用办学经费。

第九条 中外合作办学者为办学投入的实物、土地使用权、知识产权以及其他财产,其作价由中外合作办学者双方按照公平合理的原则协商确定,或者聘请双方同意的社会中介组织依法进行评估,并依法办理财产权转移有关手续。

中国教育机构以国有资产作为办学投入的,应当根据国家有关国有资产监督管理规定,聘请具有评估资格的社会中介组织依法进行评估,根据评估结果合理确定国有资产的数额,并报对该国有资产负有监管职责的机构备案,依法履行国有资产管理义务。

第十条 根据与外国政府部门签订的协议或者应中国教育机构的请求,国务院劳动保障行政部门或者省、自治区、直辖市人民政府可以邀请外国教育机构与中国教育机构合作办学。

被邀请的外国教育机构应当是国际上或者所在国具有一定影响力的教育机构。

第十一条 设立中外合作职业技能培训机构由拟立机构所在地的省、自治区、直辖市人民政府劳动保障行政部门审批。

第十二条 设立中外合作职业技能培训机构,分为筹备设立和正式设立两个步骤。具备办学条件,达到设置标准的,可以直接申请正式设立。

第十三条 申请筹备设立中外合作职业技能培训机构,应当由中国教育机构提出申请,提交《中外合作办学条例》规定的文件。其中申办报告应当按照国务院劳动保障行政部门根据《中外合作办学条例》第十四条第(一)项制定的《中外合作职业技能培训机构申请表》所规定的内容和格式填写。

申请筹备设立中外合作职业技能培训机构,还应根据《中外合作办学条例》有关条款的规定,提交中外合作办学者的注册登记证明、法定代表人的有效证明文件,其中外国合作办学者的有关证明文件应当经所在国公证机关证明。

第十四条 有下列情形之一的,审批机关不予批准筹备设立中外合作职业技能培训机构,并书面说明理由:

(一)违背社会公共利益、历史文化传统和职业培训的公益性质，不符合国家或者地方职业培训事业发展需要的；

（二）中外合作办学者有一方不符合条件的；

（三）申请文件不符合《中外合作办学条例》和本办法要求，经告知仍不改正的；

（四）申请文件有虚假内容的；

（五）法律、行政法规规定的其他不予批准情形。

第十五条 申请正式设立中外合作职业技能培训机构，应当由中国教育机构申请，提交《中外合作办学条例》规定的文件。其中直接申请正式设立的，正式设立申请书应当按照国务院劳动保障行政部门制定的《中外合作职业技能培训机构申请表》所规定的内容和格式填写，并提交本办法第十三条第二款规定的资格证明。

第十六条 正式设立中外合作职业技能培训机构，应当具备《中外合作办学条例》第十一条规定的条件。

设立中外合作职业技能培训机构，应达到以下设置标准：

（一）具有同时培训不少于200人的办学规模；

（二）办学场所应符合环境保护、劳动保护、安全、消防、卫生等有关规定及相关职业（工种）安全规程。建筑面积应与其办学规模相适应，一般不少于3000平方米，其中实习、实验场所一般不少于1000平方米。租用的场所其租赁期限不少于3年；

（三）实习、实验设施和设备应满足教学和技能训练需要，有充足的实习工位，主要设备应达到国际先进水平。具有不少于5000册的图书资料和必要的阅览场所，并配备电子阅览设备；

（四）投入的办学资金，应当与办学层次和规模相适应，并具有稳定的经费来源；

（五）校长或主要行政负责人应具有中华人民共和国国籍，在中国境内定居，热爱祖国、品行良好，具备大学本科及以上学历或者高级专业技术职务任职资格、高级以上国家职业资格；

（六）专兼职教师队伍与专业设置、办学规模相适应，专职教师人数一般不少于教师人数的1/3。每个教学班按专业应当分别配备专业理论课教师和生产实习指导教师，其中理论教师应具有与其教学岗位相适应的教师上岗资格条件，实习指导教师应具备高级以上职业资格或中级以上相关专业技术职务任职资格，并具有相应的教师上岗资格。但是，聘任的专兼职外籍教师和外籍管理人员，应当具备《中外合作办学条例》第二十七条规定的条件。

设立中外合作技工学校，参照技工学校设置标准执行。

第十七条 设立中外合作职业技能培训机构应当按照《中外合作办学条例》的规定制定机构章程，载明下列事项：

（一）中外合作职业技能培训机构的名称、住所；

（二）办学宗旨、规模、层次、类别等；

（三）资产数额、来源、性质以及财务制度；

（四）中外合作办学者是否要求取得合理回报；

（五）理事会或者董事会的产生方法、人员构成、权限、任期、议事规则等；

（六）法定代表人的产生和罢免程序；

（七）民主管理和监督的形式；

（八）机构终止事由、程序和清算办法；

（九）章程修改程序；

（十）其他需要由章程规定的事项。

第十八条 中外合作职业技能培训机构只能使用一个名称，其外文译名应当与中文名称相符。中外合作职业技能培训机构名称应当按所在行政区划、字号、职业技能培训学校依次确切表示。

名称中不得冠以"中国"、"全国"、"中华"等字样，不得违反国家规定，不得损害社会公共利益。

第十九条 中外合作职业技能培训机构不得设立分支机构，不得举办其他中外合作办学机构。

第二十条 审批机关受理正式设立中外合作技工学校的，应当组织专家委员会评议，由专家委员会提出咨询意见。

专家委员会对申请人申请材料按照分期分类的原则进行评审，所需时间由审批机关书面告知申请人，不计算在审批期限内。

审批机关认为必要时应当指派2名以上工作人员，对申请人提交的申请材料主要内容进行核查。

第二十一条 有下列情形之一的，审批机关不予批准正式设立中外合作职业技能培训机构，并书面说明理由：

（一）不具备办学条件、未达到设置标准的；

（二）理事会、董事会的组成人员及其构成不符合法定要求，校长或者主要行政负责人、教师、财会人员不具备法定资格，经告知仍不改正的；

（三）章程不符合《中外合作办学条例》和本办法要求，经告知不修改的；

（四）在筹备设立期内有违反法律、法规行为的。

直接申请正式设立中外合作职业技能培训机构的，除前款规定的第（一）、（二）、（三）项外，有本办法第十四条规定情形之一的，审批机关不予批准。

第二十二条 批准正式设立中外合作职业技能培训机构的,由该审批机关颁发国务院劳动保障行政部门统一印制、国务院教育行政部门统一编号的中外合作办学许可证。

第二十三条 中外合作职业技能培训机构遗失中外合作办学许可证的,应立即登报声明,并持声明向审批机关提交补办申请,由审批机关核准后补发。

第三章 中外合作职业技能培训办学项目的举办

第二十四条 举办中外合作职业技能培训办学项目,应当具备下列条件:

(一)中外合作办学者应当具有法人资格;

(二)项目的办学层次和类别与中外合作办学者的办学层次和类别相适应;

(三)中国教育机构应当具备举办所开设专业(职业、工种)培训的师资、设备、设施等条件。

第二十五条 举办中外合作职业技能培训办学项目,中外合作办学者应当签订合作协议,载明下列内容:

(一)合作各方的名称、住所和法定代表人的姓名、职务、国籍;

(二)合作项目名称、合作内容和期限;

(三)合作各方投入资产数额、方式及资金缴纳期限(有资产、资金投入的);

(四)解决合作各方争议的方式和程序;

(五)违反合作协议的责任;

(六)合作各方约定的其他事项。

合作协议应当为中文文本。有外文文本的,应当与中文文本的内容一致。

第二十六条 申请举办中外合作职业技能培训办学项目,由拟举办项目所在地的省、自治区、直辖市人民政府劳动保障行政部门审批,并报国务院劳动保障行政部门备案。

第二十七条 举办中外合作职业技能培训办学项目,应当由中国教育机构提出申请,提交下列文件:

(一)《中外合作职业技能培训办学项目申请表》;

(二)合作协议;

(三)经公证的中外合作办学者法人资格证明;

(四)捐赠资产协议及相关证明(有捐赠的)。

第二十八条 审批机关受理申请后应当在30个工作日内作出是否批准举办中外合作职业技能培训办学项目的决定。有下列情形之一的,审批机关不予批准举办中外合作职业技能培训办学项目,并书面说明理由:

(一)违背社会公共利益、历史文化传统和职业培训公益性质,不符合国家或者地方职业培训事业发展需要的;

(二)中外合作办学者有一方不符合条件的;

(三)申请文件不符合本办法要求,经告知仍不改正的;

(四)申请文件有虚假内容的;

(五)法律、行政法规规定的其他不予批准情形。

第二十九条 批准中外合作职业技能培训办学项目的,由审批机关颁发统一格式、统一编号的中外合作办学项目批准书。

中外合作办学项目批准书由国务院劳动保障行政部门制定式样并统一编号。

第四章 中外合作职业技能培训办学的组织与活动

第三十条 中外合作职业技能培训机构应当建立学籍和教学管理、教师管理、学生管理、卫生安全管理、设备管理、财务资产管理等项制度。

第三十一条 中外合作职业技能培训机构应当依照《中外合作办学条例》的规定设立理事会、董事会。国家机关工作人员不得担任中外合作职业技能培训机构的理事会或者董事会成员。

第三十二条 中外合作职业技能培训机构应当聘任专职校长或者主要行政负责人。校长或者主要行政负责人依法独立行使教育教学和行政管理职权。

中外合作职业技能培训机构应当配备具有大学本科及以上学历及一定的外语交流能力,并具有中级及以上相关专业技术职务任职资格的专职教学管理人员。

第三十三条 中外合作职业技能培训办学项目是举办该项目的中国教育机构教育教学活动的组成部分,应当接受举办该项目的中国教育机构的管理。

第三十四条 中外合作职业技能培训机构和办学项目按照办学宗旨、培养目标和批准的专业(职业、工种)设置范围,自行设置专业(职业、工种),开展教育培训活动,但不得开展《中外合作办学条例》禁止的办学活动。

中外合作职业技能培训机构和办学项目可以在中国境内实施职业技能培训活动,也可以在中国境外实施部分职业技能培训活动。

第三十五条 中外合作职业技能培训机构和办学项目依法自主确定招生范围、标准和方式。但实施技工学校教育的,应当按照国家有关规定执行。

第三十六条 中外合作职业技能培训机构和办学项目应当按照招生简章或者与受培训者签订的培训协议,开设相应课程,开展职业技能培训,保证培训质量。

中外合作职业技能培训机构和办学项目应当提供与所设专业(职业、工种)相匹配的教育教学设施、设备和其他必要的办学条件。

第三十七条 中外合作职业技能培训机构和办学项目按照国家有关规定颁发培训证书或者结业证书。接受职业技能培训的学生，经政府批准的职业技能鉴定机构鉴定合格，可以按照国家有关规定获得相应的国家职业资格证书。

第三十八条 中外合作职业技能培训机构依法自主管理和使用本机构的资产，但不得改变按照公益事业获得的土地、校舍等资产的用途。

第三十九条 举办中外合作职业技能培训办学项目的中国教育机构应当依法对中外合作职业技能培训办学项目的财务进行管理，并在学校财务账户内设立中外合作职业技能培训办学项目专项，统一办理收支业务。

第四十条 中外合作职业技能培训机构和办学项目不得从事营利性经营活动。

第四十一条 中外合作办学者要求取得合理回报的，应当按照《中华人民共和国民办教育促进法实施条例》的规定执行。

中外合作职业技能培训机构有《中华人民共和国民办教育促进法实施条例》第四十七条列举情形之一的，中外合作办学者不得取得回报。

中外合作职业技能培训机构应当按照《中华人民共和国民办教育促进法实施条例》第三十七条的规定提取、使用发展基金。

第四十二条 中外合作职业技能培训办学项目的收费项目和标准，按照国家有关政府定价的规定确定并公布。

中外合作职业技能培训办学项目的办学结余，应当继续用于项目的教育教学活动和改善办学条件。

第四十三条 有下列情形之一的，中外合作职业技能培训办学项目终止：

（一）根据合作协议要求终止，并经审批机关批准的；

（二）中外合作办学者有一方被依法吊销办学资格的；

（三）被吊销中外合作办学项目批准书的。

中外合作职业技能培训办学项目终止，应当妥善安置在校学生；举办该项目的中国教育机构提出项目终止申请时，应当同时提交妥善安置在校学生的方案。

中外合作职业技能培训办学项目终止的，举办该项目的中国教育机构应当将中外合作办学项目批准书交回审批机关，由审批机关依法注销并向社会公布。

第五章　管理与监督

第四十四条 劳动保障行政部门应当加强对中外合作职业技能培训机构和办学项目的监督，组织或委托社会中介组织对中外合作职业技能培训机构和办学项目的办学水平和教育培训质量，进行定期综合性评估和专项评估，并将评估结果向社会公布。

第四十五条 中外合作职业技能培训机构和举办中外合作职业技能培训办学项目的中国教育机构应当于每年3月31日前向审批机关提交年度办学报告，内容应当包括中外合作职业技能培训机构和办学项目招收学生、培训专业（职业、工种）、培训期限、师资配备、教学质量、证书发放、财务状况等基本情况。

第四十六条 中外合作职业技能培训机构应当依照《中华人民共和国会计法》和国家统一的会计制度进行会计核算，编制财务会计报告，于会计年度结束之日起1个月内向社会公布社会审计机构对其年度财务会计报告的审计结果，并报审批机关备案。

第四十七条 中外合作职业技能培训机构和办学项目应当具有与专业（职业、工种）设置相对应的教学计划、大纲和教材。自编和从境外引进教学计划、大纲和教材应当符合法律法规规定，并报审批机关备案。

第四十八条 中外合作职业技能培训机构和办学项目的招生简章和广告样本应当自发布之日起5日内报审批机关备案。招生简章和广告应当依法如实发布机构和项目的名称、培训目标、培训层次、主要课程、培训条件、培训期限、收费项目、收费标准、证书发放和就业去向等。

第六章　法律责任

第四十九条 中外合作职业技能培训办学项目审批机关及其工作人员，利用职务上的便利收取他人财物或者获取其他利益，滥用职权、玩忽职守，对不符合本办法规定条件者颁发中外合作办学项目批准书的，对直接负责的主管人员和其他直接责任人员依法给予行政处分；构成犯罪的，依法追究刑事责任。

第五十条 违反本办法的规定，超越职权审批中外合作职业技能培训办学项目的，其批准文件无效，对直接负责的主管人员和其他直接责任人员，依法给予行政处分；致使公共财产、国家和人民利益遭受重大损失，构成犯罪的，依法追究刑事责任。

第五十一条 中外合作职业技能培训机构违反本办法有关组织与活动的规定，导致管理混乱、教育教学质量低下，造成恶劣影响的，按照《中外合作办学条例》第五十六条规定追究法律责任。

第五十二条 违反本办法的规定，未经批准擅自举办中外合作职业技能培训办学项目，或者以不正当手段骗取中外合作办学项目批准书的，由劳动保障行政部门责令举办该项目的中国教育机构限期改正、退还向学生收取的费用,并处以1万元以下罚款。

第五十三条 中外合作职业技能培训办学项目未经批准增加收费项目或者提高收费标准的,由劳动保障行政部门责令举办该项目的中国教育机构退还多收的费用,并提请价格主管部门依照有关法律、行政法规的规定予以处罚。

第五十四条 中外合作职业技能培训办学项目发布虚假招生简章或者招生广告,骗取钱财的,由劳动保障行政部门责令举办该项目的中国教育机构退还收取的费用后,没收剩余违法所得,并处以违法所得3倍以下且总额3万元以下的罚款。

第五十五条 中外合作职业技能培训办学项目有下列情形之一的,由劳动保障行政部门责令举办该项目的中国教育机构限期改正:

(一)超出审批范围、层次办学的;
(二)管理混乱,教育教学质量低下的;
(三)未按照国家有关规定进行财务管理的;
(四)违反规定对办学结余进行分配的。

第七章 附 则

第五十六条 香港特别行政区、澳门特别行政区和台湾地区的教育机构与内地教育机构合作举办职业技能培训机构或者办学项目的,参照本办法执行,国家另有规定的除外。

第五十七条 在工商行政管理部门登记注册的经营性的中外合作职业技能培训机构的管理办法,按照国务院规定执行。

第五十八条 外国教育机构、其他组织或者个人不得在中国境内单独设立以中国公民为主要招生对象的职业技能培训机构。

第五十九条 本办法实施前已经批准举办的中外合作职业技能培训办学项目,应当补办本办法规定的中外合作办学项目批准书。其中,不完全具备本办法规定的中外合作职业技能培训办学项目举办条件的,应当在本办法施行之日起1年内达到本办法规定的条件。逾期未达到本办法规定条件的,审批机关不予补办中外合作办学项目批准书。

第六十条 本办法自2006年10月1日起施行。

(4)残疾人就业

残疾人就业条例

· 2007年2月14日国务院第169次常务会议通过
· 2007年2月25日中华人民共和国国务院令第488号公布
· 自2007年5月1日起施行

第一章 总 则

第一条 为了促进残疾人就业,保障残疾人的劳动权利,根据《中华人民共和国残疾人保障法》和其他有关法律,制定本条例。

第二条 国家对残疾人就业实行集中就业与分散就业相结合的方针,促进残疾人就业。

县级以上人民政府应当将残疾人就业纳入国民经济和社会发展规划,并制定优惠政策和具体扶持保护措施,为残疾人就业创造条件。

第三条 机关、团体、企业、事业单位和民办非企业单位(以下统称用人单位)应当依照有关法律、本条例和其他有关行政法规的规定,履行扶持残疾人就业的责任和义务。

第四条 国家鼓励社会组织和个人通过多种渠道、多种形式,帮助、支持残疾人就业,鼓励残疾人通过应聘等多种形式就业。禁止在就业中歧视残疾人。

残疾人应当提高自身素质,增强就业能力。

第五条 各级人民政府应当加强对残疾人就业工作的统筹规划,综合协调。县级以上人民政府负责残疾人工作的机构,负责组织、协调、指导、督促有关部门做好残疾人就业工作。

县级以上人民政府劳动保障、民政等有关部门在各自的职责范围内,做好残疾人就业工作。

第六条 中国残疾人联合会及其地方组织依照法律、法规或者接受政府委托,负责残疾人就业工作的具体组织实施与监督。

工会、共产主义青年团、妇女联合会,应当在各自的工作范围内,做好残疾人就业工作。

第七条 各级人民政府对在残疾人就业工作中做出显著成绩的单位和个人,给予表彰和奖励。

第二章 用人单位的责任

第八条 用人单位应当按照一定比例安排残疾人就业,并为其提供适当的工种、岗位。

用人单位安排残疾人就业的比例不得低于本单位在职职工总数的1.5%。具体比例由省、自治区、直辖市人民政府根据本地区的实际情况规定。

用人单位跨地区招用残疾人的,应当计入所安排的残疾人职工人数之内。

第九条 用人单位安排残疾人就业达不到其所在地省、自治区、直辖市人民政府规定比例的,应当缴纳残疾人就业保障金。

第十条 政府和社会依法兴办的残疾人福利企业、盲人按摩机构和其他福利性单位(以下统称集中使用残疾人的用人单位),应当集中安排残疾人就业。

集中使用残疾人的用人单位的资格认定,按照国家有关规定执行。

第十一条 集中使用残疾人的用人单位中从事全日制工作的残疾人职工,应当占本单位在职职工总数的25%以上。

第十二条 用人单位招用残疾人职工,应当依法与其签订劳动合同或者服务协议。

第十三条 用人单位应当为残疾人职工提供适合其身体状况的劳动条件和劳动保护,不得在晋职、晋级、评定职称、报酬、社会保险、生活福利等方面歧视残疾人职工。

第十四条 用人单位应当根据本单位残疾人职工的实际情况,对残疾人职工进行上岗、在岗、转岗等培训。

第三章 保障措施

第十五条 县级以上人民政府应当采取措施,拓宽残疾人就业渠道,开发适合残疾人就业的公益性岗位,保障残疾人就业。

县级以上地方人民政府发展社区服务事业,应当优先考虑残疾人就业。

第十六条 依法征收的残疾人就业保障金应当纳入财政预算,专项用于残疾人职业培训以及为残疾人提供就业服务和就业援助,任何组织或者个人不得贪污、挪用、截留或者私分。残疾人就业保障金征收、使用、管理的具体办法,由国务院财政部门会同国务院有关部门规定。

财政部门和审计机关应当依法加强对残疾人就业保障金使用情况的监督检查。

第十七条 国家对集中使用残疾人的用人单位依法给予税收优惠,并在生产、经营、技术、资金、物资、场地使用等方面给予扶持。

第十八条 县级以上地方人民政府及其有关部门应当确定适合残疾人生产、经营的产品、项目,优先安排集中使用残疾人的用人单位生产或者经营,并根据集中使用残疾人的用人单位的生产特点确定某些产品由其专产。

政府采购,在同等条件下,应当优先购买集中使用残疾人的用人单位的产品或者服务。

第十九条 国家鼓励扶持残疾人自主择业、自主创业。对残疾人从事个体经营的,应当依法给予税收优惠,有关部门应当在经营场地等方面给予照顾,并按照规定免收管理类、登记类和证照类的行政事业性收费。

国家对自主择业、自主创业的残疾人在一定期限内给予小额信贷等扶持。

第二十条 地方各级人民政府应当多方面筹集资金,组织和扶持农村残疾人从事种植业、养殖业、手工业和其他形式的生产劳动。

有关部门对从事农业生产劳动的农村残疾人,应当在生产服务、技术指导、农用物资供应、农副产品收购和信贷等方面给予帮助。

第四章 就业服务

第二十一条 各级人民政府和有关部门应当为就业困难的残疾人提供有针对性的就业援助服务,鼓励和扶持职业培训机构为残疾人提供职业培训,并组织残疾人定期开展职业技能竞赛。

第二十二条 中国残疾人联合会及其地方组织所属的残疾人就业服务机构应当免费为残疾人就业提供下列服务:

(一)发布残疾人就业信息;

(二)组织开展残疾人职业培训;

(三)为残疾人提供职业心理咨询、职业适应评估、职业康复训练、求职定向指导、职业介绍等服务;

(四)为残疾人自主择业提供必要的帮助;

(五)为用人单位安排残疾人就业提供必要的支持。

国家鼓励其他就业服务机构为残疾人就业提供免费服务。

第二十三条 受劳动保障部门的委托,残疾人就业服务机构可以进行残疾人失业登记、残疾人就业与失业统计;经所在地劳动保障部门批准,残疾人就业服务机构还可以进行残疾人职业技能鉴定。

第二十四条 残疾人职工与用人单位发生争议,当地法律援助机构应当依法为其提供法律援助,各级残疾人联合会应当给予支持和帮助。

第五章 法律责任

第二十五条 违反本条例规定,有关行政主管部门及其工作人员滥用职权、玩忽职守、徇私舞弊,构成犯罪的,依法追究刑事责任;尚不构成犯罪的,依法给予处分。

第二十六条 违反本条例规定,贪污、挪用、截留、私分残疾人就业保障金,构成犯罪的,依法追究刑事责任;

尚不构成犯罪的,对有关责任单位、直接负责的主管人员和其他直接责任人员依法给予处分或者处罚。

第二十七条 违反本条例规定,用人单位未按照规定缴纳残疾人就业保障金的,由财政部门给予警告,责令限期缴纳;逾期仍不缴纳的,除补缴欠缴数额外,还应当自欠缴之日起,按日加收5‰的滞纳金。

第二十八条 违反本条例规定,用人单位弄虚作假,虚报安排残疾人就业人数,骗取集中使用残疾人的用人单位享受的税收优惠待遇的,由税务机关依法处理。

第六章 附 则

第二十九条 本条例所称残疾人就业,是指符合法定就业年龄有就业要求的残疾人从事有报酬的劳动。

第三十条 本条例自2007年5月1日起施行。

财政部、国家税务总局关于促进残疾人就业增值税优惠政策的通知

- 2016年5月5日
- 财税〔2016〕52号

各省、自治区、直辖市、计划单列市财政厅(局)、国家税务局,新疆生产建设兵团财务局:

为继续发挥税收政策促进残疾人就业的作用,进一步保障残疾人权益,经国务院批准,决定对促进残疾人就业的增值税政策进行调整完善。现将有关政策通知如下:

一、对安置残疾人的单位和个体工商户(以下称纳税人),实行由税务机关按纳税人安置残疾人的人数,限额即征即退增值税的办法。

安置的每位残疾人每月可退还的增值税具体限额,由县级以上税务机关根据纳税人所在区县(含县级市、旗,下同)适用的经省(含自治区、直辖市、计划单列市,下同)人民政府批准的月最低工资标准的4倍确定。

二、享受税收优惠政策的条件

(一)纳税人(除盲人按摩机构外)月安置的残疾人占在职职工人数的比例不低于25%(含25%),并且安置的残疾人人数不少于10人(含10人);

盲人按摩机构月安置的残疾人占在职职工人数的比例不低于25%(含25%),并且安置的残疾人人数不少于5人(含5人)。

(二)依法与安置的每位残疾人签订了一年以上(含一年)的劳动合同或服务协议。

(三)为安置的每位残疾人按月足额缴纳了基本养老保险、基本医疗保险、失业保险、工伤保险和生育保险等社会保险。

(四)通过银行等金融机构向安置的每位残疾人,按月支付了不低于纳税人所在区县适用的经省人民政府批准的月最低工资标准的工资。

三、《财政部 国家税务总局关于教育税收政策的通知》(财税〔2004〕39号)第一条第7项规定的特殊教育学校举办的企业,只要符合本通知第二条第(一)项第一款规定的条件,即可享受本通知第一条规定的增值税优惠政策。这类企业在计算残疾人人数时可将在企业上岗工作的特殊教育学校的全日制在校学生计算在内,在计算企业在职职工人数时也要将上述学生计算在内。

四、纳税人中纳税信用等级为税务机关评定的C级或D级的,不得享受本通知第一条、第三条规定的政策。

五、纳税人按照纳税期限向主管国税机关申请退还增值税。本纳税期已交增值税额不足退还的,可在本纳税年度内以前纳税期已交增值税扣除已退增值税的余额中退还,仍不足退还的可结转本纳税年度内以后纳税期退还,但不得结转以后年度退还。纳税期限不为按月的,只能对其符合条件的月份退还增值税。

六、本通知第一条规定的增值税优惠政策仅适用于生产销售货物,提供加工、修理修配劳务,以及提供营改增现代服务和生活服务税目(不含文化体育服务和娱乐服务)范围的服务取得的收入之和,占增值税收入的比例达到50%的纳税人,但不适用于上述纳税人直接销售外购货物(包括商品批发和零售)以及销售委托加工的货物取得的收入。

纳税人应当分别核算上述享受税收优惠政策和不得享受税收优惠政策业务的销售额,不能分别核算的,不得享受本通知规定的优惠政策。

七、如果既适用促进残疾人就业增值税优惠政策,又适用重点群体、退役士兵、随军家属、军转干部等支持就业的增值税优惠政策的,纳税人可自行选择适用的优惠政策,但不能累加执行。一经选定,36个月内不得变更。

八、残疾人个人提供的加工、修理修配劳务,免征增值税。

九、税务机关发现已享受本通知增值税优惠政策的纳税人,存在不符合本通知第二条、第三条规定条件,或者采用伪造或重复使用残疾人证、残疾军人证等手段骗取本通知规定的增值税优惠的,应将纳税人发生上述违法违规行为的纳税期内按本通知已享受到的退税全额追缴入库,并自发现当月起36个月内停止其享受本通知规

定的各项税收优惠。

十、本通知有关定义

（一）残疾人，是指法定劳动年龄内，持有《中华人民共和国残疾人证》或者《中华人民共和国残疾军人证（1至8级）》的自然人，包括具有劳动条件和劳动意愿的精神残疾人。

（二）残疾人个人，是指自然人。

（三）在职职工人数，是指与纳税人建立劳动关系并依法签订劳动合同或者服务协议的雇员人数。

（四）特殊教育学校举办的企业，是指特殊教育学校主要为在校学生提供实习场所，并由学校出资自办、由学校负责经营管理、经营收入全部归学校所有的企业。

十一、本通知规定的增值税优惠政策的具体征收管理办法，由国家税务总局制定。

十二、本通知自2016年5月1日起执行，《财政部 国家税务总局关于促进残疾人就业税收优惠政策的通知》（财税〔2007〕92号）、《财政部 国家税务总局关于将铁路运输和邮政业纳入营业税改征增值税试点的通知》（财税〔2013〕106号）附件3第二条第（二）项同时废止。纳税人2016年5月1日前执行财税〔2007〕92号和财税〔2013〕106号文件发生的应退未退的增值税余额，可按照本通知第五条规定执行。

促进残疾人就业增值税优惠政策管理办法

· 2016年5月27日国家税务总局公告2016年第33号公布
· 根据2018年6月15日《国家税务总局关于修改部分税收规范性文件的公告》修订

第一条 为加强促进残疾人就业增值税优惠政策管理，根据《财政部 国家税务总局关于促进残疾人就业增值税优惠政策的通知》（财税〔2016〕52号）、《国家税务总局关于发布〈税收减免管理办法〉的公告》（国家税务总局公告2015年第43号）及有关规定，制定本办法。

第二条 纳税人享受安置残疾人增值税即征即退优惠政策，适用本办法规定。

本办法所指纳税人，是指安置残疾人的单位和个体工商户。

第三条 纳税人首次申请享受税收优惠政策，应向主管税务机关提供以下备案资料：

（一）《税务资格备案表》。

（二）安置的残疾人的《中华人民共和国残疾人证》或者《中华人民共和国残疾军人证（1至8级）》复印件，注明与原件一致，并逐页加盖公章。安置精神残疾人的，提供精神残疾人同意就业的书面声明以及其法定监护人签字或印章的证明精神残疾人具有劳动条件和劳动意愿的书面材料。

（三）安置的残疾人的身份证明复印件，注明与原件一致，并逐页加盖公章。

第四条 主管税务机关受理备案后，应将全部《中华人民共和国残疾人证》或者《中华人民共和国残疾军人证（1至8级）》信息以及所安置残疾人的身份证明信息录入征管系统。

第五条 纳税人提供的备案资料发生变化的，应于发生变化之日起15日内就变化情况向主管税务机关办理备案。

第六条 纳税人申请退还增值税时，需报送如下资料：

（一）《退（抵）税申请审批表》。

（二）《安置残疾人纳税人申请增值税退税声明》（见附件）。

（三）当期为残疾人缴纳社会保险费凭证的复印件及由纳税人加盖公章确认的注明缴纳人员、缴纳金额、缴纳期间的明细表。

（四）当期由银行等金融机构或纳税人加盖公章的按月为残疾人支付工资的清单。

特殊教育学校举办的企业，申请退还增值税时，不提供资料（三）和资料（四）。

第七条 纳税人申请享受税收优惠政策，应对报送资料的真实性和合法性承担法律责任。主管税务机关对纳税人提供资料的完整性和增值税退税额计算的准确性进行审核。

第八条 主管税务机关受理退税申请后，查询纳税人的纳税信用等级，对符合信用条件的，审核计算应退增值税额，并按规定办理退税。

第九条 纳税人本期应退增值税额按以下公式计算：

本期应退增值税额=本期所含月份每月应退增值税额之和

月应退增值税额=纳税人本月安置残疾人员人数×本月月最低工资标准的4倍

月最低工资标准，是指纳税人所在区县（含县级市、旗）适用的经省（含自治区、直辖市、计划单列市）人民政府批准的月最低工资标准。

纳税人本期已缴增值税额小于本期应退税额不足退

还的,可在本年度内以前纳税期已缴增值税额扣除已退增值税额的余额中退还,仍不足退还的可结转本年度内以后纳税期退还。年度已缴增值税额小于或等于年度应退税额的,退税额为年度已缴增值税额;年度已缴增值税额大于年度应退税额的,退税额为年度应退税额。年度已缴增值税额不足退还的,不得结转以后年度退还。

第十条 纳税人新安置的残疾人从签订劳动合同并缴纳社会保险的次月起计算,其他职工从录用的次月起计算;安置的残疾人和其他职工减少的,从减少当月计算。

第十一条 主管税务机关应于每年2月底之前,在其网站或办税服务厅,将本地区上一年度享受安置残疾人增值税优惠政策的纳税人信息,按下列项目予以公示:纳税人名称、纳税人识别号、法人代表、计算退税的残疾人职工人次等。

第十二条 享受促进残疾人就业增值税优惠政策的纳税人,对能证明或印证符合政策规定条件的相关材料负有留存备查义务。纳税人在税务机关后续管理中不能提供相关材料的,不得继续享受优惠政策。税务机关应追缴其相应纳税期内已享受的增值税退税,并依照税收征管法及其实施细则的有关规定处理。

第十三条 各地税务机关要加强税收优惠政策落实情况的后续管理,对纳税人进行定期或不定期检查。检查发现纳税人不符合财税〔2016〕52号文件规定的,按有关规定予以处理。

第十四条 本办法实施前已办理税收优惠资格备案的纳税人,主管税务机关应检查其已备案资料是否满足本办法第三条规定,残疾人信息是否已按第四条规定录入信息系统,如有缺失,应要求纳税人补充报送备案资料,补录信息。

第十五条 各省、自治区、直辖市和计划单列市税务局,应定期或不定期在征管系统中对残疾人信息进行比对,发现异常的,按相关规定处理。

第十六条 本办法自2016年5月1日起施行。

附件:安置残疾人纳税人申请增值税退税声明(略)

残疾人就业保障金征收使用管理办法

· 2015年9月9日
· 财税〔2015〕72号

第一章 总 则

第一条 为了规范残疾人就业保障金(以下简称保障金)征收使用管理,促进残疾人就业,根据《残疾人保障法》《残疾人就业条例》的规定,制定本办法。

第二条 保障金是为保障残疾人权益,由未按规定安排残疾人就业的机关、团体、企业、事业单位和民办非企业单位(以下简称用人单位)缴纳的资金。

第三条 保障金的征收、使用和管理,适用本办法。

第四条 本办法所称残疾人,是指持有《中华人民共和国残疾人证》上注明属于视力残疾、听力残疾、言语残疾、肢体残疾、智力残疾、精神残疾和多重残疾的人员,或者持有《中华人民共和国残疾军人证》(1至8级)的人员。

第五条 保障金的征收、使用和管理应当接受财政部门的监督检查和审计机关的审计监督。

第二章 征收缴库

第六条 用人单位安排残疾人就业的比例不得低于本单位在职职工总数的1.5%。具体比例由各省、自治区、直辖市人民政府根据本地区的实际情况规定。

用人单位安排残疾人就业达不到其所在地省、自治区、直辖市人民政府规定比例的,应当缴纳保障金。

第七条 用人单位将残疾人录用为在编人员或依法与就业年龄段内的残疾人签订1年以上(含1年)劳动合同(服务协议),且实际支付的工资不低于当地最低工资标准,并足额缴纳社会保险费的,方可计入用人单位所安排的残疾人就业人数。

用人单位安排1名持有《中华人民共和国残疾人证》(1至2级)或《中华人民共和国残疾军人证》(1至3级)的人员就业的,按照安排2名残疾人就业计算。

用人单位跨地区招用残疾人的,应当计入所安排的残疾人就业人数。

第八条 保障金按上年用人单位安排残疾人就业未达到规定比例的差额人数和本单位在职职工年平均工资之积计算缴纳。计算公式如下:

保障金年缴纳额=(上年用人单位在职职工人数×所在地省、自治区、直辖市人民政府规定的安排残疾人就业比例-上年用人单位实际安排的残疾人就业人数)×上年用人单位在职职工年平均工资。

用人单位在职职工,是指用人单位在编人员或依法与用人单位签订1年以上(含1年)劳动合同(服务协议)的人员。季节性用工应当折算为年平均用工人数。以劳务派遣用工的,计入派遣单位在职职工人数。

用人单位安排残疾人就业未达到规定比例的差额人数,以公式计算结果为准,可以不是整数。

上年用人单位在职职工年平均工资,按用人单位上年在职职工工资总额除以用人单位在职职工人数计算。

第九条 保障金由用人单位所在地的地方税务局负责征收。没有分设地方税务局的地方，由国家税务局负责征收。

有关省、自治区、直辖市对保障金征收机关另有规定的，按其规定执行。

第十条 保障金一般按月缴纳。

用人单位应按规定时限向保障金征收机关申报缴纳保障金。在申报时，应提供本单位在职职工人数、实际安排残疾人就业人数、在职职工年平均工资等信息，并保证信息的真实性和完整性。

第十一条 保障金征收机关应当定期对用人单位进行检查。发现用人单位申报不实、少缴纳保障金的，征收机关应当催报并追缴保障金。

第十二条 残疾人就业服务机构应当配合保障金征收机关做好保障金征收工作。

用人单位应按规定时限如实向残疾人就业服务机构申报上年本单位安排的残疾人就业人数。未在规定时限申报的，视为未安排残疾人就业。

残疾人就业服务机构进行审核后，确定用人单位实际安排的残疾人就业人数，并及时提供给保障金征收机关。

第十三条 保障金征收机关征收保障金时，应当向用人单位开具省级财政部门统一印制的票据或税收票证。

第十四条 保障金全额缴入地方国库。

地方各级人民政府之间保障金的分配比例，由各省、自治区、直辖市财政部门商残疾人联合会确定。

具体缴库办法按照省级财政部门的规定执行。

第十五条 保障金由税务机关负责征收的，应积极采取财税库银税收收入电子缴库横向联网方式征缴保障金。

第十六条 自工商登记注册之日起3年内，对安排残疾人就业未达到规定比例，在职职工总数20人以下（含20人）的小微企业，免征保障金。

第十七条 用人单位遇不可抗力自然灾害或其他突发事件遭受重大直接经济损失，可以申请减免或者缓缴保障金。具体办法由各省、自治区、直辖市财政部门规定。

用人单位申请减免保障金的最高限额不得超过1年的保障金应缴额，申请缓缴保障金的最长期限不得超过6个月。

批准减免或者缓缴保障金的用人单位名单，应当每年公告一次。公告内容应当包括批准机关、批准文号、批准减免或缓缴保障金的主要理由等。

第十八条 保障金征收机关应当严格按规定的范围、标准和时限要求征收保障金，确保保障金及时、足额征缴到位。

第十九条 任何单位和个人均不得违反本办法规定，擅自减免或缓征保障金，不得自行改变保障金的征收对象、范围和标准。

第二十条 各地应当建立用人单位按比例安排残疾人就业及缴纳保障金公示制度。

残疾人联合会应当每年向社会公布本地区用人单位应安排残疾人就业人数、实际安排残疾人就业人数和未按规定安排残疾人就业人数。

保障金征收机关应当定期向社会公布本地区用人单位缴纳保障金情况。

第三章 使用管理

第二十一条 保障金纳入地方一般公共预算统筹安排，主要用于支持残疾人就业和保障残疾人生活。支持方向包括：

（一）残疾人职业培训、职业教育和职业康复支出。

（二）残疾人就业服务机构提供残疾人就业服务和组织职业技能竞赛（含展能活动）支出。补贴用人单位安排残疾人就业所需设施设备购置、改造和支持性服务费用。补贴辅助性就业机构建设和运行费用。

（三）残疾人从事个体经营、自主创业、灵活就业的经营场所租赁、启动资金、设施设备购置补贴和小额贷款贴息。各种形式就业残疾人的社会保险缴费补贴和用人单位岗位补贴。扶持农村残疾人从事种植、养殖、手工业及其他形式生产劳动。

（四）奖励超比例安排残疾人就业的用人单位，以及为安排残疾人就业做出显著成绩的单位或个人。

（五）对从事公益性岗位就业、辅助性就业、灵活就业，收入达不到当地最低工资标准、生活确有困难的残疾人的救济补助。

（六）经地方人民政府及其财政部门批准用于促进残疾人就业和保障困难残疾人、重度残疾人生活等其他支出。

第二十二条 地方各级残疾人联合会所属残疾人就业服务机构的正常经费开支，由地方同级财政预算统筹安排。

第二十三条 各地要积极推行政府购买服务，按照政府采购法律制度规定选择符合要求的公办、民办等各类就业服务机构，承接残疾人职业培训、职业教育、职业康复、就业服务和就业援助等工作。

第二十四条　地方各级残疾人联合会、财政部门应当每年向社会公布保障金用于支持残疾人就业和保障残疾人生活支出情况，接受社会监督。

第四章　法律责任

第二十五条　单位和个人违反本办法规定，有下列情形之一的，依照《财政违法行为处罚处分条例》和《违反行政事业性收费和罚没收入收支两条线管理规定行政处分暂行规定》等国家有关规定追究法律责任；涉嫌犯罪的，依法移送司法机关处理：

（一）擅自减免保障金或者改变保障金征收范围、对象和标准的；

（二）隐瞒、坐支应当上缴的保障金的；

（三）滞留、截留、挪用应当上缴的保障金的；

（四）不按照规定的预算级次、预算科目将保障金缴入国库的；

（五）违反规定使用保障金的；

（六）其他违反国家财政收入管理规定的行为。

第二十六条　用人单位未按规定缴纳保障金的，按照《残疾人就业条例》的规定，由保障金征收机关提交财政部门，由财政部门予以警告，责令限期缴纳；逾期仍不缴纳的，除补缴欠缴数额外，还应当自欠缴之日起，按日加收5‰的滞纳金。滞纳金按照保障金入库预算级次缴入国库。

第二十七条　保障金征收、使用管理有关部门的工作人员违反本办法规定，在保障金征收和使用管理工作中滥用职权、玩忽职守、徇私舞弊的，依法给予处分；涉嫌犯罪的，依法移送司法机关。

第五章　附　则

第二十八条　各省、自治区、直辖市财政部门会同税务部门、残疾人联合会根据本办法制定具体实施办法，并报财政部、国家税务总局、中国残疾人联合会备案。

第二十九条　本办法由财政部会同国家税务总局、中国残疾人联合会负责解释。

第三十条　本办法自2015年10月1日起施行。《财政部关于发布〈残疾人就业保障金管理暂行规定〉的通知》(财综字〔1995〕5号)及其他与本办法不符的规定同时废止。

财政部、民政部、中国残疾人联合会关于促进残疾人就业政府采购政策的通知

· 2017年8月22日
· 财库〔2017〕141号

党中央有关部门，国务院各部委、各直属机构，全国人大常委会办公厅，全国政协办公厅，高法院、高检院，各民主党派中央，有关人民团体，各省、自治区、直辖市、计划单列市财政厅(局)、民政厅(局)、残疾人联合会，新疆生产建设兵团财务局、民政局、残疾人联合会：

为了发挥政府采购促进残疾人就业的作用，进一步保障残疾人权益，依照《政府采购法》《残疾人保障法》等法律法规及相关规定，现就促进残疾人就业政府采购政策通知如下：

一、享受政府采购支持政策的残疾人福利性单位应当同时满足以下条件：

（一）安置的残疾人占本单位在职职工人数的比例不低于25%(含25%)，并且安置的残疾人人数不少于10人(含10人)；

（二）依法与安置的每位残疾人签订了一年以上(含一年)的劳动合同或服务协议；

（三）为安置的每位残疾人按月足额缴纳了基本养老保险、基本医疗保险、失业保险、工伤保险和生育保险等社会保险费；

（四）通过银行等金融机构向安置的每位残疾人，按月支付了不低于单位所在区县适用的经省级人民政府批准的月最低工资标准的工资；

（五）提供本单位制造的货物、承担的工程或者服务(以下简称产品)，或者提供其他残疾人福利性单位制造的货物(不包括使用非残疾人福利性单位注册商标的货物)。

前款所称残疾人是指法定劳动年龄内，持有《中华人民共和国残疾人证》或者《中华人民共和国残疾军人证(1至8级)》的自然人，包括具有劳动条件和劳动意愿的精神残疾人。在职职工人数是指与残疾人福利性单位建立劳动关系并依法签订劳动合同或者服务协议的雇员人数。

二、符合条件的残疾人福利性单位在参加政府采购活动时，应当提供本通知规定的《残疾人福利性单位声明函》(见附件)，并对声明的真实性负责。任何单位或者个人在政府采购活动中均不得要求残疾人福利性单位提供其他证明声明函内容的材料。

中标、成交供应商为残疾人福利性单位的,采购人或者其委托的采购代理机构应当随中标、成交结果同时公告其《残疾人福利性单位声明函》,接受社会监督。

供应商提供的《残疾人福利性单位声明函》与事实不符的,依照《政府采购法》第七十七条第一款的规定追究法律责任。

三、在政府采购活动中,残疾人福利性单位视同小型、微型企业,享受预留份额、评审中价格扣除等促进中小企业发展的政府采购政策。向残疾人福利性单位采购的金额,计入面向中小企业采购的统计数据。残疾人福利性单位属于小型、微型企业的,不重复享受政策。

四、采购人采购公开招标数额标准以上的货物或者服务,因落实促进残疾人就业政策的需要,依法履行有关报批程序后,可采用公开招标以外的采购方式。

五、对于满足要求的残疾人福利性单位产品,集中采购机构可直接纳入协议供货或者定点采购范围。各地区建设的政府采购电子卖场、电子商城、网上超市等应当设立残疾人福利性单位产品专栏。鼓励采购人优先选择残疾人福利性单位的产品。

六、省级财政部门可以结合本地区残疾人生产、经营的实际情况,细化政府采购支持措施。对符合国家有关部门规定条件的残疾人辅助性就业机构,可通过上述措施予以支持。各地制定的有关文件应当报财政部备案。

七、本通知自2017年10月1日起执行。

附件:残疾人福利性单位声明函(略)

(5)涉外就业

对外劳务合作管理条例

- 2012年5月16日国务院第203次常务会议通过
- 2012年6月4日中华人民共和国国务院令第620号公布
- 自2012年8月1日起施行

第一章 总 则

第一条 为了规范对外劳务合作,保障劳务人员的合法权益,促进对外劳务合作健康发展,制定本条例。

第二条 本条例所称对外劳务合作,是指组织劳务人员赴其他国家或者地区为国外的企业或者机构(以下统称国外雇主)工作的经营性活动。

国外的企业、机构或者个人不得在中国境内招收劳务人员赴国外工作。

第三条 国家鼓励和支持依法开展对外劳务合作,提高对外劳务合作水平,维护劳务人员的合法权益。

国务院有关部门制定和完善促进对外劳务合作发展的政策措施,建立健全对外劳务合作服务体系以及风险防范和处置机制。

第四条 国务院商务主管部门负责全国的对外劳务合作监督管理工作。国务院外交、公安、人力资源社会保障、交通运输、住房城乡建设、渔业、工商行政管理等有关部门在各自职责范围内,负责对外劳务合作监督管理的相关工作。

县级以上地方人民政府统一领导、组织、协调本行政区域的对外劳务合作监督管理工作。县级以上地方人民政府商务主管部门负责本行政区域的对外劳务合作监督管理工作,其他有关部门在各自职责范围内负责对外劳务合作监督管理的相关工作。

第二章 从事对外劳务合作的企业与劳务人员

第五条 从事对外劳务合作,应当按照省、自治区、直辖市人民政府的规定,经省级或者设区的市级人民政府商务主管部门批准,取得对外劳务合作经营资格。

第六条 申请对外劳务合作经营资格,应当具备下列条件:

(一)符合企业法人条件;

(二)实缴注册资本不低于600万元人民币;

(三)有3名以上熟悉对外劳务合作业务的管理人员;

(四)有健全的内部管理制度和突发事件应急处置制度;

(五)法定代表人没有故意犯罪记录。

第七条 申请对外劳务合作经营资格的企业,应当向所在地省级或者设区的市级人民政府商务主管部门(以下称负责审批的商务主管部门)提交其符合本条例第六条规定条件的证明材料。负责审批的商务主管部门应当自收到证明材料之日起20个工作日内进行审查,作出批准或者不予批准的决定。予以批准的,颁发对外劳务合作经营资格证书;不予批准的,书面通知申请人并说明理由。

申请人持对外劳务合作经营资格证书,依法向工商行政管理部门办理登记。

负责审批的商务主管部门应当将依法取得对外劳务合作经营资格证书并办理登记的企业(以下称对外劳务合作企业)名单报至国务院商务主管部门,国务院商务主管部门应当及时通报中国驻外使馆、领馆。

未依法取得对外劳务合作经营资格证书并办理登记,不得从事对外劳务合作。

第八条 对外劳务合作企业不得允许其他单位或者

个人以本企业的名义组织劳务人员赴国外工作。

任何单位和个人不得以商务、旅游、留学等名义组织劳务人员赴国外工作。

第九条 对外劳务合作企业应当自工商行政管理部门登记之日起5个工作日内，在负责审批的商务主管部门指定的银行开设专门账户，缴存不低于300万元人民币的对外劳务合作风险处置备用金（以下简称备用金）。备用金也可以通过向负责审批的商务主管部门提交等额银行保函的方式缴存。

负责审批的商务主管部门应当将缴存备用金的对外劳务合作企业名单向社会公布。

第十条 备用金用于支付对外劳务合作企业拒绝承担或者无力承担的下列费用：

（一）对外劳务合作企业违反国家规定收取，应当退还给劳务人员的服务费；

（二）依法或者按照约定应当由对外劳务合作企业向劳务人员支付的劳动报酬；

（三）依法赔偿劳务人员的损失所需费用；

（四）因发生突发事件，劳务人员回国或者接受紧急救助所需费用。

备用金使用后，对外劳务合作企业应当自使用之日起20个工作日内将备用金补足到原有数额。

备用金缴存、使用和监督管理的具体办法由国务院商务主管部门会同国务院财政部门制定。

第十一条 对外劳务合作企业不得组织劳务人员赴国外从事与赌博、色情活动相关的工作。

第十二条 对外劳务合作企业应当安排劳务人员接受赴国外工作所需的职业技能、安全防范知识、外语以及用工项目所在国家或者地区相关法律、宗教信仰、风俗习惯等知识的培训；未安排劳务人员接受培训的，不得组织劳务人员赴国外工作。

劳务人员应当接受培训，掌握赴国外工作所需的相关技能和知识，提高适应国外工作岗位要求以及安全防范的能力。

第十三条 对外劳务合作企业应当为劳务人员购买在国外工作期间的人身意外伤害保险。但是，对外劳务合作企业与国外雇主约定由国外雇主为劳务人员购买的除外。

第十四条 对外劳务合作企业应当为劳务人员办理出境手续，并协助办理劳务人员在国外的居留、工作许可等手续。

对外劳务合作企业组织劳务人员出境后，应当及时将有关情况向中国驻用工项目所在国使馆、领馆报告。

第十五条 对外劳务合作企业、劳务人员应当遵守用工项目所在国家或者地区的法律，尊重当地的宗教信仰、风俗习惯和文化传统。

对外劳务合作企业、劳务人员不得从事损害国家安全和国家利益的活动。

第十六条 对外劳务合作企业应当跟踪了解劳务人员在国外的工作、生活情况，协助解决劳务人员工作、生活中的困难和问题，及时向国外雇主反映劳务人员的合理要求。

对外劳务合作企业向同一国家或者地区派出的劳务人员数量超过100人的，应当安排随行管理人员，并将随行管理人员名单报中国驻用工项目所在国使馆、领馆备案。

第十七条 对外劳务合作企业应当制定突发事件应急预案。国外发生突发事件的，对外劳务合作企业应当及时、妥善处理，并立即向中国驻用工项目所在国使馆、领馆和国内有关部门报告。

第十八条 用工项目所在国家或者地区发生战争、暴乱、重大自然灾害等突发事件，中国政府作出相应避险安排的，对外劳务合作企业和劳务人员应当服从安排，予以配合。

第十九条 对外劳务合作企业停止开展对外劳务合作的，应当对其派出的尚在国外工作的劳务人员作出妥善安排，并将安排方案报负责审批的商务主管部门备案。负责审批的商务主管部门应当将安排方案报至国务院商务主管部门，国务院商务主管部门应当及时通报中国驻用工项目所在国使馆、领馆。

第二十条 劳务人员有权向商务主管部门和其他有关部门投诉对外劳务合作企业违反合同约定或者其他侵害劳务人员合法权益的行为。接受投诉的部门应当按照职责依法及时处理，并将处理情况向投诉人反馈。

第三章 与对外劳务合作有关的合同

第二十一条 对外劳务合作企业应当与国外雇主订立书面劳务合作合同；未与国外雇主订立书面劳务合作合同的，不得组织劳务人员赴国外工作。

劳务合作合同应当载明与劳务人员权益保障相关的下列事项：

（一）劳务人员的工作内容、工作地点、工作时间和休息休假；

（二）合同期限；

（三）劳务人员的劳动报酬及其支付方式；

（四）劳务人员社会保险费的缴纳；

（五）劳务人员的劳动条件、劳动保护、职业培训和职业危害防护；

（六）劳务人员的福利待遇和生活条件；

（七）劳务人员在国外居留、工作许可等手续的办理；

（八）劳务人员人身意外伤害保险的购买；

（九）因国外雇主原因解除与劳务人员的合同对劳务人员的经济补偿；

（十）发生突发事件对劳务人员的协助、救助；

（十一）违约责任。

第二十二条 对外劳务合作企业与国外雇主订立劳务合作合同，应当事先了解国外雇主和用工项目的情况以及用工项目所在国家或者地区的相关法律。

用工项目所在国家或者地区法律规定企业或者机构使用外籍劳务人员需经批准的，对外劳务合作企业只能与经批准的企业或者机构订立劳务合作合同。

对外劳务合作企业不得与国外的个人订立劳务合作合同。

第二十三条 除本条第二款规定的情形外，对外劳务合作企业应当与劳务人员订立书面服务合同；未与劳务人员订立书面服务合同的，不得组织劳务人员赴国外工作。服务合同应当载明劳务合作合同中与劳务人员权益保障相关的事项，以及服务项目、服务费及其收取方式、违约责任。

对外劳务合作企业组织与其建立劳动关系的劳务人员赴国外工作的，与劳务人员订立的劳动合同应当载明劳务合作合同中与劳务人员权益保障相关的事项；未与劳务人员订立劳动合同的，不得组织劳务人员赴国外工作。

第二十四条 对外劳务合作企业与劳务人员订立服务合同或者劳动合同时，应当将劳务合作合同中与劳务人员权益保障相关的事项以及劳务人员要求了解的其他情况如实告知劳务人员，并向劳务人员明确提示包括人身安全风险在内的赴国外工作的风险，不得向劳务人员隐瞒有关信息或者提供虚假信息。

对外劳务合作企业有权了解劳务人员与订立服务合同、劳动合同直接相关的个人基本情况，劳务人员应当如实说明。

第二十五条 对外劳务合作企业向与其订立服务合同的劳务人员收取服务费，应当符合国务院价格主管部门会同国务院商务主管部门制定的有关规定。

对外劳务合作企业不得向与其订立劳动合同的劳务人员收取服务费。

对外劳务合作企业不得以任何名目向劳务人员收取押金或者要求劳务人员提供财产担保。

第二十六条 对外劳务合作企业应当自与劳务人员订立服务合同或者劳动合同之日起10个工作日内，将服务合同或者劳动合同、劳务合作合同副本以及劳务人员名单报负责审批的商务主管部门备案。负责审批的商务主管部门应当将用工项目、国外雇主的有关信息以及劳务人员名单报至国务院商务主管部门。

商务主管部门发现服务合同或者劳动合同、劳务合作合同未依照本条例规定载明必备事项的，应当要求对外劳务合作企业补正。

第二十七条 对外劳务合作企业应当负责协助劳务人员与国外雇主订立确定劳动关系的合同，并保证合同中有关劳务人员权益保障的条款与劳务合作合同相应条款的内容一致。

第二十八条 对外劳务合作企业、劳务人员应当信守合同，全面履行合同约定的各自的义务。

第二十九条 劳务人员在国外实际享有的权益不符合合同约定的，对外劳务合作企业应当协助劳务人员维护合法权益，要求国外雇主履行约定义务、赔偿损失；劳务人员未得到应有赔偿的，有权要求对外劳务合作企业承担相应的赔偿责任。对外劳务合作企业不协助劳务人员向国外雇主要求赔偿的，劳务人员可以直接向对外劳务合作企业要求赔偿。

劳务人员在国外实际享有的权益不符合用工项目所在国家或者地区法律规定的，对外劳务合作企业应当协助劳务人员维护合法权益，要求国外雇主履行法律规定的义务、赔偿损失。

因对外劳务合作企业隐瞒有关信息或者提供虚假信息等原因，导致劳务人员在国外实际享有的权益不符合合同约定的，对外劳务合作企业应当承担赔偿责任。

第四章 政府的服务和管理

第三十条 国务院商务主管部门会同国务院有关部门建立对外劳务合作信息收集、通报制度，为对外劳务合作企业和劳务人员无偿提供信息服务。

第三十一条 国务院商务主管部门会同国务院有关部门建立对外劳务合作风险监测和评估机制，及时发布有关国家或者地区安全状况的评估结果，提供预警信息，指导对外劳务合作企业做好安全风险防范；有关国家或者地区安全状况难以保障劳务人员人身安全的，对外劳务合作企业不得组织劳务人员赴上述国家或者地区工作。

第三十二条 国务院商务主管部门会同国务院统计部门建立对外劳务合作统计制度,及时掌握并汇总、分析对外劳务合作发展情况。

第三十三条 国家财政对劳务人员培训给予必要的支持。

国务院商务主管部门会同国务院人力资源社会保障部门应当加强对劳务人员培训的指导和监督。

第三十四条 县级以上地方人民政府根据本地区开展对外劳务合作的实际情况,按照国务院商务主管部门会同国务院有关部门的规定,组织建立对外劳务合作服务平台(以下简称服务平台),为对外劳务合作企业和劳务人员无偿提供相关服务,鼓励、引导对外劳务合作企业通过服务平台招收劳务人员。

国务院商务主管部门会同国务院有关部门应当加强对服务平台运行的指导和监督。

第三十五条 中国驻外使馆、领馆为对外劳务合作企业了解国外雇主和用工项目的情况以及用工项目所在国家或者地区的法律提供必要的协助,依据职责维护对外劳务合作企业和劳务人员在国外的正当权益,发现违反本条例规定的行为及时通报国务院商务主管部门和有关省、自治区、直辖市人民政府。

劳务人员可以合法、有序地向中国驻外使馆、领馆反映相关诉求,不得干扰使馆、领馆正常工作秩序。

第三十六条 国务院有关部门、有关县级以上地方人民政府应当建立健全对外劳务合作突发事件预警、防范和应急处置机制,制定对外劳务合作突发事件应急预案。

对外劳务合作突发事件应急处置由组织劳务人员赴国外工作的单位或者个人所在地的省、自治区、直辖市人民政府负责,劳务人员户籍所在地的省、自治区、直辖市人民政府予以配合。

中国驻外使馆、领馆协助处置对外劳务合作突发事件。

第三十七条 国务院商务主管部门会同国务院有关部门建立对外劳务合作不良信用记录和公告制度,公布对外劳务合作企业和国外雇主不履行合同约定、侵害劳务人员合法权益的行为,以及对对外劳务合作企业违法行为的处罚决定。

第三十八条 对违反本条例规定组织劳务人员赴国外工作,以及其他违反本条例规定的行为,任何单位和个人有权向商务、公安、工商行政管理等有关部门举报。接到举报的部门应当在职责范围内及时处理。

国务院商务主管部门会同国务院公安、工商行政管理等有关部门,建立健全相关管理制度,防范和制止非法组织劳务人员赴国外工作的行为。

第五章 法律责任

第三十九条 未依法取得对外劳务合作经营资格,从事对外劳务合作的,由商务主管部门提请工商行政管理部门依照《无照经营查处取缔办法》的规定查处取缔;构成犯罪的,依法追究刑事责任。

第四十条 对外劳务合作企业有下列情形之一的,由商务主管部门吊销其对外劳务合作经营资格证书,有违法所得的予以没收:

(一)以商务、旅游、留学等名义组织劳务人员赴国外工作;

(二)允许其他单位或者个人以本企业的名义组织劳务人员赴国外工作;

(三)组织劳务人员赴国外从事与赌博、色情活动相关的工作。

第四十一条 对外劳务合作企业未依照本条例规定缴存或者补足备用金的,由商务主管部门责令改正;拒不改正的,吊销其对外劳务合作经营资格证书。

第四十二条 对外劳务合作企业有下列情形之一的,由商务主管部门责令改正;拒不改正的,处5万元以上10万元以下的罚款,并对其主要负责人处1万元以上3万元以下的罚款:

(一)未安排劳务人员接受培训,组织劳务人员赴国外工作;

(二)未依照本条例规定为劳务人员购买在国外工作期间的人身意外伤害保险;

(三)未依照本条例规定安排随行管理人员。

第四十三条 对外劳务合作企业有下列情形之一的,由商务主管部门责令改正,处10万元以上20万元以下的罚款,并对其主要负责人处2万元以上5万元以下的罚款;在国外引起重大劳务纠纷、突发事件或者造成其他严重后果的,吊销其对外劳务合作经营资格证书:

(一)未与国外雇主订立劳务合作合同,组织劳务人员赴国外工作;

(二)未依照本条例规定与劳务人员订立服务合同或者劳动合同,组织劳务人员赴国外工作;

(三)违反本条例规定,与未经批准的国外雇主或者与国外的个人订立劳务合作合同,组织劳务人员赴国外工作;

（四）与劳务人员订立服务合同或者劳动合同，隐瞒有关信息或者提供虚假信息；

（五）在国外发生突发事件时不及时处理；

（六）停止开展对外劳务合作，未对其派出的尚在国外工作的劳务人员作出安排。

有前款第四项规定情形，构成犯罪的，依法追究刑事责任。

第四十四条 对外劳务合作企业向与其订立服务合同的劳务人员收取服务费不符合国家有关规定，或者向劳务人员收取押金、要求劳务人员提供财产担保的，由价格主管部门依照有关价格的法律、行政法规的规定处罚。

对外劳务合作企业向与其订立劳动合同的劳务人员收取费用的，依照《中华人民共和国劳动合同法》的规定处罚。

第四十五条 对外劳务合作企业有下列情形之一的，由商务主管部门责令改正；拒不改正的，处1万元以上2万元以下的罚款，并对其主要负责人处2000元以上5000元以下的罚款：

（一）未将服务合同或者劳动合同、劳务合作合同副本以及劳务人员名单报商务主管部门备案；

（二）组织劳务人员出境后，未将有关情况向中国驻用工项目所在国使馆、领馆报告，或者未依照本条例规定将随行管理人员名单报负责审批的商务主管部门备案；

（三）未制定突发事件应急预案；

（四）停止开展对外劳务合作，未将其对劳务人员的安排方案报商务主管部门备案。

对外劳务合作企业拒不将服务合同或者劳动合同、劳务合作合同副本报商务主管部门备案，且合同未载明本条例规定的必备事项，或者在合同备案后拒不按照商务主管部门的要求补正合同必备事项的，依照本条例第四十三条的规定处罚。

第四十六条 商务主管部门、其他有关部门在查处违反本条例行为的过程中，发现违法行为涉嫌构成犯罪的，应当依法及时移送司法机关处理。

第四十七条 商务主管部门和其他有关部门的工作人员，在对外劳务合作监督管理工作中有下列行为之一的，依法给予处分；构成犯罪的，依法追究刑事责任：

（一）对不符合本条例规定条件的对外劳务合作经营资格申请予以批准；

（二）对外劳务合作企业不再具备本条例规定的条件而不撤销原批准；

（三）对违反本条例规定组织劳务人员赴国外工作以及其他违反本条例规定的行为不依法查处；

（四）其他滥用职权、玩忽职守、徇私舞弊，不依法履行监督管理职责的行为。

第六章 附 则

第四十八条 有关对外劳务合作的商会按照依法制定的章程开展活动，为成员提供服务，发挥自律作用。

第四十九条 对外承包工程项下外派人员赴国外工作的管理，依照《对外承包工程管理条例》以及国务院商务主管部门、国务院住房城乡建设主管部门的规定执行。

外派海员类（不含渔业船员）对外劳务合作的管理办法，由国务院交通运输主管部门根据《中华人民共和国船员条例》以及本条例的有关规定另行制定。

第五十条 组织劳务人员赴香港特别行政区、澳门特别行政区、台湾地区工作的，参照本条例的规定执行。

第五十一条 对外劳务合作企业组织劳务人员赴国务院商务主管部门会同国务院外交等有关部门确定的特定国家或者地区工作的，应当经国务院商务主管部门会同国务院有关部门批准。

第五十二条 本条例施行前按照国家有关规定经批准从事对外劳务合作的企业，不具备本条例规定条件的，应当在国务院商务主管部门规定的期限内达到本条例规定的条件；逾期达不到本条例规定条件的，不得继续从事对外劳务合作。

第五十三条 本条例自2012年8月1日起施行。

外国人在中国就业管理规定

- 1996年1月22日劳部发〔1996〕29号公布
- 根据2010年11月12日《人力资源和社会保障部关于废止和修改部分人力资源和社会保障规章的决定》第一次修订
- 根据2017年3月13日《人力资源社会保障部关于修改〈外国人在中国就业管理规定〉的决定》第二次修订

第一章 总 则

第一条 为加强外国人在中国就业的管理，根据有关法律、法规的规定，制定本规定。

第二条 本规定所称外国人，指依照《中华人民共和国国籍法》规定不具有中国国籍的人员。

本规定所称外国人在中国就业，指没有取得定居权的外国人在中国境内依法从事社会劳动并获取劳动报酬的行为。

第三条 本规定适用于在中国境内就业的外国人和聘用外国人的用人单位。

本规定不适用于外国驻华使、领馆和联合国驻华代表机构、其他国际组织中享有外交特权与豁免的人员。

第四条 各省、自治区、直辖市人民政府劳动行政部门及其授权的地市级劳动行政部门负责外国人在中国就业的管理。

第二章 就业许可

第五条 用人单位聘用外国人须为该外国人申请就业许可，经批准并取得《中华人民共和国外国人就业许可证书》（以下简称许可证书）后方可聘用。

第六条 用人单位聘用外国人从事的岗位应是有特殊需要，国内暂缺适当人选，且不违反国家有关规定的岗位。

用人单位不得聘用外国人从事营业性文艺演出，但符合本规定第九条第三项规定的人员除外。

第七条 外国人在中国就业须具备下列条件：

（一）年满18周岁，身体健康；

（二）具有从事其工作所必须的专业技能和相应的工作经历；

（三）无犯罪记录；

（四）有确定的聘用单位；

（五）持有有效护照或能代替护照的其他国际旅行证件（以下简称代替护照的证件）。

第八条 在中国就业的外国人应持Z字签证入境（有互免签证协议的，按协议办理），入境后取得《外国人就业证》（以下简称就业证）和外国人居留证件，方可在中国境内就业。

未取得居留证件的外国人（即持F、L、C、G字签证者）、在中国留学、实习的外国人及持Z字签证外国人的随行家属不得在中国就业。特殊情况，应由用人单位按本规定规定的审批程序申领许可证书，被聘用的外国人凭许可证书到公安机关改变身份，办理就业证、居留证后方可就业。

外国驻中国使、领馆和联合国系统、其他国际组织驻中国代表机构人员的配偶在中国就业，应按《中华人民共和国外交部关于外国驻中国使领馆和联合国系统组织驻中国代表机构人员的配偶在中国任职的规定》执行，并按本条第二款规定的审批程序办理有关手续。

许可证书和就业证由劳动部统一制作。

第九条 凡符合下列条件之一的外国人可免办就业许可和就业证：

（一）由我政府直接出资聘请的外籍专业技术和管理人员，或由国家机关和事业单位出资聘请，具有本国或国际权威技术管理部门或行业协会确认的高级技术职称或特殊技能资格证书的外籍专业技术和管理人员，并持有外国专家局签发的《外国专家证》的外国人；

（二）持有《外国人在中华人民共和国从事海上石油作业工作准证》从事海上石油作业、不需登陆、有特殊技能的外籍劳务人员；

（三）经文化部批准持《临时营业演出许可证》进行营业性文艺演出的外国人。

第十条 凡符合下列条件之一的外国人可免办许可证书，入境后凭Z字签证及有关证明直接办理就业证：

（一）按照我国与外国政府间、国际组织间协议、协定，执行中外合作交流项目受聘来中国工作的外国人；

（二）外国企业常驻中国代表机构中的首席代表、代表。

第三章 申请与审批

第十一条 用人单位聘用外国人，须填写《聘用外国人就业申请表》（以下简称申请表），向其与劳动行政主管部门同级的行业主管部门（以下简称行业主管部门）提出申请，并提供下列有效文件：

（一）拟聘用的外国人履历证明；

（二）聘用意向书；

（三）拟聘用外国人原因的报告；

（四）拟聘用的外国人从事该项工作的资格证明；

（五）拟聘用的外国人健康状况证明；

（六）法律、法规规定的其他文件。

行业主管部门应按照本规定第六条、第七条及有关法律、法规的规定进行审批。

第十二条 经行业主管部门批准后，用人单位应持申请表到本单位所在地区的省、自治区、直辖市劳动行政部门或其授权的地市级劳动行政部门办理核准手续。省、自治区、直辖市劳动行政部门或授权的地市级劳动行政部门应指定专门机构（以下简称发证机关）具体负责签发许可证书工作。发证机关应根据行业主管部门的意见和劳动力市场的需求状况进行核准，并在核准后向用人单位签发许可证书。

第十三条 中央级用人单位、无行业主管部门的用人单位聘用外国人，可直接到劳动行政部门发证机关提出申请和办理就业许可手续。

外商投资企业聘雇外国人，无须行业主管部门审批，可凭合同、章程、批准证书、营业执照和本规定第十一条所规定的文件直接到劳动行政部门发证机关申领许可证书。

第十四条 获准来中国工作的外国人，应凭许可证书及本国有效护照或能代替护照的证件，到中国驻外使、领馆、处申请 Z 字签证。

凡符合第九条第二项规定的人员,应凭中国海洋石油总公司签发的通知函电申请 Z 字签证;凡符合第九条第三项规定的人员,应凭文化部的批件申请 Z 字签证。

凡符合本规定第十条第一款规定的人员,应凭合作交流项目书申请 Z 字签证;凡符合第十条第二项规定的人员,应凭工商行政管理部门的登记证明申请 Z 字签证。

第十五条 用人单位应在被聘用的外国人入境后 15 日内,持许可证书、与被聘用的外国人签订的劳动合同及其有效护照或能代替护照的证件到原发证机关为外国人办理就业证,并填写《外国人就业登记表》。

就业证只在发证机关规定的区域内有效。

第十六条 已办理就业证的外国人,应在入境后 30 日内,持就业证到公安机关申请办理居留证。居留证件的有效期限可根据就业证的有效期确定。

第四章 劳动管理

第十七条 用人单位与被聘用的外国人应依法订立劳动合同。劳动合同的期限最长不得超过 5 年。劳动合同期限届满即行终止,但按本规定第十九条的规定履行审批手续后可以续订。

第十八条 被聘用的外国人与用人单位签订的劳动合同期满时,其就业证即行失效。如需续订,该用人单位应在原合同期满前 30 日内,向劳动行政部门提出延长聘用时间的申请,经批准并办理就业证延期手续。

第十九条 外国人被批准延长在中国就业期限或变更就业区域、单位后,应在 10 日内到当地公安机关办理居留证件延期或变更手续。

第二十条 被聘用的外国人与用人单位的劳动合同被解除后,该用人单位应及时报告劳动、公安部门,交还该外国人的就业证和居留证件,并到公安机关办理出境手续。

第二十一条 用人单位支付所聘用外国人的工资不得低于当地最低工资标准。

第二十二条 在中国就业的外国人的工作时间、休息休假、劳动安全卫生以及社会保险按国家有关规定执行。

第二十三条 外国人在中国就业的用人单位必须与其就业证所注明的单位相一致。

外国人在发证机关规定的区域内变更用人单位但仍从事原职业的,须经原发证机关批准,并办理就业证变更手续。

外国人离开发证机关规定的区域就业或在原规定的区域内变更用人单位且从事不同职业的,须重新办理就业许可手续。

第二十四条 因违反中国法律被中国公安机关取消居留资格的外国人,用人单位应解除劳动合同,劳动部门应吊销就业证。

第二十五条 用人单位与被聘用的外国人发生劳动争议,应按照《中华人民共和国劳动法》和《中华人民共和国劳动争议调解仲裁法》处理。

第二十六条 劳动行政部门对就业证实行年检。用人单位聘用外国人就业每满 1 年,应在期满前 30 日内到劳动行政部门发证机关为被聘用的外国人办理就业证年检手续。逾期未办的,就业证自行失效。

外国人在中国就业期间遗失或损坏其就业证的,应立即到原发证机关办理挂失、补办或换证手续。

第五章 罚 则

第二十七条 对违反本规定未申领就业证擅自就业的外国人和未办理许可证书擅自聘用外国人的用人单位,由公安机关按《中华人民共和国外国人入境出境管理法实施细则》第四十四条处理。

第二十八条 对拒绝劳动行政部门检查就业证、擅自变更用人单位、擅自更换职业、擅自延长就业期限的外国人,由劳动行政部门收回其就业证,并提请公安机关取消其居留资格。对需该机关遣送出境的,遣送费用由聘用单位或该外国人承担。

第二十九条 对伪造、涂改、冒用、转让、买卖就业证和许可证书的外国人和用人单位,由劳动行政部门收缴就业证和许可证书,没收其非法所得,并处以 1 万元以上 10 万元以下的罚款;情节严重构成犯罪的,移送司法机关依法追究刑事责任。

第三十条 发证机关或者有关部门的工作人员滥用职权、非法收费、徇私舞弊,构成犯罪的,依法追究刑事责任;不构成犯罪的,给予行政处分。

第六章 附 则

第三十一条 中国的台湾和香港、澳门地区居民在内地就业按《台湾和香港、澳门居民在内地就业管理规定》①执行。

第三十二条 外国人在中国的台湾和香港、澳门地区就业不适用本规定。

---

① 本规定已被废止。

第三十三条 禁止个体经济组织和公民个人聘用外国人。

第三十四条 省、自治区、直辖市劳动行政部门可会同公安等部门依据本规定制定本地区的实施细则,并报劳动部、公安部、外交部、对外贸易经济合作部备案。

第三十五条 本规定由劳动部解释。

第三十六条 本规定自 1996 年 5 月 1 日起施行。原劳动人事部和公安部 1987 年 10 月 5 日颁发的《关于未取得居留证件的外国人和来中国留学的外国人在中国就业的若干规定》同时废止。

境外就业中介管理规定

· 2002 年 5 月 14 日劳动和社会保障部、公安部、国家工商行政管理总局令第 15 号公布
· 自 2002 年 7 月 1 日起施行

第一章 总 则

第一条 为规范境外就业中介活动,维护境外就业人员合法权益,根据《中华人民共和国劳动法》和国务院有关规定,制定本规定。

第二条 本规定适用于在中国境内从事境外就业中介活动的管理。

本规定所称境外就业,是指中国公民与境外雇主签订劳动合同,在境外提供劳动并获取劳动报酬的就业行为。

本规定所称境外就业中介,是指为中国公民境外就业或者为境外雇主在中国境内招聘中国公民到境外就业提供相关服务的活动。经批准,从事该项活动的机构为境外就业中介机构。

第三条 境外就业中介实行行政许可制度。未经批准及登记注册,任何单位和个人不得从事境外就业中介活动。

第四条 劳动保障部门负责境外就业活动的管理和监督检查。

公安机关负责境外就业中介活动出入境秩序的管理。

工商行政管理部门负责境外就业中介机构登记注册和境外就业中介活动市场经济秩序的监督管理。

第二章 中介机构的设立

第五条 从事境外就业中介活动应当具备以下条件:

(一)符合企业法人设立的条件;

(二)具有法律、外语、财会专业资格的专职工作人员,有健全的工作制度和工作人员守则;

(三)备用金不低于 50 万元;

(四)法律、行政法规规定的其他条件。

第六条 申请从事境外就业中介活动的机构(以下简称申请机构)应当向其所在地的省级劳动保障行政部门提出申请,经初审同意并征得同级公安机关同意后,报劳动和社会保障部审批。劳动和社会保障部自收到申请之日起 60 日内做出答复。新设境外就业中介机构报劳动和社会保障部审批前,应当到工商行政管理机关办理名称预先核准登记。劳动和社会保障部审查批准并抄送公安部后,向该机构颁发境外就业中介许可证(以下简称许可证)。

许可证自颁发之日起有效期为 3 年。

境外机构、个人及外国驻华机构不得在中国境内从事境外就业中介活动。

第七条 申请机构应当向审核机关提交以下文件材料:

(一)填写完整的境外就业中介资格申请表;

(二)企业名称预先核准通知书;

(三)法定代表人或者拟任人选、主要工作人员或者拟聘用人选的简历和有关资格证明;

(四)具有法定资格的验资机构出具的验资报告;

(五)机构章程及内部有关规章、制度;

(六)拟开展境外就业中介活动的行政区域和可行性报告;

(七)住所和经营场所使用证明;

(八)省级劳动保障行政部门认可的备用金存款证明;

(九)劳动和社会保障部规定的其他材料。

第八条 申请机构应当自领取许可证之日起 30 日内,到工商行政管理机关申请企业法人设立登记或者变更登记,并应当于设立登记或者变更登记核准之日起 10 日内,到所在地的省级劳动保障行政部门和公安机关备案。

第三章 经营和管理

第九条 境外就业中介机构依法从事下列业务:

(一)为中国公民提供境外就业信息、咨询;

(二)接受境外雇主的委托,为其推荐所需招聘人员;

(三)为境外就业人员进行出境前培训,并协助其办理有关职业资格证书公证等手续;

(四)协助境外就业人员办理出境所需要护照、签

证、公证材料、体检、防疫注射等手续和证件；

（五）为境外就业人员代办社会保险；

（六）协助境外就业人员通过调解、仲裁、诉讼等程序维护其合法权益。

第十条　境外就业中介机构应当依法履行下列义务：

（一）核查境外雇主的合法开业证明、资信证明、境外雇主所在国家或者地区移民部门或者其他有关政府主管部门批准的招聘外籍人员许可证明等有关资料；

（二）协助、指导境外就业人员同境外雇主签订劳动合同，并对劳动合同的内容进行确认。

劳动合同内容应当包括合同期限、工作地点、工作内容、工作时间、劳动条件、劳动报酬、社会保险、劳动保护、休息休假、食宿条件、变更或者解除合同的条件以及劳动争议处理、违约责任等条款。

第十一条　境外就业中介机构应当依法与境外就业人员签订境外就业中介服务协议书。协议书应当对双方的权利和义务、服务项目、收费标准、违约责任、赔偿条款等内容作出明确规定。

第十二条　境外就业中介机构应当将签订的境外就业中介服务协议书和经其确认的境外就业劳动合同报省级劳动保障行政部门备案。省级劳动保障行政部门在10日内未提出异议的，境外就业中介机构可以向境外就业人员发出境外就业确认书。公安机关依据有关规定，凭境外就业确认书为境外就业人员办理出入境证件。

第十三条　境外就业中介机构设立分支机构的，应当按照本规定第二章的规定办理申请审批、登记和备案手续。

第十四条　境外就业中介机构不得以承包、转包等方式交由其他未经批准的中介机构或者个人开展境外就业中介活动。

第十五条　境外就业中介机构不得组织非法出入境，不得组织中国公民到境外从事中国法律所禁止的违法犯罪活动。

第十六条　发布有关境外就业中介服务广告，发布前必须经中介机构所在地省、自治区、直辖市工商行政管理局批准。无批准文件的，不得发布。

第十七条　境外就业中介机构可向境外就业人员或者境外雇主收取合理的中介服务费，并接受当地物价部门监督。

第十八条　境外就业中介机构应当在服务场所明示合法证照、服务项目、收费标准、监督机关名称和监督电话等，并接受劳动保障行政部门及其他有关部门的监督检查。

第十九条　境外就业中介机构的名称、住所或者经营场所、法定代表人发生变更的，应当按照本规定规定的申办程序办理许可证变更，并凭新的许可证到原企业登记主管机关申请变更登记。其中，涉及名称变更的，应当在申请新的许可证时提交工商行政管理机关同意变更名称的证明文件。其他登记事项的变更，按照现行企业登记管理的有关规定办理。

第二十条　境外就业中介机构拟在许可证有效期届满后继续从事境外就业中介活动的，应当在许可证有效期届满前90日内，依照本规定规定的申办程序办理更换许可证手续。许可证有效期届满，境外就业中介机构未申请更换的，由劳动和社会保障部予以注销。

第二十一条　境外就业中介许可证实行年审制度。境外就业中介机构应当向所在地省级劳动保障行政部门提交上一年度经营情况以及其他相关材料。对审验不合格的境外就业中介机构，省级劳动保障行政部门应当报劳动和社会保障部，由劳动和社会保障部注销其许可证，并通报公安机关和工商行政管理机关。

第二十二条　境外就业中介机构在破产、解散前，应当以书面形式向省级劳动保障行政部门提出注销许可证申请和善后事宜处理措施，并办理注销许可证手续。

第二十三条　发证机关应当及时将注销境外就业中介机构经营资格的情况通报公安机关和工商行政管理机关。被注销资格的境外就业中介机构应当在收到被注销资格通知之日起10日内向发证机关缴还许可证，向原登记机关申请注销或者变更登记。

第二十四条　凡违反本规定被注销境外就业中介许可证的，其法定代表人和主要责任人3年内不得从事境外就业中介活动。

第四章　备用金

第二十五条　境外就业中介实行备用金制度。备用金用于因境外就业中介机构责任造成其服务对象合法权益受到损害时的赔偿及支付罚款、罚金。

第二十六条　境外就业中介机构按照规定将备用金存入省级劳动保障行政部门指定的国有商业银行中该境外就业中介机构的专门账户，实行专款专用。

第二十七条　备用金及其利息由境外就业中介机构所在地省级劳动保障行政部门实行监管。未经监管部门的许可，任何单位和个人不得擅自动用备用金。

第二十八条　备用金及其利息归境外就业中介机构

所有。境外就业中介机构破产、解散时,其备用金及其利息作为境外就业中介机构资产的一部分,按照有关规定处置。

第二十九条 境外就业中介机构无力按照仲裁机构的裁决或者人民法院的判决进行赔偿,或者无力支付罚款、罚金时,可以书面形式向备用金监管部门提出动用备用金及其利息的申请。

境外就业中介机构拒不支付罚款、罚金,拒不执行仲裁机构或者人民法院的裁决或者判决的,由执行机关依法强制执行。

第三十条 备用金不足以补偿服务对象合法权益受到侵害造成的经济损失时,境外就业中介机构必须按照国家有关规定承担民事责任。

第三十一条 备用金被动用后低于本规定所规定数额时,境外就业中介机构应在60日内将备用金补足至规定数额,逾期未补足的,不得开展境外就业中介业务。

第三十二条 境外就业中介机构自行解散、破产或许可证被注销后,如2年内未发生针对该境外就业中介机构的投诉或者诉讼,可凭备用金监管部门开具的证明,到开户银行领取其备用金及其利息。

第五章 罚 则

第三十三条 单位或者个人未经劳动保障行政部门批准和工商行政管理机关登记注册,擅自从事境外就业中介活动的,由劳动保障行政部门会同工商行政管理机关依法取缔,没收其经营物品和违法所得。因非法从事境外就业中介活动,给当事人造成损害的,应当承担赔偿责任。

第三十四条 境外就业中介机构违反本规定,有下列行为之一的,由劳动保障行政部门责令改正,没有违法所得的,处以10000元以下罚款;有违法所得的,处以违法所得3倍以下但不超过30000元的罚款;对当事人造成损害的,应当承担赔偿责任;构成犯罪的,依法追究刑事责任:

(一)提供虚假材料骗领许可证的;
(二)以承包、转包等方式交由其他未经批准的中介机构或者个人开展境外就业中介活动的;
(三)拒不履行本规定第十条规定义务的;
(四)不与其服务对象签订境外就业中介服务协议书的;
(五)逾期未补足备用金而开展境外就业中介业务的;
(六)违反本规定,严重损害境外就业人员合法权益的。

第三十五条 违反本规定第十二条规定,未将境外就业中介服务协议书和劳动合同备案的,由劳动保障行政部门处以1000元以下罚款。

第三十六条 境外就业中介机构在中介活动中为他人编造情况和提供假证明,骗取出入境证件,没有违法所得的,由县级以上公安机关处以10000元以下的罚款;有违法所得的,没收违法所得,并可处以违法所得3倍以下但不超过30000元的罚款;构成犯罪的,依法追究刑事责任。

第三十七条 境外就业中介机构违反工商行政管理法规,由工商行政管理机关依法查处。

对未经批准发布境外就业中介服务广告的,由工商行政管理机关责令停止发布,没有违法所得的,处以10000元以下的罚款;有违法所得的,没收违法所得,并可处以违法所得3倍以下但不超过30000元的罚款。

第六章 附 则

第三十八条 境外就业中介资格申请表、境外就业中介许可证由劳动和社会保障部统一制定。

第三十九条 本规定实施前已领取境外就业中介许可证的,应当自本规定实施之日起90日内重新申请许可证和登记注册。

第四十条 劳动和社会保障部及时向社会公布获得或者被注销许可证的境外就业中介机构名单。

第四十一条 省、自治区、直辖市劳动保障行政部门可以会同同级公安机关、工商行政管理机关根据本规定制定实施办法,并报劳动和社会保障部、公安部、国家工商行政管理总局备案。

第四十二条 为内地公民到香港、澳门特别行政区和台湾地区就业提供中介服务活动,不适用本规定。

第四十三条 本规定自2002年7月1日起施行。原劳动部1992年11月14日公布的《境外就业服务机构管理规定》同时废止。

人力资源社会保障部、外交部、教育部关于允许优秀外籍高校毕业生在华就业有关事项的通知

·2017年1月6日
·人社部发〔2017〕3号

各省、自治区、直辖市人力资源社会保障厅(局)、外事办公室、教育厅(教委):

为贯彻落实《关于深化人才发展体制机制改革的意

见》(中发〔2016〕9号),拟允许部分无工作经历的优秀外籍高校毕业生在华就业。按照《外国人在中国就业管理规定》,现就有关事项通知如下:

一、人员范围

外籍高校毕业生包括在中国境内高校取得硕士及以上学位且毕业一年以内的外国留学生,以及在境外知名高校取得硕士及以上学位且毕业一年以内的外籍毕业生。

二、审批条件

外籍高校毕业生在中国就业,应具备以下条件:

(一)年满18周岁,身体健康;

(二)无犯罪记录;

(三)学习成绩优秀,平均成绩不低于80分(百分制,其他分制换算成百分制处理)或B+/B(等级制)以上,在校期间无不良行为记录;

(四)取得相应的学历与学位;

(五)有确定的聘用单位,从事工作岗位与所学专业对口。薪酬原则上不低于当地城镇单位在岗职工平均工资,具体标准由各省级人力资源社会保障部门根据就业市场实际和引进人才工作的需要合理确定;

(六)持有有效护照或能代替护照的其他国际旅行证件。

三、办理程序

用人单位聘用符合条件的外籍高校毕业生,应向当地人力资源社会保障部门或外国专家归口管理部门提出申请,并提供以下材料:

(一)拟聘用者履历证明;

(二)聘用意向书(包括意向薪酬);

(三)聘用原因报告(包括当地公共就业和人才服务机构面向国内劳动者公开发布招聘信息满30天的证明);

(四)拟聘用者健康状况证明;

(五)拟聘用者无犯罪记录证明;

(六)拟聘用者所取得的学历学位证明材料;

(七)拟聘用者所就读学校出具的在校期间无不良行为记录(境外高校外籍毕业生可免除)和成绩证明材料;

(八)拟聘用者6个月内正面免冠照片。

人力资源社会保障部门或外国专家归口管理部门按规定进行审批。对符合条件的外国留学生发放外国人就业许可证书(或工作许可,下同)和外国人就业证(或工作证,下同)。

对符合条件的境外高校外籍毕业生发放外国人就业许可证书。取得外国人就业许可证书的海外高校外籍毕业生,应按规定办理Z字签证,入境后办理外国人就业证。

四、其他事项

(一)外国人就业证有效期首次为1年。聘用外籍高校毕业生就业期满,用人单位拟继续聘用的,按规定履行审批手续后可以继续聘用,期限不超过5年。外籍高校毕业生所缴纳个人所得税低于意向薪酬应付税额,或用人单位拟给予其的薪酬低于规定标准的,就业证不予延期。

(二)外籍高校毕业生在华就业实行配额管理。各省级人力资源社会保障部门要根据本省企业对外籍高校毕业生的需求数量、本地区高校毕业生就业形势等因素,提出本省配额需求数量,于每年12月1日前报送人力资源社会保障部。人力资源社会保障部将综合研究确定下一年度全国及各省(区、市)的配额数量,以适当方式公开公示,并抄送外交、教育、公安配合实施。2017年配额需求由各省级人力资源社会保障部门于2017年1月31日前提出申请。

(三)本通知自印发之日起执行。

外国人入境完成短期工作任务的相关办理程序(试行)

- 2014年11月6日
- 人社部发〔2014〕78号

一、外国人入境完成短期工作任务,指因下列事由入境,且在境内停留不超过90日的:

(一)到境内合作方完成某项技术、科研、管理、指导等工作;

(二)到境内体育机构进行试训(包括教练员、运动员);

(三)拍摄影片(包括广告片、纪录片);

(四)时装表演(包括车模、拍摄平面广告等);

(五)从事涉外营业性演出;

(六)人力资源社会保障部门认定的其他情形。

二、以下情形不视为完成短期工作任务:

(一)购买机器设备配套维修、安装、调试、拆卸、指导和培训的;

(二)对在境内中标项目进行指导、监督、检查的;

(三)派往境内分公司、子公司、代表处完成短期工作的;

(四)参加体育赛事的(包括运动员、教练员、队医、助理等相关人员。但根据国际体育组织要求，经我国主管部门批准，持注册卡入境参赛等情况除外）；

（五）入境从事无报酬工作或由境外机构提供报酬的义工和志愿者等；

（六）文化主管部门在批准文书上未注明"涉外营业性演出"的。

具有（一）（二）（三）（四）情形，且停留时间不超过90日的，应当申请办理M字签证；具有（五）（六）情形，且停留时间不超过90日的，应当申请办理F字签证。

三、前述第一条、第二条第（一）、（二）、（三）、（五）项所列人员每次入境停留时间超过90日的，均应按照《外国人在中国就业管理规定》申请办理相关手续。入境从事季节性劳务、短期劳务按有关规定执行。

四、入境进行短期营业性演出的外国文艺表演团体、个人应持有文化主管部门出具的批准文书及在中国短期工作证明（以下简称工作证明）；入境完成其他短期工作任务的，应持有人力资源社会保障部门颁发的外国人就业许可证书（以下简称许可证书）及工作证明。

工作证明登记项目包括:持有人国籍和姓名、工作内容、工作地点、工作期限、签发日期等。

五、短期工作人员申请入境工作应按下列程序办理：

（一）申请工作许可

1. 申请人力资源社会保障部门许可证书及工作证明

境内合作方拟邀请外国人入境从事短期工作的，应向省级人力资源社会保障部门或者其授权的地市级人力资源社会保障部门提出申请，并提交以下证明材料：

（1）境内合作方登记证明、组织机构代码（均为复印件）；

（2）中外双方合作协议、项目合同等；

（3）拟入境人员简历；

（4）有效护照或其他国际旅行证件（复印件）；

（5）申请完成专业技术工作任务的外国人，应按国家规定提供相关学历或技术（职业）资格证明文件；

（6）审批机关规定的其他证明材料。

人力资源社会保障部门对入境短期工作事由明确、完整、合理，且没有违反国家法律法规者，发放许可证书及工作证明。

外国人入境完成工作任务的地点涉及两个或以上省级地区的，应在境内合作方所在地的人力资源社会保障部门申请办理相关手续。

各省级人力资源社会保障部门应在外国人入境前，将《外国人短期工作信息表》，以电子文档形式报送人力资源社会保障部。

2. 申请文化主管部门批准文书及工作证明

外国文艺表演团体、个人拟入境进行营业性演出的，应当由演出举办单位向首次演出所在地文化主管部门提出申请，文化主管部门应当根据《营业性演出管理条例》及其实施细则的规定，自受理申请之日起20日内作出决定。批准的，发给批准文书，并注明"涉外营业性演出"；不予批准的，应当书面通知申请人并说明理由。其中，拟入境进行营业性演出的外国文艺表演团体、个人，在境内停留时间不超过90日的，文化主管部门为其出具工作证明。演出增加地已列入工作证明的，演出增加地文化主管部门不再另行出具工作证明。

演出所在地文化主管部门应在外国文艺表演团体、个人入境前，将《外国人演出信息表》通过涉外营业性演出审批信息公示系统报送文化部，文化部以电子文档形式抄送人力资源社会保障部。

入境进行营业性演出的外国文艺表演团体、个人，完成短期工作任务后，拟继续在境内进行短期营业性演出的，演出举办单位应重新向文化主管部门申请工作证明，但工作时间不超过停留或居留许可有效期。审批手续依照本程序中"申请文化主管部门批准文书及工作证明"的有关要求办理。

（二）办理邀请函或邀请确认函

用人单位持许可证书及工作证明到注册地或所属被授权单位申请办理邀请函或邀请确认函。

演出举办单位持批准文书及工作证明到注册地或首次演出所在地省、自治区、直辖市政府外事部门，办理被授权单位邀请确认函。

（三）申请Z字签证

获准入境完成短期工作任务的外国人，应到中国驻外使馆、领馆或者外交部委托的其他驻外机关（以下简称驻外签证机关）申请Z字签证。申请人应提供以下证明材料：

（1）许可证书（批准文书）和工作证明的原件及复印件；

（2）被授权单位邀请函或邀请确认函；

（3）本人护照或者其他国际旅行证件的原件和复印件；

（4）驻外签证机关要求的其他材料。

驻外签证机关对许可证书（批准文书）原件和工作证明原件进行核验，留存复印件。对于工作证明中工作期限不超过30日的,驻外签证机关均签发停留期为30日的签证,同时在备注栏做双语备注"工作时间不得超出工作证明所注期限 Allowed to work only within the period of time indicated in the approval";对于工作证明中工作期限超过30日的,签证备注栏中应注明入境后30日内办理居留手续。

与中国有互免签证协议国家人员,入境完成短期工作任务的,需在入境前获得工作证明,并持上述材料到我国驻外签证机关申请Z字签证。

(四)办理工作类居留证件

工作期限不超过30日的短期工作人员,按工作证明上注明的工作期限工作,并在Z字签证中注明的停留期停留。工作期限超过30日的短期工作人员,按工作证明上注明的工作期限工作,并持工作证明、Z字签证等证明材料到公安机关办理停留期为90日的工作类居留证件。其中,外国文艺表演团体、个人可持工作证明和Z字签证等证明材料到演出举办单位注册地或首次演出所在地公安机关办理居留手续。已取得居留证件的外国演员在国内其他演出地演出,不再重复办理居留手续。

六、其他事项

(一)获得批准文书和工作证明的外国人取消工作任务未入境的,演出举办单位应及时函告文化主管部门;获得许可证书和工作证明的外国人取消工作任务未入境的,境内合作方应及时函告人力资源社会保障部门审批机关。

(二)外国人入境完成短期工作任务,其工作期限不得超出工作证明所注期限,工作证明到期后不延期。

持工作证明的外国人完成短期工作任务后,若其居留许可在有效期内,拟被境内用人单位聘用的,可按《外国人在中国就业管理规定》的有关程序在境内办理相关手续。

附件:外国人在中国短期工作证明(中英文样式)(略)

·指导案例

闫佳琳诉浙江喜来登度假村有限公司平等就业权纠纷案[①]

关键词 民事/平等就业权/就业歧视/地域歧视

裁判要点

用人单位在招用人员时,基于地域、性别等与"工作内在要求"无必然联系的因素,对劳动者进行无正当理由的差别对待的,构成就业歧视,劳动者以平等就业权受到侵害,请求用人单位承担相应法律责任的,人民法院应予支持。

相关法条

《中华人民共和国就业促进法》第3条、第26条

基本案情

2019年7月,浙江喜来登度假村有限公司(以下简称喜来登公司)通过智联招聘平台向社会发布了一批公司人员招聘信息,其中包含有"法务专员""董事长助理"两个岗位。2019年7月3日,闫佳琳通过智联招聘手机App软件针对喜来登公司发布的前述两个岗位分别投递了求职简历。闫佳琳投递的求职简历中,包含有姓名、性别、出生年月、户口所在地、现居住城市等个人基本信息,其中户口所在地填写为"河南南阳",现居住城市填写为"浙江杭州西湖区"。据杭州市杭州互联网公证处出具的公证书记载,公证人员使用闫佳琳的账户、密码登陆智联招聘 App 客户端,显示闫佳琳投递的前述"董事长助理"岗位在2019年7月4日14点28分被查看,28分时给出岗位不合适的结论,"不合适原因:河南人";"法务专员"岗位在同日14点28分被查看,29分时给出岗位不合适的结论,"不合适原因:河南人"。闫佳琳因案涉公证事宜,支出公证费用1000元。闫佳琳向杭州互联网法院提起诉讼,请求判令喜来登公司赔礼道歉、支付精神抚慰金以及承担诉讼相关费用。

裁判结果

杭州互联网法院于2019年11月26日作出(2019)浙0192民初6405号民事判决:一、被告喜来登公司于本判决生效之日起十日内赔偿原告闫佳琳精神抚慰金及合理维权费用损失共计10000元。二、被告喜来登公司于本判决生效之日起十日内,向原告闫佳琳进行口头道歉并在《法制日报》公开登报赔礼道歉(道歉声明的内容须经本院审核);逾期不履行,本院将在国家级媒体刊登判决书主要内容,所需费用由被告喜来登公司承担。三、驳回原告闫佳琳其他诉讼请求。宣判后,闫佳琳、喜来登公司均提起上

[①] 案例来源:最高人民法院指导性案例185号。

诉。杭州市中级人民法院于 2020 年 5 月 15 日作出 (2020) 浙 01 民终 736 号民事判决：驳回上诉，维持原判。

裁判理由

法院生效裁判认为：平等就业权是劳动者依法享有的一项基本权利，既具有社会权利的属性，亦具有民法上的私权属性，劳动者享有平等就业权是其人格独立和意志自由的表现，侵害平等就业权在民法领域侵害的是一般人格权的核心内容——人格尊严，人格尊严重要的方面就是要求平等对待，就业歧视往往会使人产生一种严重的受侮辱感，对人的精神健康甚至身体健康造成损害。据此，劳动者可以在其平等就业权受到侵害时向人民法院提起民事诉讼，寻求民事侵权救济。

闫佳琳向喜来登公司两次投递求职简历，均被喜来登公司以"河南人"不合适为由予以拒绝，显然在针对闫佳琳的案涉招聘过程中，喜来登公司使用了主体来源的地域空间这一标准对人群进行归类，并根据这一归类标准而给予闫佳琳低于正常情况下应当给予其他人的待遇，即拒绝录用，可以认定喜来登公司因"河南人"这一地域事由要素对闫佳琳进行了差别对待。

《中华人民共和国就业促进法》第三条在明确规定民族、种族、性别、宗教信仰四种法定禁止区分事由时使用"等"字结尾，表明该条款是一个不完全列举的开放性条款，即法律除认为前述四种事由构成不合理差别对待的禁止性事由外，还存在与前述事由性质一致的其他不合理事由，亦为法律所禁止。何种事由属于前述条款中"等"的范畴，一个重要的判断标准是，用人单位是根据劳动者的专业、学历、工作经验、工作技能以及职业资格等与"工作内在要求"密切相关的"自获因素"进行选择，还是基于劳动者的性别、户籍、身份、地域、年龄、外貌、民族、种族、宗教等与"工作内在要求"没有必然联系的"先赋因素"进行选择，后者构成为法律禁止的不合理就业歧视。劳动者的"先赋因素"，是指人们出生伊始所具有的人力难以选择和控制的因素，法律作为一种社会评价和调节机制，不应基于人力难以选择和控制的因素给劳动者设置不平等条件；反之，应消除这些因素给劳动者带来的现实上的不平等，将与"工作内在要求"没有任何关联性的"先赋因素"作为就业区别对待的标准，根本违背了公平正义的一般原则，不具有正当性。

本案中，喜来登公司以地域事由要素对闫佳琳的求职申请进行区别对待，而地域事由属于闫佳琳乃至任何人都无法自主选择、控制的与生俱来的"先赋因素"，在喜来登公司无法提供客观有效的证据证明，地域要素与闫佳琳申请的工作岗位之间存在必然的内在关联或存在其他合法目的的情况下，喜来登公司的区分标准不具有合理性，构成法定禁止事由。故喜来登公司在案涉招聘活动中提出与职业没有必然联系的地域事由对闫佳琳进行区别对待，构成对闫佳琳的就业歧视，损害了闫佳琳平等地获得就业机会和就业待遇的权益，主观上具有过错，构成对闫佳琳平等就业权的侵害，依法应承担公开赔礼道歉并赔偿精神抚慰金及合理维权费用的民事责任。

3. 劳动合同

(1) 综　合

中华人民共和国劳动合同法

· 2007 年 6 月 29 日第十届全国人民代表大会常务委员会第二十八次会议通过
· 根据 2012 年 12 月 28 日第十一届全国人民代表大会常务委员会第三十次会议《关于修改〈中华人民共和国劳动合同法〉的决定》修正

第一章　总　则

第一条　【立法宗旨】为了完善劳动合同制度，明确劳动合同双方当事人的权利和义务，保护劳动者的合法权益，构建和发展和谐稳定的劳动关系，制定本法。

第二条　【适用范围】中华人民共和国境内的企业、个体经济组织、民办非企业单位等组织(以下称用人单位)与劳动者建立劳动关系，订立、履行、变更、解除或者终止劳动合同，适用本法。

国家机关、事业单位、社会团体和与其建立劳动关系的劳动者，订立、履行、变更、解除或者终止劳动合同，依照本法执行。

第三条　【基本原则】订立劳动合同，应当遵循合法、公平、平等自愿、协商一致、诚实信用的原则。

依法订立的劳动合同具有约束力，用人单位与劳动者应当履行劳动合同约定的义务。

第四条　【规章制度】用人单位应当依法建立和完善劳动规章制度，保障劳动者享有劳动权利、履行劳动义务。

用人单位在制定、修改或者决定有关劳动报酬、工作时间、休息休假、劳动安全卫生、保险福利、职工培训、劳动纪律以及劳动定额管理等直接涉及劳动者切身利益的规章制度或者重大事项时，应当经职工代表大会或者全体职工讨论，提出方案和意见，与工会或者职工代表平等协商确定。

在规章制度和重大事项决定实施过程中，工会或者职工认为不适当的，有权向用人单位提出，通过协商予以修改完善。

用人单位应当将直接涉及劳动者切身利益的规章制度和重大事项决定公示，或者告知劳动者。

第五条 【协调劳动关系三方机制】县级以上人民政府劳动行政部门会同工会和企业方面代表，建立健全协调劳动关系三方机制，共同研究解决有关劳动关系的重大问题。

第六条 【集体协商机制】工会应当帮助、指导劳动者与用人单位依法订立和履行劳动合同，并与用人单位建立集体协商机制，维护劳动者的合法权益。

第二章 劳动合同的订立

第七条 【劳动关系的建立】用人单位自用工之日起即与劳动者建立劳动关系。用人单位应当建立职工名册备查。

第八条 【用人单位的告知义务和劳动者的说明义务】用人单位招用劳动者时，应当如实告知劳动者工作内容、工作条件、工作地点、职业危害、安全生产状况、劳动报酬，以及劳动者要求了解的其他情况；用人单位有权了解劳动者与劳动合同直接相关的基本情况，劳动者应当如实说明。

第九条 【用人单位不得扣押劳动者证件和要求提供担保】用人单位招用劳动者，不得扣押劳动者的居民身份证和其他证件，不得要求劳动者提供担保或者以其他名义向劳动者收取财物。

第十条 【订立书面劳动合同】建立劳动关系，应当订立书面劳动合同。

已建立劳动关系，未同时订立书面劳动合同的，应当自用工之日起一个月内订立书面劳动合同。

用人单位与劳动者在用工前订立劳动合同的，劳动关系自用工之日起建立。

第十一条 【未订立书面劳动合同时劳动报酬不明确的解决】用人单位未在用工的同时订立书面劳动合同，与劳动者约定的劳动报酬不明确的，新招用的劳动者的劳动报酬按照集体合同规定的标准执行；没有集体合同或者集体合同未规定的，实行同工同酬。

第十二条 【劳动合同的种类】劳动合同分为固定期限劳动合同、无固定期限劳动合同和以完成一定工作任务为期限的劳动合同。

第十三条 【固定期限劳动合同】固定期限劳动合同，是指用人单位与劳动者约定合同终止时间的劳动合同。

用人单位与劳动者协商一致，可以订立固定期限劳动合同。

第十四条 【无固定期限劳动合同】无固定期限劳动合同，是指用人单位与劳动者约定无确定终止时间的劳动合同。

用人单位与劳动者协商一致，可以订立无固定期限劳动合同。有下列情形之一，劳动者提出或者同意续订、订立劳动合同的，除劳动者提出订立固定期限劳动合同外，应当订立无固定期限劳动合同：

（一）劳动者在该用人单位连续工作满十年的；

（二）用人单位初次实行劳动合同制度或者国有企业改制重新订立劳动合同时，劳动者在该用人单位连续工作满十年且距法定退休年龄不足十年的；

（三）连续订立二次固定期限劳动合同，且劳动者没有本法第三十九条和第四十条第一项、第二项规定的情形，续订劳动合同的。

用人单位自用工之日起满一年不与劳动者订立书面劳动合同的，视为用人单位与劳动者已订立无固定期限劳动合同。

第十五条 【以完成一定工作任务为期限的劳动合同】以完成一定工作任务为期限的劳动合同，是指用人单位与劳动者约定以某项工作的完成为合同期限的劳动合同。

用人单位与劳动者协商一致，可以订立以完成一定工作任务为期限的劳动合同。

第十六条 【劳动合同的生效】劳动合同由用人单位与劳动者协商一致，并经用人单位与劳动者在劳动合同文本上签字或者盖章生效。

劳动合同文本由用人单位和劳动者各执一份。

第十七条 【劳动合同的内容】劳动合同应当具备以下条款：

（一）用人单位的名称、住所和法定代表人或者主要负责人；

（二）劳动者的姓名、住址和居民身份证或者其他有效身份证件号码；

（三）劳动合同期限；

（四）工作内容和工作地点；

（五）工作时间和休息休假；

（六）劳动报酬；

（七）社会保险；

（八）劳动保护、劳动条件和职业危害防护；

（九）法律、法规规定应当纳入劳动合同的其他事项。

劳动合同除前款规定的必备条款外，用人单位与劳动者可以约定试用期、培训、保守秘密、补充保险和福利待遇等其他事项。

第十八条 【劳动合同对劳动报酬和劳动条件约定不明确的解决】劳动合同对劳动报酬和劳动条件等标准约定不明确,引发争议的,用人单位与劳动者可以重新协商;协商不成的,适用集体合同规定;没有集体合同或者集体合同未规定劳动报酬的,实行同工同酬;没有集体合同或者集体合同未规定劳动条件等标准的,适用国家有关规定。

第十九条 【试用期】劳动合同期限三个月以上不满一年的,试用期不得超过一个月;劳动合同期限一年以上不满三年的,试用期不得超过二个月;三年以上固定期限和无固定期限的劳动合同,试用期不得超过六个月。

同一用人单位与同一劳动者只能约定一次试用期。

以完成一定工作任务为期限的劳动合同或者劳动合同期限不满三个月的,不得约定试用期。

试用期包含在劳动合同期限内。劳动合同仅约定试用期的,试用期不成立,该期限为劳动合同期限。

第二十条 【试用期工资】劳动者在试用期的工资不得低于本单位相同岗位最低档工资或者劳动合同约定工资的百分之八十,并不得低于用人单位所在地的最低工资标准。

第二十一条 【试用期内解除劳动合同】在试用期中,除劳动者有本法第三十九条和第四十条第一项、第二项规定的情形外,用人单位不得解除劳动合同。用人单位在试用期解除劳动合同的,应当向劳动者说明理由。

第二十二条 【服务期】用人单位为劳动者提供专项培训费用,对其进行专业技术培训的,可以与该劳动者订立协议,约定服务期。

劳动者违反服务期约定的,应当按照约定向用人单位支付违约金。违约金的数额不得超过用人单位提供的培训费用。用人单位要求劳动者支付的违约金不得超过服务期尚未履行部分所应分摊的培训费用。

用人单位与劳动者约定服务期的,不影响按照正常的工资调整机制提高劳动者在服务期期间的劳动报酬。

第二十三条 【保密义务和竞业限制】用人单位与劳动者可以在劳动合同中约定保守用人单位的商业秘密和与知识产权相关的保密事项。

对负有保密义务的劳动者,用人单位可以在劳动合同或者保密协议中与劳动者约定竞业限制条款,并约定在解除或者终止劳动合同后,在竞业限制期限内按月给予劳动者经济补偿。劳动者违反竞业限制约定的,应当按照约定向用人单位支付违约金。

第二十四条 【竞业限制的范围和期限】竞业限制的人员限于用人单位的高级管理人员、高级技术人员和其他负有保密义务的人员。竞业限制的范围、地域、期限由用人单位与劳动者约定,竞业限制的约定不得违反法律、法规的规定。

在解除或者终止劳动合同后,前款规定的人员到与本单位生产或者经营同类产品、从事同类业务的有竞争关系的其他用人单位,或者自己开业生产或者经营同类产品、从事同类业务的竞业限制期限,不得超过二年。

第二十五条 【违约金】除本法第二十二条和第二十三条规定的情形外,用人单位不得与劳动者约定由劳动者承担违约金。

第二十六条 【劳动合同的无效】下列劳动合同无效或者部分无效:

(一)以欺诈、胁迫的手段或者乘人之危,使对方在违背真实意思的情况下订立或者变更劳动合同的;

(二)用人单位免除自己的法定责任、排除劳动者权利的;

(三)违反法律、行政法规强制性规定的。

对劳动合同的无效或者部分无效有争议的,由劳动争议仲裁机构或者人民法院确认。

第二十七条 【劳动合同部分无效】劳动合同部分无效,不影响其他部分效力的,其他部分仍然有效。

第二十八条 【劳动合同无效后劳动报酬的支付】劳动合同被确认无效,劳动者已付出劳动的,用人单位应当向劳动者支付劳动报酬。劳动报酬的数额,参照本单位相同或者相近岗位劳动者的劳动报酬确定。

第三章 劳动合同的履行和变更

第二十九条 【劳动合同的履行】用人单位与劳动者应当按照劳动合同的约定,全面履行各自的义务。

第三十条 【劳动报酬】用人单位应当按照劳动合同约定和国家规定,向劳动者及时足额支付劳动报酬。

用人单位拖欠或者未足额支付劳动报酬的,劳动者可以依法向当地人民法院申请支付令,人民法院应当依法发出支付令。

第三十一条 【加班】用人单位应当严格执行劳动定额标准,不得强迫或者变相强迫劳动者加班。用人单位安排加班的,应当按照国家有关规定向劳动者支付加班费。

第三十二条 【劳动者拒绝违章指挥、强令冒险作业】劳动者拒绝用人单位管理人员违章指挥、强令冒险作业的,不视为违反劳动合同。

劳动者对危害生命安全和身体健康的劳动条件,有权对用人单位提出批评、检举和控告。

第三十三条 【用人单位名称、法定代表人等的变更】用人单位变更名称、法定代表人、主要负责人或者投资人等事项,不影响劳动合同的履行。

第三十四条 【用人单位合并或者分立】用人单位发生合并或者分立等情况,原劳动合同继续有效,劳动合同由承继其权利和义务的用人单位继续履行。

第三十五条 【劳动合同的变更】用人单位与劳动者协商一致,可以变更劳动合同约定的内容。变更劳动合同,应当采用书面形式。

变更后的劳动合同文本由用人单位和劳动者各执一份。

第四章 劳动合同的解除和终止

第三十六条 【协商解除劳动合同】用人单位与劳动者协商一致,可以解除劳动合同。

第三十七条 【劳动者提前通知解除劳动合同】劳动者提前三十日以书面形式通知用人单位,可以解除劳动合同。劳动者在试用期内提前三日通知用人单位,可以解除劳动合同。

第三十八条 【劳动者解除劳动合同】用人单位有下列情形之一的,劳动者可以解除劳动合同:

(一)未按照劳动合同约定提供劳动保护或者劳动条件的;

(二)未及时足额支付劳动报酬的;

(三)未依法为劳动者缴纳社会保险费的;

(四)用人单位的规章制度违反法律、法规的规定,损害劳动者权益的;

(五)因本法第二十六条第一款规定的情形致使劳动合同无效的;

(六)法律、行政法规规定劳动者可以解除劳动合同的其他情形。

用人单位以暴力、威胁或者非法限制人身自由的手段强迫劳动者劳动的,或者用人单位违章指挥、强令冒险作业危及劳动者人身安全的,劳动者可以立即解除劳动合同,不需事先告知用人单位。

第三十九条 【用人单位单方解除劳动合同】劳动者有下列情形之一的,用人单位可以解除劳动合同:

(一)在试用期间被证明不符合录用条件的;

(二)严重违反用人单位的规章制度的;

(三)严重失职,营私舞弊,给用人单位造成重大损害的;

(四)劳动者同时与其他用人单位建立劳动关系,对完成本单位的工作任务造成严重影响,或者经用人单位提出,拒不改正的;

(五)因本法第二十六条第一款第一项规定的情形致使劳动合同无效的;

(六)被依法追究刑事责任的。

第四十条 【无过失性辞退】有下列情形之一的,用人单位提前三十日以书面形式通知劳动者本人或者额外支付劳动者一个月工资后,可以解除劳动合同:

(一)劳动者患病或者非因工负伤,在规定的医疗期满后不能从事原工作,也不能从事由用人单位另行安排的工作的;

(二)劳动者不能胜任工作,经过培训或者调整工作岗位,仍不能胜任工作的;

(三)劳动合同订立时所依据的客观情况发生重大变化,致使劳动合同无法履行,经用人单位与劳动者协商,未能就变更劳动合同内容达成协议的。

第四十一条 【经济性裁员】有下列情形之一,需要裁减人员二十人以上或者裁减不足二十人但占企业职工总数百分之十以上的,用人单位提前三十日向工会或者全体职工说明情况,听取工会或者职工的意见后,裁减人员方案经向劳动行政部门报告,可以裁减人员:

(一)依照企业破产法规定进行重整的;

(二)生产经营发生严重困难的;

(三)企业转产、重大技术革新或者经营方式调整,经变更劳动合同后,仍需裁减人员的;

(四)其他因劳动合同订立时所依据的客观经济情况发生重大变化,致使劳动合同无法履行的。

裁减人员时,应当优先留用下列人员:

(一)与本单位订立较长期限的固定期限劳动合同的;

(二)与本单位订立无固定期限劳动合同的;

(三)家庭无其他就业人员,有需要扶养的老人或者未成年人的。

用人单位依照本条第一款规定裁减人员,在六个月内重新招用人员的,应当通知被裁减的人员,并在同等条件下优先招用被裁减的人员。

第四十二条 【用人单位不得解除劳动合同的情形】劳动者有下列情形之一的,用人单位不得依照本法第四十条、第四十一条的规定解除劳动合同:

(一)从事接触职业病危害作业的劳动者未进行离岗前职业健康检查,或者疑似职业病病人在诊断或者医学观察期间的；

（二）在本单位患职业病或者因工负伤并被确认丧失或者部分丧失劳动能力的；

（三）患病或者非因工负伤，在规定的医疗期内的；

（四）女职工在孕期、产期、哺乳期的；

（五）在本单位连续工作满十五年，且距法定退休年龄不足五年的；

（六）法律、行政法规规定的其他情形。

第四十三条 【工会在劳动合同解除中的监督作用】用人单位单方解除劳动合同，应当事先将理由通知工会。用人单位违反法律、行政法规规定或者劳动合同约定的，工会有权要求用人单位纠正。用人单位应当研究工会的意见，并将处理结果书面通知工会。

第四十四条 【劳动合同的终止】有下列情形之一的，劳动合同终止：

（一）劳动合同期满的；

（二）劳动者开始依法享受基本养老保险待遇的；

（三）劳动者死亡，或者被人民法院宣告死亡或者宣告失踪的；

（四）用人单位被依法宣告破产的；

（五）用人单位被吊销营业执照、责令关闭、撤销或者用人单位决定提前解散的；

（六）法律、行政法规规定的其他情形。

第四十五条 【劳动合同的逾期终止】劳动合同期满，有本法第四十二条规定情形之一的，劳动合同应当续延至相应的情形消失时终止。但是，本法第四十二条第二项规定丧失或者部分丧失劳动能力劳动者的劳动合同的终止，按照国家有关工伤保险的规定执行。

第四十六条 【经济补偿】有下列情形之一的，用人单位应当向劳动者支付经济补偿：

（一）劳动者依照本法第三十八条规定解除劳动合同的；

（二）用人单位依照本法第三十六条规定向劳动者提出解除劳动合同并与劳动者协商一致解除劳动合同的；

（三）用人单位依照本法第四十条规定解除劳动合同的；

（四）用人单位依照本法第四十一条第一款规定解除劳动合同的；

（五）除用人单位维持或者提高劳动合同约定条件续订劳动合同，劳动者不同意续订的情形外，依照本法第四十四条第一项规定终止固定期限劳动合同的；

（六）依照本法第四十四条第四项、第五项规定终止劳动合同的；

（七）法律、行政法规规定的其他情形。

第四十七条 【经济补偿的计算】经济补偿按劳动者在本单位工作的年限，每满一年支付一个月工资的标准向劳动者支付。六个月以上不满一年的，按一年计算；不满六个月的，向劳动者支付半个月工资的经济补偿。

劳动者月工资高于用人单位所在直辖市、设区的市级人民政府公布的本地区上年度职工月平均工资三倍的，向其支付经济补偿的标准按职工月平均工资三倍的数额支付，向其支付经济补偿的年限最高不超过十二年。

本条所称月工资是指劳动者在劳动合同解除或者终止前十二个月的平均工资。

第四十八条 【违法解除或者终止劳动合同的法律后果】用人单位违反本法规定解除或者终止劳动合同，劳动者要求继续履行劳动合同的，用人单位应当继续履行；劳动者不要求继续履行劳动合同或者劳动合同已经不能继续履行的，用人单位应当依照本法第八十七条规定支付赔偿金。

第四十九条 【社会保险关系跨地区转移接续】国家采取措施，建立健全劳动者社会保险关系跨地区转移接续制度。

第五十条 【劳动合同解除或者终止后双方的义务】用人单位应当在解除或者终止劳动合同时出具解除或者终止劳动合同的证明，并在十五日内为劳动者办理档案和社会保险关系转移手续。

劳动者应当按照双方约定，办理工作交接。用人单位依照本法有关规定应当向劳动者支付经济补偿的，在办结工作交接时支付。

用人单位对已经解除或者终止的劳动合同的文本，至少保存二年备查。

第五章 特别规定
第一节 集体合同

第五十一条 【集体合同的订立和内容】企业职工一方与用人单位通过平等协商，可以就劳动报酬、工作时间、休息休假、劳动安全卫生、保险福利等事项订立集体合同。集体合同草案应当提交职工代表大会或者全体职工讨论通过。

集体合同由工会代表企业职工一方与用人单位订立；尚未建立工会的用人单位，由上级工会指导劳动者推举的代表与用人单位订立。

第五十二条 【专项集体合同】企业职工一方与用

人单位可以订立劳动安全卫生、女职工权益保护、工资调整机制等专项集体合同。

第五十三条 【行业性集体合同、区域性集体合同】在县级以下区域内,建筑业、采矿业、餐饮服务业等行业可以由工会与企业方面代表订立行业性集体合同,或者订立区域性集体合同。

第五十四条 【集体合同的报送和生效】集体合同订立后,应当报送劳动行政部门;劳动行政部门自收到集体合同文本之日起十五日内未提出异议的,集体合同即行生效。

依法订立的集体合同对用人单位和劳动者具有约束力。行业性、区域性集体合同对当地本行业、本区域的用人单位和劳动者具有约束力。

第五十五条 【集体合同中劳动报酬、劳动条件等标准】集体合同中劳动报酬和劳动条件等标准不得低于当地人民政府规定的最低标准;用人单位与劳动者订立的劳动合同中劳动报酬和劳动条件等标准不得低于集体合同规定的标准。

第五十六条 【集体合同纠纷和法律救济】用人单位违反集体合同,侵犯职工劳动权益的,工会可以依法要求用人单位承担责任;因履行集体合同发生争议,经协商解决不成的,工会可以依法申请仲裁、提起诉讼。

第二节 劳务派遣

第五十七条 【劳务派遣单位的设立】经营劳务派遣业务应当具备下列条件:

(一)注册资本不得少于人民币二百万元;

(二)有与开展业务相适应的固定的经营场所和设施;

(三)有符合法律、行政法规规定的劳务派遣管理制度;

(四)法律、行政法规规定的其他条件。

经营劳务派遣业务,应当向劳动行政部门依法申请行政许可;经许可的,依法办理相应的公司登记。未经许可,任何单位和个人不得经营劳务派遣业务。

第五十八条 【劳务派遣单位、用工单位及劳动者的权利义务】劳务派遣单位是本法所称用人单位,应当履行用人单位对劳动者的义务。劳务派遣单位与被派遣劳动者订立的劳动合同,除应当载明本法第十七条规定的事项外,还应当载明被派遣劳动者的用工单位以及派遣期限、工作岗位等情况。

劳务派遣单位应当与被派遣劳动者订立二年以上的固定期限劳动合同,按月支付劳动报酬;被派遣劳动者在无工作期间,劳务派遣单位应当按照所在地人民政府规定的最低工资标准,向其按月支付报酬。

第五十九条 【劳务派遣协议】劳务派遣单位派遣劳动者应当与接受以劳务派遣形式用工的单位(以下称用工单位)订立劳务派遣协议。劳务派遣协议应当约定派遣岗位和人员数量、派遣期限、劳动报酬和社会保险费的数额与支付方式以及违反协议的责任。

用工单位应当根据工作岗位的实际需要与劳务派遣单位确定派遣期限,不得将连续用工期限分割订立数个短期劳务派遣协议。

第六十条 【劳务派遣单位的告知义务】劳务派遣单位应当将劳务派遣协议的内容告知被派遣劳动者。

劳务派遣单位不得克扣用工单位按照劳务派遣协议支付给被派遣劳动者的劳动报酬。

劳务派遣单位和用工单位不得向被派遣劳动者收取费用。

第六十一条 【跨地区派遣劳动者的劳动报酬、劳动条件】劳务派遣单位跨地区派遣劳动者的,被派遣劳动者享有的劳动报酬和劳动条件,按照用工单位所在地的标准执行。

第六十二条 【用工单位的义务】用工单位应当履行下列义务:

(一)执行国家劳动标准,提供相应的劳动条件和劳动保护;

(二)告知被派遣劳动者的工作要求和劳动报酬;

(三)支付加班费、绩效奖金,提供与工作岗位相关的福利待遇;

(四)对在岗被派遣劳动者进行工作岗位所必需的培训;

(五)连续用工的,实行正常的工资调整机制。

用工单位不得将被派遣劳动者再派遣到其他用人单位。

第六十三条 【被派遣劳动者同工同酬】被派遣劳动者享有与用工单位的劳动者同工同酬的权利。用工单位应当按照同工同酬原则,对被派遣劳动者与本单位同类岗位的劳动者实行相同的劳动报酬分配办法。用工单位无同类岗位劳动者的,参照用工单位所在地相同或者相近岗位劳动者的劳动报酬确定。

劳务派遣单位与被派遣劳动者订立的劳动合同和与用工单位订立的劳务派遣协议,载明或者约定的向被派遣劳动者支付的劳动报酬应当符合前款规定。

第六十四条 【被派遣劳动者参加或者组织工会】被派遣劳动者有权在劳务派遣单位或者用工单位依法参

加或者组织工会,维护自身的合法权益。

第六十五条 【劳务派遣中解除劳动合同】被派遣劳动者可以依照本法第三十六条、第三十八条的规定与劳务派遣单位解除劳动合同。

被派遣劳动者有本法第三十九条和第四十条第一项、第二项规定情形的,用工单位可以将劳动者退回劳务派遣单位,劳务派遣单位依照本法有关规定,可以与劳动者解除劳动合同。

第六十六条 【劳务派遣的适用岗位】劳动合同用工是我国的企业基本用工形式。劳务派遣用工是补充形式,只能在临时性、辅助性或者替代性的工作岗位上实施。

前款规定的临时性工作岗位是指存续时间不超过六个月的岗位;辅助性工作岗位是指为主营业务岗位提供服务的非主营业务岗位;替代性工作岗位是指用工单位的劳动者因脱产学习、休假等原因无法工作的一定期间内,可以由其他劳动者替代工作的岗位。

用工单位应当严格控制劳务派遣用工数量,不得超过其用工总量的一定比例,具体比例由国务院劳动行政部门规定。

第六十七条 【用人单位不得自设劳务派遣单位】用人单位不得设立劳务派遣单位向本单位或者所属单位派遣劳动者。

第三节 非全日制用工

第六十八条 【非全日制用工的概念】非全日制用工,是指以小时计酬为主,劳动者在同一用人单位一般平均每日工作时间不超过四小时,每周工作时间累计不超过二十四小时的用工形式。

第六十九条 【非全日制用工的劳动合同】非全日制用工双方当事人可以订立口头协议。

从事非全日制用工的劳动者可以与一个或者一个以上用人单位订立劳动合同;但是,后订立的劳动合同不得影响先订立的劳动合同的履行。

第七十条 【非全日制用工不得约定试用期】非全日制用工双方当事人不得约定试用期。

第七十一条 【非全日制用工的终止用工】非全日制用工双方当事人任何一方都可以随时通知对方终止用工。终止用工,用人单位不向劳动者支付经济补偿。

第七十二条 【非全日制用工的劳动报酬】非全日制用工小时计酬标准不得低于用人单位所在地人民政府规定的最低小时工资标准。

非全日制用工劳动报酬结算支付周期最长不得超过十五日。

第六章 监督检查

第七十三条 【劳动合同制度的监督管理体制】国务院劳动行政部门负责全国劳动合同制度实施的监督管理。

县级以上地方人民政府劳动行政部门负责本行政区域内劳动合同制度实施的监督管理。

县级以上各级人民政府劳动行政部门在劳动合同制度实施的监督管理工作中,应当听取工会、企业方面代表以及有关行业主管部门的意见。

第七十四条 【劳动行政部门监督检查事项】县级以上地方人民政府劳动行政部门依法对下列实施劳动合同制度的情况进行监督检查:

(一)用人单位制定直接涉及劳动者切身利益的规章制度及其执行的情况;

(二)用人单位与劳动者订立和解除劳动合同的情况;

(三)劳务派遣单位和用工单位遵守劳务派遣有关规定的情况;

(四)用人单位遵守国家关于劳动者工作时间和休息休假规定的情况;

(五)用人单位支付劳动合同约定的劳动报酬和执行最低工资标准的情况;

(六)用人单位参加各项社会保险和缴纳社会保险费的情况;

(七)法律、法规规定的其他劳动监察事项。

第七十五条 【监督检查措施和依法行政、文明执法】县级以上地方人民政府劳动行政部门实施监督检查时,有权查阅与劳动合同、集体合同有关的材料,有权对劳动场所进行实地检查,用人单位和劳动者都应当如实提供有关情况和材料。

劳动行政部门的工作人员进行监督检查,应当出示证件,依法行使职权,文明执法。

第七十六条 【其他有关主管部门的监督管理】县级以上人民政府建设、卫生、安全生产监督管理等有关主管部门在各自职责范围内,对用人单位执行劳动合同制度的情况进行监督管理。

第七十七条 【劳动者权利救济途径】劳动者合法权益受到侵害的,有权要求有关部门依法处理,或者依法申请仲裁、提起诉讼。

第七十八条 【工会监督检查的权利】工会依法维护劳动者的合法权益,对用人单位履行劳动合同、集体合同的情况进行监督。用人单位违反劳动法律、法规和劳动合同、集体合同的,工会有权提出意见或者要求纠正;劳动者申请仲裁、提起诉讼的,工会依法给予支持和帮助。

第七十九条 【对违法行为的举报】任何组织或者个人对违反本法的行为都有权举报,县级以上人民政府劳动行政部门应当及时核实、处理,并对举报有功人员给予奖励。

第七章 法律责任

第八十条 【规章制度违法的法律责任】用人单位直接涉及劳动者切身利益的规章制度违反法律、法规规定的,由劳动行政部门责令改正,给予警告;给劳动者造成损害的,应当承担赔偿责任。

第八十一条 【缺乏必备条款、不提供劳动合同文本的法律责任】用人单位提供的劳动合同文本未载明本法规定的劳动合同必备条款或者用人单位未将劳动合同文本交付劳动者的,由劳动行政部门责令改正;给劳动者造成损害的,应当承担赔偿责任。

第八十二条 【不订立书面劳动合同的法律责任】用人单位自用工之日起超过一个月不满一年未与劳动者订立书面劳动合同的,应当向劳动者每月支付二倍的工资。

用人单位违反本法规定不与劳动者订立无固定期限劳动合同的,自应当订立无固定期限劳动合同之日起向劳动者每月支付二倍的工资。

第八十三条 【违法约定试用期的法律责任】用人单位违反本法规定与劳动者约定试用期的,由劳动行政部门责令改正;违法约定的试用期已经履行的,由用人单位以劳动者试用期满月工资为标准,按已经履行的超过法定试用期的期间向劳动者支付赔偿金。

第八十四条 【扣押劳动者身份证等证件的法律责任】用人单位违反本法规定,扣押劳动者居民身份证等证件的,由劳动行政部门责令限期退还劳动者本人,并依照有关法律规定给予处罚。

用人单位违反本法规定,以担保或者其他名义向劳动者收取财物的,由劳动行政部门责令限期退还劳动者本人,并以每人五百元以上二千元以下的标准处以罚款;给劳动者造成损害的,应当承担赔偿责任。

劳动者依法解除或者终止劳动合同,用人单位扣押劳动者档案或者其他物品的,依照前款规定处罚。

第八十五条 【未依法支付劳动报酬、经济补偿等的法律责任】用人单位有下列情形之一的,由劳动行政部门责令限期支付劳动报酬、加班费或者经济补偿;劳动报酬低于当地最低工资标准的,应当支付其差额部分;逾期不支付的,责令用人单位按应付金额百分之五十以上百分之一百以下的标准向劳动者加付赔偿金:

(一)未按照劳动合同的约定或者国家规定及时足额支付劳动者劳动报酬的;

(二)低于当地最低工资标准支付劳动者工资的;

(三)安排加班不支付加班费的;

(四)解除或者终止劳动合同,未依照本法规定向劳动者支付经济补偿的。

第八十六条 【订立无效劳动合同的法律责任】劳动合同依照本法第二十六条规定被确认无效,给对方造成损害的,有过错的一方应当承担赔偿责任。

第八十七条 【违法解除或者终止劳动合同的法律责任】用人单位违反本法规定解除或者终止劳动合同的,应当依照本法第四十七条规定的经济补偿标准的二倍向劳动者支付赔偿金。

第八十八条 【侵害劳动者人身权益的法律责任】用人单位有下列情形之一的,依法给予行政处罚;构成犯罪的,依法追究刑事责任;给劳动者造成损害的,应当承担赔偿责任:

(一)以暴力、威胁或者非法限制人身自由的手段强迫劳动的;

(二)违章指挥或者强令冒险作业危及劳动者人身安全的;

(三)侮辱、体罚、殴打、非法搜查或者拘禁劳动者的;

(四)劳动条件恶劣、环境污染严重,给劳动者身心健康造成严重损害的。

第八十九条 【不出具解除、终止书面证明的法律责任】用人单位违反本法规定未向劳动者出具解除或者终止劳动合同的书面证明,由劳动行政部门责令改正;给劳动者造成损害的,应当承担赔偿责任。

第九十条 【劳动者的赔偿责任】劳动者违反本法规定解除劳动合同,或者违反劳动合同中约定的保密义务或者竞业限制,给用人单位造成损失的,应当承担赔偿责任。

第九十一条 【用人单位的连带赔偿责任】用人单位招用与其他用人单位尚未解除或者终止劳动合同的劳动者,给其他用人单位造成损失的,应当承担连带赔偿责任。

第九十二条 【劳务派遣单位的法律责任】违反本法规定,未经许可,擅自经营劳务派遣业务的,由劳动行政部门责令停止违法行为,没收违法所得,并处违法所得一倍以上五倍以下的罚款;没有违法所得的,可以处五万元以下的罚款。

劳务派遣单位、用工单位违反本法有关劳务派遣规定的,由劳动行政部门责令限期改正;逾期不改正的,以每人五千元以上一万元以下的标准处以罚款,对劳务派遣单位,吊销其劳务派遣业务经营许可证。用工单位给被派遣劳动者造成损害的,劳务派遣单位与用工单位承担连带赔偿责任。

第九十三条 【无营业执照经营单位的法律责任】对不具备合法经营资格的用人单位的违法犯罪行为,依法追究法律责任;劳动者已经付出劳动的,该单位或者其出资人应当依照本法有关规定向劳动者支付劳动报酬、经济补偿、赔偿金;给劳动者造成损害的,应当承担赔偿责任。

第九十四条 【个人承包经营者的连带赔偿责任】个人承包经营者违反本法规定招用劳动者,给劳动者造成损害的,发包的组织与个人承包经营者承担连带赔偿责任。

第九十五条 【不履行法定职责、违法行使职权的法律责任】劳动行政部门和其他有关主管部门及其工作人员玩忽职守、不履行法定职责,或者违法行使职权,给劳动者或者用人单位造成损害的,应当承担赔偿责任;对直接负责的主管人员和其他直接责任人员,依法给予行政处分;构成犯罪的,依法追究刑事责任。

第八章 附 则

第九十六条 【事业单位聘用制劳动合同的法律适用】事业单位与实行聘用制的工作人员订立、履行、变更、解除或者终止劳动合同,法律、行政法规或者国务院另有规定的,依照其规定;未作规定的,依照本法有关规定执行。

第九十七条 【过渡性条款】本法施行前已依法订立且在本法施行之日存续的劳动合同,继续履行;本法第十四条第二款第三项规定连续订立固定期限劳动合同的次数,自本法施行后续订固定期限劳动合同时开始计算。

本法施行前已建立劳动关系,尚未订立书面劳动合同的,应当自本法施行之日起一个月内订立。

本法施行之日存续的劳动合同在本法施行后解除或者终止,依照本法第四十六条规定应当支付经济补偿的,经济补偿年限自本法施行之日起计算;本法施行前按照当时有关规定,用人单位应当向劳动者支付经济补偿的,按照当时有关规定执行。

第九十八条 【施行时间】本法自2008年1月1日起施行。

中华人民共和国劳动合同法实施条例

· 2008年9月3日国务院第25次常务会议通过
· 2008年9月18日中华人民共和国国务院令第535号公布
· 自公布之日起施行

第一章 总 则

第一条 为了贯彻实施《中华人民共和国劳动合同法》(以下简称劳动合同法),制定本条例。

第二条 各级人民政府和县级以上人民政府劳动行政等有关部门以及工会等组织,应当采取措施,推动劳动合同法的贯彻实施,促进劳动关系的和谐。

第三条 依法成立的会计师事务所、律师事务所等合伙组织和基金会,属于劳动合同法规定的用人单位。

第二章 劳动合同的订立

第四条 劳动合同法规定的用人单位设立的分支机构,依法取得营业执照或者登记证书的,可以作为用人单位与劳动者订立劳动合同;未依法取得营业执照或者登记证书的,受用人单位委托可以与劳动者订立劳动合同。

第五条 自用工之日起一个月内,经用人单位书面通知后,劳动者不与用人单位订立书面劳动合同的,用人单位应当书面通知劳动者终止劳动关系,无需向劳动者支付经济补偿,但是应当依法向劳动者支付其实际工作时间的劳动报酬。

第六条 用人单位自用工之日起超过一个月不满一年未与劳动者订立书面劳动合同的,应当依照劳动合同法第八十二条的规定向劳动者每月支付两倍的工资,并与劳动者补订书面劳动合同;劳动者不与用人单位订立书面劳动合同的,用人单位应当书面通知劳动者终止劳动关系,并依照劳动合同法第四十七条的规定支付经济补偿。

前款规定的用人单位向劳动者每月支付两倍工资的起算时间为用工之日起满一个月的次日,截止时间为补订书面劳动合同的前一日。

第七条 用人单位自用工之日起满一年未与劳动者订立书面劳动合同的,自用工之日起满一个月的次日至满一年的前一日应当依照劳动合同法第八十二条的规定向劳动者每月支付两倍的工资,并视为自用工之日起满一年的当日已经与劳动者订立无固定期限劳动合同,应当立即与劳动者补订书面劳动合同。

第八条 劳动合同法第七条规定的职工名册,应当包括劳动者姓名、性别、公民身份号码、户籍地址及现住址、联系方式、用工形式、用工起始时间、劳动合同期限等内容。

第九条 劳动合同法第十四条第二款规定的连续工作满10年的起始时间,应当自用人单位用工之日起计算,包括劳动合同法施行前的工作年限。

第十条 劳动者非因本人原因从原用人单位被安排到新用人单位工作的,劳动者在原用人单位的工作年限合并计算为新用人单位的工作年限。原用人单位已经向劳动者支付经济补偿的,新用人单位在依法解除、终止劳动合同计算支付经济补偿的工作年限时,不再计算劳动者在原用人单位的工作年限。

第十一条 除劳动者与用人单位协商一致的情形外,劳动者依照劳动合同法第十四条第二款的规定,提出订立无固定期限劳动合同的,用人单位应当与其订立无固定期限劳动合同。对劳动合同的内容,双方应当按照合法、公平、平等自愿、协商一致、诚实信用的原则协商确定;对协商不一致的内容,依照劳动合同法第十八条的规定执行。

第十二条 地方各级人民政府及县级以上地方人民政府有关部门为安置就业困难人员提供的给予岗位补贴和社会保险补贴的公益性岗位,其劳动合同不适用劳动合同法有关无固定期限劳动合同的规定以及支付经济补偿的规定。

第十三条 用人单位与劳动者不得在劳动合同法第四十四条规定的劳动合同终止情形之外约定其他的劳动合同终止条件。

第十四条 劳动合同履行地与用人单位注册地不一致的,有关劳动者的最低工资标准、劳动保护、劳动条件、职业危害防护和本地区上年度职工月平均工资标准等事项,按照劳动合同履行地的有关规定执行;用人单位注册地的有关标准高于劳动合同履行地的有关标准,且用人单位与劳动者约定按照用人单位注册地的有关规定执行的,从其约定。

第十五条 劳动者在试用期的工资不得低于本单位相同岗位最低档工资的80%或者不得低于劳动合同约定工资的80%,并不得低于用人单位所在地的最低工资标准。

第十六条 劳动合同法第二十二条第二款规定的培训费用,包括用人单位为了对劳动者进行专业技术培训而支付的有凭证的培训费用、培训期间的差旅费用以及因培训产生的用于该劳动者的其他直接费用。

第十七条 劳动合同期满,但是用人单位与劳动者依照劳动合同法第二十二条的规定约定的服务期尚未到期的,劳动合同应当续延至服务期满;双方另有约定的,从其约定。

第三章 劳动合同的解除和终止

第十八条 有下列情形之一的,依照劳动合同法规定的条件、程序,劳动者可以与用人单位解除固定期限劳动合同、无固定期限劳动合同或者以完成一定工作任务为期限的劳动合同:

(一)劳动者与用人单位协商一致的;

(二)劳动者提前30日以书面形式通知用人单位的;

(三)劳动者在试用期内提前3日通知用人单位的;

(四)用人单位未按照劳动合同约定提供劳动保护或者劳动条件的;

(五)用人单位未及时足额支付劳动报酬的;

(六)用人单位未依法为劳动者缴纳社会保险费的;

(七)用人单位的规章制度违反法律、法规的规定,损害劳动者权益的;

(八)用人单位以欺诈、胁迫的手段或者乘人之危,使劳动者在违背真实意思的情况下订立或者变更劳动合同的;

(九)用人单位在劳动合同中免除自己的法定责任、排除劳动者权利的;

(十)用人单位违反法律、行政法规强制性规定的;

(十一)用人单位以暴力、威胁或者非法限制人身自由的手段强迫劳动者劳动的;

(十二)用人单位违章指挥、强令冒险作业危及劳动者人身安全的;

(十三)法律、行政法规规定劳动者可以解除劳动合同的其他情形。

第十九条 有下列情形之一的,依照劳动合同法规定的条件、程序,用人单位可以与劳动者解除固定期限劳动合同、无固定期限劳动合同或者以完成一定工作任务为期限的劳动合同:

(一)用人单位与劳动者协商一致的;

(二)劳动者在试用期间被证明不符合录用条件的;

(三)劳动者严重违反用人单位的规章制度的;

(四)劳动者严重失职,营私舞弊,给用人单位造成重大损害的;

(五)劳动者同时与其他用人单位建立劳动关系,对完成本单位的工作任务造成严重影响,或者经用人单位提出，拒不改正的；

（六）劳动者以欺诈、胁迫的手段或者乘人之危，使用人单位在违背真实意思的情况下订立或者变更劳动合同的；

（七）劳动者被依法追究刑事责任的；

（八）劳动者患病或者非因工负伤，在规定的医疗期满后不能从事原工作，也不能从事由用人单位另行安排的工作的；

（九）劳动者不能胜任工作，经过培训或者调整工作岗位，仍不能胜任工作的；

（十）劳动合同订立时所依据的客观情况发生重大变化，致使劳动合同无法履行，经用人单位与劳动者协商，未能就变更劳动合同内容达成协议的；

（十一）用人单位依照企业破产法规定进行重整的；

（十二）用人单位生产经营发生严重困难的；

（十三）企业转产、重大技术革新或者经营方式调整，经变更劳动合同后，仍需裁减人员的；

（十四）其他因劳动合同订立时所依据的客观经济情况发生重大变化，致使劳动合同无法履行的。

第二十条 用人单位依照劳动合同法第四十条的规定，选择额外支付劳动者一个月工资解除劳动合同的，其额外支付的工资应当按照该劳动者上一个月的工资标准确定。

第二十一条 劳动者达到法定退休年龄的，劳动合同终止。

第二十二条 以完成一定工作任务为期限的劳动合同因任务完成而终止的，用人单位应当依照劳动合同法第四十七条的规定向劳动者支付经济补偿。

第二十三条 用人单位依法终止工伤职工的劳动合同，除依照劳动合同法第四十七条的规定支付经济补偿外，还应当依照国家有关工伤保险的规定支付一次性工伤医疗补助金和伤残就业补助金。

第二十四条 用人单位出具的解除、终止劳动合同的证明，应当写明劳动合同期限、解除或者终止劳动合同的日期、工作岗位、在本单位的工作年限。

第二十五条 用人单位违反劳动合同法的规定解除或者终止劳动合同，依照劳动合同法第八十七条的规定支付了赔偿金的，不再支付经济补偿。赔偿金的计算年限自用工之日起计算。

第二十六条 用人单位与劳动者约定了服务期，劳动者依照劳动合同法第三十八条的规定解除劳动合同的，不属于违反服务期的约定，用人单位不得要求劳动者支付违约金。

有下列情形之一，用人单位与劳动者解除约定服务期的劳动合同的，劳动者应当按照劳动合同的约定向用人单位支付违约金：

（一）劳动者严重违反用人单位的规章制度的；

（二）劳动者严重失职，营私舞弊，给用人单位造成重大损害的；

（三）劳动者同时与其他用人单位建立劳动关系，对完成本单位的工作任务造成严重影响，或者经用人单位提出，拒不改正的；

（四）劳动者以欺诈、胁迫的手段或者乘人之危，使用人单位在违背真实意思的情况下订立或者变更劳动合同的；

（五）劳动者被依法追究刑事责任的。

第二十七条 劳动合同法第四十七条规定的经济补偿的月工资按照劳动者应得工资计算，包括计时工资或者计件工资以及奖金、津贴和补贴等货币性收入。劳动者在劳动合同解除或者终止前12个月的平均工资低于当地最低工资标准的，按照当地最低工资标准计算。劳动者工作不满12个月的，按照实际工作的月数计算平均工资。

第四章 劳务派遣特别规定

第二十八条 用人单位或者其所属单位出资或者合伙设立的劳务派遣单位，向本单位或者所属单位派遣劳动者的，属于劳动合同法第六十七条规定的不得设立的劳务派遣单位。

第二十九条 用工单位应当履行劳动合同法第六十二条规定的义务，维护被派遣劳动者的合法权益。

第三十条 劳务派遣单位不得以非全日制用工形式招用被派遣劳动者。

第三十一条 劳务派遣单位或者被派遣劳动者依法解除、终止劳动合同的经济补偿，依照劳动合同法第四十六条、第四十七条的规定执行。

第三十二条 劳务派遣单位违法解除或者终止被派遣劳动者的劳动合同的，依照劳动合同法第四十八条的规定执行。

第五章 法律责任

第三十三条 用人单位违反劳动合同法有关建立职工名册规定的，由劳动行政部门责令限期改正；逾期不改正的，由劳动行政部门处2000元以上2万元以下的罚款。

第三十四条　用人单位依照劳动合同法的规定应当向劳动者每月支付两倍的工资或者应当向劳动者支付赔偿金而未支付的,劳动行政部门应当责令用人单位支付。

第三十五条　用工单位违反劳动合同法和本条例有关劳务派遣规定的,由劳动行政部门和其他有关主管部门责令改正;情节严重的,以每位被派遣劳动者1000元以上5000元以下的标准处以罚款;给被派遣劳动者造成损害的,劳务派遣单位和用工单位承担连带赔偿责任。

第六章　附　则

第三十六条　对违反劳动合同法和本条例的行为的投诉、举报,县级以上地方人民政府劳动行政部门依照《劳动保障监察条例》的规定处理。

第三十七条　劳动者与用人单位因订立、履行、变更、解除或者终止劳动合同发生争议的,依照《中华人民共和国劳动争议调解仲裁法》的规定处理。

第三十八条　本条例自公布之日起施行。

劳务派遣暂行规定

- 2014年1月24日人力资源和社会保障部令第22号公布
- 自2014年3月1日起施行

第一章　总　则

第一条　为规范劳务派遣,维护劳动者的合法权益,促进劳动关系和谐稳定,依据《中华人民共和国劳动合同法》(以下简称劳动合同法)和《中华人民共和国劳动合同法实施条例》(以下简称劳动合同法实施条例)等法律、行政法规,制定本规定。

第二条　劳务派遣单位经营劳务派遣业务,企业(以下称用工单位)使用被派遣劳动者,适用本规定。

依法成立的会计师事务所、律师事务所等合伙组织和基金会以及民办非企业单位等组织使用被派遣劳动者,依照本规定执行。

第二章　用工范围和用工比例

第三条　用工单位只能在临时性、辅助性或者替代性的工作岗位上使用被派遣劳动者。

前款规定的临时性工作岗位是指存续时间不超过6个月的岗位;辅助性工作岗位是指为主营业务岗位提供服务的非主营业务岗位;替代性工作岗位是指用工单位的劳动者因脱产学习、休假等原因无法工作的一定期间内,可以由其他劳动者替代工作的岗位。

用工单位决定使用被派遣劳动者的辅助性岗位,应当经职工代表大会或者全体职工讨论,提出方案和意见,与工会或者职工代表平等协商确定,并在用工单位内公示。

第四条　用工单位应当严格控制劳务派遣用工数量,使用的被派遣劳动者数量不得超过其用工总量的10%。

前款所称用工总量是指用工单位订立劳动合同人数与使用的被派遣劳动者人数之和。

计算劳务派遣用工比例的用工单位是指依照劳动合同法和劳动合同法实施条例可以与劳动者订立劳动合同的用人单位。

第三章　劳动合同、劳务派遣协议的订立和履行

第五条　劳务派遣单位应当依法与被派遣劳动者订立2年以上的固定期限书面劳动合同。

第六条　劳务派遣单位可以依法与被派遣劳动者约定试用期。劳务派遣单位与同一被派遣劳动者只能约定一次试用期。

第七条　劳务派遣协议应当载明下列内容:
(一)派遣的工作岗位名称和岗位性质;
(二)工作地点;
(三)派遣人员数量和派遣期限;
(四)按照同工同酬原则确定的劳动报酬数额和支付方式;
(五)社会保险费的数额和支付方式;
(六)工作时间和休息休假事项;
(七)被派遣劳动者工伤、生育或者患病期间的相关待遇;
(八)劳动安全卫生以及培训事项;
(九)经济补偿等费用;
(十)劳务派遣协议期限;
(十一)劳务派遣服务费的支付方式和标准;
(十二)违反劳务派遣协议的责任;
(十三)法律、法规、规章规定应当纳入劳务派遣协议的其他事项。

第八条　劳务派遣单位应当对被派遣劳动者履行下列义务:
(一)如实告知被派遣劳动者劳动合同法第八条规定的事项、应遵守的规章制度以及劳务派遣协议的内容;
(二)建立培训制度,对被派遣劳动者进行上岗知识、安全教育培训;
(三)按照国家规定和劳务派遣协议约定,依法支付被派遣劳动者的劳动报酬和相关待遇;
(四)按照国家规定和劳务派遣协议约定,依法为被

派遣劳动者缴纳社会保险费,并办理社会保险相关手续;

(五)督促用工单位依法为被派遣劳动者提供劳动保护和劳动安全卫生条件;

(六)依法出具解除或者终止劳动合同的证明;

(七)协助处理被派遣劳动者与用工单位的纠纷;

(八)法律、法规和规章规定的其他事项。

第九条　用工单位应当按照劳动合同法第六十二条规定,向被派遣劳动者提供与工作岗位相关的福利待遇,不得歧视被派遣劳动者。

第十条　被派遣劳动者在用工单位因工作遭受事故伤害的,劳务派遣单位应当依法申请工伤认定,用工单位应当协助工伤认定的调查核实工作。劳务派遣单位承担工伤保险责任,但可以与用工单位约定补偿办法。

被派遣劳动者在申请进行职业病诊断、鉴定时,用工单位应当负责处理职业病诊断、鉴定事宜,并如实提供职业病诊断、鉴定所需的劳动者职业史和职业危害接触史、工作场所职业病危害因素检测结果等资料,劳务派遣单位应当提供被派遣劳动者职业病诊断、鉴定所需的其他材料。

第十一条　劳务派遣单位行政许可有效期未延续或者《劳务派遣经营许可证》被撤销、吊销的,已经与被派遣劳动者依法订立的劳动合同应当履行至期限届满。双方经协商一致,可以解除劳动合同。

第十二条　有下列情形之一的,用工单位可以将被派遣劳动者退回劳务派遣单位:

(一)用工单位有劳动合同法第四十条第三项、第四十一条规定情形的;

(二)用工单位被依法宣告破产、吊销营业执照、责令关闭、撤销、决定提前解散或者经营期限届满不再继续经营的;

(三)劳务派遣协议期满终止的。

被派遣劳动者退回后在无工作期间,劳务派遣单位应当按照不低于所在地人民政府规定的最低工资标准,向其按月支付报酬。

第十三条　被派遣劳动者有劳动合同法第四十二条规定情形的,在派遣期限届满前,用工单位不得依据本规定第十二条第一款第一项规定将被派遣劳动者退回劳务派遣单位;派遣期限届满的,应当延续至相应情形消失时方可退回。

第四章　劳动合同的解除和终止

第十四条　被派遣劳动者提前30日以书面形式通知劳务派遣单位,可以解除劳动合同。被派遣劳动者在试用期内提前3日通知劳务派遣单位,可以解除劳动合同。劳务派遣单位应当将被派遣劳动者通知解除劳动合同的情况及时告知用工单位。

第十五条　被派遣劳动者因本规定第十二条规定被用工单位退回,劳务派遣单位重新派遣时维持或者提高劳动合同约定条件,被派遣劳动者不同意的,劳务派遣单位可以解除劳动合同。

被派遣劳动者因本规定第十二条规定被用工单位退回,劳务派遣单位重新派遣时降低劳动合同约定条件,被派遣劳动者不同意的,劳务派遣单位不得解除劳动合同。但被派遣劳动者提出解除劳动合同的除外。

第十六条　劳务派遣单位被依法宣告破产、吊销营业执照、责令关闭、撤销、决定提前解散或者经营期限届满不再继续经营的,劳动合同终止。用工单位应当与劳务派遣单位协商妥善安置被派遣劳动者。

第十七条　劳务派遣单位因劳动合同法第四十六条或者本规定第十五条、第十六条规定的情形,与被派遣劳动者解除或者终止劳动合同的,应当依法向被派遣劳动者支付经济补偿。

第五章　跨地区劳务派遣的社会保险

第十八条　劳务派遣单位跨地区派遣劳动者的,应当在用工单位所在地为被派遣劳动者参加社会保险,按照用工单位所在地的规定缴纳社会保险费,被派遣劳动者按照国家规定享受社会保险待遇。

第十九条　劳务派遣单位在用工单位所在地设立分支机构的,由分支机构为被派遣劳动者办理参保手续,缴纳社会保险费。

劳务派遣单位未在用工单位所在地设立分支机构的,由用工单位代劳务派遣单位为被派遣劳动者办理参保手续,缴纳社会保险费。

第六章　法律责任

第二十条　劳务派遣单位、用工单位违反劳动合同法和劳动合同法实施条例有关劳务派遣规定的,按照劳动合同法第九十二条规定执行。

第二十一条　劳务派遣单位违反本规定解除或者终止被派遣劳动者劳动合同的,按照劳动合同法第四十八条、第八十七条规定执行。

第二十二条　用工单位违反本规定第三条第三款规定的,由人力资源社会保障行政部门责令改正,给予警告;给被派遣劳动者造成损害的,依法承担赔偿责任。

第二十三条　劳务派遣单位违反本规定第六条规定

的,按照劳动合同法第八十三条规定执行。

第二十四条 用工单位违反本规定退回被派遣劳动者的,按照劳动合同法第九十二条第二款规定执行。

第七章 附 则

第二十五条 外国企业常驻代表机构和外国金融机构驻华代表机构等使用被派遣劳动者的,以及船员用人单位以劳务派遣形式使用国际远洋海员的,不受临时性、辅助性、替代性岗位和劳务派遣用工比例的限制。

第二十六条 用人单位将本单位劳动者派往境外工作或者派往家庭、自然人处提供劳动的,不属于本规定所称劳务派遣。

第二十七条 用人单位以承揽、外包等名义,按劳务派遣用工形式使用劳动者的,按照本规定处理。

第二十八条 用工单位在本规定施行前使用被派遣劳动者数量超过其用工总量10%的,应当制定调整用工方案,于本规定施行之日起2年内降至规定比例。但是,《全国人民代表大会常务委员会关于修改〈中华人民共和国劳动合同法〉的决定》公布前已依法订立的劳动合同和劳务派遣协议期限届满日期在本规定施行之日起2年后的,可以依法继续履行至期限届满。

用工单位应当将制定的调整用工方案报当地人力资源社会保障行政部门备案。

用工单位未将本规定施行前使用的被派遣劳动者数量降至符合规定比例之前,不得新用被派遣劳动者。

第二十九条 本规定自2014年3月1日起施行。

劳务派遣行政许可实施办法

· 2013年6月20日人力资源和社会保障部令第19号公布
· 自2013年7月1日起施行

第一章 总 则

第一条 为了规范劳务派遣,根据《中华人民共和国劳动合同法》《中华人民共和国行政许可法》等法律,制定本办法。

第二条 劳务派遣行政许可的申请受理、审查批准以及相关的监督检查等,适用本办法。

第三条 人力资源社会保障部负责对全国的劳务派遣行政许可工作进行监督指导。

县级以上地方人力资源社会保障行政部门按照省、自治区、直辖市人力资源社会保障行政部门确定的许可管辖分工,负责实施本行政区域内劳务派遣行政许可工作以及相关的监督检查。

第四条 人力资源社会保障行政部门实施劳务派遣行政许可,应当遵循权责统一、公开公正、优质高效的原则。

第五条 人力资源社会保障行政部门应当在本行政机关办公场所、网站上公布劳务派遣行政许可的依据、程序、期限、条件和需要提交的全部材料目录以及监督电话,并在本行政机关网站和至少一种全地区性报纸上向社会公布获得许可的劳务派遣单位名单及其许可变更、延续、撤销、吊销、注销等情况。

第二章 劳务派遣行政许可

第六条 经营劳务派遣业务,应当向所在地有许可管辖权的人力资源社会保障行政部门(以下称许可机关)依法申请行政许可。

未经许可,任何单位和个人不得经营劳务派遣业务。

第七条 申请经营劳务派遣业务应当具备下列条件:

(一)注册资本不得少于人民币200万元;

(二)有与开展业务相适应的固定的经营场所和设施;

(三)有符合法律、行政法规规定的劳务派遣管理制度;

(四)法律、行政法规规定的其他条件。

第八条 申请经营劳务派遣业务的,申请人应当向许可机关提交下列材料:

(一)劳务派遣经营许可申请书;

(二)营业执照或者《企业名称预先核准通知书》;

(三)公司章程以及验资机构出具的验资报告或者财务审计报告;

(四)经营场所的使用证明以及与开展业务相适应的办公设施设备、信息管理系统等清单;

(五)法定代表人的身份证明;

(六)劳务派遣管理制度,包括劳动合同、劳动报酬、社会保险、工作时间、休息休假、劳动纪律等与劳动者切身利益相关的规章制度文本;拟与用工单位签订的劳务派遣协议样本。

第九条 许可机关收到申请材料后,应当根据下列情况分别作出处理:

(一)申请材料存在可以当场更正的错误的,应当允许申请人当场更正;

(二)申请材料不齐全或者不符合法定形式的,应当当场或者在5个工作日内一次告知申请人需要补正的全部内容,逾期不告知的,自收到申请材料之日起即为受理;

（三）申请材料齐全、符合法定形式，或者申请人按照要求提交了全部补正申请材料的，应当受理行政许可申请。

第十条 许可机关对申请人提出的申请决定受理的，应当出具《受理决定书》；决定不予受理的，应当出具《不予受理决定书》，说明不予受理的理由，并告知申请人享有依法申请行政复议或者提起行政诉讼的权利。

第十一条 许可机关决定受理申请的，应当对申请人提交的申请材料进行审查。根据法定条件和程序，需要对申请材料的实质内容进行核实的，许可机关应当指派2名以上工作人员进行核查。

第十二条 许可机关应当自受理之日起20个工作日内作出是否准予行政许可的决定。20个工作日内不能作出决定的，经本行政机关负责人批准，可以延长10个工作日，并应当将延长期限的理由告知申请人。

第十三条 申请人的申请符合法定条件的，许可机关应当依法作出准予行政许可的书面决定，并自作出决定之日5个工作日内通知申请人领取《劳务派遣经营许可证》。

申请人的申请不符合法定条件的，许可机关应当依法作出不予行政许可的书面决定，说明不予行政许可的理由，并告知申请人享有依法申请行政复议或者提起行政诉讼的权利。

第十四条 《劳务派遣经营许可证》应当载明单位名称、住所、法定代表人、注册资本、许可经营事项、有效期限、编号、发证机关以及发证日期等事项。《劳务派遣经营许可证》分为正本、副本。正本、副本具有同等法律效力。

《劳务派遣经营许可证》有效期为3年。

《劳务派遣经营许可证》由人力资源社会保障部统一制定样式，由各省、自治区、直辖市人力资源社会保障行政部门负责印制、免费发放和管理。

第十五条 劳务派遣单位取得《劳务派遣经营许可证》后，应当妥善保管，不得涂改、倒卖、出租、出借或者以其他形式非法转让。

第十六条 劳务派遣单位名称、住所、法定代表人或者注册资本等改变的，应当向许可机关提出变更申请。符合法定条件的，许可机关应当自收到变更申请之日起10个工作日内依法办理变更手续，并换发新的《劳务派遣经营许可证》或者在原《劳务派遣经营许可证》上予以注明；不符合法定条件的，许可机关应当自收到变更申请之日起10个工作日内作出不予变更的书面决定，并说明理由。

第十七条 劳务派遣单位分立、合并后继续存续，其名称、住所、法定代表人或者注册资本等改变的，应当按照本办法第十六条规定执行。

劳务派遣单位分立、合并后设立新公司的，应当按照本办法重新申请劳务派遣行政许可。

第十八条 劳务派遣单位需要延续行政许可有效期的，应当在有效期届满60日前向许可机关提出延续行政许可的书面申请，并提交3年以来的基本经营情况；劳务派遣单位逾期提出延续行政许可的书面申请的，按照新申请经营劳务派遣行政许可办理。

第十九条 许可机关应当根据劳务派遣单位的延续申请，在该行政许可有效期届满前作出是否准予延续的决定；逾期未作决定的，视为准予延续。

准予延续行政许可的，应当换发新的《劳务派遣经营许可证》。

第二十条 劳务派遣单位有下列情形之一的，许可机关应当自收到延续申请之日起10个工作日内作出不予延续书面决定，并说明理由：

（一）逾期不提交劳务派遣经营情况报告或者提交虚假劳务派遣经营情况报告，经责令改正，拒不改正的；

（二）违反劳动保障法律法规，在一个行政许可期限内受到2次以上行政处罚的。

第二十一条 劳务派遣单位设立子公司经营劳务派遣业务的，应当由子公司向所在地许可机关申请行政许可；劳务派遣单位设立分公司经营劳务派遣业务的，应当书面报告许可机关，并由分公司向所在地人力资源社会保障行政部门备案。

第三章 监督检查

第二十二条 劳务派遣单位应当于每年3月31日前向许可机关提交上一年度劳务派遣经营情况报告，如实报告下列事项：

（一）经营情况以及上年度财务审计报告；

（二）被派遣劳动者人数以及订立劳动合同、参加工会的情况；

（三）向被派遣劳动者支付劳动报酬的情况；

（四）被派遣劳动者参加社会保险、缴纳社会保险费的情况；

（五）被派遣劳动者派往的用工单位、派遣数量、派遣期限、用工岗位的情况；

（六）与用工单位订立的劳务派遣协议情况以及用工单位履行法定义务的情况；

（七）设立子公司、分公司等情况。

劳务派遣单位设立的子公司或者分公司,应当向办理许可或者备案手续的人力资源社会保障行政部门提交上一年度劳务派遣经营情况报告。

第二十三条 许可机关应当对劳务派遣单位提交的年度经营情况报告进行核验,依法对劳务派遣单位进行监督,并将核验结果和监督情况载入企业信用记录。

第二十四条 有下列情形之一的,许可机关或者其上级行政机关,可以撤销劳务派遣行政许可:

(一)许可机关工作人员滥用职权、玩忽职守,给不符合条件的申请人发放《劳务派遣经营许可证》的;

(二)超越法定职权发放《劳务派遣经营许可证》的;

(三)违反法定程序发放《劳务派遣经营许可证》的;

(四)依法可以撤销行政许可的其他情形。

第二十五条 申请人隐瞒真实情况或者提交虚假材料申请行政许可的,许可机关不予受理、不予行政许可。

劳务派遣单位以欺骗、贿赂等不正当手段和隐瞒真实情况或者提交虚假材料取得行政许可的,许可机关应当予以撤销。被撤销行政许可的劳务派遣单位在1年内不得再次申请劳务派遣行政许可。

第二十六条 有下列情形之一的,许可机关应当依法办理劳务派遣行政许可注销手续:

(一)《劳务派遣经营许可证》有效期届满,劳务派遣单位未申请延续的,或者延续申请未被批准的;

(二)劳务派遣单位依法终止的;

(三)劳务派遣行政许可依法被撤销,或者《劳务派遣经营许可证》依法被吊销的;

(四)法律、法规规定的应当注销行政许可的其他情形。

第二十七条 劳务派遣单位向许可机关申请注销劳务派遣行政许可的,应当提交已经依法处理与被派遣劳动者的劳动关系及其社会保险权益等材料,许可机关应当在核实有关情况后办理注销手续。

第二十八条 当事人对许可机关作出的有关劳务派遣行政许可的行政决定不服的,可以依法申请行政复议或者提起行政诉讼。

第二十九条 任何组织和个人有权对实施劳务派遣行政许可中的违法违规行为进行举报,人力资源社会保障行政部门应当及时核实、处理。

第四章 法律责任

第三十条 人力资源社会保障行政部门有下列情形之一的,由其上级行政机关或者监察机关责令改正,对直接负责的主管人员和其他直接责任人员依法给予处分;构成犯罪的,依法追究刑事责任:

(一)向不符合法定条件的申请人发放《劳务派遣经营许可证》,或者超越法定职权发放《劳务派遣经营许可证》的;

(二)对符合法定条件的申请人不予行政许可或者不在法定期限内作出准予行政许可决定的;

(三)在办理行政许可、实施监督检查工作中,玩忽职守、徇私舞弊,索取或者收受他人财物或者谋取其他利益的;

(四)不依法履行监督职责或者监督不力,造成严重后果的。

许可机关违法实施行政许可,给当事人的合法权益造成损害的,应当依照国家赔偿法的规定给予赔偿。

第三十一条 任何单位和个人违反《中华人民共和国劳动合同法》的规定,未经许可,擅自经营劳务派遣业务的,由人力资源社会保障行政部门责令停止违法行为,没收违法所得,并处违法所得1倍以上5倍以下的罚款;没有违法所得的,可以处5万元以下的罚款。

第三十二条 劳务派遣单位违反《中华人民共和国劳动合同法》有关劳务派遣规定的,由人力资源社会保障行政部门责令限期改正;逾期不改正的,以每人5000元以上1万元以下的标准处以罚款,并吊销其《劳务派遣经营许可证》。

第三十三条 劳务派遣单位有下列情形之一的,由人力资源社会保障行政部门处1万元以下的罚款;情节严重的,处1万元以上3万元以下的罚款:

(一)涂改、倒卖、出租、出借《劳务派遣经营许可证》,或者以其他形式非法转让《劳务派遣经营许可证》的;

(二)隐瞒真实情况或者提交虚假材料取得劳务派遣行政许可的;

(三)以欺骗、贿赂等不正当手段取得劳务派遣行政许可的。

第五章 附 则

第三十四条 劳务派遣单位在2012年12月28日至2013年6月30日之间订立的劳动合同和劳务派遣协议,2013年7月1日后应当按照《全国人大常委会关于修改〈中华人民共和国劳动合同法〉的决定》执行。

本办法施行前经营劳务派遣业务的单位,应当按照本办法取得劳务派遣行政许可后,方可经营新的劳务派遣业务;本办法施行后未取得劳务派遣行政许可的,不得经营新的劳务派遣业务。

第三十五条　本办法自2013年7月1日起施行。

(2) 劳动合同的签订与履行

电子劳动合同订立指引

- 2021年7月1日
- 人社厅发〔2021〕54号

第一章　总　则

第一条　本指引所指电子劳动合同，是指用人单位与劳动者按照《中华人民共和国劳动合同法》《中华人民共和国民法典》《中华人民共和国电子签名法》等法律法规规定，经协商一致，以可视为书面形式的数据电文为载体，使用可靠的电子签名订立的劳动合同。

第二条　依法订立的电子劳动合同具有法律效力，用人单位与劳动者应当按照电子劳动合同的约定，全面履行各自的义务。

第二章　电子劳动合同的订立

第三条　用人单位与劳动者订立电子劳动合同的，要通过电子劳动合同订立平台订立。

第四条　电子劳动合同订立平台要通过有效的现代信息技术手段提供劳动合同订立、调取、储存、应用等服务，具备身份认证、电子签名、意愿确认、数据安全防护等能力，确保电子劳动合同信息的订立、生成、传递、储存等符合法律法规规定，满足真实、完整、准确、不可篡改和可追溯等要求。

第五条　鼓励用人单位和劳动者使用政府发布的劳动合同示范文本订立电子劳动合同。劳动合同未载明《中华人民共和国劳动合同法》规定的劳动合同必备条款或内容违反法律法规规定的，用人单位依法承担相应的法律责任。

第六条　双方同意订立电子劳动合同的，用人单位要在订立电子劳动合同前，明确告知劳动者订立电子劳动合同的流程、操作方法、注意事项和查看、下载完整的劳动合同文本的途径，并不得向劳动者收取费用。

第七条　用人单位和劳动者要确保向电子劳动合同订立平台提交的身份信息真实、完整、准确。电子劳动合同订立平台要通过数字证书、联网信息核验、生物特征识别验证、手机短信息验证码等技术手段，真实反映订立人身份和签署意愿，并记录和保存验证确认过程。具备条件的，可使用电子社保卡开展实人实名认证。

第八条　用人单位和劳动者要使用符合《中华人民共和国电子签名法》要求、依法设立的电子认证服务机构颁发的数字证书和密钥，进行电子签名。

第九条　电子劳动合同经用人单位和劳动者签署可靠的电子签名后生效，并应附带可信时间戳。

第十条　电子劳动合同订立后，用人单位要以手机短信、微信、电子邮件或者APP信息提示等方式通知劳动者电子劳动合同已订立完成。

第三章　电子劳动合同的调取、储存、应用

第十一条　用人单位要提示劳动者及时下载和保存电子劳动合同文本，告知劳动者查看、下载电子劳动合同的方法，并提供必要的指导和帮助。

第十二条　用人单位要确保劳动者可以使用常用设备随时查看、下载、打印电子劳动合同的完整内容，不得向劳动者收取费用。

第十三条　劳动者需要电子劳动合同纸质文本的，用人单位要至少免费提供一份，并通过盖章等方式证明与数据电文原件一致。

第十四条　电子劳动合同的储存期限要符合《中华人民共和国劳动合同法》关于劳动合同保存期限的规定。

第十五条　鼓励用人单位和劳动者优先选用人力资源社会保障部门等政府部门建设的电子劳动合同订立平台（以下简称政府平台）。用人单位和劳动者未通过政府平台订立电子劳动合同的，要按照当地人力资源社会保障部门公布的数据格式和标准，提交满足电子政务要求的电子劳动合同数据，便捷办理就业创业、劳动用工备案、社会保险、人事人才、职业培训等业务。非政府平台的电子劳动合同订立平台要支持用人单位和劳动者及时提交相关数据。

第十六条　电子劳动合同订立平台要留存订立和管理电子劳动合同全过程证据，包括身份认证、签署意愿、电子签名等，保证电子证据链的完整性，确保相关信息可查询、可调用，为用人单位、劳动者以及法律法规授权机构查询和提取电子数据提供便利。

第四章　信息保护和安全

第十七条　电子劳动合同信息的管理、调取和应用要符合《中华人民共和国网络安全法》《互联网信息服务管理办法》等法律法规，不得侵害信息主体合法权益。

第十八条　电子劳动合同订立平台及其所依赖的服务环境，要按照《信息安全等级保护管理办法》第三级的相关要求实施网络安全等级保护，确保平台稳定运行，提供连续服务，防止所收集或使用的身份信息、合同内容信

息、日志信息泄漏、篡改、丢失。

第十九条 电子劳动合同订立平台要建立健全电子劳动合同信息保护制度，不得非法收集、使用、加工、传输、提供、公开电子劳动合同信息。未经信息主体同意或者法律法规授权，电子劳动合同订立平台不得向他人非法提供电子劳动合同查阅、调取等服务。

第五章 附 则

第二十条 本指引中主要用语的含义：

（一）数据电文，是指以电子、光学、磁或者类似手段生成、发送、接收或者储存的信息。

（二）可视为书面形式的数据电文，是指能够有形地表现所载内容，并可以随时调取查用的数据电文。

（三）电子签名，是指数据电文中以电子形式所含、所附用于识别签名人身份并表明签名人认可其中内容的数据。

（四）可靠的电子签名，是指同时符合下列条件的电子签名：

1. 电子签名制作数据用于电子签名时，属于电子签名人专有；

2. 签署时电子签名制作数据仅由电子签名人控制；

3. 签署后对电子签名的任何改动能够被发现；

4. 签署后对数据电文内容和形式的任何改动能够被发现。

（五）可信时间戳，是指权威机构使用数字签名技术产生的能够证明所签名的原始文件在签名时间之前已经存在的数据。

第二十一条 本指引未尽事宜，按照有关法律法规和政策规定执行。

· 请示答复

人力资源社会保障部办公厅
关于订立电子劳动合同有关问题的函

· 2020年3月4日
· 人社厅函〔2020〕33号

北京市人力资源和社会保障局：

你局《关于在疫情防控期间开展劳动合同管理电子化工作的请示》收悉。经研究，现答复如下：

用人单位与劳动者协商一致，可以采用电子形式订立书面劳动合同。采用电子形式订立劳动合同，应当使用符合电子签名法等法律法规规定的可视为书面形式的数据电文和可靠的电子签名。用人单位应保证电子劳动合同的生成、传递、储存等满足电子签名法等法律法规规定的要求，确保其完整、准确、不被篡改。符合劳动合同法规定和上述要求的电子劳动合同一经订立即具有法律效力，用人单位与劳动者应当按照电子劳动合同的约定，全面履行各自的义务。

（3）劳动关系的确立与处理

劳动和社会保障部关于确立劳动关系有关事项的通知

· 2005年5月25日
· 劳社部发〔2005〕12号

各省、自治区、直辖市劳动和社会保障厅（局）：

近一个时期，一些地方反映部分用人单位招用劳动者不签订劳动合同，发生劳动争议时因双方劳动关系难以确定，致使劳动者合法权益难以维护，对劳动关系的和谐稳定带来不利影响。为规范用人单位用工行为，保护劳动者合法权益，促进社会稳定，现就用人单位与劳动者确立劳动关系的有关事项通知如下：

一、用人单位招用劳动者未订立书面劳动合同，但同时具备下列情形的，劳动关系成立。

（一）用人单位和劳动者符合法律、法规规定的主体资格；

（二）用人单位依法制定的各项劳动规章制度适用于劳动者，劳动者受用人单位的劳动管理，从事用人单位安排的有报酬的劳动；

（三）劳动者提供的劳动是用人单位业务的组成部分。

二、用人单位未与劳动者签订劳动合同，认定双方存在劳动关系时可参照下列凭证：

（一）工资支付凭证或记录（职工工资发放花名册）、缴纳各项社会保险费的记录；

（二）用人单位向劳动者发放的"工作证"、"服务证"等能够证明身份的证件；

（三）劳动者填写的用人单位招聘"登记表"、"报名表"等招用记录；

（四）考勤记录；

（五）其他劳动者的证言等。

其中，（一）、（三）、（四）项的有关凭证由用人单位负举证责任。

三、用人单位招用劳动者符合第一条规定的情形的，用人单位应当与劳动者补签劳动合同，劳动合同期限由双方协商确定。协商不一致的，任何一方均可提出终止劳动关系，但对符合签订无固定期限劳动合同条件的劳动者，如果劳动者提出订立无固定期限劳动合同，用人单位应当订立。

用人单位提出终止劳动关系的，应当按照劳动者在本单位工作年限每满一年支付一个月工资的经济补偿金。

四、建筑施工、矿山企业等用人单位将工程（业务）或经营权发包给不具备用工主体资格的组织或自然人，对该组织或自然人招用的劳动者，由具备用工主体资格的发包方承担用工主体责任。

五、劳动者与用人单位就是否存在劳动关系引发争议的，可以向有管辖权的劳动争议仲裁委员会申请仲裁。

· 请示答复

劳动部办公厅关于职工应征入伍后与企业劳动关系的复函

· 1997年5月30日
· 劳办发〔1997〕50号

广东省劳动厅：

你厅《关于如何认定合同制职工应征入伍后与企业劳动关系的请示》（粤劳关〔1997〕105号）收悉，现函复如下：

职工应征入伍后，根据国家现行法律法规的规定，企业应当与其继续保持劳动关系，但双方可以变更原劳动合同中具体的权利与义务条款。按照《兵役法》、《退伍义务兵安置条例》的有关规定，义务兵入伍前原是国家机关、人民团体、企业、事业单位正式职工，退伍后原则上回原单位复工复职。在全面实行劳动合同制度后，对应征入伍的职工，仍应执行上述规定。同时按照《军人抚恤优待条例》的规定，执行义务兵优待办法。

(4) 集体合同、非全日制用工

集体合同规定①

· 2004年1月20日劳动和社会保障部令第22号公布
· 自2004年5月1日起施行

第一章 总 则

第一条 为规范集体协商和签订集体合同行为，依法维护劳动者和用人单位的合法权益，根据《中华人民共和国劳动法》和《中华人民共和国工会法》，制定本规定。

第二条 中华人民共和国境内的企业和实行企业化管理的事业单位（以下统称用人单位）与本单位职工之间进行集体协商，签订集体合同，适用本规定。

第三条 本规定所称集体合同，是指用人单位与本单位职工根据法律、法规、规章的规定，就劳动报酬、工作时间、休息休假、劳动安全卫生、职业培训、保险福利等事项，通过集体协商签订的书面协议；所称专项集体合同，是指用人单位与本单位职工根据法律、法规、规章的规定，就集体协商的某项内容签订的专项书面协议。

第四条 用人单位与本单位职工签订集体合同或专项集体合同，以及确定相关事宜，应当采取集体协商的方式。集体协商主要采取协商会议的形式。

第五条 进行集体协商，签订集体合同或专项集体合同，应当遵循下列原则：

（一）遵守法律、法规、规章及国家有关规定；
（二）相互尊重，平等协商；
（三）诚实守信，公平合作；
（四）兼顾双方合法权益；
（五）不得采取过激行为。

第六条 符合本规定的集体合同或专项集体合同，对用人单位和本单位的全体职工具有法律约束力。

用人单位与职工个人签订的劳动合同约定的劳动条件和劳动报酬等标准，不得低于集体合同或专项集体合同的规定。

第七条 县级以上劳动保障行政部门对本行政区域内用人单位与本单位职工开展集体协商、签订、履行集体合同的情况进行监督，并负责审查集体合同或专项集体合同。

第二章 集体协商内容

第八条 集体协商双方可以就下列多项或某项内容进行集体协商，签订集体合同或专项集体合同：

（一）劳动报酬；
（二）工作时间；
（三）休息休假；
（四）劳动安全与卫生；
（五）补充保险和福利；
（六）女职工和未成年工特殊保护；
（七）职业技能培训；
（八）劳动合同管理；

---

① 本规定因与《劳动合同法》不一致，已列入拟修订的劳动社会保障规章目录。

(九) 奖惩；
(十) 裁员；
(十一) 集体合同期限；
(十二) 变更、解除集体合同的程序；
(十三) 履行集体合同发生争议时的协商处理办法；
(十四) 违反集体合同的责任；
(十五) 双方认为应当协商的其他内容。

第九条 劳动报酬主要包括：
(一) 用人单位工资水平、工资分配制度、工资标准和工资分配形式；
(二) 工资支付办法；
(三) 加班、加点工资及津贴、补贴标准和奖金分配办法；
(四) 工资调整办法；
(五) 试用期及病、事假等期间的工资待遇；
(六) 特殊情况下职工工资(生活费)支付办法；
(七) 其他劳动报酬分配办法。

第十条 工作时间主要包括：
(一) 工时制度；
(二) 加班加点办法；
(三) 特殊工种的工作时间；
(四) 劳动定额标准。

第十一条 休息休假主要包括：
(一) 日休息时间、周休息日安排、年休假办法；
(二) 不能实行标准工时职工的休息休假；
(三) 其他假期。

第十二条 劳动安全卫生主要包括：
(一) 劳动安全卫生责任制；
(二) 劳动条件和安全技术措施；
(三) 安全操作规程；
(四) 劳保用品发放标准；
(五) 定期健康检查和职业健康体检。

第十三条 补充保险和福利主要包括：
(一) 补充保险的种类、范围；
(二) 基本福利制度和福利设施；
(三) 医疗期延长及其待遇；
(四) 职工亲属福利制度。

第十四条 女职工和未成年工的特殊保护主要包括：
(一) 女职工和未成年工禁忌从事的劳动；
(二) 女职工的经期、孕期、产期和哺乳期的劳动保护；
(三) 女职工、未成年工定期健康检查；
(四) 未成年工的使用和登记制度。

第十五条 职业技能培训主要包括：
(一) 职业技能培训项目规划及年度计划；
(二) 职业技能培训费用的提取和使用；
(三) 保障和改善职业技能培训的措施。

第十六条 劳动合同管理主要包括：
(一) 劳动合同签订时间；
(二) 确定劳动合同期限的条件；
(三) 劳动合同变更、解除、续订的一般原则及无固定期限劳动合同的终止条件；
(四) 试用期的条件和期限。

第十七条 奖惩主要包括：
(一) 劳动纪律；
(二) 考核奖惩制度；
(三) 奖惩程序。

第十八条 裁员主要包括：
(一) 裁员的方案；
(二) 裁员的程序；
(三) 裁员的实施办法和补偿标准。

第三章 集体协商代表

第十九条 本规定所称集体协商代表(以下统称协商代表)，是指按照法定程序产生并有权代表本方利益进行集体协商的人员。

集体协商双方的代表人数应当对等，每方至少3人，并各确定1名首席代表。

第二十条 职工一方的协商代表由本单位工会选派。未建立工会的，由本单位职工民主推荐，并经本单位半数以上职工同意。

职工一方的首席代表由本单位工会主席担任。工会主席可以书面委托其他协商代表代理首席代表。工会主席空缺的，首席代表由工会主要负责人担任。未建立工会的，职工一方的首席代表从协商代表中民主推举产生。

第二十一条 用人单位一方的协商代表，由用人单位法定代表人指派，首席代表由单位法定代表人担任或由其书面委托的其他管理人员担任。

第二十二条 协商代表履行职责的期限由被代表方确定。

第二十三条 集体协商双方首席代表可以书面委托本单位以外的专业人员作为本方协商代表。委托人数不得超过本方代表的三分之一。

首席代表不得由非本单位人员代理。

第二十四条 用人单位协商代表与职工协商代表不得相互兼任。

第二十五条　协商代表应履行下列职责：
（一）参加集体协商；
（二）接受本方人员质询，及时向本方人员公布协商情况并征求意见；
（三）提供与集体协商有关的情况和资料；
（四）代表本方参加集体协商争议的处理；
（五）监督集体合同或专项集体合同的履行；
（六）法律、法规和规章规定的其他职责。

第二十六条　协商代表应当维护本单位正常的生产、工作秩序，不得采取威胁、收买、欺骗等行为。

协商代表应当保守在集体协商过程中知悉的用人单位的商业秘密。

第二十七条　企业内部的协商代表参加集体协商视为提供了正常劳动。

第二十八条　职工一方协商代表在其履行协商代表职责期间劳动合同期满的，劳动合同期限自动延长至完成履行协商代表职责之时，除出现下列情形之一的，用人单位不得与其解除劳动合同：
（一）严重违反劳动纪律或用人单位依法制定的规章制度的；
（二）严重失职、营私舞弊，对用人单位利益造成重大损害的；
（三）被依法追究刑事责任的。

职工一方协商代表履行协商代表职责期间，用人单位无正当理由不得调整其工作岗位。

第二十九条　职工一方协商代表就本规定第二十七条、第二十八条的规定与用人单位发生争议的，可以向当地劳动争议仲裁委员会申请仲裁。

第三十条　工会可以更换职工一方协商代表；未建立工会的，经本单位半数以上职工同意可以更换职工一方协商代表。

用人单位法定代表人可以更换用人单位一方协商代表。

第三十一条　协商代表因更换、辞任或遇有不可抗力等情形造成空缺的，应在空缺之日起15日内按照本规定产生新的代表。

第四章　集体协商程序

第三十二条　集体协商任何一方均可就签订集体合同或专项集体合同以及相关事宜，以书面形式向对方提出进行集体协商的要求。

一方提出进行集体协商要求的，另一方应当在收到集体协商要求之日起20日内以书面形式给以回应，无正当理由不得拒绝进行集体协商。

第三十三条　协商代表在协商前应进行下列准备工作：
（一）熟悉与集体协商内容有关的法律、法规、规章和制度；
（二）了解与集体协商内容有关的情况和资料，收集用人单位和职工对协商意向所持的意见；
（三）拟定集体协商议题，集体协商议题可由提出协商一方起草，也可由双方指派代表共同起草；
（四）确定集体协商的时间、地点等事项；
（五）共同确定一名非协商代表担任集体协商记录员。记录员应保持中立、公正，并为集体协商双方保密。

第三十四条　集体协商会议由双方首席代表轮流主持，并按下列程序进行：
（一）宣布议程和会议纪律；
（二）一方首席代表提出协商的具体内容和要求，另一方首席代表就对方的要求作出回应；
（三）协商双方就商谈事项发表各自意见，开展充分讨论；
（四）双方首席代表归纳意见。达成一致的，应当形成集体合同草案或专项集体合同草案，由双方首席代表签字。

第三十五条　集体协商未达成一致意见或出现事先未预料的问题时，经双方协商，可以中止协商。中止期限及下次协商时间、地点、内容由双方商定。

第五章　集体合同的订立、变更、解除和终止

第三十六条　经双方协商代表协商一致的集体合同草案或专项集体合同草案应当提交职工代表大会或者全体职工讨论。

职工代表大会或者全体职工讨论集体合同草案或专项集体合同草案，应当有三分之二以上职工代表或者职工出席，且须经全体职工代表半数以上或者全体职工半数以上同意，集体合同草案或专项集体合同草案方获通过。

第三十七条　集体合同草案或专项集体合同草案经职工代表大会或者职工大会通过后，由集体协商双方首席代表签字。

第三十八条　集体合同或专项集体合同期限一般为1至3年，期满或双方约定的终止条件出现，即行终止。

集体合同或专项集体合同期满前3个月内，任何一方均可向对方提出重新签订或续订的要求。

第三十九条　双方协商代表协商一致，可以变更或解除集体合同或专项集体合同。

第四十条 有下列情形之一的,可以变更或解除集体合同或专项集体合同:

(一)用人单位因被兼并、解散、破产等原因,致使集体合同或专项集体合同无法履行的;

(二)因不可抗力等原因致使集体合同或专项集体合同无法履行或部分无法履行的;

(三)集体合同或专项集体合同约定的变更或解除条件出现的;

(四)法律、法规、规章规定的其他情形。

第四十一条 变更或解除集体合同或专项集体合同适用本规定的集体协商程序。

第六章 集体合同审查

第四十二条 集体合同或专项集体合同签订或变更后,应当自双方首席代表签字之日起10日内,由用人单位一方将文本一式三份报送劳动保障行政部门审查。

劳动保障行政部门对报送的集体合同或专项集体合同应当办理登记手续。

第四十三条 集体合同或专项集体合同审查实行属地管辖,具体管辖范围由省级劳动保障行政部门规定。

中央管辖的企业以及跨省、自治区、直辖市的用人单位的集体合同应当报送劳动保障部或劳动保障部指定的省级劳动保障行政部门。

第四十四条 劳动保障行政部门应当对报送的集体合同或专项集体合同的下列事项进行合法性审查:

(一)集体协商双方的主体资格是否符合法律、法规和规章规定;

(二)集体协商程序是否违反法律、法规、规章规定;

(三)集体合同或专项集体合同内容是否与国家规定相抵触。

第四十五条 劳动保障行政部门对集体合同或专项集体合同有异议的,应当自收到文本之日起15日内将《审查意见书》送达双方协商代表。《审查意见书》应当载明以下内容:

(一)集体合同或专项集体合同当事人双方的名称、地址;

(二)劳动保障行政部门收到集体合同的时间;

(三)审查意见;

(四)作出审查意见的时间。

《审查意见书》应当加盖劳动保障行政部门印章。

第四十六条 用人单位与本单位职工就劳动保障行政部门提出异议的事项经集体协商重新签订集体合同或专项集体合同的,用人单位一方应当根据本规定第四十二条的规定将文本报送劳动保障行政部门审查。

第四十七条 劳动保障行政部门自收到文本之日起15日内未提出异议的,集体合同或专项集体合同即行生效。

第四十八条 生效的集体合同或专项集体合同,应当自其生效之日起由协商代表及时以适当的形式向本方全体人员公布。

第七章 集体协商争议的协调处理

第四十九条 集体协商过程中发生争议,双方当事人不能协商解决的,当事人一方或双方可以书面向劳动保障行政部门提出协调处理申请;未提出申请的,劳动保障行政部门认为必要时也可以进行协调处理。

第五十条 劳动保障行政部门应当组织同级工会和企业组织等三方面的人员,共同协调处理集体协商争议。

第五十一条 集体协商争议处理实行属地管辖,具体管辖范围由省级劳动保障行政部门规定。

中央管辖的企业以及跨省、自治区、直辖市用人单位因集体协商发生的争议,由劳动保障部指定的省级劳动保障行政部门组织同级工会和企业组织等三方面的人员协调处理,必要时,劳动保障部也可以组织有关方面协调处理。

第五十二条 协调处理集体协商争议,应当自受理协调处理申请之日起30日内结束协调处理工作。期满未结束的,可以适当延长协调期限,但延长期限不得超过15日。

第五十三条 协调处理集体协商争议应当按照以下程序进行:

(一)受理协调处理申请;

(二)调查了解争议的情况;

(三)研究制定协调处理争议的方案;

(四)对争议进行协调处理;

(五)制作《协调处理协议书》。

第五十四条 《协调处理协议书》应当载明协调处理申请、争议的事实和协调结果,双方当事人就某些协商事项不能达成一致的,应将继续协商的有关事项予以载明。《协调处理协议书》由集体协商争议协调处理人员和争议双方首席代表签字盖章后生效。争议双方均应遵守生效后的《协调处理协议书》。

第八章 附则

第五十五条 因履行集体合同发生的争议,当事人协商解决不成的,可以依法向劳动争议仲裁委员会申请仲裁。

第五十六条 用人单位无正当理由拒绝工会或职工

代表提出的集体协商要求的,按照《工会法》及有关法律、法规的规定处理。

第五十七条 本规定于2004年5月1日起实施。原劳动部1994年12月5日颁布的《集体合同规定》同时废止。

劳动和社会保障部关于非全日制用工若干问题的意见

· 2003年5月30日
· 劳社部发〔2003〕12号

各省、自治区、直辖市劳动和社会保障厅(局):

近年来,以小时工为主要形式的非全日制用工发展较快。这一用工形式突破了传统的全日制用工模式,适应了用人单位灵活用工和劳动者自主择业的需要,已成为促进就业的重要途径。为规范用人单位非全日制用工行为,保障劳动者的合法权益,促进非全日制就业健康发展,根据《中共中央 国务院关于进一步做好下岗失业人员再就业工作的通知》(中发〔2002〕12号)精神,对非全日制用工劳动关系等问题,提出以下意见:

一、关于非全日制用工的劳动关系

1. 非全日制用工是指以小时计酬、劳动者在同一用人单位平均每日工作时间不超过5小时累计每周工作时间不超过30小时的用工形式。

从事非全日制工作的劳动者,可以与一个或一个以上用人单位建立劳动关系。用人单位与非全日制劳动者建立劳动关系,应当订立劳动合同。劳动合同一般以书面形式订立。劳动合同期限在一个月以下的,经双方协商同意,可以订立口头劳动合同。但劳动者提出订立书面劳动合同的,应当以书面形式订立。

2. 劳动者通过依法成立的劳务派遣组织为其他单位、家庭或个人提供非全日制劳动的,由劳务派遣组织与非全日制劳动者签订劳动合同。

3. 非全日制劳动合同的内容由双方协商确定,应当包括工作时间和期限、工作内容、劳动报酬、劳动保护和劳动条件五项必备条款,但不得约定试用期。

4. 非全日制劳动合同的终止条件,按照双方的约定办理。劳动合同中,当事人未约定终止劳动合同提前通知期的,任何一方均可以随时通知对方终止劳动合同;双方约定了违约责任的,按照约定承担赔偿责任。

5. 用人单位招用劳动者从事非全日制工作,应当在录用后到当地劳动保障行政部门办理录用备案手续。

6. 从事非全日制工作的劳动者档案可由本人户口所在地劳动保障部门的公共职业介绍机构代管。

二、关于非全日制用工的工资支付

7. 用人单位应当按时足额支付非全日制劳动者的工资。用人单位支付非全日制劳动者的小时工资不得低于当地政府颁布的小时最低工资标准。

8. 非全日制用工的小时最低工资标准由省、自治区、直辖市规定,并报劳动保障部备案。确定和调整小时最低工资标准应当综合参考以下因素:当地政府颁布的月最低工资标准;单位应缴纳的基本养老保险费和基本医疗保险费(当地政府颁布的月最低工资标准未包含个人缴纳社会保险费因素的,还应考虑个人应缴纳的社会保险费);非全日制劳动者在工作稳定性、劳动条件和劳动强度、福利等方面与全日制就业人员之间的差异。小时最低工资标准的测算方法为:

小时最低工资标准=〔(月最低工资标准÷20.92÷8)×(1+单位应当缴纳的基本养老保险费和基本医疗保险费比例之和)〕×(1+浮动系数)①

9. 非全日制用工的工资支付可以按小时、日、周或月为单位结算。

三、关于非全日制用工的社会保险

10. 从事非全日制工作的劳动者应当参加基本养老保险,原则上参照个体工商户的参保办法执行。对于已参加过基本养老保险和建立个人账户的人员,前后缴费年限合并计算,跨统筹地区转移的,应办理基本养老保险关系和个人账户的转移、接续手续。符合退休条件时,按国家规定计发基本养老金。

11. 从事非全日制工作的劳动者可以以个人身份参加基本医疗保险,并按照待遇水平与缴费水平相挂钩的原则,享受相应的基本医疗保险待遇。参加基本医疗保险的具体办法由各地劳动保障部门研究制定。

12. 用人单位应当按照国家有关规定为建立劳动关系的非全日制劳动者缴纳工伤保险费。从事非全日制工作的劳动者发生工伤,依法享受工伤保险待遇;被鉴定为伤残5-10级的,经劳动者与用人单位协商一致,可以一次性结算伤残待遇及有关费用。

四、关于非全日制用工的劳动争议处理

13. 从事非全日制工作的劳动者与用人单位因履行

---

① 由于法定节假日变化,月工作日及计薪天数也发生相应变化,具体参见《关于职工全年月平均工作时间和工资折算问题的通知》(2008年1月3日 劳社部发〔2008〕3号)。

劳动合同引发的劳动争议，按照国家劳动争议处理规定执行。

14. 劳动者直接向其他家庭或个人提供非全日制劳动的，当事人双方发生的争议不适用劳动争议处理规定。

五、关于非全日制用工的管理与服务

15. 非全日制用工是劳动用工制度的一种重要形式，是灵活就业的主要方式。各级劳动保障部门要高度重视，从有利于维护非全日制劳动者的权益、有利于促进灵活就业、有利于规范非全日制用工的劳动关系出发，结合本地实际，制定相应的政策措施。要在劳动关系建立、工资支付、劳动争议处理等方面为非全日制用工提供政策指导和服务。

16. 各级劳动保障部门要切实加强劳动保障监察执法工作，对用人单位不按照本意见要求订立劳动合同、低于最低小时工资标准支付工资以及拖欠克扣工资的行为，应当严肃查处，维护从事非全日制工作劳动者的合法权益。

17. 各级社会保险经办机构要为非全日制劳动者参保缴费提供便利条件，开设专门窗口，可以采取按月、季或半年缴费的办法，及时为非全日制劳动者办理社会保险关系及个人账户的接续和转移手续；按规定发放社会保险缴费对账单，及时支付各项社会保险待遇，维护他们的社会保障权益。

18. 各级公共职业介绍机构要积极为从事非全日制工作的劳动者提供档案保管、社会保险代理等服务，推动这项工作顺利开展。

(5) 劳动合同的解除与终止

企业经济性裁减人员规定

· 1994 年 11 月 14 日
· 劳部发〔1994〕447 号

第一条 为指导用人单位依法正确行使裁减人员权利，根据《中华人民共和国劳动法》的有关规定，制定本规定。

第二条 用人单位濒临破产，被人民法院宣告进入法定整顿期间或生产经营发生严重困难，达到当地政府规定的严重困难企业标准，确需裁减人员的，可以裁员。

第三条 用人单位有条件的，应为被裁减的人员提供培训或就业帮助。

第四条 用人单位确需裁减人员，应按下列程序进行：

（一）提前 30 日向工会或者全体职工说明情况，并提供有关生产经营状况的资料；

（二）提出裁减人员方案，内容包括：被裁减人员名单，裁减时间及实施步骤，符合法律、法规规定和集体合同约定的被裁减人员经济补偿办法；

（三）将裁减人员方案征求工会或者全体职工的意见，并对方案进行修改和完善；

（四）向当地劳动行政部门报告裁减人员方案以及工会或者全体职工的意见，并听取劳动行政部门的意见；

（五）由用人单位正式公布裁减人员方案，与被裁减人员办理解除劳动合同手续，按照有关规定向被裁减人员本人支付经济补偿金，出具裁减人员证明书。

第五条 用人单位不得裁减下列人员：

（一）患职业病或者因工负伤并被确认丧失或者部分丧失劳动能力的；

（二）患病或者负伤，在规定的医疗期内的；

（三）女职工在孕期、产期、哺乳期内的；

（四）法律、行政法规规定的其他情形。

第六条 对于被裁减而失业的人员，参加失业保险的，可到当地劳动就业服务机构登记，申领失业救济金。

第七条 用人单位从裁减人员之日起，6 个月内需要新招人员的，必须优先从本单位裁减的人员中录用，并向当地劳动行政部门报告录用人员的数量、时间、条件以及优先录用人员的情况。

第八条 劳动行政部门对用人单位违反法律、法规和有关规定裁减人员的，应依法制止和纠正。

第九条 工会或职工对裁员提出的合理意见，用人单位应认真听取。

用人单位违反法律、法规规定和集体合同约定裁减人员的，工会有权要求重新处理。

第十条 因裁减人员发生的劳动争议，当事人双方应按照劳动争议处理的有关规定执行。

第十一条 各省、自治区、直辖市劳动行政部门可根据本规定和本地区实际情况制定实施办法。

第十二条 本规定自 1995 年 1 月 1 日起施行。

违反《劳动法》有关劳动合同规定的赔偿办法

· 1995 年 5 月 10 日
· 劳部发〔1995〕223 号

第一条 为明确违反劳动法有关劳动合同规定的赔偿责任，维护劳动合同双方当事人的合法权益，根据《中华人民共和国劳动法》的有关规定,制定本办法。

第二条 用人单位有下列情形之一,对劳动者造成损害的,应赔偿劳动者损失:

(一)用人单位故意拖延不订立劳动合同,即招用后故意不按规定订立劳动合同以及劳动合同到期后故意不及时续订劳动合同的;

(二)由于用人单位的原因订立无效劳动合同,或订立部分无效劳动合同的;

(三)用人单位违反规定或劳动合同的约定侵害女职工或未成年工合法权益的;

(四)用人单位违反规定或劳动合同的约定解除劳动合同的。

第三条 本办法第二条规定的赔偿,按下列规定执行:

(一)造成劳动者工资收入损失的,按劳动者本人应得工资收入支付给劳动者,并加付应得工资收入25%的赔偿费用;

(二)造成劳动者劳动保护待遇损失的,应按国家规定补足劳动者的劳动保护津贴和用品;

(三)造成劳动者工伤、医疗待遇损失的,除按国家规定为劳动者提供工伤、医疗待遇外,还应支付劳动者相当于医疗费用25%的赔偿费用;

(四)造成女职工和未成年工身体健康损害的,除按国家规定提供治疗期间的医疗待遇外,还应支付相当于其医疗费用25%的赔偿费用;

(五)劳动合同约定的其他赔偿费用。

第四条 劳动者违反规定或劳动合同的约定解除劳动合同,对用人单位造成损失的,劳动者应赔偿用人单位下列损失:

(一)用人单位招收录用其所支付的费用;

(二)用人单位为其支付的培训费用,双方另有约定的按约定办理;

(三)对生产、经营和工作造成的直接经济损失;

(四)劳动合同约定的其他赔偿费用。

第五条 劳动者违反劳动合同中约定的保密事项,对用人单位造成经济损失的,按《反不正当竞争法》第二十条的规定支付用人单位赔偿费用。

第六条 用人单位招用尚未解除劳动合同的劳动者,对原用人单位造成经济损失的,除该劳动者承担直接赔偿责任外,该用人单位应当承担连带赔偿责任。其连带赔偿的份额应不低于对原用人单位造成经济损失总额的70%。向原用人单位赔偿下列损失:

(一)对生产、经营和工作造成的直接经济损失;

(二)因获取商业秘密给原用人单位造成的经济损失。

赔偿本条第(二)项规定的损失,按《反不正当竞争法》第二十条的规定执行。

第七条 因赔偿引起争议的,按照国家有关劳动争议处理的规定办理。

第八条 本办法自发布之日起施行。

· 指导案例

1. 中兴通讯(杭州)有限责任公司诉王鹏劳动合同纠纷案①

【关键词】 民事 劳动合同 单方解除

【裁判要点】

劳动者在用人单位等级考核中居于末位等次,不等同于"不能胜任工作",不符合单方解除劳动合同的法定条件,用人单位不能据此单方解除劳动合同。

【相关法条】

《中华人民共和国劳动合同法》第三十九条、第四十条

【基本案情】

2005年7月,被告王鹏进入原告中兴通讯(杭州)有限责任公司(以下简称中兴通讯)工作,劳动合同约定王鹏从事销售工作,基本工资每月3840元。该公司的《员工绩效管理办法》规定:员工半年、年度绩效考核分别为S、A、C1、C2四个等级,分别代表优秀、良好、价值观不符、业绩待改进;S、A、C(C1、C2)等级的比例分别为20%、70%、10%;不胜任工作原则上考核为C2。王鹏原在该公司分销科从事销售工作,2009年1月后因分销科解散等原因,转岗至华东区从事销售工作。2008年下半年、2009年上半年及2010年下半年,王鹏的考核结果均为C2。中兴通讯认为,王鹏不能胜任工作,经转岗后,仍不能胜任工作,故在支付了部分经济补偿金的情况下解除了劳动合同。

2011年7月27日,王鹏提起劳动仲裁。同年10月8日,仲裁委作出裁决:中兴通讯支付王鹏违法解除劳动合同的赔偿金余额36596.28元。中兴通讯认为其不存在违

---

① 案例来源:最高人民法院指导性案例18号。

法解除劳动合同的行为,故于同年11月1日诉至法院,请求判令不予支付解除劳动合同赔偿金余额。

【裁判结果】

浙江省杭州市滨江区人民法院于2011年12月6日作出(2011)杭滨民初字第885号民事判决:原告中兴通讯(杭州)有限责任公司于本判决生效之日起十五日内一次性支付被告王鹏违法解除劳动合同的赔偿金余额36596.28元。宣判后,双方均未上诉,判决已发生法律效力。

【裁判理由】

法院生效裁判认为:为了保护劳动者的合法权益,构建和发展和谐稳定的劳动关系,《中华人民共和国劳动法》《中华人民共和国劳动合同法》对用人单位单方解除劳动合同的条件进行了明确限定。原告中兴通讯以被告王鹏不胜任工作,经转岗后仍不胜任工作为由,解除劳动合同,对此应负举证责任。根据《员工绩效管理办法》的规定,"C(C1、C2)考核等级的比例为10%",虽然王鹏曾经考核结果为C2,但是C2等级并不完全等同于"不能胜任工作",中兴通讯仅凭该限定考核等级比例的考核结果,不能证明劳动者不能胜任工作,不符合据此单方解除劳动合同的法定条件。虽然2009年1月王鹏从分销科转岗,但是转岗前后均从事销售工作,并存在分销科解散导致王鹏转岗这一根本原因,故不能证明王鹏系因不能胜任工作而转岗。因此,中兴通讯主张王鹏不胜任工作,经转岗后仍然不胜任工作的依据不足,存在违法解除劳动合同的情形,应当依法向王鹏支付经济补偿标准二倍的赔偿金。

2. 聂美兰诉北京林氏兄弟文化有限公司确认劳动关系案①

关键词 民事/确认劳动关系/合作经营/书面劳动合同

裁判要点

1. 劳动关系适格主体以"合作经营"等为名订立协议,但协议约定的双方权利义务内容、实际履行情况等符合劳动关系认定标准,劳动者主张与用人单位存在劳动关系的,人民法院应予支持。

2. 用人单位与劳动者签订的书面协议中包含工作内容、劳动报酬、劳动合同期限等符合劳动合同法第十七条规定的劳动合同条款,劳动者以用人单位未订立书面劳动合同为由要求支付第二倍工资的,人民法院不予支持。

相关法条

①案例来源:最高人民法院指导性案例179号。

《中华人民共和国劳动合同法》第10条、第17条、第82条

基本案情

2016年4月8日,聂美兰与北京林氏兄弟文化有限公司(以下简称林氏兄弟公司)签订了《合作设立茶叶经营项目的协议》,内容为:"第一条:双方约定,甲方出资进行茶叶项目投资,聘任乙方为茶叶经营项目经理,乙方负责公司的管理与经营。第二条:待项目启动后,双方相机共同设立公司,乙方可享有管理股份。第三条:利益分配:在公司设立之前,乙方按基本工资加业绩方式取酬。公司设立之后,按双方的持股比例进行分配。乙方负责管理和经营,取酬方式:基本工资+业绩、奖励+股份分红。第四条:双方在运营过程中,未尽事宜由双方友好协商解决。第五条:本合同正本一式两份,公司股东各执一份。"

协议签订后,聂美兰到该项目上工作,工作内容为负责《中国书画》艺术茶礼的经营管理,主要负责接待、茶叶销售等工作。林氏兄弟公司的法定代表人林德汤按照每月基本工资10000元的标准,每月15日通过银行转账向聂美兰发放上一自然月工资。聂美兰请假需经林德汤批准,且实际出勤天数影响工资的实发数额。2017年5月6日林氏兄弟公司通知聂美兰终止合作协议。聂美兰实际工作至2017年5月8日。

聂美兰申请劳动仲裁,认为双方系劳动关系并要求林氏兄弟公司支付未签订书面劳动合同二倍工资差额,林氏兄弟公司主张双方系合作关系。北京市海淀区劳动人事争议仲裁委员会作出京海劳人仲字(2017)第9691号裁决:驳回聂美兰的全部仲裁请求。聂美兰不服仲裁裁决,于法定期限内向北京市海淀区人民法院提起诉讼。

裁判结果

北京市海淀区人民法院于2018年4月17日作出(2017)京0108民初45496号民事判决:一、确认林氏兄弟公司与聂美兰于2016年4月8日至2017年5月8日期间存在劳动关系;二、林氏兄弟公司于判决生效后七日内支付聂美兰2017年3月1日至2017年5月8日期间工资22758.62元;三、林氏兄弟公司于判决生效后七日内支付聂美兰2016年5月8日至2017年4月7日期间未签订劳动合同二倍工资差额103144.9元;四、林氏兄弟公司于判决生效后七日内支付聂美兰违法解除劳动关系赔偿金27711.51元;五、驳回聂美兰的其他诉讼请求。林氏兄弟公司不服一审判决,提出上诉。北京市第一中级人民法院

于 2018 年 9 月 26 日作出(2018)京 01 民终 5911 号民事判决:一、维持北京市海淀区人民法院(2017)京 0108 民初 45496 号民事判决第一项、第二项、第四项;二、撤销北京市海淀区人民法院(2017)京 0108 民初 45496 号民事判决第三项、第五项;三、驳回聂美兰的其他诉讼请求。林氏兄弟公司不服二审判决,向北京市高级人民法院申请再审。北京市高级人民法院于 2019 年 4 月 30 日作出(2019)京民申 986 号民事裁定:驳回林氏兄弟公司的再审申请。

裁判理由

法院生效裁判认为:申请人林氏兄弟公司与被申请人聂美兰签订的《合作设立茶叶经营项目的协议》系自愿签订的,不违反强制性法律、法规规定,属有效合同。对于合同性质的认定,应当根据合同内容所涉及的法律关系,即合同双方所设立的权利义务来进行认定。双方签订的协议第一条明确约定聘任聂美兰为茶叶经营项目经理,"聘任"一词一般表明当事人有雇佣劳动者为其提供劳动之意;协议第三条约定了聂美兰的取酬方式,无论在双方设定的目标公司成立之前还是之后,聂美兰均可获得"基本工资""业绩"等报酬,与合作经营中的收益分配明显不符。合作经营合同的典型特征是共同出资,共担风险,本案合同中既未约定聂美兰出资比例,也未约定共担风险,与合作经营合同不符。从本案相关证据上看,聂美兰接受林氏兄弟公司的管理,按月汇报员工的考勤、款项分配、开支、销售、工作计划、备用金的申请等情况,且所发工资与出勤天数密切相关。双方在履行合同过程中形成的关系,符合劳动合同中人格从属性和经济从属性的双重特征。故原判认定申请人与被申请人之间存在劳动关系并无不当。双方签订的合作协议还可视为书面劳动合同,虽缺少一些必备条款,但并不影响已约定的条款及效力,仍可起到固定双方劳动关系、权利义务的作用,二审法院据此依法改判是正确的。林氏兄弟公司于 2017 年 5 月 6 日向聂美兰出具了《终止合作协议通知》,告知聂美兰终止双方的合作,具有解除双方之间劳动关系的意思表示,根据《最高人民法院关于民事诉讼证据的若干规定》第六条,在劳动争议纠纷案件中,因用人单位作出的开除、除名、辞退、解除劳动合同等决定而发生的劳动争议,由用人单位负举证责任,林氏兄弟公司未能提供解除劳动关系原因的相关证据,应当承担不利后果。二审法院根据本案具体情况和相关证据所作的判决,并无不当。

3. 房玥诉中美联泰大都会人寿保险有限公司劳动合同纠纷案①

关键词 民事/劳动合同/离职/年终奖

裁判要点

年终奖发放前离职的劳动者主张用人单位支付年终奖的,人民法院应当结合劳动者的离职原因、离职时间、工作表现以及对单位的贡献程度等因素进行综合考量。用人单位的规章制度规定年终奖发放前离职的劳动者不能享有年终奖,但劳动合同的解除非因劳动者单方过失或主动辞职所导致,且劳动者已经完成年度工作任务,用人单位不能证明劳动者的工作业绩及表现不符合年终奖发放标准,年终奖发放前离职的劳动者主张用人单位支付年终奖的,人民法院应予支持。

相关法条

《中华人民共和国劳动合同法》第 40 条

基本案情

房玥于 2011 年 1 月至中美联泰大都会人寿保险有限公司(以下简称大都会公司)工作,双方之间签订的最后一份劳动合同履行日期为 2015 年 7 月 1 日至 2017 年 6 月 30 日,约定房玥担任战略部高级经理一职。2017 年 10 月,大都会公司对其组织架构进行调整,决定撤销战略部,房玥所任职的岗位因此被取消。双方就变更劳动合同等事宜展开了近两个月的协商,未果。12 月 29 日,大都会公司以客观情况发生重大变化、双方未能就变更劳动合同协商达成一致,向房玥发出《解除劳动合同通知书》。房玥对解除决定不服,经劳动仲裁程序后起诉要求恢复与大都会公司之间的劳动关系并诉求 2017 年 8 月-12 月未签劳动合同二倍工资差额、2017 年度奖金等。大都会公司《员工手册》规定:年终奖金根据公司政策,按公司业绩、员工表现计发,前提是该员工在当年度 10 月 1 日前已入职,若员工在奖金发放月或之前离职,则不能享有。据查,大都会公司每年度年终奖会在次年 3 月份左右发放。

裁判结果

上海市黄浦区人民法院于 2018 年 10 月 29 日作出(2018)沪 0101 民初 10726 号民事判决:一、大都会公司于判决生效之日起七日内向原告房玥支付 2017 年 8 月—12 月期间未签劳动合同双倍工资差额人民币 192500 元;二、房玥的其他诉讼请求均不予支持。房玥不服,上诉至上海市第二中级人民法院。上海市第二中级人民法院于 2019

---

① 案例来源:最高人民法院指导性案例 183 号。

年3月4日作出(2018)沪02民终11292号民事判决:一、维持上海市黄浦区人民法院(2018)沪0101民初10726号民事判决第一项;二、撤销上海市黄浦区人民法院(2018)沪0101民初10726号民事判决第二项;三、大都会公司于判决生效之日起七日内支付上诉人房玥2017年度年终奖税前人民币138600元;四、房玥的其他请求不予支持。

裁判理由

法院生效裁判认为:本案的争议焦点系用人单位以客观情况发生重大变化为依据解除劳动合同,导致劳动者不符合员工手册规定的年终奖发放条件时,劳动者是否可以获得相应的年终奖。对此,一审法院认为,大都会公司的《员工手册》明确规定了奖金发放情形,房玥在大都会公司发放2017年度奖金之前已经离职,不符合奖金发放情形,故对房玥要求2017年度奖金之请求不予支持。二审法院经审理后认为,现行法律法规并没有强制规定年终奖应如何发放,用人单位有权根据本单位的经营状况、员工的业绩表现等,自主确定奖金发放与否、发放条件及发放标准,但是用人单位制定的发放规则仍应遵循公平合理原则,对于在年终奖发放之前已经离职的劳动者可否获得年终奖,应当结合劳动者离职的原因、时间、工作表现和对单位的贡献程度等多方面因素综合考量。本案中,大都会公司对其组织架构进行调整,双方未能就劳动合同的变更达成一致,导致劳动合同被解除。房玥在大都会公司工作至2017年12月29日,此后两日系双休日,表明房玥在2017年度已在大都会公司工作满一年;在大都会公司未举证房玥的2017年度工作业绩、表现等方面不符合规定的情况下,可以认定房玥在该年度为大都会公司付出了一整年的劳动且正常履行了职责,为大都会公司做出了应有的贡献。基于上述理由,大都会公司关于房玥在年终奖发放月之前已离职而不能享有该笔奖金的主张缺乏合理性。故对房玥诉求大都会公司支付2017年度年终奖,应予支持。

4. 马筱楠诉北京搜狐新动力信息技术有限公司竞业限制纠纷案①

关键词 民事/竞业限制/期限/约定无效

裁判要点

用人单位与劳动者在竞业限制条款中约定,因履行竞业限制条款发生争议申请仲裁和提起诉讼的期间不计入竞业限制期限的,属于劳动合同法第二十六条第一款第二项规定的"用人单位免除自己的法定责任、排除劳动者权利"的情形,应当认定为无效。

相关法条

《中华人民共和国劳动合同法》第23条第2款、第24条、第26条第1款

基本案情

马筱楠于2005年9月28日入职北京搜狐新动力信息技术有限公司(以下简称搜狐新动力公司),双方最后一份劳动合同期限自2014年2月1日起至2017年2月28日止,马筱楠担任高级总监。2014年2月1日,搜狐新动力公司(甲方)与马筱楠(乙方)签订《不竞争协议》,其中第3.3款约定:"……,竞业限制期限从乙方离职之日开始计算,最长不超过12个月,具体的月数根据甲方向乙方实际支付的竞业限制补偿费计算得出。但如因履行本协议发生争议而提起仲裁或诉讼时,则上述竞业限制期限应将仲裁和诉讼的审理期限扣除;即乙方应履行竞业限制义务的期限,在扣除仲裁和诉讼审理的期限后,不应短于上述约定的竞业限制月数。"2017年2月28日劳动合同到期,双方劳动关系终止。2017年3月24日,搜狐新动力公司向马筱楠发出《关于要求履行竞业限制义务和领取竞业限制经济补偿费的告知函》,要求其遵守《不竞争协议》,全面并适量履行竞业限制义务。马筱楠自搜狐新动力公司离职后,于2017年3月中旬与优酷公司开展合作关系,后于2017年4月底离开优酷公司,违反了《不竞争协议》。搜狐新动力公司以要求确认马筱楠违反竞业限制义务并双倍返还竞业限制补偿金、继续履行竞业限制义务、赔偿损失并支付律师费为由向北京市劳动人事争议仲裁委员会申请仲裁,仲裁委员会作出京劳人仲字〔2017〕第339号裁决:一、马筱楠一次性双倍返还搜狐新动力公司2017年3、4月竞业限制补偿金共计177900元;二、马筱楠继续履行对搜狐新动力公司的竞业限制义务;三、驳回搜狐新动力公司的其他仲裁请求。马筱楠不服,于法定期限内向北京市海淀区人民法院提起诉讼。

裁判结果

北京市海淀区人民法院于2018年3月15日作出(2017)京0108民初45728号民事判决:一、马筱楠于判决生效之日起七日内向搜狐新动力公司双倍返还2017年3、4月竞业限制补偿金共计177892元;二、确认马筱楠无需继续履行对搜狐新动力公司的竞业限制义务。搜狐新动力公司不服一审判决,提起上诉。北京市第一中级人民法院于2018年8月22日作出(2018)京01民终5826号民

---

① 案例来源:最高人民法院指导性案例184号。

事判决:驳回上诉,维持原判。

裁判理由

法院生效裁判认为:本案争议焦点为《不竞争协议》第3.3款约定的竞业限制期限的法律适用问题。搜狐新动力公司上诉主张该协议第3.3款约定有效,马筱楠的竞业限制期限为本案仲裁和诉讼的实际审理期限加上12个月,以实际发生时间为准且不超过二年,但本院对其该项主张不予采信。

一、竞业限制协议的审查

法律虽然允许用人单位可以与劳动者约定竞业限制义务,但同时对双方约定竞业限制义务的内容作出了强制性规定,即以效力性规范的方式对竞业限制义务所适用的人员范围、竞业领域、限制期限均作出明确限制,且要求竞业限制约定不得违反法律、法规的规定,以期在保护用人单位商业秘密、维护公平竞争市场秩序的同时,亦防止用人单位不当运用竞业限制制度对劳动者的择业自由权造成过度损害。

二、"扣除仲裁和诉讼审理期限"约定的效力

本案中,搜狐新动力公司在《不竞争协议》第3.3款约定马筱楠的竞业限制期限应扣除仲裁和诉讼的审理期限,该约定实际上要求马筱楠履行竞业限制义务的期限为:仲裁和诉讼程序的审理期限+实际支付竞业限制补偿金的月数(最长不超过12个月)。从劳动者择业自由权角度来看,虽然法律对于仲裁及诉讼程序的审理期限均有法定限制,但就具体案件而言该期限并非具体确定的期间,将该期间作为竞业限制期限的约定内容,不符合竞业限制条款应具体明确的立法目的。加之劳动争议案件的特殊性,相当数量的案件需要经过"一裁两审"程序,上述约定使得劳动者一旦与用人单位发生争议,则其竞业限制期限将被延长至不可预期且相当长的一段期间,乃至达到二年。这实质上造成了劳动者的择业自由权在一定期间内处于待定状态。另一方面,从劳动者司法救济权角度来看,对于劳动者一方,如果其因履行《不竞争协议》与搜狐新动力公司发生争议并提起仲裁和诉讼,依照该协议第3.3款约定,仲裁及诉讼审理期间劳动者仍需履行竞业限制义务,即出现其竞业限制期限被延长的结果。如此便使劳动者陷入"寻求司法救济则其竞业限制期限被延长""不寻求司法救济则其权益受损害"的两难境地,在一定程度上限制了劳动者的司法救济权利;而对于用人单位一方,该协议第3.3款使得搜狐新动力公司无需与劳动者进行协商,即可通过提起仲裁和诉讼的方式单方地、变相地延长劳动者的竞业限制期限,一定程度上免除了其法定责任。综上,法院认为,《不竞争协议》第3.3款中关于竞业限制期限应将仲裁和诉讼的审理期限扣除的约定,即"但如因履行本协议发生争议而提起仲裁或诉讼时……乙方应履行竞业限制义务的期限,在扣除仲裁和诉讼审理的期限后,不应短于上述约定的竞业限制月数"的部分,属于劳动合同法第二十六条第一款第二项规定的"用人单位免除自己的法定责任、排除劳动者权利"的情形,应属无效。而根据该法第二十七条规定,劳动合同部分无效,不影响其他部分效力的,其他部分仍然有效。

三、本案竞业限制期限的确定

据此,依据《不竞争协议》第3.3款仍有效部分的约定,马筱楠的竞业限制期限应依据搜狐新动力公司向支付竞业限制补偿金的月数确定且最长不超过12个月。鉴于搜狐新动力公司已向马筱楠支付2017年3月至2018年2月期间共计12个月的竞业限制补偿金,马筱楠的竞业限制期限已经届满,其无需继续履行对搜狐新动力公司的竞业限制义务。

・典型案例

1. 上海安盛物业有限公司诉王文正劳动合同纠纷案[①]

【裁判摘要】

用人单位行使管理权亦当合理且善意。劳动者因直系亲属病危提交请假手续,在用人单位审批期间,该直系亲属病故,劳动者径行返家处理后事,用人单位因此以旷工为由主张解除劳动合同的,属于违法解除劳动合同,亦不符合社会伦理。劳动者因用人单位违法解除劳动合同要求赔偿的,人民法院应予支持。

【案情】

原告:上海安盛物业有限公司。
法定代表人:梅月静,该公司执行董事。
被告:王文正,男,住安徽省某县。

---

① 案例来源:《最高人民法院公报》2023年第4期。

原告上海安盛物业有限公司(以下简称安盛公司)因与被告王文正发生劳动合同纠纷,向上海市青浦区人民法院提起诉讼。

原告安盛公司诉称:安盛公司与被告王文正自2008年4月7日起建立劳动关系,王文正在安盛公司从事保安工作。2020年1月6日早7点左右,王文正以父亲病危为由,临时提出1月6日至13日请事假,并将请假申请单交给保安队长李某,要求李某转交,并称会自行联系小区经理吴某,随后即乘车回老家。当天中午,王文正电话通知物业管理处此次请假事宜,吴某将请假单拍照上传至公司微信群,但未获审批通过。王文正得知请假未获批准后,原本1月7日已经在赶回单位的路上,因途中接到父亲去世电话又返回老家,于1月14日下午回到上海,15日开始上班。公司考勤等规章制度依法制定并已向王文正公示,组织王文正学习,王文正已签字确认,知晓并应当严格遵守。根据公司考勤管理细则,员工请事假连续三天以上(含三天)需由集团公司总裁(总经理)审批。累计旷工三天以上(含三天)者,视为严重违反公司规章制度和劳动纪律,公司有权辞退,提前解除劳动合同并依法不予支付经济补偿。2020年1月6日至14日期间,王文正未经批准擅自请假,共缺勤6个工作日,即使给足3天丧假,累计旷工也达到3个工作日,符合辞退条件。安盛公司对仲裁裁决不服,人情不能大于法,用人单位的合法权益也需要得到保障。王文正在明知单位考勤审批制度,明知此次请事假在事先和事后均未按规定获得审批同意的情况下,仍故意旷工,其情节已达到被辞退的标准,安盛公司解除劳动合同于法有据,不属于违法解除,无需支付赔偿金。王文正2019年度年休假已休完,安盛公司无需支付年休假工资差额。故请求判令:安盛公司不支付王文正违法解除劳动合同赔偿金75269.04元、2019年未休年休假工资差额856.1元。

被告王文正辩称:不同意原告安盛公司的诉讼请求,认可仲裁裁决结果。

上海市青浦区人民法院一审查明:

被告王文正于2008年4月7日进入原告安盛公司工作,岗位为保安,王文正作息为做二休一。安盛公司员工请事假或公休需填写请假申请单,写明假别、时间、事由等,申请单落款签字栏分别为"申请人"、"职务代理人"、"主管部门"、"部门主任"、"人事"及"经理"。安盛公司考勤管理细则规定,员工请事假一天由主管领导审批,连续二天由行政事务部(办公室)审批,连续三天以上(含三天)由公司总裁(总经理)审批;累计旷工三天以上(含三天)者,视为严重违反公司规章制度和劳动纪律,公司有权辞退,提前解除劳动合同并依法不予支付经济补偿。王文正签名确认并学习了上述文件。2020年1月6日,王文正因父亲生病向其主管李某提交请假单后回老家,请假时间为2020年1月6日至1月13日。次日,王文正因安盛公司未准假而返回,途中得知其父亲去世便再次回家处理丧事。后,王文正于2020年1月14日返回上海,并于次日起开始上班。2020年1月6日至1月14日期间,王文正应出勤日期分别为6日、8日、9日、11日、12日、14日,共计6天。2020年1月31日,安盛公司向王文正出具《解除劳动合同通知书》,以旷工天数累计三天以上(含三天)为由解除劳动关系。

另查明,被告王文正2019年应享受10天年休假,已休7天。原告安盛公司保安岗位在2019年8月1日至2020年7月31日期间实行以季为周期的综合计算工时工作制。

又查明,被告王文正于2020年3月27日申请仲裁,要求原告安盛公司支付2020年1月1日至2月29日工资11190.53元、违法解除劳动合同赔偿金104069.06元及2019年未休年休假工资差额2464.38元。仲裁裁决安盛公司支付王文正2020年1月工资3419.3元、违法解除劳动合同赔偿金75269.04元及2019年未休年休假工资差额865.16元,对王文正的其余请求不予支持。安盛公司不服该裁决,诉至法院。

审理中,被告王文正向法院提供:1.村委会出具的证明,证明其父亲于2020年1月7日因病去世,于1月12日火化。死亡证明已交给殡仪馆,注销户口时又将火化证明交给了公安机关,故现在无死亡证明和火化证明。原告安盛公司对真实性不予认可,认为死亡证明应该由公安局出具,火化证明应该由殡仪馆出具。村委会证明即使为真,王文正父亲1月7日去世,12日才火化也不符合常理。2.王文正和保安队长李某的微信聊天记录,李某在微信中表述"安心回去给老父亲办后事,这里我明天给吴经理和上面沟通",时间为2020年1月7日晚上21点57分左右,证明其请假得到了主管的同意。安盛公司对真实性无异议。但认为该证据恰好证明王文正知晓此次请假没有获得批准,李某也明确表示其没有批准的权力。

上海市青浦区人民法院一审认为:

用人单位行使管理权应遵循合理、限度和善意的原则。解除劳动合同系最严厉的惩戒措施,用人单位应审慎用之。被告王文正因父去世回老家操办丧事,既是处理突发的家庭事务,亦属尽人子孝道,符合中华民族传统的人伦道德和善良风俗。原告安盛公司作为用人单位,应给予充分的尊重、理解和宽容。王文正提供了村委会出具的证明,安盛公司虽不予认可,但并无相反证据予以推翻。王文正所请1月6日至1月13日的事假在1月7日后性质发生改变,转化为事假丧假并存。扣除三天丧假,王文正实际只请了两天事假。考虑到王文正老家在外地，路途时间亦耗费较多，王文正请事假两天，属合理期间范围。安盛公司不予批准，显然不近人情，亦有违事假制度设立之目的。安盛公司解除劳动合同，属罔顾事件背景缘由，机械适用规章制度，严苛施行用工管理，显然不当。故，安盛公司应支付王文正违法解除劳动合同赔偿金75269.04元。关于2019年年休假工资，王文正尚余3天年休假未休，安盛公司应支付王文正未休年休假工资差额865.16元。关于2020年1月工资，仲裁裁决安盛公司支付王文正2020年1月工资3419.3元，双方均未提起诉讼，应视为认可，法院予以确认。

据此，上海市青浦区人民法院依照《中华人民共和国劳动合同法》第四十七条第一款、第三款、第八十七条、《职工带薪年休假条例》第三条第一款、第五条第三款的规定，于2020年10月10日作出判决：

一、原告上海安盛物业有限公司应于本判决生效之日起十日内支付被告王文正违法解除劳动合同赔偿金75269.04元；

二、原告上海安盛物业有限公司应于本判决生效之日起十日内支付被告王文正2019年未休年休假工资差额865.16元；

三、原告上海安盛物业有限公司应于本判决生效之日起十日内支付被告王文正2020年1月工资3419.3元。

安盛公司不服一审判决，向上海市第二中级人民法院提起上诉称：1. 被上诉人王文正不等单位审批即乘车返乡，说明其已单方决定离岗，主观上有旷工故意。王文正离岗后，扣除法定丧假也已旷工3天，符合辞退条件。王文正提供的其父死亡及火化下葬的证明系由村委会出具，真实性无法确认，公司存有合理质疑。2. 鉴于保安工作特殊性，若不对其进行辞退处理，会导致其他保安效仿，公司无法再进行有效管理。超出法定丧假期间的，用人单位完全有权根据实际情况和工作需要，作出批准或不批准的决定。王文正已达被辞退标准，安盛公司在充分考虑实际情况后审慎做出决定，并未违反合理、限度和善意原则。3. 王文正2019年年休假已使用完毕，安盛公司无需支付工资差额。

被上诉人王文正辩称：王文正请假系因父亲去世，事出有因，请假时间也在合理范围内，不能定性为旷工。

上海市第二中级人民法院经二审，确认了一审查明的事实。

上海市第二中级人民法院二审认为：

劳动合同履行期间，用人单位及劳动者均负有切实、充分、妥善履行合同的义务。劳动者有自觉维护用人单位劳动秩序，遵守用人单位的规章制度的义务；用人单位管理权的边界和行使方式亦应善意、宽容及合理。上诉人安盛公司以被上诉人王文正旷工天数累计达到三天以上（含三天）为由解除双方劳动合同，安盛公司是否违法解除，应审视王文正是否存在公司主张的违纪事实。王文正工作做二休一，2020年1月6日至14日期间，其请假日期为1月6日至13日，其应出勤日期分别为6日、8日、9日、11日、12日、14日。

首先，关于2020年1月6日至13日。被上诉人王文正于1月6日早上提交了请假手续，其上级主管李某和吴某予以签字同意，但其领导迟至下午才报集团公司审批，次日才告知王文正未获批准，故王文正1月6日缺勤系因上诉人安盛公司未及时行使审批权所致，不应认定为旷工。1月7日王文正因公司未准假，返回上海途中得知父亲去世便再次回家办理丧事，至此，事假性质发生改变，转化为丧假事假并存，扣除三天丧假，王文正实际事假天数为2天，至于此2天事假是否应获批准，纵观本案，王文正请假，事出有因，其回老家为父亲操办丧事，符合中华民族传统人伦道德和善良民俗。安盛公司作为用人单位行使管理权应遵循合理、限度和善意的原则。至于安盛公司对王文正父亲去世及火化下葬时间存有异议一节，包括王文正老家安徽在内的中国广大农村仍有停灵的丧葬习俗，而相关村委会证明显示的王文正父亲从去世到火化下葬所耗时间尚在合理范围内，尊重民俗，体恤员工的具体困难与不幸亦是用人单位应有之义，故对安盛公司之主张不予采纳。其次，关于2020年1月14日。该日不在王文正请假期间范围内，安盛公司认定该日为旷工，并无不当。

综上，被上诉人王文正旷工未达三天，未达到上诉人安盛公司规章制度规定的可解除劳动合同的条件，安盛公司系违法解除，应支付违法解除劳动合同赔偿金75269.04元。关于2019年未休年休假工资差额之诉请，一审认定正确，二审予以维持。

综上，上诉人安盛公司构成违法解除劳动合同，一审判决认定事实清楚，适用法律正确，裁判结果并无不当。据此，上海市第二中级人民法院依照《中华人民共和国民事诉讼法》第一百七十条第一款第（一）项之规定，于2020年12月15日判决如下：

驳回上诉，维持原判。

2. 吴继威诉南京搏峰电动工具有限公司劳动合同纠纷案①

【裁判摘要】

因用人单位整体搬迁导致劳动者工作地点变更、通勤时间延长的,是否属于《中华人民共和国劳动合同法》第四十条第三项规定的"劳动合同订立时所依据的客观情况发生重大变化,致使劳动合同无法履行"的情形,需要考量搬迁距离远近、通勤便利程度,结合用人单位是否提供交通工具、是否调整出勤时间、是否增加交通补贴等因素,综合评判工作地点的变更是否给劳动者的工作和生活带来严重不便并足以影响劳动合同的履行。如果用人单位已经采取适当措施降低了搬迁对劳动者的不利影响,搬迁行为不足以导致劳动合同无法履行的,劳动者不得以此为由拒绝提供劳动。

【案情】

原告:吴继威,男,住安徽省某市。

被告:南京搏峰电动工具有限公司。

法定代表人:Lennart de Vet,该公司董事长。

原告吴继威因与被告南京搏峰电动工具有限公司(以下简称搏峰公司)发生劳动合同纠纷,向江苏省江宁经济技术开发区人民法院提起诉讼。

原告吴继威诉称:其原系被告搏峰公司员工。2019年3月9日,搏峰公司在未提前通知的情况下单方搬迁,后于3月18日直接发出解除劳动合同通知书。现要求搏峰公司支付赔偿金57192元。

被告搏峰公司辩称:其因生产经营和改善环境需要,定于2019年4月从将军大道159号搬迁至529号。2019年3月9日,其在组织员工拆除一条无任务的生产线时,包含原告吴继威在内的100余名员工集体停工。其邀请政府部门进行了法律答疑,并宣告承诺福利待遇不变且每月增发50元交通补贴,要求员工回岗,但员工仍然停工。其之后多次通知员工回岗,否则将根据规章制度予以解雇,均遭到拒绝。吴继威严重违反规章制度和最基本的劳动纪律,其解除劳动合同行为合法。

江宁经济技术开发区人民法院一审查明:

2013年9月23日,原告吴继威入职被告搏峰公司从事生产工作。双方签订的最后一期劳动合同期限至2019年9月30日,约定工作地点在将军大道159号搏峰公司,涉及劳动者切身利益的条款内容或重大事项变更时,应协商一致。

2017年5月4日,被告搏峰公司召开职工代表大会,审议修订员工手册。其中规定,连续旷工3个工作日,或连续12个月内累计旷工5个工作日,给予解除合同处分。原告吴继威签收了员工手册。

2019年3月,被告搏峰公司因经营需要决定由原办公地点将军大道159号整体搬迁至将军大道529号。包括原告吴继威在内的员工得知后,以距离太远为由拒绝到新厂址上班。2019年3月9日,搏峰公司组织人员拆除生产线时,包括吴继威在内的员工大面积停工,自此每日到原厂址打卡后,不再提供劳动。2019年3月11日,搏峰公司发布《关于厂区搬迁的通知》,声明自2019年4月1日起,厂区将从将军大道159号(14000平方米)整体搬迁至距离约4.5千米的将军大道529号(17000平方米),全程骑行约20分钟,均在地铁S1号线沿线,有864路、874路公交可乘,生产车间提供中央空调,食宿更加便利,搏峰公司将安排车辆携全员前往新厂区参观,给予每人500元搬迁奖励,交通补贴在每月100元基础上增加50元,要求员工通过合理渠道沟通,必须于2019年3月12日8:30回岗正常劳动。员工拒绝返岗。2019年3月13日,搏峰公司再次发布公告,重申员工的岗位、工作内容和福利待遇不变,增发50元交通补助。员工仍然拒绝返岗。2019年3月15日,搏峰公司向吴继威发出《督促回岗通知》,告知吴继威其行为已严重违反规章制度,扰乱破坏生产秩序,要求吴继威于2019年3月18日8:30到生产主管处报到,逾期未报到将解除劳动合同。吴继威未按要求报到。2019年3月18日,搏峰公司在通知工会后,以严重违反规章制度为由决定与吴继威解除劳动合同。

2019年3月25日,原告吴继威向南京市江宁区劳动人事争议仲裁委员会申诉,仲裁请求与本案诉讼请求一致。2019年5月6日,仲裁委员会作出裁决,驳回了吴继威的仲裁请求。被告搏峰公司服从裁决。吴继威不服裁决,提起诉讼。

江宁经济技术开发区人民法院一审认为:

被告搏峰公司拟将厂区整体迁移,是基于生产运作情况作出的经营决策,不改变劳动者的岗位和待遇,并非滥用用工权利刻意为难劳动者的行为。厂区迁移后,确实可能对劳动者产生一定的通勤压力,但搬迁距离并不遥远,也在公共交通、共享单车可达之处,将军大道本身具备较好的通行条件,搏峰公司也承诺增发交通补助,总体而言,迁移对劳动者的影响是有限的,不构成双方继续履行劳动

---

① 案例来源:《最高人民法院公报》2020年第9期。

合同的根本障碍。同时，争议发生后，双方均应当采取正当手段维护自身权利。原告吴继威不愿意调整工作地点，可以提出相关诉求，但其自身仍然负有继续遵守规章制度、继续履行劳动合同的义务。吴继威在搏峰公司的再三催告下，仍然拒绝返回原岗位工作，已经构成旷工，违反基本的劳动纪律，并且达到员工手册中规定的可被解除劳动合同的严重程度，故搏峰公司在通知工会后作出的解除劳动合同决定，并无违法之处，故对吴继威要求搏峰公司支付违法解除劳动合同赔偿金的请求不予支持。

综上，江宁经济技术开发区人民法院依照《中华人民共和国劳动合同法》第三十九条第二项规定，于2019年10月8日判决：

驳回原告吴继威的诉讼请求。

一审宣判后，双方当事人均未提起上诉，一审判决已经发生法律效力。

3. 李林霞诉重庆漫咖文化传播有限公司劳动合同纠纷案[①]

【裁判摘要】

网络主播与合作公司签订艺人独家合作协议，通过合作公司包装推荐，自行在第三方直播平台上注册，从事网络直播活动，并按合作协议获取直播收入。因合作公司没有对网络主播实施具有人身隶属性的劳动管理行为，网络主播从事的直播活动并非合作公司的业务组成部分，其基于合作协议获得的直播收入亦不是劳动法意义上的具有经济从属性的劳动报酬。因此，二者不符合劳动关系的法律特征，网络主播基于劳动关系提出的各项诉讼请求，不应予以支持。

【案情】

原告：李林霞，住重庆市某县。
被告：重庆漫咖文化传播有限公司。
法定代表人：姜云龙，该公司总经理。

原告李林霞因与被告重庆漫咖文化传播有限公司(以下简称漫咖公司)发生劳动争议纠纷，向重庆市江北区人民法院提起诉讼。

原告李林霞诉称：其于2017年11月2日进入被告漫咖公司工作，工作岗位为平台主播，工资组成为基本工资、提成、奖励，工作地点为重庆市江北区九街万汇中心4楼。劳动关系存续期间，漫咖公司未与其签订劳动合同，未为其购买社会保险，至今仍拖欠工资。为维护合法权益，其于2018年4月27日向重庆市江北区劳动人事争议仲裁委员会申请仲裁，该委逾期未作出受理决定，故诉至法院，请求确认双方在2017年11月2日至2018年3月31日期间存在劳动关系，由漫咖公司向其支付二倍工资差额27168.39元、欠付工资7500元及经济补偿金3712.5元，并确认双方劳动关系自李林霞口头解除之日即2018年3月29日解除。

被告漫咖公司辩称：双方签订的是合作协议，其为原告李林霞提供直播资源和政策。李林霞主播收入是网友的打赏、礼物，平台从收入中提成50%，漫咖公司收到平台的钱后按比例与李林霞分配，并不向李林霞发放工资；李林霞的工作内容不是其经营范围；李林霞的直播行为不受其管理，直播时长不由其控制，直播内容是李林霞自己策划，直播地点自己选择；李林霞自己注册平台账号，自己管理账号，漫咖公司仅作备案。因此，双方不存在劳动关系，其诉讼请求依法应予驳回。

重庆市江北区人民法院一审查明：

被告漫咖公司于2016年6月27日注册成立，经营范围包括承办经批准的文化艺术交流活动；企业营销策划；企业管理咨询；经济信息咨询；舞台造型策划；企业形象策划；图文设计；会议会展服务；展览展示服务；庆典礼仪服务；摄影摄像服务；商务信息咨询服务；计算机软件资讯服务；互联网信息技术服务；网页设计；设计、制作、发布国内广告；演出策划服务；直播策划服务；演出经纪服务(须取得相关行政许可或审批后方可从事经营)。

被告漫咖公司在重庆市江北区九街万汇中心4楼招募李林霞从事网络直播，其招募海报中载明寻找下一个百万网红主播，福利待遇为3千至1万元保底，高额提成，定期组织才艺培训指导推广宣传包装，优秀主播月薪9万元上不封顶，无需经验，漫咖公司提供主播定期培训、主播形象打造。

2017年11月29日，原告李林霞与被告漫咖公司签订《艺人独家合作协议》，主要约定，漫咖公司作为经纪公司为李林霞提供才艺演艺互动平台、提供优质推荐资源，李林霞在漫咖公司的合作互动平台上进行才艺演艺从而获得相关演艺收入，并获得漫咖公司优质资源包装推荐机会；李林霞成为漫咖公司的独家签约艺人，漫咖公司为李林霞提供独家演艺内容及相关事务，合作期间，李林霞保证全面服从漫咖公司安排，漫咖公司同意给予李林霞相应的推荐资源，帮助李林霞提升人气和收益；漫咖公司有权

[①] 案例来源：《最高人民法院公报》2020年第10期。

自主组织、协调和安排本协议上述的活动及事务,漫咖公司有义务根据本协议项下约定的方式向李林霞支付应获得收入;对于李林霞通过漫咖公司推荐所进行的才艺演艺成果,漫咖公司依法拥有独家权利;李林霞承诺并保证在协议有效期内只能在漫咖公司指定的场所从事本协议所述的才艺演艺以及本协议内容构成相同或类似的合作;李林霞有义务在本协议有效期内接受漫咖公司及其他合作伙伴安排的工作;李林霞自协议生效后20日内于漫咖公司平台以实名认证方式应当且仅申请注册一个主播账户,并告知漫咖公司账户号码和名称,向漫咖公司提供个人身份证明备案;结算收入包括李林霞获得的提成收入及漫咖公司支付的保底收入,独家签约艺人可享有经漫咖公司事先审核并确定的保底收入,保底收入由漫咖公司指派的平台待遇而定,双方按月结算,漫咖公司核算备案登记全部主播艺人的提成收入和保底收入;李林霞在漫咖公司指派直播平台总和每月直播有效天数不低于25天且总有效时长不低于150小时,每天直播时长6小时为一个有效天,每次直播1个小时为有效时长,满足有效天和有效时长前提下,漫咖公司每月支付李林霞2000元保底工资,不满时长当月保底取消,只有提成,如违反平台相关条例取消当月保底及奖励。双方还对权利义务、权利归属、保密条款、违约责任等进行了约定,附件2为NOW直播平台管理条例。

原告李林霞通过被告漫咖公司在第三方直播平台上进行注册,从事网络直播活动,李林霞从事主播的过程中,其直播地点、直播内容、直播时长、直播时间段并不固定,收入主要是通过网络直播吸引网络粉丝在网络上购买虚拟礼物后的赠与,直播平台根据与李林霞、漫咖公司的约定将收益扣除部分后转账给漫咖公司,漫咖公司根据与李林霞的约定将收益扣除部分后转账给李林霞,转账时间和金额均不固定,有些转账名目上载明为工资。

重庆市江北区人民法院一审认为:原劳动和社会保障部《关于确立劳动关系有关事项的通知》第一条规定,用人单位招用劳动者未订立书面劳动合同,但同时具备下列情形的,劳动关系成立。(一)用人单位和劳动者符合法律、法规规定的主体资格;(二)用人单位依法制定的各项劳动规章制度适用于劳动者,劳动者受用人单位的劳动管理,从事用人单位安排的有报酬的劳动;(三)劳动者提供的劳动是用人单位业务的组成部分。本案中,原告李林霞基于双方之间存在劳动关系提起本案诉讼,其应当对双方存在劳动关系负有举证义务。从双方签订的艺人独家合作协议来看,该协议约定的目的和背景、合作内容、收入及结算均不具备劳动合同必备条款的性质,不应视为双方之间具有劳动关系。从人身依附性上来看,李林霞的直播地点、直播内容、直播时长、直播时间段并不固定,其直播行为也无法看出系履行漫咖公司的职务行为,被告漫咖公司基于合作关系而衍生的对李林霞作出的管理规定不应视为双方之间具有人身隶属关系的规章制度。从经济收入来看,李林霞的直播收入主要通过网络直播吸引粉丝获得的打赏,漫咖公司并未参与李林霞的直播行为且无法掌控李林霞直播收入的多少,仅是依据其与李林霞、直播平台之间约定的比例进行收益分配,双方约定的保底收入也仅是双方合作方式的一种保障和激励措施,并不是其收入的主要来源。从工作内容上看,李林霞通过漫咖公司在第三方直播平台上进行注册,其从事的网络直播平台系第三方所有和提供,直播内容不是漫咖公司的经营范围,漫咖公司的经营范围仅为直播策划服务,并不包括信息网络传播视听节目等从事直播的内容。综上,李林霞并未举证证明双方具有建立劳动关系的合意,并未举证证明双方之间具有劳动关系性质的经济、人身依附性,其基于劳动关系提起的诉讼请求,法院不予支持。

据此,重庆市江北区人民法院根据《中华人民共和国劳动合同法》第七条、《中华人民共和国民事诉讼法》第六十四条之规定,于2018年12月7日作出判决:

驳回原告李林霞的诉讼请求。

李林霞不服一审判决,向重庆市第一中级人民法院提起上诉称:双方签订的艺人独家合作协议具备劳动合同必备条款,一审法院没有结合行业特征认定双方法律关系的性质;合作协议明确约定李林霞直播期间形成的作品著作权归属于漫咖公司,侧面印证了双方系劳动关系的事实;漫咖公司对李林霞的直播内容进行管理、直播时间进行考勤,且就直播间卫生、休息时间就餐地点、工作牌遗失损毁等问题对李林霞进行处罚,这些管理行为不是基于合作关系,具有人身隶属性;李林霞的直播提成是漫咖公司收入的主要来源,漫咖公司为保证自己盈利对李林霞进行管理,并提供保底收入,双方符合劳动关系的基本特征。因此,一审法院对本案事实认定不清,适用法律错误。李林霞请求:撤销一审判决,依法改判支持李林霞的一审诉讼请求。

重庆市第一中级人民法院经二审,确认了一审查明的事实。

重庆市第一中级人民法院二审认为:

本案的上诉焦点仍然在于:上诉人李林霞与被上诉人漫咖公司之间是否存在劳动关系。

首先,从管理方式上看,被上诉人漫咖公司没有对上诉人李林霞进行劳动管理。虽然李林霞通过漫咖公司在第三方直播平台上注册并从事网络直播活动,但李林霞的直播地点、直播内容、直播时长、直播时间段并不固定,李林霞亦无需遵守漫咖公司的各项劳动规章制度。尽管双方合作协议对李林霞的月直播天数及直播时长作出了约定,且漫咖公司可能就直播间卫生、休息时间就餐地点、工作牌遗失损毁等问题对李林霞进行处罚,但这些均应理解为李林霞基于双方直播合作关系应当履行的合同义务以及应当遵守的行业管理规定,并非漫咖公司对李林霞实施了劳动法意义上的管理行为。

其次,从收入分配上看,被上诉人漫咖公司没有向上诉人李林霞支付劳动报酬。李林霞的直播收入虽由漫咖公司支付,但主要是李林霞通过网络直播吸引粉丝获得打赏所得,漫咖公司仅是按照其与直播平台和李林霞之间的约定比例进行收益分配,漫咖公司无法掌控和决定李林霞的收入金额,双方在合作协议中约定的保底收入应属于漫咖公司给予直播合作伙伴的保障和激励费用,并非李林霞收入的主要来源,故漫咖公司基于合作协议向李林霞支付的直播收入不是用人单位向劳动者支付的劳动报酬。

再次,从工作内容上看,上诉人李林霞从事的网络直播活动并非被上诉人漫咖公司业务的组成部分。李林霞从事网络直播的平台由第三方所有和提供,网络直播本身不属于漫咖公司的经营范围,漫咖公司的经营范围仅包括直播策划服务,并不包括信息网络传播视听节目等内容,虽然双方合作协议约定漫咖公司享有李林霞直播作品的著作权,但不能据此推论李林霞从事直播活动系履行职务行为,故李林霞从事的网络直播活动不是漫咖公司业务的组成部分。

因此,上诉人李林霞与被上诉人漫咖公司之间不符合劳动关系的法律特征,一审法院对李林霞基于劳动关系提出的各项诉讼请求未予支持并无不当。

综上,重庆市第一中级人民法院依照《中华人民共和国民事诉讼法》第一百七十条第一款第一项之规定,于2019年3月28日判决如下:

驳回上诉,维持原判。

本判决为终审判决。

4. 刘丹萍与南京仁创物资有限公司劳动争议纠纷案①

【裁判摘要】

用人单位未与人事主管订立书面劳动合同,人事主管诉请用人单位支付因未订立书面劳动合同的二倍工资赔偿,因订立书面劳动合同系人事主管的工作职责,人事主管有义务提示用人单位与其订立书面劳动合同,人事主管如不能举证证明其曾提示用人单位与其订立书面劳动合同,则不应支持其诉讼请求。

【案情】

原告:刘丹萍,女,住江苏省某市。

被告:南京仁创物资有限公司。

法定代表人:田凯,该公司总经理。

原告刘丹萍因与被告南京仁创物资有限公司(以下简称仁创公司)发生劳动争议,向江苏省南京市江宁区人民法院提起诉讼。

原告刘丹萍诉称:其于2015年3月10日进入被告仁创公司工作。期间因其尚在法律规定的哺乳期内,仁创公司未正常批准其每天1小时的哺乳时间,且加班加点延长其工作时间。仁创公司在其入职后直至2015年7月份一直未与其签订劳动合同,同时恶意扣留其本人工资,其在主动沟通要求公司按约足额发放工资时遭到仁创公司法定代表人田凯拒绝并且恶语相向。仁创公司的行为已严重侵犯其合法权益,其迫于无奈依据上述事由提出解除双方劳动关系并要求仁创公司给予补偿,但双方未达成一致意见。请求法院依法判令:1. 仁创公司足额发放2015年3月至7月预留工资4165元;2. 仁创公司支付其自入职之日起未签订劳动合同的二倍工资11 666元以及经济补偿金2917元。

被告仁创公司辩称:1. 其对于原告刘丹萍主张的预留工资不认可,工资表中并没有给其单位所有员工预留工资,其也不知情;2. 对于双倍工资,因刘丹萍系其单位人事经理,其基本工作职责就是给员工签订劳动合同等相关人事工作,其认为系刘丹萍故意不签订劳动合同,其不予认可;3. 其没有拖欠刘丹萍工资,故对经济补偿金亦不予认可。综上,要求驳回刘丹萍的诉讼请求。

江苏省南京市江宁区人民法院一审查明:

原告刘丹萍于2015年3月10日进入被告仁创公司工作,担任人事主管,主要负责人员招聘、培训及薪酬管理工作。2015年7月23日刘丹萍离开仁创公司,并于同日以仁创公司未与其签订劳动合同,未依法给予其哺乳期内每天1小时的哺乳时间,且未足额支付其月度工资严重侵害其合法权益为由,向仁创公司寄送《关于与南京仁创物资有限公司解除劳动关系的通知函》(以下简称《解除通知函》),通知仁创公司自2015年7月24日起解除双方的劳动关系,并要求仁创公司给予补偿。

另查明:原告刘丹萍于2015年7月24日向南京市江

---

① 案例来源:《最高人民法院公报》2018年第7期。

宁区劳动人事争议仲裁委员会(以下简称江宁区劳动仲裁委)申请仲裁,要求被告仁创公司足额发放2015年3月至7月预留工资4165元、自入职之日起未签订劳动合同的双倍工资11 666元及哺乳时间工资3385元以及经济补偿金2917元,合计22 133元。后因自仲裁申请受理之日起45日内未结束,刘丹萍提出向人民法院起诉,江宁区劳动仲裁委于2015年10月8日出具宁宁劳人仲案定字(2015)第2056号仲裁决定书,终结审理刘丹萍与仁创公司劳动报酬争议案。后刘丹萍于2015年10月9日向法院提起诉讼,要求仁创公司足额发放其2015年3月至7月份的工资4165元,双倍工资11 666元以及经济补偿金2917元。刘丹萍并提交有仲裁申请书复印件1份、《解除通知函》原件1张、EMS快递面单原件1张、应聘人员登记表原件1份、参保缴费证明打印件1份,以证明其主张。仁创公司对上述证据的真实性均无异议,但对刘丹萍主张的上述费用均不予认可。其认为其公司已足额发放刘丹萍工资,不存在预留刘丹萍的工资。关于双倍工资其认为之所以未与刘丹萍签订劳动合同是因为刘丹萍作为其单位人事经理故意不签订劳动合同,故其对双倍工资不予认可,其没有拖欠刘丹萍工资,故不同意支付经济补偿金。仁创公司并提交有劳动合同书原件1份、2015年3月至6月工资表及考勤表复印件各4份,证明其与刘丹萍有签订书面劳动合同,并且足额发放了刘丹萍的工资。刘丹萍对工资表和考勤表的真实性无异议,但指出2015年5月份工资表明确载明预留833元工资未予发放,刘丹萍并陈述其在入职时与仁创公司法定代表人田凯协商一致,其年收入为70000元,平均到每月为5833元,实际每月发放5000元,预留833元,故要求仁创公司足额发放2015年3月至7月的预留工资4165元(833元/月×5个月)。仁创公司陈述2015年5月份工资表系刘丹萍制作,其他月份均没有预留工资,其认为是刘丹萍恶意制作2015年5月份工资表。刘丹萍陈述2015年4月份及5月份工资表系均由其制作,且2015年5月份预留工资833元系经过仁创公司法定代表人及副总经理和财务经理签字确认。刘丹萍对劳动合同书的真实性有异议,其认为劳动合同书落款处"刘丹萍"的签名是复印形成的而非其手写,并申请法院进行鉴定。法院依法委托南京师范大学司法鉴定中心进行鉴定。2015年12月30日,南京师范大学司法鉴定中心出具南师大司鉴中心[2015]文鉴字第642号司法鉴定意见书,鉴定意见署期为"2015年3月10日"《南京市劳动合同书》落款处"刘丹萍"三字是激光打印或复印形成,非手写形成。刘丹萍支付鉴定费2240元。刘丹萍陈述其在入职后,曾要求仁创公司签订劳动合同,但仁创公司拒绝与其签订劳动合同,刘丹萍未提交证据证明其该主张。

江苏省南京市江宁区人民法院一审认为:

劳动者以及用人单位的合法权益受法律保护。建立劳动关系,应当订立书面劳动合同。已建立劳动关系,未同时订立劳动合同的,应当自用工之日起一个月内订立书面劳动合同。用人单位自用工之日起超过一个月不满一年未与劳动者订立书面劳动合同的,应当向劳动者每月支付二倍的工资。用人单位应当按照劳动合同约定和国家规定,按时足额支付劳动报酬。当事人对自己提出的诉讼请求所依据的事实或者反驳对方诉讼请求所依据的事实有责任提供证据加以证明。没有证据证明或者证据不足以证明当事人主张的,由负有举证责任的当事人承担不利后果。本案中,双方之间存在劳动关系,被告仁创公司提交的工资表足以确认仁创公司预留原告刘丹萍2015年5月份工资833元,仁创公司应当按照合同约定和国家规定按时足额支付。仁创公司辩称2015年5月份工资表系刘丹萍恶意制作,但未提交证据证明,故法院不予采信。故对刘丹萍要求仁创公司支付其2015年3月份至7月份的预留工资,法院予以部分支持。

关于原告刘丹萍主张的经济补偿金2917元,被告仁创公司虽未足额支付刘丹萍2015年5月份工资,但庭审中刘丹萍亦陈述仁创公司预留其工资也经过其同意,仁创公司预留其2015年5月份工资有正当理由,刘丹萍主张经济补偿金缺乏事实和法律依据,故法院不予支持。

关于原告刘丹萍主张的二倍工资11 666元,本案中,被告仁创公司确实未与刘丹萍签订劳动合同,但是,一般而言,劳动合同签订事项属于人力资源负责的事项,刘丹萍作为仁创公司的人事主管,其工作职责范围应该包括代表单位依照法律法规处理与劳动者之间劳动合同履行方面的相关事宜,避免单位因违反法律法规被追究法律责任,也应当知晓订立书面劳动合同的相关规定及不订立书面劳动合同的法律后果,因此,刘丹萍有义务主动向仁创公司要求订立书面劳动合同。但刘丹萍并未提交证据证明其曾主动要求仁创公司与其签订劳动合同。故综合刘丹萍的岗位职务因素等考量后,法院对刘丹萍主张的未签订书面劳动合同的二倍工资的诉讼请求不予支持。

据此,江苏省南京市江宁区人民法院依照《中华人民共和国劳动合同法》第十条、第三十条第一款、第三十八条第一款第(二)项、第四十六条第(一)项、第八十二条第一款、《中华人民共和国民事诉讼法》第六十四条第一款之规定,于2016年3月4日作出判决:

一、被告南京仁创物资有限公司于本判决发生法律效力之日起10日内支付原告刘丹萍2015年5月工资833元。

二、驳回原告刘丹萍的其他诉讼请求。

一审判决后,双方当事人均未上诉,该判决已经发生法律效力。

5. 王云飞诉施耐德电气(中国)投资有限公司上海分公司劳动争议纠纷案[①]

【裁判要旨】

竞业禁止是指负有特定义务的劳动者从原用人单位离职后,在一定期间内不得自营或为他人经营与原用人单位有直接竞争关系的业务。根据有关法律、行政法规的规定,用人单位与负有保守商业秘密义务的劳动者,可以在劳动合同或者保密协议中约定竞业禁止条款,同时应约定在解除或者终止劳动合同后,给予劳动者一定的竞业禁止经济补偿;未约定给予劳动者竞业禁止经济补偿,或者约定的竞业禁止经济补偿数额过低、不符合相关规定的,该竞业禁止条款对劳动者不具有约束力。

【案情】

原告:王云飞,男,南京菲尼克斯电气有限公司职员,住江苏省某市某村。

被告:施耐德电气(中国)投资有限公司上海分公司。

法定代表人:杜华君,该公司董事长。

原告王云飞因与被告施耐德电气(中国)投资有限公司上海分公司(以下简称施耐德上海分公司)发生劳动争议纠纷,向江苏省南京市鼓楼区人民法院提起诉讼。

原告王云飞诉称:2005年8月,原告与被告施耐德上海分公司签订劳动合同,原告就职于被告的南京办事处。同月,双方又签订了《保密和竞业禁止协议》,但是该协议关于竞业禁止经济补偿、竞业禁止业务限制范围、竞业禁止区域限制范围等方面的规定明显不合理,故该协议中的竞业禁止条款对原告不具有约束力。原告离职后到南京菲尼克斯电气有限公司(以下简称菲尼克斯公司)工作,该公司与被告原本不存在业务竞争关系,但被告认为其与菲尼克斯公司存在竞争关系,原告离职后到菲尼克斯公司工作的行为违反了竞业禁止义务。2007年7月17日,被告向上海市普陀区劳动争议仲裁委员申请劳动仲裁,要求原告承担竞业禁止违约金66600元,并继续履行双方约定的竞业禁止义务。2007年9月20日,上海市普陀区仲裁委员会裁决原告承担竞业禁止违约金66600元,但施耐德上海分公司的其他请求不予支持。原告不服该仲裁裁决,请求法院依法确认涉案《保密和竞业禁止协议》中的竞业禁止条款对原告不具有约束力,判令原告不承担违约责任。

被告施耐德上海分公司辩称:原告王云飞自愿与被告签订《保密和竞业禁止协议》,双方约定原告离职后1年内不得到与被告具有业务竞争关系的公司工作。但是在被告向原告支付了竞业禁止补偿金后,原告却到与被告具有业务竞争关系的菲尼克斯公司就职,其行为违反了双方关于竞业禁止的约定,应当按照已领取的竞业禁止补偿金的三倍向被告给付违约金。请求法院依法判决。

南京市鼓楼区人民法院一审查明:

原告王云飞于2005年8月29日到被告施耐德上海分公司工作,双方签订了劳动合同,原告的工作地点在江苏省南京市。同日,双方签订了《保密和竞业禁止协议》,该协议约定:竞争业务是 i 公司或其关联公司从事或者计划从事的业务与 ii 公司或者关联公司所经营的业务相同、相近或相竞争的其他业务;竞争对手是除公司或其关联公司外从事竞争业务的任何个人、公司、合伙、合资企业、独资企业或其他实体,包括 Phoenix Rockwell Automation、Rittal 等公司;区域是中华人民共和国境内。披露禁止是指雇员应对公司保密信息严格保密,在其与公司的聘用关系解除时不得以任何方式删改、锁定、复制保密信息,并应立即向公司返还所有保密信息及其载体和复印件;雇员同意在公司解除期间及其解除与公司的雇佣关系五年内,不以任何方式向公司或其关联公司的任何与使用保密信息工作无关的雇员、向任何竞争对手或者为公司利益之外的任何目的向任何其他个人和实体披露公司任何保密信息的全部或部分,除非该披露是法律所要求的。竞业禁止是指雇员承诺在解除与公司的雇佣关系一年内,不得在区域内部直接或者间接地投资或从事与公司业务相竞争的业务,或成立从事竞争业务的组织,或者向竞争对手提供任何服务或向其披露任何保密信息,不得正式或临时受雇于竞争对手或作为竞争对手的代理或代表从事活动。公司同雇员签订的劳动合同终止或者解除后,作为对雇员遵守披露禁止和竞业禁止承诺的经济补偿,公司将向雇员支付相当于其离职前一个月基本工资的竞业禁止补偿费;如雇员违背合同义务,公司有权要求雇员停止侵害,解除与竞争对手的劳动、雇佣关系,并向公司赔偿相当于竞业禁止补偿费三倍的违约金。

2007年4月30日,原告王云飞从被告施耐德上海分公司处离职。被告称其于2007年7月7日得知原告在菲尼克斯公司工作。被告认为菲尼克斯公司与其存在业务

[①] 案例来源:《最高人民法院公报》2009年第11期。

竞争关系，原告离职后到菲尼克斯公司工作的行为违反了双方签订的《保密和竞业禁止协议》中确定的竞业禁止义务。2007年7月17日，被告向上海市普陀区劳动争议仲裁委员申请劳动仲裁，要求原告承担竞业禁止违约金66600元，并继续履行双方约定的竞业禁止义务。2007年9月20日，上海市普陀区仲裁委员会裁决原告承担竞业禁止违约金66600元，但施耐德上海分公司的其他请求不予支持。原告不服该仲裁裁决，于2007年9月25日提起本案诉讼。庭审中，原告认可自己在菲尼克斯公司工作，但认为该公司与被告只存在一些产品的交叉互补，不存在业务竞争关系。

另查明：被告施耐德上海分公司于2007年6月汇入原告王云飞的银行账户24814.50元。被告述称该笔款项是截至2007年4月原告的报酬，包括基本工资6800元、竞业禁止补偿金20400元，上述费用扣除保险费和税费后，实发数额为24814.50元，同时被告表示，竞业禁止补偿金20400元是按照原告离职前三个月的基本工资计算的。原告对收到上述款项无异议，但表示不清楚该笔款项的构成。被告提供原告离职前十二个月的收入明细，证明原告总收入税前为114306元，税后为88199.09元。原告对此表示异议，但其提供的2006年12月工资单载明其税后收入为6663元，与被告陈述的数额基本一致。

被告施耐德上海分公司提交该公司和菲尼克斯公司的产品介绍，用以证明两公司在电源产品、工业以太网、接插线产品等方面均存在业务竞争。原告王云飞则认为菲尼克斯公司生产上述产品的市场份额很少，与被告不存在业务竞争关系，仅仅是产品重叠和互补关系。

被告施耐德上海分公司提交中国工控网出具的市场份额调查数据，用以证明该公司与菲尼克斯公司的IO市场份额均处于前十名，分别是3.3%和2.9%；在HMI市场中，施耐德上海分公司的份额为3.1%，而菲尼克斯公司则属于非常小的公司，无法计算其市场份额。原告王云飞则认为两公司一个是销售公司，一个是生产公司，主要经营范围不同，90%以上的业务也不同，虽然部分产品相同，但产品存在交叉不等于存在业务竞争。

以上事实，有双方当事人陈述，双方当事人签订的《劳动合同书》、《保密和竞业禁止协议》，原告王云飞离职证明等证据证实，足以认定。

本案的争议焦点是：原告王云飞与被告施耐德上海分公司签订的《保密和竞业禁止协议》所确定的竞业禁止条款是否有效，原告应否承担违约责任。

【审判】

南京市鼓楼区人民法院一审认为：

劳动者和用人单位的合法权益均受法律保护。原告王云飞的实际工作地点在江苏省南京市，本案劳动合同的实际履行地即为江苏省南京市，故本案除适用相关法律、法规外，还应当适用江苏省和南京市有关劳动争议的地方性法规。

竞业禁止义务是对负有特定义务的劳动者的权利限制，即规定劳动者从原用人单位离职后，在一定期间内不得自营或为他人经营与原用人单位有直接竞争关系的业务。根据《江苏省劳动合同条例》第十七条的规定，用人单位与负有保守商业秘密义务的劳动者，可以在劳动合同或者保密协议中约定竞业限制条款，并应当同时约定在解除或者终止劳动合同后，给予劳动者经济补偿。其中，年经济补偿额不得低于该劳动者离开用人单位前十二月从该用人单位获得的报酬总额的三分之一。用人单位未按照约定给予劳动者经济补偿的，约定的竞业限制条款对劳动者不具有约束力。

根据上述法律、行政法规以及地方性法规的规定，用人单位与负有保守商业秘密义务的劳动者，可以在劳动合同或者保密协议中约定竞业禁止条款，限定劳动者在离职后的一定期间内不得从事与用人单位存在竞争关系的业务，以保护用人单位的合法经营利益。劳动者通常都有一定的专业，其专业又往往与用人单位所经营的业务存在一定的联系，其求职就业要以本人专业为依托。劳动者从原用人单位离职后，为了个人及其家庭的生活需要，通常要寻求新的工作，如果履行竞业禁止义务，在一定期间内可能难以找到新的工作，因此影响劳动者个人及其家庭的生活。正是考虑到涉及劳动者个人及其家庭生活的实际问题，上述法律、行政法规和地方性法规都明确规定，用人单位与劳动者在约定竞业禁止义务的同时，还应当约定在双方解除或者终止劳动合同后，由用人单位给予劳动者一定的竞业禁止经济补偿。没有约定竞业禁止经济补偿或者补偿数额过低、不符合规定的，竞业禁止协议没有法律约束力。本案中，原告王云飞与被告施耐德上海分公司签订的《保密和竞业禁止协议》所约定的竞业禁止经济补偿金仅为原告离职前一个月的基本工资，即使根据被告的陈述，其实际支付给原告的竞业禁止经济补偿金也仅是原告三个月的基本工资，仍低于《江苏省劳动合同条例》规定的标准。因此可以认定，涉案《保密和竞业禁止协议》中的竞业禁止条款对原告不具有约束力，即使原告从被告处离职后又到菲尼克斯公司工作的行为违反了该竞业禁止义务，原告亦不应承担违约责任。被告关于原告应按照实际领取的竞业禁止补偿金的三倍支付违约金的诉讼主张不成立，依法不予支持。

综上，南京市鼓楼区人民法院于2007年12月14日判决：

一、原告王云飞与被告施耐德上海分公司签订的《保密和竞业禁止协议》中约定的竞业禁止条款无效；

二、被告施耐德上海分公司要求原告王云飞支付违约金的诉讼主张不成立，不予支持。

一审宣判后，双方当事人在法定期间内均未提出上诉，一审判决已经发生法律效力。

6. 梁介树诉南京乐府餐饮管理有限公司劳动争议案①

【裁判要旨】

患有癌症、精神病等难以治疗的特殊疾病的劳动者，应当享受24个月的医疗期。医疗期内劳动合同期满，劳动合同应当延续至医疗期满时终止。用人单位在医疗期内违法解除或者终止劳动合同，劳动者起诉要求继续履行劳动合同的，人民法院应当判决撤销用人单位的解除或者终止通知书。

【案情】

原告：梁介树，男，住江苏省某县。

被告：南京乐府餐饮管理有限公司。

法定代表人：张景春，该公司董事长。

原告梁介树因与被告南京乐府餐饮管理有限公司(以下简称乐府餐饮公司)发生劳动争议，向南京市江宁区人民法院提起诉讼。

原告梁介树诉称：2009年11月18日原告进入被告乐府餐饮公司从事餐饮服务工作，后双方签订劳动合同，合同期限自2009年12月1日起至2011年11月30日止，劳动合同由被告保管。因在被告处每天工作时间长，劳累过度，其在2010年5月初突然发病，经医院诊断为肾病综合症——足细胞病肾病(尿毒症)。2011年3月7日，被告将劳动合同终止日期私自更改为2010年11月30日，并以医疗期满为由终止双方劳动合同。其所患疾病应当是大病，依法应当享受24个月的医疗期。在医疗期内，被告终止双方的劳动合同属终止不当。现诉至法院，请求判令：1. 撤销被告2011年3月7日作出的劳动合同终止告知书，保持与被告的劳动合同关系；2. 被告支付2011年3月至11月病假津贴8208元(1140元/月×9个月×80%)以及医疗期工资27 360元(1140元/月×24个月)，总计35 568元。

被告乐府餐饮公司辩称：双方签订的劳动合同期限自2009年12月1日起至2010年11月30日止，我公司并未更改劳动合同的终止期限。原告梁介树并未提供证据证明其所患疾病严重程度等同于瘫痪、癌症、精神病等大病，不应当享有24个月的医疗期。按照原告的工作年限，其依法应当享有的医疗期为3个月，故其在2011年3月7日终止与原告之间的劳动合同关系是合法的，不应当撤销。请求法院依法作出公正判决。

南京市江宁区人民法院一审查明：

原告梁介树于2009年11月18日入职被告乐府餐饮公司工作，双方签订了劳动合同。梁介树于2010年5月初生病，经南京军区南京总医院诊断为足细胞病，其后一直休病假，乐府餐饮公司向梁介树支付病假工资至2011年2月份。2011年3月7日，乐府餐饮公司以其已经将劳动合同期限顺延至医疗期满为由，通知梁介树终止双方的劳动合同关系。2011年6月7日，梁介树向南京市江宁区劳动争议仲裁委员会(以下简称江宁区仲裁委)申请仲裁。2011年7月11日，江宁区仲裁委作出宁宁劳仲案字(2011)第1247号仲裁裁决书，后梁介树不服前述裁决书于法定期限内向南京市江宁区人民法院提起诉讼。

另查明，原告梁介树所患足细胞病为肾病综合症的一种，是肾脏足细胞病变。尿毒症是慢性肾功能不全(又称慢性肾功能衰竭)第四期(也即最后阶段)，慢性肾功能不全是各种进展性肾病的最终结局。足细胞病是导致慢性肾功能不全的病因之一。2011年11月，梁介树因病情复发至南京军区南京总医院治疗，南京军区南京总医院向梁介树出具病重通知单。治疗中，病程记录亦多次提及梁介树病情严重，随时可能出现猝死，危及生命。

又查明，2011年2月起南京市最低工资标准为1140元每月。

审理中，被告乐府餐饮公司未能提供双方签订的劳动合同原件，亦未能提供证据证明原告梁介树持有所签合同原件。乐府餐饮公司提供的劳动合同复印件中，关于劳动合同期限处载明的期限为2009年12月1日至2010年11月30日，"2010年"处有改动的痕迹。另乐府餐饮公司提供于2010年10月22日在江宁区劳动就业管理中心备案的录用备案花名册及职工录用登记表，录用备案花名册及职工录用登记表记载梁介树的劳动合同期限为2009年12月1日至2010年11月30日。

本案一审的争议焦点是：原告梁介树应当享受的医疗期的期限。

---

① 案例来源：《最高人民法院公报》2013年第6期。

【审判】

南京市江宁区人民法院一审认为：

劳动者患病或者非因工负伤，在规定的医疗期内劳动合同期满，劳动合同应当延续至医疗期满时终止。关于原告梁介树应当享受的医疗期问题，因其所患疾病病情严重，难以治疗，随时可能出现生命危险，应属特殊疾病，不受实际工作年限的限制，故梁介树应当享受的医疗期为24个月。关于本案中双方签订的劳动合同的终止日期问题，因乐府餐饮公司未能提供劳动合同原件，提供的复印件截止日期"2010年"处有改动痕迹，且录用备案花名册及职工录用登记表备案时间又在梁介树生病之后，故对乐府餐饮公司陈述双方劳动合同期限至2010年11月30日终止的主张法院不予采信，对梁介树陈述双方劳动合同终止日期为2011年11月30日的主张法院予以采信。梁介树与乐府餐饮公司之间的劳动合同在2011年11月30日期满，但该日期仍在梁介树享有的医疗期内，故劳动合同应当延续至医疗期满。在医疗期内被告乐府餐饮公司终止与梁介树的劳动合同，违反了法律规定，因此乐府餐饮公司于2011年3月7日作出的劳动合同终止告知书无效，应予撤销。劳动者患病或者非因工负伤停止劳动，且在国家规定医疗期内的，用人单位应当按照工资分配制度的规定，按不低于当地最低工资标准的80%，向劳动者支付病假工资。原告主张的其他费用没有依据，法院不予支持。

综上，南京市江宁区人民法院依照《中华人民共和国劳动法》第七十七条、《中华人民共和国劳动合同法》第四十二条、第四十五条、《江苏省工资支付条例》第二十七条、第三十二条、《中华人民共和国民事诉讼法》第六十四条第一款之规定，于2011年11月30日判决：

一、撤销被告乐府餐饮公司于2011年3月7日作出的《劳动合同终止告知书》。

二、被告乐府餐饮公司于本判决发生法律效力之日向原告梁介树支付2011年3月1日至2011年11月30日的病假工资8208元。

三、被告乐府餐饮公司于本判决发生法律效力之日起每月以南京市最低月工资标准的80%向原告梁介树支付病假工资（自2011年12月起至双方劳动关系依法解除、终止）。

四、驳回原告梁介树的其他诉讼请求。

乐府餐饮公司不服一审判决，向南京市中级人民法院提起上诉称：一、原审判决程序不当。在劳动仲裁审理期间和原审法院适用简易程序审理时法庭辩论终结前，梁介树一直认可其公司作出的《劳动合同终止告知书》。在原审法院适用普通程序审理本案时梁介树变更诉讼请求，提出"终止劳动关系不当、维持劳动关系"的主张，明显超过法律规定的期限。二、原审判决撤销《劳动合同终止告知书》错误。梁介树在南京市江宁区劳动争议仲裁委员会开庭审理宁宁劳仲案字（2010）第2265号劳动争议案件时，对于其公司出示的截止期限为"2010年11月30日止"的劳动合同没有任何异议。根据最高人民法院《关于民事诉讼证据的若干规定》第九条第五项规定，已为仲裁机构的生效裁决所确认的事实，当事人无需举证证明，其公司无须提供所谓的劳动合同的原件。梁介树目前的病情，尚不构成尿毒症，应享受3个月的医疗期，不应享受24个月的医疗期。其公司于2011年3月终止劳动合同合法。请求二审法院撤销原审判决，改判其公司支付梁介树终止劳动合同经济补偿金及2011年3月病假工资。

被上诉人梁介树辩称：一审法院认定事实清楚，适用法律正确，请求二审法院依法裁决。

南京市中级人民法院经二审，确认了一审查明的事实。

二审另查明，被上诉人梁介树在仲裁阶段提出的请求是：上诉人乐府餐饮公司支付终止劳动合同经济补偿金2280元、2011年3月至11月的病假津贴8208元、医疗期工资6840元、医疗补贴费20 520元、补缴社会保险至2011年11月、办理档案和社会保险关系转移手续。2011年8月10日，梁介树向原审法院递交起诉状的诉讼请求是：1.因乐府餐饮公司解除劳动关系不当，支付其合计37 848元，包括终止合同经济补偿金2280元、2011年3月至11月病假津贴8208元、医疗期工资20 520元；2. 乐府餐饮公司为其缴纳社会保险至2011年11月；3. 乐府餐饮公司为其办理档案和社会保险转移手续。2011年9月6日，原审法院适用简易程序第一次庭审，梁介树将医疗期工资变更为27 360元，其他请求同起诉状。2011年11月6日，原审法院将本案适用简易程序转为普通程序审理。2011年11月15日，梁介树向原审法院书面变更诉讼请求，要求判令：乐府餐饮公司终止劳动关系不当，维持双方的劳动关系；放弃主张终止劳动合同经济补偿金2280元。其他诉讼请求不变更。2011年11月22日，原审法院适用普通程序庭审（乐府餐饮公司放弃举证权），梁介树当庭表示放弃办理档案和社会保险关系转移手续的请求。南京市江宁区劳动争议仲裁委员会于2010年11月3日作出的宁宁劳仲案字（2010）第2265号仲裁裁决中没有确认梁介树、乐府餐饮公司之间劳动合同的期限是2009年12月1日至2010年11月30日。

本案二审的争议焦点仍是：被上诉人梁介树应当享受的医疗期的期限。

南京市中级人民法院二审认为：

被上诉人梁介树在法庭辩论终结前,变更诉讼请求,符合最高人民法院《关于适用〈中华人民共和国民事诉讼法〉若干问题的意见》第156条的规定。原审法院依据梁介树最终明确的诉讼请求,进行审理、判决,程序并无不当。关于劳动合同到期日问题。梁介树、上诉人乐府餐饮公司均认可签订过劳动合同,乐府餐饮公司未能提供劳动合同原件,其提供的劳动合同复印件载明,双方于2009年11月18日签订劳动合同,劳动合同形式上记载的期限是2009年12月1日至2010年11月30日,在"2010年"的顺数第二个"0"有改动的痕迹。2010年10月22日,乐府餐饮公司持该劳动合同向南京市江宁区劳动就业管理中心备案。梁介树认为劳动合同的到期日应为2011年11月30日,乐府餐饮公司认为劳动合同的到期日为2010年11月30日。鉴于乐府餐饮公司未能提供劳动合同原件,劳动合同复印件中有关期限的内容存在改动,且合同备案时间又是在梁介树病休之后,乐府餐饮公司主张的劳动合同期限即将到期之时,乐府餐饮公司主张到期日为2010年11月30日,证据不足。乐府餐饮公司上诉称南京市江宁区劳动争议仲裁委员会宁宁劳仲案字(2010)第2265号仲裁裁决确认劳动合同期限是2009年12月1日至2010年11月30日,没有事实依据。关于医疗期问题。原审法院根据梁介树的病情,认定病情严重,属特殊疾病,应当享受24个月的医疗期,符合原劳动部劳部发[1995]236号《关于贯彻〈企业职工患病或非因工负伤医疗期规定〉的通知》的内容。梁介树患病尚在规定的医疗期内,劳动合同的期限应自动延续至医疗期届满为止。乐府餐饮公司于2011年3月7日通知梁介树劳动合同终止,违反《中华人民共和国劳动合同法》第四十五条的规定。

综上,上诉人乐府餐饮公司的上诉请求缺乏事实和法律依据,不予支持。原审判决认定事实清楚,处理并无不当。据此,南京市中级人民法院依照《中华人民共和国民事诉讼法》①第一百七十条第一款第(一)项之规定,于2012年2月20日判决:

驳回上诉,维持原判。

本判决为终审判决。

· 文 书 范 本

1. 劳动合同②

(通用)

甲方(用人单位):_____
乙方(劳 动 者):_____
签 订 日 期:_____年___月___日

注 意 事 项

一、本合同文本供用人单位与建立劳动关系的劳动者签订劳动合同时使用。

二、用人单位应当与招用的劳动者自用工之日起一个月内依法订立书面劳动合同,并就劳动合同的内容协商一致。

三、用人单位应当如实告知劳动者工作内容、工作条件、工作地点、职业危害、安全生产状况、劳动报酬以及劳动者要求了解的其他情况;用人单位有权了解劳动者与劳动合同直接相关的基本情况,劳动者应当如实说明。

四、依法签订的劳动合同具有法律效力,双方应按照劳动合同的约定全面履行各自的义务。

---

① 《中华人民共和国民事诉讼法》已于2012年8月31日修正,故本书中的《中华人民共和国的民事诉讼法》是指修正前的规定。
② 来源:《人力资源社会保障部关于发布劳动合同示范文本的说明》。

五、劳动合同应使用蓝、黑钢笔或签字笔填写,字迹清楚,文字简练、准确,不得涂改。确需涂改的,双方应在涂改处签字或盖章确认。

六、签订劳动合同,用人单位应加盖公章,法定代表人(主要负责人)或委托代理人签字或盖章;劳动者应本人签字,不得由他人代签。劳动合同由双方各执一份,交劳动者的不得由用人单位代为保管。

甲方(用人单位):_____
统一社会信用代码:_____
法定代表人(主要负责人)或委托代理人:_____
注册地:_____
经营地:_____
联系电话:_____

乙方(劳动者):_____
居民身份证号码:_____
(或其他有效证件名称_____证件号:_____)
户籍地址:_____
经常居住地(通讯地址):_____
联系电话:_____

根据《中华人民共和国劳动法》《中华人民共和国劳动合同法》等法律法规政策规定,甲乙双方遵循合法、公平、平等自愿、协商一致、诚实信用的原则订立本合同。

一、劳动合同期限

第一条 甲乙双方自用工之日起建立劳动关系,双方约定按下列第____种方式确定劳动合同期限:

1. 固定期限:自____年____月____日起至____年____月____止,其中,试用期从用工之日至____年____月____日止。

2. 无固定期限:自____年____月____日起至依法解除、终止劳动合同时止,其中,试用期从用工之日起至____年____月____日止。

3. 以完成一定工作任务为期限:自____年____月____日起至工作任务完成时止。甲方应当以书面形式通知乙方工作任务完成。

二、工作内容和工作地点

第二条 乙方工作岗位是_____,岗位职责为_____。乙方的工作地点为_____。

乙方应爱岗敬业、诚实守信,保守甲方商业秘密,遵守甲方依法制定的劳动规章制度,认真履行岗位职责,按时保质完成工作任务。乙方违反劳动纪律,甲方可依据依法制定的劳动规章制度给予相应处理。

三、工作时间和休息休假

第三条 根据乙方工作岗位的特点,甲方安排乙方执行以下第____种工时制度:

1. 标准工时工作制。每日工作时间不超过8小时,每周工作时间不超过40小时。由于生产经营需要,经依法协商后可以延长工作时间,一般每日不得超过1小时,特殊原因每日不得超过3小时,每月不得超过36小时。甲方不得强迫或者变相强迫乙方加班加点。

2. 依法实行以_____为周期的综合计算工时工作制。综合计算周期内的总实际工作时间不应超过总法定标准工作时间。甲方应采取适当方式保障乙方的休息休假权利。

3. 依法实行不定时工作制。甲方应采取适当方式保障乙方的休息休假权利。

第四条　甲方安排乙方加班的，应依法安排补休或支付加班工资。

第五条　乙方依法享有法定节假日、带薪年休假、婚丧假、产假等假期。

四、劳动报酬

第六条　甲方采用以下第____种方式向乙方以货币形式支付工资，于每月____日前足额支付：

1. 月工资_____元。
2. 计件工资。计件单价为_____，甲方应合理制定劳动定额，保证乙方在提供正常劳动情况下，获得合理的劳动报酬。
3. 基本工资和绩效工资相结合的工资分配办法，乙方月基本工资_____元，绩效工资计发办法为_____。
4. 双方约定的其他方式_____。

第七条　乙方在试用期期间的工资计发标准为_____或_____元。

第八条　甲方应合理调整乙方的工资待遇。乙方从甲方获得的工资依法承担的个人所得税由甲方从其工资中代扣代缴。

五、社会保险和福利待遇

第九条　甲乙双方依法参加社会保险，甲方为乙方办理有关社会保险手续，并承担相应社会保险义务，乙方应当缴纳的社会保险费由甲方从乙方的工资中代扣代缴。

第十条　甲方依法执行国家有关福利待遇的规定。

第十一条　乙方因工负伤或患职业病的待遇按国家有关规定执行。乙方患病或非因工负伤的，有关待遇按国家有关规定和甲方依法制定的有关规章制度执行。

六、职业培训和劳动保护

第十二条　甲方应对乙方进行工作岗位所必需的培训。乙方应主动学习，积极参加甲方组织的培训，提高职业技能。

第十三条　甲方应当严格执行劳动安全卫生相关法律法规规定，落实国家关于女职工、未成年工的特殊保护规定，建立健全劳动安全卫生制度，对乙方进行劳动安全卫生教育和操作规程培训，为乙方提供必要的安全防护设施和劳动保护用品，努力改善劳动条件，减少职业危害。乙方从事接触职业病危害作业的，甲方应依法告知乙方工作过程中可能产生的职业病危害及其后果，提供职业病防护措施，在乙方上岗前、在岗期间和离岗时对乙方进行职业健康检查。

第十四条　乙方应当严格遵守安全操作规程，不违章作业。乙方对甲方管理人员违章指挥、强令冒险作业，有权拒绝执行。

七、劳动合同的变更、解除、终止

第十五条　甲乙双方应当依法变更劳动合同，并采取书面形式。

第十六条　甲乙双方解除或终止本合同，应当按照法律法规规定执行。

第十七条　甲乙双方解除终止本合同的，乙方应当配合甲方办理工作交接手续。甲方依法应向乙方支付经济补偿的，在办结工作交接时支付。

第十八条　甲方应当在解除或终止本合同时，为乙方出具解除或者终止劳动合同的证明，并在十五日内为乙方办理档案和社会保险关系转移手续。

八、双方约定事项

第十九条　乙方工作涉及甲方商业秘密和与知识产权相关的保密事项的，甲方可以与乙方依法协商约定保守商业秘密或竞业限制的事项，并签订保守商业秘密协议或竞业限制协议。

第二十条 甲方出资对乙方进行专业技术培训,要求与乙方约定服务期的,应当征得乙方同意,并签订协议,明确双方权利义务。

第二十一条 双方约定的其他事项:_____
_____。

九、劳动争议处理

第二十二条 甲乙双方因本合同发生劳动争议时,可以按照法律法规的规定,进行协商、申请调解或仲裁。对仲裁裁决不服的,可以依法向有管辖权的人民法院提起诉讼。

十、其他

第二十三条 本合同中记载的乙方联系电话、通讯地址为劳动合同期内通知相关事项和送达书面文书的联系方式、送达地址。如发生变化,乙方应当及时告知甲方。

第二十四条 双方确认:均已详细阅读并理解本合同内容,清楚各自的权利、义务。本合同未尽事宜,按照有关法律法规和政策规定执行。

第二十五条 本合同双方各执一份,自双方签字(盖章)之日起生效,双方应严格遵照执行。

甲方(盖章)　　　　　　　　　乙方(签字)
法定代表人(主要负责人)
或委托代理人(签字或盖章)
　　年　　月　　日　　　　　　　年　　月　　日

附件1

续订劳动合同

经甲乙双方协商同意,续订本合同。

一、甲乙双方按以下第____种方式确定续订合同期限:
1. 固定期限:自_____年____月____日起至_____年____月____日止。
2. 无固定期限:自_____年____月____日起至依法解除或终止劳动合同时止。

二、双方就有关事项约定如下:
1. _____;
2. _____;
3. _____。

三、除以上约定事项外,其他事项仍按照双方于_____年____月____日签订的劳动合同中的约定继续履行。

甲方(盖章)　　　　　　　　　乙方(签字)
法定代表人(主要负责人)
或委托代理人(签字或盖章)
　　年　　月　　日　　　　　　　年　　月　　日

附件2

变更劳动合同

一、经甲乙双方协商同意,自_____年____月_____日起,对本合同作如下变更:
1. _____;
2. _____;
3. _____。

二、除以上约定事项外,其他事项仍按照双方于_____年____月_____日签订的劳动合同中的约定继续履行。

甲方(盖章)　　　　　　　　乙方(签字)
法定代表人(主要负责人)
或委托代理人(签字或盖章)
　　年　月　日　　　　　　　　年　月　日

2. 劳动合同①

（劳务派遣）

甲方(劳务派遣单位)：_____
乙方(劳　动　者)：_____
签　订　日　期：_____年____月____日

注 意 事 项

一、本合同文本供劳务派遣单位与被派遣劳动者签订劳动合同时使用。

二、劳务派遣单位应当向劳动者出具依法取得的《劳务派遣经营许可证》。

三、劳务派遣单位不得与被派遣劳动者签订以完成一定任务为期限的劳动合同,不得以非全日制用工形式招用被派遣劳动者。

四、劳务派遣单位应当将其与用工单位签订的劳务派遣协议内容告知劳动者。劳务派遣单位不得向被派遣劳动者收取费用。

五、劳动合同应使用蓝、黑钢笔或签字笔填写,字迹清楚,文字简练、准确,不得涂改。确需涂改的,双方应在涂改处签字或盖章确认。

六、签订劳动合同,劳务派遣单位应加盖公章,法定代表人(主要负责人)或委托代理人应签字或盖章;被派遣劳动者应本人签字,不得由他人代签。劳动合同交由劳动者的,劳务派遣单位、用工单位不得代为保管。

甲方(劳务派遣单位)：_____
统一社会信用代码：_____
劳务派遣许可证编号：_____

① 来源:《人力资源社会保障部关于发布劳动合同示范文本的说明》。

法定代表人(主要负责人)或委托代理人：_____
注册地：_____
经营地：_____
联系电话：_____

乙方(劳动者)：_____
居民身份证号码：_____
(或其他有效证件名称_____证件号：_____)
户籍地址：_____
经常居住地(通讯地址)：_____
联系电话：_____

根据《中华人民共和国劳动法》《中华人民共和国劳动合同法》等法律法规政策规定，甲乙双方遵循合法、公平、平等自愿、协商一致、诚实信用的原则订立本合同。

<h3 style="text-align:center">一、劳动合同期限</h3>

第一条 甲乙双方约定按下列第____种方式确定劳动合同期限：
1. 二年以上固定期限合同：自_____年___月___日起至_____年___月___日止。其中，试用期从用工之日起至_____年___月___日止。
2. 无固定期限的劳动合同：自_____年___月___日起至依法解除或终止劳动合同止。其中，试用期从用工之日起至_____年___月___日止。

试用期至多约定一次。

<h3 style="text-align:center">二、工作内容和工作地点</h3>

第二条 乙方同意由甲方派遣到_____(用工单位名称)工作，用工单位注册地_____，用工单位法定代表人或主要负责人_____。派遣期限为_____，从_____年___月___日起至_____年___月___日止。乙方的工作地点为_____。

第三条 乙方同意在用工单位_____岗位工作，属于临时性/辅助性/替代性工作岗位，岗位职责为_____。

第四条 乙方同意服从甲方和用工单位的管理，遵守甲方和用工单位依法制定的劳动规章制度，按照用工单位安排的工作内容及要求履行劳动义务，按时完成规定的工作数量，达到相应的质量要求。

<h3 style="text-align:center">三、工作时间和休息休假</h3>

第五条 乙方同意根据用工单位工作岗位执行下列第____种工时制度：
1. 标准工时工作制，每日工作时间不超过 8 小时，平均每周工作时间不超过 40 小时，每周至少休息 1 天。
2. 依法实行以_____为周期的综合计算工时工作制。
3. 依法实行不定时工作制。

第六条 甲方应当要求用工单位严格遵守关于工作时间的法律规定，保证乙方的休息权利与身心健康，确因工作需要安排乙方加班加点的，经依法协商后可以延长工作时间，并依法安排乙方补休或支付加班工资。

第七条 乙方依法享有法定节假日、带薪年休假、婚丧假、产假等假期。

<h3 style="text-align:center">四、劳动报酬和福利待遇</h3>

第八条 经甲方与用工单位商定，甲方采用以下第____种方式向乙方以货币形式支付工资，于每月___日前足

额支付：

1. 月工资_____元。
2. 计件工资。计件单价为_____。
3. 基本工资和绩效工资相结合的工资分配办法,乙方月基本工资_____元,绩效工资计发办法为_____。
4. 约定的其他方式_____。

第九条 乙方在试用期期间的工资计发标准为_____或_____元。

第十条 甲方不得克扣用工单位按照劳务派遣协议支付给被派遣劳动者的劳动报酬。乙方从甲方获得的工资依法承担的个人所得税由甲方从其工资中代扣代缴。

第十一条 甲方未能安排乙方工作或者被用工单位退回期间,甲方应按照不低于甲方所在地最低工资标准按月向乙方支付报酬。

第十二条 甲方应当要求用工单位对乙方实行与用工单位同类岗位的劳动者相同的劳动报酬分配办法,向乙方提供与工作岗位相关的福利待遇。用工单位无同类岗位劳动者的,参照用工单位所在地相同或者相近岗位劳动者的劳动报酬确定。

第十三条 甲方应当要求用工单位合理确定乙方的劳动定额。用工单位连续用工的,甲方应当要求用工单位对乙方实行正常的工资调整机制。

五、社会保险

第十四条 甲乙双方依法在用工单位所在地参加社会保险。甲方应当按月将缴纳社会保险费的情况告知乙方,并为乙方依法享受社会保险待遇提供帮助。

第十五条 如乙方发生工伤事故,甲方应当会同用工单位及时救治,并在规定时间内,向人力资源社会保障行政部门提出工伤认定申请,为乙方依法办理劳动能力鉴定,并为其享受工伤待遇履行必要的义务。甲方未按规定提出工伤认定申请的,乙方或者其近亲属、工会组织在事故伤害发生之日或者乙方被诊断、鉴定为职业病之日起1年内,可以直接向甲方所在地人力资源社会保障行政部门提请工伤认定申请。

六、职业培训和劳动保护

第十六条 甲方应当为乙方提供必需的职业能力培训,在乙方劳务派遣期间,督促用工单位对乙方进行工作岗位所必需的培训。乙方应主动学习,积极参加甲方和用工单位组织的培训,提高职业技能。

第十七条 甲方应当为乙方提供符合国家规定的劳动安全卫生条件和必要的劳动保护用品,落实国家有关女职工、未成年工的特殊保护规定,并于乙方劳务派遣期间督促用工单位执行国家劳动标准,提供相应的劳动条件和劳动保护。

第十八条 甲方如派遣乙方到可能产生职业危害的岗位,应当事先告知乙方。甲方应督促用工单位依法告知乙方工作过程中可能产生的职业病危害及其后果,对乙方进行劳动安全卫生教育和培训,提供必要的职业危害防护措施和待遇,预防劳动过程中的事故,减少职业危害,为劳动者建立职业健康监护档案,在乙方上岗前、派遣期间、离岗时对乙方进行职业健康检查。

第十九条 乙方应当严格遵守安全操作规程,不违章作业。乙方对用工单位管理人员违章指挥、强令冒险作业的,有权拒绝执行。

七、劳动合同的变更、解除和终止

第二十条 甲乙双方应当依法变更劳动合同,并采取书面形式。

第二十一条 因乙方派遣期满或出现其他法定情形被用工单位退回甲方的,甲方可以对其重新派遣,对符合法律法规规定情形的,甲方可以依法与乙方解除劳动合同。乙方同意重新派遣的,双方应当协商派遣单位、派遣期限、工作地点、工作岗位、工作时间和劳动报酬等内容,并以书面形式变更合同相关内容;乙方不同意重新派遣的,依照法律法规有关规定执行。

第二十二条 甲乙双方解除或终止本合同,应当按照法律法规规定执行。甲方应在解除或者终止本合同时,为乙方出具解除或者终止劳动合同的证明,并在十五日内为乙方办理档案和社会保险关系转移手续。

第二十三条 甲乙双方解除终止本合同的,乙方应当配合甲方办理工作交接手续。甲方依法应向乙方支付经济补偿的,在办结工作交接时支付。

八、劳动争议处理

第二十四条 甲乙双方因本合同发生劳动争议时,可以按照法律法规的规定,进行协商、申请调解或仲裁。对仲裁裁决不服的,可以依法向有管辖权的人民法院提起诉讼。

第二十五条 用工单位给乙方造成损害的,甲方和用工单位承担连带赔偿责任。

九、其他

第二十六条 本合同中记载的乙方联系电话、通讯地址为劳动合同期内通知相关事项和送达书面文书的联系方式、送达地址。如发生变化,乙方应当及时告知甲方。

第二十七条 双方确认:均已详细阅读并理解本合同内容,清楚各自的权利、义务。本合同未尽事宜,按照有关法律法规和政策规定执行。

第二十八条 本劳动合同一式(　　)份,双方至少各执一份,自签字(盖章)之日起生效,双方应严格遵照执行。

甲方(盖章)　　　　　　　　乙方(签字)
法定代表人(主要负责人)
或委托代理人(签字或盖章)
　　年　　月　　日　　　　　年　　月　　日

附件1

续订劳动合同

经甲乙双方协商同意,续订本合同。

一、甲乙双方按以下第____种方式确定续订合同期限:

1. 固定期限:自_____年____月____日起至_____年____月____日止。
2. 无固定期限:自_____年____月____日起至依法解除或终止劳动合同时止。

二、双方就有关事项约定如下:

1. _____ ;
2. _____ ;
3. _____ 。

三、除以上约定事项外,其他事项仍按照双方于_____年____月____日签订的劳动合同中的约定继续履行。

甲方(盖章)　　　　　　　　乙方(签字)
法定代表人(主要负责人)
或委托代理人(签字或盖章)
　　年　　月　　日　　　　　年　　月　　日

附件2

变更劳动合同

一、经甲乙双方协商同意,自_____年____月____日起,对本合同作如下变更:

1. _____;
2. _____;
3. _____。

二、除以上约定事项外,其他事项仍按照双方于_____年____月____日签订的劳动合同中的约定继续履行。

甲方(盖章)　　　　　　　　乙方(签字)
法定代表人(主要负责人)
或委托代理人(签字或盖章)
　　年　　月　　日　　　　　　年　　月　　日

3. 竞业限制合同

甲方(企业):_____
法定代表人:_____
地　　址:_____

乙方(员工):_____
居民身份证号码:_____
家庭住址:_____

鉴于乙方知悉的甲方商业秘密具有重要影响,为保护双方的合法权益,双方根据国家有关法律法规,本着平等自愿和诚信的原则,经协商一致,达成下列条款,双方共同遵守:

一、乙方义务

1. 未经甲方同意,在职期间不得自营或者为他人经营与甲方同类的行业;
2. 不论因何种原因从甲方离职,离职后_____年内不得到与甲方有竞争关系的单位就职。
3. 不论因何种原因从甲方离职,离职后_____年内不自办与甲方有竞争关系的企业或者从事与甲方商业秘密有关的产品的生产。

二、甲方义务

从乙方离职后开始计算竞业限制时起,甲方应当按照竞业限制期限向乙方支付一定数额的竞业限制补偿费。补偿费的金额为乙方离开甲方单位前一年的基本工资(不包括奖金、福利、劳保等)。补偿费按季支付,由甲方通过银行支付至乙方银行卡上。如乙方拒绝领取,甲方可以将补偿费向有关方面提存。

三、违约责任

1. 乙方不履行规定的义务,应当承担违约责任,一次性向甲方支付违约金,金额为乙方离开甲方单位前一年的基本工资的_____倍。同时,乙方因违约行为所获得的收益应当还甲方。

2. 甲方不履行义务,拒绝支付乙方的竞业限制补偿费甲方应当一次性支付乙方违约金人民币_____元。

四、争议解决

因本协议引起的纠纷,由双方协商解决。如协商不成,则提交_____仲裁委员会仲裁。

五、合同效力

本合同自双方签章之日起生效。本合同的修改,必须采用双方同意的书面形式。

甲方(签章):　　　　　　　　　　乙方(签名):
_____年___月___日　　　　　　　_____年___月___日

4. 集体劳动合同

本合同由_____公司(以下简称公司)与_____公司工会(以下简称工会)签订。

第一章　总　则

第一条　根据《中华人民共和国劳动法》、《中华人民共和国劳动合同法》以及有关法律、法规的规定,经双方友好协商,签订本合同,用以明确和调整双方的权利和义务关系。

第二条　工会代表公司职工(以下简称职工)整体的利益,依据本合同的原则,指导职工正确处理和公司的劳动关系,并监督和协调这种关系。

公司用以和职工个人确定劳动关系的合同,不得与本合同相悖。

第三条　本合同是双方遵守的共同准则。

双方在有关法律、法规规定范围内,遵守不低于有关职工就业、劳动报酬、劳动保险、劳动保护、生活福利、退休养老和各种节假日等方面的规定,并努力提供尽可能高的水平和标准。

第四条　公司尊重工会维护和代表职工利益的权利。公司制订各项涉及职工切身利益的规章制度,均应符合本合同的原则并应有工会代表参加,听取工会意见,取得工会合作。

工会有义务支持公司的生产、工作和管理,支持公司的合法权益,教育职工认真履行劳动合同,遵守劳动纪律和公司各项规章制度,努力完成生产、工作任务,促进公司发展。工会主席或其代表依法列席公司董事会会议(包括预备会议)。

第二章　职工聘用

第五条　公司根据生产经营情况,本着择优录用的原则,有权招聘职工。

第六条　公司分别与职工签订个人劳动合同,在签订个人劳动合同之前,工会和公司应指导职工明确合同的权利和义务及违约的责任的处理。工会有权监督个人劳动合同执行情况。

第七条　公司制订和修改个人劳动合同标准文本,应听取工会意见。

第八条　因履行个人劳动合同而发生争议,按劳动争议调解程序处理。

第三章　工作日制度

第九条　公司根据生产经营情况,以不超过政府规定的标准,实行本公司工作日制度。

第十条　公司有责任严格控制延长职工的工作时间,尽可能避免或减少加班加点。长时间或长期加班加点以及在公休节假日大范围加班时,应征得同级别工会同意,并给职工另发加班加点工资,其待遇应高于正常工资水平。

第十一条　公司执行政府规定的各类节假日制度。

第四章　工资和津贴

第十二条　公司根据按劳分配的原则和需要,确定本公司工资制度,并发放各类专项津贴。

第十三条 公司工资分配制度(工资标准、工资分配形式、工资发放办法)的制定和变更,由公司决定。公司在做出上述决定时,应听取工会意见,取得工会合作。

第五章 职工福利

第十四条 公司按规定每月提取工资总额____%的福利费用和____%的职工医疗费用,每年从税后利润中提____%的福利奖励基金,用于职工集体福利和奖励,不得挪作他用。其中用于福利的部分,由工会协助合理安排使用。公司应定期向工会提供该项基金使用情况报表。

第十五条 公司有责任改善职工文化设施和住房、膳食、医疗、托儿、交通条件并提供其他与公司经济相适应的福利。

第十六条 公司各项重大福利的设施、标准、实施办法,或由公司提出方案,或由工会提出要求,均应经双方同意后实施。

第六章 社会保险

第十七条 公司根据劳动保险有关法律的规定,实行劳动保险制度,支付职工劳动保险费用,并努力扩大保险险种。

第十八条 职工因工负伤、因工致残、因工死亡,以及因患职业病,在治疗时所花费的符合规定的费用由公司支付。公司制定此类费用细则。

第十九条 职工一般每年应进行体检一次,女工及有毒有害工种应按规定定期进行专项体检。

第二十条 公司实行养老保险制度。

公司根据有关规定,按时提取和发放职工退休费用。

第二十一条 工会协助公司做好各项劳动保险工作。

第七章 劳动安全与保护

第二十二条 公司执行政府有关劳动保护法规、条例。

公司负责加强和改善劳动安全技术和工业卫生、劳动防护以及特殊工种和女职工的特殊保护工作。

第二十三条 工会支持公司劳动保护管理,配合公司检查、监督劳动保护情况。

工会发现违章指挥、强令工人冒险作业或者生产过程中发现明显重大事故隐患和职业危害,有权提出解决建议;当发现危及职工生命安全的情况时,有权向公司建议组织职工撤离危险现场,公司行政方面必须及时作出处理决定。

第二十四条 公司根据工种岗位需要,保证供应相应的劳动防护用品。

第二十五条 公司优先保证用于改善职工生产安全和劳动条件的资金。每年由公司提出年度安全技术措施项目方案,落实资金,组织实施。

工会参与安全技术措施专项讨论并监督实施情况。

第二十六条 公司和工会有责任教育职工严格遵守公司各项安全生产规章制度及操作规程,教育和组织职工接受安全技术培训和管理。工会支持公司对危及企业和职工安全的行为的惩处。

第二十七条 公司发生职工因工伤亡事故或其他危及职工劳动安全的重大事故,应及时通知工会。工会有权参与调查和提出建议。

第八章 教育与培训

第二十八条 公司按期提取职工教育经费,帮助职工获得和提高文化及专业知识。公司教育管理机构负责职工的教育及培训。公司按年度向工会通报教育基金使用情况。

第九章 纪律与奖惩

第二十九条 公司有权制定劳动纪律与奖惩制度。

公司有权依据劳动纪律与奖惩制度决定对职工进行奖励或惩罚。

第三十条 公司对于模范执行公司各项规章制度,在完成生产、工作任务、产品开发、技术改造、提高质量和提高劳动生产率、改善经营管理等方面做出优异成绩的职工,有权分别给予荣誉奖励和物质奖励。

第三十一条 公司对于违反企业各项规章制度的职工，可分别情况，给予批评教育、警告、通报批评、记过、记大过、留厂察看等行政处分，情况严重的，可以开除。对职工进行行政处分时，须征求工会意见，听取被处分职工本人的申辩，由公司作出决定。开除职工，事先应经工会参加处分文件会签。工会认为不合理的，有权提出异议，与公司协商解决。因生产经营条件变化，公司大规模变更职工的工作或裁员时，须征得工会同意。

第十章 合同的变更和解除

第三十二条 发生下列情况之一的，可以变更或解除本合同：
(1) 当事人双方经过协商同意；
(2) 制定本合同所依据的法律、法规发生了变化；
(3) 公司因生产经营管理不善而停产、转产、破产或面临破产边缘，使集体合同无法履行或完全履行；
(4) 因出现不可抗力，使集体合同无法履行或安全履行；
(5) 其他约定的事项。

当事人一方提出变更或解除合同的建议，须经双方协商，协商一致的，签订书面协议，书面协议应当提交公司职工代表大会或职工大会审议通过，审议通过后，由原订立集体合同的双方当事人的代表人签字。

第十一章 合同争议的解决

第三十三条 因履行本合同发生争议，双方应协商解决，协商解决不成的，可以向劳动争议仲裁委员会申请仲裁；对仲裁裁决不服的，可以自收到仲裁裁决书之日起15日内向人民法院提起诉讼。

第十二章 监督检查

第三十四条 为保证执行本合同，双方联合成立集体合同监督检查小组，其成员由工会代表，公司代表根据人数对等的原则组成。

本合同每年检查一次，检查结果以书面报告形式提交双方签约代表。签约代表应认真研究和处理检查结果。

第十三章 合同期限和变更

第三十五条 本合同有效期为____年。
合同期满前____个月经双方协商签订新合同。新合同未签订生效前，本合同继续有效。

第三十六条 本合同在执行过程中，发生特殊情况双方都有权提出修改本合同。经双方协商同意后，进行修改。修改后的条款，作为本合同附件执行，与本合同具有同等效力。未经双方同意，任何一方无权变更本合同。

第十四章 附 则

第三十七条 公司支持工会开展的活动，并提供必要的条件。工会开展活动应在生产、工作时间以外进行，如有必要占用生产、工作时间活动的，应事先征得公司同意。在条件许可的情况下，公司应给予支持。

_____公司   _____工会

法定代表人：_____   工会主席：_____
____年____月____日   ____年____月____日

5. 非全日制用工简易劳动合同
（参考文本）

甲方(用人单位)名称：_____
法定代表人(主要负责人)或者委托代理人_____

注册地址＿＿＿＿＿＿＿＿＿＿
联系电话＿＿＿＿＿＿＿＿
乙方(劳动者)姓名：＿＿＿＿＿＿
居民身份证号＿＿＿＿＿＿＿＿
户口所在地＿＿＿＿＿省(市)＿＿＿＿＿＿区(县)＿＿＿＿＿＿乡镇＿＿＿＿＿＿村
邮政编码＿＿＿＿＿＿＿＿
现住址＿＿＿＿＿＿＿＿＿＿＿＿联系电话＿＿＿＿＿＿＿＿
根据《劳动法》、《劳动合同法》及有关规定，甲乙双方遵循平等自愿、协商一致的原则签订本合同。

一、合同期限

第一条 甲乙双方可以随时终止本合同。

二、工作内容

第二条 乙方同意根据甲方工作需要，担任＿＿＿＿＿＿＿＿工作。
甲方根据工作要求对乙方进行必要的职业技能培训。
乙方应当努力提高职业技能，按岗位要求完成工作任务。

三、工作时间

第三条 乙方每周工作＿＿＿＿日，分别为周＿＿＿＿；每日工作＿＿＿＿小时。

四、劳动报酬

第四条 甲方按小时计酬方式支付乙方工资，标准为每小时＿＿＿＿＿元。
甲方向乙方支付工资形式为＿＿＿＿＿＿＿＿（直接发放/委托银行代发）。支付周期不得超过15日。

五、社会保险

第五条 甲方应当依法为乙方缴纳工伤保险费。

六、劳动保护和劳动条件

第六条 甲方根据生产岗位需要，按照国家有关劳动安全卫生规定对乙方进行安全卫生培训和职业培训，为乙方提供如下劳动保护条件和劳动防护用品：＿＿。

七、劳动争议处理

第七条 甲乙双方发生劳动争议，可以协商解决，也可以依照《劳动争议调解仲裁法》的规定通过申请调解、仲裁和提起诉讼解决。

八、其他

第八条 甲乙双方约定的其他事项＿＿。

第九条 本劳动合同一式二份，甲乙双方各执一份。
本劳动合同自甲乙双方签字、盖章之日起生效。

甲方(公　章)　　　　　乙方(签字或盖章)

法定代表人(主要负责人)或委托代理人
(签字或盖章)

签订日期：　　年　月　日

使 用 说 明

一、本劳动合同(参考文本)供用人单位与从事非全日工作的劳动者签订劳动合同时参考使用,主要适用于来自农村的务工人员等流动性较大的劳动者。非全日制用工也可不签订书面劳动合同。

二、企业与劳动者签订劳动合同时,双方的情况应如实填写,凡需要双方约定的内容,经协商一致后填写在相应的空格内。双方约定的增加事项填写在第八条内,但双方约定的内容不得违反国家法律法规。

三、签订劳动合同,甲方应加盖单位公章;法定代表人、委托代理人或负责人及乙方应亲自签字或盖章,其他人不得代为签字。

四、本合同应使钢笔或签字笔填写,字迹清楚,文字简练、准确,不得涂改。

4. 劳动报酬

保障农民工工资支付条例

- 2019 年 12 月 4 日国务院第 73 次常务会议通过
- 2019 年 12 月 30 日中华人民共和国国务院令第 724 号公布
- 自 2020 年 5 月 1 日起施行

第一章　总　则

第一条　为了规范农民工工资支付行为,保障农民工按时足额获得工资,根据《中华人民共和国劳动法》及有关法律规定,制定本条例。

第二条　保障农民工工资支付,适用本条例。

本条例所称农民工,是指为用人单位提供劳动的农村居民。

本条例所称工资,是指农民工为用人单位提供劳动后应当获得的劳动报酬。

第三条　农民工有按时足额获得工资的权利。任何单位和个人不得拖欠农民工工资。

农民工应当遵守劳动纪律和职业道德,执行劳动安全卫生规程,完成劳动任务。

第四条　县级以上地方人民政府对本行政区域内保障农民工工资支付工作负责,建立保障农民工工资支付工作协调机制,加强监管能力建设,健全保障农民工工资支付工作目标责任制,并纳入对本级人民政府有关部门和下级人民政府进行考核和监督的内容。

乡镇人民政府、街道办事处应当加强对拖欠农民工工资矛盾的排查和调处工作,防范和化解矛盾,及时调解纠纷。

第五条　保障农民工工资支付,应当坚持市场主体负责、政府依法监管、社会协同监督,按照源头治理、预防为主、防治结合、标本兼治的要求,依法根治拖欠农民工工资问题。

第六条　用人单位实行农民工劳动用工实名制管理,与招用的农民工书面约定或者通过依法制定的规章制度规定工资支付标准、支付时间、支付方式等内容。

第七条　人力资源社会保障行政部门负责保障农民工工资支付工作的组织协调、管理指导和农民工工资支付情况的监督检查,查处有关拖欠农民工工资案件。

住房城乡建设、交通运输、水利等相关行业工程建设主管部门按照职责履行行业监管责任,督办因违法发包、转包、违法分包、挂靠、拖欠工程款等导致的拖欠农民工工资案件。

发展改革等部门按照职责负责政府投资项目的审批管理,依法审查政府投资项目的资金来源和筹措方式,按规定及时安排政府投资,加强社会信用体系建设,组织对拖欠农民工工资失信联合惩戒对象依法依规予以限制和惩戒。

财政部门负责政府投资资金的预算管理,根据经批准的预算按规定及时足额拨付政府投资资金。

公安机关负责及时受理、侦办涉嫌拒不支付劳动报酬刑事案件,依法处置因农民工工资拖欠引发的社会治安案件。

司法行政、自然资源、人民银行、审计、国有资产管理、税务、市场监管、金融监管等部门,按照职责做好与保障农民工工资支付相关的工作。

第八条 工会、共产主义青年团、妇女联合会、残疾人联合会等组织按照职责依法维护农民工获得工资的权利。

第九条 新闻媒体应当开展保障农民工工资支付法律法规政策的公益宣传和先进典型的报道，依法加强对拖欠农民工工资违法行为的舆论监督，引导用人单位增强依法用工、按时足额支付工资的法律意识，引导农民工依法维权。

第十条 被拖欠工资的农民工有权依法投诉，或者申请劳动争议调解仲裁和提起诉讼。

任何单位和个人对拖欠农民工工资的行为，有权向人力资源社会保障行政部门或者其他有关部门举报。

人力资源社会保障行政部门和其他有关部门应当公开举报投诉电话、网站等渠道，依法接受对拖欠农民工工资行为的举报、投诉。对于举报、投诉的处理实行首问负责制，属于本部门受理的，应当依法及时处理；不属于本部门受理的，应当及时转送相关部门，相关部门应当依法及时处理，并将处理结果告知举报、投诉人。

第二章 工资支付形式与周期

第十一条 农民工工资应当以货币形式，通过银行转账或者现金支付给农民工本人，不得以实物或者有价证券等其他形式替代。

第十二条 用人单位应当按照与农民工书面约定或者依法制定的规章制度规定的工资支付周期和具体支付日期足额支付工资。

第十三条 实行月、周、日、小时工资制的，按照月、周、日、小时为周期支付工资；实行计件工资制的，工资支付周期由双方依法约定。

第十四条 用人单位与农民工书面约定或者依法制定的规章制度规定的具体支付日期，可以在农民工提供劳动的当期或者次期。具体支付日期遇法定节假日或者休息日的，应当在法定节假日或者休息日前支付。

用人单位因不可抗力未能在支付日期支付工资的，应当在不可抗力消除后及时支付。

第十五条 用人单位应当按照工资支付周期编制书面工资支付台账，并至少保存3年。

书面工资支付台账应当包括用人单位名称、支付周期、支付日期、支付对象姓名、身份证号码、联系方式、工作时间，应发工资项目及数额，代扣、代缴、扣除项目和数额，实发工资数额，银行代发工资凭证或者农民工签字等内容。

用人单位向农民工支付工资时，应当提供农民工本人的工资清单。

第三章 工资清偿

第十六条 用人单位拖欠农民工工资的，应当依法予以清偿。

第十七条 不具备合法经营资格的单位招用农民工，农民工已经付出劳动而未获得工资的，依照有关法律规定执行。

第十八条 用工单位使用个人、不具备合法经营资格的单位或者未依法取得劳务派遣许可证的单位派遣的农民工，拖欠农民工工资的，由用工单位清偿，并可以依法进行追偿。

第十九条 用人单位将工作任务发包给个人或者不具备合法经营资格的单位，导致拖欠所招用农民工工资的，依照有关法律规定执行。

用人单位允许个人、不具备合法经营资格或者未取得相应资质的单位以用人单位的名义对外经营，导致拖欠所招用农民工工资的，由用人单位清偿，并可以依法进行追偿。

第二十条 合伙企业、个人独资企业、个体经济组织等用人单位拖欠农民工工资的，应当依法予以清偿；不清偿的，由出资人依法清偿。

第二十一条 用人单位合并或者分立时，应当在实施合并或者分立前依法清偿拖欠的农民工工资；经与农民工书面协商一致的，可以由合并或者分立后承继其权利和义务的用人单位清偿。

第二十二条 用人单位被依法吊销营业执照或者登记证书、被责令关闭、被撤销或者依法解散的，应当在申请注销登记前依法清偿拖欠的农民工工资。

未依据前款规定清偿农民工工资的用人单位主要出资人，应当在注册新用人单位前清偿拖欠的农民工工资。

第四章 工程建设领域特别规定

第二十三条 建设单位应当有满足施工所需要的资金安排。没有满足施工所需要的资金安排的，工程建设项目不得开工建设；依法需要办理施工许可证的，相关行业工程建设主管部门不予颁发施工许可证。

政府投资项目所需资金，应当按照国家有关规定落实到位，不得由施工单位垫资建设。

第二十四条 建设单位应当向施工单位提供工程款支付担保。

建设单位与施工总承包单位依法订立书面工程施工合同，应当约定工程款计量周期、工程款进度结算办法以及人工费用拨付周期，并按照保障农民工工资按时足额支付的要求约定人工费用。人工费用拨付周期不得超过1个月。

建设单位与施工总承包单位应当将工程施工合同保存备查。

第二十五条 施工总承包单位与分包单位依法订立书面分包合同，应当约定工程款计量周期、工程款进度结算办法。

第二十六条 施工总承包单位应当按照有关规定开设农民工工资专用账户，专项用于支付该工程建设项目农民工工资。

开设、使用农民工工资专用账户有关资料应当由施工总承包单位妥善保存备查。

第二十七条 金融机构应当优化农民工工资专用账户开设服务流程，做好农民工工资专用账户的日常管理工作；发现资金未按约定拨付等情况的，及时通知施工总承包单位，由施工总承包单位报告人力资源社会保障行政部门和相关行业工程建设主管部门，并纳入欠薪预警系统。

工程完工且未拖欠农民工工资的，施工总承包单位公示30日后，可以申请注销农民工工资专用账户，账户内余额归施工总承包单位所有。

第二十八条 施工总承包单位或者分包单位应当依法与所招用的农民工订立劳动合同并进行用工实名登记，具备条件的行业应当通过相应的管理服务信息平台进行用工实名登记、管理。未与施工总承包单位或者分包单位订立劳动合同并进行用工实名登记的人员，不得进入项目现场施工。

施工总承包单位应当在工程项目部配备劳资专管员，对分包单位劳动用工实施监督管理，掌握施工现场用工、考勤、工资支付等情况，审核分包单位编制的农民工工资支付表，分包单位应当予以配合。

施工总承包单位、分包单位应当建立用工管理台账，并保存至工程完工且工资全部结清后至少3年。

第二十九条 建设单位应当按照合同约定及时拨付工程款，并将人工费用及时足额拨付至农民工工资专用账户，加强对施工总承包单位按时足额支付农民工工资的监督。

因建设单位未按照合同约定及时拨付工程款导致农民工工资拖欠的，建设单位应当以未结清的工程款为限先行垫付被拖欠的农民工工资。

建设单位应当以项目为单位建立保障农民工工资支付协调机制和工资拖欠预防机制，督促施工总承包单位加强劳动用工管理，妥善处理与农民工工资支付相关的矛盾纠纷。发生农民工集体讨薪事件的，建设单位应当会同施工总承包单位及时处理，并向项目所在地人力资源社会保障行政部门和相关行业工程建设主管部门报告有关情况。

第三十条 分包单位对所招用农民工的实名制管理和工资支付负直接责任。

施工总承包单位对分包单位劳动用工和工资发放等情况进行监督。

分包单位拖欠农民工工资的，由施工总承包单位先行清偿，再依法进行追偿。

工程建设项目转包，拖欠农民工工资的，由施工总承包单位先行清偿，再依法进行追偿。

第三十一条 工程建设领域推行分包单位农民工工资委托施工总承包单位代发制度。

分包单位应当按月考核农民工工作量并编制工资支付表，经农民工本人签字确认后，与当月工程进度等情况一并交施工总承包单位。

施工总承包单位根据分包单位编制的工资支付表，通过农民工工资专用账户直接将工资支付到农民工本人的银行账户，并向分包单位提供代发工资凭证。

用于支付农民工工资的银行账户所绑定的农民工本人社会保障卡或者银行卡，用人单位或者其他人员不得以任何理由扣押或者变相扣押。

第三十二条 施工总承包单位应当按照有关规定存储工资保证金，专项用于支付为所承包工程提供劳动的农民工被拖欠的工资。

工资保证金实行差异化存储办法，对一定时期内未发生工资拖欠的单位实行减免措施，对发生工资拖欠的单位适当提高存储比例。工资保证金可以用金融机构保函替代。

工资保证金的存储比例、存储形式、减免措施等具体办法，由国务院人力资源社会保障行政部门会同有关部门制定。

第三十三条 除法律另有规定外，农民工工资专用账户资金和工资保证金不得因支付为本项目提供劳动的农民工工资之外的原因被查封、冻结或者划拨。

第三十四条 施工总承包单位应当在施工现场醒目位置设立维权信息告示牌，明示下列事项：

（一）建设单位、施工总承包单位及所在项目部、分包单位、相关行业工程建设主管部门、劳资专管员等基本信息；

(二)当地最低工资标准、工资支付日期等基本信息；

(三)相关行业工程建设主管部门和劳动保障监察投诉举报电话、劳动争议调解仲裁申请渠道、法律援助申请渠道、公共法律服务热线等信息。

第三十五条 建设单位与施工总承包单位或者承包单位与分包单位因工程数量、质量、造价等产生争议的，建设单位不得因争议不按照本条例第二十四条的规定拨付工程款中的人工费用，施工总承包单位也不得因争议不按照规定代发工资。

第三十六条 建设单位或者施工总承包单位将建设工程发包或者分包给个人或者不具备合法经营资格的单位，导致拖欠农民工工资的，由建设单位或者施工总承包单位清偿。

施工单位允许其他单位和个人以施工单位的名义对外承揽建设工程，导致拖欠农民工工资的，由施工单位清偿。

第三十七条 工程建设项目违反国土空间规划、工程建设等法律法规，导致拖欠农民工工资的，由建设单位清偿。

第五章 监督检查

第三十八条 县级以上地方人民政府应当建立农民工工资支付监控预警平台，实现人力资源社会保障、发展改革、司法行政、财政、住房城乡建设、交通运输、水利等部门的工程项目审批、资金落实、施工许可、劳动用工、工资支付等信息及时共享。

人力资源社会保障行政部门根据水电燃气供应、物业管理、信贷、税收等反映企业生产经营相关指标的变化情况，及时监控和预警工资支付隐患并做好防范工作，市场监管、金融监管、税务等部门应当予以配合。

第三十九条 人力资源社会保障行政部门、相关行业工程建设主管部门和其他有关部门应当按照职责，加强对用人单位与农民工签订劳动合同、工资支付以及工程建设项目实行农民工实名制管理、农民工工资专用账户管理、施工总承包单位代发工资、工资保证金存储、维权信息公示等情况的监督检查，预防和减少拖欠农民工工资行为的发生。

第四十条 人力资源社会保障行政部门在查处拖欠农民工工资案件时，需要依法查询相关单位金融账户和相关当事人拥有房产、车辆等情况的，应当经设区的市级以上地方人民政府人力资源社会保障行政部门负责人批准，有关金融机构和登记部门应当予以配合。

第四十一条 人力资源社会保障行政部门在查处拖欠农民工工资案件时，发生用人单位拒不配合调查、清偿责任主体及相关当事人无法联系等情形的，可以请求公安机关和其他有关部门协助处理。

人力资源社会保障行政部门发现拖欠农民工工资的违法行为涉嫌构成拒不支付劳动报酬罪的，应当按照有关规定及时移送公安机关审查并作出决定。

第四十二条 人力资源社会保障行政部门作出责令支付被拖欠的农民工工资的决定，相关单位不支付的，可以依法申请人民法院强制执行。

第四十三条 相关行业工程建设主管部门应当依法规范本领域建设市场秩序，对违法发包、转包、违法分包、挂靠等行为进行查处，并对导致拖欠农民工工资的违法行为及时予以制止、纠正。

第四十四条 财政部门、审计机关和相关行业工程建设主管部门按照职责，依法对政府投资项目建设单位按照工程施工合同约定向农民工工资专用账户拨付资金情况进行监督。

第四十五条 司法行政部门和法律援助机构应当将农民工列为法律援助的重点对象，并依法为请求支付工资的农民工提供便捷的法律援助。

公共法律服务相关机构应当积极参与相关诉讼、咨询、调解等活动，帮助解决拖欠农民工工资问题。

第四十六条 人力资源社会保障行政部门、相关行业工程建设主管部门和其他有关部门应当按照"谁执法谁普法"普法责任制的要求，通过以案释法等多种形式，加大对保障农民工工资支付相关法律法规的普及宣传。

第四十七条 人力资源社会保障行政部门应当建立用人单位及相关责任人劳动保障守法诚信档案，对用人单位开展守法诚信等级评价。

用人单位有严重拖欠农民工工资违法行为的，由人力资源社会保障行政部门向社会公布，必要时可以通过召开新闻发布会等形式向媒体公开曝光。

第四十八条 用人单位拖欠农民工工资，情节严重或者造成严重不良社会影响的，有关部门应当将该用人单位及其法定代表人或者主要负责人、直接负责的主管人员和其他直接责任人员列入拖欠农民工工资失信联合惩戒对象名单，在政府资金支持、政府采购、招投标、融资贷款、市场准入、税收优惠、评优评先、交通出行等方面依法依规予以限制。

拖欠农民工工资需要列入失信联合惩戒名单的具体情形，由国务院人力资源社会保障行政部门规定。

第四十九条　建设单位未依法提供工程款支付担保或者政府投资项目拖欠工程款，导致拖欠农民工工资的，县级以上地方人民政府应当限制其新建项目，并记入信用记录，纳入国家信用信息系统进行公示。

第五十条　农民工与用人单位就拖欠工资存在争议，用人单位应当提供依法由其保存的劳动合同、职工名册、工资支付台账和清单等材料；不提供的，依法承担不利后果。

第五十一条　工会依法维护农民工工资权益，对用人单位工资支付情况进行监督；发现拖欠农民工工资的，可以要求用人单位改正，拒不改正的，可以请求人力资源社会保障行政部门和其他有关部门依法处理。

第五十二条　单位或者个人编造虚假事实或者采取非法手段讨要农民工工资，或者以拖欠农民工工资为名讨要工程款的，依法予以处理。

第六章　法律责任

第五十三条　违反本条例规定拖欠农民工工资的，依照有关法律规定执行。

第五十四条　有下列情形之一的，由人力资源社会保障行政部门责令限期改正；逾期不改正的，对单位处2万元以上5万元以下的罚款，对法定代表人或者主要负责人、直接负责的主管人员和其他直接责任人员处1万元以上3万元以下的罚款：

（一）以实物、有价证券等形式代替货币支付农民工工资；

（二）未编制工资支付台账并依法保存，或者未向农民工提供工资清单；

（三）扣押或者变相扣押用于支付农民工工资的银行账户所绑定的农民工本人社会保障卡或者银行卡。

第五十五条　有下列情形之一的，由人力资源社会保障行政部门、相关行业工程建设主管部门按照职责责令限期改正；逾期不改正的，责令项目停工，并处5万元以上10万元以下的罚款；情节严重的，给予施工单位限制承接新工程、降低资质等级、吊销资质证书等处罚：

（一）施工总承包单位未按规定开设或者使用农民工工资专用账户；

（二）施工总承包单位未按规定存储工资保证金或者未提供金融机构保函；

（三）施工总承包单位、分包单位未实行劳动用工实名制管理。

第五十六条　有下列情形之一的，由人力资源社会保障行政部门、相关行业工程建设主管部门按照职责责令限期改正；逾期不改正的，处5万元以上10万元以下的罚款：

（一）分包单位未按月考核农民工工作量、编制工资支付表并经农民工本人签字确认；

（二）施工总承包单位未对分包单位劳动用工实施监督管理；

（三）分包单位未配合施工总承包单位对其劳动用工进行监督管理；

（四）施工总承包单位未实行施工现场维权信息公示制度。

第五十七条　有下列情形之一的，由人力资源社会保障行政部门、相关行业工程建设主管部门按照职责责令限期改正；逾期不改正的，责令项目停工，并处5万元以上10万元以下的罚款：

（一）建设单位未依法提供工程款支付担保；

（二）建设单位未按约定及时足额向农民工工资专用账户拨付工程款中的人工费用；

（三）建设单位或者施工总承包单位拒不提供或者无法提供工程施工合同、农民工工资专用账户有关资料。

第五十八条　不依法配合人力资源社会保障行政部门查询相关单位金融账户的，由金融监管部门责令改正；拒不改正的，处2万元以上5万元以下的罚款。

第五十九条　政府投资项目政府投资资金不到位拖欠农民工工资的，由人力资源社会保障行政部门报本级人民政府批准，责令限期足额拨付所拖欠的资金；逾期不拨付的，由上一级人民政府人力资源社会保障行政部门约谈直接责任部门和相关监管部门负责人，必要时进行通报，约谈地方人民政府负责人。情节严重的，对地方人民政府及其有关部门负责人、直接负责的主管人员和其他直接责任人员依法依规给予处分。

第六十条　政府投资项目建设单位未经批准立项建设、擅自扩大建设规模、擅自增加投资概算、未及时拨付工程款等导致拖欠农民工工资的，除依法承担责任外，人力资源社会保障行政部门、其他有关部门按照职责约谈建设单位负责人，并作为其业绩考核、薪酬分配、评优评先、职务晋升等的重要依据。

第六十一条　对于建设资金不到位、违法违规开工建设的社会投资工程建设项目拖欠农民工工资的，由人力资源社会保障行政部门、其他有关部门按照职责依法对建设单位进行处罚；对建设单位负责人依法依规给予处分。相关部门工作人员未依法履行职责的，由有关机关依法依规给予处分。

第六十二条 县级以上地方人民政府人力资源社会保障、发展改革、财政、公安等部门和相关行业工程建设主管部门工作人员,在履行农民工工资支付监督管理职责过程中滥用职权、玩忽职守、徇私舞弊的,依法依规给予处分;构成犯罪的,依法追究刑事责任。

第七章 附 则

第六十三条 用人单位一时难以支付拖欠的农民工工资或者拖欠农民工工资逃匿的,县级以上地方人民政府可以动用应急周转金,先行垫付用人单位拖欠的农民工部分工资或者基本生活费。对已经垫付的应急周转金,应当依法向拖欠农民工工资的用人单位进行追偿。

第六十四条 本条例自 2020 年 5 月 1 日起施行。

关于工资总额组成的规定

·1989 年 9 月 30 日国务院批准
·1990 年 1 月 1 日国家统计局发布

第一章 总 则

第一条 为了统一工资总额的计算范围,保证国家对工资进行统一的统计核算和会计核算,有利于编制、检查计划和进行工资管理以及正确地反映职工的工资收入,制定本规定。

第二条 全民所有制和集体所有制企业、事业单位,各种合营单位,各级国家机关、政党机关和社会团体,在计划、统计、会计上有关工资总额范围的计算,均应遵守本规定。

第三条 工资总额是指各单位在一定时期内直接支付给本单位全部职工的劳动报酬总额。

工资总额的计算应以直接支付给职工的全部劳动报酬为根据。

第二章 工资总额的组成

第四条 工资总额由下列 6 个部分组成:
(一)计时工资;
(二)计件工资;
(三)奖金;
(四)津贴和补贴;
(五)加班加点工资;
(六)特殊情况下支付的工资。

第五条 计时工资是指按计时工资标准(包括地区生活费补贴)和工作时间支付给个人的劳动报酬。包括:
(一)对已做工作按计时工资标准支付的工资;
(二)实行结构工资制的单位支付给职工的基础工资和职务(岗位)工资;
(三)新参加工作职工的见习工资(学徒的生活费);
(四)运动员体育津贴。

第六条 计件工资是指对已做工作按计件单价支付的劳动报酬。包括:
(一)实行超额累进计件、直接无限计件、限额计件、超定额计件等工资制,按劳动部门或主管部门批准的定额和计件单价支付给个人的工资;
(二)按工作任务包干方法支付给个人的工资;
(三)按营业额提成或利润提成办法支付给个人的工资。

第七条 奖金是指支付给职工的超额劳动报酬和增收节支的劳动报酬。包括:
(一)生产奖;
(二)节约奖;
(三)劳动竞赛奖;
(四)机关、事业单位的奖励工资;
(五)其他奖金。

第八条 津贴和补贴是指为了补偿职工特殊或额外的劳动消耗和因其他特殊原因支付给职工的津贴,以及为了保证职工工资水平不受物价影响支付给职工的物价补贴。
(一)津贴。包括:补偿职工特殊或额外劳动消耗的津贴,保健性津贴,技术性津贴,年功性津贴及其他津贴。
(二)物价补贴。包括:为保证职工工资水平不受物价上涨或变动影响而支付的各种补贴。

第九条 加班加点工资是指按规定支付的加班工资和加点工资。

第十条 特殊情况下支付的工资。包括:
(一)根据国家法律、法规和政策规定,因病、工伤、产假、计划生育假、婚丧假、事假、探亲假、定期休假、停工学习、执行国家或社会义务等原因按计时工资标准或计时工资标准的一定比例支付的工资;
(二)附加工资、保留工资。

第三章 工资总额不包括的项目

第十一条 下列各项不列入工资总额的范围:
(一)根据国务院发布的有关规定颁发的创造发明奖、自然科学奖、科学技术进步奖和支付的合理化建议和技术改进奖以及支付给运动员、教练员的奖金;
(二)有关劳动保险和职工福利方面的各项费用;
(三)有关离休、退休、退职人员待遇的各项支出;
(四)劳动保护的各项支出;

（五）稿费、讲课费及其他专门工作报酬；

（六）出差伙食补助费、误餐补助、调动工作的旅费和安家费；

（七）对自带工具、牲畜来企业工作职工所支付的工具、牲畜等的补偿费用；

（八）实行租赁经营单位的承租人的风险性补偿收入；

（九）对购买本企业股票和债券的职工所支付的股息(包括股金分红)和利息；

（十）劳动合同制职工解除劳动合同时由企业支付的医疗补助费、生活补助费等；

（十一）因录用临时工而在工资以外向提供劳动力单位支付的手续费或管理费；

（十二）支付给家庭工人的加工费和按加工订货办法支付给承包单位的发包费用；

（十三）支付给参加企业劳动的在校学生的补贴；

（十四）计划生育独生子女补贴。

第十二条 前条所列各项按照国家规定另行统计。

第四章 附 则

第十三条 中华人民共和国境内的私营单位、华侨及港、澳、台工商业者经营单位和外商经营单位有关工资总额范围的计算，参照本规定执行。

第十四条 本规定由国家统计局负责解释。

第十五条 各地区、各部门可依据本规定制定有关工资总额组成的具体范围的规定。

第十六条 本规定自发布之日起施行。国务院1955年5月21日批准颁发的《关于工资总额组成的暂行规定》同时废止。

工资支付暂行规定

·1994年12月6日
·劳部发〔1994〕489号

第一条 为维护劳动者通过劳动获得劳动报酬的权利，规范用人单位的工资支付行为，根据《中华人民共和国劳动法》有关规定，制定本规定。

第二条 本规定适用于在中华人民共和国境内的企业、个体经济组织(以下统称用人单位)和与之形成劳动关系的劳动者。

国家机关、事业组织、社会团体和与之建立劳动合同关系的劳动者，依照本规定执行。

第三条 本规定所称工资是指用人单位依据劳动合同的规定，以各种形式支付给劳动者的工资报酬。

第四条 工资支付主要包括：工资支付项目、工资支付水平、工资支付形式、工资支付对象、工资支付时间以及特殊情况下的工资支付。

第五条 工资应当以法定货币支付。不得以实物及有价证券替代货币支付。

第六条 用人单位应将工资支付给劳动者本人。劳动者本人因故不能领取工资时，可由其亲属或委托他人代领。

用人单位可委托银行代发工资。

用人单位必须书面记录支付劳动者工资的数额、时间、领取者的姓名以及签字，并保存两年以上备查。用人单位在支付工资时应向劳动者提供一份其个人的工资清单。

第七条 工资必须在用人单位与劳动者约定的日期支付。如遇节假日或休息日，则应提前在最近的工作日支付。工资至少每月支付一次，实行周、日、小时工资制的可按周、日、小时支付工资。

第八条 对完成一次性临时劳动或某项具体工作的劳动者，用人单位应按有关协议或合同规定在其完成劳动任务后即支付工资。

第九条 劳动关系双方依法解除或终止劳动合同时，用人单位应在解除或终止劳动合同时一次付清劳动者工资。

第十条 劳动者在法定工作时间内依法参加社会活动期间，用人单位应视同其提供了正常劳动而支付工资。社会活动包括：依法行使选举权或被选举权；当选代表出席乡(镇)、区以上政府、党派、工会、青年团、妇女联合会等组织召开的会议；出任人民法庭证明人；出席劳动模范、先进工作者大会；《工会法》规定的不脱产工会基层委员会委员因工会活动占用的生产或工作时间；其他依法参加的社会活动。

第十一条 劳动者依法享受年休假、探亲假、婚假、丧假期间，用人单位应按劳动合同规定的标准支付劳动者工资。

第十二条 非因劳动者原因造成单位停工、停产在一个工资支付周期内的，用人单位应按劳动合同规定的标准支付劳动者工资。超过一个工资支付周期的，若劳动者提供了正常劳动，则支付给劳动者的劳动报酬不得低于当地的最低工资标准；若劳动者没有提供正常劳动，应按国家有关规定办理。

第十三条 用人单位在劳动者完成劳动定额或规定的工作任务后，根据实际需要安排劳动者在法定标准工

作时间以外工作的,应按以下标准支付工资:

(一)用人单位依法安排劳动者在日法定标准工作时间以外延长工作时间的,按照不低于劳动合同规定的劳动者本人小时工资标准的150%支付劳动者工资;

(二)用人单位依法安排劳动者在休息日工作,而又不能安排补休的,按照不低于劳动合同规定的劳动者本人日或小时工资标准的200%支付劳动者工资;

(三)用人单位依法安排劳动者在法定休假节日工作的,按照不低于劳动合同规定的劳动者本人日或小时工资标准的300%支付劳动者工资。

实行计件工资的劳动者,在完成计件定额任务后,由用人单位安排延长工作时间的,应根据上述规定的原则,分别按照不低于其本人法定工作时间计件单价的150%、200%、300%支付其工资。

经劳动行政部门批准实行综合计算工时工作制的,其综合计算工作时间超过法定标准工作时间的部分,应视为延长工作时间,并应按本规定支付劳动者延长工作时间的工资。

实行不定时工时制度的劳动者,不执行上述规定。

第十四条 用人单位依法破产时,劳动者有权获得其工资。在破产清偿中用人单位应按《中华人民共和国企业破产法》规定的清偿顺序,首先支付欠付本单位劳动者的工资。

第十五条 用人单位不得克扣劳动者工资。有下列情况之一的,用人单位可以代扣劳动者工资:

(一)用人单位代扣代缴的个人所得税;

(二)用人单位代扣代缴的应由劳动者个人负担的各项社会保险费用;

(三)法院判决、裁定中要求代扣的抚养费、赡养费;

(四)法律、法规规定可以从劳动者工资中扣除的其他费用。

第十六条 因劳动者本人原因给用人单位造成经济损失的,用人单位可按照劳动合同的约定要求其赔偿经济损失。经济损失的赔偿,可从劳动者的工资中扣除。但每月扣除的部分不得超过劳动者当月工资的20%。若扣除后的剩余工资部分低于当地月最低工资标准,则按最低工资标准支付。

第十七条 用人单位应根据本规定,通过与职工大会、职工代表大会或者其他形式协商制定内部的工资支付制度,并告知本单位全体劳动者,同时抄报当地劳动行政部门备案。

第十八条 各级劳动行政部门有权监察用人单位工资支付的情况。用人单位有下列侵害劳动者合法权益行为的,由劳动行政部门责令其支付劳动者工资和经济补偿,并可责令其支付赔偿金:

(一)克扣或者无故拖欠劳动者工资的;

(二)拒不支付劳动者延长工作时间工资的;

(三)低于当地最低工资标准支付劳动者工资的。

经济补偿和赔偿金的标准,按国家有关规定执行。

第十九条 劳动者与用人单位因工资支付发生劳动争议的,当事人可依法向劳动争议仲裁机关申请仲裁。对仲裁裁决不服的,可以向人民法院提起诉讼。

第二十条 本规定自1995年1月1日起执行。

对《工资支付暂行规定》有关问题的补充规定

· 1995年5月12日
· 劳部发〔1995〕226号

根据《工资支付暂行规定》(劳部发〔1994〕489号,以下简称《规定》)确定的原则,现就有关问题作出如下补充规定:

一、《规定》第十一条、第十二条、第十三条所称"按劳动合同规定的标准",系指劳动合同规定的劳动者本人所在的岗位(职位)相对应的工资标准。

因劳动合同制度尚处于推进的过程中,按上述条款规定执行确有困难的,地方或行业劳动行政部门可在不违反《规定》所确定的总的原则基础上,制定过渡措施。

二、关于加班加点的工资支付问题

1.《规定》第十三条第(一)(二)(三)款规定的在符合法定标准工作时间的制度工时以外延长工作时间及安排休息日和法定休假节日工作应支付的工资,是根据加班加点的多少,以劳动合同确定的正常工作时间工资标准的一定倍数所支付的劳动报酬,即凡是安排劳动者在法定工作日延长工作时间或安排在休息日工作而又不能补休的,均应支付给劳动者不低于劳动合同规定的劳动者本人小时或日工资标准150%、200%的工资;安排在法定休假节日工作的,应另外支付给劳动者不低于劳动合同规定的劳动者本人小时或日工资标准300%的工资。

2. 关于劳动者日工资的折算。由于劳动定额等劳动标准都与制度工时相联系,因此,劳动者日工资可统一按劳动者本人的月工资标准除以每月制度工作天数进行折算。

根据国家关于职工每日工作8小时,每周工作时间

40 小时的规定,每月制度工时天数为 21.5 天①。考虑到国家允许施行每周 40 小时工时制度有困难的企业最迟可以延期到 1997 年 5 月 1 日施行,因此,在过渡期内,实行每周 44 小时工时制度的企业,其日工资折算可仍按每月制度工作天数 23.5 天执行。

三、《规定》第十五条中所称"克扣"系指用人单位无正当理由扣减劳动者应得工资(即在劳动者已提供正常劳动的前提下用人单位按劳动合同规定的标准应当支付给劳动者的全部劳动报酬)。不包括以下减发工资的情况:(1)国家的法律、法规中有明确规定的;(2)依法签订的劳动合同中有明确规定的;(3)用人单位依法制定并经职代会批准的厂规、厂纪中有明确规定的;(4)企业工资总额与经济效益相联系,经济效益下浮时,工资必须下浮的(但支付给劳动者工资不得低于当地的最低工资标准);(5)因劳动者请事假等相应减发工资等。

四、《规定》第十八条所称"无故拖欠"系指用人单位无正当理由超过规定付薪时间未支付劳动者工资。不包括:(1)用人单位遇到非人力所能抗拒的自然灾害、战争等原因,无法按时支付工资;(2)用人单位确因生产经营困难、资金周转受到影响,在征得本单位工会同意后,可暂时延期支付劳动者工资,延期时间的最长限制可由各省、自治区、直辖市劳动行政部门根据各地情况确定。其他情况下拖欠工资均属无故拖欠。

五、关于特殊人员的工资支付问题

1. 劳动者受处分后的工资支付:(1)劳动者受行政处分后仍在原单位工作(如留用察看、降级等)或受刑事处分后重新就业的,应主要由用人单位根据具体情况自主确定其工资报酬;(2)劳动者受刑事处分期间,如收容审查、拘留(羁押)、缓刑、监外执行或劳动教养期间,其待遇按国家有关规定执行。

2. 学徒工、熟练工、大中专毕业生在学徒期、熟练期、见习期、试用期及转正定级后的工资待遇由用人单位自主确定。

3. 新就业复员军人的工资待遇由用人单位自主确定;分配到企业的军队转业干部的工资待遇,按国家有关规定执行。

最低工资规定

· 2004 年 1 月 20 日劳动和社会保障部令第 21 号公布
· 自 2004 年 3 月 1 日起施行

第一条 为了维护劳动者取得劳动报酬的合法权益,保障劳动者个人及其家庭成员的基本生活,根据劳动法和国务院有关规定,制定本规定。

第二条 本规定适用于在中华人民共和国境内的企业、民办非企业单位、有雇工的个体工商户(以下统称用人单位)和与之形成劳动关系的劳动者。

国家机关、事业单位、社会团体和与之建立劳动合同关系的劳动者,依照本规定执行。

第三条 本规定所称最低工资标准,是指劳动者在法定工作时间或依法签订的劳动合同约定的工作时间内提供了正常劳动的前提下,用人单位依法应支付的最低劳动报酬。

本规定所称正常劳动,是指劳动者按依法签订的劳动合同约定,在法定工作时间或劳动合同约定的工作时间内从事的劳动。劳动者依法享受带薪年休假、探亲假、婚丧假、生育(产)假、节育手术假等国家规定的假期间,以及法定工作时间内依法参加社会活动期间,视为提供了正常劳动。

第四条 县级以上地方人民政府劳动保障行政部门负责对本行政区域内用人单位执行本规定情况进行监督检查。

各级工会组织依法对本规定执行情况进行监督,发现用人单位支付劳动者工资违反本规定的,有权要求当地劳动保障行政部门处理。

第五条 最低工资标准一般采取月最低工资标准和小时最低工资标准的形式。月最低工资标准适用于全日制就业劳动者,小时最低工资标准适用于非全日制就业劳动者。

第六条 确定和调整月最低工资标准,应参考当地就业者及其赡养人口的最低生活费用、城镇居民消费价格指数、职工个人缴纳的社会保险费和住房公积金、职工平均工资、经济发展水平、就业状况等因素。

确定和调整小时最低工资标准,应在颁布的月最低工资标准的基础上,考虑单位应缴纳的基本养老保险费和基本医疗保险费因素,同时还应适当考虑非全日制劳

---

① 由于法定节假日变化,月工作日及计薪天数也发生相应变化,具体参见《关于职工全年月平均工作时间和工资折算问题的通知》(2008 年 1 月 3 日 劳社部发〔2008〕3 号)。

动者在工作稳定性、劳动条件和劳动强度、福利等方面与全日制就业人员之间的差异。

月最低工资标准和小时最低工资标准具体测算方法见附件。

第七条 省、自治区、直辖市范围内的不同行政区域可以有不同的最低工资标准。

第八条 最低工资标准的确定和调整方案,由省、自治区、直辖市人民政府劳动保障行政部门会同同级工会、企业联合会/企业家协会研究拟订,并将拟订的方案报送劳动保障部。方案内容包括最低工资确定和调整的依据、适用范围、拟订标准和说明。劳动保障部在收到拟订方案后,应征求全国总工会、中国企业联合会/企业家协会的意见。

劳动保障部对方案可以提出修订意见,若在方案收到后14日内未提出修订意见的,视为同意。

第九条 省、自治区、直辖市劳动保障行政部门应将本地区最低工资标准方案报省、自治区、直辖市人民政府批准,并在批准后7日内在当地政府公报上和至少一种全地区性报纸上发布。省、自治区、直辖市劳动保障行政部门应在发布后10日内将最低工资标准报劳动保障部。

第十条 最低工资标准发布实施后,如本规定第六条所规定的相关因素发生变化,应当适时调整。最低工资标准每两年至少调整一次。

第十一条 用人单位应在最低工资标准发布后10日内将该标准向本单位全体劳动者公示。

第十二条 在劳动者提供正常劳动的情况下,用人单位应支付给劳动者的工资在剔除下列各项以后,不得低于当地最低工资标准:

(一)延长工作时间工资;

(二)中班、夜班、高温、低温、井下、有毒有害等特殊工作环境、条件下的津贴;

(三)法律、法规和国家规定的劳动者福利待遇等。

实行计件工资或提成工资等工资形式的用人单位,在科学合理的劳动定额基础上,其支付劳动者的工资不得低于相应的最低工资标准。

劳动者由于本人原因造成在法定工作时间内或依法签订的劳动合同约定的工作时间内未提供正常劳动的,不适用于本条规定。

第十三条 用人单位违反本规定第十一条规定的,由劳动保障行政部门责令其限期改正;违反本规定第十二条规定的,由劳动保障行政部门责令其限期补发所欠劳动者工资,并可责令其按所欠工资的1至5倍支付劳动者赔偿金。

第十四条 劳动者与用人单位之间就执行最低工资标准发生争议,按劳动争议处理有关规定处理。

第十五条 本规定自2004年3月1日起实施。1993年11月24日原劳动部发布的《企业最低工资规定》同时废止。

附件:

最低工资标准测算方法

一、确定最低工资标准应考虑的因素

确定最低工资标准一般考虑城镇居民生活费用支出、职工个人缴纳社会保险费、住房公积金、职工平均工资、失业率、经济发展水平等因素。可用公式表示为:

$M = f(C、S、A、U、E、a)$

M 最低工资标准;

C 城镇居民人均生活费用;

S 职工个人缴纳社会保险费、住房公积金;

A 职工平均工资;

U 失业率;

E 经济发展水平;

a 调整因素。

二、确定最低工资标准的通用方法

1. 比重法 即根据城镇居民家计调查资料,确定一定比例的最低人均收入户为贫困户,统计出贫困户的人均生活费用支出水平,乘以每一就业者的赡养系数,再加上一个调整数。

2. 恩格尔系数法 即根据国家营养学会提供的年度标准食物谱及标准食物摄取量,结合标准食物的市场价格,计算出最低食物支出标准,除以恩格尔系数,得出最低生活费用标准,再乘以每一就业者的赡养系数,再加上一个调整数。

以上方法计算出月最低工资标准后,再考虑职工个人缴纳社会保险费、住房公积金、职工平均工资水平、社会救济金和失业保险金标准、就业状况、经济发展水平等进行必要的修正。

举例:某地区最低收入组人均每月生活费支出为210元,每一就业者赡养系数为1.87,最低食物费用为127元,恩格尔系数为0.604,平均工资为900元。

1. 按比重法计算得出该地区月最低工资标准为:

月最低工资标准 = 210×1.87+a = 393+a(元)(1)

2. 按恩格尔系数法计算得出该地区月最低工资标准为：

月最低工资标准 = 127÷0.604×1.87+a = 393+a(元) (2)

公式(1)与(2)中 a 的调整因素主要考虑当地个人缴纳养老、失业、医疗保险费和住房公积金等费用。

另，按照国际上一般月最低工资标准相当于月平均工资的40—60%，则该地区月最低工资标准范围应在360元—540元之间。

小时最低工资标准 = 〔(月最低工资标准÷20.92÷8)×(1+单位应当缴纳的基本养老保险费、基本医疗保险费比例之和)〕×(1+浮动系数)①

浮动系数的确定主要考虑非全日制就业劳动者工作稳定性、劳动条件和劳动强度、福利等方面与全日制就业人员之间的差异。

各地可参照以上测算办法，根据当地实际情况合理确定月、小时最低工资标准。

工资集体协商试行办法

· 2000年11月8日劳动和社会保障部令第9号发布
· 自发布之日起施行

第一章　总则

第一条　为规范工资集体协商和签订工资集体协议（以下简称工资协议）的行为，保障劳动关系双方的合法权益，促进劳动关系的和谐稳定，依据《中华人民共和国劳动法》和国家有关规定，制定本办法。

第二条　中华人民共和国境内的企业依法开展工资集体协商，签订工资协议，适用本办法。

第三条　本办法所称工资集体协商，是指职工代表与企业代表依法就企业内部工资分配制度、工资分配形式、工资收入水平等事项进行平等协商，在协商一致的基础上签订工资协议的行为。

本办法所称工资协议，是指专门就工资事项签订的专项集体合同。已订立集体合同的，工资协议作为集体合同的附件，并与集体合同具有同等效力。

第四条　依法订立的工资协议对企业和职工双方具有同等约束力。双方必须全面履行工资协议规定的义务，任何一方不得擅自变更或解除工资协议。

第五条　职工个人与企业订立的劳动合同中关于工资报酬的标准，不得低于工资协议规定的最低标准。

第六条　县级以上劳动保障行政部门依法对工资协议进行审查，对协议的履行情况进行监督检查。

第二章　工资集体协商内容

第七条　工资集体协商一般包括以下内容：
（一）工资协议的期限；
（二）工资分配制度、工资标准和工资分配形式；
（三）职工年度平均工资水平及其调整幅度；
（四）奖金、津贴、补贴等分配办法；
（五）工资支付办法；
（六）变更、解除工资协议的程序；
（七）工资协议的终止条件；
（八）工资协议的违约责任；
（九）双方认为应当协商约定的其他事项。

第八条　协商确定职工年度工资水平应符合国家有关工资分配的宏观调控政策，并综合参考下列因素：
（一）地区、行业、企业的人工成本水平；
（二）地区、行业的职工平均工资水平；
（三）当地政府发布的工资指导线、劳动力市场工资指导价位；
（四）本地区城镇居民消费价格指数；
（五）企业劳动生产率和经济效益；
（六）国有资产保值增值；
（七）上年度企业职工工资总额和职工平均工资水平；
（八）其他与工资集体协商有关的情况。

第三章　工资集体协商代表

第九条　工资集体协商代表应依照法定程序产生。职工一方由工会代表。未建工会的企业由职工民主推举代表，并得到半数以上职工的同意。企业代表由法定代表人和法定代表人指定的其他人员担任。

第十条　协商双方各确定一名首席代表。职工首席代表应当由工会主席担任，工会主席可以书面委托其他人员作为自己的代理人；未成立工会的，由职工集体协商代表推举。企业首席代表应当由法定代表人担任，法定代表人可以书面委托其他管理人员作为自己的代理人。

第十一条　协商双方的首席代表在工资集体协商期

---

① 由于法定节假日的变化（见《全国年节及纪念日放假办法》，国务院令第513号），法定月平均工作日也发生相应变化，因而影响到月平均工资与日平均工资的计算。具体方法见《关于职工全年月平均工作时间和工资折算问题的通知》（2008年1月3日劳社部发〔2008〕3号）。

间轮流担任协商会议执行主席。协商会议执行主席的主要职责是负责工资集体协商有关组织协调工作,并对协商过程中发生的问题提出处理建议。

第十二条 协商双方可书面委托本企业以外的专业人士作为本方协商代表。委托人数不得超过本方代表的1/3。

第十三条 协商双方享有平等的建议权、否决权和陈述权。

第十四条 由企业内部产生的协商代表参加工资集体协商的活动应视为提供正常劳动,享受的工资、奖金、津贴、补贴、保险福利待遇不变。其中,职工协商代表的合法权益受法律保护。企业不得对职工协商代表采取歧视性行为,不得违法解除或变更其劳动合同。

第十五条 协商代表应遵守双方确定的协商规则,履行代表职责,并负有保守企业商业秘密的责任。协商代表任何一方不得采取过激、威胁、收买、欺骗等行为。

第十六条 协商代表应了解和掌握工资分配的有关情况,广泛征求各方面的意见,接受本方人员对工资集体协商有关问题的质询。

第四章 工资集体协商程序

第十七条 职工和企业任何一方均可提出进行工资集体协商的要求。工资集体协商的提出方应向另一方提出书面的协商意向书,明确协商的时间、地点、内容等。另一方接到协商意向书后,应于20日内予以书面答复,并与提出方共同进行工资集体协商。

第十八条 在不违反有关法律、法规的前提下,协商双方有义务按照对方要求,在协商开始前5日内,提供与工资集体协商有关的真实情况和资料。

第十九条 工资协议草案应提交职工代表大会或职工大会讨论审议。

第二十条 工资集体协商双方达成一致意见后,由企业行政方制作工资协议文本。工资协议经双方首席代表签字盖章后成立。

第五章 工资协议审查

第二十一条 工资协议签订后,应于7日内由企业将工资协议一式三份及说明,报送劳动保障行政部门审查。

第二十二条 劳动保障行政部门应在收到工资协议15日内,对工资集体协商双方代表资格、工资协议的条款内容和签订程序等进行审查。劳动保障行政部门经审查对工资协议无异议,应及时向协商双方送达《工资协议审查意见书》,工资协议即行生效。

劳动保障行政部门对工资协议有修改意见,应将修改意见在《工资协议审查意见书》中通知协商双方。双方应就修改意见及时协商,修改工资协议,并重新报送劳动保障行政部门。

工资协议向劳动保障行政部门报送经过15日后,协议双方未收到劳动保障行政部门的《工资协议审查意见书》,视为已经劳动保障行政部门同意,该工资协议即行生效。

第二十三条 协商双方应于5日内将已经生效的工资协议以适当形式向本方全体人员公布。

第二十四条 工资集体协商一般情况下一年进行一次。职工和企业双方均可在原工资协议期满前60日内,向对方书面提出协商意向书,进行下一轮的工资集体协商,做好新旧工资协议的相互衔接。

第六章 附 则

第二十五条 本办法对工资集体协商和工资协议的有关内容未做规定的,按《集体合同规定》的有关规定执行。

第二十六条 本办法自发布之日起施行。

劳动和社会保障部关于职工全年月平均工作时间和工资折算问题的通知

·2008年1月3日
·劳社部发〔2008〕3号

各省、自治区、直辖市劳动和社会保障厅(局):

根据《全国年节及纪念日放假办法》(国务院令第513号)的规定,全体公民的节日假期由原来的10天增设为11天。据此,职工全年月平均制度工作天数和工资折算办法分别调整如下:

一、制度工作时间的计算

年工作日:365天-104天(休息日)-11天(法定节假日)=250天

季工作日:250天÷4季=62.5天/季

月工作日:250天÷12月=20.83天/月

工作小时数的计算:以月、季、年的工作日乘以每日的8小时。

二、日工资、小时工资的折算

按照《劳动法》第五十一条的规定,法定节假日用人单位应当依法支付工资,即折算日工资、小时工资时不剔

除国家规定的11天法定节假日。据此,日工资、小时工资的折算为:

日工资:月工资收入÷月计薪天数

小时工资:月工资收入÷(月计薪天数×8小时)。

月计薪天数=(365天–104天)÷12月=21.75天

三、2000年3月17日劳动保障部发布的《关于职工全年月平均工作时间和工资折算问题的通知》(劳社部发〔2000〕8号)同时废止。

全民所有制机关、事业单位职工人数和工资总额计划管理暂行办法

· 1990年8月14日
· 人计发〔1990〕17号

第一章 总 则

第一条 为了加强全民所有制机关、事业单位职工人数和工资总额的计划管理,强化政府人事部门宏观调控职能,使计划管理科学化、规范化、制度化,特制定本暂行办法。

第二条 全民所有制机关、事业单位职工人数和工资总额计划(以下简称计划),是国民经济和社会发展计划的重要组成部分,在国家劳动工资计划中单列,由各级政府人事部门负责编制和管理,实行统一计划,分级管理。

第三条 计划管理范围是:

(一)各级国家机关、政党机关、社会团体;

(二)上述机关、团体所属的事业单位;

(三)国家规定的其他应纳入机关、事业单位计划管理的部门和单位。

第四条 计划工作的基本任务:

(一)贯彻执行计划期党和国家提出的政治、经济、社会发展任务和重大方针政策。

(二)根据国民经济和社会发展计划要求,编制机关、事业单位职工人数、工资总额的长期规划和年度计划,合理确定机关、事业单位的职工人数和工资总额增长幅度。

(三)贯彻按劳分配原则,合理确定调整部门、地区以及各类人员之间的工资关系。

(四)按照节约、高效的原则,合理配置人力资源,调整职工队伍的布局和结构,促进人才合理流动。

(五)根据经济体制和政治体制改革的要求,不断改革和完善计划管理体制。

第二章 计划指标

第五条 计划由下列主要指标构成:

(一)基期末预计到达数;

(二)计划期计划增加(减少)数;

(三)计划期末计划到达数。

第六条 计划期职工人数增减包括:

(一)新增职工:

1. 国家统一分配的人员;

2. 社会招收人员;

3. 调入人员;

4. 成建制划入的人员;

5. 其他人员。

(二)减少职工:

1. 自然减员减少的人员;

2. 调出人员;

3. 成建制划出的人员;

4. 其他人员。

第七条 计划期工资总额增减包括:

(一)新增工资总额:

1. 增加职工增资;

2. 转正定级增资;

3. 工龄、教龄、护龄津贴增长;

4. 国家统一安排的新增工资项目;

5. 上年增资项目翘尾;

6. 晋职晋级增资;

7. 增加奖金;

8. 成建制划入的工资额;

9. 国家规定的其他项目。

(二)减少工资总额:

1. 减人减少工资;

2. 掉尾工资;

3. 减补员工资差额;

4. 超编制单位的工资核减;

5. 成建制划出的工资额;

6. 其他。

第三章 计划编制

第八条 编制计划须具备下列资料:

(一)基期计划执行情况;

(二)基期和计划期国民生产总值、国民收入、社会总产值、社会劳动生产率、工业企业全员劳动生产率预计到达数和计划数;

(三)基期和计划期社会商品零售物价指数、职工生活费用价格指数预计到达数和计划数;

(四)基期城乡居民生活水平变动情况及计划期国

家提高城乡居民生活水平的有关政策、措施；

（五）计划期各项事业发展计划、重点发展领域及有关政策规定；

（六）就业结构及职业需求结构与数量；

（七）财政收支情况；

（八）行政事业经费开支情况；

（九）机构、编制定员情况；

（十）新增劳动力资源，特别是干部资源状况及可供机关事业单位利用程度。

第四章　计划报批

第九条　报批计划按下列程序和要求进行：

（一）各省、自治区、直辖市及计划单列市和国务院各部委、各直属机构的人事部门，根据人事部提出的编制计划的指导原则和政策，按照国家下达的控制数字和表式要求结合本地区、本部门的实际情况，在计划部门的指导下，经过科学的预测分析自下而上地编制计划草案，并附文字报告和详细说明，于每年九月底以前报送人事部。同时，抄送同级计划、劳动部门。

（二）人事部在汇总、审核各地区、各部门计划草案的基础上，经过综合平衡，提出分地区、分部门计划建议方案。

（三）人事部通过一定形式听取地区、部门意见后，对计划建议方案进行必要的调整，按要求时间报国家计委，同时抄送劳动部，由国家计委综合平衡后，纳入国民经济和社会发展计划（草案）。

第五章　计划的下达和调整

第十条　各地区、各部门在接到人事部下达的计划后，应尽快将计划逐级下达到基层。

第十一条　各级人事部门在下达计划的同时，应将计划抄送同级计划、劳动部门和有关开户银行。

第十二条　各地区、各部门在执行计划过程中，如发现计划与实际不符确需调整计划时，应于当年八月底前向人事部提出调整计划的报告，人事部应及时批复。未经人事部批准，不得自行修改计划。

第六章　计划管理

第十三条　凡属本办法《第七条》和《第八条》规定增加的职工和工资，均应纳入计划管理范围。未经国家核准不得超计划增人、增资。

第十四条　根据编制定员确定增人指标。凡已满编或超编的单位，除国家另有规定外，一律不分配增人指标。确需增人时，须先申请增编制。超编单位要逐年核减其职工人数和工资总额。

第十五条　中央、国务院驻地方的机关和事业单位，根据工作需要和国家规定接收军队转业干部和城镇复退军人时，其劳动指标由当地予以划拨。

第十六条　国家下达的年度计划指标（含自然减员指标）除国家另有规定外不得跨年度使用。

第十七条　补充自然减员指标，由各地区、各部门按照国家有关规定使用。

第七章　计划的监督与检查

第十八条　各地区、各部门的人事部门应根据计划指标，对计划执行情况定期进行检查与考核，发现问题及时解决。每年集中检查两次：第一次在第三季度；第二次在下年的第一季度。每次的检查结果（附详细说明），以书面形式报送人事部。

第十九条　各级人事计划部门，要制定具体指标，定期对下级人事计划部门的工作进行考核和评估。

第二十条　必须维护计划的严肃性。充分发挥审计、银行等部门的监督作用。对于乱开口子，超计划增人增资的地区、部门，除在安排下年度计划时，相应核减其指标外，还应视情节轻重对责任单位，给予通报批评。对严格执行国家计划、成绩显著的单位，给予表扬和奖励。

第八章　计划统计

第二十一条　统计资料是编制计划的重要依据，统计是检查和控制计划执行情况的重要手段。各级人事部门必须按照有关规定，准确、全面、系统地搜集、整理和分析统计资料，并及时报送有关部门，为研究问题，制定政策、指导工作提供依据。

第九章　附则

第二十二条　各地区、各部门可根据本办法制定实施细则。

第二十三条　本办法由人事部综合计划司负责解释。

第二十四条　本办法自下达之日起试行。

城镇集体所有制企业工资同经济效益挂钩办法

· 1991年10月5日
· 劳薪字〔1991〕46号

根据国务院国发〔1990〕59号文件精神，为了深化城镇集体所有制企业工资改革，调动企业和职工的积极性，提高企业的经济效益，加强工资基金的管理，制定本办法。

一、实行范围

具备下列条件的县(区)以上〔含县(区),下同〕,城镇集体工业企业(以下简称企业),可以实行工资同经济效益挂钩的办法:

(一)生产经营正常,上缴国家税收稳定增长。

(二)管理基础较好,财务管理制度和会计核算制度健全。

(三)由劳动部门管理工资基金,并能正确提供核定工资基数的资料和数据。

凡不具备上述条件和实行个人承包、租赁以及减免税、税前还贷较多的企业,不得实行工效挂钩办法。

其他行业和县(区)以下的集体企业一般不实行工效挂钩办法,对符合上述规定条件的个别企业要求试行的,需经县(区)劳动局、税务局审核上报省、自治区、直辖市劳动和税务部门批准,并按本办法规定的原则实行挂钩。同时,报劳动部和国家税务局备案。

二、挂钩的形式

(一)企业原则上实行工资同上缴税金挂钩。

(二)经省、自治区、直辖市劳动和税务部门批准,下列企业可实行复合经济效益指标挂钩办法:

1. 在较长时期内,生产国民经济急需、市场紧缺、品种单一的产品,有严格、健全的质量检验制度和生产资料消耗定额管理制度的企业,可以实行工资同上缴税金及产品销售量复合挂钩。

2. 在国民经济中急需发展,并且社会效益和经济效益主要反映在工作量指标上的企业,可以实行工资同上缴税金及实际工作量复合挂钩。

实行复合挂钩的企业,其上缴税金所占复合指标的比重(相应的工资基数比重)不能低于50%。

(三)个别行业、企业情况特殊,也可以实行其他挂钩形式,挂钩办法由省、自治区、直辖市劳动、税务部门根据本办法规定的原则制定,报劳动部和国家税务局备案。

三、工资基数的核定

(一)企业挂钩的工资是指按国家税务局制定的城镇集体企业财务制度规定允许进入成本的工资,包括:经劳动部门批准的职工标准工资、加班工资、岗位津贴和奖金。

(二)企业工资总额中的下列部分不包括在挂钩的工资范围内:

1. 按国家规定支付给职工的各类价格补贴。

2. 按国家规定提取的特定燃料、原材料节约奖。

3. 超过城镇集体企业财务制度规定范围和标准支付给职工的标准工资、加班工资、岗位津贴和提取的奖金,以及自费改革工资支付的工资、劳动竞赛奖。

4. 劳动分红。

(三)企业实行工资同经济效益挂钩办法的第一年,其挂钩的工资基数以挂钩工资范围内的上年统计年报数为基础,进行核定。在核定时应减去补发以前年度的工资,剔除违反财务制度规定列入成本的工资,加上企业上年度增加人员及职工转正、定级在本年度的翘尾工资。

企业在实行工资同经济效益挂钩办法的第二年及以后年度,其挂钩的工资基数,以上年的挂钩工资基数为基础,加上提取的新增效益工资并按国家规定对新增效益工资超过免税限额部分扣减应缴纳的奖金税后,进行核定。对因价格因素造成效益工资增长幅度过大的,应酌情扣减工资基数,并适当调减效益基数。

(四)企业实行工资同经济效益挂钩办法后,下列情况所增加的工资,当年可在成本中单独列支,第二年核入挂钩的工资基数内:

1. 国家统一安排的复员、转业、退伍军人;

2. 国家统一分配的大中专和技工学校毕业生;

3. 经劳动部门批准招收的城镇待业人员。

(五)企业新建、扩建项目竣工并由基建正式移交投入生产后,经劳动部门批准增加人员的工资可相应调整工资基数。

(六)企业由于成建制划入(划出)所增加(减少)职工的工资,可以按挂钩工资范围的上年统计年报数核增(核减)工资基数。

(七)企业实行工效挂钩办法期间,国家统一调整工资标准或允许在成本中列支的工资,经批准,可酌情调整挂钩的工资基数。

(八)企业自行招收职工所增加的工资,在新增效益工资中开支,不核增工资基数。

企业职工离休、退休等自然减员,其减少工资额应全额核减下年度的工资基数;企业职工正常的调出,应按减少职工工资额的50%核减下年度的工资基数。

(九)企业挂钩的工资基数经主管部门审核后,由劳动部门会同税务部门进行核定。

四、经济效益指标基数的核定

(一)上缴税金基数的核定

1. 企业挂钩的上缴税金范围包括:产品税、增值税、营业税、城市维护建设税、车船使用税、土地使用税、房产税、印花税、资源税、所得税。

2. 企业实行工资同经济效益挂钩办法的第一年,其挂钩的上缴税金基数按挂钩税种的上年实际上缴数为基础，进行核定。在核定时应加上上年欠交的税款，减去补交以前年度的税款。如果上年上缴数低于前三年平均数，则参照前三年情况合理核定。

企业在实行工资同经济效益挂钩办法的第二年及以后年度，其挂钩的上缴税金基数，以上年实际上缴数为基础，加上欠交的税款，进行核定。

3.企业挂钩的上缴税金基数核定后，不得随意变动。但发生下列情况应进行调整：

（1）企业上年度享受减免税或税前还贷的优惠，如果减免税期或还款期已过，对上年度减免的税款应全额核定在上缴税金基数内，税前还贷部分按企业适用所得税率计算，核定在上缴税金基数内。

（2）国家开征新税种应按全年数调整上缴税金基数。

（3）企业新建、扩建项目增人增资，应同时参照同行业或该企业平均的工资税金率适当核增挂钩的上缴税金基数。

（4）企业由于成建制划入（划出）增加（减少）职工核增（核减）工资基数，应同时按上年决算数调整上缴税金基数。

4.国务院批准的重大经济改革措施对企业上缴税金指标影响较大时，按规定经税务部门批准后，可适当调整上缴税金基数。

（二）销售（工作）量基数的核定

1.企业实行工资同经济效益挂钩办法的第一年，其挂钩的销售（工作）量基数，以上年实际完成数为基础，进行核定。如果上年实际完成数低于前三年平均数，则参照前三年情况合理核定。

2.企业在实行工资同经济效益挂钩办法的第二年及以后年度，其挂钩的销售（工作）量基数，以上年实际完成数为基础，进行核定。

（三）企业挂钩的经济效益指标基数经主管部门审核后，由税务部门会同劳动部门进行核定。

五、挂钩浮动比例的核定

（一）企业工资同经济效益挂钩的浮动比例，由企业主管部门提出意见，劳动部门和税务部门共同核定。

（二）在核定浮动比例时，要考虑企业之间经济效益水平的不同，以同行业人均税金、工资税金率、资金税金率和劳动生产率等主要综合经济指标的高低为依据分档确定，要体现鼓励先进、鞭策后进的原则，促进企业提高经济效益。

（三）企业工效挂钩的浮动比例一般确定在1∶0.3～1∶0.7之间。经济效益低、未达到设计能力、潜力大的企业，浮动比例可以低于1∶0.3，少数经济效益高、潜力小的企业，浮动比例可以大于1∶0.7，但最高不得超过1∶0.75。各地在核定企业的挂钩浮动比例时，应从严掌握。

六、审批程序

（一）实行工资同经济效益挂钩，由企业提出申请，并根据本办法的规定，据实填报《城镇集体企业工资同经济效益挂钩报审表》，经主管部门审核后报同级劳动部门和税务部门审批。

（二）企业经批准实行工资挂钩办法后，原则上一定3年，但工资基数和经济效益基数须每年核定一次。如果企业中途停止实行工效挂钩办法，其挂钩期间提取的新增效益工资应全部冲减成本追回。

七、新增效益工资的提取

（一）企业实行工资同经济效益挂钩办法后，按核定比例提取的新增效益工资，在当年成本中列支；按本办法第三条（二）款规定未列入挂钩范围的工资，仍按国家税务局制定的城镇集体企业税务制度的规定，在原渠道列支。

（二）企业在执行工效挂钩期间，根据经济效益的增长情况，每季按核定的浮动比例预提，但累计预提最高不得超过新增效益工资的80%，年终进行清算。

（三）企业挂钩的经济效益指标下降时，工资也要按核定的挂钩浮动比例相应下浮。但下浮的幅度最高不超过工资基数的20%。

八、效益工资的使用和管理

（一）企业必须严格按照批准的工资基数、经济效益基数及浮动比例计提效益工资。企业效益工资的使用，不得超过提取数。企业必须建立工资储备金制度，结余的效益工资，可结转以后年度调剂使用，用于以丰补歉。

（二）要严格监督考核挂钩企业执行物价政策的情况。对以不正当手段侵害国家与消费者利益的企业，一经查出，取消全部新增效益工资。

（三）对挂钩企业还要考核产品质量、消耗、安全、劳动生产率等经济技术指标。未完成考核指标的，要按一定比例扣减新增效益工资。

各省、自治区、直辖市劳动、税务部门可依照本办法修改本地区原有工效挂钩办法或制定具体实施办法，并报劳动部和国家税务局备案。

本办法自下发之日起执行。本办法颁发前的有关规定，凡与本办法相抵触的，均以本办法为准。

附件（略）

国有企业工资总额同经济效益挂钩规定

· 1993年7月9日
· 劳部发〔1993〕161号

第一章 总 则

第一条 为了深化国有企业(以下简称企业)工资制度改革,建立健全工资总量调控机制,促进企业经营机制的转变和经济效益的提高,根据《全民所有制工业企业转换经营机制条例》制定本规定。

第二条 工资总额同经济效益挂钩(以下简称工效挂钩)目前是向社会主义市场经济体制转换过程中,确定和调控企业工资总量的主要形式。企业实行工效挂钩办法,必须坚持工资总额增长幅度低于本企业经济效益(依据实现利税计算)增长幅度、职工实际平均工资增长幅度低于本企业劳动生产率(依据净产值计算)增长幅度的原则。

第三条 实行企业工效挂钩,要贯彻效益与公平的原则,根据企业的生产经营特点,从实际情况出发,确定具体的挂钩形式。企业的工资总额基数,应在地区工资总额弹性计划范围内核定。

第二章 经济效益指标及其基数

第四条 本规定所称的经济效益指标,是指由企业选择并报经财政、劳动部门审核确定的企业工效挂钩的经济指标,本规定所称经济效益指标基数,是指用以计算上述指标增长幅度的基额。

第五条 实行工效挂钩,应以能够综合反映企业经济效益和社会效益的指标作为挂钩指标,一般以实现利税、实现利润、上缴税利为主要挂钩指标;因企业生产经营特点不同,也可将实物(工作)量、业务量、销售收入、创汇额、收汇额以及劳动生产率、工资利税率、资本金利税率等综合经济效益指标作为复合挂钩指标。经财政部门认定的亏损企业可实行工资总额与减亏额指标挂钩,或采用新增工资按减亏一定比例提取的办法。工资总额与税利总额严重倒挂的企业,可采取税利新增长部分按核定定额提取效益工资的办法。

第六条 要建立能够全面反映企业综合经济效益和社会效益的考核指标体系。考核指标一般包括:企业承包合同完成情况、国有资产保值增值状况以及质量、消耗、安全等。要把国有资产保值增值作为否定指标,达不到考核要求的不能提取新增效益工资。其他考核指标达不到要求的,要扣减一定比例的新增效益工资。

第七条 经济效益指标基数要按照鼓励先进、鞭策后进的原则核定,既对企业自身经济效益高低、潜力大小进行纵向比较,又进行企业间的横向比较。

经济效益指标基数,一般以企业上年实际完成数为基础,剔除不可比因素或不合理部分,并参照本地区同行业平均水平进行核定。

第八条 对已实行工效挂钩的企业,调整经济效益指标基数还应考虑以下因素:

(1)暂未实行基建和生产单位统一核算管理的企业,新建扩建项目由基建正式移交生产后,在按该项目计划增加的人数相应核增工资总额基数的同时,参照同行业或该企业人均效益水平合理核增挂钩的经济效益指标基数;

(2)企业之间成建制划入划出职工,按上年决算数调整经济效益指标基数;

(3)国家批准的重大经济政策改革对企业经济效益影响较大时,由财政、劳动部门批准,可适当调整企业经济效益指标基数。

第三章 工资总额基数

第九条 本规定所称工资总额基数,是指经劳动、财政部门审核确定的,工效挂钩企业用以计算年度工资总额提取量的基额。

第十条 企业挂钩的工资总额,应为国家规定的全部职工的工资总额。要将职工全部工资收入逐步纳入挂钩工资总额基数,取消挂钩工资总额外提取和列支的各种工资项目。

第十一条 企业的挂钩工资总额基数,原则上以企业上年劳动工资统计年报中的工资总额为基础核定,实行增人不增工资总额、减人不减工资总额的办法。

第十二条 已实行工效挂钩办法的企业,其工资总额基数以上年工资清算应提取的工资总额为基础,核增暂未实行基建和生产单位统一核算管理企业新建扩建项目的增人增资、按国家政策接收复转军人和大中专毕业生的增人增资,以及增减成建制划入划出职工的工资等其他增减工资的因素后确定。

第十三条 新实行工效挂钩办法的企业,其工资总额基数以上年劳动工资统计年报中的工资总额为基础,核减一次性补发上年工资、成建制划出职工工资以及各种不合理的工资性支出;核增上年增人、成建制划入职工的翘尾工资以及国家规定的增减工资后确定。

第十四条 挂钩工资总额基数外单列的原材料、燃料、动力节约奖、各种单项奖及其他工资性支出等,应纳入挂钩工资总额基数,具体办法另行制定。

第四章 浮动比例

第十五条 本规定所称浮动比例，是指工效挂钩企业工资总额随挂钩经济指标变化而浮动的比例系数或工资含量系数。

第十六条 企业工效挂钩的浮动比例，根据企业劳动生产率、工资利税率、资本金利税率等经济效益指标高低和潜力大小，按企业纵向比较与企业之间横向比较相结合的方法确定。挂钩的浮动比例一般按1∶0.3~0.7核定。少数特殊的企业，其浮动比例经过批准可适当提高，但最高按低于1∶1核定。

第十七条 实行工资含量办法的企业，经济效益指标完成核定基数和超过基数一定幅度以内，按核定的工资系数（含量）提取含量工资，超过基数一定幅度后一般按不超过工资系数（含量）的70%提取含量工资。

第十八条 挂钩基数、浮动比例的核定，可以实行"环比"办法，办法每年核定一次；也可以采取"定比"、"工资系数"或"工资含量"法，一定三至五年不变。

第十九条 企业挂钩工资总额应根据企业挂钩效益指标当年实际完成情况，严格按核定的挂钩浮动比例计算提取。经济效益增长时按核定比例增提工资总额，下降时按核定比例减提工资总额。

第五章 工效挂钩的管理

第二十条 劳动、财政部门会同计划等部门对企业工效挂钩实施综合管理，主要职责是：
（1）制定工效挂钩的政策法规和实施办法；
（2）根据国民经济和社会发展对企业的要求及企业的生产经营特点，审核确定企业的挂钩方案；
（3）核定企业挂钩的工资总额基数、经济效益指标基数和挂钩浮动比例，并进行年终工资清算；
（4）监督检查企业工效挂钩的执行情况。

第二十一条 企业工效挂钩的办法，由劳动、财政部门会同有关部门，依据本规定并结合企业的生产经营特点确定。挂钩办法要科学合理、简便易行。劳动、财政部门要积极支持企业探索新的挂钩形式，凡能促进企业改善经营管理、走向市场、提高经济效益和社会效益的挂钩办法，经批准后即可实行。

第二十二条 企业的全部工资性收入应逐步纳入成本管理，实行工效挂钩办法的企业，其工资总额基数和新增工资按有关财务规定在企业成本中列支。

第二十三条 企业要认真编报工资总额同经济效益挂钩方案，按管理体制经劳动、财政部门会同计划部门审核批准后执行。企业挂钩执行情况，应按劳动部、财政部、国家计委统一制定的工资总额同经济效益挂钩年度清算表，依工资管理体制进行清算。企业超过核定比例多提多发工资总额的，劳动、财政、计划部门应予以纠正并扣回。

第六章 附则

第二十四条 本规定所称国有企业包括工业、交通运输、邮电、地质勘探、建筑安装、商业、外贸、物资、农林、水利、文教、科技等企业、公司以及企业集团。

第二十五条 本规定自发布之日起实行。过去办法与本规定不符合的，按本规定执行。

第二十六条 各省、自治区、直辖市及计划单列市可根据本规定制定具体规定。

第二十七条 本规定由劳动部、财政部、国家计委负责解释。

国有企业工资内外收入监督管理规定

·2022年8月30日
·人社部发〔2022〕57号

第一章 总 则

第一条 为加强对国有企业工资内外收入的监督管理，规范国有企业工资分配秩序，根据党中央、国务院关于国有企业负责人薪酬制度和工资决定机制改革要求以及有关法律法规规定，制定本规定。

第二条 对国家出资的国有独资和国有控股企业工资内外收入的监督管理，适用本规定。

对中央和地方有关部门或机构作为实际控制人的企业工资内外收入的监督管理，参照本规定执行。

第三条 国有企业工资内外收入监督管理工作应坚持依法依规、客观公正、高效廉洁和分级监管的原则。

第四条 各级人力资源社会保障部门会同财政、国资监管等部门负责对国有企业工资内外收入情况实施监督检查等监督管理工作，及时查处工资分配违规行为。

各级履行出资人职责机构（或其他企业主管部门，下同）依据监管职责负责对所监管企业工资分配执行情况加强监督，对违规问题督促整改。

第二章 监督管理内容

第五条 国有企业工资内外收入监督管理是对国有企业执行国家关于企业工资收入分配政策情况的监督检查，重点检查国有企业负责人薪酬制度和工资决定机制改革政策执行情况。

工资内外收入具体包括工资、奖金、津贴、补贴、加班加点工资、特殊情况下支付的工资以及其他工资性收入、福利等。

第六条 国有企业负责人薪酬分配监督管理事项包括：

（一）企业负责人纳入国有企业负责人薪酬制度改革范围情况；

（二）企业负责人薪酬管理制度制定情况；

（三）企业负责人薪酬结构、水平和发放情况；

（四）企业负责人的年度和任期考核评价情况及考核结果与薪酬分配挂钩情况；

（五）企业负责人领取津补贴、奖励、福利性待遇和以现金形式发放的履职待遇等情况；

（六）离任企业负责人领取薪酬情况；

（七）企业负责人薪酬列支情况；

（八）企业负责人薪酬信息披露情况；

（九）企业负责人薪金所得税代扣代缴情况；

（十）其他应纳入监督管理的事项。

对组织任命管理企业负责人和非组织任命管理企业负责人，薪酬分配的监督管理按照相应适用的政策开展。

第七条 国有企业职工工资福利待遇监督管理事项包括：

（一）企业纳入国有企业工资决定机制改革范围情况；

（二）国家工资分配宏观指导调控政策和要求执行情况；

（三）企业内部工资分配、福利管理等制度制定情况；

（四）工资总额预算编制、清算、计提和发放等情况；

（五）津补贴、奖金、福利等管理情况；

（六）工资总额信息披露情况；

（七）工资内外收入列支情况；

（八）工资薪金所得税代扣代缴情况；

（九）其他应纳入监督管理的事项。

第三章 监督管理实施

第八条 监督管理工作采取企业自查、综合检查、重点核查等方式进行。

第九条 人力资源社会保障部门会同财政、国资监管等部门根据工作需要，定期或不定期组织履行出资人职责机构对所监管国有企业开展工资内外收入情况自查。自查工作结束后，企业应形成自查报告报送履行出资人职责机构，履行出资人职责机构汇总报送人力资源社会保障部门。

第十条 人力资源社会保障部门会同财政、国资监管等部门原则上每年应选取一定数量国有企业对其工资内外收入情况进行综合检查。履行出资人职责机构和企业应配合做好监督检查工作，按要求提供企业名单及相关信息。

人力资源社会保障部门会同财政、国资监管部门确定被检查企业时，应加强与巡视巡察、审计等部门和机构的沟通，原则上同一对象在同一年度内已接受巡视巡察、审计的，不再确定为被检查对象。

第十一条 人力资源社会保障部门应会同财政、国资监管等部门对以下情形开展重点核查：

（一）企业自查报告、备案报告、信息披露等中发现可能存在违规问题或存在虚假记载、误导性陈述或重大遗漏的；

（二）纪检监察、巡视巡察、审计或其他部门和机构移送或反映企业存在工资分配违规问题的；

（三）企业职工、社会公众和媒体举报或反映企业工资分配存在重大违规问题的；

（四）监督管理中查处的违规问题未整改到位的；

（五）其他需要核查的情形。

第十二条 人力资源社会保障部门应提前书面通知被确定为综合检查和重点核查对象的企业做好准备工作，组织被检查企业召开会议，安排部署有关监督检查工作。

人力资源社会保障部门应当在被检查企业以适当方式公布检查项目名称、检查纪律要求和举报信箱、举报电话等。

被检查企业应当按照要求提供监督检查必要的工作条件，组织专门力量配合做好监督检查工作。

第十三条 综合检查、重点核查根据工作需要可采取下列措施：

（一）到被检查企业开展现场检查；

（二）向有关人员调查、了解情况，要求其对被检查事项作出解释、说明；

（三）查阅、复制与被检查事项有关的制度、工资统计报表、财务报表、工资福利台账、会计凭证等相关材料和数据；

（四）对所属或相关企业开展必要的延伸检查或调查；

（五）其他必要的方式。

综合检查、重点核查根据工作需要可通过政府购买服务委托第三方专业机构承担现场检查工作。所需经费由各级财政部门按照规定根据工作需要统筹安排。

第十四条 被检查企业应按要求及时、准确、完整提交与监督检查内容相关的材料,主要包括:

(一)企业工资内外收入情况报告;

(二)履行出资人职责机构审核(核准)或备案的企业负责人薪酬、工资总额确定和清算方案及相关文件材料;

(三)工资内外收入的财务凭证和台账;

(四)劳动工资统计报表;

(五)财务决算报表和审计报告;

(六)巡视巡察、审计或监督检查发现问题整改情况报告及相关文件材料;

(七)企业工资福利管理相关制度文件;

(八)社会保险、住房公积金和个人所得税缴纳相关材料;

(九)其他需要提供的材料。

企业应当对所提供材料的真实性、完整性负责,不得有虚假记载、误导性陈述或者重大遗漏,并作出书面承诺。

第十五条 综合检查和重点核查过程中,应当就检查过程中发现的有关问题事实与被检查企业沟通听取意见,确认有关事实。被检查企业对监督检查中发现的违规问题,应及时主动进行整改。

第十六条 综合检查和重点核查结束后,人力资源社会保障部门应商财政、国资监管等部门根据监督检查认定的事实和问题,向被检查企业下达处理意见书,明确违规问题的处理措施、依据、整改时限和相关要求,并抄送其履行出资人职责机构。

第十七条 被检查企业应在收到处理意见书15个工作日内,就处理意见书指出的违规问题及提出的整改意见制定整改方案,2个月内完成违规问题整改,并及时向人力资源社会保障部门报送整改情况报告。确因特殊情况需要延长整改时限的,经人力资源社会保障部门同意后可以适当延长。

第四章 违规处理

第十八条 对国有企业工资内外收入违规问题的处理措施包括:

(一)责令改正;

(二)追回违规所得;

(三)经济处罚;

(四)约谈;

(五)通报;

(六)移送有关部门处理。

对同一违规问题的处理,可以并用多种处理措施。对同一次监督检查中同一责任人出现多个违规问题给予经济处罚的,按照处罚的最高标准执行;对纪检监察、履行出资人职责机构等部门或机构已就工资内外收入违规问题按照国家或部门有关规定的处罚标准给予了经济处罚且企业已按要求整改到位的,就同一违规问题不再给予经济处罚。

第十九条 国有企业负责人薪酬管理出现下列违规情形的,应责令企业改正,违规或超标准领取部分应予以追回。

(一)企业负责人未按照党中央、国务院关于国有企业负责人薪酬制度改革要求纳入实施范围的;

(二)企业负责人包括离任、退休企业负责人违规领取薪酬以及津补贴、奖励、福利性待遇和以现金形式发放的履职待遇的;

(三)违规实行职业经理人薪酬制度的。

前款第二项违规情形除责令改正和追回违规所得外,应同时按照违规所得等量给予经济处罚,但最高不超过违规问题发生当年的本人绩效年薪。企业负责人在处理意见书下达前主动退回违规所得的,可视情不再予以经济处罚。

第二十条 国有企业工资总额管理出现下列情形的,应责令企业改正,违规核定或超发部分不计入工资总额预算基数,违规超发部分在下一年度工资总额中予以扣回。对违规超发金额过大,难以一次性扣回的,经同意可在3年内逐年扣回。

(一)企业未按照国务院关于国有企业工资决定机制改革要求纳入实施范围的;

(二)违反工资效益联动机制有关规定计提、发放工资总额的;

(三)集团总部职工平均工资增长幅度超过本企业全部职工平均工资增长幅度的;

(四)超履行出资人职责机构核准或备案工资总额计提、发放工资总额的;

(五)其他超提、超发工资总额的。

前款违规情形,除责令改正并予以扣回外,应视情给予相关企业负责人经济处罚。对违规核定或超发部分超过应发工资总额5%但未超过10%的,对企业主要负责人、分管负责人按不超过本人当年绩效年薪的10%给予经济处罚;违规核定或超发部分超过当年应发工资总额10%以上的,对企业主要负责人、分管负责人按违规核定或超发占应发工资总额比例的绩效年薪给予经济处罚。

第二十一条 国有企业工资分配管理存在下列情形的，应责令企业改正，建立完善有关工资内外收入管理制度，规范工资内外收入管理。

（一）企业负责人薪酬、工资总额管理和考核制度，以及内部分配和福利管理制度不健全或内容违规的；

（二）违规向企业负责人提前发放薪酬的；

（三）违规发放福利待遇或承担应由职工个人支付费用的；

（四）企业负责人薪酬、工资总额信息未按规定披露和落实厂务公开要求的；

（五）违规实行周期制工资总额管理的；

（六）工资总额预算编制、调整、清算等程序和时间等不合规的；

（七）工资性支出未纳入工资总额管理、按照企业会计准则规定应当通过应付职工薪酬核算的工资福利项目未通过应付职工薪酬核算、企业负责人薪酬未单独核算并设置明细账目的；

（八）未按规定报送企业负责人薪酬和工资总额实施情况的；

（九）企业负责人及职工工资福利收入未依法缴纳个人所得税的；

（十）其他违反工资分配法律法规和政策的。

前款第七项工资性支出未纳入工资总额管理，按规定纳入后工资总额超提超发的，按照第二十条规定处理。

第二十二条 被监督检查企业拒不配合甚至阻扰监督管理工作、拒不整改违规问题或违规情节严重的，应约谈企业负责人，并视情在一定范围内予以通报。

被监督检查企业违规行为依规依纪依法应给予相关责任人纪律处分、组织调整或组织处理、处分的，应移交有关部门进行处理；构成犯罪的，依法追究刑事责任。

第二十三条 国有企业负责人授意、指使、纵容、强令、包庇下属人员实施违规行为的，对有关企业负责人应按照第十八条有关处理措施从重或加重处理。

第二十四条 履行国有企业工资内外收入监督管理职责部门或机构、履行出资人职责机构的工作人员应当依法依规、客观公正开展工作，严格遵守廉洁自律和保密有关规定。对于未依法依规履行职责，玩忽职守、徇私枉法或者泄露检查中知晓的国家秘密和商业秘密、个人信息的，依规依纪依法追究责任。

第五章 检查结果运用

第二十五条 监督检查工作结束后，人力资源社会保障部门应视情向同级财政、国资监管以及相关部门、有关国有企业通报监督检查情况，并报送上一级人力资源社会保障部门。

对国有企业工资分配违规问题的处理意见书，人力资源社会保障部门应抄送组织、纪检监察、巡视巡察、审计、国资监管、税务等部门和机构。

对企业连续三次在监督检查过程中未发现任何违规问题的，在一定时期内可免于综合检查。

第二十六条 履行出资人职责机构应根据监督检查处理意见，督促违规企业进行整改。对存在严重违规情形的国有企业，履行出资人职责机构对其至少三年内不得实行工资总额备案制管理。

第二十七条 国有企业对违规情形中的相关责任人，除按照第二十二条第二款依规依纪依法追究责任外，还应视情节轻重按照管理权限和企业规章制度给予批评教育、内部通报、扣减薪酬等处理。

第二十八条 人力资源社会保障部门应会同组织、纪检监察、巡视巡察、财政、审计、国资监管、税务等部门和机构建立信息沟通、线索移交、成果共享机制，推动建设信息化工作平台，提高监督效能，形成监督合力。

纪检监察、巡视巡察、审计等部门和机构移送或反映国有企业工资分配违规问题相关线索的，人力资源社会保障部门应会同财政、国资监管等部门及时予以核查处理，并按规定将调查处理结果反馈给相关部门。

第六章 附则

第二十九条 各省、自治区、直辖市及新疆生产建设兵团人力资源社会保障厅（局）应会同财政厅（局）、国资委等部门按照本规定做好国有企业工资内外收入监督管理工作。各地区可结合本地实际，依据本规定制定具体实施办法。

第三十条 本规定自印发之日起施行。《劳动部、财政部、审计署关于颁发〈国有企业工资内外收入监督检查实施办法〉的通知》（劳部发〔1995〕218号）同时废止。

人力资源社会保障部、财政部关于做好国有企业津贴补贴和福利管理工作的通知

· 2023年2月16日
· 人社部发〔2023〕13号

各省、自治区、直辖市及新疆生产建设兵团人力资源社会保障厅（局）、财政厅（局），中央和国家机关有关部委、直

属机构,全国人大常委会办公厅,全国政协办公厅,国家监委,最高人民法院,最高人民检察院,有关民主党派中央,有关人民团体:

为贯彻落实党的二十大精神,进一步深化国有企业工资分配制度改革,规范收入分配秩序,按照党中央、国务院关于深化中央企业负责人薪酬制度改革意见和《国务院关于改革国有企业工资决定机制的意见》(国发〔2018〕16号)有关规定,现就做好国有企业津贴补贴和福利管理工作通知如下:

一、加强津贴补贴管理

企业应按照国家法律和行政法规、党中央、国务院制定或批准的规范性文件以及本通知规定(以下简称国家规定),结合实际制定完善津贴补贴制度。制度内容包括津贴补贴项目名称、适用范围、确定程序、发放标准、监督办法等。

企业应结合实际不断优化调整津贴补贴设置,除国家规定明确要求必须设置的项目外,减少一般性津贴补贴设置,鼓励在技术技能和一线艰苦岗位设置科技专项津贴、技能津贴、高温津贴等津贴补贴。

企业应合理确定津贴补贴项目水平,国家对津贴补贴项目水平有明确规定的,按照规定确定项目水平;国家没有明确规定的,应根据项目的功能,参照当地物价水平、同类项目市场水平、社会平均工资,并结合本企业职工工资水平、企业承受力等因素合理确定。

企业津贴补贴统一纳入工资总额管理并在应付职工薪酬中列支,不得以代金券或按人按标准报销等形式在工资总额外变相设置或发放。

二、规范福利管理

企业应按照国家规定并结合实际制定完善福利制度,明确福利项目名称、适用范围、确定程序、发放标准、监督办法等。

国家规定的福利项目主要包括:

(一)丧葬补助费、抚恤金、职工异地安家费、探亲假路费、防暑降温费、离退休人员统筹外费用等对职工出现特定情形的补偿性福利。

(二)救济困难职工的基金支出或者发放的困难职工补助等对出现特定生活困难职工的救助性福利。

(三)工作服装(非劳动保护性质工服)、体检、职工疗养、自办食堂或无食堂统一供餐等集体福利。

(四)国家规定的其他福利。

除上述四项情形外,企业不得自行设置其他福利项目。

国家对福利项目水平有明确规定的,按照规定执行;国家没有明确规定的,根据市场水平、企业承受力等因素合理确定。企业经济效益下降或亏损的,除国家另有规定外,原则上不得增加福利项目或提高水平,必要时应缩减项目或适当降低水平。

企业不得将本企业产品和服务免费或低价提供职工使用,确实需要的,应按市场价格公平交易。推进货币化福利改革,将取暖费等按人按标准定期发放的货币化福利纳入工资总额管理。除国家另有规定或企业在工资总额内设置津贴补贴外,企业不得以福利或其他名义承担职工个人支出。福利项目支出列入职工福利费管理,其中集体福利设备设施管理经费列入职工福利费管理,但与企业建立劳动关系的集体福利部门职工的工资性收入纳入工资总额管理。工会福利、职工教育经费、社会保险及住房公积金有关费用列支按照国家相关规定管理。

三、规范企业负责人薪酬外待遇

坚持国有企业负责人薪酬制度改革成果,严格规范企业负责人薪酬待遇,除下列情形外,企业负责人不得以任何名义领取其他货币性收入:

(一)国家规定的国家科学技术奖等,纳入经批准的评比达标表彰项目按照国家规定给予个人非由企业资金承担的奖金。

(二)国家规定的履职待遇、业务支出相关补贴等。参加或承担符合规定的非本单位课题、项目以及参加评审、讲课或写作等所获得的补贴(劳务费)。

(三)国家规定的社会保险、住房公积金等待遇和非货币性集体福利。

四、做好组织实施

各地区、各有关部门和国有企业要高度重视企业津贴补贴和福利管理工作,明确工作职责,认真做好政策实施。国有企业要根据本通知完善津贴补贴和福利制度,开展自查自纠,严肃分配纪律和财经纪律,确保分配合法合规。对本通知实施前企业在工资总额外发放的津贴补贴要予以妥善处理,其中,按照国家规定设置且未在工资总额内设置相同性质项目的,应纳入工资总额管理;不符合国家规定或已在工资总额内设置相同性质项目的,应予以取消并不得核增工资总额。在国家规定之外自行设置的福利项目,应予以调整取消。

本通知适用于国家出资的国有独资及国有控股企业。中央和地方有关部门或机构作为实际控制人的企业,参照本通知执行。

(本文有删减)

国有企业科技人才薪酬分配指引

- 2022年11月9日
- 人社厅发〔2022〕54号

第一章 总　则

第一条 为贯彻落实党中央、国务院关于加强科技创新、完善科技人才激励机制的决策部署，引导国有企业建立完善科学的科技人才薪酬分配制度，加大科技人才薪酬分配激励力度，充分调动科技人才创新活力，促进企业科技创新，根据国家有关法律法规和政策，制定本指引。

第二条 本指引所称科技人才是指企业中具备较强的科学思维和创新能力，掌握某个领域专业知识、技能，从事科研、生产等工作的人员。主要包括从事科学研究、工程设计、技术开发、科技服务、科技管理、技能操作等科技活动的人员。

第三条 科技人才薪酬分配应遵循以下原则：

（一）坚持服务国家创新驱动发展战略。围绕国家科技创新需求，重点加大对承担前瞻性、战略性、基础性等重点研发任务的科技人才激励力度，为科技人才创新创造提供有力支持和保障。

（二）坚持生产要素按贡献参与分配。建立健全劳动、知识、技术、管理和数据等生产要素按贡献参与分配的机制，实行以增加知识价值为导向的分配办法，薪酬分配向科技人才倾斜。

（三）坚持市场化薪酬分配改革方向。充分发挥市场在薪酬分配中的决定性作用，完善市场化薪酬分配机制，科学评价科技人才贡献，按贡献决定科技人才报酬，更加科学地运用市场化手段做好科技人才薪酬分配。

（四）坚持当期激励与长期激励相结合。实行科技人才分类管理、分类激励，结合不同科技人才特点，建立完善当期薪酬激励与股权等中长期激励相结合的分配机制，充分激发科技人才创新活力。

第四条 加强企业科技人才薪酬分配与工资总额管理的有机结合，确保薪酬分配符合国家关于工资总额管理政策规定。

第二章 科技人才薪酬制度体系

第五条 科技人才薪酬制度体系包括岗位评价和职级评定、绩效管理、薪酬结构、薪酬水平确定和调整、中长期激励等制度。

第六条 岗位评价和职级评定为科技人才薪酬体系的基础，具体包括基于岗位分析的岗位价值评估体系和基于能力评测的职级评定体系。

岗位价值评估是在工作分析的基础上，根据岗位所要求的技术水平高低、创新要求难易、劳动强度大小以及市场稀缺程度等因素，对岗位价值进行系统衡量和评价。

职级评定是在岗位序列划分基础上，对同一岗位序列的不同职位按照能力素质等级划分的职级体系。其中，能力素质既包括专业知识与技能等显性素质，又涵盖个性品质、特质、动机等隐性素质。

第七条 科技人才绩效管理是通过设置绩效目标，引导督促科技人才按照既定目标实施并完成任务，最后评价其任务产出结果的过程。绩效管理一般包括绩效目标设定、绩效实施、绩效考核、绩效反馈、结果运用、绩效改进等六个环节。

第八条 科技人才薪酬结构一般分为当期薪酬和中长期激励。当期薪酬一般由岗位基本薪酬和绩效薪酬组成。岗位基本薪酬主要根据岗位相对价值和科技人才能力等级确定，相对固定。绩效薪酬按照科技人才实际贡献确定，相对浮动。当期薪酬中还可设置科技人才岗位津贴、补贴等作为岗位基本薪酬的补充。根据企业实际和岗位特点，还可采取其他特殊薪酬形式。

第九条 综合考虑企业发展战略、发展阶段、经济效益、市场薪酬水平、外部环境和国家工资分配政策等因素，科学制定企业科技人才薪酬策略，合理确定科技人才薪酬水平。

第十条 根据企业经营战略调整、人才队伍变化和外部市场环境变化，定期对本企业薪酬制度和薪酬水平进行评估，根据评估情况适时完善薪酬制度和调整人才薪酬水平。

第十一条 按照国家规定并结合企业实际对科技人才实行中长期激励，中长期激励一般可分为股权型激励、现金型激励和创新型激励三类。

股权型激励主要包括股票增值权、限制性股票、股票期权等。现金型激励主要包括任期激励收入、岗位分红、项目分红、科技成果转化收益激励、利润分享等。创新型激励主要包括项目跟投、合伙人机制等。

第十二条 围绕薪酬、福利、环境、认可度、荣誉、发展和幸福等激励因素，实行全面薪酬策略。建立完善企业福利制度，健全科技人才培训制度，畅通科技人才职业发展通道，完善科技创新荣誉奖励制度等。加强对科技人才的人文关怀，创建"报国为民""自强不息""开拓创新"等优良企业文化，弘扬科学家精神、主人翁精神，营造宽松的科研创新环境，增强科技人才获得感、归属感和幸福感。

第三章 岗位、职级评定和绩效管理

第一节 岗位评价

第十三条 根据工作岗位性质和职责不同,岗位序列可分为管理、技术、技能、营销等类别。其中,科技人才主要分布在技术和技能序列岗位,从事科技管理工作的科技人才可列入管理序列,也可根据承担的工作职责情况按技术序列管理。

第十四条 根据企业实际可将技术序列岗位进一步细化为研究、设计、工程、工艺、质量等岗位中类。技能序列岗位可细化为加工、维修、检测、调度等岗位中类。规模较大或管理精细化程度较高的企业可将岗位中类再细分为岗位小类。

第十五条 岗位价值评估方法包括要素计分法、排序法和配对对比法等。技术技能岗位价值评估一般采取要素计分法,工作性质单一、岗位较少的企业可采取排序法、配对对比法。

第十六条 要素计分法是根据预先规定的衡量要素,由企业组成专业岗位评价委员会或评价小组对岗位的主要影响因素逐一进行评比、估量和打分,加总得出各个岗位分数,再按照分数从高到低绘制岗位价值散点图,将得分相近的岗位作为同一等级,依次划分岗位等级。

评价要素主要包括知识技能、创新、劳动强度、市场稀缺等。评价时对各要素赋予权重,明确各要素不同要求条件下的分值,再根据各岗位不同要求进行打分。同一岗位序列的不同岗位一般应在统一要素计分体系内评分。

第二节 职级评定

第十七条 岗位等级确定后,根据企业科技发展战略、人才发展需求等开展基于能力的职位等级评定,形成职级体系。

第十八条 职位等级设置主要考虑企业发展阶段、规模、科技人才素质结构等因素。初创期、规模较小的企业每个岗位序列一般可划分3-5个职级,发展成熟、规模较大的企业可以划分5-7个职级或更多。

第十九条 技术类岗位序列可参考国家关于职称层级有关规定进行设置,也可结合企业实际按照首席工程(研发、设计、工艺等)师、资深师、主任师、高级师、主管师、助理师、技术员等进行设置。

技能类岗位可按照首席技师、特级技师、高级技师、技师、高级工、中级工、初级工、学徒工等进行设置。

高等级的职位要适当控制数量和比例,首席类职位一般不得超过企业科技人才总数的5%。

第二十条 职位等级确定后,科学界定各层级职位的能力素质(任职资格)要求,包括学习能力、专业知识水平、技术水平、创新能力、执行力、承压力、项目跟踪和控制力、风险识别及成本分析控制力、团队影响力等,每个等级应明确需要达到的最低能力素质要求。

第二十一条 岗位和职位等级确定后,相应确定每个岗位序列各职位薪酬等级。企业组织架构和岗位相对简单的,一个职位等级可对应一个薪酬等级,复杂的可一个职位等级再细分多个薪酬等级。

对特殊人才难以明确岗位设置的,可直接基于能力评测确定其薪酬等级。

第三节 绩效管理

第二十二条 坚持共通性与特殊性、水平业绩与发展潜力、定性与定量评价相结合,以职业属性和岗位要求为基础,健全科学的人才分类评价体系,对科技人才应结合岗位特点分类实行绩效考核,为科技人才营造相对宽松、宽容的创新环境,鼓励科技人才自由探索。

第二十三条 科技人才绩效管理应克服唯论文、唯职称、唯学历、唯奖项等倾向,依据能力、实绩、贡献评价人才,注重考察各类科技人才的专业性、创新性和实际贡献。

基础研究人才主要采取同行评价的方式,加强学术团体等第三方评价、国际同行评价。应用研究和技术开发人才、技能人才主要突出市场评价,由市场、用户和专家等第三方深度参与评价。

第二十四条 绩效管理可根据科技人才的工作性质和岗位特征,分类侧重考核不同的内容和指标:

(一)对于从事基础研究类的科技人才,结合基础性研究技术路线不确定性、研发失败风险高等特点,着重评价其提出和解决重大科学问题的原创能力、重大原创性贡献、成果的科学价值、学术影响和研究能力等,一般以科技人才取得的阶段性成果、证实证伪的结论、下一步研究路径等作为考核指标。

(二)对于从事应用研究和技术开发类的科技人才,结合应用研究技术工作一般具有较为明确市场导向和技术路线的特点,着重评价其技术创新与集成能力、取得的自主知识产权和重大技术突破、成果转化、对产业发展的实际贡献等,一般以研发工作的技术指标先进性、研发效率、成果的市场价值和应用实效等作为考核指标。

(三)对于从事技能操作类的科技人才,着重评价其实际操作能力和水平,一般以工作效率、工作质量和解决技能操作难题等作为考核指标。

第二十五条 遵循不同类型科技人才成长发展规律，统筹考虑科技人才行业特点、岗位特征、技术周期等因素，科学合理设置评价考核周期，突出中长期目标导向，注重过程评价和结果评价、短期评价和长期评价相结合。

适当延长基础研究人才、青年科技人才等评价考核周期，原则上以1年作为考核周期，特殊的可以3至5年作为一个周期，鼓励持续研究和长期积累。

第二十六条 结合行业属性、经营特点、科技人才类型、企业文化等因素，创新绩效考核方式方法，可单独选择或综合运用目标与关键成果法（OKR）、360度绩效考核、关键绩效指标法（KPI）、平衡积分卡法（BSC）等方式开展绩效考核。

第二十七条 研发创新型企业可探索使用目标与关键成果法（OKR）对科技人才进行绩效管理。企业根据发展实际明确具有挑战性的战略目标，通过自下而上由科技人才结合企业战略目标提出需要完成的关键成果，经过内部充分磋商讨论达成共识。目标与关键成果确定并实施后，一般采取每周调度会、季度质询会等形式，对实施情况进行反馈和评估，回顾目标、评估结果、分析原因、总结经验，为下一周期绩效管理持续提升做好准备。

目标与关键成果法（OKR）实施应重反馈、轻考核，其完成情况不与薪酬、晋升、奖惩等直接挂钩。企业可配套采取360度绩效考核加强对科技人才的日常绩效管理，通过外部评价、同事互评、上下级互评、自我评价等形式重点考核工作态度、工作过程、工作进度等，考核结果与薪酬挂钩。

第四章 当期薪酬

第一节 岗位基本薪酬

第二十八条 岗位基本薪酬以岗位、能力作为主要依据且更加侧重能力，结合岗位职级体系，采取宽带薪酬或等级薪酬形式。对实行扁平化管理的企业，可简化和淡化职位等级，采取宽带薪酬形式，以更好地体现同职级科技人才不同能力、贡献的差别。对职位等级划分较细的企业，可采取突出纵深的等级薪酬形式，更多体现不同职级薪酬标准。

第二十九条 岗位基本薪酬根据本地区经济社会发展水平、企业经营状况、岗位评价结果、市场薪酬对标等确定，具体可按照以下步骤确定：

（一）根据岗位评价和职级评定结果，将价值度相近的岗位归为一个薪酬等级，薪酬等级自下而上排序。

（二）根据市场薪酬价位、本企业历史薪酬水平等确定最高、最低和关键岗位的薪酬等级的薪酬标准。

（三）采取等差数列（薪酬标准差别相对较小）或等比数列（薪酬标准差别相对较大）等方式，确定每个薪酬等级的薪酬标准。

（四）结合企业科技人才能力、年龄结构、人员资历分布等因素，同一薪酬等级再横向划分具体的薪酬档次或薪酬区间。

第三十条 根据企业岗位基本薪酬表，综合考虑个人岗位、能力、职务职级、职称或技能等级、学历、工作年限等相关因素，确定科技人才个人岗位基本薪酬。岗位基本薪酬一般按月发放。

第三十一条 企业可根据实际建立科技人才津贴、补贴制度，设立科技类的津贴、补贴项目作为岗位基本薪酬的补充，也可将一般普惠性津贴、补贴调整优化为科技创新、技能提升等津贴、补贴项目。

对战略性、关键性领域核心岗位和承担重大科技项目、专项攻关任务，以及作出重大突出贡献的科技人才，可设置特定岗位津贴、专项任务津贴等。

第二节 绩效薪酬

第三十二条 绩效薪酬是体现科技人才业绩贡献差别的浮动薪酬单元，根据个人绩效考核结果确定发放，具体形式有绩效工资、项目奖金、年终奖金等。

规模较小、组织架构简单的企业绩效薪酬一般采取直接确定至个人的方式。规模较大、组织架构复杂的企业一般采取分层次确定。

第三十三条 绩效薪酬分配一般以绩效考核结果为依据，按照以下程序确定发放：

（一）根据履行出资人职责机构或母公司核定的年度工资总额预算，统筹考虑岗位基本薪酬以及津贴补贴等固定部分的发放情况，确定可发放的绩效薪酬总额。

（二）根据企业内部各部门或项目组目标任务完成情况及考核结果、技术或项目难度以及战略贡献度、科技人才数量等，由企业确定各部门或项目组的绩效薪酬总额。采取直接确定的，根据个人绩效考核结果一次性直接分配至个人。绩效薪酬总额应统筹考虑其他非科技人才绩效薪酬分配。

（三）企业内部各部门或项目组根据个人绩效考核情况，包括承担的技术角色、技术难度、工作量和贡献度、工作投入度等，确定各科技人才的绩效薪酬。

绩效薪酬按照绩效考核周期，根据绩效考核结果可按年度、半年度、季度或者项目进度发放。

第三十四条 根据不同类型科技人才特点,科学合理确定岗位基本薪酬和绩效薪酬的比例关系。

从事基础研究类的科技人才岗位基本薪酬占总薪酬的比例原则上应达到60%以上。

从事应用研究类的科技人才绩效薪酬占总薪酬的比例原则上应达到50%以上,其中从事直接面向市场的应用研究、技术销售等工作的科技人才可不设岗位基本薪酬单元,实行单一的绩效薪酬结构,但薪酬支付应符合国家关于最低工资标准等要求。

第三十五条 企业符合以下情形的,可按照国家关于国有企业重大科技创新薪酬分配激励有关政策设立激励项目,据实计入工资总额,不作为工资总额基数:

(一)对承担财政资金投入科研项目的企业,提取的间接费用可按规定全部用于绩效支出。现有工资总额难以满足的,可在科研项目间接费用范围内,按照国家规定向参与项目的科技人才发放奖金。

(二)对承担国家重大科技项目任务、引进高层次技术技能人才且符合国有企业重大科技创新分配政策适用条件的企业,可按照国家规定设立科技项目专项奖金、高层次人才"薪酬包"等。

第三节 特殊薪酬制度

第三十六条 企业对核心关键科技人才、高层次科技管理人才、短期难以衡量产出效果的研究开发人员等,可实行年薪制,根据职责、责任、难度以及业绩和实际贡献等,参考市场价位薪酬水平确定。

第三十七条 企业可探索建立科技人才回溯薪酬制度,科学评价从事原创技术探索、基础研究科技人才的贡献,对其历史贡献在薪酬分配激励中未体现或未充分体现部分予以薪酬补偿。

第三十八条 企业对短期或阶段性聘用的科技人才、项目科技顾问、在线网络办公等工作相对灵活的科技人才,可实行即时薪酬制,通过数字化手段实时计量科技人才工作量和工作成果,按照项目或日、小时及时支付科技人才相应薪酬。

第五章 中长期激励

第三十九条 企业可按照国家有关规定对符合条件的科技人才实行股权激励。综合考虑科技人才岗位价值、实际贡献、承担风险和服务年限等因素,重点激励在自主创新和科技成果转化中发挥主要作用的关键核心科技人才。

第四十条 企业实施科技成果转化的,可按照国家规定实行项目收益分红、岗位分红以及发放奖励和报酬。其中,按照国家规定分红激励每次激励人数一般不超过本企业在岗职工总数的30%,参与分红的技术技能人才占总分红人数比重一般不低于60%。

第四十一条 初创型或发展遇到瓶颈的企业可探索实施科技人才超额利润分享计划,更好激发科技人才对促进企业成长、脱困、转型和发展的重要作用。发展成熟型企业、经济效益良好的企业可在按照工资效益联动机制确定的工资总额内,薪酬分配向科技人才倾斜,一般不再实施超额利润分享。

第四十二条 企业拓展新产业、新业态、新商业模式,或者投资周期较长、业务发展前景不明朗、具有较高风险和不确定性的创新业务,可实施科技人才项目跟投,实行企业与科技人才利益共享、风险共担。

第四十三条 企业可探索实施事业合伙人机制,将关键核心技术人才作为事业合伙人,对其实行有充分市场竞争力的薪酬,并可按照国家规定实行股票增值权等股权激励。企业可结合实际设立合伙人董事席位,吸收合伙人参与公司决策和日常经营管理。

第四十四条 企业按照国家规定实行的项目收益分红、岗位分红等中长期激励和科技成果转化收益激励,发放的激励收入可据实计入工资总额,不作为工资总额预算基数。其他现金型激励按照工资效益联动机制纳入工资总额统一管理。

第六章 薪酬水平确定及调整

第四十五条 企业通过开展行业市场对标、标杆企业岗位对标,结合企业薪酬策略,科学确定科技人才薪酬水平,加大科技人才特别是关键核心技术人才的激励,增强企业人才市场竞争力。

第四十六条 企业可根据人力资源社会保障部、国家统计局以及上市公司、协会商会、权威咨询机构等发布的薪酬数据进行薪酬市场对标分析。根据企业实际和岗位特点,可委托专业机构定向细分行业领域中某个或多个同类企业,进行更加精准的薪酬对标。

第四十七条 企业根据发展战略和阶段,选择合适的企业作为市场对标对象,合理确定薪酬对标分位值。企业薪酬策略结合企业不同发展阶段或企业经营特点等,一般可选择领先型(总体薪酬水平处于市场75分位以上)、匹配型(总体薪酬水平围绕市场50分位波动)、滞后型(总体薪酬水平围绕市场25分位波动)、混合型(按不同部门、岗位和人才分层分类确定薪酬水平),科技型企业实践中一般采取混合型策略。

第四十八条 企业基于可获得的市场薪酬数据，可采取居中趋势分析法、离散分析法、回归分析法等方式开展岗位市场对标。

第四十九条 企业在确定内部不同群体薪酬水平时，原则上科技人才薪酬水平和增长速度不低于同职级管理人员，领军科技人才的薪酬水平最高可高于本企业高级管理人员。

对于企业发展至关重要的战略科学家、顶尖领军人才等特殊关键核心技术人才，可不限于岗位薪酬框架，实行"一人一议"的协议开放薪酬，对标市场90分位值以上，可上不封顶。

第五十条 企业内部工资总额分配应向科技人才集中的子企业或机构倾斜，工资总额增量优先用于科技人才激励，合理提高科技人员薪酬水平。

第五十一条 定期评估企业科技人才薪酬策略和水平，结合地区和行业薪酬水平、物价指数等变动情况以及科技人才诉求，评估科技人才现有薪酬水平是否与其岗位职责、绩效表现相匹配，不相匹配的应予以调整。

薪酬水平调整一般以1至3年为周期进行调整，也可每半年调整一次。企业薪酬水平调整分为普遍调整和个别调整、岗位基本薪酬调整和薪酬总水平调整。

第五十二条 薪酬水平普遍调整一般根据企业未来发展目标、年度经营、人工成本情况，参考地区和行业平均薪酬水平、标杆企业薪酬水平、人力资源社会保障部门发布的工资指导线和地区物价水平变化等进行调整。

第五十三条 薪酬水平个别调整一般根据科技人才的职位、业绩、能力等变化进行调整，对于一些特殊科技人才或重大贡献科技人才可根据实际即时调整。

第七章 附则

第五十四条 本指引主要为国有企业科技人才薪酬分配提供参考。

国有企业可参照本指引，结合企业实际，深化内部薪酬分配制度改革，完善科技人才薪酬分配制度体系，进一步分层分类细化有关内容，提升薪酬分配激励的精准性、公平性和有效性，充分激发科技人才的创新活力。

第五十五条 其他企业科技人才薪酬分配可参照本指引实施。

技能人才薪酬分配指引

· 2021年1月26日
· 人社厅发〔2021〕7号

第一章 总则

第一条 为健全技能人才培养、使用、评价、激励制度，推动企业建立多职级的技能人才职业发展通道，建立以体现技能价值为导向的技能人才薪酬分配制度，大力提高技能人才职业荣誉感和经济待遇，不断发展壮大技能人才队伍，为中国制造和中国创造提供重要人才支撑，结合企业薪酬分配理论实践和技能人才特点，特制定本指引。

第二条 本指引旨在为企业提供技能人才薪酬分配可供参考的方式方法。企业可结合实际，借鉴本指引，不断建立健全适应本企业发展需要的技能人才薪酬分配体系。

第三条 本指引所称技能人才，是指在生产或服务一线从事技能操作的人员。

第四条 技能人才薪酬分配应遵循以下原则：

（一）坚持按劳分配和按要素贡献参与分配。体现多劳者多得、技高者多得的价值分配导向，合理评价技能要素贡献。

（二）坚持职业发展设计与薪酬分配相配套。充分考虑企业的组织架构、职位体系、定岗定编、岗位评价、薪酬分配、绩效管理等相互联系、相互制约的实际，使技能人才薪酬分配与职业发展通道相衔接。

（三）坚持统筹处理好工资分配关系。参考岗位测评结果、市场标杆岗位的薪酬价位，综合考虑企业内部操作技能、专业技术和经营管理等类别实际，统筹确定技能操作岗位和企业内部其他类别岗位之间薪酬分配关系。

第二章 技能人才职业发展通道设计

第五条 本指引所称技能人才职业发展通道，是在企业岗位体系的基础上，形成横向按工作性质、内容等划分不同技能序列，纵向按技能人才专业知识、技术技能、资历经验、工作业绩等因素划分层级的有机系统，既体现技能人才个人能力，又反映岗位差别。

第六条 技能人才职业发展通道一般应与企业的经营管理类、专业技术类职业发展通道并行设置，层级互相对照。企业可根据发展需要，贯通工程技术领域操作技能与工程技术序列融合发展的路径，并逐步拓宽贯通领域，扩大贯通规模。对制造业的技能人才，可以设置基本生产技能操作、辅助生产技能操作等细分类别，纵向设置多个职级(详见附表1)。其他行业企业可结合实际参照设置。

纵向成长通道一般应基于不同类别岗位的重要程度、复杂程度等因素,并考虑不同类别岗位人员的职业发展规律作出差别化安排。纵向成长通道具体层级设置数量可根据企业发展战略、主体业务、员工队伍状况等实际进行调整。

企业内部不同类别之间对应关系,技能操作类的正常成长通道最高可与部门正职/分厂厂长/分支机构正职等中层正职相当,高精尖的高技能领军人才可与企业高层管理岗相当。对企业技能操作中的基本生产技能操作工种、辅助生产技能操作工种和熟练服务工种等,一般应设置差别化成长通道。同时,在满足任职资格条件基础上,不同职业发展通道可以相互贯通。

第七条 为实现职业发展通道有效运转,需定责权,即对具体职位在工作职责、管理权限等方面作出统一规范和界定。定责权,主要是解决好职业发展通道和企业内部管理岗位之间的关系问题,总的原则是以事定责、按责配权,实现权责利的统一。职责权限的划分根据相关业务流程,通过编制岗位说明书等方式进行明确,并结合实际动态调整。

处于高职级的技能人才对本领域业务工作负有组织制订(修订)标准、指导落实、监控、审查、结果判定等职责和权限;同时,需承担本业务领域难度较大、创新性的工作任务,并负有编制培训教材、培训授课、平时指导等培训指导职责。

第八条 职业发展通道有效运转需定数量,即根据企业战略和相应的人力资源规划,参考企业所在业务领域专业细分结果,结合企业对各职位的需求以及人员结构情况,制定各职级的职数标准和比例结构。

设置职位数量的规则,一般采取两头放开、中间择优的方式安排。高层职级一般按资格条件管理,不设具体职位数量,成熟一个聘任一个,宁缺毋滥;基层职级一般不设职数,符合条件即可正常晋升;中间层级可按照细分专业数量设置职数,也可以按照一定比例进行安排。

第九条 职业发展通道有效运转需定资格,即根据履行职位职责的要求,对职位任职人员所应具备的学历、资历、能力、经验、业绩等多维度任职条件作出统一规范和界定。职位任职资格标准可将经人社部门公布的技能人才评价机构评价的职业技能等级作为重要参考,并明确相互间对应关系。

结合人才成长规律,职业发展通道一般可按三个阶段设置,形成全职业周期的成长发展通道。新进技能人才在第一个十年中,每2至3年晋升一个职级,在基层岗位职位上正常成长;第二个十年中,在中间层级岗位职位上择优晋升发展;第三个十年中,在高层级岗位职位上逐步成长为专家权威。同时,对具有特殊技能和突出贡献的高技能人才应有破格晋升的制度安排。

随着新生代劳动者成长预期的变化,以及不同类型企业的技能操作难度有差异,对技能人才的成长年限安排以及相应的任职资格标准可有所不同。

第十条 职业发展通道有效运转需定考评,即明确各类人员进入所在职级通道的考评办法,根据考评结果组织聘任,实现能上能下。

第十一条 职业发展通道有效运转需定待遇,即对进入职业发展通道的技能人才,可对新职级职位按照岗位进行管理,职位职级变化时执行岗变薪变规则。各职级人员聘任到位后,按相应岗位工资标准执行,根据绩效考核结果发放绩效工资。

第十二条 职业发展通道有效运转需动态管理,即对职位职数标准、任职人员配置以及职位体系框架的动态管理。

其中,职位职级聘任应有任期规定,高职级职位的任期可比低职级长。任期期满重新进行评聘。在职位职数规定范围内,对任期评聘成绩优秀并达到上一职级任职资格的可予以晋升,考评合格的可保留原职级,考评不合格的可降低职级。

第三章 技能人才薪酬分配制度设计

第一节 工资结构设计

第十三条 按照为岗位付酬、为能力付酬、为绩效付酬的付酬因素,技能人才工资结构可由体现岗位价值的岗位工资单元、体现能力差别的能力工资单元和体现绩效贡献的绩效工资单元等组成。

第十四条 为稳定职工队伍,保障职工基本生活,企业可结合实际增加设置体现保障基本生活的基础工资单元和体现员工历史贡献积累的年功工资单元。

第十五条 在各工资单元功能不重复体现的原则下,为补偿技能人才在特定环境或承担特定任务的额外付出,可设置相应的津贴单元,包括体现夜班工作条件下额外劳动付出的夜班津贴、体现高温噪音污染等艰苦环境条件下额外劳动付出的作业环境津贴、体现技能人才技能水平的技能津贴、体现技能人才班组长额外劳动付出的班组长津贴、体现技能人才师傅带徒弟额外劳动付出的带徒津贴等。根据需要，还可设置鼓励多学技能、向复合型人才发展的多能津贴或通岗津贴等。

第十六条 企业根据需要可以合并、减少或增加相关工资单元。例如，能力工资单元可以采用设置技能人才特殊岗位津贴的形式体现，也可以采用将职级通道直接纳入岗位工资单元进行体现；年功工资单元可在岗位工资单元中设置一岗多薪、一岗多档，岗级体现不同岗位的价值度，档次用于体现同一岗位上不同员工的岗位任职时间、业绩贡献、年度正常增长等因素。

第二节 岗位工资单元设计

第十七条 岗位工资等级应以岗位评价结果为基础。岗位评价是实现不同岗位之间价值可比，体现企业薪酬分配内部公平的重要基础工作。

岗位评价一般有四种方法：一是排序法，将企业全部岗位视为一个系列，根据各个岗位对组织的贡献度和作用度不同，对岗位次序进行排列的一种方法，一般适用于工作性质单一、岗位较少的企业。二是分类套级法，将企业全部岗位分为若干系列、每个系列分为若干级别，分类别对岗位次序进行排列的一种方法。三是因素比较法，事先确定测评要素和若干主要岗位（或称标杆岗位），将每一个主要岗位的每个影响因素分别加以排序或评价。其他岗位按影响因素与已测评标杆岗位各因素测评结果分别进行比较，进而确定岗位的价值等级。四是要素计分法，根据预先规定的衡量标准，对岗位的主要影响因素逐一进行评比、估量，由此得出各个岗位的量值。

第十八条 企业采用要素计分法对技能操作类岗位进行岗位评价，通常考虑岗位对上岗人员技能水平要求的高低，岗位工作量及质量责任的轻重，体力或脑力劳动强度的大小和岗位工作条件的好差等进行评价。在此基础上，要遵循战略导向原则，从突出企业关键重要岗位的角度选择评价要素，确定评价要素权重。

第十九条 企业在评价要素的选择、评价权重的设置、评价过程的组织等方面应贯彻公正、公开原则，得到员工认可。第一步是初评，企业内各二级单位评价确定本单位内部技能操作岗位纵向岗位关系；第二步进行复测，在各单位初评结果中筛选出标杆岗位，选取熟悉技能操作类岗位职责情况、公信力高的岗位评价代表进行复测，确定不同单位之间技能操作类岗位的等级关系。

第二十条 岗位工资可采取一岗一薪、岗变薪变，也可采取一岗多薪、宽带薪酬形式。一岗多薪、宽带薪酬指的是在每个岗位等级内设多个工资档次，以体现同岗级人员不同能力、资历和不同业绩贡献的差别。一岗多薪、宽带薪酬既能体现员工的岗位价值，又能体现员工的能力素质，还可以兼顾到员工薪资的正常晋升，这一做法在实践中被较多企业选择。

实行一岗多薪、宽带薪酬的企业，技能人才可通过晋档实现工资正常增长。其中，档次晋升调整可与技能人才年度绩效考核结果挂钩，合格及以上的技能人才每年可在本岗级上晋升1档，少部分优秀的可晋升2档，个别贡献突出的还可以奖励更多晋档，极少数表现不合格的可不晋升或降档。

第二十一条 岗位工资采用一岗多薪、宽带薪酬，具体晋档条件有三种表现形式。一是条件规定形式，即明确晋档应当达到的规定条件。晋档条件有一个以上的，各条件要素需有互补性规定。针对技能操作类岗位，可设置学历与工作年限的互补条件，较长工作年限可在一定程度上弥补学历的不足。二是综合系数表现形式，即按各个晋档要素之间相对关系，将晋档条件转换为系数分数。综合系数表现形式直接实现了各个晋档要素的综合互补。晋档综合系数的确定首先依据不同职级岗位任职资格的要求来确定起步档次的条件。其次，需要将各个条件之间的相对价值进行比较，确定系数标准值，实现各个条件之间的平衡互补。三是特殊贡献表现形式。可将技能人才参加一定层级技能大赛获奖情况、技术攻关和创新等贡献情况，作为晋档或跨档条件。

第二十二条 岗位工资标准的设计，一般参考以下三个因素：一是岗位价值度评估分数。企业可参考技能操作类岗位价值度评估分数之间的倍数关系，确定不同技能操作岗位工资标准之间差别。二是人力资源市场价位情况。企业可参考人力资源市场类似岗位工资价位的绝对水平，确定技能操作类岗位工资标准；或参考市场上相应典型岗位的薪酬比例关系，优化调整相应技能操作类岗位工资标准。三是企业内部标杆技能操作类岗位之间的历史分配关系。企业可结合市场工资价位，重新评估内部技能操作岗位间的分配关系，如果体现岗位价值度的工资标准与市场比差距过小，可以调整优化，适当拉开差距。

第二十三条 岗位工资标准的设计，一般按以下步骤进行：一是首先确定内部关键点岗位（最高岗位、最低岗位、主体标杆岗位等）工资标准之间的比例关系。二是按照一定规律确定每个关键点之间不同层级的岗位工资标准关系，一般可以用等差数列关系确定（差别相对较小），也可以用等比数列确定（差别相对较大）。三是结合技能操作类内部层级因素适当调整。跨职级的差距可适当拉大，同一职级内部差距可适当缩小。经过验证、模拟测算调整，通过比较工资标准高低是否与预先设定的目标一致，最终确定岗位工资标准。

第二十四条 岗位工资标准的表现形式，一般有两种：一是以工资水平绝对值的形式表现；二是以岗位工资系数值（或薪点数）的形式表现。对不同的工资单元可以采用不同的工资标准表现形式。对于效益波动比较大的企业，岗位工资、绩效工资可采取具体的系数或薪点标准。基数值或薪点值可结合企业效益情况、工资总额承受能力、市场价位变动情况等相应确定。

第三节 绩效工资单元设计

第二十五条 绩效工资单元是体现员工实际业绩差别的工资单元，根据绩效考核结果浮动发放，对发挥工资的激励功能具有重要作用。企业可按照绩效工资总量考核发放、授权二次分配、加强监控指导的管理原则，建立绩效工资与企业效益情况（影响工资总额变动）、本部门绩效考核结果（影响本部门绩效工资额度变动）、本人绩效考核结果（影响本人实际绩效所得）联动的分配机制。年度绩效考核除影响绩效工资外，还可与岗位调整、培训、职级升降挂钩。

第二十六条 绩效考核周期的确定需综合考虑行业特点、岗位特征、考评可操作性等因素。技能人才绩效显现时间相对于管理人员、专业技术人员一般较短，可按月为主计发绩效工资。

第二十七条 绩效考核可根据技能人才的工作性质和岗位特征，采取分类考核办法。例如，主要以个人计件计酬的岗位，可以按月设立基础任务量，超过基础任务量部分可分档设立不同计件单价，根据任务完成情况核定绩效工资。

对于以班组、车间为单元集体作业的基本生产技能岗位人员，可参照上述办法将团队绩效工资总额分配到班组、车间，再由班组长、车间主任根据规定程序，按照个人工作量和个人绩效进行合理分配。

对于辅助生产技能岗位人员，可依据其支持服务的基本生产技能人员月绩效工资平均值的一定比例（比如70%至95%），作为人均绩效工资分配额度，以此为基础计算辅助生产技能岗位人员绩效工资总量，再按照绩效工资系数、组织和个人绩效考核的结果进行分配。

第四节 专项津贴单元设计

第二十八条 专项津贴是对特殊条件下的额外劳动付出的补偿。针对技能人才的劳动特点，制造型企业可结合实际需求，可设置夜班津贴、作业环境津贴、技能津贴、班组长津贴、师带徒津贴等。

第二十九条 夜班津贴是对劳动者在夜晚工作额外付出的补偿，主要适用于基本生产技能岗位人员。夜班劳动对于劳动者的体力、精力、心理压力等带来较大影响。实践中，部分"四班三运转"岗位人员的月度夜班津贴水平一般占月度应发工资收入的15%至20%。企业可结合职工薪酬收入水平、当地经济社会发展实际，合理确定夜班津贴的标准水平。

第三十条 作业环境津贴是对劳动者在井下、高空、高温、低温、物理粉尘辐射、化工有毒有害等环境下作业额外付出的补偿，主要适用于技能操作类人员。企业可结合实际，根据作业环境的艰苦程度划分出不同档次，设置差别化的作业环境津贴。

第三十一条 技能等级除作为职业发展通道的晋升条件外，考虑到高技能人才整体仍然短缺的实际，企业可以设置技能津贴，对于取得高级工、技师、高级技师，并在相关技能操作类岗位工作的技能人才，发放一定额度的技能津贴，鼓励技能人才学技术、长本领。取得相应技能等级资质的技能人才，聘任到较高技能操作职级上，除适用技能津贴外，还可同时执行相应发展通道职级的工资标准。技能津贴可同样适用于"双师"（工程师、技师）型技能人才。

第三十二条 班组一般是企业管理的最基层单元，班组长在基础管理、分配任务、考勤考绩等方面均有较多的付出。对于非专职脱产人员担任班组长的，可设置班组长津贴。班组长津贴标准可采取两种方式进行安排：一是按照班组管理幅度，按照具体人数确定适用津贴标准。可在基本标准基础上，每增加1名技能人才，相应增加津贴标准。二是按照班组类别和难度大小，设置不同的档次标准。但对于班组长工资待遇已在岗位工资等级或者档次体现的，可不再重复设置班组长津贴。

第三十三条 师带徒津贴是对师傅培养培训徒弟额外劳动付出的补偿。对于签订带徒协议、明确师傅徒弟权利义务的，可向师傅支付一定额度带徒津贴。协议期满根据考核结果可另行给予奖励。徒弟在技能大赛等获奖的，也可额外对师傅进行奖励，建立徒弟成才、师傅受益的联动机制。企业通过推行"传帮带""师带徒""老带新"等多种措施，不仅可以促进整体生产效率的提升，而且能够帮助企业在长期内形成较为稳定的技能人才梯队，积蓄技能人才资源。师带徒，通过企业实践培训提高，针对性强，效果好，应大力推行。

第三十四条　津贴设置应坚持不重复体现原则。本节所提到的夜班津贴、作业环境津贴、技能津贴、班组长津贴、师带徒津贴等各类津贴，如在岗位评价要素或者职级成长通道任职资格条件中已有充分体现的，应本着不重复的原则不再单独设置。

第五节　技能人才与其他人才工资分配关系设计

第三十五条　企业可参考岗位测评结果确定技能人才岗位和其他类别岗位之间薪酬分配关系。如果不同类别岗位测评采用的要素和参评专家不同，则测评分数之间的相互关系不宜简单对应，应选择不同系列的典型岗位进行跨类别岗位测评以确定对应关系。

第三十六条　企业可参考市场标杆岗位之间的薪酬分配关系确定对应关系。如将市场上某技能操作岗位与某管理岗位等薪酬水平的对应关系，作为确定不同类别岗位分配关系的参考。同时，标杆岗位中市场招聘的薪酬价位，可以作为确定技能操作岗位和其他类别岗位起点薪酬分配关系的参考。

第三十七条　技能人才特别是高技能人才，其人力资本是个人努力和长期操作经验的累积结果，在薪酬标准上应体现其人力资本及技能要素贡献。对掌握关键操作技能、代表专业技能较高水平、能够组织技改攻关项目的，其薪酬水平可达到工程技术类人员的较高薪酬水平，或者相当于中层管理岗位薪酬水平，行业佼佼者薪酬待遇可与工程技术类高层级专家级别和企业高层管理岗的薪酬水平相当。

第四章　高技能领军人才薪酬待遇制度设计

第三十八条　高技能领军人才包括获得全国劳动模范、全国五一劳动奖章、中华技能大奖、全国技术能手等荣誉以及享受省级以上政府特殊津贴的人员，或各省（自治区、直辖市）政府认定的"高精尖缺"高技能人才。高技能领军人才是技能人才队伍中的关键少数，应提高其薪酬待遇，鼓励参照高级管理人员标准落实经济待遇。

第三十九条　年薪制是以年度为单位，依据生产经营规模和经营业绩，确定并支付薪酬的分配方式。年薪制一般适用于公司经营班子成员以及承担财务损益责任的分子公司负责人。

高技能领军人才可探索实行年薪制，应把握以下三个方面：一是合理界定适用范围。年薪制适用范围较小，一般适用于承担经营风险、业绩显现周期较长且需建立有效激励约束机制的人员。高技能领军人才具有稀缺性，贡献价值度高，可将其纳入年薪制适用范围。二是明确薪酬结构。一般由基本年薪和绩效年薪为主的薪酬构成，基本年薪占比相对较小、按月发放，绩效年薪占比相对较大、按年发放，体现业绩导向。三是建立相应的激励和约束机制。高技能领军人才应建立体现高技能领军人才特点、体现短期和长期贡献的业绩考核办法，如将关键任务攻关、技能人才队伍培养等作为年度或任期绩效考核目标，业绩考核结果与薪酬挂钩，实现业绩升、薪酬升，业绩降、薪酬降，体现责任、风险和利益的统一。

第四十条　协议薪酬制是企业和劳动者双方协商谈判确定薪酬的分配方式，主要适用于人力资源市场稀缺的核心关键岗位人才或企业重点吸引和留用的紧缺急需人才。

企业要处理好薪酬内部公平性和外部竞争性的平衡。在此基础上，对高技能领军人才实行协议薪酬，应把握以下三个方面：一是合理确定适用范围。一般而言，协议薪酬主要适用于面向社会公开招聘实行市场化管理的高技能领军人才。二是实行任期聘任制。实行协议薪酬制的高技能领军人才，可按任期聘任，按合同规定条件予以续聘或解聘。三是事先约定绩效考核要求。对实行协议薪酬制的高技能领军人才，既协商薪酬也协商绩效要求，应签订《绩效目标责任书》，确定考评周期内的绩效目标和激励约束规则。同时，实行协议薪酬制人员，薪酬待遇按协议约定执行，一般不再适用企业主体薪酬制度中的岗位工资、绩效奖金、津补贴等分配方式。

第四十一条　专项特殊奖励是对作出重大贡献的部门和个人的专项奖励。

实行专项特殊奖励，应把握以下三个方面：一是专项特殊奖励不仅适用于高技能领军人才，也适用于包括技能人才在内的所有员工。二是对在正常绩效激励中未体现的特殊贡献，均可适用特殊奖励。其中，包括为企业生产效率提高、工作任务完成、新品试制、技改攻关等做出的巨大贡献，或为社会作出突出贡献，或为企业取得重大社会荣誉等（比如技能大赛获得名次）。三是专项特殊奖励属于非常规激励。为避免滥发或不发，应制定较为规范的企业内部专项特殊奖励管理办法。

第四十二条　结合实际探索对技能人才特别是高技能领军人才实行股权激励（包括业绩股票、股票期权、虚拟股票、股票增值权、限制性股票、员工持股等形式）、超额利润分享、项目跟投、项目分红或岗位分红等中长期激励方式。中长期激励应符合国家相关规定。

第四十三条　超额利润分享以超过企业目标利润的部分作为基数，科学合理地设计提取规则，主要适用于企业中的关键核心人才。

应把握以下三个方面：一是将技能人才特别是高技能领军人才纳入实施范围，引导企业构建"目标一致、责任共担、成果共享"的发展共同体。二是明确激励总量的确定规则。激励总量可以本年度超目标净利润增量（或减亏额）为基数，按一定比例计提，并与企业综合绩效系数挂钩调节。其中，净利润目标一般可分为基本目标、激励目标和挑战目标，计提比例可根据净利润实际达成情况按不同比例分段提取。三是明确激励额度分配办法。员工个人激励额度一般可依据激励对象的岗位系数和个人绩效考核结果系数综合确定。其中，个人岗位系数应体现所在岗位职位的正常激励水平，个人绩效考核结果系数应根据实际绩效设置，既关注岗位职位，也关注实际贡献。

第四十四条 岗位分红以企业经营收益为标的，主要适用于对企业重要岗位人员实施激励。对高技能领军人才实施岗位分红的，企业应建立规范的内部财务管理制度和员工绩效考核评价制度，评估高技能领军人才在企业的重要性和贡献，明确实施岗位分红的企业业绩和个人业绩条件。同时，处理好岗位分红所得与薪酬所得的关系，合理确定分红标准。

第五章 附则

第四十五条 各地人力资源社会保障部门应结合本地实际，加强宣传培训，可分行业或分职业类别进一步细化相关内容，发布典型案例，强化示范引领。创新企业工资宏观调控指导方式，推动企业建立健全技能人才薪酬分配体系，不断提高对本地区企业技能人才薪酬分配的指导实效。

附表（略）

附案例（略）

拖欠农民工工资"黑名单"管理暂行办法

- 2017年9月25日
- 人社部规〔2017〕16号

第一条 为规范拖欠农民工工资"黑名单"管理工作，加强对拖欠工资违法失信用人单位的惩戒，维护劳动者合法权益，根据《企业信息公示暂行条例》、《国务院关于建立完善守信联合激励和失信联合惩戒制度加快推进社会诚信建设的指导意见》（国发〔2016〕33号）、《国务院办公厅关于全面治理拖欠农民工工资问题的意见》（国办发〔2016〕1号），制定本办法。

第二条 本办法所称拖欠农民工工资"黑名单"（以下简称拖欠工资"黑名单"），是指违反国家工资支付法律法规规章规定，存在本办法第五条所列拖欠工资情形的用人单位及其法定代表人、其他责任人。

第三条 人力资源社会保障部负责指导监督全国拖欠工资"黑名单"管理工作。

省、自治区、直辖市人力资源社会保障行政部门负责指导监督本行政区域拖欠工资"黑名单"管理工作，每半年向人力资源社会保障部报送本行政区域的拖欠工资"黑名单"。

地方人力资源社会保障行政部门依据行政执法管辖权限，负责拖欠工资"黑名单"管理的具体实施工作。

第四条 拖欠工资"黑名单"管理实行"谁执法，谁认定，谁负责"，遵循依法依规、公平公正、客观真实的原则。

第五条 用人单位存在下列情形之一的，人力资源社会保障行政部门应当自查处违法行为并作出行政处理或处罚决定之日起20个工作日内，按照管辖权限将其列入拖欠工资"黑名单"。

（一）克扣、无故拖欠农民工工资报酬，数额达到认定拒不支付劳动报酬罪数额标准的；

（二）因拖欠农民工工资违法行为引发群体性事件、极端事件造成严重不良社会影响的。

将劳务违法分包、转包给不具备用工主体资格的组织和个人造成拖欠农民工工资且符合前款规定情形的，应将违法分包、转包单位及不具备用工主体资格的组织和个人一并列入拖欠工资"黑名单"。

第六条 人力资源社会保障行政部门将用人单位列入拖欠工资"黑名单"的，应当提前书面告知，听取其陈述和申辩意见。核准无误的，应当作出列入决定。

列入决定应当列明用人单位名称及其法定代表人、其他责任人姓名、统一社会信用代码、列入日期、列入事由、权利救济期限和途径、作出决定机关等。

第七条 人力资源社会保障行政部门应当按照有关规定，将拖欠工资"黑名单"信息通过部门门户网站、"信用中国"网站、国家企业信用信息公示系统等予以公示。

第八条 人力资源社会保障行政部门应当按照有关规定，将拖欠工资"黑名单"信息纳入当地和全国信用信息共享平台，由相关部门在各自职责范围内依法依规实施联合惩戒，在政府资金支持、政府采购、招投标、生产许可、资质审核、融资贷款、市场准入、税收优惠、评优评先等方面予以限制。

第九条 拖欠工资"黑名单"实行动态管理。

用人单位首次被列入拖欠工资"黑名单"的期限为1年,自作出列入决定之日起计算。

列入拖欠工资"黑名单"的用人单位改正违法行为且自列入之日起1年内未再发生第五条规定情形的,由作出列入决定的人力资源社会保障行政部门于期满后20个工作日内决定将其移出拖欠工资"黑名单";用人单位未改正违法行为或者列入期间再次发生第五条规定情形的,期满不予移出并自动续期2年。

已移出拖欠工资"黑名单"的用人单位再次发生第五条规定情形,再次列入拖欠工资"黑名单",期限为2年。

第十条 人力资源社会保障行政部门决定将用人单位移出拖欠工资"黑名单"的,应当通过部门门户网站、"信用中国"网站、国家企业信用信息公示系统等予以公示。

第十一条 用人单位被列入拖欠工资"黑名单"所依据的行政处理或处罚决定被依法变更或者撤销的,作出列入决定的人力资源社会保障行政部门应当及时更正拖欠工资"黑名单"。

第十二条 用人单位被移出拖欠工资"黑名单"管理的,相关部门联合惩戒措施即行终止。

第十三条 人力资源社会保障等行政部门工作人员在实施拖欠工资"黑名单"管理过程中,滥用职权、玩忽职守、徇私舞弊的,依法予以处理。

第十四条 各省级人力资源社会保障行政部门可根据本办法制定实施细则。

第十五条 本办法自2018年1月1日起施行。

拖欠农民工工资失信联合惩戒对象名单管理暂行办法

· 2021年11月10日人力资源社会保障部令第45号公布
· 自2022年1月1日起施行

第一条 为了维护劳动者合法权益,完善失信约束机制,加强信用监管,规范拖欠农民工工资失信联合惩戒对象名单(以下简称失信联合惩戒名单)管理工作,根据《保障农民工工资支付条例》等有关规定,制定本办法。

第二条 人力资源社会保障行政部门实施列入失信联合惩戒名单、公开信息、信用修复等管理活动,适用本办法。

第三条 人力资源社会保障部负责组织、指导全国失信联合惩戒名单管理工作。

县级以上地方人力资源社会保障行政部门依据行政执法管辖权限,负责失信联合惩戒名单管理的具体实施工作。

第四条 失信联合惩戒名单管理实行"谁执法、谁认定、谁负责",遵循依法依规、客观公正、公开透明、动态管理的原则。

实施失信联合惩戒名单管理,应当依法依规加强信用信息安全和个人信息保护。人力资源社会保障行政部门及其工作人员对实施失信联合惩戒名单管理过程中知悉的国家秘密、商业秘密、个人隐私,应当依法依规予以保密。

第五条 用人单位拖欠农民工工资,具有下列情形之一,经人力资源社会保障行政部门依法责令限期支付工资,逾期未支付的,人力资源社会保障行政部门应当作出列入决定,将该用人单位及其法定代表人或者主要负责人、直接负责的主管人员和其他直接责任人员(以下简称当事人)列入失信联合惩戒名单:

(一)克扣、无故拖欠农民工工资达到认定拒不支付劳动报酬罪数额标准的;

(二)因拖欠农民工工资违法行为引发群体性事件、极端事件造成严重不良社会影响的。

第六条 人力资源社会保障行政部门在作出列入决定前,应当告知当事人拟列入失信联合惩戒名单的事由、依据、提出异议等依法享有的权利和本办法第七条可以不予列入失信联合惩戒名单的规定。

当事人自收到告知之日起5个工作日内,可以向人力资源社会保障行政部门提出异议。对异议期内提出的异议,人力资源社会保障行政部门应当自收到异议之日起5个工作日内予以核实,并将结果告知当事人。

第七条 用人单位在人力资源社会保障行政部门作出列入决定前,已经改正拖欠农民工工资违法行为,且作出不再拖欠农民工工资书面信用承诺的,可以不予列入失信联合惩戒名单。

第八条 人力资源社会保障行政部门应当自责令限期支付工资文书指定期限届满之日起20个工作日内作出列入决定。情况复杂的,经人力资源社会保障行政部门负责人批准,可以延长20个工作日。

人力资源社会保障行政部门作出列入决定,应当制作列入决定书。列入决定书应当载明列入事由、列入依据、联合惩戒措施提示、提前移出条件和程序、救济措施等,并按照有关规定交付或者送达当事人。

第九条 作出列入决定的人力资源社会保障行政部

门应当按照政府信息公开等有关规定，通过本部门门户网站和其他指定的网站公开失信联合惩戒名单。

第十条 作出列入决定的人力资源社会保障行政部门应当按照有关规定，将失信联合惩戒名单信息共享至同级信用信息共享平台，供相关部门作为在各自职责范围内按照《保障农民工工资支付条例》等有关规定，对被列入失信联合惩戒名单的当事人实施联合惩戒的依据。

对被列入失信联合惩戒名单的当事人，由相关部门在政府资金支持、政府采购、招投标、融资贷款、市场准入、税收优惠、评优评先、交通出行等方面依法依规予以限制。

第十一条 当事人被列入失信联合惩戒名单的期限为3年，自人力资源社会保障行政部门作出列入决定之日起计算。

第十二条 用人单位同时符合下列条件的，可以向作出列入决定的人力资源社会保障行政部门申请提前移出失信联合惩戒名单：

（一）已经改正拖欠农民工工资违法行为的；

（二）自改正之日起被列入失信联合惩戒名单满6个月的；

（三）作出不再拖欠农民工工资书面信用承诺的。

第十三条 用人单位符合本办法第十二条规定条件，但是具有下列情形之一的，不得提前移出失信联合惩戒名单：

（一）列入失信联合惩戒名单期限内再次发生拖欠农民工工资违法行为的；

（二）因涉嫌拒不支付劳动报酬犯罪正在刑事诉讼期间或者已经被追究刑事责任的；

（三）法律、法规和党中央、国务院政策文件规定的其他情形。

第十四条 用人单位申请提前移出失信联合惩戒名单，应当提交书面申请、已经改正拖欠农民工工资违法行为的证据和不再拖欠农民工工资书面信用承诺。

人力资源社会保障行政部门应当自收到用人单位提前移出失信联合惩戒名单申请之日起15个工作日内予以核实，决定是否准予提前移出，制作决定书并按照有关规定交付或者送达用人单位。不予提前移出的，应当说明理由。

人力资源社会保障行政部门准予用人单位提前移出失信联合惩戒名单的，应当将该用人单位的其他当事人一并提前移出失信联合惩戒名单。

第十五条 申请提前移出的用人单位故意隐瞒真实情况、提供虚假资料，情节严重的，由作出提前移出决定的人力资源社会保障行政部门撤销提前移出决定，恢复列入状态。列入的起止时间重新计算。

第十六条 列入决定所依据的责令限期支付工资文书被依法撤销的，作出列入决定的人力资源社会保障行政部门应当撤销列入决定。

第十七条 有下列情形之一的，作出列入决定的人力资源社会保障行政部门应当于10个工作日内将当事人移出失信联合惩戒名单，在本部门门户网站停止公开相关信息，并告知第九条规定的有关网站：

（一）当事人被列入失信联合惩戒名单期限届满的；

（二）人力资源社会保障行政部门决定提前移出失信联合惩戒名单的；

（三）列入决定被依法撤销的。

当事人被移出失信联合惩戒名单的，人力资源社会保障行政部门应当及时将移出信息共享至同级信用信息共享平台，相关部门联合惩戒措施按照规定终止。

第十八条 当事人对列入失信联合惩戒名单决定或者不予提前移出失信联合惩戒名单决定不服的，可以依法申请行政复议或者提起行政诉讼。

第十九条 人力资源社会保障行政部门工作人员在实施失信联合惩戒名单管理过程中，滥用职权、玩忽职守、徇私舞弊的，依法依规给予处分；构成犯罪的，依法追究刑事责任。

第二十条 本办法自2022年1月1日起施行。

工程建设领域农民工工资保证金规定

· 2021年8月17日
· 人社部发〔2021〕65号

第一章 总 则

第一条 为依法保护农民工工资权益，发挥工资保证金在解决拖欠农民工工资问题中的重要作用，根据《保障农民工工资支付条例》，制定本规定。

第二条 本规定所指工资保证金，是指工程建设领域施工总承包单位（包括直接承包建设单位发包工程的专业承包企业）在银行设立账户并按照工程施工合同额的一定比例存储，专项用于支付为所承包工程提供劳动的农民工被拖欠工资的专项资金。

工资保证金可以用银行类金融机构出具的银行保函替代，有条件的地区还可探索引入工程担保公司保函或工程保证保险。

第三条 工程建设领域工资保证金的存储比例、存储形式、减免措施以及使用返还等事项适用本规定。

第四条 各省级人力资源社会保障行政部门负责组织实施本行政区工资保证金制度。

地方人力资源社会保障行政部门应建立健全与本地区行业工程建设主管部门和金融监管部门的会商机制，加强信息通报和执法协作，确保工资保证金制度规范平稳运行。

第五条 工资保证金制度原则上由地市级人力资源社会保障行政部门具体管理，有条件的地区可逐步将管理层级上升为省级人力资源社会保障行政部门。

实施具体管理的地市级或省级人力资源社会保障行政部门，以下简称"属地人力资源社会保障行政部门"；对应的行政区，以下统称"工资保证金管理地区"。

同一工程地理位置涉及两个或两个以上工资保证金管理地区，发生管辖争议的，由共同的上一级人力资源社会保障行政部门商同级行业工程建设主管部门指定管辖。

第二章 工资保证金存储

第六条 施工总承包单位应当在工程所在地的银行存储工资保证金或申请开立银行保函。

第七条 经办工资保证金的银行（以下简称经办银行）依法办理工资保证金账户开户、存储、查询、支取、销户及开立保函等业务，应具备以下条件：

（一）在工程所在的工资保证金管理地区设有分支机构；

（二）信用等级良好、服务水平优良，并承诺按照监管要求提供工资保证金业务服务。

第八条 施工总承包单位应当自工程取得施工许可证（开工报告批复）之日起20个工作日内（依法不需要办理施工许可证或批准开工报告的工程自签订施工合同之日起20个工作日之内），持营业执照副本、与建设单位签订的施工合同在经办银行开立工资保证金专门账户存储工资保证金。

行业工程建设主管部门应当在颁发施工许可证或批准开工报告时告知相关单位及时存储工资保证金。

第九条 存储工资保证金的施工总承包单位应与经办银行签订《农民工工资保证金存款协议书》（附件1），并将协议书副本送属地人力资源社会保障行政部门备案。

第十条 经办银行应当规范工资保证金账户开户工作，为存储工资保证金提供必要的便利，与开户单位核实账户性质，在业务系统中对工资保证金账户进行特殊标识，并在相关网络查控平台、电子化专线信息传输系统等作出整体限制查封、冻结或划拨设置，防止被不当查封、冻结或划拨，保障资金安全。

第十一条 工资保证金按工程施工合同额（或年度合同额）的一定比例存储，原则上不低于1%，不超过3%，单个工程合同额较高的，可设定存储上限。

施工总承包单位在同一工资保证金管理地区有多个在建工程，存储比例可适当下浮但不得低于施工合同额（或年度合同额）的0.5%。

施工合同额低于300万元的工程，且该工程的施工总承包单位在签订施工合同前一年内承建的工程未发生工资拖欠的，各地区可结合行业保障农民工工资支付实际，免除该工程存储工资保证金。

前款规定的施工合同额可适当调整，调整范围由省级人力资源社会保障行政部门会同行业工程建设主管部门确定，并报人力资源社会保障部、住房和城乡建设部、交通运输部、水利部、铁路局、民航局备案。

第十二条 施工总承包单位存储工资保证金或提交银行保函后，在工资保证金管理地区承建工程连续2年未发生工资拖欠的，其新增工程应降低存储比例，降幅不低于50%；连续3年未发生工资拖欠且按要求落实用工实名制管理和农民工工资专用账户制度的，其新增工程可免于存储工资保证金。

施工总承包单位存储工资保证金或提交银行保函前2年内在工资保证金管理地区承建工程发生工资拖欠的，工资保证金存储比例应适当提高，增幅不低于50%；因拖欠农民工工资被纳入"严重失信主体名单"的，增幅不低于100%。

第十三条 工资保证金具体存储比例及浮动办法由省级人力资源社会保障行政部门商同级行业工程建设主管部门研究确定，报人力资源社会保障部备案。工资保证金存储比例应根据本行政区保障农民工工资支付实际情况实行定期动态调整，主动向社会公布。

第十四条 工资保证金账户内本金和利息归开立账户的施工总承包单位所有。在工资保证金账户被监管期间，企业可自由提取和使用工资保证金的利息及其他合法收益。

除符合本规定第十九条规定的情形，其他任何单位和个人不得动用工资保证金账户内本金。

第十五条 施工总承包单位可选择以银行保函替代现金存储工资保证金，保函担保金额不得低于按规定比例计算应存储的工资保证金数额。

保函正本由属地人力资源社会保障行政部门保存。

第十六条 银行保函应以属地人力资源社会保障行政部门为受益人，保函性质为不可撤销见索即付保函（附件2）。

施工总承包单位所承包工程发生拖欠农民工工资，经人力资源社会保障行政部门依法作出责令限期清偿或先行清偿的行政处理决定，到期拒不清偿时，由经办银行依照保函承担担保责任。

第十七条 施工总承包单位应在其工程施工期内提供有效的保函，保函有效期至少为1年并不得短于合同期。工程未完工保函到期的，属地人力资源社会保障行政部门应在保函到期前一个月提醒施工总承包单位更换新的保函或延长保函有效期。

第十八条 属地人力资源社会保障行政部门应当将存储工资保证金或开立银行保函的施工总承包单位名单及对应的工程名称向社会公布，施工总承包单位应当将本工程落实工资保证金制度情况纳入维权信息告示牌内容。

第三章 工资保证金使用

第十九条 施工总承包单位所承包工程发生拖欠农民工工资的，经人力资源社会保障行政部门依法作出责令限期清偿或先行清偿的行政处理决定，施工总承包单位到期拒不履行的，属地人力资源社会保障行政部门可以向经办银行出具《农民工工资保证金支付通知书》（附件3，以下简称《支付通知书》），书面通知有关施工总承包单位和经办银行。经办银行应在收到《支付通知书》5个工作日内，从工资保证金账户中将相应数额的款项以银行转账方式支付给属地人力资源社会保障行政部门指定的被拖欠工资农民工本人。

施工总承包单位采用银行保函替代工资保证金，发生前款情形的，提供银行保函的经办银行应在收到《支付通知书》5个工作日内，依照银行保函约定支付农民工工资。

第二十条 工资保证金使用后，施工总承包单位应当自使用之日起10个工作日内将工资保证金补足。

采用银行保函替代工资保证金发生前款情形的，施工总承包单位应在10个工作日内提供与原保函相同担保范围和担保金额的新保函。施工总承包单位开立新保函后，原保函即行失效。

第二十一条 经办银行应每季度分别向施工总承包单位和属地人力资源社会保障行政部门提供工资保证金存款对账单。

第二十二条 工资保证金对应的工程完工，施工总承包单位作出书面承诺该工程不存在未解决的拖欠农民工工资问题，并在施工现场维权信息告示牌及属地人力资源社会保障行政部门门户网站公示30日后，可以申请返还工资保证金或银行保函正本。

属地人力资源社会保障行政部门自施工总承包单位提交书面申请5个工作日内审核完毕，并在审核完毕3个工作日内向经办银行和施工总承包单位出具工资保证金返还（销户）确认书。经办银行收到确认书后，工资保证金账户解除监管，相应款项不再属于工资保证金，施工总承包单位可自由支配账户资金或办理账户销户。

选择使用银行保函替代现金存储工资保证金并符合本条第一款规定的，属地人力资源社会保障行政部门自施工总承包单位提交书面申请5个工作日内审核完毕，并在审核完毕3个工作日内返还银行保函正本。

属地人力资源社会保障行政部门在审核过程中发现工资保证金对应工程存在未解决的拖欠农民工工资问题，应在审核完毕3个工作日内书面告知施工总承包单位，施工总承包单位依法履行清偿（先行清偿）责任后，可再次提交返还工资保证金或退还银行保函正本的书面申请。

属地人力资源社会保障行政部门应建立工资保证金定期（至少每半年一次）清查机制，对经核实工程完工且不存在拖欠农民工工资问题，施工总承包单位在一定期限内未提交返还申请的，应主动启动返还程序。

第二十三条 施工总承包单位认为行政部门的行政行为损害其合法权益的，可以依法申请行政复议或者向人民法院提起行政诉讼。

第四章 工资保证金监管

第二十四条 工资保证金实行专款专用，除用于清偿或先行清偿施工总承包单位所承包工程拖欠农民工工资外，不得用于其他用途。

除法律另有规定外，工资保证金不得因支付为本工程提供劳动的农民工工资之外的原因被查封、冻结或者划拨。

第二十五条 人力资源社会保障行政部门应加强监管，对施工总承包单位未依据《保障农民工工资支付条例》和本规定存储、补足工资保证金（或提供、更新保函）的，应按照《保障农民工工资支付条例》第五十五条规定追究其法律责任。

第二十六条 属地人力资源社会保障行政部门要建立工资保证金管理台账，严格规范财务、审计制度，加强账户监管，确保专款专用。

行业工程建设主管部门对在日常监督检查中发现的未按规定存储工资保证金问题，应及时通报同级人力资源社会保障行政部门。对未按规定执行工资保证金制度的施工单位，除依法给予行政处罚（处理）外，应按照有关规定计入其信用记录，依法实施信用惩戒。

对行政部门擅自减免、超限额收缴、违规挪用、无故拖延返还工资保证金的，要严肃追究责任，依法依规对有关责任人员实行问责；涉嫌犯罪的，移送司法机关处理。

第五章 附 则

第二十七条 房屋市政、铁路、公路、水路、民航、水利领域之外的其他工程，参照本规定执行。

采用工程担保公司保函或工程保证保险方式代替工资保证金的，参照银行保函的相关规定执行。

第二十八条 本规定由人力资源社会保障部会同住房和城乡建设部、交通运输部、水利部、银保监会、铁路局、民航局负责解释。各地区可根据本规定并结合工作实际，制定具体实施办法，并向人力资源社会保障部、住房和城乡建设部、交通运输部、水利部、银保监会、铁路局、民航局备案。在贯彻实施中遇到的重大问题，请及时向人力资源社会保障部报告。

第二十九条 本规定自2021年11月1日起施行。

本规定施行前已按属地原有工资保证金政策存储的工资保证金或保函继续有效，其日常管理、动用和返还等按照原有规定执行；本规定施行后新开工工程和尚未存储工资保证金的在建工程工资保证金按照本规定及各地区具体实施办法执行。

附件：（略）

工程建设领域农民工工资专用账户管理暂行办法

- 2021年7月7日
- 人社部发〔2021〕53号

第一章 总 则

第一条 为根治工程建设领域拖欠农民工工资问题，规范农民工工资专用账户管理，切实维护农民工劳动报酬权益，根据《保障农民工工资支付条例》《人民币银行结算账户管理办法》等有关法规规定，制定本办法。

第二条 本办法所称农民工工资专用账户（以下简称专用账户）是指施工总承包单位（以下简称总包单位）在工程建设项目所在地银行业金融机构（以下简称银行）开立的，专项用于支付农民工工资的专用存款账户。人工费用是指建设单位向总包单位专用账户拨付的专项用于支付农民工工资的工程款。

第三条 本办法所称建设单位是指工程建设项目的项目法人或负有建设管理责任的相关单位；总包单位是指从建设单位承包施工任务，具有施工承包资质的企业，包括工程总承包单位、施工总承包企业、直接承包建设单位发包工程的专业承包企业；分包单位是指承包总包单位发包的专业工程或者劳务作业，具有相应资质的企业；监理单位是指受建设单位委托依法执行工程监理任务，取得监理资质证书，具有法人资格的监理公司等单位。

本办法所称相关行业工程建设主管部门是指各级住房和城乡建设、交通运输、水利、铁路、民航等工程建设项目的行政主管部门。

第四条 本办法适用于房屋建筑、市政、交通运输、水利及基础设施建设的建筑工程、线路管道、设备安装、工程装饰装修、城市园林绿化等各种新建、扩建、改建工程建设项目。

第二章 专用账户的开立、撤销

第五条 建设单位与总包单位订立书面工程施工合同时，应当约定以下事项：

（一）工程款计量周期和工程款进度结算办法；

（二）建设单位拨付人工费用的周期和拨付日期；

（三）人工费用的数额或者占工程款的比例等。

前款第三项应当满足农民工工资按时足额支付的要求。

第六条 专用账户按工程建设项目开立。总包单位应当在工程施工合同签订之日起30日内开立专用账户，并与建设单位、开户银行签订资金管理三方协议。专用账户名称为总包单位名称加工程建设项目名称后加"农民工工资专用账户"。总包单位应当在专用账户开立后的30日内报项目所在地专用账户监管部门备案。监管部门由各省、自治区、直辖市根据《保障农民工工资支付条例》确定。

总包单位有2个及以上工程建设项目的，可开立新的专用账户，也可在符合项目所在地监管要求的情况下，在已有专用账户下按项目分别管理。

第七条 开户银行应当规范优化农民工工资专用账户开立服务流程，配合总包单位及时做好专用账户开立和管理工作，在业务系统中对账户进行特殊标识。

开户银行不得将专用账户资金转入除本项目农民工本人银行账户以外的账户，不得为专用账户提供现金支取和其他转账结算服务。

第八条 除法律另有规定外，专用账户资金不得因支付为本项目提供劳动的农民工工资之外的原因被查封、冻结或者划拨。

第九条 工程完工、总包单位或者开户银行发生变更需要撤销专用账户的，总包单位将本工程建设项目无拖欠农民工工资情况公示30日，并向项目所在地人力资源社会保障行政部门、相关行业工程建设主管部门出具无拖欠农民工工资承诺书。

开户银行依据专用账户监管部门通知取消账户特殊标识，按程序办理专用账户撤销手续，专用账户余额归总包单位所有。总包单位或者开户银行发生变更，撤销账户后可按照第六条规定开立新的专用账户。

第十条 工程建设项目存在以下情况，总包单位不得向开户银行申请撤销专用账户：

（一）尚有拖欠农民工工资案件正在处理的；

（二）农民工因工资支付问题正在申请劳动争议仲裁或者向人民法院提起诉讼的；

（三）其他拖欠农民工工资的情形。

第十一条 建设单位应当加强对总包单位开立、撤销专用账户情况的监督。

第三章 人工费用的拨付

第十二条 建设单位应当按工程施工合同约定的数额或者比例等，按时将人工费用拨付到总包单位专用账户。人工费用拨付周期不得超过1个月。

开户银行应当做好专用账户日常管理工作。出现未按约定拨付人工费用等情况的，开户银行应当通知总包单位，由总包单位报告项目所在地人力资源社会保障行政部门和相关行业工程建设主管部门，相关部门应当纳入欠薪预警并及时进行处置。

建设单位已经按约定足额向专用账户拨付资金，但总包单位依然拖欠农民工工资的，建设单位应及时报告有关部门。

第十三条 因用工量增加等原因导致专用账户余额不足以按时足额支付农民工工资时，总包单位提出需增加的人工费用数额，由建设单位核准后及时追加拨付。

第十四条 工程建设项目开工后，工程施工合同约定的人工费用的数额、占工程款的比例等需要修改的，总包单位可与建设单位签订补充协议并将相关修改情况通知开户银行。

第四章 农民工工资的支付

第十五条 工程建设领域总包单位对农民工工资支付负总责，推行分包单位农民工工资委托总包单位代发制度（以下简称总包代发制度）。

工程建设项目施行总包代发制度的，总包单位与分包单位签订委托工资支付协议。

第十六条 总包单位或者分包单位应当按照相关行业工程建设主管部门的要求开展农民工实名制管理工作，依法与所招用的农民工订立劳动合同并进行用工实名登记。总包单位和分包单位对农民工实名制基本信息进行采集、核实、更新，建立实名制管理台账。工程建设项目应结合行业特点配备农民工实名制管理所必需的软硬件设施设备。

未与总包单位或者分包单位订立劳动合同并进行用工实名登记的人员，不得进入项目现场施工。

第十七条 施行总包代发制度的，分包单位以实名制管理信息为基础，按月考核农民工工作量并编制工资支付表，经农民工本人签字确认后，与农民工考勤表、当月工程进度等情况一并交总包单位，并协助总包单位做好农民工工资支付工作。

总包单位应当在工程建设项目部配备劳资专管员，对分包单位劳动用工实施监督管理，审核分包单位编制的农民工考勤表、工资支付表等工资发放资料。

第十八条 总包单位应当按时将审核后的工资支付表等工资发放资料报送开户银行，开户银行应当及时将工资通过专用账户直接支付到农民工本人的银行账户，并由总包单位向分包单位提供代发工资凭证。

第十九条 农民工工资卡实行一人一卡、本人持卡，用人单位或者其他人员不得以任何理由扣押或者变相扣押。

开户银行应采取有效措施，积极防范本机构农民工工资卡被用于出租、出售、洗钱、赌博、诈骗和其他非法活动。

第二十条 开户银行支持农民工使用本人的具有金融功能的社会保障卡或者现有银行卡领取工资，不得拒绝其使用他行社会保障卡银行账户或他行银行卡。任何单位和个人不得强制要求农民工重新办理工资卡。农民工使用他行社会保障卡银行账户或他行银行卡的，鼓励执行优惠的跨行代发工资手续费率。

农民工本人确需办理新工资卡的，优先办理具有金融功能的社会保障卡，鼓励开户银行提供便利化服务，上门办理。

第二十一条 总包单位应当将专用账户有关资料、用工管理台账等妥善保存，至少保存至工程完工且工资全部结清后3年。

第二十二条 建设单位在签订工程监理合同时，可通过协商委托监理单位实施农民工工资支付审核及监督。

第五章 工资支付监控预警平台建设

第二十三条 人力资源社会保障部会同相关部门统筹做好全国农民工工资支付监控预警平台的规划和建设指导工作。

省级应当建立全省集中的农民工工资支付监控预警平台，支持辖区内省、市、县各级开展农民工工资支付监控预警。同时，按照网络安全和信息化有关要求，做好平台安全保障工作。

国家、省、市、县逐步实现农民工工资支付监控预警数据信息互联互通，与建筑工人管理服务、投资项目在线审批监管、全国信用信息共享、全国水利建设市场监管、铁路工程监督管理等信息平台对接，实现信息比对、分析预警等功能。

第二十四条 相关单位应当依法将工程施工合同中有关专用账户和工资支付的内容及修改情况、专用账户开立和撤销情况、劳动合同签订情况、实名制管理信息、考勤表信息、工资支付表信息、工资支付信息等实时上传农民工工资支付监控预警平台。

第二十五条 各地人力资源社会保障、发展改革、财政、住房和城乡建设、交通运输、水利等部门应当加强工程建设项目审批、资金落实、施工许可、劳动用工、工资支付等信息的及时共享，依托农民工工资支付监控预警平台开展多部门协同监管。

各地要统筹做好农民工工资支付监控预警平台与工程建设领域其他信息化平台的数据信息共享，避免企业重复采集、重复上传相关信息。

第二十六条 农民工工资支付监控预警平台依法归集专用账户管理、实名制管理和工资支付等方面信息，对违反专用账户管理、人工费用拨付、工资支付规定的情况及时进行预警，逐步实现工程建设项目农民工工资支付全过程动态监管。

第二十七条 加强劳动保障监察相关系统与农民工工资支付监控预警平台的协同共享和有效衔接，开通工资支付通知、查询功能和拖欠工资的举报投诉功能，方便农民工及时掌握本人工资支付情况，依法维护劳动报酬权益。

第二十八条 已建立农民工工资支付监控预警平台并实现工资支付动态监管的地区，专用账户开立、撤销不再要求进行书面备案。

第六章 监督管理

第二十九条 各地应当依据本办法完善工程建设领域农民工工资支付保障制度体系，坚持市场主体负责、政府依法监管、社会协同监督，按照源头治理、预防为主、防治结合、标本兼治的要求，依法根治工程建设领域拖欠农民工工资问题。

第三十条 各地人力资源社会保障行政部门和相关行业工程建设主管部门应当按职责对工程建设项目专用账户管理、人工费用拨付、农民工工资支付等情况进行监督检查，并及时处理有关投诉、举报、报告。

第三十一条 人民银行及其分支机构、银保监会及其派出机构应当采取必要措施支持银行为专用账户管理提供便利化服务。

第三十二条 各级人力资源社会保障行政部门和相关行业工程建设主管部门不得借推行专用账户制度的名义，指定开户银行和农民工工资卡办卡银行；不得巧立名目收取费用，增加企业负担。

第七章 附则

第三十三条 各省级人力资源社会保障行政部门可根据本暂行办法，会同相关部门结合本地区实际情况制定实施细则。

第三十四条 同一工程建设项目发生管辖争议的，由共同的上一级人力资源社会保障部门会同相关行业工程建设主管部门指定管辖。

第三十五条 本暂行办法自印发之日起施行。办法施行前已开立的专用账户，可继续保留使用。

· 指导案例

1. 胡克金拒不支付劳动报酬案①

【裁判要旨】

1. 不具备用工主体资格的单位或者个人(包工头),违法用工且拒不支付劳动者报酬,数额较大,经政府有关部门责令支付仍不支付的,应当以拒不支付劳动报酬罪追究刑事责任。

2. 不具备用工主体资格的单位或者个人(包工头)拒不支付劳动报酬,即使其他单位或者个人在刑事立案前为其垫付了劳动报酬的,也不影响追究该用工单位或者个人(包工头)拒不支付劳动报酬罪的刑事责任。

【基本案情】

被告人胡克金于2010年12月分包了位于四川省双流县黄水镇的三盛翡俪山一期景观工程的部分施工工程,之后聘用多名民工入场施工。施工期间,胡克金累计收到发包人支付的工程款51万余元,已超过结算时确认的实际工程款。2011年6月5日工程完工后,胡克金以工程亏损为由拖欠李朝文等20余名民工工资12万余元。6月9日,双流县人力资源和社会保障局责令胡克金支付拖欠的民工工资,胡却于当晚订购机票并在次日早上乘飞机逃匿。6月30日,四川锦天下园林工程有限公司作为工程总承包商代胡克金垫付民工工资12万余元。7月4日,公安机关对胡克金拒不支付劳动报酬案立案侦查。7月12日,胡克金在浙江省慈溪市被抓获。

【裁判结果】

四川省双流县人民法院于2011年12月29日作出(2011)双流刑初字第544号刑事判决,认定被告人胡克金犯拒不支付劳动报酬罪,判处有期徒刑一年,并处罚金人民币二万元。宣判后被告人未上诉,判决已发生法律效力。

【裁判理由】

法院生效裁判认为:被告人胡克金拒不支付20余名民工的劳动报酬达12万余元,数额较大,且在政府有关部门责令其支付后逃匿,其行为构成拒不支付劳动报酬罪。被告人胡克金虽然不具有合法的用工资格,又属没有相应建筑工程施工资质而承包建筑工程施工项目,且违法招用民工进行施工,上述情况不影响以拒不支付劳动报酬罪追究其刑事责任。本案中,胡克金逃匿后,工程总承包企业按照有关规定清偿了胡克金拖欠的民工工资,其清偿拖欠民工工资的行为属于为胡克金垫付,这一行为虽然消减了拖欠行为的社会危害性,但并不能免除胡克金应当支付劳动报酬的责任,因此,对胡克金仍应当以拒不支付劳动报酬罪追究刑事责任。鉴于胡克金系初犯、认罪态度好,依法作出如上判决。

2. 彭宇翔诉南京市城市建设开发(集团)有限责任公司追索劳动报酬纠纷案②

关键词 民事/追索劳动报酬/奖金/审批义务

裁判要点

用人单位规定劳动者在完成一定绩效后可以获得奖金,其无正当理由拒绝履行审批义务,符合奖励条件的劳动者主张获奖条件成就,用人单位应当按照规定发放奖金的,人民法院应予支持。

相关法条

《中华人民共和国劳动法》第4条、《中华人民共和国劳动合同法》第3条

基本案情

南京市城市建设开发(集团)有限责任公司(以下简称城开公司)于2016年8月制定《南京城开集团关于引进投资项目的奖励暂行办法》(以下简称《奖励办法》),规定成功引进商品房项目的,城开公司将综合考虑项目规模、年化平均利润合并表等综合因素,以项目审定的预期利润或收益为奖励基数,按照0.1%-0.5%确定奖励总额。该奖励由投资开发部拟定各部门或其他人员的具体奖励构成后提出申请,经集团领导审议、审批后发放。2017年2月,彭宇翔入职城开公司担任投资开发部经理。2017年6月,投资开发部形成《会议纪要》,确定部门内部的奖励分配方案为总经理占部门奖金的75%,其余项目参与人员占部门奖金的25%。

彭宇翔履职期间,其所主导的投资开发部成功引进无锡红梅新天地、扬州GZ051地块、如皋约克小镇、徐州焦庄、高邮鸿基万和城、徐州彭城机械六项目,后针对上述六项目投资开发部先后向城开公司提交了六份奖励申请。

---

① 案例来源:最高人民法院指导性案例28号。
② 案例来源:最高人民法院指导性案例182号。

直至彭宇翔自城开公司离职，城开公司未发放上述奖励。彭宇翔经劳动仲裁程序后，于法定期限内诉至法院，要求城开公司支付奖励1689083元。

案件审理过程中，城开公司认可案涉六项目初步符合《奖励办法》规定的受奖条件，但以无锡等三项目的奖励总额虽经审批但具体的奖金分配明细未经审批，及徐州等三项目的奖励申请未经审批为由，主张彭宇翔要求其支付奖金的请求不能成立。对于法院"如彭宇翔现阶段就上述项目继续提出奖励申请，城开公司是否启动审核程序"的询问，城开公司明确表示拒绝，并表示此后也不会再启动六项目的审批程序。此外，城开公司还主张，彭宇翔在无锡红梅新天地项目、如皋约克小镇项目中存在严重失职行为，二项目存在严重亏损，城开公司已就拿地业绩突出向彭宇翔发放过奖励，但均未提交充分的证据予以证明。

裁判结果

南京市秦淮区人民法院于2018年9月11日作出（2018）苏0104民初6032号民事判决：驳回彭宇翔的诉讼请求。彭宇翔不服，提起上诉。江苏省南京市中级人民法院于2020年1月3日作出（2018）苏01民终10066号民事判决：一、撤销南京市秦淮区人民法院（2018）苏0104民初6032号民事判决；二、城开公司于本判决生效之日起十五日内支付彭宇翔奖励1259564.4元。

裁判理由

法院生效裁判认为：本案争议焦点为城开公司应否依据《奖励办法》向彭宇翔所在的投资开发部发放无锡红梅新天地等六项目奖励。

首先，从《奖励办法》设置的奖励对象来看，投资开发部以引进项目为主要职责，且在城开公司引进各类项目中起主导作用，故其系该文适格的被奖主体；从《奖励办法》设置的奖励条件来看，投资开发部已成功为城开公司引进符合城开公司战略发展目标的无锡红梅新天地、扬州GZ051地块、如皋约克小镇、徐州焦庄、高邮鸿基万和城、徐州彭城机械六项目，符合该文规定的受奖条件。故就案涉六项目而言，彭宇翔所在的投资开发部形式上已满足用人单位规定的奖励申领条件。城开公司不同意发放相应的奖励，应当说明理由并对此举证证明。但本案中城开公司无法证明无锡红梅新天地项目、如皋约克小镇项目存在亏损，也不能证明彭宇翔在二项目中确实存在失职行为，其关于彭宇翔不应重复获奖的主张亦因欠缺相应依据而无法成立。故而，城开公司主张彭宇翔所在的投资开发部实质不符合依据《奖励办法》获得奖励的理由法院不予采纳。

其次，案涉六项目奖励申请未经审核或审批程序尚未完成，不能成为城开公司拒绝支付彭宇翔项目奖金的理由。城开公司作为奖金的设立者，有权设定相应的考核标准、考核或审批流程。其中，考核标准系员工能否获奖的实质性评价因素，考核流程则属于城开公司为实现其考核权所设置的程序性流程。在无特殊规定的前提下，因流程本身并不涉及奖励评判标准，故而是否经过审批流程不能成为员工能否获得奖金的实质评价要素。城开公司也不应以六项目的审批流程未启动或未完成为由，试图阻却彭宇翔获取奖金的实体权利的实现。此外，对劳动者奖励申请进行实体审批，不仅是用人单位的权利，也是用人单位的义务。本案中，《奖励办法》所设立的奖励系城开公司为鼓励员工进行创造性劳动所承诺给员工的超额劳动报酬，其性质上属于《国家统计局关于工资总额组成的规定》第7条规定中的"其他奖金"，此时《奖励办法》不仅应视为城开公司基于用工自主权而对员工行使的单方激励行为，还应视为城开公司与包括彭宇翔在内的不特定员工就该项奖励的获取形成的约定。现彭宇翔通过努力达到《奖励办法》所设奖励的获取条件，其向城开公司提出申请要求兑现该超额劳动报酬，无论是基于诚实信用原则，还是基于按劳取酬原则，城开公司皆有义务启动审核程序对该奖励申请进行核查，以确定彭宇翔关于奖金的权利能否实现。如城开公司拒绝审核，应说明合理理由。本案中，城开公司关于彭宇翔存在失职行为及案涉项目存在亏损的主张因欠缺事实依据不能成立，该公司也不能对不予审核的行为作出合理解释，其拒绝履行审批义务的行为已损害彭宇翔的合法权益，对此应承担相应的不利后果。

综上，法院认定案涉六项目奖励的条件成就，城开公司应当依据《奖励办法》向彭宇翔所在的投资开发部发放奖励。

5. 工时与休假

国务院关于职工工作时间的规定

· 1994年2月3日中华人民共和国国务院令第146号发布
· 根据1995年3月25日《国务院关于修改〈国务院关于职工工作时间的规定〉的决定》修订

第一条 为了合理安排职工的工作和休息时间，维护职工的休息权利，调动职工的积极性，促进社会主义现代化建设事业的发展，根据宪法有关规定，制定本规定。

第二条　本规定适用于在中华人民共和国境内的国家机关、社会团体、企业事业单位以及其他组织的职工。

第三条　职工每日工作8小时，每周工作40小时。

第四条　在特殊条件下从事劳动和有特殊情况，需要适当缩短工作时间的，按照国家有关规定执行。

第五条　因工作性质或者生产特点的限制，不能实行每日工作8小时、每周工作40小时标准工时制度的，按照国家有关规定，可以实行其他工作和休息办法。

第六条　任何单位和个人不得擅自延长职工工作时间。因特殊情况和紧急任务确需延长工作时间的，按照国家有关规定执行。

第七条　国家机关、事业单位实行统一的工作时间，星期六和星期日为周休息日。

企业和不能实行前款规定的统一工作时间的事业单位，可以根据实际情况灵活安排周休息日。

第八条　本规定由劳动部、人事部负责解释；实施办法由劳动部、人事部制定。

第九条　本规定自1995年5月1日起施行。1995年5月1日施行有困难的企业、事业单位，可以适当延期；但是，事业单位最迟应当自1996年1月1日起施行，企业最迟应当自1997年5月1日起施行。

职工带薪年休假条例

· 2007年12月7日国务院第198次常务会议通过
· 2007年12月14日中华人民共和国国务院令第514号公布
· 自2008年1月1日起施行

第一条　为了维护职工休息休假权利，调动职工工作积极性，根据劳动法和公务员法，制定本条例。

第二条　机关、团体、企业、事业单位、民办非企业单位、有雇工的个体工商户等单位的职工连续工作1年以上的，享受带薪年休假（以下简称年休假）。单位应当保证职工享受年休假。

职工在年休假期间享受与正常工作期间相同的工资收入。

第三条　职工累计工作已满1年不满10年的，年休假5天；已满10年不满20年的，年休假10天；已满20年的，年休假15天。

国家法定休假日、休息日不计入年休假的假期。

第四条　职工有下列情形之一的，不享受当年的年休假：

（一）职工依法享受寒暑假，其休假天数多于年休假天数的；

（二）职工请事假累计20天以上且单位按照规定不扣工资的；

（三）累计工作满1年不满10年的职工，请病假累计2个月以上的；

（四）累计工作满10年不满20年的职工，请病假累计3个月以上的；

（五）累计工作满20年以上的职工，请病假累计4个月以上的。

第五条　单位根据生产、工作的具体情况，并考虑职工本人意愿，统筹安排职工年休假。

年休假在1个年度内可以集中安排，也可以分段安排，一般不跨年度安排。单位因生产、工作特点确有必要跨年度安排职工年休假的，可以跨1个年度安排。

单位确因工作需要不能安排职工休年休假的，经职工本人同意，可以不安排职工休年休假。对职工应休未休的年休假天数，单位应当按照该职工日工资收入的300%支付年休假工资报酬。

第六条　县级以上地方人民政府人事部门、劳动保障部门应当依据职权对单位执行本条例的情况主动进行监督检查。

工会组织依法维护职工的年休假权利。

第七条　单位不安排职工休年休假又不依照本条例规定给予年休假工资报酬的，由县级以上地方人民政府人事部门或者劳动保障部门依据职权责令限期改正；对逾期不改正的，除责令该单位支付年休假工资报酬外，单位还应当按照年休假工资报酬的数额向职工加付赔偿金；对拒不支付年休假工资报酬、赔偿金的，属于公务员和参照公务员法管理的人员所在单位，对直接负责的主管人员以及其他直接责任人员依法给予处分；属于其他单位的，由劳动保障部门、人事部门或者职工申请人民法院强制执行。

第八条　职工与单位因年休假发生的争议，依照国家有关法律、行政法规的规定处理。

第九条　国务院人事部门、国务院劳动保障部门依据职权，分别制定本条例的实施办法。

第十条　本条例自2008年1月1日起施行。

全国年节及纪念日放假办法

- 1949年12月23日政务院发布
- 根据1999年9月18日《国务院关于修改〈全国年节及纪念日放假办法〉的决定》第一次修订
- 根据2007年12月14日《国务院关于修改〈全国年节及纪念日放假办法〉的决定》第二次修订
- 根据2013年12月11日《国务院关于修改〈全国年节及纪念日放假办法〉的决定》第三次修订
- 根据2024年11月10日《国务院关于修改〈全国年节及纪念日放假办法〉的决定》第四次修订

第一条 为统一全国年节及纪念日的假期,制定本办法。

第二条 全体公民放假的节日:
(一)元旦,放假1天(1月1日);
(二)春节,放假4天(农历除夕、正月初一至初二);
(三)清明节,放假1天(农历清明当日);
(四)劳动节,放假2天(5月1日、2日);
(五)端午节,放假1天(农历端午当日);
(六)中秋节,放假1天(农历中秋当日);
(七)国庆节,放假3天(10月1日至3日)。

第三条 部分公民放假的节日及纪念日:
(一)妇女节(3月8日),妇女放假半天;
(二)青年节(5月4日),14周岁以上的青年放假半天;
(三)儿童节(6月1日),不满14周岁的少年儿童放假1天;
(四)中国人民解放军建军纪念日(8月1日),现役军人放假半天。

第四条 少数民族习惯的节日,由各少数民族聚居地区的地方人民政府,按照各该民族习惯,规定放假日期。

第五条 二七纪念日、五卅纪念日、七七抗战纪念日、九三抗战胜利纪念日、九一八纪念日、教师节、护士节、记者节、植树节等其他节日、纪念日,均不放假。

第六条 全体公民放假的假日,如果适逢周六、周日,应当在工作日补假。部分公民放假的假日,如果适逢周六、周日,则不补假。

第七条 全体公民放假的假日,可合理安排统一放假调休,结合落实带薪年休假等制度,实际形成较长假期。除个别特殊情形外,法定节假日期前后连续工作一般不超过6天。

第八条 本办法自公布之日起施行。

国务院关于职工探亲待遇的规定

- 1981年3月6日第五届全国人民代表大会常务委员会第十七次会议批准
- 1981年3月14日国务院公布

第一条 为了适当地解决职工同亲属长期远居两地的探亲问题,特制定本规定。

第二条 凡在国家机关、人民团体和全民所有制企业、事业单位工作满一年的固定职工,与配偶不住在一起,又不能在公休假日团聚的,可以享受本规定探望配偶的待遇;与父亲、母亲都不住在一起,又不能在公休假日团聚的,可以享受本规定探望父母的待遇。但是,职工与父亲或与母亲一方能够在公休假日团聚的,不能享受本规定探望父母的待遇。

第三条 职工探亲假期:
(一)职工探望配偶的,每年给予一方探亲假一次,假期为30天。
(二)未婚职工探望父母,原则上每年给假一次,假期为20天。如果因为工作需要,本单位当年不能给予假期,或者职工自愿两年探亲一次的,可以两年给假一次,假期为45天。
(三)已婚职工探望父母的,每四年给假一次,假期为20天。

探亲假期是指职工与配偶、父、母团聚的时间,另外,根据实际需要给予路程假。上述假期均包括公休假日和法定节日在内。

第四条 凡实行休假制度的职工(例如学校的教职工),应该在休假期间探亲;如果休假期较短,可由本单位适当安排,补足其探亲假的天数。

第五条 职工在规定的探亲假期和路程假期内,按照本人的标准工资发给工资。

第六条 职工探望配偶和未婚职工探望父母的往返路费,由所在单位负担。已婚职工探望父母的往返路费,在本人月标准工资30%以内的,由本人自理,超过部分由所在单位负担。

第七条 各省、直辖市人民政府可以根据本规定制定实施细则,并抄送国家劳动总局备案。

自治区可以根据本规定的精神制定探亲规定;报国务院批准执行。

第八条 集体所有制企业、事业单位职工的探亲待遇,由各省、自治区、直辖市人民政府根据本地区的实际情况自行规定。

第九条 本规定自发布之日起施行。1958年2月9日《国务院关于工人、职员回家探亲的假期和工资待遇的暂行规定》同时废止。

企业职工带薪年休假实施办法

· 2008年9月18日人力资源和社会保障部令第1号公布
· 自公布之日起施行

第一条 为了实施《职工带薪年休假条例》(以下简称条例),制定本实施办法。

第二条 中华人民共和国境内的企业、民办非企业单位、有雇工的个体工商户等单位(以下称用人单位)和与其建立劳动关系的职工,适用本办法。

第三条 职工连续工作满12个月以上的,享受带薪年休假(以下简称年休假)。

第四条 年休假天数根据职工累计工作时间确定。职工在同一或者不同用人单位工作期间,以及依照法律、行政法规或者国务院规定视同工作期间,应当计为累计工作时间。

第五条 职工新进用人单位且符合本办法第三条规定的,当年度年休假天数,按照在本单位剩余日历天数折算确定,折算后不足1整天的部分不享受年休假。

前款规定的折算方法为:(当年度在本单位剩余日历天数÷365天)×职工本人全年应当享受的年休假天数。

第六条 职工依法享受的探亲假、婚丧假、产假等国家规定的假期以及因工伤停工留薪期间不计入年休假假期。

第七条 职工享受寒暑假天数多于其年休假天数的,不享受当年的年休假。确因工作需要,职工享受的寒暑假天数少于其年休假天数的,用人单位应当安排补足年休假天数。

第八条 职工已享受当年的年休假,年度内又出现条例第四条第(二)、(三)、(四)、(五)项规定情形之一的,不享受下一年度的年休假。

第九条 用人单位根据生产、工作的具体情况,并考虑职工本人意愿,统筹安排年休假。用人单位确因工作需要不能安排职工年休假或者跨1个年度安排年休假的,应征得职工本人同意。

第十条 用人单位经职工同意不安排年休假或者安排职工休假天数少于应休年休假天数的,应当在本年度内对职工应休未休年休假天数,按照其日工资收入的300%支付未休年休假工资报酬,其中包含用人单位支付职工正常工作期间的工资收入。

用人单位安排职工休年休假,但是职工因本人原因且书面提出不休年休假的,用人单位可以只支付其正常工作期间的工资收入。

第十一条 计算未休年休假工资报酬的日工资收入按照职工本人的月工资除以月计薪天数(21.75天)进行折算。

前款所称月工资是指职工在用人单位支付其未休年休假工资报酬前12个月剔除加班工资后的月平均工资。在本用人单位工作时间不满12个月的,按实际月份计算月平均工资。

职工在年休假期间享受与正常工作期间相同的工资收入。实行计件工资、提成工资或者其他绩效工资制的职工,日工资收入的计发办法按照本条第一款、第二款的规定执行。

第十二条 用人单位与职工解除或者终止劳动合同时,当年度未安排职工休满应休年休假天数的,应当按照职工当年已工作时间折算应休未休年休假天数并支付未休年休假工资报酬,但折算后不足1整天的部分不支付未休年休假工资报酬。

前款规定的折算方法为:(当年度在本单位已过日历天数÷365天)×职工本人全年应当享受的年休假天数-当年度已安排年休假天数。

用人单位当年已安排职工年休假的,多于折算应休年休假的天数不再扣回。

第十三条 劳动合同、集体合同约定的或者用人单位规章制度规定的年休假天数、未休年休假工资报酬高于法定标准的,用人单位应当按照有关约定或者规定执行。

第十四条 劳务派遣单位的职工符合本办法第三条规定条件的,享受年休假。

被派遣职工在劳动合同期限内无工作期间由劳务派遣单位依法支付劳动报酬的天数多于其全年应当享受的年休假天数的,不享受当年的年休假;少于其全年应当享受的年休假天数的,劳务派遣单位、用人单位应当协商安排补足被派遣职工年休假天数。

第十五条 县级以上地方人民政府劳动行政部门应当依法监督检查用人单位执行条例及本办法的情况。

用人单位不安排职工休年休假又不依照条例及本办法规定支付未休年休假工资报酬的,由县级以上地方人民政府劳动行政部门依据职权责令限期改正;对逾期不改正的,除责令该用人单位支付未休年休假工资报酬外,用人单位还应当按照未休年休假工资报酬的数额向职工加付赔偿金;对拒不执行支付未休年休假工资报酬、赔偿金行政处理决定的,由劳动行政部门申请人民法院强制执行。

第十六条 职工与用人单位因年休假发生劳动争议的,依照劳动争议处理的规定处理。

第十七条 除法律、行政法规或者国务院另有规定外,机关、事业单位、社会团体和与其建立劳动关系的职工,依照本办法执行。

船员的年休假按《中华人民共和国船员条例》执行。

第十八条 本办法中的"年度"是指公历年度。

第十九条 本办法自发布之日起施行。

机关事业单位工作人员带薪年休假实施办法

· 2008年2月15日人事部令第9号发布
· 自公布之日起施行

第一条 为了规范机关、事业单位实施带薪年休假(以下简称年休假)制度,根据《职工带薪年休假条例》(以下简称《条例》)及国家有关规定,制定本办法。

第二条 《条例》第二条中所称"连续工作"的时间和第三条、第四条中所称"累计工作"的时间,机关、事业单位工作人员(以下简称工作人员)均按工作年限计算。

工作人员工作年限满1年、满10年、满20年后,从下月起享受相应的年休假天数。

第三条 国家规定的探亲假、婚丧假、产假的假期,不计入年休假的假期。

第四条 工作人员已享受当年的年休假,年内又出现《条例》第四条第(二)、(三)、(四)、(五)项规定的情形之一的,不享受下一年的年休假。

第五条 依法应享受寒暑假的工作人员,因工作需要未休寒暑假的,所在单位应当安排其休年休假;因工作需要休寒暑假天数少于年休假天数的,所在单位应当安排补足其年休假天数。

第六条 工作人员因承担野外地质勘查、野外测绘、远洋科学考察、极地科学考察以及其他特殊工作任务,所在单位不能在本年度安排其休年休假的,可以跨1个年度安排。

第七条 机关、事业单位因工作需要不安排工作人员休年休假,应当征求工作人员本人的意见。

机关、事业单位应当根据工作人员应休未休的年休假天数,对其支付年休假工资报酬。年休假工资报酬的支付标准是:每应休未休1天,按照本人应休年休假当年日工资收入的300%支付,其中包含工作人员正常工作期间的工资收入。

工作人员年休假工资报酬中,除正常工作期间工资收入外,其余部分应当由所在单位在下一年第一季度一次性支付,所需经费按现行经费渠道解决。实行工资统发的单位,应当纳入工资统发。

第八条 工作人员应休年休假当年日工资收入的计算办法是:本人全年工资收入除以全年计薪天数(261天)。

机关工作人员的全年工资收入,为本人全年应发的基本工资、国家规定的津贴补贴、年终一次性奖金之和;事业单位工作人员的全年工资收入,为本人全年应发的基本工资、国家规定的津贴补贴、绩效工资之和。其中,国家规定的津贴补贴不含根据住房、用车等制度改革向工作人员直接发放的货币补贴。

第九条 机关、事业单位已安排年休假,工作人员未休且有下列情形之一的,只享受正常工作期间的工资收入:

(一)因个人原因不休年休假的;

(二)请事假累计已超过本人应休年休假天数,但不足20天的。

第十条 机关、事业单位根据工作的具体情况,并考虑工作人员本人意愿,统筹安排,保证工作人员享受年休假。机关、事业单位应当加强年休假管理,严格考勤制度。

县级以上地方人民政府人事行政部门应当依据职权,主动对机关、事业单位执行年休假的情况进行监督检查。

第十一条 机关、事业单位不安排工作人员休年休假又不按本办法规定支付年休假工资报酬的,由县级以上地方人民政府人事行政部门责令限期改正。对逾期不改正的,除责令该单位支付年休假工资报酬外,单位还应当按照年休假工资报酬的数额向工作人员加付赔偿金。

对拒不支付年休假工资报酬、赔偿金的,属于机关和参照公务员法管理的事业单位的,应当按照干部管理权限,对直接负责的主管人员以及其他直接责任人员依法给予处分,并责令支付;属于其他事业单位的,应当按照干部管理权限,对直接负责的主管人员以及其他直接责任人员依法给予处分,并由同级人事行政部门或工作人员本人申请人民法院强制执行。

第十二条 工作人员与所在单位因年休假发生的争

议，依照国家有关公务员申诉控告和人事争议处理的规定处理。

第十三条　驻外使领馆工作人员、驻港澳地区内派人员以及机关、事业单位驻外非外交人员的年休假，按照《条例》和本办法的规定执行。

按国家规定经批准执行机关、事业单位工资收入分配制度的其他单位工作人员的年休假，参照《条例》和本办法的规定执行。

第十四条　本办法自发布之日起施行。

国家机关、事业单位贯彻《国务院关于职工工作时间的规定》的实施办法

· 1995年3月26日
· 人薪发〔1995〕32号

第一条　根据《国务院关于职工工作时间的规定》（以下简称《规定》），制定本办法。

第二条　本办法适用于中华人民共和国境内的国家机关、社会团体和事业单位的职工。

第三条　职工每日工作8小时，每周工作40小时。国家机关、事业单位实行统一的工作时间，星期六和星期日为周休息日。实行这一制度，应保证完成工作任务。一些与人民群众的安全、保健及其他日常生活密切相关的机关、事业单位，需要在国家规定的周休息日和节假日继续工作的，要调整好人员和班制，加强内部管理，保证星期六和星期日照常工作，方便人民群众。

第四条　在特殊条件下从事劳动和有特殊情况，需要适当缩短工作时间的，由各省、自治区、直辖市和各主管部门按隶属关系提出意见，报人事部批准。

第五条　因工作性质或者职责限制，不能实行每日工作8小时、每周工作40小时标准工时制度的，由国务院行业主管部门制定实施意见，报人事部批准后可实行不定时工作制或综合计算工作时间制等办法。

因工作需要，不能执行国家统一的工作和休息时间的部门和单位，可根据实际情况采取轮班制的办法，灵活安排周休息日，并报同级人事部门备案。

第六条　下列情况可以延长职工工作时间：

（一）由于发生严重自然灾害、事故或其他灾害使人民的安全健康和国家财产遭到严重威胁需要紧急处理的；

（二）为完成国家紧急任务或完成上级安排的其他紧急任务的。

第七条　根据本办法第六条延长职工工作时间的，应给职工安排相应的补休。

第八条　1995年5月1日实施《规定》有困难的事业单位，可以适当推迟，但最迟应当自1996年1月1日起施行。在推迟实施期间，仍按国家现行工时制度的有关规定执行。

第九条　各级人事部门对《规定》的执行情况进行监督检查。

第十条　各省、自治区、直辖市人民政府人事部门和国务院行业主管部门应根据《规定》和本办法，结合本地区、本行业的实际情况，提出实施意见，并报人事部备案。

第十一条　本办法自1995年5月1日起施行。

第十二条　本办法由人事部负责解释。

企业职工患病或非因工负伤医疗期规定

· 1994年12月1日
· 劳部发〔1994〕479号

第一条　为了保障企业职工在患病或非因工负伤期间的合法权益，根据《中华人民共和国劳动法》第二十六、二十九条规定，制定本规定。

第二条　医疗期是指企业职工因患病或非因工负伤停止工作治病休息不得解除劳动合同的时限。

第三条　企业职工因患病或非因工负伤，需要停止工作医疗时，根据本人实际参加工作年限和在本单位工作年限，给予3个月到24个月的医疗期：

（一）实际工作年限10年以下的，在本单位工作年限5年以下的为3个月；5年以上的为6个月。

（二）实际工作年限10年以上的，在本单位工作年限5年以下的为6个月；5年以上10年以下的为9个月；10年以上15年以下的为12个月；15年以上20年以下的为18个月；20年以上的为24个月。

第四条　医疗期3个月的按6个月内累计病休时间计算；6个月的按12个月内累计病休时间计算；9个月的按15个月内累计病休时间计算；12个月的按18个月内累计病休时间计算；18个月的按24个月内累计病休时间计算；24个月的按30个月内累计病休时间计算。

第五条　企业职工在医疗期内，其病假工资、疾病救济费和医疗待遇按照有关规定执行。

第六条　企业职工非因工致残和经医生或医疗机构认定患有难以治疗的疾病，在医疗期内医疗终结，不能从事原工作，也不能从事用人单位另行安排的工作的，应当由劳动鉴定委员会参照工伤与职业病致残程度鉴定标准

进行劳动能力的鉴定。被鉴定为一至四级的,应当退出劳动岗位,终止劳动关系,办理退休、退职手续,享受退休、退职待遇;被鉴定为五至十级的,医疗期内不得解除劳动合同。

第七条 企业职工非因工致残和经医生或医疗机构认定患有难以治疗的疾病,医疗期满,应当由劳动鉴定委员会参照工伤与职业病致残程度鉴定标准进行劳动能力的鉴定。被鉴定为一至四级的,应当退出劳动岗位,解除劳动关系,并办理退休、退职手续,享受退休、退职待遇。

第八条 医疗期满尚未痊愈者,被解除劳动合同的经济补偿问题按照有关规定执行。

第九条 本规定自1995年1月1日起施行。

关于企业实行不定时工作制和综合计算工时工作制的审批办法

· 1994年12月14日
· 劳部发〔1994〕503号

第一条 根据《中华人民共和国劳动法》第三十九条的规定,制定本办法。

第二条 本办法适用于中华人民共和国境内的企业。

第三条 企业因生产特点不能实行《中华人民共和国劳动法》第三十六条、第三十八条规定的,可以实行不定时工作制或综合计算工时工作制等其他工作和休息办法。

第四条 企业对符合下列条件之一的职工,可以实行不定时工作制:

(一)企业中的高级管理人员、外勤人员、推销人员、部分值班人员和其他因工作无法按标准工作时间衡量的职工;

(二)企业中的长途运输人员、出租汽车司机和铁路、港口、仓库的部分装卸人员以及因工作性质特殊,需机动作业的职工;

(三)其他因生产特点、工作特殊需要或职责范围内的关系,适合实行不定时工作制的职工。

第五条 企业对符合下列条件之一的职工,可实行综合计算工时工作制,即分别以周、月、季、年等为周期,综合计算工作时间,但其平均日工作时间和平均周工作时间应与法定标准工作时间基本相同:

(一)交通、铁路、邮电、水运、航空、渔业等行业中因工作性质特殊,需连续作业的职工;

(二)地质及资源勘探、建筑、制盐、制糖、旅游等受季节和自然条件限制的行业的部分职工;

(三)其他适合实行综合计算工时工作制的职工。

第六条 对于实行不定时工作制和综合计算工时工作制等其他工作和休息办法的职工,企业应根据《中华人民共和国劳动法》第一章、第四章有关规定,在保障职工身体健康并充分听取职工意见的基础上,采用集中工作、集中休息、轮休调休、弹性工作时间等适当方式,确保职工的休息休假权利和生产、工作任务的完成。

第七条 中央直属企业实行不定时工作制和综合计算工时工作制等其他工作和休息办法的,经国务院行业主管部门审核,报国务院劳动行政部门批准。

地方企业实行不定时工作制和综合计算工时工作制等其他工作和休息办法的审批办法,由各省、自治区、直辖市人民政府劳动行政部门制定,报国务院劳动行政部门备案。

第八条 本办法自1995年1月1日起实行。

6. 劳动安全

(1) 综　合

中华人民共和国安全生产法

· 2002年6月29日第九届全国人民代表大会常务委员会第二十八次会议通过
· 根据2009年8月27日第十一届全国人民代表大会常务委员会第十次会议《关于修改部分法律的决定》第一次修正
· 根据2014年8月31日第十二届全国人民代表大会常务委员会第十次会议《关于修改〈中华人民共和国安全生产法〉的决定》第二次修正
· 根据2021年6月10日第十三届全国人民代表大会常务委员会第二十九次会议《关于修改〈中华人民共和国安全生产法〉的决定》第三次修正

第一章　总　则

第一条 为了加强安全生产工作,防止和减少生产安全事故,保障人民群众生命和财产安全,促进经济社会持续健康发展,制定本法。

第二条 在中华人民共和国领域内从事生产经营活动的单位(以下统称生产经营单位)的安全生产,适用本法;有关法律、行政法规对消防安全和道路交通安全、铁路交通安全、水上交通安全、民用航空安全以及核与辐射安全、特种设备安全另有规定的,适用其规定。

第三条 安全生产工作坚持中国共产党的领导。

安全生产工作应当以人为本，坚持人民至上、生命至上，把保护人民生命安全摆在首位，树牢安全发展理念，坚持安全第一、预防为主、综合治理的方针，从源头上防范化解重大安全风险。

安全生产工作实行管行业必须管安全、管业务必须管安全、管生产经营必须管安全，强化和落实生产经营单位主体责任与政府监管责任，建立生产经营单位负责、职工参与、政府监管、行业自律和社会监督的机制。

第四条 生产经营单位必须遵守本法和其他有关安全生产的法律、法规，加强安全生产管理，建立健全全员安全生产责任制和安全生产规章制度，加大对安全生产资金、物资、技术、人员的投入保障力度，改善安全生产条件，加强安全生产标准化、信息化建设，构建安全风险分级管控和隐患排查治理双重预防机制，健全风险防范化解机制，提高安全生产水平，确保安全生产。

平台经济等新兴行业、领域的生产经营单位应当根据本行业、领域的特点，建立健全并落实全员安全生产责任制，加强从业人员安全生产教育和培训，履行本法和其他法律、法规规定的有关安全生产义务。

第五条 生产经营单位的主要负责人是本单位安全生产第一责任人，对本单位的安全生产工作全面负责。其他负责人对职责范围内的安全生产工作负责。

第六条 生产经营单位的从业人员有依法获得安全生产保障的权利，并应当依法履行安全生产方面的义务。

第七条 工会依法对安全生产工作进行监督。

生产经营单位的工会依法组织职工参加本单位安全生产工作的民主管理和民主监督，维护职工在安全生产方面的合法权益。生产经营单位制定或者修改有关安全生产的规章制度，应当听取工会的意见。

第八条 国务院和县级以上地方各级人民政府应当根据国民经济和社会发展规划制定安全生产规划，并组织实施。安全生产规划应当与国土空间规划等相关规划相衔接。

各级人民政府应当加强安全生产基础设施建设和安全生产监管能力建设，所需经费列入本级预算。

县级以上地方各级人民政府应当组织有关部门建立完善安全风险评估与论证机制，按照安全风险管控要求，进行产业规划和空间布局，并对位置相邻、行业相近、业态相似的生产经营单位实施重大安全风险联防联控。

第九条 国务院和县级以上地方各级人民政府应当加强对安全生产工作的领导，建立健全安全生产工作协调机制，支持、督促各有关部门依法履行安全生产监督管理职责，及时协调、解决安全生产监督管理中存在的重大问题。

乡镇人民政府和街道办事处，以及开发区、工业园区、港区、风景区等应当明确负责安全生产监督管理的有关工作机构及其职责，加强安全生产监管力量建设，按照职责对本行政区域或者管理区域内生产经营单位安全生产状况进行监督检查，协助人民政府有关部门或者按照授权依法履行安全生产监督管理职责。

第十条 国务院应急管理部门依照本法，对全国安全生产工作实施综合监督管理；县级以上地方各级人民政府应急管理部门依照本法，对本行政区域内安全生产工作实施综合监督管理。

国务院交通运输、住房和城乡建设、水利、民航等有关部门依照本法和其他有关法律、行政法规的规定，在各自的职责范围内对有关行业、领域的安全生产工作实施监督管理；县级以上地方各级人民政府有关部门依照本法和其他有关法律、法规的规定，在各自的职责范围内对有关行业、领域的安全生产工作实施监督管理。对新兴行业、领域的安全生产监督管理职责不明确的，由县级以上地方各级人民政府按照业务相近的原则确定监督管理部门。

应急管理部门和对有关行业、领域的安全生产工作实施监督管理的部门，统称负有安全生产监督管理职责的部门。负有安全生产监督管理职责的部门应当相互配合、齐抓共管、信息共享、资源共用，依法加强安全生产监督管理工作。

第十一条 国务院有关部门应当按照保障安全生产的要求，依法及时制定有关的国家标准或者行业标准，并根据科技进步和经济发展适时修订。

生产经营单位必须执行依法制定的保障安全生产的国家标准或者行业标准。

第十二条 国务院有关部门按照职责分工负责安全生产强制性国家标准的项目提出、组织起草、征求意见、技术审查。国务院应急管理部门统筹提出安全生产强制性国家标准的立项计划。国务院标准化行政主管部门负责安全生产强制性国家标准的立项、编号、对外通报和授权批准发布工作。国务院标准化行政主管部门、有关部门依据法定职责对安全生产强制性国家标准的实施进行监督检查。

第十三条 各级人民政府及其有关部门应当采取多种形式，加强对有关安全生产的法律、法规和安全生产知识的宣传，增强全社会的安全生产意识。

第十四条 有关协会组织依照法律、行政法规和章程,为生产经营单位提供安全生产方面的信息、培训等服务,发挥自律作用,促进生产经营单位加强安全生产管理。

第十五条 依法设立的为安全生产提供技术、管理服务的机构,依照法律、行政法规和执业准则,接受生产经营单位的委托为其安全生产工作提供技术、管理服务。

生产经营单位委托前款规定的机构提供安全生产技术、管理服务的,保证安全生产的责任仍由本单位负责。

第十六条 国家实行生产安全事故责任追究制度,依照本法和有关法律、法规的规定,追究生产安全事故责任单位和责任人员的法律责任。

第十七条 县级以上各级人民政府应当组织负有安全生产监督管理职责的部门依法编制安全生产权力和责任清单,公开并接受社会监督。

第十八条 国家鼓励和支持安全生产科学技术研究和安全生产先进技术的推广应用,提高安全生产水平。

第十九条 国家对在改善安全生产条件、防止生产安全事故、参加抢险救护等方面取得显著成绩的单位和个人,给予奖励。

第二章 生产经营单位的安全生产保障

第二十条 生产经营单位应当具备本法和有关法律、行政法规和国家标准或者行业标准规定的安全生产条件;不具备安全生产条件的,不得从事生产经营活动。

第二十一条 生产经营单位的主要负责人对本单位安全生产工作负有下列职责:

(一)建立健全并落实本单位全员安全生产责任制,加强安全生产标准化建设;

(二)组织制定并实施本单位安全生产规章制度和操作规程;

(三)组织制定并实施本单位安全生产教育和培训计划;

(四)保证本单位安全生产投入的有效实施;

(五)组织建立并落实安全风险分级管控和隐患排查治理双重预防工作机制,督促、检查本单位的安全生产工作,及时消除生产安全事故隐患;

(六)组织制定并实施本单位的生产安全事故应急救援预案;

(七)及时、如实报告生产安全事故。

第二十二条 生产经营单位的全员安全生产责任制应当明确各岗位的责任人员、责任范围和考核标准等内容。

生产经营单位应当建立相应的机制,加强对全员安全生产责任制落实情况的监督考核,保证全员安全生产责任制的落实。

第二十三条 生产经营单位应当具备的安全生产条件所必需的资金投入,由生产经营单位的决策机构、主要负责人或者个人经营的投资人予以保证,并对由于安全生产所必需的资金投入不足导致的后果承担责任。

有关生产经营单位应当按照规定提取和使用安全生产费用,专门用于改善安全生产条件。安全生产费用在成本中据实列支。安全生产费用提取、使用和监督管理的具体办法由国务院财政部门会同国务院应急管理部门征求国务院有关部门意见后制定。

第二十四条 矿山、金属冶炼、建筑施工、运输单位和危险物品的生产、经营、储存、装卸单位,应当设置安全生产管理机构或者配备专职安全生产管理人员。

前款规定以外的其他生产经营单位,从业人员超过一百人的,应当设置安全生产管理机构或者配备专职安全生产管理人员;从业人员在一百人以下的,应当配备专职或者兼职的安全生产管理人员。

第二十五条 生产经营单位的安全生产管理机构以及安全生产管理人员履行下列职责:

(一)组织或者参与拟订本单位安全生产规章制度、操作规程和生产安全事故应急救援预案;

(二)组织或者参与本单位安全生产教育和培训,如实记录安全生产教育和培训情况;

(三)组织开展危险源辨识和评估,督促落实本单位重大危险源的安全管理措施;

(四)组织或者参与本单位应急救援演练;

(五)检查本单位的安全生产状况,及时排查生产安全事故隐患,提出改进安全生产管理的建议;

(六)制止和纠正违章指挥、强令冒险作业、违反操作规程的行为;

(七)督促落实本单位安全生产整改措施。

生产经营单位可以设置专职安全生产分管负责人,协助本单位主要负责人履行安全生产管理职责。

第二十六条 生产经营单位的安全生产管理机构以及安全生产管理人员应当恪尽职守,依法履行职责。

生产经营单位作出涉及安全生产的经营决策,应当听取安全生产管理机构以及安全生产管理人员的意见。

生产经营单位不得因安全生产管理人员依法履行职责而降低其工资、福利等待遇或者解除与其订立的劳动合同。

危险物品的生产、储存单位以及矿山、金属冶炼单位的安全生产管理人员的任免，应当告知主管的负有安全生产监督管理职责的部门。

第二十七条 生产经营单位的主要负责人和安全生产管理人员必须具备与本单位所从事的生产经营活动相应的安全生产知识和管理能力。

危险物品的生产、经营、储存、装卸单位以及矿山、金属冶炼、建筑施工、运输单位的主要负责人和安全生产管理人员，应当由主管的负有安全生产监督管理职责的部门对其安全生产知识和管理能力考核合格。考核不得收费。

危险物品的生产、储存、装卸单位以及矿山、金属冶炼单位应当有注册安全工程师从事安全生产管理工作。鼓励其他生产经营单位聘用注册安全工程师从事安全生产管理工作。注册安全工程师按专业分类管理，具体办法由国务院人力资源和社会保障部门、国务院应急管理部门会同国务院有关部门制定。

第二十八条 生产经营单位应当对从业人员进行安全生产教育和培训，保证从业人员具备必要的安全生产知识，熟悉有关的安全生产规章制度和安全操作规程，掌握本岗位的安全操作技能，了解事故应急处理措施，知悉自身在安全生产方面的权利和义务。未经安全生产教育和培训合格的从业人员，不得上岗作业。

生产经营单位使用被派遣劳动者的，应当将被派遣劳动者纳入本单位从业人员统一管理，对被派遣劳动者进行岗位安全操作规程和安全操作技能的教育和培训。劳务派遣单位应当对被派遣劳动者进行必要的安全生产教育和培训。

生产经营单位接收中等职业学校、高等学校学生实习的，应当对实习学生进行相应的安全生产教育和培训，提供必要的劳动防护用品。学校应当协助生产经营单位对实习学生进行安全生产教育和培训。

生产经营单位应当建立安全生产教育和培训档案，如实记录安全生产教育和培训的时间、内容、参加人员以及考核结果等情况。

第二十九条 生产经营单位采用新工艺、新技术、新材料或者使用新设备，必须了解、掌握其安全技术特性，采取有效的安全防护措施，并对从业人员进行专门的安全生产教育和培训。

第三十条 生产经营单位的特种作业人员必须按照国家有关规定经专门的安全作业培训，取得相应资格，方可上岗作业。

特种作业人员的范围由国务院应急管理部门会同国务院有关部门确定。

第三十一条 生产经营单位新建、改建、扩建工程项目（以下统称建设项目）的安全设施，必须与主体工程同时设计、同时施工、同时投入生产和使用。安全设施投资应当纳入建设项目概算。

第三十二条 矿山、金属冶炼建设项目和用于生产、储存、装卸危险物品的建设项目，应当按照国家有关规定进行安全评价。

第三十三条 建设项目安全设施的设计人、设计单位应当对安全设施设计负责。

矿山、金属冶炼建设项目和用于生产、储存、装卸危险物品的建设项目的安全设施设计应当按照国家有关规定报经有关部门审查，审查部门及其负责审查的人员对审查结果负责。

第三十四条 矿山、金属冶炼建设项目和用于生产、储存、装卸危险物品的建设项目的施工单位必须按照批准的安全设施设计施工，并对安全设施的工程质量负责。

矿山、金属冶炼建设项目和用于生产、储存、装卸危险物品的建设项目竣工投入生产或者使用前，应当由建设单位负责组织对安全设施进行验收；验收合格后，方可投入生产和使用。负有安全生产监督管理职责的部门应当加强对建设单位验收活动和验收结果的监督核查。

第三十五条 生产经营单位应当在有较大危险因素的生产经营场所和有关设施、设备上，设置明显的安全警示标志。

第三十六条 安全设备的设计、制造、安装、使用、检测、维修、改造和报废，应当符合国家标准或者行业标准。

生产经营单位必须对安全设备进行经常性维护、保养，并定期检测，保证正常运转。维护、保养、检测应当作好记录，并由有关人员签字。

生产经营单位不得关闭、破坏直接关系生产安全的监控、报警、防护、救生设备、设施，或者篡改、隐瞒、销毁其相关数据、信息。

餐饮等行业的生产经营单位使用燃气的，应当安装可燃气体报警装置，并保障其正常使用。

第三十七条 生产经营单位使用的危险物品的容器、运输工具，以及涉及人身安全、危险性较大的海洋石油开采特种设备和矿山井下特种设备，必须按照国家有关规定，由专业生产单位生产，并经具有专业资质的检测、检验机构检测、检验合格，取得安全使用证或者安全标志，方可投入使用。检测、检验机构对检测、检验结果负责。

第三十八条 国家对严重危及生产安全的工艺、设备实行淘汰制度，具体目录由国务院应急管理部门会同国务院有关部门制定并公布。法律、行政法规对目录的制定另有规定的，适用其规定。

省、自治区、直辖市人民政府可以根据本地区实际情况制定并公布具体目录，对前款规定以外的危及生产安全的工艺、设备予以淘汰。

生产经营单位不得使用应当淘汰的危及生产安全的工艺、设备。

第三十九条 生产、经营、运输、储存、使用危险物品或者处置废弃危险物品的，由有关主管部门依照有关法律、法规的规定和国家标准或者行业标准审批并实施监督管理。

生产经营单位生产、经营、运输、储存、使用危险物品或者处置废弃危险物品，必须执行有关法律、法规和国家标准或者行业标准，建立专门的安全管理制度，采取可靠的安全措施，接受有关主管部门依法实施的监督管理。

第四十条 生产经营单位对重大危险源应当登记建档，进行定期检测、评估、监控，并制定应急预案，告知从业人员和相关人员在紧急情况下应当采取的应急措施。

生产经营单位应当按照国家有关规定将本单位重大危险源及有关安全措施、应急措施报有关地方人民政府应急管理部门和有关部门备案。有关地方人民政府应急管理部门和有关部门应当通过相关信息系统实现信息共享。

第四十一条 生产经营单位应当建立安全风险分级管控制度，按照安全风险分级采取相应的管控措施。

生产经营单位应当建立健全并落实生产安全事故隐患排查治理制度，采取技术、管理措施，及时发现并消除事故隐患。事故隐患排查治理情况应当如实记录，并通过职工大会或者职工代表大会、信息公示栏等方式向从业人员通报。其中，重大事故隐患排查治理情况应当及时向负有安全生产监督管理职责的部门和职工大会或者职工代表大会报告。

县级以上地方各级人民政府负有安全生产监督管理职责的部门应当将重大事故隐患纳入相关信息系统，建立健全重大事故隐患治理督办制度，督促生产经营单位消除重大事故隐患。

第四十二条 生产、经营、储存、使用危险物品的车间、商店、仓库不得与员工宿舍在同一座建筑物内，并应当与员工宿舍保持安全距离。

生产经营场所和员工宿舍应当设有符合紧急疏散要求、标志明显、保持畅通的出口、疏散通道。禁止占用、锁闭、封堵生产经营场所或者员工宿舍的出口、疏散通道。

第四十三条 生产经营单位进行爆破、吊装、动火、临时用电以及国务院应急管理部门会同国务院有关部门规定的其他危险作业，应当安排专门人员进行现场安全管理，确保操作规程的遵守和安全措施的落实。

第四十四条 生产经营单位应当教育和督促从业人员严格执行本单位的安全生产规章制度和安全操作规程；并向从业人员如实告知作业场所和工作岗位存在的危险因素、防范措施以及事故应急措施。

生产经营单位应当关注从业人员的身体、心理状况和行为习惯，加强对从业人员的心理疏导、精神慰藉，严格落实岗位安全生产责任，防范从业人员行为异常导致事故发生。

第四十五条 生产经营单位必须为从业人员提供符合国家标准或者行业标准的劳动防护用品，并监督、教育从业人员按照使用规则佩戴、使用。

第四十六条 生产经营单位的安全生产管理人员应当根据本单位的生产经营特点，对安全生产状况进行经常性检查；对检查中发现的安全问题，应当立即处理；不能处理的，应当及时报告本单位有关负责人，有关负责人应当及时处理。检查及处理情况应当如实记录在案。

生产经营单位的安全生产管理人员在检查中发现重大事故隐患，依照前款规定向本单位有关负责人报告，有关负责人不及时处理的，安全生产管理人员可以向主管的负有安全生产监督管理职责的部门报告，接到报告的部门应当依法及时处理。

第四十七条 生产经营单位应当安排用于配备劳动防护用品、进行安全生产培训的经费。

第四十八条 两个以上生产经营单位在同一作业区域内进行生产经营活动，可能危及对方生产安全的，应当签订安全生产管理协议，明确各自的安全生产管理职责和应当采取的安全措施，并指定专职安全生产管理人员进行安全检查与协调。

第四十九条 生产经营单位不得将生产经营项目、场所、设备发包或者出租给不具备安全生产条件或者相应资质的单位或者个人。

生产经营项目、场所发包或者出租给其他单位的，生产经营单位应当与承包单位、承租单位签订专门的安全生产管理协议，或者在承包合同、租赁合同中约定各自的安全生产管理职责；生产经营单位对承包单位、承租单位的安全生产工作统一协调、管理，定期进行安全检查，发现安全问题的,应当及时督促整改。

矿山、金属冶炼建设项目和用于生产、储存、装卸危险物品的建设项目的施工单位应当加强对施工项目的安全管理,不得倒卖、出租、出借、挂靠或者以其他形式非法转让施工资质,不得将其承包的全部建设工程转包给第三人或者将其承包的全部建设工程支解以后以分包的名义分别转包给第三人,不得将工程分包给不具备相应资质条件的单位。

第五十条 生产经营单位发生生产安全事故时,单位的主要负责人应当立即组织抢救,并不得在事故调查处理期间擅离职守。

第五十一条 生产经营单位必须依法参加工伤保险,为从业人员缴纳保险费。

国家鼓励生产经营单位投保安全生产责任保险;属于国家规定的高危行业、领域的生产经营单位,应当投保安全生产责任保险。具体范围和实施办法由国务院应急管理部门会同国务院财政部门、国务院保险监督管理机构和相关行业主管部门制定。

第三章 从业人员的安全生产权利义务

第五十二条 生产经营单位与从业人员订立的劳动合同,应当载明有关保障从业人员劳动安全、防止职业危害的事项,以及依法为从业人员办理工伤保险的事项。

生产经营单位不得以任何形式与从业人员订立协议,免除或者减轻其对从业人员因生产安全事故伤亡依法应承担的责任。

第五十三条 生产经营单位的从业人员有权了解其作业场所和工作岗位存在的危险因素、防范措施及事故应急措施,有权对本单位的安全生产工作提出建议。

第五十四条 从业人员有权对本单位安全生产工作中存在的问题提出批评、检举、控告;有权拒绝违章指挥和强令冒险作业。

生产经营单位不得因从业人员对本单位安全生产工作提出批评、检举、控告或者拒绝违章指挥、强令冒险作业而降低其工资、福利等待遇或者解除与其订立的劳动合同。

第五十五条 从业人员发现直接危及人身安全的紧急情况时,有权停止作业或者在采取可能的应急措施后撤离作业场所。

生产经营单位不得因从业人员在前款紧急情况下停止作业或采取紧急撤离措施而降低其工资、福利等待遇或者解除与其订立的劳动合同。

第五十六条 生产经营单位发生生产安全事故后,应当及时采取措施救治有关人员。

因生产安全事故受到损害的从业人员,除依法享有工伤保险外,依照有关民事法律尚有获得赔偿的权利的,有权提出赔偿要求。

第五十七条 从业人员在作业过程中,应当严格落实岗位安全责任,遵守本单位的安全生产规章制度和操作规程,服从管理,正确佩戴和使用劳动防护用品。

第五十八条 从业人员应当接受安全生产教育和培训,掌握本职工作所需的安全生产知识,提高安全生产技能,增强事故预防和应急处理能力。

第五十九条 从业人员发现事故隐患或者其他不安全因素,应当立即向现场安全生产管理人员或者本单位负责人报告;接到报告的人员应当及时予以处理。

第六十条 工会有权对建设项目的安全设施与主体工程同时设计、同时施工、同时投入生产和使用进行监督,提出意见。

工会对生产经营单位违反安全生产法律、法规,侵犯从业人员合法权益的行为,有权要求纠正;发现生产经营单位违章指挥、强令冒险作业或者发现事故隐患时,有权提出解决的建议,生产经营单位应当及时研究答复;发现危及从业人员生命安全的情况时,有权向生产经营单位建议组织从业人员撤离危险场所,生产经营单位必须立即作出处理。

工会有权依法参加事故调查,向有关部门提出处理意见,并要求追究有关人员的责任。

第六十一条 生产经营单位使用被派遣劳动者的,被派遣劳动者享有本法规定的从业人员的权利,并应当履行本法规定的从业人员的义务。

第四章 安全生产的监督管理

第六十二条 县级以上地方各级人民政府应当根据本行政区域内的安全生产状况,组织有关部门按照职责分工,对本行政区域内容易发生重大生产安全事故的生产经营单位进行严格检查。

应急管理部门应当按照分类分级监督管理的要求,制定安全生产年度监督检查计划,并按照年度监督检查计划进行监督检查,发现事故隐患,应当及时处理。

第六十三条 负有安全生产监督管理职责的部门依照有关法律、法规的规定,对涉及安全生产的事项需要审查批准(包括批准、核准、许可、注册、认证、颁发证照等,下同)或者验收的,必须严格依照有关法律、法规和国家标准或者行业标准规定的安全生产条件和程序进行审查;不符合有关法律、法规和国家标准或者行业标准规定的安全生产条件的,不得批准或者验收通过。对未依法取得批准或者验收合格的单位擅自从事有关活动的,负责行政审批的部门发现或者接到举报后应当立即予以取缔,并依法予以处理。对已经依法取得批准的单位,负责行政审批的部门发现其不再具备安全生产条件的,应当撤销原批准。

第六十四条 负有安全生产监督管理职责的部门对涉及安全生产的事项进行审查、验收,不得收取费用;不得要求接受审查、验收的单位购买其指定品牌或者指定生产、销售单位的安全设备、器材或者其他产品。

第六十五条 应急管理部门和其他负有安全生产监督管理职责的部门依法开展安全生产行政执法工作,对生产经营单位执行有关安全生产的法律、法规和国家标准或者行业标准的情况进行监督检查,行使以下职权:

(一)进入生产经营单位进行检查,调阅有关资料,向有关单位和人员了解情况;

(二)对检查中发现的安全生产违法行为,当场予以纠正或者要求限期改正;对依法应当给予行政处罚的行为,依照本法和其他有关法律、行政法规的规定作出行政处罚决定;

(三)对检查中发现的事故隐患,应当责令立即排除;重大事故隐患排除前或者排除过程中无法保证安全的,应当责令从危险区域内撤出作业人员,责令暂时停产停业或者停止使用相关设施、设备;重大事故隐患排除后,经审查同意,方可恢复生产经营和使用;

(四)对有根据认为不符合保障安全生产的国家标准或者行业标准的设施、设备、器材以及违法生产、储存、使用、经营、运输的危险物品予以查封或者扣押,对违法生产、储存、使用、经营危险物品的作业场所予以查封,并依法作出处理决定。

监督检查不得影响被检查单位的正常生产经营活动。

第六十六条 生产经营单位对负有安全生产监督管理职责的部门的监督检查人员(以下统称安全生产监督检查人员)依法履行监督检查职责,应当予以配合,不得拒绝、阻挠。

第六十七条 安全生产监督检查人员应当忠于职守,坚持原则,秉公执法。

安全生产监督检查人员执行监督检查任务时,必须出示有效的行政执法证件;对涉及被检查单位的技术秘密和业务秘密,应当为其保密。

第六十八条 安全生产监督检查人员应当将检查的时间、地点、内容、发现的问题及其处理情况,作出书面记录,并由检查人员和被检查单位的负责人签字;被检查单位的负责人拒绝签字的,检查人员应当将情况记录在案,并向负有安全生产监督管理职责的部门报告。

第六十九条 负有安全生产监督管理职责的部门在监督检查中,应当互相配合,实行联合检查;确需分别进行检查的,应当互通情况,发现存在的安全问题应当由其他有关部门进行处理的,应当及时移送其他有关部门并形成记录备查,接受移送的部门应当及时进行处理。

第七十条 负有安全生产监督管理职责的部门依法对存在重大事故隐患的生产经营单位作出停产停业、停止施工、停止使用相关设施或者设备的决定,生产经营单位应当依法执行,及时消除事故隐患。生产经营单位拒不执行,有发生生产安全事故的现实危险的,在保证安全的前提下,经本部门主要负责人批准,负有安全生产监督管理职责的部门可以采取通知有关单位停止供电、停止供应民用爆炸物品等措施,强制生产经营单位履行决定。通知应当采用书面形式,有关单位应当予以配合。

负有安全生产监督管理职责的部门依照前款规定采取停止供电措施,除有危及生产安全的紧急情形外,应当提前二十四小时通知生产经营单位。生产经营单位依法履行行政决定、采取相应措施消除事故隐患的,负有安全生产监督管理职责的部门应当及时解除前款规定的措施。

第七十一条 监察机关依照监察法的规定,对负有安全生产监督管理职责的部门及其工作人员履行安全生产监督管理职责实施监察。

第七十二条 承担安全评价、认证、检测、检验职责的机构应当具备国家规定的资质条件,并对其作出的安全评价、认证、检测、检验结果的合法性、真实性负责。资质条件由国务院应急管理部门会同国务院有关部门制定。

承担安全评价、认证、检测、检验职责的机构应当建立并实施服务公开和报告公开制度,不得租借资质、挂靠、出具虚假报告。

第七十三条 负有安全生产监督管理职责的部门应当建立举报制度,公开举报电话、信箱或者电子邮件地址等网络举报平台,受理有关安全生产的举报;受理的举报事项经调查核实后,应当形成书面材料;需要落实整改措施的,报经有关负责人签字并督促落实。对不属于本部门职责,需要由其他有关部门进行调查处理的,转交其他有关部门处理。

涉及人员死亡的举报事项,应当由县级以上人民政府组织核查处理。

第七十四条 任何单位或者个人对事故隐患或者安全生产违法行为，均有权向负有安全生产监督管理职责的部门报告或者举报。

因安全生产违法行为造成重大事故隐患或者导致重大事故，致使国家利益或者社会公共利益受到侵害的，人民检察院可以根据民事诉讼法、行政诉讼法的相关规定提起公益诉讼。

第七十五条 居民委员会、村民委员会发现其所在区域内的生产经营单位存在事故隐患或者安全生产违法行为时，应当向当地人民政府或者有关部门报告。

第七十六条 县级以上各级人民政府及其有关部门对报告重大事故隐患或者举报安全生产违法行为的有功人员，给予奖励。具体奖励办法由国务院应急管理部门会同国务院财政部门制定。

第七十七条 新闻、出版、广播、电影、电视等单位有进行安全生产公益宣传教育的义务，有对违反安全生产法律、法规的行为进行舆论监督的权利。

第七十八条 负有安全生产监督管理职责的部门应当建立安全生产违法行为信息库，如实记录生产经营单位及其有关从业人员的安全生产违法行为信息；对违法行为情节严重的生产经营单位及其有关从业人员，应当及时向社会公告，并通报行业主管部门、投资主管部门、自然资源主管部门、生态环境主管部门、证券监督管理机构以及有关金融机构。有关部门和机构应当对存在失信行为的生产经营单位及其有关从业人员采取加大执法检查频次、暂停项目审批、上调有关保险费率、行业或者职业禁入等联合惩戒措施，并向社会公示。

负有安全生产监督管理职责的部门应当加强对生产经营单位行政处罚信息的及时归集、共享、应用和公开，对生产经营单位作出处罚决定后七个工作日内在监督管理部门公示系统予以公开曝光，强化对违法失信生产经营单位及其有关从业人员的社会监督，提高全社会安全生产诚信水平。

第五章　生产安全事故的应急救援与调查处理

第七十九条 国家加强生产安全事故应急能力建设，在重点行业、领域建立应急救援基地和应急救援队伍，并由国家安全生产应急救援机构统一协调指挥；鼓励生产经营单位和其他社会力量建立应急救援队伍，配备相应的应急救援装备和物资，提高应急救援的专业化水平。

国务院应急管理部门牵头建立全国统一的生产安全事故应急救援信息系统，国务院交通运输、住房和城乡建设、水利、民航等有关部门和县级以上地方人民政府建立健全相关行业、领域、地区的生产安全事故应急救援信息系统，实现互联互通、信息共享，通过推行网上安全信息采集、安全监管和监测预警，提升监管的精准化、智能化水平。

第八十条 县级以上地方各级人民政府应当组织有关部门制定本行政区域内生产安全事故应急救援预案，建立应急救援体系。

乡镇人民政府和街道办事处，以及开发区、工业园区、港区、风景区等应当制定相应的生产安全事故应急救援预案，协助人民政府有关部门或者按照授权依法履行生产安全事故应急救援工作职责。

第八十一条 生产经营单位应当制定本单位生产安全事故应急救援预案，与所在地县级以上地方人民政府组织制定的生产安全事故应急救援预案相衔接，并定期组织演练。

第八十二条 危险物品的生产、经营、储存单位以及矿山、金属冶炼、城市轨道交通运营、建筑施工单位应当建立应急救援组织；生产经营规模较小的，可以不建立应急救援组织，但应当指定兼职的应急救援人员。

危险物品的生产、经营、储存、运输单位以及矿山、金属冶炼、城市轨道交通运营、建筑施工单位应当配备必要的应急救援器材、设备和物资，并进行经常性维护、保养，保证正常运转。

第八十三条 生产经营单位发生生产安全事故后，事故现场有关人员应当立即报告本单位负责人。

单位负责人接到事故报告后，应当迅速采取有效措施，组织抢救，防止事故扩大，减少人员伤亡和财产损失，并按照国家有关规定立即如实报告当地负有安全生产监督管理职责的部门，不得隐瞒不报、谎报或者迟报，不得故意破坏事故现场、毁灭有关证据。

第八十四条 负有安全生产监督管理职责的部门接到事故报告后，应当立即按照国家有关规定上报事故情况。负有安全生产监督管理职责的部门和有关地方人民政府对事故情况不得隐瞒不报、谎报或者迟报。

第八十五条 有关地方人民政府和负有安全生产监督管理职责的部门的负责人接到生产安全事故报告后，应当按照生产安全事故应急救援预案的要求立即赶到事故现场，组织事故抢救。

参与事故抢救的部门和单位应当服从统一指挥，加强协同联动，采取有效的应急救援措施，并根据事故救援的需要采取警戒、疏散等措施,防止事故扩大和次生灾害的发生,减少人员伤亡和财产损失。

事故抢救过程中应当采取必要措施,避免或者减少对环境造成的危害。

任何单位和个人都应当支持、配合事故抢救,并提供一切便利条件。

第八十六条 事故调查处理应当按照科学严谨、依法依规、实事求是、注重实效的原则,及时、准确地查清事故原因,查明事故性质和责任,评估应急处置工作,总结事故教训,提出整改措施,并对事故责任单位和人员提出处理建议。事故调查报告应当依法及时向社会公布。事故调查和处理的具体办法由国务院制定。

事故发生单位应当及时全面落实整改措施,负有安全生产监督管理职责的部门应当加强监督检查。

负责事故调查处理的国务院有关部门和地方人民政府应当在批复事故调查报告后一年内,组织有关部门对事故整改和防范措施落实情况进行评估,并及时向社会公开评估结果;对不履行职责导致事故整改和防范措施没有落实的有关单位和人员,应当按照有关规定追究责任。

第八十七条 生产经营单位发生生产安全事故,经调查确定为责任事故的,除了应当查明事故单位的责任并依法予以追究外,还应当查明对安全生产的有关事项负有审查批准和监督职责的行政部门的责任,对有失职、渎职行为的,依照本法第九十条的规定追究法律责任。

第八十八条 任何单位和个人不得阻挠和干涉对事故的依法调查处理。

第八十九条 县级以上地方各级人民政府应急管理部门应当定期统计分析本行政区域内发生生产安全事故的情况,并定期向社会公布。

第六章 法律责任

第九十条 负有安全生产监督管理职责的部门的工作人员,有下列行为之一的,给予降级或者撤职的处分;构成犯罪的,依照刑法有关规定追究刑事责任:

(一)对不符合法定安全生产条件的涉及安全生产的事项予以批准或者验收通过的;

(二)发现未依法取得批准、验收的单位擅自从事有关活动或者接到举报后不予取缔或者不依法予以处理的;

(三)对已经依法取得批准的单位不履行监督管理职责,发现其不再具备安全生产条件而不撤销原批准或者发现安全生产违法行为不予查处的;

(四)在监督检查中发现重大事故隐患,不依法及时处理的。

负有安全生产监督管理职责的部门的工作人员有前款规定以外的滥用职权、玩忽职守、徇私舞弊行为的,依法给予处分;构成犯罪的,依照刑法有关规定追究刑事责任。

第九十一条 负有安全生产监督管理职责的部门,要求被审查、验收的单位购买其指定的安全设备、器材或者其他产品的,在对安全生产事项的审查、验收中收取费用的,由其上级机关或者监察机关责令改正,责令退还收取的费用;情节严重的,对直接负责的主管人员和其他直接责任人员依法给予处分。

第九十二条 承担安全评价、认证、检测、检验职责的机构出具失实报告的,责令停业整顿,并处三万元以上十万元以下的罚款;给他人造成损害的,依法承担赔偿责任。

承担安全评价、认证、检测、检验职责的机构租借资质、挂靠、出具虚假报告的,没收违法所得;违法所得在十万元以上的,并处违法所得二倍以上五倍以下的罚款,没有违法所得或者违法所得不足十万元的,单处或者并处十万元以上二十万元以下的罚款;对其直接负责的主管人员和其他直接责任人员处五万元以上十万元以下的罚款;给他人造成损害的,与生产经营单位承担连带赔偿责任;构成犯罪的,依照刑法有关规定追究刑事责任。

对有前款违法行为的机构及其直接责任人员,吊销其相应资质和资格,五年内不得从事安全评价、认证、检测、检验等工作;情节严重的,实行终身行业和职业禁入。

第九十三条 生产经营单位的决策机构、主要负责人或者个人经营的投资人不依照本法规定保证安全生产所必需的资金投入,致使生产经营单位不具备安全生产条件的,责令限期改正,提供必需的资金;逾期未改正的,责令生产经营单位停产停业整顿。

有前款违法行为,导致发生生产安全事故的,对生产经营单位的主要负责人给予撤职处分,对个人经营的投资人处二万元以上二十万元以下的罚款;构成犯罪的,依照刑法有关规定追究刑事责任。

第九十四条 生产经营单位的主要负责人未履行本法规定的安全生产管理职责的,责令限期改正,处二万元以上五万元以下的罚款;逾期未改正的,处五万元以上十万元以下的罚款,责令生产经营单位停产停业整顿。

生产经营单位的主要负责人有前款违法行为,导致发生生产安全事故的,给予撤职处分;构成犯罪的,依照刑法有关规定追究刑事责任。

生产经营单位的主要负责人依照前款规定受刑事处罚或者撤职处分的,自刑罚执行完毕或者受处分之日起,五年内不得担任任何生产经营单位的主要负责人;对重大、特别重大生产安全事故负有责任的,终身不得担任本行业生产经营单位的主要负责人。

第九十五条 生产经营单位的主要负责人未履行本法规定的安全生产管理职责,导致发生生产安全事故的,由应急管理部门依照下列规定处以罚款:

(一)发生一般事故的,处上一年年收入百分之四十的罚款;

(二)发生较大事故的,处上一年年收入百分之六十的罚款;

(三)发生重大事故的,处上一年年收入百分之八十的罚款;

(四)发生特别重大事故的,处上一年年收入百分之一百的罚款。

第九十六条 生产经营单位的其他负责人和安全生产管理人员未履行本法规定的安全生产管理职责的,责令限期改正,处一万元以上三万元以下的罚款;导致发生生产安全事故的,暂停或者吊销其与安全生产有关的资格,并处上一年年收入百分之二十以上百分之五十以下的罚款;构成犯罪的,依照刑法有关规定追究刑事责任。

第九十七条 生产经营单位有下列行为之一的,责令限期改正,处十万元以下的罚款;逾期未改正的,责令停产停业整顿,并处十万元以上二十万元以下的罚款,对其直接负责的主管人员和其他直接责任人员处二万元以上五万元以下的罚款:

(一)未按照规定设置安全生产管理机构或者配备安全生产管理人员、注册安全工程师的;

(二)危险物品的生产、经营、储存、装卸单位以及矿山、金属冶炼、建筑施工、运输单位的主要负责人和安全生产管理人员未按照规定经考核合格的;

(三)未按照规定对从业人员、被派遣劳动者、实习学生进行安全生产教育和培训,或者未按照规定如实告知有关的安全生产事项的;

(四)未如实记录安全生产教育和培训情况的;

(五)未将事故隐患排查治理情况如实记录或者未向从业人员通报的;

(六)未按照规定制定生产安全事故应急救援预案或者未定期组织演练的;

(七)特种作业人员未按照规定经专门的安全作业培训并取得相应资格,上岗作业的。

第九十八条 生产经营单位有下列行为之一的,责令停止建设或者停产停业整顿,限期改正,并处十万元以上五十万元以下的罚款,对其直接负责的主管人员和其他直接责任人员处二万元以上五万元以下的罚款;逾期未改正的,处五十万元以上一百万元以下的罚款,对其直接负责的主管人员和其他直接责任人员处五万元以上十万元以下的罚款;构成犯罪的,依照刑法有关规定追究刑事责任:

(一)未按照规定对矿山、金属冶炼建设项目或者用于生产、储存、装卸危险物品的建设项目进行安全评价的;

(二)矿山、金属冶炼建设项目或者用于生产、储存、装卸危险物品的建设项目没有安全设施设计或者安全设施设计未按照规定报经有关部门审查同意的;

(三)矿山、金属冶炼建设项目或者用于生产、储存、装卸危险物品的建设项目的施工单位未按照批准的安全设施设计施工的;

(四)矿山、金属冶炼建设项目或者用于生产、储存、装卸危险物品的建设项目竣工投入生产或者使用前,安全设施未经验收合格的。

第九十九条 生产经营单位有下列行为之一的,责令限期改正,处五万元以下的罚款;逾期未改正的,处五万元以上二十万元以下的罚款,对其直接负责的主管人员和其他直接责任人员处一万元以上二万元以下的罚款;情节严重的,责令停产停业整顿;构成犯罪的,依照刑法有关规定追究刑事责任:

(一)未在有较大危险因素的生产经营场所和有关设施、设备上设置明显的安全警示标志的;

(二)安全设备的安装、使用、检测、改造和报废不符合国家标准或者行业标准的;

(三)未对安全设备进行经常性维护、保养和定期检测的;

(四)关闭、破坏直接关系生产安全的监控、报警、防护、救生设备、设施,或者篡改、隐瞒、销毁其相关数据、信息的;

(五)未为从业人员提供符合国家标准或者行业标准的劳动防护用品的;

(六)危险物品的容器、运输工具,以及涉及人身安全、危险性较大的海洋石油开采特种设备和矿山井下特种设备未经具有专业资质的机构检测、检验合格,取得安全使用证或者安全标志,投入使用的;

(七)使用应当淘汰的危及生产安全的工艺、设备的;

（八）餐饮等行业的生产经营单位使用燃气未安装可燃气体报警装置的。

第一百条 未经依法批准，擅自生产、经营、运输、储存、使用危险物品或者处置废弃危险物品的，依照有关危险物品安全管理的法律、行政法规的规定予以处罚；构成犯罪的，依照刑法有关规定追究刑事责任。

第一百零一条 生产经营单位有下列行为之一的，责令限期改正，处十万元以下的罚款；逾期未改正的，责令停产停业整顿，并处十万元以上二十万元以下的罚款，对其直接负责的主管人员和其他直接责任人员处二万元以上五万元以下的罚款；构成犯罪的，依照刑法有关规定追究刑事责任：

（一）生产、经营、运输、储存、使用危险物品或者处置废弃危险物品，未建立专门安全管理制度、未采取可靠的安全措施的；

（二）对重大危险源未登记建档，未进行定期检测、评估、监控，未制定应急预案，或者未告知应急措施的；

（三）进行爆破、吊装、动火、临时用电以及国务院应急管理部门会同国务院有关部门规定的其他危险作业，未安排专门人员进行现场安全管理的；

（四）未建立安全风险分级管控制度或者未按照安全风险分级采取相应管控措施的；

（五）未建立事故隐患排查治理制度，或者重大事故隐患排查治理情况未按照规定报告的。

第一百零二条 生产经营单位未采取措施消除事故隐患的，责令立即消除或者限期消除，处五万元以下的罚款；生产经营单位拒不执行的，责令停产停业整顿，对其直接负责的主管人员和其他直接责任人员处五万元以上十万元以下的罚款；构成犯罪的，依照刑法有关规定追究刑事责任。

第一百零三条 生产经营单位将生产经营项目、场所、设备发包或者出租给不具备安全生产条件或者相应资质的单位或者个人的，责令限期改正，没收违法所得；违法所得十万元以上的，并处违法所得二倍以上五倍以下的罚款；没有违法所得或者违法所得不足十万元的，单处或者并处十万元以上二十万元以下的罚款；对其直接负责的主管人员和其他直接责任人员处一万元以上二万元以下的罚款；导致发生生产安全事故给他人造成损害的，与承包方、承租方承担连带赔偿责任。

生产经营单位未与承包单位、承租单位签订专门的安全生产管理协议或者未在承包合同、租赁合同中明确各自的安全生产管理职责，或者未对承包单位、承租单位的安全生产统一协调、管理的，责令限期改正，处五万元以下的罚款，对其直接负责的主管人员和其他直接责任人员处一万元以下的罚款；逾期未改正的，责令停产停业整顿。

矿山、金属冶炼建设项目和用于生产、储存、装卸危险物品的建设项目的施工单位未按照规定对施工项目进行安全管理的，责令限期改正，处十万元以下的罚款，对其直接负责的主管人员和其他直接责任人员处二万元以下的罚款；逾期未改正的，责令停产停业整顿。以上施工单位倒卖、出租、出借、挂靠或者以其他形式非法转让施工资质的，责令停产停业整顿，吊销资质证书，没收违法所得；违法所得十万元以上的，并处违法所得二倍以上五倍以下的罚款，没有违法所得或者违法所得不足十万元的，单处或者并处十万元以上二十万元以下的罚款；对其直接负责的主管人员和其他直接责任人员处五万元以上十万元以下的罚款；构成犯罪的，依照刑法有关规定追究刑事责任。

第一百零四条 两个以上生产经营单位在同一作业区域内进行可能危及对方安全生产的生产经营活动，未签订安全生产管理协议或者未指定专职安全生产管理人员进行安全检查与协调的，责令限期改正，处五万元以下的罚款，对其直接负责的主管人员和其他直接责任人员处一万元以下的罚款；逾期未改正的，责令停产停业。

第一百零五条 生产经营单位有下列行为之一的，责令限期改正，处五万元以下的罚款，对其直接负责的主管人员和其他直接责任人员处一万元以下的罚款；逾期未改正的，责令停产停业整顿；构成犯罪的，依照刑法有关规定追究刑事责任：

（一）生产、经营、储存、使用危险物品的车间、商店、仓库与员工宿舍在同一座建筑内，或者与员工宿舍的距离不符合安全要求的；

（二）生产经营场所和员工宿舍未设有符合紧急疏散需要、标志明显、保持畅通的出口、疏散通道，或者占用、锁闭、封堵生产经营场所或者员工宿舍出口、疏散通道的。

第一百零六条 生产经营单位与从业人员订立协议，免除或者减轻其对从业人员因生产安全事故伤亡依法应承担的责任的，该协议无效；对生产经营单位的主要负责人、个人经营的投资人处二万元以上十万元以下的罚款。

第一百零七条 生产经营单位的从业人员不落实岗

位安全责任,不服从管理,违反安全生产规章制度或者操作规程的,由生产经营单位给予批评教育,依照有关规章制度给予处分;构成犯罪的,依照刑法有关规定追究刑事责任。

第一百零八条 违反本法规定,生产经营单位拒绝、阻碍负有安全生产监督管理职责的部门依法实施监督检查的,责令改正;拒不改正的,处二万元以上二十万元以下的罚款;对其直接负责的主管人员和其他直接责任人员处一万元以上二万元以下的罚款;构成犯罪的,依照刑法有关规定追究刑事责任。

第一百零九条 高危行业、领域的生产经营单位未按照国家规定投保安全生产责任保险的,责令限期改正,处五万元以上十万元以下的罚款;逾期未改正的,处十万元以上二十万元以下的罚款。

第一百一十条 生产经营单位的主要负责人在本单位发生生产安全事故时,不立即组织抢救或者在事故调查处理期间擅离职守或者逃匿的,给予降级、撤职的处分,并由应急管理部门处上一年年收入百分之六十至百分之一百的罚款;对逃匿的处十五日以下拘留;构成犯罪的,依照刑法有关规定追究刑事责任。

生产经营单位的主要负责人对生产安全事故隐瞒不报、谎报或者迟报的,依照前款规定处罚。

第一百一十一条 有关地方人民政府、负有安全生产监督管理职责的部门,对生产安全事故隐瞒不报、谎报或者迟报的,对直接负责的主管人员和其他直接责任人员依法给予处分;构成犯罪的,依照刑法有关规定追究刑事责任。

第一百一十二条 生产经营单位违反本法规定,被责令改正且受到罚款处罚,拒不改正的,负有安全生产监督管理职责的部门可以自作出责令改正之日的次日起,按照原处罚数额按日连续处罚。

第一百一十三条 生产经营单位存在下列情形之一的,负有安全生产监督管理职责的部门应当提请地方人民政府予以关闭,有关部门应当依法吊销其有关证照。生产经营单位主要负责人五年内不得担任任何生产经营单位的主要负责人;情节严重的,终身不得担任本行业生产经营单位的主要负责人:

(一)存在重大事故隐患,一百八十日内三次或者一年内四次受到本法规定的行政处罚的;

(二)经停产停业整顿,仍不具备法律、行政法规、国家标准或者行业标准规定的安全生产条件的;

(三)不具备法律、行政法规和国家标准或者行业标准规定的安全生产条件,导致发生重大、特别重大生产安全事故的;

(四)拒不执行负有安全生产监督管理职责的部门作出的停产停业整顿决定的。

第一百一十四条 发生生产安全事故,对负有责任的生产经营单位除要求其依法承担相应的赔偿等责任外,由应急管理部门依照下列规定处以罚款:

(一)发生一般事故的,处三十万元以上一百万元以下的罚款;

(二)发生较大事故的,处一百万元以上二百万元以下的罚款;

(三)发生重大事故的,处二百万元以上一千万元以下的罚款;

(四)发生特别重大事故的,处一千万元以上二千万元以下的罚款。

发生生产安全事故,情节特别严重、影响特别恶劣的,应急管理部门可以按照前款罚款数额的二倍以上五倍以下对负有责任的生产经营单位处以罚款。

第一百一十五条 本法规定的行政处罚,由应急管理部门和其他负有安全生产监督管理职责的部门按照职责分工决定;其中,根据本法第九十五条、第一百一十条、第一百一十四条的规定应当给予民航、铁路、电力行业的生产经营单位及其主要负责人行政处罚的,也可以由主管的负有安全生产监督管理职责的部门进行处罚。予以关闭的行政处罚,由负有安全生产监督管理职责的部门报请县级以上人民政府按照国务院规定的权限决定;给予拘留的行政处罚,由公安机关依照治安管理处罚的规定决定。

第一百一十六条 生产经营单位发生生产安全事故造成人员伤亡、他人财产损失的,应当依法承担赔偿责任;拒不承担或者其负责人逃匿的,由人民法院依法强制执行。

生产安全事故的责任人未依法承担赔偿责任,经人民法院依法采取执行措施后,仍不能对受害人给予足额赔偿的,应当继续履行赔偿义务;受害人发现责任人有其他财产的,可以随时请求人民法院执行。

第七章 附 则

第一百一十七条 本法下列用语的含义:

危险物品,是指易燃易爆物品、危险化学品、放射性物品等能够危及人身安全和财产安全的物品。

重大危险源,是指长期地或者临时地生产、搬运、使用或者储存危险物品,且危险物品的数量等于或者超过临界量的单元(包括场所和设施)。

第一百一十八条 本法规定的生产安全一般事故、较大事故、重大事故、特别重大事故的划分标准由国务院规定。

国务院应急管理部门和其他负有安全生产监督管理职责的部门应当根据各自的职责分工,制定相关行业、领域重大危险源的辨识标准和重大事故隐患的判定标准。

第一百一十九条 本法自2002年11月1日起施行。

中华人民共和国矿山安全法

· 1992年11月7日第七届全国人民代表大会常务委员会第二十八次会议通过
· 根据2009年8月27日第十一届全国人民代表大会常务委员会第十次会议《关于修改部分法律的决定》修正

第一章 总 则

第一条 为了保障矿山生产安全,防止矿山事故,保护矿山职工人身安全,促进采矿业的发展,制定本法。

第二条 在中华人民共和国领域和中华人民共和国管辖的其他海域从事矿产资源开采活动,必须遵守本法。

第三条 矿山企业必须具有保障安全生产的设施,建立、健全安全管理制度,采取有效措施改善职工劳动条件,加强矿山安全管理工作,保证安全生产。

第四条 国务院劳动行政主管部门对全国矿山安全工作实施统一监督。

县级以上地方各级人民政府劳动行政主管部门对本行政区域内的矿山安全工作实施统一监督。

县级以上人民政府管理矿山企业的主管部门对矿山安全工作进行管理。

第五条 国家鼓励矿山安全科学技术研究,推广先进技术,改进安全设施,提高矿山安全生产水平。

第六条 对坚持矿山安全生产,防止矿山事故,参加矿山抢险救护,进行矿山安全科学技术研究等方面取得显著成绩的单位和个人,给予奖励。

第二章 矿山建设的安全保障

第七条 矿山建设工程的安全设施必须和主体工程同时设计、同时施工、同时投入生产和使用。

第八条 矿山建设工程的设计文件,必须符合矿山安全规程和行业技术规范,并按照国家规定经管理矿山企业的主管部门批准;不符合矿山安全规程和行业技术规范的,不得批准。

矿山建设工程安全设施的设计必须有劳动行政主管部门参加审查。

矿山安全规程和行业技术规范,由国务院管理矿山企业的主管部门制定。

第九条 矿山设计下列项目必须符合矿山安全规程和行业技术规范:
(一)矿井的通风系统和供风量、风质、风速;
(二)露天矿的边坡角和台阶的宽度、高度;
(三)供电系统;
(四)提升、运输系统;
(五)防水、排水系统和防火、灭火系统;
(六)防瓦斯系统和防尘系统;
(七)有关矿山安全的其他项目。

第十条 每个矿井必须有两个以上能行人的安全出口,出口之间的直线水平距离必须符合矿山安全规程和行业技术规范。

第十一条 矿山必须有与外界相通的、符合安全要求的运输和通讯设施。

第十二条 矿山建设工程必须按照管理矿山企业的主管部门批准的设计文件施工。

矿山建设工程安全设施竣工后,由管理矿山企业的主管部门验收,并须有劳动行政主管部门参加;不符合矿山安全规程和行业技术规范的,不得验收,不得投入生产。

第三章 矿山开采的安全保障

第十三条 矿山开采必须具备保障安全生产的条件,执行开采不同矿种的矿山安全规程和行业技术规范。

第十四条 矿山设计规定保留的矿柱、岩柱,在规定的期限内,应当予以保护,不得开采或者毁坏。

第十五条 矿山使用的有特殊安全要求的设备、器材、防护用品和安全检测仪器,必须符合国家安全标准或者行业安全标准;不符合国家安全标准或者行业安全标准的,不得使用。

第十六条 矿山企业必须对机电设备及其防护装置、安全检测仪器,定期检查、维修,保证使用安全。

第十七条 矿山企业必须对作业场所中的有毒有害物质和井下空气含氧量进行检测,保证符合安全要求。

第十八条 矿山企业必须对下列危害安全的事故隐患采取预防措施:
(一)冒顶、片帮、边坡滑落和地表塌陷;

（二）瓦斯爆炸、煤尘爆炸；

（三）冲击地压、瓦斯突出、井喷；

（四）地面和井下的火灾、水害；

（五）爆破器材和爆破作业发生的危害；

（六）粉尘、有毒有害气体、放射性物质和其他有害物质引起的危害；

（七）其他危害。

第十九条　矿山企业对使用机械、电气设备，排土场矸石山、尾矿库和矿山闭坑后可能引起的危害，应当采取预防措施。

第四章　矿山企业的安全管理

第二十条　矿山企业必须建立、健全安全生产责任制。

矿长对本企业的安全生产工作负责。

第二十一条　矿长应当定期向职工代表大会或者职工大会报告安全生产工作，发挥职工代表大会的监督作用。

第二十二条　矿山企业职工必须遵守有关矿山安全的法律、法规和企业规章制度。

矿山企业职工有权对危害安全的行为，提出批评、检举和控告。

第二十三条　矿山企业工会依法维护职工生产安全的合法权益，组织职工对矿山安全工作进行监督。

第二十四条　矿山企业违反有关安全的法律、法规，工会有权要求企业行政方面或者有关部门认真处理。

矿山企业召开讨论有关安全生产的会议，应当有工会代表参加，工会有权提出意见和建议。

第二十五条　矿山企业工会发现企业行政方面违章指挥、强令工人冒险作业或者生产过程中发现明显重大事故隐患和职业危害，有权提出解决的建议；发现危及职工生命安全的情况时，有权向矿山企业行政方面建议组织职工撤离危险现场，矿山企业行政方面必须及时作出处理决定。

第二十六条　矿山企业必须对职工进行安全教育、培训；未经安全教育、培训的，不得上岗作业。

矿山企业安全生产的特种作业人员必须接受专门培训，经考核合格取得操作资格证书，方可上岗作业。

第二十七条　矿长必须经过考核，具备安全专业知识，具有领导安全生产和处理矿山事故的能力。

矿山企业安全工作人员必须具备必要的安全专业知识和矿山安全工作经验。

第二十八条　矿山企业必须向职工发放保障安全生产所需的劳动防护用品。

第二十九条　矿山企业不得录用未成年人从事矿山井下劳动。

矿山企业对女职工按照国家规定实行特殊劳动保护，不得分配女职工从事矿山井下劳动。

第三十条　矿山企业必须制定矿山事故防范措施，并组织落实。

第三十一条　矿山企业应当建立由专职或者兼职人员组成的救护和医疗急救组织，配备必要的装备、器材和药物。

第三十二条　矿山企业必须从矿产品销售额中按照国家规定提取安全技术措施专项费用。安全技术措施专项费用必须全部用于改善矿山安全生产条件，不得挪作他用。

第五章　矿山安全的监督和管理

第三十三条　县级以上各级人民政府劳动行政主管部门对矿山安全工作行使下列监督职责：

（一）检查矿山企业和管理矿山企业的主管部门贯彻执行矿山安全法律、法规的情况；

（二）参加矿山建设工程安全设施的设计审查和竣工验收；

（三）检查矿山劳动条件和安全状况；

（四）检查矿山企业职工安全教育、培训工作；

（五）监督矿山企业提取和使用安全技术措施专项费用的情况；

（六）参加并监督矿山事故的调查和处理；

（七）法律、行政法规规定的其他监督职责。

第三十四条　县级以上人民政府管理矿山企业的主管部门对矿山安全工作行使下列管理职责：

（一）检查矿山企业贯彻执行矿山安全法律、法规的情况；

（二）审查批准矿山建设工程安全设施的设计；

（三）负责矿山建设工程安全设施的竣工验收；

（四）组织矿长和矿山企业安全工作人员的培训工作；

（五）调查和处理重大矿山事故；

（六）法律、行政法规规定的其他管理职责。

第三十五条　劳动行政主管部门的矿山安全监督人员有权进入矿山企业，在现场检查安全状况；发现有危及职工安全的紧急险情时，应当要求矿山企业立即处理。

第六章 矿山事故处理

第三十六条 发生矿山事故，矿山企业必须立即组织抢救，防止事故扩大，减少人员伤亡和财产损失，对伤亡事故必须立即如实报告劳动行政主管部门和管理矿山企业的主管部门。

第三十七条 发生一般矿山事故，由矿山企业负责调查和处理。

发生重大矿山事故，由政府及其有关部门、工会和矿山企业按照行政法规的规定进行调查和处理。

第三十八条 矿山企业对矿山事故中伤亡的职工按照国家规定给予抚恤或者补偿。

第三十九条 矿山事故发生后，应当尽快消除现场危险，查明事故原因，提出防范措施。现场危险消除后，方可恢复生产。

第七章 法律责任

第四十条 违反本法规定，有下列行为之一的，由劳动行政主管部门责令改正，可以并处罚款；情节严重的，提请县级以上人民政府决定责令停产整顿；对主管人员和直接责任人员由其所在单位或者上级主管机关给予行政处分：

（一）未对职工进行安全教育、培训，分配职工上岗作业的；

（二）使用不符合国家安全标准或者行业安全标准的设备、器材、防护用品、安全检测仪器的；

（三）未按照规定提取或者使用安全技术措施专项费用的；

（四）拒绝矿山安全监督人员现场检查或者在被检查时隐瞒事故隐患、不如实反映情况的；

（五）未按照规定及时、如实报告矿山事故的。

第四十一条 矿长不具备安全专业知识，安全生产的特种作业人员未取得操作资格证书上岗作业的，由劳动行政主管部门责令限期改正；逾期不改正的，提请县级以上人民政府决定责令停产，调整配备合格人员后，方可恢复生产。

第四十二条 矿山建设工程安全设施的设计未经批准擅自施工的，由管理矿山企业的主管部门责令停止施工；拒不执行的，由管理矿山企业的主管部门提请县级以上人民政府决定由有关主管部门吊销其采矿许可证和营业执照。

第四十三条 矿山建设工程的安全设施未经验收或者验收不合格擅自投入生产的，由劳动行政主管部门会同管理矿山企业的主管部门责令停止生产，并由劳动行政主管部门处以罚款；拒不停止生产的，由劳动行政主管部门提请县级以上人民政府决定由有关主管部门吊销其采矿许可证和营业执照。

第四十四条 已经投入生产的矿山企业，不具备安全生产条件而强行开采的，由劳动行政主管部门会同管理矿山企业的主管部门责令限期改进；逾期仍不具备安全生产条件的，由劳动行政主管部门提请县级以上人民政府决定责令停产整顿或者由有关主管部门吊销其采矿许可证和营业执照。

第四十五条 当事人对行政处罚决定不服的，可以在接到处罚决定通知之日起15日内向作出处罚决定的机关的上一级机关申请复议；当事人也可以在接到处罚决定通知之日起15日内直接向人民法院起诉。

复议机关应当在接到复议申请之日起60日内作出复议决定。当事人对复议决定不服的，可以在接到复议决定之日起15日内向人民法院起诉。复议机关逾期不作出复议决定的，当事人可以在复议期满之日起15日内向人民法院起诉。

当事人逾期不申请复议也不向人民法院起诉、又不履行处罚决定的，作出处罚决定的机关可以申请人民法院强制执行。

第四十六条 矿山企业主管人员违章指挥、强令工人冒险作业，因而发生重大伤亡事故的，依照刑法有关规定追究刑事责任。

第四十七条 矿山企业主管人员对矿山事故隐患不采取措施，因而发生重大伤亡事故的，依照刑法有关规定追究刑事责任。

第四十八条 矿山安全监督人员和安全管理人员滥用职权、玩忽职守、徇私舞弊，构成犯罪的，依法追究刑事责任；不构成犯罪的，给予行政处分。

第八章 附 则

第四十九条 国务院劳动行政主管部门根据本法制定实施条例，报国务院批准施行。

省、自治区、直辖市人民代表大会常务委员会可以根据本法和本地区的实际情况，制定实施办法。

第五十条 本法自1993年5月1日起施行。

中华人民共和国职业病防治法

- 2001年10月27日第九届全国人民代表大会常务委员会第二十四次会议通过
- 根据2011年12月31日第十一届全国人民代表大会常务委员会第二十四次会议《关于修改〈中华人民共和国职业病防治法〉的决定》第一次修正
- 根据2016年7月2日第十二届全国人民代表大会常务委员会第二十一次会议《关于修改〈中华人民共和国节约能源法〉等六部法律的决定》第二次修正
- 根据2017年11月4日第十二届全国人民代表大会常务委员会第三十次会议《关于修改〈中华人民共和国会计法〉等十一部法律的决定》第三次修正
- 根据2018年12月29日第十三届全国人民代表大会常务委员会第七次会议《关于修改〈中华人民共和国劳动法〉等七部法律的决定》第四次修正

第一章 总 则

第一条 为了预防、控制和消除职业危害,防治职业病,保护劳动者健康及其相关权益,促进经济社会发展,根据宪法,制定本法。

第二条 本法适用于中华人民共和国领域内的职业病防治活动。

本法所称职业病,是指企业、事业单位和个体经济组织等用人单位的劳动者在职业活动中,因接触粉尘、放射性物质和其他有毒、有害因素而引起的疾病。

职业病的分类和目录由国务院卫生行政部门会同国务院劳动保障行政部门制定、调整并公布。

第三条 职业病防治工作坚持预防为主、防治结合的方针,建立用人单位负责、行政机关监管、行业自律、职工参与和社会监督的机制,实行分类管理、综合治理。

第四条 劳动者依法享有职业卫生保护的权利。

用人单位应当为劳动者创造符合国家职业卫生标准和卫生要求的工作环境和条件,并采取措施保障劳动者获得职业卫生保护。

工会组织依法对职业病防治工作进行监督,维护劳动者的合法权益。用人单位制定或者修改有关职业病防治的规章制度,应当听取工会组织的意见。

第五条 用人单位应当建立、健全职业病防治责任制,加强对职业病防治的管理,提高职业病防治水平,对本单位产生的职业病危害承担责任。

第六条 用人单位的主要负责人对本单位的职业病防治工作全面负责。

第七条 用人单位必须依法参加工伤保险。

国务院和县级以上地方人民政府劳动保障行政部门应当加强对工伤保险的监督管理,确保劳动者依法享受工伤保险待遇。

第八条 国家鼓励和支持研制、开发、推广、应用有利于职业病防治和保护劳动者健康的新技术、新工艺、新设备、新材料,加强对职业病的机理和发生规律的基础研究,提高职业病防治科学技术水平;积极采用有效的职业病防治技术、工艺、设备、材料;限制使用或者淘汰职业病危害严重的技术、工艺、设备、材料。

国家鼓励和支持职业病医疗康复机构的建设。

第九条 国家实行职业卫生监督制度。

国务院卫生行政部门、劳动保障行政部门依照本法和国务院确定的职责,负责全国职业病防治的监督管理工作。国务院有关部门在各自的职责范围内负责职业病防治的有关监督管理工作。

县级以上地方人民政府卫生行政部门、劳动保障行政部门依据各自职责,负责本行政区域内职业病防治的监督管理工作。县级以上地方人民政府有关部门在各自的职责范围内负责职业病防治的有关监督管理工作。

县级以上人民政府卫生行政部门、劳动保障行政部门(以下统称职业卫生监督管理部门)应当加强沟通,密切配合,按照各自职责分工,依法行使职权,承担责任。

第十条 国务院和县级以上地方人民政府应当制定职业病防治规划,将其纳入国民经济和社会发展计划,并组织实施。

县级以上地方人民政府统一负责、领导、组织、协调本行政区域的职业病防治工作,建立健全职业病防治工作体制、机制,统一领导、指挥职业卫生突发事件应对工作;加强职业病防治能力建设和服务体系建设,完善、落实职业病防治工作责任制。

乡、民族乡、镇的人民政府应当认真执行本法,支持职业卫生监督管理部门依法履行职责。

第十一条 县级以上人民政府职业卫生监督管理部门应当加强对职业病防治的宣传教育,普及职业病防治的知识,增强用人单位的职业病防治观念,提高劳动者的职业健康意识、自我保护意识和行使职业卫生保护权利的能力。

第十二条 有关防治职业病的国家职业卫生标准,由国务院卫生行政部门组织制定并公布。

国务院卫生行政部门应当组织开展重点职业病监测和专项调查,对职业健康风险进行评估,为制定职业卫生标准和职业病防治政策提供科学依据。

县级以上地方人民政府卫生行政部门应当定期对本行政区域的职业病防治情况进行统计和调查分析。

第十三条 任何单位和个人有权对违反本法的行为进行检举和控告。有关部门收到相关的检举和控告后,应当及时处理。

对防治职业病成绩显著的单位和个人,给予奖励。

第二章 前期预防

第十四条 用人单位应当依照法律、法规要求,严格遵守国家职业卫生标准,落实职业病预防措施,从源头上控制和消除职业病危害。

第十五条 产生职业病危害的用人单位的设立除应当符合法律、行政法规规定的设立条件外,其工作场所还应当符合下列职业卫生要求:

(一)职业病危害因素的强度或者浓度符合国家职业卫生标准;

(二)有与职业病危害防护相适应的设施;

(三)生产布局合理,符合有害与无害作业分开的原则;

(四)有配套的更衣间、洗浴间、孕妇休息间等卫生设施;

(五)设备、工具、用具等设施符合保护劳动者生理、心理健康的要求;

(六)法律、行政法规和国务院卫生行政部门关于保护劳动者健康的其他要求。

第十六条 国家建立职业病危害项目申报制度。

用人单位工作场所存在职业病目录所列职业病的危害因素的,应当及时、如实向所在地卫生行政部门申报危害项目,接受监督。

职业病危害因素分类目录由国务院卫生行政部门制定、调整并公布。职业病危害项目申报的具体办法由国务院卫生行政部门制定。

第十七条 新建、扩建、改建建设项目和技术改造、技术引进项目(以下统称建设项目)可能产生职业病危害的,建设单位在可行性论证阶段应当进行职业病危害预评价。

医疗机构建设项目可能产生放射性职业病危害的,建设单位应当向卫生行政部门提交放射性职业病危害预评价报告。卫生行政部门应当自收到预评价报告之日起三十日内,作出审核决定并书面通知建设单位。未提交预评价报告或者预评价报告未经卫生行政部门审核同意的,不得开工建设。

职业病危害预评价报告应当对建设项目可能产生的职业病危害因素及其对工作场所和劳动者健康的影响作出评价,确定危害类别和职业病防护措施。

建设项目职业病危害分类管理办法由国务院卫生行政部门制定。

第十八条 建设项目的职业病防护设施所需费用应当纳入建设项目工程预算,并与主体工程同时设计,同时施工,同时投入生产和使用。

建设项目的职业病防护设施设计应当符合国家职业卫生标准和卫生要求;其中,医疗机构放射性职业病危害严重的建设项目的防护设施设计,应当经卫生行政部门审查同意后,方可施工。

建设项目在竣工验收前,建设单位应当进行职业病危害控制效果评价。

医疗机构可能产生放射性职业病危害的建设项目竣工验收时,其放射性职业病防护设施经卫生行政部门验收合格后,方可投入使用;其他建设项目的职业病防护设施应当由建设单位负责依法组织验收,验收合格后,方可投入生产和使用。卫生行政部门应当加强对建设单位组织的验收活动和验收结果的监督核查。

第十九条 国家对从事放射性、高毒、高危粉尘等作业实行特殊管理。具体管理办法由国务院制定。

第三章 劳动过程中的防护与管理

第二十条 用人单位应当采取下列职业病防治管理措施:

(一)设置或者指定职业卫生管理机构或者组织,配备专职或者兼职的职业卫生管理人员,负责本单位的职业病防治工作;

(二)制定职业病防治计划和实施方案;

(三)建立、健全职业卫生管理制度和操作规程;

(四)建立、健全职业卫生档案和劳动者健康监护档案;

(五)建立、健全工作场所职业病危害因素监测及评价制度;

(六)建立、健全职业病危害事故应急救援预案。

第二十一条 用人单位应当保障职业病防治所需的资金投入,不得挤占、挪用,并对因资金投入不足导致的后果承担责任。

第二十二条 用人单位必须采用有效的职业病防护设施,并为劳动者提供个人使用的职业病防护用品。

用人单位为劳动者个人提供的职业病防护用品必须符合防治职业病的要求;不符合要求的,不得使用。

第二十三条 用人单位应当优先采用有利于防治职

业病和保护劳动者健康的新技术、新工艺、新设备、新材料，逐步替代职业病危害严重的技术、工艺、设备、材料。

第二十四条 产生职业病危害的用人单位，应当在醒目位置设置公告栏，公布有关职业病防治的规章制度、操作规程、职业病危害事故应急救援措施和工作场所职业病危害因素检测结果。

对产生严重职业病危害的作业岗位，应当在其醒目位置，设置警示标识和中文警示说明。警示说明应当载明产生职业病危害的种类、后果、预防以及应急救治措施等内容。

第二十五条 对可能发生急性职业损伤的有毒、有害工作场所，用人单位应当设置报警装置，配置现场急救用品、冲洗设备、应急撤离通道和必要的泄险区。

对放射工作场所和放射性同位素的运输、贮存，用人单位必须配置防护设备和报警装置，保证接触放射线的工作人员佩戴个人剂量计。

对职业病防护设备、应急救援设施和个人使用的职业病防护用品，用人单位应当进行经常性的维护、检修，定期检测其性能和效果，确保其处于正常状态，不得擅自拆除或者停止使用。

第二十六条 用人单位应当实施由专人负责的职业病危害因素日常监测，并确保监测系统处于正常运行状态。

用人单位应当按照国务院卫生行政部门的规定，定期对工作场所进行职业病危害因素检测、评价。检测、评价结果存入用人单位职业卫生档案，定期向所在地卫生行政部门报告并向劳动者公布。

职业病危害因素检测、评价由依法设立的取得国务院卫生行政部门或者设区的市级以上地方人民政府卫生行政部门按照职责分工给予资质认可的职业卫生技术服务机构进行。职业卫生技术服务机构所作检测、评价应当客观、真实。

发现工作场所职业病危害因素不符合国家职业卫生标准和卫生要求时，用人单位应当立即采取相应治理措施，仍然达不到国家职业卫生标准和卫生要求的，必须停止存在职业病危害因素的作业；职业病危害因素经治理后，符合国家职业卫生标准和卫生要求的，方可重新作业。

第二十七条 职业卫生技术服务机构依法从事职业病危害因素检测、评价工作，接受卫生行政部门的监督检查。卫生行政部门应当依法履行监督职责。

第二十八条 向用人单位提供可能产生职业病危害的设备的，应当提供中文说明书，并在设备的醒目位置设置警示标识和中文警示说明。警示说明应当载明设备性能、可能产生的职业病危害、安全操作和维护注意事项、职业病防护以及应急救治措施等内容。

第二十九条 向用人单位提供可能产生职业病危害的化学品、放射性同位素和含有放射性物质的材料的，应当提供中文说明书。说明书应当载明产品特性、主要成份、存在的有害因素、可能产生的危害后果、安全使用注意事项、职业病防护以及应急救治措施等内容。产品包装应当有醒目的警示标识和中文警示说明。贮存上述材料的场所应当在规定的部位设置危险物品标识或者放射性警示标识。

国内首次使用或者首次进口与职业病危害有关的化学材料，使用单位或者进口单位按照国家规定经国务院有关部门批准后，应当向国务院卫生行政部门报送该化学材料的毒性鉴定以及经有关部门登记注册或者批准进口的文件等资料。

进口放射性同位素、射线装置和含有放射性物质的物品的，按照国家有关规定办理。

第三十条 任何单位和个人不得生产、经营、进口和使用国家明令禁止使用的可能产生职业病危害的设备或者材料。

第三十一条 任何单位和个人不得将产生职业病危害的作业转移给不具备职业病防护条件的单位和个人。不具备职业病防护条件的单位和个人不得接受产生职业病危害的作业。

第三十二条 用人单位对采用的技术、工艺、设备、材料，应当知悉其产生的职业病危害，对有职业病危害的技术、工艺、设备、材料隐瞒其危害而采用的，对所造成的职业病危害后果承担责任。

第三十三条 用人单位与劳动者订立劳动合同（含聘用合同，下同）时，应当将工作过程中可能产生的职业病危害及其后果、职业病防护措施和待遇等如实告知劳动者，并在劳动合同中写明，不得隐瞒或者欺骗。

劳动者在已订立劳动合同期间因工作岗位或者工作内容变更，从事与所订立劳动合同中未告知的存在职业病危害的作业时，用人单位应当依照前款规定，向劳动者履行如实告知的义务，并协商变更原劳动合同相关条款。

用人单位违反前两款规定的，劳动者有权拒绝从事存在职业病危害的作业，用人单位不得因此解除与劳动者所订立的劳动合同。

第三十四条 用人单位的主要负责人和职业卫生管

理人员应当接受职业卫生培训，遵守职业病防治法律、法规，依法组织本单位的职业病防治工作。

用人单位应当对劳动者进行上岗前的职业卫生培训和在岗期间的定期职业卫生培训，普及职业卫生知识，督促劳动者遵守职业病防治法律、法规、规章和操作规程，指导劳动者正确使用职业病防护设备和个人使用的职业病防护用品。

劳动者应当学习和掌握相关的职业卫生知识，增强职业病防范意识，遵守职业病防治法律、法规、规章和操作规程，正确使用、维护职业病防护设备和个人使用的职业病防护用品，发现职业病危害事故隐患应当及时报告。

劳动者不履行前款规定义务的，用人单位应当对其进行教育。

第三十五条 对从事接触职业病危害的作业的劳动者，用人单位应当按照国务院卫生行政部门的规定组织上岗前、在岗期间和离岗时的职业健康检查，并将检查结果书面告知劳动者。职业健康检查费用由用人单位承担。

用人单位不得安排未经上岗前职业健康检查的劳动者从事接触职业病危害的作业；不得安排有职业禁忌的劳动者从事其所禁忌的作业；对在职业健康检查中发现有与所从事的职业相关的健康损害的劳动者，应当调离原工作岗位，并妥善安置；对未进行离岗前职业健康检查的劳动者不得解除或者终止与其订立的劳动合同。

职业健康检查应当由取得《医疗机构执业许可证》的医疗卫生机构承担。卫生行政部门应当加强对职业健康检查工作的规范管理，具体管理办法由国务院卫生行政部门制定。

第三十六条 用人单位应当为劳动者建立职业健康监护档案，并按照规定的期限妥善保存。

职业健康监护档案应当包括劳动者的职业史、职业病危害接触史、职业健康检查结果和职业病诊疗等有关个人健康资料。

劳动者离开用人单位时，有权索取本人职业健康监护档案复印件，用人单位应当如实、无偿提供，并在所提供的复印件上签章。

第三十七条 发生或者可能发生急性职业病危害事故时，用人单位应当立即采取应急救援和控制措施，并及时报告所在地卫生行政部门和有关部门。卫生行政部门接到报告后，应当及时会同有关部门组织调查处理；必要时，可以采取临时控制措施。卫生行政部门应当组织做好医疗救治工作。

对遭受或者可能遭受急性职业病危害的劳动者，用人单位应当及时组织救治、进行健康检查和医学观察，所需费用由用人单位承担。

第三十八条 用人单位不得安排未成年工从事接触职业病危害的作业；不得安排孕期、哺乳期的女职工从事对本人和胎儿、婴儿有危害的作业。

第三十九条 劳动者享有下列职业卫生保护权利：

（一）获得职业卫生教育、培训；

（二）获得职业健康检查、职业病诊疗、康复等职业病防治服务；

（三）了解工作场所产生或者可能产生的职业病危害因素、危害后果和应当采取的职业病防护措施；

（四）要求用人单位提供符合防治职业病要求的职业病防护设施和个人使用的职业病防护用品，改善工作条件；

（五）对违反职业病防治法律、法规以及危及生命健康的行为提出批评、检举和控告；

（六）拒绝违章指挥和强令进行没有职业病防护措施的作业；

（七）参与用人单位职业卫生工作的民主管理，对职业病防治工作提出意见和建议。

用人单位应当保障劳动者行使前款所列权利。因劳动者依法行使正当权利而降低其工资、福利等待遇或者解除、终止与其订立的劳动合同的，其行为无效。

第四十条 工会组织应当督促并协助用人单位开展职业卫生宣传教育和培训，有权对用人单位的职业病防治工作提出意见和建议，依法代表劳动者与用人单位签订劳动安全卫生专项集体合同，与用人单位就劳动者反映的有关职业病防治的问题进行协调并督促解决。

工会组织对用人单位违反职业病防治法律、法规，侵犯劳动者合法权益的行为，有权要求纠正；产生严重职业病危害时，有权要求采取防护措施，或者向政府有关部门建议采取强制性措施；发生职业病危害事故时，有权参与事故调查处理；发现危及劳动者生命健康的情形时，有权向用人单位建议组织劳动者撤离危险现场，用人单位应当立即作出处理。

第四十一条 用人单位按照职业病防治要求，用于预防和治理职业病危害、工作场所卫生检测、健康监护和职业卫生培训等费用，按照国家有关规定，在生产成本中据实列支。

第四十二条 职业卫生监督管理部门应当按照职责分工，加强对用人单位落实职业病防护管理措施情况的监督检查，依法行使职权，承担责任。

第四章　职业病诊断与职业病病人保障

第四十三条　职业病诊断应当由取得《医疗机构执业许可证》的医疗卫生机构承担。卫生行政部门应当加强对职业病诊断工作的规范管理,具体管理办法由国务院卫生行政部门制定。

承担职业病诊断的医疗卫生机构还应当具备下列条件:

(一)具有与开展职业病诊断相适应的医疗卫生技术人员;

(二)具有与开展职业病诊断相适应的仪器、设备;

(三)具有健全的职业病诊断质量管理制度。

承担职业病诊断的医疗卫生机构不得拒绝劳动者进行职业病诊断的要求。

第四十四条　劳动者可以在用人单位所在地、本人户籍所在地或者经常居住地依法承担职业病诊断的医疗卫生机构进行职业病诊断。

第四十五条　职业病诊断标准和职业病诊断、鉴定办法由国务院卫生行政部门制定。职业病伤残等级的鉴定办法由国务院劳动保障行政部门会同国务院卫生行政部门制定。

第四十六条　职业病诊断,应当综合分析下列因素:

(一)病人的职业史;

(二)职业病危害接触史和工作场所职业病危害因素情况;

(三)临床表现以及辅助检查结果等。

没有证据否定职业病危害因素与病人临床表现之间的必然联系的,应当诊断为职业病。

职业病诊断证明书应当由参与诊断的取得职业病诊断资格的执业医师签署,并经承担职业病诊断的医疗卫生机构审核盖章。

第四十七条　用人单位应当如实提供职业病诊断、鉴定所需的劳动者职业史和职业病危害接触史、工作场所职业病危害因素检测结果等资料;卫生行政部门应当监督检查和督促用人单位提供上述资料;劳动者和有关机构也应当提供与职业病诊断、鉴定有关的资料。

职业病诊断、鉴定机构需要了解工作场所职业病危害因素情况时,可以对工作场所进行现场调查,也可以向卫生行政部门提出,卫生行政部门应当在十日内组织现场调查。用人单位不得拒绝、阻挠。

第四十八条　职业病诊断、鉴定过程中,用人单位不提供工作场所职业病危害因素检测结果等资料的,诊断、鉴定机构应当结合劳动者的临床表现、辅助检查结果和劳动者的职业史、职业病危害接触史,并参考劳动者的自述、卫生行政部门提供的日常监督检查信息等,作出职业病诊断、鉴定结论。

劳动者对用人单位提供的工作场所职业病危害因素检测结果等资料有异议,或者因劳动者的用人单位解散、破产,无用人单位提供上述资料的,诊断、鉴定机构应当提请卫生行政部门进行调查,卫生行政部门应当自接到申请之日起三十日内对存在异议的资料或者工作场所职业病危害因素情况作出判定;有关部门应当配合。

第四十九条　职业病诊断、鉴定过程中,在确认劳动者职业史、职业病危害接触史时,当事人对劳动关系、工种、工作岗位或者在岗时间有争议的,可以向当地的劳动人事争议仲裁委员会申请仲裁;接到申请的劳动人事争议仲裁委员会应当受理,并在三十日内作出裁决。

当事人在仲裁过程中对自己提出的主张,有责任提供证据。劳动者无法提供由用人单位掌握管理的与仲裁主张有关的证据的,仲裁庭应当要求用人单位在指定期限内提供;用人单位在指定期限内不提供的,应当承担不利后果。

劳动者对仲裁裁决不服的,可以依法向人民法院提起诉讼。

用人单位对仲裁裁决不服的,可以在职业病诊断、鉴定程序结束之日起十五日内依法向人民法院提起诉讼;诉讼期间,劳动者的治疗费用按照职业病待遇规定的途径支付。

第五十条　用人单位和医疗卫生机构发现职业病人或者疑似职业病病人时,应当及时向所在地卫生行政部门报告。确诊为职业病的,用人单位还应当向所在地劳动保障行政部门报告。接到报告的部门应当依法作出处理。

第五十一条　县级以上地方人民政府卫生行政部门负责本行政区域内的职业病统计报告的管理工作,并按照规定上报。

第五十二条　当事人对职业病诊断有异议的,可以向作出诊断的医疗卫生机构所在地地方人民政府卫生行政部门申请鉴定。

职业病诊断争议由设区的市级以上地方人民政府卫生行政部门根据当事人的申请,组织职业病诊断鉴定委员会进行鉴定。

当事人对设区的市级职业病诊断鉴定委员会的鉴定结论不服的,可以向省、自治区、直辖市人民政府卫生行政部门申请再鉴定。

第五十三条 职业病诊断鉴定委员会由相关专业的专家组成。

省、自治区、直辖市人民政府卫生行政部门应当设立相关的专家库，需要对职业病争议作出诊断鉴定时，由当事人或者当事人委托有关卫生行政部门从专家库中以随机抽取的方式确定参加诊断鉴定委员会的专家。

职业病诊断鉴定委员会应当按照国务院卫生行政部门颁布的职业病诊断标准和职业病诊断、鉴定办法进行职业病诊断鉴定，向当事人出具职业病诊断鉴定书。职业病诊断、鉴定费用由用人单位承担。

第五十四条 职业病诊断鉴定委员会组成人员应当遵守职业道德，客观、公正地进行诊断鉴定，并承担相应的责任。职业病诊断鉴定委员会组成人员不得私下接触当事人，不得收受当事人的财物或者其他好处，与当事人有利害关系的，应当回避。

人民法院受理有关案件需要进行职业病鉴定时，应当从省、自治区、直辖市人民政府卫生行政部门依法设立的相关的专家库中选取参加鉴定的专家。

第五十五条 医疗卫生机构发现疑似职业病病人时，应当告知劳动者本人并及时通知用人单位。

用人单位应当及时安排对疑似职业病病人进行诊断；在疑似职业病病人诊断或者医学观察期间，不得解除或者终止与其订立的劳动合同。

疑似职业病病人在诊断、医学观察期间的费用，由用人单位承担。

第五十六条 用人单位应当保障职业病病人依法享受国家规定的职业病待遇。

用人单位应当按照国家有关规定，安排职业病病人进行治疗、康复和定期检查。

用人单位对不适宜继续从事原工作的职业病病人，应当调离原岗位，并妥善安置。

用人单位对从事接触职业病危害的作业的劳动者，应当给予适当岗位津贴。

第五十七条 职业病病人的诊疗、康复费用，伤残以及丧失劳动能力的职业病病人的社会保障，按照国家有关工伤保险的规定执行。

第五十八条 职业病病人除依法享有工伤保险外，依照有关民事法律，尚有获得赔偿的权利的，有权向用人单位提出赔偿要求。

第五十九条 劳动者被诊断患有职业病，但用人单位没有依法参加工伤保险的，其医疗和生活保障由该用人单位承担。

第六十条 职业病病人变动工作单位，其依法享有的待遇不变。

用人单位在发生分立、合并、解散、破产等情形时，应当对从事接触职业病危害的作业的劳动者进行健康检查，并按照国家有关规定妥善安置职业病病人。

第六十一条 用人单位已经不存在或者无法确认劳动关系的职业病病人，可以向地方人民政府医疗保障、民政部门申请医疗救助和生活等方面的救助。

地方各级人民政府应当根据本地区的实际情况，采取其他措施，使前款规定的职业病病人获得医疗救治。

第五章 监督检查

第六十二条 县级以上人民政府职业卫生监督管理部门依照职业病防治法律、法规、国家职业卫生标准和卫生要求，依据职责划分，对职业病防治工作进行监督检查。

第六十三条 卫生行政部门履行监督检查职责时，有权采取下列措施：

（一）进入被检查单位和职业病危害现场，了解情况，调查取证；

（二）查阅或者复制与违反职业病防治法律、法规的行为有关的资料和采集样品；

（三）责令违反职业病防治法律、法规的单位和个人停止违法行为。

第六十四条 发生职业病危害事故或者有证据证明危害状态可能导致职业病危害事故发生时，卫生行政部门可以采取下列临时控制措施：

（一）责令暂停导致职业病危害事故的作业；

（二）封存造成职业病危害事故或者可能导致职业病危害事故发生的材料和设备；

（三）组织控制职业病危害事故现场。

在职业病危害事故或者危害状态得到有效控制后，卫生行政部门应当及时解除控制措施。

第六十五条 职业卫生监督执法人员依法执行职务时，应当出示监督执法证件。

职业卫生监督执法人员应当忠于职守，秉公执法，严格遵守执法规范；涉及用人单位的秘密的，应当为其保密。

第六十六条 职业卫生监督执法人员依法执行职务时，被检查单位应当接受检查并予以支持配合，不得拒绝和阻碍。

第六十七条 卫生行政部门及其职业卫生监督执法人员履行职责时，不得有下列行为：

（一）对不符合法定条件的，发给建设项目有关证明文件、资质证明文件或者予以批准；

（二）对已经取得有关证明文件的，不履行监督检查职责；

（三）发现用人单位存在职业病危害的，可能造成职业病危害事故，不及时依法采取控制措施；

（四）其他违反本法的行为。

第六十八条 职业卫生监督执法人员应当依法经过资格认定。

职业卫生监督管理部门应当加强队伍建设，提高职业卫生监督执法人员的政治、业务素质，依照本法和其他有关法律、法规的规定，建立、健全内部监督制度，对其工作人员执行法律、法规和遵守纪律的情况，进行监督检查。

第六章 法律责任

第六十九条 建设单位违反本法规定，有下列行为之一的，由卫生行政部门给予警告，责令限期改正；逾期不改正的，处十万元以上五十万元以下的罚款；情节严重的，责令停止产生职业病危害的作业，或者提请有关人民政府按照国务院规定的权限责令停建、关闭：

（一）未按照规定进行职业病危害预评价的；

（二）医疗机构可能产生放射性职业病危害的建设项目未按照规定提交放射性职业病危害预评价报告，或者放射性职业病危害预评价报告未经卫生行政部门审核同意，开工建设的；

（三）建设项目的职业病防护设施未按照规定与主体工程同时设计、同时施工、同时投入生产和使用的；

（四）建设项目的职业病防护设施设计不符合国家职业卫生标准和卫生要求，或者医疗机构放射性职业病危害严重的建设项目的防护设施设计未经卫生行政部门审查同意擅自施工的；

（五）未按照规定对职业病防护设施进行职业病危害控制效果评价的；

（六）建设项目竣工投入生产和使用前，职业病防护设施未按照规定验收合格的。

第七十条 违反本法规定，有下列行为之一的，由卫生行政部门给予警告，责令限期改正；逾期不改正的，处十万元以下的罚款：

（一）工作场所职业病危害因素检测、评价结果没有存档、上报、公布的；

（二）未采取本法第二十条规定的职业病防治管理措施的；

（三）未按照规定公布有关职业病防治的规章制度、操作规程、职业病危害事故应急救援措施的；

（四）未按照规定组织劳动者进行职业卫生培训，或者未对劳动者个人职业病防护采取指导、督促措施的；

（五）国内首次使用或者首次进口与职业病危害有关的化学材料，未按照规定报送毒性鉴定资料以及经有关部门登记注册或者批准进口的文件的。

第七十一条 用人单位违反本法规定，有下列行为之一的，由卫生行政部门责令限期改正，给予警告，可以并处五万元以上十万元以下的罚款：

（一）未按照规定及时、如实向卫生行政部门申报产生职业病危害的项目的；

（二）未实施由专人负责的职业病危害因素日常监测，或者监测系统不能正常监测的；

（三）订立或者变更劳动合同时，未告知劳动者职业病危害真实情况的；

（四）未按照规定组织职业健康检查、建立职业健康监护档案或者未将检查结果书面告知劳动者的；

（五）未依照本法规定在劳动者离开用人单位时提供职业健康监护档案复印件的。

第七十二条 用人单位违反本法规定，有下列行为之一的，由卫生行政部门给予警告，责令限期改正，逾期不改正的，处五万元以上二十万元以下的罚款；情节严重的，责令停止产生职业病危害的作业，或者提请有关人民政府按照国务院规定的权限责令关闭：

（一）工作场所职业病危害因素的强度或者浓度超过国家职业卫生标准的；

（二）未提供职业病防护设施和个人使用的职业病防护用品，或者提供的职业病防护设施和个人使用的职业病防护用品不符合国家职业卫生标准和卫生要求的；

（三）对职业病防护设备、应急救援设施和个人使用的职业病防护用品未按照规定进行维护、检修、检测，或者不能保持正常运行、使用状态的；

（四）未按照规定对工作场所职业病危害因素进行检测、评价的；

（五）工作场所职业病危害因素经治理仍然达不到国家职业卫生标准和卫生要求时，未停止存在职业病危害因素的作业的；

（六）未按照规定安排职业病病人、疑似职业病病人进行诊治的；

（七）发生或者可能发生急性职业病危害事故时，未立即采取应急救援和控制措施或者未按照规定及时报告的；

（八）未按照规定在产生严重职业病危害的作业岗位醒目位置设置警示标识和中文警示说明的；

（九）拒绝职业卫生监督管理部门监督检查的；

（十）隐瞒、伪造、篡改、毁损职业健康监护档案、工作场所职业病危害因素检测评价结果等相关资料，或者拒不提供职业病诊断、鉴定所需资料的；

（十一）未按照规定承担职业病诊断、鉴定费用和职业病病人的医疗、生活保障费用的。

第七十三条 向用人单位提供可能产生职业病危害的设备、材料，未按照规定提供中文说明书或者设置警示标识和中文警示说明的，由卫生行政部门责令限期改正，给予警告，并处五万元以上二十万元以下的罚款。

第七十四条 用人单位和医疗卫生机构未按照规定报告职业病、疑似职业病的，由有关主管部门依据职责分工责令限期改正，给予警告，可以并处一万元以下的罚款；弄虚作假的，并处二万元以上五万元以下的罚款；对直接负责的主管人员和其他直接责任人员，可以依法给予降级或者撤职的处分。

第七十五条 违反本法规定，有下列情形之一的，由卫生行政部门责令限期治理，并处五万元以上三十万元以下的罚款；情节严重的，责令停止产生职业病危害的作业，或者提请有关人民政府按照国务院规定的权限责令关闭：

（一）隐瞒技术、工艺、设备、材料所产生的职业病危害而采用的；

（二）隐瞒本单位职业卫生真实情况的；

（三）可能发生急性职业损伤的有毒、有害工作场所、放射工作场所或者放射性同位素的运输、贮存不符合本法第二十五条规定的；

（四）使用国家明令禁止使用的可能产生职业病危害的设备或者材料的；

（五）将产生职业病危害的作业转移给没有职业病防护条件的单位和个人，或者没有职业病防护条件的单位和个人接受产生职业病危害的作业的；

（六）擅自拆除、停止使用职业病防护设备或者应急救援设施的；

（七）安排未经职业健康检查的劳动者、有职业禁忌的劳动者、未成年工或者孕期、哺乳期女职工从事接触职业病危害的作业或者禁忌作业的；

（八）违章指挥和强令劳动者进行没有职业病防护措施的作业的。

第七十六条 生产、经营或者进口国家明令禁止使用的可能产生职业病危害的设备或者材料的，依照有关法律、行政法规的规定给予处罚。

第七十七条 用人单位违反本法规定，已经对劳动者生命健康造成严重损害的，由卫生行政部门责令停止产生职业病危害的作业，或者提请有关人民政府按照国务院规定的权限责令关闭，并处十万元以上五十万元以下的罚款。

第七十八条 用人单位违反本法规定，造成重大职业病危害事故或者其他严重后果，构成犯罪的，对直接负责的主管人员和其他直接责任人员，依法追究刑事责任。

第七十九条 未取得职业卫生技术服务资质认可擅自从事职业卫生技术服务的，由卫生行政部门责令立即停止违法行为，没收违法所得；违法所得五千元以上的，并处违法所得二倍以上十倍以下的罚款；没有违法所得或者违法所得不足五千元的，并处五千元以上五万元以下的罚款；情节严重的，对直接负责的主管人员和其他直接责任人员，依法给予降级、撤职或者开除的处分。

第八十条 从事职业卫生技术服务的机构和承担职业病诊断的医疗卫生机构违反本法规定，有下列行为之一的，由卫生行政部门责令立即停止违法行为，给予警告，没收违法所得；违法所得五千元以上的，并处违法所得二倍以上五倍以下的罚款；没有违法所得或者违法所得不足五千元的，并处五千元以上二万元以下的罚款；情节严重的，由原认可或者登记机关取消其相应的资格；对直接负责的主管人员和其他直接责任人员，依法给予降级、撤职或者开除的处分；构成犯罪的，依法追究刑事责任：

（一）超出资质认可或者诊疗项目登记范围从事职业卫生技术服务或者职业病诊断的；

（二）不按照本法规定履行法定职责的；

（三）出具虚假证明文件的。

第八十一条 职业病诊断鉴定委员会组成人员收受职业病诊断争议当事人的财物或者其他好处的，给予警告，没收收受的财物，可以并处三千元以上五万元以下的罚款，取消其担任职业病诊断鉴定委员会组成人员的资格，并从省、自治区、直辖市人民政府卫生行政部门设立的专家库中予以除名。

第八十二条 卫生行政部门不按照规定报告职业病和职业病危害事故的，由上一级行政部门责令改正，通报批评，给予警告；虚报、瞒报的，对单位负责人、直接负责的主管人员和其他直接责任人员依法给予降级、撤职或者开除的处分。

第八十三条 县级以上地方人民政府在职业病防治

工作中未依照本法履行职责,本行政区域出现重大职业病危害事故、造成严重社会影响的,依法对直接负责的主管人员和其他直接责任人员给予记大过直至开除的处分。

县级以上人民政府职业卫生监督管理部门不履行本法规定的职责,滥用职权、玩忽职守、徇私舞弊,依法对直接负责的主管人员和其他直接责任人员给予记大过或者降级的处分;造成职业病危害事故或者其他严重后果的,依法给予撤职或者开除的处分。

第八十四条 违反本法规定,构成犯罪的,依法追究刑事责任。

第七章 附 则

第八十五条 本法下列用语的含义:

职业病危害,是指对从事职业活动的劳动者可能导致职业病的各种危害。职业病危害因素包括:职业活动中存在的各种有害的化学、物理、生物因素以及在作业过程中产生的其他职业有害因素。

职业禁忌,是指劳动者从事特定职业或者接触特定职业病危害因素时,比一般职业人群更易于遭受职业病危害和罹患职业病或者可能导致原有自身疾病病情加重,或者在从事作业过程中诱发可能导致对他人生命健康构成危险的疾病的个人特殊生理或者病理状态。

第八十六条 本法第二条规定的用人单位以外的单位,产生职业病危害的,其职业病防治活动可以参照本法执行。

劳务派遣用工单位应当履行本法规定的用人单位的义务。

中国人民解放军参照执行本法的办法,由国务院、中央军事委员会制定。

第八十七条 对医疗机构放射性职业病危害控制的监督管理,由卫生行政部门依照本法的规定实施。

第八十八条 本法自2002年5月1日起施行。

中华人民共和国矿山安全法实施条例

· 1996年10月11日国务院批准
· 1996年10月30日劳动部令第4号发布
· 自发布之日起施行

第一章 总 则

第一条 根据《中华人民共和国矿山安全法》(以下简称《矿山安全法》),制定本条例。

第二条 《矿山安全法》及本条例中下列用语的含义:

矿山,是指在依法批准的矿区范围内从事矿产资源开采活动的场所及其附属设施。

矿产资源开采活动,是指在依法批准的矿区范围内从事矿产资源勘探和矿山建设、生产、闭坑及有关活动。

第三条 国家采取政策和措施,支持发展矿山安全教育,鼓励矿山安全开采技术、安全管理方法、安全设备与仪器的研究和推广,促进矿山安全科学技术进步。

第四条 各级人民政府、政府有关部门或者企业事业单位对有下列情形之一的单位和个人,按照国家有关规定给予奖励:

(一)在矿山安全管理和监督工作中,忠于职守,作出显著成绩的;

(二)防止矿山事故或者抢险救护有功的;

(三)在推广矿山安全技术、改进矿山安全设施方面,作出显著成绩的;

(四)在矿山安全生产方面提出合理化建议,效果显著的;

(五)在改善矿山劳动条件或者预防矿山事故方面有发明创造和科研成果,效果显著的。

第二章 矿山建设的安全保障

第五条 矿山设计使用的地质勘探报告书,应当包括下列技术资料:

(一)较大的断层、破碎带、滑坡、泥石流的性质和规模;

(二)含水层(包括溶洞)和隔水层的岩性、层厚、产状,含水层之间、地面水和地下水之间的水力联系,地下水的潜水位、水质、水量和流向,地面水流系统和有关水利工程的疏水能力以及当地历年降水量和最高洪水位;

(三)矿山设计范围内原有小窑、老窑的分布范围、开采深度和积水情况;

(四)沼气、二氧化碳赋存情况,矿物自然发火和矿尘爆炸的可能性;

(五)对人体有害的矿物组份、含量和变化规律,勘探区至少一年的天然放射性本底数据;

(六)地温异常和热水矿区的岩石热导率、地温梯度、热水来源、水温、水压和水量,以及圈定的热害区范围;

(七)工业、生活用水的水源和水质;

(八)钻孔封孔资料;

(九)矿山设计需要的其他资料。

第六条 编制矿山建设项目的可行性研究报告和总体设计,应当对矿山开采的安全条件进行论证。

矿山建设项目的初步设计,应当编制安全专篇。安全专篇的编写要求,由国务院劳动行政主管部门规定。

第七条 根据《矿山安全法》第八条的规定,矿山建设单位在向管理矿山企业的主管部门报送审批矿山建设工程安全设施设计文件时,应当同时报送劳动行政主管部门审查;没有劳动行政主管部门的审查意见,管理矿山企业的主管部门不得批准。

经批准的矿山建设工程安全设施设计需要修改时,应当征求原参加审查的劳动行政主管部门的意见。

第八条 矿山建设工程应当按照经批准的设计文件施工,保证施工质量;工程竣工后,应当按照国家有关规定申请验收。

建设单位应当在验收前60日向管理矿山企业的主管部门、劳动行政主管部门报送矿山建设工程安全设施施工、竣工情况的综合报告。

第九条 管理矿山企业的主管部门、劳动行政主管部门应当自收到建设单位报送的矿山建设工程安全设施施工、竣工情况的综合报告之日起30日内,对矿山建设工程的安全设施进行检查;不符合矿山安全规程、行业技术规范的,不得验收,不得投入生产或者使用。

第十条 矿山应当有保障安全生产、预防事故和职业危害的安全设施,并符合下列基本要求:

(一)每个矿井至少有两个独立的能行人的直达地面的安全出口。矿井的每个生产水平(中段)和各个采区(盘区)至少有两个能行人的安全出口,并与直达地面的出口相通。

(二)每个矿井有独立的采用机械通风的通风系统,保证井下作业场所有足够的风量;但是,小型非沼气矿井在保证井下作业场所所需风量的前提下,可以采用自然通风。

(三)井巷断面能满足行人、运输、通风和安全设施、设备的安装、维修及施工需要。

(四)井巷支护和采场顶板管理能保证作业场所的安全。

(五)相邻矿井之间、矿井与露天矿之间、矿井与老窑之间留有足够的安全隔离矿柱。矿山井巷布置留有足够的保障井上和井下安全的矿柱或者岩柱。

(六)露天矿山的阶段高度、平台宽度和边坡角能满足安全作业和边坡稳定的需要。船采沙矿的采池边界与地面建筑物、设备之间有足够的安全距离。

(七)有地面和井下的防水、排水系统,有防止地表水泄入井下和露天采场的措施。

(八)溜矿井有防止和处理堵塞的安全措施。

(九)有自然发火可能性的矿井,主要运输巷道布置在岩层或者不易自然发火的矿层内,并采用预防性灌浆或者其他有效的预防自然发火的措施。

(十)矿山地面消防设施符合国家有关消防的规定。矿井有防灭火设施和器材。

(十一)地面及井下供配电系统符合国家有关规定。

(十二)矿山提升运输设备、装置及设施符合下列要求:

1. 钢丝绳、连接装置、提升容器以及保险链有足够的安全系数;

2. 提升容器与井壁、罐道梁之间及两个提升容器之间有足够的间隙;

3. 提升绞车和提升容器有可靠的安全保护装置;

4. 电机车、架线、轨道的选型能满足安全要求;

5. 运送人员的机械设备有可靠的安全保护装置;

6. 提升运输设备有灵敏可靠的信号装置。

(十三)每个矿井有防尘供水系统。地面和井下所有产生粉尘的作业地点有综合防尘措施。

(十四)有瓦斯、矿尘爆炸可能性的矿井,采用防爆电器设备,并采取防尘和隔爆措施。

(十五)开采放射性矿物的矿井,符合下列要求:

1. 矿井进风量和风质能满足降氡的需要,避免串联通风和污风循环;

2. 主要进风道开在矿脉之外,穿矿脉或者岩体裂隙发育的进风巷道有防止氡析出的措施;

3. 采用后退式回采;

4. 能防止井下污水散流,并采取封闭的排放污水系统。

(十六)矿山储存爆破材料的场所符合国家有关规定。

(十七)排土场、矸石山有防止发生泥石流和其他危害的安全措施,尾矿库有防止溃坝等事故的安全设施。

(十八)有防止山体滑坡和因采矿活动引起地表塌陷造成危害的预防措施。

(十九)每个矿井配置足够数量的通风检测仪表和有毒有害气体与井下环境检测仪器。开采有瓦斯突出的矿井,装备监测系统或者检测仪器。

(二十)有与外界相通的、符合安全要求的运输设施和通讯设施。

(二十一)有更衣室、浴室等设施。

第三章 矿山开采的安全保障

第十一条 采掘作业应当编制作业规程,规定保证作业人员安全的技术措施和组织措施,并在情况变化时及时予以修改和补充。

第十二条 矿山开采应当有下列图纸资料:
(一)地质图(包括水文地质图和工程地质图);
(二)矿山总布置图和矿井井上、井下对照图;
(三)矿井、巷道、采场布置图;
(四)矿山生产和安全保障的主要系统图。

第十三条 矿山企业应当在采矿许可证批准的范围开采,禁止越层、越界开采。

第十四条 矿山使用的下列设备、器材、防护用品和安全检测仪器,应当符合国家安全标准或者行业安全标准;不符合国家安全标准或者行业安全标准的,不得使用:
(一)采掘、支护、装载、运输、提升、通风、排水、瓦斯抽放、压缩空气和起重设备;
(二)电动机、变压器、配电柜、电器开关、电控装置;
(三)爆破器材、通讯器材、矿灯、电缆、钢丝绳、支护材料、防火材料;
(四)各种安全卫生检测仪器仪表;
(五)自救器、安全帽、防尘防毒口罩或者面罩、防护服、防护鞋等防护用品和救护设备;
(六)经有关主管部门认定的其他有特殊安全要求的设备和器材。

第十五条 矿山企业应当对机电设备及其防护装置、安全检测仪器定期检查、维修,并建立技术档案,保证使用安全。

非负责设备运行的人员,不得操作设备。非值班电气人员,不得进行电气作业。操作电气设备的人员,应当有可靠的绝缘保护。检修电气设备时,不得带电作业。

第十六条 矿山作业场所空气中的有毒有害物质的浓度,不得超过国家标准或者行业标准;矿山企业应当按照国家规定的方法,按照下列要求定期检测:
(一)粉尘作业点,每月至少检测2次;
(二)三硝基甲苯作业点,每月至少检测1次;
(三)放射性物质作业点,每月至少检测3次;
(四)其他有毒有害物质作业点,井下每月至少检测1次,地面每季度至少检测1次;
(五)采用个体采样方法检测呼吸性粉尘,每季度至少检测1次。

第十七条 井下采掘作业,必须按照作业规程的规定管理顶帮。采掘作业通过地质破碎带或者其他顶帮破碎地点时,应当加强支护。

露天采剥作业,应当按照设计规定,控制采剥工作面的阶段高度、宽度、边坡角和最终边坡角。采剥作业和排土作业,不得对深部或者邻近井巷造成危害。

第十八条 煤矿和其他有瓦斯爆炸可能性的矿井,应当严格执行瓦斯检查制度,任何人不得携带烟草和点火用具下井。

第十九条 在下列条件下从事矿山开采,应当编制专门设计文件,并报管理矿山企业的主管部门批准:
(一)有瓦斯突出的;
(二)有冲击地压的;
(三)在需要保护的建筑物、构筑物和铁路下面开采的;
(四)在水体下面开采的;
(五)在地温异常或者有热水涌出的地区开采的。

第二十条 有自然发火可能性的矿井,应当采取下列措施:
(一)及时清出采场浮矿和其他可燃物质,回采结束后及时封闭采空区;
(二)采取防火灌浆或者其他有效的预防自然发火的措施;
(三)定期检查井巷和采区封闭情况,测定可能自然发火地点的温度和风量;定期检测火区内的温度、气压和空气成份。

第二十一条 井下采掘作业遇下列情形之一时,应当探水前进:
(一)接近承压含水层或者含水的断层、流砂层、砾石层、溶洞、陷落柱时;
(二)接近与地表水体相通的地质破碎带或者接近连通承压层的未封钻孔时;
(三)接近积水的老窑、旧巷或者灌过泥浆的采空区时;
(四)发现有出水征兆时;
(五)掘开隔离矿柱或者岩柱放水时。

第二十二条 井下风量、风质、风速和作业环境的气候,必须符合矿山安全规程的规定。

采掘工作面进风风流中,按照体积计算,氧气不得低于20%,二氧化碳不得超过0.5%。

井下作业地点的空气温度不得超过28℃;超过时,应当采取降温或者其他防护措施。

第二十三条 开采放射性矿物的矿井,必须采取下列措施,减少氡气析出量:
(一)及时封闭采空区和已经报废或者暂时不用的井巷;

(二)用留矿法作业的采场采用下行通风；
(三)严格管理井下污水。

第二十四条　矿山的爆破作业和爆破材料的制造、储存、运输、试验及销毁，必须严格执行国家有关规定。

第二十五条　矿山企业对地面、井下产生粉尘的作业，应当采取综合防尘措施，控制粉尘危害。
井下风动凿岩，禁止干打眼。

第二十六条　矿山企业应当建立、健全对地面陷落区、排土场、矸石山、尾矿库的检查和维护制度；对可能发生的危害，应当采取预防措施。

第二十七条　矿山企业应当按照国家有关规定关闭矿山，对关闭矿山后可能引起的危害采取预防措施。关闭矿山报告应当包括下列内容：
(一)采掘范围及采空区处理情况；
(二)对矿井采取的封闭措施；
(三)对其他不安全因素的处理办法。

第四章　矿山企业的安全管理

第二十八条　矿山企业应当建立、健全下列安全生产责任制：
(一)行政领导岗位安全生产责任制；
(二)职能机构安全生产责任制；
(三)岗位人员的安全生产责任制。

第二十九条　矿长(含矿务局局长、矿山公司经理，下同)对本企业的安全生产工作负有下列责任：
(一)认真贯彻执行《矿山安全法》和本条例以及其他法律、法规中有关矿山安全生产的规定；
(二)制定本企业安全生产管理制度；
(三)根据需要配备合格的安全工作人员，对每个作业场所进行跟班检查；
(四)采取有效措施，改善职工劳动条件，保证安全生产所需要的材料、设备、仪器和劳动防护用品的及时供应；
(五)依照本条例的规定，对职工进行安全教育、培训；
(六)制定矿山灾害的预防和应急计划；
(七)及时采取措施，处理矿山存在的事故隐患；
(八)及时、如实向劳动行政主管部门和管理矿山企业的主管部门报告矿山事故。

第三十条　矿山企业应当根据需要，设置安全机构或者配备专职安全工作人员。专职安全工作人员应当经过培训，具备必要的安全专业知识和矿山安全工作经验，能胜任现场安全检查工作。

第三十一条　矿长应当定期向职工代表大会或者职工大会报告下列事项，接受民主监督：
(一)企业安全生产重大决策；
(二)企业安全技术措施计划及其执行情况；
(三)职工安全教育、培训计划及其执行情况；
(四)职工提出的改善劳动条件的建议和要求的处理情况；
(五)重大事故处理情况；
(六)有关安全生产的其他重要事项。

第三十二条　矿山企业职工享有下列权利：
(一)有权获得作业场所安全与职业危害方面的信息；
(二)有权向有关部门和工会组织反映矿山安全状况和存在的问题；
(三)对任何危害职工安全健康的决定和行为，有权提出批评、检举和控告。

第三十三条　矿山企业职工应当履行下列义务：
(一)遵守有关矿山安全的法律、法规和企业规章制度；
(二)维护矿山企业的生产设备、设施；
(三)接受安全教育和培训；
(四)及时报告危险情况，参加抢险救护。

第三十四条　矿山企业工会有权督促企业行政方面加强职工的安全教育、培训工作，开展安全宣传活动，提高职工的安全生产意识和技术素质。

第三十五条　矿山企业应当按照下列规定对职工进行安全教育、培训：
(一)新进矿山的井下作业职工，接受安全教育、培训的时间不得少于72小时，考试合格后，必须在有安全工作经验的职工带领下工作满4个月，然后经再次考核合格，方可独立工作；
(二)新进露天矿的职工，接受安全教育、培训的时间不得少于40小时，经考试合格后，方可上岗作业；
(三)对调换工种和采用新工艺作业的人员，必须重新培训，经考试合格后，方可上岗作业；
(四)所有生产作业人员，每年接受在职安全教育、培训的时间不少于20小时。
职工安全教育、培训期间，矿山企业应当支付工资。
职工安全教育、培训情况和考核结果，应当记录存档。

第三十六条　矿山企业对职工的安全教育、培训，应当包括下列内容：
(一)《矿山安全法》及本条例赋予矿山职工的权利

与义务；

（二）矿山安全规程及矿山企业有关安全管理的规章制度；

（三）与职工本职工作有关的安全知识；

（四）各种事故征兆的识别、发生紧急危险情况时的应急措施和撤退路线；

（五）自救装备的使用和有关急救方面的知识；

（六）有关主管部门规定的其他内容。

第三十七条 瓦斯检查工、爆破工、通风工、信号工、拥罐工、电工、金属焊接（切割）工、矿井泵工、瓦斯抽放工、主扇风机操作工、主提升机操作工、绞车操作工、输送机操作工、尾矿工、安全检查工和矿内机动车司机等特种作业人员应当接受专门技术培训，经考核合格取得操作资格证书后，方可上岗作业。特种作业人员的考核、发证工作按照国家有关规定执行。

第三十八条 对矿长安全资格的考核，应当包括下列内容：

（一）《矿山安全法》和有关法律、法规及矿山安全规程；

（二）矿山安全知识；

（三）安全生产管理能力；

（四）矿山事故处理能力；

（五）安全生产业绩。

第三十九条 矿山企业向职工发放的劳动防护用品应当是经过鉴定和检验合格的产品。劳动防护用品的发放标准由国务院劳动行政主管部门制定。

第四十条 矿山企业应当每年编制矿山灾害预防和应急计划；在每季度末，应当根据实际情况对计划及时进行修改，制定相应的措施。

矿山企业应当使每个职工熟悉矿山灾害预防和应急计划，并且每年至少组织1次矿山救灾演习。

矿山企业应当根据国家有关规定，按照不同作业场所的要求，设置矿山安全标志。

第四十一条 矿山企业应当建立由专职的或者兼职的人员组成的矿山救护和医疗急救组织。不具备单独建立专业救护和医疗急救组织的小型矿山企业，除应当建立兼职的救护和医疗急救组织外，还应当与邻近的有专业的救护和医疗急救组织的矿山企业签订救护和急救协议，或者与邻近的矿山企业联合建立专业救护和医疗急救组织。

矿山救护和医疗急救组织应当有固定场所、训练器械和训练场地。

矿山救护和医疗急救组织的规模和装备标准，由国务院管理矿山企业的有关主管部门规定。

第四十二条 矿山企业必须按照国家规定的安全条件进行生产，并安排一部分资金，用于下列改善矿山安全生产条件的项目：

（一）预防矿山事故的安全技术措施；

（二）预防职业危害的劳动卫生技术措施；

（三）职工的安全培训；

（四）改善矿山安全生产条件的其他技术措施。

前款所需资金，由矿山企业按矿山维简费的20%的比例具实支；没有矿山维简费的矿山企业，按固定资产折旧费的20%的比例具实支。

第五章 矿山安全的监督和管理

第四十三条 县级以上各级人民政府劳动行政主管部门，应当根据矿山安全监督工作的实际需要，配备矿山安全监督人员。

矿山安全监督人员必须熟悉矿山安全技术知识，具有矿山安全工作经验，能胜任矿山安全检查工作。

矿山安全监督证件和专用标志由国务院劳动行政主管部门统一制作。

第四十四条 矿山安全监督人员在执行职务时，有权进入现场检查，参加有关会议，无偿调阅有关资料，向有关单位和人员了解情况。

矿山安全监督人员进入现场检查，发现有危及职工安全健康的情况时，有权要求矿山企业立即改正或者限期解决；情况紧急时，有权要求矿山企业立即停止作业，从危险区内撤出作业人员。

劳动行政主管部门可以委托检测机构对矿山作业场所和危险性较大的在用设备、仪器、器材进行抽检。

劳动行政主管部门对检查中发现的违反《矿山安全法》和本条例以及其他法律、法规有关矿山安全的规定的情况，应当依法提出处理意见。

第四十五条 矿山安全监督人员执行公务时，应当出示矿山安全监督证件，秉公执法，并遵守有关规定。

第六章 矿山事故处理

第四十六条 矿山发生事故后，事故现场有关人员应当立即报告矿长或者有关主管人员；矿长或者有关主管人员接到事故报告后，必须立即采取有效措施，组织抢救，防止事故扩大，尽力减少人员伤亡和财产损失。

第四十七条 矿山发生重伤、死亡事故后，矿山企业应当在24小时内如实向劳动行政主管部门和管理矿山企业的主管部门报告。

第四十八条　劳动行政主管部门和管理矿山企业的主管部门接到死亡事故或者1次重伤3人以上的事故报告后，应当立即报告本级人民政府，并报各自的上一级主管部门。

第四十九条　发生伤亡事故，矿山企业和有关单位应当保护事故现场；因抢救事故，需要移动现场部分物品时，必须作出标志，绘制事故现场图，并详细记录；在消除现场危险，采取防范措施后，方可恢复生产。

第五十条　矿山事故发生后，有关部门应当按照国家有关规定，进行事故调查处理。

第五十一条　矿山事故调查处理工作应当自事故发生之日起90日内结束；遇有特殊情况，可以适当延长，但是不得超过180日。矿山事故处理结案后，应当公布处理结果。

第七章　法律责任

第五十二条　依照《矿山安全法》第四十条规定处以罚款的，分别按照下列规定执行：

（一）未对职工进行安全教育、培训，分配职工上岗作业的，处4万元以下的罚款；

（二）使用不符合国家安全标准或者行业安全标准的设备、器材、防护用品和安全检测仪器的，处5万元以下的罚款；

（三）未按照规定提取或者使用安全技术措施专项费用的，处5万元以下的罚款；

（四）拒绝矿山安全监督人员现场检查或者在被检查时隐瞒事故隐患，不如实反映情况的，处2万元以下的罚款；

（五）未按照规定及时、如实报告矿山事故的，处3万元以下的罚款。

第五十三条　依照《矿山安全法》第四十三条规定处以罚款的，罚款幅度为5万元以上10万元以下。

第五十四条　违反本条例第十五条、第十六条、第十七条、第十八条、第十九条、第二十条、第二十一条、第二十二条、第二十三条、第二十五条规定的，由劳动行政主管部门责令改正，可以处2万元以下的罚款。

第五十五条　当事人收到罚款通知书后，应当在15日内到指定的金融机构缴纳罚款；逾期不缴纳的，自逾期之日起每日加收3‰的滞纳金。

第五十六条　矿山企业主管人员有下列行为之一，造成矿山事故的，按照规定给予纪律处分；构成犯罪的，由司法机关依法追究刑事责任：

（一）违章指挥、强令工人违章、冒险作业的；

（二）对工人屡次违章作业熟视无睹，不加制止的；

（三）对重大事故预兆或者已发现的隐患不及时采取措施的；

（四）不执行劳动行政主管部门的监督指令或者不采纳有关部门提出的整顿意见，造成严重后果的。

第八章　附　则

第五十七条　国务院管理矿山企业的主管部门根据《矿山安全法》和本条例修订或者制定的矿山安全规程和行业技术规范，报国务院劳动行政主管部门备案。

第五十八条　石油天然气开采的安全规定，由国务院劳动行政主管部门会同石油工业主管部门制定，报国务院批准后施行。

第五十九条　本条例自发布之日起施行。

煤矿安全生产条例

·2023年12月18日国务院第21次常务会议通过
·2024年1月24日中华人民共和国国务院令第774号公布
·自2024年5月1日起施行

第一章　总　则

第一条　为了加强煤矿安全生产工作，防止和减少煤矿生产安全事故，保障人民群众生命财产安全，制定本条例。

第二条　在中华人民共和国领域和中华人民共和国管辖的其他海域内的煤矿安全生产，适用本条例。

第三条　煤矿安全生产工作坚持中国共产党的领导。

煤矿安全生产工作应当以人为本，坚持人民至上、生命至上，把保护人民生命安全摆在首位，贯彻安全发展理念，坚持安全第一、预防为主、综合治理的方针，从源头上防范化解重大安全风险。

煤矿安全生产工作实行管行业必须管安全、管业务必须管安全、管生产经营必须管安全，按照国家监察、地方监管、企业负责，强化和落实安全生产责任。

第四条　煤矿企业应当履行安全生产主体责任，加强安全生产管理，建立健全并落实全员安全生产责任制和安全生产规章制度，加大对安全生产资金、物资、技术、人员的投入保障力度，改善安全生产条件，加强安全生产标准化、信息化建设，构建安全风险分级管控和隐患排查治理双重预防机制，健全风险防范化解机制，提高安全生产水平,确保安全生产。

煤矿企业主要负责人(含实际控制人,下同)是本企业安全生产第一责任人,对本企业安全生产工作全面负责。其他负责人对职责范围内的安全生产工作负责。

第五条 县级以上人民政府应当加强对煤矿安全生产工作的领导,建立健全工作协调机制,支持、督促各有关部门依法履行煤矿安全生产工作职责,及时协调、解决煤矿安全生产工作中的重大问题。

第六条 县级以上人民政府负有煤矿安全生产监督管理职责的部门对煤矿安全生产实施监督管理,其他有关部门按照职责分工依法履行煤矿安全生产相关职责。

第七条 国家实行煤矿安全监察制度。国家矿山安全监察机构及其设在地方的矿山安全监察机构负责煤矿安全监察工作,依法对地方人民政府煤矿安全生产监督管理工作进行监督检查。

国家矿山安全监察机构及其设在地方的矿山安全监察机构依法履行煤矿安全监察职责,不受任何单位和个人的干涉。

第八条 国家实行煤矿生产安全事故责任追究制度。对煤矿生产安全事故责任单位和责任人员,依照本条例和有关法律法规的规定追究法律责任。

国家矿山安全监察机构及其设在地方的矿山安全监察机构依法组织或者参与煤矿生产安全事故调查处理。

第九条 县级以上人民政府负有煤矿安全生产监督管理职责的部门、国家矿山安全监察机构及其设在地方的矿山安全监察机构应当建立举报制度,公开举报电话、信箱或者电子邮件地址等网络举报平台,受理有关煤矿安全生产的举报并依法及时处理;对需要由其他有关部门进行调查处理的,转交其他有关部门处理。

任何单位和个人对事故隐患或者安全生产违法行为,有权向前款规定的部门和机构举报。举报事项经核查属实的,依法依规给予奖励。

第十条 煤矿企业从业人员有依法获得安全生产保障的权利,并应当依法履行安全生产方面的义务。

第十一条 国家矿山安全监察机构应当按照保障煤矿安全生产的要求,在国务院应急管理部门的指导下,依法及时拟订煤矿安全生产国家标准或者行业标准,并负责煤矿安全生产强制性国家标准的项目提出、组织起草、征求意见、技术审查。

第十二条 国家鼓励和支持煤矿安全生产科学技术研究和煤矿安全生产先进技术、工艺的推广应用,提升煤矿智能化开采水平,推进煤矿安全生产的科学管理,提高安全生产水平。

第二章 煤矿企业的安全生产责任

第十三条 煤矿企业应当遵守有关安全生产的法律法规以及煤矿安全规程,执行保障安全生产的国家标准或者行业标准。

第十四条 新建、改建、扩建煤矿工程项目(以下统称煤矿建设项目)的建设单位应当委托具有建设工程设计企业资质的设计单位进行安全设施设计。

安全设施设计应当包括煤矿水、火、瓦斯、冲击地压、煤尘、顶板等主要灾害的防治措施,符合国家标准或者行业标准的要求,并报省、自治区、直辖市人民政府负有煤矿安全生产监督管理职责的部门审查。安全设施设计需要作重大变更的,应当报原审查部门重新审查,不得先施工后报批、边施工边修改。

第十五条 煤矿建设项目的建设单位应当对参与煤矿建设项目的设计、施工、监理等单位进行统一协调管理,对煤矿建设项目安全管理负总责。

施工单位应当按照批准的安全设施设计施工,不得擅自变更设计内容。

第十六条 煤矿建设项目竣工投入生产或者使用前,应当由建设单位负责组织对安全设施进行验收,并对验收结果负责;经验收合格后,方可投入生产和使用。

第十七条 煤矿企业进行生产,应当依照《安全生产许可证条例》的规定取得安全生产许可证。未取得安全生产许可证的,不得生产。

第十八条 煤矿企业主要负责人对本企业安全生产工作负有下列职责:

(一)建立健全并落实全员安全生产责任制,加强安全生产标准化建设;

(二)组织制定并实施安全生产规章制度和作业规程、操作规程;

(三)组织制定并实施安全生产教育和培训计划;

(四)保证安全生产投入的有效实施;

(五)组织建立并落实安全风险分级管控和隐患排查治理双重预防工作机制,督促、检查安全生产工作,及时消除事故隐患;

(六)组织制定并实施生产安全事故应急救援预案;

(七)及时、如实报告煤矿生产安全事故。

第十九条 煤矿企业应当设置安全生产管理机构并配备专职安全生产管理人员。安全生产管理机构和安全生产管理人员负有下列安全生产职责:

(一)组织或者参与拟订安全生产规章制度、作业规程、操作规程和生产安全事故应急救援预案；

（二）组织或者参与安全生产教育和培训，如实记录安全生产教育和培训情况；

（三）组织开展安全生产法律法规宣传教育；

（四）组织开展安全风险辨识评估，督促落实重大安全风险管控措施；

（五）制止和纠正违章指挥、强令冒险作业、违反规程的行为，发现威胁安全的紧急情况时，有权要求立即停止危险区域内的作业，撤离作业人员；

（六）检查安全生产状况，及时排查事故隐患，对事故隐患排查治理情况进行统计分析，提出改进安全生产管理的建议；

（七）组织或者参与应急救援演练；

（八）督促落实安全生产整改措施。

煤矿企业应当配备主要技术负责人，建立健全并落实技术管理体系。

第二十条　煤矿企业从业人员负有下列安全生产职责：

（一）遵守煤矿企业安全生产规章制度和作业规程、操作规程，严格落实岗位安全责任；

（二）参加安全生产教育和培训，掌握本职工作所需的安全生产知识，提高安全生产技能，增强事故预防和应急处理能力；

（三）及时报告发现的事故隐患或者其他不安全因素。

对违章指挥和强令冒险作业的行为，煤矿企业从业人员有权拒绝并向县级以上地方人民政府负有煤矿安全生产监督管理职责的部门、所在地矿山安全监察机构报告。

煤矿企业不得因从业人员拒绝违章指挥或者强令冒险作业而降低其工资、福利等待遇，无正当理由调整工作岗位，或者解除与其订立的劳动合同。

第二十一条　煤矿企业主要负责人和安全生产管理人员应当通过安全生产知识和管理能力考核，并持续保持相应水平和能力。

煤矿企业从业人员经安全生产教育和培训合格，方可上岗作业。煤矿企业特种作业人员应当按照国家有关规定经专门的安全技术培训和考核合格，并取得相应资格。

第二十二条　煤矿企业应当为煤矿分别配备专职矿长、总工程师，分管安全、生产、机电的副矿长以及专业技术人员。

对煤（岩）与瓦斯（二氧化碳）突出、高瓦斯、冲击地压、煤层容易自燃、水文地质类型复杂和极复杂的煤矿，还应当设立相应的专门防治机构，配备专职副总工程师。

第二十三条　煤矿企业应当按照国家有关规定建立健全领导带班制度并严格考核。

井工煤矿企业的负责人和生产经营管理人员应当轮流带班下井，并建立下井登记档案。

第二十四条　煤矿企业应当为从业人员提供符合国家标准或者行业标准的劳动防护用品，并监督、教育从业人员按照使用规则佩戴、使用。

煤矿井下作业人员实行安全限员制度。煤矿企业应当依法制定井下工作时间管理制度。煤矿井下工作岗位不得使用劳务派遣用工。

第二十五条　煤矿企业使用的安全设备的设计、制造、安装、使用、检测、维修、改造和报废，应当符合国家标准或者行业标准。

煤矿企业应当建立安全设备台账和追溯、管理制度，对安全设备进行经常性维护、保养并定期检测，保证正常运转，对安全设备购置、入库、使用、维护、保养、检测、维修、改造、报废等进行全流程记录并存档。

煤矿企业不得使用应当淘汰的危及生产安全的设备、工艺，具体目录由国家矿山安全监察机构制定并公布。

第二十六条　煤矿的采煤、掘进、机电、运输、通风、排水、排土等主要生产系统和防瓦斯、防煤（岩）与瓦斯（二氧化碳）突出、防冲击地压、防火、防治水、防尘、防热害、防滑坡、监控与通讯等安全设施，应当符合煤矿安全规程和国家标准或者行业标准规定的管理和技术要求。

煤矿企业及其有关人员不得关闭、破坏直接关系生产安全的监控、报警、防护、救生设备、设施，或者篡改、隐瞒、销毁其相关数据、信息，不得以任何方式影响其正常使用。

第二十七条　井工煤矿应当有符合煤矿安全规程和国家标准或者行业标准规定的安全出口、独立通风系统、安全监控系统、防尘供水系统、防灭火系统、供配电系统、运送人员装置和反映煤矿实际情况的图纸，并按照规定进行瓦斯等级、冲击地压、煤层自燃倾向性和煤尘爆炸性鉴定。

井工煤矿应当按矿井瓦斯等级选用相应的煤矿许用炸药和电雷管，爆破工作由专职爆破工承担。

第二十八条　露天煤矿的采场及排土场边坡与重要建筑物、构筑物之间应当留有足够的安全距离。

煤矿企业应当定期对露天煤矿进行边坡稳定性评价,评价范围应当涵盖露天煤矿所有边坡。达不到边坡稳定要求时,应当修改采矿设计或者采取安全措施,同时加强边坡监测工作。

第二十九条 煤矿企业应当依法制定生产安全事故应急救援预案,与所在地县级以上地方人民政府组织制定的生产安全事故应急救援预案相衔接,并定期组织演练。

煤矿企业应当设立专职救护队;不具备设立专职救护队条件的,应当设立兼职救护队,并与邻近的专职救护队签订救护协议。发生事故时,专职救护队应当在规定时间内到达煤矿开展救援。

第三十条 煤矿企业应当在依法确定的开采范围内进行生产,不得超层、越界开采。

采矿作业不得擅自开采保安煤柱,不得采用可能危及相邻煤矿生产安全的决水、爆破、贯通巷道等危险方法。

第三十一条 煤矿企业不得超能力、超强度或者超定员组织生产。正常生产煤矿因地质、生产技术条件、采煤方法或者工艺等发生变化导致生产能力发生较大变化的,应当依法重新核定其生产能力。

县级以上地方人民政府及其有关部门不得要求不具备安全生产条件的煤矿企业进行生产。

第三十二条 煤矿企业应当按照煤矿灾害程度和类型实施灾害治理,编制年度灾害预防和处理计划,并根据具体情况及时修改。

第三十三条 煤矿开采有下列情形之一的,应当编制专项设计:

(一)有煤(岩)与瓦斯(二氧化碳)突出的;

(二)有冲击地压危险的;

(三)开采需要保护的建筑物、水体、铁路下压煤或者主要井巷留设煤柱的;

(四)水文地质类型复杂、极复杂或者周边有老窑采空区的;

(五)开采容易自燃和自燃煤层的;

(六)其他需要编制专项设计的。

第三十四条 在煤矿进行石门揭煤、探放水、巷道贯通、清理煤仓、强制放顶、火区密闭和启封、动火以及国家矿山安全监察机构规定的其他危险作业,应当采取专门安全技术措施,并安排专门人员进行现场安全管理。

第三十五条 煤矿企业应当建立安全风险分级管控制度,开展安全风险辨识评估,按照安全风险分级采取相应的管控措施。

煤矿企业应当建立健全事故隐患排查治理制度,采取技术、管理措施,及时发现并消除事故隐患。事故隐患排查治理情况应当如实记录,并定期向从业人员通报。重大事故隐患排查治理情况的书面报告经煤矿企业负责人签字后,每季度报县级以上地方人民政府负有煤矿安全生产监督管理职责的部门和所在地矿山安全监察机构。

煤矿企业应当加强对所属煤矿的安全管理,定期对所属煤矿进行安全检查。

第三十六条 煤矿企业有下列情形之一的,属于重大事故隐患,应当立即停止受影响区域生产、建设,并及时消除事故隐患:

(一)超能力、超强度或者超定员组织生产的;

(二)瓦斯超限作业的;

(三)煤(岩)与瓦斯(二氧化碳)突出矿井未按照规定实施防突措施的;

(四)煤(岩)与瓦斯(二氧化碳)突出矿井、高瓦斯矿井未按照规定建立瓦斯抽采系统,或者系统不能正常运行的;

(五)通风系统不完善、不可靠的;

(六)超层、越界开采的;

(七)有严重水患,未采取有效措施的;

(八)有冲击地压危险,未采取有效措施的;

(九)自然发火严重,未采取有效措施的;

(十)使用应当淘汰的危及生产安全的设备、工艺的;

(十一)未按照规定建立监控与通讯系统,或者系统不能正常运行的;

(十二)露天煤矿边坡角大于设计最大值或者边坡发生严重变形,未采取有效措施的;

(十三)未按照规定采用双回路供电系统的;

(十四)新建煤矿边建设边生产,煤矿改扩建期间,在改扩建的区域生产,或者在其他区域的生产超出设计规定的范围和规模的;

(十五)实行整体承包生产经营后,未重新取得或者及时变更安全生产许可证而从事生产,或者承包方再次转包,以及将井下采掘工作面和井巷维修作业外包的;

(十六)改制、合并、分立期间,未明确安全生产责任人和安全生产管理机构,或者在完成改制、合并、分立后,未重新取得或者及时变更安全生产许可证等的;

(十七)有其他重大事故隐患的。

第三十七条 煤矿企业及其有关人员对县级以上人民政府负有煤矿安全生产监督管理职责的部门、国家矿山安全监察机构及其设在地方的矿山安全监察机构依法履行职责，应当予以配合，按照要求如实提供有关情况，不得隐瞒或者拒绝、阻挠。

对县级以上人民政府负有煤矿安全生产监督管理职责的部门、国家矿山安全监察机构及其设在地方的矿山安全监察机构查处的事故隐患，煤矿企业应当立即进行整改，并按照要求报告整改结果。

第三十八条 煤矿企业应当及时足额安排安全生产费用等资金，确保符合安全生产要求。煤矿企业的决策机构、主要负责人对由于安全生产所必需的资金投入不足导致的后果承担责任。

第三章 煤矿安全生产监督管理

第三十九条 煤矿安全生产实行地方党政领导干部安全生产责任制，强化煤矿安全生产属地管理。

第四十条 省、自治区、直辖市人民政府应当按照分级分类监管的原则，明确煤矿企业的安全生产监管主体。

县级以上人民政府相关主管部门对未依法取得安全生产许可证等擅自进行煤矿生产的，应依法查处。

乡镇人民政府在所辖区域内发现未依法取得安全生产许可证等擅自进行煤矿生产的，应当采取有效措施制止，并向县级人民政府相关主管部门报告。

第四十一条 省、自治区、直辖市人民政府负有煤矿安全生产监督管理职责的部门审查煤矿建设项目安全设施设计，应当自受理之日起30日内审查完毕，签署同意或者不同意的意见，并书面答复。

省、自治区、直辖市人民政府负有煤矿安全生产监督管理职责的部门应当加强对建设单位安全设施验收活动和验收结果的监督核查。

第四十二条 省、自治区、直辖市人民政府负有煤矿安全生产监督管理职责的部门负责煤矿企业安全生产许可证的颁发和管理，并接受国家矿山安全监察机构及其设在地方的矿山安全监察机构的监督。

第四十三条 县级以上地方人民政府负有煤矿安全生产监督管理职责的部门应当编制煤矿安全生产年度监督检查计划，并按照计划进行监督检查。

煤矿安全生产年度监督检查计划应当抄送所在地矿山安全监察机构。

第四十四条 县级以上地方人民政府负有煤矿安全生产监督管理职责的部门依法对煤矿企业进行监督检查，并将煤矿现场安全生产状况作为监督检查重点内容。监督检查可以采取以下措施：

（一）进入煤矿企业进行检查，重点检查一线生产作业场所，调阅有关资料，向有关单位和人员了解情况；

（二）对检查中发现的安全生产违法行为，当场予以纠正或者要求限期改正；

（三）对检查中发现的事故隐患，应当责令立即排除；重大事故隐患排除前或者排除过程中无法保证安全的，应当责令从危险区域内撤出作业人员，责令暂时停产或者停止使用相关设施、设备；

（四）对有根据认为不符合保障安全生产的国家标准或者行业标准的设施、设备、器材予以查封或者扣押。

监督检查不得影响煤矿企业的正常生产经营活动。

第四十五条 县级以上地方人民政府负有煤矿安全生产监督管理职责的部门应当将重大事故隐患纳入相关信息系统，建立健全重大事故隐患治理督办制度，督促煤矿企业消除重大事故隐患。

第四十六条 县级以上地方人民政府负有煤矿安全生产监督管理职责的部门应当加强对煤矿安全生产技术服务机构的监管。

承担安全评价、认证、检测、检验等职责的煤矿安全生产技术服务机构应当依照有关法律法规和国家标准或者行业标准的规定开展安全生产技术服务活动，并对出具的报告负责，不得租借资质、挂靠、出具虚假报告。

第四十七条 县级以上人民政府及其有关部门对存在安全生产失信行为的煤矿企业、煤矿安全生产技术服务机构及有关从业人员，依法依规实施失信惩戒。

第四十八条 对被责令停产整顿的煤矿企业，在停产整顿期间，有关地方人民政府应当采取有效措施进行监督检查。

煤矿企业有安全生产违法行为或者重大事故隐患依法被责令停产整顿的，应当制定整改方案并进行整改。整改结束后要求恢复生产的，县级以上地方人民政府负有煤矿安全生产监督管理职责的部门应当组织验收，并在收到恢复生产申请之日起20日内组织验收完毕。验收合格的，经本部门主要负责人签字，并经所在地矿山安全监察机构审核同意，报本级人民政府主要负责人批准后，方可恢复生产。

第四十九条 县级以上地方人民政府负有煤矿安全生产监督管理职责的部门对被责令停产整顿或者关闭的煤矿企业，应当在5个工作日内向社会公告；对被责令停产整顿的煤矿企业经验收合格恢复生产的，应当自恢复生产之日起5个工作日内向社会公告。

第四章 煤矿安全监察

第五十条 国家矿山安全监察机构及其设在地方的矿山安全监察机构应当依法履行煤矿安全监察职责，对县级以上地方人民政府煤矿安全生产监督管理工作加强监督检查，并及时向有关地方人民政府通报监督检查的情况，提出改善和加强煤矿安全生产工作的监察意见和建议，督促开展重大事故隐患整改和复查。

县级以上地方人民政府应当配合和接受国家矿山安全监察机构及其设在地方的矿山安全监察机构的监督检查，及时落实监察意见和建议。

第五十一条 设在地方的矿山安全监察机构应当对所辖区域内煤矿安全生产实施监察；对事故多发地区，应当实施重点监察。国家矿山安全监察机构根据实际情况，组织对全国煤矿安全生产的全面监察或者重点监察。

第五十二条 国家矿山安全监察机构及其设在地方的矿山安全监察机构对县级以上地方人民政府煤矿安全生产监督管理工作进行监督检查，可以采取以下方式：

（一）听取有关地方人民政府及其负有煤矿安全生产监督管理职责的部门工作汇报；

（二）调阅、复制与煤矿安全生产有关的文件、档案、工作记录等资料；

（三）要求有关地方人民政府及其负有煤矿安全生产监督管理职责的部门和有关人员就煤矿安全生产工作有关问题作出说明；

（四）有必要采取的其他方式。

第五十三条 国家矿山安全监察机构及其设在地方的矿山安全监察机构履行煤矿安全监察职责，有权进入煤矿作业场所进行检查，参加煤矿企业安全生产会议，向有关煤矿企业及人员了解情况。

国家矿山安全监察机构及其设在地方的矿山安全监察机构发现煤矿现场存在事故隐患的，有权要求立即排除或者限期排除；发现有违章指挥、强令冒险作业、违章作业以及其他安全生产违法行为的，有权立即纠正或者要求立即停止作业；发现威胁安全的紧急情况时，有权要求立即停止危险区域内的作业并撤出作业人员。

矿山安全监察人员履行煤矿安全监察职责，应当出示执法证件。

第五十四条 国家矿山安全监察机构及其设在地方的矿山安全监察机构发现煤矿企业存在重大事故隐患责令停产整顿的，应当及时移送县级以上地方人民政府负有煤矿安全生产监督管理职责的部门处理并进行督办。

第五十五条 国家矿山安全监察机构及其设在地方的矿山安全监察机构发现煤矿企业存在应当由其他部门处理的违法行为的，应当及时移送有关部门处理。

第五十六条 国家矿山安全监察机构及其设在地方的矿山安全监察机构和县级以上人民政府有关部门应当建立信息共享、案件移送机制，加强协作配合。

第五十七条 国家矿山安全监察机构及其设在地方的矿山安全监察机构应当加强煤矿安全生产信息化建设，运用信息化手段提升执法水平。

煤矿企业应当按照国家矿山安全监察机构制定的安全生产电子数据规范联网并实时上传电子数据，对上传电子数据的真实性、准确性和完整性负责。

第五十八条 国家矿山安全监察机构及其设在地方的矿山安全监察机构依法对煤矿企业贯彻执行安全生产法律法规、煤矿安全规程以及保障安全生产的国家标准或者行业标准的情况进行监督检查，行使本条例第四十四条规定的职权。

第五十九条 发生煤矿生产安全事故后，煤矿企业及其负责人应当迅速采取有效措施组织抢救，并依照《生产安全事故报告和调查处理条例》的规定立即如实向当地应急管理部门、负有煤矿安全生产监督管理职责的部门和所在地矿山安全监察机构报告。

国家矿山安全监察机构及其设在地方的矿山安全监察机构应当根据事故等级和工作需要，派出工作组赶赴事故现场，指导配合事故发生地地方人民政府开展应急救援工作。

第六十条 煤矿生产安全事故按照事故等级实行分级调查处理。

特别重大事故由国务院或者国务院授权有关部门依照《生产安全事故报告和调查处理条例》的规定组织调查处理。重大事故、较大事故、一般事故由国家矿山安全监察机构及其设在地方的矿山安全监察机构依照《生产安全事故报告和调查处理条例》的规定组织调查处理。

第五章 法律责任

第六十一条 未依法取得安全生产许可证等擅自进行煤矿生产的，应当责令立即停止生产，没收违法所得和开采出的煤炭以及采掘设备；违法所得在10万元以上的，并处违法所得2倍以上5倍以下的罚款；没有违法所得或者违法所得不足10万元的，并处10万元以上20万元以下的罚款。

关闭的煤矿企业擅自恢复生产的，依照前款规定予以处罚。

第六十二条 煤矿企业有下列行为之一的，依照《中华人民共和国安全生产法》有关规定予以处罚：

（一）未按照规定设置安全生产管理机构并配备安全生产管理人员的；

（二）主要负责人和安全生产管理人员未按照规定经考核合格并持续保持相应水平和能力的；

（三）未按照规定进行安全生产教育和培训，未按照规定如实告知有关的安全生产事项，或者未如实记录安全生产教育和培训情况的；

（四）特种作业人员未按照规定经专门的安全作业培训并取得相应资格，上岗作业的；

（五）进行危险作业，未采取专门安全技术措施并安排专门人员进行现场安全管理的；

（六）未按照规定建立并落实安全风险分级管控制度和事故隐患排查治理制度的，或者重大事故隐患排查治理情况未按照规定报告的；

（七）未按照规定制定生产安全事故应急救援预案或者未定期组织演练的。

第六十三条　煤矿企业有下列行为之一的，责令限期改正，处 10 万元以上 20 万元以下的罚款；逾期未改正的，责令停产整顿，并处 20 万元以上 50 万元以下的罚款，对其直接负责的主管人员和其他直接责任人员处 3 万元以上 5 万元以下的罚款：

（一）未按照规定制定并落实全员安全生产责任制和领导带班等安全生产规章制度的；

（二）未按照规定为煤矿配备矿长等人员和机构，或者未按照规定设立救护队的；

（三）煤矿的主要生产系统、安全设施不符合煤矿安全规程和国家标准或者行业标准规定的；

（四）未按照规定编制专项设计的；

（五）井工煤矿未按照规定进行瓦斯等级、冲击地压、煤层自燃倾向性和煤尘爆炸性鉴定的；

（六）露天煤矿的采场及排土场边坡与重要建筑物、构筑物之间安全距离不符合规定的，或者未按照规定保持露天煤矿边坡稳定的；

（七）违章指挥或者强令冒险作业、违反规程的。

第六十四条　对存在重大事故隐患仍然进行生产的煤矿企业，责令停产整顿，明确整顿的内容、时间等具体要求，并处 50 万元以上 200 万元以下的罚款；对煤矿企业主要负责人处 3 万元以上 15 万元以下的罚款。

第六十五条　煤矿企业超越依法确定的开采范围采矿的，依照有关法律法规的规定予以处理。

擅自开采保安煤柱或者采用可能危及相邻煤矿生产

安全的决水、爆破、贯通巷道等危险方法进行采矿作业的，责令立即停止作业，没收违法所得；违法所得在 10 万元以上的，并处违法所得 2 倍以上 5 倍以下的罚款；没有违法所得或者违法所得不足 10 万元的，并处 10 万元以上 20 万元以下的罚款；造成损失的，依法承担赔偿责任。

第六十六条　煤矿企业有下列行为之一的，责令改正；拒不改正的，处 10 万元以上 20 万元以下的罚款；对其直接负责的主管人员和其他直接责任人员处 1 万元以上 2 万元以下的罚款：

（一）违反本条例第三十七条第一款规定，隐瞒存在的事故隐患以及其他安全问题的；

（二）违反本条例第四十四条第一款规定，擅自启封或者使用被查封、扣押的设施、设备、器材的；

（三）有其他拒绝、阻碍监督检查行为的。

第六十七条　发生煤矿生产安全事故，对负有责任的煤矿企业除要求其依法承担相应的赔偿等责任外，依照下列规定处以罚款：

（一）发生一般事故的，处 50 万元以上 100 万元以下的罚款；

（二）发生较大事故的，处 150 万元以上 200 万元以下的罚款；

（三）发生重大事故的，处 500 万元以上 1000 万元以下的罚款；

（四）发生特别重大事故的，处 1000 万元以上 2000 万元以下的罚款。

发生煤矿生产安全事故，情节特别严重、影响特别恶劣的，可以按照前款罚款数额的 2 倍以上 5 倍以下对负有责任的煤矿企业处以罚款。

第六十八条　煤矿企业的决策机构、主要负责人、其他负责人和安全生产管理人员未依法履行安全生产管理职责，依照《中华人民共和国安全生产法》有关规定处罚并承担相应责任。

煤矿企业主要负责人未依法履行安全生产管理职责，导致发生煤矿生产安全事故的，依照下列规定处以罚款：

（一）发生一般事故的，处上一年年收入 40% 的罚款；

（二）发生较大事故的，处上一年年收入 60% 的罚款；

（三）发生重大事故的，处上一年年收入 80% 的罚款；

（四）发生特别重大事故的，处上一年年收入 100% 的罚款。

第六十九条　煤矿企业及其有关人员有瞒报、谎报事故等行为的,依照《中华人民共和国安全生产法》《生产安全事故报告和调查处理条例》有关规定予以处罚。

有关地方人民政府及其应急管理部门、负有煤矿安全生产监督管理职责的部门和设在地方的矿山安全监察机构有瞒报、谎报事故等行为的,对负有责任的领导人员和直接责任人员依法给予处分。

第七十条　煤矿企业存在下列情形之一的,应当提请县级以上地方人民政府予以关闭：

（一）未依法取得安全生产许可证等擅自进行生产的；

（二）3个月内2次或者2次以上发现有重大事故隐患仍然进行生产的；

（三）经地方人民政府组织的专家论证在现有技术条件下难以有效防治重大灾害的；

（四）有《中华人民共和国安全生产法》规定的应当提请关闭的其他情形。

有关地方人民政府作出予以关闭的决定,应当立即组织实施。关闭煤矿应当达到下列要求：

（一）依照法律法规有关规定吊销、注销相关证照；

（二）停止供应并妥善处理民用爆炸物品；

（三）停止供电,拆除矿井生产设备、供电、通信线路；

（四）封闭、填实矿井井筒,平整井口场地,恢复地貌；

（五）妥善处理劳动关系,依法依规支付经济补偿、工伤保险待遇,组织离岗时职业健康检查,偿还拖欠工资,补缴欠缴的社会保险费；

（六）设立标识牌；

（七）报送、移交相关报告、图纸和资料等；

（八）有关法律法规规定的其他要求。

第七十一条　有下列情形之一的,依照《中华人民共和国安全生产法》有关规定予以处罚：

（一）煤矿建设项目没有安全设施设计或者安全设施设计未按照规定报经有关部门审查同意的；

（二）煤矿建设项目的施工单位未按照批准的安全设施设计施工的；

（三）煤矿建设项目竣工投入生产或者使用前,安全设施未经验收合格的；

（四）煤矿企业违反本条例第二十四条第一款、第二十五条第一款和第二款、第二十六条第二款规定的。

第七十二条　承担安全评价、认证、检测、检验等职责的煤矿安全生产技术服务机构有出具失实报告、租借资质、挂靠、出具虚假报告等情形的,对该机构及直接负责的主管人员和其他直接责任人员,应当依照《中华人民共和国安全生产法》有关规定予以处罚并追究相应责任。其主要负责人对重大、特别重大煤矿生产安全事故负有责任的,终身不得从事煤矿安全生产相关技术服务工作。

第七十三条　本条例规定的行政处罚,由县级以上人民政府负有煤矿安全生产监督管理职责的部门和其他有关部门、国家矿山安全监察机构及其设在地方的矿山安全监察机构按照职责分工决定,对同一违法行为不得给予两次以上罚款的行政处罚。对被责令停产整顿的煤矿企业,应当暂扣安全生产许可证等。对违反本条例规定的严重违法行为,应当依法从重处罚。

第七十四条　地方各级人民政府、县级以上人民政府负有煤矿安全生产监督管理职责的部门和其他有关部门、国家矿山安全监察机构及其设在地方的矿山安全监察机构有下列情形之一的,对负有责任的领导人员和直接责任人员依法给予处分：

（一）县级以上人民政府负有煤矿安全生产监督管理职责的部门、国家矿山安全监察机构及其设在地方的矿山安全监察机构不依法履行职责,不及时查处所辖区域内重大事故隐患和安全生产违法行为的；县级以上人民政府其他有关部门未依法履行煤矿安全生产相关职责的；

（二）乡镇人民政府在所辖区域内发现未依法取得安全生产许可证等擅自进行煤矿生产,没有采取有效措施制止或者没有向县级人民政府相关主管部门报告的；

（三）对被责令停产整顿的煤矿企业,在停产整顿期间,因有关地方人民政府监督检查不力,煤矿企业在停产整顿期间继续生产的；

（四）关闭煤矿未达到本条例第七十条第二款规定要求的；

（五）县级以上人民政府负有煤矿安全生产监督管理职责的部门、国家矿山安全监察机构及其设在地方的矿山安全监察机构接到举报后,不及时处理的；

（六）县级以上人民政府及其有关部门要求不具备安全生产条件的煤矿企业进行生产的；

（七）有其他滥用职权、玩忽职守、徇私舞弊情形的。

第七十五条　违反本条例规定,构成犯罪的,依法追究刑事责任。

第六章　附　则

第七十六条　本条例自2024年5月1日起施行。《煤矿安全监察条例》和《国务院关于预防煤矿生产安全事故的特别规定》同时废止。

安全生产许可证条例

- 2004年1月13日中华人民共和国国务院令第397号公布
- 根据2013年7月18日《国务院关于废止和修改部分行政法规的决定》第一次修订
- 根据2014年7月29日《国务院关于修改部分行政法规的决定》第二次修订

第一条 为了严格规范安全生产条件,进一步加强安全生产监督管理,防止和减少生产安全事故,根据《中华人民共和国安全生产法》的有关规定,制定本条例。

第二条 国家对矿山企业、建筑施工企业和危险化学品、烟花爆竹、爆炸物品生产企业(以下统称企业)实行安全生产许可制度。

企业未取得安全生产许可证的,不得从事生产活动。

第三条 国务院安全生产监督管理部门负责中央管理的非煤矿矿山企业和危险化学品、烟花爆竹生产企业安全生产许可证的颁发和管理。

省、自治区、直辖市人民政府安全生产监督管理部门负责前款规定以外的非煤矿矿山企业和危险化学品、烟花爆竹生产企业安全生产许可证的颁发和管理,并接受国务院安全生产监督管理部门的指导和监督。

国家煤矿安全监察机构负责中央管理的煤矿企业安全生产许可证的颁发和管理。

在省、自治区、直辖市设立的煤矿安全监察机构负责前款规定以外的其他煤矿企业安全生产许可证的颁发和管理,并接受国家煤矿安全监察机构的指导和监督。

第四条 省、自治区、直辖市人民政府建设主管部门负责建筑施工企业安全生产许可证的颁发和管理,并接受国务院建设主管部门的指导和监督。

第五条 省、自治区、直辖市人民政府民用爆炸物品行业主管部门负责民用爆炸物品生产企业安全生产许可证的颁发和管理,并接受国务院民用爆炸物品行业主管部门的指导和监督。

第六条 企业取得安全生产许可证,应当具备下列安全生产条件:

(一)建立、健全安全生产责任制,制定完备的安全生产规章制度和操作规程;

(二)安全投入符合安全生产要求;

(三)设置安全生产管理机构,配备专职安全生产管理人员;

(四)主要负责人和安全生产管理人员经考核合格;

(五)特种作业人员经有关业务主管部门考核合格,取得特种作业操作资格证书;

(六)从业人员经安全生产教育和培训合格;

(七)依法参加工伤保险,为从业人员缴纳保险费;

(八)厂房、作业场所和安全设施、设备、工艺符合有关安全生产法律、法规、标准和规程的要求;

(九)有职业危害防治措施,并为从业人员配备符合国家标准或者行业标准的劳动防护用品;

(十)依法进行安全评价;

(十一)有重大危险源检测、评估、监控措施和应急预案;

(十二)有生产安全事故应急救援预案、应急救援组织或者应急救援人员,配备必要的应急救援器材、设备;

(十三)法律、法规规定的其他条件。

第七条 企业进行生产前,应当依照本条例的规定向安全生产许可证颁发管理机关申请领取安全生产许可证,并提供本条例第六条规定的相关文件、资料。安全生产许可证颁发管理机关应当自收到申请之日起45日内审查完毕,经审查符合本条例规定的安全生产条件的,颁发安全生产许可证;不符合本条例规定的安全生产条件的,不予颁发安全生产许可证,书面通知企业并说明理由。

煤矿企业应当以矿(井)为单位,依照本条例的规定取得安全生产许可证。

第八条 安全生产许可证由国务院安全生产监督管理部门规定统一的式样。

第九条 安全生产许可证的有效期为3年。安全生产许可证有效期满需要延期的,企业应当于期满前3个月向原安全生产许可证颁发管理机关办理延期手续。

企业在安全生产许可证有效期内,严格遵守有关安全生产的法律法规,未发生死亡事故的,安全生产许可证有效期届满时,经原安全生产许可证颁发管理机关同意,不再审查,安全生产许可证有效期延期3年。

第十条 安全生产许可证颁发管理机关应当建立、健全安全生产许可证档案管理制度,并定期向社会公布企业取得安全生产许可证的情况。

第十一条 煤矿企业安全生产许可证颁发管理机关、建筑施工企业安全生产许可证颁发管理机关、民用爆炸物品生产企业安全生产许可证颁发管理机关,应当每年向同级安全生产监督管理部门通报其安全生产许可证颁发和管理情况。

第十二条 国务院安全生产监督管理部门和省、自治区、直辖市人民政府安全生产监督管理部门对建筑施工企业、民用爆炸物品生产企业、煤矿企业取得安全生产许可证的情况进行监督。

第十三条 企业不得转让、冒用安全生产许可证或者使用伪造的安全生产许可证。

第十四条 企业取得安全生产许可证后，不得降低安全生产条件，并应当加强日常安全生产管理，接受安全生产许可证颁发管理机关的监督检查。

安全生产许可证颁发管理机关应当加强对取得安全生产许可证的企业的监督检查，发现其不再具备本条例规定的安全生产条件的，应当暂扣或者吊销安全生产许可证。

第十五条 安全生产许可证颁发管理机关工作人员在安全生产许可证颁发、管理和监督检查工作中，不得索取或者接受企业的财物，不得谋取其他利益。

第十六条 监察机关依照《中华人民共和国行政监察法》的规定，对安全生产许可证颁发管理机关及其工作人员履行本条例规定的职责实施监察。

第十七条 任何单位或者个人对违反本条例规定的行为，有权向安全生产许可证颁发管理机关或者监察机关等有关部门举报。

第十八条 安全生产许可证颁发管理机关工作人员有下列行为之一的，给予降级或者撤职的行政处分；构成犯罪的，依法追究刑事责任：

（一）向不符合本条例规定的安全生产条件的企业颁发安全生产许可证的；

（二）发现企业未依法取得安全生产许可证擅自从事生产活动，不依法处理的；

（三）发现取得安全生产许可证的企业不再具备本条例规定的安全生产条件，不依法处理的；

（四）接到对违反本条例规定行为的举报后，不及时处理的；

（五）在安全生产许可证颁发、管理和监督检查工作中，索取或者接受企业的财物，或者谋取其他利益的。

第十九条 违反本条例规定，未取得安全生产许可证擅自进行生产的，责令停止生产，没收违法所得，并处10万元以上50万元以下的罚款；造成重大事故或者其他严重后果，构成犯罪的，依法追究刑事责任。

第二十条 违反本条例规定，安全生产许可证有效期满未办理延期手续，继续进行生产的，责令停止生产，限期补办延期手续，没收违法所得，并处5万元以上10万元以下的罚款；逾期仍不办理延期手续，继续生产的，依照本条例第十九条的规定处罚。

第二十一条 违反本条例规定，转让安全生产许可证的，没收违法所得，处10万元以上50万元以下的罚款，并吊销其安全生产许可证；构成犯罪的，依法追究刑事责任；接受转让的，依照本条例第十九条的规定处罚。

冒用安全生产许可证或者使用伪造的安全生产许可证的，依照本条例第十九条的规定处罚。

第二十二条 本条例施行前已经进行生产的企业，应当自本条例施行之日起1年内，依照本条例的规定向安全生产许可证颁发管理机关申请办理安全生产许可证；逾期不办理安全生产许可证，或者经审查不符合本条例规定的安全生产条件，未取得安全生产许可证，继续进行生产的，依照本条例第十九条的规定处罚。

第二十三条 本条例规定的行政处罚，由安全生产许可证颁发管理机关决定。

第二十四条 本条例自公布之日起施行。

使用有毒物品作业场所劳动保护条例

· 2002年5月12日中华人民共和国国务院令第352号公布
· 根据2024年12月6日《国务院关于修改和废止部分行政法规的决定》修订

第一章 总 则

第一条 为了保证作业场所安全使用有毒物品，预防、控制和消除职业中毒危害，保护劳动者的生命安全、身体健康及其相关权益，根据职业病防治法和其他有关法律、行政法规的规定，制定本条例。

第二条 作业场所使用有毒物品可能产生职业中毒危害的劳动保护，适用本条例。

第三条 按照有毒物品产生的职业中毒危害程度，有毒物品分为一般有毒物品和高毒物品。国家对作业场所使用高毒物品实行特殊管理。

一般有毒物品目录、高毒物品目录由国务院卫生行政部门会同有关部门依据国家标准制定、调整并公布。

第四条 从事使用有毒物品作业的用人单位（以下简称用人单位）应当使用符合国家标准的有毒物品，不得在作业场所使用国家明令禁止使用的有毒物品或者使用不符合国家标准的有毒物品。

用人单位应当尽可能使用无毒物品；需要使用有毒物品的，应当优先选择使用低毒物品。

第五条 用人单位应当依照本条例和其他有关法律、行政法规的规定，采取有效的防护措施，预防职业中毒事故的发生，依法参加工伤保险，保障劳动者的生命安全和身体健康。

第六条 国家鼓励研制、开发、推广、应用有利于预防、控制、消除职业中毒危害和保护劳动者健康的新技术、新工艺、新材料;限制使用或者淘汰有关职业中毒危害严重的技术、工艺、材料;加强对有关职业病的机理和发生规律的基础研究,提高有关职业病防治科学技术水平。

第七条 禁止使用童工。

用人单位不得安排未成年人和孕期、哺乳期的女职工从事使用有毒物品的作业。

第八条 工会组织应当督促并协助用人单位开展职业卫生宣传教育和培训,对用人单位的职业卫生工作提出意见和建议,与用人单位就劳动者反映的职业病防治问题进行协调并督促解决。

工会组织对用人单位违反法律、法规,侵犯劳动者合法权益的行为,有权要求纠正;产生严重职业中毒危害时,有权要求用人单位采取防护措施,或者向政府有关部门建议采取强制性措施;发生职业中毒事故时,有权参与事故调查处理;发现危及劳动者生命、健康的情形时,有权建议用人单位组织劳动者撤离危险现场,用人单位应当立即作出处理。

第九条 县级以上人民政府卫生行政、疾病预防控制部门及其他有关行政部门应当依据各自的职责,监督用人单位严格遵守本条例和其他有关法律、法规的规定,加强作业场所使用有毒物品的劳动保护,防止职业中毒事故发生,确保劳动者依法享有的权利。

第十条 各级人民政府应当加强对使用有毒物品作业场所职业卫生安全及相关劳动保护工作的领导,督促、支持卫生行政、疾病预防控制部门及其他有关行政部门依法履行监督检查职责,及时协调、解决有关重大问题;在发生职业中毒事故时,应当采取有效措施,控制事故危害的蔓延并消除事故危害,并妥善处理有关善后工作。

第二章 作业场所的预防措施

第十一条 用人单位的设立,应当符合有关法律、行政法规规定的设立条件,并依法办理有关手续,取得营业执照。

用人单位的使用有毒物品作业场所,除应当符合职业病防治法规定的职业卫生要求外,还必须符合下列要求:

(一)作业场所与生活场所分开,作业场所不得住人;

(二)有害作业与无害作业分开,高毒作业场所与其他作业场所隔离;

(三)设置有效的通风装置;可能突然泄漏大量有毒物品或者易造成急性中毒的作业场所,设置自动报警装置和事故通风设施;

(四)高毒作业场所设置应急撤离通道和必要的泄险区。

第十二条 使用有毒物品作业场所应当设置黄色区域警示线、警示标识和中文警示说明。警示说明应当载明产生职业中毒危害的种类、后果、预防以及应急救治措施等内容。

高毒作业场所应当设置红色区域警示线、警示标识和中文警示说明,并设置通讯报警设备。

第十三条 新建、扩建、改建的建设项目和技术改造、技术引进项目(以下统称建设项目),可能产生职业中毒危害的,应当依照职业病防治法的规定进行职业中毒危害预评价;可能产生职业中毒危害的建设项目的职业中毒危害防护设施应当与主体工程同时设计,同时施工,同时投入生产和使用;建设项目竣工验收前,应当进行职业中毒危害控制效果评价;建设项目的职业中毒危害防护设施经依法组织验收合格后,方可投入生产和使用。

可能产生职业中毒危害的建设项目的职业中毒危害防护设施设计应当符合国家职业卫生标准和卫生要求。

第十四条 用人单位应当按照国务院卫生行政部门的规定,向卫生行政部门及时、如实申报存在职业中毒危害项目。

从事使用高毒物品作业的用人单位,在申报使用高毒物品作业项目时,应当向卫生行政部门提交下列有关资料:

(一)职业中毒危害控制效果评价报告;

(二)职业卫生管理制度和操作规程等材料;

(三)职业中毒事故应急救援预案。

从事使用高毒物品作业的用人单位变更所使用的高毒物品品种的,应当依照前款规定向原受理申报的卫生行政部门重新申报。

第十五条 用人单位变更名称、法定代表人或者负责人的,应当向原受理申报的卫生行政部门备案。

第十六条 从事使用高毒物品作业的用人单位,应当配备应急救援人员和必要的应急救援器材、设备,制定事故应急救援预案,并根据实际情况变化对应急救援预案适时进行修订,定期组织演练。事故应急救援预案和演练记录应当报当地卫生行政部门、应急管理部门和公安部门备案。

第三章 劳动过程的防护

第十七条 用人单位应当依照职业病防治法的有关规定,采取有效的职业卫生防护管理措施,加强劳动过程中的防护与管理。

从事使用高毒物品作业的用人单位,应当配备专职的或者兼职的职业卫生医师和护士;不具备配备专职的或者兼职的职业卫生医师和护士条件的,应当与依法取得资质认证的职业卫生技术服务机构签订合同,由其提供职业卫生服务。

第十八条 用人单位应当与劳动者订立劳动合同,将工作过程中可能产生的职业中毒危害及其后果、职业中毒危害防护措施和待遇等如实告知劳动者,并在劳动合同中写明,不得隐瞒或者欺骗。

劳动者在已订立劳动合同期间因工作岗位或者工作内容变更,从事劳动合同中未告知的存在职业中毒危害的作业时,用人单位应当依照前款规定,如实告知劳动者,并协商变更原劳动合同有关条款。

用人单位违反前两款规定的,劳动者有权拒绝从事存在职业中毒危害的作业,用人单位不得因此单方面解除或者终止与劳动者所订立的劳动合同。

第十九条 用人单位有关管理人员应当熟悉有关职业病防治的法律、法规以及确保劳动者安全使用有毒物品作业的知识。

用人单位应当对劳动者进行上岗前的职业卫生培训和在岗期间的定期职业卫生培训,普及有关职业卫生知识,督促劳动者遵守有关法律、法规和操作规程,指导劳动者正确使用职业中毒危害防护设备和个人使用的职业中毒危害防护用品。

劳动者经培训考核合格,方可上岗作业。

第二十条 用人单位应当确保职业中毒危害防护设备、应急救援设施、通讯报警装置处于正常适用状态,不得擅自拆除或者停止运行。

用人单位应当对前款所列设施进行经常性的维护、检修,定期检测其性能和效果,确保其处于良好运行状态。

职业中毒危害防护设备、应急救援设施和通讯报警装置处于不正常状态时,用人单位应当立即停止使用有毒物品作业;恢复正常状态后,方可重新作业。

第二十一条 用人单位应当为从事使用有毒物品作业的劳动者提供符合国家职业卫生标准的防护用品,并确保劳动者正确使用。

第二十二条 有毒物品必须附具说明书,如实载明产品特性、主要成分、存在的职业中毒危害因素、可能产生的危害后果、安全使用注意事项、职业中毒危害防护以及应急救治措施等内容;没有说明书或者说明书不符合要求的,不得向用人单位销售。

用人单位有权向生产、经营有毒物品的单位索取说明书。

第二十三条 有毒物品的包装应当符合国家标准,并以易于劳动者理解的方式加贴或者拴挂有毒物品安全标签。有毒物品的包装必须有醒目的警示标识和中文警示说明。

经营、使用有毒物品的单位,不得经营、使用没有安全标签、警示标识和中文警示说明的有毒物品。

第二十四条 用人单位维护、检修存在高毒物品的生产装置,必须事先制订维护、检修方案,明确职业中毒危害防护措施,确保维护、检修人员的生命安全和身体健康。

维护、检修存在高毒物品的生产装置,必须严格按照维护、检修方案和操作规程进行。维护、检修现场应当有专人监护,并设置警示标志。

第二十五条 需要进入存在高毒物品的设备、容器或者狭窄封闭场所作业时,用人单位应当事先采取下列措施:

(一)保持作业场所良好的通风状态,确保作业场所职业中毒危害因素浓度符合国家职业卫生标准;

(二)为劳动者配备符合国家职业卫生标准的防护用品;

(三)设置现场监护人员和现场救援设备。

未采取前款规定措施或者采取的措施不符合要求的,用人单位不得安排劳动者进入存在高毒物品的设备、容器或者狭窄封闭场所作业。

第二十六条 用人单位应当按照国务院卫生行政部门的规定,定期对使用有毒物品作业场所职业中毒危害因素进行检测、评价。检测、评价结果存入用人单位职业卫生档案,定期向所在地卫生行政部门报告并向劳动者公布。

从事使用高毒物品作业的用人单位应当至少每一个月对高毒作业场所进行一次职业中毒危害因素检测;至少每半年进行一次职业中毒危害控制效果评价。

高毒作业场所职业中毒危害因素不符合国家职业卫生标准和卫生要求时,用人单位必须立即停止高毒作业,并采取相应的治理措施;经治理,职业中毒危害因素符合国家职业卫生标准和卫生要求的,方可重新作业。

第二十七条 从事使用高毒物品作业的用人单位应当设置淋浴间和更衣室，并设置清洗、存放或者处理从事使用高毒物品作业劳动者的工作服、工作鞋帽等物品的专用间。

劳动者结束作业时，其使用的工作服、工作鞋帽等物品必须存放在高毒作业区域内，不得穿戴到非高毒作业区域。

第二十八条 用人单位应当按照规定对从事使用高毒物品作业的劳动者进行岗位轮换。

用人单位应当为从事使用高毒物品作业的劳动者提供岗位津贴。

第二十九条 用人单位转产、停产、停业或者解散、破产的，应当采取有效措施，妥善处理留存或者残留有毒物品的设备、包装物和容器。

第三十条 用人单位应当对本单位执行本条例规定的情况进行经常性的监督检查；发现问题，应当及时依照本条例规定的要求进行处理。

第四章 职业健康监护

第三十一条 用人单位应当组织从事使用有毒物品作业的劳动者进行上岗前职业健康检查。

用人单位不得安排未经上岗前职业健康检查的劳动者从事使用有毒物品的作业，不得安排有职业禁忌的劳动者从事其所禁忌的作业。

第三十二条 用人单位应当对从事使用有毒物品作业的劳动者进行定期职业健康检查。

用人单位发现有职业禁忌或者有与所从事职业相关的健康损害的劳动者，应当将其及时调离原工作岗位，并妥善安置。

用人单位对需要复查和医学观察的劳动者，应当按照体检机构的要求安排其复查和医学观察。

第三十三条 用人单位应当对从事使用有毒物品作业的劳动者进行离岗时的职业健康检查；对离岗时未进行职业健康检查的劳动者，不得解除或者终止与其订立的劳动合同。

用人单位发生分立、合并、解散、破产等情形的，应当对从事使用有毒物品作业的劳动者进行健康检查，并按照国家有关规定妥善安置职业病病人。

第三十四条 用人单位对受到或者可能受到急性职业中毒危害的劳动者，应当及时组织进行健康检查和医学观察。

第三十五条 劳动者职业健康检查和医学观察的费用，由用人单位承担。

第三十六条 用人单位应当建立职业健康监护档案。

职业健康监护档案应当包括下列内容：
（一）劳动者的职业史和职业中毒危害接触史；
（二）相应作业场所职业中毒危害因素监测结果；
（三）职业健康检查结果及处理情况；
（四）职业病诊疗等劳动者健康资料。

第五章 劳动者的权利与义务

第三十七条 从事使用有毒物品作业的劳动者在存在威胁生命安全或者身体健康危险的情况下，有权通知用人单位并从使用有毒物品造成的危险现场撤离。

用人单位不得因劳动者依据前款规定行使权利，而取消或者减少劳动者在正常工作时享有的工资、福利待遇。

第三十八条 劳动者享有下列职业卫生保护权利：
（一）获得职业卫生教育、培训；
（二）获得职业健康检查、职业病诊疗、康复等职业病防治服务；
（三）了解工作场所产生或者可能产生的职业中毒危害因素、危害后果和应当采取的职业中毒危害防护措施；
（四）要求用人单位提供符合防治职业病要求的职业中毒危害防护设施和个人使用的职业中毒危害防护用品，改善工作条件；
（五）对违反职业病防治法律、法规，危及生命、健康的行为提出批评、检举和控告；
（六）拒绝违章指挥和强令进行没有职业中毒危害防护措施的作业；
（七）参与用人单位职业卫生工作的民主管理，对职业病防治工作提出意见和建议。

用人单位应当保障劳动者行使前款所列权利。禁止因劳动者依法行使正当权利而降低其工资、福利等待遇或者解除、终止与其订立的劳动合同。

第三十九条 劳动者有权在正式上岗前从用人单位获得下列资料：
（一）作业场所使用的有毒物品的特性、有害成分、预防措施、教育和培训资料；
（二）有毒物品的标签、标识及有关资料；
（三）有毒物品安全使用说明书；
（四）可能影响安全使用有毒物品的其他有关资料。

第四十条 劳动者有权查阅、复印其本人职业健康监护档案。

劳动者离开用人单位时，有权索取本人健康监护档案复印件；用人单位应当如实、无偿提供，并在所提供的复印件上签章。

第四十一条 用人单位按照国家规定参加工伤保险的，患职业病的劳动者有权按照国家有关工伤保险的规定，享受下列工伤保险待遇：

（一）医疗费：因患职业病进行诊疗所需费用，由工伤保险基金按照规定标准支付；

（二）住院伙食补助费：由用人单位按照当地因公出差伙食标准的一定比例支付；

（三）康复费：由工伤保险基金按照规定标准支付；

（四）残疾用具费：因残疾需要配置辅助器具的，所需费用由工伤保险基金按照普及型辅助器具标准支付；

（五）停工留薪期待遇：原工资、福利待遇不变，由用人单位支付；

（六）生活护理补助费：经评残并确认需要生活护理的，生活护理补助费由工伤保险基金按照规定标准支付；

（七）一次性伤残补助金：经鉴定为十级至一级伤残的，按照伤残等级享受相当于6个月至24个月的本人工资的一次性伤残补助金，由工伤保险基金支付；

（八）伤残津贴：经鉴定为四级至一级伤残的，按照规定享受相当于本人工资75%至90%的伤残津贴，由工伤保险基金支付；

（九）死亡补助金：因职业中毒死亡的，由工伤保险基金按照不低于48个月的统筹地区上年度职工月平均工资的标准一次性支付；

（十）丧葬补助金：因职业中毒死亡的，由工伤保险基金按照6个月的统筹地区上年度职工月平均工资的标准一次性支付；

（十一）供养亲属抚恤金：因职业中毒死亡的，对由死者生前提供主要生活来源的亲属由工伤保险基金支付抚恤金；对其配偶每月按照统筹地区上年度职工月平均工资的40%发给，对其生前供养的直系亲属每人每月按照统筹地区上年度职工月平均工资的30%发给；

（十二）国家规定的其他工伤保险待遇。

本条例施行后，国家对工伤保险待遇的项目和标准作出调整时，从其规定。

第四十二条 用人单位未参加工伤保险的，其劳动者从事有毒物品作业患职业病的，用人单位应当按照国家有关工伤保险规定的项目和标准，保证劳动者享受工伤待遇。

第四十三条 用人单位无营业执照以及被依法吊销营业执照，其劳动者从事使用有毒物品作业患职业病的，应当按照国家有关工伤保险规定的项目和标准，给予劳动者一次性赔偿。

第四十四条 用人单位分立、合并的，承继单位应当承担由原用人单位对患职业病的劳动者承担的补偿责任。

用人单位解散、破产的，应当依法从其清算财产中优先支付患职业病的劳动者的补偿费用。

第四十五条 劳动者除依法享有工伤保险外，依照有关民事法律的规定，尚有获得赔偿的权利的，有权向用人单位提出赔偿要求。

第四十六条 劳动者应当学习和掌握相关职业卫生知识，遵守有关劳动保护的法律、法规和操作规程，正确使用和维护职业中毒危害防护设施及其用品；发现职业中毒事故隐患时，应当及时报告。

作业场所出现使用有毒物品产生的危险时，劳动者应当采取必要措施，按照规定正确使用防护设施，将危险加以消除或者减少到最低限度。

第六章 监督管理

第四十七条 县级以上人民政府卫生行政、疾病预防控制部门应当依照本条例的规定和国家有关职业卫生要求，依据职责划分，对作业场所使用有毒物品作业及职业中毒危害检测、评价活动进行监督检查。

卫生行政、疾病预防控制部门实施监督检查，不得收取费用，不得接受用人单位的财物或者其他利益。

第四十八条 卫生行政、疾病预防控制部门应当建立、健全监督制度，核查反映用人单位有关劳动保护的材料，履行监督责任。

用人单位应当向卫生行政、疾病预防控制部门如实、具体提供反映有关劳动保护的材料；必要时，卫生行政、疾病预防控制部门可以查阅或者要求用人单位报送有关材料。

第四十九条 卫生行政、疾病预防控制部门应当监督用人单位严格执行有关职业卫生规范。

卫生行政、疾病预防控制部门应当依照本条例的规定对使用有毒物品作业场所的职业卫生防护设备、设施的防护性能进行定期检验和不定期的抽查；发现职业卫生防护设备、设施存在隐患时，应当责令用人单位立即消除隐患；消除隐患期间，应当责令其停止作业。

第五十条 卫生行政、疾病预防控制部门应当采取措施，鼓励对用人单位的违法行为进行举报、投诉、检举和控告。

卫生行政、疾病预防控制部门对举报、投诉、检举和控告应当及时核实，依法作出处理，并将处理结果予以公布。

卫生行政、疾病预防控制部门对举报人、投诉人、检举人和控告人负有保密的义务。

第五十一条 职业卫生监督执法人员依法执行职务时，应当出示执法证件。

职业卫生监督执法人员应当忠于职守，秉公执法；涉及用人单位秘密的，应当为其保密。

第五十二条 疾病预防控制部门依法实施罚款的行政处罚，应当依照有关法律、行政法规的规定，实施罚款决定与罚款收缴分离；收缴的罚款以及依法没收的经营所得，必须全部上缴国库。

第五十三条 卫生行政、疾病预防控制部门履行监督检查职责时，有权采取下列措施：

（一）进入用人单位和使用有毒物品作业场所现场，了解情况，调查取证，进行抽样检查、检测、检验，进行实地检查；

（二）查阅或者复制与违反本条例行为有关的资料，采集样品；

（三）责令违反本条例规定的单位和个人停止违法行为。

第五十四条 发生职业中毒事故或者有证据证明职业中毒危害状态可能导致事故发生时，卫生行政、疾病预防控制部门有权采取下列临时控制措施：

（一）责令暂停导致职业中毒事故的作业；

（二）封存造成职业中毒事故或者可能导致事故发生的物品；

（三）组织控制职业中毒事故现场。

在职业中毒事故或者危害状态得到有效控制后，卫生行政、疾病预防控制部门应当及时解除控制措施。

第五十五条 职业卫生监督执法人员依法执行职务时，被检查单位应当接受检查并予以支持、配合，不得拒绝和阻挠。

第五十六条 疾病预防控制部门应当加强队伍建设，提高职业卫生监督执法人员的政治、业务素质，依照本条例的规定，建立、健全内部监督制度，对职业卫生监督执法人员执行法律、法规和遵守纪律的情况进行监督检查。

第七章 罚 则

第五十七条 卫生行政、疾病预防控制部门的工作人员有下列行为之一，导致职业中毒事故发生的，依照刑法关于滥用职权罪、玩忽职守罪或者其他罪的规定，依法追究刑事责任；造成职业中毒危害但尚未导致职业中毒事故发生，不够刑事处罚的，根据不同情节，依法给予降级、撤职或者开除的处分：

（一）对用人单位不履行监督检查职责，或者发现用人单位存在违反本条例的行为不予查处的；

（二）发现用人单位存在职业中毒危害，可能造成职业中毒事故，不及时依法采取控制措施的。

第五十八条 用人单位违反本条例的规定，有下列情形之一的，由疾病预防控制部门给予警告，责令限期改正；逾期不改正的，处 10 万元以上 50 万元以下的罚款；情节严重的，提请有关人民政府按照国务院规定的权限责令停建、予以关闭；造成严重职业中毒危害或者导致职业中毒事故发生的，对负有责任的主管人员和其他直接责任人员依照刑法关于重大劳动安全事故罪或者其他罪的规定，依法追究刑事责任：

（一）可能产生职业中毒危害的建设项目，未依照职业病防治法的规定进行职业中毒危害预评价的；

（二）职业中毒危害防护设施未与主体工程同时设计、同时施工、同时投入生产和使用的；

（三）建设项目竣工验收前，未进行职业中毒危害控制效果评价，或者职业中毒危害防护设施未经依法组织验收合格，擅自投入生产和使用的；

（四）可能产生职业中毒危害的建设项目，其职业中毒危害防护设施设计不符合国家职业卫生标准和卫生要求的。

第五十九条 用人单位违反本条例的规定，有下列情形之一的，由疾病预防控制部门给予警告，责令限期改正；逾期不改正的，处 5 万元以上 20 万元以下的罚款；情节严重的，提请有关人民政府按照国务院规定的权限予以关闭；造成严重职业中毒危害或者导致职业中毒事故发生的，对负有责任的主管人员和其他直接责任人员依照刑法关于重大劳动安全事故罪或者其他罪的规定，依法追究刑事责任：

（一）使用有毒物品作业场所未按照规定设置警示标识和中文警示说明的；

（二）未对职业卫生防护设备、应急救援设施、通讯报警装置进行维护、检修和定期检测，导致上述设施处于不正常状态的；

（三）未依照本条例的规定进行职业中毒危害因素检测和职业中毒危害控制效果评价的；

（四）未向从事使用有毒物品作业的劳动者提供符合国家职业卫生标准的防护用品，或者未保证劳动者正确使用的。

用人单位违反本条例的规定，有下列情形之一的，由疾病预防控制部门给予警告，责令限期改正，处5万元以上20万元以下的罚款；逾期不改正的，提请有关人民政府按照国务院规定的权限予以关闭；造成严重职业中毒危害或者导致职业中毒事故发生的，对负有责任的主管人员和其他直接责任人员依照刑法关于重大劳动安全事故罪或者其他罪的规定，依法追究刑事责任：

（一）高毒作业场所未按照规定设置撤离通道和泄险区的；

（二）高毒作业场所未按照规定设置警示线的。

第六十条 用人单位违反本条例的规定，有下列情形之一的，由疾病预防控制部门给予警告，责令限期改正，处5万元以上30万元以下的罚款；逾期不改正的，提请有关人民政府按照国务院规定的权限予以关闭；造成严重职业中毒危害或者导致职业中毒事故发生的，对负有责任的主管人员和其他直接责任人员依照刑法关于重大责任事故罪、重大劳动安全事故罪或者其他罪的规定，依法追究刑事责任：

（一）使用有毒物品作业场所未设置有效通风装置的，或者可能突然泄漏大量有毒物品或者易造成急性中毒的作业场所未设置自动报警装置或者事故通风设施的；

（二）职业卫生防护设备、应急救援设施、通讯报警装置处于不正常状态而不停止作业，或者擅自拆除或者停止运行职业卫生防护设备、应急救援设施、通讯报警装置的。

第六十一条 从事使用高毒物品作业的用人单位违反本条例的规定，有下列行为之一的，由疾病预防控制部门给予警告，责令限期改正，处5万元以上20万元以下的罚款；逾期不改正的，提请有关人民政府按照国务院规定的权限予以关闭；造成严重职业中毒危害或者导致职业中毒事故发生的，对负有责任的主管人员和其他直接责任人员依照刑法关于重大责任事故罪或者其他罪的规定，依法追究刑事责任：

（一）作业场所职业中毒危害因素不符合国家职业卫生标准和卫生要求而不立即停止高毒作业并采取相应的治理措施的，或者职业中毒危害因素治理不符合国家职业卫生标准和卫生要求重新作业的；

（二）未依照本条例的规定维护、检修存在高毒物品的生产装置的；

（三）未采取本条例规定的措施，安排劳动者进入存在高毒物品的设备、容器或者狭窄封闭场所作业的。

第六十二条 在作业场所使用国家明令禁止使用的有毒物品或者使用不符合国家标准的有毒物品的，由疾病预防控制部门责令立即停止使用，处5万元以上30万元以下的罚款；情节严重的，责令停止使用有毒物品作业，或者提请有关人民政府按照国务院规定的权限予以关闭；造成严重职业中毒危害或者导致职业中毒事故发生的，对负有责任的主管人员和其他直接责任人员依照刑法关于危险物品肇事罪、重大责任事故罪或者其他罪的规定，依法追究刑事责任。

第六十三条 用人单位违反本条例的规定，有下列行为之一的，由疾病预防控制部门责令限期改正，处5万元以上30万元以下的罚款；情节严重的，责令停止使用有毒物品作业，或者提请有关人民政府按照国务院规定的权限予以关闭；造成严重职业中毒危害或者导致职业中毒事故发生的，对负有责任的主管人员和其他直接责任人员依照刑法关于重大责任事故罪或者其他罪的规定，依法追究刑事责任：

（一）未组织从事使用有毒物品作业的劳动者进行上岗前职业健康检查，安排未经上岗前职业健康检查的劳动者从事使用有毒物品作业的；

（二）使用未经培训考核合格的劳动者从事高毒作业的；

（三）安排有职业禁忌的劳动者从事所禁忌的作业的；

（四）发现有职业禁忌或者有与所从事职业相关的健康损害的劳动者，未及时调离原工作岗位，并妥善安置的；

（五）安排未成年人或者孕期、哺乳期的女职工从事使用有毒物品作业的；

（六）使用童工的。

第六十四条 从事使用有毒物品作业的用人单位违反本条例的规定，在转产、停产、停业或者解散、破产时未采取有效措施，妥善处理留存或者残留高毒物品的设备、包装物和容器的，由疾病预防控制部门责令改正，处2万元以上10万元以下的罚款；触犯刑律的，对负有责任的主管人员和其他直接责任人员依照刑法关于污染环境罪、危险物品肇事罪或者其他罪的规定，依法追究刑事责任。

第六十五条 用人单位违反本条例的规定，有下列情形之一的，由疾病预防控制部门给予警告，责令限期改正,处5000元以上2万元以下的罚款;逾期不改正的,责令停止使用有毒物品作业,或者提请有关人民政府按照国务院规定的权限予以关闭;造成严重职业中毒危害或者导致职业中毒事故发生的,对负有责任的主管人员和其他直接责任人员依照刑法关于重大劳动安全事故罪、危险物品肇事罪或者其他罪的规定,依法追究刑事责任:

(一)使用有毒物品作业场所未与生活场所分开或者在作业场所住人的;

(二)未将有害作业与无害作业分开的;

(三)高毒作业场所未与其他作业场所有效隔离的;

(四)从事高毒作业未按照规定配备应急救援设施或者制定事故应急救援预案的。

第六十六条 用人单位违反本条例的规定,有下列情形之一的,由疾病预防控制部门给予警告,责令限期改正,处2万元以上5万元以下的罚款;逾期不改正的,提请有关人民政府按照国务院规定的权限予以关闭:

(一)未按照规定向卫生行政部门申报高毒作业项目的;

(二)变更使用高毒物品品种,未按照规定向原受理申报的卫生行政部门重新申报,或者申报不及时、有虚假的。

第六十七条 用人单位违反本条例的规定,有下列行为之一的,由疾病预防控制部门给予警告,责令限期改正,可以并处5万元以上10万元以下的罚款;逾期不改正的,责令停止使用有毒物品作业,或者提请有关人民政府按照国务院规定的权限予以关闭:

(一)未组织从事使用有毒物品作业的劳动者进行定期职业健康检查的;

(二)未组织从事使用有毒物品作业的劳动者进行离岗职业健康检查的;

(三)对未进行离岗职业健康检查的劳动者,解除或者终止与其订立的劳动合同的;

(四)发生分立、合并、解散、破产情形,未对从事使用有毒物品作业的劳动者进行健康检查,并按照国家有关规定妥善安置职业病病人的;

(五)对受到或者可能受到急性职业中毒危害的劳动者,未及时组织进行健康检查和医学观察的;

(六)未建立职业健康监护档案的;

(七)劳动者离开用人单位时,用人单位未如实、无偿提供职业健康监护档案的;

(八)未依照职业病防治法和本条例的规定将工作过程中可能产生的职业中毒危害及其后果、有关职业卫生防护措施和待遇等如实告知劳动者并在劳动合同中写明的;

(九)劳动者在存在威胁生命、健康危险的情况下,从危险现场中撤离,而被取消或者减少应当享有的待遇的。

第六十八条 用人单位违反本条例的规定,有下列行为之一的,由疾病预防控制部门给予警告,责令限期改正,处5000元以上2万元以下的罚款;逾期不改正的,责令停止使用有毒物品作业,或者提请有关人民政府按照国务院规定的权限予以关闭:

(一)未按照规定配备或者聘请职业卫生医师和护士的;

(二)未为从事使用高毒物品作业的劳动者设置淋浴间、更衣室或者未设置清洗、存放和处理工作服、工作鞋帽等物品的专用间,或者不能正常使用的;

(三)未安排从事使用高毒物品作业一定年限的劳动者进行岗位轮换的。

第八章 附 则

第六十九条 涉及作业场所使用有毒物品可能产生职业中毒危害的劳动保护的有关事项,本条例未作规定的,依照职业病防治法和其他有关法律、行政法规的规定执行。

有毒物品的生产、经营、储存、运输、使用和废弃处置的安全管理,依照危险化学品安全管理条例执行。

第七十条 本条例自公布之日起施行。

中华人民共和国尘肺病防治条例

·1987年12月3日国务院发布

第一章 总 则

第一条 为保护职工健康,消除粉尘危害,防止发生尘肺病,促进生产发展,制定本条例。

第二条 本条例适用于所有有粉尘作业的企业、事业单位。

第三条 尘肺病系指在生产活动中吸入粉尘而发生的肺组织纤维化为主的疾病。

第四条 地方各级人民政府要加强对尘肺病防治工作的领导。在制定本地区国民经济和社会发展计划时,要统筹安排尘肺病防治工作。

第五条 企业、事业单位的主管部门应当根据国家卫生等有关标准,结合实际情况,制定所属企业的尘肺病防治规划,并督促其施行。

乡镇企业主管部门，必须指定专人负责乡镇企业尘肺病的防治工作，建立监督检查制度，并指导乡镇企业对尘肺病的防治工作。

第六条 企业、事业单位的负责人，对本单位的尘肺病防治工作负有直接责任，应采取有效措施使本单位的粉尘作业场所达到国家卫生标准。

第二章 防 尘

第七条 凡有粉尘作业的企业、事业单位应采取综合防尘措施和无尘或低尘的新技术、新工艺、新设备，使作业场所的粉尘浓度不超过国家卫生标准。

第八条 尘肺病诊断标准由卫生行政部门制定，粉尘浓度卫生标准由卫生行政部门会同劳动等有关部门联合制定。

第九条 防尘设施的鉴定和定型制度，由劳动部门会同卫生行政部门制定。任何企业、事业单位除特殊情况外，未经上级主管部门批准，不得停止运行或者拆除防尘设施。

第十条 防尘经费应当纳入基本建设和技术改造经费计划，专款专用，不得挪用。

第十一条 严禁任何企业、事业单位将粉尘作业转嫁、外包或以联营的形式给没有防尘设施的乡镇、街道企业或个体工商户。

中、小学校各类校办的实习工厂或车间，禁止从事有粉尘的作业。

第十二条 职工使用的防止粉尘危害的防护用品，必须符合国家的有关标准。企业、事业单位应当建立严格的管理制度，并教育职工按规定和要求使用。

对初次从事粉尘作业的职工，由其所在单位进行防尘知识教育和考核，考试合格后方可从事粉尘作业。

不满十八周岁的未成年人，禁止从事粉尘作业。

第十三条 新建、改建、扩建、续建有粉尘作业的工程项目，防尘设施必须与主体工程同时设计、同时施工、同时投产。设计任务书，必须经当地卫生行政部门、劳动部门和工会组织审查同意后，方可施工。竣工验收，应由当地卫生行政部门、劳动部门和工会组织参加，凡不符合要求的，不得投产。

第十四条 作业场所的粉尘浓度超过国家卫生标准，又未积极治理，严重影响职工安全健康时，职工有权拒绝操作。

第三章 监督和监测

第十五条 卫生行政部门、劳动部门和工会组织分工协作，互相配合，对企业、事业单位的尘肺病防治工作进行监督。

第十六条 卫生行政部门负责卫生标准的监测；劳动部门负责劳动卫生工程技术标准的监测。

工会组织负责组织职工群众对本单位的尘肺病防治工作进行监督，并教育职工遵守操作规程与防尘制度。

第十七条 凡有粉尘作业的企业、事业单位，必须定期测定作业场所的粉尘浓度。测尘结果必须向主管部门和当地卫生行政部门、劳动部门和工会组织报告，并定期向职工公布。

从事粉尘作业的单位必须建立测尘资料档案。

第十八条 卫生行政部门和劳动部门，要对从事粉尘作业的企业、事业单位的测尘机构加强业务指导，并对测尘人员加强业务指导和技术培训。

第四章 健康管理

第十九条 各企业、事业单位对新从事粉尘作业的职工，必须进行健康检查。对在职和离职的从事粉尘作业的职工，必须定期进行健康检查。检查的内容、期限和尘肺病诊断标准，按卫生行政部门有关职业病管理的规定执行。

第二十条 各企业、事业单位必须贯彻执行职业病报告制度，按期向当地卫生行政部门、劳动部门、工会组织和本单位的主管部门报告职工尘肺病发生和死亡情况。

第二十一条 各企业、事业单位对已确诊为尘肺病的职工，必须调离粉尘作业岗位，并给予治疗或疗养。尘肺病患者的社会保险待遇，按国家有关规定办理。

第五章 奖励和处罚

第二十二条 对在尘肺病防治工作中做出显著成绩的单位和个人，由其上级主管部门给予奖励。

第二十三条 凡违反本条例规定，有下列行为之一的，卫生行政部门和劳动部门，可视其情节轻重，给予警告、限期治理、罚款和停业整顿的处罚。但停业整顿的处罚，需经当地人民政府同意。

（一）作业场所粉尘浓度超过国家卫生标准，逾期不采取措施的；

（二）任意拆除防尘设施，致使粉尘危害严重的；

（三）挪用防尘措施经费的；

（四）工程设计和竣工验收未经卫生行政部门、劳动部门和工会组织审查同意，擅自施工、投产的；

（五）将粉尘作业转嫁、外包或以联营的形式给没有防尘设施的乡镇、街道企业或个体工商户的；

（六）不执行健康检查制度和测尘制度的；
（七）强令尘肺病患者继续从事粉尘作业的；
（八）假报测尘结果或尘肺病诊断结果的；
（九）安排未成年人从事粉尘作业的。

第二十四条 当事人对处罚不服的，可在接到处罚通知之日起15日内，向作出处理的部门的上级机关申请复议。但是，对停业整顿的决定应当立即执行。上级机关应当在接到申请之日起30日内作出答复。对答复不服的，可以在接到答复之日起15日内，向人民法院起诉。

第二十五条 企业、事业单位负责人和监督、监测人员玩忽职守，致使公共财产、国家和人民利益遭受损失，情节轻微的，由其主管部门给予行政处分；造成重大损失，构成犯罪的，由司法机关依法追究直接责任人员的刑事责任。

第六章 附 则

第二十六条 本条例由国务院卫生行政部门和劳动部门联合进行解释。

第二十七条 各省、自治区、直辖市人民政府应当结合当地实际情况，制定本条例的实施办法。

第二十八条 本条例自发布之日起施行。

安全生产事故隐患排查治理暂行规定

· 2007年12月28日国家安全生产监督管理总局令第16号公布
· 自2008年2月1日起施行

第一章 总 则

第一条 为了建立安全生产事故隐患排查治理长效机制，强化安全生产主体责任，加强事故隐患监督管理，防止和减少事故，保障人民群众生命财产安全，根据安全生产法等法律、行政法规，制定本规定。

第二条 生产经营单位安全生产事故隐患排查治理和安全生产监督管理部门、煤矿安全监察机构（以下统称安全监管监察部门）实施监管监察，适用本规定。

有关法律、行政法规对安全生产事故隐患排查治理另有规定的，依照其规定。

第三条 本规定所称安全生产事故隐患（以下简称事故隐患），是指生产经营单位违反安全生产法律、法规、规章、标准、规程和安全生产管理制度的规定，或者因其他因素在生产经营活动中存在可能导致事故发生的物的危险状态、人的不安全行为和管理上的缺陷。

事故隐患分为一般事故隐患和重大事故隐患。一般事故隐患，是指危害和整改难度较小，发现后能够立即整改排除的隐患。重大事故隐患，是指危害和整改难度较大，应当全部或者局部停产停业，并经过一定时间整改治理方能排除的隐患，或者因外部因素影响致使生产经营单位自身难以排除的隐患。

第四条 生产经营单位应当建立健全事故隐患排查治理制度。

生产经营单位主要负责人对本单位事故隐患排查治理工作全面负责。

第五条 各级安全监管监察部门按照职责对所辖区域内生产经营单位排查治理事故隐患工作依法实施综合监督管理；各级人民政府有关部门在各自职责范围内对生产经营单位排查治理事故隐患工作依法实施监督管理。

第六条 任何单位和个人发现事故隐患，均有权向安全监管监察部门和有关部门报告。

安全监管监察部门接到事故隐患报告后，应当按照职责分工立即组织核实并予以查处；发现所报告事故隐患应当由其他有关部门处理的，应当立即移送有关部门并记录备查。

第二章 生产经营单位的职责

第七条 生产经营单位应当依照法律、法规、规章、标准和规程的要求从事生产经营活动。严禁非法从事生产经营活动。

第八条 生产经营单位是事故隐患排查、治理和防控的责任主体。

生产经营单位应当建立健全事故隐患排查治理和建档监控等制度，逐级建立并落实从主要负责人到每个从业人员的隐患排查治理和监控责任制。

第九条 生产经营单位应当保证事故隐患排查治理所需的资金，建立资金使用专项制度。

第十条 生产经营单位应当定期组织安全生产管理人员、工程技术人员和其他相关人员排查本单位的事故隐患。对排查出的事故隐患，应当按照事故隐患的等级进行登记，建立事故隐患信息档案，并按照职责分工实施监控治理。

第十一条 生产经营单位应当建立事故隐患报告和举报奖励制度，鼓励、发动职工发现和排除事故隐患，鼓励社会公众举报。对发现、排除和举报事故隐患的有功人员，应当给予物质奖励和表彰。

第十二条 生产经营单位将生产经营项目、场所、设备发包、出租的，应当与承包、承租单位签订安全生产管理协议，并在协议中明确各方对事故隐患排查、治理和防控的管理职责。生产经营单位对承包、承租单位的事故隐患排查治理负有统一协调和监督管理的职责。

第十三条　安全监管监察部门和有关部门的监督检查人员依法履行事故隐患监督检查职责时，生产经营单位应当积极配合，不得拒绝和阻挠。

第十四条　生产经营单位应当每季、每年对本单位事故隐患排查治理情况进行统计分析，并分别于下一季度15日前和下一年1月31日前向安全监管监察部门和有关部门报送书面统计分析表。统计分析表应当由生产经营单位主要负责人签字。

对于重大事故隐患，生产经营单位除依照前款规定报送外，应当及时向安全监管监察部门和有关部门报告。重大事故隐患报告内容应当包括：

（一）隐患的现状及其产生原因；

（二）隐患的危害程度和整改难易程度分析；

（三）隐患的治理方案。

第十五条　对于一般事故隐患，由生产经营单位（车间、分厂、区队等）负责人或者有关人员立即组织整改。

对于重大事故隐患，由生产经营单位主要负责人组织制定并实施事故隐患治理方案。重大事故隐患治理方案应当包括以下内容：

（一）治理的目标和任务；

（二）采取的方法和措施；

（三）经费和物资的落实；

（四）负责治理的机构和人员；

（五）治理的时限和要求；

（六）安全措施和应急预案。

第十六条　生产经营单位在事故隐患治理过程中，应当采取相应的安全防范措施，防止事故发生。事故隐患排除前或者排除过程中无法保证安全的，应当从危险区域内撤出作业人员，并疏散可能危及的其他人员，设置警戒标志，暂时停产停业或者停止使用；对暂时难以停产或者停止使用的相关生产储存装置、设施、设备，应当加强维护和保养，防止事故发生。

第十七条　生产经营单位应当加强对自然灾害的预防。对于因自然灾害可能导致事故灾难的隐患，应当按照有关法律、法规、标准和本规定的要求排查治理，采取可靠的预防措施，制定应急预案。在接到有关自然灾害预报时，应当及时向下属单位发出预警通知；发生自然灾害可能危及生产经营单位和人员安全的情况时，应当采取撤离人员、停止作业、加强监测等安全措施，并及时向当地人民政府及其有关部门报告。

第十八条　地方人民政府或者安全监管监察部门及有关部门挂牌督办并责令全部或者局部停产停业治理的重大事故隐患，治理工作结束后，有条件的生产经营单位应当组织本单位的技术人员和专家对重大事故隐患的治理情况进行评估；其他生产经营单位应当委托具备相应资质的安全评价机构对重大事故隐患的治理情况进行评估。

经治理后符合安全生产条件的，生产经营单位应当向安全监管监察部门和有关部门提出恢复生产的书面申请，经安全监管监察部门和有关部门审查同意后，方可恢复生产经营。申请报告应当包括治理方案的内容、项目和安全评价机构出具的评价报告等。

第三章　监督管理

第十九条　安全监管监察部门应当指导、监督生产经营单位按照有关法律、法规、规章、标准和规程的要求，建立健全事故隐患排查治理等各项制度。

第二十条　安全监管监察部门应当建立事故隐患排查治理监督检查制度，定期组织对生产经营单位事故隐患排查治理情况开展监督检查；应当加强对重点单位的事故隐患排查治理情况的监督检查。对检查过程中发现的重大事故隐患，应当下达整改指令书，并建立信息管理台账。必要时，报告同级人民政府并对重大事故隐患实行挂牌督办。

安全监管监察部门应当配合有关部门做好对生产经营单位事故隐患排查治理情况开展的监督检查，依法查处事故隐患排查治理的非法和违法行为及其责任者。

安全监管监察部门发现属于其他有关部门职责范围内的重大事故隐患的，应该及时将有关资料移送有管辖权的有关部门，并记录备查。

第二十一条　已经取得安全生产许可证的生产经营单位，在其被挂牌督办的重大事故隐患治理结束前，安全监管监察部门应当加强监督检查。必要时，可以提请原许可证颁发机关依法暂扣其安全生产许可证。

第二十二条　安全监管监察部门应当会同有关部门把重大事故隐患整改纳入重点行业领域的安全专项整治中加以治理，落实相应责任。

第二十三条　对挂牌督办并采取全部或者局部停产停业治理的重大事故隐患，安全监管监察部门收到生产经营单位恢复生产的申请报告后，应当在10日内进行现场审查。审查合格的，对事故隐患进行核销，同意恢复生产经营；审查不合格的，依法责令改正或者下达停产整改指令。对整改无望或者生产经营单位拒不执行整改指令的，依法实施行政处罚；不具备安全生产条件的，依法提请县级以上人民政府按照国务院规定的权限予以关闭。

第二十四条　安全监管监察部门应当每季将本行政

区域重大事故隐患的排查治理情况和统计分析表逐级报至省级安全监管监察部门备案。

省级安全监管监察部门应当每半年将本行政区域重大事故隐患的排查治理情况和统计分析表报国家安全生产监督管理总局备案。

第四章 罚 则

第二十五条 生产经营单位及其主要负责人未履行事故隐患排查治理职责，导致发生生产安全事故的，依法给予行政处罚。

第二十六条 生产经营单位违反本规定，有下列行为之一的，由安全监管监察部门给予警告，并处三万元以下的罚款：

（一）未建立安全生产事故隐患排查治理等各项制度的；

（二）未按规定上报事故隐患排查治理统计分析表的；

（三）未制定事故隐患治理方案的；

（四）重大事故隐患不报或者未及时报告的；

（五）未对事故隐患进行排查治理擅自生产经营的；

（六）整改不合格或者未经安全监管监察部门审查同意擅自恢复生产经营的。

第二十七条 承担检测检验、安全评价的中介机构，出具虚假评价证明，尚不够刑事处罚的，没收违法所得，违法所得在五千元以上的，并处违法所得二倍以上五倍以下的罚款，没有违法所得或者违法所得不足五千元的，单处或者并处五千元以上二万元以下的罚款，同时可对其直接负责的主管人员和其他直接责任人员处五千元以上五万元以下的罚款；给他人造成损害的，与生产经营单位承担连带赔偿责任。

对有前款违法行为的机构，撤销其相应的资质。

第二十八条 生产经营单位事故隐患排查治理过程中违反有关安全生产法律、法规、规章、标准和规程规定的，依法给予行政处罚。

第二十九条 安全监管监察部门的工作人员未依法履行职责的，按照有关规定处理。

第五章 附 则

第三十条 省级安全监管监察部门可以根据本规定，制定事故隐患排查治理和监督管理实施细则。

第三十一条 事业单位、人民团体以及其他经济组织的事故隐患排查治理，参照本规定执行。

第三十二条 本规定自2008年2月1日起施行。

安全生产非法违法行为查处办法

· 2011年10月14日
· 安监总政法〔2011〕158号

第一条 为了严厉打击安全生产非法违法行为，维护安全生产法治秩序，根据《中华人民共和国安全生产法》、《国务院关于进一步加强企业安全生产工作的通知》（国发〔2010〕23号）等法律、行政法规和规定，制定本办法。

第二条 安全生产监督管理部门和煤矿安全监察机构（以下统称安全监管监察部门）依法查处安全生产非法违法行为，适用本办法。

本办法所称安全生产非法行为，是指公民、法人或其他组织未依法取得安全监管监察部门负责的行政许可，擅自从事生产经营建设活动的行为，或者行政许可已经失效，继续从事生产经营建设活动的行为。

本办法所称安全生产违法行为，是指生产经营单位及其从业人员违反安全生产法律、法规、规章、强制性国家标准或者行业标准的规定，从事生产经营建设活动的行为。

第三条 安全监管监察部门依法查处安全生产非法违法行为，实行查处与引导相结合、处罚与教育相结合的原则，督促引导生产经营单位依法办理相应行政许可手续，合法从事生产经营建设活动。

第四条 任何单位和个人从事生产经营活动，不得违反安全生产法律、法规、规章和强制性标准的规定。

生产经营单位主要负责人对本单位安全生产工作全面负责，并对本单位安全生产非法违法行为承担法律责任；公民个人对自己的安全生产非法违法行为承担法律责任。

第五条 安全监管监察部门应当制订并实施年度安全监管监察执法工作计划，依照法律、法规和规章规定的职责、程序和要求，对发现的和被举报的安全生产非法违法行为予以查处。

第六条 任何单位和个人均有权向安全监管监察部门举报安全生产非法违法行为。举报人故意捏造或者歪曲事实、诬告或者陷害他人的，应当承担相应的法律责任。

第七条 安全监管监察部门应当建立健全举报制度，对举报人的有关情况予以保密，不得泄露举报人身份或者将举报材料、举报人情况透露给被举报单位、被举报人；对举报有功人员，应当按照有关规定给予奖励。

第八条 安全监管监察部门接到举报后,能够当场答复是否受理的,应当当场答复;不能当场答复的,应当自收到举报之日起15个工作日内书面告知举报人是否受理。但举报人的姓名(名称)、住址或者其他联系方式不清的除外。

对于不属于本部门受理范围的举报,安全监管监察部门应当告知举报人向有处理权的单位反映,或者将举报材料移送有处理权的单位,并书面告知实名举报人。

第九条 对已经受理的举报,安全监管监察部门应当依照下列规定处理:

(一)对实名举报的,立即组织核查。安全监管监察部门认为举报内容不清的,可以请举报人补充情况;

(二)对匿名举报的,根据举报具体情况决定是否进行核查。有具体的单位、安全生产非法违法事实、联系方式等线索的,立即组织核实;

(三)举报事项经核查属实的,依法予以处理;

(四)举报事项经核查不属实的,以适当方式在一定范围内予以澄清,并依法保护被举报人的合法权益。

安全监管监察部门核查安全生产非法违法行为确有困难的,可以提请本级人民政府组织有关部门共同核查。

安全监管监察部门对举报的处理情况,应当在办结的同时书面答复实名举报人,但举报人的姓名(名称)、住址或者其他联系方式不清的除外。

第十条 对安全生产非法违法行为造成的一般、较大、重大生产安全事故,设区的市级以上人民政府安委会应当按照规定对事故查处情况实施挂牌督办,有关人民政府安委会办公室(安全生产监督管理部门)具体承担督办事项。

负责督办的人民政府安委会办公室应当在当地主要新闻媒体或者本单位网站上公开督办信息,接受社会监督。

负责督办的人民政府安委会办公室应当加强对督办事项的指导、协调和监督,及时掌握安全生产非法违法事故查处的进展情况;必要时,应当派出工作组进行现场督办,并对安全生产非法违法行为查处中存在的问题责令有关单位予以纠正。

第十一条 安全监管监察部门查处安全生产非法违法行为,有权依法采取下列行政强制措施:

(一)对有根据认为不符合安全生产的国家标准或者行业标准的在用设施、设备、器材,予以查封或者扣押,并应当在作出查封、扣押决定之日起15日内依法作出处理决定;

(二)查封违法生产、储存、使用、经营危险化学品的场所,扣押违法生产、储存、使用、经营、运输的危险化学品以及用于违法生产、使用、运输危险化学品的原材料、设备;

(三)法律、法规规定的其他行政强制措施。

安全监管监察部门查处安全生产非法违法行为时,可以会同有关部门实施联合执法,必要时可以提请本级人民政府组织有关部门共同查处。

第十二条 安全监管监察部门查处安全生产非法行为,对有关单位和责任人,应当依照相关法律、法规、规章规定的上限予以处罚。

安全监管监察部门查处其他安全生产违法行为,对有关单位和责任人,应当依照《安全生产行政处罚自由裁量适用规则》、《安全生产行政处罚自由裁量标准》或者《煤矿安全监察行政处罚自由裁量实施标准》确定的处罚种类和幅度进行处罚。

第十三条 当事人逾期不履行行政处罚决定的,安全监管监察部门可以采取下列措施:

(一)到期不缴纳罚款的,每日按罚款数额的3%加处罚款;

(二)根据法律规定,将查封、扣押的设施、设备、器材拍卖所得价款抵缴罚款;

(三)申请人民法院强制执行。

第十四条 对跨区域从事生产经营建设活动的生产经营单位及其相关人员的安全生产非法违法行为,应当依法给予重大行政处罚的,安全生产非法违法行为发生地负责查处的安全监管监察部门应当书面邀请生产经营单位注册地有关安全监管监察部门参与查处。

第十五条 对跨区域从事生产经营建设活动的生产经营单位不履行负责查处的安全监管监察部门作出的行政处罚决定的,生产经营单位注册地有关安全监管监察部门应当配合负责查处的安全监管监察部门采取本办法第十三条规定的措施。

对跨区域从事生产经营建设活动的生产经营单位及其相关人员的安全生产非法违法行为,应当给予暂扣或者吊销安全生产许可证、安全资格证处罚的,安全生产非法违法行为发生地负责查处的安全监管监察部门应当提出暂扣或者吊销安全生产许可证、安全资格证的建议,并移送负责安全生产许可证、安全资格证颁发管理的安全监管监察部门调查处理,接受移送的安全监管监察部门应当依法予以处理;接受移送的安全监管监察部门对前述行政处罚建议有异议的,应当报请共同的上级安全监管监察部门作出裁决。

第十六条 安全监管监察部门在安全生产监管监察中,发现不属于职责范围的下列非法违法行为的,应当移送工商行政管理部门、其他负责相关许可证或者批准文件的颁发管理部门处理:

(一)未依法取得营业执照、其他相关许可证或者批准文件,擅自从事生产经营建设活动的行为;

(二)已经办理注销登记或者被吊销营业执照,以及营业执照有效期届满后未按照规定重新办理登记手续,擅自继续从事生产经营建设活动的行为;

(三)其他相关许可证或者批准文件有效期届满后,擅自继续从事生产经营建设活动的行为;

(四)超出核准登记经营范围、其他相关许可证或者批准文件核准范围的违法生产经营建设行为。

第十七条 拒绝、阻碍安全监管监察部门依法查处安全生产非法违法行为,构成违反治安管理行为的,安全监管监察部门应当移送公安机关依照《中华人民共和国治安管理处罚法》的规定予以处罚;涉嫌犯罪的,依法追究刑事责任。

第十八条 安全监管监察部门应当将安全生产非法行为的查处情况,自查处结案之日起15个工作日内在当地有关媒体或者安全监管监察部门网站上予以公开,接受社会监督。

对安全生产非法违法事故查处情况实施挂牌督办的有关人民政府安委会办公室,应当在督办有关措施和处罚事项全部落实后解除督办,并在解除督办之日起10个工作日内在当地主要媒体和本单位网站上予以公告,接受社会监督。

第十九条 安全监管监察部门应当建立完善安全生产非法违法行为记录和查询系统,记载安全生产非法违法行为及其处理结果。

生产经营单位因非法违法行为造成重大、特别重大生产安全事故或者一年内发生2次以上较大生产安全责任事故并负主要责任,以及存在重大隐患整改不力的,省级安全监管监察部门应当会同有关行业主管部门向社会公告,并向投资、国土资源、建设、银行、证券等主管部门通报,作为一年内严格限制其新增的项目核准、用地审批、证券融资、银行贷款等的重要参考依据。

第二十条 安全监管监察部门查处安全生产非法行为,应当在作出行政处罚决定之日起10个工作日内,将行政处罚决定书及相关证据材料报上一级安全监管监察部门备案。

安全生产监管监察部门查处其他安全生产违法行为,应当依照《安全生产违法行为行政处罚办法》第六十二条、第六十三条、第六十四条的规定,将行政处罚决定书报上一级安全监管监察部门备案。

第二十一条 县(市、区)、乡(镇)人民政府对群众举报、上级督办、日常检查发现的所辖区域的非法生产企业(单位)没有采取有效措施予以查处,致使非法生产企业(单位)存在的,对县(市、区)、乡(镇)人民政府主要领导以及相关责任人,依照国家有关规定予以纪律处分;涉嫌犯罪的,依法追究刑事责任。

县(市、区)、乡(镇)人民政府所辖区域存在非法煤矿的,依据《国务院关于预防煤矿生产安全事故的特别规定》的有关规定予以处理。

第二十二条 国家机关工作人员参与安全生产非法违法行为的,依照有关法律、行政法规和纪律处分规定由监察机关或者任免机关按照干部管理权限予以处理;涉嫌犯罪的,依法追究刑事责任。

第二十三条 安全监管监察部门工作人员对发现或者接到举报的安全生产非法违法行为,未依照有关法律、法规、规章和本办法规定予以查处的,由任免机关按照干部管理权限予以处理;涉嫌犯罪的,依法追究刑事责任。

第二十四条 本办法自2011年12月1日起施行。

安全生产严重失信主体名单管理办法

· 2023年8月8日应急管理部令第11号发布
· 自2023年10月1日起施行

第一章 总 则

第一条 为了加强安全生产领域信用体系建设,规范安全生产严重失信主体名单管理,依据《中华人民共和国安全生产法》等有关法律、行政法规,制定本办法。

第二条 矿山(含尾矿库)、化工(含石油化工)、医药、危险化学品、烟花爆竹、石油开采、冶金、有色、建材、机械、轻工、纺织、烟草、商贸等行业领域生产经营单位和承担安全评价、认证、检测、检验职责的机构及其人员的安全生产严重失信名单管理适用本办法。

第三条 本办法所称安全生产严重失信(以下简称严重失信)是指有关生产经营单位和承担安全评价、认证、检测、检验职责的机构及其人员因生产安全事故或者违反安全生产法律法规,受到行政处罚,并且性质恶劣、情节严重的行为。

严重失信主体名单管理是指应急管理部门依法将严

重失信的生产经营单位或者机构及其有关人员列入、移出严重失信主体名单，实施惩戒或者信用修复，并记录、共享、公示相关信息等管理活动。

第四条 国务院应急管理部门负责组织、指导全国严重失信主体名单管理工作；省级、设区的市级应急管理部门负责组织、实施并指导下一级应急管理部门严重失信主体名单管理工作。

县级以上地方应急管理部门负责本行政区域内严重失信主体名单管理工作。按照"谁处罚、谁决定、谁负责"的原则，由作出行政处罚决定的应急管理部门负责严重失信主体名单管理工作。

第五条 各级应急管理部门应当建立健全严重失信主体名单信息管理制度，加大信息保护力度。推进与其他部门间的信息共享共用，健全严重失信主体名单信息查询、应用和反馈机制，依法依规实施联合惩戒。

第二章 列入条件和管理措施

第六条 下列发生生产安全事故的生产经营单位及其有关人员应当列入严重失信主体名单：

（一）发生特别重大、重大生产安全事故的生产经营单位及其主要负责人，以及经调查认定对该事故发生负有责任，应当列入名单的其他单位和人员；

（二）12个月内累计发生2起以上较大生产安全事故的生产经营单位及其主要负责人；

（三）发生生产安全事故，情节特别严重、影响特别恶劣，依照《中华人民共和国安全生产法》第一百一十四条的规定被处以罚款数额2倍以上5倍以下罚款的生产经营单位及其主要负责人；

（四）瞒报、谎报生产安全事故的生产经营单位及其有关责任人员；

（五）发生生产安全事故后，不立即组织抢救或者在事故调查处理期间擅离职守或者逃匿的生产经营单位主要负责人。

第七条 下列未发生生产安全事故，但因安全生产违法行为，受到行政处罚的生产经营单位或者机构及其有关人员，应当列入严重失信主体名单：

（一）未依法取得安全生产相关许可或者许可被暂扣、吊销期间从事相关生产经营活动的生产经营单位及其主要负责人；

（二）承担安全评价、认证、检测、检验职责的机构及其直接责任人员租借资质、挂靠、出具虚假报告或者证书的；

（三）在应急管理部门作出行政处罚后，有执行能力拒不执行或者逃避执行的生产经营单位及其主要负责人；

（四）其他违反安全生产法律法规受到行政处罚，且性质恶劣、情节严重的。

第八条 应急管理部门对被列入严重失信主体名单的对象（以下简称被列入对象）可以采取下列管理措施：

（一）在国家有关信用信息共享平台、国家企业信用信息公示系统和部门政府网站等公示相关信息；

（二）加大执法检查频次，暂停项目审批，实施行业或者职业禁入；

（三）不适用告知承诺制等基于诚信的管理措施；

（四）取消参加应急管理部门组织的评先评优资格；

（五）在政府资金项目申请、财政支持等方面予以限制；

（六）法律、行政法规和党中央、国务院政策文件规定的其他管理措施。

第三章 列入和移出程序

第九条 应急管理部门作出列入严重失信主体名单书面决定前，应当告知当事人。告知内容应当包括列入时间、事由、依据、管理措施提示以及依法享有的权利等事项。

第十条 应急管理部门作出列入严重失信主体名单决定的，应当出具书面决定。书面决定内容应当包括市场主体名称、统一社会信用代码、有关人员姓名和有效身份证件号码、列入时间、事由、依据、管理措施提示、信用修复条件和程序、救济途径等事项。

告知、送达、异议处理等程序参照《中华人民共和国行政处罚法》有关规定执行。

第十一条 应急管理部门应当自作出列入严重失信主体名单决定后3个工作日内将相关信息录入安全生产信用信息管理系统；自作出列入严重失信主体名单决定后20个工作日内，通过国家有关信用信息共享平台、国家企业信用信息公示系统和部门政府网站等公示严重失信主体信息。

第十二条 被列入对象公示信息包括市场主体名称、登记注册地址、统一社会信用代码、有关人员姓名和有效身份证件号码、管理期限、作出决定的部门等事项。用于对社会公示的信息，应当加强对信息安全、个人隐私和商业秘密的保护。

第十三条 严重失信主体名单管理期限为3年。管理期满后由作出列入严重失信主体名单决定的应急管理部门负责移出，并停止公示和解除管理措施。

被列入对象自列入严重失信主体名单之日起满12个月，可以申请提前移出。依照法律、行政法规或者国务院规定实施职业或者行业禁入期限尚未届满的不予提前移出。

第十四条 在作出移出严重失信主体名单决定后3个工作日内，负责移出的应急管理部门应当在安全生产信用信息管理系统修改有关信息，并在10个工作日内停止公示和解除管理措施。

第十五条 列入严重失信主体名单的依据发生变化的，应急管理部门应当重新进行审核认定。不符合列入严重失信主体名单情形的，作出列入决定的应急管理部门应当撤销列入决定，立即将当事人移出严重失信主体名单并停止公示和解除管理措施。

第十六条 被列入对象对列入决定不服的，可以依法申请行政复议或者提起行政诉讼。

第四章 信用修复

第十七条 鼓励被列入对象进行信用修复，纠正失信行为、消除不良影响。符合信用修复条件的，应急管理部门应当按照有关规定将其移出严重失信主体名单并解除管理措施。

第十八条 被列入对象列入严重失信主体名单满12个月并符合下列条件的，可以向作出列入决定的应急管理部门提出提前移出申请：

（一）已经履行行政处罚决定中规定的义务；
（二）已经主动消除危害后果或者不良影响；
（三）未再发生本办法第六条、第七条规定的严重失信行为。

第十九条 被列入对象申请提前移出严重失信主体名单的，应当向作出列入决定的应急管理部门提出申请。申请材料包括申请书和本办法第十八条规定的相关证明材料。

应急管理部门应当在收到提前移出严重失信主体名单申请后5个工作日内作出是否受理的决定。申请材料齐全、符合条件的，应当予以受理。

第二十条 应急管理部门自受理提前移出严重失信主体名单申请之日起20个工作日内进行核实，决定是否准予提前移出。制作决定书并按照有关规定送达被列入对象；不予提前移出的，应当说明理由。

设区的市级、县级应急管理部门作出准予提前移出严重失信主体名单决定的，应当通过安全生产信用信息管理系统报告上一级应急管理部门。

第二十一条 应急管理部门发现被列入对象申请提前移出严重失信主体名单存在隐瞒真实情况、弄虚作假情形的，应当撤销提前移出决定，恢复列入状态。名单管理期自恢复列入状态之日起重新计算。

第二十二条 被列入对象对不予提前移出决定不服的，可以依法申请行政复议或者提起行政诉讼。

第五章 附 则

第二十三条 法律、行政法规和党中央、国务院政策文件对严重失信主体名单管理另有规定的，依照其规定执行。

第二十四条 矿山安全监察机构对严重失信主体名单的管理工作可以参照本办法执行。

第二十五条 本办法自2023年10月1日起施行。《国家安全监管总局关于印发〈对安全生产领域失信行为开展联合惩戒的实施办法〉的通知》（安监总办〔2017〕49号）、《国家安全监管总局办公厅关于进一步加强安全生产领域失信行为信息管理工作的通知》（安监总厅〔2017〕59号）同时废止。

生产经营单位从业人员安全生产举报处理规定

· 2020年9月16日
· 应急〔2020〕69号

第一条 为了强化和落实生产经营单位安全生产主体责任，鼓励和支持生产经营单位从业人员对本单位安全生产工作中存在的问题进行举报和监督，严格保护其合法权益，根据《中华人民共和国安全生产法》和《国务院关于加强和规范事中事后监管的指导意见》（国发〔2019〕18号）等有关法律法规和规范性文件，制定本规定。

第二条 本规定适用于生产经营单位从业人员对其所在单位的重大事故隐患、安全生产违法行为的举报以及处理。

前款所称重大事故隐患、安全生产违法行为，依照安全生产领域举报奖励有关规定进行认定。

第三条 应急管理部门（含煤矿安全监察机构，下同）应当明确负责处理生产经营单位从业人员安全生产举报事项的机构，并在官方网站公布处理举报事项机构的办公电话、微信公众号、电子邮件等联系方式，方便举报人及时掌握举报处理进度。

第四条 生产经营单位从业人员举报其所在单位的重大事故隐患、安全生产违法行为时，应当提供真实姓名以及真实有效的联系方式；否则，应急管理部门可以不予受理。

第五条 应急管理部门受理生产经营单位从业人员安全生产举报后,应当及时核查;对核查属实的,应当依法依规进行处理,并向举报人反馈核查、处理结果。

举报事项不属于本单位受理范围的,接到举报的应急管理部门应当告知举报人向有处理权的单位举报,或者将举报材料移送有处理权的单位,并采取适当方式告知举报人。

第六条 应急管理部门可以在危险化学品、矿山、烟花爆竹、金属冶炼、涉爆粉尘等重点行业、领域生产经营单位从业人员中选取信息员,建立专门联络机制,定期或者不定期与其联系,及时获取生产经营单位重大事故隐患、安全生产违法行为线索。

第七条 应急管理部门对受理的生产经营单位从业人员安全生产举报,以及信息员提供的线索,按照安全生产领域举报奖励有关规定核查属实的,应当给予举报人或者信息员现金奖励,奖励标准在安全生产领域举报奖励有关规定的基础上按照一定比例上浮,具体标准由各省级应急管理部门、财政部门根据本地实际情况确定。

因生产经营单位从业人员安全生产举报,或者信息员提供的线索直接避免了伤亡事故发生或者重大财产损失的,应急管理部门可以给予举报人或者信息员特殊奖励。

举报人领取现金奖励时,应当提供身份证件复印件以及签订的有效劳动合同等可以证明其生产经营单位从业人员身份的材料。

第八条 给予举报人和信息员的奖金列入本级预算,通过现有资金渠道安排,并接受审计和纪检监察机关的监督。

第九条 应急管理部门参与举报处理工作的人员应当严格遵守保密纪律,妥善保管和使用举报材料,严格控制有关举报信息的知悉范围,依法保护举报人和信息员的合法权益,未经其同意,不得以任何方式泄露其姓名、身份、联系方式、举报内容、奖励等信息,违者视情节轻重依法给予处分;构成犯罪的,依法追究刑事责任。

第十条 生产经营单位应当保护举报人和信息员的合法权益,不得对举报人和信息员实施打击报复行为。

生产经营单位对举报人或者信息员实施打击报复行为的,除依法予以严肃处理外,应急管理部门还可以按规定对生产经营单位及其有关人员实施联合惩戒。

第十一条 应急管理部门应当定期对举报人和信息员进行回访,了解其奖励、合法权益保护等有关情况,听取其意见建议;对回访中发现的奖励不落实、奖励低于有关标准、打击报复举报人或者信息员等情况,应当及时依法依规进行处理。

第十二条 应急管理部门鼓励生产经营单位建立健全本单位的举报奖励机制,在有关场所醒目位置公示本单位法定代表人或者安全生产管理机构以及安全生产管理人员的电话、微信、电子邮件、微博等联系方式,受理本单位从业人员举报的安全生产问题。对查证属实的,生产经营单位应当进行自我纠正整改,同时可以对举报人给予相应奖励。

第十三条 举报人和信息员应当对其举报内容的真实性负责,不得捏造、歪曲事实,不得诬告、陷害他人和生产经营单位,不得故意诱导生产经营单位实施安全生产违法行为;否则,一经查实,依法追究法律责任。

第十四条 本规定自公布之日起施行。

生产经营单位安全培训规定

- 2006年1月17日国家安全监管总局令第3号公布
- 根据2013年8月29日国家安全监管总局令第63号第一次修正
- 根据2015年5月29日国家安全生产监管总局令第80号第二次修正

第一章 总 则

第一条 为加强和规范生产经营单位安全培训工作,提高从业人员安全素质,防范伤亡事故,减轻职业危害,根据安全生产法和有关法律、行政法规,制定本规定。

第二条 工矿商贸生产经营单位(以下简称生产经营单位)从业人员的安全培训,适用本规定。

第三条 生产经营单位负责本单位从业人员安全培训工作。

生产经营单位应当按照安全生产法和有关法律、行政法规和本规定,建立健全安全培训工作制度。

第四条 生产经营单位应当进行安全培训的从业人员包括主要负责人、安全生产管理人员、特种作业人员和其他从业人员。

生产经营单位使用被派遣劳动者的,应当将被派遣劳动者纳入本单位从业人员统一管理,对被派遣劳动者进行岗位安全操作规程和安全操作技能的教育和培训。劳务派遣单位应当对被派遣劳动者进行必要的安全生产教育和培训。

生产经营单位接收中等职业学校、高等学校学生实习的,应当对实习学生进行相应的安全生产教育和培训,提供必要的劳动防护用品。学校应当协助生产经营单位对实习学生进行安全生产教育和培训。

生产经营单位从业人员应当接受安全培训，熟悉有关安全生产规章制度和安全操作规程，具备必要的安全生产知识，掌握本岗位的安全操作技能，了解事故应急处理措施，知悉自身在安全生产方面的权利和义务。

未经安全培训合格的从业人员，不得上岗作业。

第五条 国家安全生产监督管理总局指导全国安全培训工作，依法对全国的安全培训工作实施监督管理。

国务院有关主管部门按照各自职责指导监督本行业安全培训工作，并按照本规定制定实施办法。

国家煤矿安全监察局指导监督检查全国煤矿安全培训工作。

各级安全生产监督管理部门和煤矿安全监察机构（以下简称安全生产监管监察部门）按照各自的职责，依法对生产经营单位的安全培训工作实施监督管理。

第二章 主要负责人、安全生产管理人员的安全培训

第六条 生产经营单位主要负责人和安全生产管理人员应当接受安全培训，具备与所从事的生产经营活动相适应的安全生产知识和管理能力。

第七条 生产经营单位主要负责人安全培训应当包括下列内容：

（一）国家安全生产方针、政策和有关安全生产的法律、法规、规章及标准；

（二）安全生产管理基本知识、安全生产技术、安全生产专业知识；

（三）重大危险源管理、重大事故防范、应急管理和救援组织以及事故调查处理的有关规定；

（四）职业危害及其预防措施；

（五）国内外先进的安全生产管理经验；

（六）典型事故和应急救援案例分析；

（七）其他需要培训的内容。

第八条 生产经营单位安全生产管理人员安全培训应当包括下列内容：

（一）国家安全生产方针、政策和有关安全生产的法律、法规、规章及标准；

（二）安全生产管理、安全生产技术、职业卫生等知识；

（三）伤亡事故统计、报告及职业危害的调查处理方法；

（四）应急管理、应急预案编制以及应急处置的内容和要求；

（五）国内外先进的安全生产管理经验；

（六）典型事故和应急救援案例分析；

（七）其他需要培训的内容。

第九条 生产经营单位主要负责人和安全生产管理人员初次安全培训时间不得少于32学时。每年再培训时间不得少于12学时。

煤矿、非煤矿山、危险化学品、烟花爆竹、金属冶炼等生产经营单位主要负责人和安全生产管理人员初次安全培训时间不得少于48学时，每年再培训时间不得少于16学时。

第十条 生产经营单位主要负责人和安全生产管理人员的安全培训必须依照安全生产监管监察部门制定的安全培训大纲实施。

非煤矿山、危险化学品、烟花爆竹、金属冶炼等生产经营单位主要负责人和安全生产管理人员的安全培训大纲及考核标准由国家安全生产监督管理总局统一制定。

煤矿主要负责人和安全生产管理人员的安全培训大纲及考核标准由国家煤矿安全监察局制定。

煤矿、非煤矿山、危险化学品、烟花爆竹、金属冶炼以外的其他生产经营单位主要负责人和安全管理人员的安全培训大纲及考核标准，由省、自治区、直辖市安全生产监督管理部门制定。

第三章 其他从业人员的安全培训

第十一条 煤矿、非煤矿山、危险化学品、烟花爆竹、金属冶炼等生产经营单位必须对新上岗的临时工、合同工、劳务工、轮换工、协议工等进行强制性安全培训，保证其具备本岗位安全操作、自救互救以及应急处置所需的知识和技能后，方能安排上岗作业。

第十二条 加工、制造业等生产单位的其他从业人员，在上岗前必须经过厂（矿）、车间（工段、区、队）、班组三级安全培训教育。

生产经营单位应当根据工作性质对其他从业人员进行安全培训，保证其具备本岗位安全操作、应急处置等知识和技能。

第十三条 生产经营单位新上岗的从业人员，岗前安全培训时间不得少于24学时。

煤矿、非煤矿山、危险化学品、烟花爆竹、金属冶炼等生产经营单位新上岗的从业人员安全培训时间不得少于72学时，每年再培训的时间不得少于20学时。

第十四条 厂（矿）级岗前安全培训内容应当包括：

（一）本单位安全生产情况及安全生产基本知识；

（二）本单位安全生产规章制度和劳动纪律；

（三）从业人员安全生产权利和义务；

（四）有关事故案例等。

煤矿、非煤矿山、危险化学品、烟花爆竹等

生产经营单位厂（矿）级安全培训除包括上述内容外，应当增加事故应急救援、事故应急预案演练及防范措施等内容。

第十五条 车间（工段、区、队）级岗前安全培训内容应当包括：

（一）工作环境及危险因素；

（二）所从事工种可能遭受的职业伤害和伤亡事故；

（三）所从事工种的安全职责、操作技能及强制性标准；

（四）自救互救、急救方法、疏散和现场紧急情况的处理；

（五）安全设备设施、个人防护用品的使用和维护；

（六）本车间（工段、区、队）安全生产状况及规章制度；

（七）预防事故和职业危害的措施及应注意的安全事项；

（八）有关事故案例；

（九）其他需要培训的内容。

第十六条 班组级岗前安全培训内容应当包括：

（一）岗位安全操作规程；

（二）岗位之间工作衔接配合的安全与职业卫生事项；

（三）有关事故案例；

（四）其他需要培训的内容。

第十七条 从业人员在本生产经营单位内调整工作岗位或离岗一年以上重新上岗时，应当重新接受车间（工段、区、队）和班组级的安全培训。

生产经营单位采用新工艺、新技术、新材料或者使用新设备时，应当对有关从业人员重新进行有针对性的安全培训。

第十八条 生产经营单位的特种作业人员，必须按照国家有关法律、法规的规定接受专门的安全培训，经考核合格，取得特种作业操作资格证书后，方可上岗作业。

特种作业人员的范围和培训考核管理办法，另行规定。

第四章 安全培训的组织实施

第十九条 生产经营单位从业人员的安全培训工作，由生产经营单位组织实施。

生产经营单位应当坚持以考促学、以讲促学，确保全体从业人员熟练掌握岗位安全生产知识和技能；煤矿、非煤矿山、危险化学品、烟花爆竹、金属冶炼等生产经营单位还应当完善和落实师傅带徒弟制度。

第二十条 具备安全培训条件的生产经营单位，应当以自主培训为主；可以委托具备安全培训条件的机构，对从业人员进行安全培训。

不具备安全培训条件的生产经营单位，应当委托具备安全培训条件的机构，对从业人员进行安全培训。

生产经营单位委托其他机构进行安全培训的，保证安全培训的责任仍由本单位负责。

第二十一条 生产经营单位应当将安全培训工作纳入本单位年度工作计划。保证本单位安全培训工作所需资金。

生产经营单位的主要负责人负责组织制定并实施本单位安全培训计划。

第二十二条 生产经营单位应当建立健全从业人员安全生产教育和培训档案，由生产经营单位的安全生产管理机构以及安全生产管理人员详细、准确记录培训的时间、内容、参加人员以及考核结果等情况。

第二十三条 生产经营单位安排从业人员进行安全培训期间，应当支付工资和必要的费用。

第五章 监督管理

第二十四条 煤矿、非煤矿山、危险化学品、烟花爆竹、金属冶炼等生产经营单位主要负责人和安全生产管理人员，自任职之日起6个月内，必须经安全生产监管监察部门对其安全生产知识和管理能力考核合格。

第二十五条 安全生产监管监察部门依法对生产经营单位安全培训情况进行监督检查，督促生产经营单位按照国家有关法律法规和本规定开展安全培训工作。

县级以上地方人民政府负责煤矿安全生产监督管理的部门对煤矿井下作业人员的安全培训情况进行监督检查。煤矿安全监察机构对煤矿特种作业人员安全培训及其持证上岗的情况进行监督检查。

第二十六条 各级安全生产监管监察部门对生产经营单位安全培训及其持证上岗的情况进行监督检查，主要包括以下内容：

（一）安全培训制度、计划的制定及其实施的情况；

（二）煤矿、非煤矿山、危险化学品、烟花爆竹、金属冶炼等生产经营单位主要负责人和安全生产管理人员安全培训以及安全生产知识和管理能力考核的情况；其他生产经营单位主要负责人和安全生产管理人员培训的情况；

（三）特种作业人员操作资格证持证上岗的情况；

（四）建立安全生产教育和培训档案，并如实记录的情况；

（五）对从业人员现场抽考本职工作的安全生产知识；

（六）其他需要检查的内容。

第二十七条 安全生产监管监察部门对煤矿、非煤矿山、危险化学品、烟花爆竹、金属冶炼等生产经营单位的主要负责人、安全管理人员应当按照本规定严格考核。考核不得收费。

安全生产监管监察部门负责考核的有关人员不得玩忽职守和滥用职权。

第二十八条 安全生产监管监察部门检查中发现安全生产教育和培训责任落实不到位、有关从业人员未经培训合格的，应当视为生产安全事故隐患，责令生产经营单位立即停止违法行为，限期整改，并依法予以处罚。

第六章 罚 则

第二十九条 生产经营单位有下列行为之一的，由安全生产监管监察部门责令其限期改正，可以处1万元以上3万元以下的罚款：

（一）未将安全培训工作纳入本单位工作计划并保证安全培训工作所需资金的；

（二）从业人员进行安全培训期间未支付工资并承担安全培训费用的。

第三十条 生产经营单位有下列行为之一的，由安全生产监管监察部门责令其限期改正，可以处5万元以下的罚款；逾期未改正的，责令停产停业整顿，并处5万元以上10万元以下的罚款，对其直接负责的主管人员和其他直接责任人员处1万元以上2万元以下的罚款：

（一）煤矿、非煤矿山、危险化学品、烟花爆竹、金属冶炼等生产经营单位主要负责人和安全管理人员未按照规定经考核合格的；

（二）未按照规定对从业人员、被派遣劳动者、实习学生进行安全生产教育和培训或者未如实告知其有关安全生产事项的；

（三）未如实记录安全生产教育和培训情况的；

（四）特种作业人员未按照规定经专门的安全技术培训并取得特种作业人员操作资格证书，上岗作业的。

县级以上地方人民政府负责煤矿安全生产监督管理的部门发现煤矿未按照本规定对井下作业人员进行安全培训，责令限期改正，处10万元以上50万元以下的罚款；逾期未改正的，责令停产停业整顿。

煤矿安全监察机构发现煤矿特种作业人员无证上岗作业的，责令限期改正，处10万元以上50万元以下的罚款；逾期未改正的，责令停产停业整顿。

第三十一条 安全生产监管监察部门有关人员在考核、发证工作中玩忽职守、滥用职权的，由上级安全生产监管监察部门或者行政监察部门给予记过、记大过的行政处分。

第七章 附 则

第三十二条 生产经营单位主要负责人是指有限责任公司或者股份有限公司的董事长、总经理，其他生产经营单位的厂长、经理、（矿务局）局长、矿长（含实际控制人）等。

生产经营单位安全生产管理人员是指生产经营单位分管安全生产的负责人、安全生产管理机构负责人及其管理人员，以及未设安全生产管理机构的生产经营单位专、兼职安全生产管理人员等。

生产经营单位其他从业人员是指除主要负责人、安全生产管理人员和特种作业人员以外，该单位从事生产经营活动的所有人员，包括其他负责人、其他管理人员、技术人员和各岗位的工人以及临时聘用的人员。

第三十三条 省、自治区、直辖市安全生产监督管理部门和省级煤矿安全监察机构可以根据本规定制定实施细则，报国家安全生产监督管理总局和国家煤矿安全监察局备案。

第三十四条 本规定自2006年3月1日起施行。

(2) 劳动防护用品

用人单位劳动防护用品管理规范

· 2015年12月29日安监总厅安健〔2015〕124号公布
· 根据2018年1月15日《国家安全监管总局办公厅关于修改用人单位劳动防护用品管理规范的通知》修订

第一章 总 则

第一条 为规范用人单位劳动防护用品的使用和管理，保障劳动者安全健康及相关权益，根据《中华人民共和国安全生产法》、《中华人民共和国职业病防治法》等法律、行政法规和规章，制定本规范。

第二条 本规范适用于中华人民共和国境内企业、事业单位和个体经济组织等用人单位的劳动防护用品管理工作。

第三条 本规范所称的劳动防护用品，是指由用人单位为劳动者配备的，使其在劳动过程中免遭或者减轻事故伤害及职业病危害的个体防护装备。

第四条 劳动防护用品是由用人单位提供的，保障劳动者安全与健康的辅助性、预防性措施，不得以劳动防护用品替代工程防护设施和其他技术、管理措施。

第五条 用人单位应当健全管理制度,加强劳动防护用品配备、发放、使用等管理工作。

第六条 用人单位应当安排专项经费用于配备劳动防护用品,不得以货币或者其他物品替代。该项经费计入生产成本,据实列支。

第七条 用人单位应当为劳动者提供符合国家标准或者行业标准的劳动防护用品。使用进口的劳动防护用品,其防护性能不得低于我国相关标准。

第八条 劳动者在作业过程中,应当按照规章制度和劳动防护用品使用规则,正确佩戴和使用劳动防护用品。

第九条 用人单位使用的劳务派遣工、接纳的实习学生应当纳入本单位人员统一管理,并配备相应的劳动防护用品。对处于作业地点的其他外来人员,必须按照与进行作业的劳动者相同的标准,正确佩戴和使用劳动防护用品。

第二章 劳动防护用品选择

第十条 劳动防护用品分为以下十大类:

(一)防御物理、化学和生物危险、有害因素对头部伤害的头部防护用品。

(二)防御缺氧空气和空气污染物进入呼吸道的呼吸防护用品。

(三)防御物理和化学危险、有害因素对眼面部伤害的眼面部防护用品。

(四)防噪声危害及防水、防寒等的听力防护用品。

(五)防御物理、化学和生物危险、有害因素对手部伤害的手部防护用品。

(六)防御物理和化学危险、有害因素对足部伤害的足部防护用品。

(七)防御物理、化学和生物危险、有害因素对躯干伤害的躯干防护用品。

(八)防御物理、化学和生物危险、有害因素损伤皮肤或引起皮肤疾病的护肤用品。

(九)防止高处作业劳动者坠落或者高处落物伤害的坠落防护用品。

(十)其他防御危险、有害因素的劳动防护用品。

第十一条 用人单位应按照识别、评价、选择的程序(见附件1),结合劳动者作业方式和工作条件,并考虑其个人特点及劳动强度,选择防护功能和效果适用的劳动防护用品。

(一)接触粉尘、有毒、有害物质的劳动者应根据不同粉尘种类、粉尘浓度及游离二氧化硅含量和毒物的种类及浓度配备相应的呼吸器(见附件2)、防护服、防护手套和防护鞋等。具体可参照《呼吸防护用品 自吸过滤式防颗粒物呼吸器》(GB2626)、《呼吸防护用品的选择、使用及维护》(GB/T18664)、《防护服装 化学防护服的选择、使用和维护》(GB/T24536)、《手部防护 防护手套的选择、使用和维护指南》(GB/T29512)和《个体防护装备 足部防护鞋(靴)的选择、使用和维护指南》(GB/T28409)等标准。

(二)接触噪声的劳动者,当暴露于$80dB \leq L_{EX,8h} < 85dB$的工作场所时,用人单位应当根据劳动者需求为其配备适用的护听器;当暴露于$L_{EX,8h} \geq 85dB$的工作场所时,用人单位必须为劳动者配备适用的护听器,并指导劳动者正确佩戴和使用(见附件2)。具体可参照《护听器的选择指南》(GB/T23466)。

(三)工作场所中存在电离辐射危害的,经危害评价确认劳动者需佩戴劳动防护用品的,用人单位可参照电离辐射的相关标准及《个体防护装备配备基本要求》(GB/T29510)为劳动者配备劳动防护用品,并指导劳动者正确佩戴和使用。

(四)从事存在物体坠落、碎屑飞溅、转动机械和锋利器具等作业的劳动者,用人单位还可参照《个体防护装备选用规范》(GB/T11651)、《头部防护 安全帽选用规范》(GB/T30041)和《坠落防护装备安全使用规范》(GB/T23468)等标准,为劳动者配备适用的劳动防护用品。

第十二条 同一工作地点存在不同种类的危险、有害因素的,应当为劳动者同时提供防御各类危害的劳动防护用品。需要同时配备的劳动防护用品,还应考虑其可兼容性。

劳动者在不同地点工作,并接触不同的危险、有害因素,或接触不同的危害程度的有害因素的,为其选配的劳动防护用品应满足不同工作地点的防护需求。

第十三条 劳动防护用品的选择还应当考虑其佩戴的合适性和基本舒适性,根据个人特点和需求选择适合号型、式样。

第十四条 用人单位应当在可能发生急性职业损伤的有毒、有害工作场所配备应急劳动防护用品,放置于现场临近位置并有醒目标识。

用人单位应当为巡检等流动性作业的劳动者配备随身携带的个人应急防护用品。

第三章 劳动防护用品采购、发放、培训及使用

第十五条 用人单位应当根据劳动者工作场所中存

在的危险、有害因素种类及危害程度、劳动环境条件、劳动防护用品有效使用时间制定适合本单位的劳动防护用品配备标准(见附件3)。

第十六条 用人单位应当根据劳动防护用品配备标准制定采购计划，购买符合标准的合格产品。

第十七条 用人单位应当查验并保存劳动防护用品检验报告等质量证明文件的原件或复印件。

第十八条 用人单位应当按照本单位制定的配备标准发放劳动防护用品，并作好登记(见附件4)。

第十九条 用人单位应当对劳动者进行劳动防护用品的使用、维护等专业知识的培训。

第二十条 用人单位应当督促劳动者在使用劳动防护用品前，对劳动防护用品进行检查，确保外观完好、部件齐全、功能正常。

第二十一条 用人单位应当定期对劳动防护用品的使用情况进行检查，确保劳动者正确使用。

第四章 劳动防护用品维护、更换及报废

第二十二条 劳动防护用品应当按照要求妥善保存，及时更换，保证其在有效期内。

公用的劳动防护用品应当由车间或班组统一保管，定期维护。

第二十三条 用人单位应当对应急劳动防护用品进行经常性的维护、检修,定期检测劳动防护用品的性能和效果,保证其完好有效。

第二十四条 用人单位应当按照劳动防护用品发放周期定期发放，对工作过程中损坏的,用人单位应及时更换。

第二十五条 安全帽、呼吸器、绝缘手套等安全性能要求高、易损耗的劳动防护用品,应当按照有效防护功能最低指标和有效使用期,到期强制报废。

第五章 附 则

第二十六条 本规范所称的工作地点，是指劳动者从事职业活动或进行生产管理而经常或定时停留的岗位和作业地点。

第二十七条 煤矿劳动防护用品的管理,按照《煤矿职业安全卫生个体防护用品配备标准》(AQ1051)规定执行。

附件1:劳动防护用品选择程序(略)
附件2:呼吸器和护听器的选用(略)
附件3:用人单位劳动防护用品配备标准(略)
附件4:劳动防护用品发放登记表(略)

(3) 职业健康管理

用人单位职业卫生监督执法工作规范

- 2020年8月31日
- 国卫监督发〔2020〕17号

第一章 总 则

第一条 为规范用人单位职业卫生监督执法工作，保护劳动者健康及其相关权益，根据《职业病防治法》等相关法律、法规、规章，制定本规范。

第二条 本规范所称用人单位职业卫生监督执法，是指县级以上地方卫生健康行政部门及其委托的卫生健康监督机构依据职业卫生相关法律、法规、规章及其确定的监管事项清单,对用人单位职业卫生工作进行监督执法的活动。

第三条 职业卫生监督执法工作以"双随机、一公开"监管为基本手段、以重点监管为补充、以信用监管为基础，落实行政执法公示制度、执法全过程记录制度、重大执法决定法制审核制度，推行基于风险的分类分级监督执法模式。

第四条 县级以上卫生健康行政部门负责职业卫生监督执法能力建设，建立健全职业卫生监督执法体系和机制。地方卫生健康行政部门及其委托的卫生健康监督机构应当明确具体处(科)室负责职业卫生监督执法工作，并配备相应的监督执法人员，保障执法经费，合理配置执法装备。

第五条 县级以上卫生健康行政部门及其委托的卫生健康监督机构应当加强职业卫生监督执法信息化建设，开展与相关部门间的数据共享和大数据应用，及时采集、统计分析和上报本辖区内职业卫生监督执法相关信息，推进互联网+监督执法。

第六条 县级以上地方卫生健康行政部门及其委托的卫生健康监督机构在开展用人单位职业卫生监督执法时,适用本规范。

第二章 监督执法职责及要求

第七条 省级卫生健康行政部门及其委托的卫生健康监督机构职责:

(一)制定本辖区职业卫生监督执法工作制度、规划及年度工作计划,确定年度重点监督执法工作。

(二)组织实施辖区内职业卫生监督执法工作及相关培训。对下级职业卫生监督执法工作进行指导检查。

(三)组织开展职业卫生随机监督抽查工作。

(四)组织协调、督办、查办辖区内职业卫生重大违

法案件。

（五）负责辖区内职业卫生监督执法信息的汇总、分析、报告。

（六）承担上级部门指定或交办的其他职业卫生监督执法任务。

第八条 设区的市级和县级卫生健康行政部门及其委托的卫生健康监督机构职责：

（一）根据本省（区、市）职业卫生监督执法工作制度、规划及年度工作计划，结合实际制定本辖区职业卫生监督执法计划，明确重点监督执法内容并组织落实。

（二）组织开展辖区内职业卫生监督执法培训工作。

（三）根据职责分工开展辖区内职业卫生监督执法工作。

（四）开展职业卫生随机监督抽查工作。

（五）查处职业卫生违法案件。

（六）负责职业卫生监督执法信息的汇总、分析、报告。

（七）对下级职业卫生监督执法工作进行指导、督查。

（八）承担上级部门指定或交办的其他职业卫生监督执法任务。

第九条 实施职业卫生现场监督执法前，监督执法人员应当明确职业卫生监督执法任务、方法和要求，并准备必要的个人防护装备。

第十条 县级以上卫生健康行政部门或其委托的卫生健康监督机构应当建立职业卫生监督执法文书档案。

第三章 监督执法内容及方法

第十一条 监督执法内容：

（一）职业病防治管理措施建立、健全情况。

（二）建设项目职业病危害评价、职业病防护设施设计及竣工验收情况。

（三）工作场所职业病危害项目申报情况。

（四）工作场所职业病危害因素日常监测和定期检测、评价情况。

（五）职业病危害告知和警示情况。

（六）职业病防护设施和个人使用的职业病防护用品配备、使用、管理情况。

（七）职业卫生培训情况。

（八）劳动者职业健康监护情况。

（九）职业病病人、疑似职业病病人的报告及处置情况。

（十）产生职业病危害作业的转移（外包）情况。

（十一）急性职业病危害事故处置、报告情况。

（十二）涉及放射性职业病危害作业的情况。

第十二条 监督执法检查时，可采取以下方法：

（一）检查用人单位设置或者指定职业卫生管理机构或者组织、配备专职或者兼职职业卫生管理人员情况，查阅职业病防治计划和实施方案、职业卫生管理制度和操作规程、职业卫生档案、劳动者健康监护档案、工作场所职业病危害因素监测及评价制度、职业病危害事故应急救援预案。

（二）查阅建设项目职业病危害预评价报告、职业病防护设施设计、职业病危害控制效果评价报告及评审意见，职业病防护设施竣工验收意见等资料。

（三）查阅《职业病危害项目申报表》《职业病危害项目申报回执》，检查及时、如实申报职业病危害项目情况，检查有关事项发生重大变化时申报变更职业病危害项目内容情况。

（四）查阅职业病危害因素日常监测记录，检查专人负责制度落实和监测系统运行情况；查阅职业病危害因素定期检测、评价报告，检查检测、评价结果存档、上报、整改落实、公布情况。对于工作场所职业病危害因素经治理仍然达不到国家职业卫生标准和卫生要求的，查阅停止存在职业病危害因素作业的记录并现场查看。必要时对提供技术服务的职业卫生、放射卫生技术服务机构进行延伸执法检查。

（五）查看公告栏，检查公布有关职业病防治的规章制度、操作规程、职业病危害事故应急救援措施和工作场所职业病危害因素检测结果情况；查看在产生严重职业病危害的作业岗位醒目位置设置的警示标识和中文警示说明，警示说明应当载明产生职业病危害种类、后果、预防及应急救治措施等内容；抽查劳动合同，查看告知劳动者职业病危害真实情况的相关内容。

（六）抽查职业病防护设施、卫生设施、应急救援设施和个人使用的职业病防护用品的配备、使用情况，查阅相关维护、检修、定期检测记录，检查其运行、使用情况。对可能发生急性职业损伤的有毒、有害工作场所，查看设置的报警装置以及配置的现场急救用品、冲洗设备、应急撤离通道和必要的泄险区。

（七）查阅用人单位主要负责人和职业卫生管理人员接受职业卫生培训的记录，查阅用人单位对劳动者进行上岗前的职业卫生培训和在岗期间的定期职业卫生培训记录。

（八）抽查劳动者的职业健康监护档案，检查档案建立、健全情况；根据用人单位提供的从事接触职业病危害作业的劳动者名单，现场抽查劳动者，核查其上岗前、在岗期间的职业健康检查报告和结果的书面告知记录，查阅根据职业健康检查报告采取的复查、调离等相应措施的记录，检查用人单位对未成年工及孕期、哺乳期女职工的保护措施实施情况；查阅劳动者离岗名单，抽查离岗时的职业健康检查报告和结果书面告知记录及按规定向劳动者提供本人职业健康监护档案复印件情况；必要时对开展职业健康检查的医疗卫生机构进行延伸执法检查。

（九）查阅向所在地卫生健康行政部门报告职业病病人、疑似职业病病人的记录，查阅提供职业病诊断、鉴定相关资料的记录，查阅安排职业病病人、疑似职业病病人进行诊治以及承担职业病诊断、鉴定费用和职业病病人的医疗、生活保障费用的相关资料、记录。

（十）查询用人单位是否存在转移（外包）产生职业病危害作业的情况，抽查职业病危害作业场所，对存在转移产生职业病危害作业的，检查接受作业的单位和个人具备的职业病防护条件。

（十一）查阅用人单位制定的职业病危害事故应急救援、控制措施以及相关报告制度，并检查相关制度的落实情况。

（十二）涉及放射性职业病危害作业的，还应检查生产、贮存、使用放射性同位素和射线装置的工作场所的防护设施和报警装置的配置情况。抽查放射工作人员进入强辐射工作场所时，佩戴常规个人剂量计、携带报警式剂量计的情况。查阅放射工作人员个人剂量监测档案，核实个人剂量监测周期和异常数据处理等情况。

第十三条 用人单位涉及劳务派遣用工的，按照上述监督执法内容和方法进行检查。

第四章 监督执法情况的处理

第十四条 县级以上地方卫生健康行政部门及其委托的卫生健康监督机构开展职业卫生监督执法时，对发现问题的，应当依法出具卫生监督意见书；对存在违法行为的，应当依法查处，涉嫌犯罪的及时移送司法机关。

第十五条 对重大职业卫生违法案件，县级以上地方卫生健康行政部门应当及时上级卫生健康行政部门报告。

第十六条 县级以上地方卫生健康行政部门应当依法依规对监督执法信息进行公示并纳入信用信息管理。

第五章 附 则

第十七条 重大职业卫生违法案件是指用人单位违反《职业病防治法》等相关法律、法规、规章，对劳动者健康造成或可能造成严重损害，产生社会重大影响的职业卫生案件。包括但不限于：涉及2个以上地区或者案情复杂需要上级协调、督办的；引起社会高度关注或者可能引发群体性事件的；其他涉及公共卫生安全和社会经济发展等重大公共利益的。

第十八条 检查中发现的其他违法行为按照《职业病防治法》等相关法律、法规、规章执行。

第十九条 设区的市、县、乡镇综合行政执法机构开展职业卫生监督执法时，参照本规范执行。

第二十条 本规范由国家卫生健康委负责解释，自发布之日起施行。

职业健康检查管理办法

- 2015年3月26日原国家卫生和计划生育委员会令第5号公布
- 根据2019年2月28日《国家卫生健康委关于修改〈职业健康检查管理办法〉等4件部门规章的决定》修正

第一章 总 则

第一条 为加强职业健康检查工作，规范职业健康检查机构管理，保护劳动者健康权益，根据《中华人民共和国职业病防治法》（以下简称《职业病防治法》），制定本办法。

第二条 本办法所称职业健康检查是指医疗卫生机构按照国家有关规定，对从事接触职业病危害作业的劳动者进行的上岗前、在岗期间、离岗时的健康检查。

第三条 国家卫生健康委负责全国范围内职业健康检查工作的监督管理。

县级以上地方卫生健康主管部门负责本辖区职业健康检查工作的监督管理；结合职业病防治工作实际需要，充分利用现有资源，统一规划、合理布局；加强职业健康检查机构能力建设，并提供必要的保障条件。

第二章 职业健康检查机构

第四条 医疗卫生机构开展职业健康检查，应当在开展之日起15个工作日内向省级卫生健康主管部门备案。备案的具体办法由省级卫生健康主管部门依据本办法制定，并向社会公布。

省级卫生健康主管部门应当及时向社会公布备案的医疗卫生机构名单、地址、检查类别和项目等相关信息，并告知核发其《医疗机构执业许可证》的卫生健康主管部门。核发其《医疗机构执业许可证》的卫生健康主管部门应当在该机构的《医疗机构执业许可证》副本备注栏注明检查类别和项目等信息。

第五条 承担职业健康检查的医疗卫生机构（以下简称职业健康检查机构）应当具备以下条件：

（一）持有《医疗机构执业许可证》，涉及放射检查项目的还应当持有《放射诊疗许可证》；

（二）具有相应的职业健康检查场所、候检场所和检验室，建筑总面积不少于400平方米，每个独立的检查室使用面积不少于6平方米；

（三）具有与备案开展的职业健康检查类别和项目相适应的执业医师、护士等医疗卫生技术人员；

（四）至少具有1名取得职业病诊断资格的执业医师；

（五）具有与备案开展的职业健康检查类别和项目相适应的仪器、设备，具有相应职业卫生生物监测能力；开展外出职业健康检查，应当具有相应的职业健康检查仪器、设备、专用车辆等条件；

（六）建立职业健康检查质量管理制度；

（七）具有与职业健康检查信息报告相应的条件。

医疗卫生机构进行职业健康检查备案时，应当提交证明其符合以上条件的有关资料。

第六条 开展职业健康检查工作的医疗卫生机构对备案的职业健康检查信息的真实性、准确性、合法性承担全部法律责任。

当备案信息发生变化时，职业健康检查机构应当自信息发生变化之日起10个工作日内提交变更信息。

第七条 职业健康检查机构具有以下职责：

（一）在备案开展的职业健康检查类别和项目范围内，依法开展职业健康检查工作，并出具职业健康检查报告；

（二）履行疑似职业病的告知和报告义务；

（三）报告职业健康检查信息；

（四）定期向卫生健康主管部门报告职业健康检查工作情况，包括外出职业健康检查工作情况；

（五）开展职业病防治知识宣传教育；

（六）承担卫生健康主管部门交办的其他工作。

第八条 职业健康检查机构应当指定主检医师。主检医师应当具备以下条件：

（一）具有执业医师证书；

（二）具有中级以上专业技术职务任职资格；

（三）具有职业病诊断资格；

（四）从事职业健康检查相关工作三年以上，熟悉职业卫生和职业病诊断相关标准。

主检医师负责确定职业健康检查项目和周期，对职业健康检查过程进行质量控制，审核职业健康检查报告。

第九条 职业健康检查机构及其工作人员应当关心、爱护劳动者，尊重和保护劳动者的知情权及个人隐私。

第十条 省级卫生健康主管部门应当指定机构负责本辖区内职业健康检查机构的质量控制管理工作，组织开展实验室间比对和职业健康检查质量考核。

职业健康检查质量控制规范由中国疾病预防控制中心制定。

第三章 职业健康检查规范

第十一条 按照劳动者接触的职业病危害因素，职业健康检查分为以下六类：

（一）接触粉尘类；

（二）接触化学因素类；

（三）接触物理因素类；

（四）接触生物因素类；

（五）接触放射因素类；

（六）其他类（特殊作业等）。

以上每类中包含不同检查项目。职业健康检查机构应当在备案的检查类别和项目范围内开展相应的职业健康检查。

第十二条 职业健康检查机构开展职业健康检查应当与用人单位签订委托协议书，由用人单位统一组织劳动者进行职业健康检查；也可以由劳动者持单位介绍信进行职业健康检查。

第十三条 职业健康检查机构应当依据相关技术规范，结合用人单位提交的资料，明确用人单位应当检查的项目和周期。

第十四条 在职业健康检查中，用人单位应当如实提供以下职业健康检查所需的相关资料，并承担检查费用：

（一）用人单位的基本情况；

（二）工作场所职业病危害因素种类及其接触人员名册、岗位（或工种）、接触时间；

（三）工作场所职业病危害因素定期检测等相关资料。

第十五条 职业健康检查的项目、周期按照《职业健康监护技术规范》（GBZ 188）执行，放射工作人员职业健康检查按照《放射工作人员职业健康监护技术规范》（GBZ 235）等规定执行。

第十六条 职业健康检查机构可以在执业登记机关管辖区域内或者省级卫生健康主管部门指定区域内开展外出职业健康检查。外出职业健康检查进行医学影像学检查和实验室检测，必须保证检查质量并满足放射防护和生物安全的管理要求。

第十七条 职业健康检查机构应当在职业健康检查结束之日起30个工作日内将职业健康检查结果,包括劳动者个人职业健康检查报告和用人单位职业健康检查总结报告,书面告知用人单位,用人单位应当将劳动者个人职业健康检查结果及职业健康检查机构的建议等情况书面告知劳动者。

第十八条 职业健康检查机构发现疑似职业病病人时,应当告知劳动者本人并及时通知用人单位,同时向所在地卫生健康主管部门报告。发现职业禁忌的,应当及时告知用人单位和劳动者。

第十九条 职业健康检查机构要依托现有的信息平台,加强职业健康检查的统计报告工作,逐步实现信息的互联互通和共享。

第二十条 职业健康检查机构应当建立职业健康检查档案。职业健康检查档案保存时间应当自劳动者最后一次职业健康检查结束之日起不少于15年。

职业健康检查档案应当包括下列材料:

(一)职业健康检查委托协议书;

(二)用人单位提供的相关资料;

(三)出具的职业健康检查结果总结报告和告知材料;

(四)其他有关材料。

第四章 监督管理

第二十一条 县级以上地方卫生健康主管部门应当加强对本辖区职业健康检查机构的监督管理。按照属地化管理原则,制定年度监督检查计划,做好职业健康检查机构的监督检查工作。监督检查主要内容包括:

(一)相关法律法规、标准的执行情况;

(二)按照备案的类别和项目开展职业健康检查工作的情况;

(三)外出职业健康检查工作情况;

(四)职业健康检查质量控制情况;

(五)职业健康检查结果、疑似职业病的报告与告知以及职业健康检查信息报告情况;

(六)职业健康检查档案管理情况等。

第二十二条 省级卫生健康主管部门应当对本辖区内的职业健康检查机构进行定期或者不定期抽查;设区的市级卫生健康主管部门每年应当至少组织一次对本辖区内职业健康检查机构的监督检查;县级卫生健康主管部门负责日常监督检查。

第二十三条 县级以上地方卫生健康主管部门监督检查时,有权查阅或者复制有关资料,职业健康检查机构应当予以配合。

第五章 法律责任

第二十四条 无《医疗机构执业许可证》擅自开展职业健康检查的,由县级以上地方卫生健康主管部门依据《医疗机构管理条例》第四十四条的规定进行处理。

第二十五条 职业健康检查机构有下列行为之一的,由县级以上地方卫生健康主管部门责令改正,给予警告,可以并处3万元以下罚款:

(一)未按规定备案开展职业健康检查的;

(二)未按规定告知疑似职业病的;

(三)出具虚假证明文件的。

第二十六条 职业健康检查机构未按照规定报告疑似职业病的,由县级以上地方卫生健康主管部门依据《职业病防治法》第七十四条的规定进行处理。

第二十七条 职业健康检查机构有下列行为之一的,由县级以上地方卫生健康主管部门给予警告,责令限期改正,逾期不改的,处以三万元以下罚款:

(一)未指定主检医师或者指定的主检医师未取得职业病诊断资格的;

(二)未按要求建立职业健康检查档案的;

(三)未履行职业健康检查信息报告义务的;

(四)未按照相关职业健康监护技术规范规定开展工作的;

(五)违反本办法其他有关规定的。

第二十八条 职业健康检查机构未按规定参加实验室比对或者职业健康检查质量考核工作,或者参加质量考核不合格未按要求整改仍开展职业健康检查工作的,由县级以上地方卫生健康主管部门给予警告,责令限期改正;逾期不改的,处以三万元以下罚款。

第六章 附 则

第二十九条 本办法自2015年5月1日起施行。2002年3月28日原卫生部公布的《职业健康监护管理办法》同时废止。

用人单位职业健康监护监督管理办法

- 2012年4月27日国家安全生产监督管理总局令第49号公布
- 自2012年6月1日起施行

第一章 总 则

第一条 为了规范用人单位职业健康监护工作,加强职业健康监护的监督管理,保护劳动者健康及其相关权益,根据《中华人民共和国职业病防治法》,制定本办法。

第二条 用人单位从事接触职业病危害作业的劳动者(以下简称劳动者)的职业健康监护和安全生产监督管理部门对其实施监督管理,适用本办法。

第三条 本办法所称职业健康监护,是指劳动者上岗前、在岗期间、离岗时、应急的职业健康检查和职业健康监护档案管理。

第四条 用人单位应当建立、健全劳动者职业健康监护制度,依法落实职业健康监护工作。

第五条 用人单位应当接受安全生产监督管理部门依法对其职业健康监护工作的监督检查,并提供有关文件和资料。

第六条 对用人单位违反本办法的行为,任何单位和个人均有权向安全生产监督管理部门举报或者报告。

第二章 用人单位的职责

第七条 用人单位是职业健康监护工作的责任主体,其主要负责人对本单位职业健康监护工作全面负责。

用人单位应当依照本办法以及《职业健康监护技术规范》(GBZ188)、《放射工作人员职业健康监护技术规范》(GBZ235)等国家职业卫生标准的要求,制定、落实本单位职业健康检查年度计划,并保证所需要的专项经费。

第八条 用人单位应当组织劳动者进行职业健康检查,并承担职业健康检查费用。

劳动者接受职业健康检查应当视同正常出勤。

第九条 用人单位应当选择由省级以上人民政府卫生行政部门批准的医疗卫生机构承担职业健康检查工作,并确保参加职业健康检查的劳动者身份的真实性。

第十条 用人单位在委托职业健康检查机构对从事接触职业病危害作业的劳动者进行职业健康检查时,应当如实提供下列文件、资料:

(一)用人单位的基本情况;

(二)工作场所职业病危害因素种类及其接触人员名册;

(三)职业病危害因素定期检测、评价结果。

第十一条 用人单位应当对下列劳动者进行上岗前的职业健康检查:

(一)拟从事接触职业病危害作业的新录用劳动者,包括转岗到该作业岗位的劳动者;

(二)拟从事有特殊健康要求作业的劳动者。

第十二条 用人单位不得安排未经上岗前职业健康检查的劳动者从事接触职业病危害的作业,不得安排有职业禁忌的劳动者从事其所禁忌的作业。

用人单位不得安排未成年工从事接触职业病危害的作业,不得安排孕期、哺乳期的女职工从事对本人和胎儿、婴儿有危害的作业。

第十三条 用人单位应当根据劳动者所接触的职业病危害因素,定期安排劳动者进行在岗期间的职业健康检查。

对在岗期间的职业健康检查,用人单位应当按照《职业健康监护技术规范》(GBZ188)等国家职业卫生标准的规定和要求,确定接触职业病危害的劳动者的检查项目和检查周期。需要复查的,应当根据复查要求增加相应的检查项目。

第十四条 出现下列情况之一的,用人单位应当立即组织有关劳动者进行应急职业健康检查:

(一)接触职业病危害因素的劳动者在作业过程中出现与所接触职业病危害因素相关的不适症状的;

(二)劳动者受到急性职业中毒危害或者出现职业中毒症状的。

第十五条 对准备脱离所从事的职业病危害作业或者岗位的劳动者,用人单位应当在劳动者离岗前30日内组织劳动者进行离岗时的职业健康检查。劳动者离岗前90日内的在岗期间的职业健康检查可以视为离岗时的职业健康检查。

用人单位对未进行离岗时职业健康检查的劳动者,不得解除或者终止与其订立的劳动合同。

第十六条 用人单位应当及时将职业健康检查结果及职业健康检查机构的建议以书面形式如实告知劳动者。

第十七条 用人单位应当根据职业健康检查报告,采取下列措施:

(一)对有职业禁忌的劳动者,调离或者暂时脱离原工作岗位;

(二)对健康损害可能与所从事的职业相关的劳动者,进行妥善安置;

(三)对需要复查的劳动者,按照职业健康检查机构要求的时间安排复查和医学观察;

(四)对疑似职业病病人,按照职业健康检查机构的建议安排其进行医学观察或者职业病诊断;

(五)对存在职业病危害的岗位,立即改善劳动条件、完善职业病防护设施,为劳动者配备符合国家标准的职业病危害防护用品。

第十八条 职业健康监护中出现新发生职业病(职业中毒)或者两例以上疑似职业病(职业中毒)的,用人单位应当及时向所在地安全生产监督管理部门报告。

第十九条 用人单位应当为劳动者个人建立职业健康监护档案,并按照有关规定妥善保存。职业健康监护档案包括下列内容:

(一)劳动者姓名、性别、年龄、籍贯、婚姻、文化程度、嗜好情况;

(二)劳动者职业史、既往病史和职业病危害接触史;

(三)历次职业健康检查结果及处理情况;

(四)职业病诊疗资料;

(五)需要存入职业健康监护档案的其他有关资料。

第二十条 安全生产行政执法人员、劳动者或者其近亲属、劳动者委托的代理人有权查阅、复印劳动者的职业健康监护档案。

劳动者离开用人单位时,有权索取本人职业健康监护档案复印件,用人单位应当如实、无偿提供,并在所提供的复印件上签章。

第二十一条 用人单位发生分立、合并、解散、破产等情形时,应当对劳动者进行职业健康检查,并依照国家有关规定妥善安置职业病病人;其职业健康监护档案应当依照国家有关规定实施移交保管。

第三章 监督管理

第二十二条 安全生产监督管理部门应当依法对用人单位落实有关职业健康监护的法律、法规、规章和标准的情况进行监督检查,重点监督检查下列内容:

(一)职业健康监护制度建立情况;

(二)职业健康监护计划制定和专项经费落实情况;

(三)如实提供职业健康检查所需资料情况;

(四)劳动者上岗前、在岗期间、离岗时、应急职业健康检查情况;

(五)对职业健康检查结果及建议,向劳动者履行告知义务情况;

(六)针对职业健康检查报告采取措施情况;

(七)报告职业病、疑似职业病情况;

(八)劳动者职业健康监护档案建立及管理情况;

(九)为离开用人单位的劳动者如实、无偿提供本人职业健康监护档案复印件情况;

(十)依法应当监督检查的其他情况。

第二十三条 安全生产监督管理部门应当加强行政执法人员职业健康知识培训,提高行政执法人员的业务素质。

第二十四条 安全生产行政执法人员依法履行监督检查职责时,应当出示有效的执法证件。

安全生产行政执法人员应当忠于职守,秉公执法,严格遵守执法规范;涉及被检查单位技术秘密、业务秘密以及个人隐私的,应当为其保密。

第二十五条 安全生产监督管理部门履行监督检查职责时,有权进入被检查单位,查阅、复制被检查单位有关职业健康监护的文件、资料。

第四章 法律责任

第二十六条 用人单位有下列行为之一的,给予警告,责令限期改正,可以并处3万元以下的罚款:

(一)未建立或者落实职业健康监护制度的;

(二)未按照规定制定职业健康监护计划和落实专项经费的;

(三)弄虚作假,指使他人冒名顶替参加职业健康检查的;

(四)未如实提供职业健康检查所需要的文件、资料的;

(五)未根据职业健康检查情况采取相应措施的;

(六)不承担职业健康检查费用的。

第二十七条 用人单位有下列行为之一的,责令限期改正,给予警告,可以并处5万元以上10万元以下的罚款:

(一)未按照规定组织职业健康检查、建立职业健康监护档案或者未将检查结果如实告知劳动者的;

(二)未按照规定在劳动者离开用人单位时提供职业健康监护档案复印件的。

第二十八条 用人单位有下列情形之一的,给予警告,责令限期改正,逾期不改正的,处5万元以上20万元以下的罚款;情节严重的,责令停止产生职业病危害的作业,或者提请有关人民政府按照国务院规定的权限责令关闭:

(一)未按照规定安排职业病病人、疑似职业病病人进行诊治的;

(二)隐瞒、伪造、篡改、损毁职业健康监护档案等相关资料,或者拒不提供职业病诊断、鉴定所需资料的。

第二十九条 用人单位有下列情形之一的,责令限期治理,并处5万元以上30万元以下的罚款;情节严重的,责令停止产生职业病危害的作业,或者提请有关人民政府按照国务院规定的权限责令关闭:

(一)安排未经职业健康检查的劳动者从事接触职业病危害的作业的;

(二)安排未成年工从事接触职业病危害的作业的;

(三)安排孕期、哺乳期女职工从事对本人和胎儿、婴儿有危害的作业的;

(四)安排有职业禁忌的劳动者从事所禁忌的作业的。

第三十条 用人单位违反本办法规定,未报告职业病、疑似职业病的，由安全生产监督管理部门责令限期改正，给予警告，可以并处 1 万元以下的罚款；弄虚作假的，并处 2 万元以上 5 万元以下的罚款。

第五章 附 则

第三十一条 煤矿安全监察机构依照本办法负责煤矿劳动者职业健康监护的监察工作。

第三十二条 本办法自 2012 年 6 月 1 日起施行。

工作场所职业卫生管理规定

· 2020 年 12 月 31 日国家卫生健康委员会令第 5 号公布
· 自 2021 年 2 月 1 日起施行

第一章 总 则

第一条 为了加强职业卫生管理工作，强化用人单位职业病防治的主体责任，预防、控制职业病危害，保障劳动者健康和相关权益，根据《中华人民共和国职业病防治法》等法律、行政法规，制定本规定。

第二条 用人单位的职业病防治和卫生健康主管部门对其实施监督管理，适用本规定。

第三条 用人单位应当加强职业病防治工作，为劳动者提供符合法律、法规、规章、国家职业卫生标准和卫生要求的工作环境和条件，并采取有效措施保障劳动者的职业健康。

第四条 用人单位是职业病防治的责任主体，并对本单位产生的职业病危害承担责任。

用人单位的主要负责人对本单位的职业病防治工作全面负责。

第五条 国家卫生健康委依照《中华人民共和国职业病防治法》和国务院规定的职责，负责全国用人单位职业卫生的监督管理工作。

县级以上地方卫生健康主管部门依照《中华人民共和国职业病防治法》和本级人民政府规定的职责，负责本行政区域内用人单位职业卫生的监督管理工作。

第六条 为职业病防治提供技术服务的职业卫生技术服务机构，应当依照国家有关职业卫生技术服务机构管理的相关法律法规及标准、规范的要求，为用人单位提供技术服务。

第七条 任何单位和个人均有权向卫生健康主管部门举报用人单位违反本规定的行为和职业病危害事故。

第二章 用人单位的职责

第八条 职业病危害严重的用人单位，应当设置或者指定职业卫生管理机构或者组织，配备专职职业卫生管理人员。

其他存在职业病危害的用人单位，劳动者超过一百人的，应当设置或者指定职业卫生管理机构或者组织，配备专职职业卫生管理人员；劳动者在一百人以下的，应当配备专职或者兼职的职业卫生管理人员，负责本单位的职业病防治工作。

第九条 用人单位的主要负责人和职业卫生管理人员应当具备与本单位所从事的生产经营活动相适应的职业卫生知识和管理能力，并接受职业卫生培训。

对用人单位主要负责人、职业卫生管理人员的职业卫生培训，应当包括下列主要内容：

（一）职业卫生相关法律、法规、规章和国家职业卫生标准；

（二）职业病危害预防和控制的基本知识；

（三）职业卫生管理相关知识；

（四）国家卫生健康委规定的其他内容。

第十条 用人单位应当对劳动者进行上岗前的职业卫生培训和在岗期间的定期职业卫生培训，普及职业卫生知识，督促劳动者遵守职业病防治的法律、法规、规章、国家职业卫生标准和操作规程。

用人单位应当对职业病危害严重的岗位的劳动者，进行专门的职业卫生培训，经培训合格后方可上岗作业。

因变更工艺、技术、设备、材料，或者岗位调整导致劳动者接触的职业病危害因素发生变化的，用人单位应当重新对劳动者进行上岗前的职业卫生培训。

第十一条 存在职业病危害的用人单位应当制定职业病危害防治计划和实施方案，建立、健全下列职业卫生管理制度和操作规程：

（一）职业病危害防治责任制度；

（二）职业病危害警示与告知制度；

（三）职业病危害项目申报制度；

（四）职业病防治宣传教育培训制度；

（五）职业病防护设施维护检修制度；

（六）职业病防护用品管理制度；

（七）职业病危害监测及评价管理制度；

（八）建设项目职业病防护设施"三同时"管理制度；

（九）劳动者职业健康监护及其档案管理制度；

（十）职业病危害事故处置与报告制度；

（十一）职业病危害应急救援与管理制度；

（十二）岗位职业卫生操作规程；

（十三）法律、法规、规章规定的其他职业病防治制度。

第十二条 产生职业病危害的用人单位的工作场所应当符合下列基本要求：

（一）生产布局合理，有害作业与无害作业分开；

（二）工作场所与生活场所分开，工作场所不得住人；

（三）有与职业病防治工作相适应的有效防护设施；

（四）职业病危害因素的强度或者浓度符合国家职业卫生标准；

（五）有配套的更衣间、洗浴间、孕妇休息间等卫生设施；

（六）设备、工具、用具等设施符合保护劳动者生理、心理健康的要求；

（七）法律、法规、规章和国家职业卫生标准的其他规定。

第十三条 用人单位工作场所存在职业病目录所列职业病的危害因素的，应当按照《职业病危害项目申报办法》的规定，及时、如实向所在地卫生健康主管部门申报职业病危害项目，并接受卫生健康主管部门的监督检查。

第十四条 新建、改建、扩建的工程建设项目和技术改造、技术引进项目（以下统称建设项目）可能产生职业病危害的，建设单位应当按照国家有关建设项目职业病防护设施"三同时"监督管理的规定，进行职业病危害预评价、职业病防护设施设计、职业病危害控制效果评价及相应的评审，组织职业病防护设施验收。

第十五条 产生职业病危害的用人单位，应当在醒目位置设置公告栏，公布有关职业病防治的规章制度、操作规程、职业病危害事故应急救援措施和工作场所职业病危害因素检测结果。

存在或者产生职业病危害的工作场所、作业岗位、设备、设施，应当按照《工作场所职业病危害警示标识》（GBZ158）的规定，在醒目位置设置图形、警示线、警示语句等警示标识和中文警示说明。警示说明应当载明产生职业病危害的种类、后果、预防和应急处置措施等内容。

存在或者产生高毒物品的作业岗位，应当按照《高毒物品作业岗位职业病危害告知规范》（GBZ/T203）的规定，在醒目位置设置高毒物品告知卡，告知卡应当载明高毒物品的名称、理化特性、健康危害、防护措施及应急处理等告知内容与警示标识。

第十六条 用人单位应当为劳动者提供符合国家职业卫生标准的职业病防护用品，并督促、指导劳动者按照使用规则正确佩戴、使用，不得发放钱物替代发放职业病防护用品。

用人单位应当对职业病防护用品进行经常性的维护、保养，确保防护用品有效，不得使用不符合国家职业卫生标准或者已经失效的职业病防护用品。

第十七条 在可能发生急性职业损伤的有毒、有害工作场所，用人单位应当设置报警装置，配置现场急救用品、冲洗设备、应急撤离通道和必要的泄险区。

现场急救用品、冲洗设备等应当设在可能发生急性职业损伤的工作场所或者临近地点，并在醒目位置设置清晰的标识。

在可能突然泄漏或者逸出大量有害物质的密闭或者半密闭工作场所，除遵守本条第一款、第二款规定外，用人单位还应当安装事故通风装置以及与事故排风系统相连锁的泄漏报警装置。

生产、销售、使用、贮存放射性同位素和射线装置的场所，应当按照国家有关规定设置明显的放射性标志，其入口处应当按照国家有关安全和防护标准的要求，设置安全和防护设施以及必要的防护安全联锁、报警装置或者工作信号。放射性装置的生产调试和使用场所，应当具有防止误操作、防止工作人员受到意外照射的安全措施。用人单位必须配备与辐射类型和辐射水平相适应的防护用品和监测仪器，包括个人剂量测量报警、固定式和便携式辐射监测、表面污染监测、流出物监测等设备，并保证可能接触放射线的工作人员佩戴个人剂量计。

第十八条 用人单位应当对职业病防护设备、应急救援设施进行经常性的维护、检修和保养，定期检测其性能和效果，确保其处于正常状态，不得擅自拆除或者停止使用。

第十九条 存在职业病危害的用人单位，应当实施由专人负责的工作场所职业病危害因素日常监测，确保监测系统处于正常工作状态。

第二十条 职业病危害严重的用人单位，应当委托具有相应资质的职业卫生技术服务机构，每年至少进行一次职业病危害因素检测，每三年至少进行一次职业病危害现状评价。

职业病危害一般的用人单位，应当委托具有相应资质的职业卫生技术服务机构，每三年至少进行一次职业病危害因素检测。

检测、评价结果应当存入本单位职业卫生档案，并向卫生健康主管部门报告和劳动者公布。

第二十一条 存在职业病危害的用人单位发生职业病危害事故或者国家卫生健康委规定的其他情形的，应当及时委托具有相应资质的职业卫生技术服务机构进行职业病危害现状评价。

用人单位应当落实职业病危害现状评价报告中提出的建议和措施，并将职业病危害现状评价结果及整改情况存入本单位职业卫生档案。

第二十二条 用人单位在日常的职业病危害监测或者定期检测、现状评价过程中，发现工作场所职业病危害因素不符合国家职业卫生标准和卫生要求时，应当立即采取相应治理措施，确保其符合职业卫生环境和条件的要求；仍然达不到国家职业卫生标准和卫生要求的，必须停止存在职业病危害因素的作业；职业病危害因素经治理后，符合国家职业卫生标准和卫生要求的，方可重新作业。

第二十三条 向用人单位提供可能产生职业病危害的设备的，应当提供中文说明书，并在设备的醒目位置设置警示标识和中文警示说明。警示说明应当载明设备性能、可能产生的职业病危害、安全操作和维护注意事项、职业病防护措施等内容。

用人单位应当检查前款规定的事项，不得使用不符合要求的设备。

第二十四条 向用人单位提供可能产生职业病危害的化学品、放射性同位素和含有放射性物质的材料的，应当提供中文说明书。说明书应当载明产品特性、主要成份、存在的有害因素、可能产生的危害后果、安全使用注意事项、职业病防护和应急救治措施等内容。产品包装应当有醒目的警示标识和中文警示说明。贮存上述材料的场所应当在规定的部位设置危险物品标识或者放射性警示标识。

用人单位应当检查前款规定的事项，不得使用不符合要求的材料。

第二十五条 任何用人单位不得使用国家明令禁止使用的可能产生职业病危害的设备或者材料。

第二十六条 任何单位和个人不得将产生职业病危害的作业转移给不具备职业病防护条件的单位和个人。不具备职业病防护条件的单位和个人不得接受产生职业病危害的作业。

第二十七条 用人单位应当优先采用有利于防治职业病危害和保护劳动者健康的新技术、新工艺、新材料、新设备，逐步替代产生职业病危害的技术、工艺、材料、设备。

第二十八条 用人单位对采用的技术、工艺、材料、设备，应当知悉其可能产生的职业病危害，并采取相应的防护措施。对有职业病危害的技术、工艺、设备、材料，故意隐瞒其危害而采用的，用人单位对其所造成的职业病危害后果承担责任。

第二十九条 用人单位与劳动者订立劳动合同时，应当将工作过程中可能产生的职业病危害及其后果、职业病防护措施和待遇等如实告知劳动者，并在劳动合同中写明，不得隐瞒或者欺骗。

劳动者在履行劳动合同期间因工作岗位或者工作内容变更，从事与所订立劳动合同中未告知的存在职业病危害的作业时，用人单位应当依照前款规定，向劳动者履行如实告知的义务，并协商变更原劳动合同相关条款。

用人单位违反本条规定的，劳动者有权拒绝从事存在职业病危害的作业，用人单位不得因此解除与劳动者所订立的劳动合同。

第三十条 对从事接触职业病危害因素作业的劳动者，用人单位应当按照《用人单位职业健康监护监督管理办法》、《放射工作人员职业健康管理办法》、《职业健康监护技术规范》（GBZ188）、《放射工作人员职业健康监护技术规范》（GBZ235）等有关规定组织上岗前、在岗期间、离岗时的职业健康检查，并将检查结果书面如实告知劳动者。

职业健康检查费用由用人单位承担。

第三十一条 用人单位应当按照《用人单位职业健康监护监督管理办法》的规定，为劳动者建立职业健康监护档案，并按照规定的期限妥善保存。

职业健康监护档案应当包括劳动者的职业史、职业病危害接触史、职业健康检查结果、处理结果和职业病诊疗等有关个人健康资料。

劳动者离开用人单位时，有权索取本人职业健康监护档案复印件，用人单位应当如实、无偿提供，并在所提供的复印件上签章。

第三十二条 劳动者健康出现损害需要进行职业病诊断、鉴定的，用人单位应当如实提供职业病诊断、鉴定所需的劳动者职业史和职业病危害接触史、工作场所职业病危害因素检测结果和放射工作人员个人剂量监测结果等资料。

第三十三条 用人单位不得安排未成年工从事接触职业病危害的作业，不得安排有职业禁忌的劳动者从事其所禁忌的作业，不得安排孕期、哺乳期女职工从事对本人和胎儿、婴儿有危害的作业。

第三十四条 用人单位应当建立健全下列职业卫生档案资料：

（一）职业病防治责任制文件；

（二）职业卫生管理规章制度、操作规程；

（三）工作场所职业病危害因素种类清单、岗位分布以及作业人员接触情况等资料；

（四）职业病防护设施、应急救援设施基本信息，以及其配置、使用、维护、检修与更换等记录；

（五）工作场所职业病危害因素检测、评价报告与记录；

（六）职业病防护用品配备、发放、维护与更换等记录；

（七）主要负责人、职业卫生管理人员和职业病危害严重工作岗位的劳动者等相关人员职业卫生培训资料；

（八）职业病危害事故报告与应急处置记录；

（九）劳动者职业健康检查结果汇总资料，存在职业禁忌证、职业健康损害或者职业病的劳动者处理和安置情况记录；

（十）建设项目职业病防护设施"三同时"有关资料；

（十一）职业病危害项目申报等有关回执或者批复文件；

（十二）其他有关职业卫生管理的资料或者文件。

第三十五条　用人单位发生职业病危害事故，应当及时向所在地卫生健康主管部门和有关部门报告，并采取有效措施，减少或者消除职业病危害因素，防止事故扩大。对遭受或者可能遭受急性职业病危害的劳动者，用人单位应当及时组织救治、进行健康检查和医学观察，并承担所需费用。

用人单位不得故意破坏事故现场、毁灭有关证据，不得迟报、漏报、谎报或者瞒报职业病危害事故。

第三十六条　用人单位发现职业病病人或者疑似职业病病人时，应当按照国家规定及时向所在地卫生健康主管部门和有关部门报告。

第三十七条　用人单位在卫生健康主管部门行政执法人员依法履行监督检查职责时，应当予以配合，不得拒绝、阻挠。

第三章　监督管理

第三十八条　卫生健康主管部门应当依法对用人单位执行有关职业病防治的法律、法规、规章和国家职业卫生标准的情况进行监督检查，重点监督检查下列内容：

（一）设置或者指定职业卫生管理机构或者组织，配备专职或者兼职的职业卫生管理人员情况；

（二）职业卫生管理制度和操作规程的建立、落实及公布情况；

（三）主要负责人、职业卫生管理人员和职业病危害严重的工作岗位的劳动者职业卫生培训情况；

（四）建设项目职业病防护设施"三同时"制度落实情况；

（五）工作场所职业病危害项目申报情况；

（六）工作场所职业病危害因素监测、检测、评价及结果报告和公布情况；

（七）职业病防护设施、应急救援设施的配置、维护、保养情况，以及职业病防护用品的发放、管理及劳动者佩戴使用情况；

（八）职业病危害因素及危害后果警示、告知情况；

（九）劳动者职业健康监护、放射工作人员个人剂量监测情况；

（十）职业病危害事故报告情况；

（十一）提供劳动者健康损害与职业史、职业病危害接触关系等相关资料的情况；

（十二）依法应当监督检查的其他情况。

第三十九条　卫生健康主管部门应当建立健全职业卫生监督检查制度，加强行政执法人员职业卫生知识的培训，提高行政执法人员的业务素质。

第四十条　卫生健康主管部门应当加强建设项目职业病防护设施"三同时"的监督管理，建立健全相关资料的档案管理制度。

第四十一条　卫生健康主管部门应当加强职业卫生技术服务机构的资质认可管理和技术服务工作的监督检查，督促职业卫生技术服务机构公平、公正、客观、科学地开展职业卫生技术服务。

第四十二条　卫生健康主管部门应当建立健全职业病危害防治信息统计分析制度，加强对用人单位职业病危害因素检测、评价结果、劳动者职业健康监护信息以及职业卫生监督检查信息等资料的统计、汇总和分析。

第四十三条　卫生健康主管部门应当按照有关规定，支持、配合有关部门和机构开展职业病的诊断、鉴定工作。

第四十四条　卫生健康主管部门行政执法人员依法履行监督检查职责时，应当出示有效的执法证件。

行政执法人员应当忠于职守，秉公执法，严格遵守执法规范；涉及被检查单位的技术秘密、业务秘密以及个人隐私的，应当为其保密。

第四十五条　卫生健康主管部门履行监督检查职责时，有权采取下列措施：

（一）进入被检查单位及工作场所，进行职业病危害检测，了解情况，调查取证；

（二）查阅、复制被检查单位有关职业病危害防治的文件、资料，采集有关样品；

（三）责令违反职业病防治法律、法规的单位和个人停止违法行为；

（四）责令暂停导致职业病危害事故的作业，封存造成职业病危害事故或者可能导致职业病危害事故发生的材料和设备；

（五）组织控制职业病危害事故现场。

在职业病危害事故或者危害状态得到有效控制后，卫生健康主管部门应当及时解除前款第四项、第五项规定的控制措施。

第四十六条　发生职业病危害事故，卫生健康主管部门应当依照国家有关规定报告事故和组织事故的调查处理。

第四章　法律责任

第四十七条　用人单位有下列情形之一的，责令限期改正，给予警告，可以并处五千元以上二万元以下的罚款：

（一）未按照规定实行有害作业与无害作业分开、工作场所与生活场所分开的；

（二）用人单位的主要负责人、职业卫生管理人员未接受职业卫生培训的；

（三）其他违反本规定的行为。

第四十八条　用人单位有下列情形之一的，责令限期改正，给予警告；逾期未改正的，处十万元以下的罚款：

（一）未按照规定制定职业病防治计划和实施方案的；

（二）未按照规定设置或者指定职业卫生管理机构或者组织，或者未配备专职或者兼职的职业卫生管理人员的；

（三）未按照规定建立、健全职业卫生管理制度和操作规程的；

（四）未按照规定建立、健全职业卫生档案和劳动者健康监护档案的；

（五）未建立、健全工作场所职业病危害因素监测及评价制度的；

（六）未按照规定公布有关职业病防治的规章制度、操作规程、职业病危害事故应急救援措施的；

（七）未按照规定组织劳动者进行职业卫生培训，或者未对劳动者个体防护采取有效的指导、督促措施的；

（八）工作场所职业病危害因素检测、评价结果未按照规定存档、上报和公布的。

第四十九条　用人单位有下列情形之一的，责令限期改正，给予警告，可以并处五万元以上十万元以下的罚款：

（一）未按照规定及时、如实申报产生职业病危害的项目的；

（二）未实施由专人负责职业病危害因素日常监测，或者监测系统不能正常监测的；

（三）订立或者变更劳动合同时，未告知劳动者职业病危害真实情况的；

（四）未按照规定组织劳动者进行职业健康检查、建立职业健康监护档案或者未将检查结果书面告知劳动者的；

（五）未按照规定在劳动者离开用人单位时提供职业健康监护档案复印件的。

第五十条　用人单位有下列情形之一的，责令限期改正，给予警告；逾期未改正的，处五万元以上二十万元以下的罚款；情节严重的，责令停止产生职业病危害的作业，或者提请有关人民政府按照国务院规定的权限责令关闭：

（一）工作场所职业病危害因素的强度或者浓度超过国家职业卫生标准的；

（二）未提供职业病防护设施和劳动者使用的职业病防护用品，或者提供的职业病防护设施和劳动者使用的职业病防护用品不符合国家职业卫生标准和卫生要求的；

（三）未按照规定对职业病防护设备、应急救援设施和劳动者职业病防护用品进行维护、检修、检测，或者不能保持正常运行、使用状态的；

（四）未按照规定对工作场所职业病危害因素进行检测、现状评价的；

（五）工作场所职业病危害因素经治理仍然达不到国家职业卫生标准和卫生要求时，未停止存在职业病危害因素的作业的；

（六）发生或者可能发生急性职业病危害事故，未立即采取应急救援和控制措施或者未按照规定及时报告的；

（七）未按照规定在产生严重职业病危害的作业岗位醒目位置设置警示标识和中文警示说明的；

（八）拒绝卫生健康主管部门监督检查的；

（九）隐瞒、伪造、篡改、毁损职业健康监护档案、工作场所职业病危害因素检测评价结果等相关资料，或者不提供职业病诊断、鉴定所需要资料的；

（十）未按照规定承担职业病诊断、鉴定费用和职业病病人的医疗、生活保障费用的。

第五十一条　用人单位有下列情形之一的，依法责令限期改正,并处五万元以上三十万元以下的罚款;情节严重的,责令停止产生职业病危害的作业,或者提请有关人民政府按照国务院规定的权限责令关闭:

(一)隐瞒技术、工艺、设备、材料所产生的职业病危害而采用的;

(二)隐瞒本单位职业卫生真实情况的;

(三)可能发生急性职业损伤的有毒、有害工作场所或者放射工作场所不符合法律有关规定的;

(四)使用国家明令禁止使用的可能产生职业病危害的设备或者材料的;

(五)将产生职业病危害的作业转移给没有职业病防护条件的单位和个人,或者没有职业病防护条件的单位和个人接受产生职业病危害的作业的;

(六)擅自拆除、停止使用职业病防护设备或者应急救援设施的;

(七)安排未经职业健康检查的劳动者、有职业禁忌的劳动者、未成年工或者孕期、哺乳期女职工从事接触产生职业病危害的作业或者禁忌作业的;

(八)违章指挥和强令劳动者进行没有职业病防护措施的作业的。

第五十二条 用人单位违反《中华人民共和国职业病防治法》的规定,已经对劳动者生命健康造成严重损害的,责令停止产生职业病危害的作业,或者提请有关人民政府按照国务院规定的权限责令关闭,并处十万元以上五十万元以下的罚款。

造成重大职业病危害事故或者其他严重后果,构成犯罪的,对直接负责的主管人员和其他直接责任人员,依法追究刑事责任。

第五十三条 向用人单位提供可能产生职业病危害的设备或者材料,未按照规定提供中文说明书或者设置警示标识和中文警示说明的,责令限期改正,给予警告,并处五万元以上二十万元以下的罚款。

第五十四条 用人单位未按照规定报告职业病、疑似职业病的,责令限期改正,给予警告,可以并处一万元以下的罚款;弄虚作假的,并处二万元以上五万元以下的罚款。

第五十五条 卫生健康主管部门及其行政执法人员未按照规定报告职业病危害事故的,依照有关规定给予处理;构成犯罪的,依法追究刑事责任。

第五十六条 本规定所规定的行政处罚,由县级以上地方卫生健康主管部门决定。法律、行政法规和国务院有关规定对行政处罚决定机关另有规定的,依照其规定。

第五章 附 则

第五十七条 本规定下列用语的含义:

工作场所,是指劳动者进行职业活动的所有地点,包括建设单位施工场所。

职业病危害严重的用人单位,是指建设项目职业病危害风险分类管理目录中所列职业病危害严重行业的用人单位。建设项目职业病危害风险分类管理目录由国家卫生健康委公布。各省级卫生健康主管部门可以根据本地区实际情况,对分类管理目录作出补充规定。

建设项目职业病防护设施"三同时",是指建设项目的职业病防护设施与主体工程同时设计、同时施工、同时投入生产和使用。

第五十八条 本规定未规定的其他有关职业病防治事项,依照《中华人民共和国职业病防治法》和其他有关法律、法规、规章的规定执行。

第五十九条 医疗机构放射卫生管理按照放射诊疗管理相关规定执行。

第六十条 本规定自2021年2月1日起施行。原国家安全生产监督管理总局2012年4月27日公布的《工作场所职业卫生监督管理规定》同时废止。

(4) 事故处理

生产安全事故报告和调查处理条例

· 2007年3月28日国务院第172次常务会议通过
· 2007年4月9日中华人民共和国国务院令第493号公布
· 自2007年6月1日起施行

第一章 总 则

第一条 为了规范生产安全事故的报告和调查处理,落实生产安全事故责任追究制度,防止和减少生产安全事故,根据《中华人民共和国安全生产法》和有关法律,制定本条例。

第二条 生产经营活动中发生的造成人身伤亡或者直接经济损失的生产安全事故的报告和调查处理,适用本条例;环境污染事故、核设施事故、国防科研生产事故的报告和调查处理不适用本条例。

第三条 根据生产安全事故(以下简称事故)造成的人员伤亡或者直接经济损失,事故一般分为以下等级:

(一)特别重大事故,是指造成30人以上死亡,或者100人以上重伤(包括急性工业中毒,下同),或者1亿元以上直接经济损失的事故;

(二)重大事故,是指造成10人以上30人以下死亡,

或者50人以上100人以下重伤,或者5000万元以上1亿元以下直接经济损失的事故;

(三)较大事故,是指造成3人以上10人以下死亡,或者10人以上50人以下重伤,或者1000万元以上5000万元以下直接经济损失的事故;

(四)一般事故,是指造成3人以下死亡,或者10人以下重伤,或者1000万元以下直接经济损失的事故。

国务院安全生产监督管理部门可以会同国务院有关部门,制定事故等级划分的补充性规定。

本条第一款所称的"以上"包括本数,所称的"以下"不包括本数。

第四条 事故报告应当及时、准确、完整,任何单位和个人对事故不得迟报、漏报、谎报或者瞒报。

事故调查处理应当坚持实事求是、尊重科学的原则,及时、准确地查清事故经过、事故原因和事故损失,查明事故性质,认定事故责任,总结事故教训,提出整改措施,并对事故责任者依法追究责任。

第五条 县级以上人民政府应当依照本条例的规定,严格履行职责,及时、准确地完成事故调查处理工作。

事故发生地有关地方人民政府应当支持、配合上级人民政府或者有关部门的事故调查处理工作,并提供必要的便利条件。

参加事故调查处理的部门和单位应当互相配合,提高事故调查处理工作的效率。

第六条 工会依法参加事故调查处理,有权向有关部门提出处理意见。

第七条 任何单位和个人不得阻挠和干涉对事故的报告和依法调查处理。

第八条 对事故报告和调查处理中的违法行为,任何单位和个人有权向安全生产监督管理部门、监察机关或者其他有关部门举报,接到举报的部门应当依法及时处理。

第二章 事故报告

第九条 事故发生后,事故现场有关人员应当立即向本单位负责人报告;单位负责人接到报告后,应当于1小时内向事故发生地县级以上人民政府安全生产监督管理部门和负有安全生产监督管理职责的有关部门报告。

情况紧急时,事故现场有关人员可以直接向事故发生地县级以上人民政府安全生产监督管理部门和负有安全生产监督管理职责的有关部门报告。

第十条 安全生产监督管理部门和负有安全生产监督管理职责的有关部门接到事故报告后,应当依照下列规定上报事故情况,并通知公安机关、劳动保障行政部门、工会和人民检察院:

(一)特别重大事故、重大事故逐级上报至国务院安全生产监督管理部门和负有安全生产监督管理职责的有关部门;

(二)较大事故逐级上报至省、自治区、直辖市人民政府安全生产监督管理部门和负有安全生产监督管理职责的有关部门;

(三)一般事故上报至设区的市级人民政府安全生产监督管理部门和负有安全生产监督管理职责的有关部门。

安全生产监督管理部门和负有安全生产监督管理职责的有关部门依照前款规定上报事故情况,应当同时报告本级人民政府。国务院安全生产监督管理部门和负有安全生产监督管理职责的有关部门以及省级人民政府接到发生特别重大事故、重大事故的报告后,应当立即报告国务院。

必要时,安全生产监督管理部门和负有安全生产监督管理职责的有关部门可以越级上报事故情况。

第十一条 安全生产监督管理部门和负有安全生产监督管理职责的有关部门逐级上报事故情况,每级上报的时间不得超过2小时。

第十二条 报告事故应当包括下列内容:

(一)事故发生单位概况;

(二)事故发生的时间、地点以及事故现场情况;

(三)事故的简要经过;

(四)事故已经造成或者可能造成的伤亡人数(包括下落不明的人数)和初步估计的直接经济损失;

(五)已经采取的措施;

(六)其他应当报告的情况。

第十三条 事故报告后出现新情况的,应当及时补报。

自事故发生之日起30日内,事故造成的伤亡人数发生变化的,应当及时补报。道路交通事故、火灾事故自发生之日起7日内,事故造成的伤亡人数发生变化的,应当及时补报。

第十四条 事故发生单位负责人接到事故报告后,应当立即启动事故相应应急预案,或者采取有效措施,组织抢救,防止事故扩大,减少人员伤亡和财产损失。

第十五条 事故发生地有关地方人民政府、安全生产监督管理部门和负有安全生产监督管理职责的有关部门接到事故报告后,其负责人应当立即赶赴事故现场,组织事故救援。

第十六条 事故发生后,有关单位和人员应当妥善保护事故现场以及相关证据,任何单位和个人不得破坏事故现场、毁灭相关证据。

因抢救人员、防止事故扩大以及疏通交通等原因,需要移动事故现场物件的,应当做出标志,绘制现场简图并做出书面记录,妥善保存现场重要痕迹、物证。

第十七条 事故发生地公安机关根据事故的情况,对涉嫌犯罪的,应当依法立案侦查,采取强制措施和侦查措施。犯罪嫌疑人逃匿的,公安机关应当迅速追捕归案。

第十八条 安全生产监督管理部门和负有安全生产监督管理职责的有关部门应当建立值班制度,并向社会公布值班电话,受理事故报告和举报。

第三章 事故调查

第十九条 特别重大事故由国务院或者国务院授权有关部门组织事故调查组进行调查。

重大事故、较大事故、一般事故分别由事故发生地省级人民政府、设区的市级人民政府、县级人民政府负责调查。省级人民政府、设区的市级人民政府、县级人民政府可以直接组织事故调查组进行调查,也可以授权或者委托有关部门组织事故调查组进行调查。

未造成人员伤亡的一般事故,县级人民政府也可以委托事故发生单位组织事故调查组进行调查。

第二十条 上级人民政府认为必要时,可以调查由下级人民政府负责调查的事故。

自事故发生之日起30日内(道路交通事故、火灾事故自发生之日起7日内),因事故伤亡人数变化导致事故等级发生变化,依照本条例规定应当由上级人民政府负责调查的,上级人民政府可以另行组织事故调查组进行调查。

第二十一条 特别重大事故以下等级事故,事故发生地与事故发生单位不在同一个县级以上行政区域的,由事故发生地人民政府负责调查,事故发生单位所在地人民政府应当派人参加。

第二十二条 事故调查组的组成应当遵循精简、效能的原则。

根据事故的具体情况,事故调查组由有关人民政府、安全生产监督管理部门、负有安全生产监督管理职责的有关部门、监察机关、公安机关以及工会派人组成,并应当邀请人民检察院派人参加。

事故调查组可以聘请有关专家参与调查。

第二十三条 事故调查组成员应当具有事故调查所需要的知识和专长,并与所调查的事故没有直接利害关系。

第二十四条 事故调查组组长由负责事故调查的人民政府指定。事故调查组组长主持事故调查组的工作。

第二十五条 事故调查组履行下列职责:

(一)查明事故发生的经过、原因、人员伤亡情况及直接经济损失;

(二)认定事故的性质和事故责任;

(三)提出对事故责任者的处理建议;

(四)总结事故教训,提出防范和整改措施;

(五)提交事故调查报告。

第二十六条 事故调查组有权向有关单位和个人了解与事故有关的情况,并要求其提供相关文件、资料,有关单位和个人不得拒绝。

事故发生单位的负责人和有关人员在事故调查期间不得擅离职守,并应当随时接受事故调查组的询问,如实提供有关情况。

事故调查中发现涉嫌犯罪的,事故调查组应当及时将有关材料或者其复印件移交司法机关处理。

第二十七条 事故调查中需要进行技术鉴定的,事故调查组应当委托具有国家规定资质的单位进行技术鉴定。必要时,事故调查组可以直接组织专家进行技术鉴定。技术鉴定所需时间不计入事故调查期限。

第二十八条 事故调查组成员在事故调查工作中应当诚信公正、恪尽职守,遵守事故调查组的纪律,保守事故调查的秘密。

未经事故调查组组长允许,事故调查组成员不得擅自发布有关事故的信息。

第二十九条 事故调查组应当自事故发生之日起60日内提交事故调查报告;特殊情况下,经负责事故调查的人民政府批准,提交事故调查报告的期限可以适当延长,但延长的期限最长不超过60日。

第三十条 事故调查报告应当包括下列内容:

(一)事故发生单位概况;

(二)事故发生经过和事故救援情况;

(三)事故造成的人员伤亡和直接经济损失;

(四)事故发生的原因和事故性质;

(五)事故责任的认定以及对事故责任者的处理建议;

(六)事故防范和整改措施。

事故调查报告应当附具有关证据材料。事故调查组成员应当在事故调查报告上签名。

第三十一条 事故调查报告报送负责事故调查的人民政府后,事故调查工作即告结束。事故调查的有关资料应当归档保存。

第四章 事故处理

第三十二条 重大事故、较大事故、一般事故,负责事故调查的人民政府应当自收到事故调查报告之日起15日内做出批复;特别重大事故,30日内做出批复,特殊情况下,批复时间可以适当延长,但延长的时间最长不超过30日。

有关机关应当按照人民政府的批复,依照法律、行政法规规定的权限和程序,对事故发生单位和有关人员进行行政处罚,对负有事故责任的国家工作人员进行处分。

事故发生单位应当按照负责事故调查的人民政府的批复,对本单位负有事故责任的人员进行处理。

负有事故责任的人员涉嫌犯罪的,依法追究刑事责任。

第三十三条 事故发生单位应当认真吸取事故教训,落实防范和整改措施,防止事故再次发生。防范和整改措施的落实情况应当接受工会和职工的监督。

安全生产监督管理部门和负有安全生产监督管理职责的有关部门应当对事故发生单位落实防范和整改措施的情况进行监督检查。

第三十四条 事故处理的情况由负责事故调查的人民政府或者其授权的有关部门、机构向社会公布,依法应当保密的除外。

第五章 法律责任

第三十五条 事故发生单位主要负责人有下列行为之一的,处上一年年收入40%至80%的罚款;属于国家工作人员的,并依法给予处分;构成犯罪的,依法追究刑事责任:

(一)不立即组织事故抢救的;

(二)迟报或者漏报事故的;

(三)在事故调查处理期间擅离职守的。

第三十六条 事故发生单位及其有关人员有下列行为之一的,对事故发生单位处100万元以上500万元以下的罚款;对主要负责人、直接负责的主管人员和其他直接责任人员处上一年年收入60%至100%的罚款;属于国家工作人员的,并依法给予处分;构成违反治安管理行为的,由公安机关依法给予治安管理处罚;构成犯罪的,依法追究刑事责任:

(一)谎报或者瞒报事故的;

(二)伪造或者故意破坏事故现场的;

(三)转移、隐匿资金、财产,或者销毁有关证据、资料的;

(四)拒绝接受调查或者拒绝提供有关情况和资料的;

(五)在事故调查中作伪证或者指使他人作伪证的;

(六)事故发生后逃匿的。

第三十七条 事故发生单位对事故发生负有责任的,依照下列规定处以罚款:

(一)发生一般事故的,处10万元以上20万元以下的罚款;

(二)发生较大事故的,处20万元以上50万元以下的罚款;

(三)发生重大事故的,处50万元以上200万元以下的罚款;

(四)发生特别重大事故的,处200万元以上500万元以下的罚款。

第三十八条 事故发生单位主要负责人未依法履行安全生产管理职责,导致事故发生的,依照下列规定处以罚款;属于国家工作人员的,并依法给予处分;构成犯罪的,依法追究刑事责任:

(一)发生一般事故的,处上一年年收入30%的罚款;

(二)发生较大事故的,处上一年年收入40%的罚款;

(三)发生重大事故的,处上一年年收入60%的罚款;

(四)发生特别重大事故的,处上一年年收入80%的罚款。

第三十九条 有关地方人民政府、安全生产监督管理部门和负有安全生产监督管理职责的有关部门有下列行为之一的,对直接负责的主管人员和其他直接责任人员依法给予处分;构成犯罪的,依法追究刑事责任:

(一)不立即组织事故抢救的;

(二)迟报、漏报、谎报或者瞒报事故的;

(三)阻碍、干涉事故调查工作的;

(四)在事故调查中作伪证或者指使他人作伪证的。

第四十条 事故发生单位对事故发生负有责任的,由有关部门依法暂扣或者吊销其有关证照;对事故发生单位负有事故责任的有关人员,依法暂停或者撤销其与安全生产有关的执业资格、岗位证书;事故发生单位主要负责人受到刑事处罚或者撤职处分的,自刑罚执行完毕或者受处分之日起,5年内不得担任任何生产经营单位的主要负责人。

为发生事故的单位提供虚假证明的中介机构，由有关部门依法暂扣或者吊销其有关证照及其相关人员的执业资格；构成犯罪的，依法追究刑事责任。

第四十一条 参与事故调查的人员在事故调查中有下列行为之一的，依法给予处分；构成犯罪的，依法追究刑事责任：

（一）对事故调查工作不负责任，致使事故调查工作有重大疏漏的；

（二）包庇、袒护负有事故责任的人员或者借机打击报复的。

第四十二条 违反本条例规定，有关地方人民政府或者有关部门故意拖延或者拒绝落实经批复的对事故责任人的处理意见的，由监察机关对有关责任人员依法给予处分。

第四十三条 本条例规定的罚款的行政处罚，由安全生产监督管理部门决定。

法律、行政法规对行政处罚的种类、幅度和决定机关另有规定的，依照其规定。

第六章 附 则

第四十四条 没有造成人员伤亡，但是社会影响恶劣的事故，国务院或者有关地方人民政府认为需要调查处理的，依照本条例的有关规定执行。

国家机关、事业单位、人民团体发生的事故的报告和调查处理，参照本条例的规定执行。

第四十五条 特别重大事故以下等级事故的报告和调查处理，有关法律、行政法规或者国务院另有规定的，依照其规定。

第四十六条 本条例自 2007 年 6 月 1 日起施行。国务院 1989 年 3 月 29 日公布的《特别重大事故调查程序暂行规定》和 1991 年 2 月 22 日公布的《企业职工伤亡事故报告和处理规定》同时废止。

生产安全事故应急条例

· 2018 年 12 月 5 日国务院第 33 次常务会议通过
· 2019 年 2 月 17 日中华人民共和国国务院令第 708 号公布
· 自 2019 年 4 月 1 日起施行

第一章 总 则

第一条 为了规范生产安全事故应急工作，保障人民群众生命和财产安全，根据《中华人民共和国安全生产法》和《中华人民共和国突发事件应对法》，制定本条例。

第二条 本条例适用于生产安全事故应急工作；法律、行政法规另有规定的，适用其规定。

第三条 国务院统一领导全国的生产安全事故应急工作，县级以上地方人民政府统一领导本行政区域内的生产安全事故应急工作。生产安全事故应急工作涉及两个以上行政区域的，由有关行政区域共同的上一级人民政府负责，或者由各有关行政区域的上一级人民政府共同负责。

县级以上人民政府应急管理部门和其他对有关行业、领域的安全生产工作实施监督管理的部门（以下统称负有安全生产监督管理职责的部门）在各自职责范围内，做好有关行业、领域的生产安全事故应急工作。

县级以上人民政府应急管理部门指导、协调本级人民政府其他负有安全生产监督管理职责的部门和下级人民政府的生产安全事故应急工作。

乡、镇人民政府以及街道办事处等地方人民政府派出机关应当协助上级人民政府有关部门依法履行生产安全事故应急工作职责。

第四条 生产经营单位应当加强生产安全事故应急工作，建立、健全生产安全事故应急工作责任制，其主要负责人对本单位的生产安全事故应急工作全面负责。

第二章 应急准备

第五条 县级以上人民政府及其负有安全生产监督管理职责的部门和乡、镇人民政府以及街道办事处等地方人民政府派出机关，应当针对可能发生的生产安全事故的特点和危害，进行风险辨识和评估，制定相应的生产安全事故应急救援预案，并依法向社会公布。

生产经营单位应当针对本单位可能发生的生产安全事故的特点和危害，进行风险辨识和评估，制定相应的生产安全事故应急救援预案，并向本单位从业人员公布。

第六条 生产安全事故应急救援预案应当符合有关法律、法规、规章和标准的规定，具有科学性、针对性和可操作性，明确规定应急组织体系、职责分工以及应急救援程序和措施。

有下列情形之一的，生产安全事故应急救援预案制定单位应当及时修订相关预案：

（一）制定预案所依据的法律、法规、规章、标准发生重大变化；

（二）应急指挥机构及其职责发生调整；

（三）安全生产面临的风险发生重大变化；

（四）重要应急资源发生重大变化；

（五）在预案演练或者应急救援中发现需要修订预

案的重大问题；

（六）其他应当修订的情形。

第七条 县级以上人民政府负有安全生产监督管理职责的部门应当将其制定的生产安全事故应急救援预案报送本级人民政府备案；易燃易爆物品、危险化学品等危险物品的生产、经营、储存、运输单位，矿山、金属冶炼、城市轨道交通运营、建筑施工单位，以及宾馆、商场、娱乐场所、旅游景区等人员密集场所经营单位，应当将其制定的生产安全事故应急救援预案按照国家有关规定报送县级以上人民政府负有安全生产监督管理职责的部门备案，并依法向社会公布。

第八条 县级以上地方人民政府以及县级以上人民政府负有安全生产监督管理职责的部门，乡、镇人民政府以及街道办事处等地方人民政府派出机关，应当至少每2年组织1次生产安全事故应急救援预案演练。

易燃易爆物品、危险化学品等危险物品的生产、经营、储存、运输单位，矿山、金属冶炼、城市轨道交通运营、建筑施工单位，以及宾馆、商场、娱乐场所、旅游景区等人员密集场所经营单位，应当至少每半年组织1次生产安全事故应急救援预案演练，并将演练情况报送所在地县级以上地方人民政府负有安全生产监督管理职责的部门。

县级以上地方人民政府负有安全生产监督管理职责的部门应当对本行政区域内前款规定的重点生产经营单位的生产安全事故应急救援预案演练进行抽查；发现演练不符合要求的，应当责令限期改正。

第九条 县级以上人民政府应当加强对生产安全事故应急救援队伍建设的统一规划、组织和指导。

县级以上人民政府负有安全生产监督管理职责的部门根据生产安全事故应急工作的实际需要，在重点行业、领域单独建立或者依托有条件的生产经营单位、社会组织共同建立应急救援队伍。

国家鼓励和支持生产经营单位和其他社会力量建立提供社会化应急救援服务的应急救援队伍。

第十条 易燃易爆物品、危险化学品等危险物品的生产、经营、储存、运输单位，矿山、金属冶炼、城市轨道交通运营、建筑施工单位，以及宾馆、商场、娱乐场所、旅游景区等人员密集场所经营单位，应当建立应急救援队伍；其中，小型企业或者微型企业等规模较小的生产经营单位，可以不建立应急救援队伍，但应当指定兼职的应急救援人员，并且可以与邻近的应急救援队伍签订应急救援协议。

工业园区、开发区等产业聚集区域内的生产经营单位，可以联合建立应急救援队伍。

第十一条 应急救援队伍的应急救援人员应当具备必要的专业知识、技能、身体素质和心理素质。

应急救援队伍建立单位或者兼职应急救援人员所在单位应当按照国家有关规定对应急救援人员进行培训；应急救援人员经培训合格后，方可参加应急救援工作。

应急救援队伍应当配备必要的应急救援装备和物资，并定期组织训练。

第十二条 生产经营单位应当及时将本单位应急救援队伍建立情况按照国家有关规定报送县级以上人民政府负有安全生产监督管理职责的部门，并依法向社会公布。

县级以上人民政府负有安全生产监督管理职责的部门应当定期将本行业、本领域的应急救援队伍建立情况报送本级人民政府，并依法向社会公布。

第十三条 县级以上地方人民政府应当根据本行政区域内可能发生的生产安全事故的特点和危害，储备必要的应急救援装备和物资，并及时更新和补充。

易燃易爆物品、危险化学品等危险物品的生产、经营、储存、运输单位，矿山、金属冶炼、城市轨道交通运营、建筑施工单位，以及宾馆、商场、娱乐场所、旅游景区等人员密集场所经营单位，应当根据本单位可能发生的生产安全事故的特点和危害，配备必要的灭火、排水、通风以及危险物品稀释、掩埋、收集等应急救援器材、设备和物资，并进行经常性维护、保养，保证正常运转。

第十四条 下列单位应当建立应急值班制度，配备应急值班人员：

（一）县级以上人民政府及其负有安全生产监督管理职责的部门；

（二）危险物品的生产、经营、储存、运输单位以及矿山、金属冶炼、城市轨道交通运营、建筑施工单位；

（三）应急救援队伍。

规模较大、危险性较高的易燃易爆物品、危险化学品等危险物品的生产、经营、储存、运输单位应当成立应急处置技术组，实行24小时应急值班。

第十五条 生产经营单位应当对从业人员进行应急教育和培训，保证从业人员具备必要的应急知识，掌握风险防范技能和事故应急措施。

第十六条 国务院负有安全生产监督管理职责的部门应当按照国家有关规定建立生产安全事故应急救援信息系统，并采取有效措施，实现数据互联互通、信息共享。

生产经营单位可以通过生产安全事故应急救援信息

系统办理生产安全事故应急救援预案备案手续，报送应急救援预案演练情况和应急救援队伍建设情况；但依法需要保密的除外。

第三章 应急救援

第十七条 发生生产安全事故后，生产经营单位应当立即启动生产安全事故应急救援预案，采取下列一项或者多项应急救援措施，并按照国家有关规定报告事故情况：

（一）迅速控制危险源，组织抢救遇险人员；

（二）根据事故危害程度，组织现场人员撤离或者采取可能的应急措施后撤离；

（三）及时通知可能受到事故影响的单位和人员；

（四）采取必要措施，防止事故危害扩大和次生、衍生灾害发生；

（五）根据需要请求邻近的应急救援队伍参加救援，并向参加救援的应急救援队伍提供相关技术资料、信息和处置方法；

（六）维护事故现场秩序，保护事故现场和相关证据；

（七）法律、法规规定的其他应急救援措施。

第十八条 有关地方人民政府及其部门接到生产安全事故报告后，应当按照国家有关规定上报事故情况，启动相应的生产安全事故应急救援预案，并按照应急救援预案的规定采取下列一项或者多项应急救援措施：

（一）组织抢救遇险人员，救治受伤人员，研判事故发展趋势以及可能造成的危害；

（二）通知可能受到事故影响的单位和人员，隔离事故现场，划定警戒区域，疏散受到威胁的人员，实施交通管制；

（三）采取必要措施，防止事故危害扩大和次生、衍生灾害发生，避免或者减少事故对环境造成的危害；

（四）依法发布调用和征用应急资源的决定；

（五）依法向应急救援队伍下达救援命令；

（六）维护事故现场秩序，组织安抚遇险人员和遇险遇难人员亲属；

（七）依法发布有关事故情况和应急救援工作的信息；

（八）法律、法规规定的其他应急救援措施。

有关地方人民政府不能有效控制生产安全事故的，应当及时向上级人民政府报告。上级人民政府应当及时采取措施，统一指挥应急救援。

第十九条 应急救援队伍接到有关人民政府及其部门的救援命令或者签有应急救援协议的生产经营单位的救援请求后，应当立即参加生产安全事故应急救援。

应急救援队伍根据救援命令参加生产安全事故应急救援所耗费用，由事故责任单位承担；事故责任单位无力承担的，由有关人民政府协调解决。

第二十条 发生生产安全事故后，有关人民政府认为有必要的，可以设立由本级人民政府及其有关部门负责人、应急救援专家、应急救援队伍负责人、事故发生单位负责人等人员组成的应急救援现场指挥部，并指定现场指挥部总指挥。

第二十一条 现场指挥部实行总指挥负责制，按照本级人民政府的授权组织制定并实施生产安全事故现场应急救援方案，协调、指挥有关单位和个人参加现场应急救援。

参加生产安全事故现场应急救援的单位和个人应当服从现场指挥部的统一指挥。

第二十二条 在生产安全事故应急救援过程中，发现可能直接危及应急救援人员生命安全的紧急情况时，现场指挥部或者统一指挥应急救援的人民政府应当立即采取相应措施消除隐患，降低或者化解风险，必要时可以暂时撤离应急救援人员。

第二十三条 生产安全事故发生地人民政府应当为应急救援人员提供必需的后勤保障，并组织通信、交通运输、医疗卫生、气象、水文、地质、电力、供水等单位协助应急救援。

第二十四条 现场指挥部或者统一指挥生产安全事故应急救援的人民政府及其有关部门应当完整、准确地记录应急救援的重要事项，妥善保存相关原始资料和证据。

第二十五条 生产安全事故的威胁和危害得到控制或者消除后，有关人民政府应当决定停止执行依照本条例和有关法律、法规采取的全部或者部分应急救援措施。

第二十六条 有关人民政府及其部门根据生产安全事故应急救援需要依法调用和征用的财产，在使用完毕或者应急救援结束后，应当及时归还。财产被调用、征用或者调用、征用后毁损、灭失的，有关人民政府及其部门应当按照国家有关规定给予补偿。

第二十七条 按照国家有关规定成立的生产安全事故调查组应当对应急救援工作进行评估，并在事故调查报告中作出评估结论。

第二十八条 县级以上地方人民政府应当按照国家

有关规定,对在生产安全事故应急救援中伤亡的人员及时给予救治和抚恤;符合烈士评定条件的,按照国家有关规定评定为烈士。

第四章 法律责任

第二十九条 地方各级人民政府和街道办事处等地方人民政府派出机关以及县级以上人民政府有关部门违反本条例规定的,由其上级行政机关责令改正;情节严重的,对直接负责的主管人员和其他直接责任人员依法给予处分。

第三十条 生产经营单位未制定生产安全事故应急救援预案、未定期组织应急救援预案演练、未对从业人员进行应急教育和培训,生产经营单位的主要负责人在本单位发生生产安全事故时不立即组织抢救的,由县级以上人民政府负有安全生产监督管理职责的部门依照《中华人民共和国安全生产法》有关规定追究法律责任。

第三十一条 生产经营单位未对应急救援器材、设备和物资进行经常性维护、保养,导致发生严重生产安全事故或者生产安全事故危害扩大,或者在本单位发生生产安全事故后未立即采取相应的应急救援措施,造成严重后果的,由县级以上人民政府负有安全生产监督管理职责的部门依照《中华人民共和国突发事件应对法》有关规定追究法律责任。

第三十二条 生产经营单位未将生产安全事故应急救援预案报送备案、未建立应急值班制度或者配备应急值班人员的,由县级以上人民政府负有安全生产监督管理职责的部门责令限期改正;逾期未改正的,处3万元以上5万元以下的罚款,对直接负责的主管人员和其他直接责任人员处1万元以上2万元以下的罚款。

第三十三条 违反本条例规定,构成违反治安管理行为的,由公安机关依法给予处罚;构成犯罪的,依法追究刑事责任。

第五章 附 则

第三十四条 储存、使用易燃易爆物品、危险化学品等危险物品的科研机构、学校、医院等单位的安全事故应急工作,参照本条例有关规定执行。

第三十五条 本条例自2019年4月1日起施行。

生产安全事故信息报告和处置办法

- 2009年6月16日国家安全生产监督管理总局令第21号公布
- 自2009年7月1日起施行

第一章 总 则

第一条 为了规范生产安全事故信息的报告和处置工作,根据《安全生产法》《生产安全事故报告和调查处理条例》等有关法律、行政法规,制定本办法。

第二条 生产经营单位报告生产安全事故信息和安全生产监督管理部门、煤矿安全监察机构对生产安全事故信息的报告和处置工作,适用本办法。

第三条 本办法规定的应当报告和处置的生产安全事故信息(以下简称事故信息),是指已经发生的生产安全事故和较大涉险事故的信息。

第四条 事故信息的报告应当及时、准确和完整,信息的处置应当遵循快速高效、协同配合、分级负责的原则。

安全生产监督管理部门负责各类生产经营单位的事故信息报告和处置工作。煤矿安全监察机构负责煤矿的事故信息报告和处置工作。

第五条 安全生产监督管理部门、煤矿安全监察机构应当建立事故信息报告和处置制度,设立事故信息调度机构,实行24小时不间断调度值班,并向社会公布值班电话,受理事故信息报告和举报。

第二章 事故信息的报告

第六条 生产经营单位发生生产安全事故或者较大涉险事故,其单位负责人接到事故信息报告后应当于1小时内报告事故发生地县级安全生产监督管理部门、煤矿安全监察分局。

发生较大以上生产安全事故的,事故发生单位在依照第一款规定报告的同时,应当在1小时内报告省级安全生产监督管理部门、省级煤矿安全监察机构。

发生重大、特别重大生产安全事故的,事故发生单位在依照本条第一款、第二款规定报告的同时,可以立即报告国家安全生产监督管理总局、国家煤矿安全监察局。

第七条 安全生产监督管理部门、煤矿安全监察机构接到事故发生单位的事故信息报告后,应当按照下列规定上报事故情况,同时书面通知同级公安机关、劳动保障部门、工会、人民检察院和有关部门:

(一)一般事故和较大涉险事故逐级上报至设区的市级安全生产监督管理部门、省级煤矿安全监察机构;

(二)较大事故逐级上报至省级安全生产监督管理部门、省级煤矿安全监察机构；

(三)重大事故、特别重大事故逐级上报至国家安全生产监督管理总局、国家煤矿安全监察局。

前款规定的逐级上报，每一级上报时间不得超过2小时。安全生产监督管理部门依照前款规定上报事故情况时，应当同时报告本级人民政府。

第八条 发生较大生产安全事故或者社会影响重大的事故的，县级、市级安全生产监督管理部门或者煤矿安全监察分局接到事故报告后，在依照本办法第七条规定逐级上报的同时，应当在1小时内先用电话快报省级安全生产监督管理部门、省级煤矿安全监察机构，随后补报文字报告；乡镇安监站(办)可以根据事故情况越级直接报告省级安全生产监督管理部门、省级煤矿安全监察机构。

第九条 发生重大、特别重大生产安全事故或者社会影响恶劣的事故的，县级、市级安全生产监督管理部门或者煤矿安全监察分局接到事故报告后，在依照本办法第七条规定逐级上报的同时，应当在1小时内先用电话快报省级安全生产监督管理部门、省级煤矿安全监察机构，随后补报文字报告；必要时，可以直接用电话报告国家安全生产监督管理总局、国家煤矿安全监察局。

省级安全生产监督管理部门、省级煤矿安全监察机构接到事故报告后，应当在1小时内先用电话快报国家安全生产监督管理总局、国家煤矿安全监察局，随后补报文字报告。

国家安全生产监督管理总局、国家煤矿安全监察局接到事故报告后，应当在1小时内先用电话快报国务院总值班室，随后补报文字报告。

第十条 报告事故信息，应当包括下列内容：

(一)事故发生单位的名称、地址、性质、产能等基本情况；

(二)事故发生的时间、地点以及事故现场情况；

(三)事故的简要经过(包括应急救援情况)；

(四)事故已经造成或者可能造成的伤亡人数(包括下落不明、涉险的人数)和初步估计的直接经济损失；

(五)已经采取的措施；

(六)其他应当报告的情况。

使用电话快报，应当包括下列内容：

(一)事故发生单位的名称、地址、性质；

(二)事故发生的时间、地点；

(三)事故已经造成或者可能造成的伤亡人数(包括下落不明、涉险的人数)。

第十一条 事故具体情况暂时不清楚的，负责事故报告的单位可以先报事故概况，随后补报事故全面情况。

事故信息报告后出现新情况的，负责事故报告的单位应当依照本办法第六条、第七条、第八条、第九条的规定及时续报。较大涉险事故、一般事故、较大事故每日至少续报1次；重大事故、特别重大事故每日至少续报2次。

自事故发生之日起30日内(道路交通、火灾事故自发生之日起7日内)，事故造成的伤亡人数发生变化的，应于当日续报。

第十二条 安全生产监督管理部门、煤矿安全监察机构接到任何单位或者个人的事故信息举报后，应当立即与事故单位或者下一级安全生产监督管理部门、煤矿安全监察机构联系，并进行调查核实。

下一级安全生产监督管理部门、煤矿安全监察机构接到上级安全生产监督管理部门、煤矿安全监察机构的事故信息举报核查通知后，应当立即组织查证核实，并在2个月内向上一级安全生产监督管理部门、煤矿安全监察机构报告核实结果。

对发生较大涉险事故的，安全生产监督管理部门、煤矿安全监察机构依照本条第二款规定向上一级安全生产监督管理部门、煤矿安全监察机构报告核实结果；对发生生产安全事故的，安全生产监督管理部门、煤矿安全监察机构应当在5日内对事故情况进行初步查证，并将事故初步查证的简要情况报告上一级安全生产监督管理部门、煤矿安全监察机构，详细核实结果在2个月内报告。

第十三条 事故信息经初步查证后，负责查证的安全生产监督管理部门、煤矿安全监察机构应当立即报告本级人民政府和上一级安全生产监督管理部门、煤矿安全监察机构，并书面通知公安机关、劳动保障部门、工会、人民检察院和有关部门。

第十四条 安全生产监督管理部门与煤矿安全监察机构之间，安全生产监督管理部门、煤矿安全监察机构与其他负有安全生产监督管理职责的部门之间，应当建立有关事故信息的通报制度，及时沟通事故信息。

第十五条 对于事故信息的每周、每月、每年的统计报告，按照有关规定执行。

第三章 事故信息的处置

第十六条 安全生产监督管理部门、煤矿安全监察机构应当建立事故信息处置责任制，做好事故信息的核实、跟踪、分析、统计工作。

第十七条 发生生产安全事故或者较大涉险事故后，安全生产监督管理部门、煤矿安全监察机构应当立即研究、确定并组织实施相关处置措施。安全生产监督管理部门、煤矿安全监察机构负责人按照职责分工负责相关工作。

第十八条 安全生产监督管理部门、煤矿安全监察机构接到生产安全事故报告后，应当按照下列规定派员立即赶赴事故现场：

（一）发生一般事故的，县级安全生产监督管理部门、煤矿安全监察分局负责人立即赶赴事故现场；

（二）发生较大事故的，设区的市级安全生产监督管理部门、省级煤矿安全监察局负责人应当立即赶赴事故现场；

（三）发生重大事故的，省级安全生产监督管理部门、省级煤矿安全监察局负责人立即赶赴事故现场；

（四）发生特别重大事故的，国家安全生产监督管理总局、国家煤矿安全监察局负责人立即赶赴事故现场。

上级安全生产监督管理部门、煤矿安全监察机构认为必要的，可以派员赶赴事故现场。

第十九条 安全生产监督管理部门、煤矿安全监察机构负责人及其有关人员赶赴事故现场后，应当随时保持与本单位的联系。有关事故信息发生重大变化的，应当依照本办法有关规定及时向本单位或者上级安全生产监督管理部门、煤矿安全监察机构报告。

第二十条 安全生产监督管理部门、煤矿安全监察机构应当依照有关规定定期向社会公布事故信息。

任何单位和个人不得擅自发布事故信息。

第二十一条 安全生产监督管理部门、煤矿安全监察机构应当根据事故信息报告的情况，启动相应的应急救援预案，或者组织有关应急救援队伍协助地方人民政府开展应急救援工作。

第二十二条 安全生产监督管理部门、煤矿安全监察机构按有关规定组织或者参加事故调查处理工作。

第四章 罚 则

第二十三条 安全生产监督管理部门、煤矿安全监察机构及其工作人员未依法履行事故信息报告和处置职责的，依照有关规定予以处理。

第二十四条 生产经营单位及其有关人员对生产安全事故迟报、漏报、谎报或者瞒报的，依照有关规定予以处罚。

第二十五条 生产经营单位对较大涉险事故迟报、漏报、谎报或者瞒报的，给予警告，并处3万元以下的罚款。

第五章 附 则

第二十六条 本办法所称的较大涉险事故是指：

（一）涉险10人以上的事故；

（二）造成3人以上被困或者下落不明的事故；

（三）紧急疏散人员500人以上的事故；

（四）因生产安全事故对环境造成严重污染（人员密集场所、生活水源、农田、河流、水库、湖泊等）的事故；

（五）危及重要场所和设施安全（电站、重要水利设施、危化品库、油气站和车站、码头、港口、机场及其他人员密集场所等）的事故；

（六）其他较大涉险事故。

第二十七条 省级安全生产监督管理部门、省级煤矿安全监察机构可以根据本办法的规定，制定具体的实施办法。

第二十八条 本办法自2009年7月1日起施行。

生产安全事故应急预案管理办法

- 2016年6月3日国家安全生产监督管理总局令第88号公布
- 根据2019年7月11日《应急管理部关于修改〈生产安全事故应急预案管理办法〉的决定》修订

第一章 总 则

第一条 为规范生产安全事故应急预案管理工作，迅速有效处置生产安全事故，依据《中华人民共和国突发事件应对法》《中华人民共和国安全生产法》《生产安全事故应急条例》等法律、行政法规和《突发事件应急预案管理办法》（国办发〔2013〕101号），制定本办法。

第二条 生产安全事故应急预案（以下简称应急预案）的编制、评审、公布、备案、实施及监督管理工作，适用本办法。

第三条 应急预案的管理实行属地为主、分级负责、分类指导、综合协调、动态管理的原则。

第四条 应急管理部负责全国应急预案的综合协调管理工作。国务院其他负有安全生产监督管理职责的部门在各自职责范围内，负责相关行业、领域应急预案的管理工作。

县级以上地方各级人民政府应急管理部门负责本行政区域内应急预案的综合协调管理工作。县级以上地方各级人民政府其他负有安全生产监督管理职责的部门按照各自的职责负责有关行业、领域应急预案的管理工作。

第五条 生产经营单位主要负责人负责组织编制和

实施本单位的应急预案,并对应急预案的真实性和实用性负责;各分管负责人应当按照职责分工落实应急预案规定的职责。

第六条 生产经营单位应急预案分为综合应急预案、专项应急预案和现场处置方案。

综合应急预案,是指生产经营单位为应对各种生产安全事故而制定的综合性工作方案,是本单位应对生产安全事故的总体工作程序、措施和应急预案体系的总纲。

专项应急预案,是指生产经营单位为应对某一种或者多种类型生产安全事故,或者针对重要生产设施、重大危险源、重大活动防止生产安全事故而制定的专项性工作方案。

现场处置方案,是指生产经营单位根据不同生产安全事故类型,针对具体场所、装置或者设施所制定的应急处置措施。

第二章 应急预案的编制

第七条 应急预案的编制应当遵循以人为本、依法依规、符合实际、注重实效的原则,以应急处置为核心,明确应急职责、规范应急程序、细化保障措施。

第八条 应急预案的编制应当符合下列基本要求:

(一)有关法律、法规、规章和标准的规定;

(二)本地区、本部门、本单位的安全生产实际情况;

(三)本地区、本部门、本单位的危险性分析情况;

(四)应急组织和人员的职责分工明确,并有具体的落实措施;

(五)有明确、具体的应急程序和处置措施,并与其应急能力相适应;

(六)有明确的应急保障措施,满足本地区、本部门、本单位的应急工作需要;

(七)应急预案基本要素齐全、完整,应急预案附件提供的信息准确;

(八)应急预案内容与相关应急预案相互衔接。

第九条 编制应急预案应当成立编制工作小组,由本单位有关负责人任组长,吸收与应急预案有关的职能部门和单位的人员,以及有现场处置经验的人员参加。

第十条 编制应急预案前,编制单位应当进行事故风险辨识、评估和应急资源调查。

事故风险辨识、评估,是指针对不同事故种类及特点,识别存在的危险危害因素,分析事故可能产生的直接后果以及次生、衍生后果,评估各种后果的危害程度和影响范围,提出防范和控制事故风险措施的过程。

应急资源调查,是指全面调查本地区、本单位第一时间可以调用的应急资源状况和合作区域内可以请求援助的应急资源状况,并结合事故风险辨识评估结论制定应急措施的过程。

第十一条 地方各级人民政府应急管理部门和其他负有安全生产监督管理职责的部门应当根据法律、法规、规章和同级人民政府以及上一级人民政府应急管理部门和其他负有安全生产监督管理职责的部门的应急预案,结合工作实际,组织编制相应的部门应急预案。

部门应急预案应当根据本地区、本部门的实际情况,明确信息报告、响应分级、指挥权移交、警戒疏散等内容。

第十二条 生产经营单位应当根据有关法律、法规、规章和相关标准,结合本单位组织管理体系、生产规模和可能发生的事故特点,与相关预案保持衔接,确立本单位的应急预案体系,编制相应的应急预案,并体现自救互救和先期处置等特点。

第十三条 生产经营单位风险种类多、可能发生多种类型事故的,应当组织编制综合应急预案。

综合应急预案应当规定应急组织机构及其职责、应急预案体系、事故风险描述、预警及信息报告、应急响应、保障措施、应急预案管理等内容。

第十四条 对于某一种或者多种类型的事故风险,生产经营单位可以编制相应的专项应急预案,或将专项应急预案并入综合应急预案。

专项应急预案应当规定应急指挥机构与职责、处置程序和措施等内容。

第十五条 对于危险性较大的场所、装置或者设施,生产经营单位应当编制现场处置方案。

现场处置方案应当规定应急工作职责、应急处置措施和注意事项等内容。

事故风险单一、危险性小的生产经营单位,可以只编制现场处置方案。

第十六条 生产经营单位应急预案应当包括向上级应急管理机构报告的内容、应急组织机构和人员的联系方式、应急物资储备清单等附件信息。附件信息发生变化时,应当及时更新,确保准确有效。

第十七条 生产经营单位组织应急预案编制过程中,应当根据法律、法规、规章的规定或者实际需要,征求相关应急救援队伍、公民、法人或者其他组织的意见。

第十八条 生产经营单位编制的各类应急预案之间应当相互衔接,并与相关人民政府及其部门、应急救援队伍和涉及的其他单位的应急预案相衔接。

第十九条 生产经营单位应当在编制应急预案的基

础上,针对工作场所、岗位的特点,编制简明、实用、有效的应急处置卡。

应急处置卡应当规定重点岗位、人员的应急处置程序和措施,以及相关联络人员和联系方式,便于从业人员携带。

第三章 应急预案的评审、公布和备案

第二十条 地方各级人民政府应急管理部门应当组织有关专家对本部门编制的部门应急预案进行审定;必要时,可以召开听证会,听取社会有关方面的意见。

第二十一条 矿山、金属冶炼企业和易燃易爆物品、危险化学品的生产、经营(带储存设施的,下同)、储存、运输企业,以及使用危险化学品达到国家规定数量的化工企业、烟花爆竹生产、批发经营企业和中型规模以上的其他生产经营单位,应当对本单位编制的应急预案进行评审,并形成书面评审纪要。

前款规定以外的其他生产经营单位可以根据自身需要,对本单位编制的应急预案进行论证。

第二十二条 参加应急预案评审的人员应当包括有关安全生产及应急管理方面的专家。

评审人员与所评审应急预案的生产经营单位有利害关系的,应当回避。

第二十三条 应急预案的评审或者论证应当注重基本要素的完整性、组织体系的合理性、应急处置程序和措施的针对性、应急保障措施的可行性、应急预案的衔接性等内容。

第二十四条 生产经营单位的应急预案经评审或者论证后,由本单位主要负责人签署,向本单位从业人员公布,并及时发放到本单位有关部门、岗位和相关应急救援队伍。

事故风险可能影响周边其他单位、人员的,生产经营单位应当将有关事故风险的性质、影响范围和应急防范措施告知周边的其他单位和人员。

第二十五条 地方各级人民政府应急管理部门的应急预案,应当报同级人民政府备案,同时抄送上一级人民政府应急管理部门,并依法向社会公布。

地方各级人民政府其他负有安全生产监督管理职责的部门的应急预案,应当抄送同级人民政府应急管理部门。

第二十六条 易燃易爆物品、危险化学品等危险物品的生产、经营、储存、运输单位,矿山、金属冶炼、城市轨道交通运营、建筑施工单位,以及宾馆、商场、娱乐场所、旅游景区等人员密集场所经营单位,应当在应急预案公布之日起20个工作日内,按照分级属地原则,向县级以上人民政府应急管理部门和其他负有安全生产监督管理职责的部门进行备案,并依法向社会公布。

前款所列单位属于中央企业的,其总部(上市公司)的应急预案,报国务院主管的负有安全生产监督管理职责的部门备案,并抄送应急管理部;其所属单位的应急预案报所在地的省、自治区、直辖市或者设区的市级人民政府主管的负有安全生产监督管理职责的部门备案,并抄送同级人民政府应急管理部门。

本条第一款所列单位不属于中央企业的,其中非煤矿山、金属冶炼和危险化学品生产、经营、储存、运输企业,以及使用危险化学品达到国家规定数量的化工企业、烟花爆竹生产、批发经营企业的应急预案,按照隶属关系报所在地县级以上地方人民政府应急管理部门备案;本款前述单位以外的其他生产经营单位应急预案的备案,由省、自治区、直辖市人民政府负有安全生产监督管理职责的部门确定。

油气输送管道运营单位的应急预案,除按照本条第一款、第二款的规定备案外,还应当抄送所经行政区域的县级人民政府应急管理部门。

海洋石油开采企业的应急预案,除按照本条第一款、第二款的规定备案外,还应当抄送所经行政区域的县级人民政府应急管理部门和海洋石油安全监管机构。

煤矿企业的应急预案除按照本条第一款、第二款的规定备案外,还应当抄送所在地的煤矿安全监察机构。

第二十七条 生产经营单位申报应急预案备案,应当提交下列材料:

(一)应急预案备案申报表;

(二)本办法第二十一条所列单位,应当提供应急预案评审意见;

(三)应急预案电子文档;

(四)风险评估结果和应急资源调查清单。

第二十八条 受理备案登记的负有安全生产监督管理职责的部门应当在5个工作日内对应急预案材料进行核对,材料齐全的,应当予以备案并出具应急预案备案登记表;材料不齐全的,不予备案并一次性告知需要补齐的材料。逾期不予备案又不说明理由的,视为已经备案。

对于实行安全生产许可的生产经营单位,已经进行应急预案备案的,在申请安全生产许可证时,可以不提供相应的应急预案,仅提供应急预案备案登记表。

第二十九条 各级人民政府负有安全生产监督管理职责的部门应当建立应急预案备案登记建档制度,指导、督促生产经营单位做好应急预案的备案登记工作。

第四章 应急预案的实施

第三十条 各级人民政府应急管理部门、各类生

经营单位应当采取多种形式开展应急预案的宣传教育，普及生产安全事故避险、自救和互救知识，提高从业人员和社会公众的安全意识与应急处置技能。

第三十一条 各级人民政府应急管理部门应当将本部门应急预案的培训纳入安全生产培训工作计划，并组织实施本行政区域内重点生产经营单位的应急预案培训工作。

生产经营单位应当组织开展本单位的应急预案、应急知识、自救互救和避险逃生技能的培训活动，使有关人员了解应急预案内容，熟悉应急职责、应急处置程序和措施。

应急培训的时间、地点、内容、师资、参加人员和考核结果等情况应当如实记入本单位的安全生产教育和培训档案。

第三十二条 各级人民政府应急管理部门应当至少每两年组织一次应急预案演练，提高本部门、本地区生产安全事故应急处置能力。

第三十三条 生产经营单位应当制定本单位的应急预案演练计划，根据本单位的事故风险特点，每年至少组织一次综合应急预案演练或者专项应急预案演练，每半年至少组织一次现场处置方案演练。

易燃易爆物品、危险化学品等危险物品的生产、经营、储存、运输单位，矿山、金属冶炼、城市轨道交通运营、建筑施工单位，以及宾馆、商场、娱乐场所、旅游景区等人员密集场所经营单位，应当至少每半年组织一次生产安全事故应急预案演练，并将演练情况报送所在地县级以上地方人民政府负有安全生产监督管理职责的部门。

县级以上地方人民政府负有安全生产监督管理职责的部门应当对本行政区域内前款规定的重点生产经营单位的生产安全事故应急救援预案演练进行抽查；发现演练不符合要求的，应当责令限期改正。

第三十四条 应急预案演练结束后，应急预案演练组织单位应当对应急预案演练效果进行评估，撰写应急预案演练评估报告，分析存在的问题，并对应急预案提出修订意见。

第三十五条 应急预案编制单位应当建立应急预案定期评估制度，对预案内容的针对性和实用性进行分析，并对应急预案是否需要修订作出结论。

矿山、金属冶炼、建筑施工企业和易燃易爆物品、危险化学品等危险物品的生产、经营、储存、运输企业、使用危险化学品达到国家规定数量的化工企业、烟花爆竹生产、批发经营企业和中型规模以上的其他生产经营单位，应当每三年进行一次应急预案评估。

应急预案评估可以邀请相关专业机构或者有关专家、有实际应急救援工作经验的人员参加，必要时可以委托安全生产技术服务机构实施。

第三十六条 有下列情形之一的，应急预案应当及时修订并归档：

（一）依据的法律、法规、规章、标准及上位预案中的有关规定发生重大变化的；

（二）应急指挥机构及其职责发生调整的；

（三）安全生产面临的风险发生重大变化的；

（四）重要应急资源发生重大变化的；

（五）在应急演练和事故应急救援中发现需要修订预案的重大问题的；

（六）编制单位认为应当修订的其他情况。

第三十七条 应急预案修订涉及组织指挥体系与职责、应急处置程序、主要处置措施、应急响应分级等内容变更的，修订工作应当参照本办法规定的应急预案编制程序进行，并按照有关应急预案报备程序重新备案。

第三十八条 生产经营单位应当按照应急预案的规定，落实应急指挥体系、应急救援队伍、应急物资及装备，建立应急物资、装备配备及其使用档案，并对应急物资、装备进行定期检测和维护，使其处于适用状态。

第三十九条 生产经营单位发生事故时，应当第一时间启动应急响应，组织有关力量进行救援，并按照规定将事故信息及应急响应启动情况报告事故发生地县级以上人民政府应急管理部门和其他负有安全生产监督管理职责的部门。

第四十条 生产安全事故应急处置和应急救援结束后，事故发生单位应当对应急预案实施情况进行总结评估。

第五章 监督管理

第四十一条 各级人民政府应急管理部门和煤矿安全监察机构应当将生产经营单位应急预案工作纳入年度监督检查计划，明确检查的重点内容和标准，并严格按照计划开展执法检查。

第四十二条 地方各级人民政府应急管理部门应当每年对应急预案的监督管理工作情况进行总结，并报上一级人民政府应急管理部门。

第四十三条 对于在应急预案管理工作中做出显著成绩的单位和人员，各级人民政府应急管理部门、生产经营单位可以给予表彰和奖励。

第六章 法律责任

第四十四条 生产经营单位有下列情形之一的，由县级以上人民政府应急管理等部门依照《中华人民共和国安全生产法》第九十四条的规定，责令限期改正，可以处5万元以下罚款；逾期未改正的，责令停产停业整顿，并处5万元以上10万元以下的罚款，对直接负责的主管人员和其他直接责任人员处1万元以上2万元以下的罚款：

（一）未按照规定编制应急预案的；

（二）未按照规定定期组织应急预案演练的。

第四十五条 生产经营单位有下列情形之一的，由县级以上人民政府应急管理部门责令限期改正，可以处1万元以上3万元以下的罚款：

（一）在应急预案编制前未按照规定开展风险辨识、评估和应急资源调查的；

（二）未按照规定开展应急预案评审的；

（三）事故风险可能影响周边单位、人员的，未将事故风险的性质、影响范围和应急防范措施告知周边单位和人员的；

（四）未按照规定开展应急预案评估的；

（五）未按照规定进行应急预案修订的；

（六）未落实应急预案规定的应急物资及装备的。

生产经营单位未按照规定进行应急预案备案的，由县级以上人民政府应急管理等部门依照职责责令限期改正；逾期未改正的，处3万元以上5万元以下的罚款，对直接负责的主管人员和其他直接责任人员处1万元以上2万元以下的罚款。

第七章 附 则

第四十六条 《生产经营单位生产安全事故应急预案备案申报表》和《生产经营单位生产安全事故应急预案备案登记表》由应急管理部统一制定。

第四十七条 各省、自治区、直辖市应急管理部门可以依据本办法的规定，结合本地区实际制定实施细则。

第四十八条 对储存、使用易燃易爆物品、危险化学品等危险物品的科研机构、学校、医院等单位的安全事故应急预案的管理，参照本办法的有关规定执行。

第四十九条 本办法自2016年7月1日起施行。

生产安全事故罚款处罚规定

· 2024年1月10日应急管理部令第14号公布
· 自2024年3月1日起施行

第一条 为防止和减少生产安全事故，严格追究生产安全事故发生单位及其有关责任人员的法律责任，正确适用事故罚款的行政处罚，依照《中华人民共和国行政处罚法》《中华人民共和国安全生产法》《生产安全事故报告和调查处理条例》等规定，制定本规定。

第二条 应急管理部门和矿山安全监察机构对生产安全事故发生单位（以下简称事故发生单位）及其主要负责人、其他负责人、安全生产管理人员以及直接负责的主管人员、其他直接责任人员等有关责任人员依照《中华人民共和国安全生产法》和《生产安全事故报告和调查处理条例》实施罚款的行政处罚，适用本规定。

第三条 本规定所称事故发生单位是指对事故发生负有责任的生产经营单位。

本规定所称主要负责人是指有限责任公司、股份有限公司的董事长、总经理或者个人经营的投资人，其他生产经营单位的厂长、经理、矿长（含实际控制人）等人员。

第四条 本规定所称事故发生单位主要负责人、其他负责人、安全生产管理人员以及直接负责的主管人员、其他直接责任人员的上一年年收入，属于国有生产经营单位的，是指该单位上级主管部门所确定的上一年年收入总额；属于非国有生产经营单位的，是指经财务、税务部门核定的上一年年收入总额。

生产经营单位提供虚假资料或者由于财务、税务部门无法核定等原因致使有关人员的上一年年收入难以确定的，按照下列办法确定：

（一）主要负责人的上一年年收入，按照本省、自治区、直辖市上一年度城镇单位就业人员平均工资的5倍以上10倍以下计算；

（二）其他负责人、安全生产管理人员以及直接负责的主管人员、其他直接责任人员的上一年年收入，按照本省、自治区、直辖市上一年度城镇单位就业人员平均工资的1倍以上5倍以下计算。

第五条 《生产安全事故报告和调查处理条例》所称的迟报、漏报、谎报和瞒报，依照下列情形认定：

（一）报告事故的时间超过规定时限的，属于迟报；

（二）因过失对应当上报的事故或者事故发生的时间、地点、类别、伤亡人数、直接经济损失等内容遗漏未报的，属于漏报；

（三）故意不如实报告事故发生的时间、地点、初步原因、性质、伤亡人数和涉险人数、直接经济损失等有关内容的，属于谎报；

（四）隐瞒已经发生的事故，超过规定时限未向应急管理部门、矿山安全监察机构和有关部门报告，经查证属实的，属于瞒报。

第六条 对事故发生单位及其有关责任人员处以罚款的行政处罚，依照下列规定决定：

（一）对发生特别重大事故的单位及其有关责任人员罚款的行政处罚，由应急管理部决定；

（二）对发生重大事故的单位及其有关责任人员罚款的行政处罚，由省级人民政府应急管理部门决定；

（三）对发生较大事故的单位及其有关责任人员罚款的行政处罚，由设区的市级人民政府应急管理部门决定；

（四）对发生一般事故的单位及其有关责任人员罚款的行政处罚，由县级人民政府应急管理部门决定。

上级应急管理部门可以指定下一级应急管理部门对事故发生单位及其有关责任人员实施行政处罚。

第七条 对煤矿事故发生单位及其有关责任人员处以罚款的行政处罚，依照下列规定执行：

（一）对发生特别重大事故的煤矿及其有关责任人员罚款的行政处罚，由国家矿山安全监察局决定；

（二）对发生重大事故、较大事故和一般事故的煤矿及其有关责任人员罚款的行政处罚，由国家矿山安全监察局省级局决定。

上级矿山安全监察机构可以指定下一级矿山安全监察机构对事故发生单位及其有关责任人员实施行政处罚。

第八条 特别重大事故以下等级事故，事故发生地与事故发生单位所在地不在同一个县级以上行政区域的，由事故发生地的应急管理部门或者矿山安全监察机构依照本规定第六条或者第七条规定的权限实施行政处罚。

第九条 应急管理部门和矿山安全监察机构对事故发生单位及其有关责任人员实施罚款的行政处罚，依照《中华人民共和国行政处罚法》《安全生产违法行为行政处罚办法》等规定的程序执行。

第十条 应急管理部门和矿山安全监察机构在作出行政处罚前，应当告知当事人依法享有的陈述、申辩、要求听证等权利；当事人对行政处罚不服的，有权依法申请行政复议或者提起行政诉讼。

第十一条 事故发生单位主要负责人有《中华人民共和国安全生产法》第一百一十条、《生产安全事故报告和调查处理条例》第三十五条、第三十六条规定的下列行为之一的，依照下列规定处以罚款：

（一）事故发生单位主要负责人在事故发生后不立即组织事故抢救，或者在事故调查处理期间擅离职守，或者瞒报、谎报、迟报事故，或者事故发生后逃匿的，处上一年年收入60%至80%的罚款；贻误事故抢救或者造成事故扩大或者影响事故调查或者造成重大社会影响的，处上一年年收入80%至100%的罚款；

（二）事故发生单位主要负责人漏报事故的，处上一年年收入40%至60%的罚款；贻误事故抢救或者造成事故扩大或者影响事故调查或者造成重大社会影响的，处上一年年收入60%至80%的罚款；

（三）事故发生单位主要负责人伪造、故意破坏事故现场，或者转移、隐匿资金、财产、销毁有关证据、资料，或者拒绝接受调查，或者拒绝提供有关情况和资料，或者在事故调查中作伪证，或者指使他人作伪证的，处上一年年收入60%至80%的罚款；贻误事故抢救或者造成事故扩大或者影响事故调查或者造成重大社会影响的，处上一年年收入80%至100%的罚款。

第十二条 事故发生单位直接负责的主管人员和其他直接责任人员有《生产安全事故报告和调查处理条例》第三十六条规定的行为之一的，处上一年年收入60%至80%的罚款；贻误事故抢救或者造成事故扩大或者影响事故调查或者造成重大社会影响的，处上一年年收入80%至100%的罚款。

第十三条 事故发生单位有《生产安全事故报告和调查处理条例》第三十六条第一项至第五项规定的行为之一的，依照下列规定处以罚款：

（一）发生一般事故的，处100万元以上150万元以下的罚款；

（二）发生较大事故的，处150万元以上200万元以下的罚款；

（三）发生重大事故的，处200万元以上250万元以下的罚款；

（四）发生特别重大事故的，处250万元以上300万元以下的罚款。

事故发生单位有《生产安全事故报告和调查处理条例》第三十六条第一项至第五项规定的行为之一的，贻误事故抢救或者造成事故扩大或者影响事故调查或者造成重大社会影响的，依照下列规定处以罚款：

（一）发生一般事故的，处300万元以上350万元以下的罚款；

（二）发生较大事故的，处350万元以上400万元以下的罚款；

（三）发生重大事故的，处400万元以上450万元以下的罚款；

（四）发生特别重大事故的，处450万元以上500万元以下的罚款。

第十四条 事故发生单位对一般事故负有责任的，

依照下列规定处以罚款：

（一）造成 3 人以下重伤（包括急性工业中毒，下同），或者 300 万元以下直接经济损失的，处 30 万元以上 50 万元以下的罚款；

（二）造成 1 人死亡，或者 3 人以上 6 人以下重伤，或者 300 万元以上 500 万元以下直接经济损失的，处 50 万元以上 70 万元以下的罚款；

（三）造成 2 人死亡，或者 6 人以上 10 人以下重伤，或者 500 万元以上 1000 万元以下直接经济损失的，处 70 万元以上 100 万元以下的罚款。

第十五条 事故发生单位对较大事故发生负有责任的，依照下列规定处以罚款：

（一）造成 3 人以上 5 人以下死亡，或者 10 人以上 20 人以下重伤，或者 1000 万元以上 2000 万元以下直接经济损失的，处 100 万元以上 120 万元以下的罚款；

（二）造成 5 人以上 7 人以下死亡，或者 20 人以上 30 人以下重伤，或者 2000 万元以上 3000 万元以下直接经济损失的，处 120 万元以上 150 万元以下的罚款；

（三）造成 7 人以上 10 人以下死亡，或者 30 人以上 50 人以下重伤，或者 3000 万元以上 5000 万元以下直接经济损失的，处 150 万元以上 200 万元以下的罚款。

第十六条 事故发生单位对重大事故发生负有责任的，依照下列规定处以罚款：

（一）造成 10 人以上 13 人以下死亡，或者 50 人以上 60 人以下重伤，或者 5000 万元以上 6000 万元以下直接经济损失的，处 200 万元以上 400 万元以下的罚款；

（二）造成 13 人以上 15 人以下死亡，或者 60 人以上 70 人以下重伤，或者 6000 万元以上 7000 万元以下直接经济损失的，处 400 万元以上 600 万元以下的罚款；

（三）造成 15 人以上 30 人以下死亡，或者 70 人以上 100 人以下重伤，或者 7000 万元以上 1 亿元以下直接经济损失的，处 600 万元以上 1000 万元以下的罚款。

第十七条 事故发生单位对特别重大事故发生负有责任的，依照下列规定处以罚款：

（一）造成 30 人以上 40 人以下死亡，或者 100 人以上 120 人以下重伤，或者 1 亿元以上 1.5 亿元以下直接经济损失的，处 1000 万元以上 1200 万元以下的罚款；

（二）造成 40 人以上 50 人以下死亡，或者 120 人以上 150 人以下重伤，或者 1.5 亿元以上 2 亿元以下直接经济损失的，处 1200 万元以上 1500 万元以下的罚款；

（三）造成 50 人以上死亡，或者 150 人以上重伤，或者 2 亿元以上直接经济损失的，处 1500 万元以上 2000 万元以下的罚款。

第十八条 发生生产安全事故，有下列情形之一的，属于《中华人民共和国安全生产法》第一百一十四条第二款规定的情节特别严重、影响特别恶劣的情形，可以按照法律规定罚款数额的 2 倍以上 5 倍以下对事故发生单位处以罚款：

（一）关闭、破坏直接关系生产安全的监控、报警、防护、救生设备、设施，或者篡改、隐瞒、销毁其相关数据、信息的；

（二）因存在重大事故隐患被依法责令停产停业、停止施工、停止使用有关设备、设施、场所或者立即采取排除危险的整改措施，而拒不执行的；

（三）涉及安全生产的事项未经依法批准或者许可，擅自从事矿山开采、金属冶炼、建筑施工，以及危险物品生产、经营、储存等高度危险的生产作业活动，或者未依法取得有关证照尚在从事生产经营活动的；

（四）拒绝、阻碍行政执法的；

（五）强令他人违章冒险作业，或者明知存在重大事故隐患而不排除，仍冒险组织作业的；

（六）其他情节特别严重、影响特别恶劣的情形。

第十九条 事故发生单位主要负责人未依法履行安全生产管理职责，导致事故发生的，依照下列规定处以罚款：

（一）发生一般事故的，处上一年年收入 40% 的罚款；

（二）发生较大事故的，处上一年年收入 60% 的罚款；

（三）发生重大事故的，处上一年年收入 80% 的罚款；

（四）发生特别重大事故的，处上一年年收入 100% 的罚款。

第二十条 事故发生单位其他负责人和安全生产管理人员未依法履行安全生产管理职责，导致事故发生的，依照下列规定处以罚款：

（一）发生一般事故的，处上一年年收入 20% 至 30% 的罚款；

（二）发生较大事故的，处上一年年收入 30% 至 40% 的罚款；

（三）发生重大事故的，处上一年年收入 40% 至 50% 的罚款；

（四）发生特别重大事故的，处上一年年收入 50% 的罚款。

第二十一条 个人经营的投资人未依照《中华人民共和国安全生产法》的规定保证安全生产所必需的资金

投入，致使生产经营单位不具备安全生产条件，导致发生生产安全事故的，依照下列规定对个人经营的投资人处以罚款：

（一）发生一般事故的，处 2 万元以上 5 万元以下的罚款；

（二）发生较大事故的，处 5 万元以上 10 万元以下的罚款；

（三）发生重大事故的，处 10 万元以上 15 万元以下的罚款；

（四）发生特别重大事故的，处 15 万元以上 20 万元以下罚款。

第二十二条 违反《中华人民共和国安全生产法》《生产安全事故报告和调查处理条例》和本规定，存在对事故发生负有责任以及谎报、瞒报事故等两种以上应当处以罚款的行为的，应急管理部门或者矿山安全监察机构应当分别裁量，合并作出处罚决定。

第二十三条 在事故调查中发现需要对存在违法行为的其他单位及其有关人员处以罚款的，依照相关法律、法规和规章的规定实施。

第二十四条 本规定自 2024 年 3 月 1 日起施行。原国家安全生产监督管理总局 2007 年 7 月 12 日公布，2011 年 9 月 1 日第一次修正、2015 年 4 月 2 日第二次修正的《生产安全事故罚款处罚规定（试行）》同时废止。

最高人民法院、最高人民检察院关于办理危害生产安全刑事案件适用法律若干问题的解释

- 2015 年 11 月 9 日最高人民法院审判委员会第 1665 次会议、2015 年 12 月 9 日最高人民检察院第十二届检察委员会第 44 次会议通过
- 2015 年 12 月 14 日最高人民法院、最高人民检察院公告公布
- 自 2015 年 12 月 16 日起施行
- 法释〔2015〕22 号

为依法惩治危害生产安全犯罪，根据刑法有关规定，现就办理此类刑事案件适用法律的若干问题解释如下：

第一条 刑法第一百三十四条第一款规定的犯罪主体，包括对生产、作业负有组织、指挥或者管理职责的负责人、管理人员、实际控制人、投资人等人员，以及直接从事生产、作业的人员。

第二条 刑法第一百三十四条第二款规定的犯罪主体，包括对生产、作业负有组织、指挥或者管理职责的负责人、管理人员、实际控制人、投资人等人员。

第三条 刑法第一百三十五条规定的"直接负责的主管人员和其他直接责任人员"，是指对安全生产设施或者安全生产条件不符合国家规定负有直接责任的生产经营单位负责人、管理人员、实际控制人、投资人，以及其他对安全生产设施或者安全生产条件负有管理、维护职责的人员。

第四条 刑法第一百三十九条之一规定的"负有报告职责的人员"，是指负有组织、指挥或者管理职责的负责人、管理人员、实际控制人、投资人，以及其他负有报告职责的人员。

第五条 明知存在事故隐患、继续作业存在危险，仍然违反有关安全管理的规定，实施下列行为之一的，应当认定为刑法第一百三十四条第二款规定的"强令他人违章冒险作业"：

（一）利用组织、指挥、管理职权，强制他人违章作业的；

（二）采取威逼、胁迫、恐吓等手段，强制他人违章作业的；

（三）故意掩盖事故隐患，组织他人违章作业的；

（四）其他强令他人违章作业的行为。

第六条 实施刑法第一百三十二条、第一百三十四条第一款、第一百三十五条、第一百三十五条之一、第一百三十六条、第一百三十九条规定的行为，因而发生安全事故，具有下列情形之一的，应当认定为"造成严重后果"或者"发生重大伤亡事故或者造成其他严重后果"，对相关责任人员，处三年以下有期徒刑或者拘役：

（一）造成死亡一人以上，或者重伤三人以上的；

（二）造成直接经济损失一百万元以上的；

（三）其他造成严重后果或者重大安全事故的情形。

实施刑法第一百三十四条第二款规定的行为，因而发生安全事故，具有本条第一款规定情形的，应当认定为"发生重大伤亡事故或者造成其他严重后果"，对相关责任人员，处五年以下有期徒刑或者拘役。

实施刑法第一百三十七条规定的行为，因而发生安全事故，具有本条第一款规定情形的，应当认定为"造成重大安全事故"，对直接责任人员，处五年以下有期徒刑或者拘役，并处罚金。

实施刑法第一百三十八条规定的行为，因而发生安全事故，具有本条第一款第一项规定情形的，应当认定为"发生重大伤亡事故"，对直接责任人员，处三年以下有期徒刑或者拘役。

第七条 实施刑法第一百三十二条、第一百三十四

条第一款、第一百三十五条、第一百三十五条之一、第一百三十六条、第一百三十九条规定的行为，因而发生安全事故，具有下列情形之一的，对相关责任人员，处三年以上七年以下有期徒刑：

（一）造成死亡三人以上或者重伤十人以上，负事故主要责任的；

（二）造成直接经济损失五百万元以上，负事故主要责任的；

（三）其他造成特别严重后果、情节特别恶劣或后果特别严重的情形。

实施刑法第一百三十四条第二款规定的行为，因而发生安全事故，具有本条第一款规定情形的，对相关责任人员，处五年以上有期徒刑。

实施刑法第一百三十七条规定的行为，因而发生安全事故，具有本条第一款情形的，对直接责任人员，处五年以上十年以下有期徒刑，并处罚金。

实施刑法第一百三十八条规定的行为，因而发生安全事故，具有下列情形之一的，对直接责任人员，处三年以上七年以下有期徒刑：

（一）造成死亡三人以上或者重伤十人以上，负事故主要责任的；

（二）具有本解释第六条第一款第一项规定情形，同时造成直接经济损失五百万元以上并负事故主要责任的，或者同时造成恶劣社会影响的。

第八条　在安全事故发生后，负有报告职责的人员不报或者谎报事故情况，贻误事故抢救，具有下列情形之一的，应当认定为刑法第一百三十九条之一规定的"情节严重"：

（一）导致事故后果扩大，增加死亡一人以上，或者增加重伤三人以上，或者增加直接经济损失一百万元以上的；

（二）实施下列行为之一，致使不能及时有效开展事故抢救的：

1. 决定不报、迟报、谎报事故情况或者指使、串通有关人员不报、迟报、谎报事故情况的；

2. 在事故抢救期间擅离职守或者逃匿的；

3. 伪造、破坏事故现场，或者转移、藏匿、毁灭遇难人员尸体，或者转移、藏匿受伤人员的；

4. 毁灭、伪造、隐匿与事故有关的图纸、记录、计算机数据等资料以及其他证据的；

（三）其他情节严重的情形。

具有下列情形之一的，应当认定为刑法第一百三十九条之一规定的"情节特别严重"：

（一）导致事故后果扩大，增加死亡三人以上，或者增加重伤十人以上，或者增加直接经济损失五百万元以上的；

（二）采用暴力、胁迫、命令等方式阻止他人报告事故情况，导致事故后果扩大的；

（三）其他情节特别严重的情形。

第九条　在安全事故发生后，与负有报告职责的人员串通，不报或者谎报事故情况，贻误事故抢救，情节严重的，依照刑法第一百三十九条之一的规定，以共犯论处。

第十条　在安全事故发生后，直接负责的主管人员和其他直接责任人员故意阻挠开展抢救，导致人员死亡或者重伤，或者为了逃避法律追究，对被害人进行隐藏、遗弃，致使被害人因无法得到救助而死亡或者重度残疾的，分别依照刑法第二百三十二条、第二百三十四条的规定，以故意杀人罪或者故意伤害罪定罪处罚。

第十一条　生产不符合保障人身、财产安全的国家标准、行业标准的安全设备，或者明知安全设备不符合保障人身、财产安全的国家标准、行业标准而进行销售，致使发生安全事故，造成严重后果的，依照刑法第一百四十六条的规定，以生产、销售不符合安全标准的产品罪定罪处罚。

第十二条　实施刑法第一百三十二条、第一百三十四条至第一百三十九条之一规定的犯罪行为，具有下列情形之一的，从重处罚：

（一）未依法取得安全许可证件或者安全许可证件过期、被暂扣、吊销、注销后从事生产经营活动的；

（二）关闭、破坏必要的安全监控和报警设备的；

（三）已经发现事故隐患，经有关部门或者个人提出后，仍不采取措施的；

（四）一年内曾因危害生产安全违法犯罪活动受过行政处罚或者刑事处罚的；

（五）采取弄虚作假、行贿等手段，故意逃避、阻挠负有安全监督管理职责的部门实施监督检查的；

（六）安全事故发生后转移财产意图逃避承担责任的；

（七）其他从重处罚的情形。

实施前款第五项规定的行为，同时构成刑法第三百八十九条规定的犯罪的，依照数罪并罚的规定处罚。

第十三条　实施刑法第一百三十二条、第一百三十四条至第一百三十九条之一规定的犯罪行为，在安全事故发生后积极组织、参与事故抢救，或者积极配合调查、主动赔偿损失的，可以酌情从轻处罚。

第十四条　国家工作人员违反规定投资入股生产经

营,构成本解释规定的有关犯罪的,或者国家工作人员的贪污、受贿犯罪行为与安全事故发生存在关联性的,从重处罚;同时构成贪污、受贿犯罪和危害生产安全犯罪的,依照数罪并罚的规定处罚。

第十五条 国家机关工作人员在履行安全监督管理职责时滥用职权、玩忽职守,致使公共财产、国家和人民利益遭受重大损失的,或者徇私舞弊,对发现的刑事案件依法应当移交司法机关追究刑事责任而不移交,情节严重的,分别依照刑法第三百九十七条、第四百零二条的规定,以滥用职权罪、玩忽职守罪或者徇私舞弊不移交刑事案件罪定罪处罚。

公司、企业、事业单位的工作人员在依法或者受委托行使安全监督管理职责时滥用职权或者玩忽职守,构成犯罪的,应当依照《全国人民代表大会常务委员会关于〈中华人民共和国刑法〉第九章渎职罪主体适用问题的解释》的规定,适用渎职罪的规定追究刑事责任。

第十六条 对于实施危害生产安全犯罪适用缓刑的犯罪分子,可以根据犯罪情况,禁止其在缓刑考验期限内从事与安全生产相关联的特定活动;对于被判处刑罚的犯罪分子,可以根据犯罪情况和预防再犯罪的需要,禁止其自刑罚执行完毕之日或者假释之日起三年至五年内从事与安全生产相关的职业。

第十七条 本解释自2015年12月16日起施行。本解释施行后,《最高人民法院、最高人民检察院关于办理危害矿山生产安全刑事案件具体应用法律若干问题的解释》(法释〔2007〕5号)同时废止。最高人民法院、最高人民检察院此前发布的司法解释和规范性文件与本解释不一致的,以本解释为准。

最高人民法院、最高人民检察院关于办理危害生产安全刑事案件适用法律若干问题的解释(二)

- 2022年9月19日最高人民法院审判委员会第1875次会议、2022年10月25日最高人民检察院第十三届检察委员会第106次会议通过
- 2022年12月15日最高人民法院、最高人民检察院公告公布
- 自2022年12月19日起施行
- 法释〔2022〕19号

为依法惩治危害生产安全犯罪,维护公共安全,保护人民群众生命安全和公私财产安全,根据《中华人民共和国刑法》《中华人民共和国刑事诉讼法》和《中华人民共和国安全生产法》等规定,现就办理危害生产安全刑事案件适用法律的若干问题解释如下:

第一条 明知存在事故隐患,继续作业存在危险,仍然违反有关安全管理的规定,有下列情形之一的,属于刑法第一百三十四条第二款规定的"强令他人违章冒险作业":

(一)以威逼、胁迫、恐吓等手段,强制他人违章作业的;

(二)利用组织、指挥、管理职权,强制他人违章作业的;

(三)其他强令他人违章冒险作业的情形。

明知存在重大事故隐患,仍然违反有关安全管理的规定,不排除或者故意掩盖重大事故隐患,组织他人作业的,属于刑法第一百三十四条第二款规定的"冒险组织作业"。

第二条 刑法第一百三十四条之一规定的犯罪主体,包括对生产、作业负有组织、指挥或者管理职责的负责人、管理人员、实际控制人、投资人等人员,以及直接从事生产、作业的人员。

第三条 因存在重大事故隐患被依法责令停产停业、停止施工、停止使用有关设备、设施、场所或者立即采取排除危险的整改措施,有下列情形之一的,属于刑法第一百三十四条之一第二项规定的"拒不执行":

(一)无正当理由故意不执行各级人民政府或者负有安全生产监督管理职责的部门依法作出的上述行政决定、命令的;

(二)虚构重大事故隐患已经排除的事实,规避、干扰执行各级人民政府或者负有安全生产监督管理职责的部门依法作出的上述行政决定、命令的;

(三)以行贿等不正当手段,规避、干扰执行各级人民政府或者负有安全生产监督管理职责的部门依法作出的上述行政决定、命令的。

有前款第三项行为,同时构成刑法第三百八十九条行贿罪、第三百九十三条单位行贿罪等犯罪的,依照数罪并罚的规定处罚。

认定是否属于"拒不执行",应当综合考虑行政决定、命令是否具有法律、行政法规等依据,行政决定、命令的内容和期限要求是否明确、合理,行为人是否具有按照要求执行的能力等因素进行判断。

第四条 刑法第一百三十四条第二款和第一百三十四条之一第二项规定的"重大事故隐患",依照法律、行政法规、部门规章、强制性标准以及有关行政规范性文件进行认定。

刑法第一百三十四条之一第三项规定的"危险物品",依照安全生产法第一百一十七条的规定确定。

对于是否属于"重大事故隐患"或者"危险物品"难以确定的，可以依据司法鉴定机构出具的鉴定意见、地市级以上负有安全生产监督管理职责的部门或者其指定的机构出具的意见，结合其他证据综合审查，依法作出认定。

第五条 在生产、作业中违反有关安全管理的规定，有刑法第一百三十四条之一规定情形之一，因而发生重大伤亡事故或者造成其他严重后果，构成刑法第一百三十四条、第一百三十五条至第一百三十九条等规定的重大责任事故罪、重大劳动安全事故罪、危险物品肇事罪、工程重大安全事故罪等犯罪的，依照该规定定罪处罚。

第六条 承担安全评价职责的中介组织的人员提供的证明文件有下列情形之一的，属于刑法第二百二十九条第一款规定的"虚假证明文件"：

（一）故意伪造的；

（二）在周边环境、主要建（构）筑物、工艺、装置、设备设施等重要内容上弄虚作假，导致与评价期间实际情况不符，影响评价结论的；

（三）隐瞒生产经营单位重大事故隐患及整改落实情况、主要灾害等级等情况，影响评价结论的；

（四）伪造、篡改生产经营单位相关信息、数据、技术报告或者结论等内容，影响评价结论的；

（五）故意采用存疑的第三方证明材料、监测检验报告，影响评价结论的；

（六）有其他弄虚作假行为，影响评价结论的情形。

生产经营单位提供虚假材料，影响评价结论，承担安全评价职责的中介组织的人员对评价结论与实际情况不符无主观故意的，不属于刑法第二百二十九条第一款规定的"故意提供虚假证明文件"。

有本条第二款情形，承担安全评价职责的中介组织的人员严重不负责任，导致出具的证明文件有重大失实，造成严重后果的，依照刑法第二百二十九条第三款的规定追究刑事责任。

第七条 承担安全评价职责的中介组织的人员故意提供虚假证明文件，有下列情形之一的，属于刑法第二百二十九条第一款规定的"情节严重"：

（一）造成死亡一人以上或者重伤三人以上安全事故的；

（二）造成直接经济损失五十万元以上安全事故的；

（三）违法所得数额十万元以上的；

（四）两年内因故意提供虚假证明文件受过两次以上行政处罚，又故意提供虚假证明文件的；

（五）其他情节严重的情形。

在涉及公共安全的重大工程、项目中提供虚假的安全评价文件，有下列情形之一的，属于刑法第二百二十九条第一款第三项规定的"致使公共财产、国家和人民利益遭受特别重大损失"：

（一）造成死亡三人以上或者重伤十人以上安全事故的；

（二）造成直接经济损失五百万元以上安全事故的；

（三）其他致使公共财产、国家和人民利益遭受特别重大损失的情形。

承担安全评价职责的中介组织的人员有刑法第二百二十九条第一款行为，在裁量刑罚时，应当考虑其行为手段、主观过错程度、对安全事故的发生所起作用大小及其获利情况、一贯表现等因素，综合评估社会危害性，依法裁量刑罚，确保罪责刑相适应。

第八条 承担安全评价职责的中介组织的人员，严重不负责任，出具的证明文件有重大失实，有下列情形之一的，属于刑法第二百二十九条第三款规定的"造成严重后果"：

（一）造成死亡一人以上或者重伤三人以上安全事故的；

（二）造成直接经济损失一百万元以上安全事故的；

（三）其他造成严重后果的情形。

第九条 承担安全评价职责的中介组织犯刑法第二百二十九条规定之罪的，对该中介组织判处罚金，并对其直接负责的主管人员和其他直接责任人员，依照本解释第七条、第八条的规定处罚。

第十条 有刑法第一百三十四条之一行为，积极配合公安机关或者负有安全生产监督管理职责的部门采取措施排除事故隐患，确有悔改表现，认罪认罚的，可以依法从宽处罚；犯罪情节轻微不需要判处刑罚的，可以不起诉或者免予刑事处罚；情节显著轻微危害不大的，不作为犯罪处理。

第十一条 有本解释规定的行为，被不起诉或者免予刑事处罚，需要给予行政处罚、政务处分或者其他处分的，依法移送有关主管机关处理。

第十二条 本解释自2022年12月19日起施行。最高人民法院、最高人民检察院此前发布的司法解释与本解释不一致的，以本解释为准。

7. 女职工和未成年工特殊保护

中华人民共和国未成年人保护法（节录）

- 1991年9月4日第七届全国人民代表大会常务委员会第二十一次会议通过
- 2006年12月29日第十届全国人民代表大会常务委员会第二十五次会议第一次修订
- 根据2012年10月26日第十一届全国人民代表大会常务委员会第二十九次会议《关于修改〈中华人民共和国未成年人保护法〉的决定》第一次修正
- 2020年10月17日第十三届全国人民代表大会常务委员会第二十二次会议第二次修订
- 根据2024年4月26日第十四届全国人民代表大会常务委员会第九次会议《关于修改〈中华人民共和国农业技术推广法〉、〈中华人民共和国未成年人保护法〉、〈中华人民共和国生物安全法〉的决定》第二次修正

……

第六十一条 任何组织或者个人不得招用未满十六周岁未成年人，国家另有规定的除外。

营业性娱乐场所、酒吧、互联网上网服务营业场所等不适宜未成年人活动的场所不得招用已满十六周岁的未成年人。

招用已满十六周岁未成年人的单位和个人应当执行国家在工种、劳动时间、劳动强度和保护措施等方面的规定，不得安排其从事过重、有毒、有害等危害未成年人身心健康的劳动或者危险作业。

任何组织或者个人不得组织未成年人进行危害其身心健康的表演等活动。经未成年人的父母或者其他监护人同意，未成年人参与演出、节目制作等活动，活动组织方应当根据国家有关规定，保障未成年人合法权益。

……

中华人民共和国妇女权益保障法（节录）

- 1992年4月3日第七届全国人民代表大会第五次会议通过
- 根据2005年8月28日第十届全国人民代表大会常务委员会第十七次会议《关于修改〈中华人民共和国妇女权益保障法〉的决定》第一次修正
- 根据2018年10月26日第十三届全国人民代表大会常务委员会第六次会议《关于修改〈中华人民共和国野生动物保护法〉等十五部法律的决定》第二次修正
- 2022年10月30日第十三届全国人民代表大会常务委员会第三十七次会议修订
- 2022年10月30日中华人民共和国主席令第122号公布
- 自2023年1月1日起施行

……

第五章 劳动和社会保障权益

第四十一条 国家保障妇女享有与男子平等的劳动权利和社会保障权利。

第四十二条 各级人民政府和有关部门应当完善就业保障政策措施，防止和纠正就业性别歧视，为妇女创造公平的就业创业环境，为就业困难的妇女提供必要的扶持和援助。

第四十三条 用人单位在招录（聘）过程中，除国家另有规定外，不得实施下列行为：

（一）限定为男性或者规定男性优先；

（二）除个人基本信息外，进一步询问或者调查女性求职者的婚育情况；

（三）将妊娠测试作为入职体检项目；

（四）将限制结婚、生育或者婚姻、生育状况作为录（聘）用条件；

（五）其他以性别为由拒绝录（聘）用妇女或者差别化地提高对妇女录（聘）用标准的行为。

第四十四条 用人单位在录（聘）用女职工时，应当依法与其签订劳动（聘用）合同或者服务协议，劳动（聘用）合同或者服务协议中应当具备女职工特殊保护条款，并不得规定限制女职工结婚、生育等内容。

职工一方与用人单位订立的集体合同中应当包含男女平等和女职工权益保护相关内容，也可以就相关内容制定专章、附件或者单独订立女职工权益保护专项集体合同。

第四十五条 实行男女同工同酬。妇女在享受福利待遇方面享有与男子平等的权利。

第四十六条 在晋职、晋级、评聘专业技术职称和职

务、培训等方面,应当坚持男女平等的原则,不得歧视妇女。

第四十七条 用人单位应当根据妇女的特点,依法保护妇女在工作和劳动时的安全、健康以及休息的权利。

妇女在经期、孕期、产期、哺乳期受特殊保护。

第四十八条 用人单位不得因结婚、怀孕、产假、哺乳等情形,降低女职工的工资和福利待遇,限制女职工晋职、晋级、评聘专业技术职称和职务,辞退女职工,单方解除劳动(聘用)合同或者服务协议。

女职工在怀孕以及依法享受产假期间,劳动(聘用)合同或者服务协议期满的,劳动(聘用)合同或者服务协议期限自动延续至产假结束。但是,用人单位依法解除、终止劳动(聘用)合同、服务协议,或者女职工依法要求解除、终止劳动(聘用)合同、服务协议的除外。

用人单位在执行国家退休制度时,不得以性别为由歧视妇女。

第四十九条 人力资源和社会保障部门应当将招聘、录取、晋职、晋级、评聘专业技术职称和职务、培训、辞退等过程中的性别歧视行为纳入劳动保障监察范围。

第五十条 国家发展社会保障事业,保障妇女享有社会保险、社会救助和社会福利等权益。

国家提倡和鼓励为帮助妇女而开展的社会公益活动。

第五十一条 国家实行生育保险制度,建立健全婴幼儿托育服务等与生育相关的其他保障制度。

国家建立健全职工生育休假制度,保障孕产期女职工依法享有休息休假权益。

地方各级人民政府和有关部门应当按照国家有关规定,为符合条件的困难妇女提供必要的生育救助。

第五十二条 各级人民政府和有关部门应当采取必要措施,加强贫困妇女、老龄妇女、残疾妇女等困难妇女的权益保障,按照有关规定为其提供生活帮扶、就业创业支持等关爱服务。

……

禁止使用童工规定

- 2002年9月18日国务院第63次常务会议通过
- 2002年10月1日中华人民共和国国务院令第364号公布
- 自2002年12月1日起施行

第一条 为保护未成年人的身心健康,促进义务教育制度的实施,维护未成年人的合法权益,根据宪法和劳动法、未成年人保护法,制定本规定。

第二条 国家机关、社会团体、企业事业单位、民办非企业单位或者个体工商户(以下统称用人单位)均不得招用不满16周岁的未成年人(招用不满16周岁的未成年人,以下统称使用童工)。

禁止任何单位或者个人为不满16周岁的未成年人介绍就业。

禁止不满16周岁的未成年人开业从事个体经营活动。

第三条 不满16周岁的未成年人的父母或者其他监护人应当保护其身心健康,保障其接受义务教育的权利,不得允许其被用人单位非法招用。

不满16周岁的未成年人的父母或者其他监护人允许其被用人单位非法招用的,所在地的乡(镇)人民政府、城市街道办事处以及村民委员会、居民委员会应当给予批评教育。

第四条 用人单位招用人员时,必须核查被招用人员的身份证;对不满16周岁的未成年人,一律不得录用。用人单位录用人员的录用登记、核查材料应当妥善保管。

第五条 县级以上各级人民政府劳动保障行政部门负责本规定执行情况的监督检查。

县级以上各级人民政府公安、工商行政管理、教育、卫生等行政部门在各自职责范围内对本规定的执行情况进行监督检查,并对劳动保障行政部门的监督检查给予配合。

工会、共青团、妇联等群众组织应当依法维护未成年人的合法权益。

任何单位或者个人发现使用童工的,均有权向县级以上人民政府劳动保障行政部门举报。

第六条 用人单位使用童工的,由劳动保障行政部门按照每使用一名童工每月处5000元罚款的标准给予处罚;在使用有毒物品的作业场所使用童工的,按照《使用有毒物品作业场所劳动保护条例》规定的罚款幅度,或者按照每使用一名童工每月处5000元罚款的标准,从重处罚。劳动保障行政部门并应当责令用人单位限期将童工送回原居住地交其父母或者其他监护人,所需交通和食宿费用全部由用人单位承担。

用人单位经劳动保障行政部门依照前款规定责令限期改正,逾期仍不将童工送交其父母或者其他监护人的,从责令限期改正之日起,由劳动保障行政部门按照每使用一名童工每月处1万元罚款的标准处罚,并由工商行政管理部门吊销其营业执照或者由民政部门撤销民办非企业单位登记;用人单位是国家机关、事业单位的,由有关单位依法对直接负责的主管人员和其他直接责任人员给予降级或者撤职的行政处分或者纪律处分。

第七条 单位或者个人为不满16周岁的未成年人介绍就业的，由劳动保障行政部门按照每介绍一人处5000元罚款的标准给予处罚；职业中介机构为不满16周岁的未成年人介绍就业的，并由劳动保障行政部门吊销其职业介绍许可证。

第八条 用人单位未按照本规定第四条的规定保存录用登记材料，或者伪造录用登记材料的，由劳动保障行政部门处1万元的罚款。

第九条 无营业执照、被依法吊销营业执照的单位以及未依法登记、备案的单位使用童工或者介绍童工就业的，依照本规定第六条、第七条、第八条规定的标准加一倍罚款，该非法单位由有关的行政主管部门予以取缔。

第十条 童工患病或者受伤的，用人单位应当负责送到医疗机构治疗，并负担治疗期间的全部医疗和生活费用。

童工伤残或者死亡的，用人单位由工商行政管理部门吊销营业执照或者由民政部门撤销民办非企业单位登记；用人单位是国家机关、事业单位的，由有关单位依法对直接负责的主管人员和其他直接责任人员给予降级或者撤职的行政处分或者纪律处分；用人单位还应当一次性地对伤残的童工、死亡童工的直系亲属给予赔偿，赔偿金额按照国家工伤保险的有关规定计算。

第十一条 拐骗童工，强迫童工劳动，使用童工从事高空、井下、放射性、高毒、易燃易爆以及国家规定的第四级体力劳动强度的劳动，使用不满14周岁的童工，或者造成童工死亡或者严重伤残的，依照刑法关于拐卖儿童罪、强迫劳动罪或者其他罪的规定，依法追究刑事责任。

第十二条 国家行政机关工作人员有下列行为之一的，依法给予记大过或者降级的行政处分；情节严重的，依法给予撤职或者开除的行政处分；构成犯罪的，依照刑法关于滥用职权罪、玩忽职守罪或者其他罪的规定，依法追究刑事责任：

（一）劳动保障等有关部门工作人员在禁止使用童工的监督检查工作中发现使用童工的情况，不予制止、纠正、查处的；

（二）公安机关的人民警察违反规定发放身份证或者在身份证上登录虚假出生年月的；

（三）工商行政管理部门工作人员发现申请人是不满16周岁的未成年人，仍然为其从事个体经营发放营业执照的。

第十三条 文艺、体育单位经未成年人的父母或者其他监护人同意，可以招用不满16周岁的专业文艺工作者、运动员。用人单位应当保障被招用的不满16周岁的未成年人的身心健康，保障其接受义务教育的权利。文艺、体育单位招用不满16周岁的专业文艺工作者、运动员的办法，由国务院劳动保障行政部门会同国务院文化、体育行政部门制定。

学校、其他教育机构以及职业培训机构按照国家有关规定组织不满16周岁的未成年人进行不影响其人身安全和身心健康的教育实践劳动、职业技能培训劳动，不属于使用童工。

第十四条 本规定自2002年12月1日起施行。1991年4月15日国务院发布的《禁止使用童工规定》同时废止。

女职工劳动保护特别规定

· 2012年4月18日国务院第200次常务会议通过
· 2012年4月28日中华人民共和国国务院令第619号公布
· 自公布之日起施行

第一条 为了减少和解决女职工在劳动中因生理特点造成的特殊困难，保护女职工健康，制定本规定。

第二条 中华人民共和国境内的国家机关、企业、事业单位、社会团体、个体经济组织以及其他社会组织等用人单位及其女职工，适用本规定。

第三条 用人单位应当加强女职工劳动保护，采取措施改善女职工劳动安全卫生条件，对女职工进行劳动安全卫生知识培训。

第四条 用人单位应当遵守女职工禁忌从事的劳动范围的规定。用人单位应当将本单位属于女职工禁忌从事的劳动范围的岗位书面告知女职工。

女职工禁忌从事的劳动范围由本规定附录列示。国务院安全生产监督管理部门会同国务院人力资源社会保障行政部门、国务院卫生行政部门根据经济社会发展情况，对女职工禁忌从事的劳动范围进行调整。

第五条 用人单位不得因女职工怀孕、生育、哺乳降低其工资、予以辞退、与其解除劳动或者聘用合同。

第六条 女职工在孕期不能适应原劳动的，用人单位应当根据医疗机构的证明，予以减轻劳动量或者安排其他能够适应的劳动。

对怀孕7个月以上的女职工，用人单位不得延长劳动时间或者安排夜班劳动，并应当在劳动时间内安排一定的休息时间。

怀孕女职工在劳动时间内进行产前检查，所需时间计入劳动时间。

第七条 女职工生育享受 98 天产假，其中产前可以休假 15 天；难产的，增加产假 15 天；生育多胞胎的，每多生育 1 个婴儿，增加产假 15 天。

女职工怀孕未满 4 个月流产的，享受 15 天产假；怀孕满 4 个月流产的，享受 42 天产假。

第八条 女职工产假期间的生育津贴，对已经参加生育保险的，按照用人单位上年度职工月平均工资的标准由生育保险基金支付；对未参加生育保险的，按照女职工产假前工资的标准由用人单位支付。

女职工生育或者流产的医疗费用，按照生育保险规定的项目和标准，对已经参加生育保险的，由生育保险基金支付；对未参加生育保险的，由用人单位支付。

第九条 对哺乳未满 1 周岁婴儿的女职工，用人单位不得延长劳动时间或者安排夜班劳动。

用人单位应当在每天的劳动时间内为哺乳期女职工安排 1 小时哺乳时间；女职工生育多胞胎的，每多哺乳 1 个婴儿每天增加 1 小时哺乳时间。

第十条 女职工比较多的用人单位应当根据女职工的需要，建立女职工卫生室、孕妇休息室、哺乳室等设施，妥善解决女职工在生理卫生、哺乳方面的困难。

第十一条 在劳动场所，用人单位应当预防和制止对女职工的性骚扰。

第十二条 县级以上人民政府人力资源社会保障行政部门、安全生产监督管理部门按照各自职责负责对用人单位遵守本规定的情况进行监督检查。

工会、妇女组织依法对用人单位遵守本规定的情况进行监督。

第十三条 用人单位违反本规定第六条第二款、第七条、第九条第一款规定的，由县级以上人民政府人力资源社会保障行政部门责令限期改正，按照受侵害女职工每人 1000 元以上 5000 元以下的标准计算，处以罚款。

用人单位违反本规定附录第一条、第二条规定的，由县级以上人民政府安全生产监督管理部门责令限期改正，按照受侵害女职工每人 1000 元以上 5000 元以下的标准计算，处以罚款。用人单位违反本规定附录第三条、第四条规定的，由县级以上人民政府安全生产监督管理部门责令限期治理，处 5 万元以上 30 万元以下的罚款；情节严重的，责令停止有关作业，或者提请有关人民政府按照国务院规定的权限责令关闭。

第十四条 用人单位违反本规定，侵害女职工合法权益的，女职工可以依法投诉、举报、申诉，依法向劳动人事争议调解仲裁机构申请调解仲裁，对仲裁裁决不服的，依法向人民法院提起诉讼。

第十五条 用人单位违反本规定，侵害女职工合法权益，造成女职工损害的，依法给予赔偿；用人单位及其直接负责的主管人员和其他直接责任人员构成犯罪的，依法追究刑事责任。

第十六条 本规定自公布之日起施行。1988 年 7 月 21 日国务院发布的《女职工劳动保护规定》同时废止。

附录：

女职工禁忌从事的劳动范围

一、女职工禁忌从事的劳动范围：

（一）矿山井下作业；

（二）体力劳动强度分级标准中规定的第四级体力劳动强度的作业；

（三）每小时负重 6 次以上、每次负重超过 20 公斤的作业，或者间断负重、每次负重超过 25 公斤的作业。

二、女职工在经期禁忌从事的劳动范围：

（一）冷水作业分级标准中规定的第二级、第三级、第四级冷水作业；

（二）低温作业分级标准中规定的第二级、第三级、第四级低温作业；

（三）体力劳动强度分级标准中规定的第三级、第四级体力劳动强度的作业；

（四）高处作业分级标准中规定的第三级、第四级高处作业。

三、女职工在孕期禁忌从事的劳动范围：

（一）作业场所空气中铅及其化合物、汞及其化合物、苯、镉、铍、砷、氰化物、氮氧化物、一氧化碳、二硫化碳、氯、己内酰胺、氯丁二烯、氯乙烯、环氧乙烷、苯胺、甲醛等有毒物质浓度超过国家职业卫生标准的作业；

（二）从事抗癌药物、己烯雌酚生产，接触麻醉剂气体等的作业；

（三）非密封源放射性物质的操作，核事故与放射事故的应急处置；

（四）高处作业分级标准中规定的高处作业；

（五）冷水作业分级标准中规定的冷水作业；

（六）低温作业分级标准中规定的低温作业；

（七）高温作业分级标准中规定的第三级、第四级的作业；

（八）噪声作业分级标准中规定的第三级、第四级的作业；

（九）体力劳动强度分级标准中规定的第三级、第四级体力劳动强度的作业；

（十）在密闭空间、高压室作业或者潜水作业，伴有强烈振动的作业，或者需要频繁弯腰、攀高、下蹲的作业。

四、女职工在哺乳期禁忌从事的劳动范围：

（一）孕期禁忌从事的劳动范围的第一项、第三项、第九项；

（二）作业场所空气中锰、氟、溴、甲醇、有机磷化合物、有机氯化合物等有毒物质浓度超过国家职业卫生标准的作业。

未成年工特殊保护规定

·1994年12月9日
·劳部发〔1994〕498号

第一条 为维护未成年工的合法权益，保护其在生产劳动中的健康，根据《中华人民共和国劳动法》的有关规定，制定本规定。

第二条 未成年工是指年满16周岁，未满18周岁的劳动者。

未成年工的特殊保护是针对未成年工处于生长发育期的特点，以及接受义务教育的需要，采取的特殊劳动保护措施。

第三条 用人单位不得安排未成年工从事以下范围的劳动：

（一）《生产性粉尘作业危害程度分级》国家标准第一级以上的接尘作业；

（二）《有毒作业分级》国家标准中第一级以上的有毒作业；

（三）《高处作业分级》国家标准中第二级以上的高处作业；

（四）《冷水作业分级》国家标准中第二级以上的冷水作业；

（五）《高温作业分级》国家标准中第三级以上的高温作业；

（六）《低温作业分级》国家标准中第三级以上的低温作业；

（七）《体力劳动强度分级》国家标准中第四级体力劳动强度的作业；

（八）矿山井下及矿山地面采石作业；

（九）森林业中的伐木、流放及守林作业；

（十）工作场所接触放射性物质的作业；

（十一）有易燃易爆、化学性烧伤和热烧伤等危险性大的作业；

（十二）地质勘探和资源勘探的野外作业；

（十三）潜水、涵洞、涵道作业和海拔3000米以上的高原作业（不包括世居高原者）；

（十四）连续负重每小时在6次以上并每次超过20公斤，间断负重每次超过25公斤的作业；

（十五）使用凿岩机、捣固机、气镐、气铲、铆钉机、电锤的作业；

（十六）工作中需要长时间保持低头、弯腰、上举、下蹲等强迫体位和动作频率每分钟大于50次的流水线作业；

（十七）锅炉司炉。

第四条 未成年工患有某种疾病或具有某些生理缺陷（非残疾型）时，用人单位不得安排其从事以下范围的劳动：

（一）《高处作业分级》国家标准中第一级以上的高处作业；

（二）《低温作业分级》国家标准中第二级以上的低温作业；

（三）《高温作业分级》国家标准中第二级以上的高温作业；

（四）《体力劳动强度分级》国家标准中第三级以上体力劳动强度的作业；

（五）接触铅、苯、汞、甲醛、二硫化碳等易引起过敏反应的作业。

第五条 患有某种疾病或具有某些生理缺陷（非残疾型）的未成年工，是指有以下一种或一种以上情况者：

（一）心血管系统

1. 先天性心脏病；

2. 克山病；

3. 收缩期或舒张期二级以上心脏杂音。

（二）呼吸系统

1. 中度以上气管炎或支气管哮喘；

2. 呼吸音明显减弱；

3. 各类结核病；

4. 体弱儿，呼吸道反复感染者。

（三）消化系统

1. 各类肝炎；

2. 肝、脾肿大；
3. 胃、十二指肠溃疡；
4. 各种消化道疝。

（四）泌尿系统

1. 急、慢性肾炎；
2. 泌尿系感染。

（五）内分泌系统

1. 甲状腺机能亢进；
2. 中度以上糖尿病。

（六）精神神经系统

1. 智力明显低下；
2. 精神忧郁或狂暴。

（七）肌肉、骨骼运动系统

1. 身高和体重低于同龄人标准；
2. 一个及一个以上肢体存在明显功能障碍；
3. 躯干 1/4 以上部位活动受限,包括强直或不能旋转。

（八）其他

1. 结核性胸膜炎；
2. 各类重度关节炎；
3. 血吸虫病；
4. 严重贫血,其血色素每升低于 95 克($<9.5g/dL$)。

第六条 用人单位应按下列要求对未成年工定期进行健康检查：

（一）安排工作岗位之前；
（二）工作满 1 年；
（三）年满 18 周岁,距前一次的体检时间已超过半年。

第七条 未成年工的健康检查,应按本规定所附《未成年工健康检查表》列出的项目进行。

第八条 用人单位应根据未成年工的健康检查结果安排其从事适合的劳动,对不能胜任原劳动岗位的,应根据医务部门的证明,予以减轻劳动量或安排其他劳动。

第九条 对未成年工的使用和特殊保护实行登记制度。

（一）用人单位招收使用未成年工,除符合一般用工要求外,还须向所在地的县级以上劳动行政部门办理登记。劳动行政部门根据《未成年工健康检查表》、《未成年工登记表》,核发《未成年工登记证》。

（二）各级劳动行政部门须按本规定第三、四、五、七条的有关规定,审核体检情况和拟安排的劳动范围。

（三）未成年工须持《未成年工登记证》上岗。

（四）《未成年工登记证》由国务院劳动行政部门统一印制。

第十条 未成年工上岗前用人单位应对其进行有关的职业安全卫生教育、培训；未成年工体检和登记,由用人单位统一办理和承担费用。

第十一条 县级以上劳动行政部门对用人单位执行本规定的情况进行监督检查,对违犯本规定的行为依照有关法规进行处罚。

各级工会组织对本规定的执行情况进行监督。

第十二条 省、自治区、直辖市劳动行政部门可以根据本规定制定实施办法。

第十三条 本规定自 1995 年 1 月 1 日起施行。

8. 劳动争议处理

中华人民共和国劳动争议调解仲裁法

·2007 年 12 月 29 日第十届全国人民代表大会常务委员会第三十一次会议通过
·2007 年 12 月 29 日中华人民共和国主席令第 80 号公布
·自 2008 年 5 月 1 日起施行

第一章 总 则

第一条 【立法目的】为了公正及时解决劳动争议,保护当事人合法权益,促进劳动关系和谐稳定,制定本法。

第二条 【适用范围】中华人民共和国境内的用人单位与劳动者发生的下列劳动争议,适用本法：

（一）因确认劳动关系发生的争议；
（二）因订立、履行、变更、解除和终止劳动合同发生的争议；
（三）因除名、辞退和辞职、离职发生的争议；
（四）因工作时间、休息休假、社会保险、福利、培训以及劳动保护发生的争议；
（五）因劳动报酬、工伤医疗费、经济补偿或者赔偿金等发生的争议；
（六）法律、法规规定的其他劳动争议。

第三条 【基本原则】解决劳动争议,应当根据事实,遵循合法、公正、及时、着重调解的原则,依法保护当事人的合法权益。

第四条 【协商】发生劳动争议,劳动者可以与用人单位协商,也可以请工会或者第三方共同与用人单位协商,达成和解协议。

第五条 【调解、仲裁、诉讼】发生劳动争议,当事人不愿协商、协商不成或者达成和解协议后不履行的，可以向调解组织申请调解；不愿调解、调解不成或者达成调解协议后不履行的，可以向劳动争议仲裁委员会申请仲裁；对仲裁裁决不服的，除本法另有规定的外，可以向人民法院提起诉讼。

第六条 【举证责任】发生劳动争议，当事人对自己提出的主张，有责任提供证据。与争议事项有关的证据属于用人单位掌握管理的，用人单位应当提供；用人单位不提供的，应当承担不利后果。

第七条 【推举代表参加调解、仲裁或诉讼】发生劳动争议的劳动者一方在十人以上，并有共同请求的，可以推举代表参加调解、仲裁或者诉讼活动。

第八条 【三方机制】县级以上人民政府劳动行政部门会同工会和企业方面代表建立协调劳动关系三方机制，共同研究解决劳动争议的重大问题。

第九条 【拖欠劳动报酬等争议的行政救济】用人单位违反国家规定，拖欠或者未足额支付劳动报酬，或者拖欠工伤医疗费、经济补偿或者赔偿金的，劳动者可以向劳动行政部门投诉，劳动行政部门应当依法处理。

第二章 调 解

第十条 【调解组织】发生劳动争议，当事人可以到下列调解组织申请调解：

（一）企业劳动争议调解委员会；

（二）依法设立的基层人民调解组织；

（三）在乡镇、街道设立的具有劳动争议调解职能的组织。

企业劳动争议调解委员会由职工代表和企业代表组成。职工代表由工会成员担任或者由全体职工推举产生，企业代表由企业负责人指定。企业劳动争议调解委员会主任由工会成员或者双方推举的人员担任。

第十一条 【调解员】劳动争议调解组织的调解员应当由公道正派、联系群众、热心调解工作，并具有一定法律知识、政策水平和文化水平的成年公民担任。

第十二条 【申请调解的形式】当事人申请劳动争议调解可以书面申请，也可以口头申请。口头申请的，调解组织应当场记录申请人基本情况、申请调解的争议事项、理由和时间。

第十三条 【调解的基本原则】调解劳动争议，应当充分听取双方当事人对事实和理由的陈述，耐心疏导，帮助其达成协议。

第十四条 【调解协议书】经调解达成协议的，应当制作调解协议书。

调解协议书由双方当事人签名或者盖章，经调解员签名并加盖调解组织印章后生效，对双方当事人具有约束力，当事人应当履行。

自劳动争议调解组织收到调解申请之日起十五日内未达成调解协议的，当事人可以依法申请仲裁。

第十五条 【不履行调解协议可申请仲裁】达成调解协议后，一方当事人在协议约定期限内不履行调解协议的，另一方当事人可以依法申请仲裁。

第十六条 【劳动者可以调解协议书申请支付令的情形】因支付拖欠劳动报酬、工伤医疗费、经济补偿或者赔偿金事项达成调解协议，用人单位在协议约定期限内不履行的，劳动者可以持调解协议书依法向人民法院申请支付令。人民法院应当依法发出支付令。

第三章 仲 裁

第一节 一般规定

第十七条 【劳动争议仲裁委员会的设立】劳动争议仲裁委员会按照统筹规划、合理布局和适应实际需要的原则设立。省、自治区人民政府可以决定在市、县设立；直辖市人民政府可以决定在区、县设立。直辖市、设区的市也可以设立一个或者若干个劳动争议仲裁委员会。劳动争议仲裁委员会不按行政区划层层设立。

第十八条 【政府的职责】国务院劳动行政部门依照本法有关规定制定仲裁规则。省、自治区、直辖市人民政府劳动行政部门对本行政区域的劳动争议仲裁工作进行指导。

第十九条 【劳动争议仲裁委员会的组成与职责】劳动争议仲裁委员会由劳动行政部门代表、工会代表和企业方面代表组成。劳动争议仲裁委员会组成人员应当是单数。

劳动争议仲裁委员会依法履行下列职责：

（一）聘任、解聘专职或者兼职仲裁员；

（二）受理劳动争议案件；

（三）讨论重大或者疑难的劳动争议案件；

（四）对仲裁活动进行监督。

劳动争议仲裁委员会下设办事机构，负责办理劳动争议仲裁委员会的日常工作。

第二十条 【仲裁员】劳动争议仲裁委员会应当设仲裁员名册。

仲裁员应当公道正派并符合下列条件之一：

（一）曾任审判员的；

（二）从事法律研究、教学工作并具有中级以上职称的；

(三)具有法律知识、从事人力资源管理或者工会等专业工作满五年的；

(四)律师执业满三年的。

第二十一条　【劳动争议仲裁案件的管辖】劳动争议仲裁委员会负责管辖本区域内发生的劳动争议。

劳动争议由劳动合同履行地或者用人单位所在地的劳动争议仲裁委员会管辖。双方当事人分别向劳动合同履行地和用人单位所在地的劳动争议仲裁委员会申请仲裁的，由劳动合同履行地的劳动争议仲裁委员会管辖。

第二十二条　【劳动争议仲裁案件的当事人】发生劳动争议的劳动者和用人单位为劳动争议仲裁案件的双方当事人。

劳务派遣单位或用工单位与劳动者发生劳动争议的，劳务派遣单位和用工单位为共同当事人。

第二十三条　【有利害关系的第三人】与劳动争议案件的处理结果有利害关系的第三人，可以申请参加仲裁活动或者由劳动争议仲裁委员会通知其参加仲裁活动。

第二十四条　【委托代理人参加仲裁活动】当事人可以委托代理人参加仲裁活动。委托他人参加仲裁活动，应当向劳动争议仲裁委员会提交有委托人签名或者盖章的委托书，委托书应当载明委托事项和权限。

第二十五条　【法定代理人、指定代理人或近亲属参加仲裁的情形】丧失或者部分丧失民事行为能力的劳动者，由其法定代理人代为参加仲裁活动；无法定代理人的，由劳动争议仲裁委员会为其指定代理人。劳动者死亡的，由其近亲属或者代理人参加仲裁活动。

第二十六条　【仲裁公开原则及例外】劳动争议仲裁公开进行，但当事人协议不公开进行或者涉及国家秘密、商业秘密和个人隐私的除外。

第二节　申请和受理

第二十七条　【仲裁时效】劳动争议申请仲裁的时效期间为一年。仲裁时效期间从当事人知道或者应当知道其权利被侵害之日起计算。

前款规定的仲裁时效，因当事人一方向对方当事人主张权利，或者向有关部门请求权利救济，或者对方当事人同意履行义务而中断。从中断时起，仲裁时效期间重新计算。

因不可抗力或者有其他正当理由，当事人不能在本条第一款规定的仲裁时效期间申请仲裁的，仲裁时效中止。从中止时效的原因消除之日起，仲裁时效期间继续计算。

劳动关系存续期间因拖欠劳动报酬发生争议的，劳动者申请仲裁不受本条第一款规定的仲裁时效期间的限制；但是，劳动关系终止的，应当自劳动关系终止之日起一年内提出。

第二十八条　【申请仲裁的形式】申请人申请仲裁应当提交书面仲裁申请，并按照被申请人人数提交副本。

仲裁申请书应当载明下列事项：

(一)劳动者的姓名、性别、年龄、职业、工作单位和住所，用人单位的名称、住所和法定代表人或者主要负责人的姓名、职务；

(二)仲裁请求和所根据的事实、理由；

(三)证据和证据来源、证人姓名和住所。

书写仲裁申请确有困难的，可以口头申请，由劳动争议仲裁委员会记入笔录，并告知对方当事人。

第二十九条　【仲裁的受理】劳动争议仲裁委员会收到仲裁申请之日起五日内，认为符合受理条件的，应当受理，并通知申请人；认为不符合受理条件的，应当书面通知申请人不予受理，并说明理由。对劳动争议仲裁委员会不予受理或者逾期未作出决定的，申请人可以就该劳动争议事项向人民法院提起诉讼。

第三十条　【被申请人答辩书】劳动争议仲裁委员会受理仲裁申请后，应当在五日内将仲裁申请书副本送达被申请人。

被申请人收到仲裁申请书副本后，应当在十日内向劳动争议仲裁委员会提交答辩书。劳动争议仲裁委员会收到答辩书后，应当在五日内将答辩书副本送达申请人。被申请人未提交答辩书的，不影响仲裁程序的进行。

第三节　开庭和裁决

第三十一条　【仲裁庭】劳动争议仲裁委员会裁决劳动争议案件实行仲裁庭制。仲裁庭由三名仲裁员组成，设首席仲裁员。简单劳动争议案件可以由一名仲裁员独任仲裁。

第三十二条　【通知仲裁庭的组成情况】劳动争议仲裁委员会应当在受理仲裁申请之日起五日内将仲裁庭的组成情况书面通知当事人。

第三十三条　【回避】仲裁员有下列情形之一，应当回避，当事人也有权以口头或者书面方式提出回避申请：

(一)是本案当事人或者当事人、代理人的近亲属的；

(二)与本案有利害关系的；

(三)与本案当事人、代理人有其他关系，可能影响公正裁决的；

（四）私自会见当事人、代理人，或者接受当事人、代理人的请客送礼的。

劳动争议仲裁委员会对回避申请应当及时作出决定，并以口头或者书面方式通知当事人。

第三十四条 【仲裁员承担责任的情形】仲裁员有本法第三十三条第四项规定情形，或者有索贿受贿、徇私舞弊、枉法裁决行为的，应当依法承担法律责任。劳动争议仲裁委员会应当将其解聘。

第三十五条 【开庭通知及延期】仲裁庭应当在开庭五日前，将开庭日期、地点书面通知双方当事人。当事人有正当理由的，可以在开庭三日前请求延期开庭。是否延期，由劳动争议仲裁委员会决定。

第三十六条 【申请人、被申请人无故不到庭或中途退庭】申请人收到书面通知，无正当理由拒不到庭或者未经仲裁庭同意中途退庭的，可以视为撤回仲裁申请。

被申请人收到书面通知，无正当理由拒不到庭或者未经仲裁庭同意中途退庭的，可以缺席裁决。

第三十七条 【鉴定】仲裁庭对专门性问题认为需要鉴定的，可以交由当事人约定的鉴定机构鉴定；当事人没有约定或者无法达成约定的，由仲裁庭指定的鉴定机构鉴定。

根据当事人的请求或者仲裁庭的要求，鉴定机构应当派鉴定人参加开庭。当事人经仲裁庭许可，可以向鉴定人提问。

第三十八条 【质证和辩论】当事人在仲裁过程中有权进行质证和辩论。质证和辩论终结时，首席仲裁员或者独任仲裁员应当征询当事人的最后意见。

第三十九条 【举证】当事人提供的证据经查证属实的，仲裁庭应当将其作为认定事实的根据。

劳动者无法提供由用人单位掌握管理的与仲裁请求有关的证据，仲裁庭可以要求用人单位在指定期限内提供。用人单位在指定期限内不提供的，应当承担不利后果。

第四十条 【开庭笔录】仲裁庭应当将开庭情况记入笔录。当事人和其他仲裁参加人认为对自己陈述的记录有遗漏或者差错的，有权申请补正。如果不予补正，应当记录该申请。

笔录由仲裁员、记录人员、当事人和其他仲裁参加人签名或者盖章。

第四十一条 【申请仲裁后自行和解】当事人申请劳动争议仲裁后，可以自行和解。达成和解协议的，可以撤回仲裁申请。

第四十二条 【先行调解】仲裁庭在作出裁决前，应当先行调解。

调解达成协议的，仲裁庭应当制作调解书。

调解书应当写明仲裁请求和当事人协议的结果。调解书由仲裁员签名，加盖劳动争议仲裁委员会印章，送达双方当事人。调解书经双方当事人签收后，发生法律效力。

调解不成或者调解书送达前，一方当事人反悔的，仲裁庭应当及时作出裁决。

第四十三条 【仲裁案件审理期限】仲裁庭裁决劳动争议案件，应当自劳动争议仲裁委员会受理仲裁申请之日起四十五日内结束。案情复杂需要延期的，经劳动争议仲裁委员会主任批准，可以延期并书面通知当事人，但是延长期限不得超过十五日。逾期未作出仲裁裁决的，当事人可以就该劳动争议事项向人民法院提起诉讼。

仲裁庭裁决劳动争议案件时，其中一部分事实已经清楚，可以就该部分先行裁决。

第四十四条 【可以裁决先予执行的案件】仲裁庭对追索劳动报酬、工伤医疗费、经济补偿或者赔偿金的案件，根据当事人的申请，可以裁决先予执行，移送人民法院执行。

仲裁庭裁决先予执行的，应当符合下列条件：

（一）当事人之间权利义务关系明确；

（二）不先予执行将严重影响申请人的生活。

劳动者申请先予执行的，可以不提供担保。

第四十五条 【作出裁决意见】裁决应当按照多数仲裁员的意见作出，少数仲裁员的不同意见应当记入笔录。仲裁庭不能形成多数意见时，裁决应当按照首席仲裁员的意见作出。

第四十六条 【裁决书】裁决书应当载明仲裁请求、争议事实、裁决理由、裁决结果和裁决日期。裁决书由仲裁员签名，加盖劳动争议仲裁委员会印章。对裁决持不同意见的仲裁员，可以签名，也可以不签名。

第四十七条 【一裁终局的案件】下列劳动争议，除本法另有规定的外，仲裁裁决为终局裁决，裁决书自作出之日起发生法律效力：

（一）追索劳动报酬、工伤医疗费、经济补偿或者赔偿金，不超过当地月最低工资标准十二个月金额的争议；

（二）因执行国家的劳动标准在工作时间、休息休假、社会保险等方面发生的争议。

第四十八条 【劳动者不服一裁终局案件的裁决提起诉讼的期限】劳动者对本法第四十七条规定的仲裁裁

决不服的，可以自收到仲裁裁决书之日起十五日内向人民法院提起诉讼。

第四十九条　【用人单位不服一裁终局案件的裁决可诉请撤销的案件】用人单位有证据证明本法第四十七条规定的仲裁裁决有下列情形之一的，可以自收到仲裁裁决书之日起三十日内向劳动争议仲裁委员会所在地的中级人民法院申请撤销裁决：

（一）适用法律、法规确有错误的；

（二）劳动争议仲裁委员会无管辖权的；

（三）违反法定程序的；

（四）裁决所根据的证据是伪造的；

（五）对方当事人隐瞒了足以影响公正裁决的证据的；

（六）仲裁员在仲裁该案时有索贿受贿、徇私舞弊、枉法裁决行为的。

人民法院经组成合议庭审查核实裁决有前款规定情形之一的，应当裁定撤销。

仲裁裁决被人民法院裁定撤销的，当事人可以自收到裁定书之日起十五日内就该劳动争议事项向人民法院提起诉讼。

第五十条　【其他不服仲裁裁决提起诉讼的期限】当事人对本法第四十七条规定以外的其他劳动争议案件的仲裁裁决不服的，可以自收到仲裁裁决书之日起十五日内向人民法院提起诉讼；期满不起诉的，裁决书发生法律效力。

第五十一条　【生效调解书、裁决书的执行】当事人对发生法律效力的调解书、裁决书，应当依照规定的期限履行。一方当事人逾期不履行的，另一方当事人可以依照民事诉讼法的有关规定向人民法院申请执行。受理申请的人民法院应当依法执行。

第四章　附　则

第五十二条　【人事争议处理的法律适用】事业单位实行聘用制的工作人员与本单位发生劳动争议的，依照本法执行；法律、行政法规或者国务院另有规定的，依照其规定。

第五十三条　【劳动争议仲裁不收费】劳动争议仲裁不收费。劳动争议仲裁委员会的经费由财政予以保障。

第五十四条　【实施日期】本法自2008年5月1日起施行。

企业劳动争议协商调解规定

·2011年11月30日人力资源和社会保障部令第17号公布
·自2012年1月1日起施行

第一章　总　则

第一条　为规范企业劳动争议协商、调解行为，促进劳动关系和谐稳定，根据《中华人民共和国劳动争议调解仲裁法》，制定本规定。

第二条　企业劳动争议协商、调解，适用本规定。

第三条　企业应当依法执行职工大会、职工代表大会、厂务公开等民主管理制度，建立集体协商、集体合同制度，维护劳动关系和谐稳定。

第四条　企业应当建立劳资双方沟通对话机制，畅通劳动者利益诉求表达渠道。

劳动者认为企业在履行劳动合同、集体合同，执行劳动保障法律、法规和企业劳动规章制度等方面存在问题的，可以向企业劳动争议调解委员会（以下简称调解委员会）提出。调解委员会应当及时核实情况，协调企业进行整改或者向劳动者做出说明。

劳动者也可以通过调解委员会向企业提出其他合理诉求。调解委员会应当及时向企业转达，并向劳动者反馈情况。

第五条　企业应当加强对劳动者的人文关怀，关心劳动者的诉求，关注劳动者的心理健康，引导劳动者理性维权，预防劳动争议发生。

第六条　协商、调解劳动争议，应当根据事实和有关法律法规的规定，遵循平等、自愿、合法、公正、及时的原则。

第七条　人力资源和社会保障行政部门应当指导企业开展劳动争议预防调解工作，具体履行下列职责：

（一）指导企业遵守劳动保障法律、法规和政策；

（二）督促企业建立劳动争议预防预警机制；

（三）协调工会、企业代表组织建立企业重大集体性劳动争议应急调解协调机制，共同推动企业劳动争议预防调解工作；

（四）检查辖区内调解委员会的组织建设、制度建设和队伍建设情况。

第二章　协　商

第八条　发生劳动争议，一方当事人可以通过与另一方当事人约见、面谈等方式协商解决。

第九条　劳动者可以要求所在企业工会参与或者协助其与企业进行协商。工会也可以主动参与劳动争议的协商处理，维护劳动者合法权益。

劳动者可以委托其他组织或者个人作为其代表进行协商。

第十条 一方当事人提出协商要求后,另一方当事人应当积极做出口头或者书面回应。5日内不做出回应的,视为不愿协商。

协商的期限由当事人书面约定,在约定的期限内没有达成一致的,视为协商不成。当事人可以书面约定延长期限。

第十一条 协商达成一致,应当签订书面和解协议。和解协议对双方当事人具有约束力,当事人应当履行。

经仲裁庭审查,和解协议程序和内容合法有效的,仲裁庭可以将其作为证据使用。但是,当事人为达成和解的目的作出妥协所涉及的对争议事实的认可,不得在其后的仲裁中作为对其不利的证据。

第十二条 发生劳动争议,当事人不愿协商、协商不成或者达成和解协议后,一方当事人在约定的期限内不履行和解协议的,可以依法向调解委员会或者乡镇、街道劳动就业社会保障服务所(中心)等其他依法设立的调解组织申请调解,也可以依法向劳动人事争议仲裁委员会(以下简称仲裁委员会)申请仲裁。

第三章 调 解

第十三条 大中型企业应当依法设立调解委员会,并配备专职或者兼职工作人员。

有分公司、分店、分厂的企业,可以根据需要在分支机构设立调解委员会。总部调解委员会指导分支机构调解委员会开展劳动争议预防调解工作。

调解委员会可以根据需要在车间、工段、班组设立调解小组。

第十四条 小微型企业可以设立调解委员会,也可以由劳动者和企业共同推举人员,开展调解工作。

第十五条 调解委员会由劳动者代表和企业代表组成,人数由双方协商确定,双方人数应当对等。劳动者代表由工会委员会成员担任或者由全体劳动者推举产生,企业代表由企业负责人指定。调解委员会主任由工会委员会成员或者双方推举的人员担任。

第十六条 调解委员会履行下列职责:

(一)宣传劳动保障法律、法规和政策;

(二)对本企业发生的劳动争议进行调解;

(三)监督和解协议、调解协议的履行;

(四)聘任、解聘和管理调解员;

(五)参与协调履行劳动合同、集体合同、执行企业劳动规章制度等方面出现的问题;

(六)参与研究涉及劳动者切身利益的重大方案;

(七)协助企业建立劳动争议预防预警机制。

第十七条 调解员履行下列职责:

(一)关注本企业劳动关系状况,及时向调解委员会报告;

(二)接受调解委员会指派,调解劳动争议案件;

(三)监督和解协议、调解协议的履行;

(四)完成调解委员会交办的其他工作。

第十八条 调解员应当公道正派、联系群众、热心调解工作,具有一定劳动保障法律政策知识和沟通协调能力。调解员由调解委员会聘任的本企业工作人员担任,调解委员会成员均为调解员。

第十九条 调解员的聘期至少为1年,可以续聘。调解员不能履行调解职责时,调解委员会应当及时调整。

第二十条 调解员依法履行调解职责,需要占用生产或者工作时间的,企业应当予以支持,并按照正常出勤对待。

第二十一条 发生劳动争议,当事人可以口头或者书面形式向调解委员会提出调解申请。

申请内容应当包括申请人基本情况、调解请求、事实与理由。

口头申请的,调解委员会应当当场记录。

第二十二条 调解委员会接到调解申请后,对属于劳动争议受理范围且双方当事人同意调解的,应当在3个工作日内受理。对不属于劳动争议受理范围或者一方当事人不同意调解的,应当做好记录,并书面通知申请人。

第二十三条 发生劳动争议,当事人没有提出调解申请,调解委员会可以在征得双方当事人同意后主动调解。

第二十四条 调解委员会调解劳动争议一般不公开进行。但是,双方当事人要求公开调解的除外。

第二十五条 调解委员会根据案件情况指定调解员或者调解小组进行调解,在征得当事人同意后,也可以邀请有关单位和个人协助调解。

调解员应当全面听取双方当事人的陈述,采取灵活多样的方式方法,开展耐心、细致的说服疏导工作,帮助当事人自愿达成调解协议。

第二十六条 经调解达成调解协议的,由调解委员会制作调解协议书。调解协议书应当写明双方当事人基本情况、调解请求事项、调解的结果和协议履行期限、履行方式等。

调解协议书由双方当事人签名或者盖章,经调解员签名并加盖调解委员会印章后生效。

调解协议书一式三份，双方当事人和调解委员会各执一份。

第二十七条 生效的调解协议对双方当事人具有约束力，当事人应当履行。

双方当事人可以自调解协议生效之日起15日内共同向仲裁委员会提出仲裁审查申请。仲裁委员会受理后，应当对调解协议进行审查，并根据《劳动人事争议仲裁办案规则》第五十四条规定，对程序和内容合法有效的调解协议，出具调解书。

第二十八条 双方当事人未按前条规定提出仲裁审查申请，一方当事人在约定的期限内不履行调解协议的，另一方当事人可以依法申请仲裁。

仲裁委员会受理仲裁申请后，应当对调解协议进行审查，调解协议合法有效且不损害公共利益或者第三人合法利益的，在没有新证据出现的情况下，仲裁委员会可以依据调解协议作出仲裁裁决。

第二十九条 调解委员会调解劳动争议，应当自受理调解申请之日起15日内结束。但是，双方当事人同意延期的可以延长。

在前款规定期限内未达成调解协议的，视为调解不成。

第三十条 当事人不愿调解、调解不成或者达成调解协议后，一方当事人在约定的期限内不履行调解协议的，调解委员会应当做好记录，由双方当事人签名或者盖章，并书面告知当事人可以向仲裁委员会申请仲裁。

第三十一条 有下列情形之一的，按照《劳动人事争议仲裁办案规则》第十条的规定属于仲裁时效中断，从中断时起，仲裁时效期间重新计算：

（一）一方当事人提出协商要求后，另一方当事人不同意协商或者在5日内不做出回应的；

（二）在约定的协商期限内，一方或者双方当事人不同意继续协商的；

（三）在约定的协商期限内未达成一致的；

（四）达成和解协议后，一方或者双方当事人在约定的期限内不履行和解协议的；

（五）一方当事人提出调解申请后，另一方当事人不同意调解的；

（六）调解委员会受理调解申请后，在第二十九条规定的期限内一方或者双方当事人不同意调解的；

（七）在第二十九条规定期限内未达成调解协议的；

（八）达成调解协议后，一方当事人在约定期限内不履行调解协议的。

第三十二条 调解委员会应当建立健全调解登记、调解记录、督促履行、档案管理、业务培训、统计报告、工作考评等制度。

第三十三条 企业应当支持调解委员会开展调解工作，提供办公场所，保障工作经费。

第三十四条 企业未按照本规定成立调解委员会，劳动争议或者群体性事件频发，影响劳动关系和谐，造成重大社会影响的，由县级以上人力资源和社会保障行政部门予以通报；违反法律法规规定的，依法予以处理。

第三十五条 调解员在调解过程中存在严重失职或者违法违纪行为，侵害当事人合法权益的，调解委员会应当予以解聘。

第四章 附 则

第三十六条 民办非企业单位、社会团体开展劳动争议协商、调解工作参照本规定执行。

第三十七条 本规定自2012年1月1日起施行。

劳动人事争议仲裁组织规则

·2017年5月8日人力资源和社会保障部令第34号公布
·自2017年7月1日起施行

第一章 总 则

第一条 为公正及时处理劳动人事争议（以下简称争议），根据《中华人民共和国劳动争议调解仲裁法》（以下简称调解仲裁法）和《中华人民共和国公务员法》、《事业单位人事管理条例》、《中国人民解放军文职人员条例》等有关法律、法规，制定本规则。

第二条 劳动人事争议仲裁委员会（以下简称仲裁委员会）由人民政府依法设立，专门处理争议案件。

第三条 人力资源社会保障行政部门负责指导本行政区域的争议调解仲裁工作，组织协调处理跨地区、有影响的重大争议，负责仲裁员的管理、培训等工作。

第二章 仲裁委员会及其办事机构

第四条 仲裁委员会按照统筹规划、合理布局和适应实际需要的原则设立，由省、自治区、直辖市人民政府依法决定。

第五条 仲裁委员会由干部主管部门代表、人力资源社会保障等相关行政部门代表、军队文职人员工作管理部门代表、工会代表和用人单位方面代表等组成。

仲裁委员会组成人员应当是单数。

第六条　仲裁委员会设主任一名，副主任和委员若干名。

仲裁委员会主任由政府负责人或者人力资源社会保障行政部门主要负责人担任。

第七条　仲裁委员会依法履行下列职责：

（一）聘任、解聘专职或者兼职仲裁员；

（二）受理争议案件；

（三）讨论重大或者疑难的争议案件；

（四）监督本仲裁委员会的仲裁活动；

（五）制定本仲裁委员会的工作规则；

（六）其他依法应当履行的职责。

第八条　仲裁委员会应当每年至少召开两次全体会议，研究本仲裁委员会职责履行情况和重要工作事项。

仲裁委员会主任或者三分之一以上的仲裁委员会组成人员提议召开仲裁委员会会议的，应当召开。

仲裁委员会的决定实行少数服从多数原则。

第九条　仲裁委员会下设实体化的办事机构，具体承担争议调解仲裁等日常工作。办事机构称为劳动人事争议仲裁院（以下简称仲裁院），设在人力资源社会保障行政部门。

仲裁院对仲裁委员会负责并报告工作。

第十条　仲裁委员会的经费依法由财政予以保障。仲裁经费包括人员经费、公用经费、仲裁专项经费等。

仲裁院可以通过政府购买服务等方式聘用记录人员、安保人员等办案辅助人员。

第十一条　仲裁委员会组成单位可以派兼职仲裁员常驻仲裁院，参与争议调解仲裁活动。

第三章　仲裁庭

第十二条　仲裁委员会处理争议案件实行仲裁庭制度，实行一案一庭制。

仲裁委员会可以根据案件处理实际需要设立派驻仲裁庭、巡回仲裁庭、流动仲裁庭，就近就地处理争议案件。

第十三条　处理下列争议案件应当由三名仲裁员组成仲裁庭，设首席仲裁员：

（一）十人以上并有共同请求的争议案件；

（二）履行集体合同发生的争议案件；

（三）有重大影响或者疑难复杂的争议案件；

（四）仲裁委员会认为应当由三名仲裁员组庭处理的其他争议案件。

简单争议案件可以由一名仲裁员独任仲裁。

第十四条　记录人员负责案件庭审记录等相关工作。

记录人员不得由本庭仲裁员兼任。

第十五条　仲裁庭组成不符合规定的，仲裁委员会应当予以撤销并重新组庭。

第十六条　仲裁委员会应当有专门的仲裁场所。仲裁场所应当悬挂仲裁徽章，张贴仲裁庭纪律及注意事项等，并配备仲裁庭专业设备、档案储存设备、安全监控设备和安检设施等。

第十七条　仲裁工作人员在仲裁活动中应当统一着装，佩戴仲裁徽章。

第四章　仲裁员

第十八条　仲裁员是由仲裁委员会聘任、依法调解和仲裁争议案件的专业工作人员。

仲裁员分为专职仲裁员和兼职仲裁员。专职仲裁员和兼职仲裁员在调解仲裁活动中享有同等权利，履行同等义务。

兼职仲裁员进行仲裁活动，所在单位应当予以支持。

第十九条　仲裁委员会应当依法聘任一定数量的专职仲裁员，也可以根据办案工作需要，依法从干部主管部门、人力资源社会保障行政部门、军队文职人员工作管理部门、工会、企业组织等相关机构的人员以及专家学者、律师中聘任兼职仲裁员。

第二十条　仲裁员享有以下权利：

（一）履行职责应当具有的职权和工作条件；

（二）处理争议案件不受干涉；

（三）人身、财产安全受到保护；

（四）参加聘前培训和在职培训；

（五）法律、法规规定的其他权利。

第二十一条　仲裁员应当履行以下义务：

（一）依法处理争议案件；

（二）维护国家利益和公共利益，保护当事人合法权益；

（三）严格执行廉政规定，恪守职业道德；

（四）自觉接受监督；

（五）法律、法规规定的其他义务。

第二十二条　仲裁委员会聘任仲裁员时，应当从符合调解仲裁法第二十条规定的仲裁员条件的人员中选聘。

仲裁委员会应当根据工作需要，合理配备专职仲裁员和办案辅助人员。专职仲裁员数量不得少于三名，办案辅助人员不得少于一名。

第二十三条　仲裁委员会应当设仲裁员名册，并予以公告。

省、自治区、直辖市人力资源社会保障行政部门应当将本行政区域内仲裁委员会聘任的仲裁员名单报送人力资源社会保障部备案。

第二十四条 仲裁员聘期一般为五年。仲裁委员会负责仲裁员考核,考核结果作为解聘和续聘仲裁员的依据。

第二十五条 仲裁委员会应当制定仲裁员工作绩效考核标准,重点考核办案质量和效率、工作作风、遵纪守法情况等。考核结果分为优秀、合格、不合格。

第二十六条 仲裁员有下列情形之一的,仲裁委员会应当予以解聘:
(一)聘期届满不再续聘的;
(二)在聘期内因工作岗位变动或者其他原因不再履行仲裁员职责的;
(三)年度考核不合格的;
(四)因违纪、违法犯罪不能继续履行仲裁员职责的;
(五)其他应当解聘的情形。

第二十七条 人力资源社会保障行政部门负责对拟聘任的仲裁员进行聘前培训。

拟聘为省、自治区、直辖市仲裁委员会仲裁员及副省级市仲裁委员会仲裁员的,参加人力资源社会保障部组织的聘前培训;拟聘为地(市)、县(区)仲裁委员会仲裁员的,参加省、自治区、直辖市人力资源社会保障行政部门组织的仲裁员聘前培训。

第二十八条 人力资源社会保障行政部门负责每年对本行政区域内的仲裁员进行政治思想、职业道德、业务能力和作风建设培训。

仲裁员每年脱产培训的时间累计不少于四十学时。

第二十九条 仲裁委员会应当加强仲裁员作风建设,培育和弘扬具有行业特色的仲裁文化。

第三十条 人力资源社会保障部负责组织制定仲裁员培训大纲,开发培训教材,建立师资库和考试题库。

第三十一条 建立仲裁员职业保障机制,拓展仲裁员职业发展空间。

第五章 仲裁监督

第三十二条 仲裁委员会应当建立仲裁监督制度,对申请受理、办案程序、处理结果、仲裁工作人员行为等进行监督。

第三十三条 仲裁员不得有下列行为:
(一)徇私枉法,偏袒一方当事人;
(二)滥用职权,侵犯当事人合法权益;
(三)利用职权为自己或者他人谋取私利;
(四)隐瞒证据或者伪造证据;
(五)私自会见当事人及其代理人,接受当事人及代理人的请客送礼;
(六)故意拖延办案、玩忽职守;
(七)泄露案件涉及的国家秘密、商业秘密和个人隐私或者擅自透露案件处理情况;
(八)在受聘期间担任所在仲裁委员会受理案件的代理人;
(九)其他违法违纪的行为。

第三十四条 仲裁员有本规则第三十三条规定情形的,仲裁委员会视情节轻重,给予批评教育、解聘等处理;被解聘的,五年内不得再次被聘为仲裁员。仲裁员所在单位根据国家有关规定对其给予处分;构成犯罪的,依法追究刑事责任。

第三十五条 记录人员等办案辅助人员应当认真履行职责,严守工作纪律,不得有玩忽职守、偏袒一方当事人、泄露案件涉及的国家秘密、商业秘密和个人隐私或者擅自透露案件处理情况等行为。

办案辅助人员违反前款规定的,应当按照有关法律法规和本规则第三十四条的规定处理。

第六章 附 则

第三十六条 被聘任为仲裁员的,由人力资源社会保障部统一免费发放仲裁员证和仲裁徽章。

第三十七条 仲裁委员会对被解聘、辞职以及其他原因不再聘任的仲裁员,应当及时收回仲裁员证和仲裁徽章,并予以公告。

第三十八条 本规则自2017年7月1日起施行。2010年1月20日人力资源社会保障部公布的《劳动人事争议仲裁组织规则》(人力资源和社会保障部令第5号)同时废止。

劳动人事争议仲裁办案规则

· 2017年5月8日人力资源和社会保障部令第33号公布
· 自2017年7月1日起施行

第一章 总 则

第一条 为公正及时处理劳动人事争议(以下简称争议),规范仲裁办案程序,根据《中华人民共和国劳动争议调解仲裁法》(以下简称调解仲裁法)以及《中华人民共和国公务员法》(以下简称公务员法)、《事业单位人事管理条例》、《中国人民解放军文职人员条例》和有关法律、法规、国务院有关规定,制定本规则。

第二条 本规则适用下列争议的仲裁：

（一）企业、个体经济组织、民办非企业单位等组织与劳动者之间，以及机关、事业单位、社会团体与其建立劳动关系的劳动者之间，因确认劳动关系，订立、履行、变更、解除和终止劳动合同，工作时间、休息休假、社会保险、福利、培训以及劳动保护，劳动报酬、工伤医疗费、经济补偿或者赔偿金等发生的争议；

（二）实施公务员法的机关与聘任制公务员之间、参照公务员法管理的机关（单位）与聘任工作人员之间因履行聘任合同发生的争议；

（三）事业单位与其建立人事关系的工作人员之间因终止人事关系以及履行聘用合同发生的争议；

（四）社会团体与其建立人事关系的工作人员之间因终止人事关系以及履行聘用合同发生的争议；

（五）军队文职人员用人单位与聘用制文职人员之间因履行聘用合同发生的争议；

（六）法律、法规规定由劳动人事争议仲裁委员会（以下简称仲裁委员会）处理的其他争议。

第三条 仲裁委员会处理争议案件，应当遵循合法、公正的原则，先行调解，及时裁决。

第四条 仲裁委员会下设实体化的办事机构，称为劳动人事争议仲裁院（以下简称仲裁院）。

第五条 劳动者一方在十人以上并有共同请求的争议，或者因履行集体合同发生的劳动争议，仲裁委员会应当优先立案，优先审理。

第二章 一般规定

第六条 发生争议的用人单位未办理营业执照、被吊销营业执照、营业执照到期继续经营、被责令关闭、被撤销以及用人单位解散、歇业，不能承担相关责任的，应当将用人单位和其出资人、开办单位或者主管部门作为共同当事人。

第七条 劳动者与个人承包经营者发生争议，依法向仲裁委员会申请仲裁的，应当将发包的组织和个人承包经营者作为共同当事人。

第八条 劳动合同履行地为劳动者实际工作场所地，用人单位所在地为用人单位注册、登记地或者主要办事机构所在地。用人单位未经注册、登记的，其出资人、开办单位或者主管部门所在地为用人单位所在地。

双方当事人分别向劳动合同履行地和用人单位所在地的仲裁委员会申请仲裁的，由劳动合同履行地的仲裁委员会管辖。有多个劳动合同履行地的，由最先受理的仲裁委员会管辖。劳动合同履行地不明确的，由用人单位所在地的仲裁委员会管辖。

案件受理后，劳动合同履行地或者用人单位所在地发生变化的，不改变争议仲裁的管辖。

第九条 仲裁委员会发现已受理案件不属于其管辖范围的，应当移送至有管辖权的仲裁委员会，并书面通知当事人。

对上述移送案件，受移送的仲裁委员会应当依法受理。受移送的仲裁委员会认为移送的案件按照规定不属于其管辖，或者仲裁委员会之间因管辖争议协商不成的，应当报请共同的上一级仲裁委员会主管部门指定管辖。

第十条 当事人提出管辖异议的，应当在答辩期满前书面提出。仲裁委员会应当审查当事人提出的管辖异议，异议成立的，将案件移送至有管辖权的仲裁委员会并书面通知当事人；异议不成立的，应当书面决定驳回。

当事人逾期提出的，不影响仲裁程序的进行。

第十一条 当事人申请回避，应当在案件开庭审理前提出，并说明理由。回避事由在案件开庭审理后知晓的，也可以在庭审辩论终结前提出。

当事人在庭审辩论终结后提出回避申请的，不影响仲裁程序的进行。

仲裁委员会应当在回避申请提出的三日内，以口头或者书面形式作出决定。以口头形式作出的，应当记入笔录。

第十二条 仲裁员、记录人员是否回避，由仲裁委员会主任或者其委托的仲裁院负责人决定。仲裁委员会主任担任案件仲裁员是否回避，由仲裁委员会决定。

在回避决定作出前，被申请回避的人员应当暂停参与该案处理，但因案件需要采取紧急措施的除外。

第十三条 当事人对自己提出的主张有责任提供证据。与争议事项有关的证据属于用人单位掌握管理的，用人单位应当提供；用人单位不提供的，应当承担不利后果。

第十四条 法律没有具体规定、按照本规则第十三条规定无法确定举证责任承担的，仲裁庭可以根据公平原则和诚实信用原则，综合当事人举证能力等因素确定举证责任的承担。

第十五条 承担举证责任的当事人应当在仲裁委员会指定的期限内提供有关证据。当事人在该期限内提供证据确有困难的，可以向仲裁委员会申请延长期限，仲裁委员会根据当事人的申请适当延长。当事人逾期提供证据的，仲裁委员会应当责令其说明理由；拒不说明理由或者理由不成立的，仲裁委员会可以根据不同情形不予采纳该证据,或者采纳该证据但予以训诫。

第十六条　当事人因客观原因不能自行收集的证据,仲裁委员会可以根据当事人的申请,参照民事诉讼有关规定予以收集;仲裁委员会认为有必要的,也可以决定参照民事诉讼有关规定予以收集。

第十七条　仲裁委员会依法调查取证时,有关单位和个人应当协助配合。

仲裁委员会调查取证时,不得少于两人,并应当向被调查对象出示工作证件和仲裁委员会出具的介绍信。

第十八条　争议处理中涉及证据形式、证据提交、证据交换、证据质证、证据认定等事项,本规则未规定的,可以参照民事诉讼证据规则的有关规定执行。

第十九条　仲裁期间包括法定期间和仲裁委员会指定期间。

仲裁期间的计算,本规则未规定的,仲裁委员会可以参照民事诉讼关于期间计算的有关规定执行。

第二十条　仲裁委员会送达仲裁文书必须有送达回证,由受送达人在送达回证上记明收到日期,并签名或者盖章。受送达人在送达回证上的签收日期为送达日期。

因企业停业等原因导致无法送达且劳动者一方在十人以上的,或者受送达人拒绝签收仲裁文书,通过在受送达人住所留置、张贴仲裁文书,并采用拍照、录像等方式记录的,自留置、张贴之日起经过三日即视为送达,不受本条第一款的限制。

仲裁文书的送达方式,本规则未规定的,仲裁委员会可以参照民事诉讼关于送达方式的有关规定执行。

第二十一条　案件处理终结后,仲裁委员会应当将处理过程中形成的全部材料立卷归档。

第二十二条　仲裁案卷分正卷和副卷装订。

正卷包括:仲裁申请书、受理(不予受理)通知书、答辩书、当事人及其他仲裁参加人的身份证明材料、授权委托书、调查证据、勘验笔录、当事人提供的证据材料、委托鉴定材料、开庭通知、庭审笔录、延期通知书、撤回仲裁申请书、调解书、裁决书、决定书、案件移送函、送达回证等。

副卷包括:立案审批表、延期审理审批表、中止审理审批表、调查提纲、阅卷笔录、会议笔录、评议记录、结案审批表等。

第二十三条　仲裁委员会应当建立案卷查阅制度。对案卷正卷材料,应当允许当事人及其代理人依法查阅、复制。

第二十四条　仲裁裁决结案的案卷,保存期不少于十年;仲裁调解和其他方式结案的案卷,保存期不少于五年;国家另有规定的,从其规定。

保存期满后的案卷,应当按照国家有关档案管理的规定处理。

第二十五条　在仲裁活动中涉及国家秘密或者军事秘密的,按照国家或者军队有关保密规定执行。

当事人协议不公开或者涉及商业秘密和个人隐私的,经相关当事人书面申请,仲裁委员会应当不公开审理。

第三章　仲裁程序
第一节　申请和受理

第二十六条　本规则第二条第(一)、(三)、(四)、(五)项规定的争议,申请仲裁的时效期间为一年。仲裁时效期间从当事人知道或者应当知道其权利被侵害之日起计算。

本规则第二条第(二)项规定的争议,申请仲裁的时效期间适用公务员法有关规定。

劳动人事关系存续期间因拖欠劳动报酬发生争议的,劳动者申请仲裁不受本条第一款规定的仲裁时效期间的限制;但是,劳动人事关系终止的,应当自劳动人事关系终止之日起一年内提出。

第二十七条　在申请仲裁的时效期间内,有下列情形之一的,仲裁时效中断:

(一)一方当事人通过协商、申请调解等方式向对方当事人主张权利的;

(二)一方当事人通过向有关部门投诉,向仲裁委员会申请仲裁,向人民法院起诉或者申请支付令等方式请求权利救济的;

(三)对方当事人同意履行义务的。

从中断时起,仲裁时效期间重新计算。

第二十八条　因不可抗力,或者有无民事行为能力或者限制民事行为能力劳动者的法定代理人未确定等其他正当理由,当事人不能在规定的仲裁时效期间申请仲裁的,仲裁时效中止。从中止时效的原因消除之日起,仲裁时效期间继续计算。

第二十九条　申请人申请仲裁应当提交书面仲裁申请,并按照被申请人人数提交副本。

仲裁申请书应当载明下列事项:

(一)劳动者的姓名、性别、出生日期、身份证件号码、住所、通讯地址和联系电话,用人单位的名称、住所、通讯地址、联系电话和法定代表人或者主要负责人的姓名、职务;

（二）仲裁请求和所根据的事实、理由；
（三）证据和证据来源，证人姓名和住所。

书写仲裁申请确有困难的，可以口头申请，由仲裁委员会记入笔录，经申请人签名、盖章或者捺印确认。

对于仲裁申请书不规范或者材料不齐备的，仲裁委员会应当当场或者在五日内一次性告知申请人需要补正的全部材料。

仲裁委员会收取当事人提交的材料应当出具收件回执。

第三十条 仲裁委员会对符合下列条件的仲裁申请应当予以受理，并在收到仲裁申请之日起五日内向申请人出具受理通知书：
（一）属于本规则第二条规定的争议范围；
（二）有明确的仲裁请求和事实理由；
（三）申请人是与本案有直接利害关系的自然人、法人或者其他组织，有明确的被申请人；
（四）属于本仲裁委员会管辖范围。

第三十一条 对不符合本规则第三十条第（一）、（二）、（三）项规定之一的仲裁申请，仲裁委员会不予受理，并在收到仲裁申请之日起五日内向申请人出具不予受理通知书；对不符合本规则第三十条第（四）项规定的仲裁申请，仲裁委员会应当在收到仲裁申请之日起五日内，向申请人作出书面说明并告知申请人向有管辖权的仲裁委员会申请仲裁。

对仲裁委员会逾期未作出决定或者决定不予受理的，申请人可以就该争议事项向人民法院提起诉讼。

第三十二条 仲裁委员会受理案件后，发现不应当受理的，除本规则第九条规定外，应当撤销案件，并自决定撤销案件后五日内，以决定书的形式通知当事人。

第三十三条 仲裁委员会受理仲裁申请后，应当在五日内将仲裁申请书副本送达被申请人。

被申请人收到仲裁申请书副本后，应当在十日内向仲裁委员会提交答辩书。仲裁委员会收到答辩书后，应当在五日内将答辩书副本送达申请人。被申请人逾期未提交答辩书的，不影响仲裁程序的进行。

第三十四条 符合下列情形之一，申请人基于同一事实、理由和仲裁请求又申请仲裁的，仲裁委员会不予受理：
（一）仲裁委员会已经依法出具不予受理通知书的；
（二）案件已在仲裁、诉讼过程中或者调解书、裁决书、判决书已经发生法律效力的。

第三十五条 仲裁处理结果作出前，申请人可以自行撤回仲裁申请。申请人再次申请仲裁的，仲裁委员会应当受理。

第三十六条 被申请人可以在答辩期间提出反申请，仲裁委员会应当自收到被申请人反申请之日起五日内决定是否受理并通知被申请人。

决定受理的，仲裁委员会可以将反申请和申请合并处理。

反申请应当另行申请仲裁的，仲裁委员会应当书面告知被申请人另行申请仲裁；反申请不属于本规则规定应当受理的，仲裁委员会应当向被申请人出具不予受理通知书。

被申请人答辩期满后对申请人提出反申请的，应当另行申请仲裁。

第二节 开庭和裁决

第三十七条 仲裁委员会应当在受理仲裁申请之日起五日内组成仲裁庭并将仲裁庭的组成情况书面通知当事人。

第三十八条 仲裁庭应当在开庭五日前，将开庭日期、地点书面通知双方当事人。当事人有正当理由的，可以在开庭三日前请求延期开庭。是否延期，由仲裁委员会根据实际情况决定。

第三十九条 申请人收到书面开庭通知，无正当理由拒不到庭或者未经仲裁庭同意中途退庭的，可以按撤回仲裁申请处理；申请人重新申请仲裁的，仲裁委员会不予受理。被申请人收到书面开庭通知，无正当理由拒不到庭或者未经仲裁庭同意中途退庭的，仲裁庭可以继续开庭审理，并缺席裁决。

第四十条 当事人申请鉴定的，鉴定费由申请鉴定方先行垫付，案件处理终结后，由鉴定结果对其不利方负担。鉴定结果不明确的，由申请鉴定方负担。

第四十一条 开庭审理前，记录人员应当查明当事人和其他仲裁参与人是否到庭，宣布仲裁庭纪律。

开庭审理时，由仲裁员宣布开庭、案由和仲裁员、记录人员名单，核对当事人，告知当事人有关的权利义务，询问当事人是否提出回避申请。

开庭审理中，仲裁员应当听取申请人的陈述和被申请人的答辩，主持庭审调查、质证和辩论、征询当事人最后意见，并进行调解。

第四十二条 仲裁庭应当将开庭情况记入笔录。当事人或者其他仲裁参与人认为对自己陈述的记录有遗漏或者差错的，有权当庭申请补正。仲裁庭认为申请无理由或者无必要的，可以不予补正，但是应当记录该申请。

仲裁员、记录人员、当事人和其他仲裁参与人应当在庭审笔录上签名或者盖章。当事人或者其他仲裁参与人拒绝在庭审笔录上签名或者盖章的，仲裁庭应当记明情况附卷。

第四十三条 仲裁参与人和其他人应当遵守仲裁庭纪律，不得有下列行为：

（一）未经准许进行录音、录像、摄影；

（二）未经准许以移动通信等方式现场传播庭审活动；

（三）其他扰乱仲裁庭秩序、妨害审理活动进行的行为。

仲裁参与人或者其他人有前款规定的情形之一的，仲裁庭可以训诫、责令退出仲裁庭，也可以暂扣进行录音、录像、摄影、传播庭审活动的器材，并责令其删除有关内容。拒不删除的，可以采取必要手段强制删除，并将上述事实记入庭审笔录。

第四十四条 申请人在举证期限届满前可以提出增加或者变更仲裁请求；仲裁庭对申请人增加或者变更的仲裁请求审查后认为应当受理的，应当通知被申请人并给予答辩期，被申请人明确表示放弃答辩期的除外。

申请人在举证期限届满后提出增加或者变更仲裁请求的，应当另行申请仲裁。

第四十五条 仲裁庭裁决案件，应当自仲裁委员会受理仲裁申请之日起四十五日内结束。案情复杂需要延期的，经仲裁委员会主任或者其委托的仲裁院负责人书面批准，可以延期并书面通知当事人，但延长期限不得超过十五日。

第四十六条 有下列情形的，仲裁期限按照下列规定计算：

（一）仲裁庭追加当事人或者第三人的，仲裁期限从决定追加之日起重新计算；

（二）申请人需要补正材料，仲裁委员会收到仲裁申请的时间从材料补正之日起重新计算；

（三）增加、变更仲裁请求的，仲裁期限从受理增加、变更仲裁请求之日起重新计算；

（四）仲裁申请和反申请合并处理的，仲裁期限从受理反申请之日起重新计算；

（五）案件移送管辖的，仲裁期限从接受移送之日起重新计算；

（六）中止审理期间、公告送达期间不计入仲裁期限内；

（七）法律、法规规定应当另行计算的其他情形。

第四十七条 有下列情形之一的，经仲裁委员会主任或者其委托的仲裁院负责人批准，可以中止案件审理，并书面通知当事人：

（一）劳动者一方当事人死亡，需要等待继承人表明是否参加仲裁的；

（二）劳动者一方当事人丧失民事行为能力，尚未确定法定代理人参加仲裁的；

（三）用人单位终止，尚未确定权利义务承继者的；

（四）一方当事人因不可抗拒的事由，不能参加仲裁的；

（五）案件审理需要以其他案件的审理结果为依据，且其他案件尚未审结的；

（六）案件处理需要等待工伤认定、伤残等级鉴定以及其他鉴定结论的；

（七）其他应当中止仲裁审理的情形。

中止审理的情形消除后，仲裁庭应当恢复审理。

第四十八条 当事人因仲裁庭逾期未作出仲裁裁决而向人民法院提起诉讼并立案受理的，仲裁委员会应当决定该案件终止审理；当事人未就该争议事项向人民法院提起诉讼的，仲裁委员会应当继续处理。

第四十九条 仲裁庭裁决案件时，其中一部分事实已经清楚的，可以就该部分先行裁决。当事人对先行裁决不服的，可以按照调解仲裁法有关规定处理。

第五十条 仲裁庭裁决案件时，申请人根据调解仲裁法第四十七条第（一）项规定，追索劳动报酬、工伤医疗费、经济补偿或者赔偿金，如果仲裁裁决涉及数项，对单项裁决数额不超过当地月最低工资标准十二个月金额的事项，应当适用终局裁决。

前款经济补偿包括《中华人民共和国劳动合同法》（以下简称劳动合同法）规定的竞业限制期限内给予的经济补偿、解除或者终止劳动合同的经济补偿等；赔偿金包括劳动合同法规定的未签订书面劳动合同第二倍工资、违法约定试用期的赔偿金、违法解除或者终止劳动合同的赔偿金等。

根据调解仲裁法第四十七条（二）项的规定，因执行国家的劳动标准在工作时间、休息休假、社会保险等方面发生的争议，应当适用终局裁决。

仲裁庭裁决案件时，裁决内容同时涉及终局裁决和非终局裁决的，应当分别制作裁决书，并告知当事人相应的救济权利。

第五十一条 仲裁庭对追索劳动报酬、工伤医疗费、经济补偿或者赔偿金的案件，根据当事人的申请，可以裁决先予执行，移送人民法院执行。

仲裁庭裁决先予执行的,应当符合下列条件:

(一)当事人之间权利义务关系明确;

(二)不先予执行将严重影响申请人的生活。

劳动者申请先予执行的,可以不提供担保。

第五十二条 裁决应当按照多数仲裁员的意见作出,少数仲裁员的不同意见应当记入笔录。仲裁庭不能形成多数意见时,裁决应当按照首席仲裁员的意见作出。

第五十三条 裁决书应当载明仲裁请求、争议事实、裁决理由、裁决结果、当事人权利和裁决日期。裁决书由仲裁员签名,加盖仲裁委员会印章。对裁决持不同意见的仲裁员,可以签名,也可以不签名。

第五十四条 对裁决书中的文字、计算错误或者仲裁庭已经裁决但在裁决书中遗漏的事项,仲裁庭应当及时制作决定予以补正并送达当事人。

第五十五条 当事人对裁决不服向人民法院提起诉讼的,按照调解仲裁法有关规定处理。

第三节 简易处理

第五十六条 争议案件符合下列情形之一的,可以简易处理:

(一)事实清楚、权利义务关系明确、争议不大的;

(二)标的额不超过本省、自治区、直辖市上年度职工年平均工资的;

(三)双方当事人同意简易处理的。

仲裁委员会决定简易处理的,可以指定一名仲裁员独任仲裁,并应当告知当事人。

第五十七条 争议案件有下列情形之一的,不得简易处理:

(一)涉及国家利益、社会公共利益的;

(二)有重大社会影响的;

(三)被申请人下落不明的;

(四)仲裁委员会认为不宜简易处理的。

第五十八条 简易处理的案件,经与被申请人协商同意,仲裁庭可以缩短或者取消答辩期。

第五十九条 简易处理的案件,仲裁庭可以用电话、短信、传真、电子邮件等简便方式送达仲裁文书,但送达调解书、裁决书除外。

以简便方式送达的开庭通知,未经当事人确认或者没有其他证据证明当事人已经收到的,仲裁庭不得按撤回仲裁申请处理或者缺席裁决。

第六十条 简易处理的案件,仲裁庭可以根据案件情况确定举证期限、开庭日期、审理程序、文书制作等事项,但应当保障当事人陈述意见的权利。

第六十一条 仲裁庭在审理过程中,发现案件不宜简易处理的,应当在仲裁期限届满前决定转为按照一般程序处理,并告知当事人。

案件转为按照一般程序处理的,仲裁期限自仲裁委员会受理仲裁申请之日起计算,双方当事人已经确认的事实,可以不再进行举证、质证。

第四节 集体劳动人事争议处理

第六十二条 处理劳动者一方在十人以上并有共同请求的争议案件,或者因履行集体合同发生的劳动争议案件,适用本节规定。

符合本规则第五十六条第一款规定情形之一的集体劳动人事争议案件,可以简易处理,不受本节规定的限制。

第六十三条 发生劳动者一方在十人以上并有共同请求的争议的,劳动者可以推举三至五名代表参加仲裁活动。代表人参加仲裁的行为对其所代表的当事人发生效力,但代表人变更、放弃仲裁请求或者承认对方当事人的仲裁请求,进行和解,必须经被代表的当事人同意。

因履行集体合同发生的劳动争议,经协商解决不成的,工会可以依法申请仲裁;尚未建立工会的,由上级工会指导劳动者推举产生的代表依法申请仲裁。

第六十四条 仲裁委员会应当自收到当事人集体劳动人事争议仲裁申请之日起五日内作出受理或者不予受理的决定。决定受理的,应当自受理之日起五日内将仲裁庭组成人员、答辩期限、举证期限、开庭日期和地点等事项一次性通知当事人。

第六十五条 仲裁委员会处理集体劳动人事争议案件,应当由三名仲裁员组成仲裁庭,设首席仲裁员。

仲裁委员会处理因履行集体合同发生的劳动争议,应当按照三方原则组成仲裁庭处理。

第六十六条 仲裁庭处理集体劳动人事争议,开庭前应当引导当事人自行协商,或者先行调解。

仲裁庭处理集体劳动人事争议案件,可以邀请法律工作者、律师、专家学者等第三方共同参与调解。

协商或者调解未能达成协议的,仲裁庭应当及时裁决。

第六十七条 仲裁庭开庭场所可以设在发生争议的用人单位或者其他便于及时处理争议的地点。

第四章 调解程序

第一节 仲裁调解

第六十八条 仲裁委员会处理争议案件,应当坚持调解优先,引导当事人通过协商、调解方式解决争议,给予必要的法律释明以及风险提示。

第六十九条 对未经调解、当事人直接申请仲裁的争议，仲裁委员会可以向当事人发出调解建议书，引导其到调解组织进行调解。当事人同意先行调解的，应当暂缓受理；当事人不同意先行调解的，应当依法受理。

第七十条 开庭之前，经双方当事人同意，仲裁庭可以委托调解组织或者其他具有调解能力的组织、个人进行调解。

自当事人同意之日起十日内未达成调解协议的，应当开庭审理。

第七十一条 仲裁庭审理争议案件时，应当进行调解。必要时可以邀请有关单位、组织或者个人参与调解。

第七十二条 仲裁调解达成协议的，仲裁庭应当制作调解书。

调解书应当写明仲裁请求和当事人协议的结果。调解书由仲裁员签名，加盖仲裁委员会印章，送达双方当事人。调解书经双方当事人签收后，发生法律效力。

调解不成或者调解书送达前，一方当事人反悔的，仲裁庭应当及时作出裁决。

第七十三条 当事人就部分仲裁请求达成调解协议的，仲裁庭可以就该部分先行出具调解书。

第二节 调解协议的仲裁审查

第七十四条 经调解组织调解达成调解协议的，双方当事人可以自调解协议生效之日起十五日内，共同向有管辖权的仲裁委员会提出仲裁审查申请。

当事人申请审查调解协议，应当向仲裁委员会提交仲裁审查申请书、调解协议和身份证明、资格证明以及其他与调解协议相关的证明材料，并提供双方当事人的送达地址、电话号码等联系方式。

第七十五条 仲裁委员会收到当事人仲裁审查申请，应当及时决定是否受理。决定受理的，应当出具受理通知书。

有下列情形之一的，仲裁委员会不予受理：

（一）不属于仲裁委员会受理争议范围的；
（二）不属于本仲裁委员会管辖的；
（三）超出规定的仲裁审查申请期间的；
（四）确认劳动关系的；
（五）调解协议已经人民法院司法确认的。

第七十六条 仲裁委员会审查调解协议，应当自受理仲裁审查申请之日起五日内结束。因特殊情况需要延期的，经仲裁委员会主任或者其委托的仲裁院负责人批准，可以延长五日。

调解书送达前，一方或者双方当事人撤回仲裁审查申请的，仲裁委员会应当准许。

第七十七条 仲裁委员会受理仲裁审查申请后，应当指定仲裁员对调解协议进行审查。

仲裁委员会经审查认为调解协议的形式和内容合法有效的，应当制作调解书。调解书的内容应当与调解协议的内容相一致。调解书经双方当事人签收后，发生法律效力。

第七十八条 调解协议具有下列情形之一的，仲裁委员会不予制作调解书：

（一）违反法律、行政法规强制性规定的；
（二）损害国家利益、社会公共利益或者公民、法人、其他组织合法权益的；
（三）当事人提供证据材料有弄虚作假嫌疑的；
（四）违反自愿原则的；
（五）内容不明确的；
（六）其他不能制作调解书的情形。

仲裁委员会决定不予制作调解书的，应当书面通知当事人。

第七十九条 当事人撤回仲裁审查申请或者仲裁委员会决定不予制作调解书的，应当终止仲裁审查。

第五章 附 则

第八十条 本规则规定的"三日"、"五日"、"十日"指工作日，"十五日"、"四十五日"指自然日。

第八十一条 本规则自2017年7月1日起施行。2009年1月1日人力资源社会保障部公布的《劳动人事争议仲裁办案规则》（人力资源和社会保障部令第2号）同时废止。

人力资源社会保障部、中央政法委、最高人民法院、工业和信息化部、司法部、财政部、中华全国总工会、中华全国工商业联合会、中国企业联合会/中国企业家协会关于进一步加强劳动人事争议协商调解工作的意见

· 2022年10月13日
· 人社部发〔2022〕71号

各省、自治区、直辖市人力资源社会保障厅（局）、党委政法委、高级人民法院、中小企业主管部门、司法厅（局）、财政厅（局）、总工会、工商联、企业联合会/企业家协会，新疆生产建设兵团人力资源社会保障局、党委政法委、新疆维吾尔自治区高级人民法院生产建设兵团分院、工业和信息化局、司法局、财政局、总工会、工商联、企业联合

会/企业家协会：

劳动人事争议协商调解是社会矛盾纠纷多元预防调处化解综合机制的重要组成部分。通过协商调解等方式柔性化解劳动人事争议，对于防范化解劳动关系风险、维护劳动者合法权益、构建和谐劳动关系、维护社会稳定具有重要意义。为深入贯彻党的二十大精神，落实党中央、国务院关于"防范化解重大风险""坚持把非诉讼纠纷解决机制挺在前面"的重要决策部署，进一步强化劳动人事争议源头治理，现就加强劳动人事争议协商调解工作，提出如下意见：

一、总体要求

（一）指导思想。以习近平新时代中国特色社会主义思想为指导，深入贯彻习近平法治思想，坚持系统观念、目标导向和问题导向，着力强化风险防控，加强源头治理，健全多元处理机制，提升协商调解能力，促进中国特色和谐劳动关系高质量发展。

（二）基本原则

1. 坚持人民至上，把为民服务理念贯穿协商调解工作全过程，拓展服务领域，优化服务方式，提升服务能力，打造协商调解服务优质品牌。

2. 坚持源头治理，充分发挥协商调解的前端性、基础性作用，做到关口前移、重心下沉，最大限度地把劳动人事争议解决在基层和萌芽状态。

3. 坚持创新发展，尊重基层首创精神，积极探索新理念、新机制、新举措，促进各类调解联动融合，推动社会协同共治，形成体现中国特色、符合劳动人事争议多元处理规律、满足时代需求的协商调解工作格局。

4. 坚持灵活高效，充分发挥协商调解柔性高效、灵活便捷的优势，运用法治思维和法治方式，推动案结事了人和，促进劳动关系和谐与社会稳定。

（三）目标任务。从2022年10月开始，持续加强协商调解制度机制和能力建设，力争用5年左右时间，基本实现组织机构进一步健全、队伍建设进一步强化、制度建设进一步完善、基础保障进一步夯实，党委领导、政府负责、人力资源社会保障部门牵头和有关部门参与、司法保障、科技支撑的劳动人事争议多元处理机制更加健全，部门联动质效明显提升，协商调解解决的劳动人事争议案件数量在案件总量中的比重显著提高，劳动人事争议诉讼案件稳步下降至合理区间，协商调解工作的规范化、标准化、专业化、智能化水平显著提高。

二、加强源头治理

（四）强化劳动人事争议预防指导。充分发挥用人单位基层党组织在劳动关系治理、协商调解工作中的重要作用，以党建引领劳动关系和谐发展。完善民主管理制度，保障劳动者对用人单位重大决策和重大事项的知情权、参与权、表达权、监督权。推行典型案例发布、工会劳动法律监督提示函和意见书、调解建议书、仲裁建议书、司法建议书、信用承诺书等制度，引导用人单位依法合规用工、劳动者依法理性表达诉求。发挥中小企业服务机构作用，通过培训、咨询等服务，推动中小企业完善劳动管理制度、加强劳动人事争议预防，具备相应资质的服务机构可开展劳动关系事务托管服务。把用人单位建立劳动人事争议调解组织、开展协商调解工作情况作为和谐劳动关系创建等评选表彰示范创建的重要考虑因素。发挥律师、法律顾问职能作用，推进依法治企，强化劳动用工领域合规管理，减少劳动人事争议。

（五）健全劳动人事争议风险监测预警机制。建立健全劳动人事争议风险监测机制，通过税费缴纳、社保欠费、案件受理、投诉举报、信访处理、社会舆情等反映劳动关系运行的重要指标变化情况，准确研判劳动人事争议态势。完善重大劳动人事争议风险预警机制，聚焦重要时间节点，突出农民工和劳务派遣、新就业形态劳动者等重点群体，围绕确认劳动关系、追索劳动报酬、工作时间、解除和终止劳动合同等主要劳动人事争议类型，强化监测预警，建立风险台账，制定应对预案。

（六）加强劳动人事争议隐患排查化解工作。建立重点区域、重点行业、重点企业联系点制度，以工业园区和互联网、建筑施工、劳动密集型加工制造行业以及受客观经济情况发生重大变化、突发事件等影响导致生产经营困难的企业为重点，全面开展排查，及时发现苗头性、倾向性问题，妥善化解因欠薪、不规范用工等引发的风险隐患。加强劳动人事争议隐患协同治理，完善调解仲裁机构与劳动关系、劳动保障监察机构以及工会劳动法律监督组织信息共享、协调联动，共同加强劳动用工指导，履行好"抓前端、治未病"的预防功能。

三、强化协商和解

（七）指导建立内部劳动人事争议协商机制。培育用人单位和劳动者的劳动人事争议协商意识，推动用人单位以设立负责人接待日、召开劳资恳谈会、开通热线电话或者电子邮箱、设立意见箱、组建网络通讯群组等方式，建立健全沟通对话机制，畅通劳动者诉求表达渠道。指导用人单位完善内部申诉、协商回应制度，优化劳动人事争议协商流程，认真研究制定解决方案，及时回应劳动者协商诉求。

（八）协助开展劳动人事争议协商。工会组织统筹劳动法律监督委员会和集体协商指导员、法律援助志愿者队伍等资源力量，推动健全劳动者申诉渠道和争议协商平台，帮助劳动者与用人单位开展劳动人事争议协商，做好咨询解答、释法说理、劝解疏导、促成和解等工作。各级地方工会可设立劳动人事争议协商室，做好劳动人事争议协商工作。企业代表组织指导企业加强协商能力建设，完善企业内部劳动争议协商程序。鼓励、支持社会力量开展劳动人事争议协商咨询、代理服务工作。

（九）强化和解协议履行和效力。劳动者与用人单位就劳动人事争议协商达成一致的，工会组织要主动引导签订和解协议，并推动和解协议履行。劳动者或者用人单位未按期履行和解协议的，工会组织要主动做好引导申请调解等工作。经劳动人事争议仲裁委员会审查，和解协议程序和内容合法有效的，可在仲裁办案中作为证据使用；但劳动者或者用人单位为达成和解目的作出的妥协认可的事实，不得在后续的仲裁、诉讼中作为对其不利的根据，但法律另有规定或者劳动者、用人单位均同意的除外。

四、做实多元调解

（十）推进基层劳动人事争议调解组织建设。人力资源社会保障部门会同司法行政、工会、企业代表组织和企事业单位、社会团体，推动用人单位加大调解组织建设力度。推动大中型企业普遍建立劳动争议调解委员会，建立健全以乡镇（街道）、工会、行业商（协）会、区域性等调解组织为支撑、调解员（信息员）为落点的小微型企业劳动争议协商调解机制。推动事业单位、社会团体加强调解组织建设，规范劳动人事管理和用工行为。

（十一）建设市、县级劳动人事争议仲裁院调解中心和工会法律服务工作站。推动在有条件的市、县级劳动人事争议仲裁院（以下简称仲裁院）内设劳动人事争议调解中心（以下简称调解中心），通过配备工作人员或者购买服务等方式提供劳动人事争议调解服务。调解中心负责办理仲裁院、人民法院委派委托调解的案件，协助人力资源社会保障部门指导辖区内的乡镇（街道）、工会、行业商（协）会、区域性等调解组织做好工作。探索推进工会组织在劳动人事争议案件较多、劳动者诉求反映集中的仲裁院、人民法院设立工会法律服务工作站，具备条件的地方工会可安排专人入驻开展争议协商、调解和法律服务工作，建立常态化调解与仲裁、诉讼对接机制。

（十二）加强调解工作规范化建设。人力资源社会保障部门会同司法行政、工会、企业代表组织等部门，落实调解组织和调解员名册制度，指导各类劳动人事争议调解组织建立健全调解受理登记、调解办理、告知引导、回访反馈、档案管理、统计报告等制度，提升调解工作规范化水平。加大督促调解协议履行力度，加强对当事人履约能力评估，达成调解协议后向当事人发放履行告知书。总结、推广调解组织在实践中形成的成熟经验和特色做法，发挥典型引领作用。

（十三）发挥各类调解组织特色优势。企业劳动争议调解委员会发挥熟悉内部运营规则和劳动者情况的优势，引导当事人优先通过调解方式解决劳动争议。人民调解组织发挥扎根基层、贴近群众、熟悉社情民意的优势，加大劳动人事争议调处工作力度。乡镇（街道）劳动人事争议调解组织发挥专业性优势，积极推进标准化、规范化、智能化建设，帮助辖区内用人单位做好劳动人事争议预防化解工作。行业性、区域性劳动人事争议调解组织发挥具有行业影响力、区域带动力的优势，帮助企业培养调解人员、开展调解工作。商（协）会调解组织发挥贴近企业的优势，积极化解劳动争议、协同社会治理。人力资源社会保障部门、司法行政部门、工会、企业代表组织引导和规范有意向的社会组织及律师、专家学者等社会力量，积极有序参与调解工作，进一步增加调解服务供给。

五、健全联动工作体系

（十四）健全劳动人事争议调解与人民调解、行政调解、司法调解联动工作体系。人力资源社会保障部门在党委政法委的统筹协调下，加强与司法行政、法院、工会、企业代表组织等部门的工作沟通，形成矛盾联调、力量联动、信息联通的工作格局，建立健全重大劳动人事争议应急联合调处机制。有条件的地区，可建立"一窗式"劳动人事争议受理和流转办理机制，通过联通各类网上调解平台、设立实体化联调中心等方式，强化各类调解资源整合。可根据实际情况建立调解员、专家库共享机制，灵活调配人员，提高案件办理专业性。

（十五）参与社会矛盾纠纷调处中心建设。各相关部门主动融入地方党委、政府主导的社会矛盾纠纷多元预防调处化解综合机制，发挥职能优势，向社会矛盾纠纷调处中心派驻调解仲裁工作人员，办理劳动人事争议案件、参与联动化解、提供业务支持，做好人员、经费、场所、设备等保障工作。

（十六）强化调解与仲裁、诉讼衔接。完善调解与仲裁的衔接，建立仲裁员分片联系调解组织制度。双方当事人经调解达成一致的，调解组织引导双方提起仲裁审查申请或者司法确认申请，及时巩固调解成果。仲裁机构通过建议调解、委托调解等方式,积极引导未经调解的当事人到调解组织先行调解。加强调解与诉讼的衔接,对追索劳动报酬、经济补偿等适宜调解的纠纷,先行通过诉前调解等非诉讼方式解决。推进劳动人事争议"总对总"在线诉调对接,开展全流程在线委派委托调解、音视频调解、申请调解协议司法确认等工作。建立省级劳动人事争议调解专家库,并将符合条件的调解组织和人员纳入特邀调解名册,参与调解化解重大疑难复杂劳动人事争议。依法落实支付令制度。

六、提升服务能力

(十七)加强调解员队伍建设。通过政府购买服务等方式提升劳动人事争议协商调解能力。扩大兼职调解员来源渠道,广泛吸纳法学专家、仲裁员、律师、劳动关系协调员(师)、退休法官、退休检察官等专业力量参与调解。加强对调解员的培训指导,开发国家职业技能标准,切实提高调解员职业道德、增强服务意识、提升办案能力。

(十八)加强智慧协商调解建设。推动信息化技术与协商调解深度融合,建立部门间数据信息互通共享机制,整合运用各类大数据开展劳动人事争议情况分析研判。完善网络平台和手机APP、微信小程序、微信公众号等平台的调解功能,推进"网上办""掌上办",实现协商调解向智能化不断迈进。

(十九)保障工作经费。人力资源社会保障部门将协商调解纳入政府购买服务指导性目录。地方财政部门结合当地实际和财力可能,合理安排经费,对协商调解工作经费给予必要的支持和保障,加强硬件保障,为调解组织提供必要的办公办案设施设备。

(二十)落实工作责任。构建和谐劳动关系,是增强党的执政基础、巩固党的执政地位的必然要求,是加强和创新社会治理、保障和改善民生的重要内容,是促进经济高质量发展、社会和谐稳定的重要基础。各地要把做好协商调解工作作为构建和谐劳动关系的一项重要任务,切实增强责任感、使命感、紧迫感,积极争取党委、政府支持,将这项工作纳入当地经济社会发展总体规划和政府目标责任考核体系,推动工作扎实有效开展。各级党委政法委要将劳动人事争议多元处理机制建设工作纳入平安建设考核,推动相关部门细化考评标准,完善督导检查、考评推动等工作。人力资源社会保障部门要发挥在劳动人事争议多元处理中的牵头作用,会同有关部门统筹推进调解组织、制度和队伍建设,完善调解成效考核评价机制。人民法院要发挥司法引领、推动和保障作用,加强调解与诉讼有机衔接。司法行政部门要指导调解组织积极开展劳动人事争议调解工作,加强对调解员的劳动法律政策知识培训,鼓励、引导律师参与法律援助和社会化调解。财政部门要保障协商调解工作经费,督促有关部门加强资金管理,发挥资金使用效益。中小企业主管部门要进一步健全服务体系,指导中小企业服务机构帮助企业依法合规用工,降低用工风险,构建和谐劳动关系。工会要积极参与劳动人事争议多元化解,引导劳动者依法理性表达利益诉求,帮助劳动者协商化解劳动人事争议,依法为劳动者提供法律服务,切实维护劳动者合法权益,竭诚服务劳动者。工商联、企业联合会等要发挥代表作用,引导和支持企业守法诚信经营、履行社会责任,建立健全内部劳动人事争议解决机制。

各省级人力资源社会保障部门要会同有关部门,按照本意见精神,制定切实可行的实施方案,明确任务、明确措施、明确责任、明确要求,定期对本意见落实情况进行督促检查,及时向人力资源社会保障部报送工作进展情况。

人力资源社会保障部、最高人民法院关于加强劳动人事争议仲裁与诉讼衔接机制建设的意见

· 2017年11月8日
· 人社部发〔2017〕70号

各省、自治区、直辖市人力资源社会保障厅(局)、高级人民法院,解放军军事法院,新疆生产建设兵团人力资源社会保障局、新疆维吾尔自治区高级人民法院生产建设兵团分院:

加强劳动人事争议仲裁与诉讼衔接(以下简称裁审衔接)机制建设,是健全劳动人事争议处理制度、完善矛盾纠纷多元化解机制的重要举措。近年来,一些地区积极探索加强裁审衔接工作,促进了劳动人事争议合法公正及时解决,收到了良好的法律效果和社会效果。但是,从全国来看,劳动人事争议裁审衔接机制还没有在各地区普遍建立,已建立的也还不够完善,裁审工作中仍然存在争议受理范围不够一致、法律适用标准不够统一、程序衔接不够规范等问题,影响了争议处理质量和效率,降低了仲裁和司法的公信力。为进一步加强劳动人事争议裁审衔接机制建设,现提出如下意见。

一、明确加强裁审衔接机制建设的总体要求

做好裁审衔接工作,要全面贯彻党的十九大和十九届一中全会精神,以习近平新时代中国特色社会主义思想为指导,坚持以人民为中心的发展思想,切实落实深化依法治国实践以及提高保障和改善民生水平、加强和创

新社会治理的决策部署,按照《中共中央 国务院关于构建和谐劳动关系的意见》(中发〔2015〕10号)、《中共中央办公厅 国务院办公厅关于完善矛盾纠纷多元化解机制的意见》(中办发〔2015〕60号)有关要求,积极探究和把握裁审衔接工作规律,逐步建立健全裁审受理范围一致、裁审标准统一、裁审程序有效衔接的新规则新制度,实现裁审衔接工作机制完善、运转顺畅,充分发挥劳动人事争议处理中仲裁的独特优势和司法的引领、推动、保障作用,合力化解矛盾纠纷,切实维护当事人合法权益,促进劳动人事关系和谐与社会稳定。

二、统一裁审受理范围和法律适用标准

(一)逐步统一裁审受理范围。各地劳动人事争议仲裁委员会(以下简称仲裁委员会)和人民法院要按照《中华人民共和国劳动争议调解仲裁法》等法律规定,逐步统一社会保险争议、人事争议等争议的受理范围。仲裁委员会要改进完善劳动人事争议受理立案制度,依法做到有案必立,有条件的可探索实行立案登记制,切实发挥仲裁前置的功能作用。

(二)逐步统一裁审法律适用标准。各地仲裁委员会和人民法院要严格按照法律规定处理劳动人事争议。对于法律规定不明确等原因造成裁审法律适用标准不一致的突出问题,由人力资源社会保障部与最高人民法院按照《中华人民共和国立法法》有关规定,通过制定司法解释或指导意见等形式明确统一的法律适用标准。省、自治区、直辖市人力资源社会保障部门与高级人民法院要结合裁审工作实际,加强对法律适用问题的调查研究,及时提出意见建议。

三、规范裁审程序衔接

(一)规范受理程序衔接。对未经仲裁程序直接起诉到人民法院的劳动人事争议案件,人民法院应裁定不予受理;对已受理的,应驳回起诉,并告知当事人向有管辖权的仲裁委员会申请仲裁。当事人因仲裁委员会逾期未作出仲裁裁决而向人民法院提起诉讼且人民法院立案受理的,人民法院应及时将该案的受理情况告知仲裁委员会,仲裁委员会应及时决定该案件终止审理。

(二)规范保全程序衔接。仲裁委员会对在仲裁阶段可能因用人单位转移、藏匿财产等行为致使裁决难以执行的,应告知劳动者通过仲裁机构向人民法院申请保全。劳动者申请保全的,仲裁委员会应及时向人民法院转交申请书及仲裁案件受理通知书等相关材料。人民法院裁定采取保全措施或者裁定驳回申请的,应将裁定书送达申请人,并通知仲裁委员会。

(三)规范执行程序衔接。仲裁委员会依法裁决先予执行的,应向有执行权的人民法院移送先予执行裁决书、裁决书的送达回证或其他送达证明材料;接受移送的人民法院应按照《中华人民共和国民事诉讼法》和《中华人民共和国劳动争议调解仲裁法》相关规定执行。人民法院要加强对仲裁委员会裁决书、调解书的执行工作,加大对涉及劳动报酬、工伤保险待遇争议特别是集体劳动人事争议等案件的执行力度。

四、完善裁审衔接工作机制

(一)建立联席会议制度。各地人力资源社会保障部门和人民法院要定期或不定期召开联席会议,共同研究分析劳动人事争议处理形势,互相通报工作情况,沟通协调争议仲裁与诉讼中的受理范围、程序衔接、法律适用标准等问题,推进裁审工作有效衔接。

(二)建立信息共享制度。各地人力资源社会保障部门和人民法院要加强劳动人事争议处理工作信息和统计数据的交流,实现信息互通和数据共享。人力资源社会保障部门要加强争议案件处理情况追踪,做好裁审对比情况统计分析,不断改进争议仲裁工作,人民法院要积极支持和配合。要建立健全案卷借阅制度,做好案卷借阅管理工作。有条件的地区,可以实行电子案卷借阅或通过信息平台共享电子案卷,并做好信息安全和保密工作。

(三)建立疑难复杂案件办案指导制度。各地仲裁委员会和人民法院要加强对疑难复杂、重大劳动人事争议案件的研讨和交流,开展类案分析,联合筛选并发布典型案例,充分发挥典型案例在统一裁审法律适用标准、规范裁审自由裁量尺度、服务争议当事人等方面的指导作用。

(四)建立联合培训制度。各地人力资源社会保障部门和人民法院要通过举办师资培训、远程在线培训、庭审观摩等方式,联合开展业务培训,增强办案人员的素质和能力,促进提高裁审衔接水平。

五、加强组织领导

各地人力资源社会保障部门和人民法院要高度重视加强劳动人事争议裁审衔接机制建设工作,将其作为推进建立中国特色劳动人事争议处理制度的重要措施,纳入劳动人事关系领域矛盾纠纷多元处理工作布局,加强领导,统筹谋划,结合当地实际联合制定实施意见,切实抓好贯彻落实。人力资源社会保障部门要积极主动加强与人民法院的沟通协调。人民法院要明确由一个庭室统一负责裁审衔接工作,各有关庭室要积极参与配合。省、自治区、直辖市人力资源社会保障部门、高级人民法院要加强对市、县裁审衔接工作的指导和督促检查,推动裁审衔接工作顺利开展。要加大政策引导和宣传力度，增进劳动人事争议当事人和社会公众对裁审衔接工作的了解，引导当事人依法理性维权，为合法公正及时处理争议营造良好氛围。

人力资源社会保障部、最高人民法院关于劳动人事争议仲裁与诉讼衔接有关问题的意见（一）

· 2022年2月21日
· 人社部发〔2022〕9号

各省、自治区、直辖市人力资源社会保障厅（局）、高级人民法院，解放军军事法院，新疆生产建设兵团人力资源社会保障局、新疆维吾尔自治区高级人民法院生产建设兵团分院：

为贯彻党中央关于健全社会矛盾纠纷多元预防调处化解综合机制的要求，落实《人力资源社会保障部最高人民法院关于加强劳动人事争议仲裁与诉讼衔接机制建设的意见》（人社部发〔2017〕70号），根据相关法律规定，结合工作实践，现就完善劳动人事争议仲裁与诉讼衔接有关问题，提出如下意见。

一、劳动人事争议仲裁委员会对调解协议仲裁审查申请不予受理或者经仲裁审查决定不予制作调解书的，当事人可依法就协议内容中属于劳动人事争议仲裁受理范围的事项申请仲裁。当事人直接向人民法院提起诉讼的，人民法院不予受理，但下列情形除外：

（一）依据《中华人民共和国劳动争议调解仲裁法》第十六条规定申请支付令被人民法院裁定终结督促程序后，劳动者依据调解协议直接提起诉讼的；

（二）当事人在《中华人民共和国劳动争议调解仲裁法》第十条规定的调解组织主持下仅就劳动报酬争议达成调解协议，用人单位不履行调解协议约定的给付义务，劳动者直接提起诉讼的；

（三）当事人在经依法设立的调解组织主持下就支付拖欠劳动报酬、工伤医疗费、经济补偿或者赔偿金事项达成调解协议，双方当事人依据《中华人民共和国民事诉讼法》第二百零一条的规定共同向人民法院申请司法确认，人民法院不予确认，劳动者依据调解协议直接提起诉讼的。

二、经依法设立的调解组织调解达成的调解协议生效后，当事人可以共同向有管辖权的人民法院申请确认调解协议效力。

三、用人单位根据依据《中华人民共和国劳动合同法》第九十条规定，要求劳动者承担赔偿责任的，劳动人事争议仲裁委员会应当依法受理。

四、申请人撤回仲裁申请后向人民法院起诉的，人民法院应当裁定不予受理；已经受理的，应当裁定驳回起诉。

申请人再次申请仲裁的，劳动人事争议仲裁委员会应当受理。

五、劳动者请求用人单位支付违法解除或者终止劳动合同赔偿金，劳动人事争议仲裁委员会、人民法院经审查认为用人单位系合法解除劳动合同应当支付经济补偿的，可以依法裁决或者判决用人单位支付经济补偿。

劳动者基于同一事实在仲裁辩论终结前或者人民法院一审辩论终结前将仲裁请求、诉讼请求由要求用人单位支付经济补偿变更为支付赔偿金的，劳动人事争议仲裁委员会、人民法院应予准许。

六、当事人在仲裁程序中认可的证据，经审判人员在庭审中说明后，视为质证过的证据。

七、依法负有举证责任的当事人，在诉讼期间提交仲裁中未提交的证据的，人民法院应当要求其说明理由。

八、在仲裁或者诉讼程序中，一方当事人陈述的于己不利的事实，或者对于己不利的事实明确表示承认的，另一方当事人无需举证证明，但下列情形不适用有关自认的规定：

（一）涉及可能损害国家利益、社会公共利益的；

（二）涉及身份关系的；

（三）当事人有恶意串通损害他人合法权益可能的；

（四）涉及依职权追加当事人、中止仲裁或者诉讼、终结仲裁或者诉讼、回避等程序性事项的。

当事人自认的事实与已经查明的事实不符，劳动人事争议仲裁委员会、人民法院不予确认。

九、当事人在诉讼程序中否认在仲裁程序中自认事实的，人民法院不予支持，但下列情形除外：

（一）经对方当事人同意的；

（二）自认是在受胁迫或者重大误解情况下作出的。

十、仲裁裁决涉及下列事项，对单项裁决金额不超过当地月最低工资标准十二个月金额的，劳动人事争议仲裁委员会应当适用终局裁决：

（一）劳动者在法定标准工作时间内提供正常劳动的工资；

（二）停工留薪期工资或者病假工资；

（三）用人单位未提前通知劳动者解除劳动合同的一个月工资；

（四）工伤医疗费；

（五）竞业限制的经济补偿；
（六）解除或者终止劳动合同的经济补偿；
（七）《中华人民共和国劳动合同法》第八十二条规定的第二倍工资；
（八）违法约定试用期的赔偿金；
（九）违法解除或者终止劳动合同的赔偿金；
（十）其他劳动报酬、经济补偿或者赔偿金。

十一、裁决事项涉及确认劳动关系的，劳动人事争议仲裁委员会就同一案件应当作出非终局裁决。

十二、劳动人事争议仲裁委员会按照《劳动人事争议仲裁办案规则》第五十条第四款规定对不涉及确认劳动关系的案件分别作出终局裁决和非终局裁决，劳动者对终局裁决向基层人民法院提起诉讼、用人单位向中级人民法院申请撤销终局裁决、劳动者或者用人单位对非终局裁决向基层人民法院提起诉讼的，有管辖权的人民法院应当依法受理。

审理申请撤销终局裁决案件的中级人民法院认为该案件必须以非终局裁决案件的审理结果为依据，另案尚未审结的，可以中止诉讼。

十三、劳动者不服终局裁决向基层人民法院提起诉讼，中级人民法院对用人单位撤销终局裁决的申请不予受理或者裁定驳回申请，用人单位主张终局裁决存在《中华人民共和国劳动争议调解仲裁法》第四十九条第一款规定情形的，基层人民法院应当一并审理。

十四、用人单位申请撤销终局裁决，当事人对部分终局裁决事项达成调解协议的，中级人民法院可以对达成调解协议的事项出具调解书；对未达成调解协议的事项进行审理，作出驳回申请或者撤销仲裁裁决的裁定。

十五、当事人就部分裁决事项向人民法院提起诉讼的，仲裁裁决不发生法律效力。当事人提起诉讼的裁决事项属于人民法院受理的案件范围的，人民法院应当进行审理。当事人未提起诉讼的裁决事项属于人民法院受理的案件范围的，人民法院应当在判决主文中予以确认。

十六、人民法院根据案件事实对劳动关系是否存在及相关合同效力的认定与当事人主张、劳动人事争议仲裁委员会裁决不一致的，人民法院应当将法律关系性质或者民事行为效力作为焦点问题进行审理，但法律关系性质对裁判理由及结果没有影响，或者有关问题已经当事人充分辩论的除外。

当事人根据法庭审理情况变更诉讼请求的，人民法院应当准许并可以根据案件的具体情况重新指定举证期限。

不存在劳动关系且当事人未变更诉讼请求的，人民法院应当判决驳回诉讼请求。

十七、对符合简易处理情形的案件，劳动人事争议仲裁委员会按照《劳动人事争议仲裁办案规则》第六十条规定，已经保障当事人陈述意见的权利，根据案件情况确定举证期限、开庭日期、审理程序、文书制作等事项，作出终局裁决，用人单位以违反法定程序为由申请撤销终局裁决的，人民法院不予支持。

十八、劳动人事争议仲裁委员会认为已经生效的仲裁处理结果确有错误，可以依法启动仲裁监督程序，但当事人提起诉讼，人民法院已经受理的除外。

劳动人事争议仲裁委员会重新作出处理结果后，当事人依法提起诉讼的，人民法院应当受理。

十九、用人单位因劳动者违反诚信原则，提供虚假学历证书、个人履历等与订立劳动合同直接相关的基本情况构成欺诈解除劳动合同，劳动者主张解除劳动合同经济补偿或者赔偿金的，劳动人事争议仲裁委员会、人民法院不予支持。

二十、用人单位自用工之日起满一年未与劳动者订立书面劳动合同，视为自用工之日起满一年的当日已经与劳动者订立无固定期限劳动合同。

存在前款情形，劳动者以用人单位未订立书面劳动合同为由要求用人单位支付自用工之日起满一年之后的第二倍工资的，劳动人事争议仲裁委员会、人民法院不予支持。

二十一、当事人在劳动合同或者保密协议中约定了竞业限制和经济补偿，劳动合同解除或者终止后，因用人单位的原因导致三个月未支付经济补偿，劳动者请求解除竞业限制约定的，劳动人事争议仲裁委员会、人民法院应予支持。

最高人民法院关于审理劳动争议案件适用法律问题的解释（一）

· 2020年12月25日最高人民法院审判委员会第1825次会议通过
· 2020年12月29日最高人民法院公告公布
· 自2021年1月1日起施行
· 法释〔2020〕26号

为正确审理劳动争议案件，根据《中华人民共和国民法典》《中华人民共和国劳动法》《中华人民共和国劳动合同法》《中华人民共和国劳动争议调解仲裁法》《中华人民共和国民事诉讼法》等相关法律规定，结合审判实践，制定本解释。

第一条 劳动者与用人单位之间发生的下列纠纷，属于劳动争议，当事人不服劳动争议仲裁机构作出的裁决，依法提起诉讼的，人民法院应予受理：

（一）劳动者与用人单位在履行劳动合同过程中发生的纠纷；

（二）劳动者与用人单位之间没有订立书面劳动合同，但已形成劳动关系后发生的纠纷；

（三）劳动者与用人单位因劳动关系是否已经解除或者终止，以及应否支付解除或者终止劳动关系经济补偿金发生的纠纷；

（四）劳动者与用人单位解除或者终止劳动关系后，请求用人单位返还其收取的劳动合同定金、保证金、抵押金、抵押物发生的纠纷，或者办理劳动者的人事档案、社会保险关系等移转手续发生的纠纷；

（五）劳动者以用人单位未为其办理社会保险手续，且社会保险经办机构不能补办导致其无法享受社会保险待遇为由，要求用人单位赔偿损失发生的纠纷；

（六）劳动者退休后，与尚未参加社会保险统筹的原用人单位因追索养老金、医疗费、工伤保险待遇和其他社会保险待遇而发生的纠纷；

（七）劳动者因为工伤、职业病，请求用人单位依法给予工伤保险待遇发生的纠纷；

（八）劳动者依据劳动合同法第八十五条规定，要求用人单位支付加付赔偿金发生的纠纷；

（九）因企业自主进行改制发生的纠纷。

第二条 下列纠纷不属于劳动争议：

（一）劳动者请求社会保险经办机构发放社会保险金的纠纷；

（二）劳动者与用人单位因住房制度改革产生的公有住房转让纠纷；

（三）劳动者对劳动能力鉴定委员会的伤残等级鉴定结论或者对职业病诊断鉴定委员会的职业病诊断鉴定结论的异议纠纷；

（四）家庭或者个人与家政服务人员之间的纠纷；

（五）个体工匠与帮工、学徒之间的纠纷；

（六）农村承包经营户与受雇人之间的纠纷。

第三条 劳动争议案件由用人单位所在地或者劳动合同履行地的基层人民法院管辖。

劳动合同履行地不明确的，由用人单位所在地的基层人民法院管辖。

法律另有规定的，依照其规定。

第四条 劳动者与用人单位均不服劳动争议仲裁机构的同一裁决，向同一人民法院起诉的，人民法院应当并案审理，双方当事人互为原告和被告，对双方的诉讼请求，人民法院应当一并作出裁决。在诉讼过程中，一方当事人撤诉的，人民法院应当根据另一方当事人的诉讼请求继续审理。双方当事人就同一仲裁裁决分别向有管辖权的人民法院起诉的，后受理的人民法院应当将案件移送给先受理的人民法院。

第五条 劳动争议仲裁机构以无管辖权为由对劳动争议案件不予受理，当事人提起诉讼的，人民法院按照以下情形分别处理：

（一）经审查认为该劳动争议仲裁机构对案件确无管辖权的，应当告知当事人向有管辖权的劳动争议仲裁机构申请仲裁；

（二）经审查认为该劳动争议仲裁机构有管辖权的，应当告知当事人申请仲裁，并将审查意见书面通知该劳动争议仲裁机构；劳动争议仲裁机构仍不受理，当事人就该劳动争议事项提起诉讼的，人民法院应予受理。

第六条 劳动争议仲裁机构以当事人申请仲裁的事项不属于劳动争议为由，作出不予受理的书面裁决、决定或者通知，当事人不服依法提起诉讼的，人民法院应当分别情况予以处理：

（一）属于劳动争议案件的，应当受理；

（二）虽不属于劳动争议案件，但属于人民法院主管的其他案件，应当依法受理。

第七条 劳动争议仲裁机构以申请仲裁的主体不适格为由，作出不予受理的书面裁决、决定或者通知，当事人不服依法提起诉讼，经审查确属主体不适格的，人民法院不予受理；已经受理的，裁定驳回起诉。

第八条 劳动争议仲裁机构为纠正原仲裁裁决错误重新作出裁决，当事人不服依法提起诉讼的，人民法院应当受理。

第九条 劳动争议仲裁机构仲裁的事项不属于人民法院受理的案件范围，当事人不服依法提起诉讼的，人民法院不予受理；已经受理的，裁定驳回起诉。

第十条 当事人不服劳动争议仲裁机构作出的预先支付劳动者劳动报酬、工伤医疗费、经济补偿或者赔偿金的裁决，依法提起诉讼的，人民法院不予受理。

用人单位不履行上述裁决中的给付义务，劳动者依法申请强制执行的，人民法院应予受理。

第十一条 劳动争议仲裁机构作出的调解书已经发

生法律效力,一方当事人反悔提起诉讼的,人民法院不予受理;已经受理的,裁定驳回起诉。

第十二条 劳动争议仲裁机构逾期未作出受理决定或仲裁裁决,当事人直接提起诉讼的,人民法院应予受理,但申请仲裁的案件存在下列事由的除外:

(一)移送管辖的;

(二)正在送达或者送达延误的;

(三)等待另案诉讼结果、评残结论的;

(四)正在等待劳动争议仲裁机构开庭的;

(五)启动鉴定程序或者委托其他部门调查取证的;

(六)其他正当事由。

当事人以劳动争议仲裁机构逾期未作出仲裁裁决为由提起诉讼的,应当提交该仲裁机构出具的受理通知书或者其他已接受仲裁申请的凭证、证明。

第十三条 劳动者依据劳动合同法第三十条第二款和调解仲裁法第十六条规定向人民法院申请支付令,符合民事诉讼法第十七章督促程序规定的,人民法院应予受理。

依据劳动合同法第三十条第二款规定申请支付令被人民法院裁定终结督促程序后,劳动者就劳动争议事项直接提起诉讼的,人民法院应当告知其先向劳动争议仲裁机构申请仲裁。

依据调解仲裁法第十六条规定申请支付令被人民法院裁定终结督促程序后,劳动者依据调解协议直接提起诉讼的,人民法院应予受理。

第十四条 人民法院受理劳动争议案件后,当事人增加诉讼请求的,如该诉讼请求与讼争的劳动争议具有不可分性,应当合并审理;如属独立的劳动争议,应当告知当事人向劳动争议仲裁机构申请仲裁。

第十五条 劳动者以用人单位的工资欠条为证据直接提起诉讼,诉讼请求不涉及劳动关系其他争议的,视为拖欠劳动报酬争议,人民法院按照普通民事纠纷受理。

第十六条 劳动争议仲裁机构作出仲裁裁决后,当事人对裁决中的部分事项不服,依法提起诉讼的,劳动争议仲裁裁决不发生法律效力。

第十七条 劳动争议仲裁机构对多个劳动者的劳动争议作出仲裁裁决后,部分劳动者对仲裁裁决不服,依法提起诉讼的,仲裁裁决对提起诉讼的劳动者不发生法律效力;对未提起诉讼的部分劳动者,发生法律效力,如其申请执行的,人民法院应当受理。

第十八条 仲裁裁决的类型以仲裁裁决书确定为准。仲裁裁决书未载明该裁决为终局裁决或者非终局裁决,用人单位不服该仲裁裁决向基层人民法院提起诉讼的,应当按照以下情形分别处理:

(一)经审查认为该仲裁裁决为非终局裁决的,基层人民法院应予受理;

(二)经审查认为该仲裁裁决为终局裁决的,基层人民法院不予受理,但应告知用人单位可以自收到不予受理裁定书之日起三十日内向劳动争议仲裁机构所在地的中级人民法院申请撤销该仲裁裁决;已经受理的,裁定驳回起诉。

第十九条 仲裁裁决书未载明该裁决为终局裁决或者非终局裁决,劳动者依据调解仲裁法第四十七条第一项规定,追索劳动报酬、工伤医疗费、经济补偿或者赔偿金,如果仲裁裁决涉及数项,每项确定的数额均不超过当地月最低工资标准十二个月金额的,应当按照终局裁决处理。

第二十条 劳动争议仲裁机构作出的同一仲裁裁决同时包含终局裁决事项和非终局裁决事项,当事人不服该仲裁裁决向人民法院提起诉讼的,应当按照非终局裁决处理。

第二十一条 劳动者依据调解仲裁法第四十八条规定向基层人民法院提起诉讼,用人单位依据调解仲裁法第四十九条规定向劳动争议仲裁机构所在地的中级人民法院申请撤销仲裁裁决的,中级人民法院应当不予受理;已经受理的,应当裁定驳回申请。

被人民法院驳回起诉或者劳动者撤诉的,用人单位可以自收到裁定书之日起三十日内,向劳动争议仲裁机构所在地的中级人民法院申请撤销仲裁裁决。

第二十二条 用人单位依据调解仲裁法第四十九条规定向中级人民法院申请撤销仲裁裁决,中级人民法院作出的驳回申请或者撤销仲裁裁决的裁定为终审裁定。

第二十三条 中级人民法院审理用人单位申请撤销终局裁决的案件,应当组成合议庭开庭审理。经过阅卷、调查和询问当事人,对没有新的事实、证据或者理由,合议庭认为不需要开庭审理的,可以不开庭审理。

中级人民法院可以组织双方当事人调解。达成调解协议的,可以制作调解书。一方当事人逾期不履行调解协议的,另一方可以申请人民法院强制执行。

第二十四条 当事人申请人民法院执行劳动争议仲裁机构作出的发生法律效力的裁决书、调解书,被申请人提出证据证明劳动争议仲裁裁决书、调解书有下列情形之一,并经审查核实的,人民法院可以根据民事诉讼法第二百三十七条规定,裁定不予执行:

(一)裁决的事项不属于劳动争议仲裁范围,或者劳动争议仲裁机构无权仲裁的；

（二）适用法律、法规确有错误的；

（三）违反法定程序的；

（四）裁决所根据的证据是伪造的；

（五）对方当事人隐瞒了足以影响公正裁决的证据的；

（六）仲裁员在仲裁该案时有索贿受贿、徇私舞弊、枉法裁决行为的；

（七）人民法院认定执行该劳动争议仲裁裁决违背社会公共利益的。

人民法院在不予执行的裁定书中，应当告知当事人在收到裁定书之次日起三十日内，可以就该劳动争议事项向人民法院提起诉讼。

第二十五条　劳动争议仲裁机构作出终局裁决，劳动者向人民法院申请执行，用人单位向劳动争议仲裁机构所在地的中级人民法院申请撤销的，人民法院应当裁定中止执行。

用人单位撤回撤销终局裁决申请或者其申请被驳回的，人民法院应当裁定恢复执行。仲裁裁决被撤销的，人民法院应当裁定终结执行。

用人单位向人民法院申请撤销仲裁裁决被驳回后，又在执行程序中以相同理由提出不予执行抗辩的，人民法院不予支持。

第二十六条　用人单位与其他单位合并的，合并前发生的劳动争议，由合并后的单位为当事人；用人单位分立为若干单位的，其分立前发生的劳动争议，由分立后的实际用人单位为当事人。

用人单位分立为若干单位后，具体承受劳动权利义务的单位不明确的，分立后的单位均为当事人。

第二十七条　用人单位招用尚未解除劳动合同的劳动者，原用人单位与劳动者发生的劳动争议，可以列新的用人单位为第三人。

原用人单位以新的用人单位侵权为由提起诉讼的，可以列劳动者为第三人。

原用人单位以新的用人单位和劳动者共同侵权为由提起诉讼的，新的用人单位和劳动者列为共同被告。

第二十八条　劳动者在用人单位与其他平等主体之间的承包经营期间，与发包方和承包方双方或者一方发生劳动争议，依法提起诉讼的，应当将承包方和发包方作为当事人。

第二十九条　劳动者与未办理营业执照、营业执照被吊销或者营业期限届满仍继续经营的用人单位发生争议的，应当将用人单位或者其出资人列为当事人。

第三十条　未办理营业执照、营业执照被吊销或者营业期限届满仍继续经营的用人单位，以挂靠等方式借用他人营业执照经营的，应当将用人单位和营业执照出借方列为当事人。

第三十一条　当事人不服劳动争议仲裁机构作出的仲裁裁决，依法提起诉讼，人民法院审查认为仲裁裁决遗漏了必须共同参加仲裁的当事人的，应当依法追加遗漏的人为诉讼当事人。

被追加的当事人应当承担责任的，人民法院应当一并处理。

第三十二条　用人单位与其招用的已经依法享受养老保险待遇或者领取退休金的人员发生用工争议而提起诉讼的，人民法院应当按劳务关系处理。

企业停薪留职人员、未达到法定退休年龄的内退人员、下岗待岗人员以及企业经营性停产放长假人员，因与新的用人单位发生用工争议而提起诉讼的，人民法院应当按劳动关系处理。

第三十三条　外国人、无国籍人未依法取得就业证件即与中华人民共和国境内的用人单位签订劳动合同，当事人请求确认与用人单位存在劳动关系的，人民法院不予支持。

持有《外国专家证》并取得《外国人来华工作许可证》的外国人，与中华人民共和国境内的用人单位建立用工关系的，可以认定为劳动关系。

第三十四条　劳动合同期满后，劳动者仍在原用人单位工作，原用人单位未表示异议的，视为双方同意以原条件继续履行劳动合同。一方提出终止劳动关系的，人民法院应予支持。

根据劳动合同法第十四条规定，用人单位应当与劳动者签订无固定期限劳动合同而未签订的，人民法院可以视为双方之间存在无固定期限劳动合同关系，并以原劳动合同确定双方的权利义务关系。

第三十五条　劳动者与用人单位就解除或者终止劳动合同办理相关手续、支付工资报酬、加班费、经济补偿或者赔偿金等达成的协议，不违反法律、行政法规的强制性规定，且不存在欺诈、胁迫或者乘人之危情形的，应当认定有效。

前款协议存在重大误解或者显失公平情形，当事人请求撤销的，人民法院应予支持。

第三十六条　当事人在劳动合同或者保密协议中约定了竞业限制，但未约定解除或者终止劳动合同后给予劳动者经济补偿，劳动者履行了竞业限制义务，要求用单位按照劳动者在劳动合同解除或者终止前十二个月平均工资的30%按月支付经济补偿的，人民法院应予支持。

前款规定的月平均工资的30%低于劳动合同履行地最低工资标准的，按照劳动合同履行地最低工资标准支付。

第三十七条 当事人在劳动合同或者保密协议中约定了竞业限制和经济补偿，当事人解除劳动合同时，除另有约定外，用人单位要求劳动者履行竞业限制义务，或者劳动者履行了竞业限制义务后要求用人单位支付经济补偿的，人民法院应予支持。

第三十八条 当事人在劳动合同或者保密协议中约定了竞业限制和经济补偿，劳动合同解除或者终止后，因用人单位的原因导致三个月未支付经济补偿，劳动者请求解除竞业限制约定的，人民法院应予支持。

第三十九条 在竞业限制期限内，用人单位请求解除竞业限制协议的，人民法院应予支持。

在解除竞业限制协议时，劳动者请求用人单位额外支付劳动者三个月的竞业限制经济补偿的，人民法院应予支持。

第四十条 劳动者违反竞业限制约定，向用人单位支付违约金后，用人单位要求劳动者按照约定继续履行竞业限制义务的，人民法院应予支持。

第四十一条 劳动合同被确认为无效，劳动者已付出劳动的，用人单位应当按照劳动合同法第二十八条、第四十六条、第四十七条的规定向劳动者支付劳动报酬和经济补偿。

由于用人单位原因订立无效劳动合同，给劳动者造成损害的，用人单位应当赔偿劳动者因合同无效所造成的经济损失。

第四十二条 劳动者主张加班费的，应当就加班事实的存在承担举证责任。但劳动者有证据证明用人单位掌握加班事实存在的证据，用人单位不提供的，由用人单位承担不利后果。

第四十三条 用人单位与劳动者协商一致变更劳动合同，虽未采用书面形式，但已经实际履行了口头变更的劳动合同超过一个月，变更后的劳动合同内容不违反法律、行政法规且不违背公序良俗，当事人以未采用书面形式为由主张劳动合同变更无效的，人民法院不予支持。

第四十四条 因用人单位作出的开除、除名、辞退、解除劳动合同、减少劳动报酬、计算劳动者工作年限等决定而发生的劳动争议，用人单位负举证责任。

第四十五条 用人单位有下列情形之一，迫使劳动者提出解除劳动合同的，用人单位应当支付劳动者的劳动报酬和经济补偿，并可支付赔偿金：

（一）以暴力、威胁或者非法限制人身自由的手段强迫劳动的；

（二）未按照劳动合同约定支付劳动报酬或者提供劳动条件的；

（三）克扣或者无故拖欠劳动者工资的；

（四）拒不支付劳动者延长工作时间工资报酬的；

（五）低于当地最低工资标准支付劳动者工资的。

第四十六条 劳动者非因本人原因从原用人单位被安排到新用人单位工作，原用人单位未支付经济补偿，劳动者依据劳动合同法第三十八条规定与新用人单位解除劳动合同，或者新用人单位向劳动者提出解除、终止劳动合同，在计算支付经济补偿或赔偿金的工作年限时，劳动者请求把在原用人单位的工作年限合并计算为新用人单位工作年限的，人民法院应予支持。

用人单位符合下列情形之一的，应当认定属于"劳动者非因本人原因从原用人单位被安排到新用人单位工作"：

（一）劳动者仍在原工作场所、工作岗位工作，劳动合同主体由原用人单位变更为新用人单位；

（二）用人单位以组织委派或任命形式对劳动者进行工作调动；

（三）因用人单位合并、分立等原因导致劳动者工作调动；

（四）用人单位及其关联企业与劳动者轮流订立劳动合同；

（五）其他合理情形。

第四十七条 建立了工会组织的用人单位解除劳动合同符合劳动合同法第三十九条、第四十条规定，但未按照劳动合同法第四十三条规定事先通知工会，劳动者以用人单位违法解除劳动合同为由请求用人单位支付赔偿金的，人民法院应予支持，但起诉前用人单位已经补正有关程序的除外。

第四十八条 劳动合同法施行后，因用人单位经营期限届满不再继续经营导致劳动合同不能继续履行，劳动者请求用人单位支付经济补偿的，人民法院应予支持。

第四十九条 在诉讼过程中，劳动者向人民法院申请采取财产保全措施，人民法院经审查认为申请人经济确有困难，或者有证据证明用人单位存在欠薪逃匿可能的，应当减轻或者免除劳动者提供担保的义务，及时采取保全措施。

人民法院作出的财产保全裁定中，应当告知当事人在劳动争议仲裁机构的裁决书或者在人民法院的裁判文书生效后三个月内申请强制执行。逾期不申请的，人民法院应当裁定解除保全措施。

第五十条 用人单位根据劳动合同法第四条规定，通过民主程序制定的规章制度，不违反国家法律、行政法规及政策规定，并已向劳动者公示的，可以作为确定双方权利义务的依据。

用人单位制定的内部规章制度与集体合同或者劳动合同约定的内容不一致，劳动者请求优先适用合同约定的，人民法院应予支持。

第五十一条 当事人在调解仲裁法第十条规定的调解组织主持下达成的具有劳动权利义务内容的调解协议，具有劳动合同的约束力，可以作为人民法院裁判的根据。

当事人在调解仲裁法第十条规定的调解组织主持下仅就劳动报酬争议达成调解协议，用人单位不履行调解协议确定的给付义务，劳动者直接提起诉讼的，人民法院可以按照普通民事纠纷受理。

第五十二条 当事人在人民调解委员会主持下仅就给付义务达成的调解协议，双方认为有必要的，可以共同向人民调解委员会所在地的基层人民法院申请司法确认。

第五十三条 用人单位对劳动者作出的开除、除名、辞退等处理，或者因其他原因解除劳动合同确有错误的，人民法院可以依法判决予以撤销。

对于追索劳动报酬、养老金、医疗费以及工伤保险待遇、经济补偿金、培训费及其他相关费用等案件，给付数额不当的，人民法院可以予以变更。

第五十四条 本解释自2021年1月1日起施行。

最高人民法院关于审理拒不支付劳动报酬刑事案件适用法律若干问题的解释

- 2013年1月14日最高人民法院审判委员会第1567次会议通过
- 2013年1月16日最高人民法院公告公布
- 自2013年1月23日起施行
- 法释〔2013〕3号

为依法惩治拒不支付劳动报酬犯罪，维护劳动者的合法权益，根据《中华人民共和国刑法》有关规定，现就办理此类刑事案件适用法律的若干问题解释如下：

第一条 劳动者依照《中华人民共和国劳动法》和《中华人民共和国劳动合同法》等法律的规定应得的劳动报酬，包括工资、奖金、津贴、补贴、延长工作时间的工资报酬及特殊情况下支付的工资等，应当认定为刑法第二百七十六条之一第一款规定的"劳动者的劳动报酬"。

第二条 以逃避支付劳动者的劳动报酬为目的，具有下列情形之一的，应当认定为刑法第二百七十六条之一第一款规定的"以转移财产、逃匿等方法逃避支付劳动者的劳动报酬"：

（一）隐匿财产、恶意清偿、虚构债务、虚假破产、虚假倒闭或者以其他方法转移、处分财产的；

（二）逃跑、藏匿的；

（三）隐匿、销毁或者篡改账目、职工名册、工资支付记录、考勤记录等与劳动报酬相关的材料的；

（四）以其他方法逃避支付劳动报酬的。

第三条 具有下列情形之一的，应当认定为刑法第二百七十六条之一第一款规定的"数额较大"：

（一）拒不支付一名劳动者三个月以上的劳动报酬且数额在五千元至二万元以上的；

（二）拒不支付十名以上劳动者的劳动报酬且数额累计在三万元至十万元以上的。

各省、自治区、直辖市高级人民法院可以根据本地区经济社会发展状况，在前款规定的数额幅度内，研究确定本地区执行的具体数额标准，报最高人民法院备案。

第四条 经人力资源社会保障部门或者政府其他有关部门依法以限期整改指令书、行政处理决定书等文书责令支付劳动者的劳动报酬后，在指定的期限内仍不支付的，应当认定为刑法第二百七十六条之一第一款规定的"经政府有关部门责令支付仍不支付"，但有证据证明行为人有正当理由未知悉责令支付或者未及时支付劳动报酬的除外。

行为人逃匿，无法将责令支付文书送交其本人、同住成年家属或者所在单位负责收件的人的，如果有关部门已通过在行为人的住所地、生产经营场所等地张贴责令支付文书等方式责令支付，并采用拍照、录像等方式记录的，应当视为"经政府有关部门责令支付"。

第五条 拒不支付劳动者的劳动报酬，符合本解释第三条的规定，并具有下列情形之一的，应当认定为刑法第二百七十六条之一第一款规定的"造成严重后果"：

（一）造成劳动者或者其被赡养人、被扶养人、被抚养人的基本生活受到严重影响、重大疾病无法及时医治或者失学的；

（二）对要求支付劳动报酬的劳动者使用暴力或者进行暴力威胁的；

（三）造成其他严重后果的。

第六条 拒不支付劳动者的劳动报酬，尚未造成严重后果,在刑事立案前支付劳动者的劳动报酬,并依法承担相应赔偿责任的,可以认定为情节显著轻微危害不大,不认为是犯罪;在提起公诉前支付劳动者的劳动报酬,并依法承担相应赔偿责任的,可以减轻或者免除刑事处罚;在一审宣判前支付劳动者的劳动报酬,并依法承担相应赔偿责任的,可以从轻处罚。

对于免除刑事处罚的,可以根据案件的不同情况,予以训诫、责令具结悔过或者赔礼道歉。

拒不支付劳动者的劳动报酬,造成严重后果,但在宣判前支付劳动者的劳动报酬,并依法承担相应赔偿责任的,可以酌情从宽处罚。

第七条 不具备用工主体资格的单位或者个人,违法用工且拒不支付劳动者的劳动报酬,数额较大,经政府有关部门责令支付仍不支付的,应当依照刑法第二百七十六条之一的规定,以拒不支付劳动报酬罪追究刑事责任。

第八条 用人单位的实际控制人实施拒不支付劳动报酬行为,构成犯罪的,应当依照刑法第二百七十六条之一的规定追究刑事责任。

第九条 单位拒不支付劳动报酬,构成犯罪的,依照本解释规定的相应个人犯罪的定罪量刑标准,对直接负责的主管人员和其他直接责任人员定罪处罚,并对单位判处罚金。

·指导案例

1. 郑某诉霍尼韦尔自动化控制(中国)有限公司劳动合同纠纷案①

关键词 民事/劳动合同/解除劳动合同/性骚扰/规章制度

裁判要点

用人单位的管理人员对被性骚扰员工的投诉,应采取合理措施进行处置。管理人员未采取合理措施或者存在纵容性骚扰行为、干扰对性骚扰行为调查等情形,用人单位以管理人员未尽岗位职责,严重违反规章制度为由解除劳动合同,管理人员主张解除劳动合同违法的,人民法院不予支持。

相关法条

《中华人民共和国劳动合同法》第 39 条

基本案情

郑某于 2012 年 7 月入职霍尼韦尔自动化控制(中国)有限公司(以下简称霍尼韦尔公司),担任渠道销售经理。霍尼韦尔公司建立有工作场所性骚扰防范培训机制,郑某接受过相关培训。霍尼韦尔公司《商业行为准则》规定经理和主管"应确保下属能畅所欲言且无须担心遭到报复,所有担忧或问题都能专业并及时地得以解决",不允许任何报复行为。2017 年版《员工手册》规定:对他人实施性骚扰、违反公司《商业行为准则》、在公司内部调查中做虚假陈述的行为均属于会导致立即辞退的违纪行为。上述规章制度在实施前经过该公司工会沟通会议讨论。

郑某与霍尼韦尔公司签订的劳动合同约定郑某确认并同意公司现有的《员工手册》及《商业行为准则》等规章制度作为本合同的组成部分。《员工手册》修改后,郑某再次签署确认书,表示已阅读、明白并愿接受 2017 年版《员工手册》内容,愿恪守公司政策作为在霍尼韦尔公司工作的前提条件。

2018 年 8 月 30 日,郑某因认为下属女职工任某与郑某上级邓某(已婚)之间的关系有点僵,为"疏解"二人关系而找任某谈话。郑某提到昨天观察到邓某跟任某说了一句话,而任某没有回答,其还专门跑到任某处帮忙打圆场。任某提及其在刚入职时曾向郑某出示过间接上级邓某发送的性骚扰微信记录截屏,郑某当时对此答复"我就是不想掺和这个事""我往后不想再回答你后面的事情""我是觉得有点怪,我也不敢问"。谈话中,任某强调邓某是在对其进行性骚扰,邓某要求与其发展男女关系,并在其拒绝后继续不停骚扰,郑某不应责怪其不搭理邓某,也不要替邓某来对其进行敲打。郑某则表示"你如果这样干工作的话,让我很难过""你越端着,他越觉得我要把你怎么样""他这么直接,要是我的话,先靠近你,摸摸看,然后聊聊天"。

后至 2018 年 11 月,郑某以任某不合群等为由向霍尼韦尔公司人事部提出与任某解除劳动合同,但未能说明解除任某劳动合同的合理依据。人事部为此找任某了解情况。任某告知人事部其被间接上级邓某骚扰,郑某有意无意撮合其和邓某,其因拒绝骚扰行为而受到打击报复。霍尼韦尔公司为此展开调查。

2019 年 1 月 15 日,霍尼韦尔公司对郑某进行调查,并制作了调查笔录。郑某未在调查笔录上签字,但对笔录记

---

① 案例来源:最高人民法院指导性案例 181 号。

载的其对公司询问所做答复做了诸多修改。对于调查笔录中有无女员工向郑某反映邓某跟其说过一些不合适的话、对其进行性骚扰的提问所记录的"没有"的答复，郑某未作修改。

2019年1月31日，霍尼韦尔公司出具《单方面解除函》，以郑某未尽经理职责，在下属反映遭受间接上级骚扰后没有采取任何措施帮助下属不再继续遭受骚扰，反而对下属进行打击报复，在调查过程中就上述事实做虚假陈述为由，与郑某解除劳动合同。

2019年7月22日，郑某向上海市劳动争议仲裁委员会申请仲裁，要求霍尼韦尔公司支付违法解除劳动合同赔偿金368130元。该请求未得到仲裁裁决支持。郑某不服，以相同请求诉至上海市浦东新区人民法院。

裁判结果

上海市浦东新区人民法院于2020年11月30日作出（2020）沪0115民初10454号民事判决：驳回郑某的诉讼请求。郑某不服一审判决，提起上诉。上海市第一中级人民法院于2021年4月22日作出（2021）沪01民终2032号民事判决：驳回上诉，维持原判。

裁判理由

法院生效裁判认为，本案争议焦点在于：一、霍尼韦尔公司据以解除郑某劳动合同的《员工手册》和《商业行为准则》对郑某有无约束力；二、郑某是否存在足以解除劳动合同的严重违纪行为。

关于争议焦点一，霍尼韦尔公司据以解除郑某劳动合同的《员工手册》和《商业行为准则》对郑某有无约束力。在案证据显示，郑某持有异议的霍尼韦尔公司2017年版《员工手册》《商业行为准则》分别于2017年9月、2014年12月经霍尼韦尔公司工会沟通会议进行讨论。郑某与霍尼韦尔公司签订的劳动合同明确约定《员工手册》《商业行为准则》属于劳动合同的组成部分，郑某已阅读并理解和接受上述制度。在《员工手册》修订后，郑某亦再次签署确认书，确认已阅读、明白并愿接受2017年版《员工手册》，愿恪守公司政策作为在霍尼韦尔公司工作的前提条件。在此情况下，霍尼韦尔公司的《员工手册》《商业行为准则》应对郑某具有约束力。

关于争议焦点二，郑某是否存在足以解除劳动合同的严重违纪行为。一则，在案证据显示霍尼韦尔公司建立有工作场所性骚扰防范培训机制，郑某亦接受过相关培训。霍尼韦尔公司《商业行为准则》要求经理、主管等管理人员在下属提出担忧或问题时能够专业并及时帮助解决，不能进行打击报复。霍尼韦尔公司2017年版《员工手册》还将违反公司《商业行为准则》的行为列为会导致立即辞退的严重违纪行为范围。现郑某虽称相关女职工未提供受到骚扰的切实证据，其无法判断骚扰行为的真伪、对错，但从郑某在2018年8月30日谈话录音中对相关女职工初入职时向其出示的微信截屏所做的"我是觉得有点怪，我也不敢问""我就是不想掺和这个事"的评述看，郑某本人亦不认为相关微信内容系同事间的正常交流，且郑某在相关女职工反复强调间接上级一直对她进行骚扰时，未见郑某积极应对帮助解决，反而说"他这么直接，要是我的话，先靠近你，摸摸看，然后聊聊天"。所为皆为积极促成自己的下级与上级发展不正当关系。郑某的行为显然有悖其作为霍尼韦尔公司部门主管应尽之职责，其相关答复内容亦有违公序良俗。此外，依据郑某自述，其在2018年8月30日谈话后应已明确知晓相关女职工与间接上级关系不好的原因，但郑某不仅未采取积极措施，反而认为相关女职工处理不当。在任某明确表示对邓某性骚扰的抗拒后，郑某于2018年11月中旬向人事经理提出任某性格不合群，希望公司能解除与任某的劳动合同，据此霍尼韦尔公司主张郑某对相关女职工进行打击报复，亦属合理推断。二则，霍尼韦尔公司2017年版《员工手册》明确规定在公司内部调查中做虚假陈述的行为属于会导致立即辞退的严重违纪行为。霍尼韦尔公司提供的2019年1月15日调查笔录显示郑某在调查过程中存在虚假陈述情况。郑某虽称该调查笔录没有按照其所述内容记录，其不被允许修改很多内容，但此主张与郑某对该调查笔录中诸多问题的答复都进行过修改的事实相矛盾，法院对此不予采信。该调查笔录可以作为认定郑某存在虚假陈述的判断依据。

综上，郑某提出的各项上诉理由难以成为其上诉主张成立的依据。霍尼韦尔公司主张郑某存在严重违纪行为，依据充分，不构成违法解除劳动合同。对郑某要求霍尼韦尔公司支付违法解除劳动合同赔偿金368130元的上诉请求，不予支持。

2. 孙贤锋诉淮安西区人力资源开发有限公司劳动合同纠纷案[①]

关键词 民事/劳动合同/解除劳动合同/合法性判断

裁判要点

人民法院在判断用人单位单方解除劳动合同行为的

---

① 案例来源：最高人民法院指导性案例180号。

合法性时,应当以用人单位向劳动者发出的解除通知的内容为认定依据。在案件审理过程中,用人单位超出解除劳动合同通知中载明的依据及事由,另行提出劳动者在履行劳动合同期间存在其他严重违反用人单位规章制度的情形,并据此主张符合解除劳动合同条件的,人民法院不予支持。

相关法条

《中华人民共和国劳动合同法》第39条

基本案情

2016年7月1日,孙贤锋(乙方)与淮安西区人力资源开发有限公司(以下简称西区公司)(甲方)签订劳动合同,约定:劳动合同期限为自2016年7月1日起至2019年6月30日止;乙方工作地点为连云港,从事邮件收派与司机岗位工作;乙方严重违反甲方的劳动纪律、规章制度的,甲方可以立即解除本合同且不承担任何经济补偿;甲方违约解除或者终止劳动合同的,应当按照法律规定和本合同约定向乙方支付经济补偿金或赔偿金;甲方依法制定并通过公示的各项规章制度,如《员工手册》《奖励与处罚管理规定》《员工考勤管理规定》等文件作为本合同的附件,与本合同具有同等效力。之后,孙贤锋根据西区公司安排,负责江苏省灌南县堆沟港镇区域的顺丰快递收派邮件工作。西区公司自2016年8月25日起每月向孙贤锋银行账户结算工资,截至2017年9月25日,孙贤锋前12个月的平均工资为6329.82元。2017年9月12日、10月3日、10月16日,孙贤锋先后存在工作时间未穿工作服、代他人刷考勤卡、在单位公共平台留言辱骂公司主管等违纪行为。事后,西区公司依据《奖励与处罚管理规定》,由用人部门负责人、建议部门负责人、工会负责人、人力资源部负责人共同签署确认,对孙贤锋上述违纪行为分别给予扣2分、扣10分、扣10分处罚,但具体扣分处罚时间难以认定。

2017年10月17日,孙贤锋被所在单位用人部门以未及时上交履职期间的营业款项为由安排停工。次日,孙贤锋至所在单位刷卡考勤,显示刷卡信息无法录入。10月25日,西区公司出具离职证明,载明孙贤锋自2017年10月21日从西区公司正式离职,已办理完毕手续,即日起与公司无任何劳动关系。10月30日,西区公司又出具解除劳动合同通知书,载明孙贤锋在未履行请假手续也未经任何领导批准情况下,自2017年10月20日起无故旷工3天以上,依据国家的相关法律法规及单位规章制度,经单位研究决定自2017年10月20日起与孙贤锋解除劳动关系,限于2017年11月15日前办理相关手续,逾期未办理,后果自负。之后,孙贤锋向江苏省灌南县劳动人事争议仲裁委员会申请仲裁,仲裁裁决后孙贤锋不服,遂诉至法院,要求西区公司支付违法解除劳动合同赔偿金共计68500元。

西区公司在案件审理过程中提出,孙贤锋在职期间存在未按规定着工作服、代人打卡、谩骂主管以及未按照公司规章制度及时上交营业款项等违纪行为,严重违反用人单位规章制度;自2017年10月20日起,孙贤锋在未履行请假手续且未经批准的情况下无故旷工多日,依法自2017年10月20日起与孙贤锋解除劳动关系,符合法律规定。

裁判结果

江苏省灌南县人民法院于2018年11月15日作出(2018)苏0724民初2732号民事判决:一、被告西区公司于本判决发生法律效力之日起十日内支付原告孙贤锋经济赔偿金18989.46元。二、驳回原告孙贤锋的其他诉讼请求。西区公司不服,提起上诉。江苏省连云港市中级人民法院于2019年4月22日作出(2019)苏07民终658号民事判决:驳回上诉,维持原判。

裁判理由

法院生效裁判认为:用人单位单方解除劳动合同是根据劳动者存在违法违纪、违反劳动合同的行为,对其合法性的评价也应以作出解除劳动合同决定时的事实、证据和相关法律规定为依据。用人单位向劳动者送达的解除劳动合同通知书,是用人单位向劳动者作出解除劳动合同的意思表示,对用人单位具有法律约束力。解除劳动合同通知书明确载明解除劳动合同的依据及事由,人民法院审理解除劳动合同纠纷案件时应以该决定作出时的事实、证据和法律为标准进行审查,不宜超出解除劳动合同通知书所载明的内容和范围。否则,将偏离劳资双方所争议的解除劳动合同行为的合法性审查内容,导致法院裁判与当事人诉讼请求以及争议焦点不一致;同时,也违背民事主体从事民事活动所应当秉持的诚实信用这一基本原则,造成劳资双方权益保障的失衡。

本案中,孙贤锋与西区公司签订的劳动合同系双方真实意思表示,合法有效。劳动合同附件《奖励与处罚管理规定》作为用人单位的管理规章制度,不违反法律、行政法规的强制性规定,合法有效,对双方当事人均具有约束力。根据《奖励与处罚管理规定》,员工连续旷工3天(含)以上的,公司有权对其处以第五类处罚责任,即解除合同、永不录用。西区公司向孙贤锋送达的解除劳动合同通知书明确载明解除劳动合同的事由为孙贤锋无故旷工达3天以上,孙贤锋诉请法院审查的内容也是西区公司以其无故旷工达3天以上而解除劳动合同行为的合法性,故法院对西区公司解除劳动合同的合法性审查也应以解除劳动合同通知书载明的内容为限,而不能超越该诉争范围。虽然西区公司在庭审中另提出孙贤锋在工作期间存在不及时上交营业款、未穿工服、代他人刷考勤卡、在单位公共平台留言辱骂公司主管等其他违纪行为，也是严重违反用人单位规章制度，公司仍有权解除劳动合同，但是根据在案证据及西区公司的陈述，西区公司在已知孙贤锋存在上述行为的情况下，没有提出解除劳动合同，而是主动提出重新安排孙贤锋从事其他工作，在向孙贤锋出具解除劳动合同通知书时也没有将上述行为作为解除劳动合同的理由。对于西区公司在诉讼期间提出的上述主张，法院不予支持。

西区公司以孙贤锋无故旷工达3天以上为由解除劳动合同，应对孙贤锋无故旷工达3天以上的事实承担举证证明责任。但西区公司仅提供了本单位出具的员工考勤表为证，该考勤表未经孙贤锋签字确认，孙贤锋对此亦不予认可，认为是单位领导安排停工并提供刷卡失败视频为证。因孙贤锋在工作期间被安排停工，西区公司之后是否通知孙贤锋到公司报到、如何通知、通知时间等事实，西区公司均没有提供证据加以证明，故孙贤锋无故旷工3天以上的事实不清，西区公司应对此承担举证不能的不利后果，其以孙贤锋旷工违反公司规章制度为由解除劳动合同，缺少事实依据，属于违法解除劳动合同。

·典型案例

1. 人力资源社会保障部、最高人民法院联合发布的第二批劳动人事争议典型案例①

案例1　劳动者拒绝违法超时加班安排，用人单位能否解除劳动合同

基本案情

张某于2020年6月入职某快递公司，双方订立的劳动合同约定试用期为3个月，试用期月工资为8000元，工作时间执行某快递公司规章制度相关规定。某快递公司规章制度规定，工作时间为早9时至晚9时，每周工作6天。2个月后，张某以工作时间严重超过法律规定上限为由拒绝超时加班安排，某快递公司即以张某在试用期间被证明不符合录用条件为由与其解除劳动合同。张某向劳动人事争议仲裁委员会（简称仲裁委员会）申请仲裁。

申请人请求

请求裁决某快递公司支付违法解除劳动合同赔偿金8000元。

处理结果

仲裁委员会裁决某快递公司支付张某违法解除劳动合同赔偿金8000元（裁决为终局裁决）。仲裁委员会将案件情况通报劳动保障监察机构，劳动保障监察机构对某快递公司规章制度违反法律、法规规定的情形责令其改正，给予警告。

案例分析

本案的争议焦点是张某拒绝违法超时加班安排，某快递公司能否与其解除劳动合同。

《中华人民共和国劳动法》第四十一条规定："用人单位由于生产经营需要，经与工会和劳动者协商后可以延长工作时间，一般每日不得超过一小时；因特殊原因需要延长工作时间的，在保障劳动者身体健康的条件下延长工作时间每日不得超过三小时，但是每月不得超过三十六小时。"第四十三条规定："用人单位不得违反本法规定延长劳动者的工作时间。"《中华人民共和国劳动合同法》第二十六条规定："下列劳动合同无效或者部分无效：……（三）违反法律、行政法规强制性规定的。"为确保劳动者休息权的实现，我国法律对延长工作时间的上限予以明确规定。用人单位制定违反法律规定的加班制度，在劳动合同中与劳动者约定违反法律规定的加班条款，均应认定为无效。

本案中，某快递公司规章制度中"工作时间为早9时至晚9时，每周工作6天"的内容，严重违反法律关于延长工作时间上限的规定，应认定为无效。张某拒绝违法超时加班安排，系维护自己合法权益，不能据此认定其在试用期间被证明不符合录用条件。故仲裁委员会依法裁决某快递公司支付张某违法解除劳动合同赔偿金。

典型意义

《中华人民共和国劳动法》第四条规定："用人单位应当依法建立和完善规章制度，保障劳动者享有劳动权利和履行劳动义务。"法律在支持用人单位依法行使管理职权的同时，也明确其必须履行保障劳动者权利的义务。用人单位的规章制度以及相应工作安排必须符合法律、行政法规的规定，否则既要承担违法后果，也不利于构建和谐稳定的劳动关系、促进自身健康发展。

---

① 案件来源：《人力资源社会保障部、最高人民法院关于联合发布第二批劳动人事争议典型案例的通知》，https://www.mohrss.gov.cn/SYrlzyhshbzb/laodongguanxi_/zcwj/diaojiezhongcai/202108/t20210825_421600.html，最后访问日期：2024年12月10日。

案例2　劳动者与用人单位订立放弃加班费协议，能否主张加班费

基本案情

张某于2020年6月入职某科技公司，月工资20000元。某科技公司在与张某订立劳动合同时，要求其订立一份协议作为合同附件，协议内容包括"我自愿申请加入公司奋斗者计划，放弃加班费。"半年后，张某因个人原因提出解除劳动合同，并要求支付加班费。某科技公司认可张某加班事实，但以其自愿订立放弃加班费协议为由拒绝支付。张某向劳动人事争议仲裁委员会（简称仲裁委员会）申请仲裁。

申请人请求

请求裁决某科技公司支付2020年6月至12月加班费24000元。

处理结果

仲裁委员会裁决某科技公司支付张某2020年6月至12月加班费24000元。

案例分析

本案的争议焦点是张某订立放弃加班费协议后，还能否主张加班费。

《中华人民共和国劳动合同法》第二十六条规定："下列劳动合同无效或者部分无效：……（二）用人单位免除自己的法定责任、排除劳动者权利的"。《最高人民法院关于审理劳动争议案件适用法律问题的解释（一）》（法释〔2020〕26号）第三十五条规定："劳动者与用人单位就解除或者终止劳动合同办理相关手续、支付工资报酬、加班费、经济补偿或者赔偿金等达成的协议，不违反法律、行政法规的强制性规定，且不存在欺诈、胁迫或者乘人之危情形，应当认定有效。前款协议存在重大误解或者显失公平情形，当事人请求撤销的，人民法院应予支持。"加班费是劳动者延长工作时间的工资报酬，《中华人民共和国劳动法》第四十四条、《中华人民共和国劳动合同法》第三十一条明确规定了用人单位支付劳动者加班费的责任。约定放弃加班费的协议免除了用人单位的法定责任、排除了劳动者权利，显失公平，应认定无效。

本案中，某科技公司利用在订立劳动合同时的主导地位，要求张某在其单方制定的格式条款上签字放弃加班费，既违反法律规定，也违背公平原则，侵害了张某工资报酬权益。故仲裁委员会依法裁决某科技公司支付张某加班费。

典型意义

崇尚奋斗无可厚非，但不能成为用人单位规避法定责任的挡箭牌。谋求企业发展、塑造企业文化都必须守住不违反法律规定、不侵害劳动者合法权益的底线，应在坚持按劳分配原则的基础上，通过科学合理的措施激发劳动者的主观能动性和创造性，统筹促进企业发展与维护劳动者权益。

案例3　用人单位未按规章制度履行加班审批手续，能否认定劳动者加班事实

基本案情

吴某于2019年12月入职某医药公司，月工资为18000元。某医药公司加班管理制度规定："加班需提交加班申请单，按程序审批。未经审批的，不认定为加班，不支付加班费。"吴某入职后，按照某医药公司安排实际执行每天早9时至晚9时，每周工作6天的工作制度。其按照某医药公司加班管理制度提交了加班申请单，但某医药公司未实际履行审批手续。2020年11月，吴某与某医药公司协商解除劳动合同，要求某医药公司支付加班费，并出具了考勤记录、与部门领导及同事的微信聊天记录、工作会议纪要等。某医药公司虽认可上述证据的真实性但以无公司审批手续为由拒绝支付。吴某向劳动人事争议仲裁委员会（简称仲裁委员会）申请仲裁。

申请人请求

请求裁决某医药公司支付2019年12月至2020年11月加班费50000元。

处理结果

仲裁委员会裁决某医药公司支付吴某2019年12月至2020年11月加班费50000元。某医药公司不服仲裁裁决起诉，一审法院判决与仲裁裁决一致，某医药公司未上诉，一审判决已生效。

案例分析

本案的争议焦点是某医药公司能否以无公司审批手续为由拒绝支付吴某加班费。

《中华人民共和国劳动法》第四十四条规定："有下列情形之一的，用人单位应当按照下列标准支付高于劳动者正常工作时间工资的工资报酬：（一）安排劳动者延长工作时间的，支付不低于工资的百分之一百五十的工资报酬；（二）休息日安排劳动者工作又不能安排补休的，支付不低于工资的百分之二百的工资报酬。"《工资支付暂行规定》（劳部发〔1994〕489号）第十三条规定："用人单位在劳动者完成劳动定额或规定的工作任务后，根据实际需要安排劳动者在法定标准工作时间以外工作的，应按以下标准支付工资：……"。从上述条款可知，符合"用人单位安排""法定标准工作时间以外工作"情形的，用人单位应当依法支付劳动者加班费。

本案中，吴某提交的考勤记录、与部门领导及同事的微信聊天记录、工作会议纪要等证据形成了相对完整的证据链，某医药公司亦认可上述证据的真实性。某医药公司未实际履行加班审批手续，并不影响对"用人单位安排"加班这一事实的认定。故仲裁委员会依法裁决某医药公司支付吴某加班费。

典型意义

劳动规章制度对用人单位和劳动者都具有约束力。一方面，用人单位应严格按照规章制度的规定实施管理行为，不得滥用优势地位，侵害劳动者合法权益；另一方面，劳动者在合法权益受到侵害时，要注意保留相关证据，为维权提供依据。仲裁委员会、人民法院应准确把握加班事实认定标准，纠正用人单位规避法定责任、侵害劳动者合法权益的行为。

案例4　用人单位与劳动者约定实行包薪制，是否需要依法支付加班费

基本案情

周某于2020年7月入职某汽车服务公司，双方订立的劳动合同约定月工资为4000元(含加班费)。2021年2月，周某因个人原因提出解除劳动合同，并认为即使按照当地最低工资标准认定其法定标准工作时间工资，某汽车服务公司亦未足额支付加班费，要求支付差额。某汽车服务公司认可周某加班事实，但以劳动合同中约定的月工资中已含加班费为由拒绝支付。周某向劳动人事争议仲裁委员会(简称仲裁委员会)申请仲裁。

申请人请求

请求裁决某汽车服务公司支付加班费差额17000元。

处理结果

仲裁委员会裁决某汽车服务公司支付周某加班费差额17000元(裁决为终局裁决)，并就有关问题向某汽车服务公司发出仲裁建议书。

案例分析

本案的争议焦点是某汽车服务公司与周某约定实行包薪制，是否还需要依法支付周某加班费差额。

《中华人民共和国劳动法》第四十七条规定："用人单位根据本单位的生产经营特点和经济效益，依法自主确定本单位的工资分配方式和工资水平。"第四十八条规定："国家实行最低工资保障制度。"《最低工资规定》(劳动和社会保障部令第21号)第三条规定："本规定所称最低工资标准，是指劳动者在法定工作时间或依法签订的劳动合同约定的工作时间内提供了正常劳动的前提下，用人单位依法应支付的最低劳动报酬。"从上述条款可知，用人单位可以依法自主确定本单位的工资分配方式和工资水平，并与劳动者进行相应约定，但不得违反法律关于最低工资保障、加班费支付标准的规定。

本案中，根据周某实际工作时间折算，即使按照当地最低工资标准认定周某法定标准工作时间工资，并以此为基数核算加班费，也超出了4000元的约定工资，表明某汽车服务公司未依法足额支付周某加班费。故仲裁委员会依法裁决某汽车服务公司支付周某加班费差额。

典型意义

包薪制是指在劳动合同中打包约定法定标准工作时间工资和加班费的一种工资分配方式，在部分加班安排较多且时间相对固定的行业中比较普遍。虽然用人单位有依法制定内部薪酬分配制度的自主权，但内部薪酬分配制度的制定和执行须符合相关法律的规定。实践中，部分用人单位存在以实行包薪制规避或者减少承担支付加班费法定责任的情况。实行包薪制的用人单位应严格按照不低于最低工资标准支付劳动者法定标准工作时间的工资，同时按照国家关于加班费的有关法律规定足额支付加班费。

案例5　用人单位未与劳动者协商一致增加工作任务，劳动者是否有权拒绝

基本案情

张某于2018年9月入职某报刊公司从事投递员工作，每天工作6小时，每周工作6天，月工资3500元。2020年6月，因同区域另外一名投递员离职，某报刊公司在未与张某协商的情况下，安排其在第三季度承担该投递员的工作任务。张某认为，要完成加倍的工作量，其每天工作时间至少需延长4小时以上，故拒绝上述安排。某报刊公司依据员工奖惩制度，以张某不服从工作安排为由与其解除劳动合同。张某向劳动人事争议仲裁委员会(简称仲裁委员会)申请仲裁。

申请人请求

请求裁决某报刊公司支付违法解除劳动合同赔偿金14000元。

处理结果

仲裁委员会裁决某报刊公司支付张某违法解除劳动合同赔偿金14000元(裁决为终局裁决)。

案例分析

本案的争议焦点是某报刊公司未与张某协商一致增加其工作任务，张某是否有权拒绝。

《中华人民共和国劳动合同法》第三十一条规定："用人单位应当严格执行劳动定额标准，不得强迫或者变相强迫劳动者加班。"第三十五条规定："用人单位与劳动者协商一致，可以变更劳动合同约定的内容。"劳动合同是明确用人单位和劳动者权利义务的书面协议，未经变更，双方均应严格按照约定履行，特别是涉及工作时间等劳动定额标准的内容。

本案中，某报刊公司超出合理限度大幅增加张某的工作任务，应视为变更劳动合同约定的内容，违反了关于"协商一致"变更劳动合同的法律规定，已构成变相强迫劳动者加班。因此，张某有权依法拒绝上述安排。某报刊公司以张某不服从工作安排为由与其解除劳动合同不符合法律规定。故仲裁委员会依法裁决某报刊公司支付张某违法解除劳动合同赔偿金。

典型意义

允许用人单位与劳动者协商一致变更劳动合同，有利于保障用人单位根据生产经营需要合理调整用工安排的权利。但要注意的是，变更劳动合同要遵循合法、公平、平等自愿、协商一致、诚实信用的原则。工作量、工作时间的变更直接影响劳动者休息权的实现，用人单位对此进行大幅调整，应与劳动者充分协商，而不应采取强迫或者变相强迫的方式，更不得违反相关法律规定。

案例6 处理加班费争议，如何分配举证责任

基本案情

林某于2020年1月入职某教育咨询公司，月工资为6000元。2020年7月，林某因个人原因提出解除劳动合同，并向劳动人事争议仲裁委员会（简称仲裁委员会）申请仲裁。林某主张其工作期间每周工作6天，并提交了某打卡APP打卡记录（显示林某及某教育咨询公司均实名认证，林某每周一至周六打卡；每天打卡两次，第一次打卡时间为早9时左右，第二次打卡时间为下午6时左右；打卡地点均为某教育咨询公司所在位置，存在个别日期未打卡情形）、工资支付记录打印件（显示曾因事假扣发工资，扣发日期及天数与打卡记录一致，未显示加班费支付情况）。某教育咨询公司不认可上述证据的真实性，主张林某每周工作5天，但未提交考勤记录、工资支付记录。

申请人请求

请求裁决某教育咨询公司支付加班费10000元。

处理结果

仲裁委员会裁决某教育咨询公司支付林某加班费10000元（裁决为终局裁决）。

案例分析

本案的争议焦点是如何分配林某与某教育咨询公司的举证责任。

《中华人民共和国劳动争议调解仲裁法》第六条规定："发生劳动争议，当事人对自己提出的主张，有责任提供证据。与争议事项有关的证据属于用人单位掌握管理的，用人单位应当提供；用人单位不提供的，应当承担不利后果。"《最高人民法院关于审理劳动争议案件适用法律问题的解释（一）》（法释〔2020〕26号）第四十二条规定："劳动者主张加班费的，应当就加班事实的存在承担举证责任。但劳动者有证据证明用人单位掌握加班事实存在的证据，用人单位不提供的，由用人单位承担不利后果。"从上述条款可知，主张加班费的劳动者有责任按照"谁主张谁举证"的原则，就加班事实的存在提供证据，或者就相关证据属于用人单位掌握管理提供证据。用人单位应当提供而不提供有关证据的，可以推定劳动者加班事实存在。

本案中，虽然林某提交的工资支付记录为打印件，但与实名认证的APP打卡记录互相印证，能够证明某教育咨询公司掌握加班事实存在的证据。某教育咨询公司虽然不认可上述证据的真实性，但未提交反证或者作出合理解释，应承担不利后果。故仲裁委员会依法裁决某教育咨询公司支付林某加班费。

典型意义

我国劳动法律将保护劳动者的合法权益作为立法宗旨之一，在实体和程序方面都作出了相应规定。在加班费争议处理中，要充分考虑劳动者举证能力不足的实际情况，根据"谁主张谁举证"原则、证明妨碍规则，结合具体案情合理分配用人单位与劳动者的举证责任。

案例7 劳动者超时加班发生工伤，用工单位、劳务派遣单位是否承担连带赔偿责任

基本案情

2017年8月，某服务公司（已依法取得劳务派遣行政许可）与某传媒公司签订劳务派遣协议，约定某服务公司为某传媒公司提供派遣人员，每天工作11小时，每人每月最低保底工时286小时。2017年9月，某服务公司招用李某并派遣至某传媒公司工作，未为李某缴纳工伤保险。2018年8月、9月、11月，李某月工时分别为319小时、293小时、322.5小时，每月休息日不超过3日。2018年11月30日，李某工作时间为当日晚8时30分至12月1日上午8时30分。李某于12月1日凌晨5时30分晕倒在单位卫生间，经抢救无效于当日死亡，死亡原因为心肌梗死等。2018年12月，某传媒公司与李某近亲属惠某等签订赔偿协议，约定某传媒公司支付惠某等工亡待遇42万元，惠某等不得再就李某工亡赔偿事宜或在派遣工作期间享有的权利，向某传媒公司提出任何形式的赔偿要求。上述协议签订后，某传媒公司实际支付惠某等各项费用共计423497.80元。此后，李某所受伤害被社会保险行政部门认定为工伤。某服务公司、惠某等不服仲裁裁决，诉至人民法院。

原告诉讼请求

惠某等请求判决某服务公司与某传媒公司连带支付

医疗费、一次性工亡补助金、丧葬补助金、供养亲属抚恤金，共计1193821元。

某服务公司请求判决不应支付供养亲属抚恤金；应支付的各项赔偿中应扣除某传媒公司已支付款项；某传媒公司承担连带责任。

裁判结果

一审法院判决：按照《工伤保险条例》，因用人单位未为李某参加工伤保险，其工亡待遇由用人单位全部赔偿。某服务公司和某传媒公司连带赔偿惠某等医疗费、一次性工亡补助金、丧葬补助金、供养亲属抚恤金合计766911.55元。某传媒公司不服，提起上诉。二审法院判决：驳回上诉，维持原判。

案例分析

本案的争议焦点是李某超时加班发生工伤，用工单位与劳务派遣单位是否应承担连带赔偿责任。

《中华人民共和国劳动法》第三十八条规定："用人单位应当保证劳动者每周至少休息一日。"第四十一条规定："用人单位由于生产经营需要，经与工会和劳动者协商后可以延长工作时间，一般每日不得超过一小时；因特殊原因需要延长工作时间的，在保障劳动者身体健康的条件下延长工作时间每日不得超过三小时，但是每月不得超过三十六小时。"《中华人民共和国劳动合同法》第九十二条规定："用工单位给被派遣劳动者造成损害的，劳务派遣单位与用工单位承担连带赔偿责任。"《国务院关于职工工作时间的规定》(国务院令第174号)第三条规定："职工每日工作8小时、每周工作40小时。"休息权是劳动者的基本劳动权利，即使在支付劳动者加班费的情况下，劳动者的工作时间仍然受到法定延长工作时间上限的制约。劳务派遣用工中，劳动者超时加班发生工伤，用工单位和劳务派遣单位对劳动者的损失均负有责任，应承担连带赔偿责任。劳动者与用工单位、劳务派遣单位达成赔偿协议的，当赔偿协议存在违反法律、行政法规的强制性规定、欺诈、胁迫或者乘人之危情形时，不应认定赔偿协议有效；当赔偿协议存在重大误解或者显失公平情形时，应当支持劳动者依法行使撤销权。

本案中，某服务公司和某传媒公司协议约定的被派遣劳动者每天工作时间及每月工作保底工时，均严重超过法定标准。李某工亡前每月休息时间不超过3日，每日工作时间基本超过11小时，每月延长工作时间超过36小时数倍，其依法享有的休息权受到严重侵害。某传媒公司作为用工单位长期安排李某超时加班，存在过错，对李某在工作期间突发疾病死亡负有不可推卸的责任。惠某等主张某传媒公司与某服务公司就李某工伤的相关待遇承担连带赔偿责任，应予支持。惠某等虽与某传媒公司达成了赔偿协议，但赔偿协议是在劳动者未经社会保险行政部门认定工伤的情形下签订的，且赔偿协议约定的补偿数额明显低于法定工伤保险待遇标准，某服务公司和某传媒公司应对差额部分予以补足。

典型意义

面对激烈的市场竞争环境，个别用人单位为降低用工成本、追求利润最大化，长期安排劳动者超时加班，对劳动者的身心健康、家庭和睦、参与社会生活等造成了严重影响，极端情况下会威胁劳动者的生命安全。本案系劳动者超时加班发生工伤而引发的工伤保险待遇纠纷，是超时劳动严重损害劳动者健康权的缩影。本案裁判明确了此种情况下用工单位、劳务派遣单位承担连带赔偿责任，可以有效避免劳务派遣用工中出现责任真空的现象，实现对劳动者合法权益的充分保障。同时，用人单位应依法为职工参加工伤保险，保障职工的工伤权益，也能分散自身风险。如用人单位未为职工参加工伤保险，工伤职工工伤保险待遇全部由用人单位支付。

案例8 用人单位以规章制度形式否认劳动者加班事实是否有效

基本案情

常某于2016年4月入职某网络公司。入职之初，某网络公司通过电子邮件告知常某，公司采取指纹打卡考勤。员工手册规定："21:00之后起算加班时间；加班需由员工提出申请，部门负责人审批。"常某于2016年5月至2017年1月期间，通过工作系统累计申请加班126小时。某网络公司以公司规章制度中明确21:00之后方起算加班时间，21:00之前的不应计入加班时间为由，拒绝支付常某加班费差额。常某向劳动人事争议仲裁委员会(简称仲裁委员会)申请仲裁，请求裁决某网络公司支付其加班费差额。某网络公司不服仲裁裁决，诉至人民法院。

原告诉讼请求

请求判决不支付常某加班费差额。

裁判结果

一审法院判决：某网络公司支付常某加班费差额32000元。双方不服，均提起上诉。二审法院判决：驳回上诉，维持原判。

案例分析

本案的争议焦点是某网络公司以规章制度形式否认常某加班事实是否有效。

《中华人民共和国劳动合同法》第四条规定："用人单位应当依法建立和完善劳动规章制度，保障劳动者享有劳动权利、履行劳动义务。用人单位在制定、修改或者决定有关劳动报酬、工作时间、休息休假、劳动安全卫生、保险福利、职工培训、劳动纪律以及劳动定额管理等直接涉及劳动者切身利益的规章制度或者重大事项时，应当经职工代表大会或者全体职工讨论，提出方案和意见，与工会或者职工代表平等协商确定。……用人单位应当将直接涉及劳动者切身利益的规章制度和重大事项决定公示，或者告知劳动者。"通过民主程序制定的规章制度，不违反国家法律、行政法规及政策规定，并已向劳动者公示的，可以作为确定双方权利义务的依据。

本案中，一方面，某网络公司的员工手册规定有加班申请审批制度，该规定并不违反法律规定，且具有合理性，在劳动者明知此规定的情况下，可以作为确定双方权利义务的依据。另一方面，某网络公司的员工手册规定21:00之后起算加班时间，并主张18:00至21:00是员工晚餐和休息时间，故自21:00起算加班。鉴于18:00至21:00时间长达3个小时，远超过合理用餐时间，且在下班3个小时后再加班，不具有合理性。在某网络公司不能举证证实该段时间为员工晚餐和休息时间的情况下，其规章制度中的该项规定不具有合理性，人民法院依法否定了其效力。人民法院结合考勤记录、工作系统记录等证据，确定了常某的加班事实，判决某网络公司支付常某加班费差额。

典型意义

劳动争议案件的处理，既要保护劳动者的合法权益，亦应促进企业有序发展。合法的规章制度既能规范用人单位用工自主权的行使，又能保障劳动者参与用人单位民主管理，实现构建和谐劳动关系的目的。不合理的规章制度则会导致用人单位的社会声誉差、认同感低，最终引发人才流失，不利于用人单位的长远发展。用人单位制定的合理合法的规章制度，可以作为确定用人单位、劳动者权利义务的依据。一旦用人单位以规章制度形式规避应当承担的用工成本，侵害劳动者的合法权益，仲裁委员会、人民法院应当依法予以审查，充分保护劳动者的合法权益。用人单位应当根据单位实际，制定更为人性化的规章制度，增强劳动者对规章制度的认同感，激发劳动者的工作积极性，从而进一步减少劳动纠纷，为构建和谐劳动关系做出贡献。

案例9　劳动者在离职文件上签字确认加班费已结清，是否有权请求支付欠付的加班费

基本案情

2017年7月，肖某与某科技公司（已依法取得劳务派遣行政许可）订立劳动合同，被派遣至某快递公司担任配送员，月工资为基本工资加提成。肖某主张某快递公司在用工期间安排其双休日及法定节假日加班，并提交了工资表。工资表加盖有某科技公司公章，某科技公司和某快递公司均认可其真实性。该工资表显示，2017年7月至2019年10月期间肖某存在不同程度的双休日加班及法定节假日加班，但仅获得少则46.15元、多则115.40元的出勤补款或节假日补助。2019年11月，肖某向某科技公司提出离职，当日双方签署离职申请交接表。该表"员工离职原因"一栏显示："公司未上社会保险，工作压力大、没给加班费。""员工确认"一栏显示："经说明，我已知悉《劳动合同法》上的权利和义务，现单位已经将我的工资、加班费、经济补偿结清，我与单位无其他任何争议。本人承诺不再以任何理由向某科技公司及用工单位主张权利。"员工签名处有肖某本人签名。肖某对离职申请交接表的真实性认可，但认为表中"员工确认"一栏虽系其本人签字，但并非其真实意思，若不签字，某科技公司就不让其办理工作交接，该栏内容系某科技公司逃避法律责任的一种方法。肖某不服仲裁裁决，诉至人民法院。

原告诉讼请求

请求判决某科技公司与某快递公司支付加班费82261元。

裁判结果

一审法院判决：驳回肖某加班费的诉讼请求。肖某不服，提起上诉。二审法院改判：某科技公司与某快递公司连带支付肖某加班费24404.89元。

案例分析

本案的争议焦点是肖某是否与用人单位就支付加班费达成合法有效的协议。

《最高人民法院关于审理劳动争议案件适用法律问题的解释（一）》（法释〔2020〕26号）第三十五条规定："劳动者与用人单位就解除或者终止劳动合同办理相关手续、支付工资报酬、加班费、经济补偿或者赔偿金等达成的协议，不违反法律、行政法规的强制性规定，且不存在欺诈、胁迫或者乘人之危情形的，应当认定有效。"司法实践中，既应尊重和保障双方基于真实自愿合法原则签订的终止或解除劳动合同的协议，也应对劳动者明确持有异议的、涉及劳动者基本权益保护的协议真实性予以审查，依法保护劳动者的合法权益。

本案中，肖某认为离职申请交接表"员工确认"一栏不是其真实意思表示，上面记载的内容也与事实不符。该表中"员工离职原因"与"员工确认"两处表述确实存在矛盾。两家公司均未提供与肖某就加班费等款项达成的协议及已向肖某支付上述款项的证据，且肖某否认双方就上述款项已达成一致并已给付。因此，离职申请交接表中员工确认的"现单位已将我的工资、加班费、经济补偿结清，我与单位无其他任何争议"与事实不符，不能认定为肖某的真实意思表示。本案情形并不符合《最高人民法院关于审理劳动争议案件适用法律问题的解释（一）》第三十五条之规定，故二审法院依法支持肖某关于加班费的诉讼请求。

典型意义

实践中，有的用人单位在终止或解除劳动合同时，会与劳动者就加班费、经济补偿或赔偿金等达成协议。部分用人单位利用其在后续工资发放、离职证明开具、档案和社会保险关系转移等方面的优势地位，借机变相迫使劳动者在用人单位提供的格式文本上签字，放弃包括加班费在内的权利，或者在未足额支付加班费的情况下让劳动者签字确认加班费已经付清的事实。劳动者往往事后反悔，提起劳动争议仲裁与诉讼。本案中，人民法院最终依法支持劳动者关于加班费的诉讼请求，既维护了劳动者合法权益，对用人单位日后诚信协商、依法保护劳动者劳动报酬权亦有良好引导作用，有助于构建和谐稳定的劳动关系。劳动者在签署相关协议时，亦应熟悉相关条款含义，审慎签订协议，通过合法途径维护自身权益。

案例10　加班费的仲裁时效应当如何认定

基本案情

张某于2016年7月入职某建筑公司从事施工管理工作，2019年2月离职。工作期间，张某存在加班情形，但某建筑公司未支付其加班费。2019年12月，张某向劳动人事争议仲裁委员会申请仲裁，请求裁决某建筑公司依法支付其加班费，某建筑公司以张某的请求超过仲裁时效为由抗辩。张某不服仲裁裁决，诉至人民法院。

原告诉讼请求

请求判决某建筑公司支付加班费46293元。

裁判结果

一审法院判决：某建筑公司支付张某加班费18120元。张某与某建筑公司均未提起上诉，一审判决已生效。

案例分析

本案争议焦点是张某关于加班费的请求是否超过仲裁时效。

《中华人民共和国劳动争议调解仲裁法》第二十七条规定："劳动争议申请仲裁的时效期间为一年。仲裁时效期间从当事人知道或者应当知道其权利被侵害之日起计算。……劳动关系存续期间因拖欠劳动报酬发生争议的，劳动者申请仲裁不受本条第一款规定的仲裁时效期间的限制；但是，劳动关系终止的，应当自劳动关系终止之日起一年内提出。"《中华人民共和国劳动法》第四十四条规定："有下列情形之一的，用人单位应当按照下列标准支付高于劳动者正常工作时间工资的工资报酬……"。《关于工资总额组成的规定》（国家统计局令第1号）第四条规定："工资总额由下列六个部分组成：……（五）加班加点工资"。仲裁时效分为普通仲裁时效和特别仲裁时效，在劳动关系存续期间因拖欠劳动报酬发生劳动争议的，应当适用特别仲裁时效，即劳动关系存续期间的拖欠劳动报酬仲裁时效不受"知道或者应当知道权利被侵害之日起一年"的限制，但是劳动关系终止的，应当自劳动关系终止之日起一年内提出。加班费属于劳动报酬，相关争议处理中应当适用特别仲裁时效。

本案中，某建筑公司主张张某加班费的请求已经超过了一年的仲裁时效，不应予以支持。人民法院认为，张某与某建筑公司的劳动合同于2019年2月解除，其支付加班费的请求应自劳动合同解除之日一年内提出，张某于2019年12月提出仲裁申请，其请求并未超过仲裁时效。根据劳动保障监察机构在执法中调取的工资表上的考勤记录，人民法院认定张某存在加班的事实，判决某建筑公司支付张某加班费。

典型意义

时效是指权利人不行使权利的事实状态持续经过法定期间，其权利即发生效力减损的制度。作为权利行使尤其是救济权行使期间的一种，时效既与当事人的实体权利密切相关，又与当事人通过相应的程序救济其权益密不可分。获取劳动报酬权是劳动权益中最基本、最重要的权益，考虑劳动者在劳动关系存续期间的弱势地位，法律对于拖欠劳动报酬争议设置了特别仲裁时效，对于有效保护劳动者权益具有重要意义。

2. 人力资源社会保障部、最高人民法院联合发布的第三批劳动人事争议典型案例①

案例1　如何认定网约货车司机与平台企业之间是否存在劳动关系？

基本案情

刘某于2020年6月14日与某信息技术公司订立为期1年的《车辆管理协议》，约定：刘某与某信息技术公司建

---

① 案件来源：《人力资源社会保障部、最高人民法院关于联合发布第三批劳动人事争议典型案例的通知》，https://www.mohrss.gov.cn/SYrlzyhshbzb/ztzl/ldrszytjzc/fgzc/202305/t20230526_500567.html，最后访问日期：2024年12月10日。

立合作关系；刘某自备中型面包车1辆提供货物运输服务，须由本人通过公司平台在某市区域内接受公司派单并驾驶车辆，每日至少完成4单，多接订单给予加单奖励；某信息技术公司通过平台与客户结算货物运输费，每月向刘某支付包月运输服务费6000元及奖励金，油费、过路费、停车费等另行报销。刘某从事运输工作期间，每日在公司平台签到并接受平台派单，跑单时长均在8小时以上。某信息技术公司通过平台对刘某的订单完成情况进行全程跟踪，刘某每日接单量超过4单时按照每单70元进行加单奖励，出现接单不足4单、无故拒单、运输超时、货物损毁等情形时按照公司制定的费用结算办法扣减部分服务费。2021年3月2日，某信息技术公司与刘某订立《车辆管理终止协议》，载明公司因调整运营规划，与刘某协商一致提前终止合作关系。刘某认为其与某信息技术公司之间实际上已构成劳动关系，终止合作的实际法律后果是劳动关系解除，某信息技术公司应当支付经济补偿。某信息技术公司以双方书面约定建立合作关系为由否认存在劳动关系，拒绝支付经济补偿，刘某遂向劳动人事争议仲裁委员会（以下简称仲裁委员会）申请仲裁。

申请人请求

请求裁决某信息技术公司支付解除劳动合同经济补偿。

处理结果

仲裁委员会裁决：某信息技术公司向刘某支付解除劳动合同经济补偿。

案例分析

本案争议焦点是，刘某与某信息技术公司之间是否符合确立劳动关系的情形？

《中华人民共和国劳动合同法》第七条规定："用人单位自用工之日起即与劳动者建立劳动关系"，《关于维护新就业形态劳动者劳动保障权益的指导意见》（人社部发〔2021〕56号）第十八条规定："根据用工事实认定企业和劳动者的关系"，以上法律规定和政策精神体现出，认定劳动关系应当坚持事实优先原则。《关于确立劳动关系有关事项的通知》（劳社部发〔2005〕12号）相关规定体现出，劳动关系的核心特征为"劳动管理"，即劳动者与用人单位之间具有人格从属性、经济从属性、组织从属性。在新就业形态下，由于平台企业生产经营方式发生较大变化，劳动管理的体现形式也相应具有许多新的特点。当前，认定新就业形态劳动者与平台企业之间是否存在劳动关系，应当对照劳动管理的相关要素，综合考量人格从属性、经济从属性、组织从属性的有无及强弱。从人格从属性看，主要体现为平台企业的工作规则、劳动纪律、奖惩办法等是否适用于劳动者，平台企业是否可通过制定规则、设定算法等对劳动者劳动过程进行管理控制；劳动者是否须按照平台指令完成工作任务，能否自主决定工作时间、工作量等。从经济从属性看，主要体现为平台企业是否掌握劳动者从业所必需的数据信息等重要生产资料，是否允许劳动者商定服务价格；劳动者通过平台获得的报酬是否构成其重要收入来源等。从组织从属性看，主要体现在劳动者是否被纳入平台企业的组织体系当中，成为企业生产经营组织的有机部分，并以平台名义对外提供服务等。

本案中，虽然某信息技术公司与刘某订立《车辆管理协议》约定双方为合作关系，但依据相关法律规定和政策精神，仍应根据用工事实认定双方之间的法律关系性质。某信息技术公司要求须由刘某本人驾驶车辆，通过平台向刘某发送工作指令、监控刘某工作情况，并依据公司规章制度对刘某进行奖惩；刘某须遵守某信息技术公司规定的工作时间、工作量等要求，体现了较强的人格从属性。某信息技术公司占有用户需求数据信息，单方制定服务费用结算标准；刘某从业行为具有较强持续性和稳定性，其通过平台获得的服务费用构成其稳定收入来源，体现了明显的经济从属性。某信息技术公司将刘某纳入其组织体系进行管理，刘某是其稳定成员，并以平台名义对外提供服务，从事的货物运输业务属于某信息技术公司业务的组成部分，体现了较强的组织从属性。综上，某信息技术公司对刘某存在明显的劳动管理行为，符合确立劳动关系的情形，应当认定双方之间存在劳动关系。某信息技术公司与刘某订立《车辆管理终止协议》，实际上构成了劳动关系的解除，因此，对刘某要求某信息技术公司支付经济补偿的仲裁请求，应当予以支持。

典型意义

近年来，平台经济迅速发展，创造了大量就业机会。与此同时，维护劳动者劳动保障权益面临诸多新情况新问题，其中，平台企业与劳动者之间的法律关系性质引发社会普遍关注。不同平台之间用工模式存在差异，一些平台企业占有数据信息这一新就业形态劳动者从业所必需的生产资料，通过制定规则、设定算法对劳动者的工作机会、劳动条件、劳动方式、劳动收入、进出平台自由等进行限制或施加影响，并从劳动者劳动成果中获益。此类模式下，平台企业并非提供信息中介、交易撮合等服务，而是通过对劳动者进行组织和管理，使他们按照一定模式和标准以平台名义对外提供服务，因此，其应当作为用工主体或用人单位承担相应法律义务和责任。在仲裁和司法实践中，各级劳动人事争议仲裁机构和人民法院应当注意审查平台运营方式、算法规则等，查明平台企业是否对劳动者存在劳动管理行为，据实认定法律关系性质。

案例2 如何认定网约配送员与平台企业之间是否存在劳动关系？

基本案情

徐某于2019年7月5日从某科技公司餐饮外卖平台众包骑手入口注册成为网约配送员，并在线订立了《网约配送协议》，协议载明：徐某同意按照平台发送的配送信息自主选择接受服务订单，接单后及时完成配送，服务费按照平台统一标准按单结算。从事餐饮外卖配送业务期间，公司未对徐某上线接单时间提出要求，徐某每周实际上线接单天数为3至6天不等，每天上线接单时长为2至5小时不等。平台按照算法规则向一定区域内不特定的多名配送员发送订单信息，徐某通过抢单获得配送机会，平台向其按单结算服务费。出现配送超时、客户差评等情形时，平台核实情况后按照统一标准扣减服务费。2020年1月4日，徐某向平台客服提出订立劳动合同、缴纳社会保险费等要求，被平台客服拒绝，遂向仲裁委员会申请仲裁。

申请人请求

请求确认徐某与某科技公司于2019年7月5日至2020年1月4日期间存在劳动关系，某科技公司支付解除劳动合同经济补偿。

处理结果

仲裁委员会裁决：驳回徐某的仲裁请求。

案例分析

本案争议焦点是，徐某与某科技公司之间是否符合确立劳动关系的情形？

根据《关于发布智能制造工程技术人员等职业信息的通知》（人社厅发〔2020〕17号）相关规定，网约配送员是指通过移动互联网平台等，从事接收、验视客户订单，根据订单需求，按照平台智能规划路线，在一定时间内将订单物品递送至指定地点的服务人员。《关于维护新就业形态劳动者劳动保障权益的指导意见》（人社部发〔2021〕56号）根据平台不同用工形式，在劳动关系情形外，还明确了不完全符合确立劳动关系的情形及相应劳动者的基本权益。

本案中，徐某在某科技公司餐饮外卖平台上注册成为网约配送员，其与某科技公司均具备建立劳动关系的主体资格。认定徐某与某科技公司之间是否符合确立劳动关系的情形，需要查明某科技公司是否对徐某进行了较强程度的劳动管理。从用工事实看，徐某须遵守某科技公司制定的餐饮外卖平台配送服务规则，其订单完成时间、客户评价等均作为平台结算服务费的依据，但平台对其上线接单时间、接单量均无要求，徐某能够完全自主决定工作时间及工作量，因此，双方之间人格从属性较标准劳动关系有所弱化。某科技公司掌握徐某从事网约配送业务所必需的数据信息，制定餐饮外卖平台配送服务费结算标准和办法，徐某通过平台获得收入，双方之间具有一定的经济从属性。虽然徐某依托平台从事餐饮外卖配送业务，但某科技公司并未将其纳入平台配送业务组织体系进行管理，未按照传统劳动管理方式要求其承担组织成员义务，因此，双方之间的组织从属性较弱。综上，虽然某科技公司通过平台对徐某进行一定的劳动管理，但其程度不足以认定劳动关系。因此，对徐某提出的确认劳动关系等仲裁请求，仲裁委员会不予支持。

典型意义

近年来，网约配送员成为备受社会关注的群体，如何维护好其劳动保障权益也频频引发舆论热议。在网约配送行业中，平台企业对网约配送员存在多种组织和管理模式。在类似本案的模式中，平台向非特定配送员发送订单信息，不对配送员的上线接单时间和接单量作任何要求，但与此同时，平台企业制定统一的配送服务规则和服务费结算标准，通过设定算法对配送员的配送行为进行控制和管理，并将配送时长、客户评价等作为结算服务费的依据。一方面，劳动者工作时间、工作地点更加自由，不再受限于特定的生产经营组织体系；另一方面，平台企业借助信息技术手段打破了传统用工方式的时空限制，对劳动者实现了更加精细的用工管理。对此，《关于维护新就业形态劳动者劳动保障权益的指导意见》（人社部发〔2021〕56号）明确不完全符合确立劳动关系的情形，并指出相关部门应指导企业与该类劳动者订立书面协议、合理确定双方权利义务，逐步推动将该类劳动者纳入最低工资、休息休假等制度保障范围。在仲裁与司法实践中，应在区分各类情形的基础上分类保障劳动者合法权益，并积极推动完善相关法律政策，进一步畅通劳动者维权渠道，充分实现平台经济良性发展与劳动者权益保护互促共进。

案例3 外卖平台用工合作企业通过劳务公司招用网约配送员，如何认定劳动关系？

基本案情

某货运代理公司承包经营某外卖平台配送站点，负责该站点网约配送业务。2019年5月27日，某货运代理公司与某劳务公司订立《配送业务承包协议》，约定由某劳务公司负责站点的配送员招募和管理工作。何某于2019年7月28日进入某外卖平台站点工作，并与某劳务公司订立了为期1年的《外卖配送服务协议》，约定：何某同意在某外卖平台注册为网约配送员，并进入某货运代理公司承包的配送站点从事配送业务；何某须遵守某货运代理公司制定的站点工作制度，每周经提前申请可休息1天，每天至少在线接单 8 小时；何某与某劳务公司之间为劳务合作关系，某劳务公司根据订单完成量向何某按月结算劳务报酬。从事配送工作期间，何某按照某货运代理公司制定的《配送员管理规则》，每天 8:30 到站点开早会，每周工作 6 至 7 天，每天在线接单时长为 8 至 11 小时不等。何某请假时，均须通过站长向某货运代理公司提出申请。某货运代理公司按照何某订单完成量向何某按月支付服务费，出现高峰时段不服从平台调配、无故拒接平台派单、超时配送、客户差评等情形时，某货运代理公司均按一定比例扣减服务费，而某劳务公司未对包含何某在内的站点配送员进行管理。2019 年 11 月 3 日，何某在执行配送任务途中摔倒受伤，其要求某货运代理公司、某劳务公司按照工伤保险待遇标准向其赔偿各项治疗费用，某货运代理公司以未与何某订立任何协议为由拒绝承担责任，某劳务公司以与何某之间系劳务合作关系为由拒绝支付工伤保险待遇。2019 年 12 月 19 日，何某以某货运代理公司、某劳务公司为共同被申请人向仲裁委员会申请仲裁。

申请人请求

请求确认何某与某货运代理公司、某劳务公司于 2019 年 7 月 28 日至 2019 年 12 月 19 日期间存在劳动关系。

处理结果

仲裁委员会裁决：何某与某货运代理公司于 2019 年 7 月 28 日至 2019 年 12 月 19 日期间存在劳动关系。

案例分析

本案争议焦点是，何某是否与两家公司存在劳动关系？与哪家公司存在劳动关系？

本案中，从某货运代理公司与某劳务公司订立的《配送业务承包协议》内容看，某货运代理公司将配送员招募和管理工作外包给某劳务公司，应当由某劳务公司负责具体的用工组织和管理工作。但从本案用工事实看，某劳务公司并未对何某等站点配送员进行管理，其与某货运代理公司之间的《配送业务承包协议》并未实际履行；某货运代理公司虽然未与何某订立书面协议，却对其进行了劳动管理。因此，应当根据某货运代理公司对何某的劳动管理程度，认定双方之间是否存在劳动关系。何某须遵守某货运代理公司制定的《配送员管理规则》，按时到站点考勤；某货运代理公司对何某执行配送任务的情况进行监督，通过扣减服务费等方式对何某的工作时间、接单行为、服务质量等进行管理，双方之间存在较强的人格从属性。某货运代理公司根据单方制定的服务费结算办法向何某按月结算服务费，双方之间存在明显的经济从属性。何某虽以平台名义从事配送任务，但某货运代理公司将其纳入站点的配送组织体系进行管理，双方之间存在较强的组织从属性。综上，某货运代理公司对何某进行了较强程度的劳动管理，应当认定双方之间存在劳动关系。

典型意义

《关于维护新就业形态劳动者劳动保障权益的指导意见》（人社部发〔2021〕56 号）对平台企业采取合作用工方式组织劳动者完成平台工作的情形作出了规定。在新就业形态劳动争议处理中，一些平台用工合作企业也以外包或劳务派遣等灵活方式组织用工。部分配送站点承包经营企业形式上将配送员的招募和管理工作外包给其他企业，但实际上仍直接对配送员进行劳动管理，在劳动者主张相关权益时通常否认与劳动者之间存在劳动关系，将"外包"当成了规避相应法律责任的"挡风板""防火墙"，增加了劳动者的维权难度。在仲裁和司法实践中，应当谨慎区分劳动关系与各类民事关系，对于此类"隐蔽劳动关系"，不能简单适用"外观主义"审查，应当根据劳动管理事实和从属性特征明确劳动关系主体，依法确定各方权利义务。

案例 4　劳动者注册个体工商户与平台企业或其用工合作企业订立合作协议，能否认定劳动关系？

基本案情

孙某于 2019 年 6 月 11 日进入某外卖平台配送站点工作，该站点由某物流公司承包经营。某物流公司与孙某订立了自 2019 年 6 月 11 日起至 2021 年 6 月 10 日止的书面劳动合同。从事配送工作期间，孙某按照某物流公司要求在规定时间、指定区域范围内执行某外卖平台派发的配送任务，某物流公司根据孙某出勤及订单完成情况向其按月支付劳动报酬。某物流公司于 2020 年 8 月 21 日与某商务信息咨询公司订立《服务协议》，约定将含孙某在内的部分配送员委托给某商务信息咨询公司管理。在某商务信息咨询公司安排下，孙某注册了名为"某配送服务部"的个体工商户，并于 2020 年 9 月 6 日与某物流公司订立了为期 1 年的《项目承包协议》，约定：某配送服务部与某物流公司建立合作关系，某配送服务部承接某外卖平台配送站点的部分配送业务，某物流公司按照配送业务完成量向某配送服务部按月结算费用。此后，孙某仍然在某外卖平台站点从事配送工作，接受某物流公司管理，管理方式未发生任何变化。2020 年 12 月 10 日，某物流公司单方面终止《项目承包协议》，孙某要求某物流公司支付违法解除劳动合同赔偿金。某物流公司认为订立《项目承包协议》后，双方之间已从劳动关系变为合作关系，劳动合同自动终止，并以此为由拒绝支付违法解除劳动合同赔偿金。孙某遂向仲裁委员会申请仲裁。

申请人请求

请求确认孙某与某物流公司于 2020 年 9 月 6 日至 2020 年 12 月 10 日期间存在劳动关系,某物流公司支付违法解除劳动合同赔偿金。

处理结果

仲裁委员会裁决:孙某与某物流公司于 2020 年 9 月 6 日至 2020 年 12 月 10 日期间存在劳动关系,某物流公司向孙某支付违法解除劳动合同赔偿金。

案例分析

本案争议焦点是,在孙某以个体工商户名义订立《项目承包协议》情况下,其与某物流公司之间是否存在劳动关系?

从法律主体资格看,劳动者注册为个体工商户后,既可以作为自然人与其他用人单位建立劳动关系,也有权以个体工商户名义开展市场经营活动。在第一种情形下,劳动者与企业之间存在"管理-从属"关系,即企业对劳动者实施劳动管理,劳动者向企业提供从属性劳动,双方之间市场主体地位不平等,法律关系呈现明显的从属性;在第二种情形下,个体工商户与企业均具有平等的市场主体法律地位,个体工商户可以依照约定向企业提供服务并获取对价,但服务内容和方式、对价形式及多少等事项由双方协商确定,企业与个体工商户背后的自然人之间不具有"管理-从属"关系。

本案中,在某商务信息咨询公司安排下,孙某注册个体工商户,并以个体工商户名义与某物流公司书面约定建立合作关系,但从用工事实看,某物流公司与孙某之间完全延续了此前的劳动管理方式,孙某仍然向某物流公司提供从属性劳动,双方并未作为法律地位平等的市场主体开展经营活动。因此,某物流公司关于双方之间由劳动关系变为合作关系、劳动合同自动终止的主张,与事实不符,应当认定在 2020 年 9 月 6 日之后双方之间仍然存在劳动关系,对孙某要求某物流公司支付违法解除劳动合同赔偿金的仲裁请求,应当予以支持。

典型意义

在新就业形态下,劳动关系与合作关系之间的边界更加模糊,劳动者的劳动形式、劳动时间、工作场所、取酬方式等更加灵活多样。一些平台企业及其用工合作企业利用这一特点,一方面诱导或强迫劳动者注册成为个体工商户,并与之订立合作协议;另一方面仍对劳动者进行较强程度的劳动管理,单方确定劳动规则、报酬标准等事项,以合作之名行劳动用工之实,严重损害了劳动者劳动保障权益。对此,国务院印发的《促进个体工商户发展条例》第三十条第二款规定:"任何单位和个人不得诱导、强迫劳动者登记注册为个体工商户。"在仲裁和司法实践中,应当重点审查企业与劳动者之间是否存在劳动管理和从属性劳动,坚决防止"去劳动关系化"规避用工责任,充分保障劳动者各项劳动保障权益。

案例 5　如何认定网络主播与文化传播公司之间是否存在劳动关系?

基本案情

李某于 2018 年 11 月 29 日与某文化传播公司订立为期 2 年的《艺人独家合作协议》,约定:李某聘请某文化传播公司为其经纪人,某文化传播公司为李某提供网络主播培训及推广宣传,将其培养成为知名的网络主播;在合同期内,某文化传播公司为李某提供整套直播设备和直播室,负责安排李某的全部直播工作及直播之外的商业或非商业公众活动,全权代理李某涉及到直播、出版、演出、广告、录音、录像等与演艺有关的商业或非商业公众活动,可在征得李某同意后作为其委托代理人签署有关合同;李某有权参与某文化传播公司安排的商业活动的策划过程、了解直播收支情况,并对个人形象定位等事项提出建议,但一经双方协商一致,李某必须严格遵守相关约定;李某直播内容和时间均由其自行确定,其每月获得各直播平台后台礼物累计价值 5000 元,可得基本收入 2600 元,超过 5000 元部分由公司和李某进行四六分成,超过 9000 元部分进行三七分成,超过 12000 元部分进行二八分成。从事直播活动后,李某按照某文化传播公司要求入驻 2 家直播平台,双方均严格履行协议约定的权利义务。李某每天直播时长、每月直播天数均不固定,月收入均未超过 3500 元。2019 年 3 月 31 日,李某因直播收入较低,单方解除《艺人独家合作协议》,并以公司未缴纳社会保险费为由要求某文化传播公司向其支付解除劳动合同经济补偿。某文化传播公司以双方之间不存在劳动关系为由拒绝支付。李某向仲裁委员会申请仲裁,仲裁委员会裁决双方之间不存在劳动关系。李某不服仲裁裁决,诉至人民法院。

原告诉讼请求

请求确认与某文化传播公司之间于 2018 年 11 月 29 日至 2019 年 3 月 31 日期间存在劳动关系,某文化传播公司支付解除劳动合同经济补偿。

处理结果

一审法院判决:李某与某文化传播公司之间不存在劳动关系。李某不服一审判决,提起上诉。二审法院判决:驳回上诉,维持原判。

案例分析

本案争议焦点是,某文化传播公司对李某的管理是否属于劳动管理?

在传统演艺领域,企业以经纪人身份与艺人订立的合同通常兼具委托合同、中介合同、行纪合同等性质,并因合同约定产生企业对艺人的"管理"行为,但此类管理与劳动管理存在明显差异:从"管理"的主要目的看,企业除安排艺人从事演艺活动为其创造经济收益之外,还要对艺人进行培训、包装、宣传、推广等,使之获得相对独立的公众知名度和市场价值;而在劳动关系中,企业通过劳动管理组织劳动者进行生产经营活动,并不以提升劳动者独立的公众知名度和市场价值为目的。从"管理"事项的确定看,企业对艺人的管理内容和程度通常由双方自主协商约定,艺人还可以就自身形象设计、发展规划和收益分红等事项与企业进行协商;而在订立劳动合同时,单个劳动者与企业之间进行个性化协商的空间一般比较有限,劳动纪律、报酬标准、奖惩办法等规章制度通常由企业统一制定并普遍适用于企业内部的劳动者。此外,从劳动成果分配方式看,企业作为经纪人,一般以约定的分成方式获取艺人创造的经济收益;而在劳动关系中,企业直接占有劳动者的劳动成果,按照统一标准向劳动者支付报酬及福利,不以约定分成作为主要分配方式。综上,企业作为经纪人与艺人之间的法律关系体现出平等协商的特点,而存在劳动关系的用人单位与劳动者之间则体现出较强的从属性特征,可据此对两种法律关系予以区分。

本案中,通过《艺人独家合作协议》内容及履行情况可以看出,某文化传播公司作为李某的经纪人,虽然也安排李某从事为其创造直接经济收益的直播活动,但其主要目的是通过培训、包装、宣传、推广等手段使李某成为知名的网络主播;李某的直播时间及内容由其自主决定,其他相关活动要求等由双方协商确定,李某对其个人包装、活动参与等事项有协商权,对其创造的经济收益有知情权;双方以李某创造的经济收益为衡量标准,约定了"阶梯式"的收益分成方式。因此,双方之间的法律关系体现出平等协商的特点,并未体现出《关于确立劳动关系有关事项的通知》(劳社部发〔2005〕12号)规定的劳动管理及从属性特征,应当认定为民事关系。李某提出确认劳动关系并支付解除劳动合同经济补偿的诉求,与事实不符,不予支持。

典型意义

近年来,随着网红经济的迅速发展,大量网络主播经纪公司也应运而生。与传统演艺相比,网络主播行业具有更强的灵活性、互动性、可及性和价值多元性,经纪公司"造星"周期和"投资-回报"周期也相应缩短。一些经纪公司沿袭传统方式与主播建立民事合作关系,以培养知名主播、组织主播参加各类商业或非商业公众活动为主业,通过平等协商确定双方权利义务,以约定的分成方式进行收益分配;但与此同时,一些企业招用网络主播的主要目的是开展"直播带货"业务,以网络直播手段推销各类产品,主播对个人包装、直播内容、演艺方式、收益分配等没有协商权,双方之间体现出较强的从属性特征,更加符合确立劳动关系的情形。因此,在仲裁和司法实践中,应当加强对法律关系的个案分析,重点审查企业与网络主播之间的权利义务内容及确定方式,综合认定双方之间的法律关系性质。

案例6 如何认定网约家政服务人员与家政公司之间是否存在劳动关系?

基本案情

宋某,出生日期为1976年10月7日,于2019年10月26日到某员工制家政公司应聘家政保洁员,双方订立了《家政服务协议》,约定:某家政公司为宋某安排保洁业务上岗培训(初级),培训费用由公司承担,宋某经培训合格后须按照公司安排为客户提供入户保洁服务,合作期限为2年;宋某须遵守公司统一制定的《家政服务人员行为规范》,合作期限内不得通过其他平台从事家政服务工作;某家政公司为宋某配备工装及保洁用具,并购买意外险,费用均由公司承担;宋某每周须工作6天,工作期间某家政公司通过本公司家政服务平台统一接收客户订单,并根据客户需求信息匹配度向宋某派发保洁类订单,工作日无订单任务时宋某须按照公司安排从事其他工作;某家政公司按月向宋某结付报酬,报酬计算标准为底薪1600元/月,保洁服务费15元/小时,全勤奖200元/月;如宋某无故拒接订单或收到客户差评,某家政公司将在核实情况后扣减部分服务费。2019年11月1日,宋某经培训合格后上岗。从事保洁工作期间,宋某每周工作6天,每天入户服务6至8小时。2020年1月10日,宋某在工作中受伤,要求某家政公司按照工伤保险待遇标准向其赔偿各类治疗费用,某家政公司以双方之间不存在劳动关系为由拒绝支付。宋某于2020年1月21日向仲裁委员会申请仲裁,请求确认与某家政公司于2019年11月1日至2020年1月21日期间存在劳动关系。仲裁委员会裁决宋某与某家政公司之间存在劳动关系,某家政公司不服仲裁裁决,诉至人民法院。

原告诉讼请求

请求确认某家政公司与宋某之间不存在劳动关系。

处理结果

一审法院判决:宋某与某家政公司于2019年11月1日至2020年1月21日期间存在劳动关系。某家政公司不服一审判决,提起上诉。二审法院判决:驳回上诉,维持原判。

案例分析

本案争议焦点是,宋某与某家政公司之间是否符合订立劳动合同的情形?

认定家政企业与家政服务人员是否符合订立劳动合同的情形,应当根据《关于确立劳动关系有关事项的通知》(劳社部发〔2005〕12号)第一条之规定,重点审查双方是否均为建立劳动关系的合法主体,双方之间是否存在较强程度的劳动管理。

本案中,宋某未达法定退休年龄,其与某家政公司均是建立劳动关系的合法主体。在劳动管理方面,某家政公司要求宋某遵守其制定的工作规则,通过平台向宋某安排工作,并通过发放全勤奖、扣减服务费等方式对宋某的工作时间、接单行为、服务质量等进行控制和管理,双方之间存在较强的人格从属性。某家政公司掌握宋某从事家政服务业所必需的用户需求信息,统一为宋某配备保洁工具,并以固定薪资结构向宋某按月支付报酬,双方之间存在较强的经济从属性。宋某以某家政公司名义对外提供家政服务,某家政公司将宋某纳入其家政服务组织体系进行管理,并通过禁止多平台就业等方式限制宋某进入其他组织,双方之间存在明显的组织从属性。综上,某家政公司对宋某存在较强程度的劳动管理,符合订立劳动合同的情形,虽然双方以合作为名订立书面协议,但根据事实优先原则,应当认定双方之间存在劳动关系。

典型意义

在传统家政企业运营模式中,家政企业主要在家政服务人员与客户之间起中介作用,通过介绍服务人员为客户提供家政服务收取中介费;家政企业与服务人员之间建立民事合作关系,企业不对服务人员进行培训和管理、不支付劳动报酬,家政服务工作内容及服务费用由服务人员与客户自行协商确定。为有效解决传统家政行业发展不规范等问题,《关于促进家政服务业提质扩容的意见》(国办发〔2019〕30号)指出,员工制家政企业应依法与招用的家政服务人员签订劳动合同,按月足额缴纳城镇职工社会保险费;家政服务人员不符合签订劳动合同情形的,员工制家政企业应与其签订服务协议,家政服务人员可作为灵活就业人员按规定自愿参加城镇职工社会保险或城乡居民社会保险。各地落实该意见要求积极支持发展员工制家政企业。在此类企业中,家政企业与客户直接订立服务合同,与家政服务人员依法签订劳动合同或服务协议,统一安排服务人员为客户提供服务,直接支付或代发服务人员不低于当地最低工资标准的劳动报酬,并对服务人员进行持续培训管理。在仲裁与司法实践中,对于家政企业与家政服务人员之间发生的确认劳动关系争议,应当充分考虑家政服务行业特殊性,明确企业运营模式,查明企业与家政服务人员是否具备建立劳动关系的法律主体资格,严格审查双方之间是否存在较强程度的劳动管理,以此对签订劳动合同和签订服务协议的情形作出区分,据实认定劳动关系。

3. 最高人民法院发布的六起劳动争议典型案例[①]

案例一

用人单位不能通过订立承包合同规避劳动关系

——某高纤公司与崔某劳动合同纠纷案

【基本案情】

2022年2月,崔某到某高纤公司的车间工作。2022年3月,某高纤公司与该车间全体人员(含崔某)签订车间承包协议。承包协议约定,崔某等要遵守某高纤公司的各项安全制度、本协议视为某高纤公司与该车间全体人员(含崔某)签订的集体劳动合同。某高纤公司于2022年3月、4月、5月分别向崔某支付报酬。2022年6月,崔某在工作中受伤。崔某向某劳动人事争议仲裁委员会申请仲裁,请求确认其与某高纤公司存在劳动关系。某劳动人事争议仲裁委员会予以支持。某高纤公司不服,诉至人民法院,请求确认其与崔某之间不存在劳动关系。

【裁判结果】

审理法院认为,崔某具备劳动者主体资格,某高纤公司具备用工主体资格。崔某自2022年2月至6月一直在某高纤公司的生产线工作,所从事的工作是公司业务的组成部分,按月领取劳动报酬。双方签订的承包协议载明该协议视为某高纤公司与崔某等人签订的集体劳动合同,崔某需遵守公司各项安全制度等约定亦证实某高纤公司的相关规章制度适用于崔某,崔某接受公司的劳动管理。审理法院判令崔某与某高纤公司之间存在劳动关系。

【典型意义】

随着市场经济的转型和发展,劳动密集型企业出于降低成本、提高效益等考虑,采取种类多样的经营模式。实践中存在部分企业滥用承包经营方式,通过与劳动者签订内部承包合同规避订立劳动合同的情形。用人单位以已经签订承包合同为由否认与劳动者之间的劳动关

[①] 案件来源:《最高人民法院发布劳动争议典型案例》,https://www.court.gov.cn/zixun/xiangqing/431252.html,最后访问日期:2024年12月10日。

系,转嫁用工风险。人民法院在判断用人单位与劳动者之间是否存在劳动关系时,不仅要审查双方签订合同的名称,更要通过合同的内容和实际履行情况实质性审查双方之间的法律关系是否具备劳动关系的从属性特征,准确认定双方之间的法律关系,纠正通过签订承包合同等规避用人单位义务的违法用工行为,切实维护劳动者的合法权益。

案例二
劳动者对于是否订立无固定期限劳动合同具有单方选择权
——张某与某公交公司劳动合同纠纷案

【基本案情】

张某与某公交公司连续订立二次固定期限劳动合同,其中第二次订立的劳动合同期限至 2020 年 7 月 31 日止。2020 年 6 月 10 日,某公交公司通知张某等人续订劳动合同。2020 年 6 月 12 日,张某在某平台实名投诉公司不按规定配发口罩。同日,某公交公司通知张某劳动合同到期终止,办理离职手续并交接工作。此后,张某多次要求某公交公司与其订立无固定期限劳动合同。2020 年 7 月,某公交公司通知张某,双方于 2020 年 7 月 31 日终止劳动合同,并通过转账方式向张某支付终止劳动合同的经济补偿。张某在某公交公司工作至 2020 年 7 月 31 日。张某向某劳动人事争议仲裁委员会申请仲裁,要求某公交公司于 2020 年 8 月 1 日起依法与其订立无固定期限劳动合同。某劳动人事争议仲裁委员会裁决驳回张某的仲裁请求。张某不服,诉至人民法院。

【裁判结果】

审理法院认为,张某与某公交公司已连续订立二次固定期限劳动合同,张某不存在劳动合同法第三十九条规定的过失性辞退情形,亦不存在第四十条第一项规定的"因劳动者患病或者非因工负伤,在规定的医疗期满后不能从事原工作,也不能从事由用人单位另行安排的工作"及第二项规定的"劳动者不能胜任工作,经过培训或者调整工作岗位,仍不能胜任工作"的情形,张某提出与某公交公司订立无固定期限劳动合同符合法定条件,某公交公司应依法与张某订立无固定期限劳动合同。某公交公司单方作出终止劳动合同通知不符合法律规定。审理法院判令某公交公司与张某订立无固定期限劳动合同。

【典型意义】

无固定期限劳动合同强制缔约制度的立法初衷在于解决劳动合同短期化问题,从而保障劳动者的就业权。劳动合同法第十四条第二款第三项规定了连续二次订立固定期限劳动合同后的强制缔约义务。强制用人单位缔约虽然对合同自由、意思自治有所限制,但这种限制的根本目的是为了实现处于弱势地位的劳动者与用人单位的实质平等。本案中,劳动者投诉用人单位不属于过失性辞退情形,亦不符合无过失性辞退中因劳动者自身原因用人单位可以不续订无固定期限劳动合同的情形,只要劳动者符合续订无固定期限劳动合同的条件,其就具有单方选择权,用人单位无权拒绝续订。人民法院依法判令用人单位与劳动者订立无固定期限劳动合同,既符合立法目的,又有助于构建和谐稳定的劳动关系。

案例三
竞业限制协议不能限制非负有保密义务的劳动者的自主择业权
——某公司与李某竞业限制纠纷案

【基本案情】

2017 年 1 月 10 日,李某入职某公司从事推拿师工作,双方签订员工保密协议,约定李某离职后两年内不得从事同类产品或同类企业的相关服务,否则应当一次性向某公司支付不低于 50000 元的违约金。2017 年 11 月,李某取得高级小儿推拿职业培训师证书。2021 年 5 月,李某从该公司离职,7 月入职某社区卫生服务中心中药房工作。某公司主张李某掌握该公司的客户资料、产品报价方案、培训课程等信息,属于其他负有保密义务的人员,向某劳动人事争议仲裁委员会申请仲裁,要求李某支付违反竞业限制义务违约金 50000 元,某劳动人事争议仲裁委员会未予支持。某公司不服,诉至人民法院。

【裁判结果】

审理法院认为,李某系某公司的推拿师及培训师,不属于公司的高级管理人员及高级技术人员。李某掌握的客户资料是提供服务过程中必然接触到的基本信息,例如客户名称、联系方式等;李某接触到的产品报价方案对服务的客户公开,潜在的客户经过咨询即可获得;某公司提供的培训课程虽然为自己制作的课件,但课件内的知识多为行业内中医小儿推拿的常识性内容。此外,李某在公司工作期间通过培训获取的按摩推拿知识及技能也是该行业通用的专业知识及技能。某公司提供的证据仅能证明李某在日常工作中接触到该公司的一般经营信息,而非核心经营信息。在正常履职期间仅接触用人单位一般经营信息的劳动者不属于劳动合同法第二十四条第一款规定的其他负有保密义务的人员。某公司主张李某属于负有保密义务的竞业限制人员,证据不足。审理法院判令驳回某公司要求李某支付竞业限制违约金的诉讼请求。

【典型意义】

劳动合同法规定竞业限制制度的主要目的在于保护用人单位的商业秘密和与知识产权相关的保密事项，规制不正当竞争，而非限制人才在企业间的正常流动。实践中，竞业限制条款存在适用主体泛化及滥用现象。部分用人单位不区分劳动者是否属于掌握本单位商业秘密、与知识产权相关保密事项的人员，无差别地与劳动者签订竞业限制协议，并约定高额违约金。劳动者往往囿于用人单位的优势地位，无法拒绝签订竞业限制协议。不负有保密义务的劳动者离职后进入有竞争关系的新用人单位，原用人单位要求劳动者承担高额违约金，侵害了劳动者的合法权益。本案中，人民法院认定不负有保密义务的劳动者即使签订了竞业限制协议，也无需承担竞业限制义务。审判实践中，人民法院不仅要审理新用人单位与原用人单位之间是否存在竞争关系，更要审理劳动者是否属于应当承担竞业限制义务的人员，旗帜鲜明否定侵害劳动者自主择业权的违法竞业限制行为，畅通劳动力资源的社会性流动渠道。

案例四

劳动者的配偶投资、经营与劳动者原用人单位存在竞争关系的企业属于违反竞业限制的行为

——张某与某体育公司劳动争议案

【基本案情】

2018年7月31日，张某入职某体育公司，任教学研发中心总经理，负责教学教研管理。双方签订竞业限制协议，约定张某在劳动关系存续期间及二年的竞业限制期间，不得实施违反竞业限制的相关行为，同时约定竞业限制期间某体育公司向张某支付经济补偿，张某违约应支付违约金，违约金金额为双方劳动关系终止或解除前12个月张某自某体育公司及关联公司取得收入的10倍。张某于2021年7月31日离职，离职前12个月的平均工资为34097.44元。某体育公司向张某支付了5个月的竞业限制经济补偿。张某之妻于2021年12月变更为某公司的投资人（持有95%的股份），经营业务与某体育公司存在竞争关系。张某之妻设立的某公司的关联公司为张某缴纳社会保险。某体育公司认为张某违反竞业限制约定，应返还竞业经济补偿并承担违约责任，向某劳动人事争议仲裁委员会申请仲裁。某劳动人事争议仲裁委员会裁决，张某返还某体育公司竞业经济补偿、支付违约金。张某不服，诉至人民法院，请求无需返还竞业经济补偿及支付违约金。

【裁判结果】

审理法院认为，张某任教学研发中心总经理，负责管理工作，对某体育公司的经营管理有决策权，应按照竞业限制协议等约定履行竞业限制义务。张某之妻作为投资人的某公司，在经营业务上与某体育公司存在竞争关系，属于竞业限制单位。考虑到张某与配偶之间具有紧密的人身和财产关系，经济利益上具有一致性，且其配偶的投资行为基本发生在张某从某体育公司离职后，故认定张某违反了竞业限制约定。综合考量劳动者给用人单位造成的损害、劳动者的主观过错程度、工资收入水平、职务、在职时间、违约期间、用人单位应支付的经济补偿数额以及当地的经济水平等因素，审理法院酌定张某支付某体育公司违反竞业限制违约金的数额，并判令返还竞业限制经济补偿。

【典型意义】

在市场经济条件下，市场主体的生存发展与劳动人才竞争密切相关，构成了既相互促进又相互制约的关系。用人单位预先通过竞业限制约定等形式约束劳动者再就业的工作单位及就业方向，保护企业经济利益和竞争优势。本案中，作为高级管理人员的劳动者采取通过配偶实际经营竞争企业的方式实施竞业限制行为，违反竞业限制约定的方式更为隐蔽。人民法院在查明事实的基础上，准确认定劳动者违反竞业限制约定，判令其承担违约责任，秉持适当惩戒与维持劳动者生存的标准合理确定违约金数额，最大限度发挥制度优势，衡平劳动者自主择业与市场公平竞争之间的关系，为构建公平、合理、有序的良性市场竞争环境提供了有力支撑。

案例五

研发人员辞职后拒不交接工作给用人单位造成损失的，应承担赔偿责任

——某公司与李某劳动争议案

【基本案情】

2020年12月1日，某公司与李某订立劳动合同，约定李某担任研发岗位工作，合同期限3年；离职应当办理工作交接手续，交还工具、技术资料等，造成损失据实赔偿等内容。2022年2月15日，李某向某公司提出辞职，随即离开且拒不办理工作交接手续。某公司通过启动备用方案、招聘人员、委托设计等措施补救研发项目，因研发设计进度延误、迟延交付样机承担了违约责任。某公司向某劳动人事争议仲裁委员会申请仲裁，提出李某赔偿损失等请求。某劳动人事争议仲裁委员会不予受理。某公司诉至人民法院。

【裁判结果】

审理法院认为，劳动合同解除或者终止后，劳动者应当按照双方约定，办理工作交接手续。劳动者未履行前述义务给用人单位造成损失的,应当承担赔偿责任。李某作为某公司的研发人员,未提前三十日通知某公司即自行离职,且拒绝办理交接手续,其行为违反了劳动合同法第三十七条规定的劳动者提前三十日以书面形式通知用人单位,可以解除劳动合同的规定,应当按照第九十条有关劳动者赔偿责任的规定对某公司的损失承担赔偿责任。审理法院综合考量李某参与研发的时间、离职的时间、本人工资水平等因素,酌定李某赔偿某公司损失50000元。

【典型意义】

党的十八大以来,以习近平同志为核心的党中央高度重视科技创新。党的二十大报告在"完善科技创新体系"部分提出,"坚持创新在我国现代化建设全局中的核心地位"。创新型企业竞争力的重要来源之一为研发人员。研发人员掌握着项目重要资料,主动解除劳动合同时,应秉持诚信原则,遵守劳动合同约定和法律规定,提前通知用人单位,办理交接手续,便于用人单位继续开展研究工作。本案中,人民法院在劳动者拒不履行工作交接义务给用人单位造成损失的情况下,依法判令其承担赔偿责任,为科技创新提供优质的法治保障。

案例六
男职工在妻子生育子女后依法享受护理假
——李某与某服饰公司劳动争议案

【基本案情】

2021年5月5日,李某至某服饰公司从事摄影工作。因妻子待产,李某于2021年7月2日起回家陪产未再出勤。李某之子于2021年7月3日出生。2021年7月20日,李某回到某服饰公司继续工作至2021年11月17日。2021年11月18日,李某至某服饰公司结算工资时发生冲突。李某向某劳动人事争议仲裁委员会申请仲裁,提出某服饰公司支付护理假工资等请求。某劳动人事争议仲裁委员会终结案件审理。李某诉至人民法院。

【裁判结果】

审理法院认为,根据《江苏省人口与计划生育条例》第二十四条规定,符合本条例规定生育子女的夫妻,女方在享受国家规定产假的基础上,延长产假不少于三十天,男方享受护理假不少于十五天,假期视为出勤,在规定假期内照发工资。李某在护理假期间视为出勤,某服饰公司应当发放工资。审理法院支持李某要求某服饰公司支付十五天护理假工资等诉讼请求。

【典型意义】

近年来,各地落实《中共中央 国务院关于优化生育政策促进人口长期均衡发展的决定》,出台支持优化生育的政策措施。在家庭中,丈夫和妻子共同承担着生儿育女的责任。陪产护理假是男职工在妻子生育期间享有的看护、照料妻子与子女的权利。本案中,人民法院判令用人单位支付男职工护理假期间的工资,有助于引导用人单位严格执行国家相关规定,发挥男性在生育中不可或缺的丈夫和父亲的角色作用,强化两性在生育事务中的平等合作,有利于下一代的健康成长、生育支持政策体系的进一步完善及人口的高质量发展。

二、人事篇

1. 综合

中华人民共和国公务员法

- 2005年4月27日第十届全国人民代表大会常务委员会第十五次会议通过
- 根据2017年9月1日第十二届全国人民代表大会常务委员会第二十九次会议《关于修改〈中华人民共和国法官法〉等八部法律的决定》修正
- 2018年12月29日第十三届全国人民代表大会常务委员会第七次会议修订
- 2018年12月29日中华人民共和国主席令第20号公布
- 自2019年6月1日起施行

第一章 总 则

第一条 为了规范公务员的管理,保障公务员的合法权益,加强对公务员的监督,促进公务员正确履职尽责,建设信念坚定、为民服务、勤政务实、敢于担当、清正廉洁的高素质专业化公务员队伍,根据宪法,制定本法。

第二条 本法所称公务员,是指依法履行公职、纳入国家行政编制、由国家财政负担工资福利的工作人员。

公务员是干部队伍的重要组成部分,是社会主义事业的中坚力量,是人民的公仆。

第三条 公务员的义务、权利和管理,适用本法。

法律对公务员中领导成员的产生、任免、监督以及监察官、法官、检察官等的义务、权利和管理另有规定的,从其规定。

第四条 公务员制度坚持中国共产党领导,坚持以马克思列宁主义、毛泽东思想、邓小平理论、"三个代表"重要思想、科学发展观、习近平新时代中国特色社会主义思想为指导,贯彻社会主义初级阶段的基本路线,贯彻新时代中国共产党的组织路线,坚持党管干部原则。

第五条 公务员的管理,坚持公开、平等、竞争、择优的原则,依照法定的权限、条件、标准和程序进行。

第六条 公务员的管理,坚持监督约束与激励保障并重的原则。

第七条 公务员的任用,坚持德才兼备、以德为先,坚持五湖四海、任人唯贤,坚持事业为上、公道正派,突出政治标准,注重工作实绩。

第八条 国家对公务员实行分类管理,提高管理效能和科学化水平。

第九条 公务员就职时应当依照法律规定公开进行宪法宣誓。

第十条 公务员依法履行职责的行为,受法律保护。

第十一条 公务员工资、福利、保险以及录用、奖励、培训、辞退等所需经费,列入财政预算,予以保障。

第十二条 中央公务员主管部门负责全国公务员的综合管理工作。县级以上地方各级公务员主管部门负责本辖区内公务员的综合管理工作。上级公务员主管部门指导下级公务员主管部门的公务员管理工作。各级公务员主管部门指导同级各机关的公务员管理工作。

第二章 公务员的条件、义务与权利

第十三条 公务员应当具备下列条件:
(一)具有中华人民共和国国籍;
(二)年满十八周岁;
(三)拥护中华人民共和国宪法,拥护中国共产党领导和社会主义制度;
(四)具有良好的政治素质和道德品行;
(五)具有正常履行职责的身体条件和心理素质;
(六)具有符合职位要求的文化程度和工作能力;
(七)法律规定的其他条件。

第十四条 公务员应当履行下列义务:
(一)忠于宪法,模范遵守、自觉维护宪法和法律,自觉接受中国共产党领导;
(二)忠于国家,维护国家的安全、荣誉和利益;
(三)忠于人民,全心全意为人民服务,接受人民监督;
(四)忠于职守,勤勉尽责,服从和执行上级依法作出的决定和命令,按照规定的权限和程序履行职责,努力提高工作质量和效率;
(五)保守国家秘密和工作秘密;
(六)带头践行社会主义核心价值观,坚守法治,遵守纪律,恪守职业道德,模范遵守社会公德、家庭美德;
(七)清正廉洁,公道正派;

(八)法律规定的其他义务。

第十五条 公务员享有下列权利：

(一)获得履行职责应当具有的工作条件；

(二)非因法定事由、非经法定程序，不被免职、降职、辞退或者处分；

(三)获得工资报酬，享受福利、保险待遇；

(四)参加培训；

(五)对机关工作和领导人员提出批评和建议；

(六)提出申诉和控告；

(七)申请辞职；

(八)法律规定的其他权利。

第三章 职务、职级与级别

第十六条 国家实行公务员职位分类制度。

公务员职位类别按照公务员职位的性质、特点和管理需要，划分为综合管理类、专业技术类和行政执法类等类别。根据本法，对于具有职位特殊性，需要单独管理的，可以增设其他职位类别。各职位类别的适用范围由国家另行规定。

第十七条 国家实行公务员职务与职级并行制度，根据公务员职位类别和职责设置公务员领导职务、职级序列。

第十八条 公务员领导职务根据宪法、有关法律和机构规格设置。

领导职务层次分为：国家级正职、国家级副职、省部级正职、省部级副职、厅局级正职、厅局级副职、县处级正职、县处级副职、乡科级正职、乡科级副职。

第十九条 公务员职级在厅局级以下设置。

综合管理类公务员职级序列分为：一级巡视员、二级巡视员、一级调研员、二级调研员、三级调研员、四级调研员、一级主任科员、二级主任科员、三级主任科员、四级主任科员、一级科员、二级科员。

综合管理类以外其他职位类别公务员的职级序列，根据本法由国家另行规定。

第二十条 各机关依照确定的职能、规格、编制限额、职数以及结构比例，设置本机关公务员的具体职位，并确定各职位的工作职责和任职资格条件。

第二十一条 公务员的领导职务、职级应当对应相应的级别。公务员领导职务、职级与级别的对应关系，由国家规定。

根据工作需要和领导职务与职级的对应关系，公务员担任的领导职务和职级可以互相转任、兼任；符合规定资格条件的，可以晋升领导职务或者职级。

公务员的级别根据所任领导职务、职级及其德才表现、工作实绩和资历确定。公务员在同一领导职务、职级上，可以按照国家规定晋升级别。

公务员的领导职务、职级与级别是确定公务员工资以及其他待遇的依据。

第二十二条 国家根据人民警察、消防救援人员以及海关、驻外外交机构等公务员的工作特点，设置与其领导职务、职级相对应的衔级。

第四章 录 用

第二十三条 录用担任一级主任科员以下及其他相当职级层次的公务员，采取公开考试、严格考察、平等竞争、择优录取的办法。

民族自治地方依照前款规定录用公务员时，依照法律和有关规定对少数民族报考者予以适当照顾。

第二十四条 中央机关及其直属机构公务员的录用，由中央公务员主管部门负责组织。地方各级机关公务员的录用，由省级公务员主管部门负责组织，必要时省级公务员主管部门可以授权设区的市级公务员主管部门组织。

第二十五条 报考公务员，除应当具备本法第十三条规定的条件以外，还应当具备省级以上公务员主管部门规定的拟任职位所要求的资格条件。

国家对行政机关中初次从事行政处罚决定审核、行政复议、行政裁决、法律顾问的公务员实行统一法律职业资格考试制度，由国务院司法行政部门商有关部门组织实施。

第二十六条 下列人员不得录用为公务员：

(一)因犯罪受过刑事处罚的；

(二)被开除中国共产党党籍的；

(三)被开除公职的；

(四)被依法列为失信联合惩戒对象的；

(五)有法律规定不得录用为公务员的其他情形的。

第二十七条 录用公务员，应当在规定的编制限额内，并有相应的职位空缺。

第二十八条 录用公务员，应当发布招考公告。招考公告应当载明招考的职位、名额、报考资格条件、报考需要提交的申请材料以及其他报考须知事项。

招录机关应当采取措施，便利公民报考。

第二十九条 招录机关根据报考资格条件对报考申请进行审查。报考者提交的申请材料应当真实、准确。

第三十条 公务员录用考试采取笔试和面试等方式进行，考试内容根据公务员应当具备的基本能力和不同职位类别、不同层级机关分别设置。

第三十一条 招录机关根据考试成绩确定考察人选,并进行报考资格复审、考察和体检。

体检的项目和标准根据职位要求确定。具体办法由中央公务员主管部门会同国务院卫生健康行政部门规定。

第三十二条 招录机关根据考试成绩、考察情况和体检结果,提出拟录用人员名单,并予以公示。公示期不少于五个工作日。

公示期满,中央一级招录机关应当将拟录用人员名单报中央公务员主管部门备案;地方各级招录机关应当将拟录用人员名单报省级或者设区的市级公务员主管部门审批。

第三十三条 录用特殊职位的公务员,经省级以上公务员主管部门批准,可以简化程序或者采用其他测评办法。

第三十四条 新录用的公务员试用期为一年。试用期满合格的,予以任职;不合格的,取消录用。

第五章 考 核

第三十五条 公务员的考核应当按照管理权限,全面考核公务员的德、能、勤、绩、廉,重点考核政治素质和工作实绩。考核指标根据不同职位类别、不同层级机关分别设置。

第三十六条 公务员的考核分为平时考核、专项考核和定期考核等方式。定期考核以平时考核、专项考核为基础。

第三十七条 非领导成员公务员的定期考核采取年度考核的方式。先由个人按照职位职责和有关要求进行总结,主管领导在听取群众意见后,提出考核等次建议,由本机关负责人或者授权的考核委员会确定考核等次。

领导成员的考核由主管机关按照有关规定办理。

第三十八条 定期考核的结果分为优秀、称职、基本称职和不称职四个等次。

定期考核的结果应当以书面形式通知公务员本人。

第三十九条 定期考核的结果作为调整公务员职位、职务、职级、级别、工资以及公务员奖励、培训、辞退的依据。

第六章 职务、职级任免

第四十条 公务员领导职务实行选任制、委任制和聘任制。公务员职级实行委任制和聘任制。

领导成员职务按国家规定实行任期制。

第四十一条 选任制公务员在选举结果生效时即任当选职务;任期届满不再连任或者任期内辞职、被罢免、被撤职的,其所任职务即终止。

第四十二条 委任制公务员试用期满考核合格,职务、职级发生变化,以及其他情形需要任免职务、职级的,应当按照管理权限和规定的程序任免。

第四十三条 公务员任职应当在规定的编制限额和职数内进行,并有相应的职位空缺。

第四十四条 公务员因工作需要在机关外兼职,应当经有关机关批准,并不得领取兼职报酬。

第七章 职务、职级升降

第四十五条 公务员晋升领导职务,应当具备拟任职务所要求的政治素质、工作能力、文化程度和任职经历等方面的条件和资格。

公务员领导职务应当逐级晋升。特别优秀的或者工作特殊需要的,可以按照规定破格或者越级晋升。

第四十六条 公务员晋升领导职务,按照下列程序办理:

(一)动议;

(二)民主推荐;

(三)确定考察对象,组织考察;

(四)按照管理权限讨论决定;

(五)履行任职手续。

第四十七条 厅局级正职以下领导职务出现空缺且本机关没有合适人选的,可以通过适当方式面向社会选拔任职人选。

第四十八条 公务员晋升领导职务的,应当按照有关规定实行任职前公示制度和任职试用期制度。

第四十九条 公务员职级应当逐级晋升,根据个人德才表现、工作实绩和任职资历,参考民主推荐或者民主测评结果确定人选,经公示后,按照管理权限审批。

第五十条 公务员的职务、职级实行能上能下。对不适宜或者不胜任现任职务、职级的,应当进行调整。

公务员在年度考核中被确定为不称职的,按照规定程序降低一个职务或者职级层次任职。

第八章 奖 励

第五十一条 对工作表现突出,有显著成绩和贡献,或者有其他突出事迹的公务员或者公务员集体,给予奖励。奖励坚持定期奖励与及时奖励相结合,精神奖励与物质奖励相结合、以精神奖励为主的原则。

公务员集体的奖励适用于按照编制序列设置的机构

或者为完成专项任务组成的工作集体。

第五十二条 公务员或者公务员集体有下列情形之一的,给予奖励:

(一)忠于职守,积极工作,勇于担当,工作实绩显著的;

(二)遵纪守法,廉洁奉公,作风正派,办事公道,模范作用突出的;

(三)在工作中有发明创造或者提出合理化建议,取得显著经济效益或者社会效益的;

(四)为增进民族团结,维护社会稳定做出突出贡献的;

(五)爱护公共财产,节约国家资财有突出成绩的;

(六)防止或者消除事故有功,使国家和人民群众利益免受或者减少损失的;

(七)在抢险、救灾等特定环境中做出突出贡献的;

(八)同违纪违法行为作斗争有功绩的;

(九)在对外交往中为国家争得荣誉和利益的;

(十)有其他突出功绩的。

第五十三条 奖励分为:嘉奖、记三等功、记二等功、记一等功、授予称号。

对受奖励的公务员或者公务员集体予以表彰,并对受奖励的个人给予一次性奖金或者其他待遇。

第五十四条 给予公务员或者公务员集体奖励,按照规定的权限和程序决定或者审批。

第五十五条 按照国家规定,可以向参与特定时期、特定领域重大工作的公务员颁发纪念证书或者纪念章。

第五十六条 公务员或者公务员集体有下列情形之一的,撤销奖励:

(一)弄虚作假,骗取奖励的;

(二)申报奖励时隐瞒严重错误或者严重违反规定程序的;

(三)有严重违纪违法等行为,影响称号声誉的;

(四)有法律、法规规定应当撤销奖励的其他情形的。

第九章 监督与惩戒

第五十七条 机关应当对公务员的思想政治、履行职责、作风表现、遵纪守法等情况进行监督,开展勤政廉政教育,建立日常管理监督制度。

对公务员监督发现问题的,应当区分不同情况,予以谈话提醒、批评教育、责令检查、诫勉、组织调整、处分。

对公务员涉嫌职务违法和职务犯罪的,应当依法移送监察机关处理。

第五十八条 公务员应当自觉接受监督,按照规定请示报告工作、报告个人有关事项。

第五十九条 公务员应当遵纪守法,不得有下列行为:

(一)散布有损宪法权威、中国共产党和国家声誉的言论,组织或者参加旨在反对宪法、中国共产党领导和国家的集会、游行、示威等活动;

(二)组织或者参加非法组织,组织或者参加罢工;

(三)挑拨、破坏民族关系,参加民族分裂活动或者组织、利用宗教活动破坏民族团结和社会稳定;

(四)不担当,不作为,玩忽职守,贻误工作;

(五)拒绝执行上级依法作出的决定和命令;

(六)对批评、申诉、控告、检举进行压制或者打击报复;

(七)弄虚作假,误导、欺骗领导和公众;

(八)贪污贿赂,利用职务之便为自己或者他人谋取私利;

(九)违反财经纪律,浪费国家资财;

(十)滥用职权,侵害公民、法人或者其他组织的合法权益;

(十一)泄露国家秘密或者工作秘密;

(十二)在对外交往中损害国家荣誉和利益;

(十三)参与或者支持色情、吸毒、赌博、迷信等活动;

(十四)违反职业道德、社会公德和家庭美德;

(十五)违反有关规定参与禁止的网络传播行为或者网络活动;

(十六)违反有关规定从事或者参与营利性活动,在企业或者其他营利性组织中兼任职务;

(十七)旷工或者因公外出、请假期满无正当理由逾期不归;

(十八)违纪违法的其他行为。

第六十条 公务员执行公务时,认为上级的决定或者命令有错误的,可以向上级提出改正或者撤销该决定或者命令的意见;上级不改变该决定或者命令,或者要求立即执行的,公务员应当执行该决定或者命令,执行的后果由上级负责,公务员不承担责任;但是,公务员执行明显违法的决定或者命令的,应当依法承担相应的责任。

第六十一条 公务员因违纪违法应当承担纪律责任的,依照本法给予处分或者由监察机关依法给予政务处分;违纪违法行为情节轻微,经批评教育后改正的,可以免予处分。

对同一违纪违法行为,监察机关已经作出政务处分决定的,公务员所在机关不再给予处分。

第六十二条 处分分为:警告、记过、记大过、降级、撤职、开除。

第六十三条 对公务员的处分,应当事实清楚、证据确凿、定性准确、处理恰当、程序合法、手续完备。

公务员违纪违法的,应当由处分决定机关决定对公务员违纪违法的情况进行调查,并将调查认定的事实以及拟给予处分的依据告知公务员本人。公务员有权进行陈述和申辩;处分决定机关不得因公务员申辩而加重处分。

处分决定机关认为对公务员应当给予处分的,应当在规定的期限内,按照管理权限和规定的程序作出处分决定。处分决定应当以书面形式通知公务员本人。

第六十四条 公务员在受处分期间不得晋升职务、职级和级别,其中受记过、记大过、降级、撤职处分的,不得晋升工资档次。

受处分的期间为:警告,六个月;记过,十二个月;记大过,十八个月;降级、撤职,二十四个月。

受撤职处分的,按照规定降低级别。

第六十五条 公务员受开除以外的处分,在受处分期间有悔改表现,并且没有再发生违纪违法行为的,处分期满后自动解除。

解除处分后,晋升工资档次、级别和职务、职级不再受原处分的影响。但是,解除降级、撤职处分的,不视为恢复原级别、原职务、原职级。

第十章 培 训

第六十六条 机关根据公务员工作职责的要求和提高公务员素质的需要,对公务员进行分类分级培训。

国家建立专门的公务员培训机构。机关根据需要也可以委托其他培训机构承担公务员培训任务。

第六十七条 机关对新录用人员应当在试用期内进行初任培训;对晋升领导职务的公务员应当在任职前或者任职后一年内进行任职培训;对从事专项工作的公务员应当进行专门业务培训;对全体公务员应当进行提高政治素质和工作能力、更新知识的在职培训,其中对专业技术类公务员应当进行专业技术培训。

国家有计划地加强对优秀年轻公务员的培训。

第六十八条 公务员的培训实行登记管理。

公务员参加培训的时间由公务员主管部门按照本法第六十七条规定的培训要求予以确定。

公务员培训情况、学习成绩作为公务员考核的内容和任职、晋升的依据之一。

第十一章 交流与回避

第六十九条 国家实行公务员交流制度。

公务员可以在公务员和参照本法管理的工作人员队伍内部交流,也可以与国有企业和不参照本法管理的事业单位中从事公务的人员交流。

交流的方式包括调任、转任。

第七十条 国有企业、高等院校和科研院所以及其他不参照本法管理的事业单位中从事公务的人员,可以调入机关担任领导职务或者四级调研员以上及其他相当层次的职级。

调任人选应当具备本法第十三条规定的条件和拟任职位所要求的资格条件,并不得有本法第二十六条规定的情形。调任机关应当根据上述规定,对调任人选进行严格考察,并按照管理权限审批,必要时可以对调任人选进行考试。

第七十一条 公务员在不同职位之间转任应当具备拟任职位所要求的资格条件,在规定的编制限额和职数内进行。

对省部级正职以下的领导成员应当有计划、有重点地实行跨地区、跨部门转任。

对担任机关内设机构领导职务和其他工作性质特殊的公务员,应当有计划地在本机关内转任。

上级机关应当注重从基层机关公开遴选公务员。

第七十二条 根据工作需要,机关可以采取挂职方式选派公务员承担重大工程、重大项目、重点任务或者其他专项工作。

公务员在挂职期间,不改变与原机关的人事关系。

第七十三条 公务员应当服从机关的交流决定。

公务员本人申请交流的,按照管理权限审批。

第七十四条 公务员之间有夫妻关系、直系血亲关系、三代以内旁系血亲关系以及近姻亲关系的,不得在同一机关双方直接隶属于同一领导人员的职位或者有直接上下级领导关系的职位工作,也不得在其中一方担任领导职务的机关从事组织、人事、纪检、监察、审计和财务工作。

公务员不得在其配偶、子女及其配偶经营的企业、营利性组织的行业监管或者主管部门担任领导成员。

因地域或者工作性质特殊,需要变通执行任职回避的,由省级以上公务员主管部门规定。

第七十五条 公务员担任乡级机关、县级机关、设区的市级机关及其有关部门主要领导职务的,应当按照有关规定实行地域回避。

第七十六条　公务员执行公务时,有下列情形之一的,应当回避:

(一)涉及本人利害关系的;

(二)涉及与本人有本法第七十四条第一款所列亲属关系人员的利害关系的;

(三)其他可能影响公正执行公务的。

第七十七条　公务员有应当回避情形的,本人应当申请回避;利害关系人有权申请公务员回避。其他人员可以向机关提供公务员需要回避的情况。

机关根据公务员本人或者利害关系人的申请,经审查后作出是否回避的决定,也可以不经申请直接作出回避决定。

第七十八条　法律对公务员回避另有规定的,从其规定。

第十二章　工资、福利与保险

第七十九条　公务员实行国家统一规定的工资制度。

公务员工资制度贯彻按劳分配的原则,体现工作职责、工作能力、工作实绩、资历等因素,保持不同领导职务、职级、级别之间的合理工资差距。

国家建立公务员工资的正常增长机制。

第八十条　公务员工资包括基本工资、津贴、补贴和奖金。

公务员按照国家规定享受地区附加津贴、艰苦边远地区津贴、岗位津贴等津贴。

公务员按照国家规定享受住房、医疗等补贴、补助。

公务员在定期考核中被确定为优秀、称职的,按照国家规定享受年终奖金。

公务员工资应当按时足额发放。

第八十一条　公务员的工资水平应当与国民经济发展相协调、与社会进步相适应。

国家实行工资调查制度,定期进行公务员和企业相当人员工资水平的调查比较,并将工资调查比较结果作为调整公务员工资水平的依据。

第八十二条　公务员按国家规定享受福利待遇。国家根据经济社会发展水平提高公务员的福利待遇。

公务员执行国家规定的工时制度,按照国家规定享受休假。公务员在法定工作日之外加班的,应当给予相应的补休,不能补休的按照国家规定给予补助。

第八十三条　公务员依法参加社会保险,按照国家规定享受保险待遇。

公务员因公牺牲或者病故的,其亲属享受国家规定的抚恤和优待。

第八十四条　任何机关不得违反国家规定自行更改公务员工资、福利、保险政策,擅自提高或者降低公务员的工资、福利、保险待遇。任何机关不得扣减或者拖欠公务员的工资。

第十三章　辞职与辞退

第八十五条　公务员辞去公职,应当向任免机关提出书面申请。任免机关应当自接到申请之日起三十日内予以审批,其中对领导成员辞去公职的申请,应当自接到申请之日起九十日内予以审批。

第八十六条　公务员有下列情形之一的,不得辞去公职:

(一)未满国家规定的最低服务年限的;

(二)在涉及国家秘密等特殊职位任职或者离开上述职位不满国家规定的脱密期限的;

(三)重要公务尚未处理完毕,且须由本人继续处理的;

(四)正在接受审计、纪律审查、监察调查,或者涉嫌犯罪,司法程序尚未终结的;

(五)法律、行政法规规定的其他不得辞去公职的情形。

第八十七条　担任领导职务的公务员,因工作变动依照法律规定需要辞去现任职务的,应当履行辞职手续。

担任领导职务的公务员,因个人或者其他原因,可以自愿提出辞去领导职务。

领导成员因工作严重失误、失职造成重大损失或者恶劣社会影响的,或者对重大事故负有领导责任的,应当引咎辞去领导职务。

领导成员因其他原因不再适合担任现任领导职务的,或者应当引咎辞职本人不提出辞职的,应当责令其辞去领导职务。

第八十八条　公务员有下列情形之一的,予以辞退:

(一)在年度考核中,连续两年被确定为不称职的;

(二)不胜任现职工作,又不接受其他安排的;

(三)因所在机关调整、撤销、合并或者缩减编制员额需要调整工作,本人拒绝合理安排的;

(四)不履行公务员义务,不遵守法律和公务员纪律,经教育仍无转变,不适合继续在机关工作,又不宜给予开除处分的;

(五)旷工或者因公外出、请假期满无正当理由逾期不归连续超过十五天,或者一年内累计超过三十天的。

第八十九条 对有下列情形之一的公务员,不得辞退:
(一)因公致残,被确认丧失或者部分丧失工作能力的;
(二)患病或者负伤,在规定的医疗期内的;
(三)女性公务员在孕期、产假、哺乳期内的;
(四)法律、行政法规规定的其他不得辞退的情形。

第九十条 辞退公务员,按照管理权限决定。辞退决定应当以书面形式通知被辞退的公务员,并应当告知辞退依据和理由。

被辞退的公务员,可以领取辞退费或者根据国家有关规定享受失业保险。

第九十一条 公务员辞职或者被辞退,离职前应当办理公务交接手续,必要时按照规定接受审计。

第十四章 退 休

第九十二条 公务员达到国家规定的退休年龄或者完全丧失工作能力的,应当退休。

第九十三条 公务员符合下列条件之一的,本人自愿提出申请,经任免机关批准,可以提前退休:
(一)工作年限满三十年的;
(二)距国家规定的退休年龄不足五年,且工作年限满二十年的;
(三)符合国家规定的可以提前退休的其他情形的。

第九十四条 公务员退休后,享受国家规定的养老金和其他待遇,国家为其生活和健康提供必要的服务和帮助,鼓励发挥个人专长,参与社会发展。

第十五章 申诉与控告

第九十五条 公务员对涉及本人的下列人事处理不服的,可以自知道该人事处理之日起三十日内向原处理机关申请复核;对复核结果不服的,可以自接到复核决定之日起十五日内,按照规定向同级公务员主管部门或者作出该人事处理的机关的上一级机关提出申诉;也可以不经复核,自知道该人事处理之日起三十日内直接提出申诉:
(一)处分;
(二)辞退或者取消录用;
(三)降职;
(四)定期考核定为不称职;
(五)免职;
(六)申请辞职、提前退休未予批准;
(七)不按照规定确定或者扣减工资、福利、保险待遇;
(八)法律、法规规定可以申诉的其他情形。

对省级以下机关作出的申诉处理决定不服的,可以向作出处理决定的上一级机关提出再申诉。

受理公务员申诉的机关应当组成公务员申诉公正委员会,负责受理和审理公务员的申诉案件。

公务员对监察机关作出的涉及本人的处理决定不服向监察机关申请复审、复核的,按照有关规定办理。

第九十六条 原处理机关应当自接到复核申请书后的三十日内作出复核决定,并以书面形式告知申请人。受理公务员申诉的机关应当自受理之日起六十日内作出处理决定;案情复杂的,可以适当延长,但是延长时间不得超过三十日。

复核、申诉期间不停止人事处理的执行。

公务员不因申请复核、提出申诉而被加重处理。

第九十七条 公务员申诉的受理机关审查认定人事处理有错误的,原处理机关应当及时予以纠正。

第九十八条 公务员认为机关及其领导人员侵犯其合法权益的,可以依法向上级机关或者监察机关提出控告。受理控告的机关应当按照规定及时处理。

第九十九条 公务员提出申诉、控告,应当尊重事实,不得捏造事实,诬告、陷害他人。对捏造事实,诬告、陷害他人的,依法追究法律责任。

第十六章 职位聘任

第一百条 机关根据工作需要,经省级以上公务员主管部门批准,可以对专业性较强的职位和辅助性职位实行聘任制。

前款所列职位涉及国家秘密的,不实行聘任制。

第一百零一条 机关聘任公务员可以参照公务员考试录用的程序进行公开招聘,也可以从符合条件的人员中直接选聘。

机关聘任公务员应当在规定的编制限额和工资经费限额内进行。

第一百零二条 机关聘任公务员,应当按照平等自愿、协商一致的原则,签订书面的聘任合同,确定机关与所聘公务员双方的权利、义务。聘任合同经双方协商一致可以变更或者解除。

聘任合同的签订、变更或者解除,应当报同级公务员主管部门备案。

第一百零三条 聘任合同应当具备合同期限、职位及其职责要求、工资、福利、保险待遇、违约责任等条款。

聘任合同期限为一年至五年。聘任合同可以约定试用期,试用期为一个月至十二个月。

聘任制公务员实行协议工资制,具体办法由中央公务员主管部门规定。

第一百零四条 机关依据本法和聘任合同对所聘公务员进行管理。

第一百零五条 聘任制公务员与所在机关之间因履行聘任合同发生争议的,可以自争议发生之日起六十日内申请仲裁。

省级以上公务员主管部门根据需要设立人事争议仲裁委员会,受理仲裁申请。人事争议仲裁委员会由公务员主管部门的代表、聘用机关的代表、聘任制公务员的代表以及法律专家组成。

当事人对仲裁裁决不服的,可以自接到仲裁裁决书之日起十五日内向人民法院提起诉讼。仲裁裁决生效后,一方当事人不履行的,另一方当事人可以申请人民法院执行。

第十七章 法律责任

第一百零六条 对有下列违反本法规定情形的,由县级以上领导机关或者公务员主管部门按照管理权限,区别不同情况,分别予以责令纠正或者宣布无效;对负有责任的领导人员和直接责任人员,根据情节轻重,给予批评教育、责令检查、诫勉、组织调整、处分;构成犯罪的,依法追究刑事责任:

(一)不按照编制限额、职数或者任职资格条件进行公务员录用、调任、转任、聘任和晋升的;

(二)不按照规定条件进行公务员奖惩、回避和办理退休的;

(三)不按照规定程序进行公务员录用、调任、转任、聘任、晋升以及考核、奖惩的;

(四)违反国家规定,更改公务员工资、福利、保险待遇标准的;

(五)在录用、公开遴选等工作中发生泄露试题、违反考场纪律以及其他严重影响公开、公正行为的;

(六)不按照规定受理和处理公务员申诉、控告的;

(七)违反本法规定的其他情形的。

第一百零七条 公务员辞去公职或者退休的,原系领导成员、县处级以上领导职务的公务员在离职三年内,其他公务员在离职两年内,不得到与原工作业务直接相关的企业或者其他营利性组织任职,不得从事与原工作业务直接相关的营利性活动。

公务员辞去公职或者退休后有违反前款规定行为的,由其原所在机关的同级公务员主管部门责令限期改正;逾期不改正的,由县级以上市场监管部门没收该人员从业期间的违法所得,责令接收单位将该人员予以清退,并根据情节轻重,对接收单位处以被处罚人员违法所得一倍以上五倍以下的罚款。

第一百零八条 公务员主管部门的工作人员,违反本法规定,滥用职权、玩忽职守、徇私舞弊,构成犯罪的,依法追究刑事责任;尚不构成犯罪的,给予处分或者由监察机关依法给予政务处分。

第一百零九条 在公务员录用、聘任等工作中,有隐瞒真实信息、弄虚作假、考试作弊、扰乱考试秩序等行为的,由公务员主管部门根据情节作出考试成绩无效、取消资格、限制报考等处理;情节严重的,依法追究法律责任。

第一百一十条 机关因错误的人事处理对公务员造成名誉损害的,应当赔礼道歉、恢复名誉、消除影响;造成经济损失的,应当依法给予赔偿。

第十八章 附 则

第一百一十一条 本法所称领导成员,是指机关的领导人员,不包括机关内设机构担任领导职务的人员。

第一百一十二条 法律、法规授权的具有公共事务管理职能的事业单位中除工勤人员以外的工作人员,经批准参照本法进行管理。

第一百一十三条 本法自2019年6月1日起施行。

中华人民共和国公职人员政务处分法

- 2020年6月20日第十三届全国人民代表大会常务委员会第十九次会议通过
- 2020年6月20日中华人民共和国主席令第46号公布
- 自2020年7月1日起施行

第一章 总 则

第一条 为了规范政务处分,加强对所有行使公权力的公职人员的监督,促进公职人员依法履职、秉公用权、廉洁从政从业、坚持道德操守,根据《中华人民共和国监察法》,制定本法。

第二条 本法适用于监察机关对违法的公职人员给予政务处分的活动。

本法第二章、第三章适用于公职人员任免机关、单位对违法的公职人员给予处分。处分的程序、申诉等适用其他法律、行政法规、国务院部门规章和国家有关规定。

本法所称公职人员,是指《中华人民共和国监察法》第十五条规定的人员。

第三条 监察机关应当按照管理权限,加强对公职人员的监督,依法给予违法的公职人员政务处分。

公职人员任免机关、单位应当按照管理权限,加强对公职人员的教育、管理、监督,依法给予违法的公职人员处分。

监察机关发现公职人员任免机关、单位应当给予处分而未给予,或者给予的处分违法、不当的,应当及时提出监察建议。

第四条 给予公职人员政务处分,坚持党管干部原则,集体讨论决定;坚持法律面前一律平等,以事实为根据,以法律为准绳,给予的政务处分与违法行为的性质、情节、危害程度相当;坚持惩戒与教育相结合,宽严相济。

第五条 给予公职人员政务处分,应当事实清楚、证据确凿、定性准确、处理恰当、程序合法、手续完备。

第六条 公职人员依法履行职责受法律保护,非因法定事由、非经法定程序,不受政务处分。

第二章 政务处分的种类和适用

第七条 政务处分的种类为:

(一)警告;

(二)记过;

(三)记大过;

(四)降级;

(五)撤职;

(六)开除。

第八条 政务处分的期间为:

(一)警告,六个月;

(二)记过,十二个月;

(三)记大过,十八个月;

(四)降级、撤职,二十四个月。

政务处分决定自作出之日起生效,政务处分期自政务处分决定生效之日起计算。

第九条 公职人员二人以上共同违法,根据各自在违法行为中所起的作用和应当承担的法律责任,分别给予政务处分。

第十条 有关机关、单位、组织集体作出的决定违法或者实施违法行为的,对负有责任的领导人员和直接责任人员中的公职人员依法给予政务处分。

第十一条 公职人员有下列情形之一的,可以从轻或者减轻给予政务处分:

(一)主动交代本人应当受到政务处分的违法行为的;

(二)配合调查,如实说明本人违法事实的;

(三)检举他人违纪违法行为,经查证属实的;

(四)主动采取措施,有效避免、挽回损失或者消除不良影响的;

(五)在共同违法行为中起次要或者辅助作用的;

(六)主动上交或者退赔违法所得的;

(七)法律、法规规定的其他从轻或者减轻情节。

第十二条 公职人员违法行为情节轻微,且具有本法第十一条规定的情形之一的,可以对其进行谈话提醒、批评教育、责令检查或者予以诫勉,免予或者不予政务处分。

公职人员因不明真相被裹挟或者被胁迫参与违法活动,经批评教育后确有悔改表现的,可以减轻、免予或者不予政务处分。

第十三条 公职人员有下列情形之一的,应当从重给予政务处分:

(一)在政务处分期内再次故意违法,应当受到政务处分的;

(二)阻止他人检举、提供证据的;

(三)串供或者伪造、隐匿、毁灭证据的;

(四)包庇同案人员的;

(五)胁迫、唆使他人实施违法行为的;

(六)拒不上交或者退赔违法所得的;

(七)法律、法规规定的其他从重情节。

第十四条 公职人员犯罪,有下列情形之一的,予以开除:

(一)因故意犯罪被判处管制、拘役或者有期徒刑以上刑罚(含宣告缓刑)的;

(二)因过失犯罪被判处有期徒刑,刑期超过三年的;

(三)因犯罪被单处或者并处剥夺政治权利的。

因过失犯罪被判处管制、拘役或者三年以下有期徒刑的,一般应当予以开除;案件情况特殊,予以撤职更为适当的,可以不予开除,但是应当报请上一级机关批准。

公职人员因犯罪被单处罚金,或者犯罪情节轻微,人民检察院依法作出不起诉决定或者人民法院依法免于刑事处罚的,予以撤职;造成不良影响的,予以开除。

第十五条 公职人员有两个以上违法行为的,应当分别确定政务处分。应当给予两种以上政务处分的,执行其中最重的政务处分;应当给予撤职以下多个相同政务处分的,可以在一个政务处分期以上、多个政务处分期之和以下确定政务处分期,但是最长不得超过四十八个月。

第十六条 对公职人员的同一违法行为,监察机关和公职人员任免机关、单位不得重复给予政务处分和处分。

第十七条 公职人员有违法行为,有关机关依照规定给予组织处理的,监察机关可以同时给予政务处分。

第十八条 担任领导职务的公职人员有违法行为,被罢免、撤销、免去或者辞去领导职务的,监察机关可以同时给予政务处分。

第十九条 公务员以及参照《中华人民共和国公务员法》管理的人员在政务处分期内,不得晋升职务、职级、衔级和级别;其中,被记过、记大过、降级、撤职的,不得晋升工资档次。被撤职的,按照规定降低职务、职级、衔级和级别,同时降低工资和待遇。

第二十条 法律、法规授权或者受国家机关依法委托管理公共事务的组织中从事公务的人员,以及公办的教育、科研、文化、医疗卫生、体育等单位中从事管理的人员,在政务处分期内,不得晋升职务、岗位和职员等级、职称;其中,被记过、记大过、降级、撤职的,不得晋升薪酬待遇等级。被撤职的,降低职务、岗位或者职员等级,同时降低薪酬待遇。

第二十一条 国有企业管理人员在政务处分期内,不得晋升职务、岗位等级和职称;其中,被记过、记大过、降级、撤职的,不得晋升薪酬待遇等级。被撤职的,降低职务或者岗位等级,同时降低薪酬待遇。

第二十二条 基层群众性自治组织中从事管理的人员有违法行为的,监察机关可以予以警告、记过、记大过。

基层群众性自治组织中从事管理的人员受到政务处分的,应当由县级或者乡镇人民政府根据具体情况减发或者扣发补贴、奖金。

第二十三条 《中华人民共和国监察法》第十五条第六项规定的人员有违法行为的,监察机关可以予以警告、记过、记大过。情节严重的,由所在单位直接给予或者监察机关建议有关机关、单位给予降低薪酬待遇、调离岗位、解除人事关系或者劳动关系等处理。

《中华人民共和国监察法》第十五条第二项规定的人员,未担任公务员、参照《中华人民共和国公务员法》管理的人员、事业单位工作人员或者国有企业人员职务的,对其违法行为依照前款规定处理。

第二十四条 公职人员被开除,或者依照本法第二十三条规定,受到解除人事关系或者劳动关系处理的,不得录用为公务员以及参照《中华人民共和国公务员法》管理的人员。

第二十五条 公职人员违法取得的财物和用于违法行为的本人财物,除依法应当由其他机关没收、追缴或者责令退赔的,由监察机关没收、追缴或者责令退赔;应当退还原所有人或者原持有人的,依法予以退还;属于国家财产或者不应当退还以及无法退还的,上缴国库。

公职人员因违法行为获得的职务、职级、衔级、级别、岗位和职员等级、职称、待遇、资格、学历、学位、荣誉、奖励等其他利益,监察机关应当建议有关机关、单位、组织按规定予以纠正。

第二十六条 公职人员被开除的,自政务处分决定生效之日起,应当解除其与所在机关、单位的人事关系或者劳动关系。

公职人员受到开除以外的政务处分,在政务处分期内有悔改表现,并且没有再发生应当给予政务处分的违法行为的,政务处分期满后自动解除,晋升职务、职级、衔级、级别、岗位和职员等级、职称、薪酬待遇不再受原政务处分影响。但是,解除降级、撤职的,不恢复原职务、职级、衔级、级别、岗位和职员等级、职称、薪酬待遇。

第二十七条 已经退休的公职人员退休前或者退休后有违法行为的,不再给予政务处分,但是可以对其立案调查;依法应当予以降级、撤职、开除的,应当按照规定相应调整其享受的待遇,对其违法取得的财物和用于违法行为的本人财物依照本法第二十五条的规定处理。

已经离职或者死亡的公职人员在履职期间有违法行为的,依照前款规定处理。

第三章 违法行为及其适用的政务处分

第二十八条 有下列行为之一的,予以记过或者记大过;情节较重的,予以降级或者撤职;情节严重的,予以开除:

(一)散布有损宪法权威、中国共产党领导和国家声誉的言论的;

(二)参加旨在反对宪法、中国共产党领导和国家的集会、游行、示威等活动的;

(三)拒不执行或者变相不执行中国共产党和国家的路线方针政策、重大决策部署的;

(四)参加非法组织、非法活动的;

(五)挑拨、破坏民族关系,或者参加民族分裂活动的;

(六)利用宗教活动破坏民族团结和社会稳定的;

(七)在对外交往中损害国家荣誉和利益的。

有前款第二项、第四项、第五项和第六项行为之一的,对策划者、组织者和骨干分子,予以开除。

公开发表反对宪法确立的国家指导思想,反对中国共产党领导,反对社会主义制度,反对改革开放的文章、演说、宣言、声明等的,予以开除。

第二十九条 不按照规定请示、报告重大事项,情节较重的,予以警告、记过或者记大过;情节严重的,予以降级或者撤职。

违反个人有关事项报告规定,隐瞒不报,情节较重的,予以警告、记过或者记大过。

篡改、伪造本人档案资料的,予以记过或者记大过;情节严重的,予以降级或者撤职。

第三十条 有下列行为之一的,予以警告、记过或者记大过;情节严重的,予以降级或者撤职:

(一)违反民主集中制原则,个人或者少数人决定重大事项,或者拒不执行、擅自改变集体作出的重大决定的;

(二)拒不执行或者变相不执行、拖延执行上级依法作出的决定、命令的。

第三十一条 违反规定出境或者办理因私出境证件的,予以记过或者记大过;情节严重的,予以降级或者撤职。

违反规定取得外国国籍或者获取境外永久居留资格、长期居留许可的,予以撤职或者开除。

第三十二条 有下列行为之一的,予以警告、记过或者记大过;情节较重的,予以降级或者撤职;情节严重的,予以开除:

(一)在选拔任用、录用、聘用、考核、晋升、评选等干部人事工作中违反有关规定的;

(二)弄虚作假,骗取职务、职级、衔级、级别、岗位和职员等级、职称、待遇、资格、学历、学位、荣誉、奖励或者其他利益的;

(三)对依法行使批评、申诉、控告、检举等权利的行为进行压制或者打击报复的;

(四)诬告陷害,意图使他人受到名誉损害或者责任追究等不良影响的;

(五)以暴力、威胁、贿赂、欺骗等手段破坏选举的。

第三十三条 有下列行为之一的,予以警告、记过或者记大过;情节较重的,予以降级或者撤职;情节严重的,予以开除:

(一)贪污贿赂的;

(二)利用职权或者职务上的影响为本人或者他人谋取私利的;

(三)纵容、默许特定关系人利用本人职权或者职务上的影响谋取私利的。

拒不按照规定纠正特定关系人违规任职、兼职或者从事经营活动,且不服从职务调整的,予以撤职。

第三十四条 收受可能影响公正行使公权力的礼品、礼金、有价证券等财物的,予以警告、记过或者记大过;情节较重的,予以降级或者撤职;情节严重的,予以开除。

向公职人员及其特定关系人赠送可能影响公正行使公权力的礼品、礼金、有价证券等财物,或者接受、提供可能影响公正行使公权力的宴请、旅游、健身、娱乐等活动安排,情节较重的,予以警告、记过或者记大过;情节严重的,予以降级或者撤职。

第三十五条 有下列行为之一,情节较重的,予以警告、记过或者记大过;情节严重的,予以降级或者撤职:

(一)违反规定设定、发放薪酬或者津贴、补贴、奖金的;

(二)违反规定,在公务接待、公务交通、会议活动、办公用房以及其他工作生活保障等方面超标准、超范围的;

(三)违反规定公款消费的。

第三十六条 违反规定从事或者参与营利性活动,或者违反规定兼任职务、领取报酬的,予以警告、记过或者记大过;情节较重的,予以降级或者撤职;情节严重的,予以开除。

第三十七条 利用宗族或者黑恶势力等欺压群众,或者纵容、包庇黑恶势力活动的,予以撤职;情节严重的,予以开除。

第三十八条 有下列行为之一,情节较重的,予以警告、记过或者记大过;情节严重的,予以降级或者撤职:

(一)违反规定向管理服务对象收取、摊派财物的;

(二)在管理服务活动中故意刁难、吃拿卡要的;

(三)在管理服务活动中态度恶劣粗暴,造成不良后果或者影响的;

(四)不按照规定公开工作信息,侵犯管理服务对象知情权,造成不良后果或者影响的;

(五)其他侵犯管理服务对象利益的行为,造成不良后果或者影响的。

有前款第一项、第二项和第五项行为,情节特别严重的,予以开除。

第三十九条 有下列行为之一,造成不良后果或者影响的,予以警告、记过或者记大过;情节较重的,予以降级或者撤职;情节严重的,予以开除:

(一)滥用职权,危害国家利益、社会公共利益或者侵害公民、法人、其他组织合法权益的;

(二)不履行或者不正确履行职责,玩忽职守,贻误工作的;

(三)工作中有形式主义、官僚主义行为的;
(四)工作中有弄虚作假,误导、欺骗行为的;
(五)泄露国家秘密、工作秘密,或者泄露因履行职责掌握的商业秘密、个人隐私的。

第四十条 有下列行为之一的,予以警告、记过或者记大过;情节较重的,予以降级或者撤职;情节严重的,予以开除:
(一)违背社会公序良俗,在公共场所有不当行为,造成不良影响的;
(二)参与或者支持迷信活动,造成不良影响的;
(三)参与赌博的;
(四)拒不承担赡养、抚养、扶养义务的;
(五)实施家庭暴力,虐待、遗弃家庭成员的;
(六)其他严重违反家庭美德、社会公德的行为。
吸食、注射毒品,组织赌博,组织、支持、参与卖淫、嫖娼、色情淫乱活动的,予以撤职或者开除。

第四十一条 公职人员有其他违法行为,影响公职人员形象,损害国家和人民利益的,可以根据情节轻重给予相应政务处分。

第四章 政务处分的程序

第四十二条 监察机关对涉嫌违法的公职人员进行调查,应当由二名以上工作人员进行。监察机关进行调查时,有权依法向有关单位和个人了解情况,收集、调取证据。有关单位和个人应当如实提供情况。
严禁以威胁、引诱、欺骗及其他非法方式收集证据。以非法方式收集的证据不得作为给予政务处分的依据。

第四十三条 作出政务处分决定前,监察机关应当将调查认定的违法事实及拟给予政务处分的依据告知被调查人,听取被调查人的陈述和申辩,并对其陈述的事实、理由和证据进行核实,记录在案。被调查人提出的事实、理由和证据成立的,应予采纳。不得因被调查人的申辩而加重政务处分。

第四十四条 调查终结后,监察机关应当根据下列不同情况,分别作出处理:
(一)确有应受政务处分的违法行为的,根据情节轻重,按照政务处分决定权限,履行规定的审批手续后,作出政务处分决定;
(二)违法事实不能成立的,撤销案件;
(三)符合免予、不予政务处分条件的,作出免予、不予政务处分决定;
(四)被调查人涉嫌其他违法或者犯罪行为的,依法移送主管机关处理。

第四十五条 决定给予政务处分的,应当制作政务处分决定书。
政务处分决定书应当载明下列事项:
(一)被处分人的姓名、工作单位和职务;
(二)违法事实和证据;
(三)政务处分的种类和依据;
(四)不服政务处分决定,申请复审、复核的途径和期限;
(五)作出政务处分决定的机关名称和日期。
政务处分决定书应当盖有作出决定的监察机关的印章。

第四十六条 政务处分决定书应当及时送达被处分人和被处分人所在机关、单位,并在一定范围内宣布。
作出政务处分决定后,监察机关应当根据被处分人的具体身份书面告知相关的机关、单位。

第四十七条 参与公职人员违法案件调查、处理的人员有下列情形之一的,应当自行回避,被调查人、检举人及其他有关人员也有权要求其回避:
(一)是被调查人或者检举人的近亲属的;
(二)担任过本案的证人的;
(三)本人或者其近亲属与调查的案件有利害关系的;
(四)可能影响案件公正调查、处理的其他情形。

第四十八条 监察机关负责人的回避,由上级监察机关决定;其他参与违法案件调查、处理人员的回避,由监察机关负责人决定。
监察机关或者上级监察机关发现参与违法案件调查、处理人员有应当回避情形的,可以直接决定该人员回避。

第四十九条 公职人员依法受到刑事责任追究的,监察机关应当根据司法机关的生效判决、裁定、决定及其认定的事实和情节,依照本法规定给予政务处分。
公职人员依法受到行政处罚,应当给予政务处分的,监察机关可以根据行政处罚决定认定的事实和情节,经立案调查核实后,依照本法给予政务处分。
监察机关根据本条第一款、第二款的规定作出政务处分后,司法机关、行政机关依法改变原生效判决、裁定、决定等,对原政务处分决定产生影响的,监察机关应当根据改变后的判决、裁定、决定等重新作出相应处理。

第五十条 监察机关对经各级人民代表大会、县级以上各级人民代表大会常务委员会选举或者决定任命的公职人员予以撤职、开除的,应当先依法罢免、撤销或者免去其职务,再依法作出政务处分决定。
监察机关对经中国人民政治协商会议各级委员会全

体会议或者其常务委员会选举或者决定任命的公职人员予以撤职、开除的,应当先依章程免去其职务,再依法作出政务处分决定。

监察机关对各级人民代表大会代表、中国人民政治协商会议各级委员会委员给予政务处分的,应当向有关的人民代表大会常务委员会,乡、民族乡、镇的人民代表大会主席团或者中国人民政治协商会议委员会常务委员会通报。

第五十一条 下级监察机关根据上级监察机关的指定管辖决定进行调查的案件,调查终结后,对不属于本监察机关管辖范围内的监察对象,应当交有管理权限的监察机关依法作出政务处分决定。

第五十二条 公职人员涉嫌违法,已经被立案调查,不宜继续履行职责的,公职人员任免机关、单位可以决定暂停其履行职务。

公职人员在被立案调查期间,未经监察机关同意,不得出境、辞去公职;被调查公职人员所在机关、单位及上级机关、单位不得对其交流、晋升、奖励、处分或者办理退休手续。

第五十三条 监察机关在调查中发现公职人员受到不实检举、控告或者诬告陷害,造成不良影响的,应当按照规定及时澄清事实,恢复名誉,消除不良影响。

第五十四条 公职人员受到政务处分的,应当将政务处分决定书存入其本人档案。对于受到降级以上政务处分的,应当由人事部门按照管理权限在作出政务处分决定后一个月内办理职务、工资及其他有关待遇等的变更手续;特殊情况下,经批准可以适当延长办理期限,但是最长不得超过六个月。

第五章 复审、复核

第五十五条 公职人员对监察机关作出的涉及本人的政务处分决定不服的,可以依法向作出决定的监察机关申请复审;公职人员对复审决定仍不服的,可以向上一级监察机关申请复核。

监察机关发现本机关或者下级监察机关作出的政务处分决定确有错误的,应当及时予以纠正或者责令下级监察机关及时予以纠正。

第五十六条 复审、复核期间,不停止原政务处分决定的执行。

公职人员不因提出复审、复核而被加重政务处分。

第五十七条 有下列情形之一的,复审、复核机关应当撤销原政务处分决定,重新作出决定或者责令原作出决定的监察机关重新作出决定:

(一)政务处分所依据的违法事实不清或者证据不足的;

(二)违反法定程序,影响案件公正处理的;

(三)超越职权或者滥用职权作出政务处分决定的。

第五十八条 有下列情形之一的,复审、复核机关应当变更原政务处分决定,或者责令原作出决定的监察机关予以变更:

(一)适用法律、法规确有错误的;

(二)对违法行为的情节认定确有错误的;

(三)政务处分不当的。

第五十九条 复审、复核机关认为政务处分决定认定事实清楚,适用法律正确的,应当予以维持。

第六十条 公职人员的政务处分决定被变更,需要调整该公职人员的职务、职级、衔级、级别、岗位和职员等级或者薪酬待遇等的,应当按照规定予以调整。政务处分决定被撤销的,应当恢复该公职人员的级别、薪酬待遇,按照原职务、职级、衔级、岗位和职员等级安排相应的职务、职级、衔级、岗位和职员等级,并在原政务处分决定公布范围内为其恢复名誉。没收、追缴财物错误的,应当依法予以返还、赔偿。

公职人员因有本法第五十七条、第五十八条规定的情形被撤销政务处分或者减轻政务处分的,应当对其薪酬待遇受到的损失予以补偿。

第六章 法律责任

第六十一条 有关机关、单位无正当理由拒不采纳监察建议的,由其上级机关、主管部门责令改正,对该机关、单位给予通报批评,对负有责任的领导人员和直接责任人员依法给予处理。

第六十二条 有关机关、单位、组织或者人员有下列情形之一的,由其上级机关、主管部门、任免机关、单位或者监察机关责令改正,依法给予处理:

(一)拒不执行政务处分决定的;

(二)拒不配合或者阻碍调查的;

(三)对检举人、证人或者调查人员进行打击报复的;

(四)诬告陷害公职人员的;

(五)其他违反本法规定的情形。

第六十三条 监察机关及其工作人员有下列情形之一的,对负有责任的领导人员和直接责任人员依法给予处理:

(一)违反规定处置问题线索的;

(二)窃取、泄露调查工作信息,或者泄露检举事项、检举受理情况以及检举人信息的;

（三）对被调查人或者涉案人员逼供、诱供，或者侮辱、打骂、虐待、体罚或者变相体罚的；

（四）收受被调查人或者涉案人员的财物以及其他利益的；

（五）违反规定处置涉案财物的；

（六）违反规定采取调查措施的；

（七）利用职权或者职务上的影响干预调查工作、以案谋私的；

（八）违反规定发生办案安全事故，或者发生安全事故后隐瞒不报、报告失实、处置不当的；

（九）违反回避等程序规定，造成不良影响的；

（十）不依法受理和处理公职人员复审、复核的；

（十一）其他滥用职权、玩忽职守、徇私舞弊的行为。

第六十四条 违反本法规定，构成犯罪，依法追究刑事责任。

第七章 附 则

第六十五条 国务院及其相关主管部门根据本法的原则和精神，结合事业单位、国有企业等的实际情况，对事业单位、国有企业等的违法的公职人员处分事宜作出具体规定。

第六十六条 中央军事委员会可以根据本法制定相关具体规定。

第六十七条 本法施行前，已结案的案件如果需要复审、复核，适用当时的规定。尚未结案的案件，如果行为发生时的规定不认为是违法的，适用当时的规定；如果行为发生时的规定认为是违法的，依照当时的规定处理，但是如果本法不认为是违法或者根据本法处理较轻的，适用本法。

第六十八条 本法自 2020 年 7 月 1 日起施行。

中华人民共和国退役军人保障法

- 2020 年 11 月 11 日第十三届全国人民代表大会常务委员会第二十三次会议通过
- 2020 年 11 月 11 日中华人民共和国主席令第 63 号公布
- 自 2021 年 1 月 1 日起施行

第一章 总 则

第一条 为了加强退役军人保障工作，维护退役军人合法权益，让军人成为全社会尊崇的职业，根据宪法，制定本法。

第二条 本法所称退役军人，是指从中国人民解放军依法退出现役的军官、军士和义务兵等人员。

第三条 退役军人为国防和军队建设做出了重要贡献，是社会主义现代化建设的重要力量。

尊重、关爱退役军人是全社会的共同责任。国家关心、优待退役军人，加强退役军人保障体系建设，保障退役军人依法享有相应的权益。

第四条 退役军人保障工作坚持中国共产党的领导，坚持为经济社会发展服务、为国防和军队建设服务的方针，遵循以人为本、分类保障、服务优先、依法管理的原则。

第五条 退役军人保障应当与经济发展相协调，与社会进步相适应。

退役军人安置工作应当公开、公平、公正。

退役军人的政治、生活等待遇与其服现役期间所做贡献挂钩。

国家建立参战退役军人特别优待机制。

第六条 退役军人应当继续发扬人民军队优良传统，模范遵守宪法和法律法规，保守军事秘密，践行社会主义核心价值观，积极参加社会主义现代化建设。

第七条 国务院退役军人工作主管部门负责全国的退役军人保障工作。县级以上地方人民政府退役军人工作主管部门负责本行政区域的退役军人保障工作。

中央和国家有关机关、中央军事委员会有关部门、地方各级有关机关应当在各自职责范围内做好退役军人保障工作。

军队各级负责退役军人有关工作的部门与县级以上人民政府退役军人工作主管部门应当密切配合，做好退役军人保障工作。

第八条 国家加强退役军人保障工作信息化建设，为退役军人建档立卡，实现有关部门之间信息共享，为提高退役军人保障能力提供支持。

国务院退役军人工作主管部门应当与中央和国家有关机关、中央军事委员会有关部门密切配合，统筹做好信息数据系统的建设、维护、应用和信息安全管理等工作。

第九条 退役军人保障工作所需经费由中央和地方财政共同负担。退役安置、教育培训、抚恤优待资金主要由中央财政负担。

第十条 国家鼓励和引导企业、社会组织、个人等社会力量依法通过捐赠、设立基金、志愿服务等方式为退役军人提供支持和帮助。

第十一条 对在退役军人保障工作中做出突出贡献的单位和个人，按照国家有关规定给予表彰、奖励。

第二章 移交接收

第十二条 国务院退役军人工作主管部门、中央军事委员会政治工作部门、中央和国家有关机关应当制定全国退役军人的年度移交接收计划。

第十三条 退役军人原所在部队应当将退役军人移交安置地人民政府退役军人工作主管部门，安置地人民政府退役军人工作主管部门负责接收退役军人。

退役军人的安置地，按照国家有关规定确定。

第十四条 退役军人应当在规定时间内，持军队出具的退役证明到安置地人民政府退役军人工作主管部门报到。

第十五条 安置地人民政府退役军人工作主管部门在接收退役军人时，向退役军人发放退役军人优待证。

退役军人优待证全国统一制发、统一编号，管理使用办法由国务院退役军人工作主管部门会同有关部门制定。

第十六条 军人所在部队在军人退役时，应当及时将其人事档案移交安置地人民政府退役军人工作主管部门。

安置地人民政府退役军人工作主管部门应当按照国家人事档案管理有关规定，接收、保管并向有关单位移交退役军人人事档案。

第十七条 安置地人民政府公安机关应当按照国家有关规定，及时为退役军人办理户口登记，同级退役军人工作主管部门应当予以协助。

第十八条 退役军人原所在部队应当按照有关法律法规规定，及时将退役军人及随军未就业配偶的养老、医疗等社会保险关系和相应资金，转入安置地社会保险经办机构。

安置地人民政府退役军人工作主管部门应当与社会保险经办机构、军队有关部门密切配合，依法做好有关社会保险关系和相应资金转移接续工作。

第十九条 退役军人移交接收过程中，发生与其服现役有关的问题，由原所在部队负责处理；发生与其安置有关的问题，由安置地人民政府负责处理；发生其他移交接收方面问题的，由安置地人民政府负责处理，原所在部队予以配合。

退役军人原所在部队撤销或者转隶、合并的，由原所在部队的上级单位或者转隶、合并后的单位按照前款规定处理。

第三章 退役安置

第二十条 地方各级人民政府应当按照移交接收计划，做好退役军人安置工作，完成退役军人安置任务。

机关、群团组织、企业事业单位和社会组织应当依法接收安置退役军人，退役军人应当接受安置。

第二十一条 对退役的军官，国家采取退休、转业、逐月领取退役金、复员等方式妥善安置。

以退休方式移交人民政府安置的，由安置地人民政府按照国家保障与社会化服务相结合的方式，做好服务管理工作，保障其待遇。

以转业方式安置的，由安置地人民政府根据其德才条件以及服现役期间的职务、等级、所做贡献、专长等和工作需要安排工作岗位，确定相应的职务职级。

服现役满规定年限，以逐月领取退役金方式安置的，按照国家有关规定逐月领取退役金。

以复员方式安置的，按照国家有关规定领取复员费。

第二十二条 对退役的军士，国家采取逐月领取退役金、自主就业、安排工作、退休、供养等方式妥善安置。

服现役满规定年限，以逐月领取退役金方式安置的，按照国家有关规定逐月领取退役金。

服现役不满规定年限，以自主就业方式安置的，领取一次性退役金。

以安排工作方式安置的，由安置地人民政府根据其服现役期间所做贡献、专长等安排工作岗位。

以退休方式安置的，由安置地人民政府按照国家保障与社会化服务相结合的方式，做好服务管理工作，保障其待遇。

以供养方式安置的，由国家供养终身。

第二十三条 对退役的义务兵，国家采取自主就业、安排工作、供养等方式妥善安置。

以自主就业方式安置的，领取一次性退役金。

以安排工作方式安置的，由安置地人民政府根据其服现役期间所做贡献、专长等安排工作岗位。

以供养方式安置的，由国家供养终身。

第二十四条 退休、转业、逐月领取退役金、复员、自主就业、安排工作、供养等安置方式的适用条件，按照相关法律法规执行。

第二十五条 转业军官，安排工作的军士和义务兵，由机关、群团组织、事业单位和国有企业接收安置。对下列退役军人，优先安置：

（一）参战退役军人；

（二）担任作战部队师、旅、团、营级单位主官的转业军官；

（三）属于烈士子女、功臣模范的退役军人；

（四）长期在艰苦边远地区或者特殊岗位服现役的退役军人。

第二十六条 机关、群团组织、事业单位接收安置转业军官、安排工作的军士和义务兵的，应当按照国家有关规定给予编制保障。

国有企业接收安置转业军官、安排工作的军士和义务兵的，应当按照国家规定与其签订劳动合同，保障相应待遇。

前两款规定的用人单位依法裁减人员时，应当优先留用接收安置的转业和安排工作的退役军人。

第二十七条 以逐月领取退役金方式安置的退役军官和军士，被录用为公务员或者聘用为事业单位工作人员的，自被录用、聘用下月起停发退役金，其待遇按照公务员、事业单位工作人员管理相关法律法规执行。

第二十八条 国家建立伤病残退役军人指令性移交安置、收治休养制度。军队有关部门应当及时将伤病残退役军人移交安置地人民政府安置。安置地人民政府应当妥善解决伤病残退役军人的住房、医疗、康复、护理和生活困难。

第二十九条 各级人民政府加强拥军优属工作，为军人和家属排忧解难。

符合条件的军官和军士退出现役时，其配偶和子女可以按照国家有关规定随调随迁。

随调配偶在机关或者事业单位工作，符合有关法律法规规定的，安置地人民政府负责安排到相应的工作单位；随调配偶在其他单位工作或者无工作单位的，安置地人民政府应当提供就业指导，协助实现就业。

随迁子女需要转学、入学的，安置地人民政府教育行政部门应当予以及时办理。对下列退役军人的随迁子女，优先保障：

（一）参战退役军人；

（二）属于烈士子女、功臣模范的退役军人；

（三）长期在艰苦边远地区或者特殊岗位服现役的退役军人；

（四）其他符合条件的退役军人。

第三十条 军人退役安置的具体办法由国务院、中央军事委员会制定。

第四章 教育培训

第三十一条 退役军人的教育培训应当以提高就业质量为导向，紧密围绕社会需求，为退役军人提供有特色、精细化、针对性强的培训服务。

国家采取措施加强对退役军人的教育培训，帮助退役军人完善知识结构，提高思想政治水平、职业技能水平和综合职业素养，提升就业创业能力。

第三十二条 国家建立学历教育和职业技能培训并行并举的退役军人教育培训体系，建立退役军人教育培训协调机制，统筹规划退役军人教育培训工作。

第三十三条 军人退役前，所在部队在保证完成军事任务的前提下，可以根据部队特点和条件提供职业技能储备培训，组织参加高等教育自学考试和各类高等学校举办的高等学历继续教育，以及知识拓展、技能培训等非学历继续教育。

部队所在地县级以上地方人民政府退役军人工作主管部门应当为现役军人所在部队开展教育培训提供支持和协助。

第三十四条 退役军人在接受学历教育时，按照国家有关规定享受学费和助学金资助等国家教育资助政策。

高等学校根据国家统筹安排，可以通过单列计划、单独招生等方式招考退役军人。

第三十五条 现役军人入伍前已被普通高等学校录取或者是正在普通高等学校就学的学生，服现役期间保留入学资格或者学籍，退役后两年内允许入学或者复学，可以按照国家有关规定转入本校其他专业学习。达到报考研究生条件的，按照国家有关规定享受优惠政策。

第三十六条 国家依托和支持普通高等学校、职业院校（含技工院校）、专业培训机构等教育资源，为退役军人提供职业技能培训。退役军人未达到法定退休年龄需要就业创业的，可以享受职业技能培训补贴等相应扶持政策。

军人退出现役，安置地人民政府应当根据就业需求组织其免费参加职业教育、技能培训，经考试考核合格的，发给相应的学历证书、职业资格证书或者职业技能等级证书并推荐就业。

第三十七条 省级人民政府退役军人工作主管部门会同有关部门加强动态管理，定期对为退役军人提供职业技能培训的普通高等学校、职业院校（含技工院校）、专业培训机构的培训质量进行检查和考核，提高职业技能培训质量和水平。

第五章 就业创业

第三十八条 国家采取政府推动、市场引导、社会支持相结合的方式，鼓励和扶持退役军人就业创业。

第三十九条 各级人民政府应当加强对退役军人就业创业的指导和服务。

县级以上地方人民政府退役军人工作主管部门应当加强对退役军人就业创业的宣传、组织、协调等工作，会同有关部门采取退役军人专场招聘会等形式，开展就业推荐、职业指导，帮助退役军人就业。

第四十条 服现役期间因战、因公、因病致残被评定残疾等级和退役后补评或者重新评定残疾等级的残疾退役军人，有劳动能力和就业意愿的，优先享受国家规定的残疾人就业优惠政策。

第四十一条 公共人力资源服务机构应当免费为退役军人提供职业介绍、创业指导等服务。

国家鼓励经营性人力资源服务机构和社会组织为退役军人就业创业提供免费或者优惠服务。

退役军人未能及时就业的，在人力资源和社会保障部门办理求职登记后，可以按照规定享受失业保险待遇。

第四十二条 机关、群团组织、事业单位和国有企业在招录或者招聘人员时，对退役军人的年龄和学历条件可以适当放宽，同等条件下优先招录、招聘退役军人。退役的军士和义务兵服现役经历视为基层工作经历。

退役的军士和义务兵入伍前是机关、群团组织、事业单位或者国有企业人员的，退役后可以选择复职复工。

第四十三条 各地应当设置一定数量的基层公务员职位，面向服现役满五年的高校毕业生退役军人招考。

服现役满五年的高校毕业生退役军人可以报考面向服务基层项目人员定向考录的职位，同服务基层项目人员共享公务员定向考录计划。

各地应当注重从优秀退役军人中选聘党的基层组织、社区和村专职工作人员。

军队文职人员岗位、国防教育机构岗位等，应当优先选用符合条件的退役军人。

国家鼓励退役军人参加稳边固边等边疆建设工作。

第四十四条 退役军人服现役年限计算为工龄，退役后与所在单位工作年限累计计算。

第四十五条 县级以上地方人民政府投资建设或者与社会共建的创业孵化基地和创业园区，应当优先为退役军人创业提供服务。有条件的地区可以建立退役军人创业孵化基地和创业园区，为退役军人提供经营场地、投资融资等方面的优惠服务。

第四十六条 退役军人创办小微企业，可以按照国家有关规定申请创业担保贷款，并享受贷款贴息等融资优惠政策。

退役军人从事个体经营，依法享受税收优惠政策。

第四十七条 用人单位招用退役军人符合国家规定的，依法享受税收优惠等政策。

第六章 抚恤优待

第四十八条 各级人民政府应当坚持普惠与优待叠加的原则，在保障退役军人享受普惠性政策和公共服务基础上，结合服现役期间所做贡献和各地实际情况给予优待。

对参战退役军人，应当提高优待标准。

第四十九条 国家逐步消除退役军人抚恤优待制度城乡差异、缩小地区差异，建立统筹平衡的抚恤优待量化标准体系。

第五十条 退役军人依法参加养老、医疗、工伤、失业、生育等社会保险，并享受相应待遇。

退役军人服现役年限与入伍前、退役后参加职工基本养老保险、职工基本医疗保险、失业保险的缴费年限依法合并计算。

第五十一条 退役军人符合安置住房优待条件的，实行市场购买与军地集中统建相结合，由安置地人民政府统筹规划、科学实施。

第五十二条 军队医疗机构、公立医疗机构应当为退役军人就医提供优待服务，并对参战退役军人、残疾退役军人给予优惠。

第五十三条 退役军人凭退役军人优待证等有效证件享受公共交通、文化和旅游等优待，具体办法由省级人民政府制定。

第五十四条 县级以上人民政府加强优抚医院、光荣院建设，充分利用现有医疗和养老服务资源，收治或者集中供养孤老、生活不能自理的退役军人。

各类社会福利机构应当优先接收老年退役军人和残疾退役军人。

第五十五条 国家建立退役军人帮扶援助机制，在养老、医疗、住房等方面，对生活困难的退役军人按照国家有关规定给予帮扶援助。

第五十六条 残疾退役军人依法享受抚恤。

残疾退役军人按照残疾等级享受残疾抚恤金，标准由国务院退役军人工作主管部门会同国务院财政部门综合考虑国家经济社会发展水平、消费物价水平、全国城镇单位就业人员工资水平、国家财力情况等因素确定。残疾抚恤金由县级人民政府退役军人工作主管部门发放。

第七章 褒扬激励

第五十七条 国家建立退役军人荣誉激励机制，对在社会主义现代化建设中做出突出贡献的退役军人予以表彰、奖励。退役军人服现役期间获得表彰、奖励的，退役后按照国家有关规定享受相应待遇。

第五十八条 退役军人安置地人民政府在接收退役军人时，应当举行迎接仪式。迎接仪式由安置地人民政府退役军人工作主管部门负责实施。

第五十九条 地方人民政府应当为退役军人家庭悬挂光荣牌,定期开展走访慰问活动。

第六十条 国家、地方和军队举行重大庆典活动时,应当邀请退役军人代表参加。

被邀请的退役军人参加重大庆典活动时,可以穿着退役时的制式服装,佩戴服现役期间和退役后荣获的勋章、奖章、纪念章等徽章。

第六十一条 国家注重发挥退役军人在爱国主义教育和国防教育活动中的积极作用。机关、群团组织、企业事业单位和社会组织可以邀请退役军人协助开展爱国主义教育和国防教育。县级以上人民政府教育行政部门可以邀请退役军人参加学校国防教育培训,学校可以聘请退役军人参与学生军事训练。

第六十二条 县级以上人民政府退役军人工作主管部门应当加强对退役军人先进事迹的宣传,通过制作公益广告、创作主题文艺作品等方式,弘扬爱国主义精神、革命英雄主义精神和退役军人敬业奉献精神。

第六十三条 县级以上地方人民政府负责地方志工作的机构应当将本行政区域内下列退役军人的名录和事迹,编辑录入地方志:

(一)参战退役军人;
(二)荣获二等功以上奖励的退役军人;
(三)获得省部级或者战区级以上表彰的退役军人;
(四)其他符合条件的退役军人。

第六十四条 国家统筹规划烈士纪念设施建设,通过组织开展英雄烈士祭扫纪念活动等多种形式,弘扬英雄烈士精神。退役军人工作主管部门负责烈士纪念设施的修缮、保护和管理。

国家推进军人公墓建设。符合条件的退役军人去世后,可以安葬在军人公墓。

第八章 服务管理

第六十五条 国家加强退役军人服务机构建设,建立健全退役军人服务体系。县级以上人民政府设立退役军人服务中心,乡镇、街道、农村和城市社区设立退役军人服务站点,提升退役军人服务保障能力。

第六十六条 退役军人服务中心、服务站点等退役军人服务机构应当加强与退役军人联系沟通,做好退役军人就业创业扶持、优抚帮扶、走访慰问、权益维护等服务保障工作。

第六十七条 县级以上人民政府退役军人工作主管部门应当加强退役军人思想政治教育工作,及时掌握退役军人的思想情况和工作生活状况,指导接收安置单位和其他组织做好退役军人的思想政治工作和有关保障工作。

接收安置单位和其他组织应当结合退役军人工作和生活状况,做好退役军人思想政治工作和有关保障工作。

第六十八条 县级以上人民政府退役军人工作主管部门、接收安置单位和其他组织应当加强对退役军人的保密教育和管理。

第六十九条 县级以上人民政府退役军人工作主管部门应当通过广播、电视、报刊、网络等多种渠道宣传与退役军人相关的法律法规和政策制度。

第七十条 县级以上人民政府退役军人工作主管部门应当建立健全退役军人权益保障机制,畅通诉求表达渠道,为退役军人维护其合法权益提供支持和帮助。退役军人的合法权益受到侵害,应当依法解决。公共法律服务有关机构应当依法为退役军人提供法律援助等必要的帮助。

第七十一条 县级以上人民政府退役军人工作主管部门应当依法指导、督促有关部门和单位做好退役安置、教育培训、就业创业、抚恤优待、褒扬激励、拥军优属等工作,监督检查退役军人保障相关法律法规和政策措施落实情况,推进解决退役军人保障工作中存在的问题。

第七十二条 国家实行退役军人保障工作责任制和考核评价制度。县级以上人民政府应当将退役军人保障工作完成情况,纳入对本级人民政府负责退役军人有关工作的部门及其负责人、下级人民政府及其负责人的考核评价内容。

对退役军人保障政策落实不到位、工作推进不力的地区和单位,由省级以上人民政府退役军人工作主管部门会同有关部门约谈该地区人民政府主要负责人或者该单位主要负责人。

第七十三条 退役军人工作主管部门及其工作人员履行职责,应当自觉接受社会监督。

第七十四条 对退役军人保障工作中违反本法行为的检举、控告,有关机关和部门应当依法及时处理,并将处理结果告知检举人、控告人。

第九章 法律责任

第七十五条 退役军人工作主管部门及其工作人员有下列行为之一的,由其上级主管部门责令改正,对直接负责的主管人员和其他直接责任人员依法给予处分:

(一)未按照规定确定退役军人安置待遇的;
(二)在退役军人安置工作中出具虚假文件的;
(三)为不符合条件的人员发放退役军人优待证的;
(四)挪用、截留、私分退役军人保障工作经费的;

（五）违反规定确定抚恤优待对象、标准、数额或者给予退役军人相关待遇的；

（六）在退役军人保障工作中利用职务之便为自己或者他人谋取私利的；

（七）在退役军人保障工作中失职渎职的；

（八）有其他违反法律法规行为的。

第七十六条 其他负责退役军人有关工作的部门及其工作人员违反本法有关规定的，由其上级主管部门责令改正，对直接负责的主管人员和其他直接责任人员依法给予处分。

第七十七条 违反本法规定，拒绝或者无故拖延执行退役军人安置任务的，由安置地人民政府退役军人工作主管部门责令限期改正；逾期不改正的，予以通报批评。对该单位主要负责人和直接责任人员，由有关部门依法给予处分。

第七十八条 退役军人弄虚作假骗取退役相关待遇的，由县级以上地方人民政府退役军人工作主管部门取消相关待遇，追缴非法所得，并由其所在单位或者有关部门依法给予处分。

第七十九条 退役军人违法犯罪的，由省级人民政府退役军人工作主管部门按照国家有关规定中止、降低或者取消其退役相关待遇，报国务院退役军人工作主管部门备案。

退役军人对省级人民政府退役军人工作主管部门作出的中止、降低或者取消其退役相关待遇的决定不服的，可以依法申请行政复议或者提起行政诉讼。

第八十条 违反本法规定，构成违反治安管理行为的，依法给予治安管理处罚；构成犯罪的，依法追究刑事责任。

第十章 附 则

第八十一条 中国人民武装警察部队依法退出现役的警官、警士和义务兵等人员，适用本法。

第八十二条 本法有关军官的规定适用于文职干部。

军队院校学员依法退出现役的，参照本法有关规定执行。

第八十三条 参试退役军人参照本法有关参战退役军人的规定执行。

参战退役军人、参试退役军人的范围和认定标准、认定程序，由中央军事委员会有关部门会同国务院退役军人工作主管部门等部门规定。

第八十四条 军官离职休养和军级以上职务军官退休后，按照国务院和中央军事委员会的有关规定安置管理。

本法施行前已经按照自主择业方式安置的退役军人的待遇保障，按照国务院和中央军事委员会的有关规定执行。

第八十五条 本法自2021年1月1日起施行。

国有企业管理人员处分条例

· 2024年4月26日国务院第31次常务会议通过
· 2024年5月21日中华人民共和国国务院令第781号公布
· 自2024年9月1日起施行

第一章 总 则

第一条 为了规范对国有企业管理人员的处分，加强对国有企业管理人员的监督，根据《中华人民共和国公职人员政务处分法》（以下简称公职人员政务处分法）等法律，制定本条例。

第二条 本条例所称国有企业管理人员，是指国家出资企业中的下列公职人员：

（一）在国有独资、全资公司、企业中履行组织、领导、管理、监督等职责的人员；

（二）经党组织或者国家机关，国有独资、全资公司、企业、事业单位提名、推荐、任命、批准等，在国有控股、参股公司及其分支机构中履行组织、领导、管理、监督等职责的人员；

（三）经国家出资企业中负有管理、监督国有资产职责的组织批准或者研究决定，代表其在国有控股、参股公司及其分支机构中从事组织、领导、管理、监督等工作的人员。

国有企业管理人员任免机关、单位（以下简称任免机关、单位）对违法的国有企业管理人员给予处分，适用公职人员政务处分法第二章、第三章和本条例的规定。

第三条 国有企业管理人员处分工作坚持中国共产党的领导，坚持党管干部原则，加强国有企业管理人员队伍建设，推动国有企业高质量发展。

第四条 任免机关、单位加强对国有企业管理人员的教育、管理、监督。给予国有企业管理人员处分，应当坚持公正公平，集体讨论决定；坚持宽严相济，惩戒与教育相结合；坚持法治原则，以事实为根据，以法律为准绳，依法保障国有企业管理人员以及相关人员的合法权益。

第五条 履行出资人职责的机构或者有干部管理权限的部门依照法律、法规和国家有关规定，指导国有企业整合优化监督资源，推动出资人监督与纪检监察监督、巡视监督、审计监督、财会监督、社会监督等相衔接，健全协同高效的监督机制，建立互相配合、互相制约的内部监督管理制度，增强对国有企业及其管理人员监督的系统性、针对性、有效性。

第六条　给予国有企业管理人员处分，应当事实清楚、证据确凿、定性准确、处理恰当、程序合法、手续完备，与其违法行为的性质、情节、危害程度相适应。

第二章　处分的种类和适用

第七条　处分的种类为：
（一）警告；
（二）记过；
（三）记大过；
（四）降级；
（五）撤职；
（六）开除。

第八条　处分的期间为：
（一）警告，6个月；
（二）记过，12个月；
（三）记大过，18个月；
（四）降级、撤职，24个月。

处分决定自作出之日起生效，处分期自处分决定生效之日起计算。

第九条　国有企业管理人员同时有两个以上需要给予处分的违法行为的，应当分别确定其处分。应当给予的处分种类不同的，执行其中最重的处分；应当给予撤职以下多个相同种类处分的，可以在一个处分期以上、多个处分期之和以下确定处分期，但是最长不得超过48个月。

第十条　国有企业实施违法行为或者国有企业管理人员集体作出的决定违法，应当追究法律责任的，对负有责任的领导人员和直接责任人员中的国有企业管理人员给予处分。

国有企业管理人员2人以上共同违法，需要给予处分的，按照各自应当承担的责任，分别给予相应的处分。

第十一条　国有企业管理人员有下列情形之一的，可以从轻或者减轻给予处分：
（一）主动交代本人应当受到处分的违法行为；
（二）配合调查，如实说明本人违法事实；
（三）检举他人违法行为，经查证属实；
（四）主动采取措施，有效避免、挽回损失或者消除不良影响；
（五）在共同违法行为中起次要或者辅助作用；
（六）主动上交或者退赔违法所得；
（七）属于推进国有企业改革中因缺乏经验、先行先试出现的失误错误；
（八）法律、法规规定的其他从轻或者减轻情节。

从轻给予处分，是指在本条例规定的违法行为应当受到的处分幅度以内，给予较轻的处分。

减轻给予处分，是指在本条例规定的违法行为应当受到的处分幅度以外，减轻一档给予处分。

第十二条　国有企业管理人员违法行为情节轻微，且具有本条例第十一条第一款规定情形之一的，可以对其进行谈话提醒、批评教育、责令检查或予以诫勉，免予或者不予处分。

国有企业管理人员因不明真相被裹挟或者被胁迫参与违法活动，经批评教育后确有悔改表现的，可以减轻、免予或者不予处分。

第十三条　国有企业管理人员有下列情形之一的，应当从重给予处分：
（一）在处分期内再次故意违法，应当受到处分；
（二）阻止他人检举、提供证据；
（三）串供或者伪造、隐匿、毁灭证据；
（四）包庇同案人员；
（五）胁迫、唆使他人实施违法行为；
（六）拒不上交或者退赔违法所得；
（七）法律、法规规定的其他从重情节。

从重给予处分，是指在本条例规定的违法行为应当受到的处分幅度以内，给予较重的处分。

第十四条　国有企业管理人员在处分期内，不得晋升职务、岗位等级和职称；其中，被记过、记大过、降级、撤职的，不得晋升薪酬待遇等级。被撤职的，降低职务或者岗位等级，同时降低薪酬待遇。被开除的，用人单位依法解除劳动合同。

第十五条　国有企业管理人员违法取得的财物和用于违法行为的本人财物，除依法应当由有关机关没收、追缴或者责令退赔的外，应当退还原所有人或者原持有人。

国有企业管理人员因违法行为获得的职务、职级、级别、岗位和职员等级、职称、待遇、资格、学历、学位、荣誉、奖励等其他利益，任免机关、单位应当予以纠正或者建议有关机关、单位、组织按规定予以纠正。

第十六条　已经退休的国有企业管理人员退休前或者退休后有违法行为应当受到处分的，不再作出处分决定，但是可以对其立案调查；依法应当给予降级、撤职、开除处分的,应当按照规定相应调整其享受的待遇,对其违法取得的财物和用于违法行为的本人财物依照本条例第十五条的规定处理。

第三章 违法行为及其适用的处分

第十七条 国有企业管理人员有下列行为之一的,依据公职人员政务处分法第二十八条的规定,予以记过或者记大过;情节较重的,予以降级或者撤职;情节严重的,予以开除:

(一)散布有损坚持和完善社会主义基本经济制度的言论;

(二)拒不执行或者变相不执行国有企业改革发展和党的建设有关决策部署;

(三)在对外经济合作、对外援助、对外交流等工作中损害国家安全和国家利益。

公开发表反对宪法确立的国家指导思想,反对中国共产党领导,反对社会主义制度,反对改革开放的文章、演说、宣言、声明等的,予以开除。

第十八条 国有企业管理人员有下列行为之一的,依据公职人员政务处分法第三十条的规定,予以警告、记过或者记大过;情节严重的,予以降级或者撤职:

(一)违反规定的决策程序、职责权限决定国有企业重大决策事项、重要人事任免事项、重大项目安排事项、大额度资金运作事项;

(二)故意规避、干涉、破坏集体决策,个人或者少数人决定国有企业重大决策事项、重要人事任免事项、重大项目安排事项、大额度资金运作事项;

(三)拒不执行或者擅自改变国有企业党委(组)会、股东(大)会、董事会、职工代表大会等集体依法作出的重大决定;

(四)拒不执行或者变相不执行、拖延执行履行出资人职责的机构、行业管理部门等有关部门依法作出的决定。

第十九条 国有企业管理人员有下列行为之一的,依据公职人员政务处分法第三十三条的规定,予以警告、记过或者记大过;情节较重的,予以降级或者撤职;情节严重的,予以开除:

(一)利用职务上的便利,侵吞、窃取、骗取或者以其他手段非法占有、挪用本企业以及关联企业的财物、客户资产等;

(二)利用职务上的便利,索取他人财物或者非法收受他人财物,为他人谋取利益;

(三)为谋取不正当利益,向国家机关、国家出资企业、事业单位、人民团体,或者向国家工作人员、企业或者其他单位的工作人员,外国公职人员、国际公共组织官员行贿;

(四)利用职权或者职务上的影响,违反规定在企业关系国有资产出资人权益的重大事项以及工程建设、资产处置、出版发行、招标投标等活动中为本人或者他人谋取私利;

(五)纵容、默许特定关系人利用本人职权或者职务上的影响,在企业关系国有资产出资人权益的重大事项以及企业经营管理活动中谋取私利;

(六)违反规定,以单位名义将国有资产集体私分给个人。

拒不纠正特定关系人违反规定任职、兼职或者从事经营活动,且不服从职务调整的,予以撤职。

第二十条 国有企业管理人员有下列行为之一,依据公职人员政务处分法第三十五条的规定,情节较重的,予以警告、记过或者记大过;情节严重的,予以降级或者撤职:

(一)超提工资总额或者超发工资,或者在工资总额之外以津贴、补贴、奖金等其他形式设定和发放工资性收入;

(二)未实行工资总额预算管理,或者未按规定履行工资总额备案或者核准程序;

(三)违反规定,自定薪酬、奖励、津贴、补贴和其他福利性货币收入;

(四)在培训活动、办公用房、公务用车、业务招待、差旅费用等方面超过规定的标准、范围;

(五)公款旅游或者以学习培训、考察调研、职工疗养等名义变相公款旅游。

第二十一条 国有企业管理人员有下列行为之一的,依据公职人员政务处分法第三十六条的规定,予以警告、记过或者记大过;情节较重的,予以降级或者撤职;情节严重的,予以开除:

(一)违反规定,个人经商办企业、拥有非上市公司(企业)股份或者证券、从事有偿中介活动、在国(境)外注册公司或者进行投资入股等营利性活动;

(二)利用职务上的便利,为他人经营与所任职企业同类经营的企业;

(三)违反规定,未经批准在本企业所出资企业或者其他企业、事业单位、社会组织、中介机构、国际组织等兼任职务;

(四)经批准兼职,但是违反规定领取薪酬或者获取

其他收入;

(五)利用企业内幕信息或者其他未公开的信息、商业秘密、无形资产等谋取私利。

第二十二条 国有企业管理人员在履行提供社会公共服务职责过程中,侵犯服务对象合法权益或者社会公共利益,被监管机构查实并提出处分建议的,依据公职人员政务处分法第三十八条的规定,情节较重的,予以警告、记过或者记大过;情节严重的,予以降级或者撤职;情节特别严重的,予以开除。

第二十三条 国有企业管理人员有下列行为之一,造成国有资产损失或者其他严重不良后果的,依据公职人员政务处分法第三十九条的规定,予以警告、记过或者记大过;情节较重的,予以降级或者撤职;情节严重的,予以开除:

(一)截留、占用、挪用或者拖欠应当上缴国库的预算收入;

(二)违反规定,不履行或者不正确履行经营投资职责;

(三)违反规定,进行关联交易,开展融资性贸易、虚假交易、虚假合资、挂靠经营等活动;

(四)在国家规定期限内不办理或者不如实办理企业国有资产产权登记,或者伪造、涂改、出租、出借、出售国有资产产权登记证(表);

(五)拒不提供有关信息资料或者编制虚假数据信息,致使国有企业绩效评价结果失真;

(六)掩饰企业真实状况,不如实向会计师事务所、律师事务所、资产评估机构等中介服务机构提供有关情况和资料,或者与会计师事务所、律师事务所、资产评估机构等中介服务机构串通作假。

第二十四条 国有企业管理人员有下列行为之一的,依据公职人员政务处分法第三十九条的规定,予以警告、记过或者记大过;情节较重的,予以降级或者撤职;情节严重的,予以开除:

(一)洗钱或者参与洗钱;

(二)吸收客户资金不入账,非法吸收公众存款或者变相吸收公众存款,违反规定参与或者变相参与民间借贷;

(三)违反规定发放贷款或者对贷款本金减免、停息、减息、缓息、免息、展期等,进行呆账核销,处置不良资产;

(四)违反规定出具金融票证、提供担保,对违法票据予以承兑、付款或者保证;

(五)违背受托义务,擅自运用客户资金或者其他委托、信托的资产;

(六)伪造、变造货币、贵金属、金融票证或者国家发行的有价证券;

(七)伪造、变造、转让、出租、出借金融机构经营许可证或者批准文件,未经批准擅自设立金融机构、发行股票或者债券;

(八)编造并且传播影响证券、期货交易的虚假信息,操纵证券、期货市场,提供虚假信息或者伪造、变造、销毁交易记录,诱骗投资者买卖证券、期货合约;

(九)进行虚假理赔或者参与保险诈骗活动;

(十)窃取、收买或者非法提供他人信用卡信息及其他公民个人信息资料。

第二十五条 国有企业管理人员有下列行为之一,造成不良后果或者影响的,依据公职人员政务处分法第三十九条的规定,予以警告、记过或者记大过;情节较重的,予以降级或者撤职;情节严重的,予以开除:

(一)泄露企业内幕信息或者商业秘密;

(二)伪造、变造、转让、出租、出借行政许可证件、资质证明文件,或者出租、出借国有企业名称或者企业名称中的字号;

(三)违反规定,举借或者变相举借地方政府债务;

(四)在中华人民共和国境外违反规定造成重大工程质量问题、引起重大劳务纠纷或者其他严重后果;

(五)不履行或者不依法履行安全生产管理职责,导致发生生产安全事故;

(六)在工作中有敷衍应付、推诿扯皮,或者片面理解、机械执行党和国家路线方针政策、重大决策部署等形式主义、官僚主义行为;

(七)拒绝、阻挠、拖延依法开展的出资人监督、审计监督、财会监督工作,或者对出资人监督、审计监督、财会监督发现的问题拒不整改、推诿敷衍、虚假整改;

(八)不依法提供有关信息、报送有关报告或者履行信息披露义务,或者配合其他主体从事违法违规行为;

(九)不履行法定职责或者违法行使职权,侵犯劳动者合法权益;

(十)违反规定,拒绝或者延迟支付中小企业款项、农民工工资等;

(十一)授意、指使、强令、纵容、包庇下属人员违反法律法规规定。

第四章 处分的程序

第二十六条 任免机关、单位按照干部管理权限对有公职人员政务处分法和本条例规定违法行为的国有企业管理人员依法给予处分,保障国有企业管理人员以及相关人员的合法权益。

任免机关、单位应当结合国有企业的组织形式、组织机构等实际情况,明确承担国有企业管理人员处分工作的内设部门或者机构(以下称承办部门)及其职责权限、运行机制等。

第二十七条 对涉嫌违法的国有企业管理人员进行调查、处理,应当由2名以上工作人员进行,按照下列程序办理:

(一)经任免机关、单位负责人同意,由承办部门对需要调查处理的问题线索进行初步核实;

(二)经初步核实,承办部门认为该国有企业管理人员涉嫌违反公职人员政务处分法和本条例规定,需要进一步查证的,经任免机关、单位主要负责人批准同意后立案,书面告知被调查的国有企业管理人员本人(以下称被调查人)及其所在单位,并向有管理权限的监察机关通报;

(三)承办部门负责对被调查人的违法行为作进一步调查,收集、查证有关证据材料,向有关单位和人员了解情况,并形成书面调查报告,向任免机关、单位负责人报告,有关单位和个人应当如实提供情况;

(四)承办部门将调查认定的事实以及拟给予处分的依据告知被调查人,听取其陈述和申辩,并对其提出的事实、理由和证据进行核实,记录在案,被调查人提出的事实、理由和证据成立的,应予采纳;

(五)承办部门经审查提出处理建议,按程序报任免机关、单位领导成员集体讨论,作出对被调查人给予处分、免予处分、不予处分或者撤销案件的决定,并向有管理权限的监察机关通报;

(六)任免机关、单位应当自本条第一款第五项决定作出之日起1个月以内,将处分、免予处分、不予处分或者撤销案件的决定以书面形式通知被调查人及其所在单位,并在一定范围内宣布,涉及国家秘密、商业秘密或者个人隐私的,按照国家有关规定办理;

(七)承办部门应当将处分有关决定及执行材料归入被调查人本人档案,同时汇集有关材料形成该处分案件的工作档案。

严禁以威胁、引诱、欺骗等非法方式收集证据。以非法方式收集的证据不得作为给予处分的依据。不得因被调查人的申辩而加重处分。

第二十八条 重大违法案件调查过程中,确有需要的,可以商请有管理权限的监察机关提供必要支持。违法情形复杂、涉及面广或者造成重大影响,由任免机关、单位调查核实存在困难的,经任免机关、单位负责人同意,可以商请有管理权限的监察机关处理。

第二十九条 给予国有企业管理人员处分,应当自立案之日起6个月内作出决定;案情复杂或者遇有其他特殊情形的,经任免机关、单位主要负责人批准可以适当延长,但是延长期限不得超过6个月。

第三十条 决定给予处分的,应当制作处分决定书。处分决定书应当载明下列事项:

(一)受到处分的国有企业管理人员(以下称被处分人)的姓名、工作单位和职务;

(二)违法事实和证据;

(三)处分的种类和依据;

(四)不服处分决定,申请复核、申诉的途径和期限;

(五)作出处分决定的机关、单位名称和日期。

处分决定书应当盖有作出决定的机关、单位印章。

第三十一条 参与国有企业管理人员违法案件调查、处理的人员有下列情形之一的,应当自行回避,被调查人、检举人以及其他有关人员可以要求其回避:

(一)是被调查人或者检举人的近亲属;

(二)担任过本案的证人;

(三)本人或者其近亲属与调查的案件有利害关系;

(四)可能影响案件公正调查、处理的其他情形。

任免机关、单位主要负责人的回避,由上一级机关、单位负责人决定;其他参与违法案件调查、处理人员的回避,由任免机关、单位负责人决定。

任免机关、单位发现参与处分工作的人员有应当回避情形的,可以直接决定该人员回避。

第三十二条 国有企业管理人员被依法追究刑事责任的,任免机关、单位应当根据司法机关的生效判决、裁定、决定及其认定的事实和情节,依法给予处分。

国有企业管理人员依法受到行政处罚,应当给予处分的,任免机关、单位可以根据生效的行政处罚决定认定的事实和情节,经核实后依法给予处分。

任免机关、单位根据本条第一款、第二款规定作出处分决定后,司法机关、行政机关依法改变原生效判决、裁定、决定等,对原处分决定产生影响的,任免机关、单位应当根据改变后的判决、裁定、决定等重新作出相应处理。

第三十三条 任免机关、单位对担任各级人民代表大会代表或者中国人民政治协商会议各级委员会委员的国有企业管理人员给予处分的,应当向有关的人民代表大会常务委员会,乡、民族乡、镇的人民代表大会主席团或者中国人民政治协商会议委员会常务委员会通报。

第三十四条 国有企业管理人员涉嫌违法，已经被立案调查，不宜继续履行职责的，任免机关、单位可以决定暂停其履行职务。国有企业管理人员在被立案调查期间，未经决定立案的任免机关、单位同意，不得出境、辞去公职；其任免机关、单位以及上级机关、单位不得对其交流、晋升、奖励或者办理退休手续。

第三十五条 调查中发现国有企业管理人员因依法履行职责遭受不实举报、诬告陷害、侮辱诽谤，造成不良影响的，任免机关、单位应当按照规定及时澄清事实，恢复名誉，消除不良影响。

第三十六条 国有企业管理人员受到降级、撤职、开除处分的，应当在处分决定作出后1个月内，由相应人事部门等按照管理权限办理岗位、职务、工资和其他有关待遇等变更手续，并依法变更或者解除劳动合同；特殊情况下，经任免机关、单位主要负责人批准可以适当延长办理期限，但是最长不得超过6个月。

第三十七条 国有企业管理人员受到开除以外的处分，在受处分期间有悔改表现，并且没有再出现应当给予处分的违法情形的，处分期满后自动解除处分。

处分解除后，考核以及晋升职务、职级、级别、岗位和职员等级、职称、薪酬待遇等级等不再受原处分影响。但是，受到降级、撤职处分的，不恢复受处分前的职务、职级、级别、岗位和职员等级、职称、薪酬待遇等级等。

任免机关、单位应当按照国家有关规定正确对待、合理使用受处分的国有企业管理人员，坚持尊重激励与监督约束并重，营造干事创业的良好环境。

第五章 复核、申诉

第三十八条 被处分人对处分决定不服的，可以自收到处分决定书之日起1个月内，向作出处分决定的任免机关、单位（以下称原处分决定单位）申请复核。原处分决定单位应当自接到复核申请后1个月以内作出复核决定。

被处分人因不可抗拒的事由或者其他正当理由耽误复核申请期限的，在障碍消除后的10个工作日内，可以申请顺延期限；是否准许，由原处分决定单位决定。

第三十九条 被处分人对复核决定仍不服的，可以自收到复核决定之日起1个月内按照管理权限向上一级机关、单位申诉。受理申诉的机关、单位（以下称申诉机关）应当自受理之日起2个月以内作出处理决定；案情复杂的，可以适当延长，但是延长期限最多不超过1个月。

被处分人因不可抗拒的事由或者其他正当理由耽误申诉申请期限的，在障碍消除后的10个工作日内，可以申请顺延期限；是否准许，由申诉机关决定。

第四十条 原处分决定单位接到复核申请、申诉机关受理申诉后，相关承办部门应当成立工作组，调阅原案材料，必要时可以进行调查，收集、查证有关证据材料，向有关单位和人员了解情况。工作组应当集体研究，提出办理意见，按程序报原处分决定单位、申诉机关领导成员集体讨论作出复核、申诉决定，并向有管理权限的监察机关通报。复核、申诉决定应当自作出之日起1个月以内以书面形式通知被处分人及其所在单位，并在一定范围内宣布；涉及国家秘密、商业秘密或者个人隐私的，按照国家有关规定办理。

复核、申诉期间，不停止原处分决定的执行。

国有企业管理人员不因提出复核、申诉而被加重处分。

坚持复核、申诉与原案调查相分离，原案调查、承办人员不得参与复核、申诉。

第四十一条 任免机关、单位发现本机关、本单位或者下级机关、单位作出的处分决定确有错误的，应当及时予以纠正或者责令下级机关、单位及时予以纠正。

监察机关发现任免机关、单位应当给予处分而未给予，或者给予的处分违法、不当，依法提出监察建议的，任免机关、单位应当采纳并将执行情况函告监察机关，不采纳的应当说明理由。

第四十二条 有下列情形之一的，原处分决定单位、申诉机关应当撤销原处分决定，重新作出决定或者由申诉机关责令原处分决定单位重新作出决定：

（一）处分所依据的违法事实不清或者证据不足；

（二）违反本条例规定的程序，影响案件公正处理；

（三）超越职权或者滥用职权作出处分决定。

第四十三条 有下列情形之一的，原处分决定单位、申诉机关应当变更原处分决定，或者由申诉机关责令原处分决定单位予以变更：

（一）适用法律、法规确有错误；

（二）对违法行为的情节认定确有错误；

（三）处分不当。

第四十四条 原处分决定单位、申诉机关认为处分决定认定事实清楚，适用法律正确的，应当予以维持。

第四十五条 国有企业管理人员的处分决定被变更，需要调整该国有企业管理人员的职务、岗位等级、薪酬待遇等级等的，应当按照规定予以调整。国有企业管理人员的处分决定被撤销，需要恢复该国有企业管理人员的职务、岗位等级、薪酬待遇等级等的，应当按照原职务和岗位等级安排相应的职务和岗位，并在原处分决定公布范围内为其恢复名誉。

国有企业管理人员因有本条例第四十二条、第四十三条规定情形被撤销处分或者减轻处分的，应当结合其实际履职、业绩贡献等情况对其薪酬待遇受到的损失予以适当补偿。

维持、变更、撤销处分的决定应当在作出后1个月内按照本条例第二十七条第一款第六项规定予以送达、宣布，并存入被处分人本人档案。

第六章　法律责任

第四十六条　任免机关、单位及其工作人员在国有企业管理人员处分工作中有公职人员政务处分法第六十一条、第六十三条规定情形的，依照公职人员政务处分法的规定对负有责任的领导人员和直接责任人员给予处理。

第四十七条　有关机关、单位、组织或者人员拒不执行处分决定或者有公职人员政务处分法第六十二条规定情形的，由其上级机关、主管部门、履行出资人职责的机构或者任免机关、单位依据公职人员政务处分法的规定给予处理。

第四十八条　相关单位或者个人利用举报等方式歪曲捏造事实，诬告陷害国有企业管理人员的，应当依法承担法律责任。

第四十九条　违反本条例规定，构成犯罪的，依法追究刑事责任。

第七章　附　则

第五十条　国家对违法的金融、文化国有企业管理人员追究责任另有规定的，同时适用。

第五十一条　本条例施行前，已经结案的案件如果需要复核、申诉，适用当时的规定。尚未结案的案件，如果行为发生时的规定不认为是违法，适用当时的规定；如果行为发生时的规定认为是违法，依照当时的规定处理，但是如果本条例不认为是违法或者根据本条例处理较轻的，适用本条例。

第五十二条　本条例自2024年9月1日起施行。

退役军人安置条例

- 2024年7月29日中华人民共和国国务院、中华人民共和国中央军事委员会令第787号公布
- 自2024年9月1日起施行

第一章　总　则

第一条　为了规范退役军人安置工作，妥善安置退役军人，维护退役军人合法权益，让军人成为全社会尊崇的职业，根据《中华人民共和国退役军人保障法》、《中华人民共和国兵役法》、《中华人民共和国军人地位和权益保障法》，制定本条例。

第二条　本条例所称退役军人，是指从中国人民解放军依法退出现役的军官、军士和义务兵等人员。

第三条　退役军人为国防和军队建设做出了重要贡献，是社会主义现代化建设的重要力量。

国家关心、优待退役军人，保障退役军人依法享有相应的权益。

全社会应当尊重、优待退役军人，支持退役军人安置工作。

第四条　退役军人安置工作坚持中国共产党的领导，坚持为经济社会发展服务、为国防和军队建设服务的方针，贯彻妥善安置、合理使用、人尽其才、各得其所的原则。

退役军人安置工作应当公开、公平、公正，军地协同推进。

第五条　对退役的军官，国家采取退休、转业、逐月领取退役金、复员等方式妥善安置。

对退役的军士，国家采取逐月领取退役金、自主就业、安排工作、退休、供养等方式妥善安置。

对退役的义务兵，国家采取自主就业、安排工作、供养等方式妥善安置。

对参战退役军人，担任作战部队师、旅、团、营级单位主官的转业军官，属于烈士子女、功臣模范的退役军人，以及长期在艰苦边远地区或者飞行、舰艇、涉核等特殊岗位服现役的退役军人，依法优先安置。

第六条　中央退役军人事务工作领导机构负责退役军人安置工作顶层设计、统筹协调、整体推进、督促落实。地方各级退役军人事务工作领导机构负责本地区退役军人安置工作的组织领导和统筹实施。

第七条　国务院退役军人工作主管部门负责全国的退役军人安置工作。中央军事委员会政治工作部门负责组织指导全军军人退役工作。中央和国家有关机关、中

央军事委员会机关有关部门应当在各自职责范围内做好退役军人安置工作。

县级以上地方人民政府退役军人工作主管部门负责本行政区域的退役军人安置工作。军队团级以上单位政治工作部门（含履行政治工作职责的部门，下同）负责本单位军人退役工作。地方各级有关机关应当在各自职责范围内做好退役军人安置工作。

省军区（卫戍区、警备区）负责全军到所在省、自治区、直辖市以转业、逐月领取退役金、复员方式安置的退役军官和逐月领取退役金的退役军士移交工作，配合安置地做好安置工作；配合做好退休军官、军士以及以安排工作、供养方式安置的退役军士和义务兵移交工作。

第八条 退役军人安置所需经费，按照中央与地方财政事权和支出责任划分原则，列入中央和地方预算，并根据经济社会发展水平适时调整。

第九条 机关、群团组织、企业事业单位和社会组织应当依法接收安置退役军人，退役军人应当接受安置。

退役军人应当模范遵守宪法和法律法规，保守军事秘密，保持发扬人民军队光荣传统和优良作风，积极投身全面建设社会主义现代化国家的事业。

第十条 县级以上地方人民政府应当把退役军人安置工作纳入年度重点工作计划，纳入目标管理，建立健全安置工作责任制和考核评价制度，将安置工作完成情况纳入对本级人民政府负责退役军人有关工作的部门及其负责人、下级人民政府及其负责人的考核评价内容，作为双拥模范城（县）考评重要内容。

第十一条 对在退役军人安置工作中做出突出贡献的单位和个人，按照国家有关规定给予表彰、奖励。

第二章 退役军官安置方式

第十二条 军官退出现役，符合规定条件的，可以作退休、转业或者逐月领取退役金安置。

军官退出现役，有规定情形的，作复员安置。

第十三条 对退休军官，安置地人民政府应当按照国家保障与社会化服务相结合的方式，做好服务管理工作，保障其待遇。

第十四条 安置地人民政府根据工作需要设置、调整退休军官服务管理机构，服务管理退休军官。

第十五条 转业军官由机关、群团组织、事业单位和国有企业接收安置。

安置地人民政府应当根据转业军官德才条件以及服现役期间的职务、等级、所作贡献、专长等和工作需要，结合实际统筹采取考核调配、赋分选岗、考试考核、双向选择、直通安置、指令性分配等办法，妥善安排其工作岗位，确定相应的职务职级。

第十六条 退役军官逐月领取退役金的具体办法由国务院退役军人工作主管部门会同有关部门制定。

第十七条 复员军官按照国务院退役军人工作主管部门、中央军事委员会政治工作部门制定的有关规定享受复员费以及其他待遇等。

第三章 退役军士和义务兵安置方式

第一节 逐月领取退役金

第十八条 军士退出现役，符合规定条件的，可以作逐月领取退役金安置。

第十九条 退役军士逐月领取退役金的具体办法由国务院退役军人工作主管部门会同有关部门制定。

第二节 自主就业

第二十条 退役军士不符合逐月领取退役金、安排工作、退休、供养条件的，退役义务兵不符合安排工作、供养条件的，以自主就业方式安置。

退役军士符合逐月领取退役金、安排工作条件的，退役义务兵符合安排工作条件的，可以选择以自主就业方式安置。

第二十一条 对自主就业的退役军士和义务兵，根据其服现役年限发放一次性退役金。

自主就业退役军士和义务兵的一次性退役金由中央财政专项安排，具体标准由国务院退役军人工作主管部门、中央军事委员会政治工作部门会同国务院财政部门，根据国民经济发展水平、国家财力情况、全国城镇单位就业人员平均工资和军人职业特殊性等因素确定，并适时调整。

第二十二条 自主就业的退役军士和义务兵服现役期间个人获得勋章、荣誉称号或者表彰奖励的，按照下列比例增发一次性退役金：

（一）获得勋章、荣誉称号的，增发25%；
（二）荣立一等战功或者获得一级表彰的，增发20%；
（三）荣立二等战功、一等功或者获得二级表彰并经批准享受相关待遇的，增发15%；
（四）荣立三等战功或者二等功的，增发10%；
（五）荣立四等战功或者三等功的，增发5%。

第二十三条 对自主就业的退役军士和义务兵，地方人民政府可以根据当地实际情况给予一次性经济补助，补助标准及发放办法由省、自治区、直辖市人民政府制定。

第二十四条　因患精神障碍被评定为5级至6级残疾等级的初级军士和义务兵退出现役后，需要住院治疗或者无直系亲属照顾的，可以由安置地人民政府退役军人工作主管部门安排到有关医院接受治疗，依法给予保障。

第三节　安排工作

第二十五条　军士和义务兵退出现役，符合下列条件之一的，由安置地人民政府安排工作：

（一）军士服现役满12年的；

（二）服现役期间个人获得勋章、荣誉称号的；

（三）服现役期间个人荣获三等战功、二等功以上奖励；

（四）服现役期间个人获得一级表彰的；

（五）因战致残被评定为5级至8级残疾等级的；

（六）是烈士子女的。

符合逐月领取退役金条件的军士，本人自愿放弃以逐月领取退役金方式安置的，可以选择以安排工作方式安置。

因战致残被评定为5级至6级残疾等级的中级以上军士，本人自愿放弃以退休方式安置的，可以选择以安排工作方式安置。

第二十六条　对安排工作的退役军士和义务兵，主要采取赋分选岗的办法安排到事业单位或国有企业；符合规定条件的，可以择优招录到基层党政机关公务员岗位。

安排工作的退役军士和义务兵服现役表现量化评分的具体办法由国务院退役军人工作主管部门会同中央军事委员会政治工作部门制定。

第二十七条　根据工作需要和基层政权建设要求，省级公务员主管部门应当确定一定数量的基层公务员录用计划，综合考虑服现役表现等因素，按照本条例第二十六条的规定择优招录具有本科以上学历的安排工作的退役军士和义务兵。招录岗位可以在省级行政区域内统筹安排。

参加招录的退役军士和义务兵是烈士子女的，或者在艰苦边远地区服现役满5年的，同等条件下优先录用。

艰苦边远地区和边疆民族地区在招录退役军士和义务兵时，可以根据本地实际适当放宽安置去向、年龄、学历等条件。

第二十八条　根据安置工作需要，省级以上人民政府可以指定一批专项岗位，按照规定接收安置安排工作的退役军士和义务兵。

第二十九条　对安排到事业单位的退役军士和义务兵，应当根据其服现役期间所作贡献、专长特长等，合理安排工作岗位。符合相应岗位条件的，可以安排到管理岗位或者专业技术岗位。

第三十条　机关、群团组织、事业单位接收安置安排工作的退役军士和义务兵的，应当按照国家有关规定给予编制保障。

国有企业应当按照本企业全系统新招录职工数量的规定比例核定年度接收计划，用于接收安置安排工作的退役军士和义务兵。

第三十一条　对接收安置安排工作的退役军士和义务兵任务较重的地方，上级人民政府可以在本行政区域内统筹调剂安排。

安置地人民政府应当在接收退役军士和义务兵的6个月内完成安排退役军士和义务兵工作的任务。

第三十二条　安排工作的退役军士和义务兵的安置岗位需要签订聘用合同或者劳动合同的，用人单位应当按照规定与其签订不少于3年的中长期聘用合同或者劳动合同。其中，企业接收军龄10年以上的退役军士的，应当与其签订无固定期限劳动合同。

第三十三条　对安排工作的残疾退役军士和义务兵，接收单位应当安排力所能及的工作。

安排工作的因战、因公致残退役军士和义务兵，除依法享受工伤保险待遇外，还享受与所在单位工伤人员同等的生活福利、医疗等其他待遇。

第三十四条　符合安排工作条件的退役军士和义务兵无正当理由拒不服从安置地人民政府安排工作的，视为放弃安排工作待遇；在待安排工作期间被依法追究刑事责任的，取消其安排工作待遇。

第三十五条　军士和义务兵退出现役，有下列情形之一的，不以安排工作方式安置：

（一）被开除中国共产党党籍的；

（二）受过刑事处罚的；

（三）法律法规规定的因被强制退役等原因不宜以安排工作方式安置的其他情形。

第四节　退休与供养

第三十六条　中级以上军士退出现役，符合下列条件之一的，作退休安置：

（一）退出现役时年满55周岁的；

（二）服现役满30年的；

（三）因战、因公致残被评定为1级至6级残疾等级的；

（四）患有严重疾病且经医学鉴定基本丧失工作能力的。

第三十七条 退休军士移交政府安置服务管理工作，参照退休军官的有关规定执行。

第三十八条 被评定为1级至4级残疾等级的初级军士和义务兵退出现役的，由国家供养终身。

因战、因公致残被评定为1级至4级残疾等级的中级以上军士，本人自愿放弃退休安置的，可以选择由国家供养终身。

国家供养分为集中供养和分散供养。

第四章 移交接收

第一节 安置计划

第三十九条 退役军人安置计划包括全国退役军人安置计划和地方退役军人安置计划，区分退役军官和退役军士、义务兵分类分批下达。

全国退役军人安置计划，由国务院退役军人工作主管部门会同中央军事委员会政治工作部门、中央和国家有关机关编制下达。

县以上地方退役军人安置计划，由本级退役军人工作主管部门编制下达或者会同有关部门编制下达。

第四十条 伤病残退役军人安置计划可以纳入本条例第三十九条规定的计划一并编制下达，也可以专项编制下达。

退役军人随调随迁配偶和子女安置计划与退役军人安置计划一并下达。

第四十一条 中央和国家机关及其管理的企业事业单位接收退役军人的安置计划，按照国家有关规定编制下达。

第四十二条 因军队体制编制调整，军人整建制成批次退出现役的安置，由国务院退役军人工作主管部门、中央军事委员会政治工作部门会同中央和国家有关机关协商办理。

第二节 安置地

第四十三条 退役军人安置地按照服从工作需要、彰显服役贡献、有利于家庭生活的原则确定。

第四十四条 退役军官和以逐月领取退役金、退休方式安置的退役军士的安置地按照国家有关规定确定。

第四十五条 退役义务兵和以自主就业、安排工作、供养方式安置的退役军士的安置地为其入伍时户口所在地。但是，入伍时是普通高等学校在校学生，退出现役后不复学的，其安置地为入学前的户口所在地。

退役义务兵和以自主就业、安排工作、供养方式安置的退役军士有下列情形之一的，可以易地安置：

（一）服现役期间父母任何一方户口所在地变更的，可以在父母任何一方现户口所在地安置；

（二）退役军士已婚的，可以在配偶或者配偶父母任何一方户口所在地安置；

（三）退役军士的配偶为现役军人且符合随军规定的，可以在配偶部队驻地安置；双方同时退役的，可以在配偶的安置地安置；

（四）因其他特殊情况，由军队旅级以上单位政治工作部门出具证明，经省级以上人民政府退役军人工作主管部门批准，可以易地安置。

退役军士按照前款第二项、第三项规定在国务院确定的中等以上城市安置的，应当结婚满2年。

第四十六条 因国家重大改革、重点项目建设以及国防和军队改革需要等情况，退役军人经国务院退役军人工作主管部门批准，可以跨省、自治区、直辖市安置。

符合安置地吸引人才特殊政策规定条件的退役军人，由接收安置单位所在省级人民政府退役军人工作主管部门商同级人才工作主管部门同意，经国务院退役军人工作主管部门和中央军事委员会政治工作部门批准，可以跨省、自治区、直辖市安置。

第四十七条 对因战致残、服现役期间个人荣获三等战功或者二等功以上奖励、是烈士子女的退役军人，以及父母双亡的退役军士和义务兵，可以根据本人申请，由省级以上人民政府退役军人工作主管部门按照有利于其生活的原则确定安置地。

第四十八条 退役军人在国务院确定的超大城市安置的，除符合其安置方式对应的规定条件外，按照本人部队驻地安置的，还应当在驻该城市部队连续服役满规定年限；按照投靠方式安置的，还应当符合国家有关规定要求的其他资格条件。

第四十九条 退役军人服现役期间个人获得勋章、荣誉称号的，荣立一等战功或者获得一级表彰的，可以在全国范围内选择安置地。其中，退役军人选择在国务院确定的超大城市安置的，不受本条例第四十八条规定的限制。

退役军人服现役期间个人荣立二等战功或者一等功的，获得二级表彰并经批准享受相关待遇的，在西藏、新疆、军队确定的四类以上艰苦边远地区、军队确定的二类以上岛屿或者飞行、舰艇、涉核等特殊岗位服现役累计满15年的，可以在符合安置条件的省级行政区域内选择安置地。

退役军人在西藏、新疆、军队确定的四类以上艰苦边远地区、军队确定的二类以上岛屿或者飞行、舰艇、涉核等特殊岗位服现役累计满10年的，可以在符合安置条件的设区的市级行政区域内选择安置地。

第三节 交 接

第五十条 以转业、逐月领取退役金、复员方式安置的退役军官和以逐月领取退役金方式安置的退役军士的人事档案，由中央军事委员会机关部委、中央军事委员会直属机构、中央军事委员会联合作战指挥中心、战区、军兵种、中央军事委员会直属单位等单位的政治工作部门向安置地省军区（卫戍区、警备区）移交后，由安置地省军区（卫戍区、警备区）向省级人民政府退役军人工作主管部门进行移交。

安排工作的退役军士和义务兵的人事档案，由中央军事委员会机关部委、中央军事委员会直属机构、中央军事委员会联合作战指挥中心、战区、军兵种、中央军事委员会直属单位等单位的政治工作部门向安置地省级人民政府退役军人工作主管部门进行移交。

以自主就业、供养方式安置的退役军士和义务兵的人事档案，由军队师、旅、团级单位政治工作部门向安置地人民政府退役军人工作主管部门进行移交。

第五十一条 以转业、逐月领取退役金、复员方式安置的退役军官，由退役军人工作主管部门发出接收安置报到通知，所在部队应当及时为其办理相关手续，督促按时报到。

以逐月领取退役金、安排工作、供养方式安置的退役军士和以安排工作、供养方式安置的退役义务兵，应当按照规定时间到安置地人民政府退役军人工作主管部门报到；自主就业的退役军士和义务兵，应当自被批准退出现役之日起30日内，到安置地人民政府退役军人工作主管部门报到。无正当理由不按照规定时间报到超过30日的，视为放弃安置待遇。

第五十二条 退休军官和军士的移交接收，由退休军官和军士所在部队团级以上单位政治工作部门和安置地人民政府退役军人工作主管部门组织办理。

第五十三条 退役军人报到后，退役军人工作主管部门应当及时为需要办理户口登记的退役军人开具户口登记介绍信，公安机关据此办理户口登记。

退役军人工作主管部门应当督促退役军人及时办理兵役登记信息变更。

实行组织移交的复员军官，由军队旅级以上单位政治工作部门会同安置地人民政府退役军人工作主管部门和公安机关办理移交落户等相关手续。

第五十四条 对符合移交条件的伤病残退役军人，军队有关单位和安置地人民政府退役军人工作主管部门应当及时移交接收，予以妥善安置。

第五十五条 对退役军人安置政策落实不到位、工作推进不力的地区和单位，由省级以上人民政府退役军人工作主管部门会同有关部门约谈该地区人民政府主要负责人或者该单位主要负责人；对拒绝接收安置退役军人或者未完成安置任务的部门和单位，组织、编制、人力资源社会保障等部门可以视情况暂缓办理其人员调动、录（聘）用和编制等审批事项。

第五章 家属安置

第五十六条 以转业、逐月领取退役金、复员方式安置的退役军官和以逐月领取退役金、安排工作方式安置且符合家属随军规定的退役军士，其配偶可以随调随迁，未成年子女可以随迁。

以转业、逐月领取退役金、复员方式安置的退役军官身边无子女的，可以随调一名已经工作的子女及其配偶。

第五十七条 退役军人随调配偶在机关或者事业单位工作，符合有关法律法规规定的，安置地人民政府负责安排到相应的工作单位。对在其他单位工作或者无工作单位的随调随迁配偶，安置地人民政府应当提供就业指导，协助实现就业。

对安排到企业事业单位的退役军人随调配偶，安置岗位需要签订聘用合同或者劳动合同的，用人单位应当与其签订不少于3年的中长期聘用合同或者劳动合同。

鼓励和支持退役军人随调随迁家属自主就业创业。对有自主就业创业意愿的随调配偶，可以采取发放一次性就业补助费等措施进行安置，并提供就业指导服务。一次性就业补助费标准及发放办法由省、自治区、直辖市人民政府制定。随调随迁家属按照规定享受就业创业扶持相关优惠政策。

退役军人随调配偶应当与退役军人同时接收安置，同时发出报到通知。

第五十八条 退役军人随调随迁家属户口的迁移、登记等手续，由安置地公安机关根据退役军人工作主管部门的通知及时办理。

退役军人随迁子女需要转学、入学的，安置地人民政府教育行政部门应当及时办理。

第五十九条 转业军官和安排工作的退役军士自愿到艰苦边远地区工作的，其随调随迁配偶和子女可以在原符合安置条件的地区安置。

第六十条　退休军官、军士随迁配偶和子女的落户、各项社会保险关系转移接续以及随迁子女转学、入学，按照国家有关规定执行。

第六章　教育培训

第六十一条　退役军人离队前，所在部队在保证完成军事任务的前提下，应当根据需要开展教育培训，介绍国家改革发展形势，宣讲退役军人安置政策，组织法律法规和保密纪律等方面的教育。县级以上地方人民政府退役军人工作主管部门应当给予支持配合。

第六十二条　军人退出现役后，退役军人工作主管部门和其他负责退役军人安置工作的部门应当区分不同安置方式的退役军人，组织适应性培训。

对符合条件的退役军人，县级以上人民政府退役军人工作主管部门可以组织专业培训。

第六十三条　符合条件的退役军人定岗后，安置地人民政府退役军人工作主管部门、接收安置单位可以根据岗位需要和本人实际，选派到高等学校或者相关教育培训机构进行专项学习培训。退役军人参加专项学习培训期间同等享受所在单位相关待遇。

第六十四条　退役军人依法享受教育优待政策。

退役军人在达到法定退休年龄前参加职业技能培训的，按照规定享受职业技能培训补贴等相应扶持政策。

第六十五条　退役军人教育培训的规划、组织协调、督促检查、补助发放工作，以及师资、教学设施等方面保障，由退役军人工作主管部门和教育培训行政主管部门按照分工负责。

第七章　就业创业扶持

第六十六条　国家采取政府推动、市场引导、社会支持相结合的方式，鼓励和扶持退役军人就业创业。以逐月领取退役金、自主就业、复员方式安置的退役军人，按照规定享受相应就业创业扶持政策。

第六十七条　各级人民政府应当加强对退役军人就业创业的指导和服务。县级以上地方人民政府每年应当组织开展退役军人专场招聘活动，帮助退役军人就业。

对符合当地就业困难人员认定条件的退役军人，安置地人民政府应当将其纳入就业援助范围。对其中确实难以通过市场实现就业的，依法纳入公益性岗位保障范围。

第六十八条　机关、群团组织、事业单位和国有企业在招录或者招聘人员时，对退役军人的年龄和学历条件可以适当放宽，同等条件下优先招录、招聘退役军人。退役军官在军队团和相当于团以下单位工作的经历，退役军士和义务兵服现役的经历，视为基层工作经历。

各地应当设置一定数量的基层公务员职位，面向服现役满5年的高校毕业生退役军人招考。

用人单位招用退役军人符合国家规定的，依法享受税收优惠等政策。

第六十九条　自主就业的退役军士和义务兵入伍前是机关、群团组织、事业单位或者国有企业人员的，退出现役后可以选择复职复工，其工资、福利待遇不得低于本单位同等条件人员的平均水平。

第七十条　自主就业的退役军士和义务兵入伍前通过家庭承包方式承包的农村土地，承包期内不得违法收回或者强迫、阻碍土地经营权流转；通过招标、拍卖、公开协商等非家庭承包方式承包的农村土地，承包期内其家庭成员可以继续承包；承包的农村土地被依法征收、征用或者占用的，与其他农村集体经济组织成员享有同等权利。

符合条件的复员军官、自主就业的退役军士和义务兵回入伍时户口所在地落户，属于农村集体经济组织成员但没有承包农村土地的，可以申请承包农村土地，农村集体经济组织或者村民委员会、村民小组应当优先解决。

第七十一条　服现役期间因战、因公、因病致残被评定残疾等级和退役后补评或者重新评定残疾等级的残疾退役军人，有劳动能力和就业意愿的，优先享受国家规定的残疾人就业优惠政策。退役军人所在单位不得因其残疾而辞退、解除聘用合同或者劳动合同。

第八章　待遇保障

第七十二条　退休军官的政治待遇按照安置地国家机关相应职务层次退休公务员有关规定执行。退休军官和军士的生活待遇按照军队统一的项目和标准执行。

第七十三条　转业军官的待遇保障按照国家有关规定执行。

安排工作的退役军士和义务兵的工资待遇按照国家有关规定确定，享受接收安置单位同等条件人员的其他相关待遇。

第七十四条　退役军人服现役年限计算为工龄，退役后与所在单位工作年限累计计算，享受国家和所在单位规定的与工龄有关的相应待遇。其中，安排工作的退役军士和义务兵的服现役年限以及符合本条例规定的待安排工作时间合并计算为工龄。

第七十五条　安排工作的退役军士和义务兵待安排工作期间，安置地人民政府应当按照当地月最低工资标准逐月发放生活补助。

接收安置单位应当在安排工作介绍信开具 30 日内,安排退役军士和义务兵上岗。非因退役军士和义务兵本人原因,接收安置单位未按照规定安排上岗的,应当从介绍信开具当月起,按照不低于本单位同等条件人员平均工资 80% 的标准,逐月发放生活费直至上岗为止。

第七十六条 军人服现役期间享受的残疾抚恤金、护理费等其他待遇,退出现役移交地方后按照地方有关规定执行。退休军官和军士享受的护理费等生活待遇按照军队有关规定执行。

第七十七条 符合条件的退役军人申请保障性住房和农村危房改造的,同等条件下予以优先安排。

退役军人符合安置住房优待条件的,实行市场购买与军地集中统建相结合的方式解决安置住房,由安置地人民政府统筹规划、科学实施。

第七十八条 分散供养的退役军士和义务兵购(建)房所需经费的标准,按照安置地县(市、区、旗)经济适用住房平均价格和 60 平方米的建筑面积确定;没有经济适用住房的地区按照普通商品住房价格确定。所购(建)房屋产权归分散供养的退役军士和义务兵所有,依法办理不动产登记。

分散供养的退役军士和义务兵自行解决住房的,按照前款规定的标准将购(建)房费用发给本人。

第七十九条 军官和军士退出现役时,服现役期间的住房公积金按照规定一次性发给本人,也可以根据本人意愿转移接续到安置地,并按照当地规定缴存、使用住房公积金;服现役期间的住房补贴发放按照有关规定执行。

第八十条 退役军人服现役期间获得功勋荣誉表彰的,退出现役后依法享受相应待遇。

第九章 社会保险

第八十一条 军人退出现役时,军队按照规定转移军人保险关系和相应资金,安置地社会保险经办机构应当及时办理相应的转移接续手续。

退役军人依法参加养老、医疗、工伤、失业、生育等社会保险,缴纳社会保险费,享受社会保险待遇。

退役军人服现役年限与入伍前、退役后参加社会保险的缴费年限依法合并计算。

第八十二条 安排工作的退役军士和义务兵在国家规定的待安排工作期间,按照规定参加安置地职工基本养老保险并享受相应待遇,所需费用由安置地人民政府同级财政资金安排。

第八十三条 安置到机关、群团组织、企业事业单位的退役军人,依法参加职工基本医疗保险并享受相应待遇。

安排工作的退役军士和义务兵在国家规定的待安排工作期间,依法参加安置地职工基本医疗保险并享受相应待遇,单位缴费部分由安置地人民政府缴纳,个人缴费部分由个人缴纳。

逐月领取退役金的退役军官和军士、复员军官、自主就业的退役军士和义务兵依法参加职工基本医疗保险或者城乡居民基本医疗保险并享受相应待遇。

第八十四条 退休军官和军士移交人民政府安置后,由安置地人民政府按照有关规定纳入医疗保险和相关医疗补助。

退休军官享受安置地国家机关相应职务层次退休公务员的医疗待遇,退休军士医疗待遇参照退休军官有关规定执行。

第八十五条 退役军人未及时就业的,可以依法向户口所在地人力资源社会保障部门申领失业保险待遇,服现役年限视同参保缴费年限,但是以退休、供养方式安置的退役军人除外。

第八十六条 退役军人随调随迁家属,已经参加社会保险的,其社会保险关系和相应资金转移接续由社会保险经办机构依法办理。

第十章 法律责任

第八十七条 退役军人工作主管部门和其他负责退役军人安置工作的部门及其工作人员有下列行为之一的,由其上级主管部门责令改正,对负有责任的领导人员和直接责任人员依法给予处分:

(一)违反国家政策另设接收条件、提高安置门槛的;

(二)未按照规定确定退役军人安置待遇的;

(三)在退役军人安置工作中出具虚假文件的;

(四)挪用、截留、私分退役军人安置工作经费的;

(五)在退役军人安置工作中利用职务之便为自己或者他人谋取私利的;

(六)有其他违反退役军人安置法律法规行为的。

第八十八条 接收安置退役军人的单位及其工作人员有下列行为之一的,由当地人民政府退役军人工作主管部门责令限期改正;逾期不改正的,予以通报批评,并对负有责任的领导人员和直接责任人员依法给予处分:

(一)拒绝或者无故拖延执行退役军人安置计划的;

(二)在国家政策之外另设接收条件、提高安置门槛的;

（三）将接收安置退役军人编制截留、挪用的；
（四）未按照规定落实退役军人安置待遇的；
（五）未依法与退役军人签订聘用合同或者劳动合同的；
（六）违法与残疾退役军人解除聘用合同或者劳动合同的；
（七）有其他违反退役军人安置法律法规行为的。

对干扰退役军人安置工作、损害退役军人合法权益的其他单位和个人，依法追究责任。

第八十九条 退役军人弄虚作假骗取安置待遇的，由县级以上地方人民政府退役军人工作主管部门取消相关待遇，追缴非法所得，依法追究责任。

第九十条 违反本条例规定，构成违反治安管理行为的，依法给予治安管理处罚；构成犯罪的，依法追究刑事责任。

第十一章 附 则

第九十一条 中国人民武装警察部队依法退出现役的警官、警士和义务兵等人员的安置，适用本条例。

本条例有关军官的规定适用于军队文职干部。

士兵制度改革后未进行军衔转换士官的退役安置，参照本条例有关规定执行。

第九十二条 军官离职休养和少将以上军官退休后，按照国务院和中央军事委员会的有关规定安置管理。

军队院校学员依法退出现役的，按照国家有关规定执行。

已经按照自主择业方式安置的退役军人的待遇保障，按照国务院和中央军事委员会的有关规定执行。

第九十三条 本条例自2024年9月1日起施行。《退役士兵安置条例》同时废止。

干部人事档案工作条例

· 2018年10月28日

第一章 总 则

第一条 为了贯彻新时代党的组织路线，落实从严管理干部要求，充分发挥干部人事档案在建设高素质专业化干部队伍中的重要作用，推动干部人事档案工作科学化、制度化、规范化，根据《中国共产党章程》等党内法规和《中华人民共和国公务员法》、《中华人民共和国档案法》等国家法律法规，制定本条例。

第二条 干部人事档案是各级党委（党组）和组织人事等有关部门在党的组织建设、干部人事管理、人才服务等工作中形成的，反映干部个人政治品质、道德品行、思想认识、学习工作经历、专业素养、工作作风、工作实绩、廉洁自律、遵纪守法以及家庭状况、社会关系等情况的历史记录材料。

第三条 干部人事档案是教育培养、选拔任用、管理监督干部和评鉴人才的重要基础，是维护干部人才合法权益的重要依据，是社会信用体系的重要组成部分，是党的重要执政资源，属于党和国家所有。

第四条 干部人事档案工作必须坚持以马克思列宁主义、毛泽东思想、邓小平理论、"三个代表"重要思想、科学发展观、习近平新时代中国特色社会主义思想为指导，坚持和加强党的全面领导，坚持党要管党、全面从严治党，坚持德才兼备、以德为先、任人唯贤，坚持科学管理、改革创新，服务广大干部人才，服务党的建设新的伟大工程，服务新时代中国特色社会主义伟大事业。

第五条 干部人事档案工作应当遵循下列原则：
（一）党管干部、党管人才；
（二）依规依法、全面从严；
（三）分级负责、集中管理；
（四）真实准确、完整规范；
（五）方便利用、安全保密。

第六条 本条例适用于党政领导干部、机关公务员、参照公务员法管理的机关（单位）工作人员（工勤人员除外）、国有企事业单位领导人员、管理人员和专业技术人员的人事档案管理工作。

第二章 管理体制和职责

第七条 全国干部人事档案工作在党中央领导下，由中央组织部主管，各地区各部门各单位按照干部管理权限分级负责、集中管理。

第八条 中央组织部负责全国干部人事档案工作的宏观指导、政策研究、制度建设、协调服务和监督检查。

建立由中央组织部牵头、中央和国家机关有关部门参与的干部人事档案工作协调配合机制，研究完善相关政策和业务标准，解决有关问题，促进工作有机衔接、协同推进。

第九条 各级党委（党组）领导本地区本部门本单位干部人事档案工作，贯彻落实党中央相关部署要求，研究解决工作机构、经费和条件保障等问题，将干部人事档案工作列为党建工作目标考核内容。

第十条 各级组织人事部门负责本地区本部门本单位干部人事档案工作，建立健全规章制度和工作机制，配齐配强工作力量，组织开展宣传、指导和监督检查。

第十一条　中央组织部负责集中管理中央管理干部的人事档案。

第十二条　中央和国家机关各部委、参照公务员法管理的机关(单位)组织人事部门,中管金融企业、中央企业、党委书记和校长列入中央管理的高校组织人事部门,负责集中管理党委(党组)管理的干部(领导人员、管理人员、专业技术人员,下同)和本单位其他干部的人事档案。

第十三条　省(自治区、直辖市)、市(地、州、盟)党委组织部门负责集中管理本级党委管理干部的人事档案;省、市级直属机关和国有企事业单位组织人事部门集中管理党委(党组)管理的干部和本单位其他干部的人事档案。

县(市、区、旗)以下机关(单位)的干部人事档案可以按不同类别、身份,由县(市、区、旗)党委组织部门、人力资源社会保障部门等分别集中管理。

第十四条　根据工作需要,经上级组织人事部门批准,有关机关(单位)组织人事部门可以集中管理下级单位的干部人事档案。

第十五条　干部人事档案工作人员和与其档案管理同在一个部门且有夫妻、直系血亲、三代以内旁系血亲、近姻亲关系人员的档案,由干部人事档案工作人员所在单位组织人事部门另行指定专人管理。

第十六条　组织人事部门应当明确负责干部人事档案工作的机构(以下简称干部人事档案工作机构),每管理1000卷档案一般应当配备1名专职工作人员。有业务指导任务的干部人事档案工作机构,还应当配备相应的业务指导人员。管理档案数量较少且未设立工作机构的单位,应当明确岗位,专人负责。

干部人事档案工作机构(含干部人事档案工作岗位,下同)的职责包括:

(一)负责干部人事档案的建立、接收、保管、转递,档案材料的收集、鉴别、整理、归档,档案信息化等日常管理工作;

(二)负责干部人事档案的查(借)阅、档案信息研究等利用工作,组织开展干部人事档案审核工作;

(三)配合有关方面调查涉及干部人事档案的违规违纪违法行为;

(四)指导和监督检查下级单位干部人事档案工作;

(五)办理其他有关事项。

第十七条　组织人事部门应当选配政治素质好、专业能力强、作风正派的党员干部从事干部人事档案工作,强化党性教育和业务培训,从严管理,加强激励保障。

干部人事档案工作人员应当政治坚定、坚持原则、忠于职守、甘于奉献、严守纪律。对于表现优秀的干部人事档案工作人员,应当注重培养使用。

第三章　内容和分类

第十八条　干部人事档案内容根据新时代党的建设和组织人事工作以及经济社会发展需要确定,保证真实准确、全面规范、鲜活及时。

第十九条　干部人事档案主要内容和分类包括:

(一)履历类材料。主要有《干部履历表》和干部简历等材料。

(二)自传和思想类材料。主要有自传、参加党的重大教育活动情况和重要党性分析、重要思想汇报等材料。

(三)考核鉴定类材料。主要有平时考核、年度考核、专项考核、任(聘)期考核,工作鉴定,重大政治事件、突发事件和重大任务中的表现,援派、挂职锻炼考核鉴定,党组织书记抓基层党建评价意见等材料。

(四)学历学位、专业技术职务(职称)、学术评鉴和教育培训类材料。主要有中学以来取得的学历学位,职业(任职)资格和评聘专业技术职务(职称),当选院士、入选重大人才工程,发明创造、科研成果获奖、著作译著和有重大影响的论文目录,政策理论、业务知识、文化素养培训和技能训练情况等材料。

(五)政审、审计和审查类材料。主要有政治历史情况审查,领导干部经济责任审计和自然资源资产离任审计的审计结果及整改情况,履行干部选拔任用工作职责离任检查结果及说明,证明,干部基本信息审核认定、干部人事档案任前审核登记表,廉洁从业结论性评价等材料。

(六)党、团类材料。主要有《中国共产党入党志愿书》、入党申请书、转正申请书、培养教育考察,党员登记表,停止党籍、恢复党籍,退党、脱党,保留组织关系、恢复组织生活,《中国共产主义青年团入团志愿书》、入团申请书,加入或者退出民主党派等材料。

(七)表彰奖励类材料。主要有表彰和嘉奖、记功、授予荣誉称号,先进事迹以及撤销奖励等材料。

(八)违规违纪违法处理处分类材料。主要有党纪政务处分,组织处理,法院刑事判决书、裁定书,公安机关有关行政处理决定,有关行业监管部门对干部有失诚信、违反法律和行政法规等行为形成的记录,人民法院认定的被执行人失信信息等材料。

(九)工资、任免、出国和会议代表类材料。主要有工资待遇审批,参加社会保险,录用、聘用、招用、入伍、考察、任免、调配、军队转业（复员）安置、退（离）休、辞职、辞退，公务员（参照公务员法管理人员）登记、遴选、选调、调任、职级晋升，职务、职级套改，事业单位管理岗位职员等级晋升，出国（境）审批，当选党的代表大会、人民代表大会、政协会议、群团组织代表会议、民主党派代表会议等会议代表（委员）及相关职务等材料。

（十）其他可供组织参考的材料。主要有毕业生就业报到证、派遣证，工作调动介绍信，国（境）外永久居留资格、长期居留许可等证件有关内容的复印件和体检表等材料。

干部人事档案材料具体内容和分类标准由中央组织部确定。

第二十条　各级党政机关、国有企事业单位和其他组织及个人应当按照各自职责，共同做好干部人事档案内容建设。

中央组织部会同有关部门统一明确归档材料的内容填写、格式规范等要求。

各级党政机关、国有企事业单位和其他组织应当按照要求制发材料。

干部本人和材料形成部门必须如实、规范填写材料。

材料形成部门应当按照相关规定审核材料，在材料形成后1个月内主动向相应的干部人事档案工作机构移交。

第四章　日常管理

第二十一条　干部人事档案日常管理主要包括档案建立、接收、保管、转递、信息化、统计和保密，档案材料的收集、鉴别、整理和归档等。

日常管理工作中，组织人事部门及其干部人事档案工作机构应当执行国家档案管理的有关法律法规，接受同级档案行政管理部门的业务监督和指导。

第二十二条　干部人事档案分为正本和副本。

首次参加工作被录用或者聘用为本条例第六条所列人员的，由相应的干部人事档案工作机构以其入党、入团、录用、聘用，中学以来的学籍、奖惩和自传等材料为基础，建立档案正本，并且负责管理。

干部所在单位或者协管单位干部人事档案工作机构根据工作需要，可以建立副处级或者相当职务以上干部的干部人事档案副本，并且负责管理。副本由正本主要材料的复制件构成。正本有关材料和信息变更时，副本应当相应变更。

发现干部人事档案丢失或者损毁的，必须立即报告上级组织人事部门，并且全力查找或者补救。确实无法找到或者补救的，经报上级组织人事部门批准，由负责管理档案的干部人事档案工作机构协调有关单位重新建立档案或者补充必要证明材料。

第二十三条　干部人事数字档案是按照国家相关技术标准，利用扫描等技术手段将干部人事纸质档案转化形成的数字图像和数字文本。

组织人事部门及其干部人事档案工作机构在干部人事档案数字化过程中，应当严格规范档案目录建库、档案扫描、图像处理、数据存储、数据验收、数据交换、数据备份、安全管理等基本环节，保证数字档案的真实性、完整性、可用性、安全性，确保与纸质档案一致。

干部人事数字档案在利用、转递和保密等方面按照纸质档案相关要求管理。

第二十四条　组织人事部门及其干部人事档案工作机构应当按照预防为主、防治结合的要求，建立和维护科学合理的档案存放秩序，按照有关标准要求建设干部人事档案库房，加强库房安全管理和技术防护。档案数量较少的单位，也应当设置专用房间保管档案。阅档场所、整理场所、办公场所应当分开。

第二十五条　干部人事档案管理权限发生变动的，原管理单位的干部人事档案工作机构应当对档案进行认真核对整理，保证档案内容真实准确、材料齐全完整，并在2个月内完成转递；现管理单位的干部人事档案工作机构应当认真审核，严格把关，一般应当在接到档案2个月内完成审核入库。

干部出现辞职、出国不归或者被辞退、解除（终止）劳动（聘用）合同、开除公职等情况，在党委（党组）或者组织人事等有关部门对当事人作出结论意见或者处理处分，经保密审查后，原管理单位的干部人事档案工作机构应当将档案转递至相应的干部人事档案工作机构、公共就业和人才服务机构或者本人户籍所在地的社会保障服务机构。接收单位不得无故拒绝接收人事档案。

转递干部人事档案必须通过机要交通或者安排专人送取，转递单位和接收单位应当严格履行转递手续。

因行政区划调整、机构改革等原因单位撤销合并、职能划转、职责调整，国有企业破产、重组等，组织人事部门应当制定干部人事档案移交工作方案，编制移交清单，按照有关要求及时移交档案。

干部死亡5年后，其人事档案移交本单位档案部门保存，按同级国家档案馆接收范围的规定进馆。

第二十六条　组织人事部门及其干部人事档案工作机构应当按照国家相关标准和要求，加强档案信息资源的规划、建设、开发和管理，提升档案信息采集、处理、传输、利用能力，建立健全安全、便捷、共享、高效的干部人事档案信息化管理体系。

第二十七条 组织人事部门及其干部人事档案工作机构应当定期对干部人事档案日常管理、基础设施和队伍建设等工作情况进行统计、分析、研判，加强档案资源科学管理。

第二十八条 各级党政机关、国有企事业单位和其他组织及个人，对于属于国家秘密、工作秘密的干部人事档案材料和信息，应当严格保密；对于涉及商业秘密、个人隐私的材料和信息，应当按照国家有关法律规定进行管理。

第二十九条 干部人事档案工作机构及其工作人员应当按照相关标准和要求，及时收集材料，鉴别材料内容是否真实，检查材料填写是否规范、手续是否完备等；对于应当归档的材料准确分类，逐份编写材料目录，整理合格后，一般应当在2个月内归档。

第五章 利用和审核

第三十条 干部人事档案利用工作应当强化服务理念，严格利用程序，创新利用方式，提高利用效能，充分发挥档案资政作用，体现凭证价值。

干部人事档案利用方式主要包括查(借)阅、复制和摘录等。

第三十一条 因工作需要，符合下列情形之一的，可以查阅干部人事档案：

（一）政治审查、发展党员、党员教育、党员管理等；

（二）干部录用、聘用、考核、考察、任免、调配、职级晋升、教育培养、职称评聘、表彰奖励、工资待遇、公务员登记备案、退（离）休、社会保险、治丧等；

（三）人才引进、培养、评估、推送等；

（四）巡视、巡察、选人用人检查、违规选人用人问题查核、组织处理、党纪政务处分、涉嫌违法犯罪的调查取证、案件查办等；

（五）经具有干部管理权限的党委（党组）、组织人事部门批准的编史修志，撰写大事记、人物传记，举办展览、纪念活动等；

（六）干部日常管理中，熟悉了解干部，研究、发现和解决有关问题等；

（七）其他因工作需要利用的事项。

干部本人及其亲属办理公证、诉讼取证等有关干部个人合法权益保障的事项，可以按照有关规定提请相应的组织人事等部门查阅档案。

复制、摘录的档案材料，应当按照有关要求管理和使用。

第三十二条 查阅干部人事档案按照以下程序和要求进行：

（一）查阅单位如实填写干部人事档案查阅审批材料，按照程序报单位负责同志审批签字并加盖公章；

（二）查阅档案应当2人以上，一般均为党员；

（三）干部人事档案工作机构应当按照程序审批；

（四）在规定时限内查阅。

第三十三条 干部人事档案一般不予外借，确因工作需要借阅的，借阅单位应当履行审批手续，在规定时限内归还，归还时干部人事档案工作机构应当认真核对档案材料。

第三十四条 组织人事部门及其干部人事档案工作机构应当按照统一要求，结合实际制定查（借）阅干部人事档案的具体规定。

第三十五条 组织人事部门应当坚持"凡提必审"、"凡进必审"、干部管理权限发生变化的"凡转必审"，在干部动议、考察、任职前公示、录用、聘用、遴选、选调、交流、人才引进、军队转业（复员）安置、档案转递、接收等环节，严格按照有关政策和标准，及时做好干部人事档案审核工作。

第三十六条 干部人事档案审核应当在全面审核档案内容的基础上，重点审核干部的出生日期、参加工作时间、入党时间、学历学位、工作经历、干部身份、家庭主要成员及重要社会关系、专业技术职务（职称）、学术评鉴、奖惩等基本信息，审核档案内容是否真实、档案材料是否齐全、档案材料记载内容之间的关联性是否合理以及是否有影响干部使用的情形等。

第三十七条 干部人事档案审核中发现的问题应当按照相关规定及时进行整改和处理。涉及干部个人信息重新认定的，应当及时通知干部所在单位和干部本人。

凡发现档案材料或者信息涉嫌造假的，组织人事部门等应当立即查核，未核准前，一律暂缓考察或者暂停任职、录用、聘用、调动等程序。

第三十八条 组织人事部门及其干部人事档案工作机构应当运用大数据等信息技术，建立健全干部人事档案科学利用机制，为干部资源配置、领导班子建设、干部队伍宏观管理、组织人事工作规律研究等提供精准高效服务。

第六章 纪律和监督

第三十九条 开展干部人事档案工作必须遵守下列纪律：

（一）严禁篡改、伪造干部人事档案；

（二）严禁提供虚假材料、不如实填报干部人事档案信息；

（三）严禁转递、接收、归档涉嫌造假或者来历不明的干部人事档案材料；

（四）严禁利用职务、工作上的便利，直接实施档案造假，授意、指使、纵容、默许他人档案造假，为档案造假提供方便，或者在知情后不及时向组织报告；

（五）严禁插手、干扰有关部门调查、处理档案造假问题；

（六）严禁擅自抽取、撤换、添加干部人事档案材料；

（七）严禁圈划、损坏、扣留、出卖、交换、转让、赠送干部人事档案；

（八）严禁擅自提供、摘录、复制、拍摄、保存、丢弃、销毁干部人事档案；

（九）严禁违规转递、接收和查（借）阅干部人事档案；

（十）严禁擅自将干部人事档案带出国（境）外；

（十一）严禁泄露或者擅自对外公开干部人事档案内容。

第四十条 党委（党组）及其组织人事部门对干部人事档案工作和本条例实施情况进行监督检查。

纪检监察机关、巡视巡察机构按照有关规定，对干部人事档案工作进行监督检查。

第四十一条 党委（党组）及其组织人事部门在干部人事档案工作中，必须严格执行本条例，自觉接受组织监督和党员、干部、群众监督。

下级机关（单位）和党员、干部、群众对干部人事档案工作中的违纪违规行为，有权向上级党委（党组）及其组织人事部门、纪检监察机关举报、申诉，受理部门和机关应当按照有关规定查核处理。

第四十二条 对于违反相关规定和纪律的，依据有关规定予以纠正；根据情节轻重，给予批评教育、组织处理或者党纪政务处分，并视情追究相关人员责任。涉嫌违法犯罪的，按照国家法律法规处理。

第七章 附 则

第四十三条 流动人员和自主择业军队转业干部等其他人员的人事档案管理工作，由相关主管部门根据本条例精神另行规定。

第四十四条 中国人民解放军和中国人民武装警察部队干部人事档案工作规定，由中央军事委员会根据本条例精神制定。

第四十五条 本条例由中央组织部负责解释。

第四十六条 本条例自2018年11月20日起施行。1991年4月2日中央组织部、国家档案局印发的《干部档案工作条例》同时废止。

流动人员人事档案管理服务规定

- 2021年12月29日
- 人社部发〔2021〕112号

第一章 总 则

第一条 为进一步健全完善流动人员人事档案管理服务体系，维护流动人员人事档案的真实性、严肃性，推动流动人员人事档案工作科学化、制度化、规范化，促进人才资源顺畅有序流动，根据《中华人民共和国档案法》《干部人事档案工作条例》《人力资源市场暂行条例》及有关法律、法规，制定本规定。

第二条 流动人员人事档案是反映流动人员政治面貌、道德品行、学习工作经历、专业素养、工作实绩、遵纪守法以及家庭状况、社会关系等情况的历史记录材料。

第三条 流动人员人事档案是国家档案和社会信用体系的重要组成部分，是党和政府联系服务人才的重要载体，是流动人员参加机关公务员考录和国有企事业单位招聘、办理政审考察、申报职称评审和核定社保待遇等事项的重要依据。

第四条 本规定所称流动人员人事档案主要包括：

（一）非公有制经济组织和社会组织聘用人员的人事档案；

（二）辞职辞退、解除（终止）聘用（劳动）合同、取消录（聘）用、被开除等与用人单位解除或终止人事（劳动）关系的未就业的原机关公务员、国有企事业单位的管理人员和专业技术人员、军队文职人员的人事档案；

（三）未就业的高校毕业生及中专毕业生的人事档案；

（四）自费出国（境）留学的高校毕业生及其他因私出国（境）人员的人事档案；

（五）外国企业常驻代表机构的中方雇员的人事档案；

（六）自由职业或灵活就业人员的人事档案；

（七）其他流动人员的人事档案。

第五条 流动人员人事档案工作遵循"集中统一、归口管理"原则，主管部门为政府人力资源社会保障部门，接受同级党委组织部门、档案主管部门的指导和监督。

第二章 管理服务机构和职责

第六条 流动人员人事档案管理服务机构(以下简称档案管理服务机构)包括县级以上(含县级)人民政府设立的公共就业和人才服务机构,以及经省级人力资源社会保障行政部门授权的单位。其他任何未经授权的单位不得开展流动人员人事档案管理服务工作。严禁个人保管本人或他人人事档案。

第七条 档案管理服务机构应当提供以下服务:
(一)档案的接收、转递;
(二)档案材料的收集、鉴别和归档;
(三)档案的整理和保管;
(四)为符合相关规定的单位提供档案查(借)阅服务;
(五)依据档案记载出具存档、经历、亲属关系等相关证明材料;
(六)为相关单位提供入党、参军、录(聘)用、出国(境)等政审考察服务;
(七)党员组织关系的接转等。

跨地区就业创业流动人员的人事档案,可由其户籍所在地或现工作单位所在地的档案管理服务机构管理。

第八条 档案管理服务机构应当提供免费的流动人员人事档案基本公共服务,不得收取档案保管费、查阅费、证明费、转递费等名目的费用。

第九条 流动人员人事档案基本公共服务相关经费列入本级财政预算,参考保管的流动人员人事档案数量等因素合理确定经费数额。

第十条 档案管理服务机构应当保证工作力量,选配政治素质好、专业能力强、作风正派的人员专职从事流动人员人事档案工作,关键核心岗位应当选配中共党员。按照规定实行回避制度,从严管理工作人员,加强业务培训,强化激励保障。

第三章 日常管理

第十一条 档案管理服务机构应当认真执行国家档案管理和干部人事档案工作有关法律法规,加强流动人员人事档案日常管理,推进基础设施和信息化建设。

第十二条 档案管理服务机构按规定接收符合条件的人事档案、学生档案,形成流动人员人事档案,并以适当形式明晰与流动人员、存档单位的权利和义务。

流动人员持本人居民身份证或社保卡等有效身份证件,到档案管理服务机构申请设立个人账户;存档单位工作人员持本人居民身份证或社保卡等有效身份证件及营业执照等有关证件,到档案管理服务机构申请设立单位集体账户。

存档单位注销集体账户时,档案管理服务机构应当配合转递相关流动人员人事档案,或调整为个人账户存档。

第十三条 档案管理服务机构应当参照干部人事档案材料主要内容和分类,做好流动人员人事档案材料的整理、鉴别和归档工作。对合格的材料,应当准确分类,逐份编写目录,一般在2个月内归档。对不合格的材料,退回档案材料形成单位。

第十四条 档案管理服务机构应当加强流动人员人事档案内容建设,建立符合流动人员职业发展特点的档案材料收集制度。

档案管理服务机构、档案材料形成单位、流动人员之间应当加强协作,多方面收集反映流动人员政治面貌、工作经历、教育培训、职业资格、职称、评聘专业技术职务、年度工作(业绩)考核、入选重大人才工程、获得重大奖项、重要社会兼职及违规违纪违法处分等相关材料。注重收集流动人员工作变动中形成的劳动合同、企业录用手续及就业登记、劳动用工备案等材料。加强与社会保险经办机构信息联动,积极收集参加社会保险等相关信息材料。

流动人员及人事档案材料形成单位应当如实、规范填写相关材料,在材料形成1个月内主动向档案管理服务机构移交。

第十五条 严格执行国家保密法律法规,对属于国家秘密、工作秘密的流动人员人事档案材料和信息,应当严格保密;对涉及商业秘密、个人隐私的材料和信息,应当按照国家有关法律规定进行严格管理。

第十六条 按照预防为主、防治结合的要求,建立健全科学规范的存放秩序,改进完善保管方法和技术,提高安全防灾标准。加强流动人员人事档案基础设施建设,按照档案馆建筑有关标准要求建设档案库房,强化库房安全管理和技术防护。档案库房、阅档场所、整理场所、办公场所应当分开。

第十七条 加强流动人员人事档案信息化建设,按照"数据向上集中、服务向下延伸、信息全国共享"的原则,推进省级集中的流动人员人事档案管理服务信息系统与全国流动人员人事档案管理服务运行平台对接,建立安全、便捷、共享、高效的流动人员人事档案信息化应用体系。

第十八条 流动人员人事档案数字化工作参照干部

人事档案数字化相关技术标准推进，保证数字档案的真实性、完整性、可用性、安全性。

鼓励有条件的地方推广电子证照、电子公文、电子签章等新技术应用，通过信息交互等方式不断拓展流动人员人事档案材料收集渠道，探索建立以政务数据为支撑的流动人员人事数字档案。

流动人员人事数字档案在利用、转递和保密等方面按照纸质档案相关要求管理。

第四章 接收、转递和服务利用

第十九条 加强流动人员人事档案接收、转递和服务利用工作，优化服务流程，创新服务方式，拓展服务渠道，加大服务信息公开力度，提高档案公共服务能力和便民化水平。

第二十条 根据流动人员或存档单位申请，档案管理服务机构按照以下程序和要求开展档案的接收、转递服务：

（一）根据流动人员或存档单位申请，拟接收的档案管理服务机构向原档案管理服务机构或原工作单位开具转档手续材料。

（二）原档案管理服务机构或原工作单位接到转档手续材料后，应当按规定审核档案，对符合转递规定的，填写材料目录清单后严密包封，并填写档案转递通知单，于15个工作日内进行转递。

对不符合转递规定的，原档案管理服务机构或原工作单位不得转出。

（三）流动人员人事档案转递应当通过机要通信、专人送取或邮政特快专递等给据邮件方式进行。对曾属于党政领导干部、机关公务员、参照公务员法管理的机关（单位）工作人员（工勤人员除外）、国有企事业单位领导人员、管理人员和专业技术人员，军队文职人员人事档案的，应当通过机要通信或专人送取方式进行转递。严禁个人自带档案。

（四）接收流动人员人事档案时实行告知承诺制。拟接收的档案管理服务机构应当对照材料目录清单认真审核甄别，对缺少关键材料的，一次性告知所缺材料及其可能造成的影响，经本人作出书面知情说明、承诺补充材料后予以接收，或与原工作单位协商退回并补充材料；对缺少非关键材料的，应当采取先存后补方式予以接收，并督促指导流动人员补充相关缺失材料。

关键材料一般是指用于核定流动人员的出生日期、参加工作时间、入党时间、学历学位、工作经历等重要信息的材料。

（五）接收流动人员人事档案的管理服务机构应当及时将档案转递通知单回执退回原管理服务机构或原工作单位。

档案管理服务机构开具的流动人员人事档案转档手续材料，与机关、国有企事业单位开具的人事档案转档手续材料具有相同的效力。流动人员人事档案在机关、国有企事业单位和档案管理服务机构之间可直接办理转档手续。机关、国有企事业单位必须凭档案管理服务机构开具的转档手续材料，方可接收流动人员人事档案。

流动人员死亡5年后，其人事档案按现行渠道移交或保管，对国家和社会有特殊贡献的英雄、模范人物等人事档案按规定向有关档案馆移交。

第二十一条 相关单位开展政审考察、选拔录（聘）用、人才引进、职称评审、表彰奖励、因公出国（境）、社会保险、巡视巡察等工作需查阅流动人员人事档案，档案管理服务机构按照以下程序和要求提供查阅服务：

（一）查阅单位提交加盖公章的单位介绍信，申明查阅理由，如实填写流动人员人事档案查阅申请表。

（二）查阅流动人员人事档案应当2人以上，一般为中共党员。

（三）档案管理服务机构应当按照程序和权限审批同意。

（四）查阅人在规定时限内完成查阅。

档案管理服务机构对高级专业技术人员、涉及国家秘密的流动人员人事档案要从严保管，严格查阅手续。

任何个人不得查阅本人、配偶、直系血亲、三代以内旁系血亲、近姻亲人员的人事档案。

第二十二条 流动人员人事档案一般不予外借。确因工作需要借阅的，借阅单位应当履行审批手续，在规定时限内归还。归还时，档案管理服务机构应当认真核对档案材料。

第二十三条 流动人员及其亲属因办理个人合法权益保障等事项申请开具相关证明，档案管理服务机构可依据档案材料记载出具存档、经历、亲属关系等相关证明材料。

第二十四条 档案管理服务机构党组织应当按有关规定为流动人才党员提供党组织关系转接服务。

第二十五条 不断拓展流动人员人事档案基本公共服务内容，完善服务标准和流程，推进服务规范化和精细化。探索为技师学院高级工班、预备技师班毕业的高技能人才提供人事档案管理服务，畅通高技能人才职业发展通道。

第二十六条　加强流动人员人事档案工作服务信息公开和政策宣传，及时更新辖区内档案管理服务机构目录和办事清单，结合服务内容逐项编制办事指南，并通过门户网站、咨询服务热线、宣传手册等向社会公开。

加强流动人员人事档案工作政策法规宣传解读，加大面向高校毕业生等重点群体和重点单位的宣传力度，提高流动人员和用人单位对档案重要性的认识，营造良好工作环境。

第二十七条　建立健全流动人员人事档案科学利用机制，强化与政务数据资源的关联分析和融合利用，加强流动人员数量、结构、分布、流向等数据统计分析和科学预测，为引导人力资源合理流动提供决策参考，提高流动人员人事档案管理服务整体效能。

第二十八条　健全流动人员人事档案公共服务制度，强化档案管理服务机构窗口作风建设，落实档案管理纪律要求和行为规范，提高流动人员人事档案管理服务水平。

第五章　纪律和监督

第二十九条　开展流动人员人事档案管理服务工作，应当严格执行干部人事档案工作相关规定，遵守下列纪律：

（一）严禁篡改、伪造流动人员人事档案；

（二）严禁擅自抽取、撤换、添加、涂改流动人员人事档案材料；

（三）严禁擅自向外公开、泄露流动人员人事档案信息；

（四）严禁丢弃、销毁流动人员人事档案材料；

（五）严禁为不符合规定的人员新建、重建流动人员人事档案；

（六）严禁违规转递、接收和查（借）阅流动人员人事档案；

（七）严禁出具虚假证明和政审材料；

（八）严禁档案管理服务机构拒收或推诿符合规定的流动人员人事档案；

（九）严禁将流动人员人事档案管理服务与其他经营性服务相挂钩；

（十）严禁以流动人员人事档案为载体的捆绑收费、隐形收费。

第三十条　加强对流动人员人事档案工作和本规定实施情况的监督检查，人力资源社会保障行政部门将违规保管流动人员人事档案、违规收取管理服务费等行为纳入人力资源市场秩序日常监管范围，完善举报投诉查处机制，主动公开举报投诉电话。

档案管理服务机构要严格执行本规定，自觉接受组织、群众和社会监督。

第三十一条　对于违反相关规定和纪律的，依据有关规定予以纠正；根据情节轻重，给予批评教育、组织处理或者党纪政务处分，并视情追究相关人员责任。涉嫌违法犯罪的，按照国家法律法规处理。

第六章　附　则

第三十二条　本规定由人力资源社会保障部负责解释。

第三十三条　本规定自印发之日起施行。《中共中央组织部、人事部关于印发〈流动人员人事档案管理暂行规定〉的通知》（人发〔1996〕118号）同时废止。

2. 公务员管理

公务员范围规定

· 2019年12月23日中共中央组织部制定
· 2020年3月3日发布

第一条　为了明确公务员范围，规范公务员管理，建设信念坚定、为民服务、勤政务实、敢于担当、清正廉洁的高素质专业化公务员队伍，根据《中华人民共和国公务员法》等有关法律法规，制定本规定。

第二条　公务员范围确定坚持以马克思列宁主义、毛泽东思想、邓小平理论、"三个代表"重要思想、科学发展观、习近平新时代中国特色社会主义思想为指导，贯彻新时代中国共产党的组织路线，坚持党管干部原则，加强党对公务员队伍的集中统一领导，从中国国情出发，体现我国政治制度的特色，符合干部人事管理的实际。

第三条　公务员是干部队伍的重要组成部分，是社会主义事业的中坚力量，是人民的公仆。列入公务员范围的工作人员必须同时符合下列条件：

（一）依法履行公职；

（二）纳入国家行政编制；

（三）由国家财政负担工资福利。

第四条　下列机关中除工勤人员以外的工作人员列入公务员范围：

（一）中国共产党各级机关；

（二）各级人民代表大会及其常务委员会机关；

（三）各级行政机关；

（四）中国人民政治协商会议各级委员会机关；

（五）各级监察机关；
（六）各级审判机关；
（七）各级检察机关；
（八）各民主党派和工商联的各级机关。

第五条 中国共产党各级机关中列入公务员范围的人员：
（一）中央和地方各级党委、纪律检查委员会的领导人员；
（二）中央和地方各级党委工作部门、办事机构和派出机构的工作人员；
（三）中央和地方各级纪律检查委员会机关及其向党和国家机关等派驻或者派出机构的工作人员；
（四）街道、乡、镇党委机关的工作人员。

第六条 各级人民代表大会及其常务委员会机关中列入公务员范围的人员：
（一）县级以上各级人民代表大会常务委员会领导人员，乡、镇人民代表大会主席、副主席；
（二）县级以上各级人民代表大会常务委员会工作机构和办事机构的工作人员；
（三）县级以上各级人民代表大会专门委员会办事机构的工作人员。

第七条 各级行政机关中列入公务员范围的人员：
（一）各级人民政府的领导人员；
（二）县级以上各级人民政府工作部门和派出机构的工作人员；
（三）乡、镇人民政府机关的工作人员。

第八条 中国人民政治协商会议各级委员会机关中列入公务员范围的人员：
（一）中国人民政治协商会议各级委员会的领导人员；
（二）中国人民政治协商会议各级委员会工作机构的工作人员。

第九条 各级监察机关中列入公务员范围的人员：
（一）国家和地方各级监察委员会的领导人员；
（二）国家和地方各级监察委员会机关及其向党和国家机关等派驻或者派出机构的工作人员。

第十条 各级审判机关中列入公务员范围的人员：
（一）最高人民法院和地方各级人民法院的法官、审判辅助人员；
（二）最高人民法院和地方各级人民法院的司法行政人员。

第十一条 各级检察机关中列入公务员范围的人员：

（一）最高人民检察院和地方各级人民检察院的检察官、检察辅助人员；
（二）最高人民检察院和地方各级人民检察院的司法行政人员。

第十二条 各民主党派和工商联的各级机关中列入公务员范围的人员：
（一）中国国民党革命委员会中央和地方各级委员会的领导人员，工作机构的工作人员；
（二）中国民主同盟中央和地方各级委员会的领导人员，工作机构的工作人员；
（三）中国民主建国会中央和地方各级委员会的领导人员，工作机构的工作人员；
（四）中国民主促进会中央和地方各级委员会的领导人员，工作机构的工作人员；
（五）中国农工民主党中央和地方各级委员会的领导人员，工作机构的工作人员；
（六）中国致公党中央和地方各级委员会的领导人员，工作机构的工作人员；
（七）九三学社中央和地方各级委员会的领导人员，工作机构的工作人员；
（八）台湾民主自治同盟中央和地方各级委员会的领导人员，工作机构的工作人员。
中华全国工商业联合会和地方各级工商联的领导人员，工作机构的工作人员。

第十三条 下列人员人事关系所在部门和单位不属于本规定第四条所列机关的，不列入公务员范围：
（一）中国共产党的各级代表大会代表、委员会委员、委员会候补委员、纪律检查委员会委员；
（二）各级人民代表大会代表、常务委员会组成人员、专门委员会成员；
（三）中国人民政治协商会议各级委员会常务委员、委员；
（四）各民主党派中央和地方各级委员会委员、常委和专门委员会成员。中华全国工商业联合会和地方工商联执行委员、常务委员会成员和专门委员会成员。

第十四条 列入公务员范围的人员按照有关规定登记后，方可确定为公务员。

第十五条 本规定由中共中央组织部负责解释。

第十六条 本规定自发布之日起施行，2006年4月9日中共中央、国务院印发的《〈中华人民共和国公务员法〉实施方案》附件一《公务员范围规定》同时废止。

公务员申诉规定

- 2008年5月14日中共中央组织部、人力资源社会保障部制定并发布
- 2022年3月1日中共中央组织部部务会会议修订
- 2022年3月19日中共中央组织部发布

第一章 总 则

第一条 为了依法处理公务员申诉，保障公务员合法权益，建设信念坚定、为民服务、勤政务实、敢于担当、清正廉洁的高素质专业化公务员队伍，根据《中华人民共和国公务员法》等有关法律法规，制定本规定。

第二条 公务员对涉及本人的人事处理不服，可以依照本规定申请复核或者提出申诉。

法律法规对监察官、法官、检察官的申诉另有规定的，从其规定。

领导成员公务员的申诉，按照有关规定办理。

第三条 公务员申诉工作坚持以马克思列宁主义、毛泽东思想、邓小平理论、"三个代表"重要思想、科学发展观、习近平新时代中国特色社会主义思想为指导，贯彻落实新时代党的组织路线和干部工作方针政策，完善机关内部监督机制，促进机关依法行使职权，规范公务员依法维权，坚持下列原则：

（一）依法依规、有错必纠；

（二）公平公正、处理恰当；

（三）稳慎及时、注重沟通。

第四条 复核、申诉期间，人事处理继续执行。

公务员不因申请复核或者提出申诉而被加重处理。

第二章 机构与管辖

第五条 受理公务员申诉的机关应当组成公务员申诉公正委员会，负责对案件事实、适用法律法规、工作程序等进行审议，向受理机关提出审理意见。

公务员申诉公正委员会实行一案一委员会制，一般由受理机关的人员组成，可以吸收其他机关的有关人员参加。公务员申诉公正委员会组成人数为单数，设主任委员一名，负责案件审理的组织工作。

第六条 公务员对本人所在机关作出的人事处理不服的申诉，由同级公务员主管部门管辖。

省级以下机关公务员对公务员主管部门作出的处理决定不服的再申诉，由同级党委或者上一级公务员主管部门管辖。其中，对省、自治区、直辖市公务员主管部门作出的申诉处理决定不服的再申诉，由省、自治区、直辖市党委管辖。地方党委受理的再申诉，由党委指定的部门负责组建公务员申诉公正委员会开展案件审理工作。

第七条 县级以下机关公务员对经县级党委批准或者乡镇党委作出的人事处理不服的申诉，由上一级公务员主管部门管辖。

第八条 中央垂直管理部门省级以下机关公务员对人事处理不服的申诉，由上一级机关管辖。对申诉处理决定不服的再申诉，由作出申诉处理决定的机关的上一级机关管辖。

第九条 实行双重领导并以上级单位领导为主的部门省级以下机关，省以下垂直管理部门公务员申诉的管辖，参照本规定第八条的规定执行。对省垂直管理机关作出的申诉处理决定不服的再申诉，由省、自治区、直辖市党委管辖。

第十条 公务员对监察机关作出的涉及本人的处理决定不服的，向监察机关申请复审、复核。

第三章 申请与受理

第十一条 公务员对涉及本人的下列人事处理不服，可以申请复核或者提出申诉：

（一）处分；

（二）辞退或者取消录用；

（三）降职；

（四）定期考核定为不称职；

（五）免职；

（六）申请辞职、提前退休未予批准；

（七）不按照规定确定或者扣减工资、福利、保险待遇；

（八）法律、法规规定可以申诉的其他情形。

第十二条 公务员申请复核，应当自知道该人事处理之日起30日内向原人事处理机关提交书面申请。在复核决定作出前，申请复核的公务员不得提出申诉。复核决定逾期未作出的，申请复核的公务员可以在复核期满之日起15日内提出申诉。

第十三条 公务员对复核结果不服的，可以自接到复核决定之日起15日内提出申诉；也可以不经复核，自知道人事处理之日起30日内直接提出申诉。

公务员对申诉处理决定不服的，可以自接到申诉处理决定之日起30日内提出再申诉。

第十四条 公务员提出申诉和再申诉，应当提交申诉书等材料，提出再申诉的，还应当提交申诉处理决定复印件。

申诉书应当载明下列内容：

（一）申诉人的姓名、单位、职务职级、联系方式、住

址及其他基本情况；

（二）被申诉机关的名称及作出的人事处理决定和复核的情况；

（三）申诉的事项、理由及要求；

（四）提出申诉的日期。

第十五条 因不可抗力等正当理由超过规定的期限申请复核或者提出申诉、再申诉的，经受理机关批准可以提出申请。

第十六条 复核、申诉、再申诉应当由受到人事处理的公务员本人提出；如本人丧失行为能力或者死亡，可以由其配偶、父母、子女、兄弟姐妹等近亲属代为提出。

第十七条 受理机关应当对申请人提出的申诉、再申诉是否符合受理条件进行审查，在接到申诉书之日起30日内，作出受理或者不予受理的决定，并以书面形式通知申请人。不予受理的，应当说明理由。

第十八条 符合以下条件的申诉、再申诉，应予受理：

（一）申请人符合本规定第十六条的规定；

（二）申诉、再申诉事项属于本规定第十一条规定的受理范围；

（三）在规定的期限内提出；

（四）属于受理机关管辖；

（五）申诉材料齐备。

凡不符合上述条件之一的申诉、再申诉，不予受理。

申诉材料不齐备的，应当及时一次性告知申请人，限期15日内补正。审查期限自收到全部补正材料后的次日起算。

第十九条 对于决定受理的申诉案件，受理机关自决定受理之日起7日内向被申诉机关送达应诉通知书和申诉书副本。

被申诉机关接到应诉通知书之日起15日内提交答辩书，并提供作出该人事处理决定的依据和证据。

受理机关收到答辩书后，经审核符合答辩要求的，在7日内将副本送达申诉人，申诉人在接到答辩书副本7日内可以提出书面意见。

第二十条 处理决定作出前，申请人可以书面提出撤回复核、申诉和再申诉的申请。受理机关在接到申请后终结处理工作，并书面告知申请人和被申诉机关。

申请人撤回复核、申诉和再申诉后，如无正当理由，不得再以同一事由提出。

第四章 审理与决定

第二十一条 原人事处理机关在接到复核申请书后，应当对人事处理认定的事实、依据和工作程序等进行全面核查，在30日内作出维持、撤销或者变更原人事处理的复核决定，并书面通知申请人。

第二十二条 受理申诉和再申诉的机关应当自决定受理之日起60日内作出处理决定。案情复杂的，可以适当延长，但是延长时间不得超过30日。

第二十三条 受理机关对公务员申诉、再申诉涉及事项，应当调查核实。调查应当由2名以上工作人员进行。接受调查的机关和个人应当如实提供情况。

调查人员应当充分听取申诉人、被申诉机关和相关人员的意见，加强沟通协调，做好政策解释和矛盾调处工作。

第二十四条 受理机关应当将申诉案件材料和调查材料提交公务员申诉公正委员会进行全面审阅。必要时，公务员申诉公正委员会可以听取申诉人和被申诉机关当面陈述申辩。

第二十五条 公务员申诉公正委员会根据调查情况对下列事项进行审议：

（一）原人事处理认定的事实是否存在、清楚，证据是否确凿、充分；

（二）原人事处理适用法律、法规、规章和有关规定是否正确；

（三）原人事处理的程序是否符合规定；

（四）原人事处理是否显失公正；

（五）被申诉机关有无超越职权或者滥用职权的情形；

（六）其他需要审议的事项。

在审理对复核决定、申诉处理决定不服的申诉、再申诉时，还应当对复核决定和申诉处理决定进行审议。

第二十六条 公务员申诉公正委员会应当按照少数服从多数的原则提出明确审理意见，并向受理机关提交审理报告。审议中的不同意见应当如实记入审理报告。

第二十七条 对于事实清楚、规定明确的申诉案件，调查、审理程序可以适当简化。

第二十八条 受理机关应当根据公务员申诉公正委员会的审理意见，区别不同情况，作出下列申诉处理决定：

（一）原人事处理认定事实清楚，适用法律、法规、规章和有关规定正确，处理恰当、程序合法的，维持原人事处理。

（二）原人事处理认定事实不存在的，按照管理权限责令原人事处理机关撤销或者直接撤销原人事处理。

（三）原人事处理认定事实清楚，但适用法律、法规、规章和有关规定有误，或者处理明显不当的，按照管理权限责令原人事处理机关变更或者直接变更原人事处理。

（四）原人事处理认定事实不清，证据不足，或者违反规定程序和权限，责令原人事处理机关重新处理。

再申诉处理决定应当参照前款规定作出。

受理机关在作出申诉处理决定的同时，可以就申诉案件向原人事处理机关提出人事管理有关意见。

第二十九条　申诉处理决定作出后，要制作申诉处理决定书。申诉处理决定书应当载明下列内容：

（一）申诉人的姓名、单位、职务职级及其他基本情况；

（二）被申诉机关的名称，原人事处理和复核决定所认定的事实、理由及适用的法律、法规、规章和有关规定；

（三）申诉的事项、理由及要求；

（四）公务员申诉公正委员会认定的事实、理由及适用的法律、法规、规章和有关规定；

（五）申诉处理决定；

（六）作出决定的日期；

（七）其他需要载明的内容。

再申诉处理决定书除前款规定内容外，还应当载明申诉处理决定的内容和作出申诉处理决定的日期。

申诉处理决定书和再申诉处理决定书应当加盖受理机关或者公务员申诉公正委员会的印章。

第三十条　申诉处理决定书应当在作出处理决定之日起7日内送达申诉人和原人事处理机关。再申诉处理决定书还应当送达作出申诉处理决定的机关。

第三十一条　原人事处理机关应当将复核决定书、申诉处理决定书、再申诉处理决定书存入受处理公务员个人档案。

申诉处理机关应当自作出处理决定之日起60日内，将申诉案件处理和执行等情况按照管理权限向上一级公务员主管部门或者上一级机关备案。

第三十二条　公务员申诉公正委员会委员和受理机关工作人员与案件当事人存在利害关系、可能影响案件公正处理的，本人应当自行回避。申诉人和被申诉机关也可以申请相关人员回避，受理机关在收到回避申请之日起3个工作日内作出决定。回避决定作出前，相关人员暂停参与调查和审理。

第三十三条　案件审理期间，因不可抗力等原因导致无法审理的，受理机关可以决定中止审理工作，待有关情形消除后，再恢复审理工作。

第三十四条　公务员申诉公正委员会委员和受理机关工作人员，对工作中涉及的国家秘密、工作秘密、商业秘密和个人隐私应当保密。

第五章　执行与监督

第三十五条　申诉处理决定在发生效力后执行。下列处理决定是发生效力的决定：

（一）已过法定期限没有提出再申诉的申诉处理决定；

（二）中央公务员主管部门作出的申诉处理决定；

（三）中央垂直管理机关作出的申诉处理决定；

（四）再申诉处理决定。

第三十六条　原人事处理机关在申诉处理决定生效后30日内执行，并将执行情况书面告知作出申诉处理决定的机关。

第三十七条　非因违反规定程序和权限，被责令重新处理的，原人事处理机关不得以同一事实和理由作出与原处理决定相同或者基本相同的处理决定。

公务员对重新作出的人事处理决定不服，可以提出申诉、再申诉。

第三十八条　原人事处理错误的，应当及时予以纠正；造成名誉损害的，应当赔礼道歉、恢复名誉、消除影响；造成经济损失的，依法给予赔偿，并视情况对作出错误处理的责任人进行处理。

第三十九条　机关不执行发生效力的申诉处理决定，或者对申诉人打击报复的，对负有责任的领导人员和直接责任人员，受理申诉的机关可以向有关机关提出给予其处理处分的建议；构成犯罪的，依法追究刑事责任。

第四十条　公务员在复核、申诉中捏造事实、诬告、陷害他人的，根据情节轻重，给予批评教育或者处分；给他人造成名誉损害的，应当赔礼道歉、恢复名誉、消除影响；构成犯罪的，依法追究刑事责任。

第四十一条　公务员申诉公正委员会委员和受理机关工作人员，不按本规定处理公务员复核、申诉的，根据情节轻重，给予批评教育或者处分；构成犯罪的，依法追究刑事责任。

第六章　附　则

第四十二条　参照公务员法管理的机关（单位）中除工勤人员以外的工作人员的申诉，参照本规定执行。

第四十三条　本规定由中共中央组织部负责解释。

第四十四条　本规定自发布之日起施行。

附件：1. 公务员申诉案件受理通知书（略）

2. 公务员申诉案件不予受理通知书（略）

3. 公务员申诉案件应诉通知书（略）

公务员考核规定

- 2006年12月26日中共中央组织部部务会会议审议批准
- 2007年1月4日中共中央组织部、人事部发布
- 2020年12月8日中共中央组织部部务会会议修订
- 2020年12月28日中共中央组织部发布

第一章 总 则

第一条 为了准确评价公务员的德才表现和工作实绩，规范公务员考核工作，建设信念坚定、为民服务、勤政务实、敢于担当、清正廉洁的高素质专业化公务员队伍，根据《中华人民共和国公务员法》和有关法律法规，制定本规定。

第二条 公务员考核，是指机关按照规定的权限、标准和程序，对非领导成员公务员的政治素质、履职能力、工作实绩、作风表现等所进行的了解、核实和评价。

对领导成员的考核，由主管机关按照《党政领导干部考核工作条例》等有关规定办理。

第三条 公务员考核工作坚持以马克思列宁主义、毛泽东思想、邓小平理论、"三个代表"重要思想、科学发展观、习近平新时代中国特色社会主义思想为指导，贯彻新时代党的组织路线和干部工作方针政策，着眼于加强党对公务员队伍的集中统一领导、推进国家治理体系和治理能力现代化，把政治标准放在首位，突出考核公务员做好本职工作的实际成效，树立讲担当、重担当、改革创新、干事创业的鲜明导向，坚持下列原则：

（一）注重实绩、群众公认；
（二）客观公正、精准科学；
（三）分级分类、简便易行；
（四）奖惩分明、有效管用。

第二章 考核内容和标准

第四条 对公务员的考核，以公务员的职位职责和所承担的工作任务为基本依据，全面考核德、能、勤、绩、廉，重点考核政治素质和工作实绩。

（一）德。全面考核政治品质和道德品行，重点了解学习贯彻习近平新时代中国特色社会主义思想、坚定理想信念、坚守初心使命、忠于宪法、忠于国家、忠于人民、增强"四个意识"、坚定"四个自信"、做到"两个维护"的情况；带头践行社会主义核心价值观、恪守职业道德、遵守社会公德、家庭美德和个人品德等情况。

（二）能。全面考核适应新时代要求履职尽责的政治能力、工作能力和专业素养，重点了解政治鉴别能力、学习调研能力、依法行政能力、群众工作能力、沟通协调能力、贯彻执行能力、改革创新能力、应急处突能力等情况。

（三）勤。全面考核精神状态和工作作风，重点了解忠于职守、遵守工作纪律、爱岗敬业、勤勉尽责、敢于担当、甘于奉献等情况。

（四）绩。全面考核坚持以人民为中心、依法依规履行职位职责、承担急难险重任务等情况，重点了解完成工作的数量、质量、效率和所产生的效益等情况。

（五）廉。全面考核遵守廉洁从政规定，落实中央八项规定及其实施细则精神等情况，重点了解秉公用权、廉洁自律等情况。

第五条 公务员的考核分为平时考核、专项考核和定期考核等方式。定期考核以平时考核、专项考核为基础。

平时考核是对公务员日常工作和一贯表现所进行的经常性考核，一般按照个人小结、审核评鉴、结果反馈等程序进行。

专项考核是对公务员完成重要专项工作、承担急难险重任务和关键时刻的政治表现、担当精神、作用发挥、实际成效等情况所进行的针对性考核，可以按照了解核实、综合研判、结果反馈等程序进行，或者结合推进专项工作灵活安排。

定期考核采取年度考核的方式，是对公务员一个自然年度内总体表现所进行的综合性考核，在每年年末或者翌年年初进行。

第六条 年度考核结果分为优秀、称职、基本称职和不称职4个等次。

第七条 确定为优秀等次应当具备下列条件：
（一）思想政治素质高；
（二）精通业务，工作能力强；
（三）责任心强，勤勉尽责，工作作风好；
（四）圆满完成年度工作任务，工作实绩突出；
（五）清正廉洁。

第八条 确定为称职等次应当具备下列条件：
（一）思想政治素质较高；
（二）熟悉业务，工作能力较强；
（三）责任心强，工作积极，工作作风较好；
（四）能够完成本职工作；
（五）廉洁自律。

第九条 公务员有下列情形之一的，应当确定为基本称职等次：
（一）思想政治素质一般；

(二)履行职责的工作能力较弱;

(三)责任心一般,工作消极,或者工作作风方面存在明显不足;

(四)能基本完成本职工作,但完成工作的数量不足、质量和效率不高,或者在工作中有较大失误;

(五)能基本做到廉洁自律,但某些方面存在不足。

第十条 公务员有下列情形之一的,应当确定为不称职等次:

(一)思想政治素质较差;

(二)业务素质和工作能力不能适应工作要求;

(三)责任心缺失,工作不担当、不作为,或者工作作风差;

(四)不能完成工作任务,或者在工作中因严重失误、失职造成重大损失或者恶劣社会影响;

(五)存在不廉洁问题,且情形较为严重。

第十一条 公务员有受相应处分等特殊情形的,按照有关规定参加年度考核,不确定等次。

第十二条 公务员年度考核优秀等次人数,一般掌握在本机关应参加年度考核的公务员总人数的20%以内;经同级公务员主管部门审核同意,可以掌握在25%以内。优秀等次名额应当向获得表彰奖励以及基层一线、艰苦岗位公务员倾斜。

县级以上公务员主管部门对综合表现突出或者问题较多的机关,可以适当提高或者降低其优秀等次比例。

第三章 考核程序

第十三条 公务员考核由其所在机关组织实施。党委(党组)承担考核工作主体责任,组织(人事)部门承担具体工作责任。

机关在年度考核时可以设立考核委员会。考核委员会由本机关领导成员、组织(人事)部门、纪检监察机关及其他有关部门人员和公务员代表组成。

第十四条 年度考核一般按照下列程序进行:

(一)总结述职。公务员按照岗位职责、年度目标任务和有关要求进行总结,在一定范围内述职,突出重点、简明扼要填写公务员年度考核登记表。

(二)民主测评。对担任机关内设机构领导职务的公务员,在一定范围内进行民主测评。根据需要,可以对其他公务员进行民主测评。

(三)了解核实。采取个别谈话、实地调研、服务对象评议等方式了解核实公务员有关情况。根据需要,听取纪检监察机关意见。

(四)审核评鉴。主管领导对公务员表现以及有关情况进行综合分析,有针对性地写出评语,提出考核等次建议和改进提高的要求。

(五)确定等次。由本机关负责人或者授权的考核委员会确定考核等次。对优秀等次公务员在本机关范围内公示,公示时间不少于5个工作日。考核结果以书面形式通知公务员,由公务员本人签署意见。

第十五条 年度考核确定为优秀等次的,应当从当年平时考核、专项考核结果好的公务员中产生。

第十六条 公务员对年度考核确定为不称职等次不服的,可以按照有关规定申请复核、申诉。

第十七条 各机关应当将公务员年度考核登记表存入公务员本人干部人事档案,同时将本机关公务员年度考核情况报送同级公务员主管部门。

第四章 考核结果运用

第十八条 公务员年度考核结果作为调整公务员职位、职务、职级、级别、工资以及公务员奖惩、培训、辞退的依据。

第十九条 公务员年度考核确定为优秀等次的,按照下列规定办理:

(一)当年给予嘉奖,在本机关范围内通报表扬;晋升上一职级所要求的任职年限缩短半年。

(二)连续三年确定为优秀等次的,记三等功;晋升职务职级时,在同等条件下优先考虑。

第二十条 公务员年度考核确定为称职以上等次的,按照下列规定办理:

(一)累计两年确定为称职以上等次的,在所定级别对应工资标准内晋升一个工资档次。

(二)累计五年确定为称职以上等次的,在所任职务职级对应级别范围内晋升一个级别。

(三)本考核年度计算为晋升职务职级的任职年限,同时符合规定的其他任职资格条件的,具有晋升职务职级的资格。

(四)享受年度考核奖金。

第二十一条 公务员年度考核确定为基本称职等次的,按照下列规定办理:

(一)对其进行诫勉,责令作出书面检查,限期改进。

(二)本考核年度不计算为按年度考核结果晋升级别和级别工资档次的考核年限。

(三)本考核年度不计算为晋升职务职级的任职年限;下一年内不得晋升职务职级。

(四)不享受年度考核奖金。

(五)连续两年确定为基本称职等次的,予以组织调整或者组织处理。

第二十二条 公务员年度考核确定为不称职等次的,按照下列规定办理:

(一)本考核年度不计算为晋升职务职级的任职年限;降低一个职务或者职级层次任职。

(二)本考核年度不计算为按年度考核结果晋升级别和级别工资档次的考核年限。

(三)不享受年度考核奖金。

(四)连续两年确定为不称职等次的,予以辞退。

第二十三条 参加年度考核不确定等次的,按照下列规定办理:

(一)本考核年度不计算为按年度考核结果晋升级别和级别工资档次的考核年限。

(二)不享受年度考核奖金。

(三)本考核年度不计算为晋升职务职级的任职年限;连续两年不确定等次的,视情况调整工作岗位。

第二十四条 公务员主管部门和公务员所在机关应当根据考核情况,有针对性地对公务员进行教育培训,帮助公务员改进提高。

第五章 相关事宜

第二十五条 新录用的公务员在试用期内参加年度考核,只写评语,不确定等次,作为任职、定级的依据。

第二十六条 调任或者转任的公务员,由其调任或者转任的现工作单位进行考核并确定等次。其调任或者转任前的有关情况,由原单位提供。

援派或者挂职锻炼的公务员,在援派或者挂职锻炼期间,一般由当年工作半年以上的地方或者单位进行考核,以适当方式听取派出单位或者接收单位的意见。

单位派出学习培训、参加专项工作的公务员,由派出单位进行考核,主要根据学习培训、专项工作表现确定等次。其学习培训、专项工作表现的相关情况,由学习培训和专项工作单位提供。

第二十七条 病、事假累计超过考核年度半年的公务员,参加考核,不确定等次。

第二十八条 公务员涉嫌违纪违法被立案审查调查尚未结案的,参加年度考核,不写评语、不确定等次。结案后,不给予处分或者给予警告处分的,按照规定补定等次。

第二十九条 受处分公务员的年度考核,按照下列规定办理:

(一)受警告处分的当年,参加年度考核,不得确定为优秀等次;

(二)受记过处分的当年,受记大过、降级、撤职处分的当年及第二年,参加年度考核,只写评语,不确定等次。

第三十条 受党纪处分和组织处理、诫勉的公务员参加年度考核,按照有关规定办理。

受政务处分的公务员参加年度考核,按照本规定第二十八条、第二十九条规定办理。

同时受党纪处分、政务处分或者所在机关给予处分、组织处理的,按照对其考核结果影响较重的处分确定受处分影响期间考核结果。

第三十一条 公务员应当按照规定参加考核。对无正当理由不参加年度考核的公务员,经教育后仍然拒绝参加的,直接确定其考核结果为不称职等次。

考核中发现公务员存在违纪违法问题线索的,移送纪检监察、司法机关处理。

第三十二条 县级以上公务员主管部门负责本辖区内公务员考核工作的综合管理和指导监督,每年按照不少于机关总数10%的比例,对本辖区内各机关公务员考核工作进行核查了解。

对在考核过程中有徇私舞弊、打击报复、弄虚作假等违纪违法行为的,依照有关规定予以严肃处理。

第三十三条 机关应当结合实际,运用互联网技术和信息化手段简便高效开展公务员考核工作。

第三十四条 公务员考核工作所需经费,列入同级财政预算,予以保障。

第六章 附 则

第三十五条 参照公务员法管理的机关(单位)中除工勤人员以外的工作人员的考核,参照本规定执行。各地区各部门可结合实际制定具体的实施细则。

第三十六条 本规定由中共中央组织部负责解释。

第三十七条 本规定自发布之日起施行。

附件:公务员年度考核登记表(略)

公务员辞退规定

- 2009年7月9日中共中央组织部部务会会议审议批准
- 2009年7月24日中共中央组织部、人力资源社会保障部发布
- 2020年12月8日中共中央组织部部务会会议修订
- 2020年12月28日中共中央组织部发布

第一章 总 则

第一条 为了规范公务员辞退工作,保障机关和公务员的合法权益,建设信念坚定、为民服务、勤政务实、敢于担当、清正廉洁的高素质专业化公务员队伍,根据《中

华人民共和国公务员法》等有关法律法规，制定本规定。

第二条 公务员辞退，是指机关依照法律法规规定，解除与公务员的任用关系。

法律法规对监察官、法官、检察官等辞退另有规定的，按照有关规定办理。

第三条 公务员辞退工作坚持以马克思列宁主义、毛泽东思想、邓小平理论、"三个代表"重要思想、科学发展观、习近平新时代中国特色社会主义思想为指导，贯彻新时代党的组织路线和干部工作方针政策，加强党对公务员队伍的集中统一领导，坚持下列原则：

（一）党管干部；
（二）从严管理；
（三）公道正派；
（四）依法依规办事。

第四条 各级公务员主管部门按照管理权限和职责分工负责公务员辞退工作的综合管理、业务指导和监督检查。各级机关按照管理权限负责公务员辞退的审核、审批等工作。

第二章 辞退情形和程序

第五条 辞退公务员，应当依照法定的情形、权限和程序办理。

第六条 公务员有下列情形之一的，予以辞退：

（一）在年度考核中，连续2年被确定为不称职的；
（二）不胜任现职工作，又不接受其他安排的；
（三）因所在机关调整、撤销、合并或者缩减编制员额需要调整工作，本人拒绝合理安排的；
（四）不履行公务员义务，不遵守法律和公务员纪律，经教育仍无转变，不适合继续在机关工作，又不宜给予开除处分的；
（五）旷工或者因公外出、请假期满无正当理由逾期不归连续超过15个工作日，或者1年内累计超过30个工作日的。

第七条 对有下列情形之一的公务员，不得辞退：

（一）因公致残，被确认丧失或者部分丧失工作能力的；
（二）患病或者负伤，在规定的医疗期内的；
（三）女性公务员在孕期、产假、哺乳期内的；
（四）法律、行政法规规定的其他不得辞退的情形。

第八条 辞退公务员，按照下列程序办理：

（一）所在单位在核准事实的基础上，提出建议并填写《辞退公务员审批表》报任免机关；
（二）组织人事部门审核；
（三）任免机关集体讨论，审批并作出辞退决定。对拟辞退且按照规定需要进行经济责任审计的，应当事先对其进行审计。

任免机关根据有关规定可以直接作出辞退决定。

县级以下机关辞退公务员，由县级公务员主管部门审核并报县级党委审批后作出决定。

（四）作出辞退决定的，应当向被辞退公务员送达《辞退公务员通知书》，告知辞退依据和理由，同时将辞退决定送呈报单位。

（五）办理公务交接手续。

（六）将《辞退公务员审批表》和辞退决定等存入本人人事档案，同时将辞退决定送同级公务员主管部门备案。

第九条 任免机关在办理公务员辞退时，对正在接受审计、纪律审查、监察调查，或者涉嫌犯罪，司法程序尚未终结的，暂缓审批。

第十条 《辞退公务员通知书》应当在作出辞退决定后10个工作日内送达本人。

第十一条 被辞退公务员办理公务交接手续，应当自《辞退公务员通知书》送达之日起10个工作日内完成。

对拒不办理公务交接手续的，撤销辞退决定，给予开除处分。

第十二条 被辞退公务员对辞退决定不服的，可以按照规定申请复核或者提出申诉。复核、申诉期间不停止辞退决定的执行。

第三章 管理与纪律

第十三条 公务员被辞退后，不再具有公务员身份，其所任领导职务、职级自然免除，自作出辞退决定之日的次月起停发工资。

第十四条 被辞退公务员原系涉密人员的，应当按照有关规定进行脱密期管理。

第十五条 公务员被辞退后，原所在机关应当自作出辞退决定之日起2个月内将其人事档案转递至相应的人事档案工作机构、公共就业和人才服务机构或者本人户籍所在地社会保障服务机构。具体按照人事档案工作有关规定办理。

本人应当配合转递人事档案，未予配合的，其后果由本人承担。

第十六条 被辞退公务员已参加失业保险的，根据国家有关规定享受失业保险待遇；未参加失业保险的，领取辞退费。其他社会保险按照有关规定执行。

第十七条 辞退费由接收人事档案的相关服务机构

按月发放。原所在机关应当在人事档案转出后15个工作日内，将辞退费一次性拨付。相关服务机构发放确有困难的，由原所在机关按月发放。

公务员被辞退前连续工作满1年以上的，自被辞退的次月起发放辞退费。

辞退费发放标准为公务员被辞退时所任领导职务、职级对应的基本工资。

辞退费发放期限根据被辞退公务员在机关的工作年限确定。工作年限不满2年的，按照3个月发放；满2年的，按照4个月发放；2年以上的，每增加1年增发1个月，但最长不得超过24个月。

第十八条 出现下列情形之一的，辞退费停发：
（一）重新就业；
（二）应征服兵役；
（三）移居国（境）外；
（四）被判处刑罚；
（五）享受基本养老保险待遇；
（六）死亡。

被辞退公务员有前款第（一）、（二）、（三）、（四）、（五）项情形之一的，应当主动告知相关服务机构或者原所在机关。

由相关服务机构发放辞退费且有前款所列情形未发放的，应当将辞退费返还被辞退公务员原所在机关。

第十九条 辞退公务员所需经费，应当列入财政预算，予以保障。

第二十条 公务员被辞退后重新就业的，在计算工作年限时，其被辞退前在机关的工作年限合并计算。

第二十一条 在辞退公务员工作中，对有滥用职权、徇私舞弊、打击报复、弄虚作假等行为的，区别不同情况，予以责令纠正或者宣布无效；根据情节轻重，依规依纪依法追究负有责任的领导人员和直接责任人员责任。

第四章 附 则

第二十二条 辞退参照公务员法管理的机关（单位）中除工勤人员以外的工作人员，参照本规定执行。

第二十三条 本规定由中共中央组织部负责解释。

第二十四条 本规定自发布之日起施行。

附件：（略）

公务员辞去公职规定

· 2009年7月9日中共中央组织部部务会会议审议批准
· 2009年7月24日中共中央组织部、人力资源社会保障部发布
· 2020年12月8日中共中央组织部部务会会议修订
· 2020年12月28日中共中央组织部发布

第一章 总 则

第一条 为了规范公务员辞去公职工作，保障机关和公务员的合法权益，建设信念坚定、为民服务、勤政务实、敢于担当、清正廉洁的高素质专业化公务员队伍，根据《中华人民共和国公务员法》等有关法律法规，制定本规定。

第二条 公务员辞去公职，是指公务员依照法律法规规定，申请终止与任免机关的任用关系。

法律法规对公务员中领导成员以及监察官、法官、检察官等辞去公职另有规定的，按照有关规定办理。

第三条 公务员辞去公职工作坚持以马克思列宁主义、毛泽东思想、邓小平理论、"三个代表"重要思想、科学发展观、习近平新时代中国特色社会主义思想为指导，贯彻新时代党的组织路线和干部工作方针政策，加强党对公务员队伍的集中统一领导，坚持下列原则：
（一）党管干部；
（二）尊重个人意愿和从严审核审批相结合；
（三）保障合法流动和加强离职后从业管理相结合；
（四）依法依规办事。

第四条 各级公务员主管部门按照管理权限和职责分工负责公务员辞去公职工作的综合管理、业务指导和监督检查。各级机关按照管理权限负责公务员辞去公职的审核、审批、从业限制期限内从业情况的了解核查等工作。

第二章 辞去公职情形和程序

第五条 公务员辞去公职，应当依照法定的情形、权限和程序办理。

第六条 公务员有下列情形之一的，不得批准辞去公职：
（一）未满国家规定的最低服务年限的；
（二）在涉及国家秘密等特殊职位任职或者离开上述职位不满国家规定的脱密期限的；
（三）正在接受审计，或者重要公务尚未处理完毕且须由本人继续处理的；
（四）正在接受纪律审查、监察调查，或者涉嫌犯罪，

司法程序尚未终结的；

（五）法律、行政法规规定的其他不得辞去公职的情形。

第七条 公务员辞去公职，按照下列程序办理：

（一）本人向任免机关提出书面申请，填写《公务员辞去公职申请表》。担任县处级副职以上领导职务或者二级调研员及相当层次以上职级的，应当一并报告个人有关事项。

（二）组织人事部门审核，重点审核公务员是否具有不得辞去公职或者辞去公职后的从业限制情形，并征求其所在单位和纪检监察机关、保密等部门的意见。同时，提醒其严格遵守从业限制规定，告知违规从业须承担的法律责任。

（三）任免机关审批，作出同意或者不同意辞去公职的批复。同意辞去公职的，应当同时免去其所任领导职务、职级。其中，对需要进行经济责任审计的，应当事先按照有关规定进行审计。

（四）任免机关将批复送公务员所在单位和申请辞去公职的公务员。

（五）同意辞去公职的，办理公务交接手续。

（六）将同意辞去公职的批复和《公务员辞去公职申请表》等存入本人人事档案，同时将批复送同级公务员主管部门备案。

第八条 任免机关应当自接到公务员辞去公职申请之日起30日内予以审批，其中，对领导成员辞去公职的申请，应当自接到申请之日起90日内予以审批。

第九条 经批准辞去公职的公务员办理公务交接手续，应当自批准之日起10个工作日内完成。

对拒不办理公务交接手续的，撤销同意辞去公职的决定，给予开除处分。

第十条 公务员申请辞去公职未予批准的，可以按照规定申请复核或者提出申诉。复核、申诉期间不停止该人事处理决定的执行。

第十一条 公务员在辞去公职审批期间不得擅自离职。对擅自离职的，给予开除处分。

第十二条 公务员与所在机关因专项培训等订立协议约定工作期限的，在未满约定工作期限内一般不得申请辞去公职。申请辞去公职的，应当向所在机关支付违约金或者履行相应义务。

机关要求申请辞去公职公务员支付的违约金数额不得超过约定工作期限尚未履行部分所应分摊的培训费用，最高数额不得超过机关提供的专项培训费用。

第三章 管理与纪律

第十三条 公务员辞去公职后，不再具有公务员身份，自批准之日的次月起停发工资，社会保险按照有关规定执行。

第十四条 公务员辞去公职后，原所在机关应当自批准之日起2个月内将其人事档案转递至相应的人事档案工作机构、公共就业和人才服务机构或者本人户籍所在地社会保障服务机构。具体按照人事档案工作有关规定办理。

本人应当配合转递人事档案，未予配合的，其后果由本人承担。

第十五条 公务员辞去公职后重新就业的，在计算工作年限时，其辞去公职前在机关的工作年限合并计算。

第十六条 公务员辞去公职的，原系领导成员、县处级以上领导职务的公务员在离职3年内，不得接受原任职务管辖地区和业务范围内的企业、中介机构或者其他营利性组织的聘用，不得从事与原任职务管辖业务直接相关的营利性活动；其他公务员在离职2年内，不得接受与原工作业务直接相关的企业、中介机构或者其他营利性组织的聘用，不得从事与原工作业务直接相关的营利性活动。

前款所称原任职务，是指公务员辞去公职前3年内担任过的领导职务；原工作业务，是指公务员辞去公职前3年内从事过的工作业务。

第十七条 公务员辞去公职后，在从业限制期限内，应当于每年年底前向原所在机关报告从业情况。原所在机关应当同时对其从业情况进行了解和核实，对是否违反从业限制规定作出认定。

省级以上具有行业监管、行政许可、行政处罚、司法等职能的机关，应当结合实际建立公务员辞去公职后从业行为限制清单，并报同级公务员主管部门备案。

第十八条 公务员辞去公职后有违反本规定第十六条规定行为的，原所在机关应当及时告知同级公务员主管部门。公务员主管部门会同其原所在机关责令限期解除与接收单位的聘用关系或者终止违规经营活动；逾期不改正的，按照公务员法第一百零七条规定，由县级以上市场监管部门没收该人员从业期间的违法所得，责令接收单位将该人员予以清退，并根据情节轻重，对接收单位处以被处罚人员违法所得1倍以上5倍以下的罚款。

第十九条 在公务员辞去公职工作中，对有不按照规定的条件和程序审核、审批以及从业限制管理等情形的，予以责令纠正；根据情节轻重，依规依纪依法追究负有责任的领导人员和直接责任人员责任。

第四章 附 则

第二十条 参照公务员法管理的机关(单位)中除工勤人员以外的工作人员辞去公职,参照本规定执行。

第二十一条 本规定由中共中央组织部负责解释。

第二十二条 本规定自发布之日起施行。

附件:(略)

公务员职务任免与职务升降规定(试行)

- 2008年2月29日
- 中组发〔2008〕7号

第一章 总 则

第一条 为完善公务员职务管理,合理任用公务员,规范公务员职务任免与职务升降工作,根据公务员法和有关法律、法规、章程,制定本规定。

第二条 公务员的职务任免与职务升降,必须贯彻党的干部路线和方针,坚持下列原则:
(一)党管干部原则;
(二)任人唯贤、德才兼备、注重实绩原则;
(三)民主、公开、竞争、择优原则。

第三条 本规定适用于委任制公务员。
选任制公务员以及法官、检察官职务的任免、升降按照有关法律、法规和章程的规定执行。
聘任制公务员的职务任免与职务升降,另行规定。

第四条 公务员职务任免与职务升降工作按照干部管理权限,依照法定的条件和程序进行。

第五条 领导成员职务应当按照规定实行任期制。

第二章 任 职

第六条 公务员任职,按照公务员职务序列,在规定的编制限额和职数内进行,并有相应的职位空缺。

第七条 公务员任职,应当具备拟任职务所要求的条件和资格。

第八条 公务员任职,应当符合交流和回避等有关规定。

第九条 公务员具有下列情形之一的,应予任职:
(一)新录用公务员试用期满经考核合格的;
(二)通过调任、公开选拔等方式进入公务员队伍的;
(三)晋升或者降低职务的;
(四)转任、挂职锻炼的;
(五)免职后需要新任职务的;
(六)其他原因需要任职的。

第十条 公务员任职,一般按照下列程序进行:
(一)按照有关规定提出拟任职人选;
(二)根据职位要求对拟任职人选进行考察或者了解;
(三)按照干部管理权限集体讨论决定;
(四)按照规定履行任职手续。

第十一条 公务员职务的任职时间,按照《党政领导干部选拔任用工作条例》和有关规定计算。

第十二条 公务员任职时,应当按照规定确定级别。

第十三条 公务员因工作需要在机关外兼任职务的,应当经有关机关批准,并不得领取兼职报酬。

第三章 免 职

第十四条 公务员具有下列情形之一的,应予免职:
(一)晋升职务后需要免去原任职务的;
(二)降低职务的;
(三)转任的;
(四)辞职或者调出机关的;
(五)非组织选派,离职学习期限超过一年的;
(六)退休的;
(七)其他原因需要免职的。

第十五条 公务员免职,按照下列程序进行:
(一)提出免职建议;
(二)对免职事由进行审核;
(三)按照干部管理权限集体讨论决定;
(四)按照规定履行免职手续。

第十六条 公务员有下列情形之一的,其职务自然免除,可不再办理免职手续,由所在单位报任免机关备案:
(一)受到刑事处罚或者劳动教养的;
(二)受到撤职以上处分的;
(三)被辞退的;
(四)法律、法规及有关章程其他规定的。

第四章 晋升职务

第十七条 公务员晋升职务,应当具备拟任职务所要求的思想政治素质、工作能力、文化程度和任职经历等方面的条件和资格。

第十八条 公务员晋升职务,在规定任职资格年限内的年度考核结果均为称职以上等次。

第十九条 晋升县处级以上领导职务的公务员,应当具备《党政领导干部选拔任用工作条例》和有关法律、法规、章程规定的资格。

晋升乡科级领导职务的公务员,应当符合下列资格条件:

(一)具有大学专科以上文化程度;

(二)晋升乡科级正职领导职务的,应当担任副乡科级职务两年以上;

(三)晋升乡科级副职领导职务的,应当担任科员级职务三年以上;

(四)具有正常履行职责的身体条件;

(五)其他应当具备的资格。

第二十条 晋升综合管理类非领导职务须具备下列任职年限条件:

(一)晋升巡视员职务,应当任厅局级副职领导职务或者副巡视员五年以上;

(二)晋升副巡视员职务,应当任县处级正职领导职务或者调研员五年以上;

(三)晋升调研员职务,应当任县处级副职领导职务或者副调研员四年以上;

(四)晋升副调研员职务,应当任乡科级正职领导职务或者主任科员四年以上;

(五)晋升主任科员职务,应当任乡科级副职领导职务或者副主任科员三年以上;

(六)晋升副主任科员职务,应当任科员三年以上;

(七)晋升科员职务,应当任办事员三年以上。

晋升综合管理类以外其他职位类别非领导职务所需的任职年限条件,按照有关规定执行。

第二十一条 公务员晋升职务,应当逐级晋升。

特别优秀的公务员或者工作特殊需要的,可以破格或者越级晋升职务。破格和越级晋升条件和程序另行规定。

第二十二条 公务员晋升领导职务,按照下列程序办理:

(一)民主推荐,确定考察对象;

(二)组织考察,研究提出任职建议方案,并根据需要在一定范围内进行酝酿;

(三)按照干部管理权限集体讨论决定;

(四)按照规定办理任职手续。

公务员晋升非领导职务,参照前款规定的程序办理。

第二十三条 机关内设机构厅局级正职以下领导职务出现空缺,可以在本机关或者本系统内通过竞争上岗的方式,产生任职人选。

厅局级正职以下领导职务或者副调研员以上及其他相当职务层次的非领导职务出现空缺,可以面向社会公开选拔,产生任职人选。

第二十四条 公务员晋升领导职务的,应当按照有关规定实行任前公示制度和任职试用期制度。

第五章 降 职

第二十五条 科员以上职务的公务员,在定期考核中被确定为不称职的,应予降职。

第二十六条 公务员降职,一般降低一个职务层次。

第二十七条 公务员降职,按照下列程序进行:

(一)提出降职建议;

(二)对降职事由进行审核并听取拟降职人的意见;

(三)按照干部管理权限集体讨论决定;

(四)按照规定办理降职手续。

第二十八条 公务员被降职的,其级别超过新任职务对应的最高级别的,应当同时降至新任职务对应的最高级别。

第二十九条 降职的公务员,在新的职位工作一年以上,德才表现和工作实绩突出,经考察符合晋升职务条件的,可晋升职务。其中,降职时降低级别的,其级别按照规定晋升;降职时未降低级别的,晋升到降职前职务层次的职务时,其级别不随职务晋升。

第六章 纪律与监督

第三十条 在公务员的职务任免与职务升降工作中,不得有下列行为:

(一)超编制、超职数、超机构规格或者自设职位任用与晋升公务员职务;

(二)随意放宽或者改变公务员职务任用和晋升的条件;

(三)在考察工作中隐瞒、歪曲事实真相,或者泄露酝酿、讨论公务员职务任免与职务升降的情况;

(四)违反规定程序决定公务员的职务任免与职务升降;

(五)突击晋升公务员职务;

(六)任人唯亲、封官许愿、营私舞弊、打击报复;

(七)其他妨碍公务员职务任免与职务升降工作公正合理进行的行为。

第三十一条 对违反本规定作出的决定,由有关机关予以纠正,并按规定对主要责任人以及其他直接责任人进行处理,触犯法律的,依法处理。

第三十二条 公务员对免职、降职决定不服,可以按照有关规定申请复核或者提出申诉。公务员主管部门和有关机关按照有关规定负责处理。

3. 事业单位

事业单位人事管理条例

- 2014年2月26日国务院第40次常务会议通过
- 2014年4月25日中华人民共和国国务院令第652号公布
- 自2014年7月1日起施行

第一章 总 则

第一条 为了规范事业单位的人事管理，保障事业单位工作人员的合法权益，建设高素质的事业单位工作人员队伍，促进公共服务发展，制定本条例。

第二条 事业单位人事管理，坚持党管干部、党管人才原则，全面准确贯彻民主、公开、竞争、择优方针。

国家对事业单位工作人员实行分级分类管理。

第三条 中央事业单位人事综合管理部门负责全国事业单位人事综合管理工作。

县级以上地方各级事业单位人事综合管理部门负责本辖区事业单位人事综合管理工作。

事业单位主管部门具体负责所属事业单位人事管理工作。

第四条 事业单位应当建立健全人事管理制度。

事业单位制定或者修改人事管理制度，应当通过职工代表大会或者其他形式听取工作人员意见。

第二章 岗位设置

第五条 国家建立事业单位岗位管理制度，明确岗位类别和等级。

第六条 事业单位根据职责任务和工作需要，按照国家有关规定设置岗位。

岗位应当具有明确的名称、职责任务、工作标准和任职条件。

第七条 事业单位拟订岗位设置方案，应当报人事综合管理部门备案。

第三章 公开招聘和竞聘上岗

第八条 事业单位新聘用工作人员，应当面向社会公开招聘。但是，国家政策性安置、按照人事管理权限由上级任命、涉密岗位等人员除外。

第九条 事业单位公开招聘工作人员按照下列程序进行：

（一）制定公开招聘方案；

（二）公布招聘岗位、资格条件等招聘信息；

（三）审查应聘人员资格条件；

（四）考试、考察；

（五）体检；

（六）公示拟聘人员名单；

（七）订立聘用合同，办理聘用手续。

第十条 事业单位内部产生岗位人选，需要竞聘上岗，按照下列程序进行：

（一）制定竞聘上岗方案；

（二）在本单位公布竞聘岗位、资格条件、聘期等信息；

（三）审查竞聘人员资格条件；

（四）考评；

（五）在本单位公示拟聘人员名单；

（六）办理聘任手续。

第十一条 事业单位工作人员可以按照国家有关规定进行交流。

第四章 聘用合同

第十二条 事业单位与工作人员订立的聘用合同，期限一般不低于3年。

第十三条 初次就业的工作人员与事业单位订立的聘用合同期限3年以上的，试用期为12个月。

第十四条 事业单位工作人员在本单位连续工作满10年且距法定退休年龄不足10年，提出订立聘用至退休的合同的，事业单位应当与其订立聘用至退休的合同。

第十五条 事业单位工作人员连续旷工超过15个工作日，或者1年内累计旷工超过30个工作日的，事业单位可以解除聘用合同。

第十六条 事业单位工作人员年度考核不合格且不同意调整工作岗位，或者连续两年年度考核不合格的，事业单位提前30日书面通知，可以解除聘用合同。

第十七条 事业单位工作人员提前30日书面通知事业单位，可以解除聘用合同。但是，双方对解除聘用合同另有约定的除外。

第十八条 事业单位工作人员受到开除处分的，解除聘用合同。

第十九条　自聘用合同依法解除、终止之日起,事业单位与被解除、终止聘用合同人员的人事关系终止。

第五章　考核和培训

第二十条　事业单位应当根据聘用合同规定的岗位职责任务,全面考核工作人员的表现,重点考核工作绩效。考核应当听取服务对象的意见和评价。

第二十一条　考核分为平时考核、年度考核和聘期考核。

年度考核的结果可以分为优秀、合格、基本合格和不合格等档次,聘期考核的结果可以分为合格和不合格等档次。

第二十二条　考核结果作为调整事业单位工作人员岗位、工资以及续订聘用合同的依据。

第二十三条　事业单位应当根据不同岗位的要求,编制工作人员培训计划,对工作人员进行分级分类培训。

工作人员应当按照所在单位的要求,参加岗前培训、在岗培训、转岗培训和为完成特定任务的专项培训。

第二十四条　培训经费按照国家有关规定列支。

第六章　奖励和处分

第二十五条　事业单位工作人员或者集体有下列情形之一的,给予奖励:

(一)长期服务基层,爱岗敬业,表现突出的;

(二)在执行国家重要任务、应对重大突发事件中表现突出的;

(三)在工作中有重大发明创造、技术革新的;

(四)在培养人才、传播先进文化中作出突出贡献的;

(五)有其他突出贡献的。

第二十六条　奖励坚持精神奖励与物质奖励相结合、以精神奖励为主的原则。

第二十七条　奖励分为嘉奖、记功、记大功、授予荣誉称号。

第二十八条　事业单位工作人员有下列行为之一的,给予处分:

(一)损害国家声誉和利益的;

(二)失职渎职的;

(三)利用工作之便谋取不正当利益的;

(四)挥霍、浪费国家资财的;

(五)严重违反职业道德、社会公德的;

(六)其他严重违反纪律的。

第二十九条　处分分为警告、记过、降低岗位等级或者撤职、开除。

受处分的期间为:警告,6个月;记过,12个月;降低岗位等级或者撤职,24个月。

第三十条　给予工作人员处分,应当事实清楚、证据确凿、定性准确、处理恰当、程序合法、手续完备。

第三十一条　工作人员受开除以外的处分,在受处分期间没有再发生违纪行为的,处分期满后,由处分决定单位解除处分并以书面形式通知本人。

第七章　工资福利和社会保险

第三十二条　国家建立激励与约束相结合的事业单位工资制度。

事业单位工作人员工资包括基本工资、绩效工资和津贴补贴。

事业单位工资分配应当结合不同行业事业单位特点,体现岗位职责、工作业绩、实际贡献等因素。

第三十三条　国家建立事业单位工作人员工资的正常增长机制。

事业单位工作人员的工资水平应当与国民经济发展相协调、与社会进步相适应。

第三十四条　事业单位工作人员享受国家规定的福利待遇。

事业单位执行国家规定的工时制度和休假制度。

第三十五条　事业单位及其工作人员依法参加社会保险,工作人员依法享受社会保险待遇。

第三十六条　事业单位工作人员符合国家规定退休条件的,应当退休。

第八章　人事争议处理

第三十七条　事业单位工作人员与所在单位发生人事争议的,依照《中华人民共和国劳动争议调解仲裁法》等有关规定处理。

第三十八条　事业单位工作人员对涉及本人的考核结果、处分决定等不服的,可以按照国家有关规定申请复核、提出申诉。

第三十九条　负有事业单位聘用、考核、奖励、处分、人事争议处理等职责的人员履行职责,有下列情形之一的,应当回避:

(一)与本人有利害关系的;

(二)与本人近亲属有利害关系的;

(三)其他可能影响公正履行职责的。

第四十条　对事业单位人事管理工作中的违法违纪行为,任何单位或者个人可以向事业单位人事综合管理部门、主管部门或者监察机关投诉、举报,有关部门和机关应当及时调查处理。

第九章　法律责任

第四十一条　事业单位违反本条例规定的,由县级以上事业单位人事综合管理部门或者主管部门责令限期改正;逾期不改正的,对直接负责的主管人员和其他直接责任人员依法给予处分。

第四十二条　对事业单位工作人员的人事处理违反本条例规定给当事人造成名誉损害的,应当赔礼道歉、恢复名誉、消除影响;造成经济损失的,依法给予赔偿。

第四十三条　事业单位人事综合管理部门和主管部门的工作人员在事业单位人事管理工作中滥用职权、玩忽职守、徇私舞弊的,依法给予处分;构成犯罪的,依法追究刑事责任。

第十章　附　则

第四十四条　本条例自 2014 年 7 月 1 日起施行。

事业单位人事管理回避规定

· 2019 年 9 月 18 日
· 人社部规〔2019〕1 号

第一章　总　则

第一条　为规范事业单位人事管理工作,维护人事管理公平公正,根据《事业单位人事管理条例》及有关法律法规,制定本规定。

第二条　坚持以习近平新时代中国特色社会主义思想为指导,贯彻落实全面从严治党要求,坚持党管干部、党管人才原则,以公正廉洁高效履职为准则,加强事业单位人事管理回避工作,加强对任职岗位和履职情况的监督约束,促进社会事业健康发展。

第三条　本规定所称事业单位人事管理回避包括岗位回避和履职回避。

第四条　事业单位人事管理工作所有参与方以及可能影响公正的特定关系人需要回避的,适用本规定。

事业单位领导人员回避按照本规定执行,法律法规另有规定的,从其规定。

第五条　事业单位、主管部门、事业单位人事综合管理部门按照干部人事管理权限,负责事业单位人事管理回避的执行和监督。

第二章　岗位回避

第六条　事业单位工作人员凡有下列亲属关系的,不得在同一事业单位聘用至具有直接上下级领导关系的管理岗位,不得在其中一方担任领导人员的事业单位聘用至从事组织(人事)、纪检监察、审计、财务工作的岗位,也不得聘用至双方直接隶属于同一领导人员的从事组织(人事)、纪检监察、审计、财务工作的内设机构正职岗位:

(一)夫妻关系;

(二)直系血亲关系,包括祖父母、外祖父母、父母、子女、孙子女、外孙子女;

(三)三代以内旁系血亲关系,包括叔伯姑舅姨、兄弟姐妹、堂兄弟姐妹、表兄弟姐妹、侄子女、甥子女;

(四)近姻亲关系,包括配偶的父母、配偶的兄弟姐妹及其配偶、子女的配偶及子女配偶的父母、三代以内旁系血亲的配偶;

(五)其他亲属关系,包括养父母子女、形成抚养关系的继父母子女及由此形成的直系血亲、三代以内旁系血亲和近姻亲关系。

前款所称同一事业单位,是指依法登记的同一事业单位法人。

第七条　本规定所称直接上下级领导关系包括:

(一)领导班子正职与副职;

(二)同一内设机构正职与副职;

(三)上级正职、副职与下级正职;

(四)单位无内设机构的,其正职、副职与其他管理人员以及从事审计、财务工作的专业技术人员;

(五)内设机构无下一级单位的,其正职、副职与其他管理人员以及从事审计、财务工作的专业技术人员。

第八条　事业单位工作人员岗位回避按照以下程序办理:

(一)本人提出回避申请,或者有关单位、人员提出回避要求。

(二)所在单位或者主管部门按照干部人事管理权限在 1 个月内作出回避决定。作出回避决定前,应当听取需要回避人员及相关人员的意见。

(三)回避决定作出后,及时通知申请人,需要回避的,应当自回避决定作出之日起 1 个月内调整至相应岗位,并变更或者重新订立聘用合同。

第九条　岗位等级不同的一般由岗位等级较低的一方回避;岗位等级相同或者岗位类别不同的,根据工作需要和实际情况决定其中一方回避。

第十条　因地域、专业、工作性质特殊等因素,需要灵活执行岗位回避政策的,可由省级以上事业单位人事综合管理部门、中央和国家机关各部门结合实际作出具体规定。

第三章 履职回避

第十一条 事业单位工作人员应当回避的履职活动包括：

（一）岗位设置、公开招聘、聘用解聘（任免）、考核考察、奖励、处分、交流、人事争议处理、出国（境）审批；

（二）人事考试、职称评审、人才评价；

（三）招生考试、项目评审、成果评选、资金审批与监管；

（四）其他应当回避的履职活动。

第十二条 事业单位工作人员履行第十一条所列职责时，有下列情形之一的，应当回避，不得参加相关调查、考察、讨论、评议、投票、评分、审核、决定等活动，也不得以任何方式施加影响：

（一）涉及本人利害关系的；

（二）涉及与本人有本规定第六条所列亲属关系人员的利害关系的；

（三）其他可能影响公正履行职责的。

第十三条 事业单位工作人员履职回避按照以下程序办理：

（一）本人或利害关系人提出回避申请，或者有关单位提出回避要求。

（二）本人所在单位或者主管部门按照干部人事管理权限作出回避决定。其中，成立聘用工作组织、考核工作组织、申诉公正委员会、学术委员会等专项工作组织的，工作组织负责人的回避由成立该工作组织的单位决定，工作组织其他工作人员的回避可授权工作组织负责人决定。作出回避决定前，应当听取需要回避的人员及相关人员的意见。

（三）根据回避决定需要回避的，应当自回避决定作出之日起退出相关工作。

回避决定应当及时作出。回避决定作出前，本人可视情况确定是否先行退出相关履职活动。

第十四条 事业单位外请专家及其他人员参加本规定第十一条所列相关活动时，具有本规定第十二条所列情形的，应当回避。回避办理程序一般参照本规定第十三条进行。回避决定由邀请单位或者授权其组织（人事）部门、专项工作组织负责人作出。

第四章 管理与监督

第十五条 按照干部人事管理权限应当由事业单位作出或者授权作出回避决定的，特殊情况下，主管部门或者事业单位人事综合管理部门可以直接作出。

第十六条 事业单位工作人员必须服从回避决定，无正当理由拒不服从的，视情节轻重依法依规给予组织处理或处分。所在单位、主管部门负责督促回避决定落实到位。

事业单位工作人员应当主动报告应当回避的情形。有需要回避的情形不及时报告或者有意隐瞒的，予以批评教育；造成不良后果的，依法依规给予组织处理或处分。

第十七条 事业单位外请专家及其他人员有需要回避的情形不及时报告或者有意隐瞒造成不良后果的，有关部门予以记录，在一定期限内不得邀请其参加相关活动；适用组织处理或处分的，可建议有关部门按照干部人事管理权限依法依规给予组织处理或处分。

第十八条 由于相关人员隐瞒应当回避情形，造成工作结果不公正的，按照国家有关规定取消或者撤销获取的资质、资格、荣誉、奖金、学籍、岗位、项目、资金等。

第十九条 事业单位及其主管部门对拟新进人员和拟调整岗位人员，应当依据本规定严格审查把关，避免形成回避关系。对因婚姻、岗位变化等新形成的回避关系，应当及时予以调整。

事业单位违反本规定的，由同级事业单位人事综合管理部门或者主管部门责令限期改正；逾期不改正的，按照干部人事管理权限对负有领导责任和直接责任的人员依法依规给予组织处理或处分。

第二十条 对个人、组织据实反映本规定所列各类需要回避情形的，有关单位、部门应当按照干部人事管理权限及时处理。

第五章 附则

第二十一条 主管部门对所属事业单位实施人事管理工作需要回避的，参照本规定执行，法律法规另有规定的从其规定。

第二十二条 机关工勤人员的回避，参照本规定执行。

第二十三条 本规定由中共中央组织部、人力资源社会保障部负责解释。

第二十四条 本规定自 2020 年 1 月 1 日起施行。

事业单位公开招聘人员暂行规定

- 2005年11月16日人事部令第6号公布
- 自2006年1月1日起施行

第一章 总 则

第一条 为实现事业单位人事管理的科学化、制度化和规范化，规范事业单位招聘行为，提高人员素质，制定本规定。

第二条 事业单位招聘专业技术人员、管理人员和工勤人员，适用本规定。参照公务员制度进行管理和转为企业的事业单位除外。

事业单位新进人员除国家政策性安置、按干部人事管理权限由上级任命及涉密岗位等确需使用其他方法选拔任用人员外，都要实行公开招聘。

第三条 公开招聘要坚持德才兼备的用人标准，贯彻公开、平等、竞争、择优的原则。

第四条 公开招聘要坚持政府宏观管理与落实单位用人自主权相结合，统一规范、分类指导、分级管理。

第五条 公开招聘由用人单位根据招聘岗位的任职条件及要求，采取考试、考核的方法进行。

第六条 政府人事行政部门是政府所属事业单位进行公开招聘工作的主管机关。政府人事行政部门与事业单位的上级主管部门负责对事业单位公开招聘工作进行指导、监督和管理。

第七条 事业单位可以成立由本单位人事部门、纪检监察部门、职工代表及有关专家组成的招聘工作组织，负责招聘工作的具体实施。

第二章 招聘范围、条件及程序

第八条 事业单位招聘人员应当面向社会，凡符合条件的各类人员均可报名应聘。

第九条 应聘人员必须具备下列条件：

（一）具有中华人民共和国国籍；

（二）遵守宪法和法律；

（三）具有良好的品行；

（四）岗位所需的专业或技能条件；

（五）适应岗位要求的身体条件；

（六）岗位所需要的其他条件。

第十条 事业单位公开招聘人员，不得设置歧视性条件要求。

第十一条 公开招聘应按下列程序进行：

（一）制定招聘计划；

（二）发布招聘信息；

（三）受理应聘人员的申请，对资格条件进行审查；

（四）考试、考核；

（五）身体检查；

（六）根据考试、考核结果，确定拟聘人员；

（七）公示招聘结果；

（八）签订聘用合同，办理聘用手续。

第三章 招聘计划、信息发布与资格审查

第十二条 招聘计划由用人单位负责编制，主要包括以下内容：招聘的岗位及条件、招聘的时间、招聘人员的数量、采用的招聘方式等。

第十三条 国务院直属事业单位的年度招聘计划须报人事部备案；国务院各部委直属事业单位的招聘计划须报上级主管部门核准并报人事部备案。

各省、自治区、直辖市人民政府直属事业单位的招聘计划须报省（区、市）政府人事行政部门备案；各省、自治区、直辖市政府部门直属事业单位的招聘计划须报上级主管部门核准并报同级政府人事行政部门备案。

地（市）、县（市）人民政府所属事业单位的招聘计划须报地区或设区的市政府人事行政部门核准。

第十四条 事业单位招聘人员应当公开发布招聘信息，招聘信息应当载明用人单位情况简介、招聘的岗位、招聘人员数量及待遇；应聘人员条件；招聘办法；考试、考核的时间（时限）、内容、范围；报名方法等需要说明的事项。

第十五条 用人单位或组织招聘的部门应对应聘人员的资格条件进行审查，确定符合条件的人员。

第四章 考试与考核

第十六条 考试内容应为招聘岗位所必需的专业知识、业务能力和工作技能。

第十七条 考试科目与方式根据行业、专业及岗位特点确定。

第十八条 考试可采取笔试、面试等多种方式。

对于应聘工勤岗位的人员，可根据需要重点进行实际操作能力测试。

第十九条 考试由事业单位自行组织，也可以由政府人事行政部门、事业单位上级主管部门统一组织。

政府人事行政部门所属考试服务机构和人才服务机构可受事业单位、政府人事行政部门或事业单位上级主管部门委托，为事业单位公开招聘人员提供服务。

第二十条 急需引进的高层次、短缺专业人才，具有高级专业技术职务或博士学位的人员，可以采取直接考核的方式招聘。

第二十一条 对通过考试的应聘人员,用人单位应组织对其思想政治表现、道德品质、业务能力、工作实绩等情况进行考核,并对应聘人员资格条件进行复查。

第五章 聘 用

第二十二条 经用人单位负责人员集体研究,按照考试和考核结果择优确定拟聘人员。

第二十三条 对拟聘人员应在适当范围进行公示,公示期一般为7至15日。

第二十四条 用人单位与拟聘人员签订聘用合同前,按照干部人事管理权限的规定报批或备案。

第二十五条 用人单位法定代表人或者其委托人与受聘人员签订聘用合同,确立人事关系。

第二十六条 事业单位公开招聘的人员按规定实行试用期制度。试用期包括在聘用合同期限内。

试用期满合格,予以正式聘用;不合格的,取消聘用。

第六章 纪律与监督

第二十七条 事业单位公开招聘人员实行回避制度。

凡与聘用单位负责人员有夫妻关系、直系血亲关系、三代以内旁系血亲或者近姻亲关系的应聘人员,不得应聘该单位负责人员的秘书或者人事、财务、纪律检查岗位,以及有直接上下级领导关系的岗位。

聘用单位负责人员和招聘工作人员在办理人员聘用事项时,涉及与本人有上述亲属关系或者其他可能影响招聘公正的,也应当回避。

第二十八条 招聘工作要做到信息公开、过程公开、结果公开,接受社会及有关部门的监督。

第二十九条 政府人事行政部门和事业单位的上级主管部门要认真履行监管职责,对事业单位招聘过程中违反干部人事纪律及本规定的行为要予以制止和纠正,保证招聘工作的公开、公平、公正。

第三十条 严格公开招聘纪律。对有下列违反本规定情形的,必须严肃处理。构成犯罪的,依法追究刑事责任。

(一)应聘人员伪造、涂改证件、证明,或以其他不正当手段获取应聘资格的;

(二)应聘人员在考试考核过程中作弊的;

(三)招聘工作人员指使、纵容他人作弊,或在考试考核过程中参与作弊的;

(四)招聘工作人员故意泄露考试题目的;

(五)事业单位负责人员违反规定私自聘用人员的;

(六)政府人事行政部门、事业单位主管部门工作人员违反规定,影响招聘公平、公正进行的;

(七)违反本规定的其他情形的。

第三十一条 对违反公开招聘纪律的应聘人员,视情节轻重取消考试或聘用资格;对违反本规定招聘的受聘人员,一经查实,应当解除聘用合同,予以清退。

第三十二条 对违反公开招聘纪律的工作人员,视情节轻重调离招聘工作岗位或给予处分;对违反公开招聘纪律的其他相关人员,按照有关规定追究责任。

第七章 附 则

第三十三条 事业单位需要招聘外国国籍人员的,须报省级以上政府人事行政部门核准,并按照国家有关规定进行招聘。

第三十四条 省、自治区、直辖市政府人事行政部门可以根据本规定,制定本地区的公开招聘办法。

第三十五条 本规定自2006年1月1日起执行。

事业单位公开招聘违纪违规行为处理规定

· 2017年10月9日人力资源和社会保障部令第35号公布
· 自2018年1月1日起施行

第一章 总 则

第一条 为加强事业单位公开招聘工作管理,规范公开招聘违纪违规行为的认定与处理,保证招聘工作公开、公平、公正,根据《事业单位人事管理条例》等有关规定,制定本规定。

第二条 事业单位公开招聘中违纪违规行为的认定与处理,适用本规定。

第三条 认定与处理公开招聘违纪违规行为,应当事实清楚、证据确凿、程序规范、适用规定准确。

第四条 中央事业单位人事综合管理部门负责全国事业单位公开招聘工作的综合管理与监督。

各级事业单位人事综合管理部门、事业单位主管部门、招聘单位按照事业单位公开招聘管理权限,依据本规定对公开招聘违纪违规行为进行认定与处理。

第二章 应聘人员违纪违规行为处理

第五条 应聘人员在报名过程中有下列违纪违规行为之一的,取消其本次应聘资格:

(一)伪造、涂改证件、证明等报名材料,或者以其他不正当手段获取应聘资格的;

(二)提供的涉及报考资格的申请材料或者信息不

实,且影响报名审核结果的;

(三)其他应当取消其本次应聘资格的违纪违规行为。

第六条 应聘人员在考试过程中有下列违纪违规行为之一的,给予其当次该科目考试成绩无效的处理:

(一)携带规定以外的物品进入考场且未按要求放在指定位置,经提醒仍不改正的;

(二)未在规定座位参加考试,或者未经考试工作人员允许擅自离开座位或者考场,经提醒仍不改正的;

(三)经提醒仍不按规定填写、填涂本人信息的;

(四)在试卷、答题纸、答题卡规定以外位置标注本人信息或者其他特殊标记的;

(五)在考试开始信号发出前答题,或者在考试结束信号发出后继续答题,经提醒仍不停止的;

(六)将试卷、答题卡、答题纸带出考场,或者故意损坏试卷、答题卡、答题纸及考试相关设施设备的;

(七)其他应当给予当次该科目考试成绩无效处理的违纪违规行为。

第七条 应聘人员在考试过程中有下列严重违纪违规行为之一的,给予其当次全部科目考试成绩无效的处理,并将其违纪违规行为记入事业单位公开招聘应聘人员诚信档案库,记录期限为五年:

(一)抄袭、协助他人抄袭的;

(二)互相传递试卷、答题纸、答题卡、草稿纸等的;

(三)持伪造证件参加考试的;

(四)使用禁止带入考场的通讯工具、规定以外的电子用品的;

(五)本人离开考场后,在本场考试结束前,传播考试试题及答案的;

(六)其他应当给予当次全部科目考试成绩无效处理并记入事业单位公开招聘应聘人员诚信档案库的严重违纪违规行为。

第八条 应聘人员有下列特别严重违纪违规行为之一的,给予其当次全部科目考试成绩无效的处理,并将其违纪违规行为记入事业单位公开招聘应聘人员诚信档案库,长期记录:

(一)串通作弊或者参与有组织作弊的;

(二)代替他人或者让他人代替自己参加考试的;

(三)其他应当给予当次全部科目考试成绩无效处理并记入事业单位公开招聘应聘人员诚信档案库的特别严重的违纪违规行为。

第九条 应聘人员应当自觉维护招聘工作秩序,服从工作人员管理,有下列行为之一的,终止其继续参加考试,并责令离开现场;情节严重的,按照本规定第七条、第八条的规定处理;违反《中华人民共和国治安管理处罚法》的,交由公安机关依法处理;构成犯罪的,依法追究刑事责任:

(一)故意扰乱考点、考场以及其他招聘工作场所秩序的;

(二)拒绝、妨碍工作人员履行管理职责的;

(三)威胁、侮辱、诽谤、诬陷工作人员或者其他应聘人员的;

(四)其他扰乱招聘工作秩序的违纪违规行为。

第十条 在阅卷过程中发现应聘人员之间同一科目作答内容雷同,并经阅卷专家组确认的,给予其当次该科目考试成绩无效的处理。作答内容雷同的具体认定方法和标准,由中央事业单位人事综合管理部门确定。

应聘人员之间同一科目作答内容雷同,并有其他相关证据证明其违纪违规行为成立的,视具体情形按照本规定第七条、第八条处理。

第十一条 应聘人员在体检过程中弄虚作假或者隐瞒影响聘用的疾病、病史的,给予其不予聘用的处理。有请他人顶替体检以及交换、替换化验样本等严重违纪违规行为的,给予其不予聘用的处理,并将其违纪违规行为记入事业单位公开招聘应聘人员诚信档案库,记录期限为五年。

第十二条 应聘人员在考察过程中提供虚假材料、隐瞒事实真相或者有其他妨碍考察工作的行为,干扰、影响考察单位客观公正作出考察结论的,给予其不予聘用的处理;情节严重、影响恶劣的,将其违纪违规行为记入事业单位公开招聘应聘人员诚信档案库,记录期限为五年。

第十三条 应聘人员聘用后被查明有本规定所列违纪违规行为的,由招聘单位与其解除聘用合同、予以清退,其中符合第七条、第八条、第十一条、第十二条违纪违规行为的,记入事业单位公开招聘应聘人员诚信档案库。

第十四条 事业单位公开招聘应聘人员诚信档案库由中央事业单位人事综合管理部门统一建立,纳入全国信用信息共享平台,向招聘单位及社会提供查询,相关记录作为事业单位聘用人员的重要参考,管理办法另行制定。

第三章 招聘单位和招聘工作人员违纪违规行为处理

第十五条 招聘单位在公开招聘中有下列行为之一的,事业单位主管部门或者事业单位人事综合管理部门

应当责令限期改正;逾期不改正的,对直接负责的主管人员和其他直接责任人员依法给予处分:

(一)未按规定权限和程序核准(备案)招聘方案,擅自组织公开招聘的;

(二)设置与岗位无关的指向性或者限制性条件的;

(三)未按规定发布招聘公告的;

(四)招聘公告发布后,擅自变更招聘程序、岗位条件、招聘人数、考试考察方式等的;

(五)未按招聘条件进行资格审查的;

(六)未按规定组织体检的;

(七)未按规定公示拟聘用人员名单的;

(八)其他应当责令改正的违纪违规行为。

第十六条 招聘工作人员有下列行为之一的,由相关部门给予处分,并停止其继续参加当年及下一年度招聘工作:

(一)擅自提前考试开始时间、推迟考试结束时间及缩短考试时间的;

(二)擅自为应聘人员调换考场或者座位的;

(三)未准确记录考场情况及违纪违规行为,并造成一定影响的;

(四)未执行回避制度的;

(五)其他一般违纪违规行为。

第十七条 招聘工作人员有下列行为之一的,由相关部门给予处分,并将其调离招聘工作岗位,不得再从事招聘工作;构成犯罪的,依法追究刑事责任:

(一)指使、纵容他人作弊,或者在考试、考察、体检过程中参与作弊的;

(二)在保密期限内,泄露考试试题、面试评分要素等应当保密的信息的;

(三)擅自更改考试评分标准或者不按评分标准进行评卷的;

(四)监管不严,导致考场出现大面积作弊现象的;

(五)玩忽职守,造成不良影响的;

(六)其他严重违纪违规行为。

第四章 处理程序

第十八条 应聘人员的违纪违规行为被当场发现的,招聘工作人员应当予以制止。对于被认定为违纪违规的,要收集、保存相应证据材料,如实记录违纪违规事实和现场处理情况,当场告知应聘人员记录内容,并要求本人签字;对于拒绝签字或者恶意损坏证据材料的,由两名招聘工作人员如实记录其拒签或者恶意损坏证据材料的情况。违纪违规记录经考点负责人签字认定后,报送组织实施公开招聘的部门。

第十九条 对应聘人员违纪违规行为作出处理决定前,应当告知应聘人员拟作出的处理决定及相关事实、理由和依据,并告知应聘人员依法享有陈述和申辩的权利。作出处理决定的部门对应聘人员提出的事实、理由和证据,应当进行复核。

对应聘人员违纪违规行为作出处理决定的,应当制作公开招聘违纪违规行为处理决定书,依法送达被处理的应聘人员。

第二十条 应聘人员对处理决定不服的,可以依法申请行政复议或者提起行政诉讼。

第二十一条 参与公开招聘的工作人员对因违纪违规行为受到处分不服的,可以依法申请复核或者提出申诉。

第五章 附 则

第二十二条 本规定自2018年1月1日起施行。

事业单位工作人员处分规定

· 2023年11月6日
· 人社部发〔2023〕58号

第一章 总 则

第一条 为严明事业单位纪律规矩,规范事业单位工作人员行为,保证事业单位及其工作人员依法履职,根据《中华人民共和国公职人员政务处分法》和《事业单位人事管理条例》,制定本规定。

第二条 事业单位工作人员违规违纪违法,应当承担纪律责任的,依照本规定给予处分。

任免机关、事业单位对事业单位中从事管理的人员给予处分,适用《中华人民共和国公职人员政务处分法》第二章、第三章规定。处分的程序、申诉等适用本规定。

第三条 给予事业单位工作人员处分,应当坚持党管干部、党管人才原则;坚持公正、公平;坚持惩治与教育相结合。

给予事业单位工作人员处分,应当与其违规违纪违法行为的性质、情节、危害程度相适应。

给予事业单位工作人员处分,应当事实清楚、证据确凿、定性准确、处理恰当、程序合法、手续完备。

第二章 处分的种类和适用

第四条 事业单位工作人员处分的种类为:

(一)警告;

(二)记过;

(三)降低岗位等级;

（四）开除。

第五条 事业单位工作人员受处分的期间为：

（一）警告，六个月；

（二）记过，十二个月；

（三）降低岗位等级，二十四个月。

处分决定自作出之日起生效，处分期自处分决定生效之日起计算。

第六条 事业单位工作人员受到警告处分的，在作出处分决定的当年，参加年度考核，不能确定为优秀档次；受到记过处分的当年，受到降低岗位等级处分的当年及第二年，参加年度考核，只写评语，不确定档次。

事业单位工作人员受到降低岗位等级处分的，自处分决定生效之日起降低一个以上岗位和职员等级聘用，按照事业单位收入分配有关规定确定其工资待遇；对同时在管理和专业技术两类岗位任职的事业单位工作人员发生违规违纪违法行为的，给予降低岗位等级处分时，应当同时降低两类岗位的等级，并根据违规违纪违法的情形与岗位性质的关联度确定降低岗位类别的主次。

事业单位工作人员在受处分期间，不得聘用到高于现聘岗位和职员等级。受到开除处分的，自处分决定生效之日起，终止其与事业单位的人事关系。

第七条 事业单位工作人员受到记过以上处分的，在受处分期间不得参加专业技术职称评审或者工勤技能人员职业技能等级认定。

第八条 事业单位工作人员同时有两种以上需要给予处分的行为的，应当分别确定其处分。应当给予的处分种类不同的，执行其中最重的处分；应当给予开除以外多个相同种类处分的，执行该处分，处分期应当按照一个处分期以上、多个处分期之和以下确定，但是最长不得超过四十八个月。

事业单位工作人员在受处分期间受到新的处分的，其处分期为原处分期尚未执行的期限与新处分期限之和，但是最长不得超过四十八个月。

第九条 事业单位工作人员二人以上共同违规违纪违法，需要给予处分的，按照各自应当承担的责任，分别给予相应的处分。

第十条 有下列情形之一的，应当从重处分：

（一）在处分期内再次故意违规违纪违法，应当受到处分的；

（二）在二人以上的共同违规违纪违法行为中起主要作用的；

（三）隐匿、伪造、销毁证据的；

（四）串供或者阻止他人揭发检举、提供证据材料的；

（五）包庇同案人员的；

（六）胁迫、唆使他人实施违规违纪违法行为的；

（七）拒不上交或者退赔违规违纪违法所得的；

（八）法律、法规、规章规定的其他从重情节。

第十一条 有下列情形之一的，可以从轻或者减轻给予处分：

（一）主动交代本人应当受到处分的违规违纪违法行为的；

（二）配合调查，如实说明本人违规违纪违法事实的；

（三）主动采取措施，有效避免、挽回损失或者消除不良影响的；

（四）检举他人违规违纪违法行为，情况属实的；

（五）在共同违规违纪违法行为中起次要或者辅助作用的；

（六）主动上交或者退赔违规违纪违法所得的；

（七）其他从轻或者减轻情节。

第十二条 违规违纪违法行为情节轻微，且具有本规定第十一条的情形之一的，可以对其进行谈话提醒、批评教育、责令检查或者予以诫勉，免予或者不予处分。

事业单位工作人员因不明真相被裹挟或者被胁迫参与违规违纪违法活动，经批评教育后确有悔改表现的，可以减轻、免予或者不予处分。

第十三条 事业单位工作人员违规违纪违法取得的财物和用于违规违纪违法的财物，除依法应当由其他机关没收、追缴或者责令退赔的，由处分决定单位没收、追缴或者责令退赔；应当退还原所有人或者原持有人的，依法予以退还；属于国家财产或者不应当退还以及无法退还的，上缴国库。

第十四条 已经退休的事业单位工作人员退休前或者退休后有违规违纪违法行为应当受到处分的，不再作出处分决定，但是可以对其立案调查；依规依纪依法应当给予降低岗位等级以上处分的，应当按照规定相应调整其享受的待遇。

第十五条 事业单位有违规违纪违法行为的，应当追究纪律责任的，依规依纪依法对负有责任的领导人员和直接责任人员给予处分。

第三章 违规违纪违法行为及其适用的处分

第十六条 有下列行为之一的，给予记过处分；情节较重的，给予降低岗位等级处分；情节严重的，给予开除处分：

（一）散布有损宪法权威、中国共产党领导和国家声誉的言论的；

（二）参加旨在反对宪法、中国共产党领导和国家的集会、游行、示威等活动的；

（三）拒不执行或者变相不执行中国共产党和国家的路线方针政策、重大决策部署的；

（四）参加非法组织、非法活动的；

（五）利用宗教活动破坏民族团结和社会稳定的；挑拨、破坏民族关系，或者参加民族分裂活动的；

（六）在对外交往中损害国家荣誉和利益的；

（七）携带含有依法禁止内容的书刊、音像制品、电子出版物进入境内的；

（八）其他违反政治纪律的行为。

有前款第二项、第四项、第五项行为之一的，对策划者、组织者和骨干分子，给予开除处分。

公开发表反对宪法确立的国家指导思想，反对中国共产党领导，反对社会主义制度，反对改革开放的文章、演说、宣言、声明等的，给予开除处分。

第十七条 有下列行为之一的，给予警告或者记过处分；情节较重的，给予降低岗位等级处分；情节严重的，给予开除处分：

（一）采取不正当手段为本人或者他人谋取岗位；

（二）在事业单位选拔任用、公开招聘、考核、培训、回避、奖励、申诉、职称评审等人事管理工作中有违反组织人事纪律行为的；

（三）其他违反组织人事纪律的行为。

篡改、伪造本人档案资料的，给予记过处分；情节严重的，给予降低岗位等级处分。

违反规定出境或者办理因私出境证件的，给予记过处分；情节严重的，给予降低岗位等级处分。

违反规定取得外国国籍或者获取境外永久居留资格、长期居留许可的，给予降低岗位等级以上处分。

第十八条 有下列行为之一的，给予警告或者记过处分；情节较重的，给予降低岗位等级处分；情节严重的，给予开除处分：

（一）在执行国家重要任务、应对公共突发事件中，不服从指挥、调度或者消极对抗的；

（二）破坏正常工作秩序，给国家或者公共利益造成损失的；

（三）违章指挥、违规操作，致使人民生命财产遭受损失的；

（四）发生重大事故、灾害、事件，擅离职守或者不按规定报告、不采取措施处置或者处置不力的；

（五）在项目评估评审、产品认证、设备检测检验等工作中徇私舞弊，或者违反规定造成不良影响的；

（六）泄露国家秘密，或者泄露因工作掌握的内幕信息、个人隐私，造成不良后果的；

（七）其他违反工作纪律失职渎职的行为。

第十九条 有下列行为之一的，给予警告或者记过处分；情节较重的，给予降低岗位等级处分；情节严重的，给予开除处分：

（一）贪污、索贿、受贿、行贿、介绍贿赂、挪用公款的；

（二）利用工作之便为本人或者他人谋取不正当利益的；

（三）在公务活动或者工作中接受礼品、礼金、各种有价证券、支付凭证的；

（四）利用知悉或者掌握的内幕信息谋取利益的；

（五）用公款旅游或者变相用公款旅游的；

（六）违反国家规定，从事、参与营利性活动或者兼任职务领取报酬的；

（七）其他违反廉洁从业纪律的行为。

第二十条 有下列行为之一的，给予警告或者记过处分；情节较重的，给予降低岗位等级处分；情节严重的，给予开除处分：

（一）违反国家财政收入上缴有关规定的；

（二）违反规定使用、骗取财政资金或者违反规定使用、骗取、隐匿、转移、侵占、挪用社会保险基金的；

（三）擅自设定收费项目或者擅自改变收费项目的范围、标准和对象的；

（四）挥霍、浪费国家资财或者造成国有资产流失的；

（五）违反国有资产管理规定，擅自占有、使用、处置国有资产的；

（六）在招标投标和物资采购工作中违反有关规定，造成不良影响或者损失的；

（七）其他违反财经纪律的行为。

第二十一条 有下列行为之一的，给予警告或者记过处分；情节较重的，给予降低岗位等级处分；情节严重的，给予开除处分：

（一）利用专业技术或者技能实施违规违纪违法行为的；

（二）有抄袭、剽窃、侵吞他人学术成果，伪造、篡改数据文献，或者捏造事实等学术不端行为的；

（三）利用职业身份进行利诱、威胁或者误导，损害他人合法权益的；

（四）利用权威、地位或者掌控的资源，压制不同观点，限制学术自由，造成重大损失或者不良影响的；

（五）在申报岗位、项目、荣誉等过程中弄虚作假的；

（六）工作态度恶劣，造成不良社会影响的；

（七）其他严重违反职业道德的行为。

有前款第一项规定行为的，给予记过以上处分。

第二十二条 有下列行为之一的，给予警告或者记过处分；情节较重的，给予降低岗位等级处分；情节严重的，给予开除处分：

（一）违背社会公序良俗，在公共场所有不当行为，造成不良影响的；

（二）制造、传播违法违禁物品及信息的；

（三）参与赌博活动的；

（四）有实施家庭暴力，虐待、遗弃家庭成员，或者拒不承担赡养、抚养、扶养义务等的；

（五）其他严重违反公共秩序、社会公德的行为。

吸食、注射毒品，组织赌博，组织、支持、参与卖淫、嫖娼、色情淫乱活动的，给予降低岗位等级以上处分。

第二十三条 事业单位工作人员犯罪，有下列情形之一的，给予开除处分：

（一）因故意犯罪被判处管制、拘役或者有期徒刑以上刑罚（含宣告缓刑）的；

（二）因过失犯罪被判处有期徒刑，刑期超过三年的；

（三）因犯罪被单处或者并处剥夺政治权利的。

因过失犯罪被判处管制、拘役或者三年以下有期徒刑的，一般应当给予开除处分；案件情况特殊，给予降低岗位等级处分更为适当的，可以不予开除，但是应当报请事业单位主管部门批准，并报同级事业单位人事综合管理部门备案。

事业单位工作人员因犯罪被单处罚金，或者犯罪情节轻微，人民检察院依法作出不起诉决定或者人民法院依法免予刑事处罚的，给予降低岗位等级处分；造成不良影响的，给予开除处分。

第四章 处分的权限和程序

第二十四条 对事业单位工作人员的处分，按照干部人事管理权限，由事业单位或者事业单位主管部门决定。

开除处分由事业单位主管部门决定，并报同级事业单位人事综合管理部门备案。

对中央和地方直属事业单位工作人员的处分，按照干部人事管理权限，由本单位或者有关部门决定；其中，由本单位作出开除处分决定的，报同级事业单位人事综合管理部门备案。

第二十五条 对事业单位工作人员的处分，按照以下程序办理：

（一）对事业单位工作人员违规违纪违法行为初步调查后，需要进一步查证的，应当按照干部人事管理权限，经事业单位负责人批准或者有关部门同意后立案；

（二）对被调查的事业单位工作人员的违规违纪违法行为作进一步调查，收集、查证有关证据材料，并形成书面调查报告；

（三）将调查认定的事实及拟给予处分的依据告知被调查的事业单位工作人员，听取其陈述和申辩，并对其所提出的事实、理由和证据进行复核，记录在案。被调查的事业单位工作人员提出的事实、理由和证据成立的，应予采信；

（四）按照处分决定权限，作出对该事业单位工作人员给予处分、免予不予处分或者撤销案件的决定；

（五）处分决定单位印发处分决定；

（六）将处分决定以书面形式通知受处分事业单位工作人员本人和有关单位，并在一定范围内宣布；

（七）将处分决定存入受处分事业单位工作人员的档案。

第二十六条 事业单位工作人员已经被立案调查，不宜继续履职的，可以按照干部人事管理权限，由事业单位或者有关部门暂停其职责。

被调查的事业单位工作人员在案件立案调查期间，不得解除聘用合同、出境，所在单位不得对其交流、晋升、奖励或者办理退休手续。

第二十七条 对事业单位工作人员案件进行调查，应当由二名以上办案人员进行；接受调查的单位和个人应当如实提供情况。

以暴力、威胁、引诱、欺骗等非法方式收集的证据不得作为定案的根据。

在调查中发现事业单位工作人员受到不实检举、控告或者诬告陷害，造成不良影响的，应当按照规定及时澄清事实，恢复名誉，消除不良影响。

第二十八条 参与事业单位工作人员案件调查、处理的人员应当回避的，执行《事业单位人事管理回避规定》等有关规定。

第二十九条 给予事业单位工作人员处分，应当自批准立案之日起六个月内作出决定;案情复杂或者遇有其他特殊情形的可以延长,但是办案期限最长不得超过十二个月。

第三十条　处分决定应当包括下列内容:

(一)受处分事业单位工作人员的姓名、工作单位、原所聘岗位(所任职务)名称及等级、职员等级等基本情况;

(二)经查证的违规违纪违法事实;

(三)处分的种类、受处分的期间和依据;

(四)不服处分决定的申诉途径和期限;

(五)处分决定单位的名称、印章和作出决定的日期。

第三十一条　事业单位工作人员受到处分,应当办理岗位、职员等级、工资及其他有关待遇等的变更手续的,由人事部门按照管理权限在作出处分决定后一个月内办理;特殊情况下,经批准可以适当延长办理期限,但是最长不得超过六个月。

第三十二条　事业单位工作人员受开除以外的处分,在受处分期间有悔改表现,并且没有再出现违规违纪违法情形的,处分期满后自动解除处分。

处分解除后,考核及晋升岗位和职员等级、职称、工资待遇按照国家有关规定执行,不再受原处分的影响。但是,受到降低岗位等级处分的,不恢复受处分前的岗位、职员等级、工资待遇;无岗位、职员等级可降而降低薪级工资的,处分解除后,不恢复受处分前的薪级工资。

第三十三条　事业单位工作人员受到开除处分后,事业单位应当及时办理档案和社会保险关系转移手续,具体办法按照有关规定执行。

第五章　复核和申诉

第三十四条　受到处分的事业单位工作人员对处分决定不服的,可以自知道或者应当知道该处分决定之日起三十日内向原处分决定单位申请复核。对复核结果不服的,可以自接到复核决定之日起三十日内,按照《事业单位工作人员申诉规定》等有关规定向原处分决定单位的主管部门或者同级事业单位人事综合管理部门提出申诉。

受到处分的中央和地方直属事业单位工作人员的申诉,按照干部人事管理权限,由同级事业单位人事综合管理部门受理。

第三十五条　原处分决定单位应当自接到复核申请后的三十日内作出复核决定。受理申诉的单位应当自受理之日起六十日内作出处理决定;案情复杂的,可以适当延长,但是延长期限最多不超过三十日。

复核、申诉期间不停止处分的执行。

事业单位工作人员不因提出复核、申诉而被加重处分。

第三十六条　有下列情形之一的,受理处分复核、申诉的单位应当撤销处分决定,重新作出决定或者责令原处分决定单位重新作出决定:

(一)处分所依据的事实不清、证据不足的;

(二)违反规定程序,影响案件公正处理的;

(三)超越职权或者滥用职权作出处分决定的。

第三十七条　有下列情形之一的,受理复核、申诉的单位应当变更处分决定或者责令原处分决定单位变更处分决定:

(一)适用法律、法规、规章错误的;

(二)对违规违纪违法行为的情节认定有误的;

(三)处分不当的。

第三十八条　事业单位工作人员的处分决定被变更,需要调整该工作人员的岗位、职员等级或者工资待遇的,应当按照规定予以调整;事业单位工作人员的处分决定被撤销的,需要恢复该工作人员的岗位、职员等级、工资待遇的,按照原岗位、职员等级安排相应的岗位、职员等级,恢复相应的工资待遇,并在原处分决定公布范围内为其恢复名誉。

被撤销处分或者被减轻处分的事业单位工作人员工资待遇受到损失的,应当予以补偿。没收、追缴财物错误的,应当依规依纪依法予以返还、赔偿。

第六章　附　则

第三十九条　对事业单位工作人员处分工作中有滥用职权、玩忽职守、徇私舞弊、收受贿赂等违规违纪违法行为的工作人员,按照有关规定给予处分;涉嫌犯罪的,依法追究刑事责任。

第四十条　对机关工勤人员给予处分,参照本规定执行。

第四十一条　教育、科研、文化、医疗卫生、体育等部门,可以依据本规定,结合自身工作的实际情况,与中央事业单位人事综合管理部门联合制定具体办法。

第四十二条　本规定实施前,已经结案的案件如果需要复核、申诉,适用当时的规定。尚未结案的案件,如果行为发生时的规定不认为是违规违纪违法的,适用当时的规定;如果行为发生时的规定认定是违规违纪违法的,依照当时的规定处理,但是如果本规定不认为是违规违纪违法的或者根据本规定处理较轻的,适用本规定。

第四十三条 本规定所称以上、以下，包括本数。

第四十四条 本规定由中共中央组织部、人力资源社会保障部负责解释。

第四十五条 本规定自发布之日起施行。

事业单位工作人员申诉规定

- 2014年6月27日
- 人社部发〔2014〕45号

第一章 总 则

第一条 为保障事业单位工作人员合法权益，依法处理事业单位工作人员的申诉，促进事业单位及其主管部门依法行使职权，根据《事业单位人事管理条例》，制定本规定。

第二条 事业单位工作人员对涉及本人的人事处理不服的，可以依照本规定申请复核；对复核结果不服的，可以依照本规定提出申诉、再申诉。

法律法规对事业单位工作人员申诉另有规定的，从其规定。

各级党委管理的事业单位领导人员的申诉，依照干部人事管理权限，按照有关规定办理。

第三条 处理事业单位工作人员申诉，应当坚持合法、公正、公平、及时的原则，依照规定的权限、条件和程序进行。

第四条 事业单位工作人员提出申诉，应当以事实为依据，不得捏造事实、诬告、陷害他人。

第五条 复核、申诉、再申诉期间不停止人事处理的执行。

事业单位工作人员不因申请复核或者提出申诉、再申诉而被加重处理。

第六条 复核、申诉、再申诉应当由事业单位工作人员本人申请。本人丧失行为能力、部分丧失行为能力或者死亡的，可以由其近亲属或监护人代为申请。

第二章 管 辖

第七条 事业单位工作人员对人事处理不服申请复核的，由原处理单位管辖。

第八条 事业单位工作人员对中央和地方直属事业单位作出的复核决定不服提出的申诉，由同级事业单位人事综合管理部门管辖。

事业单位工作人员对中央和地方各部门所属事业单位作出的复核决定不服提出的申诉，由主管部门管辖。

事业单位工作人员对主管部门或者其他有关部门作出的复核决定不服提出的申诉，由同级事业单位人事综合管理部门管辖。

事业单位工作人员对乡镇党委和人民政府作出的复核决定不服提出的申诉，由县级事业单位人事综合管理部门管辖。

第九条 事业单位工作人员对主管部门作出的申诉处理决定不服提出的再申诉，由同级事业单位人事综合管理部门管辖。

事业单位工作人员对市级、县级事业单位人事综合管理部门作出的申诉处理决定不服提出的再申诉，由上一级事业单位人事综合管理部门管辖。

第十条 事业单位工作人员对中央垂直管理部门省级以下机关作出的复核决定不服提出的申诉，由上一级机关管辖；对申诉处理决定不服提出的再申诉，由作出申诉处理决定机关的同级事业单位人事综合管理部门或者上一级机关管辖。

第三章 申请与受理

第十一条 事业单位工作人员对涉及本人的下列人事处理不服，可以申请复核或者提出申诉、再申诉：

（一）处分；

（二）清退违规进人；

（三）撤销奖励；

（四）考核定为基本合格或者不合格；

（五）未按国家规定确定或者扣减工资福利待遇；

（六）法律、法规、规章规定可以提出申诉的其他人事处理。

第十二条 申请复核或者提出申诉、再申诉的时效期间为三十日。复核的时效期间自申请人知道或者应当知道人事处理之日起计算；申诉、再申诉的时效期间自申请人收到复核决定、申诉处理决定之日起计算。

因不可抗力或者有其他正当理由，当事人不能在本条规定的时效期间内申请复核或者提出申诉、再申诉的，经受理机关批准可以延长期限。

第十三条 申请人申请复核和提出申诉、再申诉，应当提交申请书，同时提交原人事处理决定、复核决定或者申诉处理决定等材料的复印件。申请书可以通过当面提交、邮寄或者传真等方式提出。

申请人当面递交申请书的，受理单位应当场出具收件回执。

第十四条 申请书应当载明下列内容：

（一）申请人的姓名、出生年月、单位、岗位、政治面貌、联系方式、住址及其他基本情况；

(二)原处理单位的名称、地址、联系方式；

(三)复核、申诉、再申诉的事项、理由和要求；

(四)申请日期。

第十五条 受理单位应当对申请人提交的申请书是否符合受理条件进行审查，在接到申请书之日起十五日内，作出受理或者不予受理的决定，并以书面形式通知申请人。不予受理的，应当说明理由。

第十六条 符合以下条件的复核、申诉、再申诉，应予受理：

(一)申请人符合本规定第六条的规定；

(二)复核、申诉、再申诉事项属于本规定第十一条规定的受理范围；

(三)在规定的期限内提出；

(四)属于受理单位管辖范围；

(五)材料齐备。

凡不符合上述条件之一的，不予受理。申请材料不齐备的，应当一次性告知申请人所需补正的全部材料，申请人按照要求补正全部材料的，应予受理。

第十七条 在处理决定作出前，申请人可以以书面形式提出撤回复核、申诉、再申诉的申请。

受理单位在接到申请人关于撤回复核、申诉、再申诉的书面申请后，可以决定终结处理工作。

终结复核决定应当以书面形式告知申请人；终结申诉处理决定应以书面形式告知申请人和原处理单位；终结再申诉处理决定应当以书面形式告知申请人、申诉受理单位和原处理单位。

第四章 审理与决定

第十八条 受理复核申请的单位应当自接到申请书之日起三十日内作出维持、撤销或者变更原人事处理的复核决定，并以书面形式通知申请人。

受理申诉、再申诉申请的单位应当自决定受理之日起六十日内作出处理决定。案情复杂的，可以适当延长，但是延长期限不得超过三十日。

第十九条 受理申诉、再申诉的单位应当组成申诉公正委员会审理案件。

申诉公正委员会由受理申诉、再申诉的单位相关工作人员组成，必要时可以吸收其他相关人员参加。申诉公正委员会组成人数应当是单数，不得少于三人。申诉公正委员会负责人一般由主管申诉、再申诉工作的单位负责人或者负责申诉、再申诉的工作机构负责人担任。

第二十条 受理申诉、再申诉的单位有权要求有关单位提交答辩材料，有权对申诉、再申诉事项进行相关调查。

调查应当由两名以上工作人员进行，接受调查的单位或者个人有配合调查的义务，应当如实提供情况和证据。

第二十一条 申诉公正委员会应当根据调查情况对下列事项进行审议：

(一)原人事处理认定的事实是否存在、清楚，证据是否确实充分；

(二)原人事处理适用的法律、法规、规章和有关规定是否正确；

(三)原人事处理的程序是否符合规定；

(四)原人事处理是否显失公正；

(五)被申诉单位有无超越或者滥用职权的情形；

(六)其他需要审议的事项。

在审理对复核决定、申诉处理决定不服的申诉、再申诉时，申诉公正委员会还应当对复核决定、申诉处理决定进行审议。

审理期间，申诉公正委员会应当允许申请人进行必要的陈述或者申辩。

第二十二条 申诉公正委员会应当按照客观公正和少数服从多数的原则，提出审理意见。

第二十三条 受理单位应当根据申诉公正委员会的审理意见，区别不同情况，作出下列申诉处理决定：

(一)原人事处理认定事实清楚，适用法律、法规、规章和有关规定正确，处理恰当、程序合法的，维持原人事处理；

(二)原人事处理认定事实不存在的，或者超越职权、滥用职权做出处理的，按照管理权限责令原处理单位撤销或者直接撤销原人事处理；

(三)原人事处理认定事实清楚，但认定情节有误，或者适用法律、法规、规章和有关规定有错误，或者处理明显不当的，按照管理权限责令原处理单位变更或者直接变更原人事处理；

(四)原人事处理认定事实不清，证据不足，或者违反规定程序和权限的，责令原处理单位重新处理。

再申诉处理决定应当参照前款规定作出。

事业单位工作人员对重新处理后作出的处理决定不服，可以提出申诉或者再申诉。

第二十四条 作出申诉处理决定后，应当制作申诉处理决定书。申诉处理决定书应当载明下列内容：

(一)申诉人的姓名、出生年月、单位、岗位及其他基本情况；

（二）原处理单位的名称、地址、联系方式、人事处理和复核决定所认定的事实、理由及适用的法律、法规、规章和有关规定；

（三）申诉的事项、理由及要求；

（四）申诉公正委员会认定的事实、理由及适用的法律、法规、规章和有关规定；

（五）申诉处理决定；

（六）作出决定的日期；

（七）其他需要载明的内容。

再申诉处理决定作出后，应当制作再申诉处理决定书。再申诉处理决定书除前款规定内容外，还应当载明申诉处理决定的内容和作出申诉处理决定的日期。

申诉、再申诉处理决定书应当加盖受理申诉、再申诉单位或者申诉公正委员会的印章。

第二十五条 复核决定应当及时送达申请人。

申诉处理决定书应当及时送达申请人和原处理单位。

再申诉处理决定书应当及时送达申请人、申诉受理单位和原处理单位。

第二十六条 复核决定、申诉处理决定书、再申诉处理决定书按照下列规定送达：

（一）直接送达申请人本人，受送达人在送达回证上签名或者盖章，签收日期为送达日期；

（二）申请人本人不在的，可以由其同住的具有完全民事行为能力的近亲属在送达回证上签名或者盖章，视为送达，签收日期为送达日期；

（三）申请人或者其同住的具有完全民事行为能力的近亲属拒绝接收或者拒绝签名、盖章的，送达人应当邀请有关基层组织的代表或者其他有关人员到场，见证现场情况，由送达人在送达回证上记明拒收事由和日期，送达人、见证人签名或者盖章，将处理决定留在申请人的住所或者所在单位，视为送达。送达人、见证人签名或者盖章日期为送达日期；

（四）直接送达确有困难的，可以通过邮寄送达。以回执上注明的收件日期为送达日期；

（五）上述规定的方式无法送达的，可以在相关媒体上公告送达，并在案卷中记明原因和经过。自公告发布之日起，经过六十日，即视为送达。

第二十七条 原处理单位应当将复核决定、申诉处理决定书、再申诉处理决定书存入申请人的个人档案。

第五章　执行与监督

第二十八条 处理决定应当在发生效力后三十日内执行。

下列处理决定是发生效力的最终决定：

（一）已过规定期限没有提出申诉的复核决定；

（二）已过规定期限没有提出再申诉的申诉处理决定；

（三）中央和省级事业单位人事综合管理部门作出的申诉处理决定；

（四）再申诉处理决定。

第二十九条 除维持原人事处理外，原处理单位应当在申诉、再申诉决定执行期满后三十日内将执行情况报申诉、再申诉受理单位备案。

原处理单位逾期不执行的，申请人可以向作出发生效力的决定的单位提出执行申请。接到执行申请的单位应当责令原处理单位执行。

第三十条 对事业单位工作人员处理错误的，应当及时予以纠正；造成名誉损害的，应当赔礼道歉、恢复名誉、消除影响；造成经济损失的，应当根据有关规定给予赔偿。

第三十一条 参与复核、申诉、再申诉审理的工作人员有下列情形之一的，应当提出回避申请：

（一）与申请人或者原处理单位主要负责人、承办人员有夫妻关系、直系血亲、三代以内旁系血亲关系或者近姻亲关系的；

（二）与原人事处理及案件有利害关系的；

（三）与申请人或者原处理单位主要负责人、承办人员有其他关系，可能影响案件公正处理的。

有前款规定的情形的，申请人、与原人事处理及案件有利害关系的公民、法人或者其他组织有权要求其回避。

复核案件审理工作人员的回避，由受理复核单位负责人决定。申诉或再申诉案件审理工作组织负责人的回避由受理单位负责人员集体决定；其他工作人员的回避，由申诉或再申诉案件审理工作组织负责人决定。回避决定作出前，相关人员应当暂停参与案件的调查和审理。

第三十二条 因下列情形之一侵害事业单位工作人员合法权益的，对相关责任人员和直接责任人员，应当根据有关规定，视情节轻重，给予批评教育、调离岗位或者处分；涉嫌犯罪的，移送司法机关处理：

（一）对申请复核或者提出申诉、再申诉的事业单位工作人员打击报复的；

（二）超越或者滥用职权的；

（三）适用法律、法规、规章错误或者违反规定程序的；

（四）在复核、申诉、再申诉工作中应当作为而不作为的；

（五）拒不执行发生效力的申诉、再申诉处理决定的；

（六）违反本规定的其他情形。

第三十三条 申请复核、提出申诉的事业单位工作人员弄虚作假、捏造事实、诬陷他人的，根据情节轻重，给予批评教育或者处分；涉嫌犯罪的，移送司法机关处理。

第六章 附 则

第三十四条 机关工勤人员申请复核或者提出申诉、再申诉，参照本规定执行。

第三十五条 本规定自2014年7月1日起施行。

事业单位工作人员申诉案件办理规则

· 2019年1月18日
· 人社厅发〔2019〕17号

第一章 总 则

第一条 为规范事业单位工作人员申诉案件办理程序，促进事业单位人事综合管理部门和主管部门公正及时处理申诉案件，根据《事业单位人事管理条例》和《事业单位工作人员申诉规定》（以下简称《申诉规定》），制定本规则。

第二条 本规则适用于事业单位工作人员申诉、再申诉案件的处理。

对监察机关作出的政务处分不服提出的申诉，按照有关规定由监察机关处理。

对事业单位领导人员的申诉案件，依照干部人事管理权限，按照有关规定办理。

第三条 处理事业单位工作人员申诉，应当坚持合法、公正、公平、及时的原则，严格权限、条件和程序，保障申诉人正当权益。

第二章 申诉案件办理工作组织

第四条 各级事业单位人事综合管理部门和主管部门应当分别组建事业单位工作人员申诉公正委员会，负责办理事业单位工作人员的申诉、再申诉案件。

具体申诉案件的审理工作，根据实际情况，可以组建审理组负责，也可以由申诉公正委员会直接承办。

第五条 申诉公正委员会、审理组的组成人员应当是单数，不得少于3人。

申诉公正委员会设主任一名，副主任和委员若干名。主任一般由受理单位主管申诉、再申诉工作的负责人或者承担申诉、再申诉工作的内设机构负责人担任。副主任、委员由受理单位研究决定，一般由受理单位相关工作人员担任。必要时，可以吸收其他相关人员参加。

审理组一般由申诉公正委员会成员组成，必要时，可以吸收其他相关人员参加。审理组设组长，负责组织审理工作。

第六条 申诉公正委员会依法依规履行下列职责：

（一）处理管辖范围内的申诉、再申诉案件，对案件事实证据、适用政策法规、工作程序纪律等进行全面审议；

（二）审理申诉、再申诉案件；

（三）对审理组的审理工作进行指导和监督；

（四）讨论重大或者疑难的申诉、再申诉案件；

（五）法律法规规章规定的由申诉公正委员会承担或者受理单位授权的其他职责。

第七条 申诉公正委员会下设办事机构。根据实际情况，办事机构可以专门成立，也可以依托受理单位某一内设机构。

第八条 申诉公正委员会办事机构依法依规履行下列职责：

（一）对申诉、再申诉案件的申请进行审查；

（二）经申诉公正委员会批准，组建负责审理具体申诉案件工作的审理组；

（三）办理申诉、再申诉案件的文书制作和送达、档案和印章管理等；

（四）负责申诉公正委员会和审理组成员的组织、联络等工作；

（五）办理申诉公正委员会授权的其他事宜。

第九条 处理申诉案件的相关人员对工作中涉及的国家秘密、工作秘密、商业秘密和个人隐私应当保密。

第十条 申诉公正委员会、审理组、办事机构成员存在《申诉规定》第三十一条所列情形的，申诉人和被申诉单位应当自知道或者应当知道之日起3日内根据回避决定权限以书面形式提出回避申请。

申诉公正委员会主任的回避由受理单位负责人员集体决定，申诉公正委员会副主任、委员、审理组成员、办事机构成员的回避由申诉公正委员会主任决定。回避决定应当自收到回避申请之日起3日内作出。回避决定作出前，相关人员应当暂停参与案件的调查和审理。

第三章 受 理

第十一条 对申诉人提出的申诉、再申诉申请，办事机构应当填写案件登记表和收件回执，对申诉、再申诉是否符合受理条件进行审查。

第十二条 办事机构应当自接到申请书之日起15日内区别不同情况，作出如下处理：

（一）对于经审查认为符合受理条件的申诉，向申请人发送受理通知书并加盖申诉公正委员会印章。

(二)对于经审查认为不符合受理条件的申诉,向申请人发送不予受理通知书,说明不予受理的理由,并加盖申诉公正委员会印章。监察机关已受理的申诉案件,事业单位主管部门、人事综合管理部门不再受理。

(三)申请材料不齐备的,应当及时一次性告知申请人所需补正的全部材料和合理的补正期限。审查期限自收到补正材料后的次日起重新计算。申请人补正相关材料后,应予受理。无正当理由逾期不补正的,视为申请人放弃申请。

第十三条 因不可抗力或者其他正当理由,申请人不能在规定的期限内提出申诉、再申诉的,经受理单位或者经授权的申诉公正委员会主任批准,可以延长期限。

第十四条 对于决定受理的申诉、再申诉案件,办事机构应当自决定受理之日起7日内向被申诉单位发送应诉通知书和申请书副本,并将申诉公正委员会或者审理组的组成情况及时通知申请人和被申诉单位。

第十五条 被申诉单位应当自接到通知书之日起15日内向办事机构提交答辩书和作出人事处理决定的证据、依据和其他有关材料。

办事机构应当自收到答辩书之日起7日内将答辩书副本发送申诉人。

申诉人应当自收到答辩书副本之日起7日内提出书面反馈意见,送交办事机构。未提交书面反馈意见的,不影响案件审理。

上述被申诉单位提交答辩书和作出人事处理决定的有关材料、申诉人提出书面反馈意见的方式,按照《申诉规定》第十三条执行。

第十六条 在申诉处理决定作出前,申请人可以以书面形式撤回申诉、再申诉申请。

受理单位在接到申诉人关于撤回申诉、再申诉的书面申请后,应对撤回申请进行审查,如无违反法律法规的情形,可以同意申请人撤回申请,终结案件处理工作,并以书面形式将终结申诉、再申诉处理决定告知申请人和被申诉单位。

第十七条 因申诉人撤回申诉、再申诉导致案件终结的,申诉人再以同一事由提起申诉、再申诉的,不予受理。

第四章 审 理

第十八条 申诉和再申诉案件中的证据包括:
(一)申诉人的陈述和被申诉单位的意见;
(二)书证;
(三)物证;
(四)视听资料;
(五)电子数据;
(六)证人证言;
(七)鉴定意见;
(八)勘验笔录、现场笔录。

第十九条 被申诉单位对作出的原人事处理决定负有举证责任,应当提供作出该决定的证据和所依据的法律法规和其他政策文件。

被申诉单位未履行举证责任的,办事机构应当责令其限期举证,无正当理由逾期提供的证据不予采纳。没有证据或者证据不足以证明被申诉单位的事实主张的,由负有举证责任的被申诉单位承担不利后果。

第二十条 受理申诉、再申诉的申诉公正委员会、审理组根据需要对申诉案件有关问题进行调查。调查一般采取书面调查、现场调查等方式进行。接受调查的单位或者个人有配合调查的义务,应当如实提供情况和证据。

第二十一条 现场调查应当制作调查笔录,调查人员不得少于2人。被调查人、证人及相关人员应当对现场调查笔录中由本人提供的情况进行确认后签名,调查人员应当在经上述人员确认并签名的调查笔录上签名。

第二十二条 申诉公正委员会或者审理组应当认真审阅案件调查笔录以及其他有关材料,根据《申诉规定》第二十一条对案件进行全面审议。

申诉人有明确要求时,申诉公正委员会或者审理组可以根据案件审理需要听取申诉人的陈述和被申诉单位的申辩。

第二十三条 申诉公正委员会或者审理组审议案件,应当制作审议笔录,由参加审议的成员签名。审议中的不同意见,应当如实记入审议笔录。

对于重大、疑难的申诉案件,审理组难以形成一致或者多数审理意见的,应当提请申诉公正委员会讨论。

第二十四条 申诉公正委员会或者审理组应当按照客观公正和少数服从多数的原则提出明确审理意见,由申诉公正委员会向受理单位提交审理报告。经申诉公正委员会批准后,也可以由审理组向受理单位提交审理报告。

第二十五条 审理报告应当载明下列内容:
(一)申诉人和被申诉单位的基本情况;
(二)申诉公正委员会、审理组成员的组成;
(三)申诉人提出申诉的事项、理由和要求;
(四)被申诉单位的答辩理由、证据和依据;
(五)审理情况概要;
(六)申诉公正委员会、审理组的审理意见。

第五章 决 定

第二十六条 受理单位应当依据申诉公正委员会的审理意见，按照《申诉规定》第二十三条规定作出处理决定。

第二十七条 受理单位应当自决定受理之日起60日内作出处理决定。案情复杂的，经申诉公正委员会主任或者副主任批准，可以适当延长，但是延长期限不得超过30日。

第二十八条 办事机构应当根据受理单位作出的申诉处理决定，按照《申诉规定》第二十四条规定制作申诉处理决定书，并自作出申诉处理决定之日起7日内将处理决定书送达申诉人和作出原人事处理决定的单位；再申诉处理决定书还应同时送达作出申诉处理决定的单位。

处理决定书的送达，按照《申诉规定》第二十六条规定执行。

第二十九条 非因违反规定程序或者权限，被责令重新处理的，作出原人事处理的单位不得以同一事实和理由作出与原人事处理基本相同的处理。

第六章 执行和归档

第三十条 除维持原人事处理的申诉处理决定外，对发生效力的申诉处理决定，原人事处理的单位应当自执行期满30日内将执行情况以书面形式报作出申诉处理决定的受理单位备案。

第三十一条 原人事处理的单位无正当理由拒不执行申诉处理决定或者打击报复申诉人的，对其负有责任的领导人员和直接责任人员，受理单位应当按照有关规定给予组织处理或者纪律处分，涉嫌违法犯罪的，按照有关法律规定移送司法机关处理。

第三十二条 受理单位应当及时将处理的申诉、再申诉案件相关材料整理归档。归档材料主要包括：申请书、登记表、收件回执、原人事处理决定、复核决定、受理（不予受理）通知书、应诉通知书、答辩书、终结通知书、调查笔录、审议笔录、审理报告、处理决定书、决定执行情况等。

第七章 附 则

第三十三条 机关工勤人员申诉、再申诉案件的处理，参照本规则执行。

第三十四条 本规则自发布之日起施行。

事业单位领导人员管理规定

- 2015年5月28日中共中央批准
- 2015年5月28日中共中央办公厅发布
- 2022年1月14日中共中央修订
- 2022年1月14日中共中央办公厅发布

第一章 总 则

第一条 为了加强和改进事业单位领导人员管理，健全选拔任用机制和管理监督机制，建设一支德才兼备、忠诚干净担当的高素质专业化事业单位领导人员队伍，根据有关党内法规和法律，制定本规定。

第二条 本规定适用于省级以上党委和政府直属以及部门所属事业单位领导班子成员，省级以上人大常委会、政协、纪委监委、人民法院、人民检察院、群众团体机关所属事业单位领导班子成员。

有关党内法规和法律对事业单位领导人员管理另有规定的，从其规定。

事业单位内设机构负责人选拔任用工作按照本规定第二章、第三章有关条款执行。

第三条 事业单位领导人员的管理，应当适应事业单位公益性、服务性、专业性、技术性等特点，遵循领导人员成长规律，激发事业单位活力，推动公益事业高质量发展。工作中，坚持下列原则：

（一）党管干部、党管人才；

（二）德才兼备、以德为先，五湖四海、任人唯贤；

（三）事业为上、人岗相适、人事相宜；

（四）注重实干担当和工作实绩、群众公认；

（五）分级分类管理；

（六）民主集中制；

（七）依规依法办事。

第四条 党委（党组）及其组织（人事）部门按照干部管理权限履行事业单位领导人员管理职责，负责本规定的组织实施。

第二章 任职条件和资格

第五条 事业单位领导人员应当具备下列基本条件：

（一）思想政治素质好，理想信念坚定，自觉坚持以马克思列宁主义、毛泽东思想、邓小平理论、"三个代表"重要思想、科学发展观、习近平新时代中国特色社会主义思想为指导，坚决贯彻执行党的理论和路线方针政策，增强"四个意识"、坚定"四个自信"、做到"两个维护"，自觉在思想上政治上行动上同党中央保持高度一致。

（二）组织领导能力强，自觉贯彻执行民主集中制，善于科学管理、沟通协调、依法办事、推动落实，工作实绩突出。

（三）专业素养好，熟悉有关政策法规和行业发展情况，具有胜任岗位职责的专业知识和专业能力。

（四）创新意识强，勤于学习，勇于探索，敢于攻坚克难，有开拓进取、追求卓越的韧劲，能够切实推进技术、管理、制度等重要创新。

（五）事业心和责任感强，热爱公益事业；坚持以人民为中心的发展思想，求真务实、勤勉敬业、担当作为，忠实履行公共服务的政治责任和社会责任；有斗争精神和斗争本领；团结协作，群众威信高。

（六）正确行使职权，坚持原则，带头践行社会主义核心价值观，恪守职业道德，严于律己，清正廉洁。

不同行业事业单位领导人员基本条件应当适应本行业特点和要求。其中，宣传思想文化系统事业单位领导人员应当坚持政治家办报办刊办台办新媒体，有强烈的意识形态阵地意识；高等学校和中小学校领导人员应当认真贯彻党的教育方针，坚持社会主义办学方向，自觉落实立德树人根本任务；科研事业单位领导人员应当坚持高水平科技自立自强的方向，坚持面向世界科技前沿、面向经济主战场、面向国家重大需求、面向人民生命健康，尊重科研工作规律，弘扬科学家精神，自觉践行创新科技、服务国家、造福人民的价值理念；公立医院领导人员应当坚持为人民健康服务的方向，有适应医院高质量发展的先进管理理念和实践经验。

党员领导人员应当自觉履行党建工作"一岗双责"，专职从事党务工作的领导人员还应当熟悉党建工作，善于做思想政治工作。

正职领导人员应当带头提高政治判断力、政治领悟力、政治执行力，具有驾驭全局的能力，善于抓班子带队伍，民主作风好。

第六条 事业单位领导人员应当具备下列基本资格：

（一）一般应当具有大学本科以上文化程度。

（二）提任六级以上管理岗位领导职务的，一般应当具有5年以上工作经历。

（三）从管理岗位领导职务副职提任正职的，应当具有副职岗位2年以上任职经历；从下级正职提任上级副职的，应当具有下级正职岗位3年以上任职经历。

（四）主要以专业技术面向社会提供公益服务的事业单位领导班子行政正职、分管业务工作的副职一般应当具有从事本行业专业工作的经历。

（五）具有正常履行职责的身体条件。

（六）符合有关党内法规、法律法规和行业主管部门规定的其他任职资格要求。

第七条 事业单位内设机构负责人基本条件应当符合本规定第五条规定；基本资格应当符合本规定第六条第一、二、三、五、六项规定，其中，负责业务工作的内设机构负责人，还应当具有与本岗位相关的专业教育背景或者具有从事本行业专业工作的经历。

第八条 从专业技术岗位到管理岗位担任领导人员或者内设机构负责人的，其任职资格一般应当符合第六条第一、二、五、六项规定，并且具有相应的专业技术职务（岗位）任职经历。其中，直接提任领导人员的，还应当具有一定的管理工作经历。

第九条 特别优秀的，或者因国家重大战略、重大工程、重大项目、重点任务选拔高精尖缺人才担任领导人员以及内设机构负责人等工作特殊需要的，可以适当放宽任职资格。

放宽任职资格以及从专业技术岗位到管理岗位担任领导班子正职或者四级以上管理岗位领导职务的，应当从严掌握，并报上级组织（人事）部门同意。

第三章 选拔任用

第十条 党委（党组）及其组织（人事）部门按照干部管理权限，根据事业单位不同领导体制和领导班子建设实际，提出启动领导人员选拔任用工作意见。

事业单位领导班子配备和领导人员选拔任用，应当立足事业发展需要，加强通盘考虑、科学谋划，及时选优配强，优化年龄、专业、经历等结构，增强领导班子整体功能。

第十一条 事业单位领导人员选拔任用，必须严格按照核定或者批准的领导职数和岗位设置方案进行。

第十二条 选拔事业单位领导人员，一般采取单位内部推选、外部选派方式进行。根据行业特点和工作需要，可以采取竞争（聘）上岗、公开选拔（聘）、委托相关机构遴选等方式产生人选。

第十三条 选拔事业单位领导人员，应当经过民主推荐，合理确定参加民主推荐人员范围，规范谈话调研推荐和会议推荐方式方法。

第十四条 对事业单位领导职务拟任人选，必须依据选拔任用条件，结合行业特点和岗位要求，全面考察其德、能、勤、绩、廉，严把政治关、品行关、能力关、作风关、廉洁关。

第十五条　综合分析人选的考察考核、一贯表现和人岗相适等情况,全面历史辩证地作出评价,既重管理能力、专业素养和工作实绩,更重政治品质、道德品行、作风和廉政情况,防止简单以票或者以分取人。

第十六条　选拔任用事业单位领导人员,应当严格执行干部选拔任用工作任前事项报告制度,严格遵守党委(党组)讨论决定干部任免事项有关规定,按照干部管理权限由党委(党组)集体讨论作出任免决定,或者决定提出推荐、提名的意见。

第十七条　任用事业单位领导人员,区别不同情况实行选任制、委任制、聘任制。对行政领导人员,结合行业特点和单位实际,逐步加大聘任制推行力度。

实行聘任制的,聘任关系通过聘任通知、聘任书等形式确定,根据需要可以签订聘任合同,所聘职务及相关待遇在聘期内有效。

第十八条　提任三级以下管理岗位领导职务的,应当在一定范围内进行任职前公示,公示期不少于5个工作日。

第十九条　提任非选举产生的三级以下管理岗位领导职务的,实行任职试用期制度。试用期一般为1年。

第二十条　事业单位内设机构负责人选拔任用方式按照本规定第十二条、第十七条规定执行。主要以专业技术面向社会提供公益服务的事业单位,可以根据工作需要积极探索有效办法,搞活搞好内部用人制度。

根据干部管理权限和事业单位不同领导体制实际,实行党委领导下的行政领导人负责制的,由党委集体讨论作出任免决定;实行行政领导人负责制的,党政主要领导应当对人选等情况进行充分沟通,由党组织集体讨论作出任免决定,或者由党组织研究提出拟任人选、党政领导会议集体讨论,依规依法任免(聘任、解聘),根据工作需要,也可以由上级党组织统筹管理,按照规定程序讨论决定。

第二十一条　选拔任用工作具体程序和要求,参照《党政领导干部选拔任用工作条例》及有关规定,结合事业单位实际确定。

第四章　任期和任期目标责任

第二十二条　事业单位领导班子和领导人员一般应当实行任期制。

每个任期一般为3至5年。领导人员在同一岗位连续任职一般不超过10年,工作特殊需要的,按照干部管理权限经批准后可以适当延长任职年限。

第二十三条　事业单位领导班子和领导人员一般应当实行任期目标责任制。

任期目标的设定,应当符合立足新发展阶段、贯彻新发展理念、构建新发展格局、推动高质量发展的要求,体现不同行业、不同类型事业单位特点,注重打基础、利长远、求实效。

第二十四条　任期目标由事业单位领导班子集体研究确定,领导班子的任期目标一般应当报经主管机关(部门)批准或者备案。

制定任期目标时,应当充分听取单位职工代表大会或者职工代表的意见,注意体现服务对象的意见。

第五章　考核评价

第二十五条　事业单位领导班子和领导人员的考核,主要是年度考核和任期考核,根据工作实际开展平时考核、专项考核。考核评价以岗位职责、任期目标为依据,以日常管理为基础,注重政治素质、业绩导向和社会效益,突出党建工作实效。

积极推进分类考核,结合行业特点和事业单位实际,合理确定考核内容和指标,注意改进考核方法,提高质量和效率。

第二十六条　综合分析研判考核情况和日常了解掌握情况,客观公正地作出评价,形成考核评价意见,确定考核评价等次。

领导班子年度考核和任期考核的评价等次,分为优秀、良好、一般、较差;领导人员年度考核和任期考核的评价等次,分为优秀、合格、基本合格、不合格。

平时考核、专项考核的结果可以采用考核报告、评语、等次或者鉴定等形式确定。

第二十七条　考核评价结果应当以适当方式向领导班子和领导人员反馈,并作为领导班子建设和领导人员选拔任用、培养教育、管理监督、激励约束、问责追责等的重要依据。

第六章　交流、回避

第二十八条　完善事业单位领导人员交流制度。交流的重点对象一般是正职领导人员、专职从事党务工作、分管人财物的副职领导人员以及其他因工作需要交流的人员。

第二十九条　积极推进同行业或者相近行业事业单位之间领导人员交流,统筹推进事业单位与党政机关、国有企业、社会组织之间领导人员交流。

专业性强的领导人员交流,应当加强研判和统筹,注意发挥其专业特长。

第三十条 实行事业单位领导人员任职回避制度。有夫妻关系、直系血亲关系、三代以内旁系血亲关系以及近姻亲关系的，不得在同一事业单位领导班子任职，不得在同一单位担任双方直接隶属于同一领导人员的职务或者有直接上下级领导关系的职务，也不得在领导人员所在事业单位本级内设管理机构以及分管联系单位从事组织（人事）、纪检监察、审计、财务部门负责工作。

第三十一条 实行事业单位领导人员履职回避制度。事业单位领导人员在履行职责过程中，涉及本人及其近亲属利害关系或者其他可能影响公正履行职责情况的，本人应当回避。

第七章 职业发展和激励保障

第三十二条 完善事业单位领导人员培养教育制度，加强思想政治建设和能力培养，强化分行业培训，注重实践锻炼，提高思想政治素质、专业水平和管理工作能力。

第三十三条 统筹各类教育培训，充分利用党校（行政学院）、干部学院等机构资源，原则上每5年对事业单位领导人员培训全覆盖。

第三十四条 任期结束后未达到退休年龄界限的事业单位领导人员，适合继续从事专业工作的，鼓励和支持其后续职业发展；其他领导人员，根据本人实际和工作需要，作出适当安排。

第三十五条 完善事业单位领导人员收入分配制度，落实工资正常增长机制，根据事业单位类别和经费来源等，结合考核情况合理确定领导人员的绩效工资水平，使其收入与履职情况和单位长远发展相联系，与本单位职工的平均收入水平保持合理关系。

第三十六条 事业单位领导人员在本职工作中表现突出、有显著成绩和贡献的，在处理突发事件和承担专项重要工作中作出显著成绩和贡献的，或者有其他突出事迹的，按照有关规定给予表彰奖励。注意引导和促进领导人员在推动加快科技自立自强、服务保障民生等方面担当作为、履职尽责。

第三十七条 加强对事业单位领导人员的人文关怀，开展经常性谈心谈话，及时了解情况，听取意见建议，帮助解决实际困难。

按照有关规定做好容错纠错工作，宽容领导人员在改革创新中的失误，营造鼓励探索、支持创新的良好环境。

第八章 监督约束

第三十八条 党委（党组）及纪检监察机关、组织（人事）部门、行业主管部门按照管理权限和职责分工，履行对事业单位领导班子和领导人员的监督责任。

第三十九条 监督的重点内容是：践行"两个维护"，对党忠诚，贯彻落实党的理论和路线方针政策、党中央决策部署以及上级党组织决定情况；依法办事，执行民主集中制，履行职责，担当作为，行风建设，选人用人，国有资产管理，收入分配情况；落实全面从严治党主体责任和监督责任，职业操守，以身作则，遵守纪律，廉洁自律等情况。

第四十条 完善事业单位领导班子权力运行机制和领导人员特别是主要负责人监督制约机制，构建严密有效的监督体系。发挥党内监督带动作用，推动民主监督、行政监督、司法监督、审计监督、财会监督、群众监督、舆论监督等贯通协调、形成合力，强化领导班子内部监督，综合运用考察考核、述职述廉、民主生活会、谈心谈话、巡视巡察、提醒、函询、诫勉等措施，对领导班子和领导人员进行监督。

严格落实干部选拔任用工作"一报告两评议"、领导干部报告个人有关事项、规范干部兼职、因私出国（境）和配偶、子女及其配偶经商办企业，以及经济责任审计、问责等管理监督有关制度。

第四十一条 事业单位领导人员有违规违纪违法行为的，依规依纪依法给予处理、处分；构成犯罪的，依法追究刑事责任。

第九章 退 出

第四十二条 完善事业单位领导人员退出机制，促进领导人员能上能下、能进能出，增强队伍生机活力。

第四十三条 事业单位领导人员有下列情形之一，一般应当免去现职：

（一）达到任职年龄界限或者退休年龄界限的；

（二）年度考核、任期考核被确定为不合格的，或者连续2年年度考核被确定为基本合格的；

（三）解除聘任关系（聘任合同）或者聘任期满不再续聘的；

（四）受到责任追究应当免职的；

（五）不适宜担任现职应当免职的；

（六）因违规违纪违法应当免职的；

（七）因健康原因，无法正常履行工作职责1年以上的；

（八）因工作需要或者其他原因应当免去现职的。

第四十四条 实行事业单位领导人员辞职制度。辞职包括因公辞职、自愿辞职、引咎辞职和责令辞职。辞职程序和辞职后从业限制等，按照有关规定执行。

第四十五条 事业单位领导人员的退休，按照有关规定执行。事业单位正职领导人员特别优秀的，根据工作需要和本人履职情况，按照有关规定经批准可以延迟免职（退休）。

第四十六条 事业单位领导人员退出领导岗位从事专业工作的，由本单位党委（党组）研究并报上级组织（人事）部门同意，可以不再按照领导人员管理。

第四十七条 事业单位领导人员退出领导岗位后，应当继续履行保密责任，严格执行保密规定，落实脱密期管理相关要求。

第十章 附 则

第四十八条 中央组织部可以会同有关行业主管部门根据本规定，制定完善有关行业事业单位领导人员管理具体办法。

第四十九条 市（地、州、盟）级以下党委和政府直属以及部门所属事业单位和人大常委会、政协、纪委监委、人民法院、人民检察院、群众团体机关所属事业单位领导人员的管理，由各省、自治区、直辖市党委参照本规定制定或者完善具体办法。

第五十条 本规定由中央组织部负责解释。

第五十一条 本规定自发布之日起施行。

事业单位工作人员奖励规定

·2018年12月18日
·人社部规〔2018〕4号

第一章 总 则

第一条 为深入贯彻习近平新时代中国特色社会主义思想和党的十九大精神，贯彻落实新时代党的组织路线，建立导向鲜明、科学规范、有效管用的事业单位工作人员奖励制度，激励广大事业单位工作人员担当作为、干事创业，根据《事业单位人事管理条例》等法律法规，制定本规定。

第二条 事业单位工作人员、事业单位工作人员集体（以下简称事业单位工作人员和集体）在完成本职工作和履行社会责任中表现突出、有显著成绩和贡献的，依据本规定给予奖励。

依据有关法律法规和政策对事业单位工作人员和集体开展的其他奖励按照有关规定执行。

事业单位工作人员集体是指事业单位法人组织、内设机构、派出机构或者为完成专项任务组成的工作团队。

第三条 事业单位工作人员奖励工作，应当服务经济社会发展，符合事业单位特点，体现时代性、导向性、实效性，丰富奖励形式，发挥奖励的正向激励作用。主要遵循以下原则：

（一）坚持党管干部、党管人才；
（二）坚持德才兼备、以德为先；
（三）坚持事业为上、突出业绩贡献；
（四）坚持公开公平公正、严格标准程序；
（五）坚持精神奖励与物质奖励相结合、以精神奖励为主；
（六）坚持定期奖励与及时奖励相结合、以定期奖励为主。

第四条 事业单位人事综合管理部门，事业单位、主管机关（部门）和有关行业主管部门的党委（党组）及其组织（人事）部门，根据本规定，分级分类负责奖励工作的组织实施。

第二章 奖励的条件和种类

第五条 事业单位工作人员和集体必须坚持和加强党的全面领导，坚决维护习近平总书记的核心地位，坚决维护党中央权威和集中统一领导。有下列情形之一的，可以给予奖励：

（一）在贯彻执行党的理论和路线方针政策，加强事业单位党建工作，履行公共服务的政治责任等方面，表现突出、成绩显著的；
（二）在执行党和国家重大战略部署、重要任务、承担重要专项工作、维护公共利益、防止或者消除重大事故、抢险救灾减灾等方面，表现突出、成绩显著的；
（三）热爱公共服务事业，在推进教育、科技、文化、医疗卫生、体育、农业等领域改革发展方面，表现突出、成绩显著的；
（四）长期服务基层，在为民服务、爱岗敬业、担当奉献等方面，表现突出、成绩显著的；
（五）工作中有发明创造、技术创新、成果转化等，经济效益或者社会效益显著的；
（六）在维护国家安全和社会稳定、增进民族团结、同违纪违法行为作斗争等方面，有突出事迹和功绩的；
（七）在对外交流与合作、重大赛事和活动中为国家争得荣誉和利益，表现突出、成绩显著的；
（八）有其他突出成绩和贡献需要给予奖励的。

第六条 对事业单位工作人员和集体可以嘉奖、记功、记大功、授予称号。

（一）对表现突出、作出较大贡献，在本单位发挥模范带头作用的，给予嘉奖；

(二)对取得突破性成就、作出重大贡献,在本地区本行业本领域产生较大影响的,记功;

(三)对取得重大突破性成就、作出杰出贡献,在本地区本行业本领域产生重大影响的,记大功;

(四)对功绩卓著的,授予称号。

授予称号以及荣誉称号,按照《中国共产党党内功勋荣誉表彰条例》《国家功勋荣誉表彰条例》等有关规定执行。

第三章 奖励的权限

第七条 给予党中央、国务院直属事业单位工作人员和集体的嘉奖、记功、记大功,由本单位按照干部人事管理权限作出。

给予中央各部门所属事业单位工作人员和集体的嘉奖、记功、记大功,由本单位或者主管部门按照干部人事管理权限作出。

其中,记大功奖励方案,应当事先征得中央事业单位人事综合管理部门同意,并在作出记大功奖励决定后1个月内备案。

第八条 给予省(自治区、直辖市)级以下事业单位工作人员和集体奖励,按照下列权限进行:

(一)嘉奖。省(自治区、直辖市)级、市(地、州、盟)级事业单位由本单位或者主管机关(部门)按照干部人事管理权限作出,县(市、区、旗)级以下事业单位报县(市、区、旗)级事业单位人事综合管理部门批准并作出。

(二)记功。省(自治区、直辖市)级事业单位由本单位或者主管机关(部门)按照干部人事管理权限作出,市(地、州、盟)级以下事业单位报市(地、州、盟)级事业单位人事综合管理部门批准并作出。

(三)记大功。报省(自治区、直辖市)级事业单位人事综合管理部门批准并作出。

上述由事业单位或者主管机关(部门)作出的奖励决定,应当在1个月内向同级事业单位人事综合管理部门备案。

第九条 省(自治区、直辖市)级以上事业单位人事综合管理部门可以会同相关行业主管部门开展奖励。市(地、州、盟)级以上事业单位人事综合管理部门可以跨层级对下级事业单位工作人员和集体作出嘉奖、记功奖励决定。

第四章 定期奖励

第十条 根据工作需要和队伍建设实际开展定期奖励,一般以年度或者聘(任)期为周期,以年度考核、聘(任)期考核结果为主要依据。奖励具体时间由奖励决定单位根据行业实际、工作特点等确定,可以结合年度考核、聘(任)期考核等工作进行。

第十一条 定期奖励的比例(名额),由奖励决定单位结合事业单位数量、人员规模、职责任务、工作绩效等因素统筹确定。给予工作人员嘉奖、记功,一般分别不超过工作人员总数的20%、2%,事业单位整体表现突出的,其工作人员嘉奖比例一般不超过25%。

定期奖励的比例(名额)应当向基层和艰苦边远地区事业单位倾斜,向一线工作人员倾斜。县(市、区、旗)级以下事业单位的奖励比例(名额)可以根据实际在本县(市、区、旗)范围内统筹使用。

第十二条 定期奖励工作一般按照下列程序进行:

(一)有关机关(部门)或者事业单位依据奖励权限制定奖励工作方案,明确奖励范围、条件、种类、比例(名额)、程序和纪律要求等,并予以公布。

(二)主管机关(部门)或者事业单位提出奖励建议名单,逐级上报。

(三)奖励决定单位审批。根据需要组织评选或者听取业内专家、服务对象等有关方面意见;对拟奖励名单,应当听取纪检监察机关的意见,涉及领导人员的,应当按照干部管理权限事先征得组织人事部门同意。

(四)在奖励决定单位管辖范围内对拟奖励名单进行公示,公示期不少于5个工作日。因涉及国家秘密不宜公开的,可以不予公示。

(五)作出奖励决定并予以公布。因涉及国家秘密不宜公开的,可以不向社会公布。

第五章 及时奖励

第十三条 对在应对重大突发事件、完成重大专项工作等方面,作出显著成绩和贡献的事业单位工作人员和集体,应当及时给予奖励。

第十四条 加大及时奖励力度,及时奖励的比例(名额)由奖励决定单位依据奖励权限,结合实际确定。

第十五条 及时奖励一般由主管机关(部门)或者事业单位制定奖励方案,提出拟奖励名单,参照本规定第十二条相关程序,依据奖励权限作出奖励决定。

及时奖励情况可以作为定期奖励的重要参考。

第六章 奖励的实施

第十六条 对获得嘉奖、记功、记大功的事业单位工作人员和集体,由奖励决定单位颁发奖励证书;获得记功、记大功的,同时对个人颁发奖章,对集体颁发奖牌。

奖励证书、奖章和奖牌，按照中央事业单位人事综合管理部门规定的式样、规格、质地，由省（自治区、直辖市）级以上事业单位人事综合管理部门统一制作或者监制。奖励相关审批材料分别存入本人干部人事档案、单位文书档案。

第十七条 对获得嘉奖、记功、记大功的事业单位工作人员给予一次性奖金。

获奖人员所在地区或者单位经批准可以追加其他物质奖励。

经批准的奖励所需经费，通过相关单位现有经费渠道解决，不计入工作人员所在单位绩效工资总额。

第十八条 对事业单位工作人员集体进行奖励的，可以同时对该集体中作出突出贡献的个人进行奖励。

对符合奖励条件的已故人员，可以追授奖励。

第十九条 对获得奖励的事业单位工作人员和集体，可以结合实际以内部通报表扬、评优评先等形式进行褒奖，并在工作上、生活上给予关心关怀，激励其珍惜和保持荣誉，发挥先进典型示范引领作用。

第七章 奖励的监督

第二十条 有下列情形之一的，不得给予奖励；已经作出奖励决定的，由奖励决定单位按程序撤销奖励，并注销和收回获奖个人或者集体的奖励证书、奖章、奖牌，撤销其获得的待遇，追缴所获奖金等物质奖励。

（一）政治品质、廉洁自律存在问题，或者道德品行、遵规守纪等方面存在问题、造成严重不良影响的。

（二）申报奖励时隐瞒严重错误或者弄虚作假骗取奖励的。

（三）严重违反规定的奖励权限或者程序的。

（四）法律法规规定应当撤销奖励的。

撤销奖励，应当予以公布。因涉及国家秘密不宜公开的，可以不向社会公布。相关材料分别存入本人干部人事档案、单位文书档案。

第二十一条 县（市、区、旗）级以上事业单位人事综合管理部门、事业单位或者主管机关（部门）应当及时受理对奖励工作的投诉、举报，并按照国家有关规定调查处理。

事业单位工作人员和集体对撤销奖励决定不服的，可以申请复核、提出申诉。

第二十二条 奖励工作应当严格遵守政治纪律和政治规矩、组织人事纪律、工作纪律、财经纪律、廉洁纪律、保守国家秘密和工作秘密。有下列情形之一的，县（市、区、旗）级以上事业单位人事综合管理部门或者机关（部门）应当责令限期改正；逾期不改正或者构成违纪的，按照有关规定给予组织处理或者纪律处分；涉嫌违法犯罪的，按照国家有关法律规定处理。

（一）不按照规定的奖励范围、条件、种类、权限、比例（名额）、程序等开展奖励的。

（二）徇私舞弊、弄虚作假的。

（三）泄露国家秘密，或者泄露工作秘密造成不良后果的。

（四）因奖励工作失误导致奖励结果显失公平，造成不良后果的。

（五）按照有关规定应当回避而没有回避的。

（六）有其他违反本规定行为的。

第八章 附 则

第二十三条 机关工勤人员、机关工勤人员集体的奖励，参照本规定执行。

第二十四条 省、自治区、直辖市事业单位人事综合管理部门可以依据本规定，结合实际制定实施细则。

第二十五条 本规定由中共中央组织部、人力资源社会保障部负责解释。

第二十六条 本规定自发布之日起施行。

附件：1.事业单位工作人员奖励审批表（略）
2.事业单位工作人员集体奖励审批表（略）
3.事业单位奖励证书、奖章、奖牌式样（略）

事业单位工作人员考核规定

·2023年1月12日
·人社部发〔2023〕6号

第一章 总 则

第一条 为了准确评价事业单位工作人员的德才表现和工作实绩，规范事业单位工作人员考核工作，推动建设堪当民族复兴重任、忠诚干净担当的高素质专业化事业单位工作人员队伍，把新时代好干部标准落到实处，根据《事业单位人事管理条例》和有关法律法规，制定本规定。

第二条 事业单位工作人员考核，是指事业单位或者主管机关（部门）按照干部人事管理权限及规定的标准和程序，对事业单位工作人员的政治素质、履职能力、工作实绩、作风表现等进行的了解、核实和评价。

对事业单位领导人员的考核，按照有关规定执行。

第三条 事业单位工作人员考核工作，坚持以习近平新时代中国特色社会主义思想为指导，贯彻新时代党的组织路线和干部工作方针政策，着眼于充分调动事业单位工作人员积极性主动性创造性、促进新时代公益事业高质量发展，坚持尊重劳动、尊重知识、尊重人才、尊重创造，全面准确评价事业单位工作人员，鲜明树立新时代选人用人导向，推动形成能者上、优者奖、庸者下、劣者汰的良好局面。工作中，应当坚持下列原则：

（一）党管干部、党管人才；
（二）德才兼备、以德为先；
（三）事业为上、公道正派；
（四）注重实绩、群众公认；
（五）分级分类、简便有效；
（六）考用结合、奖惩分明。

第四条 事业单位工作人员考核的方式主要是年度考核和聘期考核，根据工作实际开展平时考核、专项考核。

第二章 考核内容

第五条 对事业单位工作人员的考核，以岗位职责和所承担的工作任务为基本依据，全面考核德、能、勤、绩、廉，突出对德和绩的考核。

（一）德。坚持将政治标准放在首位，全面考核政治品质和道德品行，重点了解学习贯彻习近平新时代中国特色社会主义思想，坚定拥护"两个确立"、增强"四个意识"、坚定"四个自信"、做到"两个维护"，坚定理想信念，坚守初心使命，忠于宪法、忠于国家、忠于人民的情况；做到坚持原则、敢于斗争、善于斗争的情况；模范践行社会主义核心价值观，胸怀祖国、服务人民，恪守职业道德，遵守社会公德、家庭美德和个人品德等情况。

（二）能。全面考核适应新时代要求履行岗位职责的政治能力、工作能力、专业素养和技术技能水平，重点了解政治判断力、政治领悟力、政治执行力和学习调研能力、依法办事能力、群众工作能力、沟通协调能力、贯彻执行能力、改革创新能力、应急处突能力等情况。

（三）勤。全面考核精神状态和工作作风，重点了解爱岗敬业、勤勉尽责、担当作为、锐意进取、勇于创造、甘于奉献等情况。

（四）绩。全面考核践行以人民为中心的发展思想，依法依规履行岗位职责、承担急难险重任务、为群众职工办实事等情况，重点了解完成工作的数量、质量、时效、成本，产生的社会效益和经济效益，服务对象满意度等情况。

（五）廉。全面考核廉洁从业情况，重点了解落实中央八项规定及其实施细则精神，执行本系统、本行业、本单位行风建设相关规章制度，遵规守纪、廉洁自律等情况。

第六条 对事业单位工作人员实行分级分类考核，考核内容应当细化明确考核要素和具体指标，体现不同行业、不同类型、不同层次、不同岗位工作人员的特点和具体要求，增强针对性、有效性。

第七条 对面向社会提供公益服务的事业单位工作人员的考核，突出公益服务职责，加强服务质量、行为规范、技术技能、行风建设等考核。宣传思想文化、教育、科技、卫生健康等重点行业领域事业单位要按照分类推进人才评价机制改革有关要求，分别确定工作人员考核内容的核心要素，合理设置指标权重，实行以行业属性为基础的差别化考核。

对主要为机关提供支持保障的事业单位工作人员的考核，突出履行支持保障职责情况考核。根据实际情况，可以与主管机关（部门）工作人员考核统筹。

第八条 对事业单位专业技术人员的考核，应当结合专业技术工作特点，以创新价值、能力、贡献为导向，注重公共服务意识、专业理论知识、专业能力水平、创新服务及成果等。

对事业单位管理人员的考核，应当结合管理工作特点，注重管理水平、组织协调能力、工作规范性、廉政勤政情况等。

对事业单位工勤技能人员的考核，应当结合工勤技能工作特点，注重技能水平、服务态度、质量、效率等。

第三章 年度考核

第九条 年度考核是以年度为周期对事业单位工作人员总体表现所进行的综合性考核，一般每年年末或者次年年初进行。

第十条 年度考核的结果一般分为优秀、合格、基本合格和不合格四个档次。

第十一条 年度考核确定为优秀档次应当具备下列条件：

（一）思想政治素质高，理想信念坚定，贯彻落实党中央决策部署坚决有力，模范遵守法律法规，恪守职业道德，具有良好社会公德、家庭美德和个人品德；

（二）履行岗位职责能力强，精通本职业务，与岗位要求相应的专业技术技能或者管理水平高；

（三）公共服务意识和工作责任心强，勤勉敬业奉献，改革创新意识强，工作作风好；

（四）全面履行岗位职责，高质量地完成各项工作任务，工作实绩突出，对社会或者单位有贡献，服务对象满意度高；

（五）廉洁从业且在遵守廉洁纪律方面具有模范带头作用。

第十二条 年度考核确定为合格档次应当具备下列条件：

（一）思想政治素质较高，能够贯彻落实党中央决策部署，自觉遵守法律法规和职业道德，具有较好社会公德、家庭美德和个人品德；

（二）履行岗位职责能力较强，熟悉本职业务，与岗位要求相应的专业技术技能或者管理水平较高；

（三）公共服务意识和工作责任心较强，工作认真负责，工作作风较好；

（四）能够履行岗位职责，较好地完成工作任务，服务对象满意度较高；

（五）廉洁从业。

第十三条 事业单位工作人员有下列情形之一的，年度考核应当确定为基本合格档次：

（一）思想政治素质一般，在贯彻落实党中央决策部署以及遵守职业道德、社会公德、家庭美德、个人品德等方面存在明显不足；

（二）履行岗位职责能力较弱，与岗位要求相应的专业技术技能或者管理水平较低；

（三）公共服务意识和工作责任心一般，工作纪律性不强，工作消极，或者工作作风方面存在明显不足；

（四）能够基本履行岗位职责、完成工作任务，但完成工作的数量不足、质量和效率不高，或者在工作中有一定的失误，或者服务对象满意度较低；

（五）能够基本做到廉洁从业，但某些方面存在不足。

第十四条 事业单位工作人员有下列情形之一的，年度考核应当确定为不合格档次：

（一）思想政治素质较差，在贯彻落实党中央决策部署以及职业道德、社会公德、家庭美德、个人品德等方面存在严重问题；

（二）业务素质和工作能力不能适应岗位要求；

（三）公共服务意识和工作责任心缺失，工作不担当、不作为，或者工作作风差；

（四）不履行岗位职责，未能完成工作任务，或者在工作中因严重失职失误造成重大损失或者恶劣社会影响；

（五）在廉洁从业方面存在问题，且情形较为严重。

第十五条 事业单位工作人员年度考核优秀档次人数，一般不超过本单位应参加年度考核的工作人员总人数的20%。优秀档次名额应当向一线岗位、艰苦岗位以及获得表彰奖励的人员倾斜。

事业单位在相应考核年度内有下列情形之一的，经主管机关（部门）或者同级事业单位人事综合管理部门审核同意，工作人员年度考核优秀档次的比例可以适当提高，一般掌握在25%：

（一）单位获得集体记功以上奖励的；

（二）单位取得重大工作创新或者作出突出贡献，取得有关机关（部门）认定的；

（三）单位绩效考核获得优秀档次的。

对单位绩效考核为不合格档次的，以及问题较多、被问责的事业单位，主管机关（部门）或者同级事业单位人事综合管理部门应当降低其年度考核优秀档次比例，一般不超过15%。

第十六条 对事业单位工作人员开展年度考核，可以成立考核委员会或者考核工作领导小组，负责考核工作的组织实施，相应的组织人事部门承担具体工作。考核委员会或者考核工作领导小组由本单位成立的，一般由单位主要负责人担任主任（组长），成员由单位其他领导人员、组织人事部门和纪检监察机构有关人员、职工代表等组成；由主管机关（部门）成立的，一般由主管机关（部门）组织人事部门负责人担任主任（组长），成员由主管机关（部门）组织人事部门有关人员以及事业单位有关领导人员、从事组织人事和纪检监察工作的有关人员、职工代表等组成。

第十七条 年度考核一般按照下列程序进行：

（一）制定方案。考核委员会或者考核工作领导小组制定事业单位年度考核工作方案，通过职工代表大会或者其他形式听取工作人员意见后，面向全单位发布。

（二）总结述职。事业单位工作人员按照岗位职责任务、考核内容以及有关要求进行总结，填写年度考核表，必要时可以在一定范围内述职。

（三）测评、核实与评价。考核委员会或者考核工作领导小组可以采取民主测评、绩效评价、听取主管领导意见以及单位内部评议、服务对象满意度调查、第三方评价等符合岗位特点的方法，对考核对象进行综合评价，提出考核档次建议。

（四）确定档次。事业单位领导班子或者主管机关（部门）组织人事部门集体研究审定考核档次。拟确定为优秀档次的须在本单位范围进行公示，公示期一般不少于5个工作日。考核结果以书面形式告知被考核人员，由本人签署意见。

第四章 聘期考核

第十八条 聘期考核是对事业单位工作人员在一个完整聘期内总体表现所进行的全方位考核,以聘用(任)合同为依据,以聘期内年度考核结果为基础,一般在聘用(任)合同期满前一个月内完成。

聘期考核侧重考核聘期任务目标完成情况。

第十九条 聘期考核的结果一般分为合格和不合格等档次。

第二十条 事业单位工作人员完成聘期目标任务,且聘期内年度考核均在合格及以上档次的,聘期考核应当确定为合格档次。

第二十一条 事业单位工作人员无正当理由,未完成聘期目标任务的,聘期考核应当确定为不合格档次。

第二十二条 事业单位工作人员聘期考核一般应当按照总结述职、测评、核实与评价、实绩分析、确定档次等程序进行,结合实际也可以与年度考核统筹进行。

第五章 平时考核和专项考核

第二十三条 平时考核是对事业单位工作人员日常工作和一贯表现所进行的经常性考核。

第二十四条 对事业单位工作人员开展平时考核,主要结合日常管理工作进行,根据行业和单位特点,可以采取工作检查、考勤记录、谈心谈话、听取意见等方法,具体操作办法由事业单位结合实际确定。

事业单位可以根据自身实际,探索建立平时考核记录,形成考核结果。平时考核结果可以采用考核报告、评语、档次或者鉴定等形式确定。

第二十五条 专项考核是对事业单位工作人员在完成重要专项工作、承担急难险重任务、应对和处置突发事件中的工作态度、担当精神、作用发挥、实际成效等情况所进行的针对性考核。

根据平时掌握情况,对表现突出或者问题反映较多的工作人员,可以进行专项考核。

第二十六条 对事业单位工作人员开展专项考核,可以按照了解核实、综合研判、结果反馈等程序进行,或者结合推进专项工作灵活安排。

专项考核结果可以采用考核报告、评语、档次或者鉴定等形式确定。

第六章 考核结果运用

第二十七条 坚持考用结合,将考核结果与选拔任用、培养教育、管理监督、激励约束、问责追责等结合起来,作为事业单位工作人员调整岗位、职务、职员等级、工资和评定职称、奖励,以及变更、续订、解除、终止聘用(任)合同等的依据。

第二十八条 事业单位工作人员年度考核被确定为合格以上档次的,按照下列规定办理:

(一)增加一级薪级工资;

(二)按照有关规定发放绩效工资;

(三)本考核年度计算为现聘岗位(职员)等级的任职年限。

其中,年度考核被确定为优秀档次的,在绩效工资分配时,同等条件下应当予以倾斜;在岗位晋升、职称评聘时,同等条件下应当予以优先考虑。

第二十九条 事业单位工作人员年度考核被确定为基本合格档次的,按照下列规定办理:

(一)责令作出书面检查,限期改进;

(二)不得增加薪级工资;

(三)相应核减绩效工资;

(四)本考核年度不计算为现聘岗位(职员)等级的任职年限,下一考核年度内不得晋升岗位(职员)等级;

(五)连续两年被确定为基本合格档次的,予以组织调整或者组织处理。

第三十条 事业单位工作人员年度考核被确定为不合格档次的,按照下列规定办理:

(一)不得增加薪级工资;

(二)相应核减绩效工资;

(三)向低一级岗位(职员)等级调整;

(四)本考核年度不计算为现聘岗位(职员)等级的任职年限;

(五)被确定为不合格档次且不同意调整工作岗位,或者连续两年被确定为不合格档次的,可以按规定解除聘用(任)合同。

其中,受处理、处分时已按规定降低岗位(职员)等级且当年年度考核被确定为不合格档次的,为避免重复处罚,不再向低一级岗位(职员)等级调整。

第三十一条 事业单位工作人员年度考核不确定档次的,按照下列规定办理:

(一)不得增加薪级工资;

(二)相应核减绩效工资;

(三)本考核年度不计算为现聘岗位(职员)等级的任职年限,连续两年不确定档次的,视情况调整工作岗位。

第三十二条 事业单位工作人员聘期考核被确定为合格档次且所聘岗位存续的,经本人、单位协商一致,可以续订聘用(任)合同。

聘期考核被确定为不合格档次的,合同期满一般不再续聘;特殊情况确需续订聘用(任)合同的,应当报经主管机关(部门)审核同意。

第三十三条 事业单位工作人员考核形成的结论性材料,应当存入本人干部人事档案。

第三十四条 平时考核、专项考核结果作为年度考核、聘期考核的重要参考。

运用平时考核、专项考核结果,有针对性地加强激励约束、培养教育,鼓励先进、鞭策落后。

第三十五条 考核中发现事业单位工作人员存在问题的,根据问题性质和情节轻重,依规依纪依法给予处理、处分;对涉嫌犯罪的,依法追究刑事责任。

第三十六条 事业单位工作人员对考核确定为基本合格或者不合格档次不服的,可以按照有关规定申请复核、提出申诉。

第七章 相关事宜

第三十七条 对初次就业的事业单位工作人员,在本单位工作不满考核年度半年的(含试用期),参加年度考核,只写评语,不确定档次。

对非初次就业的工作人员,当年在其他单位工作时间与本单位工作时间合并计算,不满考核年度半年的(含试用期),参加年度考核,只写评语,不确定档次;满考核年度半年的(含试用期),由其现所在事业单位进行年度考核并确定档次,原工作单位提供有关情况。

前款所称其他单位工作时间,可以根据干部人事档案有关记载、劳动合同、社会保险缴费证明等综合认定。

第三十八条 对事业单位外派的工作人员进行年度考核,按照下列规定办理:

(一)挂职、援派、驻外的工作人员,在外派期间一般由工作时间超过考核年度半年的单位进行考核并以适当的方式听取派出单位或者接收单位的意见。

(二)单位派出学习培训、执行任务的工作人员,经批准以兼职创新、在职创办企业或者选派到企业工作、参与项目合作等方式进行创新创业的专业技术人员,由人事关系所在单位进行考核,主要根据学习培训、执行任务、创新创业的表现确定档次,由相关单位提供外表现情况。

第三十九条 对同时在事业单位管理岗位和专业技术岗位两类岗位任职人员的考核,应当以两类岗位的职责任务为依据,实行双岗双考核。

第四十条 对高校、科研院所等事业单位的科研人员,立足其工作特点,探索完善考核方法,合理确定考核周期和频次,促进科研人员潜心研究、创造科研成果。

第四十一条 病假、事假、非单位派出外出学习培训累计超过考核年度半年的事业单位工作人员,参加年度考核,不确定档次。

女职工按规定休产假超过考核年度半年的,参加年度考核,确定档次。

第四十二条 事业单位工作人员涉嫌违纪违法被立案审查调查尚未结案的,参加年度考核,不写评语,不确定档次。结案后未受处分或者给予警告处分的,按规定补定档次。

第四十三条 受党纪政务处分或者组织处理、诫勉的事业单位工作人员参加年度考核,按照有关规定办理。

同时受党纪政务处分和组织处理的,按照对其年度考核结果影响较重的处理、处分确定年度考核结果。

第四十四条 对无正当理由不参加考核的事业单位工作人员,经教育后仍拒绝参加的,直接确定其考核档次为不合格。

第四十五条 事业单位或者主管机关(部门)应当加强考核工作统筹,优化工作流程,注意运用互联网技术和信息化手段,简便高效开展考核工作,提高考核质量和效率。

第四十六条 各级事业单位人事综合管理部门和主管机关(部门),应当加强对事业单位工作人员考核工作的指导监督。

对在考核过程中有徇私舞弊、打击报复、弄虚作假等行为的,按照有关规定予以严肃处理。

第八章 附 则

第四十七条 机关工勤人员的考核,参照本规定执行。

第四十八条 各地区各部门可以根据本规定,结合实际制定事业单位工作人员考核具体办法或者细则。

第四十九条 本规定由中共中央组织部、人力资源社会保障部负责解释。

第五十条 本规定自发布之日起施行。

事业单位岗位设置管理试行办法

·2006年7月4日

第一章 总 则

第一条 为深化事业单位人事制度改革,建立健全事业单位岗位设置管理制度,实现事业单位人事管理的科学化、规范化、制度化,制定本办法。

第二条 本办法适用于为了社会公益目的,由国家机关举办或其他组织利用国有资产举办的事业单位。经批准参照公务员法进行管理的事业单位除外。

岗位设置管理中涉及事业单位领导人员的，按照干部人事管理权限的有关规定执行。

第三条 本办法所称岗位是指事业单位根据其社会功能、职责任务和工作需要设置的工作岗位，应具有明确的岗位名称、职责任务、工作标准和任职条件。

第四条 事业单位要按照科学合理、精简效能的原则进行岗位设置，坚持按需设岗、竞聘上岗、按岗聘用、合同管理。

第五条 国家对事业单位岗位设置实行宏观调控，分类指导，分级管理。

国家确定事业单位通用的岗位类别和等级，根据事业单位的功能、规格、规模以及隶属关系等情况，对岗位实行总量、结构比例和最高等级控制。

第六条 政府人事行政部门是事业单位岗位设置管理的综合管理部门，负责事业单位岗位设置的政策指导、宏观调控和监督管理。事业单位主管部门负责所属事业单位岗位设置的工作指导、组织实施和监督管理。

人事部会同有关行业主管部门制定有关行业事业单位岗位设置管理的指导意见。

第七条 事业单位根据岗位设置的政策规定，按照核准的岗位总量、结构比例和最高等级，自主设置本单位的具体工作岗位。

第二章 岗位类别

第八条 事业单位岗位分为管理岗位、专业技术岗位和工勤技能岗位三种类别。

第九条 管理岗位指担负领导职责或管理任务的工作岗位。管理岗位的设置要适应增强单位运转效能、提高工作效率、提升管理水平的需要。

第十条 专业技术岗位指从事专业技术工作，具有相应专业技术水平和能力要求的工作岗位。专业技术岗位的设置要符合专业技术工作的规律和特点，适应发展社会公益事业与提高专业水平的需要。

第十一条 工勤技能岗位指承担技能操作和维护、后勤保障、服务等职责的工作岗位。工勤技能岗位的设置要适应提高操作维护技能、提升服务水平的要求，满足单位业务工作的实际需要。

鼓励事业单位后勤服务社会化，已经实现社会化服务的一般性劳务工作，不再设置相应的工勤技能岗位。

第十二条 根据事业发展和工作需要，经批准，事业单位可设置特设岗位，主要用于聘用急需的高层次人才等特殊需要。

第三章 岗位等级

第十三条 根据岗位性质、职责任务和任职条件，对事业单位管理岗位、专业技术岗位、工勤技能岗位分别划分通用的岗位等级。

第十四条 管理岗位分为10个等级，即一至十级职员岗位。

第十五条 专业技术岗位分为13个等级，包括高级岗位、中级岗位和初级岗位。高级岗位分7个等级，即一至七级；中级岗位分3个等级，即八至十级；初级岗位分3个等级，即十一至十三级。

第十六条 工勤技能岗位包括技术工岗位和普通工岗位，其中技术工岗位分为5个等级，即一至五级。普通工岗位不分等级。

第十七条 特设岗位的等级根据实际需要，按照规定的程序和管理权限确定。

第四章 岗位结构比例及等级确定

第十八条 根据不同类型事业单位的职责任务、工作性质和人员结构特点，实行不同的岗位类别结构比例控制。

第十九条 对事业单位管理岗位、专业技术岗位、工勤技能岗位实行最高等级控制和结构比例控制。

第二十条 管理岗位的最高等级和结构比例根据单位的规格、规模、隶属关系，按照干部人事管理有关规定和权限确定。

第二十一条 专业技术岗位的最高等级和结构比例（包括高级、中级、初级之间的结构比例以及高级、中级、初级内部各等级之间的比例）按照单位的功能、规格、隶属关系和专业技术水平等因素综合确定。

第二十二条 工勤技能岗位的最高等级和结构比例按照岗位等级规范、技能水平和工作需要确定。

第二十三条 特设岗位的设置须经主管部门审核后，按程序报地区或设区的市以上政府人事行政部门核准。

第五章 岗位设置程序及权限

第二十四条 事业单位设置岗位按照以下程序进行：

（一）制定岗位设置方案，填写岗位设置审核表；

（二）按程序报主管部门审核、政府人事行政部门核准；

（三）在核准的岗位总量、结构比例和最高等级限额内，制定岗位设置实施方案；

（四）广泛听取职工对岗位设置实施方案的意见；

（五）岗位设置实施方案由单位负责人员集体讨论通过；

（六）组织实施。

第二十五条 国务院直属事业单位的岗位设置方案报人事部核准。国务院各部门所属事业单位的岗位设置方案经主管部门审核后，报人事部备案。

各省、自治区、直辖市政府直属事业单位的岗位设置方案报本地区人事厅(局)核准。各省、自治区、直辖市政府部门所属事业单位的岗位设置方案经主管部门审核后，报本地区人事厅(局)核准。

地(市)、县(市)政府所属事业单位的岗位设置方案经主管部门审核后，按程序报地区或设区的市政府人事行政部门核准。

第二十六条 事业单位的岗位总量、结构比例和最高等级应保持相对稳定。

第二十七条 有下列情形之一的，岗位设置方案可按照第二十五条的权限申请变更：

（一）事业单位出现分立、合并，须对本单位的岗位进行重新设置的；

（二）根据上级或同级机构编制部门的正式文件，增减机构编制的；

（三）按照业务发展和实际情况，为完成工作任务确需变更岗位设置的。

第六章　岗位聘用

第二十八条 事业单位聘用人员，应在岗位有空缺的条件下，按照公开招聘、竞聘上岗的有关规定择优聘用。

第二十九条 事业单位应当与聘用人员签订聘用合同，确定相应的工资待遇。聘用合同期限内调整岗位的，应对聘用合同的相关内容作出相应变更。

第三十条 事业单位应按照管理岗位、专业技术岗位、工勤技能岗位的职责任务和任职条件聘用人员。

第三十一条 专业技术高级、中级和初级岗位的聘用条件应不低于国家规定的基本条件。实行职业资格准入控制的，应符合准入控制的要求。

第三十二条 事业单位人员原则上不得同时在两类岗位上任职，因行业特点确需兼任的，须按人事管理权限审批。

第三十三条 专业技术一级岗位人员的聘用，由事业单位按照行政隶属关系逐级上报，经省、自治区、直辖市或国务院部门审核后报人事部，人事部商有关部门确定。

第七章　监督管理

第三十四条 政府人事行政部门要制定和完善相关政策措施，加强对事业单位岗位设置的指导、监督和管理，定期检查，及时纠正违规行为，确保岗位设置工作有序进行。

第三十五条 事业单位岗位设置实行核准制度，严格按照规定的程序和管理权限进行审核。

第三十六条 经核准的岗位设置方案作为聘用人员、确定岗位等级、调整岗位以及核定工资的依据。

第三十七条 不按规定进行岗位设置和岗位聘用的事业单位，政府人事行政部门及有关部门不予确认岗位等级、不予兑现工资、不予核拨经费。情节严重的，对相关领导和责任人予以通报批评，按照人事管理权限给予相应的纪律处分。

第八章　附　则

第三十八条 使用事业编制的社会团体，除经批准参照公务法进行管理的以外，参照本办法执行。

第三十九条 各省、自治区、直辖市可以根据本办法和有关行业岗位设置的指导意见，结合实际情况，制定本地区事业单位岗位设置管理的实施意见。

第四十条 本办法自下发之日起施行。

附表：1. 事业单位岗位等级表(略)
　　　2. 事业单位岗位设置审核表(略)

最高人民法院关于人民法院审理事业单位人事争议案件若干问题的规定

- 2003年6月17日最高人民法院审判委员会第1278次会议通过
- 2003年8月27日最高人民法院公告公布
- 自2003年9月5日起施行
- 法释〔2003〕13号

为了正确审理事业单位与其工作人员之间的人事争议案件，根据《中华人民共和国劳动法》的规定，现对有关问题规定如下：

第一条 事业单位与其工作人员之间因辞职、辞退及履行聘用合同所发生的争议，适用《中华人民共和国劳动法》的规定处理。

第二条 当事人对依照国家有关规定设立的人事争议仲裁机构所作的人事争议仲裁裁决不服，自收到仲裁裁决之日起十五日内向人民法院提起诉讼的，人民法院应当依法受理。一方当事人在法定期间内不起诉又不履行仲裁裁决，另一方当事人向人民法院申请执行的，人民法院应当依法执行。

第三条 本规定所称人事争议是指事业单位与其工作人员之间因辞职、辞退及履行聘用合同所发生的争议。

最高人民法院关于人事争议申请仲裁的时效期间如何计算的批复

- 2013年9月9日最高人民法院审判委员会第1590次会议通过
- 2013年9月12日最高人民法院公告公布
- 自2013年9月22日起施行
- 法释〔2013〕23号

四川省高级人民法院：

你院《关于事业单位人事争议仲裁时效如何计算的请示》（川高法〔2012〕430号）收悉。经研究，批复如下：

依据《中华人民共和国劳动争议调解仲裁法》第二十七条第一款、第五十二条的规定，当事人自知道或者应当知道其权利被侵害之日起一年内申请仲裁，仲裁机构予以受理的，人民法院应予认可。

4. 专业技术人员管理

中共中央组织部、中共中央宣传部、中共中央统战部等关于高技能人才享受国务院颁发政府特殊津贴的意见

- 2008年3月10日
- 国人部发〔2008〕24号

各省、自治区、直辖市、新疆生产建设兵团以及各副省级市党委组织部、宣传部、统战部、政府人事厅（局）、劳动和社会保障厅（局），中央和国家机关部委、直属机构人事（干部）部门，总政治部干部部，中央管理的企业：

高技能人才是我国人才队伍的重要组成部分，培养造就一大批具有高超技艺和精湛技能的高技能人才，对于稳步提升我国产业工人队伍的整体素质，增强我国核心竞争力和自主创新能力，加快建设创新型国家具有重要意义。为贯彻落实《关于进一步加强高技能人才工作的意见》（中办发〔2006〕15号），进一步加强高技能人才队伍建设，营造有利于高技能人才成长、发挥作用的良好环境，经国务院批准，自2008年起，将高技能人才纳入享受国务院颁发的政府特殊津贴人员选拔范围。现制定如下意见：

一、高技能人才选拔数量

享受国务院颁发的政府特殊津贴高技能人才，每次选拔不超过400人。

二、高技能人才选拔条件

（一）热爱祖国，遵纪守法，有良好的职业道德和敬业精神，模范履行岗位职责，为社会主义现代化建设事业努力工作。

（二）具有国家一级职业资格（高级技师）或相应高级职业技能水平，长期工作在生产服务岗位第一线，并具备下列条件之一：

1. 获得过中华技能大奖、高技能人才楷模、全国技术能手等荣誉或省（行业）技能人才表彰，业绩突出，影响广泛。

2. 在技术上有重大发明创造，或有重大技术革新，产生显著的经济效益和社会效益；

3. 在本企业、同行业中具有领先的技术技能水平，并在某一生产工作领域总结出先进的操作技术方法，取得重大经济效益和社会效益；

4. 在促进科技成果转化、推广应用等方面作出突出贡献，并取得重大经济效益和社会效益；

5. 在本职业（工种）中具有某种绝招绝技，在国际国内产生重要影响，并在带徒传技方面成效显著；

6. 实践经验丰富，并能解决生产过程中的重点或关键性技术难题，业绩突出。

三、高技能人才选拔办法

（一）享受政府特殊津贴高技能人才的推荐、选拔工作，按照《中共中央办公厅、国务院办公厅转发〈中央组织部、中央宣传部、中央统战部、人事部、财政部关于改革和完善政府特殊津贴制度的意见〉的通知》（中办发〔2004〕20号）的规定，与享受政府特殊津贴专家的推荐、选拔工作统一组织，同时开展。

（二）人事部会同劳动保障部，根据高技能人才队伍建设的总体状况，向各省、自治区、直辖市及副省级城市，中央、国家机关有关部门，中央直属企事业单位下达享受政府特殊津贴高技能人才人选控制指标数。

（三）各省、自治区、直辖市及副省级城市人事厅（局）会同劳动保障厅（局），中央、国家机关有关部门人事（干部）部门，中央直属企事业单位人事（劳动）部门负责组织实施本地区、部门、单位享受政府特殊津贴高技能人才的选拔工作。基层单位按照隶属关系逐级向上级推荐人选。非公有制单位选拔工作由所属地区统一组织。

（四）高技能人才的推荐人选必须经过专家评议。专家评议由各省、自治区、直辖市及副省级城市人事厅（局）会同劳动保障厅（局），中央、国家机关有关部门人

事(干部)部门,中央直属企事业单位人事(劳动)部门负责组织。没有进行专家评议或专家评议没有通过的,不得作为推荐人选。

(五)各省、自治区、直辖市及副省级城市人事厅(局)会同劳动保障厅(局)、中央、国家机关有关部门人事(干部)部门,中央直属企事业单位人事(劳动)部门,根据选拔条件和控制指标数,对高技能人才的推荐人选进行初审后,与享受政府特殊津贴专家人选一同,按照文件规定的程序审核、审定、公示后,统一上报人事部。

(六)人事部、劳动保障部会同中组部、中宣部、统战部集中审核人选,并将拟定的名单报国务院审批。

军队系统高技能人才的选拔工作,由军委总政治部结合部队实际情况组织实施。选拔的人选由人事部转报国务院审批。

四、选拔周期、津贴标准和发放办法

高技能人才享受国务院颁发的政府特殊津贴的选拔周期、津贴标准、经费来源和发放办法,与享受政府特殊津贴专家相同。

职称评审管理暂行规定

- 2019年7月1日人力资源和社会保障部令第40号公布
- 自2019年9月1日起施行

第一章 总 则

第一条 为规范职称评审程序,加强职称评审管理,保证职称评审质量,根据有关法律法规和国务院规定,制定本规定。

第二条 职称评审是按照评审标准和程序,对专业技术人才品德、能力、业绩的评议和认定。职称评审结果是专业技术人才聘用、考核、晋升等的重要依据。

对企业、事业单位、社会团体、个体经济组织等(以下称用人单位)以及自由职业者开展专业技术人才职称评审工作,适用本规定。

第三条 职称评审坚持德才兼备、以德为先的原则,科学公正评价专业技术人才的职业道德、创新能力、业绩水平和实际贡献。

第四条 国务院人力资源社会保障行政部门负责全国的职称评审统筹规划和综合管理工作。县级以上地方各级人力资源社会保障行政部门负责本地区职称评审综合管理和组织实施工作。

行业主管部门在各自职责范围内负责本行业的职称评审管理和实施工作。

第五条 职称评审标准分为国家标准、地区标准和单位标准。

各职称系列国家标准由国务院人力资源社会保障行政部门会同行业主管部门制定。

地区标准由各地区人力资源社会保障行政部门会同行业主管部门依据国家标准,结合本地区实际制定。

单位标准由具有职称评审权的用人单位依据国家标准、地区标准,结合本单位实际制定。

地区标准、单位标准不得低于国家标准。

第二章 职称评审委员会

第六条 各地区、各部门以及用人单位等按照规定开展职称评审,应当申请组建职称评审委员会。

职称评审委员会负责评议、认定专业技术人才学术技术水平和专业能力,对组建单位负责,受组建单位监督。

职称评审委员会按照职称系列或者专业组建,不得跨系列组建综合性职称评审委员会。

第七条 职称评审委员会分为高级、中级、初级职称评审委员会。

申请组建高级职称评审委员会应当具备下列条件:

(一)拟评审的职称系列或者专业为职称评审委员会组建单位主体职称系列或者专业;

(二)拟评审的职称系列或者专业在行业内具有重要影响力,能够代表本领域的专业发展水平;

(三)具有一定数量的专业技术人才和符合条件的高级职称评审专家;

(四)具有开展高级职称评审的能力。

第八条 国家对职称评审委员会实行核准备案管理制度。职称评审委员会备案有效期不得超过3年,有效期届满应当重新核准备案。

国务院各部门、中央企业、全国性行业协会学会、人才交流服务机构等组建的高级职称评审委员会由国务院人力资源社会保障行政部门核准备案;各地区组建的高级职称评审委员会由省级人力资源社会保障行政部门核准备案;其他用人单位组建的高级职称评审委员会按照职称评审管理权限由省级以上人力资源社会保障行政部门核准备案。

申请组建中级、初级职称评审委员会的条件以及核准备案的具体办法,按照职称评审管理权限由国务院各部门、省级人力资源社会保障行政部门以及具有职称评审权的用人单位制定。

第九条 职称评审委员会组成人员应当是单数,根据工作需要设主任委员和副主任委员。按照职称系列组建的高级职称评审委员会评审专家不少于25人,按照专业组建的高级职称评审委员会评审专家不少于11人。各地区组建的高级职称评审委员会的人数,经省级人力资源社会保障行政部门同意,可以适当调整。

第十条 职称评审委员会的评审专家应当具备下列条件:

(一)遵守宪法和法律;

(二)具备良好的职业道德;

(三)具有本职称系列或者专业相应层级的职称;

(四)从事本领域专业技术工作;

(五)能够履行职称评审工作职责。

评审专家每届任期不得超过3年。

第十一条 各地区、各部门和用人单位可以按照职称系列或者专业建立职称评审委员会专家库,在职称评审委员会专家库内随机抽取规定数量的评审专家组成职称评审委员会。

职称评审委员会专家库参照本规定第八条进行核准备案,从专家库内抽取专家组成的职称评审委员会不再备案。

第十二条 职称评审委员会组建单位可以设立职称评审办事机构或者指定专门机构作为职称评审办事机构,由其负责职称评审的日常工作。

第三章 申报审核

第十三条 申报职称评审的人员(以下简称申报人)应当遵守宪法和法律,具备良好的职业道德,符合相应职称系列或者专业、相应级别职称评审规定的申报条件。

申报人应当为本单位在职的专业技术人才,离退休人员不得申报参加职称评审。

事业单位工作人员受到记过以上处分的,在受处分期间不得申报参加职称评审。

第十四条 申报人一般应当按照职称层级逐级申报职称评审。取得重大基础研究和前沿技术突破、解决重大工程技术难题,在经济社会各项事业发展中作出重大贡献的专业技术人才,可以直接申报高级职称评审。

对引进的海外高层次人才和急需紧缺人才,可以合理放宽资历、年限等条件限制。

对长期在艰苦边远地区和基层一线工作的专业技术人才,侧重考查其实际工作业绩,适当放宽学历和任职年限要求。

第十五条 申报人应当在规定期限内提交申报材料,对其申报材料的真实性负责。

凡是通过法定证照、书面告知承诺、政府部门内部核查或者部门间核查、网络核验等能够办理的,不得要求申报人额外提供证明材料。

第十六条 申报人所在工作单位应当对申报材料进行审核,并在单位内部进行公示,公示期不少于5个工作日,对经公示无异议的,按照职称评审管理权限逐级上报。

第十七条 非公有制经济组织的专业技术人才申报职称评审,可以由所在工作单位或者人事代理机构等履行审核、公示、推荐等程序。

自由职业者申报职称评审,可以由人事代理机构等履行审核、公示、推荐等程序。

第十八条 职称评审委员会组建单位按照申报条件对申报材料进行审核。

申报材料不符合规定条件的,职称评审委员会组建单位应当一次性告知申报人需要补正的全部内容。逾期未补正的,视为放弃申报。

第四章 组织评审

第十九条 职称评审委员会组建单位组织召开评审会议。评审会议由主任委员或者副主任委员主持,出席评审会议的专家人数应当不少于职称评审委员会人数的2/3。

第二十条 职称评审委员会经过评议,采取少数服从多数的原则,通过无记名投票表决,同意票数达到出席评审会议的评审专家总数2/3以上的即为评审通过。

未出席评审会议的评审专家不得委托他人投票或者补充投票。

第二十一条 根据评审工作需要,职称评审委员会可以按照学科或者专业组成若干评议组,每个评议组评审专家不少于3人,负责对申报人提出书面评议意见;也可以不设评议组,由职称评审委员会3名以上评审专家按照分工,提出评议意见。评议组或者分工负责评议的专家在评审会议上介绍评议情况,作为职称评审委员会评议表决的参考。

第二十二条 评审会议结束时,由主任委员或者主持评审会议的副主任委员宣布投票结果,并对评审结果签字确认,加盖职称评审委员会印章。

第二十三条 评审会议应当做好会议记录,内容包括出席评委、评审对象、评议意见、投票结果等内容,会议记录归档管理。

第二十四条 评审会议实行封闭管理,评审专家名单一般不对外公布。

评审专家和职称评审办事机构工作人员在评审工作

保密期内不得对外泄露评审内容，不得私自接收评审材料，不得利用职务之便谋取不正当利益。

第二十五条　评审专家与评审工作有利害关系或者其他关系可能影响客观公正的，应当申请回避。

职称评审办事机构发现上述情形的，应当通知评审专家回避。

第二十六条　职称评审委员会组建单位对评审结果进行公示，公示期不少于5个工作日。

公示期间，对通过举报投诉等方式发现的问题线索，由职称评审委员会组建单位调查核实。

经公示无异议的评审通过人员，按照规定由人力资源社会保障行政部门或者职称评审委员会组建单位确认。具有职称评审权的用人单位，其经公示无异议的评审通过人员，按照规定由职称评审委员会核准部门备案。

第二十七条　申报人对涉及本人的评审结果不服的，可以按照有关规定申请复查、进行投诉。

第二十八条　不具备职称评审委员会组建条件的地区和单位，可以委托经核准备案的职称评审委员会代为评审。具体办法按照职称评审管理权限由国务院各部门、省级人力资源社会保障行政部门制定。

第二十九条　专业技术人才跨区域、跨单位流动时，其职称按照职称评审管理权限重新评审或者确认，国家另有规定的除外。

第五章　评审服务

第三十条　职称评审委员会组建单位应当建立职称评价服务平台，提供便捷化服务。

第三十一条　职称评审委员会组建单位应当加强职称评审信息化建设，推广在线评审，逐步实现网上受理、网上办理、网上反馈。

第三十二条　人力资源社会保障行政部门建立职称评审信息化管理系统，统一数据标准，规范评审结果等数据采集。

第三十三条　人力资源社会保障行政部门在保障信息安全和个人隐私的前提下，逐步开放职称信息查询验证服务，积极探索实行职称评审电子证书。电子证书与纸质证书具有同等效力。

第六章　监督管理

第三十四条　人力资源社会保障行政部门和行业主管部门应当加强对职称评审工作的监督检查。

被检查的单位、相关机构和个人应当如实提供与职称评审有关的资料，不得拒绝检查或者谎报、瞒报。

第三十五条　人力资源社会保障行政部门和行业主管部门通过质询、约谈、现场观摩、查阅资料等形式，对各级职称评审委员会及其组建单位开展的评审工作进行抽查、巡查，依据有关问题线索进行倒查、复查。

第三十六条　人力资源社会保障行政部门和行业主管部门应当依法查处假冒职称评审、制作和销售假证等违法行为。

第三十七条　职称评审委员会组建单位应当依法执行物价、财政部门核准的收费标准，自觉接受监督和审计。

第七章　法律责任

第三十八条　违反本规定第八条规定，职称评审委员会未经核准备案、有效期届满未重新核准备案或者超越职称评审权限、擅自扩大职称评审范围的，人力资源社会保障行政部门对其职称评审权限或者超越权限和范围的职称评审行为不予认可；情节严重的，由人力资源社会保障行政部门取消职称评审委员会组建单位职称评审权，并依法追究相关人员的责任。

第三十九条　违反本规定第十三条、第十五条规定，申报人通过提供虚假材料、剽窃他人作品和学术成果或者通过其他不正当手段取得职称的，由人力资源社会保障行政部门或者职称评审委员会组建单位撤销其职称，并记入职称评审诚信档案库，纳入全国信用信息共享平台，记录期限为3年。

第四十条　违反本规定第十六条规定，申报人所在工作单位未依法履行审核职责的，由人力资源社会保障行政部门或者职称评审委员会组建单位对直接负责的主管人员和其他直接责任人员予以批评教育，并责令采取补救措施；情节严重的，依法追究相关人员责任。

违反本规定第十七条规定，非公有制经济组织或者人事代理机构等未依法履行审核职责的，按照前款规定处理。

第四十一条　违反本规定第十八条规定，职称评审委员会组建单位未依法履行审核职责的，由人力资源社会保障行政部门对其直接负责的主管人员和其他直接责任人员予以批评教育，并责令采取补救措施；情节严重的，取消其职称评审权，并依法追究相关人员责任。

第四十二条　评审专家违反本规定第二十四条、二十五条规定的，由职称评审委员会组建单位取消其评审专家资格，通报批评并记入职称评审诚信档案库；构成犯罪的，依法追究刑事责任。

职称评审办事机构工作人员违反本规定第二十四条、第二十五条规定的，由职称评审委员会组建单位责令不得再从事职称评审工作，进行通报批评；构成犯罪的，依法追究刑事责任。

第八章　附　则

第四十三条　涉密领域职称评审的具体办法，由相关部门和单位参照本规定另行制定。

第四十四条　本规定自 2019 年 9 月 1 日起施行。

职称评审监管暂行办法

- 2024 年 7 月 25 日
- 人社部发〔2024〕56 号

第一章　总　则

第一条　为进一步加强职称评审监管，促进职称评审公平公正，营造良好的人才发展环境，根据《关于深化职称制度改革的意见》和《职称评审管理暂行规定》（人力资源社会保障部令第 40 号）等有关规定，制定本办法。

第二条　职称评审监管遵循以下原则：

（一）坚持依法监管。职称评审监管要依法有序进行，规范监管行为，推进职称评审监管制度化、规范化。

（二）坚持全面监管。谁授权、谁负责监管，谁主责、谁接受监督，加强职称评审事前、事中、事后全过程监管，构建政府监管、单位（行业）自律、社会监督的职称评审监管体系。

（三）坚持问题导向。围绕职称评审领域反映突出、易发多发的问题，加强监管指导，督促整改落实，打通职称制度改革政策落地"最后一公里"。

（四）坚持公正高效。职称评审监管要一视同仁，公开公平公正，提升监管效能，减少对正常职称评审活动的干扰，减轻职称评审主体负担。

第三条　对职称评审组织实施中申报人、评审专家、职称评审相关工作人员等个人，以及职称评审委员会组建单位（以下简称评审单位）、申报人所在单位等单位进行监管适用本办法。

第四条　人力资源社会保障部负责制定职称评审监管政策，加强全国职称评审综合监管，对核准备案的高级职称评审委员会组建单位进行监管。

地方各级人力资源社会保障部门按照管理权限会同行业（业务）主管部门负责本地区职称评审监管。

人力资源社会保障部门直接组建职称评审委员会的，由上级人力资源社会保障部门负责监管；行业主管部门直接组建职称评审委员会的，由同级人力资源社会保障部门或者上级行业主管部门负责监管。

第二章　监管内容

第五条　对申报人重点监管以下方面：

（一）明知不符合职称申报条件仍故意通过虚假承诺、伪造信息等手段进行申报；

（二）在职称评审中提供虚假材料、论文造假代写、剽窃他人作品或者学术成果，业绩成果不实或者造假等；

（三）在职称申报评审中存在说情打招呼、暗箱操作等不正当行为；

（四）其他违规行为。

第六条　对评审专家重点监管以下方面：

（一）违规对外公布评审专家身份；

（二）私自接收职称评审材料；

（三）违规对外泄露职称评审内容；

（四）应当回避时未及时申请回避；

（五）在评议、打分、投票等环节存在明显不公；

（六）利用评审专家身份违规为他人职称评审提供便利，谋取不正当利益；

（七）与有关中介等社会机构存在利益交换，不能正确履行评审职责；

（八）其他违规行为。

第七条　对职称评审相关工作人员重点监管以下方面：

（一）未按规定对职称申报评审材料进行审核；

（二）未按规定选取评审专家，违规对外泄露评审专家信息，应当通知评审专家回避的未及时处理；

（三）私自接收职称评审材料；

（四）违规对外泄露职称评审内容；

（五）应当回避时未及时申请回避；

（六）利用职务之便违规为他人职称评审提供便利，谋取不正当利益；

（七）利用职务之便违规为有关中介等社会机构提供便利，谋取不正当利益；

（八）其他违规行为。

第八条　对评审单位重点监管以下方面：

（一）制定的职称评审办法、评价标准、评审程序等与《关于深化职称制度改革的意见》等国家职称政策要求或者精神不符；

（二）未按照《职称评审管理暂行规定》等有关要求规范组建职称评审委员会，未按规定核准备案或者有效期届满未重新核准备案；

（三）评审专家管理不规范，推荐遴选、培训考核、退出惩戒、责任追究等机制不健全；

（四）未按规定履行申报材料审核职责，放纵、包庇或者协助申报人弄虚作假；

（五）超越职称评审权限，擅自扩大职称评审范围；

（六）组织职称评审或者委托评审不符合国家职称政策要求，评审结果未按规定备案；

（七）利用职称评审权限垄断申报评审渠道，未按规定作出回避决定，人为操控评审过程或者评审结果，巧立名目高额收费，与有关中介等社会机构存在利益勾连等；

（八）对举报投诉的问题线索未及时调查核实，申报人申请复查、投诉渠道不畅通；

（九）其他违规行为。

第九条 对申报人所在单位重点监管以下方面：

（一）未按规定履行申报材料审核、推荐职责，放纵、包庇或者协助申报人弄虚作假；

（二）未按规定进行申报材料公示，对公示有异议或者投诉举报问题未及时调查核实；

（三）未按照职称评审管理权限及时上报申报材料；

（四）其他违规行为。

第三章 监管方式

第十条 职称评审监管部门（以下简称监管部门）应充分运用随机抽查、定期巡查、重点督查、质量评估、专项整治等多种方式，通过现场观摩、查阅资料等具体形式，有效利用互联网、大数据筛查等信息技术手段，对职称评审全过程实施监管。

第十一条 监管部门可每年按一定比例随机选取部分评审单位，对其职称评审情况进行抽查。

第十二条 监管部门可结合职称评审委员会备案、评审结果备案、职称评审工作总结等日常工作，在备案周期内对评审单位职称评审情况进行巡查。

第十三条 监管部门可根据群众来信来访、网民留言、投诉举报、媒体报道、巡视审计等反映的问题线索以及抽查巡查过程中发现的问题线索等，对评审单位进行重点督查。

第十四条 探索建立职称评审委员会质量评估分级管理机制。人力资源社会保障部统一制定职称评审委员会质量评估标准，各级人力资源社会保障部门根据管理权限，定期对各评审单位的制度建设情况、政策执行情况、评审规范情况、评审结果质量、专业技术人员满意度等开展综合评估，进行分级管理和常态化监管，也可通过政府购买服务等方式委托第三方对评审单位开展职称评审质量评估，评估情况向社会公布。

第十五条 各地人力资源社会保障部门会同公安、网信、市场监管等有关部门加强本地区职称评审环境专项整治工作，依法清理规范各类职称评审、考试、发证和收费事项，查处有关中介等社会机构开设虚假网站、进行虚假宣传、设置合同陷阱、假冒职称评审、制作贩卖假证等违法违规行为，依法依规对非法机构、非法行为进行处罚处置。

第四章 监管措施

第十六条 人力资源社会保障部加强职称评审信用体系建设，依托全国信用信息共享平台和全国职称评审信息查询系统，建立完善职称评审诚信档案库（以下简称诚信档案库）。诚信档案库主要记录涉及个人的失信行为信息，包括违规情形、处理依据、处理措施、生效时间、记录期限以及根据法律法规要求需要记录的其他信息。

第十七条 实行职称申报诚信承诺制度。申报人在提交职称申报材料时应同时签订个人承诺书，对申报材料真实性等进行承诺，承诺不实的，3年内不得申报评审职称。申报人存在本办法第五条所规定违规行为之一的，记入诚信档案库，记录期限为3年，作为以后申报评审职称的重要参考。申报人通过本办法第五条所规定违规行为取得的职称，一经核实即由人力资源社会保障部门或者评审单位予以撤销。

第十八条 实行评审专家诚信承诺制度。评审专家在开展职称评审时应同时签订个人承诺书，对履行评审职责、公平公正评审等事项作出承诺。评审专家存在本办法第六条所规定违规行为之一的，记入诚信档案库，记录期限为3年，取消评审专家资格，通报其所在单位，并建议所在单位给予相应处理。

第十九条 职称评审相关工作人员存在本办法第七条所规定违规行为之一的，记入诚信档案库，记录期限为3年，记录期限内不得从事职称评审相关工作，依法予以通报批评。

第二十条 各省级人力资源社会保障部门负责汇总本地区职称评审失信行为信息，各部门、中央企业等单位负责汇总本单位职称评审失信行为信息，用于对申报人、评审专家以及职称评审相关工作人员进行信用核查。

第二十一条 人力资源社会保障部负责汇总全国职称评审失信行为信息，纳入全国信用信息共享平台和全国职称评审信息查询系统。存在严重失信行为的，纳入职称申报评审失信黑名单，依法依规予以失信惩戒。

第二十二条 评审单位存在本办法第八条所规定违规行为之一的，监管部门应给予工作提醒，责令其限期整改、消除影响。

第二十三条 评审单位存在本办法第八条两项以上违规行为的，评审管理松散、把关不严，导致投诉较多、争议较大的，监管部门应给予工作约谈，责令其立即停止评审工作、限期整改、消除影响。

第二十四条 评审单位应及时将整改情况报告监管部门。确实完成整改的，经监管部门同意后，恢复职称评审工作，列入下一年重点监管对象。

第二十五条 评审单位在一个备案周期内受到2次提醒或者1次约谈，经整改仍无明显改善的，按照职称评审管理权限由人力资源社会保障部门或者有关单位收回其职称评审权。

第二十六条 申报人所在单位在职称申报评审中存在本办法第九条所规定违规行为之一的，监管部门应责令限期整改。整改不力的，依法予以通报批评。

第二十七条 单位和个人在职称申报评审中违纪违法的，按照《中国共产党纪律处分条例》《中华人民共和国公职人员政务处分法》《事业单位工作人员处分规定》等追究党纪政务责任。情节严重涉嫌犯罪的，移送有关机关依法处理。

专业技术资格评定试行办法

- 1994年10月31日
- 人职发〔1994〕14号

一、总　则

第一条 为适应社会主义市场经济的发展，贯彻实施科学技术进步法，保证客观、公正、准确地评定科技人员的中、高级专业技术资格（即职称，下同），为用人单位科学、合理地使用人才提供服务，制订本办法。

第二条 专业技术资格是学术技术水平的标志，一般没有岗位、数量的限制，不与工资等待遇挂钩，可作为聘任专业技术职务的依据。国家通过制定标准条件，实行宏观控制。

第三条 人事部会同有关主管部门制定、颁发的中、高级专业技术资格评审条件，是评定科技人员是否具备相应专业技术资格的标准。

第四条 专业技术资格评定实行分级管理，由政府人事（职改）部门授权组建具有权威性、公正性的跨部门、跨单位的同行专家组成的评审组织，按照颁布的标准条件和规定程序对申请人进行评价。

第五条 凡申请评定专业技术资格的人员，均适用本办法。按照本办法取得专业技术资格的人员，由政府人事（职改）部门颁发资格证书。

二、组　织

第六条 专业技术资格评审委员会（下称评委会），是负责评审科技人员是否符合相应资格条件的组织。评委会按评审条件划分的专业组建。一般性专业正高级评委会由有关部委或具备组建条件的省、自治区、直辖市人事（职改）部门提出申请，人事部批准组建；副高级评委会由人事部授权具备组建条件的有关部委或省、自治区、直辖市批准组建，报人事部备案；中级评委会的组建由省、自治区、直辖市人事（职改）部门参照上述原则决定。特殊性专业中、高级评委会由人事部授权国务院行业主管部门组建。（授权办法见附件一）

第七条 评委会由十一名以上同行专家组成，并应有一定比例的中青年专家。评委会设主任委员一人，副主任委员一至二人。根据需要，可按分支专业组成若干评议组。评议组有推荐、建议权，但不是一级评审组织。

第八条 申请授权组建有关专业高级评委会的地区必须同时具备下列条件：

1. 该专业在国内有较高的知名度，能代表国家水平；
2. 本地区有条件聘请足够数量的评审委员；
3. 人事（职改）部门有能力承担专业技术资格评定管理工作。

第九条 高级评审委员的聘请，根据评审工作的实际需要，考虑不同专业的研究层次、分支学科的覆盖面、地区和部门的分布以及评委的年龄结构加以确定。具体条件由人事部会同有关部委提出。

正高级评审委员由人事部会同行业主管部门遴选、聘请并颁发聘书；副高级评审委员由省、自治区、直辖市人事（职改）部门会同有关专业主管厅（局）遴选、聘请并颁发聘书。每届聘期一般为一至三年。

中级评审委员应具有本专业中级以上专业技术资格或职务，其中具备本专业高级专业技术资格或担任高级专业技术职务的委员不少于二分之一。具体组建条件和评委条件，由各省、自治区、直辖市人事（职改）部门会同专业主管厅（局）参照上述要求制定。

第十条 资格评定办事机构设在被授权的人事（职改）部门，负责受理申请，组织评审，接受咨询等日常工作。

第十一条 未经授权组建评委会的地区，应委托已经授权的地区评审。高级资格委托评审须经所在省、自治区、直辖市人事（职改）部门出具委托函，中级资格委托评审须经地（市）级人事（职改）部门出具委托函。

第十二条 专业技术资格评定的专业、级别和申报时间、地点,由人事(职改)部门向社会公布。

三、申 请

第十三条 申请评定专业技术资格的人员必须遵守中华人民共和国宪法和法律,具备良好的职业道德和敬业精神,符合各专业中、高级技术评审条件所规定的申报条件。

第十四条 申请专业技术资格评定的人员应在规定的时间内,向相应资格评定办事机构或其指定的代办机构提出申请(也可由单位办理集体申请),填写《专业技术资格评定表》(格式见附件二)。申请人在办理申请的同时,提交经本单位确认无误的本人学历、专业经历证明,外语考试成绩和反映本人专业技术水平的业绩材料及相应证明文件的原件或复印件,其中包括能够代表本人专业技术水平的论文、著作、译作和设计、技术报告等科学技术成果。

四、审 核

第十五条 专业技术资格评审材料的收受和审核工作由相应资格评定办事机构负责。对材料不完整、填写不清楚的,可通知申请人在限定时间内补办。发现弄虚作假行为,取消申请人评定资格,两年内不予受理申请,并视情节追究所在单位或有关人员的责任。

第十六条 提交评委会的评审材料,应有资格评定办事机构同意送评的印章和负责人的签章。

五、评 定

第十七条 资格评审的基本程序是:

1. 资格评定办事机构在评审会议前十五天将有关材料分别送达评审委员。

2. 评议组根据各专业技术资格的标准条件对申请人申评材料进行初审,包括必要的考核、答辩等,测定其实际水平,并写出初审意见。不设评议组的,由评委会委员分工负责上述工作,对每个申请人的考核、答辩每次必须有三名以上委员出席进行。

3. 每次参加评审会议的委员不少于九人,会议由主任委员或副主任委员主持。先由评议组或初审委员介绍初审意见,然后在民主评议的基础上进行无记名投票表决。赞成票数达到出席会议评委总数的三分之二通过有效。

4. 会议结束时,评委会应在《专业技术资格评定表》中写明评审结论,由主任委员或副主任委员签字,并加盖评委会印章。

评委会应建立会议记录制度。记录内容包括开会日期、出席评委、会议议程、评审对象、评委发言摘要、投票结果等。记录要有会议主持人及记录人签名,并做好归档保密工作。

第十八条 评委会应遵循"公正、准确、保密"的原则,严格掌握标准条件,保证评审质量。在评审评委亲属的专业技术资格时,该评委应主动回避或被告知回避。

第十九条 评委会评审结果由相应人事(职改)部门审批。资格评定办事机构应在评审工作结束后一个月内,将经审定的评定结果通知申请人。获得专业技术资格的人员应在规定时间内持评定结果通知书,到资格评定办事机构或其指定的代办机构办理《专业技术资格证书》。

六、监 督

第二十条 授权部门对授权组建评委会的地区和单位的评定工作实施监督、检查,受理举报、申诉并负责核查和裁定。

第二十一条 对违反评审程序和规定的评委会或委员,人事(职改)部门视情况停止其工作,宣布评审结果无效,直至收回评审权或取消评委资格。

七、费 用

第二十二条 资格评定按照勤俭节约的原则,合理收费。费用由申请人支付,并在申请评定的同时交纳。

收费标准要严格执行国家有关规定,由省、部级人事(职改)部门提出,报当地财政、计划(物价)部门审批。审批通过的收费标准应向社会公布,接受广大群众和有关部门的监督。收取费用只限于评定事务开支,不得挪作他用。

八、附 则

第二十三条 本办法自发文之日起执行,由人事部负责解释。

附件一:关于组建高级评委会的授权办法
附件二:专业技术资格评定表(略)
附件三:专业评委会委员审定登记表(略)
附件四:专业副高级评委会备案登记表(略)

附件一:

关于组建高级评委会的授权办法

根据《专业技术资格评定试行办法》的规定,为规范评定组织,保证评定质量,现就组建高级专业技术资格评委会(下称评委会)的授权办法规定如下：

一、各专业高级专业技术资格评委会的授权工作，由人事部在征询有关主管部门意见的基础上，按照《专业技术资格评定试行办法》第八条，即授权地区必须同时具备的三个条件审核确定。为保证评审组织的权威性和规范性，人事部对组建高级专业技术资格评委会将建立严格的批准、备案制度，凡批准组建的正高级评委会均履行批复手续，对备案的副高级评委会正式函复，并予以公布。

二、具备聘请足够数量合格的评审委员，是申请组建相应评委会的前提，也是决定可否授权的重要依据。高级(含正、副高级)评委会委员必须具备的基本条件是：

1. 从事本专业工作一般十五年以上(含就读研究生时间)担任过高级专业技术职务，符合本专业相应级别高级专业技术资格条件；

2. 学术造诣深，知识面广，在本专业同行专家中有较高的知名度，熟悉本专业的国内外最新技术现状和理论研究动态；

3. 有丰富的实践工作经验，全面掌握本专业有关的技术标准、技术规范和技术规程，参加过省部级以上成果评估、项目鉴定或有解决重大、疑难技术问题的经历；

4. 政策观念强，作风正派，办事公道，能认真履行职责，自觉遵守职业道德和评定纪律，热心资格评定工作；

5. 具备完成资格评定工作的能力，在聘期内有参加评定工作的时间和精力。

三、授权组建高级专业技术资格评委会的范围只限于实行专业技术资格制度，并已颁发专业技术资格条件的专业。按本办法组建资格评审委员会后，原任职资格评审委员会即停止工作。

四、在符合组建条件的前提下，各省、自治区、直辖市(北京除外)，原则上每个专业分别只设正、副高级评委会各一个。选聘一般性专业高级评委会委员时，应掌握同部门、同单位的评审委员原则上不超过三分之一。部委所属驻地方单位需要组建一般性专业副高级评委会的，经人事部批准可以作为专业评审点开展工作，选聘评委时一般也应按照同单位的评审委员不超过三分之一的原则执行。

五、申请组建正高级评委会或进行副高级评委会备案，均应有正式报告。报告除包括申报专业在本地区的规模、高中级专业技术人员的数量等情况外，申请组建正高级评委会应同时报送评审委员审定表；申请组建副高级评委会应同时报送评委会备案表。

六、获得高级评委会组建权的部委或省、自治区、直辖市只限在授权的相应专业和级别内开展评审工作。其中，正高级评委会可以评审同专业副高级专业技术资格；各专业评委会其分支专业的评审权需要区分的，人事部授权时予以明确。

七、各单位根据专业技术资格评定的基本程序要求，结合本地区、本部门实际具体组织实施。各专业高级评委会的组建工作，不搞一刀切，成熟一个组建一个。

专业技术人员继续教育规定

· 2015 年 8 月 13 日人力资源和社会保障部令第 25 号公布
· 自 2015 年 10 月 1 日起施行

第一章 总 则

第一条 为了规范继续教育活动，保障专业技术人员权益，不断提高专业技术人员素质，根据有关法律法规和国务院规定，制定本规定。

第二条 国家机关、企业、事业单位以及社会团体等组织(以下称用人单位)的专业技术人员继续教育(以下称继续教育)，适用本规定。

第三条 继续教育应当以经济社会发展和科技进步为导向，以能力建设为核心，突出针对性、实用性和前瞻性，坚持理论联系实际、按需施教、讲求实效、培养与使用相结合的原则。

第四条 用人单位应当保障专业技术人员参加继续教育的权利。

专业技术人员应当适应岗位需要和职业发展的要求，积极参加继续教育，完善知识结构、增强创新能力、提高专业水平。

第五条 继续教育实行政府、社会、用人单位和个人共同投入机制。

国家机关的专业技术人员参加继续教育所需经费应当按照国家有关规定予以保障。企业、事业单位等应当依照法律、行政法规和国家有关规定提取和使用职工教育经费，不断加大对专业技术人员继续教育经费的投入。

第六条 继续教育工作实行统筹规划、分级负责、分类指导的管理体制。

人力资源社会保障部负责对全国专业技术人员继续教育工作进行综合管理和统筹协调，制定继续教育政策，编制继续教育规划并组织实施。

县级以上地方人力资源社会保障行政部门负责对本地区专业技术人员继续教育工作进行综合管理和组织实施。

行业主管部门在各自职责范围内依法做好本行业继续教育的规划、管理和实施工作。

第二章 内容和方式

第七条 继续教育内容包括公需科目和专业科目。

公需科目包括专业技术人员应当普遍掌握的法律法规、理论政策、职业道德、技术信息等基本知识。专业科目包括专业技术人员从事专业工作应当掌握的新理论、新知识、新技术、新方法等专业知识。

第八条 专业技术人员参加继续教育的时间,每年累计应不少于90学时,其中,专业科目一般不少于总学时的三分之二。

专业技术人员通过下列方式参加继续教育的,计入本人当年继续教育学时:

(一)参加培训班、研修班或者进修班学习;

(二)参加相关的继续教育实践活动;

(三)参加远程教育;

(四)参加学术会议、学术讲座、学术访问等活动;

(五)符合规定的其他方式。

继续教育方式和学时的具体认定办法,由省、自治区、直辖市人力资源社会保障行政部门制定。

第九条 用人单位可以根据本规定,结合本单位发展战略和岗位要求,组织开展继续教育活动或者参加本行业组织的继续教育活动,为本单位专业技术人员参加继续教育提供便利。

第十条 专业技术人员根据岗位要求和职业发展需要,参加本单位组织的继续教育活动,也可以利用业余时间或者经用人单位同意利用工作时间,参加本单位组织之外的继续教育活动。

第十一条 专业技术人员按照有关法律法规规定从事有职业资格要求工作的,用人单位应当为其参加继续教育活动提供保障。

第十二条 专业技术人员经用人单位同意,脱产或者半脱产参加继续教育活动的,用人单位应当按照国家有关规定或者与劳动者的约定,支付工资、福利等待遇。

用人单位安排专业技术人员在工作时间之外参加继续教育活动的,双方应当约定费用分担方式和相关待遇。

第十三条 用人单位可以与生产、教学、科研等单位联合开展继续教育活动,建立生产、教学、科研以及项目、资金、人才相结合的继续教育模式。

第十四条 国家通过实施重大人才工程和继续教育项目、区域人才特殊培养项目、对口支援等方式,对重点领域、特殊区域和关键岗位的专业技术人员继续教育工作给予扶持。

第三章 组织管理和公共服务

第十五条 专业技术人员应当遵守有关学习纪律和管理制度,完成规定的继续教育学时。

专业技术人员承担全部或者大部分继续教育费用的,用人单位不得指定继续教育机构。

第十六条 用人单位应当建立本单位专业技术人员继续教育与使用、晋升相衔接的激励机制,把专业技术人员参加继续教育情况作为专业技术人员考核评价、岗位聘用的重要依据。

专业技术人员参加继续教育情况应当作为聘任专业技术职务或者申报评定上一级资格的重要条件。有关法律法规规定专业技术人员参加继续教育作为职业资格登记或者注册的必要条件的,从其规定。

第十七条 用人单位应当建立继续教育登记管理制度,对专业技术人员参加继续教育的种类、内容、时间和考试考核结果等情况进行记录。

第十八条 依法成立的高等院校、科研院所、大型企业的培训机构等各类教育培训机构(以下称继续教育机构)可以面向专业技术人员提供继续教育服务。

继续教育机构应当具备与继续教育目的任务相适应的场所、设施、教材和人员,建立健全相应的组织机构和管理制度。

第十九条 继续教育机构应当认真实施继续教育教学计划,向社会公开继续教育的范围、内容、收费项目及标准等情况,建立教学档案,根据考试考核结果如实出具专业技术人员参加继续教育的证明。

继续教育机构可以充分利用现代信息技术开展远程教育,形成开放式的继续教育网络,为基层、一线专业技术人员更新知识结构、提高能力素质提供便捷高效的服务。

第二十条 继续教育机构应当按照专兼职结合的原则,聘请具有丰富实践经验、理论水平高的业务骨干和专家学者,建设继续教育师资队伍。

第二十一条 人力资源社会保障部按照国家有关规定遴选培训质量高、社会效益好、在继续教育方面起引领和示范作用的继续教育机构,建设国家级专业技术人员继续教育基地。

县级以上地方人力资源社会保障行政部门和有关行业主管部门可以结合实际,建设区域性、行业性专业技术人员继续教育基地。

第二十二条 人力资源社会保障行政部门会同有关行业主管部门和行业组织,建立健全继续教育公共服务体系,搭建继续教育公共信息综合服务平台,发布继续教育公需科目指南和专业科目指南。

人力资源社会保障行政部门会同有关行业主管部门和行业组织,根据专业技术人员不同岗位、类别和层次,加强课程和教材体系建设,推荐优秀课程和优秀教材,促进优质资源共享。

第二十三条 人力资源社会保障行政部门和有关行业主管部门直接举办继续教育活动的,应当突出公益性,不得收取费用。

人力资源社会保障行政部门和有关行业主管部门委托继续教育机构举办继续教育活动的,应当依法通过招标等方式选择,并与继续教育机构签订政府采购合同,明确双方权利和义务。

鼓励和支持企业、事业单位、行业组织等举办公益性继续教育活动。

第二十四条 人力资源社会保障行政部门应当建立继续教育统计制度,对继续教育人数、时间、经费等基本情况进行常规统计和随机统计,建立专业技术人员继续教育情况数据库。

第二十五条 人力资源社会保障行政部门或者其委托的第三方评估机构可以对继续教育效果实施评估,评估结果作为政府有关项目支持的重要参考。

第二十六条 人力资源社会保障行政部门应当依法对用人单位、继续教育机构执行本规定的情况进行监督检查。

第四章 法律责任

第二十七条 用人单位违反本规定第五条、第十一条、第十二条、第十五条第二款、第十六条、第十七条规定的,由人力资源社会保障行政部门或者有关行业主管部门责令改正;给专业技术人员造成损害的,依法承担赔偿责任。

第二十八条 专业技术人员违反本规定第八条第一款、第十五条第一款规定,无正当理由不参加继续教育或者在学习期间违反学习纪律和管理制度的,用人单位可视情节给予批评教育、不予报销或者要求退还学习费用。

第二十九条 继续教育机构违反本规定第十九条第一款规定的,由人力资源社会保障行政部门或者有关行业主管部门责令改正,给予警告。

第三十条 人力资源社会保障行政部门、有关行业主管部门及其工作人员,在继续教育管理工作中不认真履行职责或者徇私舞弊、滥用职权、玩忽职守的,由其上级主管部门或者监察机关责令改正,并按照管理权限对直接负责的主管人员和其他直接责任人员依法予以处理。

第五章 附 则

第三十一条 本规定自2015年10月1日起施行。1995年11月1日原人事部发布的《全国专业技术人员继续教育暂行规定》(人核培发〔1995〕131号)同时废止。

专业技术人员资格考试违纪违规行为处理规定

·2017年2月16日人力资源和社会保障部令第31号公布
·自2017年4月1日起施行

第一章 总 则

第一条 为加强专业技术人员资格考试工作管理,保证考试的公平、公正,规范对违纪违规行为的认定与处理,维护应试人员和考试工作人员合法权益,根据有关法律、行政法规制定本规定。

第二条 专业技术人员资格考试中违纪违规行为的认定和处理,适用本规定。

第三条 本规定所称专业技术人员资格考试,是指由人力资源社会保障部或者由其会同有关行政部门确定,在全国范围内统一举行的准入类职业资格考试、水平评价类职业资格考试以及与职称相关的考试。

本规定所称应试人员,是指根据专业技术人员资格考试有关规定参加考试的人员。

本规定所称考试工作人员,是指参与考试管理和服务工作的人员,包括命(审)题(卷)、监考、主考、巡考、考试系统操作、评卷等人员和考试主管部门及考试机构的有关工作人员。

本规定所称考试主管部门,是指各级人力资源社会保障行政部门、有关行政主管部门以及依据法律、行政法规规定具有考试管理职能的行业协会或者学会等。

本规定所称考试机构,是指经政府及其有关部门批准的各级具有专业技术人员资格考试工作职能的单位。

第四条 认定与处理违纪违规行为,应当事实清楚、证据确凿、程序规范、适用规定准确。

第五条 人力资源社会保障部负责全国专业技术人员资格考试工作的综合管理与监督。

各级考试主管部门、考试机构或者有关部门按照考试管理权限依据本规定对应试人员、考试工作人员的违纪违规行为进行认定与处理。其中,造成重大社会影响的严重违纪违规行为,由省级考试主管部门会同省级考试机构或者由省级考试机构进行认定与处理，并将处理情况报告人力资源社会保障部和相应行业的考试主管部门。

第二章 应试人员违纪违规行为处理

第六条 应试人员在考试过程中有下列违纪违规行为之一的，给予其当次该科目考试成绩无效的处理：

（一）携带通讯工具、规定以外的电子用品或者与考试内容相关的资料进入座位，经提醒仍不改正的；

（二）经提醒仍不按规定书写、填涂本人身份和考试信息的；

（三）在试卷、答题纸、答题卡规定以外位置标注本人信息或者其他特殊标记的；

（四）未在规定座位参加考试，或者未经考试工作人员允许擅自离开座位或者考场，经提醒仍不改正的；

（五）未用规定的纸、笔作答，或者试卷前后作答笔迹不一致的；

（六）在考试开始信号发出前答题，或者在考试结束信号发出后继续答题的；

（七）将试卷、答题卡、答题纸带出考场的；

（八）故意损坏试卷、答题纸、答题卡、电子化系统设施的；

（九）未按规定使用考试系统，经提醒仍不改正的；

（十）其他应当给予当次该科目考试成绩无效处理的违纪违规行为。

第七条 应试人员在考试过程中有下列严重违纪违规行为之一的，给予其当次全部科目考试成绩无效的处理，并将其违纪违规行为记入专业技术人员资格考试诚信档案库，记录期限为五年：

（一）抄袭、协助他人抄袭试题答案或者与考试内容相关资料的；

（二）互相传递试卷、答题纸、答题卡、草稿纸等的；

（三）持伪造证件参加考试的；

（四）本人离开考场后，在考试结束前，传播考试试题及答案的；

（五）使用禁止带入考场的通讯工具、规定以外的电子用品的；

（六）其他应当给予当次全部科目考试成绩无效处理的严重违纪违规行为。

第八条 应试人员在考试过程中有下列特别严重违纪违规行为之一的，给予其当次全部科目考试成绩无效的处理，并将其违纪违规行为记入专业技术人员资格考试诚信档案库，长期记录：

（一）串通作弊或者参与有组织作弊的；

（二）代替他人或者让他人代替自己参加考试的；

（三）其他情节特别严重、影响恶劣的违纪违规行为。

第九条 应试人员应当自觉维护考试工作场所秩序，服从考试工作人员管理，有下列行为之一的，终止其继续参加考试，并责令离开考场；情节严重的，按照本规定第七条、第八条的规定处理；违反《中华人民共和国治安管理处罚法》等法律法规的，交由公安机关依法处理；构成犯罪的，依法追究刑事责任：

（一）故意扰乱考点、考场等考试工作场所秩序的；

（二）拒绝、妨碍考试工作人员履行管理职责的；

（三）威胁、侮辱、诽谤、诬陷工作人员或者其他应试人员的；

（四）其他扰乱考试管理秩序的行为。

第十条 应试人员有提供虚假证明材料或者以其他不正当手段取得相应资格证书或者成绩证明等严重违纪违规行为的，由证书签发机构宣布证书或者成绩证明无效，并按照本规定第七条处理。

第十一条 在阅卷过程中发现应试人员之间同一科目作答内容雷同，并经阅卷专家组确认的，由考试机构或者考试主管部门给予其当次该科目考试成绩无效的处理。作答内容雷同的具体认定方法和标准，由省级以上考试机构确定。

应试人员之间同一科目作答内容雷同，并有其他相关证据证明其违纪违规行为成立的，视具体情形按照本规定第七条、第八条处理。

第十二条 专业技术人员资格考试诚信档案库由人力资源社会保障部统一建立，管理办法另行制定。

考试诚信档案库纳入全国信用信息共享平台，向用人单位及社会提供查询，相关记录作为专业技术人员职业资格证书核发和注册、职称评定的重要参考。考试机构可以视情况向社会公布考试诚信档案库记录相关信息，并通知当事人所在单位。

第三章 考试工作人员违纪违规行为处理

第十三条 考试工作人员有下列情形之一的，停止其继续参加当年及下一年度考试工作，并由考试机构、考试主管部门或者建议有关部门给予处分：

（一）不严格掌握报名条件的；

（二）擅自提前考试开始时间、推迟考试结束时间及缩短考试时间的；

（三）擅自为应试人员调换考场或者座位的；

（四）提示或者暗示应试人员答卷的；

（五）未准确记录考场情况及违纪违规行为，并造成一定影响的；

（六）未认真履行职责，造成考场秩序混乱或者所负责考场出现雷同试卷的；

（七）未执行回避制度的；

（八）其他一般违纪违规行为。

第十四条 考试工作人员有下列情形之一的，由考试机构、考试主管部门或者建议有关部门将其调离考试工作岗位，不得再从事考试工作，并给予相应处分：

（一）因命（审）题（卷）发生错误，造成严重后果的；

（二）以不正当手段协助他人取得考试资格或者取得相应证书的；

（三）因失职造成应试人员未能如期参加考试，或者使考试工作遭受重大损失的；

（四）擅自将试卷、试题信息、答题纸、答题卡、草稿纸等带出考场或者传给他人的；

（五）故意损坏试卷、试题载体、答题纸、答题卡的；

（六）窃取、擅自更改、编造或者虚报考试数据、信息的；

（七）泄露考务实施工作中应当保密信息的；

（八）在评阅卷工作中，擅自更改评分标准或者不按评分标准进行评卷的；

（九）因评卷工作失职，造成卷面成绩错误，后果严重的；

（十）指使或者纵容他人作弊，或者参与考场内外串通作弊的；

（十一）监管不严，使考场出现大面积作弊现象的；

（十二）擅自拆启未开考试卷、试题载体、答题纸等或者考试后已密封的试卷、试题载体、答题纸、答题卡等的；

（十三）利用考试工作之便，以权谋私或者打击报复应试人员的；

（十四）其他严重违纪违规行为的。

第十五条 考试工作人员违反《中华人民共和国保守国家秘密法》及有关规定，造成在保密期限内的考试试题、试卷及相关材料内容泄露、丢失，由相关部门视情节轻重，分别给予责任人和有关负责人处分；构成犯罪的，依法追究刑事责任。

第四章 处理程序

第十六条 对应试人员违纪违规行为被当场发现的，考试工作人员应当予以制止。对于被认定为违纪违规的，要收集、保存相应证据材料，如实记录违纪违规事实和现场处理情况，当场告知其记录内容，并要求本人签字；对于拒绝签字或者恶意损坏证据材料的，由两名考试工作人员如实记录其拒签或者恶意损坏证据材料的情况。违纪违规记录经考点负责人签字认定后，报送考试机构或者考试主管部门。

第十七条 对应试人员违纪违规行为作出处理决定前，应当告知应试人员拟作出的处理决定及相关事实、理由和依据，并告知应试人员依法享有陈述和申辩的权利。作出处理决定的考试机构或者考试主管部门对应试人员提出的事实、理由和证据，应当进行复核。

对应试人员违纪违规行为作出处理决定的，由考试机构或者考试主管部门制作考试违纪违规行为处理决定书，依法送达被处理的应试人员。

第十八条 被处理的应试人员对处理决定不服的，可以依法申请行政复议或者提起行政诉讼。

第十九条 考试工作人员因违纪违规行为受到处分不服的，可以依法申请复核或者提出申诉。

第五章 附 则

第二十条 本规定自2017年4月1日起施行。人力资源社会保障部2011年3月15日发布的《专业技术人员资格考试违纪违规行为处理规定》（人力资源和社会保障部令第12号）同时废止。

本规定施行前发生的违纪违规行为，在本规定施行后尚未作出处理决定的，按照本规定处理；本规定施行前发生的行为按本规定属于违纪违规行为，但按原规定不属于违纪违规行为的，不得作为违纪违规行为处理。

人力资源社会保障部办公厅、公安部办公厅、市场监管总局办公厅关于加强职业技能评价规范管理工作的通知

· 2024年5月9日
· 人社厅发〔2024〕27号

各省、自治区、直辖市及新疆生产建设兵团人力资源社会保障厅（局）、公安厅（局）、市场监管局（厅、委）：

加强职业技能评价规范管理，对于开展职业技能培训、提高劳动者素质、引导激励技能人才成长成才具有重要促进作用。为进一步巩固职业技能培训和评价专项整治工作成果，持续加强职业技能评价监督管理，促进技能人才高质量发展，为经济社会发展提供有力技能人才支撑，现就有关事项通知如下。

一、严格规范多元评价。职业技能评价主要通过职

业资格评价、职业技能等级认定和专项职业能力考核进行。职业资格评价按照人力资源社会保障部公布的现行《国家职业资格目录》，由相关部门（单位）依据国家职业标准和有关规定实施。职业技能等级认定由经人力资源社会保障部门遴选公布的用人单位和社会培训评价组织实施，其中用人单位对本单位职工（含劳务派遣等人员）依据国家职业标准和评价规范自主进行职业技能等级认定；社会培训评价组织按照市场化、社会化、专业化原则，依据国家职业标准面向社会开展职业技能等级认定。专项职业能力考核要结合新兴产业发展、地方特色产业需要和就业创业需求，选择市场需求大、可就业创业的最小技能单元（模块），并依据专项职业能力考核规范组织开展。国家职业标准由人力资源社会保障部组织制定颁布；评价规范由用人单位依据《国家职业标准编制技术规程（2023年版）》制定。

二、加强评价质量管理。职业资格评价和职业技能等级认定可通过考核评价或工作业绩评审认定等方式进行。职业资格实施部门（单位）和职业技能等级认定用人单位、社会培训评价组织（以下统称评价机构）组织考核评价，应当制定考务管理、质量管理、证书管理和收费标准等管理办法，并向社会公开。各地人力资源社会保障部门要加强考务组织，指导评价机构按照命题技术规程做好试题试卷命制工作。评价机构应建立考评人员和内部质量督导人员队伍，完善考核评价场地、设施设备等，妥善保管评价工作全过程资料，确保评价过程和结果可追溯、可倒查。

三、加大监管查处力度。按照"谁备案谁监管"的原则，现行《国家职业资格目录》内的职业资格实施部门（单位）会同人力资源社会保障部门对职业资格评价实施监管。按照"谁遴选谁监管"的原则，人力资源社会保障部门会同有关部门对职业技能等级认定实施监管。评价机构应在属地开展职业技能评价活动。各地人力资源社会保障部门会同公安、市场监管等部门对评价机构及其开展的评价活动进行常态化监管，对不严格执行国家职业标准或评价规范、不严格审核报考条件、甚至伪造报名资格、伪造试卷、编造虚假资料、不考试就发证、滥发倒卖证书等行为，应取消评价结果、宣布证书作废、撤销上传证书数据，追回相应补贴资金，对相关评价机构给予限期整改、移出职业技能评价机构目录等处理；构成职务犯罪的，移交纪检监察部门处理；构成其他犯罪的，移交公安机关依法追究刑事责任。有关单位开展的评价活动所发证书或在商业宣传时假借行政机关名义、违规使用国徽和行政机关标志、违规使用"中华人民共和国""中国""中华""国家""全国""职业资格""人员资格""职业技能鉴定""包过""保过"等字样的，限期整改并依法给予行政处罚；情节严重的，移送有关部门依法处理。

四、强化信息平台建设。加强机构管理、考务管理、评价监管等信息化建设，加强与有关部门信息互联互通，逐步实现信息共享比对、远程监控、违纪违规行为预警等功能，提高监管服务效率和水平。人力资源社会保障部依托"平台企业协同共治系统"，向平台企业发送指令和合规提示，督促平台企业对"职业资格""职业技能鉴定""职业资格证书""职业技能等级证书"等禁限售商品服务信息加强管控。各地人力资源社会保障部门依托技能人才评价工作网等现有信息系统，建立职业技能评价服务监管平台，实现职业技能评价全过程、全链条信息记录。

五、建立长效工作机制。各地人力资源社会保障部门要加强和有关行业主管部门沟通协调，通过质量督导、现场督查、同行监督、社会监督，采取"双随机、一公开"和"互联网+监管"等方式，将职业技能评价纳入有效监管。要加强基础能力建设，健全规章制度和风险防控体系，不断强化源头防控。要深入开展警示教育，适时选择代表性强、危害性大的违纪违规典型案例，通过新闻报道、以案说法、专家点评等方式及时向社会公开，以案示警、以案明纪，切实增强党员干部纪律意识、规矩意识和底线思维，严禁滥用职权、徇私舞弊、造假牟利，积极营造风清气正的职业技能评价工作氛围。

三、社会保障篇

1. 综合

中华人民共和国社会保险法

- 2010年10月28日第十一届全国人民代表大会常务委员会第十七次会议通过
- 根据2018年12月29日第十三届全国人民代表大会常务委员会第七次会议《关于修改〈中华人民共和国社会保险法〉的决定》修正

第一章 总 则

第一条 【立法宗旨】为了规范社会保险关系，维护公民参加社会保险和享受社会保险待遇的合法权益，使公民共享发展成果，促进社会和谐稳定，根据宪法，制定本法。

第二条 【建立社会保险制度】国家建立基本养老保险、基本医疗保险、工伤保险、失业保险、生育保险等社会保险制度，保障公民在年老、疾病、工伤、失业、生育等情况下依法从国家和社会获得物质帮助的权利。

第三条 【社会保险制度的方针和社会保险水平】社会保险制度坚持广覆盖、保基本、多层次、可持续的方针，社会保险水平应当与经济社会发展水平相适应。

第四条 【用人单位和个人的权利义务】中华人民共和国境内的用人单位和个人依法缴纳社会保险费，有权查询缴费记录、个人权益记录，要求社会保险经办机构提供社会保险咨询等相关服务。

个人依法享受社会保险待遇，有权监督本单位为其缴费情况。

第五条 【社会保险财政保障】县级以上人民政府将社会保险事业纳入国民经济和社会发展规划。

国家多渠道筹集社会保险资金。县级以上人民政府对社会保险事业给予必要的经费支持。

国家通过税收优惠政策支持社会保险事业。

第六条 【社会保险基金监督】国家对社会保险基金实行严格监管。

国务院和省、自治区、直辖市人民政府建立健全社会保险基金监督管理制度，保障社会保险基金安全、有效运行。

县级以上人民政府采取措施，鼓励和支持社会各方面参与社会保险基金的监督。

第七条 【社会保险行政管理职责分工】国务院社会保险行政部门负责全国的社会保险管理工作，国务院其他有关部门在各自的职责范围内负责有关的社会保险工作。

县级以上地方人民政府社会保险行政部门负责本行政区域的社会保险管理工作，县级以上地方人民政府其他有关部门在各自的职责范围内负责有关的社会保险工作。

第八条 【社会保险经办机构职责】社会保险经办机构提供社会保险服务，负责社会保险登记、个人权益记录、社会保险待遇支付等工作。

第九条 【工会的职责】工会依法维护职工的合法权益，有权参与社会保险重大事项的研究，参加社会保险监督委员会，对与职工社会保险权益有关的事项进行监督。

第二章 基本养老保险

第十条 【覆盖范围】职工应当参加基本养老保险，由用人单位和职工共同缴纳基本养老保险费。

无雇工的个体工商户、未在用人单位参加基本养老保险的非全日制从业人员以及其他灵活就业人员可以参加基本养老保险，由个人缴纳基本养老保险费。

公务员和参照公务员法管理的工作人员养老保险的办法由国务院规定。

第十一条 【制度模式和基金筹资方式】基本养老保险实行社会统筹与个人账户相结合。

基本养老保险基金由用人单位和个人缴费以及政府补贴等组成。

第十二条 【缴费基数和缴费比例】用人单位应当按照国家规定的本单位职工工资总额的比例缴纳基本养老保险费，记入基本养老保险统筹基金。

职工应当按照国家规定的本人工资的比例缴纳基本养老保险费，记入个人账户。

无雇工的个体工商户、未在用人单位参加基本养老保险的非全日制从业人员以及其他灵活就业人员参加基本养老保险的,应当按照国家规定缴纳基本养老保险费,分别记入基本养老保险统筹基金和个人账户。

第十三条 【政府财政补贴】国有企业、事业单位职工参加基本养老保险前,视同缴费年限期间应当缴纳的基本养老保险费由政府承担。

基本养老保险基金出现支付不足时,政府给予补贴。

第十四条 【个人账户养老金】个人账户不得提前支取,记账利率不得低于银行定期存款利率,免征利息税。个人死亡的,个人账户余额可以继承。

第十五条 【基本养老金构成】基本养老金由统筹养老金和个人账户养老金组成。

基本养老金根据个人累计缴费年限、缴费工资、当地职工平均工资、个人账户金额、城镇人口平均预期寿命等因素确定。

第十六条 【享受基本养老保险待遇的条件】参加基本养老保险的个人,达到法定退休年龄时累计缴费满十五年的,按月领取基本养老金。

参加基本养老保险的个人,达到法定退休年龄时累计缴费不足十五年的,可以缴费至满十五年,按月领取基本养老金;也可以转入新型农村社会养老保险或者城镇居民社会养老保险,按照国务院规定享受相应的养老保险待遇。

第十七条 【参保个人因病或非因工致残、死亡待遇】参加基本养老保险的个人,因病或者非因工死亡的,其遗属可以领取丧葬补助金和抚恤金;在未达到法定退休年龄时因病或者非因工致残完全丧失劳动能力的,可以领取病残津贴。所需资金从基本养老保险基金中支付。

第十八条 【基本养老金调整机制】国家建立基本养老金正常调整机制。根据职工平均工资增长、物价上涨情况,适时提高基本养老保险待遇水平。

第十九条 【基本养老保险关系转移接续制度】个人跨统筹地区就业的,其基本养老保险关系随本人转移,缴费年限累计计算。个人达到法定退休年龄时,基本养老金分段计算、统一支付。具体办法由国务院规定。

第二十条 【新型农村社会养老保险及其筹资方式】国家建立和完善新型农村社会养老保险制度。

新型农村社会养老保险实行个人缴费、集体补助和政府补贴相结合。

第二十一条 【新型农村社会养老保险待遇】新型农村社会养老保险待遇由基础养老金和个人账户养老金组成。

参加新型农村社会养老保险的农村居民,符合国家规定条件的,按月领取新型农村社会养老保险待遇。

第二十二条 【城镇居民社会养老保险】国家建立和完善城镇居民社会养老保险制度。

省、自治区、直辖市人民政府根据实际情况,可以将城镇居民社会养老保险和新型农村社会养老保险合并实施。

第三章 基本医疗保险

第二十三条 【职工基本医疗保险覆盖范围和缴费】职工应当参加职工基本医疗保险,由用人单位和职工按照国家规定共同缴纳基本医疗保险费。

无雇工的个体工商户、未在用人单位参加职工基本医疗保险的非全日制从业人员以及其他灵活就业人员可以参加职工基本医疗保险,由个人按照国家规定缴纳基本医疗保险费。

第二十四条 【新型农村合作医疗制度】国家建立和完善新型农村合作医疗制度。

新型农村合作医疗的管理办法,由国务院规定。

第二十五条 【城镇居民基本医疗保险制度】国家建立和完善城镇居民基本医疗保险制度。

城镇居民基本医疗保险实行个人缴费和政府补贴相结合。

享受最低生活保障的人、丧失劳动能力的残疾人、低收入家庭六十周岁以上的老年人和未成年人等所需个人缴费部分,由政府给予补贴。

第二十六条 【医疗保险待遇标准】职工基本医疗保险、新型农村合作医疗和城镇居民基本医疗保险的待遇标准按照国家规定执行。

第二十七条 【退休时享受基本医疗保险待遇】参加职工基本医疗保险的个人,达到法定退休年龄时累计缴费达到国家规定年限的,退休后不再缴纳基本医疗保险费,按照国家规定享受基本医疗保险待遇;未达到国家规定年限的,可以缴费至国家规定年限。

第二十八条 【基本医疗保险基金支付制度】符合基本医疗保险药品目录、诊疗项目、医疗服务设施标准以及急诊、抢救的医疗费用,按照国家规定从基本医疗保险基金中支付。

第二十九条 【基本医疗保险费用结算制度】参保人员医疗费用中应当由基本医疗保险基金支付的部分,由社会保险经办机构与医疗机构、药品经营单位直接结算。

社会保险行政部门和卫生行政部门应当建立异地就

医医疗费用结算制度，方便参保人员享受基本医疗保险待遇。

第三十条 【不纳入基本医疗保险基金支付范围的医疗费用】下列医疗费用不纳入基本医疗保险基金支付范围：

(一)应当从工伤保险基金中支付的；

(二)应当由第三人负担的；

(三)应当由公共卫生负担的；

(四)在境外就医的。

医疗费用依法应当由第三人负担，第三人不支付或者无法确定第三人的，由基本医疗保险基金先行支付。基本医疗保险基金先行支付后，有权向第三人追偿。

第三十一条 【服务协议】社会保险经办机构根据管理服务的需要，可以与医疗机构、药品经营单位签订服务协议，规范医疗服务行为。

医疗机构应当为参保人员提供合理、必要的医疗服务。

第三十二条 【基本医疗保险关系转移接续制度】个人跨统筹地区就业的，其基本医疗保险关系随本人转移，缴费年限累计计算。

第四章 工伤保险

第三十三条 【参保范围和缴费】职工应当参加工伤保险，由用人单位缴纳工伤保险费，职工不缴纳工伤保险费。

第三十四条 【工伤保险费率】国家根据不同行业的工伤风险程度确定行业的差别费率，并根据使用工伤保险基金、工伤发生率等情况在每个行业内确定费率档次。行业差别费率和行业内费率档次由国务院社会保险行政部门制定，报国务院批准后公布施行。

社会保险经办机构根据用人单位使用工伤保险基金、工伤发生率和所属行业费率档次等情况，确定用人单位缴费费率。

第三十五条 【工伤保险费缴费基数和费率】用人单位应当按照本单位职工工资总额，根据社会保险经办机构确定的费率缴纳工伤保险费。

第三十六条 【享受工伤保险待遇的条件】职工因工作原因受到事故伤害或者患职业病，且经工伤认定的，享受工伤保险待遇；其中，经劳动能力鉴定丧失劳动能力的，享受伤残待遇。

工伤认定和劳动能力鉴定应当简捷、方便。

第三十七条 【不认定工伤的情形】职工因下列情形之一导致本人在工作中伤亡的，不认定为工伤：

(一)故意犯罪；

(二)醉酒或者吸毒；

(三)自残或者自杀；

(四)法律、行政法规规定的其他情形。

第三十八条 【工伤保险基金负担的工伤保险待遇】因工伤发生的下列费用，按照国家规定从工伤保险基金中支付：

(一)治疗工伤的医疗费用和康复费用；

(二)住院伙食补助费；

(三)到统筹地区以外就医的交通食宿费；

(四)安装配置伤残辅助器具所需费用；

(五)生活不能自理的，经劳动能力鉴定委员会确认的生活护理费；

(六)一次性伤残补助金和一至四级伤残职工按月领取的伤残津贴；

(七)终止或者解除劳动合同时，应当享受的一次性医疗补助金；

(八)因工死亡的，其遗属领取的丧葬补助金、供养亲属抚恤金和因工死亡补助金；

(九)劳动能力鉴定费。

第三十九条 【用人单位负担的工伤保险待遇】因工伤发生的下列费用，按照国家规定由用人单位支付：

(一)治疗工伤期间的工资福利；

(二)五级、六级伤残职工按月领取的伤残津贴；

(三)终止或者解除劳动合同时，应当享受的一次性伤残就业补助金。

第四十条 【伤残津贴和基本养老保险待遇的衔接】工伤职工符合领取基本养老金条件的，停发伤残津贴，享受基本养老保险待遇。基本养老保险待遇低于伤残津贴的，从工伤保险基金中补足差额。

第四十一条 【未参保单位职工发生工伤时的待遇】职工所在用人单位未依法缴纳工伤保险费，发生工伤事故的，由用人单位支付工伤保险待遇。用人单位不支付的，从工伤保险基金中先行支付。

从工伤保险基金中先行支付的工伤保险待遇应当由用人单位偿还。用人单位不偿还的，社会保险经办机构可以依照本法第六十三条的规定追偿。

第四十二条 【民事侵权责任和工伤保险责任竞合】由于第三人的原因造成工伤，第三人不支付工伤医疗费用或者无法确定第三人的，由工伤保险基金先行支付。工伤保险基金先行支付后，有权向第三人追偿。

第四十三条 【停止享受工伤保险待遇的情形】工伤职工有下列情形之一的，停止享受工伤保险待遇：

（一）丧失享受待遇条件的；
（二）拒不接受劳动能力鉴定的；
（三）拒绝治疗的。

第五章 失业保险

第四十四条 【参保范围和失业保险费负担】职工应当参加失业保险，由用人单位和职工按照国家规定共同缴纳失业保险费。

第四十五条 【领取失业保险金的条件】失业人员符合下列条件的，从失业保险基金中领取失业保险金：

（一）失业前用人单位和本人已经缴纳失业保险费满一年的；

（二）非因本人意愿中断就业的；

（三）已经进行失业登记，并有求职要求的。

第四十六条 【领取失业保险金的期限】失业人员失业前用人单位和本人累计缴费满一年不足五年的，领取失业保险金的期限最长为十二个月；累计缴费满五年不足十年的，领取失业保险金的期限最长为十八个月；累计缴费十年以上的，领取失业保险金的期限最长为二十四个月。重新就业后，再次失业的，缴费时间重新计算，领取失业保险金的期限与前次失业应当领取而尚未领取的失业保险金的期限合并计算，最长不超过二十四个月。

第四十七条 【失业保险金标准】失业保险金的标准，由省、自治区、直辖市人民政府确定，不得低于城市居民最低生活保障标准。

第四十八条 【享受基本医疗保险待遇】失业人员在领取失业保险金期间，参加职工基本医疗保险，享受基本医疗保险待遇。

失业人员应当缴纳的基本医疗保险费从失业保险基金中支付，个人不缴纳基本医疗保险费。

第四十九条 【在领取失业保险金期间死亡时的待遇】失业人员在领取失业保险金期间死亡的，参照当地对在职职工死亡的规定，向其遗属发给一次性丧葬补助金和抚恤金。所需资金从失业保险基金中支付。

个人死亡同时符合领取基本养老保险丧葬补助金、工伤保险丧葬补助金和失业保险丧葬补助金条件的，其遗属只能选择领取其中的一项。

第五十条 【领取失业保险金的程序】用人单位应当及时为失业人员出具终止或者解除劳动关系的证明，并将失业人员的名单自终止或者解除劳动关系之日起十五日内告知社会保险经办机构。

失业人员应当持本单位为其出具的终止或者解除劳动关系的证明，及时到指定的公共就业服务机构办理失业登记。

失业人员凭失业登记证明和个人身份证明，到社会保险经办机构办理领取失业保险金的手续。失业保险金领取期限自办理失业登记之日起计算。

第五十一条 【停止领取失业保险待遇的情形】失业人员在领取失业保险金期间有下列情形之一的，停止领取失业保险金，并同时停止享受其他失业保险待遇：

（一）重新就业的；

（二）应征服兵役的；

（三）移居境外的；

（四）享受基本养老保险待遇的；

（五）无正当理由，拒不接受当地人民政府指定部门或者机构介绍的适当工作或者提供的培训的。

第五十二条 【失业保险关系的转移接续】职工跨统筹地区就业的，其失业保险关系随本人转移，缴费年限累计计算。

第六章 生育保险

第五十三条 【参保范围和缴费】职工应当参加生育保险，由用人单位按照国家规定缴纳生育保险费，职工不缴纳生育保险费。

第五十四条 【生育保险待遇】用人单位已经缴纳生育保险费的，其职工享受生育保险待遇；职工未就业配偶按照国家规定享受生育医疗费用待遇。所需资金从生育保险基金中支付。

生育保险待遇包括生育医疗费用和生育津贴。

第五十五条 【生育医疗费的项目】生育医疗费用包括下列各项：

（一）生育的医疗费用；

（二）计划生育的医疗费用；

（三）法律、法规规定的其他项目费用。

第五十六条 【享受生育津贴的情形】职工有下列情形之一的，可以按照国家规定享受生育津贴：

（一）女职工生育享受产假；

（二）享受计划生育手术休假；

（三）法律、法规规定的其他情形。

生育津贴按照职工所在用人单位上年度职工月平均工资计发。

第七章 社会保险费征缴

第五十七条 【用人单位社会保险登记】用人单位应当自成立之日起三十日内凭营业执照、登记证书或者单位印章，向当地社会保险经办机构申请办理社会保登记。社会保险经办机构应当自收到申请之日起十五日内予以审核,发给社会保险登记证件。

用人单位的社会保险登记事项发生变更或者用人单位依法终止的,应当自变更或者终止之日起三十日内,到社会保险经办机构办理变更或者注销社会保险登记。

市场监督管理部门、民政部门和机构编制管理机关应当及时向社会保险经办机构通报用人单位的成立、终止情况,公安机关应当及时向社会保险经办机构通报个人的出生、死亡以及户口登记、迁移、注销等情况。

第五十八条 【个人社会保险登记】用人单位应当自用工之日起三十日内为其职工向社会保险经办机构申请办理社会保险登记。未办理社会保险登记的,由社会保险经办机构核定其应当缴纳的社会保险费。

自愿参加社会保险的无雇工的个体工商户、未在用人单位参加社会保险的非全日制从业人员以及其他灵活就业人员,应当向社会保险经办机构申请办理社会保险登记。

国家建立全国统一的个人社会保障号码。个人社会保障号码为公民身份号码。

第五十九条 【社会保险费征收】县级以上人民政府加强社会保险费的征收工作。

社会保险费实行统一征收,实施步骤和具体办法由国务院规定。

第六十条 【社会保险费的缴纳】用人单位应当自行申报、按时足额缴纳社会保险费,非因不可抗力等法定事由不得缓缴、减免。职工应当缴纳的社会保险费由用人单位代扣代缴,用人单位应当按月将缴纳社会保险费的明细情况告知本人。

无雇工的个体工商户、未在用人单位参加社会保险的非全日制从业人员以及其他灵活就业人员,可以直接向社会保险费征收机构缴纳社会保险费。

第六十一条 【社会保险费征收机构的义务】社会保险费征收机构应当依法按时足额征收社会保险费,并将缴费情况定期告知用人单位和个人。

第六十二条 【用人单位未按规定申报应缴数额】用人单位未按规定申报应当缴纳的社会保险费数额的,按照该单位上月缴费额的百分之一百一十确定应当缴纳数额;缴费单位补办申报手续后,由社会保险费征收机构按照规定结算。

第六十三条 【用人单位未按时足额缴费】用人单位未按时足额缴纳社会保险费的,由社会保险费征收机构责令其限期缴纳或者补足。

用人单位逾期仍未缴纳或者补足社会保险费的,社会保险费征收机构可以向银行和其他金融机构查询其存款账户;并可以申请县级以上有关行政部门作出划拨社会保险费的决定,书面通知其开户银行或者其他金融机构划拨社会保险费。用人单位账户余额少于应当缴纳的社会保险费的,社会保险费征收机构可以要求该用人单位提供担保,签订延期缴费协议。

用人单位未足额缴纳社会保险费且未提供担保的,社会保险费征收机构可以申请人民法院扣押、查封、拍卖其价值相当于应当缴纳社会保险费的财产,以拍卖所得抵缴社会保险费。

第八章 社会保险基金

第六十四条 【社会保险基金类别、管理原则和统筹层次】社会保险基金包括基本养老保险基金、基本医疗保险基金、工伤保险基金、失业保险基金和生育保险基金。除基本医疗保险基金与生育保险基金合并建账及核算外,其他各项社会保险基金按照社会保险险种分别建账,分账核算。社会保险基金执行国家统一的会计制度。

社会保险基金专款专用,任何组织和个人不得侵占或者挪用。

基本养老保险基金逐步实行全国统筹,其他社会保险基金逐步实行省级统筹,具体时间、步骤由国务院规定。

第六十五条 【社会保险基金的收支平衡和政府补贴责任】社会保险基金通过预算实现收支平衡。

县级以上人民政府在社会保险基金出现支付不足时,给予补贴。

第六十六条 【社会保险基金按照统筹层次设立预算】社会保险基金按照统筹层次设立预算。除基本医疗保险基金与生育保险基金预算合并编制外,其他社会保险基金预算按照社会保险项目分别编制。

第六十七条 【社会保险基金预算制定程序】社会保险基金预算、决算草案的编制、审核和批准,依照法律和国务院规定执行。

第六十八条 【社会保险基金财政专户】社会保险基金存入财政专户,具体管理办法由国务院规定。

第六十九条 【社会保险基金的保值增值】社会保险基金在保证安全的前提下,按照国务院规定投资运营实现保值增值。

社会保险基金不得违规投资运营,不得用于平衡其他政府预算,不得用于兴建、改建办公场所和支付人员经费、运行费用、管理费用,或者违反法律、行政法规规定挪作其他用途。

第七十条　【社会保险基金信息公开】社会保险经办机构应当定期向社会公布参加社会保险情况以及社会保险基金的收入、支出、结余和收益情况。

第七十一条　【全国社会保障基金】国家设立全国社会保障基金，由中央财政预算拨款以及国务院批准的其他方式筹集的资金构成，用于社会保障支出的补充、调剂。全国社会保障基金由全国社会保障基金管理运营机构负责管理运营，在保证安全的前提下实现保值增值。

全国社会保障基金应当定期向社会公布收支、管理和投资运营的情况。国务院财政部门、社会保险行政部门、审计机关对全国社会保障基金的收支、管理和投资运营情况实施监督。

第九章　社会保险经办

第七十二条　【社会保险经办机构的设置及经费保障】统筹地区设立社会保险经办机构。社会保险经办机构根据工作需要，经所在地的社会保险行政部门和机构编制管理机关批准，可以在本统筹地区设立分支机构和服务网点。

社会保险经办机构的人员经费和经办社会保险发生的基本运行费用、管理费用，由同级财政按照国家规定予以保障。

第七十三条　【管理制度和支付社会保险待遇职责】社会保险经办机构应当建立健全业务、财务、安全和风险管理制度。

社会保险经办机构应当按时足额支付社会保险待遇。

第七十四条　【获取社会保险数据、建档、权益记录等服务】社会保险经办机构通过业务经办、统计、调查获取社会保险工作所需的数据，有关单位和个人应当及时、如实提供。

社会保险经办机构应当及时为用人单位建立档案，完整、准确地记录参加社会保险的人员、缴费等社会保险数据，妥善保管登记、申报的原始凭证和支付结算的会计凭证。

社会保险经办机构应当及时、完整、准确地记录参加社会保险的个人缴费和用人单位为其缴费，以及享受社会保险待遇等个人权益记录，定期将个人权益记录单免费寄送本人。

用人单位和个人可以免费向社会保险经办机构查询、核对其缴费和享受社会保险待遇记录，要求社会保险经办机构提供社会保险咨询等相关服务。

第七十五条　【社会保险信息系统的建设】全国社会保险信息系统按照国家统一规划，由县级以上人民政府按照分级负责的原则共同建设。

第十章　社会保险监督

第七十六条　【人大监督】各级人民代表大会常务委员会听取和审议本级人民政府对社会保险基金的收支、管理、投资运营以及监督检查情况的专项工作报告，组织对本法实施情况的执法检查等，依法行使监督职权。

第七十七条　【行政部门监督】县级以上人民政府社会保险行政部门应当加强对用人单位和个人遵守社会保险法律、法规情况的监督检查。

社会保险行政部门实施监督检查时，被检查的用人单位和个人应当如实提供与社会保险有关的资料，不得拒绝检查或者谎报、瞒报。

第七十八条　【财政监督、审计监督】财政部门、审计机关按照各自职责，对社会保险基金的收支、管理和投资运营情况实施监督。

第七十九条　【社会保险行政部门对基金的监督】社会保险行政部门对社会保险基金的收支、管理和投资运营情况进行监督检查，发现存在问题的，应当提出整改建议，依法作出处理决定或者向有关行政部门提出处理建议。社会保险基金检查结果应当定期向社会公布。

社会保险行政部门对社会保险基金实施监督检查，有权采取下列措施：

（一）查阅、记录、复制与社会保险基金收支、管理和投资运营相关的资料，对可能被转移、隐匿或者灭失的资料予以封存；

（二）询问与调查事项有关的单位和个人，要求其对与调查事项有关的问题作出说明、提供有关证明材料；

（三）对隐匿、转移、侵占、挪用社会保险基金的行为予以制止并责令改正。

第八十条　【社会保险监督委员会】统筹地区人民政府成立由用人单位代表、参保人员代表，以及工会代表、专家等组成的社会保险监督委员会，掌握、分析社会保险基金的收支、管理和投资运营情况，对社会保险工作提出咨询意见和建议，实施社会监督。

社会保险经办机构应当定期向社会保险监督委员会汇报社会保险基金的收支、管理和投资运营情况。社会保险监督委员会可以聘请会计师事务所对社会保险基金的收支、管理和投资运营情况进行年度审计和专项审计。审计结果应当向社会公开。

社会保险监督委员会发现社会保险基金收支、管理和投资运营中存在问题的,有权提出改正建议;对社会保险经办机构及其工作人员的违法行为,有权向有关部门提出依法处理建议。

第八十一条　【为用人单位和个人信息保密】社会保险行政部门和其他有关行政部门、社会保险经办机构、社会保险费征收机构及其工作人员,应当依法为用人单位和个人的信息保密,不得以任何形式泄露。

第八十二条　【违法行为的举报、投诉】任何组织或者个人有权对违反社会保险法律、法规的行为进行举报、投诉。

社会保险行政部门、卫生行政部门、社会保险经办机构、社会保险费征收机构和财政部门、审计机关对属于本部门、本机构职责范围的举报、投诉,应当依法处理;对不属于本部门、本机构职责范围的,应当书面通知并移交有权处理的部门、机构处理。有权处理的部门、机构应当及时处理,不得推诿。

第八十三条　【社会保险权利救济途径】用人单位或者个人认为社会保险费征收机构的行为侵害自己合法权益的,可以依法申请行政复议或者提起行政诉讼。

用人单位或者个人对社会保险经办机构不依法办理社会保险登记、核定社会保险费、支付社会保险待遇、办理社会保险转移接续手续或者侵害其他社会保险权益的行为,可以依法申请行政复议或者提起行政诉讼。

个人与所在用人单位发生社会保险争议的,可以依法申请调解、仲裁,提起诉讼。用人单位侵害个人社会保险权益的,个人也可以要求社会保险行政部门或者社会保险费征收机构依法处理。

第十一章　法律责任

第八十四条　【不办理社会保险登记的法律责任】用人单位不办理社会保险登记的,由社会保险行政部门责令限期改正;逾期不改正的,对用人单位处应缴社会保险费数额一倍以上三倍以下的罚款,对其直接负责的主管人员和其他直接责任人员处五百元以上三千元以下的罚款。

第八十五条　【拒不出具终止或者解除劳动关系证明的处理】用人单位拒不出具终止或者解除劳动关系证明的,依照《中华人民共和国劳动合同法》的规定处理。

第八十六条　【未按时足额缴费的责任】用人单位未按时足额缴纳社会保险费的,由社会保险费征收机构责令限期缴纳或者补足,并自欠缴之日起,按日加收万分之五的滞纳金;逾期仍不缴纳的,由有关行政部门处欠缴数额一倍以上三倍以下的罚款。

第八十七条　【骗取社保基金支出的责任】社会保险经办机构以及医疗机构、药品经营单位等社会保险服务机构以欺诈、伪造证明材料或者其他手段骗取社会保险基金支出的,由社会保险行政部门责令退回骗取的社会保险金,处骗取金额二倍以上五倍以下的罚款;属于社会保险服务机构的,解除服务协议;直接负责的主管人员和其他直接责任人员有执业资格的,依法吊销其执业资格。

第八十八条　【骗取社会保险待遇的责任】以欺诈、伪造证明材料或者其他手段骗取社会保险待遇的,由社会保险行政部门责令退回骗取的社会保险金,处骗取金额二倍以上五倍以下的罚款。

第八十九条　【经办机构及其工作人员违法行为责任】社会保险经办机构及其工作人员有下列行为之一的,由社会保险行政部门责令改正;给社会保险基金、用人单位或者个人造成损失的,依法承担赔偿责任;对直接负责的主管人员和其他直接责任人员依法给予处分:

(一)未履行社会保险法定职责的;

(二)未将社会保险基金存入财政专户的;

(三)克扣或者拒不按时支付社会保险待遇的;

(四)丢失或者篡改缴费记录、享受社会保险待遇记录等社会保险数据、个人权益记录的;

(五)有违反社会保险法律、法规的其他行为的。

第九十条　【擅自更改缴费基数、费率的责任】社会保险费征收机构擅自更改社会保险费缴费基数、费率,导致少收或者多收社会保险费的,由有关行政部门责令其追缴应当缴纳的社会保险费或者退还不应当缴纳的社会保险费;对直接负责的主管人员和其他直接责任人员依法给予处分。

第九十一条　【隐匿、转移、侵占、挪用社保基金等的责任】违反本法规定,隐匿、转移、侵占、挪用社会保险基金或者违规投资运营的,由社会保险行政部门、财政部门、审计机关责令追回;有违法所得的,没收违法所得;对直接负责的主管人员和其他直接责任人员依法给予处分。

第九十二条　【泄露用人单位和个人信息的行政责任】社会保险行政部门和其他有关行政部门、社会保险经办机构、社会保险费征收机构及其工作人员泄露用人单位和个人信息的,对直接负责的主管人员和其他直接责任人员依法给予处分;给用人单位或者个人造成损失的,应当承担赔偿责任。

第九十三条　【国家工作人员的相关责任】国家工作人员在社会保险管理、监督工作中滥用职权、玩忽职守、徇私舞弊的，依法给予处分。

第九十四条 【相关刑事责任】违反本法规定，构成犯罪的，依法追究刑事责任。

第十二章 附 则

第九十五条 【进城务工农村居民参加社会保险】进城务工的农村居民依照本法规定参加社会保险。

第九十六条 【被征地农民的社会保险】征收农村集体所有的土地，应当足额安排被征地农民的社会保险费，按照国务院规定将被征地农民纳入相应的社会保险制度。

第九十七条 【外国人参加我国社会保险】外国人在中国境内就业的，参照本法规定参加社会保险。

第九十八条 【施行日期】本法自 2011 年 7 月 1 日起施行。

全国人民代表大会常务委员会关于《中华人民共和国刑法》第二百六十六条的解释

· 2014 年 4 月 24 日第十二届全国人民代表大会常务委员会第八次会议通过

全国人民代表大会常务委员会根据司法实践中遇到的情况，讨论了刑法第二百六十六条的含义及骗取养老、医疗、工伤、失业、生育等社会保险金或者其他社会保障待遇的行为如何适用刑法有关规定的问题，解释如下：

以欺诈、伪造证明材料或者其他手段骗取养老、医疗、工伤、失业、生育等社会保险金或者其他社会保障待遇的，属于刑法第二百六十六条规定的诈骗公私财物的行为。

现予公告。

社会保险经办条例

· 2023 年 7 月 21 日国务院第 11 次常务会议通过
· 2023 年 8 月 16 日中华人民共和国国务院令第 765 号公布
· 自 2023 年 12 月 1 日起施行

第一章 总 则

第一条 为了规范社会保险经办，优化社会保险服务，保障社会保险基金安全，维护用人单位和个人的合法权益，促进社会公平，根据《中华人民共和国社会保险法》，制定本条例。

第二条 经办基本养老保险、基本医疗保险、工伤保险、失业保险、生育保险等国家规定的社会保险，适用本条例。

第三条 社会保险经办工作坚持中国共产党的领导，坚持以人民为中心，遵循合法、便民、及时、公开、安全的原则。

第四条 国务院人力资源社会保障行政部门主管全国基本养老保险、工伤保险、失业保险等社会保险经办工作。国务院医疗保障行政部门主管全国基本医疗保险、生育保险等社会保险经办工作。

县级以上地方人民政府人力资源社会保障行政部门按照统筹层次主管基本养老保险、工伤保险、失业保险等社会保险经办工作。县级以上地方人民政府医疗保障行政部门按照统筹层次主管基本医疗保险、生育保险等社会保险经办工作。

第五条 国务院人力资源社会保障行政部门、医疗保障行政部门以及其他有关部门按照各自职责，密切配合、相互协作，共同做好社会保险经办工作。

县级以上地方人民政府应当加强对本行政区域社会保险经办工作的领导，加强社会保险经办能力建设，为社会保险经办工作提供保障。

第二章 社会保险登记和关系转移

第六条 用人单位在登记管理机关办理登记时同步办理社会保险登记。

个人申请办理社会保险登记，以公民身份号码作为社会保障号码，取得社会保障卡和医保电子凭证。社会保险经办机构应当自收到申请之日起 10 个工作日内办理完毕。

第七条 社会保障卡是个人参加基本养老保险、基本医疗保险、工伤保险、失业保险、生育保险等社会保险和享受各项社会保险待遇的凭证，包括实体社会保障卡和电子社会保障卡。

医保电子凭证是个人参加基本医疗保险、生育保险等社会保险和享受基本医疗保险、生育保险等社会保险待遇的凭证。

第八条 登记管理机关应当将用人单位设立、变更、注销登记的信息与社会保险经办机构共享，公安、民政、卫生健康、司法行政等部门应当将个人的出生、死亡以及户口登记、迁移、注销等信息与社会保险经办机构共享。

第九条 用人单位的性质、银行账户、用工等参保信息发生变化，以及个人参保信息发生变化的，用人单位和个人应当及时告知社会保险经办机构。社会保险经办机构应当对用人单位和个人提供的参保信息与共享信息进行比对核实。

第十条 用人单位和个人申请变更、注销社会保险登记,社会保险经办机构应当自收到申请之日起10个工作日内办理完毕。用人单位注销社会保险登记的,应当先结清欠缴的社会保险费、滞纳金、罚款。

第十一条 社会保险经办机构应当及时、完整、准确记录下列信息:

(一)社会保险登记情况;

(二)社会保险费缴纳情况;

(三)社会保险待遇享受情况;

(四)个人账户情况;

(五)与社会保险经办相关的其他情况。

第十二条 参加职工基本养老保险的个人跨统筹地区就业,其职工基本养老保险关系随同转移。

参加职工基本养老保险的个人在机关事业单位与企业等不同性质用人单位之间流动就业,其职工基本养老保险关系随同转移。

参加城乡居民基本养老保险且未享受待遇的个人跨统筹地区迁移户籍,其城乡居民基本养老保险关系可以随同转移。

第十三条 参加职工基本医疗保险的个人跨统筹地区就业,其职工基本医疗保险关系随同转移。

参加城乡居民基本医疗保险的个人跨统筹地区迁移户籍或者变动经常居住地,其城乡居民基本医疗保险关系可以按照规定随同转移。

职工基本医疗保险与城乡居民基本医疗保险之间的关系转移,按照规定执行。

第十四条 参加失业保险的个人跨统筹地区就业,其失业保险关系随同转移。

第十五条 参加工伤保险、生育保险的个人跨统筹地区就业,在新就业地参加工伤保险、生育保险。

第十六条 用人单位和个人办理社会保险关系转移接续手续的,社会保险经办机构应当在规定时限内办理完毕,并将结果告知用人单位和个人,或者提供办理情况查询服务。

第十七条 军事机关和社会保险经办机构,按照各自职责办理军人保险与社会保险关系转移接续手续。

社会保险经办机构应当为军人保险与社会保险关系转移接续手续办理优先提供服务。

第三章 社会保险待遇核定和支付

第十八条 用人单位和个人应当按照国家规定,向社会保险经办机构提出领取基本养老金的申请。社会保险经办机构应当自收到申请之日起20个工作日内办理完毕。

第十九条 参加职工基本养老保险的个人死亡或者失业人员在领取失业保险金期间死亡,其遗属可以依法向社会保险经办机构申领丧葬补助金和抚恤金。社会保险经办机构应当及时核实有关情况,按照规定核定并发放丧葬补助金和抚恤金。

第二十条 个人医疗费用、生育医疗费用中应当由基本医疗保险(含生育保险)基金支付的部分,由社会保险经办机构审核后与医疗机构、药品经营单位直接结算。

因特殊情况个人申请手工报销,应当向社会保险经办机构提供医疗机构、药品经营单位的收费票据、费用清单、诊断证明、病历资料。社会保险经办机构应当对收费票据、费用清单、诊断证明、病历资料进行审核,并自收到申请之日起30个工作日内办理完毕。

参加生育保险的个人申领生育津贴,应当向社会保险经办机构提供病历资料。社会保险经办机构应当对病历资料进行审核,并自收到申请之日起10个工作日内办理完毕。

第二十一条 工伤职工及其用人单位依法申请劳动能力鉴定、辅助器具配置确认、停工留薪期延长确认、工伤旧伤复发确认,应当向社会保险经办机构提供诊断证明、病历资料。

第二十二条 个人治疗工伤的医疗费用、康复费用、安装配置辅助器具费用中应当由工伤保险基金支付的部分,由社会保险经办机构审核后与医疗机构、辅助器具配置机构直接结算。

因特殊情况用人单位或者个人申请手工报销,应当向社会保险经办机构提供医疗机构、辅助器具配置机构的收费票据、费用清单、诊断证明、病历资料。社会保险经办机构应当对收费票据、费用清单、诊断证明、病历资料进行审核,并自收到申请之日起20个工作日内办理完毕。

第二十三条 人力资源社会保障行政部门、医疗保障行政部门应当按照各自职责建立健全异地就医医疗费用结算制度。社会保险经办机构应当做好异地就医费用结算工作。

第二十四条 个人申领失业保险金,社会保险经办机构应当自收到申请之日起10个工作日内办理完毕。

个人在领取失业保险金期间,社会保险经办机构应当从失业保险基金中支付其应当缴纳的基本医疗保险

（含生育保险）费。

个人申领职业培训等补贴，应当提供职业资格证书或者职业技能等级证书。社会保险经办机构应当对职业资格证书或者职业技能等级证书进行审核，并自收到申请之日起10个工作日内办理完毕。

第二十五条 个人出现国家规定的停止享受社会保险待遇的情形，用人单位、待遇享受人员或者其亲属应当自相关情形发生之日起20个工作日内告知社会保险经办机构。社会保险经办机构核实后应当停止发放相应的社会保险待遇。

第二十六条 社会保险经办机构应当通过信息比对、自助认证等方式，核验社会保险待遇享受资格。通过信息比对、自助认证等方式无法确认社会保险待遇享受资格的，社会保险经办机构可以委托用人单位或者第三方机构进行核实。

对涉嫌丧失社会保险待遇享受资格后继续享受待遇的，社会保险经办机构应当调查核实。经调查确认不符合社会保险待遇享受资格的，停止发放待遇。

第四章 社会保险经办服务和管理

第二十七条 社会保险经办机构应当依托社会保险公共服务平台、医疗保障信息平台等实现跨部门、跨统筹地区社会保险经办。

第二十八条 社会保险经办机构应当推动社会保险经办事项与相关政务服务事项协同办理。社会保险经办窗口应当进驻政务服务中心，为用人单位和个人提供一站式服务。

人力资源社会保障行政部门、医疗保障行政部门应当强化社会保险经办服务能力，实现省、市、县、乡镇（街道）、村（社区）全覆盖。

第二十九条 用人单位和个人办理社会保险事务，可以通过政府网站、移动终端、自助终端等服务渠道办理，也可以到社会保险经办窗口现场办理。

第三十条 社会保险经办机构应当加强无障碍环境建设，提供无障碍信息交流，完善无障碍服务设施设备，采用授权代办、上门服务等方式，为老年人、残疾人等特殊群体提供便利。

第三十一条 用人单位和个人办理社会保险事务，社会保险经办机构要求其提供身份证件以外的其他证明材料的，应当有法律、法规和国务院决定依据。

第三十二条 社会保险经办机构免费向用人单位和个人提供查询核对社会保险缴费和享受社会保险待遇记录、社会保险咨询等相关服务。

第三十三条 社会保险经办机构应当根据经办工作需要，与符合条件的机构协商签订服务协议，规范社会保险服务行为。人力资源社会保障行政部门、医疗保障行政部门应当加强对服务协议订立、履行等情况的监督。

第三十四条 医疗保障行政部门所属的社会保险经办机构应当改进基金支付和结算服务，加强服务协议管理，建立健全集体协商谈判机制。

第三十五条 社会保险经办机构应当妥善保管社会保险经办信息，确保信息完整、准确和安全。

第三十六条 社会保险经办机构应当建立健全业务、财务、安全和风险管理等内部控制制度。

社会保险经办机构应当定期对内部控制制度的制定、执行情况进行检查、评估，对发现的问题进行整改。

第三十七条 社会保险经办机构应当明确岗位权责，对重点业务、高风险业务分级审核。

第三十八条 社会保险经办机构应当加强信息系统应用管理，健全信息核验机制，记录业务经办过程。

第三十九条 社会保险经办机构具体编制下一年度社会保险基金预算草案，报本级人力资源社会保障行政部门、医疗保障行政部门审核汇总。社会保险基金收入预算草案由社会保险经办机构会同社会保险费征收机构具体编制。

第四十条 社会保险经办机构设立社会保险基金支出户，用于接受财政专户拨入基金、支付基金支出款项、上解上级经办机构基金、下拨下级经办机构基金等。

第四十一条 社会保险经办机构应当按照国家统一的会计制度对社会保险基金进行会计核算、对账。

第四十二条 社会保险经办机构应当核查下列事项：

（一）社会保险登记和待遇享受等情况；

（二）社会保险服务机构履行服务协议、执行费用结算项目和标准情况；

（三）法律、法规规定的其他事项。

第四十三条 社会保险经办机构发现社会保险服务机构违反服务协议的，可以督促其履行服务协议，按照服务协议约定暂停或者不予拨付费用、追回违规费用、中止相关责任人员或者所在部门涉及社会保险基金使用的社会保险服务，直至解除服务协议；社会保险服务机构及其相关责任人员有权进行陈述、申辩。

第四十四条 社会保险经办机构发现用人单位、个人、社会保险服务机构违反社会保险法律、法规、规章的，应当责令改正。对拒不改正或者依法应当由人力资源社会保障行政部门、医疗保障行政部门处理的,及时移交人力资源社会保障行政部门、医疗保障行政部门处理。

第四十五条 国务院人力资源社会保障行政部门、医疗保障行政部门会同有关部门建立社会保险信用管理制度,明确社会保险领域严重失信主体名单认定标准。

社会保险经办机构应当如实记录用人单位、个人和社会保险服务机构及其工作人员违反社会保险法律、法规行为等失信行为。

第四十六条 个人多享受社会保险待遇的,由社会保险经办机构责令退回;难以一次性退回的,可以签订还款协议分期退回,也可以从其后续享受的社会保险待遇或者个人账户余额中抵扣。

第五章 社会保险经办监督

第四十七条 人力资源社会保障行政部门、医疗保障行政部门按照各自职责对社会保险经办机构下列事项进行监督检查:

(一)社会保险法律、法规、规章执行情况;

(二)社会保险登记、待遇支付等经办情况;

(三)社会保险基金管理情况;

(四)与社会保险服务机构签订服务协议和服务协议履行情况;

(五)法律、法规规定的其他事项。

财政部门、审计机关按照各自职责,依法对社会保险经办机构的相关工作实施监督。

第四十八条 人力资源社会保障行政部门、医疗保障行政部门应当按照各自职责加强对社会保险服务机构、用人单位和个人遵守社会保险法律、法规、规章情况的监督检查。社会保险服务机构、用人单位和个人应当配合,如实提供与社会保险有关的资料,不得拒绝检查或者谎报、瞒报。

人力资源社会保障行政部门、医疗保障行政部门发现社会保险服务机构、用人单位违反社会保险法律、法规、规章的,应当按照各自职责提出处理意见,督促整改,并可以约谈相关负责人。

第四十九条 人力资源社会保障行政部门、医疗保障行政部门、社会保险经办机构及其工作人员依法保护用人单位和个人的信息,不得以任何形式泄露。

第五十条 人力资源社会保障行政部门、医疗保障行政部门应当畅通监督渠道,鼓励和支持社会各方面对社会保险经办进行监督。

社会保险经办机构应当定期向社会公布参加社会保险情况以及社会保险基金的收入、支出、结余和收益情况,听取用人单位和个人的意见建议,接受社会监督。

工会、企业代表组织应当及时反映用人单位和个人对社会保险经办的意见建议。

第五十一条 任何组织和个人有权对违反社会保险法律、法规、规章的行为进行举报、投诉。

人力资源社会保障行政部门、医疗保障行政部门对收到的有关社会保险的举报、投诉,应当依法进行处理。

第五十二条 用人单位和个人认为社会保险经办机构在社会保险经办工作中侵害其社会保险权益的,可以依法申请行政复议或者提起行政诉讼。

第六章 法律责任

第五十三条 社会保险经办机构及其工作人员有下列行为之一的,由人力资源社会保障行政部门、医疗保障行政部门按照各自职责责令改正;给社会保险基金、用人单位或者个人造成损失的,依法承担赔偿责任;对负有责任的领导人员和直接责任人员依法给予处分:

(一)未履行社会保险法定职责的;

(二)违反规定要求提供证明材料的;

(三)克扣或者拒不按时支付社会保险待遇的;

(四)丢失或者篡改缴费记录、享受社会保险待遇记录等社会保险数据、个人权益记录的;

(五)违反社会保险经办内部控制制度的。

第五十四条 人力资源社会保障行政部门、医疗保障行政部门、社会保险经办机构及其工作人员泄露用人单位和个人信息的,对负有责任的领导人员和直接责任人员依法给予处分;给用人单位或者个人造成损失的,依法承担赔偿责任。

第五十五条 以欺诈、伪造证明材料或者其他手段骗取社会保险基金支出的,由人力资源社会保障行政部门、医疗保障行政部门按照各自职责责令退回,处骗取金额2倍以上5倍以下的罚款;属于定点医药机构的,责令其暂停相关责任部门6个月以上1年以下涉及社会保险基金使用的社会保险服务,直至由社会保险经办机构解除服务协议;属于其他社会保险服务机构的,由社会保险经办机构解除服务协议。对负有责任的领导人员和直接责任人员,有执业资格的,由有关主管部门依法吊销其执业资格。

第五十六条 隐匿、转移、侵占、挪用社会保险基金或者违规投资运营的,由人力资源社会保障行政部门、医疗保障行政部门、财政部门、审计机关按照各自职责责令追回;有违法所得的,没收违法所得;对负有责任的领导人员和直接责任人员依法给予处分。

第五十七条 社会保险服务机构拒绝人力资源社会保障行政部门、医疗保障行政部门监督检查或者谎报、瞒报有关情况的,由人力资源社会保障行政部门、医疗保障行政部门按照各自职责责令改正,并可以约谈有关负责人;拒不改正的,处 1 万元以上 5 万元以下的罚款。

第五十八条 公职人员在社会保险经办工作中滥用职权、玩忽职守、徇私舞弊的,依法给予处分。

第五十九条 违反本条例规定,构成违反治安管理行为的,依法给予治安管理处罚;构成犯罪的,依法追究刑事责任。

第七章 附 则

第六十条 本条例所称社会保险经办机构,是指人力资源社会保障行政部门所属的经办基本养老保险、工伤保险、失业保险等社会保险的机构和医疗保障行政部门所属的经办基本医疗保险、生育保险等社会保险的机构。

第六十一条 本条例所称社会保险服务机构,是指与社会保险经办机构签订服务协议,提供社会保险服务的医疗机构、药品经营单位、辅助器具配置机构、失业保险委托培训机构等机构。

第六十二条 社会保障卡加载金融功能,有条件的地方可以扩大社会保障卡的应用范围,提升民生服务效能。医保电子凭证可以根据需要,加载相关服务功能。

第六十三条 本条例自 2023 年 12 月 1 日起施行。

全国社会保障基金条例

- 2016 年 2 月 3 日国务院第 122 次常务会议通过
- 2016 年 3 月 10 日中华人民共和国国务院令第 667 号公布
- 自 2016 年 5 月 1 日起施行

第一章 总 则

第一条 为了规范全国社会保障基金的管理运营,加强对全国社会保障基金的监督,在保证安全的前提下实现保值增值,根据《中华人民共和国社会保险法》,制定本条例。

第二条 国家设立全国社会保障基金。

全国社会保障基金由中央财政预算拨款、国有资本划转、基金投资收益和以国务院批准的其他方式筹集的资金构成。

第三条 全国社会保障基金是国家社会保障储备基金,用于人口老龄化高峰时期的养老保险等社会保障支出的补充、调剂。

第四条 国家根据人口老龄化趋势和经济社会发展状况,确定和调整全国社会保障基金规模。

全国社会保障基金的筹集和使用方案,由国务院确定。

第五条 国务院财政部门、国务院社会保险行政部门负责拟订全国社会保障基金的管理运营办法,报国务院批准后施行。

全国社会保障基金理事会负责全国社会保障基金的管理运营。

第二章 全国社会保障基金的管理运营

第六条 全国社会保障基金理事会应当审慎、稳健管理运营全国社会保障基金,按照国务院批准的比例在境内外市场投资运营全国社会保障基金。

全国社会保障基金理事会投资运营全国社会保障基金,应当坚持安全性、收益性和长期性原则,在国务院批准的固定收益类、股票类和未上市股权类等资产种类及其比例幅度内合理配置资产。

第七条 全国社会保障基金理事会制定全国社会保障基金的资产配置计划、确定重大投资项目,应当进行风险评估,并集体讨论决定。

全国社会保障基金理事会应当制定风险管理和内部控制办法,在管理运营的各个环节对风险进行识别、衡量、评估、监测和应对,有效防范和控制风险。风险管理和内部控制办法应当报国务院财政部门、国务院社会保险行政部门备案。

全国社会保障基金理事会应当依法制定会计核算办法,并报国务院财政部门审核批准。

第八条 全国社会保障基金理事会应当定期向国务院财政部门、国务院社会保险行政部门报告全国社会保障基金管理运营情况,提交财务会计报告。

第九条 全国社会保障基金理事会可以将全国社会保障基金委托投资或者以国务院批准的其他方式投资。

第十条 全国社会保障基金理事会将全国社会保障基金委托投资的,应当选择符合法定条件的专业投资管理机构、专业托管机构分别担任全国社会保障基金投资管理人、托管人。

全国社会保障基金理事会应当按照公开、公平、公正的原则选聘投资管理人、托管人,发布选聘信息、组织专家评审、集体讨论决定并公布选聘结果。

全国社会保障基金理事会应当制定投资管理人、托管人选聘办法,并报国务院财政部门、国务院社会保险行政部门备案。

第十一条 全国社会保障基金理事会应当与聘任的投资管理人、托管人分别签订委托投资合同、托管合同,并报国务院财政部门、国务院社会保险行政部门、国务院外汇管理部门、国务院证券监督管理机构、国务院银行业监督管理机构备案。

第十二条 全国社会保障基金理事会应当制定投资管理人、托管人考评办法,根据考评办法对投资管理人投资、托管人保管全国社会保障基金的情况进行考评。考评结果作为是否继续聘任的依据。

第十三条 全国社会保障基金投资管理人履行下列职责:

(一)运用全国社会保障基金进行投资;

(二)按照规定提取全国社会保障基金投资管理风险准备金;

(三)向全国社会保障基金理事会报告投资情况;

(四)法律、行政法规和国务院有关部门规章规定的其他职责。

第十四条 全国社会保障基金托管人履行下列职责:

(一)安全保管全国社会保障基金财产;

(二)按照托管合同的约定,根据全国社会保障基金投资管理人的投资指令,及时办理清算、交割事宜;

(三)按照规定和托管合同的约定,监督全国社会保障基金投资管理人的投资;

(四)执行全国社会保障基金理事会的指令,并报告托管情况;

(五)法律、行政法规和国务院有关部门规章规定的其他职责。

第十五条 全国社会保障基金财产应当独立于全国社会保障基金理事会、投资管理人、托管人的固有财产,独立于投资管理人投资和托管人保管的其他财产。

第十六条 全国社会保障基金投资管理人、托管人不得有下列行为:

(一)将全国社会保障基金财产混同于其他财产投资、保管;

(二)泄露因职务便利获取的全国社会保障基金未公开的信息,利用该信息从事或者明示、暗示他人从事相关交易活动;

(三)法律、行政法规和国务院有关部门规章禁止的其他行为。

第十七条 全国社会保障基金按照国家规定享受税收优惠。

第三章 全国社会保障基金的监督

第十八条 国家建立健全全国社会保障基金监督制度。

任何单位和个人不得侵占、挪用或者违规投资运营全国社会保障基金。

第十九条 国务院财政部门、国务院社会保险行政部门按照各自职责对全国社会保障基金的收支、管理和投资运营情况实施监督;发现存在问题的,应当依法处理;不属于本部门职责范围的,应当依法移送国务院外汇管理部门、国务院证券监督管理机构、国务院银行业监督管理机构等有关部门处理。

第二十条 国务院外汇管理部门、国务院证券监督管理机构、国务院银行业监督管理机构按照各自职责对投资管理人投资、托管人保管全国社会保障基金情况实施监督;发现违法违规行为的,应当依法处理,并及时通知国务院财政部门、国务院社会保险行政部门。

第二十一条 对全国社会保障基金境外投资管理人、托管人的监督,由国务院证券监督管理机构、国务院银行业监督管理机构按照与投资管理人、托管人所在国家或者地区有关监督管理机构签署的合作文件的规定执行。

第二十二条 审计署应当对全国社会保障基金每年至少进行一次审计。审计结果应当向社会公布。

第二十三条 全国社会保障基金理事会应当通过公开招标的方式选聘会计师事务所,对全国社会保障基金进行审计。

第二十四条 全国社会保障基金理事会应当通过其官方网站、全国范围内发行的报纸每年向社会公布全国社会保障基金的收支、管理和投资运营情况,接受社会监督。

第四章 法律责任

第二十五条 全国社会保障基金境内投资管理人、托管人违反本条例第十六条、第十八条第二款规定的,由国务院证券监督管理机构、国务院银行业监督管理机构责令改正,没收违法所得,并处违法所得1倍以上5倍以下罚款;没有违法所得或者违法所得不足100万元的,并处10万元以上100万元以下罚款;对直接负责的主管人员和其他直接责任人员给予警告,暂停或者撤销有关从业资格,并处3万元以上30万元以下罚款;构成犯罪的,依法追究刑事责任。

第二十六条 全国社会保障基金理事会违反本条例

规定的,由国务院财政部门、国务院社会保险行政部门责令改正;对直接负责的主管人员和其他直接责任人员依法给予处分;构成犯罪的,依法追究刑事责任。

第二十七条 国家工作人员在全国社会保障基金管理运营、监督工作中滥用职权、玩忽职守、徇私舞弊的,依法给予处分;构成犯罪的,依法追究刑事责任。

第二十八条 违反本条例规定,给全国社会保障基金造成损失的,依法承担赔偿责任。

第五章 附 则

第二十九条 经国务院批准,全国社会保障基金理事会可以接受省级人民政府的委托管理运营社会保险基金;受托管理运营社会保险基金,按照国务院有关社会保险基金投资管理的规定执行。

第三十条 本条例自2016年5月1日起施行。

社会保险费征缴暂行条例

· 1999年1月22日中华人民共和国国务院令第259号发布
· 根据2019年3月24日《国务院关于修改部分行政法规的决定》修订

第一章 总 则

第一条 为了加强和规范社会保险费征缴工作,保障社会保险金的发放,制定本条例。

第二条 基本养老保险费、基本医疗保险费、失业保险费(以下统称社会保险费)的征收、缴纳,适用本条例。

本条例所称缴费单位、缴费个人,是指依照有关法律、行政法规和国务院的规定,应当缴纳社会保险费的单位和个人。

第三条 基本养老保险费的征缴范围:国有企业、城镇集体企业、外商投资企业、城镇私营企业和其他城镇企业及其职工,实行企业化管理的事业单位及其职工。

基本医疗保险费的征缴范围:国有企业、城镇集体企业、外商投资企业、城镇私营企业和其他城镇企业及其职工,国家机关及其工作人员,事业单位及其职工,民办非企业单位及其职工,社会团体及其专职人员。

失业保险费的征缴范围:国有企业、城镇集体企业、外商投资企业、城镇私营企业和其他城镇企业及其职工,事业单位及其职工。

省、自治区、直辖市人民政府根据当地实际情况,可以规定将城镇个体工商户纳入基本养老保险、基本医疗保险的范围,并可以规定将社会团体及其专职人员、民办非企业单位及其职工以及有雇工的城镇个体工商户及其雇工纳入失业保险的范围。

社会保险费的费基、费率依照有关法律、行政法规和国务院的规定执行。

第四条 缴费单位、缴费个人应当按时足额缴纳社会保险费。

征缴的社会保险费纳入社会保险基金,专款专用,任何单位和个人不得挪用。

第五条 国务院劳动保障行政部门负责全国的社会保险费征缴管理和监督检查工作。县级以上地方各级人民政府劳动保障行政部门负责本行政区域内的社会保险费征缴管理和监督检查工作。

第六条 社会保险费实行三项社会保险费集中、统一征收。社会保险费的征收机构由省、自治区、直辖市人民政府规定,可以由税务机关征收,也可以由劳动保障行政部门按照国务院规定设立的社会保险经办机构(以下简称社会保险经办机构)征收。

第二章 征缴管理

第七条 缴费单位必须向当地社会保险经办机构办理社会保险登记,参加社会保险。

登记事项包括:单位名称、住所、经营地点、单位类型、法定代表人或者负责人、开户银行账号以及国务院劳动保障行政部门规定的其他事项。

第八条 企业在办理登记注册时,同步办理社会保险登记。

前款规定以外的缴费单位应当自成立之日起30日内,向当地社会保险经办机构申请办理社会保险登记。

第九条 缴费单位的社会保险登记事项发生变更或者缴费单位依法终止的,应当自变更或者终止之日起30日内,到社会保险经办机构办理变更或者注销社会保险登记手续。

第十条 缴费单位必须按月向社会保险经办机构申报应缴纳的社会保险费数额,经社会保险经办机构核定后,在规定的期限内缴纳社会保险费。

缴费单位不按规定申报应缴纳的社会保险费数额的,由社会保险经办机构暂按该单位上月缴费数额的110%确定应缴数额;没有上月缴费数额的,由社会保险经办机构暂按该单位的经营状况、职工人数等有关情况确定应缴数额。缴费单位补办申报手续并按核定数额缴纳社会保险费后,由社会保险经办机构按照规定结算。

第十一条 省、自治区、直辖市人民政府规定由税务机关征收社会保险费的,社会保险经办机构应当及时向税务机关提供缴费单位社会保险登记、变更登记、注销登记以及缴费申报的情况。

第十二条 缴费单位和缴费个人应当以货币形式全额缴纳社会保险费。

缴费个人应当缴纳的社会保险费，由所在单位从其本人工资中代扣代缴。

社会保险费不得减免。

第十三条 缴费单位未按规定缴纳和代扣代缴社会保险费的，由劳动保障行政部门或者税务机关责令限期缴纳；逾期仍不缴纳的，除补缴欠缴数额外，从欠缴之日起，按日加收2‰的滞纳金。滞纳金并入社会保险基金。

第十四条 征收的社会保险费存入财政部门在国有商业银行开设的社会保障基金财政专户。

社会保险基金按照不同险种的统筹范围，分别建立基本养老保险基金、基本医疗保险基金、失业保险基金。各项社会保险基金分别单独核算。

社会保险基金不计征税、费。

第十五条 省、自治区、直辖市人民政府规定由税务机关征收社会保险费的，税务机关应当及时向社会保险经办机构提供缴费单位和缴费个人的缴费情况；社会保险经办机构应当将有关情况汇总，报劳动保障行政部门。

第十六条 社会保险经办机构应当建立缴费记录，其中基本养老保险、基本医疗保险并应当按照规定记录个人账户。社会保险经办机构负责保存缴费记录，并保证其完整、安全。社会保险经办机构应当至少每年向缴费个人发送一次基本养老保险、基本医疗保险个人账户通知单。

缴费单位、缴费个人有权按照规定查询缴费记录。

第三章 监督检查

第十七条 缴费单位应当每年向本单位职工公布本单位全年社会保险费缴纳情况，接受职工监督。

社会保险经办机构应当定期向社会公告社会保险费征收情况，接受社会监督。

第十八条 按照省、自治区、直辖市人民政府关于社会保险费征缴机构的规定，劳动保障行政部门或者税务机关依法对单位缴费情况进行检查时，被检查的单位应当提供与缴纳社会保险费有关的用人情况、工资表、财务报表等资料，如实反映情况，不得拒绝检查，不得谎报、瞒报。劳动保障行政部门或者税务机关可以记述、录音、录像、照相和复制有关资料；但是，应当为缴费单位保密。

劳动保障行政部门、税务机关的工作人员在行使前款所列职权时，应当出示执行公务证件。

第十九条 劳动保障行政部门或者税务机关调查社会保险费征缴违法案件时，有关部门、单位应当给予支持、协助。

第二十条 社会保险经办机构受劳动保障行政部门的委托，可以进行与社会保险费征缴有关的检查、调查工作。

第二十一条 任何组织和个人对有关社会保险费征缴的违法行为，有权举报。劳动保障行政部门或者税务机关对举报应当及时调查，按照规定处理，并为举报人保密。

第二十二条 社会保险基金实行收支两条线管理，由财政部门依法进行监督。

审计部门依法对社会保险基金的收支情况进行监督。

第四章 罚 则

第二十三条 缴费单位未按照规定办理社会保险登记、变更登记或者注销登记，或者未按规定申报应缴纳的社会保险费数额的，由劳动保障行政部门责令限期改正；情节严重的，对直接负责的主管人员和其他直接责任人员可以处1000元以上5000元以下的罚款；情节特别严重的，对直接负责的主管人员和其他直接责任人员可以处5000元以上1万元以下的罚款。

第二十四条 缴费单位违反有关财务、会计、统计的法律、行政法规和国家有关规定，伪造、变造、故意毁灭有关账册、材料，或者不设账册，致使社会保险费缴费基数无法确定的，除依照有关法律、行政法规的规定给予行政处罚、纪律处分、刑事处罚外，依照本条例第十条的规定征缴；迟延缴纳的，由劳动保障行政部门或者税务机关依照本条例第十三条的规定决定加收滞纳金，并对直接负责的主管人员和其他直接责任人员处5000元以上2万元以下的罚款。

第二十五条 缴费单位和缴费个人对劳动保障行政部门或者税务机关的处罚决定不服的，可以依法申请复议；对复议决定不服的，可以依法提起诉讼。

第二十六条 缴费单位逾期拒不缴纳社会保险费、滞纳金的，由劳动保障行政部门或者税务机关申请人民法院依法强制征缴。

第二十七条 劳动保障行政部门、社会保险经办机构或者税务机关的工作人员滥用职权、徇私舞弊、玩忽职守，致使社会保险费流失的，由劳动保障行政部门或者税务机关追回流失的社会保险费；构成犯罪的，依法追究刑事责任；尚不构成犯罪的，依法给予行政处分。

第二十八条 任何单位、个人挪用社会保险基金的，追回被挪用的社会保险基金；有违法所得的，没收违法所得,并入社会保险基金;构成犯罪的,依法追究刑事责任;尚不构成犯罪的,对直接负责的主管人员和其他直接责任人员依法给予行政处分。

第五章 附 则

第二十九条 省、自治区、直辖市人民政府根据本地实际情况,可以决定本条例适用于本行政区域内工伤保险费和生育保险费的征收、缴纳。

第三十条 税务机关、社会保险经办机构征收社会保险费,不得从社会保险基金中提取任何费用,所需经费列入预算,由财政拨付。

第三十一条 本条例自发布之日起施行。

住房公积金管理条例

· 1999年4月3日中华人民共和国国务院令第262号发布
· 根据2002年3月24日《国务院关于修改〈住房公积金管理条例〉的决定》第一次修订
· 根据2019年3月24日《国务院关于修改部分行政法规的决定》第二次修订

第一章 总 则

第一条 为了加强对住房公积金的管理,维护住房公积金所有者的合法权益,促进城镇住房建设,提高城镇居民的居住水平,制定本条例。

第二条 本条例适用于中华人民共和国境内住房公积金的缴存、提取、使用、管理和监督。

本条例所称住房公积金,是指国家机关、国有企业、城镇集体企业、外商投资企业、城镇私营企业及其他城镇企业、事业单位、民办非企业单位、社会团体(以下统称单位)及其在职职工缴存的长期住房储金。

第三条 职工个人缴存的住房公积金和职工所在单位为职工缴存的住房公积金,属于职工个人所有。

第四条 住房公积金的管理实行住房公积金管理委员会决策、住房公积金管理中心运作、银行专户存储、财政监督的原则。

第五条 住房公积金应当用于职工购买、建造、翻建、大修自住住房,任何单位和个人不得挪作他用。

第六条 住房公积金的存、贷利率由中国人民银行提出,经征求国务院建设行政主管部门的意见后,报国务院批准。

第七条 国务院建设行政主管部门会同国务院财政部门、中国人民银行拟定住房公积金政策,并监督执行。

省、自治区人民政府建设行政主管部门会同同级财政部门以及中国人民银行分支机构,负责本行政区域内住房公积金管理法规、政策执行情况的监督。

第二章 机构及其职责

第八条 直辖市和省、自治区人民政府所在地的市以及其他设区的市(地、州、盟),应当设立住房公积金管理委员会,作为住房公积金管理的决策机构。住房公积金管理委员会的成员中,人民政府负责人和建设、财政、人民银行等有关部门负责人以及有关专家占1/3,工会代表和职工代表占1/3,单位代表占1/3。

住房公积金管理委员会主任应当由具有社会公信力的人士担任。

第九条 住房公积金管理委员会在住房公积金管理方面履行下列职责:

(一)依据有关法律、法规和政策,制定和调整住房公积金的具体管理措施,并监督实施;

(二)根据本条例第十八条的规定,拟订住房公积金的具体缴存比例;

(三)确定住房公积金的最高贷款额度;

(四)审批住房公积金归集、使用计划;

(五)审议住房公积金增值收益分配方案;

(六)审批住房公积金归集、使用计划执行情况的报告。

第十条 直辖市和省、自治区人民政府所在地的市以及其他设区的市(地、州、盟)应当按照精简、效能的原则,设立一个住房公积金管理中心,负责住房公积金的管理运作。县(市)不设立住房公积金管理中心。

前款规定的住房公积金管理中心可以在有条件的县(市)设立分支机构。住房公积金管理中心与其分支机构应当实行统一的规章制度,进行统一核算。

住房公积金管理中心是直属城市人民政府的不以营利为目的的独立的事业单位。

第十一条 住房公积金管理中心履行下列职责:

(一)编制、执行住房公积金的归集、使用计划;

(二)负责记载职工住房公积金的缴存、提取、使用等情况;

(三)负责住房公积金的核算;

(四)审批住房公积金的提取、使用;

(五)负责住房公积金的保值和归还;

(六)编制住房公积金归集、使用计划执行情况的报告;

(七)承办住房公积金管理委员会决定的其他事项。

第十二条 住房公积金管理委员会应当按照中国人

民银行的有关规定,指定受委托办理住房公积金金融业务的商业银行(以下简称受委托银行);住房公积金管理中心应当委托受委托银行办理住房公积金贷款、结算等金融业务和住房公积金账户的设立、缴存、归还等手续。

住房公积金管理中心应当与受委托银行签订委托合同。

第三章 缴 存

第十三条 住房公积金管理中心应当在受委托银行设立住房公积金专户。

单位应当向住房公积金管理中心办理住房公积金缴存登记,并为本单位职工办理住房公积金账户设立手续。每个职工只能有一个住房公积金账户。

住房公积金管理中心应当建立职工住房公积金明细账,记载职工个人住房公积金的缴存、提取等情况。

第十四条 新设立的单位应当自设立之日起30日内向住房公积金管理中心办理住房公积金缴存登记,并自登记之日起20日内,为本单位职工办理住房公积金账户设立手续。

单位合并、分立、撤销、解散或者破产的,应当自发生上述情况之日起30日内由原单位或者清算组织向住房公积金管理中心办理变更登记或者注销登记,并自办妥变更登记或者注销登记之日起20日内,为本单位职工办理住房公积金账户转移或者封存手续。

第十五条 单位录用职工的,应当自录用之日起30日内向住房公积金管理中心办理缴存登记,并办理职工住房公积金账户的设立或者转移手续。

单位与职工终止劳动关系的,单位应当自劳动关系终止之日起30日内向住房公积金管理中心办理变更登记,并办理职工住房公积金账户转移或者封存手续。

第十六条 职工住房公积金的月缴存额为职工本人上一年度月平均工资乘以职工住房公积金缴存比例。

单位为职工缴存的住房公积金的月缴存额为职工本人上一年度月平均工资乘以单位住房公积金缴存比例。

第十七条 新参加工作的职工从参加工作的第二个月开始缴存住房公积金,月缴存额为职工本人当月工资乘以职工住房公积金缴存比例。

单位新调入的职工从调入单位发放工资之日起缴存住房公积金,月缴存额为职工本人当月工资乘以职工住房公积金缴存比例。

第十八条 职工和单位住房公积金的缴存比例均不得低于职工上一年度月平均工资的5%;有条件的城市,可以适当提高缴存比例。具体缴存比例由住房公积金管理委员会拟订,经本级人民政府审核后,报省、自治区、直辖市人民政府批准。

第十九条 职工个人缴存的住房公积金,由所在单位每月从其工资中代扣代缴。

单位应当于每月发放职工工资之日起5日内将单位缴存的和为职工代缴的住房公积金汇缴到住房公积金专户内,由受委托银行计入职工住房公积金账户。

第二十条 单位应当按时、足额缴存住房公积金,不得逾期缴存或者少缴。

对缴存住房公积金确有困难的单位,经本单位职工代表大会或者工会讨论通过,并经住房公积金管理中心审核,报住房公积金管理委员会批准后,可以降低缴存比例或者缓缴;待单位经济效益好转后,再提高缴存比例或者补缴缓缴。

第二十一条 住房公积金自存入职工住房公积金账户之日起按照国家规定的利率计息。

第二十二条 住房公积金管理中心应当为缴存住房公积金的职工发放缴存住房公积金的有效凭证。

第二十三条 单位为职工缴存的住房公积金,按照下列规定列支:

(一)机关在预算中列支;

(二)事业单位由财政部门核定收支后,在预算或者费用中列支;

(三)企业在成本中列支。

第四章 提取和使用

第二十四条 职工有下列情形之一的,可以提取职工住房公积金账户内的存储余额:

(一)购买、建造、翻建、大修自住住房的;

(二)离休、退休的;

(三)完全丧失劳动能力,并与单位终止劳动关系的;

(四)出境定居的;

(五)偿还购房贷款本息的;

(六)房租超出家庭工资收入的规定比例的。

依照前款第(二)、(三)、(四)项规定,提取职工住房公积金的,应当同时注销职工住房公积金账户。

职工死亡或者被宣告死亡的,职工的继承人、受遗赠人可以提取职工住房公积金账户内的存储余额;无继承人也无受遗赠人的,职工住房公积金账户内的存储余额纳入住房公积金的增值收益。

第二十五条 职工提取住房公积金账户内的存储余额的,所在单位应当予以核实,并出具提取证明。

职工应当持提取证明向住房公积金管理中心申请提取住房公积金。住房公积金管理中心应当自受理申请之日起3日内作出准予提取或者不准提取的决定，并通知申请人；准予提取的，由受委托银行办理支付手续。

第二十六条 缴存住房公积金的职工，在购买、建造、翻建、大修自住住房时，可以向住房公积金管理中心申请住房公积金贷款。

住房公积金管理中心应当自受理申请之日起15日内作出准予贷款或者不准贷款的决定，并通知申请人；准予贷款的，由受委托银行办理贷款手续。

住房公积金贷款的风险，由住房公积金管理中心承担。

第二十七条 申请人申请住房公积金贷款的，应当提供担保。

第二十八条 住房公积金管理中心在保证住房公积金提取和贷款的前提下，经住房公积金管理委员会批准，可以将住房公积金用于购买国债。

住房公积金管理中心不得向他人提供担保。

第二十九条 住房公积金的增值收益应当存入住房公积金管理中心在受委托银行开立的住房公积金增值收益专户，用于建立住房公积金贷款风险准备金、住房公积金管理中心的管理费用和建设城市廉租住房的补充资金。

第三十条 住房公积金管理中心的管理费用，由住房公积金管理中心按照规定的标准编制全年预算支出总额，报本级人民政府财政部门批准后，从住房公积金增值收益中上交本级财政，由本级财政拨付。

住房公积金管理中心的管理费用标准，由省、自治区、直辖市人民政府建设行政主管部门会同同级财政部门按照略高于国家规定的事业单位费用标准制定。

第五章 监 督

第三十一条 地方有关人民政府财政部门应当加强对本行政区域内住房公积金归集、提取和使用情况的监督，并向本级人民政府的住房公积金管理委员会通报。

住房公积金管理中心在编制住房公积金归集、使用计划时，应当征求财政部门的意见。

住房公积金管理委员会在审批住房公积金归集、使用计划和计划执行情况的报告时，必须有财政部门参加。

第三十二条 住房公积金管理中心编制的住房公积金年度预算、决算，应当经财政部门审核后，提交住房公积金管理委员会审议。

住房公积金管理中心应当每年定期向财政部门和住房公积金管理委员会报送财务报告，并将财务报告向社会公布。

第三十三条 住房公积金管理中心应当依法接受审计部门的审计监督。

第三十四条 住房公积金管理中心和职工有权督促单位按时履行下列义务：

（一）住房公积金的缴存登记或者变更、注销登记；

（二）住房公积金账户的设立、转移或者封存；

（三）足额缴存住房公积金。

第三十五条 住房公积金管理中心应当督促受委托银行及时办理委托合同约定的业务。

受委托银行应当按照委托合同的约定，定期向住房公积金管理中心提供有关的业务资料。

第三十六条 职工、单位有权查询本人、本单位住房公积金的缴存、提取情况，住房公积金管理中心、受委托银行不得拒绝。

职工、单位对住房公积金账户内的存储余额有异议的，可以申请受委托银行复核；对复核结果有异议的，可以申请住房公积金管理中心重新复核。受委托银行、住房公积金管理中心应当自收到申请之日起5日内给予书面答复。

职工有权揭发、检举、控告挪用住房公积金的行为。

第六章 罚 则

第三十七条 违反本条例的规定，单位不办理住房公积金缴存登记或者不为本单位职工办理住房公积金账户设立手续的，由住房公积金管理中心责令限期办理；逾期不办理的，处1万元以上5万元以下的罚款。

第三十八条 违反本条例的规定，单位逾期不缴或者少缴住房公积金的，由住房公积金管理中心责令限期缴存；逾期仍不缴存的，可以申请人民法院强制执行。

第三十九条 住房公积金管理委员会违反本条例规定审批住房公积金使用计划的，由国务院建设行政主管部门会同国务院财政部门或者由省、自治区人民政府建设行政主管部门会同同级财政部门，依据管理职权责令限期改正。

第四十条 住房公积金管理中心违反本条例规定，有下列行为之一的，由国务院建设行政主管部门或者省、自治区人民政府建设行政主管部门依据管理职权，责令限期改正；对负有责任的主管人员和其他直接责任人员，依法给予行政处分：

（一）未按照规定设立住房公积金专户的；

（二）未按照规定审批职工提取、使用住房公积金的；

(三) 未按照规定使用住房公积金增值收益的;

(四) 委托住房公积金管理委员会指定的银行以外的机构办理住房公积金金融业务的;

(五) 未建立职工住房公积金明细账的;

(六) 未为缴存住房公积金的职工发放缴存住房公积金的有效凭证的;

(七) 未按照规定用住房公积金购买国债的。

第四十一条 违反本条例规定,挪用住房公积金的,由国务院建设行政主管部门或者省、自治区人民政府建设行政主管部门依据管理职权,追回挪用的住房公积金,没收违法所得;对挪用或者批准挪用住房公积金的人民政府负责人和政府有关部门负责人以及住房公积金管理中心负有责任的主管人员和其他直接责任人员,依照刑法关于挪用公款罪或者其他罪的规定,依法追究刑事责任;尚不够刑事处罚的,给予降级或者撤职的行政处分。

第四十二条 住房公积金管理中心违反财政法规的,由财政部门依法给予行政处罚。

第四十三条 违反本条例规定,住房公积金管理中心向他人提供担保的,对直接负责的主管人员和其他直接责任人员依法给予行政处分。

第四十四条 国家机关工作人员在住房公积金监督管理工作中滥用职权、玩忽职守、徇私舞弊,构成犯罪的,依法追究刑事责任;尚不构成犯罪的,依法给予行政处分。

第七章 附 则

第四十五条 住房公积金财务管理和会计核算的办法,由国务院财政部门商国务院建设行政主管部门制定。

第四十六条 本条例施行前尚未办理住房公积金缴存登记和职工住房公积金账户设立手续的单位,应当自本条例施行之日起60日内到住房公积金管理中心办理缴存登记,并到受委托银行办理职工住房公积金账户设立手续。

第四十七条 本条例自发布之日起施行。

城市居民最低生活保障条例

- 国务院第21次常务会议通过
- 1999年9月28日中华人民共和国国务院令第271号发布
- 自1999年10月1日起施行

第一条 为了规范城市居民最低生活保障制度,保障城市居民基本生活,制定本条例。

第二条 持有非农业户口的城市居民,凡共同生活的家庭成员人均收入低于当地城市居民最低生活保障标准的,均有从当地人民政府获得基本生活物质帮助的权利。

前款所称收入,是指共同生活的家庭成员的全部货币收入和实物收入,包括法定赡养人、扶养人或者抚养人应当给付的赡养费、扶养费或者抚养费,不包括优抚对象按照国家规定享受的抚恤金、补助金。

第三条 城市居民最低生活保障制度遵循保障城市居民基本生活的原则,坚持国家保障与社会帮扶相结合、鼓励劳动自救的方针。

第四条 城市居民最低生活保障制度实行地方各级人民政府负责制。县级以上地方各级人民政府民政部门具体负责本行政区域内城市居民最低生活保障的管理工作;财政部门按照规定落实城市居民最低生活保障资金;统计、物价、审计、劳动保障和人事等部门分工负责,在各自的职责范围内负责城市居民最低生活保障的有关工作。

县级人民政府民政部门以及街道办事处和镇人民政府(以下统称管理审批机关)负责城市居民最低生活保障的具体管理审批工作。

居民委员会根据管理审批机关的委托,可以承担城市居民最低生活保障的日常管理、服务工作。

国务院民政部门负责全国城市居民最低生活保障的管理工作。

第五条 城市居民最低生活保障所需资金,由地方人民政府列入财政预算,纳入社会救济专项资金支出项目,专项管理,专款专用。

国家鼓励社会组织和个人为城市居民最低生活保障提供捐赠、资助;所提供的捐赠资助,全部纳入当地城市居民最低生活保障资金。

第六条 城市居民最低生活保障标准,按照当地维持城市居民基本生活所必需的衣、食、住费用,并适当考虑水电燃煤(燃气)费用以及未成年人的义务教育费用确定。

直辖市、设区的市的城市居民最低生活保障标准,由市人民政府民政部门会同财政、统计、物价等部门制定,报本级人民政府批准并公布执行;县(县级市)的城市居民最低生活保障标准,由县(县级市)人民政府民政部门会同财政、统计、物价等部门制定,报本级人民政府批准并报上一级人民政府备案后公布执行。

城市居民最低生活保障标准需要提高时,依照前两款的规定重新核定。

第七条 申请享受城市居民最低生活保障待遇,由户主向户籍所在地的街道办事处或者镇人民政府提出书面申请,并出具有关证明材料,填写《城市居民最低生活保障待遇审批表》。城市居民最低生活保障待遇,由其所在地的街道办事处或者镇人民政府初审,并将有关材料和初审意见报送县级人民政府民政部门审批。

管理审批机关为审批城市居民最低生活保障待遇的需要,可以通过入户调查、邻里访问以及信函索证等方式对申请人的家庭经济状况和实际生活水平进行调查核实。申请人及有关单位、组织或者个人应当接受调查,如实提供有关情况。

第八条 县级人民政府民政部门经审查,对符合享受城市居民最低生活保障待遇条件的家庭,应当区分下列不同情况批准其享受城市居民最低生活保障待遇:

(一)对无生活来源、无劳动能力又无法定赡养人、扶养人或者抚养人的城市居民,批准其按照当地城市居民最低生活保障标准全额享受;

(二)对尚有一定收入的城市居民,批准其按照家庭人均收入低于当地城市居民最低生活保障标准的差额享受。

县级人民政府民政部门经审查,对不符合享受城市居民最低生活保障待遇条件的,应当书面通知申请人,并说明理由。

管理审批机关应当自接到申请人提出申请之日起的30日内办结审批手续。

城市居民最低生活保障待遇由管理审批机关以货币形式按月发放;必要时,也可以给付实物。

第九条 对经批准享受城市居民最低生活保障待遇的城市居民,由管理审批机关采取适当形式以户为单位予以公布,接受群众监督。任何人对不符合法定条件而享受城市居民最低生活保障待遇的,都有权向管理审批机关提出意见;管理审批机关经核查,对情况属实的,应当予以纠正。

第十条 享受城市居民最低生活保障待遇的城市居民家庭人均收入情况发生变化的,应当及时通过居民委员会告知管理审批机关,办理停发、减发或者增发城市居民最低生活保障待遇的手续。

管理审批机关应当对享受城市居民最低生活保障待遇的城市居民的家庭收入情况定期进行核查。

在就业年龄内有劳动能力但尚未就业的城市居民,在享受城市居民最低生活保障待遇期间,应当参加其所在的居民委员会组织的公益性社区服务劳动。

第十一条 地方各级人民政府及其有关部门,应当对享受城市居民最低生活保障待遇的城市居民在就业、从事个体经营等方面给予必要的扶持和照顾。

第十二条 财政部门、审计部门依法监督城市居民最低生活保障资金的使用情况。

第十三条 从事城市居民最低生活保障管理审批工作的人员有下列行为之一的,给予批评教育,依法给予行政处分;构成犯罪的,依法追究刑事责任:

(一)对符合享受城市居民最低生活保障待遇条件的家庭拒不签署同意享受城市居民最低生活保障待遇意见的,或者对不符合享受城市居民最低生活保障待遇条件的家庭故意签署同意享受城市居民最低生活保障待遇意见的;

(二)玩忽职守、徇私舞弊,或者贪污、挪用、扣压、拖欠城市居民最低生活保障款物的。

第十四条 享受城市居民最低生活保障待遇的城市居民有下列行为之一的,由县级人民政府民政部门给予批评教育或者警告,追回其冒领的城市居民最低生活保障款物;情节恶劣的,处冒领金额1倍以上3倍以下的罚款:

(一)采取虚报、隐瞒、伪造等手段,骗取享受城市居民最低生活保障待遇的;

(二)在享受城市居民最低生活保障待遇期间家庭收入情况好转,不按规定告知管理审批机关,继续享受城市居民最低生活保障待遇的。

第十五条 城市居民对县级人民政府民政部门作出的不批准享受城市居民最低生活保障待遇或者减发、停发城市居民最低生活保障款物的决定或者给予的行政处罚不服,可以依法申请行政复议;对复议决定仍不服的,可以依法提起行政诉讼。

第十六条 省、自治区、直辖市人民政府可以根据本条例,结合本行政区域城市居民最低生活保障工作的实际情况,规定实施的办法和步骤。

第十七条 本条例自1999年10月1日起施行。

社会救助暂行办法

- 2014年2月21日中华人民共和国国务院令第649号公布
- 根据2019年3月2日《国务院关于修改部分行政法规的决定》修订

第一章 总 则

第一条 为了加强社会救助，保障公民的基本生活，促进社会公平，维护社会和谐稳定，根据宪法，制定本办法。

第二条 社会救助制度坚持托底线、救急难、可持续，与其他社会保障制度相衔接，社会救助水平与经济社会发展水平相适应。

社会救助工作应当遵循公开、公平、公正、及时的原则。

第三条 国务院民政部门统筹全国社会救助体系建设。国务院民政、应急管理、卫生健康、教育、住房城乡建设、人力资源社会保障、医疗保障等部门，按照各自职责负责相应的社会救助管理工作。

县级以上地方人民政府民政、应急管理、卫生健康、教育、住房城乡建设、人力资源社会保障、医疗保障等部门，按照各自职责负责本行政区域内相应的社会救助管理工作。

前两款所列行政部门统称社会救助管理部门。

第四条 乡镇人民政府、街道办事处负责有关社会救助的申请受理、调查审核，具体工作由社会救助经办机构或者经办人员承担。

村民委员会、居民委员会协助做好有关社会救助工作。

第五条 县级以上人民政府应当将社会救助纳入国民经济和社会发展规划，建立健全政府领导、民政部门牵头、有关部门配合、社会力量参与的社会救助工作协调机制，完善社会救助资金、物资保障机制，将政府安排的社会救助资金和社会救助工作经费纳入财政预算。

社会救助资金实行专项管理，分账核算，专款专用，任何单位或者个人不得挤占挪用。社会救助资金的支付，按照财政国库管理的有关规定执行。

第六条 县级以上人民政府应当按照国家统一规划建立社会救助管理信息系统，实现社会救助信息互联互通、资源共享。

第七条 国家鼓励、支持社会力量参与社会救助。

第八条 对在社会救助工作中作出显著成绩的单位、个人，按照国家有关规定给予表彰、奖励。

第二章 最低生活保障

第九条 国家对共同生活的家庭成员人均收入低于当地最低生活保障标准，且符合当地最低生活保障家庭财产状况规定的家庭，给予最低生活保障。

第十条 最低生活保障标准，由省、自治区、直辖市或者设区的市级人民政府按照当地居民生活必需的费用确定、公布，并根据当地经济社会发展水平和物价变动情况适时调整。

最低生活保障家庭收入状况、财产状况的认定办法，由省、自治区、直辖市或者设区的市级人民政府按照国家有关规定制定。

第十一条 申请最低生活保障，按照下列程序办理：

（一）由共同生活的家庭成员向户籍所在地的乡镇人民政府、街道办事处提出书面申请；家庭成员申请有困难的，可以委托村民委员会、居民委员会代为提出申请。

（二）乡镇人民政府、街道办事处应当通过入户调查、邻里访问、信函索证、群众评议、信息核查等方式，对申请人的家庭收入状况、财产状况进行调查核实，提出初审意见，在申请人所在村、社区公示后报县级人民政府民政部门审批。

（三）县级人民政府民政部门经审查，对符合条件的申请予以批准，并在申请人所在村、社区公布；对不符合条件的申请不予批准，并书面向申请人说明理由。

第十二条 对批准获得最低生活保障的家庭，县级人民政府民政部门按照共同生活的家庭成员人均收入低于当地最低生活保障标准的差额，按月发给最低生活保障金。

对获得最低生活保障后生活仍有困难的老年人、未成年人、重度残疾人和重病患者，县级以上地方人民政府应当采取必要措施给予生活保障。

第十三条 最低生活保障家庭的人口状况、收入状况、财产状况发生变化的，应当及时告知乡镇人民政府、街道办事处。

县级人民政府民政部门以及乡镇人民政府、街道办事处应当对获得最低生活保障家庭的人口状况、收入状况、财产状况定期核查。

最低生活保障家庭的人口状况、收入状况、财产状况发生变化的，县级人民政府民政部门应当及时决定增发、减发或者停发最低生活保障金；决定停发最低生活保障金的，应当书面说明理由。

第三章 特困人员供养

第十四条 国家对无劳动能力、无生活来源且无法定赡养、抚养、扶养义务人，或者其法定赡养、抚养、扶养义务人无赡养、抚养、扶养能力的老年人、残疾人以及未满16周岁的未成年人，给予特困人员供养。

第十五条 特困人员供养的内容包括：
（一）提供基本生活条件；
（二）对生活不能自理的给予照料；
（三）提供疾病治疗；
（四）办理丧葬事宜。

特困人员供养标准，由省、自治区、直辖市或者设区的市级人民政府确定、公布。

特困人员供养应当与城乡居民基本养老保险、基本医疗保障、最低生活保障、孤儿基本生活保障等制度相衔接。

第十六条 申请特困人员供养，由本人向户籍所在地的乡镇人民政府、街道办事处提出书面申请；本人申请有困难的，可以委托村民委员会、居民委员会代为提出申请。

特困人员供养的审批程序适用本办法第十一条规定。

第十七条 乡镇人民政府、街道办事处应当及时了解掌握居民的生活情况，发现符合特困供养条件的人员，应当主动为其依法办理供养。

第十八条 特困供养人员不再符合供养条件的，村民委员会、居民委员会或者供养服务机构应当告知乡镇人民政府、街道办事处，由乡镇人民政府、街道办事处审核并报县级人民政府民政部门核准后，终止供养并予以公示。

第十九条 特困供养人员可以在当地的供养服务机构集中供养，也可以在家分散供养。特困供养人员可以自行选择供养形式。

第四章　受灾人员救助

第二十条 国家建立健全自然灾害救助制度，对基本生活受到自然灾害严重影响的人员，提供生活救助。

自然灾害救助实行属地管理，分级负责。

第二十一条 设区的市级以上人民政府和自然灾害多发、易发地区的县级人民政府应当根据自然灾害特点、居民人口数量和分布等情况，设立自然灾害救助物资储备库，保障自然灾害发生后救助物资的紧急供应。

第二十二条 自然灾害发生后，县级以上人民政府或者人民政府的自然灾害救助应急综合协调机构应当根据情况紧急疏散、转移、安置受灾人员，及时为受灾人员提供必要的食品、饮用水、衣被、取暖、临时住所、医疗防疫等应急救助。

第二十三条 灾情稳定后，受灾地区县级以上人民政府应当评估、核定并发布自然灾害损失情况。

第二十四条 受灾地区人民政府应当在确保安全的前提下，对住房损毁严重的受灾人员进行过渡性安置。

第二十五条 自然灾害危险消除后，受灾地区人民政府应急管理等部门应当及时核实本行政区域内居民住房恢复重建补助对象，并给予资金、物资等救助。

第二十六条 自然灾害发生后，受灾地区人民政府应当为因当年冬寒或者次年春荒遇到生活困难的受灾人员提供基本生活救助。

第五章　医疗救助

第二十七条 国家建立健全医疗救助制度，保障医疗救助对象获得基本医疗卫生服务。

第二十八条 下列人员可以申请相关医疗救助：
（一）最低生活保障家庭成员；
（二）特困供养人员；
（三）县级以上人民政府规定的其他特殊困难人员。

第二十九条 医疗救助采取下列方式：
（一）对救助对象参加城镇居民基本医疗保险或者新型农村合作医疗的个人缴费部分，给予补贴；
（二）对救助对象经基本医疗保险、大病保险和其他补充医疗保险支付后，个人及其家庭难以承担的符合规定的基本医疗自负费用，给予补助。

医疗救助标准，由县级以上人民政府按照经济社会发展水平和医疗救助资金情况确定、公布。

第三十条 申请医疗救助的，应当向乡镇人民政府、街道办事处提出，经审核、公示后，由县级人民政府医疗保障部门审批。最低生活保障家庭成员和特困供养人员的医疗救助，由县级人民政府医疗保障部门直接办理。

第三十一条 县级以上人民政府应当建立健全医疗救助与基本医疗保险、大病保险相衔接的医疗费用结算机制，为医疗救助对象提供便捷服务。

第三十二条 国家建立疾病应急救助制度，对需要急救但身份不明或者无力支付急救费用的急重危伤病患者给予救助。符合规定的急救费用由疾病应急救助基金支付。

疾病应急救助制度应当与其他医疗保障制度相衔接。

第六章　教育救助

第三十三条 国家对在义务教育阶段就学的最低生活保障家庭成员、特困供养人员，给予教育救助。

对在高中教育(含中等职业教育)、普通高等教育阶段就学的最低生活保障家庭成员、特困供养人员,以及不能入学接受义务教育的残疾儿童,根据实际情况给予适当教育救助。

第三十四条 教育救助根据不同教育阶段需求,采取减免相关费用、发放助学金、给予生活补助、安排勤工助学等方式实施,保障教育救助对象基本学习、生活需求。

第三十五条 教育救助标准,由省、自治区、直辖市人民政府根据经济社会发展水平和教育救助对象的基本学习、生活需求确定、公布。

第三十六条 申请教育救助,应当按照国家有关规定向就读学校提出,按规定程序审核、确认后,由学校按照国家有关规定实施。

第七章 住房救助

第三十七条 国家对符合规定标准的住房困难的最低生活保障家庭、分散供养的特困人员,给予住房救助。

第三十八条 住房救助通过配租公共租赁住房、发放住房租赁补贴、农村危房改造等方式实施。

第三十九条 住房困难标准和救助标准,由县级以上地方人民政府根据本行政区域经济社会发展水平、住房价格水平等因素确定、公布。

第四十条 城镇家庭申请住房救助的,应当经由乡镇人民政府、街道办事处或者直接向县级人民政府住房保障部门提出,经县级人民政府民政部门审核家庭收入、财产状况和县级人民政府住房保障部门审核家庭住房状况并公示后,对符合申请条件的申请人,由县级人民政府住房保障部门优先给予保障。

农村家庭申请住房救助的,按照县级以上人民政府有关规定执行。

第四十一条 各级人民政府按国家规定通过财政投入、用地供应等措施为实施住房救助提供保障。

第八章 就业救助

第四十二条 国家对最低生活保障家庭中有劳动能力并处于失业状态的成员,通过贷款贴息、社会保险补贴、岗位补贴、培训补贴、费用减免、公益性岗位安置等办法,给予就业救助。

第四十三条 最低生活保障家庭有劳动能力的成员均处于失业状态的,县级以上地方人民政府应当采取有针对性的措施,确保该家庭至少有一人就业。

第四十四条 申请就业救助的,应当向住所地街道、社区公共就业服务机构提出,公共就业服务机构核实后予以登记,并免费提供就业岗位信息、职业介绍、职业指导等就业服务。

第四十五条 最低生活保障家庭中有劳动能力但未就业的成员,应当接受人力资源社会保障等有关部门介绍的工作;无正当理由,连续3次拒绝接受介绍的与其健康状况、劳动能力等相适应的工作的,县级人民政府民政部门应当决定减发或者停发其本人的最低生活保障金。

第四十六条 吸纳就业救助对象的用人单位,按照国家有关规定享受社会保险补贴、税收优惠、小额担保贷款等就业扶持政策。

第九章 临时救助

第四十七条 国家对因火灾、交通事故等意外事件,家庭成员突发重大疾病等原因,导致基本生活暂时出现严重困难的家庭,或者因生活必需支出突然增加超出家庭承受能力,导致基本生活暂时出现严重困难的最低生活保障家庭,以及遭遇其他特殊困难的家庭,给予临时救助。

第四十八条 申请临时救助的,应当向乡镇人民政府、街道办事处提出,经审核、公示后,由县级人民政府民政部门审批;救助金额较小的,县级人民政府民政部门可以委托乡镇人民政府、街道办事处审批。情况紧急的,可以按照规定简化审批手续。

第四十九条 临时救助的具体事项、标准,由县级以上地方人民政府确定、公布。

第五十条 国家对生活无着的流浪、乞讨人员提供临时食宿、急病救治、协助返回等救助。

第五十一条 公安机关和其他有关行政机关的工作人员在执行公务时发现流浪、乞讨人员的,应当告知其向救助管理机构求助。对其中的残疾人、未成年人、老年人和行动不便的其他人员,应当引导、护送到救助管理机构;对突发急病人员,应当立即通知急救机构进行救治。

第十章 社会力量参与

第五十二条 国家鼓励单位和个人等社会力量通过捐赠、设立帮扶项目、创办服务机构、提供志愿服务等方式,参与社会救助。

第五十三条 社会力量参与社会救助,按照国家有关规定享受财政补贴、税收优惠、费用减免等政策。

第五十四条 县级以上地方人民政府可以将社会救助中的具体服务事项通过委托、承包、采购等方式,向社会力量购买服务。

第五十五条 县级以上地方人民政府应当发挥社会

工作服务机构和社会工作者作用,为社会救助对象提供社会融入、能力提升、心理疏导等专业服务。

第五十六条 社会救助管理部门及相关机构应当建立社会力量参与社会救助的机制和渠道,提供社会救助项目、需求信息,为社会力量参与社会救助创造条件、提供便利。

第十一章 监督管理

第五十七条 县级以上人民政府及其社会救助管理部门应当加强对社会救助工作的监督检查,完善相关监督管理制度。

第五十八条 申请或者已获得社会救助的家庭,应当按照规定如实申报家庭收入状况、财产状况。

县级以上人民政府民政部门根据申请或者已获得社会救助家庭的请求、委托,可以通过户籍管理、税务、社会保险、不动产登记、工商登记、住房公积金管理、车船管理等单位和银行、保险、证券等金融机构,代为查询、核对其家庭收入状况、财产状况;有关单位和金融机构应当予以配合。

县级以上人民政府民政部门应当建立申请和已获得社会救助家庭经济状况信息核对平台,为审核认定社会救助对象提供依据。

第五十九条 县级以上人民政府社会救助管理部门和乡镇人民政府、街道办事处在履行社会救助职责过程中,可以查阅、记录、复制与社会救助事项有关的资料,询问与社会救助事项有关的单位、个人,要求其对相关情况作出说明,提供相关证明材料。有关单位、个人应当如实提供。

第六十条 申请社会救助,应当按照本办法的规定提出;申请人难以确定社会救助管理部门的,可以先向社会救助经办机构或者县级人民政府民政部门求助。社会救助经办机构或者县级人民政府民政部门接到求助后,应当及时办理或者转交其他社会救助管理部门办理。

乡镇人民政府、街道办事处应当建立统一受理社会救助申请的窗口,及时受理、转办申请事项。

第六十一条 履行社会救助职责的工作人员对在社会救助工作中知悉的公民个人信息,除按照规定应当公示的信息外,应当予以保密。

第六十二条 县级以上人民政府及其社会救助管理部门应当通过报刊、广播、电视、互联网等媒体,宣传社会救助法律、法规和政策。

县级人民政府及其社会救助管理部门应当通过公共查阅室、资料索取点、信息公告栏等便于公众知晓的途径,及时公开社会救助资金、物资的管理和使用等情况,接受社会监督。

第六十三条 履行社会救助职责的工作人员行使职权,应当接受社会监督。

任何单位、个人有权对履行社会救助职责的工作人员在社会救助工作中的违法行为进行举报、投诉。受理举报、投诉的机关应当及时核实、处理。

第六十四条 县级以上人民政府财政部门、审计机关依法对社会救助资金、物资的筹集、分配、管理和使用实施监督。

第六十五条 申请或者已获得社会救助的家庭或者人员,对社会救助管理部门作出的具体行政行为不服的,可以依法申请行政复议或者提起行政诉讼。

第十二章 法律责任

第六十六条 违反本办法规定,有下列情形之一的,由上级行政机关或者监察机关责令改正;对直接负责的主管人员和其他直接责任人员依法给予处分:

(一)对符合申请条件的救助申请不予受理的;

(二)对符合救助条件的救助申请不予批准的;

(三)对不符合救助条件的救助申请予以批准的;

(四)泄露在工作中知悉的公民个人信息,造成后果的;

(五)丢失、篡改接受社会救助款物、服务记录等数据的;

(六)不按照规定发放社会救助资金、物资或者提供相关服务的;

(七)在履行社会救助职责过程中有其他滥用职权、玩忽职守、徇私舞弊行为的。

第六十七条 违反本办法规定,截留、挤占、挪用、私分社会救助资金、物资的,由有关部门责令追回;有违法所得的,没收违法所得;对直接负责的主管人员和其他直接责任人员依法给予处分。

第六十八条 采取虚报、隐瞒、伪造等手段,骗取社会救助资金、物资或者服务的,由有关部门决定停止社会救助,责令退回非法获取的救助资金、物资,可以处非法获取的救助款额或者物资价值1倍以上3倍以下的罚款;构成违反治安管理行为的,依法给予治安管理处罚。

第六十九条 违反本办法规定,构成犯罪的,依法追究刑事责任。

第十三章 附 则

第七十条 本办法自2014年5月1日起施行。

最低生活保障审核确认办法

- 2021年6月11日
- 民发〔2021〕57号

第一章 总 则

第一条 为规范最低生活保障审核确认工作，根据《社会救助暂行办法》、《中共中央办公厅 国务院办公厅印发〈关于改革完善社会救助制度的意见〉的通知》及国家相关规定，制定本办法。

第二条 县级人民政府民政部门负责最低生活保障的审核确认工作，乡镇人民政府（街道办事处）负责最低生活保障的受理、初审工作。村（居）民委员会协助做好相关工作。

有条件的地方可按程序将最低生活保障审核确认权限下放至乡镇人民政府（街道办事处），县级民政部门加强监督指导。

第三条 县级以上地方人民政府民政部门应当加强本辖区内最低生活保障审核确认工作的规范管理和相关服务，促进最低生活保障工作公开、公平、公正。

第二章 申请和受理

第四条 申请最低生活保障以家庭为单位，由申请家庭确定一名共同生活的家庭成员作为申请人，向户籍所在地乡镇人民政府（街道办事处）提出书面申请；实施网上申请受理的地方，可以通过互联网提出申请。

第五条 共同生活的家庭成员户籍所在地不在同一省（自治区、直辖市）的，可以由其中一个户籍所在地与经常居住地一致的家庭成员向其户籍所在地提出申请；共同生活的家庭成员户籍所在地与经常居住地均不一致的，可由任一家庭成员向其户籍所在地提出申请。最低生活保障审核确认、资金发放等工作由申请受理地县级人民政府民政部门和乡镇人民政府（街道办事处）负责，其他有关县级人民政府民政部门和乡镇人民政府（街道办事处）应当配合做好相关工作。

共同生活的家庭成员户籍所在地在同一省（自治区、直辖市）但不在同一县（市、区、旗）的，最低生活保障的申请受理、审核确认等工作按照各省（自治区、直辖市）有关规定执行。

有条件的地区可以有序推进持有居住证人员在居住地申办最低生活保障。

第六条 共同生活的家庭成员申请有困难的，可以委托村（居）民委员会或者其他人代为提出申请。委托申请的，应当办理相应委托手续。

乡镇人民政府（街道办事处）、村（居）民委员会在工作中发现困难家庭可能符合条件，但是未申请最低生活保障的，应当主动告知其共同生活的家庭成员相关政策。

第七条 共同生活的家庭成员包括：

（一）配偶；

（二）未成年子女；

（三）已成年但不能独立生活的子女，包括在校接受全日制本科及以下学历教育的子女；

（四）其他具有法定赡养、扶养、抚养义务关系并长期共同居住的人员。

下列人员不计入共同生活的家庭成员：

（一）连续三年以上（含三年）脱离家庭独立生活的宗教教职人员；

（二）在监狱内服刑、在戒毒所强制隔离戒毒或者宣告失踪人员；

（三）省级人民政府民政部门根据本条原则和有关程序认定的其他人员。

第八条 符合下列情形之一的人员，可以单独提出申请：

（一）最低生活保障边缘家庭中持有中华人民共和国残疾人证的一级、二级重度残疾人和三级智力残疾人、三级精神残疾人；

（二）最低生活保障边缘家庭中患有当地有关部门认定的重特大疾病的人员；

（三）脱离家庭、在宗教场所居住三年以上（含三年）的生活困难的宗教教职人员；

（四）县级以上人民政府民政部门规定的其他特殊困难人员。

最低生活保障边缘家庭一般指不符合最低生活保障条件，家庭人均收入低于当地最低生活保障标准1.5倍，且财产状况符合相关规定的家庭。

第九条 申请最低生活保障，共同生活的家庭成员应当履行以下义务：

（一）按规定提交相关申请材料；

（二）承诺所提供的信息真实、完整；

（三）履行授权核对其家庭经济状况的相关手续；

（四）积极配合开展家庭经济状况调查。

第十条 乡镇人民政府（街道办事处）应当对提交的材料进行审查，材料齐备的，予以受理；材料不齐备的，应当一次性告知补齐所有规定材料；可以通过国家或地方政务服务平台查询获取的相关材料，不再要求重复提交。

第十一条 对于已经受理的最低生活保障家庭申请,共同生活家庭成员与最低生活保障经办人员或者村(居)民委员会成员有近亲属关系的,乡镇人民政府(街道办事处)应当单独登记备案。

第三章 家庭经济状况调查

第十二条 家庭经济状况指共同生活家庭成员拥有的全部家庭收入和家庭财产。

第十三条 家庭收入指共同生活的家庭成员在规定期限内获得的全部现金及实物收入。主要包括:

(一)工资性收入。工资性收入指就业人员通过各种途径得到的全部劳动报酬和各种福利并扣除必要的就业成本,包括因任职或者受雇而取得的工资、薪金、奖金、劳动分红、津贴、补贴以及与任职或者受雇有关的其他所得等。

(二)经营净收入。经营净收入指从事生产经营及有偿服务活动所获得全部经营收入扣除经营费用、生产性固定资产折旧和生产税之后得到的收入。包括从事种植、养殖、采集及加工等农林牧渔业的生产收入,从事工业、建筑业、手工业、交通运输业、批发和零售贸易业、餐饮业、文教卫生业和社会服务业等经营及有偿服务活动的收入等。

(三)财产净收入。财产净收入指出让动产和不动产,或将动产和不动产交由其他机构、单位或个人使用并扣除相关费用之后得到的收入,包括储蓄存款利息、有价证券红利、储蓄性保险投资以及其他股息和红利等收入,集体财产收入分红和其他动产收入,以及转租承包土地经营权、出租或者出让房产以及其他不动产收入等。

(四)转移净收入。转移净收入指转移性收入扣减转移性支出之后的收入。其中,转移性收入指国家、机关企事业单位、社会组织对居民的各种经常性转移支付和居民之间的经常性收入转移,包括赡养(抚养、扶养)费、离退休金、失业保险金、遗属补助金、赔偿收入、接受捐赠(赠送)收入等;转移性支出指居民对国家、企事业单位、社会组织、居民的经常性转移支出,包括缴纳的税款、各项社会保障支出、赡养支出以及其他经常性转移支出等。

(五)其他应当计入家庭收入的项目。

下列收入不计入家庭收入:

(一)国家规定的优待抚恤金、计划生育奖励与扶助金、奖学金、见义勇为等奖励性补助金;

(二)政府发放的各类社会救助款物;

(三)"十四五"期间,中央确定的城乡居民基本养老保险基础养老金;

(四)设区的市级以上地方人民政府规定的其他收入。

对于共同生活的家庭成员因残疾、患重病等增加的刚性支出、必要的就业成本等,在核算家庭收入时可按规定适当扣减。

第十四条 家庭财产指共同生活的家庭成员拥有的全部动产和不动产。动产主要包括银行存款、证券、基金、商业保险、债权、互联网金融资产以及车辆等。不动产主要包括房屋、林木等定着物。对于维持家庭生产生活的必需财产,可以在认定家庭财产状况时予以豁免。

第十五条 乡镇人民政府(街道办事处)应当自受理最低生活保障申请之日起3个工作日内,启动家庭经济状况调查工作。调查可以通过入户调查、邻里访问、信函索证或者提请县人民政府民政部门开展家庭经济状况信息核对等方式进行。

共同生活家庭成员经常居住地与户籍所在地不一致的,经常居住地县级人民政府民政部门和乡镇人民政府(街道办事处)应当配合开展家庭经济状况调查、动态管理等相关工作。

第十六条 乡镇人民政府(街道办事处)可以在村(居)民委员会协助下,通过下列方式对申请家庭的经济状况和实际生活情况予以调查核实。每组调查人员不得少于2人。

(一)入户调查。调查人员到申请家庭中了解家庭收入、财产情况和吃、穿、住、用等实际生活情况。入户调查结束后,调查人员应当填写入户调查表,并由调查人员和在场的共同生活家庭成员分别签字。

(二)邻里访问。调查人员到申请家庭所在村(居)民委员会和社区,走访了解其家庭收入、财产和实际生活状况。

(三)信函索证。调查人员以信函等方式向相关单位和部门索取有关佐证材料。

(四)其他调查方式。

发生重大突发事件时,前款规定的入户调查、邻里访问程序可以采取电话、视频等非接触方式进行。

第十七条 县级人民政府民政部门应当在收到乡镇人民政府(街道办事处)对家庭经济状况进行信息核对提请后3个工作日内,启动信息核对程序,根据工作需要,依法依规查询共同生活家庭成员的户籍、纳税记录、社会保险缴纳、不动产登记、市场主体登记、住房公积金缴纳、车船登记,以及银行存款、商业保险、证券、互联网金融资产等信息。

县级人民政府民政部门可以根据当地实际情况,通过家庭用水、用电、燃气、通讯等日常生活费用支出,以及是否存在高收费学校就读(含入托、出国留学)、出国旅游等情况,对家庭经济状况进行辅助评估。

第十八条 经家庭经济状况信息核对,不符合条件的最低生活保障申请,乡镇人民政府(街道办事处)应当及时告知申请人。

申请人有异议的,应当提供相关佐证材料;乡镇人民政府(街道办事处)应当组织开展复查。

第四章 审核确认

第十九条 乡镇人民政府(街道办事处)应当根据家庭经济状况调查核实情况,提出初审意见,并在申请家庭所在村、社区进行公示。公示期为7天。公示期满无异议的,乡镇人民政府(街道办事处)应当及时将申请材料、家庭经济状况调查核实结果、初审意见等相关材料报送县级人民政府民政部门。

公示有异议的,乡镇人民政府(街道办事处)应当对申请家庭的经济状况重新组织调查或者开展民主评议。调查或者民主评议结束后,乡镇人民政府(街道办事处)应当重新提出初审意见,连同申请材料、家庭经济状况调查核实结果等相关材料报送县级人民政府民政部门。

第二十条 县级人民政府民政部门应当自收到乡镇人民政府(街道办事处)上报的申请材料、家庭经济状况调查核实结果和初审意见等材料后10个工作日内,提出审核确认意见。

对单独登记备案或者在审核确认阶段接到投诉、举报的最低生活保障申请,县级人民政府民政部门应当入户调查。

第二十一条 县级人民政府民政部门经审核,对符合条件的申请予以确认同意,同时确定救助金额,发放最低生活保障证或确认通知书,并从作出确认同意决定之日下月起发放最低生活保障金。对不符合条件的申请不予确认同意,并应当在作出决定3个工作日内,通过乡镇人民政府(街道办事处)书面告知申请人并说明理由。

第二十二条 最低生活保障审核确认工作应当自受理之日起30个工作日之内完成;特殊情况下,可以延长至45个工作日。

第二十三条 最低生活保障金可以按照审核确定的申请家庭人均收入与当地最低生活保障标准的实际差额计算;也可以根据申请家庭困难程度和人员情况,采取分档方式计算。

第二十四条 县级人民政府民政部门应当在最低生活保障家庭所在村、社区公布最低生活保障申请人姓名、家庭成员数量、保障金额等信息。

信息公布应当依法保护个人隐私,不得公开无关信息。

第二十五条 最低生活保障金原则上实行社会化发放,通过银行、信用社等代理金融机构,按月支付到最低生活保障家庭的账户。

第二十六条 乡镇人民政府(街道办事处)或者村(居)民委会相关工作人员代为保管用于领取最低生活保障金的银行存折或银行卡的,应当与最低生活保障家庭成员签订书面协议并报县级人民政府民政部门备案。

第二十七条 对获得最低生活保障后生活仍有困难的老年人、未成年人、重度残疾人和重病患者,县级以上地方人民政府应当采取必要措施给予生活保障。

第二十八条 未经申请受理、家庭经济状况调查、审核确认等程序,不得将任何家庭或者个人直接纳入最低生活保障范围。

第五章 管理和监督

第二十九条 共同生活的家庭成员无正当理由拒不配合最低生活保障审核确认工作的,县级人民政府民政部门和乡镇人民政府(街道办事处)可以终止审核确认程序。

第三十条 最低生活保障家庭的人口状况、收入状况和财产状况发生变化的,应当及时告知乡镇人民政府(街道办事处)。

第三十一条 乡镇人民政府(街道办事处)应当对最低生活保障家庭的经济状况定期核查,并根据核查情况及时报县级人民政府民政部门办理最低生活保障金增发、减发、停发手续。

对短期内经济状况变化不大的最低生活保障家庭,乡镇人民政府(街道办事处)每年核查一次;对收入来源不固定、家庭成员有劳动能力的最低生活保障家庭,每半年核查一次。核查期内最低生活保障家庭的经济状况没有明显变化的,不再调整最低生活保障金额度。

发生重大突发事件时,前款规定的核查期限可以适当延长。

第三十二条 县级人民政府民政部门作出增发、减发、停发最低生活保障金决定,应当符合法定事由和规定程序;决定减发、停发最低生活保障金的,应当告知最低生活保障家庭成员并说明理由。

第三十三条 鼓励具备就业能力的最低生活保障家庭成员积极就业。对就业后家庭人均收入超过当地最低生活保障标准的最低生活保障家庭，县级人民政府民政部门可以给予一定时间的渐退期。

第三十四条　最低生活保障家庭中有就业能力但未就业的成员，应当接受人力资源社会保障等有关部门介绍的工作；无正当理由，连续3次拒绝接受介绍的与其健康状况、劳动能力等相适应的工作的，县级人民政府民政部门应当决定减发或者停发其本人的最低生活保障金。

第三十五条　县级以上人民政府民政部门应当加强对最低生活保障审核确认工作的监督检查，完善相关的监督检查制度。

第三十六条　县级以上地方人民政府民政部门和乡镇人民政府（街道办事处）应当公开社会救助服务热线，受理咨询、举报和投诉，接受社会和群众对最低生活保障审核确认工作的监督。

第三十七条　县级以上地方人民政府民政部门和乡镇人民政府（街道办事处）对接到的实名举报，应当逐一核查，并及时向举报人反馈核查处理结果。

第三十八条　申请或者已经获得最低生活保障的家庭成员对于民政部门作出的具体行政行为不服的，可以依法申请行政复议或者提起行政诉讼。

第三十九条　从事最低生活保障工作的人员存在滥用职权、玩忽职守、徇私舞弊、失职渎职等行为的，应当依法依规追究相关责任。对秉持公心、履职尽责但因客观原因出现失误偏差且能够及时纠正的，依法依规免于问责。

第六章　附　则

第四十条　省（自治区、直辖市）人民政府民政部门可以根据本办法，结合本地实际，制定实施细则，并报民政部备案。

第四十一条　本办法由民政部负责解释。

第四十二条　本办法自2021年7月1日起施行，2012年12月12日民政部印发的《最低生活保障审核审批办法（试行）》（民发〔2012〕220号）同时废止。

特困人员认定办法

- 2021年4月26日
- 民发〔2021〕43号

第一章　总　则

第一条　根据《社会救助暂行办法》、《国务院关于进一步健全特困人员救助供养制度的意见》、《中共中央办公厅 国务院办公厅印发〈关于改革完善社会救助制度的意见〉的通知》及国家相关规定，制定本办法。

第二条　特困人员认定工作应当遵循以下原则：
（一）应救尽救，应养尽养；
（二）属地管理，分级负责；
（三）严格规范，高效便民；
（四）公开、公平、公正。

第三条　县级以上地方人民政府民政部门统筹做好本行政区域内特困人员认定及救助供养工作。

县级人民政府民政部门负责特困人员认定的审核确认工作，乡镇人民政府（街道办事处）负责特困人员认定的受理、初审工作。村（居）民委员会协助做好相关工作。

第二章　认定条件

第四条　同时具备以下条件的老年人、残疾人和未成年人，应当依法纳入特困人员救助供养范围：
（一）无劳动能力；
（二）无生活来源；
（三）无法定赡养、抚养、扶养义务人或者其法定义务人无履行义务能力。

第五条　符合下列情形之一的，应当认定为本办法所称的无劳动能力：
（一）60周岁以上的老年人；
（二）未满16周岁的未成年人；
（三）残疾等级为一、二、三级的智力、精神残疾人，残疾等级为一、二级的肢体残疾人，残疾等级为一级的视力残疾人；
（四）省、自治区、直辖市人民政府规定的其他情形。

第六条　收入低于当地最低生活保障标准，且财产符合当地特困人员财产状况规定的，应当认定为本办法所称的无生活来源。

前款所称收入包括工资性收入、经营净收入、财产净收入、转移净收入等各类收入。中央确定的城乡居民基本养老保险基础养老金、基本医疗保险等社会保险和优待抚恤金、高龄津贴不计入在内。

第七条　特困人员财产状况认定标准由设区的市级以上地方人民政府民政部门制定，并报同级地方人民政府同意。

第八条　法定义务人符合下列情形之一的，应当认定为本办法所称的无履行义务能力：
（一）特困人员；
（二）60周岁以上的最低生活保障对象；
（三）70周岁以上的老年人，本人收入低于当地上年人均可支配收入，且其财产符合当地低收入家庭财产状况规定的；

（四）重度残疾人和残疾等级为三级的智力、精神残疾人，本人收入低于当地上年人均可支配收入，且其财产符合当地低收入家庭财产状况规定的；

（五）无民事行为能力、被宣告失踪或者在监狱服刑的人员，且其财产符合当地低收入家庭财产状况规定的；

（六）省、自治区、直辖市人民政府规定的其他情形。

第九条　同时符合特困人员救助供养条件和孤儿、事实无人抚养儿童认定条件的未成年人，选择申请纳入孤儿、事实无人抚养儿童基本生活保障范围的，不再认定为特困人员。

第三章　申请及受理

第十条　申请特困人员救助供养，应当由本人向户籍所在地乡镇人民政府（街道办事处）提出书面申请。本人申请有困难的，可以委托村（居）民委员会或者他人代为提出申请。

申请材料主要包括本人有效身份证明、劳动能力、生活来源、财产状况以及赡养、抚养、扶养情况的书面声明，承诺所提供信息真实、完整的承诺书，残疾人应当提供中华人民共和国残疾人证。

申请人及其法定义务人应当履行授权核查家庭经济状况的相关手续。

第十一条　乡镇人民政府（街道办事处）、村（居）民委员会应当及时了解掌握辖区内居民的生活情况，发现可能符合特困人员救助供养条件的，应当告知其救助供养政策，对因无民事行为能力或者限制民事行为能力等原因无法提出申请的，应当主动帮助其申请。

第十二条　乡镇人民政府（街道办事处）应当对申请人或者其代理人提交的材料进行审查，材料齐备的，予以受理；材料不齐备的，应当一次性告知申请人或者其代理人补齐所有规定材料。

第四章　审核确认

第十三条　乡镇人民政府（街道办事处）应当自受理申请之日起15个工作日内，通过入户调查、邻里访问、信函索证、信息核对等方式，对申请人的经济状况、实际生活状况以及赡养、抚养、扶养状况等进行调查核实，并提出初审意见。

申请人以及有关单位、组织或者个人应当配合调查，如实提供有关情况。村（居）民委员会应当协助乡镇人民政府（街道办事处）开展调查核实。

第十四条　调查核实过程中，乡镇人民政府（街道办事处）可视情组织民主评议，在村（居）民委员会协助下，对申请人书面声明内容的真实性、完整性及调查核实结果的客观性进行评议。

第十五条　乡镇人民政府（街道办事处）应当将初审意见及时在申请人所在村（社区）公示。公示期为7天。

公示期满无异议的，乡镇人民政府（街道办事处）应当将初审意见连同申请、调查核实等相关材料报送县级人民政府民政部门。对公示有异议的，乡镇人民政府（街道办事处）应当重新组织调查核实，在15个工作日内提出初审意见，并重新公示。

第十六条　县级人民政府民政部门应当全面审核乡镇人民政府（街道办事处）上报的申请材料、调查材料和初审意见，按照不低于30%的比例随机抽查核实，并在15个工作日内提出确认意见。

第十七条　对符合救助供养条件的申请，县级人民政府民政部门应当及时予以确认，建立救助供养档案，从确认之日下月起给予救助供养待遇，并通过乡镇人民政府（街道办事处）在申请人所在村（社区）公布。

第十八条　不符合条件、不予同意的，县级人民政府民政部门应当在作出决定3个工作日内，通过乡镇人民政府（街道办事处）书面告知申请人或者其代理人并说明理由。

第十九条　特困人员救助供养标准城乡不一致的地区，对于拥有承包土地或者参加农村集体经济收益分配的特困人员，一般给予农村特困人员救助供养待遇。实施易地扶贫搬迁至城镇地区的，给予城市特困人员救助供养待遇。

第五章　生活自理能力评估

第二十条　县级人民政府民政部门应当在乡镇人民政府（街道办事处）、村（居）民委员会协助下，对特困人员生活自理能力进行评估，并根据评估结果，确定特困人员应当享受的照料护理标准档次。

有条件的地方，可以委托第三方机构开展特困人员生活自理能力评估。

第二十一条　特困人员生活自理能力，一般依据以下6项指标综合评估：

（一）自主吃饭；

（二）自主穿衣；

（三）自主上下床；

（四）自主如厕；

（五）室内自主行走；

（六）自主洗澡。

第二十二条 根据本办法第二十一条规定内容，特困人员生活自理状况6项指标全部达到的，可以视为具备生活自理能力；有3项以下（含3项）指标不能达到的，可以视为部分丧失生活自理能力；有4项以上（含4项）指标不能达到的，可以视为完全丧失生活自理能力。

第二十三条 特困人员生活自理能力发生变化的，本人、照料服务人、村（居）民委员会或者供养服务机构应当通过乡镇人民政府（街道办事处）及时报告县级人民政府民政部门，县级人民政府民政部门应当自接到报告之日起10个工作日内组织复核评估，并根据评估结果及时调整特困人员生活自理能力认定类别。

第六章 终止救助供养

第二十四条 特困人员有下列情形之一的，应当及时终止救助供养：

（一）死亡或者被宣告死亡、被宣告失踪；

（二）具备或者恢复劳动能力；

（三）依法被判处刑罚，且在监狱服刑；

（四）收入和财产状况不再符合本办法第六条规定；

（五）法定义务人具有了履行义务能力或者新增具有履行义务能力的法定义务人；

（六）自愿申请退出救助供养。

特困人员中的未成年人，可继续享有救助供养待遇至18周岁；年满18周岁仍在接受义务教育或者在普通高中、中等职业学校就读的，可继续享有救助供养待遇。

第二十五条 特困人员不再符合救助供养条件的，本人、照料服务人、村（居）民委员会或者供养服务机构应当及时告知乡镇人民政府（街道办事处），由乡镇人民政府（街道办事处）调查核实并报县级人民政府民政部门核准。

县级人民政府民政部门、乡镇人民政府（街道办事处）在工作中发现特困人员不再符合救助供养条件的，应当及时办理终止救助供养手续。

第二十六条 对拟终止救助供养的特困人员，县级人民政府民政部门应当通过乡镇人民政府（街道办事处），在其所在村（社区）或者供养服务机构公示。公示期为7天。

公示期满无异议的，县级人民政府民政部门应当作出终止决定并从下月起终止救助供养。对公示有异议的，县级人民政府民政部门应当组织调查核实，在15个工作日内作出是否终止救助供养决定，并重新公示。

决定终止救助供养的，应当通过乡镇人民政府（街道办事处）将终止理由书面告知当事人、村（居）民委员会。

第二十七条 对终止救助供养的原特困人员，符合最低生活保障、临时救助等其他社会救助条件的，应当按规定及时纳入相应救助范围。

第七章 附 则

第二十八条 有条件的地方可将审核确认权限下放至乡镇人民政府（街道办事处），县级民政部门加强监督指导。

第二十九条 本办法自2021年7月1日起施行。2016年10月10日民政部印发的《特困人员认定办法》同时废止。

实施《中华人民共和国社会保险法》若干规定

- 2011年6月29日人力资源和社会保障部令第13号公布
- 自2011年7月1日起施行

为了实施《中华人民共和国社会保险法》（以下简称社会保险法），制定本规定。

第一章 关于基本养老保险

第一条 社会保险法第十五条规定的统筹养老金，按照国务院规定的基础养老金计发办法计发。

第二条 参加职工基本养老保险的个人达到法定退休年龄时，累计缴费不足十五年的，可以延长缴费至满十五年。社会保险法实施前参保、延长缴费五年后仍不足十五年的，可以一次性缴费至满十五年。

第三条 参加职工基本养老保险的个人达到法定退休年龄后，累计缴费不足十五年（含依照第二条规定延长缴费）的，可以申请转入户籍所在地新型农村社会养老保险或者城镇居民社会养老保险，享受相应的养老保险待遇。

参加职工基本养老保险的个人达到法定退休年龄后，累计缴费不足十五年（含依照第二条规定延长缴费），且未转入新型农村社会养老保险或者城镇居民社会养老保险的，个人可以书面申请终止职工基本养老保险关系。社会保险经办机构收到申请后，应当书面告知其转入新型农村社会养老保险或者城镇居民社会养老保险的权利以及终止职工基本养老保险关系的后果，经本人书面确认后，终止其职工基本养老保险关系，并将个人账户储存额一次性支付给本人。

第四条 参加职工基本养老保险的个人跨省流动就

业,达到法定退休年龄时累计缴费不足十五年的,按照《国务院办公厅关于转发人力资源社会保障部财政部城镇企业职工基本养老保险关系转移接续暂行办法的通知》(国办发〔2009〕66号)有关待遇领取地的规定确定继续缴费地后,按照本规定第二条办理。

第五条 参加职工基本养老保险的个人跨省流动就业,符合按月领取基本养老金条件时,基本养老金分段计算、统一支付的具体办法,按照《国务院办公厅关于转发人力资源社会保障部财政部城镇企业职工基本养老保险关系转移接续暂行办法的通知》(国办发〔2009〕66号)执行。

第六条 职工基本养老保险个人账户不得提前支取。个人在达到法定的领取基本养老金条件前离境定居的,其个人账户予以保留,达到法定领取条件时,按照国家规定享受相应的养老保险待遇。其中,丧失中华人民共和国国籍的,可以在其离境时或者离境后书面申请终止职工基本养老保险关系。社会保险经办机构收到申请后,应当书面告知其保留个人账户的权利以及终止职工基本养老保险关系的后果,经本人书面确认后,终止其职工基本养老保险关系,并将个人账户储存额一次性支付给本人。

参加职工基本养老保险的个人死亡后,其个人账户中的余额可以全部依法继承。

第二章 关于基本医疗保险

第七条 社会保险法第二十七条规定的退休人员享受基本医疗保险待遇的缴费年限按照各地规定执行。

参加职工基本医疗保险的个人,基本医疗保险关系转移接续时,基本医疗保险缴费年限累计计算。

第八条 参保人员在协议医疗机构发生的医疗费用,符合基本医疗保险药品目录、诊疗项目、医疗服务设施标准的,按照国家规定从基本医疗保险基金中支付。

参保人员确需急诊、抢救的,可以在非协议医疗机构就医;因抢救必须使用的药品可以适当放宽范围。参保人员急诊、抢救的医疗服务具体管理办法由统筹地区根据当地实际情况制定。

第三章 关于工伤保险

第九条 职工(包括非全日制从业人员)在两个或者两个以上用人单位同时就业的,各用人单位应当分别为职工缴纳工伤保险费。职工发生工伤,由职工受到伤害时工作的单位依法承担工伤保险责任。

第十条 社会保险法第三十七条第二项中的醉酒标准,按照《车辆驾驶人员血液、呼气酒精含量阈值与检验》(GB19522-2004)执行。公安机关交通管理部门、医疗机构等有关单位依法出具的检测结论、诊断证明等材料,可以作为认定醉酒的依据。

第十一条 社会保险法第三十八条第八项中的因工死亡补助金是指《工伤保险条例》第三十九条的一次性工亡补助金,标准为工伤发生时上一年度全国城镇居民人均可支配收入的20倍。

上一年度全国城镇居民人均可支配收入以国家统计局公布的数据为准。

第十二条 社会保险法第三十九条第一项治疗工伤期间的工资福利,按照《工伤保险条例》第三十三条有关职工在停工留薪期内应当享受的工资福利和护理等待遇的规定执行。

第四章 关于失业保险

第十三条 失业人员符合社会保险法第四十五条规定条件的,可以申请领取失业保险金并享受其他失业保险待遇。其中,非因本人意愿中断就业包括下列情形:

(一)依照劳动合同法第四十四条第一项、第四项、第五项规定终止劳动合同的;

(二)由用人单位依照劳动合同法第三十九条、第四十条、第四十一条规定解除劳动合同的;

(三)用人单位依照劳动合同法第三十六条规定向劳动者提出解除劳动合同并与劳动者协商一致解除劳动合同的;

(四)由用人单位提出解除聘用合同或者被用人单位辞退、除名、开除的;

(五)劳动者本人依照劳动合同法第三十八条规定解除劳动合同的;

(六)法律、法规、规章规定的其他情形。

第十四条 失业人员领取失业保险金后重新就业的,再次失业时,缴费时间重新计算。失业人员因当期不符合失业保险金领取条件的,原有缴费时间予以保留,重新就业并参保的,缴费时间累计计算。

第十五条 失业人员在领取失业保险金期间,应当积极求职,接受职业介绍和职业培训。失业人员接受职业介绍、职业培训的补贴由失业保险基金按照规定支付。

第五章 关于基金管理和经办服务

第十六条 社会保险基金预算、决算草案的编制、审核和批准,依照《国务院关于试行社会保险基金预算的意见》(国发〔2010〕2号)的规定执行。

第十七条　社会保险经办机构应当每年至少一次将参保人员个人权益记录单通过邮寄方式寄送本人。同时，社会保险经办机构可以通过手机短信或者电子邮件等方式向参保人员发送个人权益记录。

第十八条　社会保险行政部门、社会保险经办机构及其工作人员应当依法为用人单位和个人的信息保密，不得违法向他人泄露下列信息：

（一）涉及用人单位商业秘密或者公开后可能损害用人单位合法利益的信息；

（二）涉及个人权益的信息。

第六章　关于法律责任

第十九条　用人单位在终止或者解除劳动合同时拒不向职工出具终止或者解除劳动关系证明，导致职工无法享受社会保险待遇的，用人单位应当依法承担赔偿责任。

第二十条　职工应当缴纳的社会保险费由用人单位代扣代缴。用人单位未依法代扣代缴的，由社会保险费征收机构责令用人单位限期代缴，并自欠缴之日起向用人单位按日加收万分之五的滞纳金。用人单位不得要求职工承担滞纳金。

第二十一条　用人单位因不可抗力造成生产经营出现严重困难的，经省级人民政府社会保险行政部门批准后，可以暂缓缴纳一定期限的社会保险费，期限一般不超过一年。暂缓缴费期间，免收滞纳金。到期后，用人单位应当缴纳相应的社会保险费。

第二十二条　用人单位按照社会保险法第六十三条的规定，提供担保并与社会保险费征收机构签订缓缴协议的，免收缓缴期间的滞纳金。

第二十三条　用人单位按照本规定第二十一条、第二十二条缓缴社会保险费期间，不影响其职工依法享受社会保险待遇。

第二十四条　用人单位未按月将缴纳社会保险费的明细情况告知职工本人的，由社会保险行政部门责令改正；逾期不改的，按照《劳动保障监察条例》第三十条的规定处理。

第二十五条　医疗机构、药品经营单位等社会保险服务机构以欺诈、伪造证明材料或者其他手段骗取社会保险基金支出的，由社会保险行政部门责令退回骗取的社会保险金，处骗取金额二倍以上五倍以下的罚款。对与社会保险经办机构签订服务协议的医疗机构、药品经营单位，由社会保险经办机构按照协议追究责任，情节严重的，可以解除与其签订的服务协议。对有执业资格的直接负责的主管人员和其他直接责任人员，由社会保险行政部门建议授予其执业资格的有关主管部门依法吊销其执业资格。

第二十六条　社会保险经办机构、社会保险费征收机构、社会保险基金投资运营机构、开设社会保险基金专户的机构和专户管理银行及其工作人员有下列违法情形的，由社会保险行政部门按照社会保险法第九十一条的规定查处：

（一）将应征和已征的社会保险基金，采取隐藏、非法放置等手段，未按规定征缴、入账的；

（二）违规将社会保险基金转入社会保险基金专户以外的账户的；

（三）侵吞社会保险基金的；

（四）将各项社会保险基金互相挤占或者其他社会保障基金挤占社会保险基金的；

（五）将社会保险基金用于平衡财政预算、兴建、改建办公场所和支付人员经费、运行费用、管理费用的；

（六）违反国家规定的投资运营政策的。

第七章　其　他

第二十七条　职工与所在用人单位发生社会保险争议的，可以依照《中华人民共和国劳动争议调解仲裁法》、《劳动人事争议仲裁办案规则》的规定，申请调解、仲裁，提起诉讼。

职工认为用人单位有未按时足额为其缴纳社会保险费等侵害其社会保险权益行为的，也可以要求社会保险行政部门或者社会保险费征收机构依法处理。社会保险行政部门或者社会保险费征收机构应当按照社会保险法和《劳动保障监察条例》等相关规定处理。在处理过程中，用人单位对双方的劳动关系提出异议的，社会保险行政部门应当依法查明相关事实后继续处理。

第二十八条　在社会保险经办机构征收社会保险费的地区，社会保险行政部门应当依法履行社会保险法第六十三条所规定的有关行政部门的职责。

第二十九条　2011年7月1日后对用人单位未按时足额缴纳社会保险费的处理，按照社会保险法和本规定执行；对2011年7月1日前发生的用人单位未按时足额缴纳社会保险费的行为，按照国家和地方人民政府的有关规定执行。

第三十条　本规定自2011年7月1日起施行。

香港澳门台湾居民在内地(大陆)参加社会保险暂行办法

- 2019年11月29日人力资源和社会保障部、国家医疗保障局令第41号公布
- 自2020年1月1日起施行

第一条 为了维护在内地(大陆)就业、居住和就读的香港特别行政区、澳门特别行政区居民中的中国公民和台湾地区居民(以下简称港澳台居民)依法参加社会保险和享受社会保险待遇的合法权益,加强社会保险管理,根据《中华人民共和国社会保险法》(以下简称社会保险法)等规定,制定本办法。

第二条 在内地(大陆)依法注册或者登记的企业、事业单位、社会组织、有雇工的个体经济组织等用人单位(以下统称用人单位)依法聘用、招用的港澳台居民,应当依法参加职工基本养老保险、职工基本医疗保险、工伤保险、失业保险和生育保险,由用人单位和本人按照规定缴纳社会保险费。

在内地(大陆)依法从事个体工商经营的港澳台居民,可以按照注册地有关规定参加职工基本养老保险和职工基本医疗保险;在内地(大陆)灵活就业且办理港澳台居民居住证的港澳台居民,可以按照居住地有关规定参加职工基本养老保险和职工基本医疗保险。

在内地(大陆)居住且办理港澳台居民居住证的未就业港澳台居民,可以在居住地按照规定参加城乡居民基本养老保险和城乡居民基本医疗保险。

在内地(大陆)就读的港澳台大学生,与内地(大陆)大学生执行同等医疗保障政策,按规定参加高等教育机构所在地城乡居民基本医疗保险。

第三条 用人单位依法聘用、招用港澳台居民的,应当持港澳台居民有效证件,以及劳动合同、聘用合同等证明材料,为其办理社会保险登记。在内地(大陆)依法从事个体工商经营和灵活就业的港澳台居民,按照注册地(居住地)有关规定办理社会保险登记。

已经办理港澳台居民居住证且符合在内地(大陆)参加城乡居民基本养老保险和城乡居民基本医疗保险条件的港澳台居民,持港澳台居民居住证在居住地办理社会保险登记。

第四条 港澳台居民办理社会保险的各项业务流程与内地(大陆)居民一致。社会保险经办机构或者社会保障卡管理机构应当为港澳台居民建立社会保障号码,并发放社会保障卡。

港澳台居民在办理居住证时取得的公民身份号码作为其社会保障号码;没有公民身份号码的港澳居民的社会保障号码,由社会保险经办机构或者社会保障卡管理机构按照国家统一规定编制。

第五条 参加社会保险的港澳台居民,依法享受社会保险待遇。

第六条 参加职工基本养老保险的港澳台居民达到法定退休年龄时,累计缴费不足15年的,可以延长缴费至满15年。社会保险法实施前参保、延长缴费5年后仍不足15年的,可以一次性缴费至满15年。

参加城乡居民基本养老保险的港澳台居民,符合领取待遇条件的,在居住地按照有关规定领取城乡居民基本养老保险待遇。达到待遇领取年龄时,累计缴费不足15年的,可以按照有关规定延长缴费或者补缴。

参加职工基本医疗保险的港澳台居民,达到法定退休年龄时累计缴费达到国家规定年限的,退休后不再缴纳基本医疗保险费,按照国家规定享受基本医疗保险待遇;未达到国家规定年限的,可以缴费至国家规定年限。退休人员享受基本医疗保险待遇的缴费年限按照各地规定执行。

参加城乡居民基本医疗保险的港澳台居民按照与所在统筹地区城乡居民同等标准缴费,并享受同等的基本医疗保险待遇。

参加基本医疗保险的港澳台居民,在境外就医所发生的医疗费用不纳入基本医疗保险基金支付范围。

第七条 港澳台居民在达到规定的领取养老金条件前离开内地(大陆)的,其社会保险个人账户予以保留,再次来内地(大陆)就业、居住并继续缴费的,缴费年限累计计算;经本人书面申请终止社会保险关系的,可以将其社会保险个人账户储存额一次性支付给本人。

已获得香港、澳门、台湾居民身份的原内地(大陆)居民,离开内地(大陆)时选择保留社会保险关系的,返回内地(大陆)就业、居住并继续参保时,原缴费年限合并计算;离开内地(大陆)时已经选择终止社会保险关系的,原缴费年限不再合并计算,可以将其社会保险个人账户储存额一次性支付给本人。

第八条 参加社会保险的港澳台居民在内地(大陆)跨统筹地区流动办理社会保险关系转移时,按照国家有关规定执行。港澳台居民参加企业职工基本养老保险的,不适用建立临时基本养老保险缴费账户的相关规定。已经领取养老保险待遇的,不再办理基本养老保险关系转移接续手续。已经享受退休人员医疗保险待遇的,不

再办理基本医疗保险关系转移接续手续。

参加职工基本养老保险的港澳台居民跨省流动就业的,应当转移基本养老保险关系。达到待遇领取条件时,在其基本养老保险关系所在地累计缴费年限满10年的,在该地办理待遇领取手续;在其基本养老保险关系所在地累计缴费年限不满10年的,将其基本养老保险关系转回上一个缴费年限满10年的参保地办理待遇领取手续;在各参保地累计缴费年限均不满10年的,由其缴费年限最长的参保地负责归集基本养老保险关系及相应资金,办理待遇领取手续,并支付基本养老保险待遇;如有多个缴费年限相同的最长参保地,则由其最后一个缴费年限最长的参保地负责归集基本养老保险关系及相应资金,办理待遇领取手续,并支付基本养老保险待遇。

参加职工基本养老保险的港澳台居民跨省流动就业,达到法定退休年龄时累计缴费不足15年的,按照本条第二款有关待遇领取地的规定确定继续缴费地后,按照本办法第六条第一款办理。

第九条 按月领取基本养老保险、工伤保险待遇的港澳台居民,应当按照社会保险经办机构的规定,办理领取待遇资格认证。

按月领取基本养老保险、工伤保险、失业保险待遇的港澳台居民丧失领取资格条件后,本人或者其亲属应当于1个月内向社会保险经办机构如实报告情况。因未主动报告而多领取的待遇应当及时退还社会保险经办机构。

第十条 各级财政对在内地(大陆)参加城乡居民基本养老保险和城乡居民基本医疗保险(港澳台大学生除外)的港澳台居民,按照与所在统筹地区城乡居民相同的标准给予补助。

各级财政对港澳台大学生参加城乡居民基本医疗保险补助政策按照有关规定执行。

第十一条 已在香港、澳门、台湾参加当地社会保险,并继续保留社会保险关系的港澳台居民,可以持相关授权机构出具的证明,不在内地(大陆)参加基本养老保险和失业保险。

第十二条 内地(大陆)与香港、澳门、台湾有关机构就社会保险事宜作出具体安排的,按照相关规定办理。

第十三条 社会保险行政部门或者社会保险费征收机构应当按照社会保险法的规定,对港澳台居民参加社会保险的情况进行监督检查。用人单位未依法为聘用、招用的港澳台居民办理社会保险登记或者未依法为其缴纳社会保险费的,按照社会保险法等法律、行政法规和有关规章的规定处理。

第十四条 办法所称"港澳台居民有效证件",指港澳居民来往内地通行证、港澳台居民居住证。

第十五条 本办法自2020年1月1日起施行。

在中国境内就业的外国人参加社会保险暂行办法

· 2011年9月6日人力资源和社会保障部令第16号公布
· 自2011年10月15日起施行

第一条 为了维护在中国境内就业的外国人依法参加社会保险和享受社会保险待遇的合法权益,加强社会保险管理,根据《中华人民共和国社会保险法》(以下简称社会保险法),制定本办法。

第二条 在中国境内就业的外国人,是指依法获得《外国人就业证》、《外国专家证》、《外国常驻记者证》等就业证件和外国人居留证件,以及持有《外国人永久居留证》,在中国境内合法就业的非中国国籍的人员。

第三条 在中国境内依法注册或者登记的企业、事业单位、社会团体、民办非企业单位、基金会、律师事务所、会计师事务所等组织(以下称用人单位)依法招用的外国人,应当依法参加职工基本养老保险、职工基本医疗保险、工伤保险、失业保险和生育保险,由用人单位和本人按照规定缴纳社会保险费。

与境外雇主订立雇用合同后,被派遣到在中国境内注册或者登记的分支机构、代表机构(以下称境内工作单位)工作的外国人,应当依法参加职工基本养老保险、职工基本医疗保险、工伤保险、失业保险和生育保险,由境内工作单位和本人按照规定缴纳社会保险费。

第四条 用人单位招用外国人的,应当自办理就业证件之日起30日内为其办理社会保险登记。

受境外雇主派遣到境内工作单位工作的外国人,应当由境内工作单位按照前款规定为其办理社会保险登记。

依法办理外国人就业证件的机构,应当及时将外国人来华就业的相关信息通报当地社会保险经办机构。社会保险经办机构应当定期向相关机构查询外国人办理就业证件的情况。

第五条 参加社会保险的外国人,符合条件的,依法享受社会保险待遇。

在达到规定的领取养老金年龄前离境的,其社会保险个人账户予以保留,再次来中国就业的,缴费年限累计计算;经本人书面申请终止社会保险关系的,也可以将其社会保险个人账户储存额一次性支付给本人。

第六条 外国人死亡的，其社会保险个人账户余额可以依法继承。

第七条 在中国境外享受按月领取社会保险待遇的外国人，应当至少每年向负责支付其待遇的社会保险经办机构提供一次由中国驻外使、领馆出具的生存证明，或者由居住国有关机构公证、认证并经中国驻外使、领馆认证的生存证明。

外国人合法入境的，可以到社会保险经办机构自行证明其生存状况，不再提供前款规定的生存证明。

第八条 依法参加社会保险的外国人与用人单位或者境内工作单位因社会保险发生争议的，可以依法申请调解、仲裁、提起诉讼。用人单位或者境内工作单位侵害其社会保险权益的，外国人也可以要求社会保险行政部门或者社会保险费征收机构依法处理。

第九条 具有与中国签订社会保险双边或者多边协议国家国籍的人员在中国境内就业的，其参加社会保险的办法按照协议规定办理。

第十条 社会保险经办机构应当根据《外国人社会保障号码编制规则》，为外国人建立社会保障号码，并发放中华人民共和国社会保障卡。

第十一条 社会保险行政部门应当按照社会保险法的规定，对外国人参加社会保险的情况进行监督检查。用人单位或者境内工作单位未依法为招用的外国人办理社会保险登记或者未依法为其缴纳社会保险费的，按照社会保险法、《劳动保障监察条例》等法律、行政法规和有关规章的规定处理。

用人单位招用未依法办理就业证件或者持有《外国人永久居留证》的外国人的，按照《外国人在中国就业管理规定》处理。

第十二条 本办法自2011年10月15日起施行。

附件： 外国人社会保障号码编制规则（略）

社会保险个人权益记录管理办法

- 2011年6月29日人力资源和社会保障部令第14号公布
- 自2011年7月1日起施行

第一章 总　则

第一条 为了维护参保人员的合法权益，规范社会保险个人权益记录管理，根据《中华人民共和国社会保险法》等相关法律法规的规定，制定本办法。

第二条 本办法所称社会保险个人权益记录，是指以纸质材料和电子数据等载体记录的反映参保人员及其用人单位履行社会保险义务、享受社会保险权益状况的信息，包括下列内容：

（一）参保人员及其用人单位社会保险登记信息；

（二）参保人员及其用人单位缴纳社会保险费、获得相关补贴的信息；

（三）参保人员享受社会保险待遇资格及领取待遇的信息；

（四）参保人员缴费年限和个人账户信息；

（五）其他反映社会保险个人权益的信息。

第三条 社会保险经办机构负责社会保险个人权益记录管理，提供与社会保险个人权益记录相关的服务。

人力资源社会保障信息化综合管理机构（以下简称信息机构）对社会保险个人权益记录提供技术支持和安全保障服务。

人力资源社会保障行政部门对社会保险个人权益记录管理实施监督。

第四条 社会保险个人权益记录遵循及时、完整、准确、安全、保密原则，任何单位和个人不得用于商业交易或者营利活动，也不得违法向他人泄露。

第二章 采集和审核

第五条 社会保险经办机构通过业务经办、统计、调查等方式获取参保人员相关社会保险个人权益信息，同时，应当与社会保险费征收机构、工商、民政、公安、机构编制等部门通报的情况进行核对。

与社会保险经办机构签订服务协议的医疗机构、药品经营单位、工伤康复机构、辅助器具安装配置机构、相关金融机构等（以下简称社会保险服务机构）和参保人员及其用人单位应当及时、准确提供社会保险个人权益信息，社会保险经办机构应当按照规定程序进行核查。

第六条 社会保险经办机构应当依据业务经办原始资料及时采集社会保险个人权益信息。

通过互联网经办社会保险业务采集社会保险个人权益信息的，应当采取相应的安全措施。

社会保险经办机构应当在经办前台完成社会保险个人权益信息采集工作，不得在后台数据库直接录入、修改数据。

社会保险个人权益记录中缴费数额、待遇标准、个人账户储存额、缴费年限等待遇计发的数据，应当根据事先设定的业务规则，通过社会保险信息系统对原始采集数据进行计算处理后生成。

第七条 社会保险经办机构应当建立社会保险个人权益信息采集的初审、审核、复核、审批制度，明确岗位职责,并在社会保险信息系统中进行岗位权限设置。

第三章 保管和维护

第八条 社会保险经办机构和信息机构应当配备社会保险个人权益记录保管的场所和设施设备,建立并完善人力资源社会保障业务专网。

第九条 社会保险个人权益数据保管应当符合以下要求:

(一)建立完善的社会保险个人权益数据存储管理办法;

(二)定期对社会保险个人权益数据的保管、可读取、备份记录状况等进行测试,发现问题及时处理;

(三)社会保险个人权益数据应当定期备份,备份介质异地存放;

(四)保管的软硬件环境、存储载体等发生变化时,应当及时对社会保险个人权益数据进行迁移、转换,并保留原有数据备查。

第十条 参保人员流动就业办理社会保险关系转移时,新参保地社会保险经办机构应当及时做好社会保险个人权益记录的接收和管理工作;原参保地社会保险经办机构在将社会保险个人权益记录转出后,应当按照规定保留原有记录备查。

第十一条 社会保险经办机构应当安排专门工作人员对社会保险个人权益数据进行管理和日常维护,检查记录的完整性、合规性,并按照规定程序修正和补充。

社会保险经办机构不得委托其他单位或者个人单独负责社会保险个人权益数据维护工作。其他单位或者个人协助维护的,社会保险经办机构应当与其签订保密协议。

第十二条 社会保险经办机构应当建立社会保险个人权益记录维护日志,对社会保险个人权益数据维护的时间、内容、维护原因、处理方法和责任人等进行登记。

第十三条 社会保险个人权益信息的采集、保管和维护等环节涉及的书面材料应当存档备查。

第四章 查询和使用

第十四条 社会保险经办机构应当向参保人员及其用人单位开放社会保险个人权益记录查询程序,界定可供查询的内容,通过社会保险经办机构网点、自助终端或者电话、网站等方式提供查询服务。

第十五条 社会保险经办机构网点应当设立专门窗口向参保人员及其用人单位提供免费查询服务。

参保人员向社会保险经办机构查询本人社会保险个人权益记录的,需持本人有效身份证件;参保人员委托他人向社会保险经办机构查询本人社会保险个人权益记录的,被委托人需持书面委托材料和本人有效身份证件。需要书面查询结果或者出具本人参保缴费、待遇享受等书面证明的,社会保险经办机构应当按照规定提供。

参保用人单位凭有效证明文件可以向社会保险经办机构免费查询本单位缴费情况,以及职工在本单位工作期间涉及本办法第二条第一项、第二项相关内容。

第十六条 参保人员或者用人单位对社会保险个人权益记录存在异议时,可以向社会保险经办机构提出书面核查申请,并提供相关证明材料。社会保险经办机构应当进行复核,确实存在错误的,应当改正。

第十七条 人力资源社会保障行政部门、信息机构基于宏观管理、决策以及信息系统开发等目的,需要使用社会保险个人权益记录的,社会保险经办机构应当依据业务需求规定范围提供。非因依法履行工作职责需要的,所提供的内容不得包含可以直接识别个人身份的信息。

第十八条 有关行政部门、司法机关等因履行工作职责,依法需要查询社会保险个人权益记录的,社会保险经办机构依法按照规定的查询对象和记录项目提供查询。

第十九条 其他申请查询社会保险个人权益记录的单位,应当向社会保险经办机构提出书面申请。申请应当包括下列内容:

(一)申请单位的有效证明文件、单位名称、联系方式;

(二)查询目的和法律依据;

(三)查询的内容。

第二十条 社会保险经办机构收到依前条规定提出的查询申请后,应当进行审核,并按照下列情形分别作出处理:

(一)对依法应当予以提供的,按照规定程序提供;

(二)对无法律依据的,应当向申请人作出说明。

第二十一条 社会保险经办机构应当对除参保人员本人及其用人单位以外的其他单位查询社会保险个人权益记录的情况进行登记。

第二十二条 社会保险经办机构不得向任何单位和个人提供数据库全库交换或者提供超出规定查询范围的信息。

第五章 保密和安全管理

第二十三条 建立社会保险个人权益记录保密制度。人力资源社会保障行政部门、社会保险经办机构、信息机构、社会保险服务机构、信息技术服务商及其工作人员对在工作中获知的社会保险个人权益记录承担保密责任,不得违法向他人泄露。

第二十四条 依据本办法第十八条规定查询社会保险个人权益记录的有关行政部门和司法机关,不得将获取的社会保险个人权益记录用作约定之外的其他用途,也不得违法向他人泄露。

第二十五条 信息机构和社会保险经办机构应当建立健全社会保险信息系统安全防护体系和安全管理制度,加强应急预案管理和灾难恢复演练,确保社会保险个人权益数据安全。

第二十六条 信息机构应当按照社会保险经办机构的要求,建立社会保险个人权益数据库用户管理制度,明确系统管理员、数据库管理员、业务经办用户和信息查询用户的职责,实行用户身份认证和权限控制。

系统管理员、数据库管理员不得兼职业务经办用户或者信息查询用户。

第六章 法律责任

第二十七条 人力资源社会保障行政部门及其他有关行政部门、司法机关违反保密义务的,应当依法承担法律责任。

第二十八条 社会保险经办机构、信息机构及其工作人员有下列行为之一的,由人力资源社会保障行政部门责令改正;对直接负责的主管人员和其他直接责任人员依法给予处分;给社会保险基金、用人单位或者个人造成损失的,依法承担赔偿责任;构成违反治安管理行为的,由公安机关依法予以处罚;构成犯罪的,依法追究刑事责任:

(一)未及时、完整、准确记载社会保险个人权益信息的;

(二)系统管理员、数据库管理员兼职业务经办用户或者信息查询用户的;

(三)与用人单位或者个人恶意串通,伪造、篡改社会保险个人权益记录或者提供虚假社会保险个人权益信息的;

(四)丢失、破坏、违反规定销毁社会保险个人权益记录的;

(五)擅自提供、复制、公布、出售或者变相交易社会保险个人权益记录的;

(六)违反安全管理规定,将社会保险个人权益数据委托其他单位或个人单独管理和维护的。

第二十九条 社会保险服务机构、信息技术服务商以及按照本办法第十九条规定获取个人权益记录的单位及其工作人员,将社会保险个人权益记录用于与社会保险经办机构约定以外用途,或者造成社会保险个人权益信息泄露的,依法对直接负责的主管人员和其他直接责任人员给予处分;给社会保险基金、用人单位或者个人造成损失的,依法承担赔偿责任;构成违反治安管理行为的,由公安机关依法予以处罚;构成犯罪的,依法追究刑事责任。

第三十条 任何组织和个人非法提供、复制、公布、出售或者变相交易社会保险个人权益记录,有违法所得的,由人力资源社会保障行政部门没收违法所得;属于社会保险服务机构、信息技术服务商的,可由社会保险经办机构与其解除服务协议;依法对直接负责的主管人员和其他直接责任人员给予处分;给社会保险基金、用人单位或者个人造成损失的,依法承担赔偿责任;构成违反治安管理行为的,由公安机关依法予以处罚;构成犯罪的,依法追究刑事责任。

第七章 附 则

第三十一条 社会保险个人权益记录管理涉及会计等材料,国家对其有特别规定的,从其规定。

法律、行政法规规定有关业务接受其他监管部门监督管理的,依照其规定执行。

第三十二条 本办法自2011年7月1日起施行。

社会保险基金先行支付暂行办法

·2011年6月29日人力资源和社会保障部令第15号公布
·根据2018年12月14日《人力资源社会保障部关于修改部分规章的决定》修订

第一条 为了维护公民的社会保险合法权益,规范社会保险基金先行支付管理,根据《中华人民共和国社会保险法》(以下简称社会保险法)和《工伤保险条例》,制定本办法。

第二条 参加基本医疗保险的职工或者居民(以下简称个人)由于第三人的侵权行为造成伤病的,其医疗费用应当由第三人按照确定的责任大小依法承担。超过第三人责任部分的医疗费用,由基本医疗保险基金按照国家规定支付。

前款规定中应当由第三人支付的医疗费用,第三人不支付或者无法确定第三人的,在医疗费用结算时,个人可以向参保地社会保险经办机构书面申请基本医疗保险基金先行支付,并告知造成其伤病的原因和第三人不支付医疗费用或者无法确定第三人的情况。

第三条 社会保险经办机构接到个人根据第二条规定提出的申请后，经审核确定其参加基本医疗保险的，应当按照统筹地区基本医疗保险基金支付的规定先行支付相应部分的医疗费用。

第四条 个人由于第三人的侵权行为造成伤病被认定为工伤，第三人不支付工伤医疗费用或者无法确定第三人的，个人或者其近亲属可以向社会保险经办机构书面申请工伤保险基金先行支付，并告知第三人不支付或者无法确定第三人的情况。

第五条 社会保险经办机构接到个人根据第四条规定提出的申请后，应当审查个人获得基本医疗保险基金先行支付和其所在单位缴纳工伤保险费等情况，并按照下列情形分别处理：

（一）对于个人所在用人单位已经依法缴纳工伤保险费，且在认定工伤之前基本医疗保险基金有先行支付的，社会保险经办机构应当按照工伤保险有关规定，用工伤保险基金先行支付超出基本医疗保险基金先行支付部分的医疗费用，并向基本医疗保险基金退还先行支付的费用；

（二）对于个人所在用人单位已经依法缴纳工伤保险费，在认定工伤之前基本医疗保险基金无先行支付的，社会保险经办机构应当用工伤保险基金先行支付工伤医疗费用；

（三）对于个人所在用人单位未依法缴纳工伤保险费，且在认定工伤之前基本医疗保险基金有先行支付的，社会保险经办机构应当在3个工作日内向用人单位发出书面催告通知，要求用人单位在5个工作日内依法支付超出基本医疗保险基金先行支付部分的医疗费用，并向基本医疗保险基金偿还先行支付的医疗费用。用人单位在规定时间内不支付其余部分医疗费用的，社会保险经办机构应当用工伤保险基金先行支付；

（四）对于个人所在用人单位未依法缴纳工伤保险费，在认定工伤之前基本医疗保险基金无先行支付的，社会保险经办机构应当在3个工作日向用人单位发出书面催告通知，要求用人单位在5个工作日内依法支付全部工伤医疗费用；用人单位在规定时间内不支付的，社会保险经办机构应当用工伤保险基金先行支付。

第六条 职工所在用人单位未依法缴纳工伤保险费，发生工伤事故的，用人单位应当采取措施及时救治，并按照规定的工伤保险待遇项目和标准支付费用。

职工被认定为工伤后，有下列情形之一的，职工或者其近亲属可以持工伤认定决定书和有关材料向社会保险经办机构书面申请先行支付工伤保险待遇：

（一）用人单位被依法吊销营业执照或者撤销登记、备案的；

（二）用人单位拒绝支付全部或者部分费用的；

（三）依法经仲裁、诉讼后仍不能获得工伤保险待遇，法院出具中止执行文书的；

（四）职工认为用人单位不支付的其他情形。

第七条 社会保险经办机构收到职工或者其近亲属根据第六条规定提出的申请后，应当在3个工作日内向用人单位发出书面催告通知，要求其在5个工作日内予以核实并依法支付工伤保险待遇，告知其如在规定期限内不按时足额支付的，工伤保险基金在按照规定先行支付后，取得要求其偿还的权利。

第八条 用人单位未按照第七条规定按时足额支付的，社会保险经办机构应当按照社会保险法和《工伤保险条例》的规定，先行支付工伤保险待遇项目中应当由工伤保险基金支付的项目。

第九条 个人或者其近亲属提出先行支付医疗费用、工伤医疗费用或者工伤保险待遇申请，社会保险经办机构经审核不符合先行支付条件的，应当在收到申请后5个工作日内作出不予先行支付的决定，并书面通知申请人。

第十条 个人申请先行支付医疗费用、工伤医疗费用或者工伤保险待遇的，应当提交所有医疗诊断、鉴定等费用的原始票据等证据。社会保险经办机构应当保留所有原始票据等证据，要求申请人在先行支付凭据上签字确认，凭原始票据等证据先行支付医疗费用、工伤医疗费用或者工伤保险待遇。

个人因向第三人或者用人单位请求赔偿需要医疗费用、工伤医疗费用或者工伤保险待遇的原始票据等证据的，可以向社会保险经办机构索取复印件，并将第三人或者用人单位赔偿情况及时告知社会保险经办机构。

第十一条 个人已经从第三人或者用人单位处获得医疗费用、工伤医疗费用或者工伤保险待遇的，应当主动将先行支付金额中应当由第三人承担的部分或者工伤保险基金先行支付的工伤保险待遇退还给基本医疗保险基金或者工伤保险基金，社会保险经办机构不再向第三人或者用人单位追偿。

个人拒不退还的，社会保险经办机构可以从以后支付的相关待遇中扣减其应当退还的数额，或者向人民法院提起诉讼。

第十二条 社会保险经办机构按照本办法第三条规

定先行支付医疗费用或者按照第五条第一项、第二项规定先行支付工伤医疗费用后,有关部门确定了第三人责任的,应当要求第三人按照确定的责任大小依法偿还先行支付数额中的相应部分。第三人逾期不偿还的,社会保险经办机构应当依法向人民法院提起诉讼。

第十三条 社会保险经办机构按照本办法第五条第三项、第四项和第六条、第七条、第八条的规定先行支付工伤保险待遇后,应当责令用人单位在10日内偿还。

用人单位逾期不偿还的,社会保险经办机构可以按照社会保险法第六十三条的规定,向银行和其他金融机构查询其存款账户,申请县级以上社会保险行政部门作出划拨应偿还款项的决定,并书面通知用人单位开户银行或者其他金融机构划拨其应当偿还的数额。

用人单位账户余额少于应当偿还数额的,社会保险经办机构可以要求其提供担保,签订延期还款协议。

用人单位未按时足额偿还且未提供担保的,社会保险经办机构可以申请人民法院扣押、查封、拍卖其价值相当于应当偿还数额的财产,以拍卖所得偿还所欠数额。

第十四条 社会保险经办机构向用人单位追偿工伤保险待遇发生的合理费用以及用人单位逾期偿还部分的利息损失等,应当由用人单位承担。

第十五条 用人单位不支付依法应当由其支付的工伤保险待遇项目的,职工可以依法申请仲裁、提起诉讼。

第十六条 个人隐瞒已经从第三人或者用人单位处获得医疗费用、工伤医疗费用或者工伤保险待遇,向社会保险经办机构申请并获得社会保险基金先行支付的,按照社会保险法第八十八条的规定处理。

第十七条 用人单位对社会保险经办机构作出先行支付的追偿决定不服或者对社会保险行政部门作出的划拨决定不服的,可以依法申请行政复议或者提起行政诉讼。

个人或者其近亲属对社会保险经办机构作出不予先行支付的决定不服或者对先行支付的数额不服的,可以依法申请行政复议或者提起行政诉讼。

第十八条 本办法自2011年7月1日起施行。

社会保险费征缴监督检查办法

- 1999年3月19日劳动和社会保障部令第3号发布
- 自发布之日起施行

第一条 为加强社会保险费征缴监督检查工作,规范社会保险费征缴监督检查行为,根据《社会保险费征缴暂行条例》(以下简称条例)和有关法律、法规规定,制定本办法。

第二条 对中华人民共和国境内的企业、事业单位、国家机关、社会团体、民办非企业单位、城镇个体工商户(以下简称缴费单位)实施社会保险费征缴监督检查适用本办法。

前款所称企业是指国有企业、城镇集体企业、外商投资企业、城镇私营企业和其他城镇企业。

第三条 劳动保障行政部门负责社会保险费征缴的监督检查工作,对违反条例和本办法规定的缴费单位及其责任人员,依法作出行政处罚决定,并可以按照条例规定委托社会保险经办机构进行与社会保险费征缴有关的检查、调查工作。

劳动保障行政部门的劳动保障监察机构具体负责社会保险费征缴监督检查和行政处罚,包括对缴费单位进行检查、调查取证、拟定行政处罚决定书、送达行政处罚决定书、拟定向人民法院申请强制执行行政处罚决定的申请书、受理群众举报等工作。

社会保险经办机构受劳动保障行政部门的委托,可以对缴费单位履行社会保险登记、缴费申报、缴费义务的情况进行调查和检查,发现缴费单位有瞒报、漏报和拖欠社会保险费等行为时,应当责令其改正。

第四条 劳动保障监察机构与社会保险经办机构应当建立按月相互通报制度。社会保险经办机构应当及时将需要给予行政处罚的缴费单位情况向劳动保障监察机构通报,劳动保障监察机构应当及时将查处违反规定的情况通报给社会保险经办机构。

第五条 县级以上地方各级劳动保障行政部门对缴费单位监督检查的管辖范围,由省、自治区、直辖市劳动保障行政部门依照社会保险登记、缴费申报和缴费工作管理权限,制定具体规定。

第六条 社会保险费征缴监督检查应当包括以下内容:

(一)缴费单位向当地社会保险经办机构办理社会保险登记、变更登记或注销登记的情况;

(二)缴费单位向社会保险经办机构申报缴费的情况;

(三)缴费单位缴纳社会保险费的情况;

(四)缴费单位代扣代缴个人缴费的情况;

(五)缴费单位向职工公布本单位缴费的情况;

(六)法律、法规规定的其他内容。

第七条 劳动保障行政部门应当向社会公布举报电

话,设立举报信箱,指定专人负责接待群众投诉;对符合受理条件的举报,应当于7日内立案受理,并进行调查处理,且一般应当于30日内处理结案。

第八条 劳动保障行政部门应当建立劳动保障年检制度,进行劳动保障年度检查,掌握缴费单位参加社会保险的情况;对违反条例规定的,应当责令其限期改正,并依照条例规定给予行政处罚。

第九条 劳动保障监察人员在执行监察公务和社会保险经办机构工作人员对缴费单位进行调查、检查时,至少应当由两人共同进行,并应当主动出示执法证件。

第十条 劳动保障监察人员执行监察公务和社会保险经办机构工作人员进行调查、检查时,行使下列职权:

(一)可以到缴费单位了解遵守社会保险法律、法规的情况;

(二)可以要求缴费单位提供与缴纳社会保险费有关的用人情况、工资表、财务报表等资料,询问有关人员,对缴费单位不能立即提供有关参加社会保险情况和资料的,可以下达劳动保障行政部门监督检查询问书;

(三)可以记录、录音、录像、照相和复制有关资料。

第十一条 劳动保障监察人员执行监察公务和社会保险经办机构工作人员进行调查、检查时,承担下列义务:

(一)依法履行职责,秉公执法,不得利用职务之便谋取私利;

(二)保守在监督检查工作中知悉的缴费单位的商业秘密;

(三)为举报人员保密。

第十二条 缴费单位有下列行为之一,情节严重的,对直接负责的主管人员和其他直接责任人员处以1000元以上5000元以下的罚款;情节特别严重的,对直接负责的主管人员和其他直接责任人员处以5000元以上1万元以下的罚款:

(一)未按规定办理社会保险登记的;

(二)在社会保险登记事项发生变更或者缴费单位依法终止后,未按规定到社会保险经办机构办理社会保险变更登记或者社会保险注销登记的;

(三)未按规定申报应当缴纳社会保险费数额的。

第十三条 对缴费单位有下列行为之一的,依照条例第十三条的规定,从欠缴之日起,按日加收2‰的滞纳金,并对直接负责的主管人员和其他直接责任人员处以5000元以上2万元以下罚款:

(一)因伪造、变造、故意毁灭有关账册、材料造成社会保险费迟延缴纳的;

(二)因不设账册造成社会保险费迟延缴纳的;

(三)因其他违法行为造成社会保险费迟延缴纳的。

第十四条 对缴费单位有下列行为之一的,应当给予警告,并可以处以5000元以下的罚款:

(一)伪造、变造社会保险登记证的;

(二)未按规定从缴费个人工资中代扣代缴社会保险费的;

(三)未按规定向职工公布本单位社会保险费缴纳情况的。

对上述违法行为的行政处罚,法律、法规另有规定的,从其规定。

第十五条 对缴费单位有下列行为之一的,应当给予警告,并可以处以1万元以下的罚款:

(一)阻挠劳动保障监察人员依法行使监察职权,拒绝检查的;

(二)隐瞒事实真相,谎报、瞒报,出具伪证,或者隐匿、毁灭证据的;

(三)拒绝提供与缴纳社会保险费有关的用人情况、工资表、财务报表等资料的;

(四)拒绝执行劳动保障行政部门下达的监督检查询问书的;

(五)拒绝执行劳动保障行政部门下达的限期改正指令书的;

(六)打击报复举报人员的;

(七)法律、法规及规章规定的其他情况。

对上述违法行为的行政处罚,法律、法规另有规定的,从其规定。

第十六条 本办法第十二条、第十三条的罚款均由缴费单位直接负责的主管人员和其他直接责任人员个人支付,不得从单位报销。

第十七条 对缴费单位或者缴费单位直接负责的主管人员和其他直接责任人员的罚款,必须全部上缴国库。

第十八条 缴费单位或者缴费单位直接负责的主管人员和其他直接责任人员,对劳动保障行政部门作出的行政处罚决定不服的,可以于15日内,向上一级劳动保障行政部门或者同级人民政府申请行政复议。对行政复议决定不服的,可以自收到行政复议决定书之日起15日内向人民法院提起行政诉讼。

行政复议和行政诉讼期间,不影响该行政处罚决定的执行。

第十九条 缴费单位或者缴费单位直接负责的主管

人员和其他直接责任人员,在15日内拒不执行劳动保障行政部门对其作出的行政处罚决定,又不向上一级劳动保障行政部门或者同级人民政府申请行政复议,或者对行政复议决定不服,又不向人民法院提起行政诉讼的,可以申请人民法院强制执行。

第二十条 劳动保障行政部门和社会保险经办机构的工作人员滥用职权、徇私舞弊、玩忽职守,构成犯罪的,依法追究刑事责任;尚不构成犯罪的,给予责任人员行政处分。

第二十一条 本办法自发布之日起施行。

社会保险稽核办法

- 2003年2月27日劳动和社会保障部令第16号颁布
- 自2003年4月1日起施行

第一条 为了规范社会保险稽核工作,确保社会保险费应收尽收,维护参保人员的合法权益,根据《社会保险费征缴暂行条例》和国家有关规定,制定本办法。

第二条 本办法所称稽核是指社会保险经办机构依法对社会保险费缴纳情况和社会保险待遇领取情况进行的核查。

第三条 县级以上社会保险经办机构负责社会保险稽核工作。

县级以上社会保险经办机构的稽核部门具体承办社会保险稽核工作。

第四条 社会保险稽核人员应当具备以下条件:

(一)坚持原则,作风正派,公正廉洁;

(二)具备中专以上学历和财会、审计专业知识;

(三)熟悉社会保险业务及相关法律、法规,具备开展稽核工作的相应资格。

第五条 社会保险经办机构及社会保险稽核人员开展稽核工作,行使下列职权:

(一)要求被稽核单位提供用人情况、工资收入情况、财务报表、统计报表、缴费数据和相关账册、会计凭证等与缴纳社会保险费有关的情况和资料;

(二)可以记录、录音、录像、照相和复制与缴纳社会保险费有关的资料,对被稽核对象的参保情况和缴纳社会保险费等方面的情况进行调查、询问;

(三)要求被稽核对象提供与稽核事项有关的资料。

第六条 社会保险稽核人员承担下列义务:

(一)办理稽核事务应当实事求是,客观公正,不得利用工作之便谋取私利;

(二)保守被稽核单位的商业秘密以及个人隐私;

(三)为举报人保密。

第七条 社会保险稽核人员有下列情形之一的,应当自行回避:

(一)与被稽核单位负责人或者被稽核个人之间有亲属关系的;

(二)与被稽核单位或者稽核事项有经济利益关系的;

(三)与被稽核单位或者稽核事项有其他利害关系,可能影响稽核公正实施的。

被稽核对象有权以口头形式或者书面形式申请有前款规定情形之一的人员回避。

稽核人员的回避,由其所在的社会保险经办机构的负责人决定。对稽核人员的回避做出决定前,稽核人员不得停止实施稽核。

第八条 社会保险稽核采用日常稽核、重点稽核和举报稽核等方式进行。

社会保险经办机构应当制定日常稽核工作计划,根据工作计划定期实施日常稽核。

社会保险经办机构对特定的对象和内容应当进行重点稽核。

对于不按规定缴纳社会保险费的行为,任何单位和个人有权举报,社会保险经办机构应当及时受理举报并进行稽核。

第九条 社会保险缴费情况稽核内容包括:

(一)缴费单位和缴费个人申报的社会保险缴费人数、缴费基数是否符合国家规定;

(二)缴费单位和缴费个人是否按时足额缴纳社会保险费;

(三)欠缴社会保险费的单位和个人的补缴情况;

(四)国家规定的或者劳动保障行政部门交办的其他稽核事项。

第十条 社会保险经办机构对社会保险费缴纳情况按照下列程序实施稽核:

(一)提前3日将进行稽核的有关内容、要求、方法和需要准备的资料等事项通知被稽核对象,特殊情况下的稽核也可以不事先通知;

(二)应有两名以上稽核人员共同进行,出示执行公务的证件,并向被稽核对象说明身份;

(三)对稽核情况应做笔录,笔录应当由稽核人员和被稽核单位法定代表人(或法定代表人委托的代理人)签名或盖章,被稽核单位法定代表人拒不签名或盖章的,应注明拒签原因；

（四）对于经稽核未发现违反法规行为的被稽核对象，社会保险经办机构应当在稽核结束后5个工作日内书面告知其稽核结果；

（五）发现被稽核对象在缴纳社会保险费或按规定参加社会保险等方面，存在违反法规行为，要据实写出稽核意见书，并在稽核结束后10个工作日内送达被稽核对象。被稽核对象应在限定时间内予以改正。

第十一条 被稽核对象少报、瞒报缴费基数和缴费人数，社会保险经办机构应当责令其改正；拒不改正的，社会保险经办机构应当报请劳动保障行政部门依法处罚。

被稽核对象拒绝稽核或伪造、变造、故意毁灭有关账册、材料迟延缴纳社会保险费的，社会保险经办机构应当报请劳动保障行政部门依法处罚。

社会保险经办机构应定期向劳动保障行政部门报告社会保险稽核工作情况。劳动保障行政部门应将社会保险经办机构提请处理事项的结果及时通报社会保险经办机构。

第十二条 社会保险经办机构应当对参保个人领取社会保险待遇情况进行核查，发现社会保险待遇领取人丧失待遇领取资格后本人或他人继续领取待遇或以其他形式骗取社会保险待遇的，社会保险经办机构应当立即停止待遇的支付并责令退还；拒不退还的，由劳动保障行政部门依法处理，并可对其处以500元以上1000元以下罚款；构成犯罪的，由司法机关依法追究刑事责任。

第十三条 社会保险经办机构工作人员在稽核工作中滥用职权、徇私舞弊、玩忽职守的，依法给予行政处分；构成犯罪的，依法追究刑事责任。

第十四条 本办法自2003年4月1日起施行。

社会保险欺诈案件管理办法

- 2016年4月28日
- 人社厅发〔2016〕61号

第一章 总 则

第一条 为加强社会保险欺诈案件管理，规范执法办案行为，提高案件查办质量和效率，促进公正廉洁执法，根据《社会保险法》《行政处罚法》和《行政执法机关移送涉嫌犯罪案件的规定》等法律法规以及《人力资源社会保障部 公安部关于加强社会保险欺诈案件查处和移送工作的通知》，结合工作实际，制定本办法。

第二条 社会保险行政部门应当建立规范、有效的社会保险欺诈案件管理制度，加强案件科学化、规范化、全程化、信息化管理。

第三条 社会保险行政部门对社会保险欺诈案件的管理活动适用本办法。

第四条 社会保险行政部门的基金监督机构具体负责社会保险欺诈案件归口管理工作。

上级社会保险行政部门应当加强对下级社会保险行政部门社会保险欺诈案件查办和案件管理工作的指导和监督。

第五条 社会保险行政部门应当制定统一、规范的社会保险欺诈案件执法办案流程和法律文书格式，实现执法办案活动程序化、标准化管理。

第六条 社会保险行政部门应当建立健全社会保险欺诈案件管理信息系统，实现执法办案活动信息化管理。

第七条 社会保险行政部门根据社会保险欺诈案件查办和管理工作需要，可以聘请专业人员和机构参与案件查办或者案件管理工作，提供专业咨询和技术支持。

第二章 记录管理和流程监控

第八条 社会保险行政部门应当建立社会保险欺诈案件管理台账，对社会保险欺诈案件进行统一登记、集中管理，对案件立案、调查、决定、执行、移送、结案、归档等执法办案全过程进行跟踪记录、监控和管理。

第九条 社会保险行政部门应当及时、准确地登记和记录案件全要素信息。

案件登记和记录内容包括：案件名称、编号、来源、立案时间、涉案对象和案种等案件基本信息情况，案件调查和检查、决定、执行、移送、结案和立卷归档情况，案件办理各环节法律文书签发和送达情况，办案人员情况以及其他需要登记和记录的案件信息。

第十条 社会保险行政部门应当建立案件流程监控制度，对案件查办时限、程序和文书办理进行跟踪监控和督促。

第十一条 社会保险行政部门应当根据案件查办期限要求，合理设定执法办案各环节的控制时限，加强案件查办时限监控。

第十二条 社会保险行政部门应当根据案件查办程序规定，设定执法办案程序流转的顺序控制，上一环节未完成不得进行下一环节。

第十三条 社会保险行政部门应当根据案件查办文书使用管理规定，设定文书办理程序和格式控制，规范文书办理和使用行为。

第三章　立案和查处管理

第十四条　社会保险行政部门立案查处社会保险欺诈案件，应当遵循依法行政、严格执法的原则，坚持有案必查、违法必究，做到事实清楚、证据确凿、程序合法、法律法规章适用准确适当、法律文书使用规范。

第十五条　社会保险欺诈案件由违法行为发生地社会保险行政部门管辖。

社会保险行政部门对社会保险欺诈案件管辖发生争议的，应当按照主要违法行为发生地或者社会保险基金主要受损地管辖原则协商解决。协商不成的，报请共同的上一级社会保险行政部门指定管辖。

第十六条　社会保险行政部门应当健全立案管理制度，对发现的社会保险欺诈违法违规行为，符合立案条件，属于本部门管辖的，应当按照规定及时立案查处。

第十七条　社会保险行政部门对于查处的重大社会保险欺诈案件，应当在立案后10个工作日内向上一级社会保险行政部门报告。

立案报告内容应当包括案件名称、编号、来源、立案时间、涉案对象、险种等案件基本信息情况以及基本案情等。

第十八条　社会保险行政部门立案查处社会保险欺诈案件，应当指定案件承办人。

指定的案件承办人应当具备执法办案资格条件，并符合回避规定。

第十九条　案件承办人应当严格按照规定的程序、方法、措施和时限，开展案件调查或者检查，收集、调取、封存和保存证据，制作和使用文书，提交案件调查或者检查报告。

第二十条　社会保险行政部门应当对案件调查或者检查结果进行审查，并根据违法行为的事实、性质、情节以及社会危害程度等不同情况，作出给予或者不予行政处理、处罚的决定。

社会保险行政部门在作出行政处罚决定前，应当按照规定履行事先告知程序，保障当事人依法行使陈述、申辩权以及要求听证的权利。

第二十一条　社会保险行政部门作出行政处理、处罚决定的，应当制作行政处理、处罚决定书，并按照规定期限和程序送达当事人。

社会保险行政部门应当定期查询行政处理、处罚决定执行情况，对于当事人逾期并经催告后仍不执行的，应当依法强制执行或者申请人民法院强制执行。

第二十二条　社会保险行政部门及其执法办案人员应当严格执行罚款决定和收缴分离制度，除依法可以当场收缴的罚款外，不得自行收缴罚款。

第二十三条　对于符合案件办结情形的社会保险欺诈案件，社会保险行政部门应当及时结案。

符合下列情形的，可以认定为案件办结：

（一）作出行政处理处罚决定并执行完毕的；

（二）作出不予行政处理、处罚决定的；

（三）涉嫌构成犯罪，依法移送司法机关并被立案的；

（四）法律法规规定的其他案件办结情形。

第二十四条　社会保险行政部门跨区域调查案件的，相关地区社会保险行政部门应当积极配合、协助调查。

第二十五条　社会保险行政部门应当健全部门行政执法协作机制，加强与审计、财政、价格、卫生计生、工商、税务、药品监管和金融监管等行政部门的协调配合，形成监督合力。

第四章　案件移送管理

第二十六条　社会保险行政部门应当健全社会保险欺诈案件移送制度，按照规定及时向公安机关移送涉嫌社会保险欺诈犯罪案件，不得以行政处罚代替案件移送。

社会保险行政部门在查处社会保险欺诈案件过程中，发现国家工作人员涉嫌违纪、犯罪线索的，应当根据案件的性质，向纪检监察机关或者人民检察院移送。

第二十七条　社会保险行政部门移送涉嫌社会保险欺诈犯罪案件，应当组成专案组，核实案情提出移送书面报告，报本部门负责人审批，作出批准或者不批准移送的决定。

作出批准移送决定的，应当制作涉嫌犯罪案件移送书，并附涉嫌社会保险欺诈犯罪案件调查报告、涉案的有关书证、物证及其他有关涉嫌犯罪的材料，在规定时间内向公安机关移送，并抄送同级人民检察院。在移送案件时已经作出行政处罚决定的，应当将行政处罚决定书一并抄送。

作出不批准移送决定的，应当将不批准的理由记录在案。

第二十八条　社会保险行政部门对于案情重大、复杂疑难，性质难以确定的案件，可以就刑事案件立案追诉标准、证据固定和保全等问题，咨询公安机关、人民检察院。

第二十九条　对于公安机关决定立案的社会保险欺诈案件，社会保险行政部门应当在接到立案通知书后及时将涉案物品以及与案件有关的其他材料移交公安机关,并办理交接手续。

第三十条 对于已移送公安机关的社会保险欺诈案件,社会保险行政部门应当定期向公安机关查询案件办理进展情况。

第三十一条 公安机关在查处社会保险欺诈案件过程中,需要社会保险行政部门协助查证、提供有关社会保险信息数据和证据材料或者就政策性、专业性问题进行咨询的,社会保险行政部门应当予以协助配合。

第三十二条 对于公安机关决定不予立案或者立案后撤销的案件,社会保险行政部门应当按照规定接收公安机关退回或者移送的案卷材料,并依法作出处理。

社会保险行政部门对于公安机关作出的不予立案决定有异议的,可以向作出决定的公安机关申请复议,也可以建议人民检察院进行立案监督。

第三十三条 社会保险行政部门应当与公安机关建立联席会议、案情通报、案件会商等工作机制,确保基金监督行政执法与刑事司法工作衔接顺畅,坚决克服有案不移、有案难移、以罚代刑现象。

第三十四条 社会保险行政部门应当与公安机关定期或者不定期召开联席会议,互通社会保险欺诈案件查处以及行政执法与刑事司法衔接工作情况,分析社会保险欺诈形势和任务,协调解决工作中存在的问题,研究提出加强预防和查处的措施。

第三十五条 社会保险行政部门应当按照规定与公安、检察机关实现基金监督行政执法与刑事司法信息的共享,实现社会保险欺诈案件移送等执法、司法信息互联互通。

第五章 重大案件督办

第三十六条 社会保险行政部门应当建立重大社会保险欺诈案件督办制度,加强辖区内重大社会保险欺诈案件查处工作的协调、指导和监督。

重大案件督办是指上级社会保险行政部门对下级社会保险行政部门查办重大案件的调查、违法行为的认定、法律法规的适用、办案程序、处罚及移送等环节实施协调、指导和监督。

第三十七条 上级社会保险行政部门可以根据案件性质、涉案金额、复杂程度、查处难度以及社会影响等情况,对辖区内发生的重大社会保险欺诈案件进行督办。

对跨越多个地区,案情特别复杂,本级社会保险行政部门查处确有困难的,可以报请上级社会保险行政部门进行督办。

第三十八条 案件涉及其他行政部门的,社会保险行政部门可以协调相关行政部门实施联合督办。

第三十九条 社会保险行政部门(以下简称督办单位)确定需要督办的案件后,应当向承办案件的下级社会保险行政部门(以下简称承办单位)发出重大案件督办函,同时抄报上级社会保险行政部门。

第四十条 承办单位收到督办单位重大案件督办函后,应当及时立案查处,并在立案后10个工作日内将立案情况报告督办单位。

第四十一条 承办单位应当每30个工作日向督办单位报告一次案件查处进展情况;重大案件督办函有确定报告时限的,按照确定报告时限报告。案件查处有重大进展的,应当及时报告。

第四十二条 督办单位应当对承办单位督办案件查处工作进行指导、协调和督促。

对于承办单位未按要求立案查处督办案件和报告案件查处进展情况的,督办单位应当及时问情况,进行催办。

第四十三条 督办单位催办可以采取电话催办、发函催办、约谈催办的方式,必要时也可以采取现场督导催办方式。

第四十四条 对因督办案件情况发生变化,不需要继续督办的,督办单位可以撤销督办,并向承办单位发出重大案件撤销督办函。

第四十五条 承办单位应当在督办案件办结后,及时向督办单位报告结果。

办结报告内容应当包括案件名称、编号、来源、涉案对象和险种等基本信息情况、主要违法事实情况、案件调查或检查情况、行政处理处罚决定和执行情况以及案件移送情况等。

第六章 案件立卷归档

第四十六条 社会保险行政部门应当健全社会保险欺诈案件立卷归档管理制度,规范案卷管理行为。

第四十七条 社会保险欺诈案件办结后,社会保险行政部门应当及时收集、整理案件相关材料,进行立卷归档。

第四十八条 社会保险欺诈案件应当分别立卷,统一编号,一案一卷,做到目录清晰、资料齐全、分类规范、装订整齐、归档及时。

案卷可以立为正卷和副卷。正卷主要列入各类证据材料、法律文书等可以对外公开的材料;副卷主要列入案件讨论记录、法定秘密材料等不宜对外公开的材料。

第四十九条　装订成册的案卷应当由案卷封面、卷内文件材料目录、卷内文件材料、卷内文件材料备考表和封底组成。

第五十条　卷内文件材料应当按照以下规则组合排列：

（一）行政决定文书及其送达回证排列在最前面，其他文书材料按照工作流程顺序排列；

（二）证据材料按照所反映的问题特征分类，每类证据主证材料排列在前，旁证材料排列在后；

（三）其他文件材料按照取得或者形成的时间顺序，并结合重要程度进行排列。

第五十一条　社会保险行政部门应当按照国家规定确定案卷保管期限和保管案卷。

第五十二条　社会保险行政部门建立案件电子档案的，电子档案应当与纸质档案内容一致。

第七章　案件质量评查

第五十三条　社会保险行政部门应当健全社会保险欺诈案件质量评查制度，组织、实施、指导和监督本区域内社会保险欺诈案件质量评查工作，加强案件质量管理。

第五十四条　案件质量评查应当从证据采信、事实认定、法律适用、程序规范、文书使用和制作等方面进行，通过审阅案卷、实地调研等方式，对执法办案形成的案卷进行检查、评议，发现、解决案件质量问题，提高执法办案质量。

评查内容主要包括：

（一）执法办案主体是否合法，执法办案人员是否具有资格；

（二）当事人认定是否准确；

（三）认定事实是否清楚，证据是否充分、确凿；

（四）适用法律、法规和规章是否准确、适当；

（五）程序是否合法、规范；

（六）文书使用是否符合法定要求，记录内容是否清楚，格式是否规范；

（七）文书送达是否符合法定形式与要求；

（八）行政处理、处罚决定和执行是否符合法定形式与要求；

（九）文书和材料的立卷归档是否规范。

第五十五条　社会保险行政部门应当定期或者不定期开展案件质量评查。

案件质量评查可以采取集中评查、交叉评查、网上评查方式，采用重点抽查或者随机抽查方法。

第五十六条　社会保险行政部门应当合理确定案件质量评查标准，划分评查档次。

第五十七条　社会保险行政部门开展案件质量评查，应当成立评查小组。

评查小组开展评查工作，应当实行一案一查一评，根据评查标准进行检查评议，形成评查结果。

第五十八条　评查工作结束后，社会保险行政部门应当将评查结果通报下级社会保险行政部门。

第八章　案件分析和报告

第五十九条　社会保险行政部门应当建立社会保险欺诈案件分析制度，定期对案件总体情况进行分析，对典型案例进行剖析，开展业务交流研讨，提高执法办案质量和能力。

第六十条　社会保险行政部门应当建立社会保险欺诈案件专项报告制度，定期对案件查处和移送情况进行汇总，报送上一级社会保险行政部门。

省级社会保险行政部门应当在半年和年度结束后20日内上报社会保险欺诈案件查处和移送情况报告，并附社会保险欺诈案件查处和移送情况表（见附表），与社会保险基金要情统计表同时报送（一式三份）。

专项报告内容主要包括：社会保险欺诈案件查处和移送情况及分析、重大案件和上级督办案件查处情况、案件查处和移送制度机制建设和执行情况以及案件管理工作情况。

第六十一条　社会保险行政部门应当建立社会保险欺诈案件情况通报制度，定期或者不定期通报本辖区内社会保险欺诈案件发生和查处情况。

通报社会保险欺诈案件情况，可以在本系统通报，也可以根据工作需要向社会公开通报。

对于重大社会保险欺诈案件可以进行专题通报。

第六十二条　社会保险行政部门应当健全社会保险欺诈案例指导制度，定期或者不定期收集、整理、印发社会保险欺诈典型案例，指导辖区内案件查处工作。

第六十三条　社会保险行政部门应当健全社会保险欺诈案件信息公开制度，依法公开已办结案件相关信息，接受社会监督。

第六十四条　社会保险行政部门查处社会保险欺诈案件，作出行政处罚决定的，应当在作出决定后7个工作日内，在社会保险行政部门门户网站进行公示。

第六十五条　社会保险行政部门应当完善单位和个人社会保险欺诈违法信息记录和使用机制，将欺诈违法信息纳入单位和个人诚信记录，加强失信惩戒，促进社会保险诚信建设。

第九章 监督检查

第六十六条 上级社会保险行政部门应当定期或者不定期对下级社会保险行政部门社会保险欺诈案件查处和移送情况以及案件管理情况进行监督检查,加强行政层级执法监督。

第六十七条 社会保险行政部门应当健全执法办案责任制,明确执法办案职责,加强对执法办案活动的监督和问责。

第十章 附 则

第六十八条 本办法自发布之日起施行。

第六十九条 本办法由人力资源社会保障部负责解释。

社会保险领域严重失信人名单管理暂行办法

· 2019年10月28日
· 人社部规〔2019〕2号

第一条 为推进社会保险领域信用体系建设,保障社会保险基金安全运行,切实维护用人单位和参保人员合法权益,根据《国务院关于建立完善守信联合激励和失信联合惩戒制度加快推进社会诚信建设的指导意见》(国发〔2016〕33号)和《国务院办公厅关于加快推进社会信用体系建设构建以信用为基础的新型监管机制的指导意见》(国办发〔2019〕35号)等有关规定,制定本办法。

第二条 基本养老保险、失业保险和工伤保险(以下简称社会保险)领域有严重失信行为的用人单位、社会保险服务机构及其有关人员、参保及待遇领取人员等严重失信人名单管理工作,适用本办法。

第三条 人力资源社会保障部负责指导监督全国社会保险严重失信人名单管理工作。

县级以上地方人力资源社会保障部门根据职责负责本辖区内社会保险严重失信人名单的具体实施管理工作。

第四条 社会保险严重失信人名单实行"谁认定、谁负责",遵循依法依规、公平公正、客观真实、动态管理的原则。

第五条 用人单位、社会保险服务机构及其有关人员、参保及待遇领取人员等,有下列情形之一的,县级以上地方人力资源社会保障部门将其列入社会保险严重失信人名单:

(一)用人单位不依法办理社会保险登记,经行政处罚后,仍不改正的;

(二)以欺诈、伪造证明材料或者其他手段违规参加社会保险,违规办理社会保险业务超过20人次或从中牟利超过2万元的;

(三)以欺诈、伪造证明材料或者其他手段骗取社会保险待遇或社会保险基金支出,数额超过1万元,或虽未达到1万元但经责令退回仍拒不退回的;

(四)社会保险待遇领取人丧失待遇领取资格后,本人或他人冒领、多领社会保险待遇超过6个月或者数额超过1万元,经责令退回仍拒不退回,或签订还款协议后未按时履约的;

(五)恶意将社会保险个人权益记录用于与社会保险经办机构约定以外用途,或者造成社会保险个人权益信息泄露的;

(六)社会保险服务机构不按服务协议提供服务,造成基金损失超过10万元的;

(七)用人单位及其法定代表人或第三人依法应偿还社会保险基金已先行支付的工伤保险待遇,有能力偿还而拒不偿还、超过1万元的;

(八)法律、法规、规章规定的其他情形。

第六条 社会保险经办机构按照国务院关于建立证明事项告知承诺制的有关规定,在办理社会保险事项时,以书面(含电子文本,下同)形式将法律法规中规定的证明义务、证明内容以及被列入严重失信人名单的风险提示等一次性告知当事人,当事人书面承诺已经符合告知的条件、标准、要求,愿意承担不实承诺法律责任的,社会保险经办机构不再索要有关证明而依据当事人承诺办理相关事项。

社会保险经办机构应通过各级在线政务服务平台、数据共享交换平台、信用信息共享平台、政府部门内部核查和部门间行政协助等方式对当事人承诺内容予以核查。当事人违背承诺,存在本办法第五条规定情形的,列入社会保险严重失信人名单。

第七条 人力资源社会保障部门拟将当事人列入严重失信人名单的,应当事先书面告知当事人拟列入的事实、理由、依据、惩戒措施、期限等,以及其享有陈述申辩的权利。经复核,当事人的申辩理由不成立或逾期未提出申辩的,应当作出列入决定,并通知当事人。列入决定应当列明:

(一)当事人基本信息,包括法人和其他组织名称及其统一社会信用代码,法定代表人或单位负责人姓名及其身份证号码,相关责任人姓名及其身份证号码;

（二）列入事实、理由、依据、期限、惩戒措施、作出列入决定的人力资源社会保障部门名称、联系方式；

（三）当事人权利救济途径和救济期限等；

（四）整改方式和期限、信用修复方式等名单退出方式告知等。

第八条 人力资源社会保障部门应当自作出列入决定之日起7个工作日内，在人力资源社会保障门户网站、"信用中国"等相关媒介上公示社会保险严重失信人名单信息。

第九条 人力资源社会保障部门应当自作出列入决定之日起7个工作日内，上传社会保险严重失信人名单信息至人力资源社会保障信用信息平台和全国信用信息共享平台，由相关部门依据《关于对社会保险领域严重失信企业及其有关人员实施联合惩戒的合作备忘录》（发改财经〔2018〕1704号）规定实施联合惩戒。

第十条 因发生第五条第（一）项、第（四）项、第（六）项、第（七）项规定情形被纳入社会保险严重失信人名单的，联合惩戒期限为1年，期满自动移出社会保险严重失信人名单。

因发生第五条第（二）项、第（三）项、第（五）项、第（八）项规定情形或再次发生第五条规定情形被纳入社会保险严重失信人名单的，联合惩戒期限为3年，期满自动移出社会保险严重失信人名单。

第十一条 人力资源社会保障部门按照国务院有关部门关于失信行为限期整改制度的规定，对首次因发生第五条第（一）项、第（四）项、第（六）项、第（七）项规定情形被纳入社会保险严重失信人名单的失信主体，可结合实际以适当方式督促其在3个月内整改。失信主体整改到位后，可提请人力资源社会保障部门确认，人力资源社会保障部门应在30个工作日内核查确认，将其提前移出社会保险严重失信人名单。

第十二条 未按时整改的失信主体，可以按照国务院有关部门关于信用修复的规定，主动纠正失信行为、消除不良影响，向人力资源社会保障部门申请信用修复，并提供已经履行义务和书面信用承诺等相关资料。人力资源社会保障部门在收到修复申请60个工作日内核查确认后，将其提前移出社会保险严重失信人名单。

第十三条 失信主体被移出社会保险严重失信人名单的，相关部门联合惩戒措施即行终止。

第十四条 人力资源社会保障部门将失信主体移出社会保险严重失信人名单的，应当通过人力资源社会保障门户网站、"信用中国"等相关媒介予以公示。

第十五条 当事人对被列入社会保险严重失信人名单不服的，可依法提起行政复议或行政诉讼。

第十六条 人力资源社会保障部门工作人员在实施社会保险严重失信人名单管理过程中，滥用职权、玩忽职守、徇私舞弊的，依法予以处理。

第十七条 本办法自印发之日起施行。

社会保险业务档案管理规定（试行）

· 2009年7月23日人力资源和社会保障部、国家档案局令第3号公布
· 自2009年9月1日起施行

第一条 为规范社会保险业务档案管理，维护社会保险业务档案真实、完整和安全，发挥档案的服务作用，根据《中华人民共和国档案法》和社会保险相关法规，制定本规定。

第二条 依法经办养老、医疗、失业、工伤、生育等社会保险业务的机构（以下简称社会保险经办机构），管理社会保险业务档案，适用本规定。

第三条 本规定所称社会保险业务档案，是指社会保险经办机构在办理社会保险业务过程中，直接形成的具有保存和利用价值的专业性文字材料、电子文档、图表、声像等不同载体的历史记录。

第四条 人力资源社会保障行政部门负责社会保险业务档案管理工作的组织领导。

社会保险经办机构负责社会保险业务档案的管理工作，并接受档案行政管理部门的业务指导。

社会保险业务档案由县级以上社会保险经办机构集中保存。

第五条 社会保险经办机构配备专门的管理人员和必要的设施、场所，确保档案的安全，并根据需要配备适应档案现代化管理要求的技术设备。

第六条 社会保险经办机构应当认真落实档案保管、保密、利用、移交、鉴定、销毁等管理要求，保证社会保险业务档案妥善保管、有序存放，严防毁损、遗失和泄密。

第七条 社会保险经办机构办理社会保险业务过程中形成的记录、证据、依据，按照《社会保险业务材料归档范围与保管期限》（见附件）进行收集、整理、立卷、归档，确保归档材料的完整、安全，不得伪造、篡改。

第八条 社会保险业务档案分类应当按照社会保险业务经办的规律和特点，以方便归档整理和检索利用为原则，采用"年度—业务环节"或"年度—险种—业务环

节"的方法对社会保险业务材料进行分类、整理，并及时编制归档文件目录、卷内目录、案卷目录、备考表等。负责档案管理的机构应当对接收的档案材料及时进行检查、分类、整理、编号、入库保管，并及时编制索引目录。

第九条 社会保险业务档案的保管期限分为永久和定期两类。定期保管期限分为10年、30年、50年、100年，各种社会保险业务档案的具体保管期限按照《社会保险业务材料归档范围与保管期限》执行。

社会保险业务档案定期保管期限为最低保管期限。社会保险业务档案的保管期限，自形成之日的次年1月1日开始计算。

第十条 社会保险经办机构依法为参保单位和参保个人提供档案信息查询服务。

第十一条 社会保险经办机构应当对已到期的社会保险业务档案进行鉴定。

鉴定工作应当由社会保险经办机构相关负责人、业务人员和档案管理人员，以及人力资源社会保障行政部门有关人员组成鉴定小组负责鉴定并提出处理意见。

鉴定中如发现业务档案保管期限划分过短，有必要继续保存的，应当重新确定保管期限。

第十二条 社会保险经办机构对经过鉴定可以销毁的档案，编制销毁清册，报同级人力资源社会保障行政部门备案，经社会保险经办机构主要负责人批准后销毁。

未经鉴定和批准，不得销毁任何档案。

社会保险经办机构应当派两人以上监督销毁档案。监督人员要在销毁清册上签名，并注明销毁的方式和时间。销毁清册永久保存。

第十三条 社会保险经办机构按照有关规定，将永久保存的社会保险业务档案向同级国家综合档案馆移交。

第十四条 社会保险经办机构有下列行为之一的，限期改正，并对直接负责的工作人员、主管人员和其他直接责任人员依法给予处分；给参保单位或者个人造成损失的，依法承担赔偿责任：

（一）不按规定归档或者不按规定移交档案的；
（二）伪造、篡改、隐匿档案或者擅自销毁档案的；
（三）玩忽职守，造成档案遗失、毁损的；
（四）违规提供、抄录档案，泄漏用人单位或者个人信息的；
（五）违反社会保险业务档案和国家档案法律、法规的其他行为。

第十五条 各类社会保险业务档案中涉及会计、电子文档等档案材料，国家有特别规定的，从其规定。

第十六条 本规定自2009年9月1日起施行。

附件：《社会保险业务材料归档范围与保管期限》（略）

社会保险基金监督举报工作管理办法

· 2023年1月17日人力资源和社会保障部令第49号公布
· 自2023年5月1日起施行

第一章 总 则

第一条 为了规范社会保险基金监督举报管理工作，切实保障社会保险基金安全，根据《中华人民共和国社会保险法》和有关法律、行政法规，制定本办法。

第二条 人力资源社会保障行政部门开展社会保险基金监督举报的受理、办理等管理工作，适用本办法。

本办法所称社会保险基金是指基本养老保险基金、工伤保险基金、失业保险基金等人力资源社会保障部门管理的社会保险基金。

第三条 人力资源社会保障部主管全国社会保险基金监督举报管理工作。县级以上地方人力资源社会保障行政部门负责本行政区域内的社会保险基金监督举报管理工作。

人力资源社会保障行政部门负责社会保险基金监督的机构具体承担社会保险基金监督举报综合管理工作。人力资源社会保障部门负责社会保险政策、经办、信息化综合管理等的机构，依据职责协同做好社会保险基金监督举报管理工作。

第四条 人力资源社会保障行政部门要加强与公安、民政、司法行政、财政、卫生健康、人民银行、审计、税务等部门和人民法院、纪检监察等机关的协同配合，做好社会保险基金监督举报管理工作，共同保障社会保险基金安全。

第五条 社会保险基金监督举报管理工作应当坚持依法、公正、高效、便民的原则。

第二章 举报范围

第六条 本办法所称社会保险基金监督举报（以下简称举报），是指任何组织或者个人向人力资源社会保障行政部门反映机构、单位、个人涉嫌欺诈骗取、套取或者挪用贪占社会保险基金情形的行为。

依照本办法，举报涉嫌欺诈骗取、套取或者挪用贪占社会保险基金情形的任何组织或者个人是举报人；被举报的机构、单位、个人是被举报人。

第七条 参保单位、个人、中介机构涉嫌有下列情形之一的，任何组织或者个人可以依照本办法举报：

（一）以提供虚假证明材料等手段虚构社会保险参保条件、违规补缴的；

（二）伪造、变造有关证件、档案、材料，骗取社会保险基金的；

（三）组织或者协助他人以伪造、变造档案、材料等手段骗取参保补缴、提前退休资格或者违规申领社会保险待遇的；

（四）个人丧失社会保险待遇享受资格后，本人或者相关受益人不按规定履行告知义务、隐瞒事实违规享受社会保险待遇的；

（五）其他欺诈骗取、套取或者挪用贪占社会保险基金的情形。

第八条　社会保险服务机构及其工作人员涉嫌有下列情形之一的，任何组织或者个人可以依照本办法举报：

（一）工伤保险协议医疗机构、工伤康复协议机构、工伤保险辅助器具配置协议机构、工伤预防项目实施单位、职业伤害保障委托承办机构及其工作人员以伪造、变造或者提供虚假证明材料及相关报销票据、冒名顶替等手段骗取或者协助、配合他人骗取社会保险基金的；

（二）享受失业保险培训补贴的培训机构及其工作人员以伪造、变造、提供虚假培训记录等手段骗取或者协助、配合他人骗取社会保险基金的；

（三）其他欺诈骗取、套取或者挪用贪占社会保险基金的情形。

第九条　社会保险经办机构及其工作人员涉嫌有下列情形之一的，任何组织或者个人可以依照本办法举报：

（一）隐匿、转移、侵占、挪用、截留社会保险基金的；

（二）违规审核、审批社会保险申报材料，违规办理参保、补缴、关系转移、待遇核定、待遇资格认证等，违规发放社会保险待遇的；

（三）伪造或者篡改缴费记录、享受社会保险待遇记录等社会保险数据、个人权益记录的；

（四）其他欺诈骗取、套取或者挪用贪占社会保险基金的情形。

第十条　与社会保险基金收支、管理直接相关单位及其工作人员涉嫌有下列情形之一的，任何组织或者个人可以依照本办法举报：

（一）人力资源社会保障行政部门及其工作人员违规出具行政执法文书、违规进行工伤认定、违规办理提前退休，侵害社会保险基金的；

（二）劳动能力鉴定委员会及其工作人员违规进行劳动能力鉴定，侵害社会保险基金的；

（三）劳动人事争议仲裁机构及其工作人员违规出具仲裁文书，侵害社会保险基金的；

（四）信息化综合管理机构及其工作人员伪造或者篡改缴费记录、享受社会保险待遇记录等社会保险数据、个人权益记录的；

（五）其他欺诈骗取、套取或者挪用贪占社会保险基金的情形。

第十一条　依法应当通过劳动人事争议处理、劳动保障监察投诉、行政争议处理、劳动能力再次鉴定、信访等途径解决或者以举报形式进行咨询、政府信息公开申请等活动的，不适用本办法。人力资源社会保障行政部门应当告知举报人依法依规通过相关途径解决。

人力资源社会保障行政部门收到属于财政部门、社会保险费征收机构等部门、机构职责的举报事项，应依法书面通知并移交有权处理的部门、机构处理。

第三章　接收和受理

第十二条　人力资源社会保障行政部门通过12333或者其他服务电话、传真、信函、网络、现场等渠道接收举报事项。

人力资源社会保障行政部门应当向社会公布接收举报事项的电话号码、传真号码、通信地址、邮政编码、网络举报途径、接待场所和时间等渠道信息，并在其举报接待场所或者网站公布与举报有关的法律、法规、规章，举报范围和受理、办理程序等有关事项。

第十三条　举报人举报应当提供被举报人的名称（姓名）和涉嫌欺诈骗取、套取或者挪用贪占社会保险基金的有效线索；尽可能提供被举报人地址（住所）、统一社会信用代码（公民身份号码）、法定代表人信息和其他相关佐证材料。

提倡举报人提供书面举报材料。

第十四条　举报人进行举报，应当遵守法律、法规、规章等规定，不得捏造、歪曲事实，不得诬告陷害他人。

第十五条　举报人可以实名举报或者匿名举报。提倡实名举报。

现场实名举报的，举报人应当提供居民身份证或者营业执照等有效证件的原件和真实有效的联系方式。

以电话、传真、来信、网络等形式实名举报的，举报人应当提供居民身份证或者营业执照等有效证件的复印件和真实有效的联系方式。

举报人未采取本条第二款、第三款的形式举报的，视为匿名举报。

第十六条 现场举报应当到人力资源社会保障行政部门设立的接待场所；多人现场提出相同举报事项的，应当推选代表，代表人数不超过5人。

第十七条 接收现场口头举报，应当准确记录举报事项，交举报人确认。经征得举报人同意后可以录音、录像。实名举报的，由举报人签名或者盖章；匿名举报的，应当记录在案。

接收电话举报，应当细心接听、询问清楚、准确记录，经告知举报人后可以录音。

接收传真、来信、网络等形式举报，应当保持举报材料的完整。

对内容不详的实名举报，应当及时联系举报人补充相关材料。

第十八条 人力资源社会保障行政部门应当加强举报事项接收转交管理工作。

第十九条 举报涉及重大问题或者紧急事项的，具体承担社会保险基金监督举报综合管理工作的机构应当立即向本部门负责人报告，并依法采取必要措施。

第二十条 举报按照"属地管理、分级负责、谁主管、谁负责"的原则确定管辖。

必要时，上级人力资源社会保障行政部门可以受理下级人力资源社会保障行政部门管辖的举报事项，也可以向下级人力资源社会保障行政部门交办、督办举报事项。

两个及两个以上同级人力资源社会保障行政部门都有管辖权限的，由最先受理的人力资源社会保障行政部门管辖。对管辖发生争议的，应当自发生争议之日起5个工作日内协商解决；协商不成的，报请共同的上一级人力资源社会保障行政部门，共同的上一级人力资源社会保障行政部门应当自收到之日起5个工作日内指定管辖。

第二十一条 人力资源社会保障行政部门接收到举报事项后，应当在5个工作日内进行审查，有下列情形之一的，不予受理：

（一）不符合本办法第七条、第八条、第九条或者第十条规定的；

（二）无法确定被举报人，或者不能提供欺诈骗取、套取或者挪用贪占社会保险基金行为有效线索的；

（三）对已经办结的同一举报事项再次举报，没有提供新的有效线索的。

对符合本办法第七条、第八条、第九条或者第十条规定但本部门不具备管辖权限的举报事项，应当移送到有管辖权限的人力资源社会保障行政部门，并告知实名举报人移送去向。

除前两款规定外，举报事项自人力资源社会保障行政部门接收之日起即为受理。

第二十二条 人力资源社会保障行政部门应当自接收举报事项之日起10个工作日内，将受理（不予受理）决定通过纸质通知或者电子邮件、短信等形式告知有告知要求的实名举报人。

第四章 办 理

第二十三条 受理举报事项后，人力资源社会保障行政部门办理举报事项以及作出行政处理、行政处罚决定的，应当按照《社会保险基金行政监督办法》等有关规定和本章的规定执行。

已经受理尚未办结的举报事项，再次举报的，可以合并办理；再次举报并提供新的有效线索的，办理期限自确定合并办理之日起重新计算。

第二十四条 人力资源社会保障行政部门在办理举报事项中涉及异地调查的，可以向当地人力资源社会保障行政部门提出协助请求。协助事项属于被请求部门职责范围内的，应当依法予以协助。

第二十五条 办理举报事项涉及其他部门职责的，人力资源社会保障行政部门可以会同相关部门共同办理。

第二十六条 下级人力资源社会保障行政部门对上级人力资源社会保障行政部门交办、移送的举报事项，应当按照规定时限或者上级人力资源社会保障行政部门督办要求办理，并书面报告调查处理意见、办理结果。

第二十七条 符合下列情形之一的，经人力资源社会保障行政部门批准，举报事项予以办结：

（一）经办理发现问题，依法作出行政处理、行政处罚决定的；依法应当由其他部门、机构处理的，向有关部门、机构提出处理建议，或者移交有关部门、机构处理的；

（二）经办理未发现欺诈骗取、套取或者挪用贪占社会保险基金情形的；

（三）其他依法应当予以办结的情形。

人力资源社会保障行政部门应当自受理举报事项之日起60个工作日内办结举报事项；情况复杂的，经人力资源社会保障行政部门负责人批准，可以适当延长，但延长期限不得超过30个工作日。

第二十八条 符合下列情形之一的，经人力资源社会保障行政部门批准，可以中止对举报事项的办理：

（一）举报涉及法律、法规、规章或者政策适用问题，需要有权机关作出解释或者确认的；

（二）因被举报人或者有关人员下落不明等，无法继续办理的；

（三）因被举报的机构、单位终止，尚未确定权利义务承受人，无法继续办理的；

（四）因自然灾害等不可抗力原因，无法继续办理的；

（五）因案情重大、疑难复杂或者危害后果特别严重，确需提请上级主管部门研究决定的；

（六）其他依法应当中止办理的情形。

中止情形消除后，应当恢复对举报事项的办理。办理期限自中止情形消除之日起继续计算。

第二十九条 上级人力资源社会保障行政部门发现下级人力资源社会保障行政部门对举报事项的办理确有错误的，应当责成下级人力资源社会保障行政部门重新办理，必要时可以直接办理。

第三十条 实名举报人可以要求答复举报事项的办理结果，人力资源社会保障行政部门可以视具体情况采取口头或者书面形式答复实名举报人，答复不得泄露国家秘密、商业秘密和个人隐私。口头答复应当做好书面记录。

第五章 归档和报告

第三十一条 人力资源社会保障行政部门应当严格管理举报材料，逐件登记接收举报事项的举报人、被举报人、主要内容、受理和办理等基本情况。

第三十二条 举报材料的保管和整理，应当按照档案管理的有关规定执行。

省级人力资源社会保障行政部门应当完善举报信息系统，实行信息化管理。

第三十三条 县级以上地方人力资源社会保障行政部门应当建立社会保险基金监督举报管理年度报告制度。

省级人力资源社会保障行政部门应当于每年1月31日前，向人力资源社会保障部报告上一年度社会保险基金监督举报管理情况。

第六章 保障措施

第三十四条 举报人的合法权益依法受到保护。任何单位和个人不得以任何借口阻拦、压制或者打击报复举报人。

第三十五条 人力资源社会保障行政部门工作人员与举报事项、举报人、被举报人有直接利害关系或者其他关系，可能影响公正办理的，应当回避。

举报人有正当理由并且有证据证明人力资源社会保障行政部门工作人员应当回避的，可以提出回避申请，由人力资源社会保障行政部门决定。申请人力资源社会保障行政部门负责人回避的，由上级人力资源社会保障行政部门决定。

第三十六条 人力资源社会保障行政部门应当建立健全工作责任制，严格遵守以下保密规定：

（一）举报事项的接收、受理、登记及办理，应当依照国家有关法律、行政法规等规定严格保密，不得私自摘抄、复制、扣压、销毁举报材料；

（二）严禁泄露举报人的姓名、身份、单位、地址、联系方式等信息，严禁将举报情况透漏给被举报人或者与举报工作无关的人员；

（三）办理举报时不得出示举报信原件或者复印件，不得暴露举报人的有关信息，对匿名的举报书信及材料，除特殊情况外，不得鉴定笔迹；

（四）开展宣传报道，未经举报人书面同意，不得公开举报人的姓名、身份、单位、地址、联系方式等信息。

第三十七条 举报事项经查证属实，为社会保险基金挽回或者减少重大损失的，应当按照规定对实名举报人予以奖励。

第三十八条 人力资源社会保障行政部门应当配备专门人员，提供必要的办公条件等，保障举报管理工作顺利进行。

第七章 法律责任

第三十九条 受理、办理举报事项的工作人员及其负责人有下列情形之一的，由人力资源社会保障行政部门责令改正；造成严重后果的，依法依规予以处理：

（一）对于应当受理、办理的举报事项未及时受理、办理或者未在规定期限内办结举报事项的；

（二）将举报人的举报材料或者有关情况透漏给被举报人或者与举报工作无关的人员的；

（三）对涉及重大问题或者紧急事项的举报隐瞒、谎报、缓报，或者未依法及时采取必要措施的；

（四）未妥善保管举报材料，造成举报材料损毁或者丢失的；

（五）其他违法违规的情形。

第四十条 举报人捏造、歪曲事实，诬告陷害他人的，依法承担法律责任。

第八章 附 则

第四十一条 本办法自 2023 年 5 月 1 日起施行。原劳动和社会保障部《社会保险基金监督举报工作管理办法》(劳动和社会保障部令第 11 号)同时废止。

社会保险基金行政监督办法

· 2022 年 2 月 9 日人力资源社会保障部令第 48 号公布
· 自 2022 年 3 月 18 日起施行

第一章 总 则

第一条 为了保障社会保险基金安全,规范和加强社会保险基金行政监督,根据《中华人民共和国社会保险法》和有关法律法规,制定本办法。

第二条 本办法所称社会保险基金行政监督,是指人力资源社会保障行政部门对基本养老保险基金、工伤保险基金、失业保险基金等人力资源社会保障部门管理的社会保险基金收支、管理情况进行的监督。

第三条 社会保险基金行政监督应当遵循合法、客观、公正、效率的原则。

第四条 人力资源社会保障部主管全国社会保险基金行政监督工作。县级以上地方各级人力资源社会保障行政部门负责本行政区域内的社会保险基金行政监督工作。

人力资源社会保障行政部门对下级人力资源社会保障行政部门管辖范围内的重大监督事项,可以直接进行监督。

第五条 人力资源社会保障行政部门应当加强社会保险基金行政监督队伍建设,保证工作所需经费,保障监督工作独立性。

第六条 社会保险基金行政监督工作人员应当忠于职守、清正廉洁、秉公执法、保守秘密。

社会保险基金行政监督工作人员依法履行监督职责受法律保护,失职追责、尽职免责。

社会保险基金行政监督工作人员应当具备与履行职责相适应的专业能力,依规取得行政执法证件,并定期参加培训。

第七条 人力资源社会保障行政部门负责社会保险基金监督的机构具体实施社会保险基金行政监督工作。人力资源社会保障部门负责社会保险政策、经办、信息化综合管理等机构,依据职责协同做好社会保险基金行政监督工作。

第八条 人力资源社会保障行政部门应当加强与公安、民政、司法行政、财政、卫生健康、人民银行、审计、税务、医疗保障等部门的协同配合,加强信息共享、分析,加大协同查处力度,共同维护社会保险基金安全。

第九条 人力资源社会保障行政部门应当畅通社会监督渠道,鼓励和支持社会各方参与社会保险基金监督。

任何组织或者个人有权对涉及社会保险基金的违法违规行为进行举报。

第二章 监督职责

第十条 人力资源社会保障行政部门依法履行下列社会保险基金行政监督职责:

(一)检查社会保险基金收支、管理情况;

(二)受理有关社会保险基金违法违规行为的举报;

(三)依法查处社会保险基金违法违规问题;

(四)宣传社会保险基金监督法律、法规、规章和政策;

(五)法律、法规规定的其他事项。

第十一条 人力资源社会保障行政部门对社会保险经办机构的下列事项实施监督:

(一)执行社会保险基金收支、管理的有关法律、法规、规章和政策的情况;

(二)社会保险基金预算执行及决算情况;

(三)社会保险基金收入户、支出户等银行账户开立、使用和管理情况;

(四)社会保险待遇审核和基金支付情况;

(五)社会保险服务协议订立、变更、履行、解除或者终止情况;

(六)社会保险基金收支、管理内部控制情况;

(七)法律、法规规定的其他事项。

第十二条 人力资源社会保障行政部门对社会保险服务机构的下列事项实施监督:

(一)遵守社会保险相关法律、法规、规章和政策的情况;

(二)社会保险基金管理使用情况;

(三)社会保险基金管理使用内部控制情况;

(四)社会保险服务协议履行情况;

(五)法律、法规规定的其他事项。

第十三条 人力资源社会保障行政部门对与社会保险基金收支、管理直接相关单位的下列事项实施监督:

(一)提前退休审批情况;

(二)工伤认定(职业伤害确认)情况;

(三)劳动能力鉴定情况;

(四)法律、法规规定的其他事项。

第三章 监督权限

第十四条 人力资源社会保障行政部门有权要求被监督单位提供与监督事项有关的资料,包括但不限于与社会保险基金收支、管理相关的文件、财务资料、业务资料、审计报告、会议纪要等。

被监督单位应当全面、完整提供实施监督所需资料,说明情况,并对所提供资料真实性、完整性作出书面承诺。

第十五条 人力资源社会保障行政部门有权查阅、记录、复制被监督单位与社会保险基金有关的会计凭证、会计账簿、财务会计报告、业务档案,以及其他与社会保险基金收支、管理有关的数据、资料,有权查询被监督单位社会保险信息系统的用户管理、权限控制、数据管理等情况。

第十六条 人力资源社会保障行政部门有权询问与监督事项有关的单位和个人,要求其对与监督事项有关的问题作出说明、提供有关佐证。

第十七条 人力资源社会保障行政部门应当充分利用信息化技术手段查找问题,加强社会保险基金监管信息系统应用。

第十八条 信息化综合管理机构应当根据监督工作需要,向社会保险基金行政监督工作人员开放社会保险经办系统等信息系统的查询权限,提供有关信息数据。

第十九条 人力资源社会保障行政部门有权对隐匿、伪造、变造或者故意销毁会计凭证、会计账簿、财务会计报告以及其他与社会保险基金收支、管理有关资料的行为予以制止并责令改正;有权对可能被转移、隐匿或者灭失的资料予以封存。

第二十条 人力资源社会保障行政部门有权对隐匿、转移、侵占、挪用社会保险基金的行为予以制止并责令改正。

第四章 监督实施

第二十一条 社会保险基金行政监督的检查方式包括现场检查和非现场检查。人力资源社会保障行政部门应当制定年度检查计划,明确检查范围和重点。

被监督单位应当配合人力资源社会保障行政部门的工作,并提供必要的工作条件。

第二十二条 人力资源社会保障行政部门实施现场检查,依照下列程序进行:

(一)根据年度检查计划和工作需要确定检查项目及检查内容,制定检查方案,并在实施检查3个工作日前通知被监督单位;提前通知可能影响检查结果的,可以现场下达检查通知;

(二)检查被监督单位社会保险基金相关凭证账簿,查阅与监督事项有关的文件、资料、档案、数据,向被监督单位和有关个人调查取证,听取被监督单位有关社会保险基金收支、管理使用情况的汇报;

(三)根据检查结果,形成检查报告,并送被监督单位征求意见。被监督单位如有异议,应当在接到检查报告10个工作日内提出书面意见。逾期未提出书面意见的,视同无异议。

第二十三条 人力资源社会保障行政部门实施非现场检查,依照下列程序进行:

(一)根据检查计划及工作需要,确定非现场检查目的及检查内容,通知被监督单位按照规定的范围、格式及时限报送数据、资料;或者从信息系统提取社会保险基金管理使用相关数据;

(二)审核被监督单位报送和提取的数据、资料,数据、资料不符合要求的,被监督单位应当补报或者重新报送;

(三)比对分析数据、资料,对发现的疑点问题要求被监督单位核查说明;对存在的重大问题,实施现场核实;评估社会保险基金收支、管理状况及存在的问题,形成检查报告。

对报送和提取的数据、资料,人力资源社会保障行政部门应当做好存储和使用管理,保证数据安全。

第二十四条 人力资源社会保障行政部门对监督发现的问题,采取以下处理措施:

(一)对社会保险基金收支、管理存在问题的,依法提出整改意见,采取约谈、函询、通报等手段督促整改;

(二)对依法应当由有关主管机关处理的,向有关主管机关提出处理建议。

人力资源社会保障行政部门有权对被监督单位的整改情况进行检查。

第二十五条 人力资源社会保障行政部门对通过社会保险基金行政监督检查发现、上级部门交办、举报、媒体曝光、社会保险经办机构移送等渠道获取的违法违规线索,应当查处,进行调查并依法作出行政处理、处罚决定。

人力资源社会保障行政部门作出行政处理、处罚决定前,应当听取当事人陈述、申辩;作出行政处理、处罚决定,应当告知当事人依法享有申请行政复议或者提起行政诉讼的权利。

第二十六条 社会保险基金行政监督的检查和查处应当由两名及以上工作人员共同进行,出示行政执法证件。

社会保险基金行政监督工作人员不得利用职务便利牟取不正当利益，不得从事影响客观履行基金监督职责的工作。

社会保险基金行政监督工作人员与被监督单位、个人或者事项存在利害关系的，应当回避。

第二十七条 人力资源社会保障行政部门可以聘请会计师事务所等第三方机构对社会保险基金的收支、管理情况进行审计，聘请专业人员协助开展检查。

被聘请机构和人员不得复制涉及参保个人的明细数据，不得未经授权复制统计数据和财务数据，不得将工作中获取、知悉的被监督单位资料或者相关信息用于社会保险基金监督管理以外的其他用途，不得泄露相关个人信息和商业秘密。

第二十八条 人力资源社会保障行政部门应当建立社会保险基金要情报告制度。

地方人力资源社会保障行政部门应当依规、按时、完整、准确向上级人力资源社会保障行政部门报告社会保险基金要情。

社会保险经办机构应当及时向本级人力资源社会保障行政部门报告社会保险基金要情。

本办法所称社会保险基金要情是指贪污挪用、欺诈骗取等侵害社会保险基金的情况。

第五章　法律责任

第二十九条 社会保险经办机构及其工作人员有下列行为之一的，由人力资源社会保障行政部门责令改正；对直接负责的主管人员和其他直接责任人员依法给予处分；法律法规另有规定的，从其规定：

（一）未履行社会保险法定职责的；

（二）未将社会保险基金存入财政专户的；

（三）克扣或者拒不按时支付社会保险待遇的；

（四）丢失或者篡改缴费记录、享受社会保险待遇记录等社会保险数据、个人权益记录的；

（五）违反社会保险经办内部控制制度的；

（六）其他违反社会保险法律、法规的行为。

第三十条 社会保险经办机构及其工作人员隐匿、转移、侵占、挪用社会保险基金的，按照《中华人民共和国社会保险法》第九十一条的规定处理。

第三十一条 社会保险服务机构有下列行为之一，以欺诈、伪造证明材料或者其他手段骗取社会保险基金支出的，按照《中华人民共和国社会保险法》第八十七条的规定处理：

（一）工伤保险协议医疗机构、工伤康复协议机构、工伤保险辅助器具配置协议机构、工伤预防项目实施单位等通过提供虚假证明材料及相关报销票据等手段，骗取工伤保险基金支出的；

（二）培训机构通过提供虚假培训材料等手段，骗取失业保险培训补贴的；

（三）其他以欺诈、伪造证明材料等手段骗取社会保险基金支出的行为。

第三十二条 用人单位、个人有下列行为之一，以欺诈、伪造证明材料或者其他手段骗取社会保险待遇的，按照《中华人民共和国社会保险法》第八十八条的规定处理：

（一）通过虚构个人信息、劳动关系，使用伪造、变造或者盗用他人可用于证明身份的证件，提供虚假证明材料等手段虚构社会保险参保条件、违规补缴，骗取社会保险待遇的；

（二）通过虚假待遇资格认证等方式，骗取社会保险待遇的；

（三）通过伪造或者变造个人档案、劳动能力鉴定结论等手段违规办理退休，违规增加视同缴费年限，骗取基本养老保险待遇的；

（四）通过谎报工伤事故、伪造或者变造证明材料等进行工伤认定或者劳动能力鉴定，或者提供虚假工伤认定结论、劳动能力鉴定结论，骗取工伤保险待遇的；

（五）通过伪造或者变造就医资料、票据等，或者冒用工伤人员身份就医、配置辅助器具，骗取工伤保险待遇的；

（六）其他以欺诈、伪造证明材料等手段骗取社会保险待遇的。

第三十三条 人力资源社会保障行政部门工作人员弄虚作假将不符合条件的人员认定为工伤职工或者批准提前退休，给社会保险基金造成损失的，依法给予处分。

从事劳动能力鉴定的组织或者个人提供虚假鉴定意见、诊断证明，给社会保险基金造成损失的，按照《工伤保险条例》第六十一条的规定处理。

第三十四条 被监督单位有下列行为之一的，由人力资源社会保障行政部门责令改正；拒不改正的，可以通报批评，给予警告；依法对直接负责的主管人员和其他责任人员给予处分：

（一）拒绝、阻挠社会保险基金行政监督工作人员进行监督的；

（二）拒绝、拖延提供与监督事项有关资料的；

（三）隐匿、伪造、变造或者故意销毁会计凭证、会计账簿、财务会计报告以及其他与社会保险基金收支、管理有关资料的。

  第三十五条 报复陷害社会保险基金行政监督工作人员的，依法给予处分。

  第三十六条 人力资源社会保障行政部门、社会保险经办机构违反本办法第二十八条的规定，对发现的社会保险基金要情隐瞒不报、谎报或者拖延不报的，按照有关规定追究相关人员责任。

  第三十七条 人力资源社会保障行政部门负责人、社会保险基金行政监督工作人员违反本办法规定或者有其他滥用职权、徇私舞弊、玩忽职守行为的，依法给予处分。

  第三十八条 人力资源社会保障行政部门、社会保险经办机构、会计师事务所等被聘请的第三方机构及其工作人员泄露、篡改、毁损、非法向他人提供个人信息、商业秘密的，对直接负责的主管人员和其他直接责任人员依法给予处分；违反其他法律、行政法规的，由有关主管部门依法处理。

  第三十九条 违反本办法规定，构成违反治安管理行为的，依法给予治安管理处罚；构成犯罪的，依法追究刑事责任。

第六章 附 则

  第四十条 本办法所称的社会保险服务机构，包括工伤保险协议医疗机构、工伤康复协议机构、工伤保险辅助器具配置协议机构、工伤预防项目实施单位、享受失业保险培训补贴的培训机构、承办社会保险经办业务的商业保险机构等。

  对乡镇（街道）事务所（中心、站）等承担社会保险经办服务工作的机构的监督，参照对社会保险经办机构监督相关规定执行。

  第四十一条 基本养老保险基金委托投资运营监管另行规定。

  第四十二条 本办法自2022年3月18日起施行。原劳动和社会保障部《社会保险基金行政监督办法》（劳动和社会保障部令第12号）同时废止。

最高人民检察院关于贪污养老、医疗等社会保险基金能否适用《最高人民法院、最高人民检察院关于办理贪污贿赂刑事案件适用法律若干问题的解释》第一条第二款第一项规定的批复

- 2017年7月19日最高人民检察院第十二届检察委员会第六十七次会议通过
- 2017年7月26日最高人民检察院公告公布
- 自2017年8月7日起施行
- 高检发释字〔2017〕1号

各省、自治区、直辖市人民检察院，解放军军事检察院，新疆生产建设兵团人民检察院：

  近来，一些地方人民检察院就贪污养老、医疗等社会保险基金能否适用《最高人民法院、最高人民检察院关于办理贪污贿赂刑事案件适用法律若干问题的解释》第一条第二款第一项规定请示我院。经研究，批复如下：

  养老、医疗、工伤、失业、生育等社会保险基金可以认定为《最高人民法院、最高人民检察院关于办理贪污贿赂刑事案件适用法律若干问题的解释》第一条第二款第一项规定的"特定款物"。

  根据刑法和有关司法解释规定，贪污罪和挪用公款罪中的"特定款物"的范围有所不同，实践中应注意区分，依法适用。

  此复。

2. 养老保险

国务院关于机关事业单位工作人员养老保险制度改革的决定

- 2015年1月3日
- 国发〔2015〕2号

各省、自治区、直辖市人民政府，国务院各部委、各直属机构：

  按照党的十八大和十八届三中、四中全会精神，根据《中华人民共和国社会保险法》等相关规定，为统筹城乡社会保障体系建设，建立更加公平、可持续的养老保险制度，国务院决定改革机关事业单位工作人员养老保险制度。

  一、改革的目标和基本原则。以邓小平理论、"三个代表"重要思想、科学发展观为指导，深入贯彻党的十八大、十八届三中、四中全会精神和党中央、国务院决策部署，坚持全覆盖、保基本、多层次、可持续方针，以增强公平

性、适应流动性、保证可持续性为重点,改革现行机关事业单位工作人员退休保障制度,逐步建立独立于机关事业单位之外、资金来源多渠道、保障方式多层次、管理服务社会化的养老保险体系。改革应遵循以下基本原则:

(一)公平与效率相结合。既体现国民收入再分配更加注重公平的要求,又体现工作人员之间贡献大小差别,建立待遇与缴费挂钩机制,多缴多得、长缴多得,提高单位和职工参保缴费的积极性。

(二)权利与义务相对应。机关事业单位工作人员要按照国家规定切实履行缴费义务,享受相应的养老保险待遇,形成责任共担、统筹互济的养老保险筹资和分配机制。

(三)保障水平与经济发展水平相适应。立足社会主义初级阶段基本国情,合理确定基本养老保险筹资和待遇水平,切实保障退休人员基本生活,促进基本养老保险制度可持续发展。

(四)改革前与改革后待遇水平相衔接。立足增量改革,实现平稳过渡。对改革前已退休人员,保持现有待遇并参加今后的待遇调整;对改革后参加工作的人员,通过建立新机制,实现待遇的合理衔接;对改革前参加工作、改革后退休的人员,通过实行过渡性措施,保持待遇水平不降低。

(五)解决突出矛盾与保证可持续发展相促进。统筹规划、合理安排、量力而行,准确把握改革的节奏和力度,先行解决目前城镇职工基本养老保险制度不统一的突出矛盾,再结合养老保险顶层设计,坚持精算平衡,逐步完善相关制度和政策。

二、改革的范围。本决定适用于按照公务员法管理的单位、参照公务员法管理的机关(单位)、事业单位及其编制内的工作人员。

三、实行社会统筹与个人账户相结合的基本养老保险制度。基本养老保险费由单位和个人共同负担。单位缴纳基本养老保险费(以下简称单位缴费)的比例为本单位工资总额的20%,个人缴纳基本养老保险费(以下简称个人缴费)的比例为本人缴费工资的8%,由单位代扣。按本人缴费工资8%的数额建立基本养老保险个人账户,全部由个人缴费形成。个人工资超过当地上年度在岗职工平均工资300%以上的部分,不计入个人缴费工资基数;低于当地上年度在岗职工平均工资60%的,按当地在岗职工平均工资的60%计算个人缴费工资基数。

个人账户储存额只用于工作人员养老,不得提前支取,每年按照国家统一公布的记账利率计算利息,免征利息税。参保人员死亡的,个人账户余额可以依法继承。

四、改革基本养老金计发办法。本决定实施后参加工作、个人缴费年限累计满15年的人员,退休后按月发给基本养老金。基本养老金由基础养老金和个人账户养老金组成。退休时的基础养老金月标准以当地上年度在岗职工月平均工资和本人指数化月平均缴费工资的平均值为基数,缴费每满1年发给1%。个人账户养老金月标准为个人账户储存额除以计发月数,计发月数根据本人退休时城镇人口平均预期寿命、本人退休年龄、利息等因素确定(详见附件)。

本决定实施前参加工作、实施后退休且缴费年限(含视同缴费年限,下同)累计满15年的人员,按照合理衔接、平稳过渡的原则,在发给基础养老金和个人账户养老金的基础上,再依据视同缴费年限长短发给过渡性养老金。具体办法由人力资源社会保障部会同有关部门制定并指导实施。

本决定实施后达到退休年龄但个人缴费年限累计不满15年的人员,其基本养老保险关系处理和基本养老金计发比照《实施〈中华人民共和国社会保险法〉若干规定》(人力资源社会保障部令第13号)执行。

本决定实施前已经退休的人员,继续按照国家规定的原待遇标准发放基本养老金,同时执行基本养老金调整办法。

机关事业单位离休人员仍按照国家统一规定发给离休费,并调整相关待遇。

五、建立基本养老金正常调整机制。根据职工工资增长和物价变动等情况,统筹安排机关事业单位和企业退休人员的基本养老金调整,逐步建立兼顾各类人员的养老保险待遇正常调整机制,分享经济社会发展成果,保障退休人员基本生活。

六、加强基金管理和监督。建立健全基本养老保险基金省级统筹;暂不具备条件的,可先实行省级基金调剂制度,明确各级人民政府征收、管理和支付的责任。机关事业单位基本养老保险基金单独建账,与企业职工基本养老保险基金分别管理使用。基金实行严格的预算管理,纳入社会保障基金财政专户,实行收支两条线管理,专款专用。依法加强基金监管,确保基金安全。

七、做好养老保险关系转移接续工作。参保人员在同一统筹范围内的机关事业单位之间流动,只转移养老保险关系,不转移基金。参保人员跨统筹范围流动或在机关事业单位与企业之间流动,在转移养老保险关系的同时,基本养老保险个人账户储存额随同转移,并以本人改革后各年度实际缴费工资为基数,按12%的总和转移基金,参保缴费不足1年的,按实际缴费月数计算转移基金。转移后基本养老保险缴费年限(含视同缴费年限)、个人账户储存额累计计算。

八、建立职业年金制度。机关事业单位在参加基本养老保险的基础上,应当为其工作人员建立职业年金。单位按本单位工资总额的8%缴费,个人按本人缴费工资的4%缴费。工作人员退休后,按月领取职业年金待遇。职业年金的具体办法由人力资源社会保障部、财政部制定。

九、建立健全确保养老金发放的筹资机制。机关事业单位及其工作人员应按规定及时足额缴纳养老保险费。各级社会保险征缴机构应切实加强基金征缴,做到应收尽收。各级政府应积极调整和优化财政支出结构,加大社会保障资金投入,确保基本养老金按时足额发放,同时为建立职业年金制度提供相应的经费保障,确保机关事业单位养老保险制度改革平稳推进。

十、逐步实行社会化管理服务。提高机关事业单位社会保险社会化管理服务水平,普遍发放全国统一的社会保障卡,实行基本养老金社会化发放。加强街道、社区人力资源社会保障工作平台建设,加快老年服务设施和服务网络建设,为退休人员提供方便快捷的服务。

十一、提高社会保险经办管理水平。各地要根据机关事业单位工作人员养老保险制度改革的实际需要,加强社会保险经办机构能力建设,适当充实工作人员,提供必要的经费和服务设施。人力资源社会保障部负责在京中央国家机关及所属事业单位基本养老保险的管理工作,同时集中受托管理其职业年金基金。中央国家机关所属京外单位的基本养老保险实行属地化管理。社会保险经办机构应做好机关事业单位养老保险参保登记、缴费申报、关系转移、待遇核定和支付等工作。要按照国家统一制定的业务经办流程和信息管理系统建设要求,建立健全管理制度,由省级统一集中管理数据资源,实现规范化、信息化和专业化管理,不断提高工作效率和服务质量。

十二、加强组织领导。改革机关事业单位工作人员养老保险制度,直接关系广大机关事业单位工作人员的切身利益,是一项涉及面广、政策性强的工作。各地区、各部门要充分认识改革工作的重大意义,切实加强领导,精心组织实施,向机关事业单位工作人员和社会各界准确解读改革的目标和政策,正确引导舆论,确保此项改革顺利进行。各地区、各部门要按照本决定制定具体的实施意见和办法,报人力资源社会保障部、财政部备案后实施。人力资源社会保障部要会同有关部门制定贯彻本决定的实施意见,加强对改革工作的协调和指导,及时研究

解决改革中遇到的问题,确保本决定的贯彻实施。

本决定自2014年10月1日起实施,已有规定与本决定不一致的,按照本决定执行。

附件:个人账户养老金计发月数表

附件

个人账户养老金计发月数表

退休年龄	计发月数	退休年龄	计发月数
40	233	56	164
41	230	57	158
42	226	58	152
43	223	59	145
44	220	60	139
45	216	61	132
46	212	62	125
47	207	63	117
48	204	64	109
49	199	65	101
50	195	66	93
51	190	67	84
52	185	68	75
53	180	69	65
54	175	70	56
55	170		

国务院关于建立统一的城乡居民基本养老保险制度的意见

· 2014年2月21日
· 国发〔2014〕8号

各省、自治区、直辖市人民政府,国务院各部委、各直属机构:

按照党的十八大精神和十八届三中全会关于整合城乡居民基本养老保险制度的要求,依据《中华人民共和国

社会保险法》有关规定,在总结新型农村社会养老保险(以下简称新农保)和城镇居民社会养老保险(以下简称城居保)试点经验的基础上,国务院决定,将新农保和城居保两项制度合并实施,在全国范围内建立统一的城乡居民基本养老保险(以下简称城乡居民养老保险)制度。现提出以下意见:

一、指导思想

高举中国特色社会主义伟大旗帜,以邓小平理论、"三个代表"重要思想、科学发展观为指导,贯彻落实党中央和国务院的各项决策部署,按照全覆盖、保基本、有弹性、可持续的方针,以增强公平性、适应流动性、保证可持续性为重点,全面推进和不断完善覆盖全体城乡居民的基本养老保险制度,充分发挥社会保险对保障人民基本生活、调节社会收入分配、促进城乡经济社会协调发展的重要作用。

二、任务目标

坚持和完善社会统筹与个人账户相结合的制度模式,巩固和拓宽个人缴费、集体补助、政府补贴相结合的资金筹集渠道,完善基础养老金和个人账户养老金相结合的待遇支付政策,强化长缴多得、多缴多得等制度的激励机制,建立基础养老金正常调整机制,健全服务网络,提高管理水平,为参保居民提供方便快捷的服务。"十二五"末,在全国基本实现新农保和城居保制度合并实施,并与职工基本养老保险制度相衔接。2020年前,全面建成公平、统一、规范的城乡居民养老保险制度,与社会救助、社会福利等其他社会保障政策相配套,充分发挥家庭养老等传统保障方式的积极作用,更好保障参保城乡居民的老年基本生活。

三、参保范围

年满16周岁(不含在校学生),非国家机关和事业单位工作人员及不属于职工基本养老保险制度覆盖范围的城乡居民,可以在户籍地参加城乡居民养老保险。

四、基金筹集

城乡居民养老保险基金由个人缴费、集体补助、政府补贴构成。

(一)个人缴费。

参加城乡居民养老保险的人员应当按规定缴纳养老保险费。缴费标准目前设为每年100元、200元、300元、400元、500元、600元、700元、800元、900元、1000元、1500元、2000元12个档次,省(区、市)人民政府可以根据实际情况增设缴费档次,最高缴费档次标准原则上不超过当地灵活就业人员参加职工基本养老保险的年缴费

额,并报人力资源社会保障部备案。人力资源社会保障部会同财政部依据城乡居民收入增长等情况适时调整缴费档次标准。参保人自主选择档次缴费,多缴多得。

(二)集体补助。

有条件的村集体经济组织应当对参保人缴费给予补助,补助标准由村民委员会召开村民会议民主确定,鼓励有条件的社区将集体补助纳入社区公益事业资金筹集范围。鼓励其他社会经济组织、公益慈善组织、个人为参保人缴费提供资助。补助、资助金额不超过当地设定的最高缴费档次标准。

(三)政府补贴。

政府对符合领取城乡居民养老保险待遇条件的参保人全额支付基础养老金,其中,中央财政对中西部地区按中央确定的基础养老金标准给予全额补助,对东部地区给予50%的补助。

地方人民政府应当对参保人缴费给予补贴,对选择最低档次标准缴费的,补贴标准不低于每人每年30元;对选择较高档次标准缴费的,适当增加补贴金额;对选择500元及以上档次标准缴费的,补贴标准不低于每人每年60元,具体标准和办法由省(区、市)人民政府确定。对重度残疾人等缴费困难群体,地方人民政府为其代缴部分或全部最低标准的养老保险费。

五、建立个人账户

国家为每个参保人员建立终身记录的养老保险个人账户,个人缴费、地方人民政府对参保人的缴费补贴、集体补助及其他社会经济组织、公益慈善组织、个人对参保人的缴费资助,全部记入个人账户。个人账户储存额按国家规定计息。

六、养老保险待遇及调整

城乡居民养老保险待遇由基础养老金和个人账户养老金构成,支付终身。

(一)基础养老金。中央确定基础养老金最低标准,建立基础养老金最低标准正常调整机制,根据经济发展和物价变动等情况,适时调整全国基础养老金最低标准。地方人民政府可以根据实际情况适当提高基础养老金标准;对长期缴费的,可适当加发基础养老金,提高和加发部分的资金由地方人民政府支出,具体办法由省(区、市)人民政府规定,并报人力资源社会保障部备案。

(二)个人账户养老金。个人账户养老金的月计发标准,目前为个人账户全部储存额除以139(与现行职工基本养老保险个人账户养老金计发系数相同)。参保人死亡,个人账户资金余额可以依法继承。

七、养老保险待遇领取条件

参加城乡居民养老保险的个人,年满60周岁、累计缴费满15年,且未领取国家规定的基本养老保障待遇的,可以按月领取城乡居民养老保险待遇。

新农保或城居保制度实施时已年满60周岁,在本意见印发之日前未领取国家规定的基本养老保障待遇的,不用缴费,自本意见实施之月起,可以按月领取城乡居民养老保险基础养老金;距规定领取年龄不足15年的,应逐年缴费,也允许补缴,累计缴费不超过15年;距规定领取年龄超过15年的,应按年缴费,累计缴费不少于15年。

城乡居民养老保险待遇领取人员死亡的,从次月起停止支付其养老金。有条件的地方人民政府可以结合本地实际探索建立丧葬补助金制度。社会保险经办机构应每年对城乡居民养老保险待遇领取人员进行核对;村(居)民委员会要协助社会保险经办机构开展工作,在行政村(社区)范围内对参保人待遇领取资格进行公示,并与职工基本养老保险待遇等领取记录进行比对,确保不重、不漏、不错。

八、转移接续与制度衔接

参加城乡居民养老保险的人员,在缴费期间户籍迁移,需要跨地区转移城乡居民养老保险关系的,可在迁入地申请转移养老保险关系,一次性转移个人账户全部储存额,并按迁入地规定继续参保缴费,缴费年限累计计算;已经按规定领取城乡居民养老保险待遇的,无论户籍是否迁移,其养老保险关系不转移。

城乡居民养老保险制度与职工基本养老保险、优抚安置、城乡居民最低生活保障、农村五保供养等社会保障制度以及农村部分计划生育家庭奖励扶助制度的衔接,按有关规定执行。

九、基金管理和运营

将新农保基金和城居保基金合并为城乡居民养老保险基金,完善城乡居民养老保险基金财务会计制度和各项业务管理规章制度。城乡居民养老保险基金纳入社会保障基金财政专户,实行收支两条线管理,单独记账、独立核算,任何地区、部门、单位和个人均不得挤占挪用、虚报冒领。各地要在整合城乡居民养老保险制度的基础上,逐步推进城乡居民养老保险基金省级管理。

城乡居民养老保险基金按照国家统一规定投资运营,实现保值增值。

十、基金监督

各级人力资源社会保障部门要会同有关部门认真履行监管职责,建立健全内控制度和基金稽核监督制度,对基金的筹集、上解、划拨、发放、存储、管理等进行监控和检查,并按规定披露信息,接受社会监督。财政部门、审计部门按各自职责,对基金的收支、管理和投资运营情况实施监督。对虚报冒领、挤占挪用、贪污浪费等违纪违法行为,有关部门按国家有关法律法规严肃处理。要积极探索有村(居)民代表参加的社会监督的有效方式,做到基金公开透明,制度在阳光下运行。

十一、经办管理服务与信息化建设

省(区、市)人民政府要切实加强城乡居民养老保险经办能力建设,结合本地实际,科学整合现有公共服务资源和社会保险经办管理资源,充实加强基层经办力量,做到精确管理、便捷服务。要注重运用现代管理方式和政府购买服务方式,降低行政成本,提高工作效率。要加强城乡居民养老保险工作人员专业培训,不断提高公共服务水平。社会保险经办机构要认真记录参保人缴费和领取待遇情况,建立参保档案,按规定妥善保存。地方人民政府要为经办机构提供必要的工作场地、设施设备、经费保障。城乡居民养老保险工作经费纳入同级财政预算,不得从城乡居民养老保险基金中开支。基层财政确有困难的地区,省市级财政可给予适当补助。

各地要在现有新农保和城居保业务管理系统基础上,整合形成省级集中的城乡居民养老保险信息管理系统,纳入"金保工程"建设,并与其他公民信息管理系统实现信息资源共享;要将信息网络向基层延伸,实现省、市、县、乡镇(街道)、社区实时联网,有条件的地区可延伸到行政村;要大力推行全国统一的社会保障卡,方便参保人持卡缴费、领取待遇和查询本人参保信息。

十二、加强组织领导和政策宣传

地方各级人民政府要充分认识建立城乡居民养老保险制度的重要性,将其列入当地经济社会发展规划和年度目标管理考核体系,切实加强组织领导;要优化财政支出结构,加大财政投入,为城乡居民养老保险制度建设提供必要的财力保障。各级人力资源社会保障部门要切实履行主管部门职责,会同有关部门做好城乡居民养老保险工作的统筹规划和政策制定、统一管理、综合协调、监督检查等工作。

各地区和有关部门要认真做好城乡居民养老保险政策宣传工作,全面准确地宣传解读政策,正确把握舆论导向,注重运用通俗易懂的语言和群众易于接受的方式,深入基层开展宣传活动,引导城乡居民踊跃参保、持续缴费、增加积累,保障参保人的合法权益。

各省(区、市)人民政府要根据本意见,结合本地区实际情况,制定具体实施办法,并报人力资源社会保障部备案。

本意见自印发之日起实施,已有规定与本意见不一致的,按本意见执行。

国务院办公厅关于推动个人养老金发展的意见

· 2022 年 4 月 8 日
· 国办发〔2022〕7 号

各省、自治区、直辖市人民政府,国务院各部委、各直属机构:

为推进多层次、多支柱养老保险体系建设,促进养老保险制度可持续发展,满足人民群众日益增长的多样化养老保险需求,根据《中华人民共和国社会保险法》、《中华人民共和国银行业监督管理法》、《中华人民共和国保险法》、《中华人民共和国证券投资基金法》等法律法规,经党中央、国务院同意,现就推动个人养老金发展提出以下意见:

一、总体要求

以习近平新时代中国特色社会主义思想为指导,全面贯彻党的十九大和十九届历次全会精神,认真落实党中央、国务院决策部署,坚持以人民为中心的发展思想,完整、准确、全面贯彻新发展理念,加快构建新发展格局,推动发展适合中国国情、政府政策支持、个人自愿参加、市场化运营的个人养老金,与基本养老保险、企业(职业)年金相衔接,实现养老保险补充功能,协调发展其他个人商业养老金融业务,健全多层次、多支柱养老保险体系。

推动个人养老金发展坚持政府引导、市场运作、有序发展的原则。注重发挥政府引导作用,在多层次、多支柱养老保险体系中统筹布局个人养老金;充分发挥市场作用,营造公开公平公正的竞争环境,调动各方面积极性;严格监督管理,切实防范风险,促进个人养老金健康有序发展。

二、参加范围

在中国境内参加城镇职工基本养老保险或者城乡居民基本养老保险的劳动者,可以参加个人养老金制度。

三、制度模式

个人养老金实行个人账户制度,缴费完全由参加人个人承担,实行完全积累。参加人通过个人养老金信息管理服务平台(以下简称信息平台),建立个人养老金账户。个人养老金账户是参加个人养老金制度、享受税收优惠政策的基础。

参加人可以用缴纳的个人养老金在符合规定的金融机构或者其依法合规委托的销售渠道(以下统称金融产品销售机构)购买金融产品,并承担相应的风险。参加人应当指定或者开立一个本人唯一的个人养老金资金账户,用于个人养老金缴费、归集收益、支付和缴纳个人所得税。个人养老金资金账户可以由参加人在符合规定的商业银行指定或者开立,也可以通过其他符合规定的金融产品销售机构指定。个人养老金资金账户实行封闭运行,其权益归参加人所有,除另有规定外不得提前支取。

参加人变更个人养老金资金账户开户银行时,应当经信息平台核验后,将原个人养老金资金账户内的资金转移至新的个人养老金资金账户并注销原资金账户。

四、缴费水平

参加人每年缴纳个人养老金的上限为 12000 元。人力资源社会保障部、财政部根据经济社会发展水平和多层次、多支柱养老保险体系发展情况等因素适时调整缴费上限。

五、税收政策

国家制定税收优惠政策,鼓励符合条件的人员参加个人养老金制度并依规领取个人养老金。

六、个人养老金投资

个人养老金资金账户资金用于购买符合规定的银行理财、储蓄存款、商业养老保险、公募基金等运作安全、成熟稳定、标的规范、侧重长期保值的满足不同投资者偏好的金融产品,参加人可自主选择。参与个人养老金运行的金融机构和金融产品由相关金融监管部门确定,并通过信息平台和金融行业平台向社会发布。

七、个人养老金领取

参加人达到领取基本养老金年龄、完全丧失劳动能力、出国(境)定居,或者具有其他符合国家规定的情形,经信息平台核验领取条件后,可以按月、分次或者一次性领取个人养老金,领取方式一经确定不得更改。领取时,应将个人养老金由个人养老金资金账户转入本人社会保障卡银行账户。

参加人死亡后,其个人养老金资金账户中的资产可以继承。

八、信息平台

信息平台由人力资源社会保障部组织建设,与符合规定的商业银行以及相关金融行业平台对接,归集相关信息,与财政、税务等部门共享相关信息,为参加人提供个人养老金账户管理、缴费管理、信息查询等服务，支持参加人享受税收优惠政策，为个人养老金运行提供信息核验和综合监管支撑，为相关金融监管部门、参与个人养老金运行的金融机构提供相关信息服务。不断提升信息平台的规范化、信息化、专业化管理水平，运用"互联网+"创新服务方式，为参加人提供方便快捷的服务。

九、运营和监管

人力资源社会保障部、财政部对个人养老金发展进行宏观指导，根据职责对个人养老金的账户设置、缴费上限、待遇领取、税收优惠等制定具体政策并进行运行监管，定期向社会披露相关信息。税务部门依法对个人养老金实施税收征管。相关金融监管部门根据各自职责，依法依规对参与个人养老金运行金融机构的经营活动进行监管，督促相关金融机构优化产品和服务，做好产品风险提示，对产品的风险性进行监管，加强对投资者的教育。

各参与部门要建立和完善投诉机制，积极发挥社会监督作用，及时发现解决个人养老金运行中出现的问题。

十、组织领导

推动个人养老金发展是健全多层次、多支柱养老保险体系，增强人民群众获得感、幸福感、安全感的重要举措，直接关系广大参加人的切身利益。各地区要加强领导、周密部署、广泛宣传，稳妥有序推动有关工作落地实施。各相关部门要按照职责分工制定落实本意见的具体政策措施，同向发力、密切协同，指导地方和有关金融机构切实做好相关工作。人力资源社会保障部、财政部要加强指导和协调，结合实际分步实施，选择部分城市先试行1年，再逐步推开，及时研究解决工作中遇到的问题，确保本意见顺利实施。

机关事业单位工作人员基本养老保险经办规程

- 2015年3月25日
- 人社部发〔2015〕32号

第一章 总 则

第一条 为做好机关事业单位基本养老保险经办管理服务工作，根据《国务院关于机关事业单位工作人员养老保险制度改革的决定》（国发〔2015〕2号，以下简称《决定》）和《人力资源社会保障部财政部关于贯彻落实〈国务院关于机关事业单位工作人员养老保险制度改革的决定〉的通知》（人社部发〔2015〕28号，以下简称《通知》），制定本规程。

第二条 本规程适用于经办机关事业单位基本养老保险的各级社会保险经办机构（以下简称社保经办机构）。

第三条 机关事业单位基本养老保险业务实行属地化管理，由县级及以上社保经办机构负责办理。在京中央国家机关事业单位基本养老保险业务由人力资源社会保障部社会保险事业管理中心负责经办，京外的中央国家机关事业单位基本养老保险业务由属地社保经办机构负责经办。

第四条 各省（自治区、直辖市）、新疆生产建设兵团（以下简称省级）社保经办机构应依据本规程制定本地区机关事业单位基本养老保险业务经办管理办法、内控和稽核制度；会同财政部门制定本地区机关事业单位基本养老保险基金财务管理办法和会计核算办法实施细则；负责组织实施机关事业单位基本养老保险省级统筹工作；实行省级基金调剂制度的，编制机关事业单位基本养老保险基金调剂计划；参与机关事业单位基本养老保险信息系统建设和管理。省级和地（市、州，以下简称地级）社保经办机构负责组织指导和监督考核本地区各级社保经办机构开展机关事业单位基本养老保险经办管理服务工作；做好基金管理、财政补助资金的结算和划拨；编制、汇总、上报本地区机关事业单位基本养老保险基金预决算、财务和统计报表；负责机关事业单位基本养老保险个人权益记录管理和数据应用分析；组织开展宣传和人员培训等工作。

县（市、区、旗，以下简称县级）社保经办机构负责机关事业单位基本养老保险参保登记、申报核定、保险费征收、个人账户管理、关系转移、待遇核定与支付、基金管理；编制上报本级基金预、决算，财务和统计报表；数据应用分析；领取待遇资格认证；个人权益记录管理；审计稽核与内控管理；档案管理；咨询、查询和举报受理等工作。（地级及以上社保经办机构直接经办机关事业单位基本养老保险业务的参照执行。下同）

第五条 机关事业单位基本养老保险基金实行省级统筹，暂不具备条件的可先实行省级基金调剂制度。

每年的1月1日至12月31日为一个业务核算年度，按年核定缴费基数，按月缴费。核算以人民币为记账本位币，"元"为金额单位，元以下记至角分。核算期间的起讫日期采用公历日期。

第六条 机关事业单位基本养老保险管理信息系统（以下简称信息系统）纳入金保工程，由人力资源社会保障部组织开发，全国统一使用。数据信息实行省级集中管理。

第七条 机关事业单位基本养老保险关系转移接续经办规程另行制定。

第二章 参保登记

第八条 用人单位应当自成立之日起30日内向社保经办机构申请办理参保登记，填报《社会保险登记表》(附件1)，并提供以下证件和资料：

(一)有关职能部门批准单位成立的文件；

(二)《组织机构代码证》(副本)；

(三)事业单位还需提供《事业单位法人登记证书》(副本)；参照《公务员法》管理的单位还需提供参照《公务员法》管理相关文件；

(四)单位法定代表人(负责人)的任职文件和身份证；

(五)省级社保经办机构规定的其他证件、资料。

社保经办机构审核用人单位报送的参保登记资料，对符合条件的，在15日内为用人单位办理参保登记手续，确定社会保险登记编号，建立社会保险登记档案资料，登记用人单位基本信息，向用人单位核发《社会保险登记证》(具体样式详见《社会保险登记管理暂行办法》原劳动和社会保障部1号令附件3)；对资料不全或不符合规定的，应一次性告知用人单位需要补充和更正的资料或不予受理的理由。

第九条 参保单位名称、地址、法定代表人(负责人)、机构类型、组织机构代码、主管部门、隶属关系、开户银行账号、参加险种以及法律法规规定的社会保险其他登记事项发生变更时，应当在登记事项变更之日起30日内，向社保经办机构申请办理变更登记，填报《机关事业单位基本养老保险参保单位信息变更申报表》(附件2)，并提供以下证件和资料：

(一)与变更登记事项对应的相关资料；

(二)《社会保险登记证》；

(三)省级社保经办机构规定的其他证件、资料。

社保经办机构审核参保单位报送的变更登记申请资料，对符合条件的，在15日内为参保单位办理变更登记手续。变更内容涉及《社会保险登记证》登记事项的，收回参保单位原《社会保险登记证》，按变更后的内容重新核发《社会保险登记证》；对资料不全或不符合规定的，应一次性告知参保单位需要补充和更正的资料或不予受理的理由。

第十条 参保单位因发生撤销、解散、合并、改制、成建制转出等情形，依法终止社会保险缴费义务的，应自有关部门批准之日起30日内，向社保经办机构申请办理注销社会保险登记，填报《机关事业单位基本养老保险参保单位信息变更申报表》，并提供以下证件和资料：

(一)注销社会保险登记申请；

(二)《社会保险登记证》；

(三)批准撤销、解散、合并、改制的法律文书或文件或有关职能部门批准成建制转出的文件；

(四)省级社保经办机构规定的其他证件、资料。

社保经办机构审核参保单位报送的注销登记申请资料，参保单位有欠缴社会保险费的，社保经办机构应告知参保单位缴清应缴纳的社会保险费、利息、滞纳金等后，对符合条件的，在15日内为参保单位办理注销登记手续，收回《社会保险登记证》；对资料不全或不符合规定的，应一次性告知参保单位需要补充和更正的资料或不予受理的理由。

第十一条 社保经办机构对已核发的《社会保险登记证》实行定期验证和换证制度。参保单位应按年填报《社会保险登记证验证表》(附件3)，并提供以下证件和资料：

(一)《社会保险登记证》；

(二)《组织机构代码证》(副本)；

(三)事业单位还需提供《事业单位法人登记证书》(副本)；

(四)省级社保经办机构规定的其他证件、资料。

社保经办机构审核参保单位报送的验证登记申请资料，核查社会保险登记事项、社会保险费缴纳情况等内容。对符合条件的，及时为参保单位办理验证手续，在《社会保险登记证》和《社会保险登记证验证表》上加盖"社会保险登记证审核专用章"；对资料不全的，应一次性告知参保单位需要补充的资料。

《社会保险登记证》有效期4年。有效期满，社保经办机构应为参保单位更换。

第十二条 参保单位遗失《社会保险登记证》的，应及时向社保经办机构申请补办，填报《机关事业单位基本养老保险参保单位信息变更申报表》，并提供以下证件和资料：

(一)《组织机构代码证》(副本)；

(二)事业单位还需提供《事业单位法人登记证书》(副本)；

(三)省级社保经办机构规定的其他证件、资料。

社保经办机构审核参保单位报送的补证登记申请资料，对符合条件的，应在15日内为参保单位办理补证手续，重新核发《社会保险登记证》；对资料不全或不符合规定的，应一次性告知参保单位需要补充和更正的资料或不予受理的理由。

第十三条 社保经办机构为参保单位核发《社会保险登记证》后，参保单位向社保经办机构申报办理人员参保登记手续，填报《机关事业单位工作人员基本信息表》（附件4），并提供以下证件和资料：

（一）工作人员有效身份证件（复印件）；

（二）县级及以上党委组织部门、人力资源和社会保障行政部门正式录用通知书、调令、任职文件或事业单位聘用合同等；

（三）省级社保经办机构规定的其他证件、资料。

社保经办机构审核参保单位报送的人员参保登记资料，对符合条件的，录入人员参保登记信息，建立全国统一的个人社会保障号码（即公民身份号码），进行人员参保登记处理并为其建立个人账户，对资料不全或不符合规定的，应一次性告知参保单位需要补充和更正的资料或不予受理的理由。属于涉及国家安全、保密等特殊人群的，可采用专门方式采集相关信息，并作特殊标记。

第十四条 参保人员登记信息发生变化时，参保单位应当在30日内，向社保经办机构申请办理参保人员信息变更登记业务，填报《机关事业单位基本养老保险参保人员信息变更表》（附件5），并提供以下证件和资料：

（一）参保人员有效身份证件或社会保障卡；

（二）变更姓名、公民身份号码等关键基础信息的，需提供公安部门证明；变更出生日期、参加工作时间、视同缴费年限等特殊信息的，需提供本人档案及相关部门审批认定手续；

（三）省级社保经办机构规定的其他证件、资料。

社保经办机构审核参保单位报送的参保人员信息变更申请资料，对符合条件的，进行参保人员信息变更；对资料不全或不符合规定的，应一次性告知参保单位需要补充和更正的资料或不予受理的理由。

第十五条 对参保人员死亡、达到法定退休年龄前丧失中华人民共和国国籍等原因终止养老保险关系的，参保单位向社保经办机构申请办理参保人员养老保险关系终止业务，填报《机关事业单位基本养老保险参保人员业务申报表》（附件6），并提供以下证件和资料：

（一）参保人员死亡的，需提供社会保障卡、居民死亡医学证明书或其他死亡证明材料；

（二）丧失中华人民共和国国籍的，需提供定居国护照等相关资料；

（三）省级社保经办机构规定的其他证件、资料。

社保经办机构审核参保单位报送的参保人员终止登记申请资料，对符合条件的，录入参保人员终止登记信息，进行人员参保终止处理。

第三章 申报核定

第十六条 参保单位应每年统计上年度本单位及参保人员的工资总额，向社保经办机构申报《机关事业单位基本养老保险工资总额申报表》（附件7）。新设立的单位及新进工作人员的单位，应在办理社会保险登记或申报人员变更的同时，一并申报工作人员起薪当月的工资。

第十七条 参保单位按规定申报工资总额后，社保经办机构应及时进行审核，对审核合格的，建立参保单位及参保人员缴费申报档案资料及数据信息，生成参保单位及参保人员缴费基数核定数据；对资料不全或不符合规定的，应一次性告知参保单位需要补充和更正的资料或重新申报。

社保经办机构审核时，参保人员月缴费基数按照本人上年度月平均工资核定；新设立单位和参保单位新增的工作人员按照本人起薪当月的月工资核定。本人上年度月平均工资或起薪当月的月工资低于上年度全省在岗职工月平均工资60%的，按60%核定；超过300%的，按300%核定。单位月缴费基数为参保人员月缴费基数之和。

在上年度全省在岗职工月平均工资公布前，参保人员缴费基数暂按上年度月缴费基数执行。待上年度全省在岗职工月平均工资公布后，据实重新核定月缴费基数，并结算差额。

参保单位未按规定申报的，社保经办机构暂按上年度核定缴费基数的110%核定，参保单位补办申报手续后，重新核定并结算差额。在一个缴费年度内，参保单位初次申报后，其余月份应申报人员增减、缴费基数变更等规定事项的变动情况；无变动的，可以不申报。

第十八条 参保单位因新招录、调入、单位合并等原因增加人员或因工作调动、辞职、死亡等原因减少人员，应从起薪或停薪之月办理人员增加或减少。参保单位应及时填报《机关事业单位基本养老保险参保人员业务申报表》，并提供以下证件和资料：

（一）有关部门出具的相关手续；

（二）省级社保机构规定的其他证件、资料。

社保经办机构审核参保单位报送的人员增减资料，对符合条件的，办理人员增减手续，调整缴费基数并记录社会保险档案资料和数据信息；对资料不全或不符合规定的，应一次性告知参保单位需要补充更正的资料或不予受理的理由。

第十九条　因参保单位申报或根据人民法院、人事仲裁、社保稽核等部门的相关文书和意见，需变更缴费基数或缴费月数的，参保单位向社保经办机构申报办理，填报《机关事业单位基本养老保险参保人员业务申报表》，并提供以下资料：

（一）变更人员对应的工资记录；

（二）相关部门出具的文书和意见；

（三）省级社保经办机构规定的其他证件、资料。

社保经办机构审核参保单位报送的申请资料，对符合条件的，为其办理基本养老保险费补收手续，并记录相关信息，打印补缴通知；对资料不全或不符合规定的，应一次告知参保单位需要补充和更正的资料或不予受理的理由。

第二十条　因参保单位多缴、误缴基本养老保险费需退还的，参保单位向社保经办机构申报办理，填报《机关事业单位基本养老保险参保人员业务申报表》，并提供以下证件和资料：

（一）缴费凭证等相关资料；

（二）省级社保机构规定的其他证件、资料。

社保经办机构审核参保单位报送的申请资料，对符合条件的，为其办理基本养老保险费退还手续，并记录相关信息，打印退费凭证；对资料不全或不符合规定的，应一次告知参保单位需要补充和更正的资料或不予受理的理由。

第四章　基金征缴

第二十一条　社保经办机构负责征收基本养老保险费。社保经办机构应与参保单位和银行签订委托扣款协议，采取银行代扣方式进行征收；参保单位也可按照政策规定的其他方式缴纳。

第二十二条　社保经办机构根据参保单位申报的人员增减变化情况，及时办理基本养老保险关系建立、中断、恢复、转移、终止、缴费基数调整等业务，按月生成《机关事业单位基本养老保险费征缴通知单》（附件8），交参保单位；同时生成基本养老保险费征缴明细。实行银行代扣方式征收的，征缴明细按照社保经办机构与银行协商一致的格式传递给银行办理养老保险费征收业务。

第二十三条　参保单位和参保人员应按时足额缴纳基本养老保险费，参保人员个人应缴纳的基本养老保险费，由所在单位代扣代缴。

第二十四条　社保经办机构对银行反馈的基本养老保险费当月到账明细进行核对，无误后进行财务到账处理；及时据实登记应缴、实缴、当期欠费等，生成征收台账。

第二十五条　参保单位因不可抗力无力缴纳养老保险费的，应提出书面申请，经省级社会保险行政部门批准后，可以暂缓缴纳一定期限的养老保险费，期限不超过1年，暂缓缴费期间免收滞纳金。到期后，参保单位必须全额补缴欠缴的养老保险费。

第二十六条　参保单位欠缴养老保险费的，应按照《社会保险法》和《社会保险费申报缴纳管理规定》（人社部第20号令）有关规定缴清欠费。

第五章　个人账户管理

第二十七条　社保经办机构应为参保人员建立个人账户，用于记录个人缴费及利息等社会保险权益。个人账户包括个人基本信息、缴费信息和支付信息、转移接续信息、终止注销信息等内容。

《决定》实施时在机关事业单位工作的人员，个人账户建立时间从《决定》实施之月开始，之后参加工作的人员，从其参加工作之月起建立个人账户。

第二十八条　参保人员存在两个及以上个人账户的，其原个人账户储存额部分，应与现个人账户合并计算。存在重复缴费的，由现参保地社保经办机构与本人协商确定保留其中一个基本养老保险关系和个人账户，同时其他关系予以清理，个人账户储存额退还本人，相应的个人缴费年限不重复计算。

第二十九条　参保单位和参保人员按时足额缴费的，社保经办机构按月记入个人账户。参保单位或参保人员未按时足额缴费，视为欠缴，暂不记入个人账户，待参保单位补齐欠缴本息后，按补缴时段补记入个人账户。

第三十条　对按月领取基本养老金的退休人员，根据本人退休时个人账户养老金，按月冲减个人账户储存额。待遇调整增加的基本养老金，按本人退休时月个人账户养老金占月基本养老金的比例计算个人账户应支付金额，按月冲减个人账户储存额。

第三十一条　每年的1月1日至12月31日为一个结息年度，社保经办机构应于一个结息年度结束后根据上年度个人账户记账额及个人账户储存额，计算个人账户利息，并记入个人账户。记账利率由国家确定并公布。

参保人员办理退休或一次性领取个人账户储存额时，社保经办机构应对其个人账户储存额进行即时计息结转，以后每年按规定对退休人员个人账户支付养老金后的余额部分进行计息结转。办理跨统筹区、跨制度转移手续的参保人员，转出地社保经办机构在关系转出当年不计息结转;转入地社保经办机构从关系转入当年起计息。

当年个人记账利率公布前,发生待遇支付的,个人账户储存额按照公布的上一年度记账利率计算利息,当年个人账户记账利率公布后,不再重新核定。

第三十二条 社保经办机构对中断缴费的个人账户应进行封存,中断缴费期间按规定计息。社保经办机构对恢复缴费的参保人员个人账户记录进行恢复,中断缴费前后个人账户储存额合并计算。

第三十三条 办理参保人员终止登记手续后,参保单位可代参保人员或继承人向社保经办机构申领个人账户储存额(退休人员为个人账户余额)。社保经办机构完成支付手续后,终止参保人员基本养老保险关系。

第三十四条 参保人员养老保险关系发生跨统筹、跨制度范围转移的,转出地社保经办机构在基金转出后,终止参保人员个人账户;转入地社保经办机构在转入基金到账后,为转入人员记录个人账户。

第三十五条 参保人员对个人账户记录的信息有异议时,参保单位可凭相关资料向社保经办机构申请核查。社保经办机构核实后,对确需调整的,按规定程序审批后予以修改,保留调整前的记录,记录调查信息,将调整结果通知参保单位。

第六章 待遇管理

第三十六条 待遇核定主要包括参保人员退休待遇申报核定、待遇调整核定、遗属待遇支付核定、病残津贴支付核定、个人账户一次性支付核定等内容。

第三十七条 参保人员符合退休条件的,参保单位向社保经办机构申报办理退休人员待遇核定,填报《机关事业单位基本养老保险参保人员养老保险待遇申领表》(附件9),并提供以下证件和资料:

(一)参保人员有效身份证件或社会保障卡;
(二)按现行人事管理权限审批的退休相关材料;
(三)省级社保经办机构规定的其他证件、资料。

社保经办机构应及时对申报资料进行审核,对符合条件的,根据退休审批认定的参保人员出生时间、参加工作时间、视同缴费年限、退休类别以及实际缴费情况等计算退休人员的基本养老金。在过渡期内,应按《通知》的规定进行新老待遇计发办法对比,确定养老保险待遇水平,及时记录退休人员信息,打印《机关事业单位基本养老保险参保人员基本养老金计发表》(附件10),交参保单位。对资料不全或不符合规定的,应一次告性知参保单位需要补充和更正的资料或不予受理的理由。参保单位应当将核定结果告知参保人员。

第三十八条 社保经办机构应依据国家政策规定和统一部署,按照本地区机关事业单位退休人员基本养老金调整的规定,对机关事业单位退休人员养老保险待遇进行调整。具体操作规程由省级社保经办机构制定。

第三十九条 参保单位应在参保人员符合国家政策规定的病残津贴领取条件时向社保经办机构申报办理病残津贴领取手续,填报《机关事业单位基本养老保险参保人员养老保险待遇申领表》,并提供以下证件和资料:

(一)参保人员有效身份证件或社会保障卡;
(二)按现行人事管理权限审批的相关材料;
(三)省级社保经办机构规定的其他证件、资料。

社保经办机构应及时对申报资料进行审核,对符合领取病残津贴条件的,计算申报人员的病残津贴,核定金额,并及时记录数据信息,打印机关事业单位工作人员病残津贴计发表单,交参保单位。对资料不全或不符合规定的,应一次性告知参保单位需要补充和更正的资料或不予受理的理由。参保单位应当将核定结果告知参保人员。

第四十条 参保人员因病或非因工死亡后,参保单位向社保经办机构申请办理领取丧葬补助金、抚恤金手续,填报《机关事业单位基本养老保险参保人员一次性支付申报表》(附件11),并提供以下证件和资料:

(一)参保人员社会保障卡、居民死亡医学证明书或其他死亡证明材料;
(二)指定受益人或法定继承人有效身份证件、与参保人员关系证明;
(三)省级社保经办机构规定的其他证件、资料。

社保经办机构应及时对申报资料进行审核,对符合条件的,计算丧葬补助金、抚恤金,核定金额,打印《机关事业单位基本养老保险参保人员丧抚费核定表》(附件12),交参保单位。对资料不全或不符合规定的,应一次性告知参保单位需要补充和更正的资料或不予受理的理由。

第四十一条 办理参保人员终止登记手续后,参保单位向社保经办机构申请办理个人账户一次性支付手续,填报《机关事业单位基本养老保险参保人员一次性支付申报表》,并提供以下证件和资料:

(一)参保人员死亡的,需提供社会保障卡和居民死亡医学证明书或其他死亡证明材料;指定受益人或法定继承人有效身份证件;与参保人员关系证明;

(二)参保人员丧失中华人民共和国国籍的,需提供

定居国护照等相关资料;

(三)省级社保机构规定的其他证件、资料。

社保经办机构应及时对申报资料进行审核。对符合条件的,计算并核定个人账户一次性支付金额,打印《机关事业单位基本养老保险个人账户一次性支付核定表》(附件13),交参保单位,并及时记录支付信息,终止基本养老保险关系。对资料不全或不符合规定的,应一次告知参保单位或参保人员本人(指定受益人或法定继承人)需要补充和更正的资料或不予受理的理由。参保单位应当将核定结果告知领取人。

第四十二条 参保单位或参保人员本人(或指定受益人、法定继承人)对社保经办机构核定的待遇支付标准有异议,可在60个工作日内向社保经办机构提出重新核定申请。社保经办机构应予以受理复核,并在15日内告知其复核结果;对复核后确需调整的,应重新核定并保留复核及修改记录。

第四十三条 社保经办机构每月根据上月待遇支付记录、当月退休人员增减变化及待遇数据维护等信息,进行支付月结算。

第四十四条 基本养老金、病残津贴等按月支付的待遇由社保经办机构委托银行实行社会化发放;个人账户一次性支付和丧葬补助金、抚恤金等一次性支付待遇可委托参保单位发放,或委托银行实行社会化发放。

第四十五条 社保经办机构对银行每月反馈的发放明细核对无误后及时进行账务处理,编制支付台账,进行支付确认处理。对发放不成功的,及时会同银行查找原因,及时解决,并再次发放。

第七章 领取待遇资格认证

第四十六条 社保经办机构每年对退休人员开展基本养老金领取资格认证工作。社保经办机构在核发待遇时,主动告知退休人员应每年参加资格认证。

第四十七条 社保经办机构要与公安、卫计、民政部门及殡葬管理机构、街道(乡镇)、社区(村)、退休人员原工作单位等建立工作联系机制,全面掌握退休人员待遇领取资格的变化情况。

第四十八条 退休人员领取养老金资格认证可通过社保经办机构直接组织,依托街道、社区劳动就业和社会保障平台以及原工作单位协助等方式进行。退休人员因年老体弱或患病,本人不能办理资格认证的,由本人或委托他人提出申请,社保经办机构可派人上门办理。

异地居住的退休人员由参保地社保经办机构委托居住地社保经办机构进行异地协助认证。出境定居的退休人员,通过我国驻该居住国的使领馆申办健在证明或领事认证,居住地尚未与我国建交的,由我国驻该国有关机构或有关代管使领馆办理健在证明或领事认证。

第四十九条 社保经办机构应通过资格认证工作,不断完善退休人员信息管理,对发生变更的及时予以调整并根据资格认证结果进行如下处理:

(一)退休人员在规定期限内通过资格认证且符合养老保险待遇领取资格的,继续发放养老保险待遇。

(二)退休人员在规定期限内未认证的,社保经办机构应暂停发放基本养老金。退休人员重新通过资格认证后,从次月恢复发放并补发暂停发放月份的基本养老金。

(三)退休人员失踪、被判刑、死亡等不符合领取资格的,社保经办机构应暂停或终止发放基本养老金,对多发的养老金应予以追回。

第八章 基金管理

第五十条 机关事业单位基本养老保险基金按照管理层级,单独建账、独立核算,纳入社会保障基金财政专户,实行收支两条线管理,专款专用,任何部门、单位和个人均不得挤占挪用。

第五十一条 机关事业单位基本养老保险基金按照社会保险财务、会计制度相关规定及管理层级设立收入户、支出户、财政专户。

第五十二条 社保经办机构定期将收入户资金缴存财政专户。实行省级基金调剂制度的,上解的省级调剂金由下级社保经办机构支出户上解至省级社保经办机构收入户。

第五十三条 社保经办机构根据批准的基金年度预算及执行进度,按月向财政部门提出用款申请。经核准后,由财政部门及时将资金拨付至支出户。实行省级基金调剂制度的,下拨的调剂金由省级社保经办机构支出户拨付到下级社保经办机构收入户。

第五十四条 社保经办机构应定期与开户银行对账,保证账账、账款、账实相符。暂收、暂付款项应定期清理,及时予以偿付或收回。

第五十五条 机关事业单位基本养老保险基金的会计核算采用收付实现制,会计记账使用借贷记账法。

第五十六条 会计处理方法前后各期一致,会计科目口径一致。确需变更的,应将变更情况、原因和对会计报表的影响在财务情况说明中予以说明。

第五十七条 基金收入包括养老保险费收入、利息收入、财政补贴收入、转移收入、上级补助收入、下级上解收入、其他收入等。

社保经办机构根据银行回单、社会保险基金专用收据、财政专户缴拨凭证等原始凭证,按照《社会保险基金会计制度》的规定,及时填制记账凭证,进行会计核算。

第五十八条 基金支出包括养老保险待遇支出、转移支出、补助下级支出、上解上级支出、其他支出等。

社保经办机构根据银行回单、支出汇总表、财政专户缴拨凭证等原始凭证,按照《社会保险基金会计制度》的规定,及时填制记账凭证,进行会计核算。

第五十九条 社保经办机构根据记账凭证登记银行存款日记账和明细分类账。按照科目汇总记账凭证,编制科目汇总表,登记总分类账。

第六十条 社保经办机构根据总分类账、明细分类账等,编制月、季、年会计报表。

第六十一条 社保经办机构编制下一年度基金预算草案。预算草案经省级人力资源社会保障部门审核汇总,财政部门审核后,列入省级人民政府预算,报省级人民代表大会审议。实行省级调剂金制度的,基金预算编制程序由各省自行制定。

由于客观因素造成执行与预算偏差较大的,社保经办机构要及时编制基金预算调整方案,并按预算编报的程序上报。

第六十二条 省级社保经办机构每年年终进行基金决算。核对各项收支情况,清理往来款项,同开户银行、财政专户对账,并进行年终结账。年度终了后,根据规定的表式、时间和要求,编制年度基金财务报告,包括资产负债表、收支表、有关附表以及财务情况说明。

决算报告经省级人力资源社会保障部门审核汇总,财政部门审核后,列入省级人民政府决算报告,报省级人民代表大会审议。实行省级基金调剂制度的,基金决算报告编制程序由各省自行制定。

社保经办机构进行基金年度报告。年度终了后,根据规定的表式、时间和要求,编制机关事业单位基本养老保险基金年度报告。年度报告包括资产负债表、收支表和暂收、暂付款明细表,以及年度基金运行分析等。

第九章 统计分析

第六十三条 社保经办机构建立统计工作制度,完善统计指标体系,遵照全面、真实、科学、审慎和及时的原则开展统计工作。应用社会保险数据、社会经济数据,利用信息化手段和统计方法进行分析,结合联网数据,按季、年分主题开展精细化分析。根据制度改革和实际工作需要,开展必要的统计调查。

第六十四条 社保经办机构应根据统计指标、统计分组和精算基础数据采集要求,定期整理、加工各类业务数据,并汇总相关信息,建立台账,以此作为编制统计报表和撰写分析报告的主要依据,实现数据来源的可追溯查询。统计指标和精算基础数据采集指标应根据政策变化及时调整完善。

第六十五条 社保经办机构应按照《人力资源社会保障统计报表制度》和上级有关要求,做好定期统计和专项统计工作,认真收集统计数据,编制统计报表,做到内容完整,数据准确;严格审核,按程序汇总,及时上报。

第六十六条 加强数据比对分析,提高统计数据与基金数据、联网数据等同口径、同指标数据的一致性。

第六十七条 社保经办机构应定期或不定期进行统计、精算分析,根据实际工作需要进行专项分析和日常测算分析,形成分析报告,为政策决策、基金预算管理、收支计划管理、基金运行风险监测、政策和管理效率评估提供支持。

第六十八条 省级社保经办机构制定精算分析工作方案,采集并更新精算基础数据库,建立精算模型,确定参数假设,分析精算预测结果,撰写精算报告并及时报送。

第十章 稽核和内控

第六十九条 社保经办机构按照有关规定建立健全机关事业单位基本养老保险稽核制度和内控制度。县级及以上社保经办机构负责稽核、内控工作,依法对参保单位及其工作人员缴纳养老保险费情况、退休人员领取养老保险待遇情况进行核查;对社保经办机构内部职能部门、工作人员从事养老保险经办工作进行规范、监控和评价。

第七十条 社保经办机构应按照社会保险稽核办法及有关规定,开展养老保险费缴纳和待遇享受情况稽核。

第七十一条 社保经办机构核查发现未按时足额缴纳养老保险费或冒领养老保险待遇的,应责令补缴或退还被冒领待遇,不按规定补缴退还的,按照社会保险法等法律法规处理。

第七十二条 社保经办机构建立业务操作监控和内部监督机制。确定扫描时点或周期、监控范围、异常阈值、预警形式,对业务操作的合规性进行实时监控和内部监督。制定业务监控计划,对异常业务进行风险提示。制定内部监督计划,定期抽取或筛选业务复核检查,建立内部监督记录和台账。

第七十三条 社保经办机构应建立异常业务审查和处理机制。对疑似违规办理的业务,发出异常业务预警,进行核查处理。根据内部监督记录和有关证据提出整改意见，按程序报批后送相关环节执行，并跟踪监督。

第七十四条 社保经办机构应建立业务纠错机制。当发生业务经办错误，需要回退纠错时，对出错原因、错误类型、责任人等进行记录。相关经办人员填写回退纠错审批表，经负责人批准后，按照纠错时限要求，进行回退纠错业务处理。

第七十五条 社保经办机构根据业务风险程度实行分级管理，明确各项业务的经办权限和审批层级。

第十一章 档案管理

第七十六条 业务档案是指社保经办机构在办理业务过程中，直接形成的具有保存和利用价值的专业性文字材料、电子文档、图表、声像等不同载体的历史记录。

第七十七条 社保经办机构应按照《社会保险业务档案管理规定（试行）》（人社部令3号）的要求，对业务材料做好收集、整理、立卷、归档、保管、统计、利用、鉴定销毁、移交和数字化处理等工作，保证业务档案真实、完整、安全和有效。

第七十八条 业务材料收集遵循"谁经办谁收集"的原则。社保经办机构按照业务档案分类方案结合办结时间，按件收集办结的业务材料。一笔业务形成的业务表单和相关审核凭证为一件，每件业务材料按照"业务表单在前、审核凭证在后，重要凭证在前、次要凭证在后"的原则顺序排列；凭证排列顺序应与业务表单名册中人员顺序保持一致。电子业务材料的收集应与纸质业务材料同步。

第七十九条 社保经办机构应按照业务档案分类方案和档案整理要求，定期对应归档的业务材料进行收集、整理。整理后的业务材料应与业务经办系统中的经办明细进行核对，并打印业务经办明细目录。

第八十条 社保经办机构应对收集整理后的业务材料及时组卷，并通过信息系统进行编号和编目。组卷时视经办业务量大小可按月、季或年度组卷，但不能跨年组卷。案卷内材料应按照案卷封面、卷内文件目录（业务经办明细目录）、业务材料、卷内备考表的顺序依次排列。

第八十一条 业务档案立卷后应定期归集到档案管理部门集中保管。档案管理部门对归集的业务档案，通过业务经办明细核对归档业务材料数目并进行案卷质量审核。检验合格后，与业务部门办理归档交接手续，做到账物相符。

第八十二条 社保经办机构应按照相关规定对业务档案进行数字化处理。新生成业务材料应遵循"业务经办与档案数字化同步办结、同步收集、同步整理、同步归档"的原则，生成业务档案。

第八十三条 社保经办机构应定期对业务经办中初次采集、其他系统转入、业务系统转换产生的重要电子信息和系统元数据进行归档备份，并按照相关规定管理。

第八十四条 基金会计档案包括会计凭证、会计账簿和会计报表等资料。社保经办机构应按照《会计档案管理办法》的相关规定管理。

第八十五条 社保经办机构应设置专门的档案库房，指定专职档案管理人员进行管理。应按照档案管理"九防"要求，完善防护设备和管理措施，维护档案的完整安全。

第八十六条 档案管理部门应定期统计分析业务档案收集整理、归档移交、保管利用等情况。

第八十七条 社保经办机构应积极主动地依法依规就可开放的业务档案面向参保对象、行政管理等相关部门提供档案信息查询服务，并做好档案信息利用登记。在确保档案和信息安全的前提下，拓展业务档案利用渠道，提升利用效能。

第八十八条 应由相关负责人、档案管理人员和经办人员组成业务档案鉴定小组，负责业务档案鉴定。对达到或超过保管期限的业务档案定期组织销毁鉴定，提出销毁或延长保管期限的意见。对经过鉴定可以销毁的业务档案，应编制销毁清册，按规定销毁。

第十二章 个人权益记录管理

第八十九条 社保经办机构通过业务经办、统计、调查等方式获取参保人员相关社会保险个人权益信息，同时，应当与工商、民政、公安、机构编制等部门通报的情况进行核对。

第九十条 社保经办机构应当配备社会保险个人权益记录保管的场所和设施设备，安排专门工作人员对社会保险个人权益数据进行管理和日常维护，不得委托其他单位或者个人单独负责社会保险个人权益数据维护工作。社会保险个人权益信息的采集、保管和维护等环节涉及的书面材料应当存档备查。

第九十一条 社保经办机构每年应至少一次向参保人员寄送个人权益记录情况。

第九十二条 社保经办机构应向参保单位及参保人员开放社会保险个人权益记录查询程序，界定可供查询的内容，通过社保经办机构大厅、网点、自助终端、电话、网站、移动终端等方式提供公共服务。

第九十三条 参保人员持社会保障卡可以向社保经

办机构查询个人权益信息、核对其缴费和享受社会保险待遇记录；领取养老保险待遇等。

第十三章　信息管理

第九十四条　社保经办机构和信息机构应做好数据采集、审核、保管、维护、查询、使用、保密、安全、备份等管理工作。

第九十五条　信息系统采用省级集中部署模式，按照省级集中的要求，由省级人社部门负责建设实施，通过业务专网支持省内各级社保经办机构开展机关事业单位基本养老保险业务。

第九十六条　应做好信息系统分级授权管理，按照"最小授权、权限分离"的原则进行划分，各岗位间的权限保持相互独立、相互制约、相互监督。数据库管理按照数据库安全有关规定执行。

第九十七条　建立健全信息系统安全防护体系和安全管理制度，加强应急预案管理和灾难恢复演练。针对信息系统数据集中、应用分散的特点，采取访问控制、病毒防范、入侵检测等基础安全防护措施。

第九十八条　社保经办机构可向参保单位提供网上申报、缴费、查询、下载等经办服务。网上经办业务包括：单位网上申报、单位网上查询、个人网上查询、网上支付；业务办理预约服务；投诉、建议及解答；个人权益记录打印等。通过互联网经办业务的，应当采取安全措施，确保数据安全。

第十四章　附　则

第九十九条　本规程由人力资源社会保障部负责解释。

第一百条　本规程从2014年10月1日起实施。

附件：1. 社会保险登记表（略）

2. 机关事业单位基本养老保险参保单位信息变更申报表（略）

3. 社会保险登记证验证表（略）

4. 机关事业单位工作人员基本信息表（略）

5. 机关事业单位基本养老保险参保人员信息变更表（略）

6. 机关事业单位基本养老保险参保人员业务申报表（略）

7. 机关事业单位基本养老保险工资总额申报表（略）

8. 机关事业单位基本养老保险费征缴通知单（略）

9. 机关事业单位基本养老保险参保人员养老保险待遇申领表（略）

10. 机关事业单位基本养老保险参保人员基本养老金计发表（略）

11. 机关事业单位基本养老保险参保人员一次性支付申报表（略）

12. 机关事业单位基本养老保险参保人员丧抚费核定表（略）

13. 机关事业单位基本养老保险个人账户一次性支付核定表（略）

机关事业单位基本养老保险关系和职业年金转移接续经办规程（暂行）

· 2017年1月18日
· 人社厅发〔2017〕7号

第一章　总　则

第一条　为统一规范机关事业单位工作人员基本养老保险关系和职业年金转移接续业务经办程序，根据《国务院关于机关事业单位工作人员养老保险制度改革的决定》（国发〔2015〕2号）、《国务院办公厅关于印发机关事业单位职业年金办法的通知》（国办发〔2015〕18号）、《关于机关事业单位基本养老保险关系和职业年金转移接续有关问题的通知》（人社部规〔2017〕1号）和《关于印发职业年金基金管理暂行办法的通知》（人社部发〔2016〕92号），制定本规程。

第二条　本规程适用于参加基本养老保险在职人员（以下简称参保人员）在机关事业单位之间、机关事业单位与企业之间流动就业时，其基本养老保险关系和职业年金、企业年金转移接续的业务经办。

第三条　县级以上社会保险经办机构负责机关事业单位基本养老保险关系和职业年金的转移接续业务经办。

第四条　参保人员符合以下条件的，应办理基本养老保险关系和职业年金的转移接续：

（一）在机关事业单位之间流动的；

（二）在机关事业单位和企业（含个体工商户和灵活就业人员）之间流动的；

（三）因辞职辞退等原因离开机关事业单位的。

第五条　参保人员在同一统筹范围内机关事业单位之间流动的，只转移基本养老保险关系，不转移基本养老保险基金。省（自治区、直辖市）内机关事业单位基本养老保险关系转移接续经办规程由各省（自治区、直辖市）制定。

省内建立一个职业年金计划或建立多个职业年金计划且实行统一收益率的，参保人员在本省（自治区、直辖市）机关事业单位之间流动时，只转移职业年金关系，不转移职业年金基金；需要记实职业年金的，按规定记实后再办理转移接续。省内建立多个职业年金计划且各年金计划分别计算收益率的，参保人员在省内各年金计划之间的转移接续，由各省（自治区、直辖市）自行制定实施细则。

第六条 转出地和转入地社会保险经办机构通过全国基本养老保险关系跨省转移接续系统，进行基本养老保险关系和职业年金转移接续信息交换。

第二章 基本养老保险关系转移接续

第七条 参保人员在机关事业单位之间跨省流动的、从机关事业单位流动到企业的，按以下流程办理：

（一）出具参保缴费凭证。参保人员转移接续前，参保单位或参保人员到基本养老保险关系所在地（以下简称转出地）社会保险经办机构申请开具《养老保险参保缴费凭证》（附件1，以下简称《参保缴费凭证》）。转出地社会保险经办机构核对相关信息后，出具《参保缴费凭证》，并告知转移接续条件。

（二）转移接续申请。参保人员新就业单位或本人向新参保地（以下简称转入地）社会保险经办机构提出转移接续申请并出示《参保缴费凭证》，填写《养老保险关系转移接续申请表》（附件2，以下简称《申请表》）。如参保人员在离开转出地时未开具《参保缴费凭证》，由转入地社会保险经办机构与转出地社会保险经办机构联系补办。

（三）发联系函。转入地社会保险经办机构对符合转移接续条件的，应在受理之日起15个工作日内生成《基本养老保险关系转移接续联系函》（附件3，以下简称《基本养老保险联系函》），并向参保人员转出地社会保险经办机构发出。

（四）转出基本养老保险信息表和基金。转出地社会保险经办机构在收到《基本养老保险联系函》之日起15个工作日内完成以下手续：

1. 核对有关信息并生成《基本养老保险关系转移接续信息表》（附件4，以下简称《基本养老保险信息表》）；机关事业单位之间转移接续的，转出地社会保险经办机构应将缴费工资基数、相应年度在岗职工平均工资等记录在《基本养老保险信息表附表》（附件5）；

2. 办理基本养老保险基金划转手续。其中：个人缴费部分按记入本人个人账户的全部储存额计算转移。单位缴费部分以本人改革后各年度实际缴费工资为基数，按12%的总和转移；参保缴费不足1年的，按实际缴费月数计算转移。当发生两次及以上转移的，原从企业职工基本养老保险转入的单位缴费部分和个人账户储存额随同转移；

3. 将《基本养老保险信息表》和《基本养老保险信息表附表》传送给转入地社会保险经办机构；

4. 终止参保人员在本地的基本养老保险关系。

（五）基本养老保险关系转入。转入地社会保险经办机构收到《基本养老保险信息表》和转移基金，在信息、资金匹配一致后15个工作日内办结以下接续手续：

1. 核对《基本养老保险信息表》及转移基金额；

2. 将转移基金额按规定分别记入统筹基金和参保人员个人账户；

3. 根据《基本养老保险信息表》及参保单位或参保人员提供的材料，补充完善相关信息；机关事业单位之间转移接续的，根据《基本养老保险信息表附表》按照就高不就低的原则核实参保人员的实际缴费指数。

4. 将办结情况告知新参保单位或参保人员。

第八条 参保人员从企业流动到机关事业单位的，其流程按本规程第七条规定办理。转移基金按以下办法计算：

（一）个人账户储存额：1998年1月1日之前个人缴费累计本息和1998年1月1日之后个人账户的全部储存额。个人账户储存额与按规定计算的资金转移额不一致的，1998年1月1日之前的，转入地和转出地均保留原个人账户记录；1998年1月1日至2005年12月31日期间，个人账户记账比例高于11%的部分不计算为转移基金，个人账户记录不予调整，低于11%的，转出地按11%计算转移资金并相应调整个人账户记录；2006年1月1日之后的个人账户记账比例高于8%的部分不转移，个人账户不予调整，低于8%的，转出地按8%计算转移资金，并相应调整个人账户记录。

（二）统筹基金（单位缴费）：以本人1998年1月1日后各年度实际缴费工资为基数，按12%的总和转移；参保缴费不足1年的，按实际缴费月数计算转移。

第九条 参保人员因辞职、辞退、未按规定程序离职、开除、判刑等原因离开机关事业单位的，应将基本养老保险关系转移至户籍所在地企业职工社会保险经办机构，按以下流程办理转移接续手续：

（一）原参保单位提交《机关事业单位辞职辞退等人员基本养老保险关系转移申请表》（附件6），并提供相关资料。

（二）转出地社会保险经办机构在收到《机关事业单位辞职辞退等人员基本养老保险关系转移申请表》之日起15个工作日内完成以下手续：

1. 核对有关信息并生成《基本养老保险信息表》；
2. 办理基本养老保险基金划转手续，转移基金额按本规程第七条第四款第2项规定计算；
3. 将《基本养老保险信息表》传送给转入地社会保险经办机构；
4. 终止参保人员在本地的基本养老保险关系并将办结情况告知原参保单位。

（三）基本养老保险关系转入。转入地社会保险经办机构收到《基本养老保险信息表》和转移基金，在信息、资金匹配一致后15个工作日内办以下接续手续：

1. 核对《基本养老保险信息表》及转移基金额；
2. 将转移基金额按规定分别记入统筹基金和参保人员个人账户；
3. 根据《基本养老保险信息表》及相关资料，补充完善相关信息；
4. 将办结情况告知参保人员或原参保单位。

第三章 职业年金转移接续

第十条 参保人员出现以下情形之一的，参保单位或参保人员在申报基本养老保险关系转移接续时，应当一并申报职业年金（企业年金）转移接续：

（一）从机关事业单位流动到本省（自治区、直辖市）内的机关事业单位。

（二）从机关事业单位流动到本省（自治区、直辖市）外的机关事业单位。

（三）从机关事业单位流动到已建立企业年金的新参保单位。

（四）从已建立企业年金的参保单位流动到机关事业单位。

第十一条 社会保险经办机构在办理职业年金转移接续时，需转移以下基金项目：

（一）缴费形成的职业年金。

（二）参加本地机关事业单位养老保险试点的个人缴费本息划转的资金。

（三）补记的职业年金。

（四）原转入的企业年金。

以上项目应在职业年金个人账户管理中予以区分，分别管理并计算收益。

第十二条 参加机关事业单位养老保险人员在2014年10月1日后办理了正式调动或辞职、辞退手续离开机关事业单位的，应由原参保单位填报《职业年金补记申请表》（附件7），并提供其改革前本人在机关事业单位工作年限相关证明材料。转出地社会保险经办机构依据单位申请资料，协助计算所需补记的职业年金个人账户金额，生成《职业年金个人账户记实/补记通知》（附件8，以下简称《记实/补记通知》）；原参保单位根据《记实/补记通知》向原资金保障渠道申请资金，及时划转至社会保险经办机构职业年金归集账户。社会保险经办机构确认账实相符后，记入其职业年金个人账户。

第十三条 参保人员在相应的同级财政全额供款的单位之间流动的，职业年金个人账户中记账金额无需记实，继续由转入单位采取记账方式管理。

除此之外，职业年金个人账户中记账部分需在转移接续前记实。参保人员需要记实本人职业年金记账部分时，转出地社会保险经办机构应根据参保单位申请资料，向其出具《记实/补记通知》，记实资金到账并核对一致后，记入参保人员的职业年金个人账户。

第十四条 参保人员从机关事业单位流动到本省（自治区、直辖市）以外机关事业单位的，按以下流程办理职业年金转移接续：

（一）出具参保缴费凭证，按本规程第七条第一款规定办理。

（二）发年金联系函。新参保单位向转入地社会保险经办机构申请职业年金转入，转入地社会保险经办机构受理并审核相关资料，符合转移接续条件的，在受理之日起15个工作日内向转出地社会保险经办机构发出《职业年金（企业年金）关系转移接续联系函》（附件9，以下简称《年金联系函》）；对不符合转移接续条件的，应一次性告知需补充的相关材料。

（三）转出年金信息表、基金。转出地社会保险经办机构在收到《年金联系函》后，在确认补记年金、记实资金足额到账之日起45个工作日内完成以下手续：

1. 办理职业年金个人账户的记实、补记和个人账户资产的赎回等业务；
2. 核对有关信息并生成《职业年金（企业年金）关系转移接续信息表》（附件10，以下简称《年金信息表》）；
3. 向转入地社会保险经办机构发送《年金信息表》，同时将转移资金划转至转入地社会保险经办机构职业年金归集账户；
4. 终止参保人员在本地的职业年金关系。

（四）职业年金关系转入。转入地社会保险经办机构在收到《年金信息表》和确认转移基金账实相符后，15

个工作日内办结以下接续手续：

1. 核对《年金信息表》及转移基金，进行资金到账处理；

2. 将转移金额按项目分别记入参保人员的职业年金个人账户；

3. 根据《年金信息表》及参保单位或参保人员提供的材料，补充完善相关信息；

4. 将办结情况通知新参保单位或参保人员。

第十五条　参保人员从机关事业单位流动到已建立企业年金制度的企业，原参保单位或参保人员申请办理职业年金转移接续。参保人员存在职业年金补记、职业年金个人账户核实等情形的，转出地社会保险经办机构完成上述业务后，45个工作日内办结以下转出手续：

（一）受理并审核企业年金管理机构出具的《年金联系函》；

（二）转出地社会保险经办机构核对相关信息后生成《年金信息表》，将赎回的职业年金个人账户资金划转至新参保单位的企业年金受托财产托管账户；

（三）将《年金信息表》通过新参保单位或参保人员反馈至企业年金管理机构；

（四）终止参保人员的职业年金关系。

第十六条　参保人员从已建立企业年金制度的企业流动到机关事业单位的，转入地社会保险经办机构按以下流程办理转入手续：

（一）受理参保单位或参保人员提出的转移接续申请，15个工作日内向其出具《年金联系函》；

（二）审核企业年金管理机构提供的参保人员参加企业年金的证明材料；

（三）接收转入资金，账实匹配后按规定记入职业年金个人账户。

第十七条　存在下列情形之一的，参保人员的职业年金基金不转移，原参保地社会保险经办机构在业务系统中标识保留账户，继续管理运营其职业年金个人账户：

（一）参保人员升学、参军、失业期间的；

（二）参保人员的新就业单位没有实行职业年金或企业年金制度的。

社会保险经办机构在参保单位办理上述人员相关业务时，应告知参保单位按规定申请资金补记职业年金或记实职业年金记账部分，在记实或补记资金账实相符后，将记实或补记金额记入参保人员的职业年金个人账户。

参保人员退休时，负责管理运营职业年金保留账户的社会保险经办机构依本人申请按照国办发〔2015〕18号文件规定计发职业年金待遇。同时，将原参加本地试点的个人缴费本息划转资金的累计储存额一次性支付给本人。

第十八条　参保人员从企业再次流动到机关事业单位的，转入地社会保险经办机构按以下方式办理：

（一）未参加企业年金制度的企业转出，转入的机关事业单位和原机关事业单位在同一省（自治区、直辖市）内的，转入地机关事业单位社会保险经办机构将参保人员保留账户恢复为正常缴费账户，按规定继续管理运营。

（二）未参加企业年金制度的企业转出，转入的机关事业单位和原机关事业单位不在同一省（自治区、直辖市）内的，参保人员的职业年金保留账户按照制度内跨省转移接续流程（本规程第十四条）办理。

（三）建立企业年金制度的企业转出，按照从企业流动到机关事业单位的企业年金转移接续流程（本规程第十六条）办理。

第十九条　参保人员再次从机关事业单位流动到企业的，不再重复补记职业年金。参保人员再次从企业流动到机关事业单位的，在机关事业单位养老保险制度内退休时，待遇领取地社会保险经办机构将补记职业年金本金及投资收益划转到机关事业单位基本养老保险统筹基金。

第二十条　参保人员达到待遇领取条件时，存在建立多个职业年金关系的，应由待遇领取地社会保险经办机构通知其他建立职业年金关系的社会保险经办机构，按照本规程第十四条规定将职业年金关系归集至待遇领取地社会保险经办机构。

第二十一条　参保人员从企业流动到机关事业单位的，原在企业建立的企业年金按规定转移接续并继续管理运营。参保人员在机关事业单位养老保险制度内退休时，过渡期内，企业年金累计储存额不计入新老办法标准对比范围，企业年金累计储存额除以计发月数，按月领取；过渡期之后，将职业年金、企业年金累计储存额合计算，按照国办发〔2015〕18号文件计发职业年金待遇。

第二十二条　改革前参加地方原有试点、改革后纳入机关事业单位基本养老保险的人员，改革前的个人缴费本息划入本人职业年金个人账户管理。

第四章　其他情形处理

第二十三条　参保人员转移接续基本养老保险关系前本人欠缴基本养老保险费的，由本人向原基本养老保险关系所在地补缴个人欠费后再办理基本养老保险关系转移接续手续，同时原参保所在地社会保险经办机构负责转出包括参保人员原欠缴年份的单位缴费部分；本人不补缴个人欠费的，社会保险经办机构也应及时办理基本养老保险关系和基金转出的各项手续，其欠缴基本养老保险费的时间不计算缴费年限，个人欠费的时间不转移基金，之后不再办理补缴欠费。

第二十四条 参保人员同时存续基本养老保险关系或重复缴纳基本养老保险费的，转入地社会保险经办机构应按"先转后清"的原则，在参保人员确认保留相应时段缴费并提供退款账号后，办理基本养老保险关系清理和个人账户储存额退还手续。

第二十五条 转入地社会保险经办机构发现《养老保险信息表》转移金额等信息有误的，应通过全国基本养老保险关系转移接续系统或书面材料告知转出地社会保险经办机构。由转出地社会保险经办机构补充完善相关资料后，转入地社会保险经办机构办理相关转移接续手续。

第二十六条 社会保险经办机构在办理养老保险关系转移接续时，对资料不全或不符合规定的，应一次性告知需要补充和更正的资料或不予受理的理由。

第二十七条 转出地社会保险经办机构对参保人员转移接续的有关信息应保留备份。

第五章 附 则

第二十八条 本规程由人力资源社会保障部负责解释。

附件：1. 养老保险参保缴费凭证（略）
2. 养老保险关系转移接续申请表（略）
3. 基本养老保险关系转移接续联系函（略）
4. 基本养老保险关系转移接续信息表（略）
5. 基本养老保险信息表附表（略）
6. 机关事业单位辞职辞退等人员基本养老保险关系转移申请表（略）
7. 职业年金补记申请表（略）
8. 职业年金个人账户记实补记通知（略）
9. 职业年金（企业年金）关系转移接续联系函（略）
10. 职业年金（企业年金）关系转移接续信息表（略）

个人养老金实施办法

· 2022年10月26日
· 人社部发〔2022〕70号

第一章 总 则

第一条 为贯彻落实《国务院办公厅关于推动个人养老金发展的意见》（国办发〔2022〕7号），加强个人养老金业务管理，规范个人养老金运作流程，制定本实施办法。

第二条 个人养老金是指政府政策支持、个人自愿参加、市场化运营、实现养老保险补充功能的制度。个人养老金实行个人账户制，缴费完全由参加人个人承担，自主选择购买符合规定的储蓄存款、理财产品、商业养老保险、公募基金等金融产品（以下统称个人养老金产品），实行完全积累，按照国家有关规定享受税收优惠政策。

第三条 本实施办法适用于个人养老金的参加人、人力资源社会保障部组织建设的个人养老金信息管理服务平台（以下简称信息平台）、金融行业平台、参与金融机构和相关政府部门等。

个人养老金的参加人应当是在中国境内参加城镇职工基本养老保险或者城乡居民基本养老保险的劳动者。金融行业平台为金融监管部门组织建设的业务信息平台。参与金融机构包括经中国银行保险监督管理委员会确定开办个人养老金资金账户业务的商业银行（以下简称商业银行），以及经金融监管部门确定的个人养老金产品发行机构和销售机构。

第四条 信息平台对接商业银行和金融行业平台，以及相关政府部门，为个人养老金实施、参与部门职责内监管和政府宏观指导提供支持。

信息平台通过国家社会保险公共服务平台、全国人力资源和社会保障政务服务平台、电子社保卡、掌上12333APP等全国统一线上服务入口或者商业银行等渠道，为参加人提供个人养老金服务，支持参加人开立个人养老金账户，查询个人养老金资金账户缴费额度、个人资产信息和个人养老金产品等信息，根据参加人需要提供涉税凭证。

第五条 各参与部门根据职责，对个人养老金的实施情况、参与金融机构和个人养老金产品等进行监管。各地区要加强领导、周密部署、广泛宣传，稳妥有序推动个人养老金发展。

第二章 参加流程

第六条 参加人参加个人养老金，应当通过全国统一线上服务入口或者商业银行渠道，在信息平台开立个人养老金账户；其他个人养老金产品销售机构可以通过商业银行渠道，协助参加人在信息平台在线开立个人养老金账户。

个人养老金账户用于登记和管理个人身份信息，并与基本养老保险关系关联，记录个人养老金缴费、投资、领取、抵扣和缴纳个人所得税等信息，是参加人参加个人养老金、享受税收优惠政策的基础。

第七条 参加人可以选择一家商业银行开立或者指定本人唯一的个人养老金资金账户，也可以通过其他符合规定的个人养老金产品销售机构指定。

个人养老金资金账户作为特殊专用资金账户，参照个人人民币银行结算账户项下Ⅱ类户进行管理。个人养老金资金账户与个人养老金账户绑定，为参加人提供资金缴存、缴费额度登记、个人养老金产品投资、个人养老金支付、个人所得税税款支付、资金与相关权益信息查询等服务。

第八条 参加人每年缴纳个人养老金额度上限为12000元，参加人每年缴费不得超过该缴费额度上限。人力资源社会保障部、财政部根据经济社会发展水平、多层次养老保险体系发展情况等因素适时调整缴费额度上限。

第九条 参加人可以按月、分次或者按年度缴费，缴费额度按自然年度累计，次年重新计算。

第十条 参加人自主决定个人养老金资金账户的投资计划，包括个人养老金产品的投资品种、投资金额等。

第十一条 参加人可以在不同商业银行之间变更其个人养老金资金账户。参加人办理个人养老金资金账户变更时，应向原商业银行提出，经信息平台确认后，在新商业银行开立新的个人养老金资金账户。

参加人在个人养老金资金账户变更后，信息平台向原商业银行提供新的个人养老金资金账户及开户行信息，向新商业银行提供参加人当年剩余缴费额度信息。参与金融机构按照参加人的要求和相关业务规则，为参加人办理原账户内资金划转及所持有个人养老金产品转移等手续。

第十二条 个人养老金资金账户封闭运行，参加人达到以下任一条件的，可以按月、分次或者一次性领取个人养老金。

（一）达到领取基本养老金年龄；

（二）完全丧失劳动能力；

（三）出国（境）定居；

（四）国家规定的其他情形。

第十三条 参加人已领取基本养老金的，可以向商业银行提出领取个人养老金。商业银行受理后，应通过信息平台核验参加人的领取资格，获取参加人本人社会保障卡银行账户，按照参加人选定的领取方式，完成个人所得税代扣后，将资金划转至参加人本人社会保障卡银行账户。

参加人符合完全丧失劳动能力、出国（境）定居或者国家规定的其他情形等领取个人养老金条件的，可以凭劳动能力鉴定结论书、出国（境）定居证明等向商业银行提出。商业银行审核并报送信息平台核验备案后，为参加人办理领取手续。

第十四条 鼓励参加人长期领取个人养老金。

参加人按月领取时，可以按照基本养老保险确定的计发月数逐月领取，也可以按照自己选定的领取月数逐月领取，领完为止；或者按照自己确定的固定额度逐月领取，领完为止。

参加人选取分次领取的，应选定领取期限，明确领取次数或方式，领完为止。

第十五条 参加人身故的，其个人养老金资金账户内的资产可以继承。

参加人出国（境）定居、身故等原因社会保障卡被注销的，商业银行将参加人个人养老金资金账户内的资金转至其本人或者继承人指定的资金账户。

第十六条 参加人完成个人养老金资金账户内资金（资产）转移，或者账户内的资金（资产）领取完毕的，商业银行注销该资金账户。

第三章　信息报送和管理

第十七条 信息平台对个人养老金账户及业务数据实施统一集中管理，与基本养老保险信息、社会保障卡信息关联，支持制度实施监控、决策支持等。

第十八条 商业银行应及时将个人养老金资金账户相关信息报送至信息平台。具体包括：

（一）个人基本信息。包括个人身份信息、个人养老金资金账户信息等；

（二）相关产品投资信息。包括产品交易信息、资产信息；

（三）资金信息。包括缴费信息、资金划转信息、相关资产转移信息、领取信息、缴纳个人所得税信息、资金余额信息等。

第十九条 商业银行根据业务流程和信息的时效性需要，按照实时核验、定时批量两类时效与信息平台进行交互，其中：

（一）商业银行在办理个人养老金资金账户开立、变更、注销和资金领取等业务时，实时核验参加人基本养老保险参保状态、个人养老金账户和资金账户唯一性，并报送有关信息；

（二）商业银行在办理完个人养老金资金账户开立、缴费、资金领取，以及提供与个人养老金产品交易相关的资金划转等服务后，定时批量报送相关信息。

第二十条 金融行业平台应及时将以下数据报送至信息平台。

（一）个人养老金产品发行机构、销售机构的基本信息；

（二）个人养老金产品的基本信息；

（三）参加人投资相关个人养老金产品的交易信息、资产信息数据等。

第二十一条 信息平台应当及时向商业银行和金融行业平台提供技术规范，确保对接顺畅。

推进信息平台与相关部门共享信息，为规范制度实施、实施业务监管、优化服务体验提供支持。

第四章 个人养老金资金账户管理

第二十二条 商业银行应完成与信息平台、金融行业平台的系统对接，经验收合格后办理个人养老金业务。

第二十三条 商业银行可以通过本机构柜面或者电子渠道，为参加人开立个人养老金资金账户。

商业银行为参加人开立个人养老金资金账户，应当通过信息平台完成个人养老金账户核验。

商业银行也可以核对参加人提供的由社会保险经办机构出具的基本养老保险参保证明或者个人权益记录单等相关材料，报经信息平台开立个人养老金账户后，为参加人开立个人养老金资金账户，并与个人养老金账户绑定。

第二十四条 参加人开立个人养老金资金账户时，应当按照金融监管部门要求向商业银行提供有效身份证件等材料。

商业银行为参加人开立个人养老金资金账户，应当严格遵守相关规定。

第二十五条 个人养老金资金账户应支持参加人通过商业银行结算账户、非银行支付机构、现金等途径缴费。商业银行应为参加人、个人养老金产品销售机构等提供与个人养老金产品交易相关的资金划转服务。

第二十六条 商业银行应实时登记个人养老金资金账户的缴费额度，对于超出当年缴费额度上限的，应予以提示，并不予受理。

第二十七条 商业银行应根据相关个人养老金产品交易结果，记录参加人交易产品信息。

第二十八条 商业银行应为参加人个人养老金资金账户提供变更服务，并协助做好新旧账户衔接和旧账户注销。原商业银行、新商业银行应通过信息平台完成账户核验、账户变更、资产转移、信息报送等工作。

第二十九条 商业银行应当区别处理转移资金，转移资金中的本年度缴费额度累计计算。

第三十条 个人养老金资金账户当日发生缴存业务的，商业银行不应为其办理账户变更手续。办理资金账户变更业务期间，原个人养老金资金账户不允许办理缴存、投资以及支取等业务。

第三十一条 商业银行开展个人养老金资金账户业务，应当公平对待符合规定的个人养老金产品发行机构和销售机构。

第三十二条 商业银行应保存个人养老金资金账户全部信息自账户注销日起至少十五年。

第五章 个人养老金机构与产品管理

第三十三条 个人养老金产品及其发行、销售机构由相关金融监管部门确定。个人养老金产品及其发行机构信息应当在信息平台和金融行业平台同日发布。

第三十四条 个人养老金产品应当具备运作安全、成熟稳定、标的规范、侧重长期保值等基本特征。

第三十五条 商业银行、个人养老金产品发行机构和销售机构应根据有关规定，建立健全业务管理制度，包括但不限于个人养老金资金账户服务、产品管理、销售管理、合作机构管理、信息披露等。商业银行发现个人养老金实施中存在违规行为、相关风险或者其他问题的，应及时向监管部门报告并依规采取措施。

第三十六条 个人养老金产品交易所涉及的资金往来，除另有规定外必须从个人养老金资金账户发起，并返回个人养老金资金账户。

第三十七条 个人养老金产品发行、销售机构应为参加人提供便利的购买、赎回等服务，在符合监管规则及产品合同的前提下，支持参加人进行产品转换。

第三十八条 个人养老金资金账户内未进行投资的资金按照商业银行与个人约定的存款利率及计息方式计算利息。

第三十九条 个人养老金产品销售机构要以"销售适当性"为原则，依法了解参加人的风险偏好、风险认知能力和风险承受能力，做好风险提示，不得主动向参加人推介超出其风险承受能力的个人养老金产品。

第六章 信息披露

第四十条 人力资源社会保障部、财政部汇总并披露个人养老金实施情况，包括但不限于参加人数、资金积累和领取、个人养老金产品的投资运作数据等情况。

第四十一条 信息披露应当以保护参加人利益为根本出发点，保证所披露信息的真实性、准确性、完整性，不得有虚假记载、误导性陈述和重大遗漏。

第七章　监督管理

第四十二条　人力资源社会保障部、财政部根据职责对个人养老金的账户设置、缴费额度、领取条件、税收优惠等制定具体政策并进行运行监管。税务部门依法对个人养老金实施税收征管。

第四十三条　人力资源社会保障部对信息平台的日常运行履行监管职责，规范信息平台与商业银行、金融行业平台、有关政府部门之间的信息交互流程。

第四十四条　人力资源社会保障部、财政部、税务部门在履行日常监管职责时，可依法采取以下措施：

（一）查询、记录、复制与被调查事项有关的个人养老金业务的各类合同等业务资料；

（二）询问与调查事项有关的机构和个人，要求其对有关问题做出说明、提供有关证明材料；

（三）其他法律法规和国家规定的措施。

第四十五条　中国银行保险监督管理委员会、中国证券监督管理委员会根据职责，分别制定配套政策，明确参与金融机构的名单、业务流程、个人养老金产品条件、监管信息报送等要求，规范银行保险机构个人养老金业务和个人养老金投资公募基金业务，对参与金融机构发行、销售个人养老金产品等经营活动依法履行监管职责，督促参与金融机构优化产品和服务，做好产品风险提示，加强投资者教育。

参与金融机构违反本实施办法的，中国银行保险监督管理委员会、中国证券监督管理委员会依法依规采取措施。

第四十六条　中国银行保险监督管理委员会、中国证券监督管理委员会对金融行业平台有关个人养老金业务的日常运营履行监管职责。

第四十七条　各参与部门要加强沟通，通过线上线下等多种途径，及时了解社会各方面对个人养老金的意见建议，处理个人养老金实施过程中的咨询投诉。

第四十八条　各参与机构应当积极配合检查，如实提供有关资料，不得拒绝、阻挠或者逃避检查，不得谎报、隐匿或者销毁相关证据材料。

第四十九条　参与机构违反本实施办法规定或者相关法律法规的，人力资源社会保障部、财政部、税务部门按照职责依法依规采取措施。

第八章　附　则

第五十条　中国银行保险监督管理委员会、人力资源社会保障部会同相关部门做好个人税收递延型商业养老保险试点与个人养老金的衔接。

第五十一条　本实施办法自印发之日起施行。

第五十二条　人力资源社会保障部、财政部、国家税务总局、中国银行保险监督管理委员会、中国证券监督管理委员会根据职责负责本实施办法的解释。

人力资源社会保障部、财政部、国家税务总局、金融监管总局、中国证监会关于全面实施个人养老金制度的通知

· 2024 年 12 月 10 日
· 人社部发〔2024〕87 号

各省、自治区、直辖市及新疆生产建设兵团人力资源社会保障厅（局）、财政厅（局）、国家税务总局各省、自治区、直辖市、计划单列市税务局，各金融监管局、证监局：

按照《国务院办公厅关于推动个人养老金发展的意见》（国办发〔2022〕7 号）有关要求，2022 年 11 月个人养老金制度在 36 个城市（地区）先行实施，两年来，先行工作取得积极成效，制度总体运行平稳。为深入贯彻落实党的二十大和二十届二中、三中全会精神，加快发展多层次多支柱养老保险体系，经国务院同意，现就全面实施个人养老金制度有关问题通知如下：

一、扩大实施范围

（一）实施时间。自 2024 年 12 月 15 日起，在中国境内参加城镇职工基本养老保险或者城乡居民基本养老保险的劳动者，均可以参加个人养老金制度。

（二）参加方式。参加人可以通过国家社会保险公共服务平台、电子社保卡、掌上 12333APP 等全国统一线上服务入口或者符合规定的商业银行开立个人养老金账户，并在商业银行开立个人养老金资金账户。参加人每年可以两次变更个人养老金资金账户开户银行。

（三）扩大税收优惠政策实施范围。个人养老金税收优惠政策的实施范围从先行城市（地区）同步扩大到全国。各相关部门要密切配合，落实落细税收优惠政策，充分发挥政策激励作用。

二、优化产品供给

（一）丰富产品种类。在现有理财产品、储蓄存款、商业养老保险、公募基金等金融产品的基础上，将国债纳入个人养老金产品范围。将特定养老储蓄、指数基金纳入个人养老金产品目录，推动更多养老理财产品纳入个人养老金产品范围。鼓励金融机构研究开发符合长期养老需求的个人养老储蓄、中低波动型或绝对收益策略基

金产品等金融产品,合理确定个人养老储蓄的期限和利率。

（二）做好投资风险提示。金融机构要按照规定做好个人养老金产品资产配置公示和风险等级确定工作。个人养老金信息管理服务平台和金融行业平台根据风险等级,分类展示个人养老金产品,强化风险提示。

（三）探索开展默认投资服务。金融机构依法依规开展个人养老金投资咨询服务,根据个人投资风险偏好和年龄等特点,推荐适当的个人养老金产品。鼓励金融机构在与参加人协商一致的情况下,探索开展默认投资服务。加强对金融消费者、投资者的保护,充分保障参加人的知情权和自主选择权。

三、提高管理服务水平

（一）完善开办个人养老金业务条件。审慎确定开办个人养老金业务的商业银行范围。商业银行应当不断完善业务管理系统,健全管理制度和操作规程。鼓励并支持商业银行销售全类型个人养老金产品,不断增加销售品种。

（二）提高金融机构服务水平。商业银行要健全线上线下服务渠道,为参加人变更资金账户开户银行、领取个人养老金等提供更多个性化服务。在依法合规、风险可控前提下,商业银行应当与理财公司、保险公司、基金公司、基金销售机构等机构加强合作,支持其开展个人养老金业务。参加人在商业银行通过个人养老金资金账户线上购买商业养老保险产品的,取消"录音录像"。

（三）加强信息化建设。加强个人养老金信息管理服务平台建设,密切与税务部门、各参与金融机构的协作,依托电子社保卡建立个人养老金全链条服务体系,不断提高账户开立、资金缴存、产品交易、权益记录、个人养老金领取、享受税收优惠等便捷化水平。

四、完善领取条件和办法

（一）增加领取情形。除达到领取基本养老金年龄、完全丧失劳动能力、出国（境）定居等领取条件外,参加人患重大疾病、领取失业保险金达到一定条件或者正在领取最低生活保障金的,可以申请提前领取个人养老金,具体办法另行制定。强化个人养老金信息管理服务平台与相关信息平台的信息共享,为符合条件的参加人提前领取提供方便。

（二）丰富领取渠道。参加人达到个人养老金领取条件,可以通过各级社会保险经办机构、全国统一线上服务入口和个人养老金资金账户开户银行提出申请,经社会保险经办机构核实后,由开户银行将个人养老金发放至本人社保卡银行账户。

（三）完善领取方式。参加人可以选择按月、分次或者一次性领取个人养老金。参加人提出变更领取方式,商业银行应当受理。

五、加强综合监管

人力资源社会保障部、财政部、国家税务总局、金融监管总局、中国证监会等部门依照职责分工,强化信息共享,切实加强监管,促进制度规范运行。金融机构要遵循自愿参加原则,依法依规开展个人养老金业务。对违规开展个人养老金业务的金融机构,金融监管部门要依法依规严肃处理。

六、做好组织实施工作

人力资源社会保障、财政、税务、金融监管等部门要加强组织领导,健全工作机制,加强政策宣传,落实落细各项政策措施。同时,充分调动金融机构、经营主体等方面的积极性,共同推动个人养老金制度健康发展。有条件的地区可研究探索适合本地区的支持政策。实施过程中遇到重大问题,要及时报告。

关于个人养老金有关个人所得税政策的公告

·2022年11月3日
·财政部、税务总局公告2022年第34号

为贯彻落实《国务院办公厅关于推动个人养老金发展的意见》（国办发〔2022〕7号）有关要求,现就个人养老金有关个人所得税政策公告如下：

一、自2022年1月1日起,对个人养老金实施递延纳税优惠政策。在缴费环节,个人向个人养老金资金账户的缴费,按照12000元/年的限额标准,在综合所得或经营所得中据实扣除；在投资环节,计入个人养老金资金账户的投资收益暂不征收个人所得税；在领取环节,个人领取的个人养老金,不并入综合所得,单独按照3%的税率计算缴纳个人所得税,其缴纳的税款计入"工资、薪金所得"项目。

二、个人缴费享受税前扣除优惠时,以个人养老金信息管理服务平台出具的扣除凭证为扣税凭证。取得工资薪金所得、按累计预扣法预扣预缴个人所得税劳务报酬所得的,其缴费可以选择在当年预扣预缴或次年汇算清缴时在限额标准内据实扣除。选择在当年预扣预缴的,应及时将相关凭证提供给扣缴单位。扣缴单位应按照本公告有关要求,为纳税人办理税前扣除有关事项。取得其他劳务报酬、稿酬、特许权使用费等所得或经营所得

的，其缴费在次年汇算清缴时在限额标准内据实扣除。个人按规定领取个人养老金时，由开立个人养老金资金账户所在市的商业银行机构代扣代缴其应缴的个人所得税。

三、人力资源社会保障部门与税务部门应建立信息交换机制，通过个人养老金信息管理服务平台将个人养老金涉税信息交换至税务部门，并配合税务部门做好相关税收征管工作。

四、商业银行有关分支机构应及时对在该行开立个人养老金资金账户纳税人的纳税情况进行全员全额明细申报，保证信息真实准确。

五、各级财政、人力资源社会保障、税务、金融监管等部门应密切配合，认真做好组织落实，对本公告实施过程中遇到的困难和问题，及时向上级主管部门反映。

六、本公告规定的税收政策自2022年1月1日起在个人养老金先行城市实施。

个人养老金先行城市名单由人力资源社会保障部会同财政部、税务总局另行发布。上海市、福建省、苏州工业园区等已实施个人税收递延型商业养老保险试点的地区，自2022年1月1日起统一按照本公告规定的税收政策执行。

特此公告。

企业职工基本养老保险病残津贴暂行办法

· 2024年9月27日
· 人社部发〔2024〕72号

第一条 为对因病或者非因工致残完全丧失劳动能力（以下简称完全丧失劳动能力）的企业职工基本养老保险（以下简称基本养老保险）参保人员（以下简称参保人员）给予适当帮助，根据《中华人民共和国社会保险法》，制定本办法。

第二条 参保人员达到法定退休年龄前因病或者非因工致残经鉴定为完全丧失劳动能力的，可以申请按月领取病残津贴。

第三条 参保人员申请病残津贴时，累计缴费年限（含视同缴费年限，下同）满领取基本养老金最低缴费年限且距离法定退休年龄5年（含）以内的，病残津贴月标准执行参保人员待遇领取地退休人员基本养老金计发办法，并在国家统一调整基本养老金水平时按待遇领取地退休人员政策同步调整。

领取病残津贴人员达到法定退休年龄时，应办理退休手续，基本养老金不再重新计算。符合弹性提前退休条件的，可申请弹性提前退休。

第四条 参保人员申请病残津贴时，累计缴费年限满领取基本养老金最低缴费年限且距离法定退休年龄5年以上的，病残津贴月标准执行参保人员待遇领取地退休人员基础养老金计发办法，并在国家统一调整基本养老金水平时按照基本养老金全国总体调整比例同步调整。

参保人员距离法定退休年龄5年时，病残津贴重新核算，按第三条规定执行。

第五条 参保人员申请病残津贴时，累计缴费年限不满领取基本养老金最低缴费年限的，病残津贴月标准执行参保人员待遇领取地退休人员基础养老金计发办法，并在国家统一调整基本养老金水平时按照基本养老金全国总体调整比例同步调整。参保人员累计缴费年限不足5年的，支付12个月的病残津贴；累计缴费年限满5年以上的，每多缴费1年（不满1年按1年计算），增加3个月的病残津贴。

第六条 病残津贴所需资金由基本养老保险基金支付。

第七条 参保人员申请领取病残津贴，按国家基本养老保险有关规定确定待遇领取地，并将基本养老保险关系归集至待遇领取地，应在待遇领取地申请领取病残津贴。

第八条 参保人员领取病残津贴期间，不再缴纳基本养老保险费。继续就业并按国家规定缴费的，自恢复缴费次月起，停发病残津贴。

第九条 参保人员领取病残津贴期间死亡的，其遗属待遇按在职人员标准执行。

第十条 申请领取病残津贴人员应持有待遇领取地或最后参保地地级（设区市）以上劳动能力鉴定机构作出的完全丧失劳动能力鉴定结论。完全丧失劳动能力鉴定结论一年内有效。劳动能力鉴定标准和流程按照国家现行鉴定标准和政策执行。因不符合完全丧失劳动能力而不能领取病残津贴的，再次申请劳动能力鉴定应自上次劳动能力鉴定结论作出之日起一年后。劳动能力鉴定所需经费列入同级人力资源社会保障行政部门预算。

第十一条 建立病残津贴领取人员劳动能力复查鉴定制度，由省级人力资源社会保障行政部门负责组织实施。劳动能力鉴定机构提供技术支持，所需经费列入同级人力资源社会保障行政部门预算。经复查鉴定不符合完全丧失劳动能力的，自做出复查鉴定结论的次月起停发病残津贴。对于无正当理由不按时参加复查鉴定的病残津贴领取人员，自告知应复查鉴定的60日后暂停发放病残津贴，经复查鉴定为完全丧失劳动能力的，恢复其病残津贴，自暂停发放之日起补发。具体办法另行制定。

第十二条　省级人力资源社会保障行政部门负责病残津贴领取资格审核确定，可委托地市级人力资源社会保障行政部门进行初审。审核通过后符合领取条件的人员，从本人申请的次月发放病残津贴，通过参保人员社会保障卡银行账户发放。在做出正式审核决定前，需经过参保人员本人工作或生活场所及人力资源社会保障部门政府网站进行不少于5个工作日的公示，并告知本人相关政策及权益。

第十三条　以欺诈、伪造证明材料或者其他手段骗取病残津贴的，由人力资源社会保障行政部门责令退回，并按照有关法律规定追究相关人员责任。

第十四条　本办法自2025年1月1日起实施。各地区企业职工因病或非因工完全丧失劳动能力退休和退职政策从本办法实施之日起停止执行。本办法实施前，参保人员已按规定领取病退、退职待遇，本办法实施后原则上继续领取相关待遇。

人力资源社会保障部、财政部、国家税务总局关于大龄领取失业保险金人员参加企业职工基本养老保险有关问题的通知

- 2024年10月26日
- 人社部发〔2024〕76号

各省、自治区、直辖市及新疆生产建设兵团人力资源社会保障厅（局）、财政厅（局），国家税务总局各省、自治区、直辖市和计划单列市税务局：

为加强大龄失业人员保障，支持大龄领取失业保险金人员参加企业职工基本养老保险，现就有关问题通知如下：

一、关于人员范围。本通知所称大龄领取失业保险金人员（以下简称大龄领金人员）是指领取失业保险金且距离法定退休年龄不足1年的失业人员，含领取失业保险金期满仍未就业且距离法定退休年龄不足1年而继续发放失业保险金至法定退休年龄的失业人员。

二、关于支付标准。大龄领金人员在失业保险金领取地以个人身份参加企业职工基本养老保险并缴费，其中按当地灵活就业人员最低缴费标准的部分由失业保险基金支付，从"失业保险待遇支出"科目列支。

三、加强主动告知。对符合条件的大龄领金人员，失业保险经办机构（以下简称经办机构）要及时告知相关政策。

四、优化经办服务。符合条件的大龄领金人员自行参加企业职工基本养老保险并缴费后，可以到当地经办机构申请领取由失业保险基金承担的费用，经办机构审核后及时发放至本人社会保障卡银行账户。

五、关于停缴情形。大龄领金人员达到法定退休年龄时，或出现法定停止领取失业保险金情形的，停止享受由失业保险基金缴纳企业职工基本养老保险费。

六、强化风险防控。各地要密切关注失业保险基金运行情况，加强监测分析预警，做好资金测算，确保基金安全运行平稳可持续。要根据政策调整完善风控规则，通过数据比对核查，加强苗头性、倾向性问题研判和防范，加强对短期参保骗领待遇、减员不离岗套保等情形的甄别，落实风控规则嵌入系统。对于存在欺诈风险的，要加强核查，严格审核，对冒领、骗领行为，要依法追究责任。

各地人力资源社会保障、财政、税务部门要高度重视，精心组织，结合本地实际，细化实化各项措施，明确申领程序及办理流程，切实提升服务质效，加快政策落地见效。

本通知自2025年1月1日起开始施行，执行至2039年12月31日。

人力资源社会保障部、财政部关于2024年调整退休人员基本养老金的通知

- 2024年6月13日
- 人社部发〔2024〕48号

各省、自治区、直辖市人民政府，国务院各部委、各直属机构，新疆生产建设兵团：

经党中央、国务院批准，从2024年1月1日起调整企业和机关事业单位退休人员（以下简称退休人员）基本养老金水平。现就有关事项通知如下：

一、调整范围。2023年12月31日前已按规定办理退休手续并按月领取基本养老金的退休人员。

二、调整水平。全国调整比例按照2023年退休人员月人均基本养老金的3%确定。各省以全国调整比例为高限确定本省调整比例和水平。

三、调整办法。采取定额调整、挂钩调整与适当倾斜相结合的办法，并实现企业和机关事业单位退休人员调整办法统一。定额调整要体现公平原则；挂钩调整要体

现多缴多得、长缴多得的激励机制,应与退休人员本人缴费年限(或工作年限)和基本养老金水平挂钩;对高龄退休人员、艰苦边远地区退休人员,可适当提高调整水平。继续确保安置到地方工作且已参加基本养老保险的企业退休军转干部基本养老金不低于当地企业退休人员基本养老金平均水平。要进一步强化激励约束机制,合理确定具体调整办法。

四、资金来源。调整基本养老金所需资金,参加企业职工基本养老保险的从企业基本养老保险基金中列支,参加机关事业单位工作人员基本养老保险的从机关事业单位基本养老保险基金中列支。对中西部地区、老工业基地、新疆生产建设兵团、在京中央和国家机关及所属事业单位所需资金,中央财政予以适当补助。地方财政对本地调整企业退休人员基本养老金新增支出安排资金给予一定补助。未参加职工基本养老保险的,调整所需资金由原渠道解决。

五、组织实施。调整退休人员基本养老金,是保障和改善民生水平的重要措施,体现了党中央、国务院对广大退休人员的亲切关怀。各地区要高度重视,切实加强领导,精心组织实施,稳妥开展宣传解读,正确引导舆论,确保调整工作平稳进行。要按照党中央、国务院统一部署,结合本地区实际,制定具体实施方案,将调整增加额及时足额落实到位。要严格按照报人力资源社会保障部、财政部备案同意的实施方案执行,把各项调整政策落到位,不得自行提高退休人员基本养老金水平。要切实采取措施加强养老保险基金收支管理,提前做好资金安排,确保基本养老金按时足额发放,不得发生新的拖欠。在京中央和国家机关及所属事业单位的调整方案由人力资源社会保障部、财政部制定并组织实施。

城乡养老保险制度衔接暂行办法

- 2014年2月24日
- 人社部发〔2014〕17号

第一条 为了解决城乡养老保险制度衔接问题,维护参保人员的养老保险权益,依据《中华人民共和国社会保险法》和《实施〈中华人民共和国社会保险法〉若干规定》(人力资源和社会保障部令第13号)的规定,制定本办法。

第二条 本办法适用于参加城镇职工基本养老保险(以下简称城镇职工养老保险)、城乡居民基本养老保险(以下简称城乡居民养老保险)两种制度需要办理衔接手续的人员。已经按照国家规定领取养老保险待遇的人员,不再办理城乡养老保险制度衔接手续。

第三条 参加城镇职工养老保险和城乡居民养老保险人员,达到城镇职工养老保险法定退休年龄后,城镇职工养老保险缴费年限满15年(含延长缴费至15年)的,可以申请从城乡居民养老保险转入城镇职工养老保险,按照城镇职工养老保险办法计发相应待遇;城镇职工养老保险缴费年限不足15年的,可以申请从城镇职工养老保险转入城乡居民养老保险,待达到城乡居民养老保险规定的领取条件时,按照城乡居民养老保险办法计发相应待遇。

第四条 参保人员需办理城镇职工养老保险和城乡居民养老保险制度衔接手续的,先按城镇职工养老保险有关规定确定待遇领取地,并将城镇职工养老保险的养老保险关系归集至待遇领取地,再办理制度衔接手续。

参保人员申请办理制度衔接手续时,从城乡居民养老保险转入城镇职工养老保险的,在城镇职工养老保险待遇领取地提出申请办理;从城镇职工养老保险转入城乡居民养老保险的,在转入城乡居民养老保险待遇领取地提出申请办理。

第五条 参保人员从城乡居民养老保险转入城镇职工养老保险的,城乡居民养老保险个人账户全部储存额并入城镇职工养老保险个人账户,城乡居民养老保险缴费年限不合并计算或折算为城镇职工养老保险缴费年限。

第六条 参保人员从城镇职工养老保险转入城乡居民养老保险的,城镇职工养老保险个人账户全部储存额并入城乡居民养老保险个人账户,参加城镇职工养老保险的缴费年限合并计算为城乡居民养老保险的缴费年限。

第七条 参保人员若在同一年度内同时参加城镇职工养老保险和城乡居民养老保险的,其重复缴费时段(按月计算,下同)只计算城镇职工养老保险缴费年限,并将城乡居民养老保险重复缴费时段相应个人缴费和集体补助退还本人。

第八条 参保人员不得同时领取城镇职工养老保险和城乡居民养老保险待遇。对于同时领取城镇职工养老保险和城乡居民养老保险待遇的,终止并解除城乡居民养老保险关系,除政府补贴外的个人账户余额退还本人,已领取的城乡居民养老保险基础养老金应予以退还;本人不予退还的,由社会保险经办机构负责从城乡居民养老保险个人账户余额或者城镇职工养老保险基本养老金中抵扣。

第九条 参保人员办理城乡养老保险制度衔接手续

时,按下列程序办理:

(一)由参保人员本人向待遇领取地社会保险经办机构提出养老保险制度衔接的书面申请。

(二)待遇领取地社会保险经办机构受理并审核参保人员书面申请,对符合本办法规定条件的,在15个工作日内,向参保人员原城镇职工养老保险、城乡居民养老保险关系所在地社会保险经办机构发出联系函,并提供相关信息;对不符合本办法规定条件的,向申请人作出说明。

(三)参保人员原城镇职工养老保险、城乡居民养老保险关系所在地社会保险经办机构在接到联系函的15个工作日内,完成制度衔接的参保缴费信息传递和基金划转手续。

(四)待遇领取地社会保险经办机构收到参保人员原城镇职工养老保险、城乡居民养老保险关系所在地社会保险经办机构转移的资金后,应在15个工作日内办结有关手续,并将情况及时通知申请人。

第十条 健全完善全国县级以上社会保险经办机构联系方式信息库,并向社会公布,方便参保人员办理城乡养老保险制度衔接手续。建立全国统一的基本养老保险参保缴费信息查询服务系统,进一步完善全国社会保险关系转移系统,加快普及全国通用的社会保障卡,为参保人员查询参保缴费信息、办理城乡养老保险制度衔接提供便捷有效的技术服务。

第十一条 本办法从2014年7月1日起施行。各地已出台政策与本办法不符的,以本办法规定为准。

城乡养老保险制度衔接经办规程(试行)

- 2014年2月24日
- 人社厅发〔2014〕25号

第一条 为统一和规范城乡养老保险制度衔接业务经办程序,根据《城乡养老保险制度衔接暂行办法》,制定本规程。

第二条 本规程适用于参加城镇职工基本养老保险(以下简称城镇职工养老保险)、城乡居民基本养老保险(以下简称城乡居民养老保险)两种制度的人员办理跨制度衔接养老保险关系。

第三条 县级以上社会保险经办机构(以下简称社保机构)负责城乡养老保险制度衔接业务经办。

第四条 参保人员达到城镇职工养老保险法定退休年龄,如有分别参加城镇职工养老保险、城乡居民养老保险情形,在申请领取养老保险待遇前,向待遇领取地社保机构申请办理城乡养老保险制度衔接手续。

(一)城镇职工养老保险缴费年限满15年(含延长缴费至15年)的,应向城镇职工养老保险待遇领取地社保机构申请办理从城乡居民养老保险转入城镇职工养老保险。

(二)城镇职工养老保险缴费年限不足15年或按规定延长缴费仍不足15年的,应向城乡居民养老保险待遇领取地社保机构申请办理从城镇职工养老保险转入城乡居民养老保险。

第五条 办理参保人员城镇职工养老保险和城乡居民养老保险制度衔接手续的,社保机构应首先按照《国务院办公厅关于转发人力资源社会保障部财政部城镇企业职工基本养老保险关系跨省转移接续暂行办法的通知》(国办发〔2009〕66号)等有关规定,确定城镇职工养老保险待遇领取地,由城镇职工养老保险待遇领取地(即城镇职工养老保险关系归集地)负责归集参保人员城镇职工养老保险关系,告知参保人员办理相关手续,并为其开具包含各参保地缴费年限的《城镇职工基本养老保险参保缴费凭证》(附件1,简称《参保缴费凭证》)。

第六条 参保人员办理城乡居民养老保险转入城镇职工养老保险,按以下程序办理相关手续:

(一)参保人员向城镇职工养老保险待遇领取地社保机构提出转入申请,填写《城乡养老保险制度衔接申请表》(附件2,以下简称《申请表》),出示社会保障卡或居民身份证并提交复印件。

参保人员户籍地与城镇职工养老保险待遇领取地为不同统筹地区的,可就近向户籍地负责城乡居民养老保险的社保机构提出申请,填写《申请表》,出示社会保障卡或居民身份证,并提交复印件。户籍地负责城乡居民养老保险的社保机构应及时将相关材料传送给其城镇职工养老保险待遇领取地社保机构。

(二)城镇职工养老保险待遇领取地社保机构受理并审核《申请表》及相关资料,对符合制度衔接办法规定条件的,应在15个工作日内,向参保人员城乡居民养老保险关系所在地社保机构发出《城乡养老保险制度衔接联系函》(附件3,以下简称《联系函》)。不符合制度衔接办法规定条件的,应向参保人员作出说明。

(三)城乡居民养老保险关系所在地社保机构在收到《联系函》之日起的15个工作日内办理以下手续:

1.核对参保人员有关信息并生成《城乡居民基本养老保险信息表》(附件4),传送给城镇职工养老保险待遇

领取地社保机构;

2. 办理基金划转手续;

3. 终止参保人员在本地的城乡居民养老保险关系。

(四)城镇职工养老保险待遇领取地社保机构在收到《城乡居民基本养老保险信息表》和转移基金后的15个工作日内办结以下手续:

1. 核对《城乡居民基本养老保险信息表》及转移基金额;

2. 录入参保人员城乡居民养老保险相关信息;

3. 确定重复缴费时段及金额,按规定将城乡居民养老保险重复缴费时段相应个人缴费和集体补助(含社会资助,下同)予以清退;

4. 合并记录参保人员个人账户;

5. 将办结情况告知参保人员。

第七条 参保人员办理城镇职工养老保险转入城乡居民养老保险,按以下程序办理相关手续:

(一)参保人员向城乡居民养老保险待遇领取地社保机构提出申请,填写《申请表》,出示社会保障卡或居民身份证并提交复印件,提供城镇职工养老保险关系归集地开具的《参保缴费凭证》。

(二)城乡居民养老保险待遇领取地社保机构受理并审核《申请表》及相关资料,对符合制度衔接办法规定条件的,应在15个工作日内,向城镇职工养老保险关系归集地社保机构发出《联系函》。对不符合制度衔接办法规定条件的,应向参保人员作出说明。

(三)城镇职工养老保险关系归集地社保机构收到《联系函》之日起的15个工作日内,办结以下手续:

1. 生成《城镇职工基本养老保险信息表》(附件5),传送给城乡居民养老保险待遇领取地社保机构;

2. 办理基金划转手续;

3. 终止参保人员在本地的城镇职工养老保险关系。

(四)城乡居民养老保险关系所在地社保机构在收到《城镇职工基本养老保险信息表》和转移基金后的15个工作日内办结以下手续:

1. 核对《城镇职工基本养老保险信息表》及转移基金额;

2. 录入参保人员城镇职工养老保险相关信息;

3. 确定重复缴费时段及金额,按规定予以清退;

4. 合并记录参保人员个人账户;

5. 将办结情况告知参保人员。

第八条 参保人员存在同一年度内同时参加城镇职工养老保险和城乡居民养老保险情况的,由转入地社保机构清退城乡居民养老保险重复缴费时段相应的个人缴费和集体补助,按以下程序办理:

(一)进行信息比对,确定重复缴费时段。重复时段为城乡居民养老保险各年度与城镇职工养老保险重复缴费的月数。

(二)确定重复缴费清退金额,生成并打印《城乡养老保险重复缴费清退表》(附件6)。重复缴费清退金额计算方法:

年度重复缴费清退金额=(年度个人缴费本金+年度集体补助本金)/12×重复缴费月数;

清退总额=各年度重复缴费清退金额之和。

(三)将重复缴费清退金额退还参保人员,并将有关情况通知本人。

第九条 参保人员同时领取城镇职工养老保险和城乡居民养老保险待遇的,由城乡居民养老保险待遇领取地社保机构负责终止其城乡居民养老保险关系,核定重复领取的城乡居民养老保险基础养老金金额,通知参保人员退还。参保人员退还后,将其城乡居民养老保险个人账户余额(扣除政府补贴,下同)退还本人。

参保人员不退还重复领取的城乡居民养老保险基础养老金的,城乡居民养老保险待遇领取地社保机构从其城乡居民养老保险个人账户余额中抵扣,抵扣后的个人账户余额退还本人。

参保人员个人账户余额不足抵扣的,城乡居民养老保险待遇领取地社保机构向其领取城镇职工养老保险待遇的社保机构发送《重复领取养老保险待遇协助抵扣通知单》(附件7),通知其协助抵扣。

参保人员城镇职工养老保险待遇领取地社保机构完成抵扣后,应将协助抵扣款项全额划转至城乡居民养老保险待遇地社保机构指定银行账户,同时传送《重复领取养老保险待遇协助抵扣回执》(见附件7)。

第十条 负责城镇职工养老保险、城乡居民养老保险的社保机构办理参保人员城乡养老保险制度衔接手续后,应将参保人员有关信息予以保留和备份。

第十一条 人力资源和社会保障部建立健全完善全国县级以上社保机构联系方式信息库,并向社会公布相关信息。同时,进一步完善全国社会保险关系转移信息系统,各地社保机构应积极应用该系统开展城乡养老保险制度衔接业务。建立全国统一的基本养老保险参保缴费查询服务系统,加快普及全国通用的社会保障卡,为参保人员查询参保缴费信息、办理制度衔接提供便捷、高效的服务。

第十二条 本规程从2014年7月1日起施行。
第十三条 本规程由人力资源社会保障部负责解释。
附件：（略）

企业年金办法

- 2017年12月18日人力资源和社会保障部、财政部令第36号公布
- 自2018年2月1日起施行

第一章 总 则

第一条 为建立多层次的养老保险制度，推动企业年金发展，更好地保障职工退休后的生活，根据《中华人民共和国劳动法》、《中华人民共和国劳动合同法》、《中华人民共和国社会保险法》、《中华人民共和国信托法》和国务院有关规定，制定本办法。

第二条 本办法所称企业年金，是指企业及其职工在依法参加基本养老保险的基础上，自主建立的补充养老保险制度。国家鼓励企业建立企业年金。建立企业年金，应当按照本办法执行。

第三条 企业年金所需费用由企业和职工个人共同缴纳。企业年金基金实行完全积累，为每个参加企业年金的职工建立个人账户，按照国家有关规定投资运营。企业年金基金投资运营收益并入企业年金基金。

第四条 企业年金有关税收和财务管理，按照国家有关规定执行。

第五条 企业和职工建立企业年金，应当确定企业年金受托人，由企业代表委托人与受托人签订受托管理合同。受托人可以是符合国家规定的法人受托机构，也可以是企业按照国家有关规定成立的企业年金理事会。

第二章 企业年金方案的订立、变更和终止

第六条 企业和职工建立企业年金，应当依法参加基本养老保险并履行缴费义务，企业具有相应的经济负担能力。

第七条 建立企业年金，企业应当与职工一方通过集体协商确定，并制定企业年金方案。企业年金方案应当提交职工代表大会或者全体职工讨论通过。

第八条 企业年金方案应当包括以下内容：
（一）参加人员；
（二）资金筹集与分配的比例和办法；
（三）账户管理；
（四）权益归属；
（五）基金管理；
（六）待遇计发和支付方式；
（七）方案的变更和终止；
（八）组织管理和监督方式；
（九）双方约定的其他事项。

企业年金方案适用于企业试用期满的职工。

第九条 企业应当将企业年金方案报送所在地县级以上人民政府人力资源社会保障行政部门。

中央所属企业的企业年金方案报送人力资源社会保障部。

跨省企业的企业年金方案报送其总部所在地省级人民政府人力资源社会保障行政部门。

省内跨地区企业的企业年金方案报送其总部所在地设区的市级以上人民政府人力资源社会保障行政部门。

第十条 人力资源社会保障行政部门自收到企业年金方案文本之日起15日内未提出异议的，企业年金方案即行生效。

第十一条 企业与职工一方可以根据本企业情况，按照国家政策规定，经协商一致，变更企业年金方案。变更后的企业年金方案应当经职工代表大会或者全体职工讨论通过，并重新报送人力资源社会保障行政部门。

第十二条 有下列情形之一的，企业年金方案终止：
（一）企业因依法解散、被依法撤销或者被依法宣告破产等原因，致使企业年金方案无法履行的；
（二）因不可抗力等原因致使企业年金方案无法履行的；
（三）企业年金方案约定的其他终止条件出现的。

第十三条 企业应当在企业年金方案变更或者终止后10日内报告人力资源社会保障行政部门，并通知受托人。企业应当在企业年金方案终止后，按国家有关规定对企业年金基金进行清算，并按照本办法第四章相关规定处理。

第三章 企业年金基金筹集

第十四条 企业年金基金由下列各项组成：
（一）企业缴费；
（二）职工个人缴费；
（三）企业年金基金投资运营收益。

第十五条 企业缴费每年不超过本企业职工工资总额的8%。企业和职工个人缴费合计不超过本企业职工工资总额的12%。具体所需费用，由企业和职工一方协商确定。

职工个人缴费由企业从职工个人工资中代扣代缴。

第十六条 实行企业年金后，企业如遇到经营亏损、重组并购等当期不能继续缴费的情况，经与职工一方协商，可以中止缴费。不能继续缴费的情况消失后，企业和职工恢复缴费，并可以根据本企业实际情况，按照中止缴费时的企业年金方案予以补缴。补缴的年限和金额不得超过实际中止缴费的年限和金额。

第四章 账户管理

第十七条 企业缴费应当按照企业年金方案确定的比例和办法计入职工企业年金个人账户，职工个人缴费计入本人企业年金个人账户。

第十八条 企业应当合理确定本单位当期缴费计入职工企业年金个人账户的最高额与平均额的差距。企业当期缴费计入职工企业年金个人账户的最高额与平均额不得超过 5 倍。

第十九条 职工企业年金个人账户中个人缴费及其投资收益自始归属于职工个人。

职工企业年金个人账户中企业缴费及其投资收益，企业可以与职工一方约定其自始归属于职工个人，也可以约定随着职工在本企业工作年限的增加逐步归属于职工个人，完全归属于职工个人的期限最长不超过 8 年。

第二十条 有下列情形之一的，职工企业年金个人账户中企业缴费及其投资收益完全归属于职工个人：

（一）职工达到法定退休年龄、完全丧失劳动能力或者死亡的；

（二）有本办法第十二条规定的企业年金方案终止情形之一的；

（三）非因职工过错企业解除劳动合同的，或者因企业违反法律规定职工解除劳动合同的；

（四）劳动合同期满，由于企业原因不再续订劳动合同的；

（五）企业年金方案约定的其他情形。

第二十一条 企业年金暂时未分配至职工企业年金个人账户的企业缴费及其投资收益，以及职工企业年金个人账户中未归属于职工个人的企业缴费及其投资收益，计入企业年金企业账户。

企业年金企业账户中的企业缴费及其投资收益应当按照企业年金方案确定的比例和办法计入职工企业年金个人账户。

第二十二条 职工变动工作单位时，新就业单位已经建立企业年金或者职业年金的，原企业年金个人账户权益应当随同转入新就业单位企业年金或者职业年金。

职工新就业单位没有建立企业年金或者职业年金的，或者职工升学、参军、失业期间，原企业年金个人账户可以暂时由原管理机构继续管理，也可以由法人受托机构发起的集合计划设置的保留账户暂时管理；原受托人是企业年金理事会的，由企业与职工协商选择法人受托机构管理。

第二十三条 企业年金方案终止后，职工原企业年金个人账户由法人受托机构发起的集合计划设置的保留账户暂时管理；原受托人是企业年金理事会的，由企业与职工一方协商选择法人受托机构管理。

第五章 企业年金待遇

第二十四条 符合下列条件之一的，可以领取企业年金：

（一）职工在达到国家规定的退休年龄或者完全丧失劳动能力时，可以从本人企业年金个人账户中按月、分次或者一次性领取企业年金，也可以将本人企业年金个人账户资金全部或者部分购买商业养老保险产品，依据保险合同领取待遇并享受相应的继承权；

（二）出国（境）定居人员的企业年金个人账户资金，可以根据本人要求一次性支付给本人；

（三）职工或者退休人员死亡后，其企业年金个人账户余额可以继承。

第二十五条 未达到上述企业年金领取条件之一的，不得从企业年金个人账户中提前提取资金。

第六章 管理监督

第二十六条 企业成立企业年金理事会作为受托人的，企业年金理事会应当由企业和职工代表组成，也可以聘请企业以外的专业人员参加，其中职工代表应不少于三分之一。

企业年金理事会除管理本企业的企业年金事务之外，不得从事其他任何形式的营业性活动。

第二十七条 受托人应当委托具有企业年金管理资格的账户管理人、投资管理人和托管人，负责企业年金基金的账户管理、投资运营和托管。

第二十八条 企业年金基金应当与委托人、受托人、账户管理人、投资管理人、托管人和其他为企业年金基金管理提供服务的自然人、法人或者其他组织的自有资产或者其他资产分开管理，不得挪作其他用途。

企业年金基金管理应当执行国家有关规定。

第二十九条　县级以上人民政府人力资源社会保障行政部门负责对本办法的执行情况进行监督检查。对违反本办法的，由人力资源社会保障行政部门予以警告，责令改正。

第三十条　因订立或者履行企业年金方案发生争议的，按照国家有关集体合同的规定执行。

因履行企业年金基金管理合同发生争议的，当事人可以依法申请仲裁或者提起诉讼。

第七章　附　则

第三十一条　参加企业职工基本养老保险的其他用人单位及其职工建立补充养老保险的，参照本办法执行。

第三十二条　本办法自2018年2月1日起施行。原劳动和社会保障部2004年1月6日发布的《企业年金试行办法》同时废止。

本办法施行之日已经生效的企业年金方案，与本办法规定不一致的，应当在本办法施行之日起1年内变更。

企业年金基金管理办法

- 2011年2月12日人力资源社会保障部、银监会、证监会、保监会令第11号公布
- 根据2015年4月30日《人力资源社会保障部关于修改部分规章的决定》修订

第一章　总　则

第一条　为维护企业年金各方当事人的合法权益，规范企业年金基金管理，根据劳动法、信托法、合同法、证券投资基金法等法律和国务院有关规定，制定本办法。

第二条　企业年金基金的受托管理、账户管理、托管、投资管理以及监督管理适用本办法。

本办法所称企业年金基金，是指根据依法制定的企业年金计划筹集的资金及其投资运营收益形成的企业补充养老保险基金。

第三条　建立企业年金计划的企业及其职工作为委托人，与企业年金理事会或者法人受托机构（以下简称受托人）签订受托管理合同。

受托人与企业年金基金账户管理机构（以下简称账户管理人）、企业年金基金托管机构（以下简称托管人）和企业年金基金投资管理机构（以下简称投资管理人）分别签订委托管理合同。

第四条　受托人应当将受托管理合同和委托管理合同报人力资源社会保障行政部门备案。

第五条　一个企业年金计划应当仅有一个受托人、一个账户管理人和一个托管人，可以根据资产规模大小选择适量的投资管理人。

第六条　同一企业年金计划中，受托人与托管人、托管人与投资管理人不得为同一人；建立企业年金计划的企业成立企业年金理事会作为受托人的，该企业与受托人不得为同一人；受托人与托管人、托管人与投资管理人、投资管理人与其他投资管理人的总经理和企业年金从业人员，不得相互兼任。

同一企业年金计划中，法人受托机构具备账户管理或者投资管理业务资格的，可以兼任账户管理人或者投资管理人。

第七条　法人受托机构兼任投资管理人时，应当建立风险控制制度，确保各项业务管理之间的独立性；设立独立的受托业务和投资业务部门，办公区域、运营管理流程和业务制度应当严格分离；直接负责的高级管理人员、受托业务和投资业务部门的工作人员不得相互兼任。

同一企业年金计划中，法人受托机构对待各投资管理人应当执行统一的标准和流程，体现公开、公平、公正原则。

第八条　企业年金基金缴费必须归集到受托财产托管账户，并在45日内划入投资资产托管账户。企业年金基金财产独立于委托人、受托人、账户管理人、托管人、投资管理人和其他为企业年金基金管理提供服务的自然人、法人或者其他组织的固有财产及其管理的其他财产。

企业年金基金财产的管理、运用或者其他情形取得的财产和收益，应当归入基金财产。

第九条　委托人、受托人、账户管理人、托管人、投资管理人和其他为企业年金基金管理提供服务的自然人、法人或者其他组织，因依法解散、被依法撤销或者被依法宣告破产等原因进行终止清算的，企业年金基金财产不属于其清算财产。

第十条　企业年金基金财产的债权，不得与委托人、受托人、账户管理人、托管人、投资管理人和其他为企业年金基金管理提供服务的自然人、法人或者其他组织固有财产的债务相互抵销。不同企业年金计划的企业年金基金的债权债务，不得相互抵销。

第十一条　非因企业年金基金财产本身承担的债务，不得对基金财产强制执行。

第十二条　受托人、账户管理人、托管人、投资管理

人和其他为企业年金基金管理提供服务的自然人、法人或者其他组织必须恪尽职守，履行诚实、信用、谨慎、勤勉的义务。

第十三条 人力资源社会保障部负责制定企业年金基金管理的有关政策。人力资源社会保障行政部门对企业年金基金管理进行监管。

第二章 受托人

第十四条 本办法所称受托人，是指受托管理企业年金基金的符合国家规定的养老金管理公司等法人受托机构（以下简称法人受托机构）或者企业年金理事会。

第十五条 建立企业年金计划的企业，应当通过职工大会或者职工代表大会讨论确定，选择法人受托机构作为受托人，或者成立企业年金理事会作为受托人。

第十六条 企业年金理事会由企业代表和职工代表等人员组成，也可以聘请企业以外的专业人员参加，其中职工代表不少于三分之一。理事会应当配备一定数量的专职工作人员。

第十七条 企业年金理事会中的职工代表和企业以外的专业人员由职工大会、职工代表大会或者其他形式民主选举产生。企业代表由企业方聘任。

理事任期由企业年金理事会章程规定，但每届任期不得超过三年。理事任期届满，连选可以连任。

第十八条 企业年金理事会理事应当具备下列条件：

（一）具有完全民事行为能力；

（二）诚实守信，无犯罪记录；

（三）具有从事法律、金融、会计、社会保障或者其他履行企业年金理事会理事职责所必需的专业知识；

（四）具有决策能力；

（五）无个人所负数额较大的债务到期未清偿情形。

第十九条 企业年金理事会依法独立管理本企业的企业年金基金事务，不受企业方的干预，不得从事任何形式的营业性活动，不得从企业年金基金财产中提取管理费用。

第二十条 企业年金理事会会议，应当由理事本人出席；理事因故不能出席，可以书面委托其他理事代为出席，委托书中应当载明授权范围。

理事会作出决议，应当经全体理事三分之二以上通过。理事会应当对会议所议事项的决定形成会议记录，出席会议的理事应当在会议记录上签名。

第二十一条 理事应当对企业年金理事会的决议承担责任。理事会的决议违反法律、行政法规、本办法规定或者理事会章程，致使企业年金基金财产遭受损失的，理事应当承担赔偿责任。但经证明在表决时曾表明异议并记载于会议记录的，该理事可以免除责任。

企业年金理事会对外签订合同，应当由全体理事签字。

第二十二条 法人受托机构应当具备下列条件：

（一）经国家金融监管部门批准，在中国境内注册的独立法人；

（二）具有完善的法人治理结构；

（三）取得企业年金基金从业资格的专职人员达到规定人数；

（四）具有符合要求的营业场所、安全防范设施和与企业年金基金受托管理业务有关的其他设施；

（五）具有完善的内部稽核监控制度和风险控制制度；

（六）近3年没有重大违法违规行为；

（七）国家规定的其他条件。

第二十三条 受托人应当履行下列职责：

（一）选择、监督、更换账户管理人、托管人、投资管理人；

（二）制定企业年金基金战略资产配置策略；

（三）根据合同对企业年金基金管理进行监督；

（四）根据合同收取企业和职工缴费，向受益人支付企业年金待遇，并在合同中约定具体的履行方式；

（五）接受委托人查询，定期向委托人提交企业年金基金管理和财务会计报告。发生重大事件时，及时向委托人和有关监管部门报告；定期向有关监管部门提交开展企业年金基金受托管理业务情况的报告；

（六）按照国家规定保存与企业年金基金管理有关的记录自合同终止之日起至少15年；

（七）国家规定和合同约定的其他职责。

第二十四条 本办法所称受益人，是指参加企业年金计划并享有受益权的企业职工。

第二十五条 有下列情形之一的，法人受托机构职责终止：

（一）违反与委托人合同约定的；

（二）利用企业年金基金财产为其谋取利益，或者为他人谋取不正当利益的；

（三）依法解散、被依法撤销、被依法宣告破产或者被依法接管的；

（四）被依法取消企业年金基金受托管理业务资格的；

（五）委托人有证据认为更换受托人符合受益人利益的；

（六）有关监管部门有充分理由和依据认为更换受托人符合受益人利益的；

（七）国家规定和合同约定的其他情形。

企业年金理事会有前款第（二）项规定情形的，企业年金理事会职责终止，由委托人选择法人受托机构担任受托人。企业年金理事会有第（一）、（三）至（七）项规定情形之一的，应当按照国家规定重新组成，或者由委托人选择法人受托机构担任受托人。

第二十六条 受托人职责终止的，委托人应当在45日内委任新的受托人。

受托人职责终止的，应当妥善保管企业年金基金受托管理资料，在45日内办理完毕受托管理业务移交手续，新受托人应当接收并行使相应职责。

第三章 账户管理人

第二十七条 本办法所称账户管理人，是指接受受托人委托管理企业年金基金账户的专业机构。

第二十八条 账户管理人应当具备下列条件：

（一）经国家有关部门批准，在中国境内注册的独立法人；

（二）具有完善的法人治理结构；

（三）取得企业年金基金从业资格的专职人员达到规定人数；

（四）具有相应的企业年金基金账户信息管理系统；

（五）具有符合要求的营业场所、安全防范设施和与企业年金基金账户管理业务有关的其他设施；

（六）具有完善的内部稽核监控制度和风险控制制度；

（七）近3年没有重大违法违规行为；

（八）国家规定的其他条件。

第二十九条 账户管理人应当履行下列职责：

（一）建立企业年金基金企业账户和个人账户；

（二）记录企业、职工缴费以及企业年金基金投资收益；

（三）定期与托管人核对缴费数据以及企业年金基金账户财产变化状况，及时将核对结果提交受托人；

（四）计算企业年金待遇；

（五）向企业和受益人提供企业年金基金企业账户和个人账户信息查询服务；向受益人提供年度权益报告；

（六）定期向受托人提交账户管理数据等信息以及企业年金基金账户管理报告；定期向有关监管部门提交开展企业年金基金账户管理业务情况的报告；

（七）按照国家规定保存企业年金基金账户管理档案自合同终止之日起至少15年；

（八）国家规定和合同约定的其他职责。

第三十条 有下列情形之一的，账户管理人职责终止：

（一）违反与受托人合同约定的；

（二）利用企业年金基金财产为其谋取利益，或者为他人谋取不正当利益的；

（三）依法解散、被依法撤销、被依法宣告破产或者被依法接管的；

（四）被依法取消企业年金基金账户管理业务资格的；

（五）受托人有证据认为更换账户管理人符合受益人利益的；

（六）有关监管部门有充分理由和依据认为更换账户管理人符合受益人利益的；

（七）国家规定和合同约定的其他情形。

第三十一条 账户管理人职责终止的，受托人应当在45日内确定新的账户管理人。

账户管理人职责终止的，应当妥善保管企业年金基金账户管理资料，在45日内办理完毕账户管理业务移交手续，新账户管理人应当接收并行使相应职责。

第四章 托管人

第三十二条 本办法所称托管人，是指接受受托人委托保管企业年金基金财产的商业银行。

第三十三条 托管人应当具备下列条件：

（一）经国家金融监管部门批准，在中国境内注册的独立法人；

（二）具有完善的法人治理结构；

（三）设有专门的资产托管部门；

（四）取得企业年金基金从业资格的专职人员达到规定人数；

（五）具有保管企业年金基金财产的条件；

（六）具有安全高效的清算、交割系统；

（七）具有符合要求的营业场所、安全防范设施和与企业年金基金托管业务有关的其他设施；

（八）具有完善的内部稽核监控制度和风险控制制度；

（九）近3年没有重大违法违规行为；

（十）国家规定的其他条件。

第三十四条 托管人应当履行下列职责：

（一）安全保管企业年金基金财产；

（二）以企业年金基金名义开设基金财产的资金账户和证券账户等；

（三）对所托管的不同企业年金基金财产分别设置账户，确保基金财产的完整和独立；

（四）根据受托人指令，向投资管理人分配企业年金基金财产；

（五）及时办理清算、交割事宜；

（六）负责企业年金基金会计核算和估值，复核、审查和确认投资管理人计算的基金财产净值；

（七）根据受托人指令，向受益人发放企业年金待遇；

（八）定期与账户管理人、投资管理人核对有关数据；

（九）按照规定监督投资管理人的投资运作，并定期向受托人报告投资监督情况；

（十）定期向受托人提交企业年金基金托管和财务会计报告；定期向有关监管部门提交开展企业年金基金托管业务情况的报告；

（十一）按照国家规定保存企业年金基金托管业务活动记录、账册、报表和其他相关资料自合同终止之日起至少15年；

（十二）国家规定和合同约定的其他职责。

第三十五条 托管人发现投资管理人依据交易程序尚未成立的投资指令违反法律、行政法规、其他有关规定或者合同约定的，应当拒绝执行，立即通知投资管理人，并及时向受托人和有关监管部门报告。

托管人发现投资管理人依据交易程序已经成立的投资指令违反法律、行政法规、其他有关规定或者合同约定的，应当立即通知投资管理人，并及时向受托人和有关监管部门报告。

第三十六条 有下列情形之一的，托管人职责终止：

（一）违反与受托人合同约定的；

（二）利用企业年金基金财产为其谋取利益，或者为他人谋取不正当利益的；

（三）依法解散、被依法撤销、被依法宣告破产或者被依法接管的；

（四）被依法取消企业年金基金托管业务资格的；

（五）受托人有证据认为更换托管人符合受益人利益的；

（六）有关监管部门有充分理由和依据认为更换托管人符合受益人利益的；

（七）国家规定和合同约定的其他情形。

第三十七条 托管人职责终止的，受托人应当在45日内确定新的托管人。

托管人职责终止的，应当妥善保管企业年金基金托管资料，在45日内办理完毕托管业务移交手续，新托管人应当接收并行使相应职责。

第三十八条 禁止托管人有下列行为：

（一）托管的企业年金基金财产与其固有财产混合管理；

（二）托管的企业年金基金财产与托管的其他财产混合管理；

（三）托管的不同企业年金计划、不同企业年金投资组合的企业年金基金财产混合管理；

（四）侵占、挪用托管的企业年金基金财产；

（五）国家规定和合同约定禁止的其他行为。

第五章 投资管理人

第三十九条 本办法所称投资管理人，是指接受托人委托投资管理企业年金基金财产的专业机构。

第四十条 投资管理人应当具备下列条件：

（一）经国家金融监管部门批准，在中国境内注册，具有受托投资管理、基金管理或者资产管理资格的独立法人；

（二）具有完善的法人治理结构；

（三）取得企业年金基金从业资格的专职人员达到规定人数；

（四）具有符合要求的营业场所、安全防范设施和与企业年金基金投资管理业务有关的其他设施；

（五）具有完善的内部稽核监控制度和风险控制制度；

（六）近3年没有重大违法违规行为；

（七）国家规定的其他条件。

第四十一条 投资管理人应当履行下列职责：

（一）对企业年金基金财产进行投资；

（二）及时与托管人核对企业年金基金会计核算和估值结果；

（三）建立企业年金基金投资管理风险准备金；

（四）定期向受托人提交企业年金基金投资管理报告；定期向有关监管部门提交开展企业年金基金投资管理业务情况的报告；

（五）根据国家规定保存企业年金基金财产会计凭证、会计账簿、年度财务会计报告和投资记录自合同终止之日起至少15年；

（六）国家规定和合同约定的其他职责。

第四十二条 有下列情形之一的,投资管理人应当及时向受托人报告：

（一）企业年金基金单位净值大幅度波动的；

（二）可能使企业年金基金财产受到重大影响的有关事项；

（三）国家规定和合同约定的其他情形。

第四十三条 有下列情形之一的,投资管理人职责终止：

（一）违反与受托人合同约定的；

（二）利用企业年金基金财产为其谋取利益,或者为他人谋取不正当利益的；

（三）依法解散、被依法撤销、被依法宣告破产或者被依法接管的；

（四）被依法取消企业年金基金投资管理业务资格的；

（五）受托人有证据认为更换投资管理人符合受益人利益的；

（六）有关监管部门有充分理由和依据认为更换投资管理人符合受益人利益的；

（七）国家规定和合同约定的其他情形。

第四十四条 投资管理人职责终止的,受托人应当在45日内确定新的投资管理人。

投资管理人职责终止的,应当妥善保管企业年金基金投资管理资料,在45日内办理完毕投资管理业务移交手续,新投资管理人应当接收并行使相应职责。

第四十五条 禁止投资管理人有下列行为：

（一）将其固有财产或者他人财产混同于企业年金基金财产；

（二）不公平对待企业年金基金财产与其管理的其他财产；

（三）不公平对待其管理的不同企业年金基金财产；

（四）侵占、挪用企业年金基金财产；

（五）承诺、变相承诺保本或者保证收益；

（六）利用所管理的其他资产为企业年金计划委托人、受益人或者相关管理人谋取不正当利益；

（七）国家规定和合同约定禁止的其他行为。

第六章　基金投资

第四十六条 企业年金基金投资管理应当遵循谨慎、分散风险的原则,充分考虑企业年金基金财产的安全性、收益性和流动性,实行专业化管理。

第四十七条 企业年金基金财产限于境内投资,投资范围包括银行存款、国债、中央银行票据、债券回购、万能保险产品、投资连结保险产品、证券投资基金、股票,以及信用等级在投资级以上的金融债、企业(公司)债、可转换债(含分离交易可转换债)、短期融资券和中期票据等金融产品。

第四十八条 每个投资组合的企业年金基金财产应当由一个投资管理人管理,企业年金基金财产以投资组合为单位按照公允价值计算应当符合下列规定：

（一）投资银行活期存款、中央银行票据、债券回购等流动性产品以及货币市场基金的比例,不得低于投资组合企业年金基金财产净值的5%；清算备付金、证券清算款以及一级市场证券申购资金视为流动性资产；投资债券正回购的比例不得高于投资组合企业年金基金财产净值的40%。

（二）投资银行定期存款、协议存款、国债、金融债、企业(公司)债、短期融资券、中期票据、万能保险产品等固定收益类产品以及可转换债(含分离交易可转换债)、债券基金、投资连结保险产品(股票投资比例不高于30%)的比例,不得高于投资组合企业年金基金财产净值的95%。

（三）投资股票等权益类产品以及股票基金、混合基金、投资连结保险产品(股票投资比例高于或者等于30%)的比例,不得高于投资组合企业年金基金财产净值的30%。其中,企业年金基金不得直接投资于权证,但因投资股票、分离交易可转换债等投资品种而衍生获得的权证,应当在权证上市交易之日起10个交易日内卖出。

第四十九条 根据金融市场变化和投资运作情况,人力资源社会保障部会同中国银监会、中国证监会和中国保监会,适时对投资范围和比例进行调整。

第五十条 单个投资组合的企业年金基金财产,投资于一家企业所发行的股票,单期发行的同一品种短期融资券、中期票据、金融债、企业(公司)债、可转换债(含分离交易可转换债),单只证券投资基金,单个万能保险产品或者投资连结保险产品,分别不得超过该企业上述证券发行量、该基金份额或者该保险产品资产管理规模的5%；按照公允价值计算,也不得超过该投资组合企业年金基金财产净值的10%。

单个投资组合的企业年金基金财产,投资于经备案的符合第四十八条投资比例规定的单只养老金产品,不得超过该投资组合企业年金基金财产净值的30%,不受上述10%规定的限制。

第五十一条 投资管理人管理的企业年金基金财产

投资于自己管理的金融产品须经受托人同意。

第五十二条　因证券市场波动、上市公司合并、基金规模变动等投资管理人之外的因素致使企业年金基金投资不符合本办法第四十八条、第五十条规定的比例或者合同约定的投资比例的,投资管理人应当在可上市交易之日起10个交易日内调整完毕。

第五十三条　企业年金基金证券交易以现货和国务院规定的其他方式进行,不得用于向他人贷款和提供担保。

投资管理人不得从事使企业年金基金财产承担无限责任的投资。

第七章　收益分配及费用

第五十四条　账户管理人应当采用份额计量方式进行账户管理,根据企业年金基金单位净值,按周或者按日足额记入企业年金基金企业账户和个人账户。

第五十五条　受托人年度提取的管理费不高于受托管理企业年金基金财产净值的0.2%。

第五十六条　账户管理人的管理费按照每户每月不超过5元人民币的限额,由建立企业年金计划的企业另行缴纳。

保留账户和退休人员账户的账户管理费可以按照合同约定由受益人自行承担,从受益人个人账户中扣除。

第五十七条　托管人年度提取的管理费不高于托管企业年金基金财产净值的0.2%。

第五十八条　投资管理人年度提取的管理费不高于投资管理企业年金基金财产净值的1.2%。

第五十九条　根据企业年金基金管理情况,人力资源社会保障部会同中国银监会、中国证监会和中国保监会,适时对有关管理费进行调整。

第六十条　投资管理人从当期收取的管理费中,提取20%作为企业年金基金投资管理风险准备金,专项用于弥补合同终止时所管理投资组合的企业年金基金当期委托投资资产的投资亏损。

第六十一条　当合同终止时,如所管理投资组合的企业年金基金财产净值低于当期委托投资资产的,投资管理人应当用风险准备金弥补该时点的当期委托投资资产亏损,直至该投资组合风险准备金弥补完毕;如所管理投资组合的企业年金基金当期委托投资资产没有发生投资亏损或者风险准备金弥补后有剩余的,风险准备金划归投资管理人所有。

第六十二条　企业年金基金投资管理风险准备金应当存放于投资管理人在托管人处开立的专用存款账户,余额达到投资管理人所管理投资组合基金财产净值的10%时可以不再提取。托管人不得对投资管理风险准备金账户收取费用。

第六十三条　风险准备金由投资管理人进行管理,可以投资于银行存款、国债等高流动性、低风险金融产品。风险准备金产生的投资收益,应当纳入风险准备金管理。

第八章　计划管理和信息披露

第六十四条　企业年金单一计划指受托人将单个委托人交付的企业年金基金,单独进行受托管理的企业年金计划。

企业年金集合计划指同一受托人将多个委托人交付的企业年金基金,集中进行受托管理的企业年金计划。

第六十五条　法人受托机构设立集合计划,应当制定集合计划受托管理合同,为每个集合计划确定账户管理人、托管人各一名,投资管理人至少三名;并分别与其签订委托管理合同。

集合计划受托人应当将制定的集合计划受托管理合同、签订的委托管理合同以及该集合计划的投资组合说明书报人力资源社会保障部备案。

第六十六条　一个企业年金方案的委托人只能建立一个企业年金单一计划或者参加一个企业年金集合计划。委托人加入集合计划满3年后,方可根据受托管理合同规定选择退出集合计划。

第六十七条　发生下列情形之一的,企业年金单一计划变更:

(一)企业年金计划受托人、账户管理人、托管人或者投资管理人变更;

(二)企业年金基金管理合同主要内容变更;

(三)企业年金计划名称变更;

(四)国家规定的其他情形。

发生前款规定情形时,受托人应当将相关企业年金基金管理合同重新报人力资源社会保障行政部门备案。

第六十八条　企业年金单一计划终止时,受托人应当组织清算组对企业年金基金财产进行清算。清算费用从企业年金基金财产中扣除。

清算组由企业代表、职工代表、受托人、账户管理人、托管人、投资管理人以及由受托人聘请的会计师事务所、律师事务所等组成。

清算组应当自清算工作完成后3个月内,向人力资源社会保障行政部门和受益人提交经会计师事务所审计以及律师事务所出具法律意见书的清算报告。

人力资源社会保障行政部门应当注销该企业年金计划。

第六十九条 受益人工作单位发生变化，新工作单位已经建立企业年金计划的，其企业年金个人账户权益应当转入新工作单位的企业年金计划管理。新工作单位没有建立企业年金计划的，其企业年金个人账户权益可以在原法人受托机构发起的集合计划设置的保留账户统一管理；原受托人是企业年金理事会的，由企业与职工协商选择法人受托机构管理。

第七十条 企业年金单一计划终止时，受益人企业年金个人账户权益应当转入原法人受托机构发起的集合计划设置的保留账户统一管理；原受托人是企业年金理事会的，由企业与职工协商选择法人受托机构管理。

第七十一条 发生以下情形之一的，受托人应当聘请会计师事务所对企业年金计划进行审计。审计费用从企业年金基金财产中扣除。

（一）企业年金计划连续运作满三个会计年度时；

（二）企业年金计划管理人职责终止时；

（三）国家规定的其他情形。

账户管理人、托管人、投资管理人应当自上述情况发生之日起配合会计师事务所对企业年金计划进行审计。受托人应当自上述情况发生之日起50日内向委托人以及人力资源社会保障行政部门提交审计报告。

第七十二条 受托人应当在每季度结束后30日内向委托人提交企业年金基金管理季度报告；并应当在年度结束后60日内向委托人提交企业年金基金管理和财务会计年度报告。

第七十三条 账户管理人应当在每季度结束后15日内向受托人提交企业年金基金账户管理季度报告；并应当在年度结束后45日内向受托人提交企业年金基金账户管理年度报告。

第七十四条 托管人应当在每季度结束后15日内向受托人提交企业年金基金托管和财务会计季度报告；并应当在年度结束后45日内向受托人提交企业年金基金托管和财务会计年度报告。

第七十五条 投资管理人应当在每季度结束后15日内向受托人提交经托管人确认财务管理数据的企业年金基金投资组合季度报告；并应当在年度结束后45日内向受托人提交经托管人确认财务管理数据的企业年金基金投资管理年度报告。

第七十六条 法人受托机构、账户管理人、托管人和投资管理人发生下列情形之一的，应当及时向人力资源社会保障部报告；账户管理人、托管人和投资管理人应当同时抄报受托人。

（一）减资、合并、分立、依法解散、被依法撤销、决定申请破产或者被申请破产的；

（二）涉及重大诉讼或者仲裁的；

（三）董事长、总经理、直接负责企业年金业务的高级管理人员发生变动的；

（四）国家规定的其他情形。

第七十七条 受托人、账户管理人、托管人和投资管理人应当按照规定报告企业年金基金管理情况，并对所报告内容的真实性、完整性负责。

第九章 监督检查

第七十八条 法人受托机构、账户管理人、托管人、投资管理人开展企业年金基金管理相关业务，应当向人力资源社会保障部提出申请。法人受托机构、账户管理人、投资管理人向人力资源社会保障部提出申请前应当先经其业务监管部门同意，托管人向人力资源社会保障部提出申请前应当先向其业务监管部门备案。

第七十九条 人力资源社会保障部收到法人受托机构、账户管理人、托管人、投资管理人的申请后，应当组织专家评审委员会，按照规定进行审慎评审。经评审符合条件的，由人力资源社会保障部会同有关部门确认公告；经评审不符合条件的，应当书面通知申请人。

专家评审委员会由有关部门代表和社会专业人士组成。每次参加评审的专家应当从专家评审委员会中随机抽取产生。

第八十条 受托人、账户管理人、托管人、投资管理人开展企业年金基金管理相关业务，应当接受人力资源社会保障行政部门的监管。

法人受托机构、账户管理人、托管人和投资管理人的业务监管部门按照各自职责对其经营活动进行监督。

第八十一条 人力资源社会保障部依法履行监督管理职责，可以采取以下措施：

（一）查询、记录、复制与被调查事项有关的企业年金基金管理合同、财务会计报告等资料；

（二）询问与调查事项有关的单位和个人，要求其对有关问题做出说明、提供有关证明材料；

（三）国家规定的其他措施。

委托人、受托人、账户管理人、托管人、投资管理人和其他为企业年金基金管理提供服务的自然人、法人或者其他组织，应当积极配合检查，如实提供有关资料，不得拒绝、阻挠或者逃避检查，不得谎报、隐匿或者销毁相关证据材料。

第八十二条 人力资源社会保障部依法进行调查或者检查时,应当至少由两人共同进行,并出示证件,承担下列义务:

(一)依法履行职责,秉公执法,不得利用职务之便谋取私利;

(二)保守在调查或者检查时知悉的商业秘密;

(三)为举报人员保密。

第八十三条 法人受托机构、中央企业集团公司成立的企业年金理事会、账户管理人、托管人、投资管理人违反本办法规定或者企业年金基金管理费、信息披露相关规定的,由人力资源社会保障部责令改正。其他企业(包括中央企业子公司)成立的企业年金理事会,违反本办法规定或者企业年金基金管理费、信息披露相关规定的,由管理合同备案所在地的省、自治区、直辖市或者计划单列市人力资源社会保障行政部门责令改正。

第八十四条 受托人、账户管理人、托管人、投资管理人发生违法违规行为可能影响企业年金基金财产安全的,或者经责令改正而不改正的,由人力资源社会保障部暂停其接收新的企业年金基金管理业务。给企业年金基金财产或者受益人利益造成损害的,依法承担赔偿责任;构成犯罪,依法追究刑事责任。

第八十五条 人力资源社会保障部将法人受托机构、账户管理人、托管人、投资管理人违法行为、处理结果以及改正情况予以记录,同时抄送业务监管部门。在企业年金基金管理资格有效期内,有三次以上违法记录或者一次以上经责令改正而不改正的,在其资格到期之后5年内,不再受理其开展企业年金基金管理业务的申请。

第八十六条 会计师事务所和律师事务所提供企业年金中介服务应当严格遵守相关职业准则和行业规范。

第十章 附 则

第八十七条 企业年金基金管理,国务院另有规定的,从其规定。

第八十八条 本办法自2011年5月1日起施行。劳动和社会保障部、中国银行业监督管理委员会、中国证券监督管理委员会、中国保险监督管理委员会于2004年2月23日发布的《企业年金基金管理试行办法》(劳动保障部令第23号)同时废止。

企业年金基金管理机构资格认定暂行办法

· 2004年12月31日劳动和社会保障部令第24号公布
· 根据2015年4月30日《人力资源社会保障部关于修改部分规章的决定》修正

第一条 为规范企业年金基金管理机构资格认定工作,根据《中华人民共和国行政许可法》、《国务院对确需保留的行政审批项目设定行政许可的决定》和国家有关规定,制定本办法。

第二条 本办法所称企业年金基金管理机构,是指从事企业年金基金管理业务的法人受托机构、账户管理人、托管人和投资管理人等补充养老保险经办机构。

第三条 从事企业年金基金管理业务的机构,必须根据本办法规定的程序,取得相应的企业年金基金管理资格。

劳动保障部负责企业年金基金管理机构资格认定。

第四条 申请企业年金基金管理资格的机构(以下简称申请人)应当按照本办法附件规定的内容与格式,向劳动保障部提出书面申请。

第五条 法人受托机构应当具备下列条件:

(一)经国家金融监管部门批准,在中国境内注册;

(二)具有完善的法人治理结构;

(三)取得企业年金基金从业资格的专职人员达到规定人数;

(四)具有符合要求的营业场所、安全防范设施和与企业年金基金受托管理业务有关的其他设施;

(五)具有完善的内部稽核监控制度和风险控制制度;

(六)近3年没有重大违法违规行为;

(七)国家规定的其他条件。

第六条 账户管理人应当具备下列条件:

(一)经国家有关部门批准,在中国境内注册的独立法人;

(二)具有完善的法人治理结构;

(三)取得企业年金基金从业资格的专职人员达到规定人数;

(四)具有相应的企业年金基金账户管理信息系统;

(五)具有符合要求的营业场所、安全防范设施和与企业年金基金账户管理业务有关的其他设施;

(六)具有完善的内部稽核监控制度和风险控制制度;

(七)国家规定的其他条件。

本条第(四)项规定的企业年金基金账户管理信息系统规范,由劳动保障部另行制定。

第七条　托管人应当具备下列条件：

（一）经国家金融监管部门批准，在中国境内注册的独立法人；

（二）净资产不少于50亿元人民币；

（三）取得企业年金基金从业资格的专职人员达到规定人数；

（四）具有保管企业年金基金财产的条件；

（五）具有安全高效的清算、交割系统；

（六）具有符合要求的营业场所、安全防范设施和与企业年金基金托管业务有关的其他设施；

（七）具有完善的内部稽核监控制度和风险控制制度；

（八）国家规定的其他条件。

商业银行担任托管人，应当设有专门的基金托管部门。

第八条　投资管理人应当具备下列条件：

（一）经国家金融监管部门批准，在中国境内注册，具有受托投资管理、基金管理或者资产管理资格的独立法人；

（二）具有完善的法人治理结构；

（三）取得企业年金基金从业资格的专职人员达到规定人数；

（四）具有符合要求的营业场所、安全防范设施和与企业年金基金投资管理业务有关的其他设施；

（五）具有完善的内部稽核监控制度和风险控制制度；

（六）近3年没有重大违法违规行为；

（七）国家规定的其他条件。

第九条　劳动保障部对申请人提出的申请，应当根据下列情况分别作出处理：

（一）申请材料存在可以当场更正错误的，应当允许申请人当场更正；

（二）申请材料不齐全或者不符合法定形式的，应当场或者在5个工作日内一次告知申请人需要补正的全部内容。逾期不告知的，自收到申请材料之日起即为受理；

（三）申请材料齐全、符合法定形式，或者申请人按照要求提交全部补正申请材料的，劳动保障部应当受理申请人申请。

劳动保障部受理或者不受理申请人申请，应当出具加盖劳动保障部专用印章和注明日期的书面凭证。

正在接受司法机关或者有关监管机关立案调查的机构，在被调查期间，劳动保障部不受理其申请。

第十条　劳动保障部受理申请人申请后，应当组建专家评审委员会对申请材料进行评审。评审委员会专家按照专业范围从专家库中随机抽取产生。专家库由有关部门代表和社会专业人士组成。

专家评审委员会对申请人申请材料按照分期分类的原则进行评审，所需时间由劳动保障部书面告知申请人。

第十一条　劳动保障部认为必要时应当指派2名以上工作人员，根据申请人申请材料对申请人进行现场检查。

第十二条　劳动保障部根据专家评审委员会评审结果及现场检查情况，会商中国银监会、中国证监会、中国保监会后，认定企业年金基金管理机构资格，并于认定之日起10个工作日内，向申请人颁发《企业年金基金管理资格证书》。证书制式由劳动保障部统一印制。

对于未取得企业年金基金管理资格的申请人，由劳动保障部书面通知，说明理由并告知申请人享有依法申请行政复议或者提起行政诉讼的权利。

第十三条　劳动保障部会同中国银监会、中国证监会、中国保监会，在全国性报刊上公告取得企业年金基金管理资格的机构。

第十四条　企业年金基金管理机构的资格证书有效期为3年，期限届满前3个月应当向劳动保障部提出延续申请。

第十五条　有下列情形之一的，劳动保障部应当办理企业年金基金管理机构资格的注销手续：

（一）企业年金基金管理机构资格有效期届满未延续的；

（二）企业年金基金管理机构依法解散、被依法撤销、被依法宣告破产或者被依法接管的；

（三）企业年金基金管理机构资格被依法撤销的；

（四）国家规定的应当注销企业年金基金管理机构资格的其他情形。

劳动保障部办理企业年金基金管理机构资格的注销手续后，会同中国银监会、中国证监会、中国保监会，在全国性报刊上公告。

第十六条　申请人隐瞒有关情况或者提供虚假材料的，劳动保障部不予受理或者不予认定企业年金基金管理机构资格，并给予警告；申请人1年内不得再次申请企业年金基金管理机构资格。

第十七条　申请人采用贿赂、欺诈等不正当手段取得企业年金基金管理机构资格的，劳动保障部会商中国银监会、中国证监会、中国保监会后取消其资格；申请人3年内不得再次申请企业年金基金管理机构资格；构成犯罪的,移交司法机关依法追究刑事责任。

第十八条 劳动保障部建立健全企业年金基金监管制度,定期或者不定期对有关机构企业年金基金管理运营情况进行监督检查。

第十九条 本办法自2005年3月1日起施行。

附件: 企业年金基金管理机构资格申请材料内容与格式(略)

机关事业单位职业年金办法

- 2015年3月27日
- 国办发〔2015〕18号

第一条 为建立多层次养老保险体系,保障机关事业单位工作人员退休后的生活水平,促进人力资源合理流动,根据《国务院关于机关事业单位工作人员养老保险制度改革的决定》(国发〔2015〕2号)等相关规定,制定本办法。

第二条 本办法所称职业年金,是指机关事业单位及其工作人员在参加机关事业单位基本养老保险的基础上,建立的补充养老保险制度。

第三条 本办法适用的单位和工作人员范围与参加机关事业单位基本养老保险的范围一致。

第四条 职业年金所需费用由单位和工作人员个人共同承担。单位缴纳职业年金费用的比例为本单位工资总额的8%,个人缴费比例为本人缴费工资的4%,由单位代扣。单位和个人缴费基数与机关事业单位工作人员基本养老保险缴费基数一致。

根据经济社会发展状况,国家适时调整单位和个人职业年金缴费的比例。

第五条 职业年金基金由下列各项组成:

(一)单位缴费;
(二)个人缴费;
(三)职业年金基金投资运营收益;
(四)国家规定的其他收入。

第六条 职业年金基金采用个人账户方式管理。个人缴费实行实账积累。对财政全额供款的单位,单位缴费根据单位提供的信息采取记账方式,每年按照国家统一公布的记账利率计算利息,工作人员退休前,本人职业年金账户的累计储存额由同级财政拨付资金记实;对非财政全额供款的单位,单位缴费实行实账积累。实账积累形成的职业年金基金,实行市场化投资运营,按实际收益计息。

职业年金基金投资管理应当遵循谨慎、分散风险的原则,保证职业年金基金的安全性、收益性和流动性。职业年金基金的具体投资管理办法由人力资源社会保障部、财政部会同有关部门另行制定。

第七条 单位缴费按照个人缴费基数的8%计入本人职业年金个人账户;个人缴费直接计入本人职业年金个人账户。

职业年金基金投资运营收益,按规定计入职业年金个人账户。

第八条 工作人员变动工作单位时,职业年金个人账户资金可以随同转移。工作人员升学、参军、失业期间或新就业单位没有实行职业年金或企业年金制度的,其职业年金个人账户由原管理机构继续管理运营。新就业单位已建立职业年金或企业年金制度的,原职业年金个人账户资金随同转移。

第九条 符合下列条件之一的可以领取职业年金:

(一)工作人员在达到国家规定的退休条件并依法办理退休手续后,由本人选择按月领取职业年金待遇的方式。可一次性用于购买商业养老保险产品,依据保险契约领取待遇并享受相应的继承权;可选择按照本人退休时对应的计发月数计发职业年金月待遇标准,发完为止,同时职业年金个人账户余额享有继承权。本人选择任一领取方式后不再更改。

(二)出国(境)定居人员的职业年金个人账户资金,可根据本人要求一次性支付给本人。

(三)工作人员在职期间死亡的,其职业年金个人账户余额可以继承。

未达到上述职业年金领取条件之一的,不得从个人账户中提前提取资金。

第十条 职业年金有关税收政策,按照国家有关法律法规和政策的相关规定执行。

第十一条 职业年金的经办管理工作,由各级社会保险经办机构负责。

第十二条 职业年金基金应当委托具有资格的投资运营机构作为投资管理人,负责职业年金基金的投资运营;应当选择具有资格的商业银行作为托管人,负责托管职业年金基金。委托关系确定后,应当签订书面合同。

第十三条 职业年金基金必须与投资管理人和托管人的自有资产或其他资产分开管理,保证职业年金财产独立性,不得挪作其他用途。

第十四条 县级以上各级人民政府人力资源社会保障行政部门、财政部门负责对本办法的执行情况进行监督检查。对违反本办法规定的,由人力资源社会保障行政部门和财政部门予以警告,责令改正。

第十五条 因执行本办法发生争议的,工作人员可按照国家有关法律、法规提请仲裁或者申诉。

第十六条 本办法自2014年10月1日起实施。已有规定与本办法不一致的,按照本办法执行。

第十七条 本办法由人力资源社会保障部、财政部负责解释。

基本养老保险基金投资管理办法

- 2015年8月17日
- 国发〔2015〕48号

第一章 总 则

第一条 为了规范基本养老保险基金投资管理行为,保护基金委托人及相关当事人的合法权益,根据社会保险法、劳动法、证券投资基金法、信托法、合同法等法律法规和国务院有关规定,制定本办法。

第二条 本办法所称基本养老保险基金(以下简称养老基金),包括企业职工、机关事业单位工作人员和城乡居民养老基金。

第三条 各省、自治区、直辖市养老基金结余额,可按照本办法规定,预留一定支付费用后,确定具体投资额度,委托给国务院授权的机构进行投资运营。委托投资的资金额度、划出和划回等事项,要向人力资源社会保障部、财政部报告。

第四条 养老基金投资应当坚持市场化、多元化、专业化的原则,确保资产安全,实现保值增值。

第五条 养老基金投资委托人(以下简称委托人)与养老基金投资受托机构(以下简称受托机构)签订委托投资合同,受托机构与养老基金托管机构(以下简称托管机构)签订托管合同、与养老基金投资管理机构(以下简称投资管理机构)签订投资管理合同。

委托人、受托机构、托管机构、投资管理机构的权利义务,依照本办法在养老基金委托投资合同、托管合同和投资管理合同中约定。

第六条 养老基金资产独立于委托人、受托机构、托管机构、投资管理机构的固有财产及其管理的其他财产。委托人、受托机构、托管机构、投资管理机构不得将养老基金资产归入其固有财产。

第七条 委托人、受托机构、托管机构、投资管理机构因养老基金资产的管理、运营或者其他情形取得的财产和收益归入养老基金资产,权益归养老基金所有。

第八条 受托机构、托管机构、投资管理机构和其他为养老基金投资管理提供服务的法人或者其他组织因依法解散、被依法撤销或者被依法宣告破产等原因进行清算的,基金资产不属于其清算财产。

第九条 养老基金资产的债权,不得与委托人、受托机构、托管机构、投资管理机构和其他为养老基金投资管理提供服务的自然人、法人或者其他组织固有财产的债务相互抵销;养老基金不同投资组合基金资产的债权债务,不得相互抵销。

第十条 养老基金资产的债务由基金资产本身承担。非因养老基金资产本身承担的债务,不得对基金资产强制执行。

第十一条 养老基金投资按照国家规定享受税收优惠。具体办法由财政部会同有关部门另行制定。

第十二条 国家对养老基金投资实行严格监管。养老基金投资应当严格遵守相关法律法规,严禁从事内幕交易、利用未公开信息交易、操纵市场等违法行为,严禁通过关联交易等损害养老基金及他人利益,获取不正当利益。任何组织和个人不得贪污、侵占、挪用投资运营的养老基金。

第二章 委托人

第十三条 省、自治区、直辖市人民政府作为养老基金委托投资的委托人,可指定省级社会保险行政部门、财政部门承办具体事务。

第十四条 委托人应当履行下列职责:

(一)制定养老基金归集办法,将投资运营的养老基金归集到省级社会保障基金财政专户。

(二)与受托机构签订养老基金委托投资合同。

(三)向受托机构划拨委托投资资金;向受托机构下达划回委托投资资金的指令,接收划回的投资资金。

(四)根据受托机构提交的养老基金收益率,进行养老基金的记账、结算和收益分配。

(五)定期汇总养老基金投资管理情况,并以适当方式向社会公布。

(六)国家规定和合同约定的其他职责。

第三章 受托机构

第十五条 本办法所称受托机构,是指国家设立、国务院授权的养老基金管理机构。

第十六条 受托机构应当履行下列职责:

(一)建立健全养老基金受托投资内部管理制度、风险管理制度和绩效评估办法。

（二）选择、监督、更换托管机构、投资管理机构。

（三）制定养老基金投资运营策略并组织实施。

（四）根据委托投资合同接收委托人划拨的委托投资资金；根据委托人通知划出委托投资资金。

（五）接受委托人查询，定期向委托人提交养老基金管理和财务会计报告；发生重大事件时，及时向委托人和有关监管部门报告；定期向国务院有关主管部门提交开展养老基金受托管理业务情况的报告；定期向社会公布养老基金投资情况。

（六）根据托管合同、投资管理合同对养老基金托管、投资情况进行监督。

（七）按照国家规定保存养老基金受托业务活动记录、账册、报表和其他相关资料。

（八）国家规定和合同约定的其他职责。

第十七条 受托机构应当将养老基金单独管理、集中运营、独立核算，可对部分养老基金资产进行直接投资，其他养老基金资产委托其他专业机构投资。

同一个养老基金投资组合，托管机构与投资管理机构不得为同一机构。

第十八条 申请养老基金托管业务、投资管理业务的机构，需向受托机构提交申请。受托机构成立专家评审委员会，参照公开招标的原则对具备条件的养老基金托管业务、投资管理业务申请人进行评审。评审办法及评审结果报国务院有关主管部门备案。

建立健全受托机构、托管机构和投资管理机构竞争机制，不断优化治理结构，提升养老基金投资运营水平。

第十九条 受托机构及其董事（理事）、监事、管理人员和其他从业人员不得有下列行为：

（一）违反与委托人合同约定。

（二）利用养老基金资产或者职务之便谋取不正当利益。

（三）侵占、挪用受托管理的养老基金资产。

（四）泄露因职务便利获取的未公开信息，或者利用该信息从事或明示、暗示他人进行相关的交易活动。

（五）法律、行政法规和国务院有关主管部门规定禁止的其他行为。

第四章 托管机构

第二十条 本办法所称托管机构，是指接受养老基金受托机构委托，具有全国社会保障基金、企业年金基金托管经验，或者具有良好的基金托管业绩和社会信誉，负责安全保管养老基金资产的商业银行。

第二十一条 托管机构应当履行下列职责：

（一）安全保管养老基金资产。

（二）以养老基金名义开设基金资产的资金账户、证券账户和期货账户等。

（三）及时办理清算、交割事宜。

（四）负责养老基金会计核算和估值，复核、审查和确认投资管理机构计算的基金资产净值。

（五）按照规定监督投资管理机构的投资活动，并定期向受托机构报告监督情况。

（六）定期向受托机构提交养老基金托管和财务会计报告；定期向国务院有关主管部门提交开展养老基金托管业务情况的报告。

（七）按照国家规定保存养老基金托管业务活动记录、账册、报表和其他相关资料。

（八）国家规定和合同约定的其他职责。

第二十二条 托管机构发现投资管理机构依据交易程序尚未成立的投资指令违反法律、行政法规、其他有关规定或者合同约定的，应当拒绝执行，立即通知投资管理机构，并及时向受托机构和国务院有关主管部门报告。

托管机构发现投资管理机构依据交易程序已经成立的投资指令违反法律、行政法规、其他有关规定或者合同约定的，应当立即通知投资管理机构，并及时向受托机构和国务院有关主管部门报告。

第二十三条 有下列情形之一的，托管机构职责终止：

（一）违反与受托机构合同约定，情节严重的。

（二）利用养老基金资产为自己谋取不正当利益，或者为他人谋取不正当利益的。

（三）依法解散、被依法撤销、被依法宣告破产或者被依法接管的。

（四）受托机构有充分理由认为托管机构应当被终止职责的。

（五）国务院有关主管部门有充分理由和依据认为托管机构应当被终止职责的。

（六）国务院有关主管部门规定和合同约定的其他情形。

第二十四条 托管机构职责终止的，应当妥善保管养老基金托管业务资料，在45日内办理基金托管业务移交手续，新的托管机构应当接收并行使相应职责。

第二十五条 托管机构及其董事、监事、管理人员和其他从业人员不得有下列行为：

（一）将托管的养老基金资产与其固有财产混合管理。

（二）将托管的养老基金资产与托管的其他财产混合管理。

（三）将托管的不同养老基金资产混合管理。

（四）侵占、挪用托管的养老基金资产。

（五）利用养老基金资产或者职务之便为他人谋取不正当利益。

（六）泄露因职务便利获取的未公开信息，或者利用该信息从事或明示、暗示他人进行相关的交易活动。

（七）法律、行政法规和国务院有关主管部门规定禁止的其他行为。

第五章 投资管理机构

第二十六条 本办法所称投资管理机构，是指接受受托机构委托，具有全国社会保障基金、企业年金基金投资管理经验，或者具有良好的资产管理业绩、财务状况和社会信誉，负责养老基金资产投资运营的专业机构。

第二十七条 投资管理机构应当建立良好的内部治理结构，明确股东会、董事会、监事会和高级管理人员的职责权限，确保独立投资运营；应当健全资产配置、风险管理和绩效评估等制度。

投资管理机构及其股东、董事、监事、管理人员和其他从业人员不得从事损害养老基金资产和受托机构利益的证券交易及其他活动；在行使权利或者履行职责时，应当遵循回避原则。

第二十八条 投资管理机构应当履行下列职责：

（一）按照投资管理合同，管理养老基金投资组合和项目。

（二）对所管理的不同养老基金资产分别管理、分别记账。

（三）及时与托管机构核对养老基金会计核算和估值结果。

（四）进行养老基金会计核算，编制养老基金财务会计报告。

（五）按照国家规定保存养老基金投资业务活动记录、账册、报表和其他相关资料。

（六）国家规定和合同约定的其他职责。

第二十九条 投资管理机构从当期收取的管理费中，提取20%作为风险准备金，专项用于弥补委托投资资产出现的投资损失。

第三十条 有下列情形之一的，投资管理机构应当及时向受托机构和国务院有关主管部门报告：

（一）养老基金资产市场价值大幅度波动。

（二）有可能使养老基金资产的价值受到重大影响的其他事项。

（三）国务院有关主管部门规定或者合同约定的其他报告事项。

第三十一条 有下列情形之一的，投资管理机构职责终止：

（一）违反与受托机构合同约定，情节严重的。

（二）利用养老基金资产为其谋取不正当利益，或者为他人谋取不正当利益的。

（三）依法解散、被依法撤销、被依法宣告破产或者被依法接管的。

（四）受托机构有充分理由认为投资管理机构应当被终止职责的。

（五）国务院有关主管部门有充分理由和依据认为投资管理机构应当被终止职责的。

（六）国务院有关主管部门规定和合同约定的其他情形。

第三十二条 投资管理机构职责终止的，应当妥善保管养老基金投资运营业务资料，在45日内办理基金投资运营业务移交手续，新的投资管理机构应当接收并行使相应职责。

第三十三条 投资管理机构及其董事、监事、管理人员和其他从业人员不得有下列行为：

（一）将其固有财产或者他人财产混同于养老基金资产从事证券投资。

（二）不公平对待养老基金资产与其管理的其他财产。

（三）不公平对待其管理的不同养老基金资产。

（四）利用养老基金资产或者职务之便为他人谋取不正当利益。

（五）向受托机构违规承诺收益或者承担损失。

（六）侵占、挪用养老基金资产。

（七）泄露因职务便利获取的未公开信息，或者利用该信息从事或明示、暗示他人进行相关的交易活动。

（八）从事可能使养老基金资产承担无限责任的投资。

（九）法律、行政法规和国务院有关主管部门规定禁止的其他行为。

第六章 养老基金投资

第三十四条 养老基金限于境内投资。投资范围包括：银行存款、中央银行票据、同业存单；国债、政策性、开发性银行债券，信用等级在投资级以上的金融债、企业（公司）债、地方政府债券、可转换债（含分离交易可转换债)、短期融资券、中期票据、资产支持证券、债券回购;养老金产品,上市流通的证券投资基金,股票、股权、股指期货、国债期货。

第三十五条 国家重大工程和重大项目建设,养老基金可以通过适当方式参与投资。

第三十六条 国有重点企业改制、上市,养老基金可以进行股权投资。范围限定为中央企业及其一级子公司,以及地方具有核心竞争力的行业龙头企业,包括省级财政部门、国有资产管理部门出资的国有或国有控股企业。

第三十七条 养老基金投资比例,按照公允价值计算应当符合下列规定:

(一)投资银行活期存款,一年期以内(含一年)的定期存款,中央银行票据,剩余期限在一年期以内(含一年)的国债、债券回购、货币型养老金产品、货币市场基金的比例,合计不得低于养老基金资产净值的5%。清算备付金、证券清算款以及一级市场证券申购资金视为流动性资产。

(二)投资一年期以上的银行定期存款、协议存款、同业存单,剩余期限在一年期以上的国债、政策性、开发性银行债券、金融债、企业(公司)债、地方政府债券、可转换债(含分离交易可转换债)、短期融资券、中期票据、资产支持证券、固定收益型养老金产品、混合型养老金产品、债券基金的比例,合计不得高于养老基金资产净值的135%。其中,债券正回购的资金余额在每个交易日均不得高于养老基金资产净值的40%。

(三)投资股票、股票基金、混合基金、股票型养老金产品的比例,合计不得高于养老基金资产净值的30%。

养老基金不得用于向他人贷款和提供担保,不得直接投资于权证,但因投资股票、分离交易可转换债等投资品种而衍生获得的权证,应当在权证上市交易之日起10个交易日内卖出。

(四)投资国家重大项目和重点企业股权的比例,合计不得高于养老基金资产净值的20%。

由于市场涨跌、资金划拨等原因出现被动投资比例超标的,养老基金投资比例调整应当在合同规定的交易日内完成。

第三十八条 养老基金资产参与股指期货、国债期货交易,只能以套期保值为目的,并按照中国金融期货交易所套期保值管理的有关规定执行;在任何交易日日终,所持有的卖出股指期货、国债期货合约价值,不得超过其对冲标的的账面价值。

第三十九条 根据金融市场变化和投资运营情况,国务院有关主管部门适时报请国务院对养老基金投资范围和比例进行调整。

第七章 估值和费用

第四十条 受托机构根据《企业会计准则第22号——金融工具确认和计量》、《证券投资基金会计核算业务指引》等规定,对养老基金进行会计核算和估值。

当月发生的委托投资资金划入、划出和投资收益分配,以上月末的估值结果作为核算依据。

第四十一条 托管机构提取的托管费年费率不高于托管养老基金资产净值的0.05%。

第四十二条 投资管理机构提取的投资管理费年费率不高于投资管理养老基金资产净值的0.5%。

受托机构应当在投资管理合同中规定投资管理机构的业绩基准,制定绩效考核办法。

第四十三条 根据养老基金管理情况,国务院有关主管部门适时对托管费、投资管理费率进行调整。

第四十四条 受托机构按养老基金年度净收益的1%提取风险准备金,专项用于弥补养老基金投资发生的亏损。余额达到养老基金资产净值5%时可不再提取。

风险准备金与本金一起投资运营,单独记账,归委托人所有。

第八章 报告制度

第四十五条 受托机构、托管机构、投资管理机构应当按照本办法的规定报告养老基金投资运营的情况,保证报告内容没有虚假记载、误导性陈述或者重大遗漏,并对报告内容的真实性、完整性负责。

第四十六条 受托机构要按下列要求进行信息披露和报告有关事项:

(一)每年一次向社会公布养老基金资产、收益等财务状况。

(二)向委托人和国务院有关主管部门每季度提交养老基金财务会计报告、投资资产、收益等情况报告。

(三)向委托人和国务院有关主管部门、经济综合部门报送养老基金资产年度审计报告。

(四)养老基金发生重大事件的,应立即报告委托人和国务院有关主管部门,并编制临时报告书,经核准后予以公告。

第四十七条 托管机构应当按照托管合同和受托机构的要求,向受托机构提交养老基金托管月度报告、季度报告和年度报告;如发生特殊情况,还应当提供临时报告或者进行重大信息披露。托管机构应当对投资管理机构编制报告的有关内容进行复核，并根据需要出具复核意见。

第四十八条 投资管理机构应当按照投资管理合同及受托机构的要求，向受托机构提交养老基金投资运营月度报告、季度报告和年度报告；如发生特殊情况，还应当提供临时报告或者进行重大信息披露。

第四十九条 托管机构、投资管理机构应当向国务院有关主管部门提交养老基金季度报告和年度报告。

第五十条 有下列情形之一的，托管机构、投资管理机构应当及时向受托机构和国务院有关主管部门报告：

（一）减资、合并、分立、依法解散、被依法撤销、决定申请破产或者被申请破产的。

（二）涉及重大诉讼或者仲裁的。

（三）董事长、总经理及其他高级管理人员发生变动的。

（四）托管合同、投资管理合同规定的其他报告事项。

第五十一条 受托机构应当将委托管理合同、托管合同、投资管理合同报国务院有关主管部门备案。

第九章 监督检查

第五十二条 人力资源社会保障部、财政部依法对受托机构、托管机构、投资管理机构及相关主体开展养老基金投资管理业务情况实施监管，加强投资风险防范。

人民银行、银监会、证监会、保监会按照各自职责，对托管机构、投资管理机构的经营活动进行监督。

相关部门在监督过程中应加强沟通与信息共享。

第五十三条 人力资源社会保障部、财政部开展调查或者检查应当由两人以上进行，并出示有效证件，承担下列义务：

（一）依法履行职责，秉公执法，不得利用职务之便谋取私利。

（二）保守在调查或者检查时知悉的商业秘密。

（三）为举报人保密。

第五十四条 受托机构、托管机构、投资管理机构和其他为养老基金投资管理提供服务的自然人、法人或者其他组织应当积极配合监督检查，如实提供有关文件和资料，不得拒绝、阻挠或者逃避检查，不得谎报、隐匿或者销毁相关证据材料。

第五十五条 受托机构、托管机构、投资管理机构管理运营养老基金资产，其他自然人、法人或者组织为养老基金投资运营提供服务，应当严格遵守相关职业准则和行业规范，履行诚实信用、谨慎勤勉的义务。

第五十六条 养老基金投资管理从业人员应当遵守法律、行政法规和相关规章制度，恪守职业道德和行为规范。

第五十七条 养老基金投资运营情况应当通过报刊、网站等媒体定期向社会公布，保障公众知情权，接受社会监督。

任何组织和个人有权对违法违规行为进行举报、投诉，有关主管部门应当认真调查处理。

第十章 法律责任

第五十八条 受托机构及其董事（理事）、监事、管理人员和其他从业人员有本办法第十九条所列行为之一的，责令改正，给予警告，有违法所得的，没收违法所得。对直接负责的主管人员和其他直接责任人员给予相应处分，由所在机构暂停或者撤销其养老基金投资管理职务。

第五十九条 托管机构、投资管理机构及其董事、监事、管理人员和其他从业人员有本办法第二十五条和第三十三条所列行为之一的，责令改正，给予警告，并可暂停其接收新的养老基金托管或者投资管理业务。有违法所得的，没收违法所得，处以托管机构、投资管理机构违法所得1倍以上5倍以下管理费扣减；没有违法所得的，处以托管机构、投资管理机构50万元以下管理费扣减，情节严重的，可处50万元以上、100万元以下管理费扣减。对直接负责的主管人员和其他直接责任人员给予警告，由所在机构暂停或者撤销其养老基金投资管理职务。

第六十条 投资管理机构违反本办法第三十七条和第三十八条规定，超出投资范围或者违反投资比例规定进行投资的，责令改正，给予警告，并可暂停其接收新的养老基金投资管理业务，同时处以50万元以下管理费扣减。对直接负责的主管人员和其他直接责任人员给予警告，由所在机构暂停或者撤销其养老基金投资管理职务。

第六十一条 托管机构、投资管理机构未能按照规定提供报告或者提供报告有虚假记载、误导性陈述、重大遗漏的，责令限期改正；逾期不改正的，给予警告，并处以10万元以下管理费扣减。

第六十二条 托管机构、投资管理机构违反本办法其他有关规定的，责令限期改正。逾期不改正的，给予警告，并可暂停其接收新的养老基金托管或者投资管理业务。

第六十三条 托管机构、投资管理机构受到3次以上警告的,由受托机构终止其养老基金托管或者投资管理职责,3年内不得再次申请。

第六十四条 受托机构、托管机构、投资管理机构及其董事(理事)、监事、管理和从业人员侵占、挪用养老基金资产取得的财产和收益,归入基金资产。

第六十五条 托管机构、投资管理机构违反本办法规定,给养老基金资产或者委托人造成损失的,应当分别对各自的行为依法承担赔偿责任;因共同行为给养老基金资产或者委托人造成损失的,应当承担连带赔偿责任;除依法给予处罚外,由受托机构终止其养老基金托管或者投资管理职责,5年内不得再次申请。

第六十六条 会计师事务所等服务机构出具的文件有虚假记载、误导性陈述或者重大遗漏的,责令限期改正,没收业务收入,并依法处以业务收入1倍以上5倍以下的罚款;对直接负责的主管人员和其他直接责任人员给予警告。

第六十七条 国家工作人员在养老基金投资管理、监督工作中滥用职权、玩忽职守、徇私舞弊的,依法追究责任。

第六十八条 本办法规定的处罚,由人力资源社会保障部、财政部或者人民银行、银监会、证监会、保监会按照各自职责作出决定。对违反本办法规定的同一行为,不得给予两次以上的处罚。

第六十九条 对违反本办法规定进行养老基金投资运营的相关单位和责任人,记入信用记录并纳入全国统一信用信息共享交换平台。

第七十条 违反本办法规定,情节严重,构成犯罪的,依法追究刑事责任。

第十一章 附 则

第七十一条 本办法由人力资源社会保障部、财政部会同有关部门负责组织实施。

第七十二条 本办法自印发之日起施行。

城镇企业职工基本养老保险关系转移接续暂行办法

- 2009年12月28日
- 国办发〔2009〕66号

第一条 为切实保障参加城镇企业职工基本养老保险人员(以下简称参保人员)的合法权益,促进人力资源合理配置和有序流动,保证参保人员跨省、自治区、直辖市(以下简称跨省)流动并在城镇就业时基本养老保险关系的顺畅转移接续,制定本办法。

第二条 本办法适用于参加城镇企业职工基本养老保险的所有人员,包括农民工。已经按国家规定领取基本养老保险待遇的人员,不再转移基本养老保险关系。

第三条 参保人员跨省流动就业的,由原参保所在地社会保险经办机构(以下简称社保经办机构)开具参保缴费凭证,其基本养老保险关系应随同转移到新参保地。参保人员达到基本养老保险待遇领取条件的,其在各地的参保缴费年限合并计算,个人账户储存额(含本息,下同)累计计算;未达到待遇领取年龄前,不得终止基本养老保险关系并办理退保手续;其中出国定居和到香港、澳门、台湾地区定居的,按国家有关规定执行。

第四条 参保人员跨省流动就业转移基本养老保险关系时,按下列方法计算转移资金:

(一)个人账户储存额:1998年1月1日之前按个人缴费累计本息计算转移,1998年1月1日后按计入个人账户的全部储存额计算转移。

(二)统筹基金(单位缴费):以本人1998年1月1日后各年度实际缴费工资为基数,按12%的总和转移,参保缴费不足1年的,按实际缴费月数计算转移。

第五条 参保人员跨省流动就业,其基本养老保险关系转移接续按下列规定办理:

(一)参保人员返回户籍所在地(指省、自治区、直辖市,下同)就业参保的,户籍所在地的相关社保经办机构应为其及时办理转移接续手续。

(二)参保人员未返回户籍所在地就业参保的,由新参保地的社保经办机构为其及时办理转移接续手续。但对男性年满50周岁和女性年满40周岁的,应在原参保地继续保留基本养老保险关系,同时在新参保地建立临时基本养老保险缴费账户,记录单位和个人全部缴费。参保人员再次跨省流动就业或在新参保地达到待遇领取条件时,将临时基本养老保险缴费账户中的全部缴费本息,转移归集到原参保地或待遇领取地。

(三)参保人员经县级以上党委组织部门、人力资源社会保障行政部门批准调动,且与调入单位建立劳动关系并缴纳基本养老保险费的,不受以上年龄规定限制,应在调入地及时办理基本养老保险关系转移接续手续。

第六条 跨省流动就业的参保人员达到待遇领取条件时,按下列规定确定其待遇领取地:

（一）基本养老保险关系在户籍所在地的，由户籍所在地负责办理待遇领取手续，享受基本养老保险待遇。

（二）基本养老保险关系不在户籍所在地，而在其基本养老保险关系所在地累计缴费年限满10年的，在该地办理待遇领取手续，享受当地基本养老保险待遇。

（三）基本养老保险关系不在户籍所在地，且在其基本养老保险关系所在地累计缴费年限不满10年的，将其基本养老保险关系转回上一个缴费年限满10年的原参保地办理待遇领取手续，享受基本养老保险待遇。

（四）基本养老保险关系不在户籍所在地，且在每个参保地的累计缴费年限均不满10年的，将其基本养老保险关系及相应资金归集到户籍所在地，由户籍所在地按规定办理待遇领取手续，享受基本养老保险待遇。

第七条 参保人员转移接续基本养老保险关系后，符合待遇领取条件的，按照《国务院关于完善企业职工基本养老保险制度的决定》（国发〔2005〕38号）的规定，以本人各年度缴费工资、缴费年限和待遇领取地对应的各年度在岗职工平均工资计算其基本养老金。

第八条 参保人员跨省流动就业的，按下列程序办理基本养老保险关系转移接续手续：

（一）参保人员在新就业地按规定建立基本养老保险关系和缴费后，由用人单位或参保人员向新参保地社保经办机构提出基本养老保险关系转移接续的书面申请。

（二）新参保地社保经办机构在15个工作日内，审核转移接续申请，对符合本办法规定条件的，向参保人员原基本养老保险关系所在地的社保经办机构发出同意接收函，并提供相关信息；对不符合转移接续条件的，向申请单位或参保人员作出书面说明。

（三）原基本养老保险关系所在地社保经办机构在接到同意接收函的15个工作日内，办理好转移接续的各项手续。

（四）新参保地社保经办机构在收到参保人员原基本养老保险关系所在地社保经办机构转移的基本养老保险关系和资金后，应在15个工作日内办结有关手续，并将确认情况及时通知用人单位或参保人员。

第九条 农民工中断就业或返乡没有继续缴费的，由原参保地社保经办机构保留其基本养老保险关系，保存其全部参保缴费记录及个人账户，个人账户储存额继续按规定计息。农民工返回城镇就业并继续参保缴费的，无论其回到原参保地就业还是到其他城镇就业，均按前述规定累计计算其缴费年限，合并计算其个人账户储存额，符合待遇领取条件的，与城镇职工同样享受基本养老保险待遇；农民工不再返回城镇就业的，其在城镇参保缴费记录及个人账户全部有效，并根据农民工的实际情况，或在其达到规定领取条件时享受城镇职工基本养老保险待遇，或转入新型农村社会养老保险。

农民工在城镇参加企业职工基本养老保险与在农村参加新型农村社会养老保险的衔接政策，另行研究制定。

第十条 建立全国县级以上社保经办机构联系方式信息库，并向社会公布，方便参保人员查询参保缴费情况，办理基本养老保险关系转移接续手续。加快建立全国统一的基本养老保险参保缴费信息查询服务系统，发行全国通用的社会保障卡，为参保人员查询参保缴费信息提供便捷有效的技术服务。

第十一条 各地已制定的跨省基本养老保险关系转移接续相关政策与本办法规定不符的，以本办法规定为准。在省、自治区、直辖市内的基本养老保险关系转移接续办法，由各省级人民政府参照本办法制定，并报人力资源社会保障部备案。

第十二条 本办法所称缴费年限，除另有特殊规定外，均包括视同缴费年限。

第十三条 本办法从2010年1月1日起施行。

人力资源社会保障部关于城镇企业职工基本养老保险关系转移接续若干问题的通知

· 2016年11月28日
· 人社部规〔2016〕5号

各省、自治区、直辖市及新疆生产建设兵团人力资源社会保障厅（局）：

国务院办公厅转发的人力资源社会保障部、财政部《城镇企业职工基本养老保险关系转移接续暂行办法》（国办发〔2009〕66号，以下简称《暂行办法》）实施以来，跨省流动就业人员的养老保险关系转移接续工作总体运行平稳，较好地保障了参保人员的养老保险权益。但在实施过程中，也出现了一些新情况和新问题，导致部分参保人员养老保险关系转移接续存在困难。为进一步做好城镇企业职工养老保险关系转移接续工作，现就有关问题通知如下：

一、关于视同缴费年限计算地问题。参保人员待遇领取地按照《暂行办法》第六条和第十二条执行，即，基本养老保险关系在户籍所在地的，由户籍所在地负责办理待遇领取手续；基本养老保险关系不在户籍所在地，而在其基本养老保险关系所在地累计缴费年限满10年的,在该地办理待遇领取手续;基本养老保险关系不在户籍所在地,且在其基本养老保险关系所在地累计缴费年限不满10年的,将其基本养老保险关系转回上一个缴费年限满10年的原参保地办理待遇领取手续;基本养老保险关系不在户籍所在地,且在每个参保地的累计缴费年限均不满10年的,将其基本养老保险关系及相应资金归集到户籍所在地,由户籍所在地按规定办理待遇领取手续。缴费年限,除另有特殊规定外,均包括视同缴费年限。

一地(以省、自治区、直辖市为单位)的累计缴费年限包括在本地的实际缴费年限和计算在本地的视同缴费年限。其中,曾经在机关事业单位和企业工作的视同缴费年限,计算为当时工作地的视同缴费年限;在多地有视同缴费年限的,分别计算为各地的视同缴费年限。

二、关于缴费信息历史遗留问题的处理。由于各地政策或建立个人账户时间不一致等客观原因,参保人员在跨省转移接续养老保险关系时,转出地无法按月提供1998年1月1日之前缴费信息或者提供的1998年1月1日之前缴费信息无法在转入地计发待遇的,转入地应根据转出地提供的缴费时间记录,结合档案记载将相应年度计为视同缴费年限。

三、关于临时基本养老保险缴费账户的管理。参保人员在建立临时基本养老保险缴费账户地按照社会保险法规定,缴纳建立临时基本养老保险缴费账户前应缴未缴的养老保险费的,其临时基本养老保险缴费账户性质不予改变,转移接续养老保险关系时按照临时基本养老保险缴费账户的规定全额转移。

参保人员在建立临时基本养老保险缴费账户期间再次跨省流动就业的,封存原临时基本养老保险缴费账户,待达到待遇领取条件时,由待遇领取地社会保险经办机构统一归集原临时养老保险关系。

四、关于一次性缴纳养老保险费的转移。跨省流动就业人员转移接续养老保险关系时,对于符合国家规定一次性缴纳养老保险费超过3年(含)的,转出地应向转入地提供人民法院、审计部门、实施劳动保障监察的行政部门或劳动争议仲裁委员会出具的具有法律效力证明的一次性缴费期间存在劳动关系的相应文书。

五、关于重复领取基本养老金的处理。《暂行办法》实施之后重复领取基本养老金的参保人员,由本人与社会保险经办机构协商确定保留其中一个养老保险关系并继续领取待遇,其他养老保险关系应予以清理,个人账户剩余部分一次性退还本人。

六、关于退役军人养老保险关系转移接续。军人退役基本养老保险关系转移至安置地后,安置地应为其办理登记手续并接续养老保险关系,退役养老保险补助年限计算为安置地的实际参保缴费年限。

退役军人跨省流动就业的,其在1998年1月1日至2005年12月31日间的退役养老保险补助,转出地应按11%计算转移资金,并相应调整个人账户记录,所需资金从统筹基金中列支。

七、关于城镇企业成建制跨省转移养老保险关系的处理。城镇企业成建制跨省转移,按照《暂行办法》的规定转移接续养老保险关系。在省级政府主导下的规模以上企业成建制转移,可根据两省协商,妥善转移接续养老保险关系。

八、关于户籍所在地社会保险经办机构归集责任。跨省流动就业人员未在户籍地参保,但按国家规定达到待遇领取条件时待遇领取地为户籍地的,户籍地社会保险经办机构应为参保人员办理登记手续并办理养老保险关系转移接续手续,将各地的养老保险关系归集至户籍地,并核发相应的养老保险待遇。

九、本通知从印发之日起执行。人力资源社会保障部《关于贯彻落实国务院办公厅转发城镇企业职工基本养老保险关系转移接续暂行办法的通知》(人社部发〔2009〕187号)、《关于印发城镇企业职工基本养老保险关系转移接续若干具体问题意见的通知》(人社部发〔2010〕70号)、《人力资源社会保障部办公厅关于职工基本养老保险关系转移接续有关问题的函》(人社厅函〔2013〕250号)与本通知不一致的,以本通知为准。参保人员已经按照原有规定办理退休手续的,不再予以调整。

人力资源社会保障部办公厅关于职工基本养老保险关系转移接续有关问题的补充通知

· 2019年9月29日
· 人社厅发〔2019〕94号

各省、自治区、直辖市及新疆生产建设兵团人力资源社会保障厅(局):

为加强人社系统行风建设,提升服务水平,更好保障流动就业人员养老保险权益及基金安全,现就进一步做好职工基本养老保险关系转移接续工作有关问题补充通知如下:

一、参保人员跨省转移接续基本养老保险关系时,对在《人力资源社会保障部关于城镇企业职工基本养老保险关系转移接续若干问题的通知》(人社部规〔2016〕5号,简称部规5号)实施之前发生的超过3年(含3年)的一次性缴纳养老保险费,转出地社会保险经办机构(简称转出地)应当向转入地社会保险经办机构(简称转入地)提供书面承诺书(格式附后)。

二、参保人员跨省转移接续基本养老保险关系时,对在部规5号实施之后发生的超过3年(含3年)的一次性缴纳养老保险费,由转出地按照部规5号有关规定向转入地提供相关法律文书。相关法律文书是由人民法院、审计部门、实施劳动监察的行政部门或劳动人事争议仲裁委员会等部门在履行各自法定职责过程中形成且产生一次性缴纳养老保险费之前,不得通过事后补办的方式开具。转出地和转入地应当根据各自职责审核相关材料的规范性和完整性,核对参保人员缴费及转移信息。

三、因地方自行出台一次性缴纳养老保险费政策或因无法提供有关材料造成无法转移的缴费年限和资金,转出地应自收到转入地联系函10个工作日内书面告知参保人员,并配合一次性缴纳养老保险费发生地(简称补缴发生地)妥善解决后续问题。对其余符合国家转移接续规定的养老保险缴费年限和资金,应做到应转尽转。

四、参保人员与用人单位劳动关系存续期间,因用人单位经批准暂缓缴纳社会保险费,导致出现一次性缴纳养老保险费的,在参保人员跨省转移接续养老保险关系时,转出地应向转入地提供缓缴协议、补缴欠费凭证等相关材料。转入地核实确认后应予办理。

五、社会保险费征收机构依据社会保险法等有关规定,受理参保人员投诉、举报,依法查处用人单位未按时足额缴纳养老保险费并责令补缴导致一次性缴纳养老保险费超过3年(含3年)的,在参保人员跨省转移接续基本养老保险关系时,由转出地负责提供社会保险费征收机构责令补缴时出具的相关文书,转入地核实确认后应予办理。

六、退役士兵根据《中共中央办公厅国务院办公厅印发〈关于解决部分退役士兵社会保险问题的意见〉的通知》的规定补缴养老保险费的,在跨省转移接续养老保险关系时,由转出地负责提供办理补缴养老保险费时退役军人事务部门出具的补缴认定等材料,转入地核实确认后应予办理,同时做好退役士兵人员标识。

七、参保人员重复领取职工基本养老保险待遇(包括企业职工基本养老保险待遇和机关事业单位工作人员基本养老保险待遇,下同)的,由社会保险经办机构与本人协商确定保留其中一个基本养老保险关系并继续领取待遇,其他的养老保险关系应予以清理,个人账户剩余部分一次性退还给本人,重复领取的基本养老保险待遇应予退还。本人不予退还的,从其被清理的养老保险个人账户余额中抵扣。养老保险个人账户余额不足以抵扣重复领取的基本养老保险待遇的,从继续发放的基本养老金中按照一定比例逐月进行抵扣,直至重复领取的基本养老保险待遇全部退还。《国务院办公厅关于转发人力资源社会保障部财政部城镇企业职工基本养老保险关系转移接续暂行办法的通知》(国办发〔2009〕66号)实施之前已经重复领取待遇的,仍按照《人力资源社会保障部关于贯彻落实国务院办公厅转发城镇企业职工基本养老保险关系转移接续暂行办法的通知》(人社部发〔2009〕187号)有关规定执行。

参保人员重复领取职工基本养老保险待遇和城乡居民基本养老保险待遇的,社会保险经办机构应终止并解除其城乡居民基本养老保险关系,除政府补贴外的个人账户余额退还本人。重复领取的城乡居民基本养老保险基础养老金应予退还;本人不予退还的,由社会保险经办机构从其城乡居民基本养老保险个人账户余额或者其继续领取的职工基本养老保险待遇中抵扣。

八、各级社会保险经办机构要统一使用全国社会保险关系转移系统办理养老保险关系转移接续业务、传递相关表单和文书,减少无谓证明材料。要提高线上经办业务能力,充分利用互联网、12333电话、手机APP等为参保人员提供快速便捷服务,努力实现"最多跑一次"。

各级人力资源社会保障部门养老保险跨层级、跨业务涉及的相关数据和材料要努力实现互联互通,对可实现信息共享的,不得要求参保单位或参保人员重复提供。跨省转移接续基本养老保险关系时一次性缴纳养老保险费需向转入地提供的书面承诺书、相关法律文书等,不得要求参保人员个人提供,原则上由转出地负责。其中,转出地与补缴发生地不一致的,由补缴发生地社会保险经办机构经由转出地提供。

九、各级社会保险经办机构要完善经办规定,规范经办流程,严格内部控制,确保依法依规转移接续参保人员养老保险关系。各省级社会保险经办机构应当认真核查转移接续业务中存在的一次性缴纳养老保险费情况,按季度利用大数据进行比对。发现疑似异常数据和业务的,应当进行核实和处理,并形成核实情况报告报部社保中心;未发现异常数据和业务的,作零报告。发现疑似转移接续造假案例的,应当在10个工作日内上报部社保中心进行核实。部社保中心按季度对养老保险关系转移接续业务进行抽查。

十、要加强对跨省转移接续基本养老保险关系业务的监管,严肃查处欺诈骗保、失职渎职等行为,防控基金风险。对地方违规出台一次性缴纳养老保险费政策的,按照国家有关规定严肃处理。对社会保险经办机构工作人员违规操作、提供不实书面承诺书、参与伪造相关法律文书等材料的,由人力资源社会保障行政部门责令改正,对直接负责的主管人员和其他责任人员依法依规给予处分。发现参保单位或参保人员通过伪造相关文书材料等方式办理养老保险参保缴费、转移接续基本养老保险关系的,由人力资源社会保障行政部门责令清退相应时间段养老保险关系,构成骗取养老保险待遇的,按照社会保险法等有关规定处理。

附件:一次性缴纳养老保险费书面承诺书(格式)(略)

· 请示答复

人力资源社会保障部办公厅关于养老保险关系跨省转移视同缴费年限计算地有关问题的复函

· 2017 年 6 月 26 日
· 人社厅函〔2017〕151 号

广东省人力资源和社会保障厅:

你厅《关于养老保险关系跨省转移视同缴费年限计算地有关问题的请示》(粤人社报〔2017〕69 号)收悉。经研究,现函复如下:

《人力资源社会保障部关于城镇企业职工基本养老保险关系转移接续若干问题的通知》(人社部规〔2016〕5 号,以下简称 5 号规)明确规定:"曾经在机关事业单位和企业工作的视同缴费年限,计算为当时工作地的视同缴费年限;在多地有视同缴费年限的,分别计算为各地的视同缴费年限。"据此规定,参保人员曾经在机关事业单位和企业工作的视同缴费年限,在确定计算地时与当时工作地有关,并不以工作地和参保地或户籍地一致为前提。

关于广远、广海成建制转移的问题,5 号规明确规定:"城镇企业成建制跨省转移,按照《暂行办法》的规定转移接续养老保险关系。在省级政府主导下的规模以上企业成建制转移,可根据两省协商,妥善转移接续养老保险关系。"对于参保人员离开成建制转移企业的,不应使用成建制转移企业协商的相关规定,而应该执行国家统一规定。

请你们严格按照 5 号规政策,责成广州市核实朱国森同志视同缴费年限期间工作地,明确视同缴费年限计算为当时工作地的年限,确定养老保险待遇领取地,核发相应的养老保险待遇,切实保障其养老保险权益。

3. 医疗保险

医疗保障基金使用监督管理条例

· 2020 年 12 月 9 日国务院第 117 次常务会议通过
· 2021 年 1 月 15 日中华人民共和国国务院令第 735 号公布
· 自 2021 年 5 月 1 日起施行

第一章 总 则

第一条 为了加强医疗保障基金使用监督管理,保障基金安全,促进基金有效使用,维护公民医疗保障合法权益,根据《中华人民共和国社会保险法》和其他有关法律规定,制定本条例。

第二条 本条例适用于中华人民共和国境内基本医疗保险(含生育保险)基金、医疗救助基金等医疗保障基金使用及其监督管理。

第三条 医疗保障基金使用坚持以人民健康为中心,保障水平与经济社会发展水平相适应,遵循合法、安全、公开、便民的原则。

第四条 医疗保障基金使用监督管理实行政府监管、社会监督、行业自律和个人守信相结合。

第五条 县级以上人民政府应当加强对医疗保障基金使用监督管理工作的领导,建立健全医疗保障基金使用监督管理机制和基金监督管理执法体制,加强医疗保障基金使用监督管理能力建设,为医疗保障基金使用监督管理工作提供保障。

第六条 国务院医疗保障行政部门主管全国的医疗保障基金使用监督管理工作。国务院其他有关部门在各自职责范围内负责有关的医疗保障基金使用监督管理工作。

县级以上地方人民政府医疗保障行政部门负责本行政区域的医疗保障基金使用监督管理工作。县级以上地方人民政府其他有关部门在各自职责范围内负责有关的医疗保障基金使用监督管理工作。

第七条 国家鼓励和支持新闻媒体开展医疗保障法律、法规和医疗保障知识的公益宣传,并对医疗保障基金使用行为进行舆论监督。有关医疗保障的宣传报道应当真实、公正。

县级以上人民政府及其医疗保障等行政部门应当通

过书面征求意见、召开座谈会等方式,听取人大代表、政协委员、参保人员代表等对医疗保障基金使用的意见,畅通社会监督渠道,鼓励和支持社会各方面参与对医疗保障基金使用的监督。

医疗机构、药品经营单位(以下统称医药机构)等单位和医药卫生行业协会应当加强行业自律,规范医药服务行为,促进行业规范和自我约束,引导依法、合理使用医疗保障基金。

第二章 基金使用

第八条 医疗保障基金使用应当符合国家规定的支付范围。

医疗保障基金支付范围由国务院医疗保障行政部门依法组织制定。省、自治区、直辖市人民政府按照国家规定的权限和程序,补充制定本行政区域内医疗保障基金支付的具体项目和标准,并报国务院医疗保障行政部门备案。

第九条 国家建立健全全国统一的医疗保障经办管理体系,提供标准化、规范化的医疗保障经办服务,实现省、市、县、乡镇(街道)、村(社区)全覆盖。

第十条 医疗保障经办机构应当建立健全业务、财务、安全和风险管理制度,做好服务协议管理、费用监控、基金拨付、待遇审核及支付等工作,并定期向社会公开医疗保障基金的收入、支出、结余等情况,接受社会监督。

第十一条 医疗保障经办机构应当与定点医药机构建立集体谈判协商机制,合理确定定点医药机构的医疗保障基金预算金额和拨付时限,并根据保障公众健康需求和管理服务的需要,与定点医药机构协商签订服务协议,规范医药服务行为,明确违反服务协议的行为及其责任。

医疗保障经办机构应当及时向社会公布签订服务协议的定点医药机构名单。

医疗保障行政部门应当加强对服务协议订立、履行等情况的监督。

第十二条 医疗保障经办机构应当按照服务协议的约定,及时结算和拨付医疗保障基金。

定点医药机构应当按照规定提供医药服务,提高服务质量,合理使用医疗保障基金,维护公民健康权益。

第十三条 定点医药机构违反服务协议的,医疗保障经办机构可以督促其履行服务协议,按照服务协议约定暂停或者不予拨付费用、追回违规费用、中止相关责任人员或者所在部门涉及医疗保障基金使用的医药服务,直至解除服务协议;定点医药机构及其相关责任人员有权进行陈述、申辩。

医疗保障经办机构违反服务协议的,定点医药机构有权要求纠正或者提请医疗保障行政部门协调处理、督促整改,也可以依法申请行政复议或者提起行政诉讼。

第十四条 定点医药机构应当建立医疗保障基金使用内部管理制度,由专门机构或者人员负责医疗保障基金使用管理工作,建立健全考核评价体系。

定点医药机构应当组织开展医疗保障基金相关制度、政策的培训,定期检查本单位医疗保障基金使用情况,及时纠正医疗保障基金使用不规范的行为。

第十五条 定点医药机构及其工作人员应当执行实名就医和购药管理规定,核验参保人员医疗保障凭证,按照诊疗规范提供合理、必要的医药服务,向参保人员如实出具费用单据和相关资料,不得分解住院、挂床住院,不得违反诊疗规范过度诊疗、过度检查、分解处方、超量开药、重复开药,不得重复收费、超标准收费、分解项目收费,不得串换药品、医用耗材、诊疗项目和服务设施,不得诱导、协助他人冒名或者虚假就医、购药。

定点医药机构应当确保医疗保障基金支付的费用符合规定的支付范围;除急诊、抢救等特殊情形外,提供医疗保障基金支付范围以外的医药服务的,应当经参保人员或者其近亲属、监护人同意。

第十六条 定点医药机构应当按照规定保管财务账目、会计凭证、处方、病历、治疗检查记录、费用明细、药品和医用耗材出入库记录等资料,及时通过医疗保障信息系统全面准确传送医疗保障基金使用有关数据,向医疗保障行政部门报告医疗保障基金使用监督管理所需信息,向社会公开医药费用、费用结构等信息,接受社会监督。

第十七条 参保人员应当持本人医疗保障凭证就医、购药,并主动出示接受查验。参保人员有权要求定点医药机构如实出具费用单据和相关资料。

参保人员应当妥善保管本人医疗保障凭证,防止他人冒名使用。因特殊原因需要委托他人代为购药的,应当提供委托人和受托人的身份证明。

参保人员应当按照规定享受医疗保障待遇,不得重复享受。

参保人员有权要求医疗保障经办机构提供医疗保障咨询服务,对医疗保障基金的使用提出改进建议。

第十八条 在医疗保障基金使用过程中,医疗保障等行政部门、医疗保障经办机构、定点医药机构及其工作人员不得收受贿赂或者取得其他非法收入。

第十九条 参保人员不得利用其享受医疗保障待遇的机会转卖药品，接受返还现金、实物或者获得其他非法利益。

定点医药机构不得为参保人员利用其享受医疗保障待遇的机会转卖药品，接受返还现金、实物或者获得其他非法利益提供便利。

第二十条 医疗保障经办机构、定点医药机构等单位及其工作人员和参保人员等人员不得通过伪造、变造、隐匿、涂改、销毁医学文书、医学证明、会计凭证、电子信息等有关资料，或者虚构医药服务项目等方式，骗取医疗保障基金。

第二十一条 医疗保障基金专款专用，任何组织和个人不得侵占或者挪用。

第三章 监督管理

第二十二条 医疗保障、卫生健康、中医药、市场监督管理、财政、审计、公安等部门应当分工协作、相互配合，建立沟通协调、案件移送等机制，共同做好医疗保障基金使用监督管理工作。

医疗保障行政部门应当加强对纳入医疗保障基金支付范围的医疗服务行为和医疗费用的监督，规范医疗保障经办业务，依法查处违法使用医疗保障基金的行为。

第二十三条 国务院医疗保障行政部门负责制定服务协议管理办法，规范、简化、优化医药机构定点申请、专业评估、协商谈判程序，制作并定期修订服务协议范本。

国务院医疗保障行政部门制定服务协议管理办法，应当听取有关部门、医药机构、行业协会、社会公众、专家等方面意见。

第二十四条 医疗保障行政部门应当加强与有关部门的信息交换和共享，创新监督管理方式，推广使用信息技术，建立全国统一、高效、兼容、便捷、安全的医疗保障信息系统，实施大数据实时动态智能监控，并加强共享数据使用全过程管理，确保共享数据安全。

第二十五条 医疗保障行政部门应当根据医疗保障基金风险评估、举报投诉线索、医疗保障数据监控等因素，确定检查重点，组织开展专项检查。

第二十六条 医疗保障行政部门可以会同卫生健康、中医药、市场监督管理、财政、公安等部门开展联合检查。

对跨区域的医疗保障基金使用行为，由共同的上一级医疗保障行政部门指定的医疗保障行政部门检查。

第二十七条 医疗保障行政部门实施监督检查，可以采取下列措施：

（一）进入现场检查；

（二）询问有关人员；

（三）要求被检查对象提供与检查事项相关的文件资料，并作出解释和说明；

（四）采取记录、录音、录像、照相或者复制等方式收集有关情况和资料；

（五）对可能被转移、隐匿或者灭失的资料等予以封存；

（六）聘请符合条件的会计师事务所等第三方机构和专业人员协助开展检查；

（七）法律、法规规定的其他措施。

第二十八条 医疗保障行政部门可以依法委托符合法定条件的组织开展医疗保障行政执法工作。

第二十九条 开展医疗保障基金使用监督检查，监督检查人员不得少于2人，并且应当出示执法证件。

医疗保障行政部门进行监督检查时，被检查对象应当予以配合，如实提供相关资料和信息，不得拒绝、阻碍检查或者谎报、瞒报。

第三十条 定点医药机构涉嫌骗取医疗保障基金支出的，在调查期间，医疗保障行政部门可以采取增加监督检查频次、加强费用监控等措施，防止损失扩大。定点医药机构拒不配合调查的，经医疗保障行政部门主要负责人批准，医疗保障行政部门可以要求医疗保障经办机构暂停医疗保障基金结算。经调查，属于骗取医疗保障基金支出的，依照本条例第四十条的规定处理；不属于骗取医疗保障基金支出的，按照规定结算。

参保人员涉嫌骗取医疗保障基金支出且拒不配合调查的，医疗保障行政部门可以要求医疗保障经办机构暂停医疗费用联网结算。暂停联网结算期间发生的医疗费用，由参保人员全额垫付。经调查，属于骗取医疗保障基金支出的，依照本条例第四十一条的规定处理；不属于骗取医疗保障基金支出的，按照规定结算。

第三十一条 医疗保障行政部门对违反本条例的行为作出行政处罚或者行政处理决定前，应当听取当事人的陈述、申辩；作出行政处罚或者行政处理决定，应当告知当事人依法享有申请行政复议或者提起行政诉讼的权利。

第三十二条 医疗保障等行政部门、医疗保障经办机构、会计师事务所等机构及其工作人员，不得将工作中获取、知悉的被调查对象资料或者相关信息用于医疗保障基金使用监督管理以外的其他目的，不得泄露、篡改、毁损、非法向他人提供当事人的个人信息和商业秘密。

第三十三条 国务院医疗保障行政部门应当建立定点医药机构、人员等信用管理制度，根据信用评价等级分级分类监督管理，将日常监督检查结果、行政处罚结果等情况纳入全国信用信息共享平台和其他相关信息公示系统，按照国家有关规定实施惩戒。

第三十四条 医疗保障行政部门应当定期向社会公布医疗保障基金使用监督检查结果，加大对医疗保障基金使用违法案件的曝光力度，接受社会监督。

第三十五条 任何组织和个人有权对侵害医疗保障基金的违法违规行为进行举报、投诉。

医疗保障行政部门应当畅通举报投诉渠道，依法及时处理有关举报投诉，并对举报人的信息保密。对查证属实的举报，按照国家有关规定给予举报人奖励。

第四章 法律责任

第三十六条 医疗保障经办机构有下列情形之一的，由医疗保障行政部门责令改正，对直接负责的主管人员和其他直接责任人员依法给予处分：

（一）未建立健全业务、财务、安全和风险管理制度；

（二）未履行服务协议管理、费用监控、基金拨付、待遇审核及支付等职责；

（三）未定期向社会公开医疗保障基金的收入、支出、结余等情况。

第三十七条 医疗保障经办机构通过伪造、变造、隐匿、涂改、销毁医学文书、医学证明、会计凭证、电子信息等有关资料或者虚构医药服务项目等方式，骗取医疗保障基金支出的，由医疗保障行政部门责令退回，处骗取金额2倍以上5倍以下的罚款，对直接负责的主管人员和其他直接责任人员依法给予处分。

第三十八条 定点医药机构有下列情形之一的，由医疗保障行政部门责令改正，并可以约谈有关负责人；造成医疗保障基金损失的，责令退回，处造成损失金额1倍以上2倍以下的罚款；拒不改正或者造成严重后果的，责令定点医药机构暂停相关责任部门6个月以上1年以下涉及医疗保障基金使用的医药服务；违反其他法律、行政法规的，由有关主管部门依法处理：

（一）分解住院、挂床住院；

（二）违反诊疗规范过度诊疗、过度检查、分解处方、超量开药、重复开药或者提供其他不必要的医药服务；

（三）重复收费、超标准收费、分解项目收费；

（四）串换药品、医用耗材、诊疗项目和服务设施；

（五）为参保人员利用其享受医疗保障待遇的机会转卖药品，接受返还现金、实物或者获得其他非法利益提供便利；

（六）将不属于医疗保障基金支付范围的医药费用纳入医疗保障基金结算；

（七）造成医疗保障基金损失的其他违法行为。

第三十九条 定点医药机构有下列情形之一的，由医疗保障行政部门责令改正，并可以约谈有关负责人；拒不改正的，处1万元以上5万元以下的罚款；违反其他法律、行政法规的，由有关主管部门依法处理：

（一）未建立医疗保障基金使用内部管理制度，或者没有专门机构或者人员负责医疗保障基金使用管理工作；

（二）未按照规定保管财务账目、会计凭证、处方、病历、治疗检查记录、费用明细、药品和医用耗材出入库记录等资料；

（三）未按照规定通过医疗保障信息系统传送医疗保障基金使用有关数据；

（四）未按照规定向医疗保障行政部门报告医疗保障基金使用监督管理所需信息；

（五）未按照规定向社会公开医药费用、费用结构等信息；

（六）除急诊、抢救等特殊情形外，未经参保人员或者其近亲属、监护人同意提供医疗保障基金支付范围以外的医药服务；

（七）拒绝医疗保障等行政部门监督检查或者提供虚假情况。

第四十条 定点医药机构通过下列方式骗取医疗保障基金支出的，由医疗保障行政部门责令退回，处骗取金额2倍以上5倍以下的罚款；责令定点医药机构暂停相关责任部门6个月以上1年以下涉及医疗保障基金使用的医药服务，直至由医疗保障经办机构解除服务协议；有执业资格的，由有关主管部门依法吊销执业资格：

（一）诱导、协助他人冒名或者虚假就医、购药，提供虚假证明材料，或者串通他人虚开费用单据；

（二）伪造、变造、隐匿、涂改、销毁医学文书、医学证明、会计凭证、电子信息等有关资料；

（三）虚构医药服务项目；

（四）其他骗取医疗保障基金支出的行为。

定点医药机构以骗取医疗保障基金为目的，实施了本条例第三十八条规定行为之一，造成医疗保障基金损失的，按照本条规定处理。

第四十一条 个人有下列情形之一的，由医疗保障行政部门责令改正；造成医疗保障基金损失的，责令退回；属于参保人员的，暂停其医疗费用联网结算 3 个月至 12 个月：

（一）将本人的医疗保障凭证交由他人冒名使用；

（二）重复享受医疗保障待遇；

（三）利用享受医疗保障待遇的机会转卖药品，接受返还现金、实物或者获得其他非法利益。

个人以骗取医疗保障基金为目的，实施了前款规定行为之一，造成医疗保障基金损失的；或者使用他人医疗保障凭证冒名就医、购药的；或者通过伪造、变造、隐匿、涂改、销毁医学文书、医学证明、会计凭证、电子信息等有关资料或者虚构医药服务项目等方式，骗取医疗保障基金支出的，除依照前款规定处理外，还应当由医疗保障行政部门处骗取金额 2 倍以上 5 倍以下的罚款。

第四十二条　医疗保障等行政部门、医疗保障经办机构、定点医药机构及其工作人员收受贿赂或者取得其他非法收入的，没收违法所得，对有关责任人员依法给予处分；违反其他法律、行政法规的，由有关主管部门依法处理。

第四十三条　定点医药机构违反本条例规定，造成医疗保障基金重大损失或者其他严重不良社会影响的，其法定代表人或者主要负责人 5 年内禁止从事定点医药机构管理活动，由有关部门依法给予处分。

第四十四条　违反本条例规定，侵占、挪用医疗保障基金的，由医疗保障等行政部门责令追回；有违法所得的，没收违法所得；对直接负责的主管人员和其他直接责任人员依法给予处分。

第四十五条　退回的基金退回原医疗保障基金财政专户；罚款、没收的违法所得依法上缴国库。

第四十六条　医疗保障等行政部门、医疗保障经办机构、会计师事务所等机构及其工作人员，泄露、篡改、毁损、非法向他人提供个人信息、商业秘密的，对直接负责的主管人员和其他直接责任人员依法给予处分；违反其他法律、行政法规的，由有关主管部门依法处理。

第四十七条　医疗保障等行政部门工作人员在医疗保障基金使用监督管理工作中滥用职权、玩忽职守、徇私舞弊的，依法给予处分。

第四十八条　违反本条例规定，构成违反治安管理行为的，依法给予治安管理处罚；构成犯罪的，依法追究刑事责任。

违反本条例规定，给有关单位或者个人造成损失的，依法承担赔偿责任。

第五章　附　则

第四十九条　职工大额医疗费用补助、公务员医疗补助等医疗保障资金使用的监督管理，参照本条例执行。

居民大病保险资金的使用按照国家有关规定执行，医疗保障行政部门应当加强监督。

第五十条　本条例自 2021 年 5 月 1 日起施行。

国务院办公厅关于全面推进生育保险和职工基本医疗保险合并实施的意见

· 2019 年 3 月 6 日
· 国办发〔2019〕10 号

各省、自治区、直辖市人民政府，国务院各部委、各直属机构：

全面推进生育保险和职工基本医疗保险（以下统称两项保险）合并实施，是保障职工社会保险待遇、增强基金共济能力、提升经办服务水平的重要举措。根据《中华人民共和国社会保险法》有关规定，经国务院同意，现就两项保险合并实施提出以下意见。

一、指导思想

以习近平新时代中国特色社会主义思想为指导，全面贯彻党的十九大和十九届二中、三中全会精神，认真落实党中央、国务院决策部署，统筹推进"五位一体"总体布局和协调推进"四个全面"战略布局，坚持以人民为中心，牢固树立新发展理念，遵循保留险种、保障待遇、统一管理、降低成本的总体思路，推进两项保险合并实施，实现参保同步登记、基金合并运行、征缴管理一致、监督管理统一、经办服务一体化。通过整合两项保险基金及管理资源，强化基金共济能力，提升管理综合效能，降低管理运行成本，建立适应我国经济发展水平、优化保险管理资源、实现两项保险长期稳定可持续发展的制度体系和运行机制。

二、主要政策

（一）统一参保登记。参加职工基本医疗保险的在职职工同步参加生育保险。实施过程中要完善参保范围，结合全民参保登记计划摸清底数，促进实现应保尽保。

（二）统一基金征缴和管理。生育保险基金并入职工基本医疗保险基金，统一征缴，统筹层次一致。按照用人单位参加生育保险和职工基本医疗保险的缴费比例之和确定新的用人单位职工基本医疗保险费率，个人不缴纳生育保险费。同时，根据职工基本医疗保险基金支出情况和生育待遇的需求，按照收支平衡的原则，建立费率确定和调整机制。

职工基本医疗保险基金严格执行社会保险基金财务制度,不再单列生育保险基金收入,在职工基本医疗保险统筹基金待遇支出中设置生育待遇支出项目。探索建立健全基金风险预警机制,坚持基金运行情况公开,加强内部控制,强化基金行政监督和社会监督,确保基金安全运行。

(三)统一医疗服务管理。两项保险合并实施后实行统一定点医疗服务管理。医疗保险经办机构与定点医疗机构签订相关医疗服务协议时,要将生育医疗服务有关要求和指标增加到协议内容中,并充分利用协议管理,强化对生育医疗服务的监控。执行基本医疗保险、工伤保险、生育保险药品目录以及基本医疗保险诊疗项目和医疗服务设施范围。

促进生育医疗服务行为规范。将生育医疗费用纳入医保支付方式改革范围,推动住院分娩等医疗费用按病种、产前检查按人头等方式付费。生育医疗费用原则上实行医疗保险经办机构与定点医疗机构直接结算。充分利用医保智能监控系统,强化监控和审核,控制生育医疗费用不合理增长。

(四)统一经办和信息服务。两项保险合并实施后,要统一经办管理,规范经办流程。经办管理统一由基本医疗保险经办机构负责,经费列入同级财政预算。充分利用医疗保险信息系统平台,实行信息系统一体化运行。原有生育保险医疗费用结算平台可暂时保留,待条件成熟后并入医疗保险结算平台。完善统计信息系统,确保及时全面准确反映生育保险基金运行、待遇享受人员、待遇支付等方面情况。

(五)确保职工生育期间的生育保险待遇不变。生育保险待遇包括《中华人民共和国社会保险法》规定的生育医疗费用和生育津贴,所需资金从职工基本医疗保险基金中支付。生育津贴支付期限按照《女职工劳动保护特别规定》等法律法规规定的产假期限执行。

(六)确保制度可持续。各地要通过整合两项保险基金增强基金统筹共济能力;研判当前和今后人口形势对生育保险支出的影响,增强风险防范意识和制度保障能力;按照"尽力而为、量力而行"的原则,坚持从实际出发,从保障基本权益做起,合理引导预期;跟踪分析合并实施后基金运行情况和支出结构,完善生育保险监测指标;根据生育保险支出需求,建立费率动态调整机制,防范风险转嫁,实现制度可持续发展。

三、保障措施

(一)加强组织领导。两项保险合并实施是党中央、国务院作出的一项重要部署,也是推动建立更加公平更可持续社会保障制度的重要内容。各省(自治区、直辖市)要高度重视,加强领导,有序推进相关工作。国家医保局、财政部、国家卫生健康委要会同有关方面加强工作指导,及时研究解决工作中遇到的困难和问题,重要情况及时报告国务院。

(二)精心组织实施。各地要高度重视两项保险合并实施工作,按照本意见要求,根据当地生育保险和职工基本医疗保险参保人群差异、基金支付能力、待遇保障水平等因素进行综合分析和研究,周密组织实施,确保参保人员相关待遇不降低、基金收支平衡,保证平稳过渡。各省(自治区、直辖市)要加强工作部署,督促指导各统筹地区加快落实,2019年底前实现两项保险合并实施。

(三)加强政策宣传。各统筹地区要坚持正确的舆论导向,准确解读相关政策,大力宣传两项保险合并实施的重要意义,让社会公众充分了解合并实施不会影响参保人员享受相关待遇,且有利于提高基金共济能力、减轻用人单位事务性负担、提高管理效率,为推动两项保险合并实施创造良好的社会氛围。

国家医保局、财政部关于建立医疗保障待遇清单制度的意见

- 2021年1月19日
- 医保发〔2021〕5号

各省、自治区、直辖市及新疆生产建设兵团医保局、财政厅(局):

基本医疗保障是新形势下推进健康中国建设,落实人民健康优先发展战略的制度基础。为贯彻以人民为中心的发展思想,不断提高依法行政水平和保障绩效,公平适度保障人民群众基本医疗保障权益,现就建立医疗保障待遇清单制度提出以下意见:

一、总体要求

(一)指导思想。以习近平新时代中国特色社会主义思想为指导,全面贯彻党的十九大和十九届二中、三中、四中、五中全会精神,坚持党对医保事业的集中统一领导,紧紧围绕健康中国建设总体战略布局,牢牢抓住医保改革重要窗口期,以全面建成权责清晰、保障适度、可持续的多层次医疗保障体系为目标,适应建设中国特色医疗保障制度需要,确定基本保障内涵,厘清待遇支付边界,明确政策调整权限,规范决策制定流程,逐步建立健全医疗保障待遇清单制度。

(二)基本原则。坚持基本保障、公平享有。从基本国情出发，遵循客观规律，尽力而为、量力而行，切实维护人民群众基本医疗保障需求。坚持稳健持续、责任均衡。守住政府责任边界，科学确定筹资待遇水平和各方负担比例，实现医保制度可持续发展。坚持责任分担、多元保障。坚持权利和义务对等，完善风险分担机制，鼓励发展多层次医疗保障体系。坚持依法依规、科学决策。统筹制度政策安排，明确决策层级和权限，既规范决策，又鼓励探索，推进医疗保障制度管理法治化、规范化、标准化。

二、规范管理

(一)依法设立基本制度。国务院医疗保障行政部门会同有关部门，依据国家法律法规和党中央、国务院决策部署，拟订基本制度的相关法律法规、制定相关政策并组织实施。地方不得自行设立超出基本制度框架范围的其他医疗保障制度。

(二)严格决策权限。国务院医疗保障行政部门会同有关部门统一拟定、调整和发布医疗保障基本政策。各省、自治区、直辖市及新疆生产建设兵团(以下统称省)可在国家规定范围内制定具体筹资及待遇等政策并根据国家有关要求动态调整。各统筹地区按照有关规定制订实施细则，并负责组织落实。

三、待遇清单

医疗保障待遇清单包含基本制度、基本政策，以及医保基金支付的项目和标准、不予支付的范围，根据党中央、国务院决策部署动态调整，适时发布。

(一)基本制度。依据《社会保险法》及《社会救助暂行办法》等国家法律法规和党中央、国务院决策部署要求设立的，保障群众基本医疗需求的制度安排，包括基本医疗保险、补充医疗保险和医疗救助。各地在基本制度框架之外不得新设制度，地方现有的其他形式制度安排要逐步清理过渡到基本制度框架中。基本医疗保险覆盖城乡全体就业和非就业人口，公平普惠保障人民群众基本医疗需求。补充医疗保险保障参保群众基本医疗保险之外个人负担的符合社会保险相关规定的医疗费用。医疗救助帮助困难群众获得基本医疗保险服务并减轻其医疗费用负担。

(二)基本政策。确保基本制度规范运行的遵循和依据。主要包括参保政策、筹资政策、待遇支付政策等。参保政策主要包括参保人群范围、资助参保政策等。筹资政策主要包括筹资渠道、缴费基数、基准费率(标准)等。待遇支付政策包括基本医疗保险、纳入清单管理的补充医疗保险和医疗救助待遇支付政策。其中基本医疗保险待遇支付政策分为住院、普通门诊、门诊慢特病支付政策，主要包括政策范围内医疗费用的起付标准、支付比例和最高支付限额等基准待遇标准。

国家在基本医疗保障制度基础上，统一制定特殊人群保障政策。地方不得根据职业、年龄、身份等自行新出台特殊待遇政策。

(三)基金支付范围。包括以准入法和排除法确定的药品医用耗材目录和医疗服务项目支付范围。国家统一制定国家基本医疗保险药品目录，各地严格按照国家基本医疗保险药品目录执行，除国家有明确规定外，不得自行制定目录或用变通的方法增加目录内药品。国家建立完善医用耗材、医疗服务项目医保准入、管理政策，明确确定医用耗材医保支付范围的程序、规则等。地方按照国家规定政策执行。

(四)基金不予支付的范围。国家法律法规和党中央、国务院规定基本医疗保险和补充医疗保险不予支付的，或已有其他保障制度、经费渠道安排解决的医疗服务和项目。

四、组织实施

(一)自觉提高站位，统筹推进相关工作。各地要深入贯彻落实党中央、国务院决策部署，深刻认识建立医疗保障待遇清单制度的重要意义，夯实主体责任，健全工作机制，扎实贯彻落实，逐步实现政策纵向统一、待遇横向均衡，确保各统筹地区基金运行安全和医疗保障制度可持续发展。要加强政策解读，引导预期，确保政策平稳过渡，维护社会和谐稳定。

(二)做好衔接过渡，妥善处理有关政策。按照杜绝增量、规范存量的要求，各地原则上不得再出台超出清单授权范围的政策。对以往出台的与清单不相符的政策措施，由政策出台部门具体牵头，原则上3年内完成清理规范，同国家政策衔接。加快全国统一的医保信息平台实施应用，做到信息系统与待遇清单制度相适应，在信息系统上同步完成清理规范，对超出清单授权范围的，信息系统不予支持。建立健全适应清单制度运行需要的中央对省级和省级对统筹地区的追责问责机制、奖励惩处办法等，对执行不坚决、不彻底、不到位的，督促纠正，追责问责。

(三)加强沟通协调，建立重大决策请示报告制度。要建立健全重大决策、重大问题、重要事项请示报告制度。对经济社会发展过程中的新情况、新问题，以及符合中央改革方向、地方须因地制宜探索的新机制、新办法，在按程序请示报告后，鼓励各省探索。为应对突发性重大情况等确有必要突破国家清单限定的，要及时向国务院医疗保障行政部门和财政部门报告。国家规定的民族药纳入医保药品目录等特殊政策措施,以及基本医保省级统筹等重大政策调整,要在向国务院医疗保障行政部门和财政部门报告后,按规定推进并备案。

意见自印发之日起执行。凡与本意见规定不符的,按照本意见执行。

附件:国家医疗保障待遇清单(2020年版)

附件:

国家医疗保障待遇清单(2020年版)

一、基本制度

(一)基本医疗保险制度

1. 职工基本医疗保险(以下简称"职工医保"):为职工提供基本医疗保障的制度安排。

2. 城乡居民基本医疗保险(以下简称"居民医保"):为未参加职工医保或其他医疗保障制度的全体城乡居民提供基本医疗保障的制度安排。

(二)补充医疗保险制度

1. 城乡居民大病保险(以下简称"大病保险"):对居民医保参保患者发生的符合规定的高额医疗费用给予进一步保障。

2. 职工大额医疗费用补助(含部分省份的职工大病保险):对参保职工发生的符合规定的高额医疗费用给予进一步保障。

3. 公务员医疗补助参照清单管理。企业事业单位自行筹资建立的补充医疗保险等暂不纳入清单管理。

(三)医疗救助制度

1. 对救助对象参加居民医保的个人缴费部分给予资助。

2. 对救助对象经基本医疗保险、补充医疗保险支付后,个人及其家庭难以承受的符合规定的自付医疗费用给予救助。

二、基本政策框架

(一)基本参保政策

1. 参保范围。

1.1 职工医保:覆盖所有用人单位职工,无雇工的个体工商户、未在用人单位参加职工医保的非全日制从业人员以及其他灵活就业人员可以参加职工医保。

1.2 居民医保:覆盖除职工医保应参保人员或按规定享有其他保障的人员以外的全体城乡居民。

2. 医疗救助资助参保人员范围。

2.1 全额补贴人员范围:特困人员。

2.2 定额补贴人员范围:低保对象、返贫致贫人口等困难群众。

定额资助标准由各省级人民政府根据实际确定。

(二)基本筹资政策

1. 筹资渠道。

1.1 职工医保:职工由用人单位和职工按照国家规定共同缴纳基本医疗保险费。无雇工的个体工商户、未在用人单位参加职工医保的非全日制从业人员以及其他灵活就业人员由个人按照国家规定缴纳基本医疗保险费。

1.2 居民医保:个人缴费和政府补助相结合。

1.3 医疗救助:通过各级财政补助、彩票公益金、社会捐助等多渠道。

随着制度健全完善,逐步提高基本医疗保险统筹层次。促进医疗救助统筹层次与基本医疗保险统筹层次相协调。

2. 缴费基数。职工医保用人单位缴费基数为职工工资总额,个人缴费基数为本人工资收入。逐步规范缴费基数。

3. 筹资基本标准。

3.1 职工医保的单位缴费率:职工工资总额的6%左右。

3.2 职工缴费率:本人工资收入的2%。

3.3 居民医保筹资标准:国家制定最低标准,各省按照不低于国家标准的要求确定本省标准。

(三)基本待遇支付政策

各地因地制宜,在国家规定范围内制定住院和门诊起付标准、支付比例和最高支付限额。不得自行制定个人或家庭账户政策。逐步规范缴费年限政策。

1. 住院待遇支付政策。

1.1 起付标准:职工医保的起付标准原则上不高于统筹地区年职工平均工资的10%,具体标准由各地根据本地实际情况确定。不同级别医疗机构适当拉开差距。大病保险起付标准原则上不高于统筹地区居民上年度人均可支配收入的50%。低保对象、特困人员原则上全面取消救助门槛,暂不具备条件的地区,对其设定的年度起付标准不得高于统筹区上年居民人均可支配收入的5%,并逐步探索取消起付标准,低收入家庭成员按10%左右确定,因病致贫家庭重病患者按25%左右确定。

1.2 支付比例:对于起付标准以上、最高支付限额以下的政策范围内的费用,基本医保总体支付比例75%左右,职工医保和城乡居民医保保持合理差距,不同级别医疗机构适当拉开差距。大病保险支付比例不低于60%。医疗救助对低保对象、特困人员可按不低于70%比例给予救助,其他救助对象救助水平原则上略低于低保对象,具体比例由各统筹地区根据实际确定。

1.3 基金最高支付限额:职工医保叠加职工大额医疗费用补助、居民医保叠加大病保险的最高支付限额原则上达到当地职工年平均工资和居民人均可支配收入的6倍左右。医疗救助年度最高限额根据经济社会发展、人民健康需求、基金支撑能力合理设定。

2. 门诊待遇支付政策。

2.1 普通门诊:对于起付标准以上、最高支付限额以下的政策范围内的费用,居民医保门诊统筹支付比例不低于50%。

2.2 门诊慢特病:把高血压、糖尿病等门诊用药纳入医保报销。恶性肿瘤门诊化疗、尿毒症透析、器官移植术后抗排异治疗、重性精神病人药物维持治疗、糖尿病胰岛素治疗、肺结核、日间手术等,可参照住院管理和支付。对罹患慢性病需要长期服药或者患重大疾病需要长期门诊治疗,导致自负费用较高的符合救助条件的对象给予门诊救助。门诊年度救助限额由县级以上人民政府根据当地救助对象需求和救助资金筹集情况研究确定。

3. 倾斜政策。

3.1 大病保险:对低保对象、特困人员和返贫致贫人口,大病保险起付标准降低50%,支付比例提高5个百分点,并取消最高支付限额。

3.2 医疗救助:对低保对象、特困人员等符合条件的救助对象按规定给予救助。对规范转诊且在省域内就医的救助对象,经三重制度保障后政策范围内个人负担仍然较重的,给予倾斜救助,具体救助比例由统筹地区根据实际确定。

三、基金支付的范围

基本医疗保险按照规定的药品、医用耗材和医疗服务项目支付范围支付。补充医疗保险、医疗救助参照政策范围内费用范围执行。

四、其他不予支付的范围

1. 应当从工伤保险基金中支付的。
2. 应当由第三人负担的。
3. 应当由公共卫生负担的。
4. 在境外就医的。
5. 体育健身、养生保健消费、健康体检。
6. 国家规定的基本医疗保险基金不予支付的其他费用。遇对经济社会发展有重大影响的,经法定程序,可做临时调整。

教育部等五部门关于将在内地(大陆)就读的港澳台大学生纳入城镇居民基本医疗保险范围的通知

- 2013年10月10日
- 教港澳台〔2013〕69号

各省、自治区、直辖市人民政府,国务院各部委、各直属机构,教育部直属各高等学校:

为了更好地保障在内地(大陆)就读的港澳台大学生权益,经国务院同意,现就将其纳入城镇居民基本医疗保险范围相关事宜通知如下:

一、根据《国务院办公厅关于将大学生纳入城镇居民基本医疗保险试点范围的指导意见》(国办发〔2008〕119号),决定自2013年9月起,将在内地(大陆)各类全日制普通高等学校(包括民办高校)、科研院所接受普通高等学历教育的全日制港澳台学生(含本、专科生及硕士、博士研究生,以下简称港澳台大学生)纳入城镇居民基本医疗保险范围。

二、港澳台大学生按照属地原则,自愿参加高等教育机构所在地城镇居民基本医疗保险,按照与所在高等教育机构内地(大陆)大学生同等标准缴费,并享受同等的基本医疗保险待遇。同时按照现有规定继续做好港澳台大学生日常医疗工作,方便其及时就医。

三、各级财政对港澳台大学生参加城镇居民基本医疗保险按照与所在高等教育机构内地(大陆)大学生相同的标准给予补助。港澳台大学生参加城镇居民基本医疗保险所需政府补助资金以及日常医疗所需资金,与所在高等教育机构内地(大陆)大学生所需资金一并从现有渠道安排。

四、尚未将大学生纳入城镇居民基本医疗保险范围的高等教育机构,原则上应向港澳台大学生提供与所在高等教育机构内地(大陆)大学生同样的医疗保障。

五、请各地区、各有关部门高度重视,切实加强组织领导和宣传工作。各有关高等教育机构要切实抓好港澳台大学生就医工作,为其提供优质服务。

流动就业人员基本医疗保障关系转移接续暂行办法

- 2009年12月31日
- 人社部发〔2009〕191号

第一条 为保证城镇职工基本医疗保险、城镇居民基本医疗保险和新型农村合作医疗参(合)人员流动就业时能够连续参保,基本医疗保障关系能够顺畅接续,保障参保(合)人员的合法权益,根据《中共中央国务院关于深化医药卫生体制改革的意见》(中发〔2009〕6号)的要求,制定本办法。

第二条 城乡各类流动就业人员按照现行规定相应参加城镇职工基本医疗保险、城镇居民基本医疗保险或新型农村合作医疗,不得同时参加和重复享受待遇。各地不得以户籍等原因设置参加障碍。

第三条 农村户籍人员在城镇单位就业并有稳定劳动关系的,由用人单位按照《社会保险登记管理暂行办法》的规定办理登记手续,参加就业地城镇职工基本医疗保险。其他流动就业的,可自愿选择参加户籍所在地新型农村合作医疗或就业地城镇基本医疗保险,并按照有关规定到户籍所在地新型农村合作医疗经办机构或就业地社会(医疗)保险经办机构办理登记手续。

第四条 新型农村合作医疗参合人员参加城镇基本医疗保险后,由就业地社会(医疗)保险经办机构通知户籍所在地新型农村合作医疗经办机构办理转移手续,按当地规定退出新型农村合作医疗,不再享受新型农村合作医疗待遇。

第五条 由于劳动关系终止或其他原因中止城镇基本医疗保险关系的农村户籍人员,可凭就业地社会(医疗)保险经办机构出具的参保凭证,向户籍所在地新型农村合作医疗经办机构申请,按当地规定参加新型农村合作医疗。

第六条 城镇基本医疗保险参保人员跨统筹地区流动就业,新就业地有接收单位的,由单位按照《社会保险登记管理暂行办法》的规定办理登记手续,参加新就业地城镇职工基本医疗保险;无接收单位的,个人应在中止原基本医疗保险关系后的3个月内到新就业地社会(医疗)保险经办机构办理登记手续,按当地规定参加城镇职工基本医疗保险或城镇居民基本医疗保险。

第七条 城镇基本医疗保险参保人员跨统筹地区流动就业并参加新就业地城镇基本医疗保险的,由新就业地社会(医疗)保险经办机构通知原就业地社会(医疗)保险经办机构办理转移手续,不再享受原就业地城镇基本医疗保险待遇。建立个人账户的,个人账户原则上随其医疗保险关系转移划转,个人账户余额(包括个人缴费部分和单位缴费划入部分)通过社会(医疗)保险经办机构转移。

第八条 参保(合)人员跨制度或跨统筹地区转移基本医疗保障关系的,原户籍所在地或原就业地社会(医疗)保险或新型农村合作医疗经办机构应在其办理中止参保(合)手续时为其出具参保(合)凭证(样式见附件),并保留其参保(合)信息,以备核查。新就业地要做好流入人员的参保(合)信息核查以及登记等工作。

第九条 参保(合)凭证由人力资源社会保障部会同卫生部统一设计,由各地社会(医疗)保险及新型农村合作医疗经办机构统一印制。参保(合)凭证信息原则上通过社会(医疗)保险及新型农村合作医疗经办机构之间传递,因特殊原因无法传递的,由参保(合)人员自行办理有关手续。

第十条 社会(医疗)保险和新型农村合作医疗经办机构要指定窗口或专人,办理流动就业人员的基本医疗保障登记和关系接续等业务。要逐步将身份证号码作为各类人员参加城镇职工基本医疗保险、城镇居民基本医疗保险和新型农村合作医疗的唯一识别码,加强信息系统建设,及时记录更新流动人员参保(合)缴费的信息,保证参保(合)记录的完整性和连续性。

第十一条 社会(医疗)保险和新型农村合作医疗经办机构要加强沟通和协作,共同做好基本医疗保障关系转移接续管理服务工作,简化手续,规范流程,共享数据,方便参保(合)人员接续基本医疗保障关系和享受待遇。

第十二条 各省、自治区、直辖市要按照本办法,并结合当地实际制定流动就业人员基本医疗保障登记管理和转移接续的具体实施办法。

第十三条 本办法自2010年7月1日起实施。

关于做好进城落户农民参加基本医疗保险和关系转移接续工作的办法

- 2015年8月27日
- 人社部发〔2015〕80号

健全进城落户农民参加基本医疗保险和关系转移接续政策,是落实中央全面深化改革任务的重要举措,有利于推动和统筹城乡发展,促进社会正义和谐;有利于全面提升城镇化质量,促进城镇化健康发展;有利于深入健全全民医保,促进基本医疗保障公平可及。为进一步做好进城落户农民参加基本医疗保险和流动就业人员等基本医疗保险关系转移接续工作,切实维护各类参保人员合法权益,依据《中华人民共和国社会保险法》和基本医疗保险制度有关规定,制定本办法。

一、做好进城落户农民参保工作

进城落户农民是指按照户籍管理制度规定,已将户口由农村迁入城镇的农业转移人口。各级人力资源社会保障部门要积极配合和支持相关部门,做好农业转移人口落户工作,把进城落户农民纳入城镇基本医疗保险制度体系,在农村参加的基本医疗保险规范接入城镇基本医疗保险,确保基本医保待遇连续享受。

进城落户农民根据自身实际参加相应的城镇基本医疗保险。在城镇单位就业并有稳定劳动关系的,按规定随所在单位参加职工基本医疗保险(以下简称职工医保);以非全日制、临时性工作等灵活形式就业的,可以灵活就业人员身份按规定参加就业地职工医保,也可以选择参加户籍所在地城镇(城乡)居民基本医疗保险(以下简称居民医保)。其他进城落户农民可按规定在落户地参加居民医保,执行当地统一政策。对参加居民医保的进城落户农民按规定给予参保补助,个人按规定缴费。

已参加新型农村合作医疗(以下简称新农合)或居民医保的进城落户农民,实现就业并参加职工医保的,不再享受原参保地新农合或居民医保待遇。要进一步完善相关政策衔接措施,引导进城落户农民及时参保,同时避免重复参保。

二、规范医保关系转移接续手续

进城落户农民和流动就业人员等参加转入地基本医疗保险后,转入地社会(医疗)保险经办机构应依据参保人申请,通知转出地经办机构办理医保关系转移手续,确保管理服务顺畅衔接,避免待遇重复享受。

转出地社会(医疗)保险或新农合经办机构应在参保人办理中止参保(合)手续时为其开具参保(合)凭证。参保(合)凭证是参保人员的重要权益记录,由参保人妥善保管,用于转入地受理医保关系转移申请时,核实参保人身份和转出地社会(医疗)保险经办机构记录的相关信息。

三、妥善处理医保关系转移接续中的有关权益

进城落户农民和流动就业人员等办理基本医疗保险关系转移接续前后,基本医疗保险参保缴费中断不超过3个月且补缴中断期间医疗保险费的,不受待遇享受等待期限制,按参保地规定继续参保缴费并享受相应的待遇。

进城落户农民在农村参加新农合等基本医疗保险的参保缴费和权益享受信息等连续记入新参保地业务档案,保证参保记录的完整性和连续性。流动就业人员参加职工医保的缴费年限各地互认,参保人在转出地职工医保记录的缴费年限累计计入转入地职工医保缴费年限记录。

参保人转移基本医疗保险关系时,建立个人账户的,个人账户随本人基本医疗保险关系一同转移。个人账户资金原则上通过经办机构进行划转。

四、做好医保关系转移接续管理服务工作

进一步规范医保关系转移接续业务经办程序。逐步统一各类人员参加基本医疗保险的标识。积极探索推行网上经办、自助服务、手机查询等经办服务模式,引导和帮助用人单位和个人依规主动更新参保信息。加强经办服务管理平台建设,完善和推广社会保险(医疗保险)关系转移接续信息系统,推进标准化建设和数据信息跨地区、跨部门共享,确保跨地区、跨制度参保信息互认和顺畅传递。

社会(医疗)保险经办机构和新农合经办机构要加强沟通协作,进一步做好基本医疗保险关系转移接续管理服务工作。

五、落实组织实施工作

各地人力资源社会保障部门要结合本地区实际,以进城落户农民为重点,做好参保和关系转移接续工作,细化完善政策措施,优化管理服务流程。卫生计生部门要做好进城落户农民医保关系转移接续经办服务工作。财政部门要继续做好居民医保和新农合财政补助工作,确保资金及时足额到位。发展改革部门要积极支持配合相关部门,将进城落户农民在农村参加的社会保险规范接入城镇社保体系,支持社保经办平台建设。各相关部门加强统筹协调,做好政策衔接,确保基本医疗保险参保人跨制度、跨地区流动时能够连续参保。

本办法从2016年1月1日起执行。《流动就业人员基本医疗保障关系转移接续暂行办法》(人社部发〔2009〕191号)与本办法不符的,按本办法执行。

附件:基本医疗保障参保(合)凭证样式(略)

4. 工伤保险

(1) 综 合

工伤保险条例

- 2003年4月27日中华人民共和国国务院令第375号公布
- 根据2010年12月20日《国务院关于修改〈工伤保险条例〉的决定》修订

第一章 总 则

第一条 【立法目的】为了保障因工作遭受事故伤害或者患职业病的职工获得医疗救治和经济补偿，促进工伤预防和职业康复，分散用人单位的工伤风险，制定本条例。

第二条 【适用范围】中华人民共和国境内的企业、事业单位、社会团体、民办非企业单位、基金会、律师事务所、会计师事务所等组织和有雇工的个体工商户（以下称用人单位）应当依照本条例规定参加工伤保险，为本单位全部职工或者雇工（以下称职工）缴纳工伤保险费。

中华人民共和国境内的企业、事业单位、社会团体、民办非企业单位、基金会、律师事务所、会计师事务所等组织的职工和个体工商户的雇工，均有依照本条例的规定享受工伤保险待遇的权利。

第三条 【保费征缴】工伤保险费的征缴按照《社会保险费征缴暂行条例》关于基本养老保险费、基本医疗保险费、失业保险费的征缴规定执行。

第四条 【用人单位责任】用人单位应当将参加工伤保险的有关情况在本单位内公示。

用人单位和职工应当遵守有关安全生产和职业病防治的法律法规，执行安全卫生规程和标准，预防工伤事故发生，避免和减少职业病危害。

职工发生工伤时，用人单位应当采取措施使工伤职工得到及时救治。

第五条 【主管部门与经办机构】国务院社会保险行政部门负责全国的工伤保险工作。

县级以上地方各级人民政府社会保险行政部门负责本行政区域内的工伤保险工作。

社会保险行政部门按照国务院有关规定设立的社会保险经办机构（以下称经办机构）具体承办工伤保险事务。

第六条 【工伤保险政策、标准的制定】社会保险行政部门等部门制定工伤保险的政策、标准，应当征求工会组织、用人单位代表的意见。

第二章 工伤保险基金

第七条 【工伤保险基金构成】工伤保险基金由用人单位缴纳的工伤保险费、工伤保险基金的利息和依法纳入工伤保险基金的其他资金构成。

第八条 【工伤保险费】工伤保险费根据以支定收、收支平衡的原则，确定费率。

国家根据不同行业的工伤风险程度确定行业的差别费率，并根据工伤保险费使用、工伤发生率等情况在每个行业内确定若干费率档次。行业差别费率及行业内费率档次由国务院社会保险行政部门制定，报国务院批准后公布施行。

统筹地区经办机构根据用人单位工伤保险费使用、工伤发生率等情况，适用所属行业内相应的费率档次确定单位缴费费率。

第九条 【行业差别费率及档次调整】国务院社会保险行政部门应当定期了解全国各统筹地区工伤保险基金收支情况，及时提出调整行业差别费率及行业内费率档次的方案，报国务院批准后公布施行。

第十条 【缴费主体、缴费基数与费率】用人单位应当按时缴纳工伤保险费。职工个人不缴纳工伤保险费。

用人单位缴纳工伤保险费的数额为本单位职工工资总额乘以单位缴费费率之积。

对难以按照工资总额缴纳工伤保险费的行业，其缴纳工伤保险费的具体方式，由国务院社会保险行政部门规定。

第十一条 【统筹层次、特殊行业异地统筹】工伤保险基金逐步实行省级统筹。

跨地区、生产流动性较大的行业，可以采取相对集中的方式异地参加统筹地区的工伤保险。具体办法由国务院社会保险行政部门会同有关行业的主管部门制定。

第十二条 【工伤保险基金和用途】工伤保险基金存入社会保障基金财政专户，用于本条例规定的工伤保险待遇，劳动能力鉴定，工伤预防的宣传、培训等费用，以及法律、法规规定的用于工伤保险的其他费用的支付。

工伤预防费用的提取比例、使用和管理的具体办法，由国务院社会保险行政部门会同国务院财政、卫生行政、安全生产监督管理等部门规定。

任何单位或者个人不得将工伤保险基金用于投资运营、兴建或者改建办公场所、发放奖金，或者挪作其他用途。

第十三条 【工伤保险储备金】工伤保险基金应当留有一定比例的储备金，用于统筹地区重大事故的工伤保险待遇支付;储备金不足支付的,由统筹地区的人民政府垫付。储备金占基金总额的具体比例和储备金的使用办法,由省、自治区、直辖市人民政府规定。

第三章 工伤认定

第十四条 【应当认定工伤的情形】职工有下列情形之一的,应当认定为工伤:

(一)在工作时间和工作场所内,因工作原因受到事故伤害的;

(二)工作时间前后在工作场所内,从事与工作有关的预备性或者收尾性工作受到事故伤害的;

(三)在工作时间和工作场所内,因履行工作职责受到暴力等意外伤害的;

(四)患职业病的;

(五)因工外出期间,由于工作原因受到伤害或者发生事故下落不明的;

(六)在上下班途中,受到非本人主要责任的交通事故或者城市轨道交通、客运轮渡、火车事故伤害的;

(七)法律、行政法规规定应当认定为工伤的其他情形。

第十五条 【视同工伤的情形及其保险待遇】职工有下列情形之一的,视同工伤:

(一)在工作时间和工作岗位,突发疾病死亡或者在48小时之内经抢救无效死亡的;

(二)在抢险救灾等维护国家利益、公共利益活动中受到伤害的;

(三)职工原在军队服役,因战、因公负伤致残,已取得革命伤残军人证,到用人单位后旧伤复发的。

职工有前款第(一)项、第(二)项情形的,按照本条例的有关规定享受工伤保险待遇;职工有前款第(三)项情形的,按照本条例的有关规定享受除一次性伤残补助金以外的工伤保险待遇。

第十六条 【不属于工伤的情形】职工符合本条例第十四条、第十五条的规定,但是有下列情形之一的,不得认定为工伤或者视同工伤:

(一)故意犯罪的;

(二)醉酒或者吸毒的;

(三)自残或者自杀的。

第十七条 【申请工伤认定的主体、时限及受理部门】职工发生事故伤害或者按照职业病防治法规定被诊断、鉴定为职业病,所在单位应当自事故伤害发生之日或者被诊断、鉴定为职业病之日起30日内,向统筹地区社会保险行政部门提出工伤认定申请。遇有特殊情况,经报社会保险行政部门同意,申请时限可以适当延长。

用人单位未按前款规定提出工伤认定申请的,工伤职工或者其近亲属、工会组织在事故伤害发生之日或者被诊断、鉴定为职业病之日起1年内,可以直接向用人单位所在地统筹地区社会保险行政部门提出工伤认定申请。

按照本条第一款规定应当由省级社会保险行政部门进行工伤认定的事项,根据属地原则由用人单位所在地的设区的市级社会保险行政部门办理。

用人单位未在本条第一款规定的时限内提交工伤认定申请,在此期间发生符合本条例规定的工伤待遇等有关费用由该用人单位负担。

第十八条 【申请材料】提出工伤认定申请应当提交下列材料:

(一)工伤认定申请表;

(二)与用人单位存在劳动关系(包括事实劳动关系)的证明材料;

(三)医疗诊断证明或者职业病诊断证明书(或者职业病诊断鉴定书)。

工伤认定申请表应当包括事故发生的时间、地点、原因以及职工伤害程度等基本情况。

工伤认定申请人提供材料不完整的,社会保险行政部门应当一次性书面告知工伤认定申请人需要补正的全部材料。申请人按照书面告知要求补正材料后,社会保险行政部门应当受理。

第十九条 【事故调查及举证责任】社会保险行政部门受理工伤认定申请后,根据审核需要可以对事故伤害进行调查核实,用人单位、职工、工会组织、医疗机构以及有关部门应当予以协助。职业病诊断和诊断争议的鉴定,依照职业病防治法的有关规定执行。对依法取得职业病诊断证明书或者职业病诊断鉴定书的,社会保险行政部门不再进行调查核实。

职工或者其近亲属认为是工伤,用人单位不认为是工伤的,由用人单位承担举证责任。

第二十条 【工伤认定的时限、回避】社会保险行政部门应当自受理工伤认定申请之日起60日内作出工伤认定的决定,并书面通知申请工伤认定的职工或者其近亲属和该职工所在单位。

社会保险行政部门对受理的事实清楚、权利义务明确的工伤认定申请,应当在15日内作出工伤认定的决定。

作出工伤认定决定需要以司法机关或者有关行政主管部门的结论为依据的,在司法机关或者有关行政主管部门尚未作出结论期间,作出工伤认定决定的时限中止。

社会保险行政部门工作人员与工伤认定申请人有利害关系的,应当回避。

第四章 劳动能力鉴定

第二十一条 【鉴定的条件】职工发生工伤,经治疗伤情相对稳定后存在残疾、影响劳动能力的,应当进行劳动能力鉴定。

第二十二条 【劳动能力鉴定等级】劳动能力鉴定是指劳动功能障碍程度和生活自理障碍程度的等级鉴定。

劳动功能障碍分为十个伤残等级,最重的为一级,最轻的为十级。

生活自理障碍分为三个等级:生活完全不能自理、生活大部分不能自理和生活部分不能自理。

劳动能力鉴定标准由国务院社会保险行政部门会同国务院卫生行政部门等部门制定。

第二十三条 【申请鉴定的主体、受理机构、申请材料】劳动能力鉴定由用人单位、工伤职工或者其近亲属向设区的市级劳动能力鉴定委员会提出申请,并提供工伤认定决定和职工工伤医疗的有关资料。

第二十四条 【鉴定委员会人员构成、专家库】省、自治区、直辖市劳动能力鉴定委员会和设区的市级劳动能力鉴定委员会分别由省、自治区、直辖市和设区的市级社会保险行政部门、卫生行政部门、工会组织、经办机构代表以及用人单位代表组成。

劳动能力鉴定委员会建立医疗卫生专家库。列入专家库的医疗卫生专业技术人员应当具备下列条件:

(一)具有医疗卫生高级专业技术职务任职资格;

(二)掌握劳动能力鉴定的相关知识;

(三)具有良好的职业品德。

第二十五条 【鉴定步骤、时限】设区的市级劳动能力鉴定委员会收到劳动能力鉴定申请后,应当从其建立的医疗卫生专家库中随机抽取3名或者5名相关专家组成专家组,由专家组提出鉴定意见。设区的市级劳动能力鉴定委员会根据专家组的鉴定意见作出工伤职工劳动能力鉴定结论;必要时,可以委托具备资格的医疗机构协助进行有关的诊断。

设区的市级劳动能力鉴定委员会应当自收到劳动能力鉴定申请之日起60日内作出劳动能力鉴定结论,必要时,作出劳动能力鉴定结论的期限可以延长30日。劳动能力鉴定结论应当及时送达申请鉴定的单位和个人。

第二十六条 【再次鉴定】申请鉴定的单位或者个人对设区的市级劳动能力鉴定委员会作出的鉴定结论不服的,可以在收到该鉴定结论之日起15日内向省、自治区、直辖市劳动能力鉴定委员会提出再次鉴定申请。省、自治区、直辖市劳动能力鉴定委员会作出的劳动能力鉴定结论为最终结论。

第二十七条 【鉴定工作原则、回避制度】劳动能力鉴定工作应当客观、公正。劳动能力鉴定委员会组成人员或者参加鉴定的专家与当事人有利害关系的,应当回避。

第二十八条 【复查鉴定】自劳动能力鉴定结论作出之日起1年后,工伤职工或者其近亲属、所在单位或者经办机构认为伤残情况发生变化的,可以申请劳动能力复查鉴定。

第二十九条 【再次鉴定和复查鉴定的时限】劳动能力鉴定委员会依照本条例第二十六条和第二十八条的规定进行再次鉴定和复查鉴定的期限,依照本条例第二十五条第二款的规定执行。

第五章 工伤保险待遇

第三十条 【工伤职工的治疗】职工因工作遭受事故伤害或者患职业病进行治疗,享受工伤医疗待遇。

职工治疗工伤应当在签订服务协议的医疗机构就医,情况紧急时可以先到就近的医疗机构急救。

治疗工伤所需费用符合工伤保险诊疗项目目录、工伤保险药品目录、工伤保险住院服务标准的,从工伤保险基金支付。工伤保险诊疗项目目录、工伤保险药品目录、工伤保险住院服务标准,由国务院社会保险行政部门会同国务院卫生行政部门、食品药品监督管理部门等部门规定。

职工住院治疗工伤的伙食补助费,以及经医疗机构出具证明,报经办机构同意,工伤职工到统筹地区以外就医所需的交通、食宿费用从工伤保险基金支付,基金支付的具体标准由统筹地区人民政府规定。

工伤职工治疗非工伤引发的疾病,不享受工伤医疗待遇,按照基本医疗保险办法处理。

工伤职工到签订服务协议的医疗机构进行工伤康复的费用,符合规定的,从工伤保险基金支付。

第三十一条 【复议和诉讼期间不停止支付医疗费用】社会保险行政部门作出认定为工伤的决定后发生行政复议、行政诉讼的,行政复议和行政诉讼期间不停止支付工伤职工治疗工伤的医疗费用。

第三十二条 【配置辅助器具】工伤职工因日常生活或者就业需要,经劳动能力鉴定委员会确认,可以安装假肢、矫形器、假眼、假牙和配置轮椅等辅助器具,所需费用按照国家规定的标准从工伤保险基金支付。

第三十三条 【工伤治疗期间待遇】职工因工作遭受事故伤害或者患职业病需要暂停工作接受工伤医疗的,在停工留薪期内,原工资福利待遇不变,由所在单位按月支付。

停工留薪期一般不超过 12 个月。伤情严重或者情况特殊,经设区的市级劳动能力鉴定委员会确认,可以适当延长,但延长不得超过 12 个月。工伤职工评定伤残等级后,停发原待遇,按照本章的有关规定享受伤残待遇。工伤职工在停工留薪期满后仍需治疗的,继续享受工伤医疗待遇。

生活不能自理的工伤职工在停工留薪期需要护理的,由所在单位负责。

第三十四条 【生活护理费】工伤职工已经评定伤残等级并经劳动能力鉴定委员会确认需要生活护理的,从工伤保险基金按月支付生活护理费。

生活护理费按照生活完全不能自理、生活大部分不能自理或者生活部分不能自理 3 个不同等级支付,其标准分别为统筹地区上年度职工月平均工资的 50%、40% 或者 30%。

第三十五条 【一至四级工伤待遇】职工因工致残被鉴定为一级至四级伤残的,保留劳动关系,退出工作岗位,享受以下待遇:

(一)从工伤保险基金按伤残等级支付一次性伤残补助金,标准为:一级伤残为 27 个月的本人工资,二级伤残为 25 个月的本人工资,三级伤残为 23 个月的本人工资,四级伤残为 21 个月的本人工资;

(二)从工伤保险基金按月支付伤残津贴,标准为:一级伤残为本人工资的 90%,二级伤残为本人工资的 85%,三级伤残为本人工资的 80%,四级伤残为本人工资的 75%。伤残津贴实际金额低于当地最低工资标准的,由工伤保险基金补足差额;

(三)工伤职工达到退休年龄并办理退休手续后,停发伤残津贴,按照国家有关规定享受基本养老保险待遇。基本养老保险待遇低于伤残津贴的,由工伤保险基金补足差额。

职工因工致残被鉴定为一级至四级伤残的,由用人单位和工伤职工个人以伤残津贴为基数,缴纳基本医疗保险费。

第三十六条 【五至六级工伤待遇】职工因工致残被鉴定为五级、六级伤残的,享受以下待遇:

(一)从工伤保险基金按伤残等级支付一次性伤残补助金,标准为:五级伤残为 18 个月的本人工资,六级伤残为 16 个月的本人工资;

(二)保留与用人单位的劳动关系,由用人单位安排适当工作。难以安排工作的,由用人单位按月发给伤残津贴,标准为:五级伤残为本人工资的 70%,六级伤残为本人工资的 60%,并由用人单位按照规定为其缴纳应缴纳的各项社会保险费。伤残津贴实际金额低于当地最低工资标准的,由用人单位补足差额。

经工伤职工本人提出,该职工可以与用人单位解除或者终止劳动关系,由工伤保险基金支付一次性工伤医疗补助金,由用人单位支付一次性伤残就业补助金。一次性工伤医疗补助金和一次性伤残就业补助金的具体标准由省、自治区、直辖市人民政府规定。

第三十七条 【七至十级工伤待遇】职工因工致残被鉴定为七级至十级伤残的,享受以下待遇:

(一)从工伤保险基金按伤残等级支付一次性伤残补助金,标准为:七级伤残为 13 个月的本人工资,八级伤残为 11 个月的本人工资,九级伤残为 9 个月的本人工资,十级伤残为 7 个月的本人工资;

(二)劳动、聘用合同期满终止,或者职工本人提出解除劳动、聘用合同的,由工伤保险基金支付一次性工伤医疗补助金,由用人单位支付一次性伤残就业补助金。一次性工伤医疗补助金和一次性伤残就业补助金的具体标准由省、自治区、直辖市人民政府规定。

第三十八条 【旧伤复发待遇】工伤职工工伤复发,确认需要治疗的,享受本条例第三十条、第三十二条和第三十三条规定的工伤待遇。

第三十九条 【工亡待遇】职工因工死亡,其近亲属按照下列规定从工伤保险基金领取丧葬补助金、供养亲属抚恤金和一次性工亡补助金:

(一)丧葬补助金为 6 个月的统筹地区上年度职工月平均工资;

(二)供养亲属抚恤金按照职工本人工资的一定比例发给由因工死亡职工生前提供主要生活来源、无劳动能力的亲属。标准为:配偶每月 40%,其他亲属每人每月 30%,孤寡老人或者孤儿每人每月在上述标准的基础上增加 10%。核定的各供养亲属的抚恤金之和不应高于因工死亡职工生前的工资。供养亲属的具体范围由国务院社会保险行政部门规定;

(三)一次性工亡补助金标准为上一年度全国城镇居民人均可支配收入的 20 倍。

伤残职工在停工留薪期内因工伤导致死亡的,其近亲属享受本条第一款规定的待遇。

一级至四级伤残职工在停工留薪期满后死亡的，其近亲属可以享受本条第一款第(一)项、第(二)项规定的待遇。

第四十条　【工伤待遇调整】伤残津贴、供养亲属抚恤金、生活护理费由统筹地区社会保险行政部门根据职工平均工资和生活费用变化等情况适时调整。调整办法由省、自治区、直辖市人民政府规定。

第四十一条　【职工抢险救灾、因工外出下落不明时的处理】职工因工外出期间发生事故或者在抢险救灾中下落不明的，从事故发生当月起3个月内照发工资，从第4个月起停发工资，由工伤保险基金向其供养亲属按月支付供养亲属抚恤金。生活有困难的，可以预支一次性工亡补助金的50%。职工被人民法院宣告死亡的，按照本条例第三十九条职工因工死亡的规定处理。

第四十二条　【停止支付工伤保险待遇的情形】工伤职工有下列情形之一的，停止享受工伤保险待遇：

(一)丧失享受待遇条件的；

(二)拒不接受劳动能力鉴定的；

(三)拒绝治疗的。

第四十三条　【用人单位分立合并等情况下的责任】用人单位分立、合并、转让的，承继单位应当承担原用人单位的工伤保险责任；原用人单位已经参加工伤保险的，承继单位应当到当地经办机构办理工伤保险变更登记。

用人单位实行承包经营的，工伤保险责任由职工劳动关系所在单位承担。

职工被借调期间受到工伤事故伤害的，由原用人单位承担工伤保险责任，但原用人单位与借调单位可以约定补偿办法。

企业破产的，在破产清算时依法拨付应当由单位支付的工伤保险待遇费用。

第四十四条　【派遣出境期间的工伤保险关系】职工被派遣出境工作，依据前往国家或者地区的法律应当参加当地工伤保险的，参加当地工伤保险，其国内工伤保险关系中止；不能参加当地工伤保险的，其国内工伤保险关系不中止。

第四十五条　【再次发生工伤的待遇】职工再次发生工伤，根据规定应当享受伤残津贴的，按照新认定的伤残等级享受伤残津贴待遇。

第六章　监督管理

第四十六条　【经办机构职责范围】经办机构具体承办工伤保险事务，履行下列职责：

(一)根据省、自治区、直辖市人民政府规定，征收工伤保险费；

(二)核查用人单位的工资总额和职工人数，办理工伤保险登记，并负责保存用人单位缴费和职工享受工伤保险待遇情况的记录；

(三)进行工伤保险的调查、统计；

(四)按照规定管理工伤保险基金的支出；

(五)按照规定核定工伤保险待遇；

(六)为工伤职工或者其近亲属免费提供咨询服务。

第四十七条　【服务协议】经办机构与医疗机构、辅助器具配置机构在平等协商的基础上签订服务协议，并公布签订服务协议的医疗机构、辅助器具配置机构的名单。具体办法由国务院社会保险行政部门分别会同国务院卫生行政部门、民政部门等部门制定。

第四十八条　【工伤保险费用的核查、结算】经办机构按照协议和国家有关目录、标准对工伤职工医疗费用、康复费用、辅助器具费用的使用情况进行核查，并按时足额结算费用。

第四十九条　【公布基金收支情况、费率调整建议】经办机构应当定期公布工伤保险基金的收支情况，及时向社会保险行政部门提出调整费率的建议。

第五十条　【听取社会意见】社会保险行政部门、经办机构应当定期听取工伤职工、医疗机构、辅助器具配置机构以及社会各界对改进工伤保险工作的意见。

第五十一条　【对工伤保险基金的监督】社会保险行政部门依法对工伤保险费的征缴和工伤保险基金的支付情况进行监督检查。

财政部门和审计机关依法对工伤保险基金的收支、管理情况进行监督。

第五十二条　【群众监督】任何组织和个人对有关工伤保险的违法行为，有权举报。社会保险行政部门对举报应当及时调查，按照规定处理，并为举报人保密。

第五十三条　【工会监督】工会组织依法维护工伤职工的合法权益，对用人单位的工伤保险工作实行监督。

第五十四条　【工伤待遇争议处理】职工与用人单位发生工伤待遇方面的争议，按照处理劳动争议的有关规定处理。

第五十五条　【其他工伤保险争议处理】有下列情形之一的，有关单位或者个人可以依法申请行政复议，也可以依法向人民法院提起行政诉讼：

(一)申请工伤认定的职工或者其近亲属、该职工所

在单位对工伤认定申请不予受理的决定不服的;

（二）申请工伤认定的职工或者其近亲属、该职工所在单位对工伤认定结论不服的;

（三）用人单位对经办机构确定的单位缴费费率不服的;

（四）签订服务协议的医疗机构、辅助器具配置机构认为经办机构未履行有关协议或者规定的;

（五）工伤职工或者其近亲属对经办机构核定的工伤保险待遇有异议的。

第七章 法律责任

第五十六条 【挪用工伤保险基金的责任】单位或者个人违反本条例第十二条规定挪用工伤保险基金，构成犯罪的，依法追究刑事责任;尚不构成犯罪的，依法给予处分或者纪律处分。被挪用的基金由社会保险行政部门追回，并入工伤保险基金;没收的违法所得依法上缴国库。

第五十七条 【社会保险行政部门工作人员违法违纪责任】社会保险行政部门工作人员有下列情形之一的，依法给予处分;情节严重，构成犯罪的，依法追究刑事责任:

（一）无正当理由不受理工伤认定申请，或者弄虚作假将不符合工伤条件的人员认定为工伤职工的;

（二）未妥善保管申请工伤认定的证据材料，致使有关证据灭失的;

（三）收受当事人财物的。

第五十八条 【经办机构违规的责任】经办机构有下列行为之一的，由社会保险行政部门责令改正，对直接负责的主管人员和其他责任人员依法给予纪律处分;情节严重，构成犯罪的，依法追究刑事责任;造成当事人经济损失的，由经办机构依法承担赔偿责任:

（一）未按规定保存用人单位缴费和职工享受工伤保险待遇情况记录的;

（二）不按规定核定工伤保险待遇的;

（三）收受当事人财物的。

第五十九条 【医疗机构、辅助器具配置机构、经办机构间的关系】医疗机构、辅助器具配置机构不按服务协议提供服务的，经办机构可以解除服务协议。

经办机构不按时足额结算费用的，由社会保险行政部门责令改正;医疗机构、辅助器具配置机构可以解除服务协议。

第六十条 【对骗取工伤保险待遇的处罚】用人单位、工伤职工或者其近亲属骗取工伤保险待遇，医疗机构、辅助器具配置机构骗取工伤保险基金支出的，由社会保险行政部门责令退还，处骗取金额2倍以上5倍以下的罚款;情节严重，构成犯罪的，依法追究刑事责任。

第六十一条 【鉴定组织与个人违规的责任】从事劳动能力鉴定的组织或者个人有下列情形之一的，由社会保险行政部门责令改正，处2000元以上1万元以下的罚款;情节严重，构成犯罪的，依法追究刑事责任:

（一）提供虚假鉴定意见的;

（二）提供虚假诊断证明的;

（三）收受当事人财物的。

第六十二条 【未按规定参保的情形】用人单位依照本条例规定应当参加工伤保险而未参加的，由社会保险行政部门责令限期参加，补缴应当缴纳的工伤保险费，并自欠缴之日起，按日加收万分之五的滞纳金;逾期仍不缴纳的，处欠缴数额1倍以上3倍以下的罚款。

依照本条例规定应当参加工伤保险而未参加工伤保险的用人单位职工发生工伤的，由该用人单位按照本条例规定的工伤保险待遇项目和标准支付费用。

用人单位参加工伤保险并补缴应当缴纳的工伤保险费、滞纳金后，由工伤保险基金和用人单位依照本条例的规定支付新发生的费用。

第六十三条 【用人单位不协助调查的责任】用人单位违反本条例第十九条的规定，拒不协助社会保险行政部门对事故进行调查核实的，由社会保险行政部门责令改正，处2000元以上2万元以下的罚款。

第八章 附 则

第六十四条 【相关名词解释】本条例所称工资总额，是指用人单位直接支付给本单位全部职工的劳动报酬总额。

本条例所称本人工资，是指工伤职工因工作遭受事故伤害或者患职业病前12个月平均月缴费工资。本人工资高于统筹地区职工平均工资300%的，按照统筹地区职工平均工资的300%计算;本人工资低于统筹地区职工平均工资60%的，按照统筹地区职工平均工资的60%计算。

第六十五条 【公务员等的工伤保险】公务员和参照公务员法管理的事业单位、社会团体的工作人员因工作遭受事故伤害或者患职业病的，由所在单位支付费用。具体办法由国务院社会保险行政部门会同国务院财政部门规定。

第六十六条 【非法经营单位工伤一次性赔偿及争议处理】无营业执照或者未经依法登记、备案的单位以及被依法吊销营业执照或者撤销登记、备案的单位的职工受到事故伤害或者患职业病的，由该单位向伤残职工或者死亡职工的近亲属给予一次性赔偿,赔偿标准不得低于本条例规定的工伤保险待遇;用人单位不得使用童工,用人单位使用童工造成童工伤残、死亡的,由该单位向童工或者童工的近亲属给予一次性赔偿,赔偿标准不得低于本条例规定的工伤保险待遇。具体办法由国务院社会保险行政部门规定。

前款规定的伤残职工或者死亡职工的近亲属就赔偿数额与单位发生争议的,以及前款规定的童工或者童工的近亲属就赔偿数额与单位发生争议的,按照处理劳动争议的有关规定处理。

第六十七条 【实施日期及过渡事项】本条例自2004年1月1日起施行。本条例施行前已受到事故伤害或者患职业病的职工尚未完成工伤认定的,按照本条例的规定执行。

工伤认定办法

· 2010年12月31日人力资源和社会保障部令第8号公布
· 自2011年1月1日起施行

第一条 为规范工伤认定程序,依法进行工伤认定,维护当事人的合法权益,根据《工伤保险条例》的有关规定,制定本办法。

第二条 社会保险行政部门进行工伤认定按照本办法执行。

第三条 工伤认定应当客观公正、简捷方便,认定程序应当向社会公开。

第四条 职工发生事故伤害或者按照职业病防治法规定被诊断、鉴定为职业病,所在单位应当自事故伤害发生之日或者被诊断、鉴定为职业病之日起30日内,向统筹地区社会保险行政部门提出工伤认定申请。遇有特殊情况,经报社会保险行政部门同意,申请时限可以适当延长。

按照前款规定应当向省级社会保险行政部门提出工伤认定申请的,根据属地原则应当向用人单位所在地设区的市级社会保险行政部门提出。

第五条 用人单位未在规定的时限内提出工伤认定申请的,受伤害职工或者其近亲属、工会组织在事故伤害发生之日或者被诊断、鉴定为职业病之日起1年内,可以直接按照本办法第四条规定提出工伤认定申请。

第六条 提出工伤认定申请应当填写《工伤认定申请表》,并提交下列材料:

(一)劳动、聘用合同文本复印件或者与用人单位存在劳动关系(包括事实劳动关系)、人事关系的其他证明材料;

(二)医疗机构出具的受伤后诊断证明书或者职业病诊断证明书(或者职业病诊断鉴定书)。

第七条 工伤认定申请人提交的申请材料符合要求,属于社会保险行政部门管辖范围且在受理时限内的,社会保险行政部门应当受理。

第八条 社会保险行政部门收到工伤认定申请后,应当在15日内对申请人提交的材料进行审核,材料完整的,作出受理或者不予受理的决定;材料不完整的,应当以书面形式一次性告知申请人需要补正的全部材料。社会保险行政部门收到申请人提交的全部补正材料后,应当在15日内作出受理或者不予受理的决定。

社会保险行政部门决定受理的,应当出具《工伤认定申请受理决定书》;决定不予受理的,应当出具《工伤认定申请不予受理决定书》。

第九条 社会保险行政部门受理工伤认定申请后,可以根据需要对申请人提供的证据进行调查核实。

第十条 社会保险行政部门进行调查核实,应当由两名以上工作人员共同进行,并出示执行公务的证件。

第十一条 社会保险行政部门工作人员在工伤认定中,可以进行以下调查核实工作:

(一)根据工作需要,进入有关单位和事故现场;

(二)依法查阅与工伤认定有关的资料,询问有关人员并作出调查笔录;

(三)记录、录音、录像和复制与工伤认定有关的资料。调查核实工作的证据收集参照行政诉讼证据收集的有关规定执行。

第十二条 社会保险行政部门工作人员进行调查核实时,有关单位和个人应当予以协助。用人单位、工会组织、医疗机构以及有关部门应当负责安排相关人员配合工作,据实提供情况和证明材料。

第十三条 社会保险行政部门在进行工伤认定时,对申请人提供的符合国家有关规定的职业病诊断证明书或者职业病诊断鉴定书,不再进行调查核实。职业病诊断证明书或者职业病诊断鉴定书不符合国家规定的要求和格式的,社会保险行政部门可以要求出具证据部门重新提供。

第十四条 社会保险行政部门受理工伤认定申请后,可以根据工作需要,委托其他统筹地区的社会保险行政部门或者相关部门进行调查核实。

第十五条 社会保险行政部门工作人员进行调查核

实时,应当履行下列义务:

(一)保守有关单位商业秘密以及个人隐私;

(二)为提供情况的有关人员保密。

第十六条 社会保险行政部门工作人员与工伤认定申请人有利害关系的,应当回避。

第十七条 职工或者其近亲属认为是工伤,用人单位不认为是工伤的,由该用人单位承担举证责任。用人单位拒不举证的,社会保险行政部门可以根据受伤害职工提供的证据或者调查取得的证据,依法作出工伤认定决定。

第十八条 社会保险行政部门应当自受理工伤认定申请之日起60日内作出工伤认定决定,出具《认定工伤决定书》或者《不予认定工伤决定书》。

第十九条 《认定工伤决定书》应当载明下列事项:

(一)用人单位全称;

(二)职工的姓名、性别、年龄、职业、身份证号码;

(三)受伤害部位、事故时间和诊断时间或职业病名称、受伤害经过和核实情况、医疗救治的基本情况和诊断结论;

(四)认定工伤或者视同工伤的依据;

(五)不服认定决定申请行政复议或者提起行政诉讼的部门和时限;

(六)作出认定工伤或视同工伤决定的时间。

《不予认定工伤决定书》应当载明下列事项:

(一)用人单位全称;

(二)职工的姓名、性别、年龄、职业、身份证号码;

(三)不予认定工伤或不视同工伤的依据;

(四)不服认定决定申请行政复议或者提起行政诉讼的部门和时限;

(五)作出不予认定工伤或不视同工伤决定的时间。

《认定工伤决定书》和《不予认定工伤决定书》应当加盖社会保险行政部门工伤认定专用印章。

第二十条 社会保险行政部门受理工伤认定申请后,作出工伤认定决定需要以司法机关或者有关行政主管部门的结论为依据的,在司法机关或者有关行政主管部门尚未作出结论期间,作出工伤认定决定的时限中止,并书面通知申请人。

第二十一条 社会保险行政部门对于事实清楚、权利义务明确的工伤认定申请,应当自受理工伤认定申请之日起15日内作出工伤认定决定。

第二十二条 社会保险行政部门应当自工伤认定决定作出之日起20日内,将《认定工伤决定书》或者《不予认定工伤决定书》送达受伤害职工(或者其近亲属)和用人单位,并抄送社会保险经办机构。

《认定工伤决定书》和《不予认定工伤决定书》的送达参照民事法律有关送达的规定执行。

第二十三条 职工或者其近亲属、用人单位对不予受理决定不服或者对工伤认定决定不服的,可以依法申请行政复议或者提起行政诉讼。

第二十四条 工伤认定结束后,社会保险行政部门应当将工伤认定的有关资料保存50年。

第二十五条 用人单位拒不协助社会保险行政部门对事故伤害进行调查核实的,由社会保险行政部门责令改正,处2000元以上2万元以下的罚款。

第二十六条 本办法中的《工伤认定申请表》、《工伤认定申请受理决定书》、《工伤认定申请不予受理决定书》、《认定工伤决定书》、《不予认定工伤决定书》的样式由国务院社会保险行政部门统一制定。

第二十七条 本办法自2011年1月1日起施行。劳动和社会保障部2003年9月23日颁布的《工伤认定办法》同时废止。

部分行业企业工伤保险费缴纳办法

- 2010年12月31日人力资源和社会保障部令第10号公布
- 自2011年1月1日起施行

第一条 根据《工伤保险条例》第十条第三款的授权,制定本办法。

第二条 本办法所称的部分行业企业是指建筑、服务、矿山等行业中难以直接按照工资总额计算缴纳工伤保险费的建筑施工企业、小型服务企业、小型矿山企业等。

前款所称小型服务企业、小型矿山企业的划分标准可以参照《中小企业标准暂行规定》(国经贸中小企〔2003〕143号)执行。

第三条 建筑施工企业可以实行以建筑施工项目为单位,按照项目工程总造价的一定比例,计算缴纳工伤保险费。

第四条 商贸、餐饮、住宿、美容美发、洗浴以及文体娱乐等小型服务业企业以及有雇工的个体工商户,可以按照营业面积的大小核定应参保人数,按照所在统筹地区上一年度职工月平均工资的一定比例和相应的费率,计算缴纳工伤保险费;也可以按照营业额的一定比例计算缴纳工伤保险费。

第五条 小型矿山企业可以按照总产量、吨矿工资含量和相应的费率计算缴纳工伤保险费。

第六条 本办法中所列部分行业企业工伤保险费缴纳的具体计算办法,由省级社会保险行政部门根据本地区实际情况确定。

第七条 本办法自2011年1月1日起施行。

工伤保险辅助器具配置管理办法

- 2016年2月16日人力资源和社会保障部、民政部、国家卫生和计划生育委员会令第27号公布
- 根据2018年12月14日《人力资源社会保障部关于修改部分规章的决定》修订

第一章 总 则

第一条 为了规范工伤保险辅助器具配置管理,维护工伤职工的合法权益,根据《工伤保险条例》,制定本办法。

第二条 工伤职工因日常生活或者就业需要,经劳动能力鉴定委员会确认,配置假肢、矫形器、假眼、假牙和轮椅等辅助器具的,适用本办法。

第三条 人力资源社会保障行政部门负责工伤保险辅助器具配置的监督管理工作。民政、卫生计生等行政部门在各自职责范围内负责工伤保险辅助器具配置的有关监督管理工作。

社会保险经办机构(以下称经办机构)负责对申请承担工伤保险辅助器具配置服务的辅助器具装配机构和医疗机构(以下称工伤保险辅助器具配置机构)进行协议管理,并按照规定核付配置费用。

第四条 设区的市级(含直辖市的市辖区、县)劳动能力鉴定委员会(以下称劳动能力鉴定委员会)负责工伤保险辅助器具配置的确认工作。

第五条 省、自治区、直辖市人力资源社会保障行政部门负责制定工伤保险辅助器具配置机构评估确定办法。

经办机构按照评估确定办法,与工伤保险辅助器具配置机构签订服务协议,并向社会公布签订服务协议的工伤保险辅助器具配置机构(以下称协议机构)名单。

第六条 人力资源社会保障部根据社会经济发展水平、工伤职工日常生活和就业需要等,组织制定国家工伤保险辅助器具配置目录,确定配置项目、适用范围、最低使用年限等内容,并适时调整。

省、自治区、直辖市人力资源社会保障部门可以结合本地区实际,在国家目录确定的配置项目基础上,制定省级工伤保险辅助器具配置目录,适当增加辅助器具配置项目,并确定本地区辅助器具配置最高支付限额等具体标准。

第二章 确认与配置程序

第七条 工伤职工认为需要配置辅助器具的,可以向劳动能力鉴定委员会提出辅助器具配置确认申请,并提交下列材料:

(一)居民身份证或者社会保障卡等有效身份证明原件;

(二)有效的诊断证明、按照医疗机构病历管理有关规定复印或者复制的检查、检验报告等完整病历材料。

工伤职工本人因身体等原因无法提出申请的,可由其近亲属或者用人单位代为申请。

第八条 劳动能力鉴定委员会收到辅助器具配置确认申请后,应当及时审核;材料不完整的,应当自收到申请之日起5个工作日内一次性书面告知申请人需要补正的全部材料;材料完整的,应当在收到申请之日起60日内作出确认结论。伤情复杂、涉及医疗卫生专业较多的,作出确认结论的期限可以延长30日。

第九条 劳动能力鉴定委员会专家库应当配备辅助器具配置专家,从事辅助器具配置确认工作。

劳动能力鉴定委员会应当根据配置确认申请材料,从专家库中随机抽取3名或者5名专家组成专家组,对工伤职工本人进行现场配置确认。专家组中至少包括1名辅助器具配置专家、2名与工伤职工伤情相关的专家。

第十条 专家组根据工伤职工伤情,依据工伤保险辅助器具配置目录有关规定,提出是否予以配置的确认意见。专家意见不一致时,按照少数服从多数的原则确定专家组的意见。

劳动能力鉴定委员会根据专家组确认意见作出配置辅助器具确认结论。其中,确认予以配置的,应当载明确认配置的理由、依据和辅助器具名称等信息;确认不予配置的,应当说明不予配置的理由。

第十一条 劳动能力鉴定委员会应当自作出确认结论之日起20日内将确认结论送达工伤职工及其用人单位,并抄送经办机构。

第十二条 工伤职工收到予以配置的确认结论后,及时向经办机构进行登记,经办机构向工伤职工出具配置费用核付通知单,并告知下列事项:

(一)工伤职工应当到协议机构进行配置;

(二)确认配置的辅助器具最高支付限额和最低使用年限;

(三)工伤职工配置辅助器具超目录或者超出限额部分的费用,工伤保险基金不予支付。

第十三条 工伤职工可以持配置费用核付通知单,选择协议机构配置辅助器具。

协议机构应当根据与经办机构签订的服务协议,为工伤职工提供配置服务,并如实记录工伤职工信息、配置器具产品信息、最高支付限额、最低使用年限以及实际配置费用等配置服务事项。

前款规定的配置服务记录经工伤职工签字后,分别由工伤职工和协议机构留存。

第十四条 协议机构或者工伤职工与经办机构结算配置费用时,应当出具配置服务记录。经办机构核查后,应当按照工伤保险辅助器具配置目录有关规定及时支付费用。

第十五条 工伤职工配置辅助器具的费用包括安装、维修、训练等费用,按照规定由工伤保险基金支付。

经经办机构同意,工伤职工到统筹地区以外的协议机构配置辅助器具发生的交通、食宿费用,可以按照统筹地区人力资源社会保障行政部门的规定,由工伤保险基金支付。

第十六条 辅助器具达到规定的最低使用年限的,工伤职工可以按照统筹地区人力资源社会保障行政部门的规定申请更换。

工伤职工因伤情发生变化,需要更换主要部件或者配置新的辅助器具的,经向劳动能力鉴定委员会重新提出确认申请并经确认后,由工伤保险基金支付配置费用。

第三章 管理与监督

第十七条 辅助器具配置专家应当具备下列条件之一:

(一)具有医疗卫生中高级专业技术职务任职资格;

(二)具有假肢师或者矫形器师职业资格;

(三)从事辅助器具配置专业技术工作5年以上。

辅助器具配置专家应当具有良好的职业品德。

第十八条 工伤保险辅助器具配置机构的具体条件,由省、自治区、直辖市人力资源社会保障行政部门会同民政、卫生计生行政部门规定。

第十九条 经办机构与工伤保险辅助器具配置机构签订的服务协议,应当包括下列内容:

(一)经办机构与协议机构名称、法定代表人或者主要负责人等基本信息;

(二)服务协议期限;

(三)配置服务内容;

(四)配置费用结算;

(五)配置管理要求;

(六)违约责任及争议处理;

(七)法律、法规规定应当纳入服务协议的其他事项。

第二十条 配置的辅助器具应当符合相关国家标准或者行业标准。统一规格的产品或者材料等辅助器具在装配前应当由国家授权的产品质量检测机构出具质量检测报告,标注生产厂家、产品品牌、型号、材料、功能、出品日期、使用期和保修期等事项。

第二十一条 协议机构应当建立工伤职工配置服务档案,并至少保存至服务期限结束之日两年。经办机构可以对配置服务档案进行抽查,并作为结算配置费用的依据之一。

第二十二条 经办机构应当建立辅助器具配置工作回访制度,对辅助器具装配的质量和服务进行跟踪检查,并将检查结果作为对协议机构的评价依据。

第二十三条 工伤保险辅助器具配置机构违反国家规定的辅助器具配置管理服务标准,侵害工伤职工合法权益的,由民政、卫生计生行政部门在各自监管职责范围内依法处理。

第二十四条 有下列情形之一的,经办机构不予支付配置费用:

(一)未经劳动能力鉴定委员会确认,自行配置辅助器具的;

(二)在非协议机构配置辅助器具的;

(三)配置辅助器具超目录或者超出限额部分的;

(四)违反规定更换辅助器具的。

第二十五条 工伤职工或者其近亲属认为经办机构未依法支付辅助器具配置费用,或者协议机构认为经办机构未履行有关协议的,可以依法申请行政复议或者提起行政诉讼。

第四章 法律责任

第二十六条 经办机构在协议机构管理和核付配置费用过程中收受当事人财物的,由人力资源社会保障行政部门责令改正,对直接负责的主管人员和其他直接责任人员依法给予处分;情节严重,构成犯罪的,依法追究刑事责任。

第二十七条 从事工伤保险辅助器具配置确认工作的组织或者个人有下列情形之一的,由人力资源社会保障行政部门责令改正,处2000元以上1万元以下的罚款;情节严重,构成犯罪的,依法追究刑事责任:

（一）提供虚假确认意见的；
（二）提供虚假诊断证明或者病历的；
（三）收受当事人财物的。

第二十八条 协议机构不按照服务协议提供服务的，经办机构可以解除服务协议，并按照服务协议追究相应责任。

经办机构不按时足额结算配置费用的，由人力资源社会保障行政部门责令改正；协议机构可以解除服务协议。

第二十九条 用人单位、工伤职工或者其近亲属骗取工伤保险待遇，辅助器具装配机构、医疗机构骗取工伤保险基金支出的，按照《工伤保险条例》第六十条的规定，由人力资源社会保障行政部门责令退还，处骗取金额2倍以上5倍以下的罚款；情节严重，构成犯罪的，依法追究刑事责任。

第五章 附 则

第三十条 用人单位未依法参加工伤保险，工伤职工需要配置辅助器具的，按照本办法的相关规定执行，并由用人单位支付配置费用。

第三十一条 本办法自2016年4月1日起施行。

工伤预防费使用管理暂行办法

· 2017年8月17日
· 人社部规〔2017〕13号

第一条 为更好地保障职工的生命安全和健康，促进用人单位做好工伤预防工作，降低工伤事故伤害和职业病的发生率，规范工伤预防费的使用和管理，根据社会保险法、《工伤保险条例》及相关规定，制定本办法。

第二条 本办法所称工伤预防费是指统筹地区工伤保险基金中依法用于开展工伤预防工作的费用。

第三条 工伤预防费使用管理工作由统筹地区人力资源社会保障行政部门会同财政、卫生计生、安全监管行政部门按照各自职责做好相关工作。

第四条 工伤预防费用于下列项目的支出：
（一）工伤事故和职业病预防宣传；
（二）工伤事故和职业病预防培训。

第五条 在保证工伤保险待遇支付能力和储备金留存的前提下，工伤预防费的使用原则上不得超过统筹地区上年度工伤保险基金征缴收入的3%。因工伤预防工作需要，经省级人力资源社会保障部门和财政部门同意，可以适当提高工伤预防费的使用比例。

第六条 工伤预防费使用实行预算管理。统筹地区社会保险经办机构按照上年度预算执行情况，根据工伤预防工作需要，将工伤预防费列入下一年度工伤保险基金支出预算。具体预算编制按照预算法和社会保险基金预算有关规定执行。

第七条 统筹地区人力资源社会保障部门应会同财政、卫生计生、安全监管部门以及本辖区内负有安全生产监督管理职责的部门，根据工伤事故伤害、职业病高发的行业、企业、工种、岗位等情况，统筹确定工伤预防的重点领域，并通过适当方式告知社会。

第八条 统筹地区行业协会和大中型企业等社会组织根据本地区确定的工伤预防重点领域，于每年工伤保险基金预算编制前提出下一年拟开展的工伤预防项目，编制项目实施方案和绩效目标，向统筹地区的人力资源社会保障行政部门申报。

第九条 统筹地区人力资源社会保障部门会同财政、卫生计生、安全监管等部门，根据项目申报情况，结合本地区工伤预防重点领域和工伤保险等工作重点，以及下一年工伤预防费预算编制情况，统筹考虑工伤预防项目的轻重缓急，于每年10月底前确定纳入下一年度的工伤预防项目并向社会公开。

列入计划的工伤预防项目实施周期最长不超过2年。

第十条 纳入年度计划的工伤预防实施项目，原则上由提出项目的行业协会和大中型企业等社会组织负责组织实施。

行业协会和大中型企业等社会组织根据项目实际情况，可直接实施或委托第三方机构实施。直接实施的，应当与社会保险经办机构签订服务协议。委托第三方机构实施的，应当参照政府采购法和招投标法规定的程序，选择具备相应条件的社会、经济组织以及医疗卫生机构提供工伤预防服务，并与其签订服务合同，明确双方的权利义务。服务协议、服务合同应报统筹地区人力资源社会保障部门备案。

面向社会和中小微企业的工伤预防项目，可由人力资源社会保障、卫生计生、安全监管部门参照政府采购法等相关规定，从具备相应条件的社会、经济组织以及医疗卫生机构中选择提供工伤预防服务的机构，推动组织项目实施。

参照政府采购法实施的工伤预防项目，其费用低于采购限额标准的，可协议确定服务机构。具体办法由人力资源社会保障部门会同有关部门确定。

第十一条 提供工伤预防服务的机构应遵守社会保险法、《工伤保险条例》以及相关法律法规的规定，并具备以下基本条件：

（一）具备相应条件，且从事相关宣传、培训业务二年以上并具有良好市场信誉；

（二）具备相应的实施工伤预防项目的专业人员；

（三）有相应的硬件设施和技术手段；

（四）依法应具备的其他条件。

第十二条 对确定实施的工伤预防项目，统筹地区社会保险经办机构可以根据服务协议或者服务合同的约定，向具体实施工伤预防项目的组织支付30%—70%预付款。

项目实施过程中，提出项目的单位应及时跟踪项目实施进展情况，保证项目有效进行。

对于行业协会和大中型企业等社会组织直接实施的项目，由人力资源社会保障部门组织第三方中介机构或聘请相关专家对项目实施情况和绩效目标实现情况进行评估验收，形成评估验收报告；对于委托第三方机构实施的，由提出项目的单位或部门通过适当方式组织评估验收，评估验收报告报人力资源社会保障部门备案。评估验收报告作为开展下一年度项目重要依据。

评估验收合格后，由社会保险经办机构支付余款。具体程序按社会保险基金财务制度、工伤保险业务经办管理等规定执行。

第十三条 社会保险经办机构要定期向社会公布工伤预防项目实施情况和工伤预防费用使用情况，接受参保单位和社会各界的监督。

第十四条 工伤预防费按本办法规定使用，违反本办法规定使用的，对相关责任人参照社会保险法、《工伤保险条例》等法律法规的规定处理。

第十五条 工伤预防服务机构提供的服务不符合法律和合同规定、服务质量不高的，三年内不得从事工伤预防项目。

工伤预防服务机构存在欺诈、骗取工伤保险基金行为的，按照有关法律法规等规定进行处理。

第十六条 统筹地区人力资源社会保障、卫生计生、安全监管等部门应分别对工作场所工伤发生情况、职业病报告情况和安全事故情况进行分析，定期相互通报基本情况。

第十七条 各省、自治区、直辖市人力资源社会保障行政部门可以结合本地区实际，会同财政、卫生计生和安全监管等行政部门制定具体实施办法。

第十八条 企业规模的划分标准按照工业和信息化部、国家统计局、国家发展改革委、财政部《关于印发中小企业划型标准规定的通知》（工信部联企业〔2011〕300号）执行。

第十九条 本办法自2017年9月1日起施行。

人力资源和社会保障部关于执行《工伤保险条例》若干问题的意见

- 2013年4月25日
- 人社部发〔2013〕34号

各省、自治区、直辖市及新疆生产建设兵团人力资源社会保障厅（局）：

《国务院关于修改〈工伤保险条例〉的决定》（国务院令第586号）已经于2011年1月1日实施。为贯彻执行新修订的《工伤保险条例》，妥善解决实际工作中的问题，更好地保障职工和用人单位的合法权益，现提出如下意见：

一、《工伤保险条例》（以下简称《条例》）第十四条第（五）项规定的"因工外出期间"的认定，应当考虑职工外出是否属于用人单位指派的因工作外出，遭受的事故伤害是否因工作原因所致。

二、《条例》第十四条第（六）项规定的"非本人主要责任"的认定，应当以有关机关出具的法律文书或者人民法院的生效裁决为依据。

三、《条例》第十六条第（一）项"故意犯罪"的认定，应当以司法机关的生效法律文书或者结论性意见为依据。

四、《条例》第十六条第（二）项"醉酒或者吸毒"的认定，应当以有关机关出具的法律文书或者人民法院的生效裁决为依据。无法获得上述证据的，可以结合相关证据认定。

五、社会保险行政部门受理工伤认定申请后，发现劳动关系存在争议且无法确认的，应告知当事人可以向劳动人事争议仲裁委员会申请仲裁。在此期间，作出工伤认定决定的时限中止，并书面通知申请工伤认定的当事人。劳动关系依法确认后，当事人应将有关法律文书送交受理工伤认定申请的社会保险行政部门，该部门自收到生效法律文书之日起恢复工伤认定程序。

六、符合《条例》第十五条第（一）项情形的，职工所在用人单位原则上应自职工死亡之日起5个工作日内向用人单位所在统筹地区社会保险行政部门报告。

七、具备用工主体资格的承包单位违反法律、法规规定，将承包业务转包、分包给不具备用工主体资格的组织或者自然人，该组织或者自然人招用的劳动者从事承包业务时因工伤亡的，由该具备用工主体资格的承包单位承担用人单位依法应承担的工伤保险责任。

八、曾经从事接触职业病危害作业、当时没有发现罹患职业病、离开工作岗位后被诊断或鉴定为职业病的符合下列条件的人员，可以自诊断、鉴定为职业病之日起一年内申请工伤认定，社会保险行政部门应当受理：

（一）办理退休手续后，未再从事接触职业病危害作业的退休人员。

（二）劳动或聘用合同期满后或者本人提出而解除劳动或聘用合同后，未再从事接触职业病危害作业的人员。

经工伤认定和劳动能力鉴定，前款第（一）项人员符合领取一次性伤残补助金条件的，按就高原则以本人退休前12个月平均月缴费工资或者确诊职业病前12个月的月平均养老金为基数计发。前款第（二）项人员被鉴定为一级至十级伤残，按《条例》规定应以本人工资作为基数享受相关待遇的，按本人终止或者解除劳动、聘用合同前12个月平均月缴费工资计发。

九、按照本意见第八条规定被认定为工伤的职业病人员，职业病诊断证明书（或职业病诊断鉴定书）中明确的用人单位，在该职工从业期间依法为其缴纳工伤保险费的，按《条例》的规定，分别由工伤保险基金和用人单位支付工伤保险待遇；未依法为该职工缴纳工伤保险费的，由用人单位按照《条例》规定的相关项目和标准支付待遇。

十、职工在同一用人单位连续工作期间多次发生工伤的，符合《条例》第三十六、第三十七条规定领取相关待遇时，按照其在同一用人单位发生工伤的最高伤残级别，计发一次性伤残就业补助金和一次性工伤医疗补助金。

十一、依据《条例》第四十二条的规定停止支付工伤保险待遇的，在停止支付待遇的情形消失后，自下月起恢复工伤保险待遇，停止支付的工伤保险待遇不予补发。

十二、《条例》第六十二条第三款规定的"新发生的费用"，是指用人单位职工参加工伤保险前发生工伤的，在参加工伤保险后新发生的费用。

十三、由工伤保险基金支付的各项待遇应按《条例》相关规定支付，不得采取将长期待遇改为一次性支付的办法。

十四、核定工伤职工工伤保险待遇时，若上一年度相关数据尚未公布，可暂按前一年度的全国城镇居民人均可支配收入、统筹地区职工月平均工资核定并计发，待相关数据公布后再重新核定，社会保险经办机构或者用人单位予以补发差额部分。

本意见自发文之日起执行，此前有关规定与本意见不一致的，按本意见执行。执行中有重大问题，请及时报告我部。

人力资源社会保障部关于执行《工伤保险条例》若干问题的意见（二）

- 2016年3月28日
- 人社部发〔2016〕29号

各省、自治区、直辖市及新疆生产建设兵团人力资源社会保障厅（局）：

为更好地贯彻执行新修订的《工伤保险条例》，提高依法行政能力和水平，妥善解决实际工作中的问题，保障职工和用人单位合法权益，现提出如下意见：

一、一级至四级工伤职工死亡，其近亲属同时符合领取工伤保险丧葬补助金、供养亲属抚恤金待遇和职工基本养老保险丧葬补助金、抚恤金待遇条件的，由其近亲属选择领取工伤保险或职工基本养老保险其中一种。

二、达到或超过法定退休年龄，但未办理退休手续或者未依法享受城镇职工基本养老保险待遇，继续在原用人单位工作期间受到事故伤害或患职业病的，用人单位依法承担工伤保险责任。

用人单位招用已经达到、超过法定退休年龄或已经领取城镇职工基本养老保险待遇的人员，在用工期间因工作原因受到事故伤害或患职业病的，如招用单位已按项目参保等方式为其缴纳工伤保险费的，应适用《工伤保险条例》。

三、《工伤保险条例》第六十二条规定的"新发生的费用"，是指用人单位参加工伤保险前发生工伤的职工，在参加工伤保险后新发生的费用。其中由工伤保险基金支付的费用，按不同情况予以处理：

（一）因工受伤的，支付参保后新发生的工伤医疗费、工伤康复费、住院伙食补助费、统筹地区以外就医交通食宿费、辅助器具配置费、生活护理费、一级至四级伤残职工伤残津贴，以及参保后解除劳动合同时的一次性工伤医疗补助金；

（二）因工死亡的，支付参保后新发生的符合条件的供养亲属抚恤金。

四、职工在参加用人单位组织或者受用人单位指派参加其他单位组织的活动中受到事故伤害的，应当视为工作原因,但参加与工作无关的活动除外。

五、职工因工作原因驻外,有固定的住所、有明确的作息时间,工伤认定时按照在驻在地当地正常工作的情形处理。

六、职工以上下班为目的、在合理时间内往返于工作单位和居住地之间的合理路线,视为上下班途中。

七、用人单位注册地与生产经营地不在同一统筹地区的,原则上应在注册地为职工参加工伤保险;未在注册地参加工伤保险的职工,可由用人单位在生产经营地为其参加工伤保险。

劳务派遣单位跨地区派遣劳动者,应根据《劳务派遣暂行规定》参加工伤保险。建筑施工企业按项目参保的,应在施工项目所在地参加工伤保险。

职工受到事故伤害或者患职业病后,在参保地进行工伤认定、劳动能力鉴定,并按照参保地的规定依法享受工伤保险待遇;未参加工伤保险的职工,应当在生产经营地进行工伤认定、劳动能力鉴定,并按照生产经营地的规定依法由用人单位支付工伤保险待遇。

八、有下列情形之一的,被延误的时间不计算在工伤认定申请时限内:

(一)受不可抗力影响的;

(二)职工由于被国家机关依法采取强制措施等人身自由受到限制不能申请工伤认定的;

(三)申请人正式提交了工伤认定申请,但因社会保险机构未登记或者材料遗失等原因造成申请超时限的;

(四)当事人就确认劳动关系申请劳动仲裁或提起民事诉讼的;

(五)其他符合法律法规规定的情形。

九、《工伤保险条例》第六十七条规定的"尚未完成工伤认定的",是指在《工伤保险条例》施行前遭受事故伤害或被诊断鉴定为职业病,且在工伤认定申请法定时限内(从《工伤保险条例》施行之日起算)提出工伤认定申请,尚未做出工伤认定的情形。

十、因工伤认定申请人或者用人单位隐瞒有关情况或者提供虚假材料,导致工伤认定决定错误的,社会保险行政部门发现后,应当及时予以更正。

本意见自发文之日起执行,此前有关规定与本意见不一致的,按本意见执行。执行中有重大问题,请及时报告我部。

人力资源社会保障部、财政部
关于调整工伤保险费率政策的通知

- 2015年7月22日
- 人社部发〔2015〕71号

各省、自治区、直辖市人力资源社会保障厅(局)、财政厅(局),新疆生产建设兵团人力资源社会保障局、财务局:

按照党的十八届三中全会提出的"适时适当降低社会保险费率"的精神,为更好贯彻社会保险法、《工伤保险条例》,使工伤保险费率政策更加科学、合理,适应经济社会发展的需要,经国务院批准,自2015年10月1日起,调整现行工伤保险费率政策。现将有关事项通知如下:

一、关于行业工伤风险类别划分

按照《国民经济行业分类》(GB/T 4754-2011)对行业的划分,根据不同行业的工伤风险程度,由低到高,依次将行业工伤风险类别划分为一类至八类(见附件)。

二、关于行业差别费率及其档次确定

不同工伤风险类别的行业执行不同的工伤保险行业基准费率。各行业工伤风险类别对应的全国工伤保险行业基准费率为,一类至八类分别控制在该行业用人单位职工工资总额的0.2%、0.4%、0.7%、0.9%、1.1%、1.3%、1.6%、1.9%左右。

通过费率浮动的办法确定每个行业内的费率档次。一类行业分为三个档次,即在基准费率的基础上,可向上浮动至120%、150%,二类至八类行业分为五个档次,即在基准费率的基础上,可分别向上浮动至120%、150%或向下浮动至80%、50%。

各统筹地区人力资源社会保障部门要会同财政部门,按照"以支定收、收支平衡"的原则,合理确定本地区工伤保险行业基准费率具体标准,并征求工会组织、用人单位代表的意见,报统筹地区人民政府批准后实施。基准费率的具体标准可根据统筹地区经济产业结构变动、工伤保险费使用等情况适时调整。

三、关于单位费率的确定与浮动

统筹地区社会保险经办机构根据用人单位工伤保险费使用、工伤发生率、职业病危害程度等因素,确定其工伤保险费率,并可依据上述因素变化情况,每一至三年确定其在所属行业不同费率档次间是否浮动。对符合浮动条件的用人单位,每次可上下浮动一档或两档。统筹地区工伤保险最低费率不低于本地区一类风险行业基准费率。费率浮动的具体办法由统筹地区人力资源社会保障部门商财政部门制定,并征求工会组织、用人单位代表的意见。

四、关于费率报备制度

各统筹地区确定的工伤保险行业基准费率具体标准、费率浮动具体办法，应报省级人力资源社会保障部门和财政部门备案并接受指导。省级人力资源社会保障部门、财政部门应每年将各统筹地区工伤保险行业基准费率标准确定和变化以及浮动费率实施情况汇总报人力资源社会保障部、财政部。

附件：

工伤保险行业风险分类表

行业类别	行业名称
一	软件和信息技术服务业，货币金融服务，资本市场服务，保险业，其他金融业，科技推广和应用服务业，社会工作，广播、电视、电影和影视录音制作业，中国共产党机关，国家机构，人民政协、民主党派，社会保障，群众团体、社会团体和其他成员组织，基层群众自治组织，国际组织
二	批发业，零售业，仓储业，邮政业，住宿业，餐饮业，电信、广播电视和卫星传输服务，互联网和相关服务，房地产业，租赁业，商务服务业，研究和试验发展，专业技术服务业，居民服务业，其他服务业，教育，卫生，新闻和出版业，文化艺术业
三	农副食品加工业，食品制造业，酒、饮料和精制茶制造业，烟草制品业，纺织业，木材加工和木、竹、藤、棕、草制品业，文教、工美、体育和娱乐用品制造业，计算机、通信和其他电子设备制造业，仪器仪表制造业，其他制造业，水的生产和供应业，机动车、电子产品和日用产品修理业，水利管理业，生态保护和环境治理业，公共设施管理业，娱乐业
四	农业，畜牧业，农、林、牧、渔服务业，纺织服装、服饰业，皮革、毛皮、羽毛及其制品和制鞋业，印刷和记录媒介复制业，医药制造业，化学纤维制造业，橡胶和塑料制品业，金属制品业，通用设备制造业，专用设备制造业，汽车制造业，铁路、船舶、航空航天和其他运输设备制造业，电气机械和器材制造业，废弃资源综合利用业，金属制品、机械和设备修理业，电力、热力生产和供应业，燃气生产和供应业，铁路运输业，航空运输业，管道运输业，体育
五	林业，开采辅助活动，家具制造业，造纸和纸制品业，建筑安装业，建筑装饰和其他建筑业，道路运输业，水上运输业，装卸搬运和运输代理业
六	渔业，化学原料和化学制品制造业，非金属矿物制品业，黑色金属冶炼和压延加工业，有色金属冶炼和压延加工业，房屋建筑业，土木工程建筑业
七	石油和天然气开采业，其他采矿业，石油加工、炼焦和核燃料加工业
八	煤炭开采和洗选业，黑色金属矿采选业，有色金属矿采选业，非金属矿采选业

人力资源社会保障部、财政部、国家税务总局关于阶段性降低失业保险、工伤保险费率有关问题的通知

- 2023年3月29日
- 人社部发〔2023〕19号

各省、自治区、直辖市及新疆生产建设兵团人力资源社会保障厅(局)、财政(财务)厅(局)，国家税务总局各省、自治区、直辖市和计划单列市税务局：

为进一步减轻企业负担，增强企业活力，促进就业稳定，经国务院同意，现就阶段性降低失业保险、工伤保险费率有关问题通知如下：

一、自2023年5月1日起，继续实施阶段性降低失业保险费率至1%的政策，实施期限延长至2024年底。在省(区、市)行政区域内，单位及个人的费率应当统一，个人费率不得超过单位费率。

二、自2023年5月1日起，按照《国务院办公厅关于印发降低社会保险费率综合方案的通知》(国办发〔2019〕13号)有关实施条件，继续实施阶段性降低工伤保险费率政策，实施期限延长至2024年底。

三、各地要加强失业保险、工伤保险基金运行分析，平衡好降费率与保发放之间的关系，既要确保降费率政策落实，也要确保待遇按时足额发放，确保制度运行安全平稳可持续。

四、各地要继续按照国家有关规定进一步规范缴费

比例、缴费基数等相关政策，不得自行出台降低缴费基数、减免社会保险费等减少基金收入的政策。

五、各地人力资源社会保障、税务部门要按规定开展降费核算工作，并按月及时上报有关情况。

阶段性降低失业保险、工伤保险费率政策性强，社会关注度高。各地要把思想和行动统一到党中央、国务院决策部署上来，加强组织领导，精心组织实施。各地贯彻落实本通知情况以及执行中遇到的问题，请及时向人力资源社会保障部、财政部、国家税务总局报告。

人力资源社会保障部、财政部、国家卫生健康委关于开展工伤保险跨省异地就医直接结算试点工作的通知

· 2024 年 1 月 12 日
· 人社部发〔2024〕11 号

各省、自治区、直辖市及新疆生产建设兵团人力资源社会保障厅（局）、财政厅（局）、卫生健康委：

为加快推进工伤保险跨省异地就医直接结算工作，更好保障工伤职工权益，不断提升工伤保险管理服务便捷度和工伤职工获得感，根据《国务院办公厅关于加快推进政务服务"跨省通办"的指导意见》（国办发〔2020〕35号）和《人力资源社会保障部关于印发〈人力资源社会保障信息化便民服务创新提升行动方案〉的通知》（人社部发〔2020〕83号）要求，开展工伤保险跨省异地就医直接结算试点工作。现就有关工作通知如下：

一、试点目标

2024 年 4 月 1 日，由各省（自治区、直辖市）和新疆生产建设兵团（以下简称省）人力资源社会保障厅（局）选择部分地市启动工伤保险跨省异地就医直接结算试点工作，依托全国工伤保险异地就医结算信息系统（以下简称工伤保险异地就医系统），实行试点地市人员持社会保障卡（含电子社保卡，以下统称社保卡）直接结算跨省异地就医住院工伤医疗费用、住院工伤康复费用和辅助器具配置费用。试点期限为一年。通过试点，实现试点地市跨省异地就医直接结算制度基本定型，机制运行较为顺畅，异地就医备案规范便捷，当地工伤职工的跨省异地就医直接结算需求得到初步满足。

二、基本原则

（一）统一管理。坚持就医地统一管理，将异地就医纳入就医地协议管理、费用监控、医疗服务质量监督等各项管理服务范围。

（二）结算便捷。坚持为工伤职工提供方便快捷的结算服务，工伤保险基金支付部分由就医地经办机构与就医地协议医疗（康复）、辅助器具配置机构（以下简称协议机构）按协议约定审核后支付。

（三）循序渐进。坚持住院费用先纳入，先期以异地长期居住（工作）和异地转诊转院人员起步，优先联通异地就医集中地区，协议机构信息系统联通一家上线一家，稳步有序推进直接结算工作。

（四）联动共促。坚持参保地与就医地异地就医工作分工明确与责任共担相结合，建立科学有效协同机制，提升管理服务质量，确保工伤职工获得高质、便捷跨省异地就医直接结算服务。

（五）安全稳健。坚持工伤保险基金以支定收、收支平衡，严格规范管理，合理使用基金，切实防范风险，确保基金安全可持续运行和各项待遇支付。

三、明确异地就医人员范围

参加工伤保险并已完成工伤认定、工伤复发确认、工伤康复确认或辅助器具配置确认的异地长期居住、常驻异地工作和异地转诊转院等工伤职工，可以申请办理跨省异地就医住院工伤医疗费用、住院工伤康复费用和辅助器具配置费用直接结算。

（一）在参保省外居住（工作）半年（含）及以上，并符合参保地异地就医、康复、辅助器具配置要求的工伤职工。

（二）参保地医疗和康复、辅助器具配置协议机构限于医疗技术和设备不能诊治或配置，并符合参保地转诊转院要求的工伤职工。

四、明确异地就医政策

（一）严格备案管理。工伤职工跨省异地就医前，应向参保地经办机构进行备案并经审核同意。异地长期居住（工作）工伤职工和跨省转诊转院工伤职工备案有效期由参保地所在省（以下简称参保省）统一规定。参保省应引导异地长期居住（工作）工伤职工有序就医，可合理设置变更或取消备案的时限要求，原则上不超过 6 个月。

（二）明确结算范围。异地就医工伤职工在就医地发生的无第三方责任的住院工伤医疗费、住院工伤康复费和辅助器具配置费纳入跨省异地就医直接结算范围。住院伙食补助费和因异地转诊转院发生的到统筹区外就医所需的交通食宿费不纳入跨省异地就医直接结算范围，由参保地经办机构按照参保地政策审核报销。

（三）规范待遇政策。异地就医直接结算的住院工伤医疗费、住院工伤康复费，执行就医地工伤保险诊疗项目目录、工伤保险药品目录、工伤保险住院服务标准、工

伤康复服务项目等有关规定;辅助器具配置执行参保地辅助器具配置目录有关规定。

跨省异地长期居住(工作)人员在备案有效期内异地就医的,在就医地享受工伤保险费用结算服务,执行就医地政策;确需回参保地并在当地就医的,可以在参保地享受工伤保险费用结算服务,执行参保地政策。跨省异地转诊转院工伤职工在备案有效期内,可在就医地多次就诊并享受跨省异地就医直接结算服务。

五、加强异地就医管理

(一)合理布局异地协议机构。各省应按照合理布局、分步纳入的原则,选择工伤职工就医需求较为集中、管理服务水平和信息化程度较高的地市开展试点。各省选择确定开展工伤医疗跨省异地就医直接结算试点的地市数量,控制在本省地市总数的40%以内。试点地市根据实际确定本市相应协议医疗机构,并根据试点工作推进情况逐步增加。试点期间,各省至少选择确定一家协议康复机构和一家辅助器具配置机构实现异地就医费用联网直接结算。

(二)实施就医地统一管理。就医地经办机构应将异地就医工伤职工纳入本地统一管理,为其提供和本地工伤职工相同的服务和管理,相关数据纳入本地统计分析事项。就医地经办机构应将异地就医工作纳入协议管理范围,并将相关内容在协议中予以明确。要加强基金支出管理,通过开展日常检查、专项检查、年度检查等方式,监督协议机构严格执行工伤保险各项目录、标准的有关规定,并将检查结果充分运用在协议续签、月度结算等环节中。

六、规范异地就医流程

(一)规范转出流程。工伤职工跨省异地就医前,可通过国家社会保险公共服务平台、人社政务服务平台、掌上12333APP、电子社保卡等全国统一服务入口(以下简称全国统一服务入口)或参保地经办机构窗口办理异地就医备案手续。参保地经办机构应将线下收到的备案信息及时上传至工伤保险异地就医系统,形成全国异地就医备案人员库,并进行动态管理,供就医地经办机构和协议机构及时获取。

(二)规范就医流程。工伤职工办理入院手续时,协议机构应核对工伤职工身份信息和备案信息,严格按照工伤保险政策有关规定提供医疗、康复和辅助器具配置服务,因病施治,伤病分离管理,合理诊疗。对工伤职工治疗非工伤所发生的费用,就医中发生的超标准超目录范围和不符合诊疗常规的费用,及其他违反工伤保险有关规定的费用,工伤保险基金不予支付。

(三)规范结算流程。工伤职工异地就医结算实行持社保卡直接结算,工伤保险基金按项目付费。工伤保险异地就医系统提供接口和登录两种模式,支持各省完成费用结算。协议机构应及时传输工伤职工就医、结算及其他相关信息,确保信息真实、完整、准确,不得篡改作假。

七、强化异地就医资金管理

(一)明确资金管理方式。跨省异地就医费用工伤保险基金支付部分在各省间实行先预付后清算。预付金初始额度确认后按年调整,就医费用各省按季度全额清算。预付金初始额度为可支付半年资金,由各省根据往年跨省异地就医工伤保险基金支付金额及政策实施后释放效应预估后上报,部级经办机构审核确定。预付金初始额度最晚于本通知印发之日起三个月内拨付到位。

预付金来源于各统筹地区工伤保险基金。就医地所在省(以下简称就医省)可调剂使用各参保省的预付金,用于支付参保地异地就医工伤职工直接结算相关费用。

(二)建立跨省综合协调机制。跨省异地就医预付及清算资金由参保省与就医省进行划拨。各省级经办机构和财政部门应按照《工伤保险跨省异地就医直接结算经办规程》(见附件,以下简称经办规程)要求,协同做好资金划拨和收款工作。部级经办机构负责协调和督促各省按规定及时拨付资金。

试点期间,人力资源社会保障部、财政部将通报各省预付金和清算资金按时拨付情况。对拖欠预付金和清算资金的参保省,就医省可视情况向部级经办机构提出终止该参保省的直接结算业务。

(三)明确相关管理事项。划拨跨省异地就医资金过程中发生的银行手续费、银行票据工本费等不得在工伤保险基金中列支。预付金在就医省产生的利息归就医省所有。跨省异地就医费用结算和清算过程中形成的暂付款项和暂收款项按相关会计制度规定进行核算。

(四)加强风险防控。异地就医参保人员在各省工伤协议机构的就医、康复、辅助器具配置行为和相应费用纳入就医地工伤保险基金稽核、监管和审计。参保地应加强与就医地沟通协调,建立工伤医疗异地就医管理机制,以大额、高频次、备案期间备案地和参保地双向支出等为重点,实施费用数据稽核,科学有效开展相关异地就医管理工作。就医地要尽可能提供便利条件,积极配合参保地开展事后稽核监管工作。人力资源社会保障部根据异地就医工作进展,以异地就医大额费用或疑难案例为重点,适时组织开展联审互查,加大基金支出监管力度。

八、加快工伤保险异地就医信息系统建设

（一）建设全国信息系统。人力资源社会保障部依托金保工程业务专网，组织建设工伤保险异地就医系统。实现各级工伤保险经办机构、协议机构协同办理工伤保险跨省异地就医业务，确保备案、结算等信息跨机构、跨层级传递，支持定期结算、清分工伤保险异地就医资金。

（二）加快信息系统联网接入。各省应结合本省工伤保险信息化情况，选择接口或登录模式接入工伤保险异地就医系统，同时应加快推进省内工伤医疗、工伤康复和辅助器具配置费用联网直接结算。已实现信息系统省级集中的省份，原则上均需选择接口模式接入，采取非人力资源社会保障部门结算通道方式的省份，根据工伤保险跨省异地就医结算总体要求，组织做好相关系统改造工作，实现工伤保险跨省异地就医结算信息协同共享。尚未实现信息系统省级集中的省份，应组织纳入跨省异地就医的协议机构及经办机构，通过登录工伤保险异地就医系统开展业务办理，在2024年底前完成向接口模式的过渡。

（三）推进社保卡应用。各省要将社保卡作为工伤职工异地就医身份识别和直接结算凭证，对有异地就医需求的人员优先发卡，并引其签发电子社保卡，建立跨省用卡服务机制。要按照全国跨省用卡技术方案和统一接口规范，完成读卡、扫码终端和用卡环境改造，支持跨省用卡鉴权。

（四）提高公共服务可及性。人力资源社会保障部将依托全国统一服务入口，为工伤职工提供方便、快捷的工伤异地就医备案申请、就医结算明细查询等服务。各省也应借助本地线上、线下服务渠道，提高经办管理服务水平，为工伤职工提供便捷、优质、高效的服务。

九、工作要求

（一）加强组织领导。试点期间，各级人力资源社会保障部门要将跨省异地就医直接结算工作作为落实国务院"跨省通办"、人社信息化便民服务创新提升行动的重要任务，加强领导、统筹谋划、精心组织、协调推进、攻坚克难，纳入目标任务考核管理，确保按时完成任务。财政部门根据经办机构请款，按规定及时划拨跨省异地就医资金，合理安排工作经费，加强与经办机构对账管理，确保账账相符、账款相符。卫生健康部门要指导相关医疗机构积极配合落实跨省异地就医各项任务，提高服务能力，保障医疗质量和安全。各地各部门要认真总结试点期间工作经验成效，针对出现的问题及时研究解决措施，确保试点工作稳妥推进，为适时扩大直接结算人员范围和费用结算范围奠定坚实基础。

（二）加强队伍建设。要加强国家和省级异地就医工作队伍建设，特别是异地就医人数集中的地区，应根据管理服务的需要，加强机构、人员和办公条件保障，合理配置专业工作人员，并充分调动协议机构的积极性，保证服务质量，提高工作效率。

（三）做好宣传引导。充分利用现有12333咨询服务电话和各级人力资源社会保障部门门户网站，拓展多种信息化服务渠道，引导合理有序就医，提供就医地协议机构信息、参保地报销政策信息、跨省工伤保险业务经办指南、查询投诉等服务。

各省人力资源社会保障厅（局）要牵头认真总结试点工作情况，于试点结束前上报人力资源社会保障部。人力资源社会保障部适时牵头开展试点评估，加强运行分析，完善工作措施，提出下一步工作安排。工作推进过程中遇到重大问题，请及时报告人力资源社会保障部。

附件：工伤保险跨省异地就医直接结算经办规程

工伤保险跨省异地就医直接结算经办规程

第一章 总 则

第一条 为落实《国务院关于加快推进政务服务"跨省通办"的指导意见》（国办发〔2020〕35号）等文件有关要求，推进工伤保险跨省异地就医费用直接结算，规范异地就医管理，提高服务水平，制定本规程。

第二条 本规程适用于工伤保险跨省异地就医费用直接结算经办管理服务工作。

第三条 符合条件的工伤职工在参保省外的工伤保险协议医疗机构、康复机构和辅助器具配置机构（以下统称协议机构）发生的无第三方责任住院工伤医疗、住院工伤康复和辅助器具配置（含更换，下同）等合规跨省异地就医费用，可以按照本规程的规定直接结算。

第四条 参加工伤保险并已完成工伤认定、工伤复发确认、工伤康复确认或辅助器具配置确认的以下工伤职工，可以申请跨省异地就医费用直接结算：

（一）异地长期居住（工作）工伤职工：指在参保省外长期居住生活或被用人单位长期派驻至参保省外工作的工伤职工；

（二）异地转诊转院工伤职工：指因医疗条件所限需要转诊转院到参保省外就医的工伤职工。

第五条 各级社会保险经办机构、工伤保险协议机构，通过全国工伤保险异地就医结算信息系统（以下简称工伤保险异地就医系统），开展工伤保险跨省异地就医直接结算，实现结算信息电子化传递。工伤保险异地就

系统提供接口与登录两种接入模式。

第六条 跨省异地就医直接结算工作实行统一管理、分级负责。人力资源社会保障部负责统一组织、指导省际间异地就医管理服务工作，负责督促各省社会保险经办机构协调财政部门按规定及时拨付资金；省级人力资源社会保障部门（以下简称人社部门）负责完善省级异地就医结算管理功能，统一组织协调并实施跨省异地就医管理服务工作；省级以下人社部门按国家和本省要求做好跨省异地就医相关工作。

第七条 跨省异地就医费用工伤保险基金支付部分在各省间实行先预付后清算，预付资金来源于工伤职工所属统筹地区的工伤保险基金。

第八条 各地要优化经办流程，简化办事程序，畅通信息化渠道，提高服务质量，确保业务经办合法、便民、及时、公开、安全。

第二章 备案管理

第九条 工伤保险跨省异地就医直接结算实行备案管理制。参保地经办机构应当为工伤职工提供便捷的线上及线下备案渠道，及时办理工伤职工提出的备案申请并依法告知结果。

第十条 参保地经办机构应按规定为工伤职工办理备案手续，并分别收取以下材料：

（一）异地长期居住（工作）工伤职工：《工伤保险跨省异地就医（康复）直接结算备案表》（见附件1）、异地长期居住佐证材料或常驻异地工作佐证材料；

（二）异地转诊转院工伤职工：《工伤保险跨省异地就医（康复）直接结算备案表》、参保省规定的协议机构转诊转院意见；

（三）异地配置辅助器具工伤职工：《工伤保险跨省异地配置辅助器具直接结算备案表》（见附件2），并根据三种情形分别提供协议机构转诊转院意见、异地长期居住或常驻异地工作佐证材料。

第十一条 异地长期居住（工作）工伤职工和跨省转诊转院工伤职工备案有效期由参保省统一规定。参保省应引导异地长期居住（工作）工伤职工有序就医，可合理设置变更或取消备案的时限要求，原则上不超过6个月。

第十二条 参保地经办机构在为工伤职工办理备案时原则上直接备案到就医地市或直辖市。工伤职工完成备案后，可在就医地开通的所有跨省异地就医直接结算协议机构享受住院工伤医疗费用、住院工伤康复费用或辅助器具配置费用直接结算服务。

第十三条 工伤职工办理异地就医备案后，备案有效期内，可在就医地多次就诊并享受跨省异地就医直接结算服务。备案有效期内已办理入院手续的，不受备案有效期限制，可正常直接结算相关费用。

跨省异地长期居住（工作）人员在备案有效期内确需回参保地就医的，可以在参保地享受工伤保险费用结算服务，执行参保地政策。

第十四条 参保地经办机构应按规定及时办理工伤职工提出的备案申请，对于符合备案条件的，原则上应在5个工作日内办理完毕并告知申请人。对于备案材料不齐全的，应一次性告知需补正的材料；对于不符合备案条件的，应将备案结论告知申请人。

接收备案申请信息的经办机构应在办理完成后，及时将办理结果回传至工伤保险异地就医系统。

第十五条 已完成异地长期居住（工作）备案的工伤职工，居住（工作）地等信息发生变更，或结束异地长期居住（工作）的，应及时办理备案信息变更或取消备案。

接收备案变更申请的经办机构应在办理完成后，及时将办理结果上传至工伤保险异地就医系统。

第十六条 工伤职工未按规定完成备案登记或在就医地非跨省异地就医直接结算协议机构发生的医疗费用，不予直接结算。

第三章 就医管理

第十七条 试点期间，各省应按照合理布局、分步纳入的原则，选择40%以内的本省地市开展工伤医疗跨省异地就医直接结算试点。试点地市经办机构根据实际确定本市跨省异地就医直接结算协议医疗机构。各省至少要确定一家协议康复机构和一家辅助器具配置机构，各地可根据工作推进情况逐步增加。

第十八条 工伤保险异地就医系统建立全国跨省异地就医直接结算协议机构库，各省经办机构应将确定后的跨省异地就医直接结算协议机构名单及时上报工伤保险异地就医系统。工伤保险异地就医系统依托国家社会保险公共服务平台等全国统一服务入口，提供实时查询服务。

跨省异地就医直接结算协议机构库实行动态维护，协议机构发生新增、中止或终止协议、停业或歇业等情形的，省级经办机构应及时上报工伤保险异地就医系统并更新协议机构库。

第十九条 工伤职工在就医地跨省异地就医直接结算协议机构就医时，应主动表明身份，出示社保卡等有效身份凭证，遵守就医地就医流程和服务规范。

就医地协议机构应当为异地就医工伤职工提供与本地工伤职工同等的医疗、康复和辅助器具配置服务。就医地经办机构负责具体审核在本地区发生的异地就医住院工伤医疗、住院工伤康复和辅助器具配置费用。

第四章 预付金管理

第二十条 预付金是参保省预付给就医省用于支付参保省异地就医工伤职工就医费用的资金，资金专款专用，任何组织和个人不得侵占或者挪用。原则上根据上年度工伤保险跨省异地就医结算资金季度平均值的两倍核定年度预付金额度，按年调整。就医省可调剂使用各参保省的预付金。

第二十一条 预付金初始额度为可支付半年资金，由各省根据往年跨省异地就医工伤保险基金支付金额并结合政策实施后释放效应预估后上报，由部级经办机构核定生成《＿＿＿＿＿＿省（区、市）工伤保险跨省异地就医预付金付款通知书》（见附件3）、《＿＿＿＿＿＿省（区、市）工伤保险跨省异地就医预付金收款通知书》（见附件4），各省级经办机构在工伤保险异地就医系统下载后按规定通知同级财政部门付款和收款。

第二十二条 每年1月底前，部级经办机构根据上年结算资金季度平均值的两倍核定各省级经办机构本年度应付、应收预付金，生成《全国工伤保险跨省异地就医预付金额度调整明细表》（见附件5），出具《＿＿＿＿＿＿省（区、市）工伤保险跨省异地就医预付金额度调整付款通知书》（见附件6）、《＿＿＿＿＿＿省（区、市）工伤保险跨省异地就医预付金额度调整收款通知书》（见附件7），通过工伤保险异地就医系统进行发布。

第二十三条 年度调整时，就医省应收参保省预付金额度低于上年额度的，应返还参保省相应资金，返还资金列入本年度就医省跨省异地就医预付金额度调整付款通知书，并在对应参保省名称前加注"＊"。

参保省应收就医省返还的资金列入本年度参保省跨省异地就医预付金额度调整收款通知书，并在对应就医省名称前加注"＊"。

第二十四条 省级经办机构通过工伤保险异地就医系统接收预付金额度调整付款通知书，应于5个工作日内提交同级财政部门。参保地省级财政部门按规定对省级经办机构提交的付款通知书和用款申请计划审核后，在10个工作日内进行划款。省级财政部门按规定划拨预付金时，注明业务类型（预付金或清算资金），完成划拨后5个工作日内将划拨信息反馈到省级经办机构。

第二十五条 省级经办机构完成付款确认时，应在工伤保险异地就医系统内反馈付款银行类别、交易流水号和交易日期等信息，确保信息真实、准确，原则上各省应于每年2月底前完成年度预付金调整额度的收付款工作。

第二十六条 建立预付金预警和调增机制。预付金使用率为预警指标，是指异地就医季度清算资金占预付金的比例。当某一参保省的预付金使用率达到70%时，为黄色预警；预付金使用率达到80%及以上时，为红色预警，就医省可启动针对该参保省的预付金紧急调增流程。

第二十七条 当预付金使用率出现红色预警时，就医地省级经办机构可在当期清算签章之日起3个工作日内登录工伤保险异地就医系统向部级经办机构提出预付金额度调增申请。部级经办机构收到申请后，结合就医省与参保省本期及往期清算资金量，对就医地省级经办机构提出调增的额度进行审核确认，并向参保地和就医地省级经办机构分别下发《＿＿＿＿＿＿省（区、市）工伤保险跨省异地就医预付金额度紧急调增付款通知书》（见附件8）、《＿＿＿＿＿＿省（区、市）工伤保险跨省异地就医预付金额度紧急调增收款通知书》（见附件9）。

原则上就医省每季度最多提出1次紧急调增申请，每次申请最高额度为本季度待与协议机构月结金额的两倍。

第二十八条 参保地省级经办机构接到部级经办机构下发的预付金额度紧急调增通知书后，应于5个工作日内提交同级财政部门。省级财政部门按规定对省级经办机构提交的付款通知书和用款申请计划审核后，在10个工作日内完成预付金紧急调增资金的拨付。原则上预付金紧急调增额度应于下期清算前完成拨付。

第二十九条 省级财政部门按规定在完成预付金额度及调增资金的付款和收款后，5个工作日内将划拨及收款信息反馈到省级经办机构，省级经办机构同时向部级经办机构反馈到账信息。

第三十条 经办机构应当在"暂付款"科目下设置"异地就医预付金"明细科目，并在该明细科目下按照付对方地区进行明细核算，核算参保地区向就医地区划拨的跨省异地就医预付资金。反映非省级经办机构向上级经办机构上解的本级跨省异地就医预付金，参保地区省级经办机构向就医地区省级经办机构拨付的省本级跨省异地就医预付金，以及参保地区各级经办机构收到退回的归属本级基金的跨省异地就医预付金。

经办机构应当在"暂收款"科目下设置"异地就医预付金""异地就医清算资金""异地就医资金"明细科目，其中，"异地就医预付金""异地就医清算资金"明细科目分别用于核算参保地区上级经办机构收到下级经办机构归集的异地就医预付金、清算资金，"异地就医资金"明细科目用于核算就医地区接收参保地区划拨的异地就医预付金和清算资金。

第三十一条 部级经办机构负责协调和督促各省按规定及时拨付资金。

第五章 就医费用结算

第三十二条 就医费用结算是指就医地经办机构与本地协议机构对异地就医费用审核和对账确认后，按协议或有关规定向协议机构支付费用的行为。就医费用对账是指就医地经办机构与协议机构就住院工伤医疗、住院工伤康复以及辅助器具配置费用确认工伤保险基金支付金额的行为。

第三十三条 异地就医工伤职工直接结算的住院工伤医疗费和住院工伤康复费，执行就医地工伤保险诊疗项目目录、工伤保险药品目录、工伤保险住院服务标准、工伤康复服务项目（以下简称就医地目录）等有关规定。辅助器具配置执行参保地辅助器具配置目录有关规定。

第三十四条 工伤职工到异地就医（康复）的，采用接口模式的省份，在办理入院登记时，协议机构经办人员应核对工伤职工身份信息和备案信息。职工出院时，再次核对身份信息和备案信息，通过本省信息系统完成联网结算后，在5个工作日内将职工基本信息、医疗机构信息、临床诊断、治疗明细和结算等信息通过省级系统上传至工伤保险异地就医系统。

采用登录模式的省份，在办理入院登记时，协议机构经办人员应核对工伤职工身份信息和备案信息。住院期间，协议机构经办人员按日将分割后的费用明细上传至工伤保险异地就医系统。出院时，再次核对身份信息和备案信息，属于工伤保险基金支付的费用，由就医地经办机构与协议机构按协议结算，工伤职工按照协议机构出具的《＿＿＿＿省（区、市）工伤保险跨省异地就医结算单》（见附件10）支付应由本人支付的费用。协议机构应在结算后5个工作日内将全部结算信息上传至工伤保险异地就医系统。

对于住院康复的工伤职工，原则上协议机构还应在出院结算前上传康复方案至工伤保险异地就医系统。

第三十五条 工伤职工到异地配置辅助器具的，采用接口模式的省份，协议机构经办人员应核对工伤职工身份信息、备案信息和配置费用核付通知单后提供配置服务。通过本省信息系统完成联网结算后，在5个工作日内将配置费用明细等结算信息通过省级系统上传至工伤保险异地就医系统。

采用登录模式的省份，协议机构经办人员应核对工伤职工身份信息、备案信息和配置费用核付通知单后提供配置服务。配置完成后，属于工伤保险基金支付的费用，由就医地经办机构与协议机构按协议结算，工伤职工按照协议机构出具的《＿＿＿＿省（区、市）工伤保险跨省异地就医结算单》支付超目录或者超出限额部分的费用。协议机构应在结算后5个工作日内将全部结算信息上传至工伤保险异地就医系统。

第三十六条 就医地经办机构应及时对各协议机构上月发生的跨省异地就医结算费用进行审核和对账确认，并与协议机构进行月度结算。

采用接口模式的省份，就医地经办机构通过省级系统完成费用审核和对账确认后，在每月20日前将月度结算信息及时上传至工伤保险异地就医系统。

采用登录模式的省份，就医地经办机构登录工伤保险异地就医系统进行费用审核和对账确认，工伤保险异地就医系统每月20日汇总上月跨省异地就医结算费用审核和对账确认情况，生成月度结算金额，就医地经办机构按协议约定，及时将应由工伤保险基金支付金额拨付给协议机构。

第三十七条 就医地对于工伤职工住院治疗（配置）过程跨自然年度的，应以出院结算日期为结算时点，按一笔费用整体结算。

第三十八条 跨省异地就医发生的住院工伤医疗、住院工伤康复费用和辅助器具配置费用由就医地经办机构按照规定进行审核，对治疗非工伤所发生的费用、就医中发生的超标准超目录范围和不符合诊疗常规的费用，及其他违反工伤保险有关规定的费用，按协议规定予以扣除，并上传至工伤保险异地就医系统。

第三十九条 工伤职工异地就医备案后，因结算网络系统、就医凭证等故障导致无法直接结算的，相关费用回参保地按参保地规定手工报销。参保地手工报销前，应切实履行审查职责，核实工伤职工是否已在就医地直接结算，杜绝重复报销。

第六章 费用清算

第四十条 跨省异地就医费用清算是指各省间确认有关跨省异地就医费用的应收或应付金额，据实划拨的过程。

第四十一条 工伤保险异地就医系统根据就医地经办机构与协议机构对账确认后的费用，于每季度次月21日自动生成《全国工伤保险跨省异地就医费用清算表》

（见附件 11）、《＿＿＿＿＿省（区、市）工伤保险跨省异地就医应付费用清算表》（见附件 12）、《＿＿＿＿＿省（区、市）工伤保险跨省异地就医支付明细表》（见附件 12-1）、《＿＿＿＿＿省（区、市）工伤保险跨省异地就医基金审核扣款明细表》（见附件 12-2）、《＿＿＿＿＿省（区、市）工伤保险跨省异地就医应收费用清算表》（见附件 13），各省级经办机构可通过工伤保险异地就医系统查询本省内各地区的上述清算信息，于每季度次月 25 日前确认上述内容。

第四十二条　部级经办机构于每季度次月底前根据确认后的《全国工伤保险跨省异地就医费用清算表》，生成《＿＿＿＿＿省（区、市）工伤保险跨省异地就医费用付款通知书》（见附件 14）、《＿＿＿＿＿省（区、市）工伤保险跨省异地就医费用收款通知书》（见附件 15），在工伤保险异地就医系统发布。

第四十三条　各省级经办机构通过工伤保险异地就医系统接收《＿＿＿＿＿省（区、市）工伤保险跨省异地就医费用付款通知书》《＿＿＿＿＿省（区、市）工伤保险跨省异地就医费用收款通知书》后，于 5 个工作日内提交同级财政部门，财政部门按规定对经办机构提交的付款通知书和用款申请计划审核后 10 个工作日内向就医地省级财政部门划拨资金。省级财政部门在完成清算资金拨付、收款后，在 5 个工作日内将划拨及收款信息反馈省级经办机构，省级经办机构向部级经办机构反馈到账信息。原则上，当期清算资金应于下期清算前完成拨付。

第四十四条　原则上，当季跨省异地就医直接结算费用应于下季度第二月月底前完成收、付款，收、付款延期最长不超过 1 个季度。当年跨省异地就医直接结算费用，最晚应于次年第一季度清算完毕。

第七章　信息管理

第四十五条　工伤保险异地就医系统由人力资源社会保障部组织建设。已实现信息系统省级集中的省份，原则上均需选择接口模式接入工伤保险异地就医系统；尚未实现信息系统省级集中的省份，通过登录工伤保险异地就医系统开展业务办理，加快推进工伤保险省级系统整合建设，建立与协议机构的联网结算通道，尽快向接口模式过渡。

第四十六条　社保卡是工伤职工跨省异地就医直接结算的身份凭证。协议机构应支持跨省异地就医工伤职工持社保卡直接结算住院工伤医疗费用、住院工伤康复费用和辅助器具配置费用。

第四十七条　人力资源社会保障部将依托国家社保险公共服务平台、人社政务服务平台、掌上 12333APP、电子社保卡等全国统一服务入口，面向参保人提供参保工伤职工跨省异地就医备案申请、协议机构查询、工伤保险跨省异地就医明细查询等公共服务。各级经办机构、工伤保险协议机构应及时向工伤保险异地就医系统上传有关信息，确保工伤保险异地就医系统信息及时、准确。

第八章　稽核监督

第四十八条　跨省异地就医医疗服务实行就医地管理。就医地经办机构要将异地就医工作纳入协议管理范围，在协议中明确相关内容，切实保障工伤职工的权益。要指导和督促协议机构按照要求提供服务，及时传输工伤职工就医、结算及其他相关信息，确保信息真实准确，不得篡改作假。

第四十九条　就医地经办机构应当建立异地就医工伤职工的投诉举报渠道，及时受理投诉举报并将结果告知投诉举报人。对查实的重大违法违规行为应按相关规定执行并上报。

第五十条　就医地经办机构发现异地就医工伤职工有严重违规行为的，应暂停其直接结算，同时逐级上报部级经办机构，部级经办机构协调参保地经办机构按照相关规定进行处理。

就医地经办机构应协助参保地经办机构进行医疗票据核查等工作，保证费用的真实性，防范和打击伪造票据等骗取工伤保险基金行为。

第五十一条　部级经办机构适时组织各省级经办机构以大额、高频次、备案期间备案地和参保地双向支出为重点，通过巡查检查、交叉互查、第三方评审等方式，开展跨省异地就医联审互查工作。部级经办机构负责协调处理因费用审核、资金拨付和违规处理等发生的争议及纠纷。

第五十二条　各级经办机构应加强跨省异地就医直接结算运行监控和费用审核，健全工伤保险基金运行风险评估预警机制，定期开展跨省异地就医直接结算运行分析。

第九章　附　则

第五十三条　异地就医业务档案由参保地经办机构和就医地经办机构按其办理的业务分别保管。

第五十四条　各省级工伤保险经办机构可根据本规程，制定本地区异地就医直接结算经办规程。

第五十五条　各级经办机构应按照服务便民工作原则，做好政策宣传和就医指引，依托公共服务网站、经办服务大厅等网站公布办事指南,供工伤职工跨省异地就医时使用。

第五十六条 《工伤保险经办规程》中关于异地就医的有关规定与本规程不一致的,按本规程执行。

附件1:工伤保险跨省异地就医(康复)直接结算备案表(略)

附件2:工伤保险跨省异地配置辅助器具直接结算备案表(略)

附件3:_____省(区、市)工伤保险跨省异地就医预付金付款通知书(略)

附件4:_____省(区、市)工伤保险跨省异地就医预付金收款通知书(略)

附件5:全国工伤保险跨省异地就医预付金额度调整明细表(略)

附件6:_____省(区、市)工伤保险跨省异地就医预付金额度调整付款通知书(略)

附件7:_____省(区、市)工伤保险跨省异地就医预付金(略)

附件8:_____省(区、市)工伤保险跨省异地就医预付金额度紧急调增付款通知书(略)

附件9:_____省(区、市)工伤保险跨省异地就医预付金额度紧急调增收款通知书(略)

附件10:_____省(区、市)工伤保险跨省异地就医结算单(略)

附件11:全国工伤保险跨省异地就医费用清算表(略)

附件12:省(区、市)工伤保险跨省异地就医应付费用清算表(略)

附件12-1:_____省(区、市)工伤保险跨省异地就医支付明细表(略)

附件12-2:_____省(区、市)工伤保险跨省异地就医基金审核扣款明细表(略)

附件13:_____省(区、市)工伤保险跨省异地就医应收费用清算表(略)

附件14:_____省(区、市)工伤保险跨省异地就医费用(略)

附件15:_____省(区、市)工伤保险跨省异地就医费用(略)

最高人民法院关于审理工伤保险行政案件若干问题的规定

· 2014年4月21日最高人民法院审判委员会第1613次会议通过
· 2014年6月18日最高人民法院公告公布
· 自2014年9月1日起施行
· 法释〔2014〕9号

为正确审理工伤保险行政案件,根据《中华人民共和国社会保险法》《中华人民共和国劳动法》《中华人民共和国行政诉讼法》《工伤保险条例》及其他有关法律、行政法规规定,结合行政审判实际,制定本规定。

第一条 人民法院审理工伤认定行政案件,在认定是否存在《工伤保险条例》第十四条第(六)项"本人主要责任"、第十六条第(二)项"醉酒或者吸毒"和第十六条第(三)项"自残或者自杀"等情形时,应当以有权机构出具的事故责任认定书、结论性意见和人民法院生效裁判等法律文书为依据,但有相反证据足以推翻事故责任认定书和结论性意见的除外。

前述法律文书不存在或者内容不明确,社会保险行政部门就前款事实作出认定的,人民法院应当结合其提供的相关证据依法进行审查。

《工伤保险条例》第十六条第(一)项"故意犯罪"的认定,应当以刑事侦查机关、检察机关和审判机关的生效法律文书或者结论性意见为依据。

第二条 人民法院受理工伤认定行政案件后,发现原告或者第三人在提起行政诉讼前已经就是否存在劳动关系申请劳动仲裁或者提起民事诉讼的,应当中止行政案件的审理。

第三条 社会保险行政部门认定下列单位为承担工伤保险责任单位的,人民法院应予支持:

(一)职工与两个或两个以上单位建立劳动关系,工伤事故发生时,职工为之工作的单位为承担工伤保险责任的单位;

(二)劳务派遣单位派遣的职工在用工单位工作期间因工伤亡的,派遣单位为承担工伤保险责任的单位;

(三)单位指派到其他单位工作的职工因工伤亡的,指派单位为承担工伤保险责任的单位;

(四)用工单位违反法律、法规规定将承包业务转包给不具备用工主体资格的组织或者自然人,该组织或者自然人聘用的职工从事承包业务时因工伤亡的,用工单位为承担工伤保险责任的单位;

(五)个人挂靠其他单位对外经营,其聘用的人员因工伤亡的,被挂靠单位为承担工伤保险责任的单位。

前款第(四)、(五)项明确的承担工伤保险责任的单位承担赔偿责任或者社会保险经办机构从工伤保险基金支付工伤保险待遇后,有权向相关组织、单位和个人追偿。

第四条 社会保险行政部门认定下列情形为工伤的,人民法院应予支持:

(一)职工在工作时间和工作场所内受到伤害,用人单位或者社会保险行政部门没有证据证明是非工作原因导致的;

(二)职工参加用人单位组织或者受用人单位指派参加其他单位组织的活动受到伤害的;

(三)在工作时间内,职工来往于多个与其工作职责相关的工作场所之间的合理区域因工受到伤害的;

(四)其他与履行工作职责相关,在工作时间及合理区域内受到伤害的。

第五条 社会保险行政部门认定下列情形为"因工外出期间"的,人民法院应予支持:

(一)职工受用人单位指派或者因工作需要在工作场所以外从事与工作职责有关的活动期间;

(二)职工受用人单位指派外出学习或者开会期间;

(三)职工因工作需要的其他外出活动期间。

职工因工外出期间从事与工作或者受用人单位指派外出学习、开会无关的个人活动受到伤害,社会保险行政部门不认定为工伤的,人民法院应予支持。

第六条 对社会保险行政部门认定下列情形为"上下班途中"的,人民法院应予支持:

(一)在合理时间内往返于工作地与住所地、经常居住地、单位宿舍的合理路线的上下班途中;

(二)在合理时间内往返于工作地与配偶、父母、子女居住地的合理路线的上下班途中;

(三)从事属于日常工作生活所需要的活动,且在合理时间和合理路线的上下班途中;

(四)在合理时间内其他合理路线的上下班途中。

第七条 由于不属于职工或者其近亲属自身原因超过工伤认定申请期限的,被耽误的时间不计算在工伤认定申请期限内。

有下列情形之一耽误申请时间的,应当认定为不属于职工或者其近亲属自身原因:

(一)不可抗力;

(二)人身自由受到限制;

(三)属于用人单位原因;

(四)社会保险行政部门登记制度不完善;

(五)当事人对是否存在劳动关系申请仲裁、提起民事诉讼。

第八条 职工因第三人的原因受到伤害,社会保险行政部门以职工或者其近亲属已经对第三人提起民事诉讼或者获得民事赔偿为由,作出不予受理工伤认定申请或者不予认定工伤决定的,人民法院不予支持。

职工因第三人的原因受到伤害,社会保险行政部门已经作出工伤认定,职工或者其近亲属未对第三人提起民事诉讼或者尚未获得民事赔偿,起诉要求社会保险经办机构支付工伤保险待遇的,人民法院应予支持。

职工因第三人的原因导致工伤,社会保险经办机构以职工或者其近亲属已经对第三人提起民事诉讼为由,拒绝支付工伤保险待遇的,人民法院不予支持,但第三人已经支付的医疗费用除外。

第九条 因工伤认定申请人或者用人单位隐瞒有关情况或者提供虚假材料,导致工伤认定错误的,社会保险行政部门可以在诉讼中依法予以更正。

工伤认定依法更正后,原告不申请撤诉,社会保险行政部门在作出原工伤认定时有过错的,人民法院应当判决确认违法;社会保险行政部门无过错的,人民法院可以驳回原告诉讼请求。

第十条 最高人民法院以前颁布的司法解释与本规定不一致的,以本规定为准。

(2)职业病鉴定

职业病诊断与鉴定管理办法

· 2021年1月4日国家卫生健康委员会令第6号公布
· 自公布之日起施行

第一章 总　则

第一条 为了规范职业病诊断与鉴定工作,加强职业病诊断与鉴定管理,根据《中华人民共和国职业病防治法》(以下简称《职业病防治法》),制定本办法。

第二条 职业病诊断与鉴定工作应当按照《职业病防治法》、本办法的有关规定及《职业病分类和目录》、国家职业病诊断标准进行,遵循科学、公正、及时、便捷的原则。

第三条 国家卫生健康委负责全国范围内职业病诊断与鉴定的监督管理工作,县级以上地方卫生健康主管部门依据职责负责本行政区域内职业病诊断与鉴定的监督管理工作。

省、自治区、直辖市卫生健康主管部门(以下简称省级卫生健康主管部门)应当结合本行政区域职业病防治工作实际和医疗卫生服务体系规划,充分利用现有医疗卫生资源,实现职业病诊断机构区域覆盖。

第四条 各地要加强职业病诊断机构能力建设,提供必要的保障条件,配备相关的人员、设备和工作经费,以满足职业病诊断工作的需要。

第五条 各地要加强职业病诊断与鉴定信息化建设,建立健全劳动者接触职业病危害、开展职业健康检查、进行职业病诊断与鉴定等全过程的信息化系统,不断提高职业病诊断与鉴定信息报告的准确性、及时性和有效性。

第六条 用人单位应当依法履行职业病诊断、鉴定的相关义务:

(一)及时安排职业病病人、疑似职业病病人进行诊治;

(二)如实提供职业病诊断、鉴定所需的资料;

(三)承担职业病诊断、鉴定的费用和疑似职业病病人在诊断、医学观察期间的费用;

(四)报告职业病和疑似职业病;

(五)《职业病防治法》规定的其他相关义务。

第二章 诊断机构

第七条 医疗卫生机构开展职业病诊断工作,应当在开展之日起十五个工作日内向省级卫生健康主管部门备案。

省级卫生健康主管部门应当自收到完整备案材料之日起十五个工作日内向社会公布备案的医疗卫生机构名单、地址、诊断项目(即《职业病分类和目录》中的职业病类别和病种)等相关信息。

第八条 医疗卫生机构开展职业病诊断工作应当具备下列条件:

(一)持有《医疗机构执业许可证》;

(二)具有相应的诊疗科目及与备案开展的诊断项目相适应的职业病诊断医师及相关医疗卫生技术人员;

(三)具有与备案开展的诊断项目相适应的场所和仪器、设备;

(四)具有健全的职业病诊断质量管理制度。

第九条 医疗卫生机构进行职业病诊断备案时,应当提交以下证明其符合本办法第八条规定条件的有关资料:

(一)《医疗机构执业许可证》原件、副本及复印件;

(二)职业病诊断医师资格等相关资料;

(三)相关的仪器设备清单;

(四)负责职业病信息报告人员名单;

(五)职业病诊断质量管理制度等相关资料。

第十条 职业病诊断机构对备案信息的真实性、准确性、合法性负责。

当备案信息发生变化时,应当自信息发生变化之日起十个工作日内向省级卫生健康主管部门提交变更信息。

第十一条 设区的市没有医疗卫生机构备案开展职业病诊断的,省级卫生健康主管部门应当根据职业病诊断工作的需要,指定符合本办法第八条规定条件的医疗卫生机构承担职业病诊断工作。

第十二条 职业病诊断机构的职责是:

(一)在备案的诊断项目范围内开展职业病诊断;

(二)及时向所在地卫生健康主管部门报告职业病;

(三)按照卫生健康主管部门要求报告职业病诊断工作情况;

(四)承担《职业病防治法》中规定的其他职责。

第十三条 职业病诊断机构依法独立行使诊断权,并对其作出的职业病诊断结论负责。

第十四条 职业病诊断机构应当建立和健全职业病诊断管理制度,加强职业病诊断医师等有关医疗卫生人员技术培训和政策、法律培训,并采取措施改善职业病诊断工作条件,提高职业病诊断服务质量和水平。

第十五条 职业病诊断机构应当公开职业病诊断程序和诊断项目范围,方便劳动者进行职业病诊断。

职业病诊断机构及其相关工作人员应当尊重、关心、爱护劳动者,保护劳动者的隐私。

第十六条 从事职业病诊断的医师应当具备下列条件,并取得省级卫生健康主管部门颁发的职业病诊断资格证书:

(一)具有医师执业证书;

(二)具有中级以上卫生专业技术职务任职资格;

(三)熟悉职业病防治法律法规和职业病诊断标准;

(四)从事职业病诊断、鉴定相关工作三年以上;

(五)按规定参加职业病诊断医师相应专业的培训,并考核合格。

省级卫生健康主管部门应当依据本办法的规定和国家卫生健康委制定的职业病诊断医师培训大纲,制定本行政区域职业病诊断医师培训考核办法并组织实施。

第十七条 职业病诊断医师应当依法在职业病诊断机构备案的诊断项目范围内从事职业病诊断工作,不得从事超出其职业病诊断资格范围的职业病诊断工作;职业病诊断医师应当按照有关规定参加职业卫生、放射卫生、职业医学等领域的继续医学教育。

第十八条　省级卫生健康主管部门应当加强本行政区域内职业病诊断机构的质量控制管理工作,组织开展职业病诊断机构质量控制评估。

职业病诊断质量控制规范和医疗卫生机构职业病报告规范另行制定。

第三章　诊　　断

第十九条　劳动者可以在用人单位所在地、本人户籍所在地或者经常居住地的职业病诊断机构进行职业病诊断。

第二十条　职业病诊断应当按照《职业病防治法》、本办法的有关规定及《职业病分类和目录》、国家职业病诊断标准,依据劳动者的职业史、职业病危害接触史和工作场所职业病危害因素情况、临床表现以及辅助检查结果等,进行综合分析。材料齐全的情况下,职业病诊断机构应当在收齐材料之日起三十日内作出诊断结论。

没有证据否定职业病危害因素与病人临床表现之间的必然联系的,应当诊断为职业病。

第二十一条　职业病诊断需要以下资料:

（一）劳动者职业史和职业病危害接触史（包括在岗时间、工种、岗位、接触的职业病危害因素名称等）;

（二）劳动者职业健康检查结果;

（三）工作场所职业病危害因素检测结果;

（四）职业性放射性疾病诊断还需要个人剂量监测档案等资料。

第二十二条　劳动者依法要求进行职业病诊断的,职业病诊断机构不得拒绝劳动者进行职业病诊断的要求,并告知劳动者职业病诊断的程序和所需材料。劳动者应当填写《职业病诊断就诊登记表》,并提供本人掌握的职业病诊断有关资料。

第二十三条　职业病诊断机构进行职业病诊断时,应当书面通知劳动者所在的用人单位提供本办法第二十一条规定的职业病诊断资料,用人单位应当在接到通知后的十日内如实提供。

第二十四条　用人单位未在规定时间内提供职业病诊断所需要资料的,职业病诊断机构可以依法提请卫生健康主管部门督促用人单位提供。

第二十五条　劳动者对用人单位提供的工作场所职业病危害因素检测结果等资料有异议,或者因劳动者的用人单位解散、破产,无用人单位提供上述资料的,职业病诊断机构应当依法提请用人单位所在地卫生健康主管部门进行调查。

卫生健康主管部门应当自接到申请之日起三十日内对存在异议的资料或者工作场所职业病危害因素情况作出判定。

职业病诊断机构在卫生健康主管部门作出调查结论或者判定前应当中止职业病诊断。

第二十六条　职业病诊断机构需要了解工作场所职业病危害因素情况时,可以对工作场所进行现场调查,也可以依法提请卫生健康主管部门组织现场调查。卫生健康主管部门应当在接到申请之日起三十日内完成现场调查。

第二十七条　在确认劳动者职业史、职业病危害接触史时,当事人对劳动关系、工种、工作岗位或者在岗时间有争议的,职业病诊断机构应当告知当事人依法向用人单位所在地的劳动人事争议仲裁委员会申请仲裁。

第二十八条　经卫生健康主管部门督促,用人单位仍不提供工作场所职业病危害因素检测结果、职业健康监护档案等资料或者提供资料不全的,职业病诊断机构应当结合劳动者的临床表现、辅助检查结果和劳动者的职业史、职业病危害接触史,并参考劳动者自述或工友旁证资料、卫生健康等有关部门提供的日常监督检查信息等,作出职业病诊断结论。对于作出无职业病诊断结论的病人,可依据病人的临床表现以及辅助检查结果,作出疾病的诊断,提出相关医学意见或者建议。

第二十九条　职业病诊断机构可以根据诊断需要,聘请其他单位职业病诊断医师参加诊断。必要时,可以邀请相关专业专家提供咨询意见。

第三十条　职业病诊断机构作出职业病诊断结论后,应当出具职业病诊断证明书。职业病诊断证明书应当由参与诊断的取得职业病诊断资格的执业医师签署。

职业病诊断机构应当对职业病诊断医师签署的职业病诊断证明书进行审核,确认诊断的依据与结论符合有关法律法规、标准的要求,并在职业病诊断证明书上盖章。

职业病诊断证明书的书写应当符合相关标准的要求。

职业病诊断证明书一式五份,劳动者一份,用人单位所在地县级卫生健康主管部门一份,用人单位两份,诊断机构存档一份。

职业病诊断证明书应当于出具之日起十五日内由职业病诊断机构送达劳动者、用人单位及用人单位所在地县级卫生健康主管部门。

第三十一条　职业病诊断机构应当建立职业病诊断档案并永久保存,档案应当包括:

（一）职业病诊断证明书;

（二）职业病诊断记录;

（三）用人单位、劳动者和相关部门、机构提交的有关资料；

（四）临床检查与实验室检验等资料。

职业病诊断机构拟不再开展职业病诊断工作的，应当在拟停止开展职业病诊断工作的十五个工作日之前告知省级卫生健康主管部门和所在地县级卫生健康主管部门，妥善处理职业病诊断档案。

第三十二条 职业病诊断机构发现职业病病人或者疑似职业病病人时，应当及时向所在地县级卫生健康主管部门报告。职业病诊断机构应当在作出职业病诊断之日起十五日内通过职业病及健康危害因素监测信息系统进行信息报告，并确保报告信息的完整、真实和准确。

确诊为职业病的，职业病诊断机构可以根据需要，向卫生健康主管部门、用人单位提出专业建议；告知职业病病人依法享有的职业健康权益。

第三十三条 未承担职业病诊断工作的医疗卫生机构，在诊疗活动中发现劳动者的健康损害可能与其所从事的职业有关时，应及时告知劳动者到职业病诊断机构进行职业病诊断。

第四章 鉴 定

第三十四条 当事人对职业病诊断机构作出的职业病诊断有异议的，可以在接到职业病诊断证明书之日起三十日内，向作出诊断的职业病诊断机构所在地设区的市级卫生健康主管部门申请鉴定。

职业病诊断争议由设区的市级以上地方卫生健康主管部门根据当事人的申请组织职业病诊断鉴定委员会进行鉴定。

第三十五条 职业病鉴定实行两级鉴定制，设区的市级职业病诊断鉴定委员会负责职业病诊断争议的首次鉴定。

当事人对设区的市级职业病鉴定结论不服的，可以在接到诊断鉴定书之日起十五日内，向原鉴定组织所在地省级卫生健康主管部门申请再鉴定，省级鉴定为最终鉴定。

第三十六条 设区的市级以上地方卫生健康主管部门可以指定办事机构，具体承担职业病诊断鉴定的组织和日常性工作。职业病鉴定办事机构的职责是：

（一）接受当事人申请；

（二）组织当事人或者接受当事人委托抽取职业病诊断鉴定专家；

（三）组织职业病诊断鉴定会议，负责会议记录、职业病诊断鉴定相关文书的收发及其他事务性工作；

（四）建立并管理职业病诊断鉴定档案；

（五）报告职业病诊断鉴定相关信息；

（六）承担卫生健康主管部门委托的有关职业病诊断鉴定的工作。

职业病诊断机构不能作为职业鉴定办事机构。

第三十七条 设区的市级以上地方卫生健康主管部门应当向社会公布本行政区域内依法承担职业病诊断鉴定工作的办事机构的名称、工作时间、地点、联系人、联系电话和鉴定工作程序。

第三十八条 省级卫生健康主管部门应当设立职业病诊断鉴定专家库（以下简称专家库），并根据实际工作需要及时调整其成员。专家库可以按照专业类别进行分组。

第三十九条 专家库应当以取得职业病诊断资格的不同专业类别的医师为主要成员，吸收临床相关学科、职业卫生、放射卫生、法律等相关专业的专家组成。专家应当具备下列条件：

（一）具有良好的业务素质和职业道德；

（二）具有相关专业的高级专业技术职务任职资格；

（三）熟悉职业病防治法律法规和职业病诊断标准；

（四）身体健康，能够胜任职业病诊断鉴定工作。

第四十条 参加职业病诊断鉴定的专家，应当由当事人或者由其委托的职业病鉴定办事机构从专家库中按照专业类别以随机抽取的方式确定。抽取的专家组成职业病诊断鉴定委员会（以下简称鉴定委员会）。

经当事人同意，职业病鉴定办事机构可以根据鉴定需要聘请本省、自治区、直辖市以外的相关专业专家作为鉴定委员会成员，并有表决权。

第四十一条 鉴定委员会人数为五人以上单数，其中相关专业职业病诊断医师应当为本次鉴定专家人数的半数以上。疑难病例应当增加鉴定委员会人数，充分听取意见。鉴定委员设主任委员一名，由鉴定委员会成员推举产生。

职业病诊断鉴定会议由鉴定委员会主任委员主持。

第四十二条 参加职业病诊断鉴定的专家有下列情形之一的，应当回避：

（一）是职业病诊断鉴定当事人或者当事人近亲属的；

（二）已参加当事人职业病诊断或者首次鉴定的；

（三）与职业病诊断鉴定当事人有利害关系的；

（四）与职业病诊断鉴定当事人有其他关系，可能影响鉴定公正的。

第四十三条 当事人申请职业病诊断鉴定时，应当提供以下资料：

(一)职业病诊断鉴定申请书;
(二)职业病诊断证明书;
(三)申请省级鉴定的还应当提交市级职业病诊断鉴定书。

第四十四条 职业病鉴定办事机构应当自收到申请资料之日起五个工作日内完成资料审核,对资料齐全的发给受理通知书;资料不全的,应当当场或者在五个工作日内一次性告知当事人补充。资料补充齐全的,应当受理申请并组织鉴定。

职业病鉴定办事机构收到当事人鉴定申请之后,根据需要可以向原职业病诊断机构或者组织首次鉴定的办事机构调阅有关的诊断、鉴定资料。原职业病诊断机构或者组织首次鉴定的办事机构应当在接到通知之日起十日内提交。

职业病鉴定办事机构应当在受理鉴定申请之日起四十日内组织鉴定、形成鉴定结论,并出具职业病诊断鉴定书。

第四十五条 根据职业病诊断鉴定工作需要,职业病鉴定办事机构可以向有关单位调取与职业病诊断、鉴定有关的资料,有关单位应当如实、及时提供。

鉴定委员会应当听取当事人的陈述和申辩,必要时可以组织进行医学检查,医学检查应当在三十日内完成。

需要了解被鉴定人的工作场所职业病危害因素情况时,职业病鉴定办事机构根据鉴定委员会的意见可以组织对工作场所进行现场调查,或者依法提请卫生健康主管部门组织现场调查。现场调查应当在三十日内完成。

医学检查和现场调查时间不计算在职业病鉴定规定的期限内。

职业病诊断鉴定应当遵循客观、公正的原则,鉴定委员会进行职业病诊断鉴定时,可以邀请有关单位人员旁听职业病诊断鉴定会议。所有参与职业病诊断鉴定的人员应当依法保护当事人的个人隐私、商业秘密。

第四十六条 鉴定委员会应当认真审阅鉴定资料,依照有关规定和职业病诊断标准,经充分合议后,根据专业知识独立进行鉴定。在事实清楚的基础上,进行综合分析,作出鉴定结论,并制作职业病诊断鉴定书。

鉴定结论应当经鉴定委员会半数以上成员通过。

第四十七条 职业病诊断鉴定书应当包括以下内容:
(一)劳动者、用人单位的基本信息及鉴定事由;
(二)鉴定结论及其依据,鉴定为职业病的,应当注明职业病名称、程度(期别);
(三)鉴定时间。

诊断鉴定书加盖职业病鉴定委员会印章。

首次鉴定的职业病诊断鉴定书一式五份,劳动者、用人单位、用人单位所在地市级卫生健康主管部门、原诊断机构各一份,职业病鉴定办事机构存档一份;省级鉴定的职业病诊断鉴定书一式六份,劳动者、用人单位、用人单位所在地省级卫生健康主管部门、原诊断机构、首次职业病鉴定办事机构各一份,省级职业病鉴定办事机构存档一份。

职业病诊断鉴定书的格式由国家卫生健康委员会统一规定。

第四十八条 职业病鉴定办事机构出具职业病诊断鉴定书后,应当于出具之日起十日内送达当事人,并在出具职业病诊断鉴定书后的十日内将职业病诊断鉴定书等有关信息告知原职业病诊断机构或者首次职业病鉴定办事机构,并通过职业病及健康危害因素监测信息系统报告职业病鉴定相关信息。

第四十九条 职业病鉴定结论与职业病诊断结论或者首次职业病鉴定结论不一致的,职业病鉴定办事机构应当在出具职业病诊断鉴定书后十日内向相关卫生健康主管部门报告。

第五十条 职业病鉴定办事机构应当如实记录职业病诊断鉴定过程,内容应当包括:
(一)鉴定委员会的专家组成;
(二)鉴定时间;
(三)鉴定所用资料;
(四)鉴定专家的发言及其鉴定意见;
(五)表决情况;
(六)经鉴定专家签字的鉴定结论。

有当事人陈述和申辩的,应当如实记录。

鉴定结束后,鉴定记录应当随同职业病诊断鉴定书一并由职业病鉴定办事机构存档,永久保存。

第五章 监督管理

第五十一条 县级以上地方卫生健康主管部门应当定期对职业病诊断机构进行监督检查,检查内容包括:
(一)法律法规、标准的执行情况;
(二)规章制度建立情况;
(三)备案的职业病诊断信息真实性情况;
(四)按照备案的诊断项目开展职业病诊断工作情况;
(五)开展职业病诊断质量控制、参加质量控制评估及整改情况;
(六)人员、岗位职责落实和培训情况;
(七)职业病报告情况。

第五十二条 设区的市级以上地方卫生健康主管部门应当加强对职业病鉴定办事机构的监督管理，对职业病鉴定工作程序、制度落实情况及职业病报告等相关工作情况进行监督检查。

第五十三条 县级以上地方卫生健康主管部门监督检查时，有权查阅或者复制有关资料，职业病诊断机构应当予以配合。

第六章 法律责任

第五十四条 医疗卫生机构未按照规定备案开展职业病诊断的，由县级以上地方卫生健康主管部门责令改正，给予警告，可以并处三万元以下罚款。

第五十五条 职业病诊断机构有下列行为之一的，其作出的职业病诊断无效，由县级以上地方卫生健康主管部门按照《职业病防治法》的第八十条的规定进行处理：

（一）超出诊疗项目登记范围从事职业病诊断的；

（二）不按照《职业病防治法》规定履行法定职责的；

（三）出具虚假证明文件的。

第五十六条 职业病诊断机构未按照规定报告职业病、疑似职业病的，由县级以上地方卫生健康主管部门按照《职业病防治法》第七十四条的规定进行处理。

第五十七条 职业病诊断机构违反本办法规定，有下列情形之一的，由县级以上地方卫生健康主管部门责令限期改正；逾期不改的，给予警告，并可以根据情节轻重处以三万元以下罚款：

（一）未建立职业病诊断管理制度的；

（二）未按照规定向劳动者公开职业病诊断程序的；

（三）泄露劳动者涉及个人隐私的有关信息、资料的；

（四）未按照规定参加质量控制评估，或者质量控制评估不合格且未按要求整改的；

（五）拒不配合卫生健康主管部门监督检查的。

第五十八条 职业病诊断鉴定委员会组成人员收受职业病诊断争议当事人的财物或者其他好处的，由省级卫生健康主管部门按照《职业病防治法》第八十一条的规定进行处理。

第五十九条 县级以上地方卫生健康主管部门及其工作人员未依法履行职责，按照《职业病防治法》第八十三条第二款规定进行处理。

第六十条 用人单位有下列行为之一的，由县级以上地方卫生健康主管部门按照《职业病防治法》第七十二条规定进行处理：

（一）未按照规定安排职业病病人、疑似职业病病人进行诊治的；

（二）拒不提供职业病诊断、鉴定所需资料的；

（三）未按照规定承担职业病诊断、鉴定费用。

第六十一条 用人单位未按照规定报告职业病、疑似职业病的，由县级以上地方卫生健康主管部门按照《职业病防治法》第七十四条规定进行处理。

第七章 附 则

第六十二条 本办法所称"证据"，包括疾病的证据、接触职业病危害因素的证据，以及用于判定疾病与接触职业病危害因素之间因果关系的证据。

第六十三条 本办法自公布之日起施行。原卫生部2013年2月19日公布的《职业病诊断与鉴定管理办法》同时废止。

职业病分类和目录

- 2024年12月11日
- 国卫职健发〔2024〕39号

一、职业性尘肺病及其他呼吸系统疾病

（一）尘肺病

1. 矽肺
2. 煤工尘肺
3. 石墨尘肺
4. 碳黑尘肺
5. 石棉肺
6. 滑石尘肺
7. 水泥尘肺
8. 云母尘肺
9. 陶工尘肺
10. 铝尘肺
11. 电焊工尘肺
12. 铸工尘肺
13. 根据《尘肺病诊断标准》和《尘肺病理诊断标准》可以诊断的其他尘肺病

（二）其他呼吸系统疾病

1. 过敏性肺炎
2. 棉尘病
3. 哮喘
4. 金属及其化合物粉尘肺沉着病（锡、铁、锑、钡及其化合物等）
5. 刺激性化学物所致慢性阻塞性肺疾病
6. 硬金属肺病

二、职业性皮肤病
1. 接触性皮炎
2. 光接触性皮炎
3. 电光性皮炎
4. 黑变病
5. 痤疮
6. 溃疡
7. 化学性皮肤灼伤
8. 白斑
9. 根据《职业性皮肤病的诊断总则》可以诊断的其他职业性皮肤病

三、职业性眼病
1. 化学性眼部灼伤
2. 电光性眼炎
3. 白内障(含三硝基甲苯白内障)

四、职业性耳鼻喉口腔疾病
1. 噪声聋
2. 铬鼻病
3. 牙酸蚀病
4. 爆震聋

五、职业性化学中毒
1. 铅及其化合物中毒(不包括四乙基铅)
2. 汞及其化合物中毒
3. 锰及其化合物中毒
4. 镉及其化合物中毒
5. 铍病
6. 铊及其化合物中毒
7. 钡及其化合物中毒
8. 钒及其化合物中毒
9. 磷及其化合物中毒
10. 砷及其化合物中毒
11. 砷化氢中毒
12. 氯气中毒
13. 二氧化硫中毒
14. 光气中毒
15. 氨中毒
16. 偏二甲基肼中毒
17. 氮氧化合物中毒
18. 一氧化碳中毒
19. 二硫化碳中毒
20. 硫化氢中毒
21. 磷化氢、磷化锌、磷化铝中毒
22. 氟及其无机化合物中毒
23. 氰及腈类化合物中毒
24. 四乙基铅中毒
25. 有机锡中毒
26. 羰基镍中毒
27. 苯中毒
28. 甲苯中毒
29. 二甲苯中毒
30. 正己烷中毒
31. 汽油中毒
32. 一甲胺中毒
33. 有机氟聚合物单体及其热裂解物中毒
34. 二氯乙烷中毒
35. 四氯化碳中毒
36. 氯乙烯中毒
37. 三氯乙烯中毒
38. 氯丙烯中毒
39. 氯丁二烯中毒
40. 苯的氨基及硝基化合物(不包括三硝基甲苯)中毒
41. 三硝基甲苯中毒
42. 甲醇中毒
43. 酚中毒
44. 五氯酚(钠)中毒
45. 甲醛中毒
46. 硫酸二甲酯中毒
47. 丙烯酰胺中毒
48. 二甲基甲酰胺中毒
49. 有机磷中毒
50. 氨基甲酸酯类中毒
51. 杀虫脒中毒
52. 溴甲烷中毒
53. 拟除虫菊酯类中毒
54. 铟及其化合物中毒
55. 溴丙烷中毒
56. 碘甲烷中毒
57. 氯乙酸中毒
58. 环氧乙烷中毒
59. 上述条目未提及的与职业有害因素接触之间存在直接因果联系的其他化学中毒

六、物理因素所致职业病
1. 中暑

2. 减压病

3. 高原病

4. 航空病

5. 手臂振动病

6. 激光所致眼(角膜、晶状体、视网膜)损伤

7. 冻伤

七、职业性放射性疾病

1. 外照射急性放射病

2. 外照射亚急性放射病

3. 外照射慢性放射病

4. 内照射放射病

5. 放射性皮肤病

6. 放射性肿瘤(含矿工高氡暴露所致肺癌)

7. 放射性骨损伤

8. 放射性甲状腺疾病

9. 放射性性腺疾病

10. 放射复合伤

11. 放射性白内障

12. 铀及其化合物中毒

13. 根据《职业性放射性疾病诊断标准(总则)》可以诊断的其他放射性损伤

八、职业性传染病

1. 炭疽

2. 森林脑炎

3. 布鲁氏菌病

4. 艾滋病(限于医疗卫生人员及人民警察)

5. 莱姆病

九、职业性肿瘤

1. 石棉所致肺癌、间皮瘤

2. 联苯胺所致膀胱癌

3. 苯所致白血病

4. 氯甲醚、双氯甲醚所致肺癌

5. 砷及其化合物所致肺癌、皮肤癌

6. 氯乙烯所致肝血管肉瘤

7. 焦炉逸散物所致肺癌

8. 六价铬化合物所致肺癌

9. 毛沸石所致肺癌、胸膜间皮瘤

10. 煤焦油、煤焦油沥青、石油沥青所致皮肤癌

11. β-萘胺所致膀胱癌

十、职业性肌肉骨骼疾病

1. 腕管综合征(限于长时间腕部重复作业或用力作业的制造业工人)

2. 滑囊炎(限于井下工人)

十一、职业性精神和行为障碍

1. 创伤后应激障碍(限于参与突发事件处置的人民警察、医疗卫生人员、消防救援等应急救援人员)

十二、其他职业病

1. 金属烟热

2. 股静脉血栓综合征、股动脉闭塞症或淋巴管闭塞症(限于刮研作业人员)

用人单位职业病危害因素定期检测管理规范

・2015 年 2 月 28 日
・安监总厅安健〔2015〕16 号

第一条　为了加强和规范用人单位职业病危害因素定期检测工作,及时有效地预防、控制和消除职业病危害,保护劳动者职业健康权益,依据《中华人民共和国职业病防治法》(以下简称《职业病防治法》)和《工作场所职业卫生监督管理规定》(国家安全监管总局令第47号),制定本规范。

第二条　产生职业病危害的用人单位对其工作场所进行职业病危害因素定期检测及其管理,适用本规范。

第三条　职业病危害因素定期检测是指用人单位定期委托具备资质的职业卫生技术服务机构对其产生职业病危害的工作场所进行的检测。

本规范所指职业病危害因素是指《职业病危害因素分类目录》中所列危害因素以及国家职业卫生标准中有职业接触限值及检测方法的危害因素。

第四条　用人单位应当建立职业病危害因素定期检测制度,每年至少委托具备资质的职业卫生技术服务机构对其存在职业病危害因素的工作场所进行一次全面检测。法律法规另有规定的,按其规定执行。

第五条　用人单位应当将职业病危害因素定期检测工作纳入年度职业病防治计划和实施方案,明确责任部门或责任人,所需检测费用纳入年度经费预算予以保障。

第六条　用人单位应当建立职业病危害因素定期检测档案,并纳入其职业卫生档案体系。

第七条　用人单位在与职业卫生技术服务机构签订定期检测合同前,应当对职业卫生技术服务机构的资质、计量认证范围等事项进行核对,并将相关资质证书复印存档。

定期检测范围应当包含用人单位产生职业病危害的全部工作场所,用人单位不得要求职业卫生技术服务机构仅对部分职业病危害因素或部分工作场所进行指定检测。

第八条 用人单位与职业卫生技术服务机构签订委托协议后,应将其生产工艺流程、产生职业病危害的原辅材料和设备、职业病防护设施、劳动工作制度等与检测有关的情况告知职业卫生技术服务机构。

用人单位应当在确保正常生产的状况下,配合职业卫生技术服务机构做好采样前的现场调查和工作日写实工作,并由陪同人员在技术服务机构现场记录表上签字确认。

第九条 职业卫生技术服务机构对用人单位工作场所进行现场调查后,结合用人单位提供的相关材料,制定现场采样和检测计划,用人单位主要负责人按照国家有关采样规范确认无误后,应当在现场采样和检测计划上签字。

第十条 职业卫生技术服务机构在进行现场采样检测时,用人单位应当保证生产过程处于正常状态,不得故意减少生产负荷或停产、停机。用人单位因需要停产、停机或减负运行的,应当及时通知技术服务机构变更现场采样和检测计划。

用人单位应当对技术服务机构现场采样检测过程进行拍照或摄像留证。

第十一条 采样检测结束时,用人单位陪同人员应当对现场采样检测记录进行确认并签字。

第十二条 用人单位与职业卫生技术服务机构应当互相监督,保证采样检测符合以下要求:

(一)采用定点采样时,选择空气中有害物质浓度最高、劳动者接触时间最长的工作地点采样;采用个体采样时,选择接触有害物质浓度最高和接触时间最长的劳动者采样;

(二)空气中有害物质浓度随季节发生变化的工作场所,选择空气中有害物质浓度最高的时节为重点采样时段;同时风速、风向、温度、湿度等气象条件应满足采样要求;

(三)在工作周内,应当将有害物质浓度最高的工作日选择为重点采样日;在工作日内,应当将有害物质浓度最高的时段选择为重点采样时段;

(四)高温测量时,对于常年从事接触高温作业的,测量夏季最热月份湿球黑球温度;不定期接触高温作业的,测量工期内最热月份湿球黑球温度;从事室外作业的,测量夏季最热月份晴天有太阳辐射时湿球黑球温度。

第十三条 用人单位在委托职业卫生技术服务机构进行定期检测过程中不得有下列行为:

(一)委托不具备相应资质的职业卫生技术服务机构检测;

(二)隐瞒生产所使用的原辅材料成分及用量、生产工艺与布局等有关情况;

(三)要求职业卫生技术服务机构在异常气象条件、减少生产负荷、开工时间不足等不能反映真实结果的状态下进行采样检测;

(四)要求职业卫生技术服务机构更改采样检测数据;

(五)要求职业卫生技术服务机构对指定地点或指定职业病危害因素进行采样检测;

(六)以拒付少付检测费用等不正当手段干扰职业卫生技术服务机构正常采样检测工作;

(七)妨碍正常采样检测工作,影响检测结果真实性的其他行为。

第十四条 用人单位应当要求职业卫生技术服务机构及时提供定期检测报告,定期检测报告经用人单位主要负责人审阅签字后归档。

在收到定期检测报告后一个月之内,用人单位应当将定期检测结果向所在地安全生产监督管理部门报告。

第十五条 定期检测结果中职业病危害因素浓度或强度超过职业接触限值的,职业卫生技术服务机构应提出相应整改建议。用人单位应结合本单位的实际情况,制定切实有效的整改方案,立即进行整改。整改落实情况应有明确的记录并存入职业卫生档案备查。

第十六条 用人单位应当及时在工作场所公告栏向劳动者公布定期检测结果和相应的防护措施。

第十七条 安全生产监管部门应当加强对用人单位职业病危害因素定期检测工作的监督检查。发现用人单位违反本规范的,依据《职业病防治法》《工作场所职业卫生监督管理规定》等法律法规及规章的规定予以处罚。

第十八条 本规范未规定的其他有关事项,依照《职业病防治法》和其他有关法律法规规章及职业卫生标准的规定执行。

(3)劳动能力鉴定

劳动能力鉴定 职工工伤与职业病致残等级

· 2014年9月3日国家质量监督检验检疫总局、中国国家标准化管理委员会发布
· 自2015年1月1日实施

前 言

本标准按照GB/T 1.1—2009给出的规则起草。

本标准代替GB/T 16180—2006《劳动能力鉴定 职工工伤与职业病致残等级》,与GB/T 16180—2006相比,主要技术变化如下:

——将总则中的分级原则写入相应等级标准头条;

——对总则中4.1.4护理依赖的分级进一步予以明确；
——删除总则4.1.5心理障碍的描述；
——将附录中有明确定义的内容直接写进标准条款；
——在具体条款中取消年龄和是否生育的表述；
——附录B中增加手、足功能缺损评估参考图表；
——附录A中增加视力减弱补偿率的使用说明；
——对附录中外伤性椎间盘突出症的诊断要求做了调整；
——完善了对癫痫和智能障碍的综合评判要求；
——归并胸、腹腔脏器损伤部分条款；
——增加系统治疗的界定；
——增加四肢长管状骨的界定；
——增加了脊椎骨折的分型界定；
——增加了关节功能障碍的量化判定基准；
——增加"髌骨、跟骨、距骨、下颌骨或骨盆骨折内固定术后"条款；
——增加"四肢长管状骨骨折内固定术或外固定支架术后"条款；
——增加"四肢大关节肌腱及韧带撕裂伤术后遗留轻度功能障碍"条款；
——完善、调整或删除了部分不规范、不合理甚至矛盾的条款；
——取消了部分条款后缀中易造成歧义的"无功能障碍"表述；
——伤残条目由572条调整为530条。

本标准由中华人民共和国人力资源和社会保障部提出。

本标准由中华人民共和国人力资源和社会保障部归口。

本标准起草单位：上海市劳动能力鉴定中心。

本标准主要起草人：陈道茳、张岩、杨庆铭、廖镇江、曹贵松、眭述平、叶仪、周泽深、陶明毅、王国民、程瑜、周安寿、左峰、林景荣、姚树源、王沛、孔翔飞、徐新荣、杨小锋、姜节凯、方晓松、刘声明、章艾初、李怀侠、姚凰。

本标准所代替标准的历次版本发布情况为：
——GB/T 16180—1996、GB/T 16180—2006。

劳动能力鉴定　职工工伤与职业病致残等级

1 范围

本标准规定了职工工伤与职业病致残劳动能力鉴定原则和分级标准。

本标准适用于职工在职业活动中因工负伤和因职业病致残程度的鉴定。

2 规范性引用文件

下列文件对于本文件的应用是必不可少的。凡是注日期的引用文件，仅注日期的版本适用于本文件。凡是不注日期的引用文件，其最新版本（包括所有的修改单）适用于本文件。

GB/T 4854（所有部分）　声学　校准测听设备的基准零级

GB/T 7341（所有部分）　听力计

GB/T 7582—2004　声学　听阈与年龄关系的统计分布

GB/T 7583　声学　纯音气导阈测定　保护听力用

GB 11533　标准对数视力表

GBZ 4　职业性慢性二硫化碳中毒诊断标准

GBZ 5　职业性氟及无机化合物中毒的诊断

GBZ 7　职业性手臂振动病诊断标准

GBZ 9　职业性急性电光性眼炎（紫外线角膜结膜炎）诊断标准

GBZ 12　职业性铬鼻病诊断标准

GBZ 24　职业性减压病诊断标准

GBZ 35　职业性白内障诊断标准

GBZ 45　职业性三硝基甲苯白内障诊断标准

GBZ 49　职业性噪声聋诊断标准

GBZ 54　职业性化学性眼灼伤诊断标准

GBZ 57　职业性哮喘诊断标准

GBZ 60　职业性过敏性肺炎诊断标准

GBZ 61　职业性牙酸蚀病诊断标准

GBZ 70　尘肺病诊断标准

GBZ 81　职业性磷中毒诊断标准

GBZ 82　职业性煤矿井下工人滑囊炎诊断标准

GBZ 83　职业性砷中毒的诊断

GBZ 94　职业性肿瘤诊断标准

GBZ 95　放射性白内障诊断标准

GBZ 96　内照射放射病诊断标准

GBZ 97　放射性肿瘤诊断标准

GBZ 101　放射性甲状腺疾病诊断标准

GBZ 104　外照射急性放射病诊断标准

GBZ 105　外照射慢性放射病诊断标准

GBZ 106　放射性皮肤疾病诊断标准

GBZ 107　放射性性腺疾病的诊断

GBZ 109　放射性膀胱疾病诊断标准
GBZ 110　急性放射性肺炎诊断标准
GBZ/T 238　职业性爆震聋的诊断

3　术语和定义

下列术语和定义适用于本文件。

3.1

劳动能力鉴定 identify work ability

法定机构对劳动者在职业活动中因工负伤或患职业病后，根据国家工伤保险法规规定，在评定伤残等级时通过医学检查对劳动功能障碍程度（伤残程度）和生活自理障碍程度做出的技术性鉴定结论。

3.2

医疗依赖 medical dependence

工伤致残于评定伤残等级技术鉴定后仍不能脱离治疗。

3.3

生活自理障碍 ability of living independence

工伤致残者因生活不能自理，需依赖他人护理。

4　总则

4.1　判断依据

4.1.1　综合判定

依据工伤致残者于评定伤残等级技术鉴定时的器官损伤、功能障碍及其对医疗与日常生活护理的依赖程度，适当考虑由于伤残引起的社会心理因素影响，对伤残程度进行综合判定分级。

附录 A 为各门类工伤、职业病致残分级判定基准。

附录 B 为正确使用本标准的说明。

4.1.2　器官损伤

器官损伤是工伤的直接后果，但职业病不一定有器官缺损。

4.1.3　功能障碍

工伤后功能障碍的程度与器官缺损的部位及严重程度有关，职业病所致的器官功能障碍与疾病的严重程度相关。对功能障碍的判定，应以评定伤残等级技术鉴定时的医疗检查结果为依据，根据评残对象逐个确定。

4.1.4　医疗依赖

医疗依赖判定分级：

a) 特殊医疗依赖：工伤致残后必须终身接受特殊药物、特殊医疗设备或装置进行治疗；

b) 一般医疗依赖：工伤致残后仍需接受长期或终身药物治疗。

4.1.5　生活自理障碍

生活自理范围主要包括下列五项：

a) 进食：完全不能自主进食，需依赖他人帮助；

b) 翻身：不能自主翻身；

c) 大、小便：不能自主行动，排大、小便需依靠他人帮助；

d) 穿衣、洗漱：不能自己穿衣、洗漱，完全依赖他人帮助；

e) 自主行动：不能自主走动。

生活自理障碍程度分三级：

a) 完全生活自理障碍：生活完全不能自理，上述五项均需护理；

b) 大部分生活自理障碍：生活大部分不能自理，上述五项中三项或四项需要护理；

c) 部分生活自理障碍：生活部分不能自理，上述五项中一项或两项需要护理。

4.2　晋级原则

对于同一器官或者系统多处损伤，或一个以上器官不同部位同时受到损伤者，应先对单项伤残程度进行鉴定。如果几项伤残等级不同，以重者定级；如果两项及以上等级相同，最多晋升一级。

4.3　对原有伤残及合并症的处理

在劳动能力鉴定过程中，工伤或职业病后出现合并症，其致残等级的评定以鉴定时实际的致残结局为依据。

如受工伤损害的器官原有伤残或疾病史，即：单个或双器官（如双眼、四肢、肾脏）或系统损伤，本次鉴定时应检查本次伤情是否加重原有伤残，若加重原有伤残，鉴定时按实际的致残结局为依据；若本次伤情轻于原有伤残，鉴定时则按本次工伤伤情致残结局为依据。

对原有伤残的处理适用于初次或再次鉴定，复查鉴定不适用本规则。

4.4　门类划分

按照临床医学分科和各学科间相互关联的原则，对残情的判定划分为 5 个门类：

a) 神经内科、神经外科、精神科门。

b) 骨科、整形外科、烧伤科门。

c) 眼科、耳鼻喉科、口腔科门。

d) 普外科、胸外科、泌尿生殖科门。

e) 职业病内科门。

4.5 条目划分

按照4.4中的5个门类,以附录C中表C.1~C.5及一至十级分级系列,根据伤残的类别和残情的程度划分伤残条目,共列出残情530条。

4.6 等级划分

根据条目划分原则以及工伤致残程度,综合考虑各门类间的平衡,将残情级别分为一至十级。最重为第一级,最轻为第十级。对未列出的个别伤残情况,参照本标准中相应定级原则进行等级评定。

5 职工工伤与职业病致残等级分级

5.1 一级

5.1.1 定级原则

器官缺失或功能完全丧失,其他器官不能代偿,存在特殊医疗依赖,或完全或大部分或部分生活自理障碍。

5.1.2 一级条款系列

凡符合5.1.1或下列条款之一者均为工伤一级。
1) 极重度智能损伤;
2) 四肢瘫肌力≤3级或三肢瘫肌力≤2级;
3) 重度非肢体瘫运动障碍;
4) 面部重度毁容,同时伴有表C.2中二级伤残之一者;
5) 全身重度瘢痕形成,占体表面积≥90%,伴有脊柱及四肢大关节活动功能基本丧失;
6) 双肘关节以上缺失或功能完全丧失;
7) 双下肢膝上缺失及一上肢肘上缺失;
8) 双下肢及一上肢瘢痕畸形,功能完全丧失;
9) 双眼无光感或仅有光感但光定位不准者;
10) 肺功能重度损伤和呼吸困难Ⅳ级,需终生依赖机械通气;
11) 双肺或心肺联合移植术;
12) 小肠切除≥90%;
13) 肝切除后原位肝移植;
14) 胆道损伤原位肝移植;
15) 全胰切除;
16) 双侧肾切除或孤肾切除术后,用透析维持或同种肾移植术后肾功能不全尿毒症期;
17) 尘肺叁期伴肺功能重度损伤及(或)重度低氧血症[$PO_2<5.3$ kPa (<40 mmHg)];
18) 其他职业性肺部疾患,伴肺功能重度损伤及(或)重度低氧血症[$PO_2<5.3$ kPa (<40 mmHg)];
19) 放射性肺炎后,两叶以上肺纤维化伴重度低氧血症[$PO_2<5.3$ kPa (<40 mmHg)];
20) 职业性肺癌伴肺功能重度损伤;
21) 职业性肝血管肉瘤,重度肝功能损害;
22) 肝硬化伴食道静脉破裂出血,肝功能重度损害;
23) 肾功能不全尿毒症期,内生肌酐清除率持续<10 mL/min,或血浆肌酐水平持续>707 μmol/L(8 mg/dL)。

5.2 二级

5.2.1 定级原则

器官严重缺损或畸形,有严重功能障碍或并发症,存在特殊医疗依赖,或大部分或部分生活自理障碍。

5.2.2 二级条款系列

凡符合5.2.1或下列条款之一者均为工伤二级。
1) 重度智能损伤;
2) 三肢瘫肌力3级;
3) 偏瘫肌力≤2级;
4) 截瘫肌力≤2级;
5) 双手全肌瘫肌力≤2级;
6) 完全感觉性或混合性失语;
7) 全身重度瘢痕形成,占体表面积≥80%,伴有四肢大关节中3个以上活动功能受限;
8) 全面部瘢痕或植皮伴有重度毁容;
9) 双侧前臂缺失或双手功能完全丧失;
10) 双下肢瘢痕畸形,功能完全丧失;
11) 双膝以上缺失;
12) 双膝、双踝关节功能完全丧失;
13) 同侧上、下肢缺失或功能完全丧失;
14) 四肢大关节(肩、髋、膝、肘)中4个及以上关节功能完全丧失者;
15) 一眼有或无光感,另眼矫正视力≤0.02,或视野≤8%(或半径≤5°);
16) 无吞咽功能,完全依赖胃管进食;
17) 双侧上颌骨或双侧下颌骨完全缺损;
18) 一侧上颌骨及对侧下颌骨完全缺损,并伴有颜面软组织损伤>30 cm²;
19) 一侧全肺切除并胸廓成形术,呼吸困难Ⅲ级;
20) 心功能不全三级;
21) 食管闭锁或损伤后无法行食管重建术,依赖胃

造瘘或空肠造瘘进食;
22) 小肠切除 3/4,合并短肠综合症;
23) 肝切除 3/4,合并肝功能重度损害;
24) 肝外伤后发生门脉高压三联症或发生 Budd-chiari 综合征;
25) 胆道损伤致肝功能重度损害;
26) 胰次全切除,胰腺移植术后;
27) 孤肾部分切除后,肾功能不全失代偿期;
28) 肺功能重度损伤及(或)重度低氧血症;
29) 尘肺叁期伴肺功能中度损伤及(或)中度低氧血症;
30) 尘肺贰期伴肺功能重度损伤及(或)重度低氧血症[PO_2<5.3 kPa(40 mmHg)];
31) 尘肺叁期伴活动性肺结核;
32) 职业性肺癌或胸膜间皮瘤;
33) 职业性急性白血病;
34) 急性重型再生障碍性贫血;
35) 慢性重度中毒性肝病;
36) 肝血管肉瘤;
37) 肾功能不全尿毒症期,内生肌酐清除率持续<25 mL/min,或血浆肌酐水平持续>450 μmoI/L(5 mg/dL);
38) 职业性膀胱癌;
39) 放射性肿瘤。

5.3 三级

5.3.1 定级原则

器官严重缺损或畸形,有严重功能障碍或并发症,存在特殊医疗依赖,或部分生活自理障碍。

5.3.2 三级条款系列

凡符合 5.3.1 或下列条款之一者均为工伤三级。
1) 精神病性症状,经系统治疗 1 年后仍表现为危险或冲动行为者;
2) 精神病性症状,经系统治疗 1 年后仍缺乏生活自理能力者;
3) 偏瘫肌力 3 级;
4) 截瘫肌力 3 级;
5) 双足全肌瘫肌力≤2 级;
6) 中度非肢体瘫运动障碍;
7) 完全性失用、失写、失读、失认等具有两项或两项以上者;
8) 全身重度瘢痕形成,占体表面积≥70%,伴有四肢大关节中 2 个以上活动功能受限;

9) 面部瘢痕或植皮≥2/3 并有中度毁容;
10) 一手缺失,另一手拇指缺失;
11) 双手拇、食指缺失或功能完全丧失;
12) 一手功能完全丧失,另一手拇指功能完全丧失;
13) 双髋、双膝关节中,有一个关节缺失或功能完全丧失及另一关节重度功能障碍;
14) 双膝以下缺失或功能完全丧失;
15) 一侧髋、膝关节畸形,功能完全丧失;
16) 非同侧腕上、踝上缺失;
17) 非同侧上、下肢瘢痕畸形,功能完全丧失;
18) 一眼有或无光感,另眼矫正视力≤0.05 或视野≤16%(半径≤10°);
19) 双眼矫正视力<0.05 或视野≤16%(半径≤10°);
20) 一侧眼球摘除或眼内容物剜出,另眼矫正视力<0.1 或视野≤24%(或半径≤15°);
21) 呼吸完全依赖气管套管或造口;
22) 喉或气管损伤导致静止状态下或仅轻微活动即有呼吸困难;
23) 同侧上、下颌骨完全缺损;
24) 一侧上颌骨或下颌骨完全缺损,伴颜面部软组织损伤>30 cm^2;
25) 舌缺损>全舌的 2/3;
26) 一侧全肺切除并胸廓成形术;
27) 一侧胸廓成形术,肋骨切除 6 根以上;
28) 一侧全肺切除并隆凸切除成形术;
29) 一侧全肺切除并大血管重建术;
30) Ⅲ度房室传导阻滞;
31) 肝切除 2/3,并肝功能中度损害;
32) 胰次全切除,胰岛素依赖;
33) 一侧肾切除,对侧肾功能不全失代偿期;
34) 双侧输尿管狭窄,肾功能不全失代偿期;
35) 永久性输尿管腹壁造瘘;
36) 膀胱全切除;
37) 尘肺叁期;
38) 尘肺贰期伴肺功能中度损伤及(或)中度低氧血症;
39) 尘肺贰期合并活动性肺结核;
40) 放射性肺炎后两叶肺纤维化,伴肺功能中度损伤及(或)中度低氧血症;
41) 粒细胞缺乏症;
42) 再生障碍性贫血;
43) 职业性慢性白血病;

44) 中毒性血液病,骨髓增生异常综合征;
45) 中毒性血液病,严重出血或血小板含量≤2×10^{10}/L;
46) 砷性皮肤癌;
47) 放射性皮肤癌。

5.4 四级

5.4.1 定级原则

器官严重缺损或畸形,有严重功能障碍或并发症,存在特殊医疗依赖,或部分生活自理障碍或无生活自理障碍。

5.4.2 四级条款系列

凡符合5.4.1或下列条款之一者均为工伤四级。
1) 中度智能损伤;
2) 重度癫痫;
3) 精神病性症状,经系统治疗1年后仍缺乏社交能力者;
4) 单肢瘫肌力≤2级;
5) 双手部分肌瘫肌力≤2级;
6) 脑脊液漏伴有颅底骨缺损不能修复或反复手术失败;
7) 面部中度毁容;
8) 全身瘢痕面积≥60%,四肢大关节中1个关节活动功能受限;
9) 面部瘢痕或植皮≥1/2并有轻度毁容;
10) 双拇指完全缺失或功能完全丧失;
11) 一侧手功能完全丧失,另一手部分功能丧失;
12) 一侧肘上缺失;
13) 一侧膝以下缺失,另一侧前足缺失;
14) 一侧膝以上缺失;
15) 一侧踝以下缺失,另一足畸形行走困难;
16) 一眼有或无光感,另眼矫正视力<0.2或视野≤32%(或半径≤20°);
17) 一眼矫正视力<0.05,另眼矫正视力≤0.1;
18) 双眼矫正视力<0.1或视野≤32%(或半径≤20°);
19) 双耳听力损失≥91 dB;
20) 牙关紧闭或因食管狭窄只能进流食;
21) 一侧上颌骨缺损1/2,伴颜面部软组织损伤>20 cm²;
22) 下颌骨缺损长6 cm以上的区段,伴口腔、颜面软组织损伤>20 cm²;
23) 双侧颞下颌关节骨性强直,完全不能张口;
24) 面颊部洞穿性缺损>20 cm²;
25) 双侧完全性面瘫;
26) 一侧全肺切除术;
27) 双侧肺叶切除术;
28) 肺叶切除后并胸廓成形术后;
29) 肺叶切除并隆凸切除成形术后;
30) 一侧肺移植术;
31) 心瓣膜置换术后;
32) 心功能不全二级;
33) 食管重建术后吻合口狭窄,仅能进流食者;
34) 全胃切除;
35) 胰头、十二指肠切除;
36) 小肠切除3/4;
37) 小肠切除2/3,包括回盲部切除;
38) 全结肠、直肠、肛门切除,回肠造瘘;
39) 外伤后肛门排便重度障碍或失禁;
40) 肝切除2/3;
41) 肝切除1/2,肝功能轻度损害;
42) 胆道损伤致肝功能中度损害;
43) 甲状旁腺功能重度损害;
44) 肾修补术后,肾功能不全失代偿期;
45) 输尿管修补术后,肾功能不全失代偿期;
46) 永久性膀胱造瘘;
47) 重度排尿障碍;
48) 神经原性膀胱,残余尿≥50 mL;
49) 双侧肾上腺缺损;
50) 尘肺贰期;
51) 尘肺壹期伴肺功能中度损伤及(或)中度低氧血症;
52) 尘肺壹期伴活动性肺结核;
53) 病态窦房结综合征(需安装起搏器者);
54) 放射性损伤致肾上腺皮质功能明显减退;
55) 放射性损伤致免疫功能明显减退。

5.5 五级

5.5.1 定级原则

器官大部缺损或明显畸形,有较重功能障碍或并发症,存在一般医疗依赖,无生活自理障碍。

5.5.2 五级条款系列

凡符合5.5.1或下列条款之一者均为工伤五级。
1) 四肢瘫肌力4级;

2） 单肢瘫肌力3级；
3） 双手部分肌瘫肌力3级；
4） 一手全肌瘫肌力≤2级；
5） 双足全肌瘫肌力3级；
6） 完全运动性失语；
7） 完全性失用、失写、失读、失认等具有一项者；
8） 不完全性失用、失写、失读、失认等具有多项者；
9） 全身瘢痕占体表面积≥50%，并有关节活动功能受限；
10） 面部瘢痕或植皮≥1/3并有毁容标准中的一项；
11） 脊柱骨折后遗30°以上侧弯或后凸畸形，伴严重根性神经痛；
12） 一侧前臂缺失；
13） 一手功能完全丧失；
14） 肩、肘关节之一功能完全丧失；
15） 一手拇指缺失，另一手除拇指外三指缺失；
16） 一手拇指功能完全丧失，另一手除拇指外三指功能完全丧失；
17） 双前足缺失或双前足瘢痕畸形，功能完全丧失；
18） 双跟骨足底软组织缺损瘢痕形成，反复破溃；
19） 一髋（或一膝）功能完全丧失；
20） 四肢大关节之一人工关节术后遗留重度功能障碍；
21） 一侧膝以下缺失；
22） 第Ⅲ对脑神经麻痹；
23） 双眼外伤性青光眼术后，需用药物控制眼压者；
24） 一眼有或无光感，另眼矫正视力≤0.3或视野≤40%（或半径≤25°）；
25） 一眼矫正视力<0.05，另眼矫正视力≤0.2；
26） 一眼矫正视力<0.1，另眼矫正视力等于0.1；
27） 双眼视野≤40%（或半径≤25°）；
28） 双耳听力损失≥81 dB；
29） 喉或气管损伤导致一般活动及轻工作时有呼吸困难；
30） 吞咽困难，仅能进半流食；
31） 双侧喉返神经损伤，喉保护功能丧失致饮食呛咳、误吸；
32） 一侧上颌骨缺损>1/4，但<1/2，伴软组织损伤>10 cm²，但<20 cm²；
33） 下颌骨缺损长4 cm以上的区段，伴口腔、颜面软组织损伤>10 cm²；
34） 一侧完全面瘫，另一侧不完全面瘫；

35） 双肺叶切除术；
36） 肺叶切除术并大血管重建术；
37） 隆凸切除成形术；
38） 食管重建术后吻合口狭窄，仅能进半流食者；
39） 食管气管或支气管瘘；
40） 食管胸膜瘘；
41） 胃切除3/4；
42） 小肠切除2/3，包括回肠大部分；
43） 肛门、直肠、结肠部分切除，结肠造瘘；
44） 肝切除1/2；
45） 胰切除2/3；
46） 甲状腺功能重度损害；
47） 一侧肾切除，对侧肾功能不全代偿期；
48） 一侧输尿管狭窄，肾功能不全代偿期；
49） 尿道瘘不能修复者；
50） 两侧睾丸、附睾缺损；
51） 放射性损伤致生殖功能重度损伤；
52） 阴茎全缺损；
53） 双侧卵巢切除；
54） 阴道闭锁；
55） 会阴部瘢痕挛缩伴有阴道或尿道或肛门狭窄；
56） 肺功能中度损伤或中度低氧血症；
57） 莫氏Ⅱ型Ⅱ度房室传导阻滞；
58） 病态窦房结综合征（不需安起搏器者）；
59） 中毒性血液病，血小板减少（≤4×10^{10}/L）并有出血倾向；
60） 中毒性血液病，白细胞含量持续<3×10^9/L（<3 000/mm³）或粒细胞含量<1.5×10^9/L（1 500/mm³）；
61） 慢性中度中毒性肝病；
62） 肾功能不全失代偿期，内生肌酐清除率持续<50 mL/min，或血浆肌酐水平持续>177μmol/L（2 mg/dL）；
63） 放射性损伤致睾丸萎缩；
64） 慢性重度磷中毒；
65） 重度手臂振动病。

5.6 六级

5.6.1 定级原则

器官大部缺损或明显畸形，有中等功能障碍或并发症，存在一般医疗依赖，无生活自理障碍。

5.6.2 六级条款系列

凡符合5.6.1或下列条款之一者均为工伤六级。

1） 癫痫中度；

2) 轻度智能损伤;
3) 精神病性症状,经系统治疗1年后仍影响职业劳动能力者;
4) 三肢瘫肌力4级;
5) 截瘫双下肢肌力4级伴轻度排尿障碍;
6) 双手全肌瘫肌力4级;
7) 一手全肌瘫肌力3级;
8) 双足部分肌瘫肌力≤2级;
9) 单足全肌瘫肌力≤2级;
10) 轻度非肢体瘫运动障碍;
11) 不完全性感觉性失语;
12) 面部重度异常色素沉着或脱失;
13) 面部瘢痕或植皮≥1/3;
14) 全身瘢痕面积≥40%;
15) 撕脱伤后头皮缺失1/5以上;
16) 一手一拇指完全缺失,连同另一手非拇指二指缺失;
17) 一拇指功能完全丧失,另一手除拇指外有二指功能完全丧失;
18) 一手三指(含拇指)缺失;
19) 除拇指外其余四指缺失或功能完全丧失;
20) 一侧踝以下缺失;或踝关节畸形,功能完全丧失;
21) 下肢骨折成角畸形>15°,并有肢体短缩4 cm以上;
22) 一前足缺失,另一足仅残留拇趾;
23) 一前足缺失,另一足除拇趾外,2~5趾畸形,功能完全丧失;
24) 一足功能完全丧失,另一足部分功能丧失;
25) 一髋或一膝关节功能重度障碍;
26) 单侧跟骨足底软组织缺损瘢痕形成,反复破溃;
27) 一侧眼球摘除;或一侧眼球明显萎缩,无光感;
28) 一眼有或无光感,另一眼矫正视力≥0.4;
29) 一眼矫正视力≤0.05,另一眼矫正视力≥0.3;
30) 一眼矫正视力≤0.1,另一眼矫正视力≥0.2;
31) 双眼矫正视力≤0.2或视野≤48%(或半径≤30°);
32) 第Ⅳ或第Ⅵ对脑神经麻痹,或眼外肌损伤致复视的;
33) 双耳听力损失≥71 dB;
34) 双侧前庭功能丧失,睁眼行走困难,不能并足站立;
35) 单侧或双侧颞下颌关节强直,张口困难Ⅲ度;

36) 一侧上颌骨缺损1/4,伴口腔颜面软组织损伤>10 cm^2;
37) 面部软组织缺损>20 cm^2,伴发涎瘘;
38) 舌缺损>舌的1/3,但<舌的2/3;
39) 双侧颧骨并颧骨弓骨折,伴有开口困难Ⅱ度以上及颜面部畸形经手术复位者;
40) 双侧下颌骨髁状突颈部骨折,伴有开口困难Ⅱ度以上及咬合关系改变,经手术治疗者;
41) 一侧完全性面瘫;
42) 肺叶切除并肺段或楔形切除术;
43) 肺叶切除并支气管成形术后;
44) 支气管(或气管)胸膜瘘;
45) 冠状动脉旁路移植术;
46) 大血管重建术;
47) 胃切除2/3;
48) 小肠切除1/2,包括回盲部;
49) 肛门外伤后排便轻度障碍或失禁;
50) 肝切除1/3;
51) 胆道损伤致肝功能轻度损伤;
52) 腹壁缺损面积≥腹壁的1/4;
53) 胰切除1/2;
54) 甲状腺功能中度损害;
55) 甲状旁腺功能中度损害;
56) 肾损伤性高血压;
57) 尿道狭窄经系统治疗1年后仍需定期行扩张术;
58) 膀胱部分切除合并轻度排尿障碍;
59) 两侧睾丸创伤后萎缩,血睾酮低于正常值;
60) 放射性损伤致生殖功能轻度损伤;
61) 双侧输精管缺损,不能修复;
62) 阴茎部分缺损;
63) 女性双侧乳房切除或严重瘢痕畸形;
64) 子宫切除;
65) 双侧输卵管切除;
66) 尘肺壹期伴肺功能轻度损伤及(或)轻度低氧血症;
67) 放射性肺炎后肺纤维化(<两叶),伴肺功能轻度损伤及(或)轻度低氧血症;
68) 其他职业性肺部疾患,伴肺功能轻度损伤;
69) 白血病完全缓解;
70) 中毒性肾病,持续性低分子蛋白尿伴白蛋白尿;
71) 中毒性肾病,肾小管浓缩功能减退;
72) 放射性损伤致肾上腺皮质功能轻度减退;

73) 放射性损伤致甲状腺功能低下;
74) 减压性骨坏死Ⅲ期;
75) 中度手臂振动病;
76) 氟及其无机化合物中毒慢性重度中毒。

5.7 七级

5.7.1 定级原则

器官大部缺损或畸形,有轻度功能障碍或并发症,存在一般医疗依赖,无生活自理障碍。

5.7.2 七级条款系列

凡符合5.7.1或下列条款之一者均为工伤七级。

1) 偏瘫肌力4级;
2) 截瘫肌力4级;
3) 单手部分肌瘫肌力3级;
4) 双足部分肌瘫肌力3级;
5) 单足全肌瘫肌力3级;
6) 中毒性周围神经病致深感觉障碍;
7) 人格改变或边缘智能,经系统治疗1年后仍存在明显社会功能受损者;
8) 不完全性运动性失语;
9) 不完全性失用、失写、失读和失认等具有一项者;
10) 符合重度毁容标准中的两项者;
11) 烧伤后颅骨全层缺损≥30 cm^2,或在硬脑膜上植皮面积≥10 cm^2;
12) 颈部瘢痕挛缩,影响颈部活动;
13) 全身瘢痕面积≥30%;
14) 面部瘢痕、异物或植皮伴色素改变占面部的10%以上;
15) 骨盆骨折内固定术后,骨盆环不稳定,骶髂关节分离;
16) 一手除拇指外,其他2~3指(含食指)近侧指间关节离断;
17) 一手除拇指外,其他2~3指(含食指)近侧指间关节功能完全丧失;
18) 肩、肘关节之一损伤后遗留关节重度功能障碍;
19) 一腕关节功能完全丧失;
20) 一足1~5趾缺失;
21) 一前足缺失;
22) 四肢大关节之一人工关节术后,基本能生活自理;
23) 四肢大关节之一关节内骨折导致创伤性关节炎,遗留中重度功能障碍;
24) 下肢伤后短缩>2 cm,但≤4 cm者;
25) 膝关节韧带损伤术后关节不稳定,伸屈功能正常者;
26) 一眼有或无光感,另眼矫正视力≥0.8;
27) 一眼有或无光感,另一眼各种客观检查正常;
28) 一眼矫正视力≤0.05,另眼矫正视力≥0.6;
29) 一眼矫正视力≤0.1,另眼矫正视力≥0.4;
30) 双眼矫正视力≤0.3或视野≤64%(或半径≤40°);
31) 单眼外伤性青光眼术后,需用药物控制眼压者;
32) 双耳听力损失≥56 dB;
33) 咽成形术后,咽下运动不正常;
34) 牙槽骨损伤长度≥8 cm,牙齿脱落10个及以上;
35) 单侧颧骨并颧弓骨折,伴有开口困难Ⅱ度以上及颜面部畸形经手术复位者;
36) 双侧不完全性面瘫;
37) 肺叶切除术;
38) 限局性脓胸行部分胸廓成形术;
39) 气管部分切除术;
40) 食管重建术后伴反流性食管炎;
41) 食管外伤或成形术后咽下运动不正常;
42) 胃切除1/2;
43) 小肠切除1/2;
44) 结肠大部切除;
45) 肝切除1/4;
46) 胆道损伤,胆肠吻合术后;
47) 脾切除;
48) 胰切除1/3;
49) 女性两侧乳房部分缺损;
50) 一侧肾切除;
51) 膀胱部分切除;
52) 轻度排尿障碍;
53) 阴道狭窄;
54) 尘肺壹期,肺功能正常;
55) 放射性肺炎后肺纤维化(<两叶),肺功能正常;
56) 轻度低氧血症;
57) 心功能不全一级;
58) 再生障碍性贫血完全缓解;
59) 白细胞减少症,含量持续<4×10^9/L(4 000/mm^3)

60) 中性粒细胞减少症,含量持续$<2\times10^9$/L(2 000/mm^3);

61) 慢性轻度中毒性肝病;

62) 肾功能不全代偿期,内生肌酐清除率<70 mL/min;

63) 三度牙酸蚀病。

5.8 八级

5.8.1 定级原则

器官部分缺损,形态异常,轻度功能障碍,存在一般医疗依赖,无生活自理障碍。

5.8.2 八级条款系列

凡符合5.8.1或下列条款之一者均为工伤八级。

1) 单肢体瘫肌力4级;
2) 单手全肌瘫肌力4级;
3) 双手部分肌瘫肌力4级;
4) 双足部分肌瘫肌力4级;
5) 单足部分肌瘫肌力≤3级;
6) 脑叶部分切除术后;
7) 符合重度毁容标准中的一项者;
8) 面部烧伤植皮≥1/5;
9) 面部轻度异物沉着或色素脱失;
10) 双侧耳廓部分或一侧耳廓大部分缺损;
11) 全身瘢痕面积≥20%;
12) 一侧或双侧眼睑明显缺损;
13) 脊椎压缩性骨折,椎体前缘高度减少1/2以上者或脊椎不稳定性骨折;
14) 3个及以上节段脊柱内固定术;
15) 一手除拇、食指外,有两指远侧指间关节离断;
16) 一手除拇、食指外,有两指近侧指间关节功能完全丧失;
17) 一拇指指间关节离断;
18) 一拇指指间关节畸形,功能完全丧失;
19) 一足拇趾缺失,另一足非拇趾一趾缺失;
20) 一足拇趾畸形,功能完全丧失,另一足非拇趾一趾畸形;
21) 一足除拇趾外,其他三趾缺失;
22) 一足除拇趾外,其他四趾瘢痕畸形,功能完全丧失;
23) 因开放骨折感染形成慢性骨髓炎,反复发作者;
24) 四肢大关节之一关节内骨折导致创伤性关节炎,遗留轻度功能障碍;
25) 急性放射皮肤损伤Ⅳ度及慢性放射性皮肤损伤手术治疗后影响肢体功能;
26) 放射性皮肤溃疡经久不愈者;
27) 一眼矫正视力≤0.2,另眼矫正视力≥0.5;
28) 双眼矫正视力等于0.4;
29) 双眼视野≤80%(或半径≤50°);
30) 一侧或双侧睑外翻或睑闭合不全者;
31) 上睑下垂盖及瞳孔1/3者;
32) 睑球粘连影响眼球转动者;
33) 外伤性青光眼行抗青光眼手术后眼压控制正常者;
34) 双耳听力损伤≥41 dB或一耳≥91 dB;
35) 喉或气管损伤导致体力劳动时有呼吸困难;
36) 喉源性损伤导致发声及言语困难;
37) 牙槽骨损伤长度≥6 cm,牙齿脱落8个及以上者;
38) 舌缺损<舌的1/3;
39) 双侧鼻腔或鼻咽部闭锁;
40) 双侧颞下颌关节强直,张口困难Ⅱ度;
41) 上、下颌骨骨折,经牵引、固定治疗后有功能障碍者;
42) 双侧颧骨并颧弓骨折,无张口困难,颜面部凹陷畸形不明显,不需手术复位;
43) 肺段切除术;
44) 支气管成形术;
45) 双侧≥3根肋骨骨折致胸廓畸形;
46) 膈肌破裂修补术后,伴膈神经麻痹;
47) 心脏、大血管修补术;
48) 心脏异物滞留或异物摘除术;
49) 肺功能轻度损伤;
50) 食管重建术后,进食正常者;
51) 胃部分切除;
52) 小肠部分切除;
53) 结肠部分切除;
54) 肝部分切除;
55) 腹壁缺损面积<腹壁的1/4;
56) 脾部分切除;
57) 胰部分切除;
58) 甲状腺功能轻度损害;
59) 甲状旁腺功能轻度损害;
60) 尿道修补术;
61) 一侧睾丸、附睾切除;
62) 一侧输精管缺损,不能修复;

63) 脊髓神经周围神经损伤,或盆腔、会阴手术后遗留性功能障碍;
64) 一侧肾上腺缺损;
65) 单侧输卵管切除;
66) 单侧卵巢切除;
67) 女性单侧乳房切除或严重瘢痕畸形;
68) 其他职业性肺疾患,肺功能正常;
69) 中毒性肾病,持续低分子蛋白尿;
70) 慢性中度磷中毒;
71) 氟及其无机化合物中毒慢性中度中毒;
72) 减压性骨坏死Ⅱ期;
73) 轻度手臂振动病;
74) 二度牙酸蚀。

5.9 九级

5.9.1 定级原则

器官部分缺损,形态异常,轻度功能障碍,无医疗依赖或者存在一般医疗依赖,无生活自理障碍。

5.9.2 九级条款系列

凡符合 5.9.1 或下列条款之一者均为工伤九级。
1) 癫痫轻度;
2) 中毒性周围神经病致浅感觉障碍;
3) 脑挫裂伤无功能障碍;
4) 开颅手术后无功能障碍;
5) 颅内异物无功能障碍;
6) 颈部外伤致颈总、颈内动脉狭窄,支架置入或血管搭桥手术后无功能障碍;
7) 符合中度毁容标准中的两项或轻度毁容者;
8) 发际边缘瘢痕性秃发或其他部位秃发,需戴假发者;
9) 全身瘢痕占体表面积≥5%;
10) 面部有≥8 cm^2 或 3 处以上≥1 cm^2 的瘢痕;
11) 两个以上横突骨折;
12) 脊椎压缩骨折,椎体前缘高度减少小于 1/2 者;
13) 椎间盘髓核切除术后;
14) 1~2 节脊柱内固定术;
15) 一拇指末节部分 1/2 缺失;
16) 一手食指 2~3 节缺失;
17) 一拇指间关节僵直于功能位;
18) 除拇指外,余 3~4 指末节缺失;
19) 一足拇趾末节缺失;
20) 除拇趾外其他二趾缺失或瘢痕畸形,功能不全;
21) 跖骨或跗骨骨折影响足弓者;
22) 外伤后膝关节半月板切除、髌骨切除、膝关节交叉韧带修补术后;
23) 四肢长管状骨骨折内固定或外固定支架术后;
24) 髌骨、跟骨、距骨、下颌骨或骨盆骨折内固定术后;
25) 第Ⅴ对脑神经眼支麻痹;
26) 眶壁骨折致眼球内陷、两眼球突出度相差>2 mm 或错位变形影响外观者;
27) 一眼矫正视力≤0.3,另眼矫正视力>0.6;
28) 双眼矫正视力等于 0.5;
29) 泪器损伤,手术无法改进溢泪者;
30) 双耳听力损失≥31 dB 或一耳损失≥71 dB;
31) 喉源性损伤导致发声及言语不畅;
32) 铬鼻病有医疗依赖;
33) 牙槽骨损伤长度>4 cm,牙脱落 4 个及以上;
34) 上、下颌骨骨折,经牵引、固定治疗后无功能障碍者;
35) 一侧下颌骨髁状突颈部骨折;
36) 一侧颧骨并颧弓骨折;
37) 肺内异物滞留或异物摘除术后;
38) 限局性脓胸行胸膜剥脱术;
39) 胆囊切除;
40) 一侧卵巢部分切除;
41) 乳腺成形术;
42) 胸、腹腔脏器探查术或修补术后。

5.10 十级

5.10.1 定级原则

器官部分缺损,形态异常,无功能障碍或轻度功能障碍,无医疗依赖或者存在一般医疗依赖,无生活自理障碍。

5.10.2 十级条款系列

凡符合 5.10.1 或下列条款之一者均为工伤十级。
1) 符合中度毁容标准中的一项者;
2) 面部有瘢痕,植皮,异物色素沉着或脱失>2 cm^2;
3) 全身瘢痕面积<5%,但≥1%;
4) 急性外伤导致椎间盘髓核突出,并伴神经刺激征者;
5) 一手指除拇指外,任何一指远侧指间关节离断或功能丧失;
6) 指端植皮术后(增生性瘢痕 1 cm^2 以上);
7) 手背植皮面积>50 cm^2,并有明显瘢痕;
8) 手掌、足掌植皮面积>30%者;

9) 除拇趾外,任何一趾末节缺失;
10) 足背植皮面积>100 cm^2;
11) 膝关节半月板损伤、膝关节交叉韧带损伤未做手术者;
12) 身体各部分骨折愈合后无功能障碍或轻度功能障碍;
13) 四肢大关节肌腱及韧带撕裂伤术后遗留轻度功能障碍;
14) 一手或两手慢性放射性皮肤损伤Ⅱ度及Ⅱ度以上者;
15) 一眼矫正视力≤0.5,另一眼矫正视力≥0.8;
16) 双眼矫正视力≤0.8;
17) 一侧或双侧睑外翻或睑闭合不全行成形手术后矫正者;
18) 上睑下垂盖及瞳孔1/3行成形手术后矫正者;
19) 睑球粘连影响眼球转动行成形手术后矫正者;
20) 职业性及外伤性白内障术后人工晶状体眼,矫正视力正常者;
21) 职业性及外伤性白内障Ⅰ度~Ⅱ度(或轻度、中度),矫正视力正常者;
22) 晶状体部分脱位;
23) 眶内异物未取出者;
24) 眼球内异物未取出者;
25) 外伤性瞳孔放大;
26) 角巩膜穿通伤治愈者;
27) 双耳听力损失≥26 dB,或一耳≥56 dB;
28) 双侧前庭功能丧失,闭眼不能并足站立;
29) 铬鼻病(无症状者);
30) 嗅觉丧失;
31) 牙齿除智齿以外,切牙脱落1个以上或其他牙脱落2个以上;
32) 一侧颞下颌关节强直,张口困难Ⅰ度;
33) 鼻窦或面颊部有异物未取出;
34) 单侧鼻腔或鼻孔闭锁;
35) 鼻中隔穿孔;
36) 一侧不完全性面瘫;
37) 血、气胸行单纯闭式引流术后,胸膜粘连增厚;
38) 腹腔脏器挫裂伤保守治疗后;
39) 乳腺修补术后;
40) 放射性损伤免疫功能轻度减退;
41) 慢性轻度磷中毒;
42) 氟及其无机化合物中毒慢性轻度中毒;
43) 井下工人滑囊炎;
44) 减压性骨坏死Ⅰ期;
45) 一度牙酸蚀病;
46) 职业性皮肤病久治不愈。

附 录 A
(规范性附录)
各门类工伤、职业病致残分级判定基准

A.1 神经内科、神经外科、精神科门

A.1.1 智能损伤

A.1.1.1 智能损伤的症状

智能损伤具体症状表现为:
a) 记忆减退,最明显的是学习新事物的能力受损;
b) 以思维和信息处理过程减退为特征的智能损害,如抽象概括能力减退,难以解释成语、谚语,掌握词汇量减少,不能理解抽象意义的词汇,难以概括同类事物的共同特征,或判断力减退;
c) 情感障碍,如抑郁、淡漠,或敌意增加等;
d) 意志减退,如懒散、主动性降低;
e) 其他高级皮层功能受损,如失语、失认、失用,或人格改变等;
f) 无意识障碍。

符合症状标准至少已6个月方可诊断。

A.1.1.2 智能损伤的级别

智能损伤分5级:
a) 极重度智能损伤
 1) 记忆损伤,记忆商(MQ)0~19;
 2) 智商(IQ)<20;
 3) 生活完全不能自理。
b) 重度智能损伤
 1) 记忆损伤,MQ 20~34;
 2) IQ 20~34;
 3) 生活大部不能自理。
c) 中度智能损伤
 1) 记忆损伤,MQ 35~49;
 2) IQ 35~49;
 3) 生活能部分自理。
d) 轻度智能损伤
 1) 记忆损伤,MQ 50~69;
 2) IQ 50~69;

3) 生活勉强能自理,能做一般简单的非技术性工作。
e) 边缘智能
1) 记忆损伤,MQ 70~79；
2) IQ 70~79；
3) 生活基本自理,能做一般简单的非技术性工作。

A.1.2 精神障碍

A.1.2.1 精神病性症状

有下列表现之一者：
a) 突出的妄想；
b) 持久或反复出现的幻觉；
c) 病理性思维联想障碍；
d) 紧张综合征,包括紧张性兴奋与紧张性木僵；
e) 情感障碍显著,且妨碍社会功能(包括生活自理功能、社交功能及职业和角色功能)。

A.1.2.2 与工伤、职业病相关的精神障碍的认定

认定需具备以下条件：
a) 精神障碍的发病基础需有工伤、职业病的存在；
b) 精神障碍的起病时间需与工伤、职业病的发生相一致；
c) 精神障碍应随着工伤、职业病的改善和缓解而恢复正常；
d) 无证据提示精神障碍的发病有其他原因(如强阳性家族病史)。

A.1.3 人格改变

个体原来特有的人格模式发生了改变,人格改变需两种或两种以上的下列特征,至少持续6个月方可诊断：
a) 语速和语流明显改变,如以赘述或粘滞为特征；
b) 目的性活动能力降低,尤以耗时较久才能得到满足的活动更明显；
c) 认知障碍,如偏执观念,过于沉湎于某一主题(如宗教),或单纯以对或错来对他人进行僵化的分类；
d) 情感障碍,如情绪不稳、欣快、肤浅、情感流露不协调、易激惹,或淡漠；
e) 不可抑制的需要和冲动(不顾后果和社会规范要求)。

A.1.4 癫痫的诊断

癫痫诊断的分级包括：
a) 轻度:经系统服药治疗方能控制的各种类型癫痫发作者；
b) 中度:各种类型的癫痫发作,经系统服药治疗一年后,全身性强直—阵挛发作、单纯或复杂部分发作,伴自动症或精神症状(相当于大发作、精神运动性发作)平均每月1次或1次以下,失神发作和其他类型发作平均每周1次以下；
c) 重度:各种类型的癫痫发作,经系统服药治疗一年后,全身性强直—阵挛发作、单纯或复杂部分发作,伴自动症或精神症状(相当于大发作、精神运动性发作)平均每月1次以上,失神发作和其他类型发作平均每周1次以上者。

A.1.5 面神经损伤的评定

面神经损伤分中枢性(核上性)和外周性(核下性)损伤。本标准所涉及的面神经损伤主要指外周性病变。

一侧完全性面神经损伤系指面神经的5个分支支配的全部颜面肌肉瘫痪,表现为：
a) 额纹消失,不能皱眉；
b) 眼睑不能充分闭合,鼻唇沟变浅；
c) 口角下垂,不能示齿、鼓腮、吹口哨,饮食时汤水流溢。

不完全性面神经损伤系指面神经颧枝损伤或下颌枝损伤或颞枝和颊枝损伤者。

A.1.6 运动障碍

A.1.6.1 肢体瘫

肢体瘫痪程度以肌力作为分级标准,具体级别包括：
a) 0级:肌肉完全瘫痪,毫无收缩；
b) 1级:可看到或触及肌肉轻微收缩,但不能产生动作；
c) 2级:肌肉在不受重力影响下,可进行运动,即肢体能在床面上移动,但不能抬高；
d) 3级:在和地心引力相反的方向中尚能完成其动作,但不能对抗外加的阻力；
e) 4级:能对抗一定的阻力,但较正常人低；
f) 5级:正常肌力。

A.1.6.2 非肢体瘫痪的运动障碍

包括肌张力增高、深感觉障碍和(或)小脑性共济失调、不自主运动或震颤等。根据其对生活自理的影响程度划分为轻度、中度、重度：
a) 重度:不能自行进食,大小便、洗漱、翻身和穿衣需由他人护理。
b) 中度:上述动作困难,但他人帮助下可以完成。
c) 轻度:完成上述运动虽有一些困难,但基本可以自理。

A.2 骨科、整形外科、烧伤科门

A.2.1 颜面毁容

A.2.1.1 重度

面部瘢痕畸形,并有以下六项中任意四项者:
a) 眉毛缺失;
b) 双睑外翻或缺失;
c) 外耳缺失;
d) 鼻缺失;
e) 上下唇外翻、缺失或小口畸形;
f) 颈颏粘连。

A.2.1.2 中度

具有下述六项中三项者:
a) 眉毛部分缺失;
b) 眼睑外翻或部分缺失;
c) 耳廓部分缺失;
d) 鼻部分缺失;
e) 唇外翻或小口畸形;
f) 颈部瘢痕畸形。

A.2.1.3 轻度

含中度畸形六项中两项者。

A.2.2 瘢痕诊断界定

指创面愈合后的增生性瘢痕,不包括皮肤平整、无明显质地改变的萎缩性瘢痕或疤痕。

A.2.3 面部异物色素沉着或脱失

A.2.3.1 轻度

异物色素沉着或脱失超过颜面总面积的1/4。

A.2.3.2 重度

异物色素沉着或脱失超过颜面总面积的1/2。

A.2.4 高位截肢

指肱骨或股骨缺失2/3以上。

A.2.5 关节功能障碍

A.2.5.1 关节功能完全丧失

非功能位关节僵直、固定或关节周围其他原因导致关节连枷状或严重不稳,以致无法完成其功能活动。

A.2.5.2 关节功能重度障碍

关节僵直于功能位,或残留关节活动范围约占正常的三分之一,较难完成原有劳动并对日常生活有明显影响。

A.2.5.3 关节功能中度障碍

残留关节活动范围约占正常的三分之二,能基本完成原有劳动,对日常生活有一定影响。

A.2.5.4 关节功能轻度障碍

残留关节活动范围约占正常的三分之二以上,对日常生活无明显影响。

A.2.6 四肢长管状骨

指肱骨、尺骨、桡骨、股骨、胫骨和腓骨。

A.2.7 脊椎骨折的类型

在评估脊椎损伤严重程度时,应根据暴力损伤机制、临床症状与体征,尤其是神经功能损伤情况以及影像等资料进行客观评估,出现以下情形之一时可判断为脊椎不稳定性骨折:
a) 脊椎有明显骨折移位,椎体前缘高度压缩大于50%,后凸或侧向成角大于30°;
b) 后缘骨折,且有骨块突入椎管内,椎管残留管腔小于40%;
c) 脊椎弓根、关节突、椎板骨折等影像学表现。

上述情形外的其他情形可判断为脊椎稳定性骨折。

A.2.8 放射性皮肤损伤

A.2.8.1 急性放射性皮肤损伤Ⅳ度

初期反应为红斑、麻木、瘙痒、水肿、刺痛,经过数小时至10天假愈期后出现第二次红斑、水疱、坏死、溃疡,所受剂量可能≥20Gy。

A.2.8.2 慢性放射性皮肤损伤Ⅱ度

临床表现为角化过度、皲裂或皮肤萎缩变薄,毛细血管扩张,指甲增厚变形。

A.2.8.3 慢性放射性皮肤损伤Ⅲ度

临床表现为坏死、溃疡,角质突起,指端角化与融合,肌腱挛缩,关节变形及功能障碍(具备其中一项即可)。

A.3 眼科、耳鼻喉科、口腔科门

A.3.1 视力的评定

A.3.1.1 视力检查

按照GB 11533的规定检查视力。视力记录可采用5分记录(对数视力表)或小数记录两种方式(详见表A.1)。

表 A.1　小数记录折算 5 分记录参考表

旧法记录	0(无光感)				1/∞(光感)				0.001(光感)		
5 分记录	0				1				2		
旧法记录,cm（手指/cm）	6	8	10	12	15	20	25	30	35	40	45
5 分记录	2.1	2.2	2.3	2.4	2.5	2.6	2.7	2.8	2.85	2.9	2.95
走近距离	50cm	60cm	80cm	1m	1.2m	1.5m	2m	2.5m	3m	3.5m	4m　4.5m
小数记录	0.01	0.012	0.015	0.02	0.025	0.03	0.04	0.05	0.06	0.07	0.08　0.09
5 分记录	3.0	3.1	3.2	3.3	3.4	3.5	3.6	3.7	3.8	3.85	3.9　3.95
小数记录	0.1	0.2	0.15	0.2	0.25	0.3	0.4	0.5	0.6	0.7	0.8　0.9
5 分记录	4.0	4.1	4.2	4.3	4.4	4.5	4.6	4.7	4.8	4.85	4.9　4.95
小数记录	1.0	1.2	1.5	2.0	2.5	3.0	4.0	5.0	6.0	8.0	10.0
5 分记录	5.0	5.1	5.2	5.3	5.4	5.5	5.6	5.7	5.8	5.9	6.0

A.3.1.2　盲及低视力分级

盲及低视力分级见表 A.2。

表 A.2　盲及低视力分级

类别	级别	最佳矫正视力
盲	一级盲	<0.02~无光感,或视野半径<5°
	二级盲	<0.05~0.02,或视野半径<10°
低视力	一级低视力	<0.1~0.05
	二级低视力	<0.3 ~0.1

A.3.2　周边视野

A.3.2.1　视野检查的要求

视野检查的具体要求：
a)　视标颜色:白色；
b)　视标大小:3 mm；
c)　检查距离:330 mm；
d)　视野背景亮度:31.5 asb。

A.3.2.2　视野缩小的计算

视野有效值计算方法为：

$$实测视野有效值 = \frac{8条子午线实测视野值}{500} \times 100\%$$

A.3.3　伪盲鉴定方法

A.3.3.1　单眼全盲检查法

全盲检查方法如下：
a)　视野检查法:在不遮盖眼的情况下,检查健眼的视野,鼻侧视野>60°者,可疑为伪盲。
b)　加镜检查法:将准备好的试镜架上（好眼之前）放一个屈光度为+6.00D 的球镜片,在所谓盲眼前放上一个屈光度为+0.25D 的球镜片,戴在患者眼前以后,如果仍能看清 5m 处的远距离视力表时,即为伪盲。或嘱患者两眼注视眼前一点,将一个三棱镜度为 6 的三棱镜放于所谓盲眼之前,不拘底向外或向内,注意该眼球必向内或向外转动,以避免发生复视。

A.3.3.2　单眼视力减退检查法

视力减退检查方法如下：
a)　加镜检查法:先记录两眼单独视力,然后将平面镜或不影响视力的低度球镜片放于所谓患眼之前,并将一个屈光度为+12.00D 的凸球镜片同时放于好眼之前,再检查两眼同时看的视力,如果所得的视力较所谓患眼的单独视力更好时,则可证明患眼为伪装视力减退。
b)　视觉诱发电位(VEP)检查法(略)。

A.3.4 视力减弱补偿率

视力减弱补偿率是眼科致残评级依据之一。从表 A.3 中提示,如左眼检查视力 0.15,右眼检查视力 0.3,对照视力减弱补偿率,行是 9,列是 7,交汇点是 38,即视力减弱补偿率为 38,对应致残等级是七级。余可类推。

表 A.3 视力减弱补偿率表

左眼		右眼										
		6/6	5/6	6/9	5/9	6/12	6/18	6/24	6/36		6/60	4/60	3/60	
		1~0.9	0.8	0.6	0.6	0.5	0.4	0.3	0.2	0.15	0.1	1/15	1/20	<1/20
6/6	1~0.9	0	0	2	3	4	6	9	12	16	20	23	25	27
5/6	0.8	0	0	3	4	5	7	10	14	18	22	24	26	28
6/9	0.7	2	3	4	5	6	8	12	16	20	24	26	28	30
5/9	0.6	3	4	5	6	7	10	14	19	22	26	29	32	35
6/12	0.5	4	5	6	7	8	12	17	22	25	28	32	36	40
6/18	0.4	6	7	8	10	12	16	20	25	28	31	35	40	45
6/24	0.3	9	10	12	14	17	20	25	33	38	42	47	52	60
6/36	0.2	12	14	16	19	22	25	33	47	55	60	67	75	80
	0.15	16	18	20	22	25	28	38	55	63	70	78	83	83
6/60	0.1	20	22	24	26	28	31	42	60	70	80	80	90	95
4/60	1/15	23	24	26	29	32	35	47	67	78	85	92	95	98
3/60	1/20	25	26	28	32	36	40	52	75	83	90	95	98	100
	<1/20	27	28	30	35	40	45	60	80	88	95	98	100	100

表 A.4 视力减弱补偿率与工伤等级对应表

致残等级	视力减弱补偿率/%
一级	—
二级	—
三级	100
四级	86~99
五级	76~85
六级	41~75
七级	25~40
八级	16~24
九级	8~15
十级	0~7

注1:视力减弱补偿率不能代替《工伤鉴定标准》,只有现条款不能得出确定结论时,才可对照视力减弱补偿率表得出相对应的视力减弱补偿率,并给出相对应的致残等级。

注2:视力减弱补偿率及其等级分布不适用于一、二级的评定和眼球摘除者的致残等级。

A.3.5 无晶状体眼的视觉损伤程度评价

因工伤或职业病导致眼晶状体摘除,除了导致视力障碍外,还分别影响到患者视野及立体视觉功能,因此,对无晶状体眼中心视力(矫正后)的有效值的计算要低于正常晶状体眼。计算办法可根据无晶状体眼的只数和无晶状体眼分别进行视力最佳矫正(包括戴眼镜或接触镜和植入人工晶状体)后,与正常晶状体眼,依视力递减受损程度百分比进行比较,来确定无晶状体眼视觉障碍的程度,见表 A.5。

表 A.5　无晶状体眼视觉损伤程度评价参考表

视力	无晶状体眼中心视力有效值百分比/%		
	晶状体眼	单眼无晶状体	双眼无晶状体
1.2	100	50	75
1.0	100	50	75
0.8	95	47	71
0.6	90	45	67
0.5	85	42	64
0.4	75	37	56
0.3	65	32	49
0.25	60	30	45
0.20	50	25	37
0.15	40	20	30
0.12	30	—	22
0.1	20	—	—

A.3.6 听力损伤计算法

A.3.6.1 听阈值计算

30 岁以上受检者在计算其听阈值时,应从实测值中扣除其年龄修正值(见表 A.6)后,取 GB/T 7582—2004 附录 B 中数值。

表 A.6　纯音气导阈的年龄修正值

年龄/岁	频率/Hz					
	男			女		
	500	1 000	2 000	500	1 000	2 000
30	1	1	1	1	1	1
40	2	2	3	2	2	3
50	4	4	7	4	4	6
60	6	7	12	6	7	11
70	10	11	19	10	11	16

A.3.6.2 单耳听力损失计算法

取该耳语频 500 Hz、1 000 Hz 及 2 000 Hz 纯音气导听阈值相加取其均值,若听阈超过 100 dB,仍按 100 dB 计算。如所得均值不是整数,则小数点后之尾数采用四舍五入法进为整数。

A.3.6.3 双耳听力损失计算法

听力较好一耳的语频纯音气导听阈均值(PTA)乘以 4 加听力较差耳的均值,其和除以 5。如听力较差耳的致聋原因与工伤或职业无关,则不予计入,直接以较好一耳的语频听阈均值为准。在标定听阈均值时,小数点后之尾数采用四舍五入法进为整数。

A.3.7 张口度判定及测量方法

以患者自身的食指、中指、无名指并列垂直置入上、下中切牙切缘间测量。

a) 正常张1:1度:张口时上述三指可垂直置入上、下切牙切缘间(相当于 4.5 cm 左右)。
b) 张口困难 I 度:大张1:1时,只能垂直置入食指和中指(相当于 3 cm 左右)。
c) 张口困难 II 度:大张口时,只能垂直置入食指(相当于 1.7 cm 左右)。
d) 张口困难 III 度:大张口时,上、下切牙间距小于食指之横径。
e) 完全不能张口。

A.4 普外科、胸外科、泌尿生殖科门

A.4.1 肝功能损害

以血清白蛋白、血清胆红素、腹水、脑病和凝血酶原时间五项指标在肝功能损害中所占积分的多少作为其损害程度的判定(见表 A.7)。

表 A.7 肝功能损害的判定

项目	分数		
	1 分	2 分	3 分
血清白蛋白	3.0 g/dL~3.5 g/dL	2.5 g/dL~3.0 g/dL	<2.5 g/dL
血清胆红素	1.5 mg/dL~2.0 mg/dL	2.0 mg/dL~3.0 mg/dL	>3.0 mg/dL
腹水	无	少量腹水,易控制	腹水多,难于控制
脑病	无	轻度	重度
凝血酶原时间	延长>3 s	延长>6 s	延长>9 s

肝功能损害级别包括:
a) 肝功能重度损害:10 分~15 分。
b) 肝功能中度损害:7 分~9 分。
c) 肝功能轻度损害:5 分~6 分。

A.4.2 肺、肾、心功能损害

参见 A.5。

A.4.3 肾损伤性高血压判定

肾损伤所致高血压系指血压的两项指标(收缩压 ≥ 21.3 kPa,舒张压 ≥ 12.7 kPa)只需具备一项即可成立。

A.4.4 甲状腺功能低下分级

A.4.4.1 重度

重度表现为:
a) 临床症状严重;
b) T3、T4 或 FT3、FT4 低于正常值,TSH>50 μU/L。

A.4.4.2 中度

中度表现为:
a) 临床症状较重;
b) T3、T4 或 FT3、FT4 正常,TSH>50 μU/L。

A.4.4.3 轻度

轻度表现为:
a) 临床症状较轻;
b) T3、T4 或 FT3、FT4 正常,TSH 轻度增高但<50 μU/L。

A.4.5 甲状旁腺功能低下分级

甲状旁腺功能低下分级:
a) 重度:空腹血钙质量浓度<6 mg/dL;
b) 中度:空腹血钙质量浓度 6 mg/dL~7 mg/dL;

c) 轻度:空腹血钙质量浓度 7 mg/dL~8 mg/dL。
注:以上分级均需结合临床症状分析。

A.4.6 肛门失禁

A.4.6.1 重度
重度表现为:
a) 大便不能控制;
b) 肛门括约肌收缩力很弱或丧失;
c) 肛门括约肌收缩反射很弱或消失;
d) 直肠内压测定:采用肛门注水法测定时直肠内压应小于 1 961 Pa(20 cm H₂O)。

A.4.6.2 轻度
轻度表现为:
a) 稀便不能控制;
b) 肛门括约肌收缩力较弱;
c) 肛门括约肌收缩反射较弱;
d) 直肠内压测定:采用肛门注水法测定时直肠内压应为 1 961 Pa~2 942 Pa(20~30 cm H₂O)。

A.4.7 排尿障碍
排尿障碍分级:
a) 重度:系出现真性重度尿失禁或尿潴留残余尿体积≥50 mL 者;
b) 轻度:系出现真性轻度尿失禁或残余尿体积<50 mL 者。

A.4.8 生殖功能损害
生殖功能损害分级:
a) 重度:精液中精子缺如。
b) 轻度:精液中精子数<500 万/mL 或异常精子>30%或死精子或运动能力很弱的精子>30%。

A.4.9 血睾酮正常值
血睾酮正常值为 14.4nmol/L~41.5 nmol/L(<60 ng/dL)。

A.4.10 左侧肺叶计算
本标准按三叶划分,即顶区、舌叶和下叶。

A.4.11 大血管界定
本标准所称大血管是指主动脉、上腔静脉、下腔静脉、肺动脉和肺静脉。

A.4.12 呼吸困难
参见 A.5.1。

A.5 职业病内科门

A.5.1 呼吸困难及呼吸功能损害

A.5.1.1 呼吸困难分级
Ⅰ级:与同龄健康者在平地一同步行无气短,但登山或上楼时呈现气短。
Ⅱ级:平路步行 1000 m 无气短,但不能与同龄健康者保持同样速度,平路快步行走呈现气短,登山或上楼时气短明显。
Ⅲ级:平路步行 100 m 即有气短。
Ⅳ级:稍活动(如穿衣、谈话)即气短。

A.5.1.2 肺功能损伤分级
肺功能损伤分级见表 A.8。

表 A.8 肺功能损伤分级　　　　　　%

损伤级别	FVC	FEV1	MVV	FEV1/FVC	RV/TLC	DLco
正常	>80	>80	>80	>70	<35	>80
轻度损伤	60~79	60~79	60~79	55~69	36~45	60~79
中度损伤	40~59	40~59	40~59	35~54	46~55	45~59
重度损伤	<40	<40	<40	<35	>55	<45

注:FVC、FEV1、MVV、DLco 为占预计值百分数。

A.5.1.3 低氧血症分级
低氧血症分级如下:
a) 正常:PO₂ 为 13.3 kPa~10.6 kPa(100 mmHg~80 mmHg);
b) 轻度:PO₂ 为 10.5 kPa~8.0 kPa(79 mmHg~60 mmHg);
c) 中度:PO₂ 为 7.9 kPa~5.3 kPa(59 mmHg~40 mmHg);

d) 重度:$PO_2<5.3$ kPa(<40 mmHg)。

A.5.2 活动性肺结核病诊断

A.5.2.1 诊断要点

尘肺合并活动性肺结核,应根据胸部 X 射线片、痰涂片、痰结核杆菌培养和相关临床表现做出判断。

A.5.2.2 涂阳肺结核诊断

符合以下三项之一者:
a) 直接痰涂片镜检抗酸杆菌阳性 2 次;
b) 直接痰涂片镜检抗酸杆菌 1 次阳性,且胸片显示有活动性肺结核病变;
c) 直接痰涂片镜检抗酸杆菌 1 次阳性加结核分枝杆菌培养阳性 1 次。

A.5.2.3 涂阴肺结核的判定

直接痰涂片检查 3 次均阴性者,应从以下几方面进行分析和判断:
a) 有典型肺结核临床症状和胸部 X 线表现;
b) 支气管或肺部组织病理检查证实结核性改变。

此外,结核菌素(PPD 5 IU)皮肤试验反应≥15mm 或有丘疹水疱;血清抗结核抗体阳性;痰结核分枝杆菌 PCR 加探针检测阳性以及肺外组织病理检查证实结核病变等均可作为参考指标。

A.5.3 心功能不全

心功能不全分级:
a) 一级心功能不全:能胜任一般日常劳动,但稍重体力劳动即有心悸、气急等症状;
b) 二级心功能不全:普通日常活动即有心悸、气急等症状,休息时消失;
c) 三级心功能不全:任何活动均可引起明显心悸、气急等症状,甚至卧床休息仍有症状。

A.5.4 中毒性肾病

A.5.4.1 特征性表现

肾小管功能障碍为中毒性肾病的特征性表现。

A.5.4.2 轻度中毒性肾病

轻度表现为:
a) 近曲小管损伤:尿 β_2 微球蛋白持续>1 000 μg/g 肌酐,可见葡萄糖尿和氨基酸尿,尿钠排出增加,临床症状不明显;
b) 远曲小管损伤:肾脏浓缩功能降低,尿液稀释(尿渗透压持续<350 mOsm/kgH$_2$O),尿液碱化(尿液 pH

持续>6.2)。

A.5.4.3 重度中毒性肾病

除上述表现外,尚可波及肾小球,引起白蛋白尿(持续>150 mg/24h),甚至肾功能不全。

A.5.5 肾功能不全

肾功能不全分级:
a) 肾功能不全尿毒症期:内生肌酐清除率<25 mL/min,血肌酐浓度为 450 μmol/L~707 μmol/L(5 mg/dL~8 mg/dL),血尿素氮浓度>21.4 mmol/L(60 mg/dL),常伴有酸中毒及严重尿毒症临床症象;
b) 肾功能不全失代偿期:内生肌酐清除率 25 mL/min~49 mL/min,血肌酐浓度>177 μmol/L(2 mg/dL),但<450 μmol/L(5 mg/dL),无明显临床症状,可有轻度贫血、夜尿、多尿;
c) 肾功能不全代偿期:内生肌酐清除率降低至正常的 50%(50 mL/min~70 mL/min),血肌酐及血尿素氮水平正常,通常无明显临床症状。

A.5.6 中毒性血液病诊断分级

A.5.6.1 重型再生障碍性贫血

重型再生障碍性贫血指急性再生障碍性贫血及慢性再生障碍性贫血病情恶化期,具有以下表现:
a) 临床:发病急,贫血呈进行性加剧,常伴严重感染、内脏出血;
b) 血象:除血红蛋白下降较快外,须具备下列三项中的两项:
   1) 网织红细胞<1%,含量<15×10^9/L;
   2) 白细胞明显减少,中性粒细胞绝对值<0.5×10^9/L;
   3) 血小板<20×10^9/L。
c) 骨髓象:
   1) 多部位增生减低,三系造血细胞明显减少,非造血细胞增多。如增生活跃须有淋巴细胞增多;
   2) 骨髓小粒中非造血细胞及脂肪细胞增多。

A.5.6.2 慢性再生障碍性贫血

慢性再生障碍性贫血病情恶化期:
a) 临床:发病慢,贫血、感染、出血均较轻;
b) 血象:血红蛋白下降速度较慢,网织红细胞、白细胞、中性粒细胞及血小板值常较急性再生障碍性贫血为高;
c) 骨髓象:

1) 三系或二系减少,至少1个部位增生不良,如增生良好,红系中常有晚幼红(炭核)比例增多,巨核细胞明显减少;

2) 骨髓小粒中非造血细胞及脂肪细胞增多。

A.5.6.3 骨髓增生异常综合征

须具备以下条件:

a) 骨髓至少两系呈病态造血;

b) 外周血一系、二系或全血细胞减少,偶可见白细胞增多,可见有核红细胞或巨大红细胞或其他病态造血现象;

c) 除外其他引起病态造血的疾病。

A.5.6.4 贫血

重度贫血:血红蛋白含量(Hb)<60 g/L,红细胞含量(RBC)<2.5×10^{12}/L;

轻度贫血:成年男性 Hb<120 g/L,RBC<4.5×10^{12}/L及红细胞比积(HCT)<0.42,成年女性 Hb<11g/L,RBC:<4.0×10^{12}/L及HCT<0.37。

A.5.6.5 粒细胞缺乏症

外周血中性粒细胞含量低于0.5×10^9/L。

A.5.6.6 中性粒细胞减少症

外周血中性粒细胞含量低于2.0×10^9/L。

A.5.6.7 白细胞减少症、

外周血白细胞含量低于4.0×10^9/L。

A.5.6.8 血小板减少症

外周血液血小板计数<8×10^{10}/L,称血小板减少症;当<4×10^{10}/L以下时,则有出血危险。

A.5.7 再生障碍性贫血完全缓解

贫血和出血症状消失,血红蛋白含量:男不低于120 g/L,女不低于100 g/L;白细胞含量 4×10^9/L左右;血小板含量达 8×10^{10}/L;3个月内不输血,随访1年以上无复发者。

A.5.8 急性白血病完全缓解

症状完全缓解表现为:

a) 骨髓象:原粒细胞Ⅰ型+Ⅱ型(原单+幼稚单核细胞或原淋+幼稚淋巴细胞)≤5%,红细胞及巨核细胞系正常;

M2b 型:原粒Ⅰ型+Ⅱ型≤5%,中性中幼粒细胞比例在正常范围。

M3 型:原粒+早幼粒≤5%。

M4 型:原粒Ⅰ、Ⅱ型+原红及幼单细胞≤5%。

M6 型:原粒Ⅰ、Ⅱ型≤5%,原红+幼红以及红细胞比例基本正常。

M7 型:粒、红二系比例正常,原巨+幼稚巨核细胞基本消失。

b) 血象:男 Hb 含量≥100 g/L 或女 Hb 含量≥90 g/L;中性粒细胞含量≥1.5×10^9/L;血小板含量≥10×10^{10}/L;外周血分类无白血病细胞;

c) 临床无白血病浸润所致的症状和体征,生活正常或接近正常。

A.5.9 慢性粒细胞白血病完全缓解

症状完全缓解表现为:

a) 临床:无贫血、出血、感染及白血病细胞浸润表现;

b) 血象:Hb 含量>100 g/L,白细胞总数(WBC)<10×10^9/L,分类无幼稚细胞,血小板含量10×10^{10}/L~40×10^{10}/L;

c) 骨髓象:正常。

A.5.10 慢性淋巴细胞白血病完全缓解

外周血白细胞含量≤10×10^9/L,淋巴细胞比例正常(或<40%),骨髓淋巴细胞比例正常(或<30%)临床症状消失,受累淋巴结和肝脾回缩至正常。

A.5.11 慢性中毒性肝病诊断分级

A.5.11.1 慢性轻度中毒性肝病

出现乏力、食欲减退、恶心、上腹饱胀或肝区疼痛等症状,肝脏肿大,质软或柔韧,有压痛;常规肝功能试验或复筛肝功能试验异常。

A.5.11.2 慢性中度中毒性肝病

有下述表现者:

a) A.5.11.1 所述症状较严重,肝脏有逐步缓慢性肿大或质地有变硬趋向,伴有明显压痛。

b) 乏力及胃肠道症状较明显,血清转氨酶活性、γ-谷氨酰转肽酶或 γ-球蛋白等反复异常或持续升高。

c) 具有慢性轻度中毒性肝病的临床表现,伴有脾脏肿大。

A.5.11.3 慢性重度中毒性肝病

有下述表现之一者:

a) 肝硬化;

b) 伴有较明显的肾脏损害;

c) 在慢性中度中毒性肝病的基础上,出现白蛋白持续降低及凝血机制紊乱。

A.5.12 慢性肾上腺皮质功能减退

A.5.12.1 功能明显减退

有下述表现：
a) 乏力，消瘦，皮肤、黏膜色素沉着、白癜、血压降低，食欲不振；
b) 24 h尿中17-羟类固醇<4 mg，17-酮类固醇<10 mg；
c) 血浆皮质醇含量：早上8时，<9 mg/100 mL，下午4时，<3 mg/100 mL；
d) 尿中皮质醇<5 mg/24 h。

A.5.12.2 功能轻度减退

功能轻度减退表现为：
a) 具有 A.5.12.1b)、c)两项症状；
b) 无典型临床症状。

A.5.13 免疫功能减低

A.5.13.1 功能明显减低

具体表现为：
a) 易于感染，全身抵抗力下降；
b) 体液免疫（各类免疫球蛋白）及细胞免疫（淋巴细胞亚群测定及周围血白细胞总数和分类）功能减退。

A.5.13.2 功能轻度减低

具体表现为：
a) 具有 A.5.13.1b)项症状；
b) 无典型临床症状。

A.6 非职业病内科疾病的评残

由职业因素所致内科以外的，且属于国家卫生计生委四部委联合颁布的职业病分类和目录中的病伤，在经治疗于停工留薪期满时其致残等级皆根据4.5中相应的残情进行鉴定，其中因职业肿瘤手术所致的残情，参照主要受损器官的相应条目进行评定。

A.7 系统治疗的界定

本标准中所指的"系统治疗"是指经住院治疗，或每月平均一次到医院门诊治疗并坚持服药或其他专科治疗等。

A.8 等级相应原则

在实际应用中，如果仍有某些损伤类型未在本标准中提及者，可按其对劳动、生活能力影响程度列入相应等级。

附 录 B
（资料性附录）
正确使用本标准的说明

B.1 神经内科、神经外科、精神科门

B.1.1 意识障碍是急性器质性脑功能障碍的临床表现。如持续性植物状态、去皮层状态、动作不能性缄默等常常长期存在，久治不愈。遇到这类意识障碍，因患者生活完全不能自理，一切需别人照料，应评为最重级。

反复发作性的意识障碍，作为癫痫的一组症状或癫痫发作的一种形式时，不单独评定其致残等级。

B.1.2 精神分裂症和躁郁症均为内源性精神病，发病主要取决于病人自身的生物学素质。在工伤或职业病过程中伴发的内源性精神病不应与工伤或职业病直接所致的精神病相混淆。精神分裂症和躁郁症不属于工伤或职业病性精神病。

B.1.3 智能损伤说明：
a) 智能损伤的总体严重性以记忆或智能损伤程度予以考虑，按"就重原则"其中哪项重，就以哪项表示；
b) 记忆商(MQ)、智商(IQ)的测查结果仅供参考，鉴定时需结合病理基础、日常就诊记录等多方综合评判。

B.1.4 神经心理学障碍指局灶性皮层功能障碍，内容包括失语、失用、失写、失读、失认等。临床上以失语为最常见，其他较少单独出现。

B.1.5 鉴于手、足部肌肉由多条神经支配，可出现完全瘫，亦可表现不完全瘫，在评定手、足瘫致残程度时，应区分完全性瘫与不完全性瘫，再根据肌力分级判定基准，对肢体瘫痪致残程度详细分级。

B.1.6 神经系统多部位损伤或合并其他器官的伤残时，其致残程度的鉴定依照本标准第4章的有关规定处理。

B.1.7 癫痫是一种以反复发作性抽搐或以感觉、行为、意识等发作性障碍为特征的临床症候群，属于慢性病之一。因为它的临床体征较少，若无明显颅脑器质性损害则难于定性。为了科学、合理地进行劳动能力鉴定，在进行致残程度评定时，应根据以下信息资料综合评判：
a) 工伤和职业病所致癫痫的诊断前提应有严重颅脑外伤或中毒性脑病的病史；
b) 一年来系统治疗病历资料；
c) 脑电图资料；
d) 其他有效资料，如血药浓度测定。

B.1.8 各种颅脑损伤出现功能障碍参照有关功能障碍评级。

B.1.9 为便于分类分级,将运动障碍按损伤部位不同分为脑、脊髓、周围神经损伤三类。鉴定中首先分清损伤部位,再给予评级。

B.1.10 考虑到颅骨缺损多可修补后按开颅术定级,且颅骨缺损的大小与功能障碍程度无必然联系,故不再以颅骨缺损大小作为评级标准。

B.1.11 脑挫裂伤应具有相应病史、临床治疗经过,经CT及(或)MRI等辅助检查证实有脑实质损害征象。

B.1.12 开颅手术包括开颅探查、去骨瓣减压术、颅骨整复、各种颅内血肿清除、慢性硬膜下血肿引流、脑室外引流、脑室-腹腔分流等。

B.1.13 脑脊液漏手术修补成功无功能障碍按开颅手术定级;脑脊液漏伴颅底骨缺损反复修补失败或无法修补者定为四级。

B.1.14 中毒性周围神经病表现为四肢对称性感觉减退或消失,肌力减退,肌肉萎缩,四肢腱反射(特别是跟腱反射)减退或消失。神经肌电图显示神经源性损害。如仅表现以感觉障碍为主的周围神经病,有深感觉障碍的定为七级,只有浅感觉障碍的定为九级,出现运动障碍者可参见神经科部分"运动障碍"定级。

外伤或职业中毒引起的周围神经损害,如出现肌萎缩者,可按肌力予以定级。

B.1.15 外伤或职业中毒引起的同向偏盲或象限性偏盲,其视野缺损程度可参见眼科标准予以定级。

B.2 骨科、整形外科、烧伤科门

B.2.1 本标准只适用于因工负伤或职业病所致脊柱、四肢损伤的致残程度鉴定之用,其他先天畸形,或随年龄增长出现的退行性改变,如骨性关节炎等,不适用本标准。

B.2.2 有关节内骨折史的骨性关节炎或创伤后关节骨坏死,按该关节功能损害程度,列入相应评残等级处理。

B.2.3 创伤性滑膜炎,滑膜切除术后留有关节功能损害或人工关节术后残留有功能不全者,按关节功能损害程度,列入相应等级处理。

B.2.4 脊柱骨折合并有神经系统症状,骨折治疗后仍残留不同程度的脊髓和神经功能障碍者,参照4.5相应条款进行处理。

B.2.5 外伤后(一周内)发生的椎间盘突出症,经人力资源与社会保障部门认定为工伤的,按本标准相应条款进行伤残等级评定,若手术后残留有神经系统症状者,参照4.5相应条款进行处理。

B.2.6 职业性损害如氟中毒或减压病等所致骨与关节损害,按损害部位功能障碍情况列入相应评残等级处理。

B.2.7 神经根性疼痛的诊断需根据临床症状,同时结合必要的相关检查综合评判。

B.2.8 烧伤面积、深度不作为评残标准,需等治疗停工留薪期满后,依据造成的功能障碍程度、颜面瘢痕畸形程度和瘢痕面积(包括供皮区明显瘢痕)大小进行评级。

B.2.9 面部异物色素沉着是指由于工伤或爆炸伤所致颜面部各种异物(包括石子、铁粒等)的存留,或经取异物后仍留有不同程度的色素沉着。但临床上很难对面部异物色素沉着量及面积做出准确的划分,考虑到实际工作中可能遇见多种复杂情况,故本标准将面部异物色素沉着分为轻度及重度两个级别,分别以超过颜面总面积的1/4及1/2作为判定轻、重的基准。

B.2.10 以外伤为主导诱因引发的急性腰椎间盘突出症,应按下列要求确定诊断:

  a) 急性外伤史并发坐骨神经刺激征;

  b) 有早期MRI(一个月内)影像学依据提示为急性损伤;

  c) 无法提供早期MRI资料的,仅提供早期CT依据者应继续3~6个月治疗与观察后申请鉴定,鉴定时根据遗留症状与体征,如相应受损神经支配肌肉萎缩、肌力减退、异常神经反射等损害程度作出等级评定。

B.2.11 膝关节损伤的诊断应从以下几方面考虑:明确的外伤史;相应的体征;结合影像学资料。如果还不能确诊者,可行关节镜检查确定。

B.2.12 手、足功能缺损评估参考图表

考虑到手、足外伤复杂多样性,在现标准没有可对应条款情况下,可参照图B.1、图B.2,表B.1和表B.2定级。

图B.1 手功能缺损评估参考图(略)
图B.2 足功能缺损评估参考图(略)

表B.1 手、足功能缺损分值定级区间参考表(仅用于单肢体)

级别	分值
一级	—
二级	—
三级	—

续表

四级	—	
五级	81 分~100 分	
六级	51 分~80 分	
七级	31 分~50 分	
八级	21 分~30 分	
九级	11 分~20 分	
十级	≤10 分	

表 B.2 手、腕部功能障碍评估参考表

受累部位		功能障碍程度与分值定级		
		僵直于非功能位	僵直于功能位或<1/2 关节活动度	轻度功能障碍或>1/2 关节活动度
拇指	第一掌腕/掌指/指间关节均受累	40	25	15
	掌指、间关节同时受累	30	20	10
	掌指、间单一关节受累	20	15	5
食指	掌指、间关节均受累	20	15	5
	掌指或近侧指间关节受累	15	10	0
	远侧指间关节受累	5	5	0
中指	掌指、间关节均受累	15	5	5
	掌指或近侧指间关节受累	10	5	0
	远侧指间关节受累	5	0	0
环指	掌指、间关节均受累	10	5	5
	掌指或近侧指间关节受累	5	5	0
	远侧指间关节受累	5	0	0
小指	掌指、间关节均受累	5	5	0
	掌指或近侧指间关节受累	5	5	0
	远侧指间关节受累	0	0	0
腕关节	功能大部分丧失时的腕关节受累	10 40	5 30	0 20

B.3 眼科、耳鼻喉科、口腔科门

B.3.1 非工伤和非职业性五官科疾病如夜盲、立体盲、耳硬化症等不适用本标准。

B.3.2 职工工伤与职业病所致视觉损伤不仅仅是眼的损伤或破坏，重要的是涉及视功能的障碍以及有关的解剖结构和功能的损伤如眼睑等。因此，视觉损伤的鉴定包括：

a) 眼睑、眼球及眼眶等的解剖结构和功能损伤或破坏程度的鉴定；

b) 视功能(视敏锐度、视野和立体视觉等)障碍程度的鉴定。

B.3.3 眼伤残鉴定标准主要的鉴定依据为眼球或视神经器质性损伤所致的视力、视野、立体视功能障碍及其他解剖结构和功能的损伤或破坏。其中视力残疾主要参照了盲及低视力分级标准和视力减弱补偿率视力损伤百分计算办法。"一级"划线的最低限为双眼无光感或仅有光感但光定位不准；"二级"等于"盲"标准的一级盲；"三级"等于或相当于二级盲；"四级"相当于一级低视力；"五级"相当于二级低视力，"六级~十级"则分别相当于视力障碍的0.2~0.8。

B.3.4 周边视野损伤程度鉴定以实际测得的8条子午线视野值的总和,计算平均值即有效视野值。当视野检查结果与眼部客观检查不符时,可用Humphrey视野或Octopus视野检查。

B.3.5 中心视野缺损目前尚无客观的计量办法,评残时可根据视力受损程度确定其相应级别。

B.3.6 无晶状体眼视觉损伤程度评价参见表A.5。在确定无晶状体眼中心视力的实际有效值之后,分别套入本标准的实际级别。

B.3.7 中央视力及视野(周边视力)的改变,均需有相应的眼组织器质性改变来解释,如不能解释则要根据视觉诱发电位及多焦视网膜电流图检查结果定级。

B.3.8 伪盲鉴定参见A.3.3。视觉诱发电位等的检查可作为临床鉴定伪盲的主要手段。如一眼有或无光感,另眼眼组织无器质性病变,并经视觉诱发电位及多焦视网膜电流图检查结果正常者,应考虑另眼为伪盲眼。也可采用其他行之有效的办法包括社会调查、家庭采访等。

B.3.9 睑球粘连严重、同时有角膜损伤者按中央视力定级。

B.3.10 职业性眼病(包括白内障、电光性眼炎、二硫化碳中毒、化学性眼灼伤)的诊断可分别参见GBZ 35、GBZ 9、GBZ 4、GBZ 45、GBZ 54。

B.3.11 职业性及外伤性白内障视力障碍程度较本标准所规定之级别重者(即视力低于标准9级和10级之0.5~0.8),则按视力减退情况分别套入不同级别。白内障术后评残办法参见A.3.5。如果术前已经评残者,术后应根据矫正视力情况,并参照A.3.5无晶状体眼视觉损伤程度评价重新评级。

外伤性白内障未做手术者根据中央视力定级;白内障摘除人工晶状体植入术后谓人工晶状体眼,人工晶状体眼根据中央视力定级。白内障摘除未能植入人工晶状体者,谓无晶状体眼,根据其矫正视力并参见B.3.6的要求定级。

B.3.12 泪器损伤指泪道(包括泪小点、泪小管、泪囊、鼻泪管等)及泪腺的损伤。

B.3.13 有明确的外眼或内眼组织结构的破坏,而视功能检查好于本标准第十级(即双眼视力≤0.8)者,可视为十级。

B.3.14 本标准没有对光觉障碍(暗适应)作出规定,如果临床上确有因工或职业病所致明显暗适应功能减退者,应根据实际情况,做出适当的判定。

B.3.15 一眼受伤后健眼发生交感性眼炎者无论伤后何时都可以申请定级。

B.3.16 本标准中的双眼无光感、双眼矫正视力或双眼视野,其"双眼"为临床习惯称谓,实际工作(包括评残)中是以各眼检查或矫正结果为准。

B.3.17 听功能障碍包括长期暴露于生产噪声所致的职业性噪声聋,压力波、冲击波造成的爆震聋,其诊断分别见GBZ 49、GBZ/T 238。此外,颅脑外伤所致的颞骨骨折、内耳震荡、耳蜗神经挫伤等产生的耳聋及中、外耳伤后遗的鼓膜穿孔、鼓室瘢痕粘连,外耳道闭锁等也可引起听觉损害。

B.3.18 听阈测定的设备和方法必须符合国家标准:GB/T 7341、GB 4854、GB/T 7583。

B.3.19 纯音电测听重度、极重度听功能障碍时,应同时加测听觉脑干诱发电位(A.B.R)。

B.3.20 耳廓、外鼻完全或部分缺损,可参照整形科"头面部毁容"。

B.3.21 耳科平衡功能障碍指前庭功能丧失而平衡功能代偿不全者。因肌肉、关节或其他神经损害引起的平衡障碍,按有关学科残情定级。

B.3.22 如职工因与工伤或职业有关的因素诱发功能性视力障碍和耳聋,应用相应的特殊检查法明确诊断,在其器质性视力和听力减退确定以前暂不评残。伪聋,也应先予排除,然后评残。

B.3.23 喉原性呼吸困难系指声门下区以上呼吸道的阻塞性疾患引起者。由胸外科、内科病所致的呼吸困难参见A.5.1。

B.3.24 发声及言语困难系指喉外伤后致结构改变,虽呼吸通道无障碍,但有明显发声困难及言语表达障碍;轻者则为发声及言语不畅。

发声障碍系指声带麻痹或声带的缺损、小结等器质性损害致不能胜任原来的嗓音职业工作者。

B.3.25 职业性铬鼻病、氟及其无机化合物中毒、减压病、尘肺病、职业性肿瘤、慢性砷中毒、磷中毒、手臂振动病、牙酸蚀病以及井下工人滑囊炎等的诊断分别参见GBZ 12、GBZ 5、GBZ 24、GBZ 70、GBZ 94、GBZ 83、GBZ 81、GBZ 7、GBZ 61、GBZ 82。

B.3.26 颞下颌关节强直,临床上分两类:一为关节内强直,一为关节外强直(颌间挛缩)。本标准中颞下颌关节强直即包括此两类。

B.3.27 本标准将舌划分为三等份即按舌尖、舌体和舌根计算损伤程度。

B.3.28 头面部毁容参见A.2.1。

B.4 普外科、胸外科、泌尿生殖科门

B.4.1 器官缺损伴功能障碍者,在评残时一般应比器官完整伴功能障碍者级别高。

B.4.2 生殖器官缺损不能修复,导致未育者终生不能生育的,应在原级别基础上上升一级。

B.4.3 多器官损害的评级标准依照本标准第4章制定的有关规定处理。

B.4.4 任何并发症的诊断都要有影像学及实验室检查的依据,主诉和体征供参考。

B.4.5 评定任何一个器官的致残标准,都要有原始病历记录,其中包括病历记录、手术记录、病理报告等。

B.4.6 甲状腺损伤若伴有喉上神经和喉返神经损伤致声音嘶哑、呼吸困难或呛咳者,判定级别标准参照耳鼻喉科部分。

B.4.7 阴茎缺损指阴茎全切除或部分切除并功能障碍者。

B.4.8 心脏及大血管的各种损伤其致残程度的分级,均按停工留薪(或治疗)期满后的功能不全程度分级。

B.4.9 胸部(胸壁、气管、支气管、肺)各器官损伤的致残分级除按表C.4中列入各项外,其他可按治疗期结束后的肺功能损害和呼吸困难程度分级。

B.4.10 肝、脾、胰等挫裂伤,有明显外伤史并有影像学诊断依据者,保守治疗后可定为十级。

B.4.11 普外科开腹探查术后或任何开腹手术后发生粘连性肠梗阻,且反复发作,有明确影像学诊断依据,应在原级别基础上上升一级。

B.5 职业病内科门

B.5.1 本标准适用于确诊患有国家卫生计生委四部委联合颁布的职业病分类和目录中的各种职业病所致肺脏、心脏、肝脏、血液或肾脏损害经治疗停工留薪期满时需评定致残程度者。

B.5.2 心律失常(包括传导阻滞)与心功能不全往往有联系,但两者的严重程度不平衡,心律失常者,不一定有心功能不全或劳动能力减退,评残时应按实际情况定级。

B.5.3 本标准所列各类血液病、内分泌及免疫功能低下及慢性中毒性肝病等,病情常有变化,对已进行过评残,经继续治疗后残情发生变化者应按国家社会保险法规的要求,对残情重新进行评级。

B.5.4 肝功能的测定包括:

常规肝功能试验:包括血清丙氨酸氨基转换酶(ALT即GPT)、血清胆汁酸等。

复筛肝功能试验:包括血清蛋白电泳,总蛋白及白蛋白、球蛋白、血清天门冬氨酸氨基转移酶(AST即GOT)、血清谷氨酰转肽酶(γ-GT),转铁蛋白或单胺氧化酶测定等,可根据临床具体情况选用。

静脉色氨酸耐量试验(ITTT),吲哚氰绿滞留试验(IGG)是敏感性和特异性都较好的肝功能试验,有条件可作为复筛指标。

B.5.5 职业性肺部疾患主要包括尘肺(参见GBZ 70)、职业性哮喘(参见GBZ 57)、过敏性肺炎(参见GBZ 60)等,在评定残情分级时,除尘肺在分级表中明确注明外,其他肺部疾病可分别参照相应的国家诊断标准,以呼吸功能损害程度定级。

B.5.6 对职业病患者进行肺部损害鉴定的要求:

 a) 须持有职业病诊断证明书;

 b) 须有近期胸部X线平片;

 c) 须有肺功能测定结果及(或)血气测定结果。

B.5.7 肺功能测定时注意的事项:

 a) 肺功能仪应在校对后使用;

 b) 对测定对象,测定肺功能前应进行训练;

 c) FVC、FEV1至少测定两次,两次结果相差不得超过5%;

 d) 肺功能的正常预计值公式宜采用各实验室的公式作为预计正常值。

B.5.8 鉴于职业性哮喘在发作或缓解期所测得的肺功能不能正确评价哮喘病人的致残程度,可以其发作频度和影响工作的程度进行评价。

B.5.9 在判定呼吸困难有困难时或呼吸困难分级与肺功能测定结果有矛盾时,应以肺功能测定结果作为致残分级标准的依据。

B.5.10 石棉肺是尘肺的一种,本标准未单独列出,在评定致残分级时,可根据石棉肺参见GBZ 70的诊断,主要结合肺功能损伤情况进行评定。

B.5.11 放射性疾病包括外照射急性放射病,外照射慢性放射病,放射性皮肤病、放射性白内障、内照射放射病、放射性甲状腺疾病、放射性腺疾病、放射性膀胱疾病、急性放射性肺炎及放射性肿瘤,临床诊断及处理可参照GBZ 104、GBZ 105、GBZ 106、GBZ 95、GBZ 96、GBZ 101、GBZ 107、GBZ 109、GBZ 110、GBZ 94、GBZ 97。放射性白内障可参照眼科评残处理办法,其他有关放射性损伤评残可参照相应条目进行处理。

B.5.12 本标准中有关慢性肾上腺皮质功能减低、免疫功能减低及血小板减少症均指由于放射性损伤所致,不适用于其他非放射性损伤的评残。

附 录 C
（规范性附录）

职工工伤 职业病致残等级分级表

按门类对工伤进行分级，具体见表C.1、表C.2、表C.3和表C.4。

表 C.1 神经内科、神经外科、精神科门

伤残类别	分 级									
	一	二	三	四	五	六	七	八	九	十
智能损伤	极重度	重度		中度	轻度					
精神症状			1. 精神病性症状，经系统治疗仍表现为危险或冲动行为者。2. 精神病性症状，经系统治疗1年后仍缺乏生活自理能力者	精神病性症状，经系统治疗1年后仍缺乏社交能力者		精神病性症状，经系统治疗1年后仍影响职业劳动能力者	人格改变或边缘智能，经系统治疗1年后仍存在明显社会功能受损者			
癫痫				重度	轻度	中度			轻度	
运动障碍脑损伤	四肢瘫肌力≤3级或三肢瘫肌力≤2级	1. 三肢瘫肌力3级。2. 偏瘫肌力≤2级	偏瘫肌力3级	单肢瘫肌力≤2级	1. 四肢瘫肌力4级。2. 单肢瘫肌力3级	三肢瘫肌力4级	偏瘫肌力4级	单肢体瘫肌力4级		
脊髓损伤		截瘫肌力≤2级	截瘫肌力3级			截瘫双下肢肌力4级伴轻度排尿障碍	截瘫肌力4级			

表 C.1（续）

伤残类别	分　级									
	一	二	三	四	五	六	七	八	九	十
周围神经损伤		双手全肌瘫肌力≤2级	双足全肌瘫肌力≤2级	双手部分肌瘫肌力≤2级	1. 双手部分肌瘫肌力3级。2. 一手全肌瘫肌力≤2级。3. 双足全肌瘫肌力3级	1. 双手全肌瘫肌力4级。2. 一手全肌瘫肌力3级。3. 双足部分肌瘫肌力≤2级。4. 单足全肌瘫肌力≤2级	1. 单手部分肌瘫肌力3级。2. 双足部分肌瘫肌力3级。3. 单足全肌瘫肌力3级。4. 中毒性周围神经病致深感觉障碍	1. 单手全肌瘫肌力4级。2. 双足部分肌瘫肌力4级。3. 双足部分肌瘫肌力4级。4. 单足部分肌瘫肌力3级	中毒性周围神经病致浅感觉障碍	
非肢体瘫运动障碍	重度		中度		完全运动性	轻度	不完全运动单项不完全性			
特殊皮层功能障碍 1. 失语。2. 失用。3. 失写、失读、失认等		完全感觉性或混合性	两项及两项以上完全性	脑脊液漏伴有颅底骨敏损不能修复或反复修复手术失败	1. 单项完全性。2. 多项不完全性	不完全感觉性				
颅脑损伤								脑叶部分切除术后	1. 脑挫裂伤无功能障碍。2. 开颅术后无功能障碍。3. 颅内异物无功能障碍。4. 外伤致颈总、颈内动脉人或支架置人或血管桥术后无功能障碍	

表 C.2 骨科、整形外科、烧伤科门

伤残类别	一	二	三	四	五	六	七	八	九	十
头面部毁容	1.面部重度毁容，同时伴有表C.2中二级伤残之一者。2.全身重度瘢痕形成，占体表面积≥90%，伴有脊柱及四肢大关节活动功能基本丧失	1.全面部瘢痕或植皮伴有重度毁容。2.全身重度瘢痕形成，占体表面积≥80%，伴有四肢大关节中3个以上活动功能受限	1.面部瘢痕或植皮≥2/3并有中度毁容。2.全身重度瘢痕形成，占体表面积≥70%，伴有四肢大关节中2个以上活动功能受限	1.面部中度毁容。2.全身瘢痕面积≥60%，四肢大关节中1个关节活动功能受限。3.全身瘢痕或植皮≥1/2并有轻度毁容	1.面部瘢痕或植皮≥1/3并有中度毁容其中一项。2.全身瘢痕面积占体表面积≥50%，并有关节活动功能受限	1.面部重度色素脱失。2.面部瘢痕或植皮着色≥1/3。3.全身瘢痕面积≥40%。4.撕脱伤后头皮缺失1/5以上	1.符合重度毁容中的两项者。2.烧伤后骨全层缺损≥30 cm²，或在硬脑膜上植皮面积≥10 cm²。3.面部瘢痕、异物植皮伴有色素改变占面部的10%以上。4.颈部瘢痕挛缩，影响颈部活动。5.全身瘢痕面积≥30%	1.符合重度毁容的一项者。2.面部烧伤或植皮≥1/5。3.面部沉着或色素脱失。4.双侧耳廓部分或一侧大部分缺损。5.全身瘢痕面积≥20%。6.一侧睑外翻或双侧眼睑明显缺损	1.符合中度毁容中的两项者。2.发际边缘秃发或其他部位秃发，需戴假发者。3.全身瘢痕占体表面积≥5%或面部有3处8 cm²或≥1 cm²以上的瘢痕	1.符合中度毁容中的一项者。2.面部有瘢痕、植皮、色素沉着者或脱失≥2 cm²。3.全身瘢痕面积≥1% ，但<5%
脊柱损伤					脊柱骨折后遗30°以上侧弯或后凸畸形，伴严重根性神经痛		骨盆骨折内固定术后，骨盆环不稳定，骶髂关节分离	1.脊椎压缩性骨折，椎体前缘高度少1/2以上者脊椎不稳定性骨折。2.3个及以上节段脊柱内固定术	1.两个以上椎体骨折。2.脊椎压缩骨折，椎体前缘高度减少小于1/2者。3.椎间盘髓核摘除术后。4.1节～2节脊柱内固定术	急性外伤导致椎间盘髓核突出，并伴神经刺激症者

表 C.2（续）

伤残类别	一	二	三	四	五	六	七	八	九	十
上肢	双肘关节以上缺失或双手功能完全丧失	双侧前臂缺失或双手功能完全丧失	1. 一手缺失，另一手拇指缺失。 2. 双手拇、食指缺失或功能完全丧失。 3. 一手功能完全丧失，另一手拇指功能完全丧失	1. 双拇指完全缺失或功能完全丧失。 2. 一侧手功能完全丧失，另一手部分功能丧失。 3. 一侧肘上缺失	1. 一侧前臂缺失。 2. 一手功能完全丧失。 3. 肩、肘关节之一功能完全丧失。 4. 一手除拇指外，另三指缺失。 5. 一手拇指缺失，另一手除拇指外三指功能完全丧失	1. 单纯一拇指完全缺失，连同一手非拇指二指缺失。 2. 一拇指功能完全丧失，另一手除拇指外二指功能完全丧失。 3. 一手三指（含拇指）缺失。 4. 除拇指外其余四指缺失或功能完全丧失	1. 一手除拇指外，其他2~3指（含食指）近侧指间关节离断。 2. 一手除拇指外，其他2~3指（含食指）近侧指间关节功能完全丧失。 3. 肩、肘关节之一损伤后遗留关节重度功能障碍。 4. 腕关节功能完全丧失	1. 一手除拇指、食指外，有两指近侧指间关节完全丧失。 2. 一手除拇指、食指外，有两指指间关节功能完全丧失。 3. 一拇指指间关节离断。 4. 一拇指指间关节畸形，功能完全丧失	1. 一拇指末节部分1/2缺失。 2. 一手食指2~3节缺失。 3. 一拇指指间关节僵直于功能位。 4. 除拇指外，余3~4指末节缺失	1. 一手指除拇指外，任何一指远侧指间关节离断或功能丧失。 2. 指端植皮术后（增生性瘢痕1 cm²以上）。 3. 手背植皮面积>50 cm²，并有明显瘢痕

表 C.2（续）

伤残类别	分级										
	一	二	三	四	五	六	七	八	九	十
下肢	1.双下肢瘫痕形，功能完全丧失。2.双膝以上缺失。3.双踝关节功能完全丧失	1.双髋、双膝关节中，有一个关节缺失或功能完全丧失及另一关节功能障碍。2.双膝以上缺失。3.双膝、双踝关节功能完全丧失	1.双髋、双膝以下缺失或功能完全丧失。2.双膝以下缺失或功能完全丧失。3.一侧髋、膝关节功能完全丧失	1.一侧膝以下缺失，另一侧前足缺失。2.一侧踝以上缺失。3.一侧踝以下缺失，另一足畸形行走困难	1.双前足缺失或双跟痕畸形功能完全丧失。2.双跟骨底软组织瘢痕破损成，反复破溃。3.一髋（或一膝）功能完全丧失。4.一侧膝以下缺失	1.一侧踝以下缺失；或踝关节畸形，功能完全丧失。2.下肢骨折成角畸形>15°，并有肢体短缩4cm以上。3.一前足缺失，另一足残留拇趾。4.一前足缺失，另一足非拇趾2~5趾畸形功能完全丧失。5.一足功能完全丧失，另一足部分功能丧失。6.一髋或一膝关节严重畸形障碍。7.单侧跟骨足底软组织瘢痕畸形缺损成，反复破溃	1.一足1~5趾缺失。2.一前足缺失。3.下肢伤后短缩大于2cm，但<4cm者。4.膝关节韧带损伤术后关节不稳定，伸屈功能正常者	1.一足拇趾缺失，另一足非拇趾缺失。2.一足拇趾畸形功能完全丧失，另一足非拇趾畸形。3.一足除拇趾外，其他三趾缺失。4.一足除拇趾外，其他四趾畸形功能完全丧失	1.一足拇趾末节缺失。2.除拇趾外其他二趾缺失或畸形，功能不全。3.距骨或跗骨骨折影响足弓者。4.外伤后半月板切除、髌骨切除，膝关节交叉韧带修补术后	1.除拇趾外，任何一趾末节缺失。2.足背植皮面积>100 cm²。3.膝关节半月板损伤、膝关节交叉韧带损伤未做手术者

表 C.2（续）

伤残类别	一	二	三	四	五	六	七	八	九	十
上下肢	1.双下肢膝及一上肢瘫痕畸形，功能完全丧失	1.同侧上、下肢缺失或功能完全丧失。 2.四肢大关节（肩、髋、肘、膝）四个及以上关节功能完全丧失	1.非同侧腕上、踝上缺失。 2.非同侧上、下肢瘫痕畸形，功能完全丧失		四肢大关节之一人工关节术后遗留重度功能障碍		1.四肢大关节之一人工关节术后，基本能生活自理。 2.四肢大关节之一关节内骨折导致创伤性关节炎，遗留中重度功能障碍	1.因开放骨折感染形成慢性骨髓炎，反复发作者。 2.四肢大关节之一关节内骨折导致创伤性关节炎，遗留轻度功能障碍	1.四肢长管状骨骨折内固定或外固定支架术后。 2.髌骨、跟骨、距骨、下颌骨或骨盆骨折内固定术后	1.手掌、足掌皮面积>30%者。 2.身体各部分骨折愈合后无功能障碍或轻度功能障碍。 3.四肢大关节肌腱及韧带撕裂伤术后遗留轻度功能障碍

表 C.3 眼科、耳鼻喉科、口腔科门

伤残类别	一	二	三	四	五	六	七	八	九	十
眼损伤与视功能障碍	双眼无光感或仅有光感但光定位不准者	一眼有或无光感,另眼矫正视力≤0.02,或视野半径≤5°	1.一眼有或无光感,另眼矫正视力≤0.05或视野≤16%(半径≤10°)。 2.双眼矫正视力<0.05或视野≤16%(半径≤10°)。 3.一侧眼球摘除或眼内容物剜出,另眼矫正视力<0.1或视野≤24%(或半径≤15°)	1.一眼有或无光感,另眼矫正视力<0.2或视野≤32%(或半径≤20°)。 2.一眼矫正视力<0.05,另眼矫正视力≤0.1。 3.双眼矫正视力<0.1或视野≤32%(或半径≤20°)	1.第Ⅲ对脑神经麻痹。 2.双眼外伤性青光眼术后,需用药物控制眼压者。 3.一眼有或无光感,另眼矫正视力≤0.3或视野≤40%(或半径≤25°)。 4.一眼矫正视力<0.05,另眼矫正视力≥0.2。 5.一眼矫正视力<0.1,另眼矫正视力等于0.1。 6.双眼视野≤40%(或半径≤25°)	1.一侧眼球摘除;或一侧眼球萎缩,无光感。 2.一眼有或无光感,另眼矫正视力≤0.4。 3.一眼矫正视力<0.05,另眼矫正视力≥0.3。 4.一眼矫正视力<0.1,另眼矫正视力≥0.2。 5.双眼矫正视力<0.2或视野≤48%(或半径≤30°)。 6.第Ⅳ或第Ⅵ对脑神经麻痹,或眼外肌损伤致复视的	1.一眼有或无光感,另眼矫正视力≥0.8。 2.一眼有或无光感,另眼各种检查观察正常。 3.一眼矫正视力≤0.05,另眼矫正正视力≥0.6。 4.一眼矫正视力≤0.1,另眼矫正视力≥0.4。 5.双眼视野≤64%(或半径≤40°)。 6.单眼外伤性青光眼术后,需用药物控制眼压者	1.一眼矫正视力≤0.2,另眼矫正视力≥0.5。 2.双眼矫正视力等于0.4。 3.一侧眼睑外翻或闭合不全者。 4.一侧上睑下垂盖过瞳孔1/3者。 5.睑球粘连影响眼球转动者。 6.外伤性青光眼术后,眼压控制正常者	1.第V对脑神经麻痹。 2.眶壁骨折致眼球突出或内陷,两眼球突出度相差>2 mm或眼位变形影响外观者。 3.一眼矫正视力≤0.3,另眼矫正视力≥0.6。 4.一眼矫正视力≤0.5。 5.泪器损伤,手术无法控制溢泪者	1.一眼矫正视力≤0.5,另一眼矫正视力≥0.8。 2.双眼矫正视力≤0.8。 3.一侧或双侧睑外翻或睑闭合不全行成形手术后矫正者。 4.上睑下垂盖过瞳孔1/3行成形手术后矫正者。 5.睑球粘连影响眼球转动行成形手术后矫正者。 6.职业性及外伤性白内障Ⅰ度(或轻度)矫正视力正常。 7.职业性及外伤性白内障Ⅱ度(或中度),矫正视力正常。 8.晶状体部分脱位。 9.眶内异物未取出者。 10.眼球内异物未取出者。 11.外伤性瞳孔放大。 12.角巩膜穿通伤治愈者

表 C.3（续）

伤残类别	一	二	三	四	五	六	七	八	九	十
听功能障碍				双耳听力损失≥91 dB	双耳听力损失≥81 dB	双耳听力损失≥71 dB	双耳听力损失≥56 dB	双耳听力损失≥41 dB或一耳≥91 dB	双耳听力损失≥31 dB 或一耳损失≥71 dB	双耳听力损失≥26 dB,或一耳≥56 dB
前庭性平衡障碍						双侧前庭功能丧失,睁眼行走困难,闭足不能站立				双侧前庭功能丧失,闭眼不能并足站立
喉源性呼吸困难及发声障碍			1.呼吸完全依赖气管套管或造口。2.静止状态下或仅轻微活动即有呼吸困难		一般活动及轻工作时有呼吸困难			1.体力劳动时有呼吸困难。2.发声及言语困难	发声及言语不畅	
吞咽功能障碍		无吞咽功能,完全依赖鼻胃管进食		牙关紧闭或食管狭窄,只能进流食	1.吞咽困难,仅能进半流食。2.双侧喉返神经损伤,喉保护功能丧失致饮食呛咳、误吸		咽成形术后,咽下运动不正常			

表 C.3（续）

伤残类别	一	二	三	四	五	六	七	八	九	十
口腔颌面损伤		1. 双侧上颌骨或双对侧下颌骨完全缺损，并伴有颜面软组织损伤 >30 cm²	1. 同侧上、下颌骨完全缺损。2. 一侧上颌骨或下颌骨完全缺损，伴颜面部软组织损伤 >30 cm²。3. 舌缺损全舌的2/3	1. 一侧上颌骨缺损1/2，伴颜面部软组织损伤 >20 cm²。2. 下颌骨缺损长6 cm以上的区段，伴口腔、颜面软组织损伤 >20 cm²。3. 双侧颞下颌关节强直，完全不能张口。4. 面颊部洞穿性缺损 >20 cm²	1. 一侧上颌骨缺损 >1/4，但 <1/2，伴颜面组织损伤 >10 cm²，但 <20 cm²。2. 下颌骨缺损长4 cm上的区段，伴口腔、颜面软组织损伤 >10 cm²	1. 单侧或双侧颞下颌关节强直，张口困难Ⅲ度。2. 一侧上颌骨缺损1/4，伴口腔组织缺损面积 >10 cm²。3. 面部软组织缺损 >20 cm²，伴发涎瘘。4. 舌缺损 >1/3，但 <2/3。5. 双侧颧骨并颧弓骨折，伴有开口困难Ⅱ度以上及颜面部畸形经手术复位者。6. 双侧髁状突颈骨折，伴有开口困难Ⅱ度以上及咬合关系改变未经手术治疗者	1. 牙槽骨损伤长度 ≥8 cm，牙脱落10个及以上。2. 单侧颧骨并颧弓骨折，伴有开口困难Ⅱ度以上及颜面部畸形经手术未复位者	1. 牙槽骨损伤长度 ≥6 cm，牙齿脱落8个及以上者。2. 舌缺损 <1/3。3. 双侧鼻腔或鼻咽部闭锁。4. 双侧颞下颌关节强直，张口困难Ⅱ度。5. 上、下颌骨骨折，经牵引、固定治疗后有功能障碍者。6. 双颧骨并颧弓骨折，无开口困难，颜面部凹陷畸形不明显，不需手术复位	1. 牙槽骨损伤长度 ≥4 cm，牙脱落4个以上。2. 上、下颌骨折，经牵引、固定治疗后无功能障碍者。3. 一侧颞下颌关节骨折。4. 颧弓骨折	1. 牙齿除智齿以外，切牙脱落1个以上或其他牙脱落2个以上。2. 一侧颞下颌关节强直，张口困难Ⅰ度。3. 鼻窦或面颊部有异物未取出。4. 单侧鼻腔或鼻孔闭锁。5. 鼻中隔穿孔

劳动能力鉴定 职工工伤与职业病致残等级 643

表 C.3（续）

伤残类别	分级									
	一	二	三	四	五	六	七	八	九	十
嗅觉障碍和铬鼻病									铬鼻病有医疗依赖	1.铬鼻病（无症状者）。2.嗅觉丧失
面神经损伤				双侧完全性面瘫	一侧完全面瘫，另一侧不完全面瘫	一侧完全性面瘫	双侧不完全性面瘫			一侧不完全面瘫

表 C.4 普外、胸外、泌尿生殖科门

伤残类别	一	二	三	四	五	六	七	八	九	十
胸壁、气管、支气管、肺	1.肺功能重度损伤和呼吸困难Ⅳ级，需终生依赖机械通气。2.双肺或心肺联合移植术	一侧全肺切除并胸廓成形术，呼吸困难Ⅲ级	1.一侧全肺切除并胸廓成形术。2.一侧胸廓成形术，肋骨切除6根以上。3.一侧全肺切除并胸廓成形术。4.一侧全肺并隆凸切除成形术	1.一侧全肺切除术。2.双侧肺叶切除术。3.肺叶切除术并胸廓成形术后。4.肺叶切除并隆凸切除成形术后。5.一侧肺移植	1.双肺叶切除术。2.肺叶切除术并大血管重建术。3.隆凸切除成形术	1.肺叶切除或楔形切除术。2.肺叶切除并支气管成形术后。3.支气管（或气管）胸膜瘘	1.肺叶切除术。2.限局脓胸行部分胸廓成形术。3.气管部分切除术	1.肺段切除术。支气管成形术。2.双侧≥3根肋骨骨折致胸廓畸形。4.膈肌破裂修补术后，伴膈神经麻痹。5.肺功能轻度损伤	1.肺内异物滞留或异物摘除术。2.限局脓性行胸膜剥脱术	血、气胸行单纯闭式引流术后，胸膜粘连增厚
心脏与大血管		心功能不全三级	Ⅲ度房室传导阻滞	1.心瓣膜置换术后。2.心功能不全二级		1.冠状动脉旁路移植术。2.大血管重建术	心功能不全一级	1.心脏、大血管修补术。2.心脏异物滞留或异物摘除术		
食管		食管闭锁或损伤后无法行食管重建术，依赖胃造瘘或空肠造瘘进食		食管重建术后吻合口狭窄，仅能进流食者	1.食管重建术后吻合口狭窄，仅能进半流食者。2.食管支气管或食管胸膜瘘。3.食管瘘		1.食管重建术后伴反流性食管炎。2.食管外伤或成形术后咽下运动不正常	食管重建后，进食正常		

表 C.4（续）

伤残类别	一	二	三	四	五	六	七	八	九	十
胃				全胃切除	胃切除3/4	胃切除2/3	胃切除1/2	胃部分切除		
十二指肠				胰头、十二指肠切除						
小肠	小肠切除≥90%	小肠切除3/4,合并短肠综合征		1.小肠切除3/4。2.小肠切除2/3,包括回盲部切除	小肠切除2/3,包括回盲部	小肠切除1/2,包括回盲部	小肠切除1/2	小肠部分切除		
结肠、直肠				1.全结肠、直肠、肛门切除，回肠造瘘。2.外伤后肛门排便重度障碍或失禁	肛门、直肠、结肠部分切除,结肠造瘘	肛门外伤后排便轻度障得或失禁	结肠大部分切除	结肠部分切除		
肝	肝切除后原位肝移植	1.肝切除3/4,合并肝功能中度损害。2.肝外伤后发生门脉高压三联症或Budd-chiari综合征	肝切除2/3,并肝功能中度损害	1.肝切除2/3。2.肝外伤后肝功能轻度损害	肝切除1/2	肝切除1/3	肝切除1/4	肝部分切除		
胆道	胆道损伤原位肝移植	胆道损伤致肝功能重度损害		胆道损伤致肝功能中度损害		胆道损伤致肝功能轻度损伤	胆道损伤,胆肠吻合术后		胆囊切除	

表 C.4（续）

伤残类别	一	二	三	四	五	六	七	八	九	十
腹壁、腹腔								腹壁缺损面积＜腹壁的1/4	胸、腹腔脏器探查术或修补术后	腹腔脏器挫裂伤保守治疗后
胰、脾	全胰切除	胰次全切除，胰腺移植术后	胰次全切除；胰岛素依赖		胰切除2/3	胰切除1/2	1.脾切除。2.胰切除1/3	1.脾部分切除。2.胰部分切除		
甲状腺					甲状腺功能重度损害	甲状腺功能中度损害		甲状腺功能轻度损害		
甲状旁腺				甲状旁腺功能重度损害		甲状旁腺功能中度损害		甲状旁腺功能轻度损害		
肾脏	双侧肾切除或孤肾切除术后，用透析肾移植术后肾功能不全尿毒症期	孤肾部分切除后，肾功能不全失代偿期	一侧肾切除，对侧肾功能不全失代偿期	肾修补术后，肾功能不全失代偿期	一侧肾切除，对侧肾功能不全代偿期	肾损伤性高血压	一侧肾切除			
肾上腺				双侧肾上腺缺损				一侧肾上腺缺损		
尿道					尿道瘘不能修复者	尿道狭窄经系统治疗1年后仍需定期行扩张术		尿道修补术		

表 C.4（续）

伤残类别	一	二	三	四	五	六	七	八	九	十
阴茎					阴茎全缺损	阴茎部分缺损				
输精管			输尿管修补术后，肾功能不全失代偿期			双侧输精管缺损，不能修复		一侧输精管缺损，不能修复		
输尿管			1.双侧输尿管狭窄，肾功能不全失代偿期。2.永久性输尿管腹壁造瘘		一侧输尿管狭窄，肾功能不全代偿期					
膀胱			膀胱全切除	1.永久性膀胱造瘘。2.重度排尿障碍。3.神经原性膀胱，残余尿≥50 mL		膀胱部分切除合并轻度排尿障碍	1.膀胱部分切除。2.轻度排尿障碍			
睾丸					1.两侧睾丸、附睾缺损。2.生殖功能重度损伤	1.两侧睾丸创伤后萎缩，血睾酮低于正常值。2.生殖功能轻度损伤		一侧睾丸、附睾切除		

表 C.4（续）

伤残类别	分级 一	二	三	四	五	六	七	八	九	十
子宫						子宫切除				
卵巢					双侧卵巢切除			单侧卵巢切除	一侧卵巢部分切除	
输卵管						双侧输卵管切除		单侧输卵管切除		
阴道					1.阴道闭锁。2.会阴部瘢痕挛缩伴有阴道或尿道或肛门狭窄		阴道狭窄			
乳腺						女性双侧乳房切除或严重瘢痕畸形	女性两侧乳房部分缺损	女性单侧乳房切除或严重瘢痕畸形	乳腺成形术	乳腺修补术后

表 C.5 职业病内科门

伤残类别	一	二	三	四	五	六	七	八	九	十
肺部疾患	1. 尘肺叁期伴肺功能重度损伤及/或重度低氧血症。2. 其他职业性肺部疾患,伴肺功能重度损伤及/或重度低氧血症[PO_2 <5.3 kPa (<40mmHg)]。3. 放射性肺炎后,两叶以上肺纤维化伴重度低氧血症[PO_2 <5.3 kPa (<40mmHg)]。4. 职业性肺癌伴肺功能重度损伤	1. 肺功能重度损伤及/或重度低氧血症。2. 尘肺叁期伴肺功能中度损伤及/或中度低氧血症。3. 尘肺贰期伴肺功能重度损伤及/或重度低氧血症[PO_2 <5.3 kPa (<40mmHg)]。4. 放射性肺炎后,两叶以上肺纤维化伴中度低氧血症[PO_2 <5.3 kPa (<40mmHg)]。5. 职业性胸膜间皮瘤	1. 尘肺叁期。2. 尘肺贰期伴肺功能中度损伤及(或)中度低氧血症。3. 尘肺贰期伴活动性肺结核。4. 放射性肺炎后两叶肺纤维化,伴肺功能中度损伤及(或)中度低氧血症	1. 尘肺贰期。2. 尘肺壹期伴肺功能中度损伤或中度低氧血症。3. 尘肺壹期伴活动性肺结核	肺功能中度损伤或中度低氧血症	1. 尘肺壹期伴肺功能轻度损伤及(或)轻度低氧血症。2. 放射性肺纤维化(<两叶),伴肺功能轻度损伤及(或)轻度低氧血症。3. 其他职业性肺部疾患,伴肺功能轻度损伤	1. 尘肺壹期,肺功能正常。2. 放射性肺纤维化(<两叶),肺功能正常。3. 轻度低氧血症	其他职业性肺疾患,肺功能正常		

表 C.5(续)

伤残类别	一	二	三	四	五	六	七	八	九	十
心脏		心功能不全三级	Ⅲ度房室传导阻滞	1.病态窦房结综合征（需安装搏器者）。2.心功能不全二级	1.莫氏Ⅱ型Ⅱ度房室传导阻滞。2.病态窦房结综合征（不需安装起搏器者）		心功能不全一级			
血液	1.职业性急性白血病。2.急性重型再生障碍性贫血		1.粒细胞缺乏症。2.再生障碍性贫血。3.职业性慢性白血病。4.中毒性血液病,骨髓增生异常综合征。5.中毒性血液病,严重出血或血小板量≤2×10¹⁰/L		1.中毒性血液病,血小板减少(≤4×10⁹/L)并有出血倾向。2.中毒性血液病,白细胞含量持续<3×10⁹/L(<3000/mm³)或粒细胞含量<1.5×10⁹/L(<1500/mm³)	白血病完全缓解	1.再生障碍性贫血完全缓解。2.白细胞含量少症,含量持续<4×10⁹/L(4000/mm³)。3.中性粒细胞减少症,含量持续<2×10⁹/L(2000/mm³)			

表 C.5（续）

伤残类别	分级 一	二	三	四	五	六	七	八	九	十
肝脏	1.职业性肝血管肉瘤，重度肝功能损害。2.肝硬化伴食道静脉破裂出血，肝功能重度损害	1.慢性重度中毒性肝病。2.肝血管肉瘤			慢性中度中毒性肝病		慢性轻度中毒性肝病			
免疫功能				免疫功能明显减退						免疫功能轻度减退
内分泌				肾上腺皮质功能明显减退		肾上腺皮质功能轻度减退				
肾脏	肾功能不全尿毒症期，内生肌酐清除率持续<10 mL/min，或血浆肌酐水平持续>707 μmol/L（8 mg/dL）	肾功能不全尿毒症期，内生肌酐清除率持续<25 mL/min，或血浆肌酐水平持续>450 μmol/L（5 mg/dL）			肾功能不全失代偿期，内生肌酐清除率<50 mL/min，或血浆肌酐水平持续>177 μmol/L（2 mg/dL）	1.中毒性肾病，持续性低分子蛋白尿伴白蛋白尿。2.中毒性肾病，肾小管浓缩功能减退	肾功能不全代偿期，内生肌酐清除率<70 mL/min	中毒性肾病，持续低分子蛋白尿		

表 C.5（续）

伤残类别	分级 一	二	三	四	五	六	七	八	九	十
其他		1. 职业性膀胱癌。 2. 放射性肿瘤	1. 砷性皮肤癌。 2. 放射性皮肤癌		1. 慢性重度磷中毒。 2. 重度手臂振动病。 3. 放射性损伤致睾丸萎缩	1. 放射性损伤致甲状腺功能低下。 2. 减压性骨坏死Ⅲ期。 3. 中度手臂振动病。 4. 氟及其无机化合物慢性重度中毒	三度牙酸蚀病	1. 慢性中度磷中毒。 2. 氟及其无机化合物慢性中毒。 3. 减压性骨坏死Ⅱ期。 4. 轻度手臂振动病。 5. 二度牙酸蚀。 6. 急性放射性皮肤损伤Ⅳ度及慢性放射性皮肤损伤后影响肢体功能。 7. 放射性皮肤溃疡经久不愈者		1. 慢性轻度磷中毒。 2. 氟及其无机化合物中毒慢性轻度中毒。 3. 井下工人滑囊炎。 4. 减压性骨坏死Ⅰ期。 5. 一度牙酸蚀病。 6. 职业性皮肤病久治不愈。 7. 一手或两手慢性放射性皮肤损伤Ⅱ度及Ⅱ度以上者

职工非因工伤残或因病丧失劳动能力程度鉴定标准(试行)

- 2002年4月5日
- 劳社部发〔2002〕8号

职工非因工伤残或因病丧失劳动能力程度鉴定标准,是劳动者由于非因工伤残或因病后,于国家社会保障法规所规定的医疗期满或医疗终结时通过医学检查对伤残失能程度做出判定结论的准则和依据。

1 范 围

本标准规定了职工非因工伤残或因病丧失劳动能力程度的鉴定原则和分级标准。

本标准适用于职工非因工伤残或因病需进行劳动能力鉴定时,对其身体器官缺损或功能损失程度的鉴定。

2 总 则

2.1 本标准分完全丧失劳动能力和大部分丧失劳动能力两个程度档次。

2.2 本标准中的完全丧失劳动能力,是指因损伤或疾病造成人体组织器官缺失、严重缺损、畸形或严重损害,致使伤病的组织器官或生理功能完全丧失或存在严重功能障碍。

2.3 本标准中的大部分丧失劳动能力,是指因损伤或疾病造成人体组织器官大部分缺失、明显畸形或损害,致使受损组织器官功能中等度以上障碍。

2.4 如果伤病职工同时符合不同类别疾病三项以上(含三项)"大部分丧失劳动能力"条件时,可确定为"完全丧失劳动能力"。

2.5 本标准将《职工工伤与职业病致残程度鉴定》(GB/T16180—1996)中的1至4级和5至6级伤残程度分别列为本标准的完全丧失劳动能力和大部分丧失劳动能力的范围。

3 判定原则

3.1 本标准中劳动能力丧失程度主要以身体器官缺损或功能障碍程度作为判定依据。

3.2 本标准中对功能障碍的判定,以医疗期满或医疗终结时所作的医学检查结果为依据。

4 判定依据

4.1 完全丧失劳动能力的条件

4.1.1 各种中枢神经系统疾病或周围神经肌肉疾病等,经治疗后遗有下列情况之一者:

(1)单肢瘫,肌力2级以下(含2级)。
(2)两肢或三肢瘫,肌力3级以下(含3级)。
(3)双手或双足全肌瘫,肌力2级以下(含2级)。
(4)完全性(感觉性或混合性)失语。
(5)非肢体瘫的中度运动障碍。

4.1.2 长期重度呼吸困难。

4.1.3 心功能长期在Ⅲ级以上。左室疾患左室射血分数≤50%。

4.1.4 恶性室性心动过速经治疗无效。

4.1.5 各种难以治愈的严重贫血,经治疗后血红蛋白长期低于6克/分升以下(含6克/分升)者。

4.1.6 全胃切除或全结肠切除或小肠切除3/4。

4.1.7 慢性重度肝功能损害。

4.1.8 不可逆转的慢性肾功能衰竭期。

4.1.9 各种代谢性或内分泌疾病、结缔组织疾病或自身免疫性疾病所导致心、脑、肾、肺、肝等一个以上主要脏器严重合并症,功能不全失代偿期。

4.1.10 各种恶性肿瘤(含血液肿瘤)经综合治疗、放疗、化疗无效或术后复发。

4.1.11 一眼有光感或无光感,另眼矫正视力<0.2或视野半径≤20度。

4.1.12 双眼矫正视力<0.1或视野半径≤20度。

4.1.13 慢性器质性精神障碍,经系统治疗2年仍有下述症状之一,并严重影响职业功能者:痴呆(中度智能减退);持续或经常出现的妄想和幻觉,持续或经常出现的情绪不稳定以及不能自控的冲动攻击行为。

4.1.14 精神分裂症,经系统治疗5年仍不能恢复正常者;偏执性精神障碍,妄想牢固,持续5年仍不能缓解,严重影响职业功能者。

4.1.15 难治性的情感障碍,经系统治疗5年仍不能恢复正常,男性年龄50岁以上(含50岁),女性45岁以上(含45岁),严重影响职业功能者。

4.1.16 具有明显强迫型人格发病基础的难治性强迫障碍,经系统治疗5年无效,严重影响职业功能者。

4.1.17 符合《职工工伤与职业病致残程度鉴定》标准1至4级者。

4.2 大部分丧失劳动能力的条件

4.2.1 各种中枢神经系统疾病或周围神经肌肉疾病等,经治疗后遗有下列情况之一者:

(1)单肢瘫,肌力3级。
(2)两肢或三肢瘫,肌力4级。
(3)单手或单足全肌瘫,肌力2级。

(4)双手或双足全肌瘫,肌力 3 级。
4.2.2 长期中度呼吸困难。
4.2.3 心功能长期在Ⅱ级。
4.2.4 中度肝功能损害。
4.2.5 各种疾病造瘘者。
4.2.6 慢性肾功能不全失代偿期。
4.2.7 一眼矫正视力≤0.05,另眼矫正视力≤0.3。
4.2.8 双眼矫正视力≤0.2 或视野半径≤30 度。
4.2.9 双耳听力损失≥91 分贝。
4.2.10 符合《职工工伤与职业病致残程度鉴定》标准 5 至 6 级者。

5 判定基准

5.1 运动障碍判定基准
5.1.1 肢体瘫以肌力作为分级标准,划分为 0 至 5 级:
0 级:肌肉完全瘫痪,无收缩。
1 级:可看到或触及肌肉轻微收缩,但不能产生动作。
2 级:肌肉在不受重力影响下,可进行运动,即肢体能在床面上移动,但不能抬高。
3 级:在和地心引力相反的方向中尚能完成其动作,但不能对抗外加的阻力。
4 级:能对抗一定的阻力,但较正常人为低。
5 级:正常肌力。
5.1.2 非肢体瘫的运动障碍包括肌张力增高、共济失调、不自主运动、震颤或吞咽肌肉麻痹等。根据其对生活自理的影响程度划分为轻、中、重三度:
(1)重度运动障碍不能自行进食、大小便、洗漱、翻身和穿衣。
(2)中度运动障碍上述动作困难,但在他人帮助下可以完成。
(3)轻度运动障碍完成上述运动虽有一些困难,但基本可以自理。
5.2 呼吸困难及肺功能减退判定基准
5.2.1 呼吸困难分级

表 1 呼吸困难分级

	轻度	中度	重度	严重度
临床表现	平路快步或登山、上楼时气短明显	平路步行 100 米即气短。	稍活动(穿衣,谈话)即气短。	静息时气短
阻塞性通气功能减退:一秒钟用力呼气量占预计值百分比	≥80%	50—79%	30—49%	<30%
限制性通气功能减退:肺活量	≥70%	60—69%	50—59%	<50%
血氧分压			60—87 毫米汞柱	<60 毫米汞柱

＊血气分析氧分压 60—87 毫米汞柱时,需参考其他肺功能结果。

5.3 心功能判定基准
心功能分级
Ⅰ级:体力活动不受限制。
Ⅱ级:静息时无不适,但稍重于日常生活活动量即致乏力、心悸、气促或心绞痛。
Ⅲ级:体力活动明显受限,静息时无不适,但低于日常活动量即致乏力、心悸、气促或心绞痛。
Ⅳ级:任何体力活动均引起症状,休息时亦可有心力衰竭或心绞痛。
5.4 肝功能损害程度判定基准

表 2 肝功能损害的分级

	轻度	中度	重度
血浆白蛋白	3.1-3.5 克/分升	2.5-3.0 克/分升	<2.5 克/分升
血清胆红质	1.5-5 毫克/分升	5.1-10 毫克/分升	>10 毫克/分升

	轻度	中度	重度
腹水	无	无或少量,治疗后消失	顽固性
脑症	无	轻度	明显
凝血酶原时间	稍延长(较对照组>3秒)	延长(较对照组>6秒)	明显延长(较对照组>9秒)

5.5 慢性肾功能损害程度判定基准

表3 肾功能损害程度分期

	肌酐清除率	血尿素氮	血肌酐	其他临床症状
肾功能不全代偿期	50-80毫升/分	正常	正常	无症状
肾功能不全失代偿期	20-50毫升/分	20-50毫克/分升	2-5毫克/分升	乏力;轻度贫血;食欲减退
肾功能衰竭期	10-20毫升/分	50-80毫克/分升	5-8毫克/分升	贫血;代谢性酸中毒;水电解质紊乱
尿毒症期	<10毫升/分	>80毫克/分升	>8毫克/分升	严重酸中毒和全身各系统症状

注:血尿素氮水平受多种因素影响,一般不单独作为衡量肾功能损害轻重的指标。

附件:

正确使用标准的说明

1. 本标准条目只列出达到完全丧失劳动能力的起点条件,比此条件严重的伤残或疾病均属于完全丧失劳动能力。

2. 标准中有关条目所指的"长期"是经系统治疗12个月以上(含12个月)。

3. 标准中所指的"系统治疗"是指经住院治疗,或每月二次以上(含二次)到医院进行门诊治疗并坚持服药一个疗程以上,以及恶性肿瘤在门诊进行放射或化学治疗。

4. 对未列出的其他伤病残丧失劳动能力程度的条目,可参照国家标准《职工工伤与职业病致残程度鉴定》(GB/T16180—1996)相应条目执行。

工伤职工劳动能力鉴定管理办法

· 2014年2月20日人力资源和社会保障部、国家卫生和计划生育委员会令第21号公布
· 根据2018年12月14日《人力资源社会保障部关于修改部分规章的决定》修订

第一章 总 则

第一条 为了加强劳动能力鉴定管理,规范劳动能力鉴定程序,根据《中华人民共和国社会保险法》、《中华人民共和国职业病防治法》和《工伤保险条例》,制定本办法。

第二条 劳动能力鉴定委员会依据《劳动能力鉴定 职工工伤与职业病致残等级》国家标准,对工伤职工劳动功能障碍程度和生活自理障碍程度组织进行技术性等级鉴定,适用本办法。

第三条 省、自治区、直辖市劳动能力鉴定委员会和设区的市级(含直辖市的市辖区、县,下同)劳动能力鉴定委员会分别由省、自治区、直辖市和设区的市级人力资源社会保障行政部门、卫生计生行政部门、工会组织、用人单位代表以及社会保险经办机构代表组成。

承担劳动能力鉴定委员会日常工作的机构,其设置方式由各地根据实际情况决定。

第四条 劳动能力鉴定委员会履行下列职责:

(一)选聘医疗卫生专家,组建医疗卫生专家库,对专家进行培训和管理;

(二)组织劳动能力鉴定;

(三)根据专家组的鉴定意见作出劳动能力鉴定结论;

(四)建立完整的鉴定数据库,保管鉴定工作档案50年;

(五)法律、法规、规章规定的其他职责。

第五条 设区的市级劳动能力鉴定委员会负责本辖区内的劳动能力初次鉴定、复查鉴定。

省、自治区、直辖市劳动能力鉴定委员会负责对初次鉴定或者复查鉴定结论不服提出的再次鉴定。

第六条 劳动能力鉴定相关政策、工作制度和业务流程应当向社会公开。

第二章 鉴定程序

第七条 职工发生工伤,经治疗伤情相对稳定后存在残疾、影响劳动能力的,或者停工留薪期满(含劳动能力鉴定委员会确认的延长期限),工伤职工或者其用人单位应当及时向设区的市级劳动能力鉴定委员会提出劳动能力鉴定申请。

第八条 申请劳动能力鉴定应当填写劳动能力鉴定申请表,并提交下列材料:

(一)有效的诊断证明、按照医疗机构病历管理有关规定复印或者复制的检查、检验报告等完整病历材料;

(二)工伤职工的居民身份证或者社会保障卡等其他有效身份证明原件。

第九条 劳动能力鉴定委员会收到劳动能力鉴定申请后,应当及时对申请人提交的材料进行审核;申请人提供材料不完整的,劳动能力鉴定委员会应当自收到劳动能力鉴定申请之日起5个工作日内一次性书面告知申请人需要补正的全部材料。

申请人提供材料完整的,劳动能力鉴定委员会应当及时组织鉴定,并在收到劳动能力鉴定申请之日起60日内作出劳动能力鉴定结论。伤情复杂、涉及医疗卫生专业较多的,作出劳动能力鉴定结论的期限可以延长30日。

第十条 劳动能力鉴定委员会应当视伤情程度等从医疗卫生专家库中随机抽取3名或者5名与工伤职工伤情相关科别的专家组成专家组进行鉴定。

第十一条 劳动能力鉴定委员会应当提前通知工伤职工进行鉴定的时间、地点以及应当携带的材料。工伤职工应当按照通知的时间、地点参加现场鉴定。对行动不便的工伤职工,劳动能力鉴定委员会可以组织专家上门进行劳动能力鉴定。组织劳动能力鉴定的工作人员应当对工伤职工的身份进行核实。

工伤职工因故不能按时参加鉴定的,经劳动能力鉴定委员会同意,可以调整现场鉴定的时间,作出劳动能力鉴定结论的期限相应顺延。

第十二条 因鉴定工作需要,专家组提出应当进行有关检查和诊断的,劳动能力鉴定委员会可以委托具备资格的医疗机构协助进行有关的检查和诊断。

第十三条 专家组根据工伤职工伤情,结合医疗诊断情况,依据《劳动能力鉴定 职工工伤与职业病致残等级》国家标准提出鉴定意见。参加鉴定的专家都应当签署意见并签名。

专家意见不一致时,按照少数服从多数的原则确定专家组的鉴定意见。

第十四条 劳动能力鉴定委员会根据专家组的鉴定意见作出劳动能力鉴定结论。劳动能力鉴定结论书应当载明下列事项:

(一)工伤职工及其用人单位的基本信息;

(二)伤情介绍,包括伤残部位、器官功能障碍程度、诊断情况等;

(三)作出鉴定的依据;

(四)鉴定结论。

第十五条 劳动能力鉴定委员会应当自作出鉴定结论之日起20日内将劳动能力鉴定结论及时送达工伤职工及其用人单位,并抄送社会保险经办机构。

第十六条 工伤职工或者其用人单位对初次鉴定结论不服的,可以在收到该鉴定结论之日起15日内向省、自治区、直辖市劳动能力鉴定委员会申请再次鉴定。

申请再次鉴定,应当提供劳动能力鉴定申请表,以及工伤职工的居民身份证或者社会保障卡等有效身份证明原件。

省、自治区、直辖市劳动能力鉴定委员会作出的劳动能力鉴定结论为最终结论。

第十七条 自劳动能力鉴定结论作出之日起1年后,工伤职工、用人单位或者社会保险经办机构认为伤残情况发生变化的,可以向设区的市级劳动能力鉴定委员会申请劳动能力复查鉴定。

对复查鉴定结论不服的,可以按照本办法第十六条规定申请再次鉴定。

第十八条 工伤职工本人因身体等原因无法提出劳动能力初次鉴定、复查鉴定、再次鉴定申请的,可由其近亲属代为提出。

第十九条 再次鉴定和复查鉴定的程序、期限等按照本办法第九条至第十五条的规定执行。

第三章 监督管理

第二十条 劳动能力鉴定委员会应当每3年对专家库进行一次调整和补充,实行动态管理。确有需要的,可以根据实际情况适时调整。

第二十一条 劳动能力鉴定委员会选聘医疗卫生专家,聘期一般为3年,可以连续聘任。

聘任的专家应当具备下列条件:

(一)具有医疗卫生高级专业技术职务任职资格;

(二)掌握劳动能力鉴定的相关知识;

(三)具有良好的职业品德。

第二十二条 参加劳动能力鉴定的专家应当按照规定的时间、地点进行现场鉴定,严格执行劳动能力鉴定政策和标准,客观、公正地提出鉴定意见。

第二十三条 用人单位、工伤职工或者其近亲属应当如实提供鉴定需要的材料,遵守劳动能力鉴定相关规定,按照要求配合劳动能力鉴定工作。

工伤职工有下列情形之一的,当次鉴定终止:

(一)无正当理由不参加现场鉴定的;

(二)拒不参加劳动能力鉴定委员会安排的检查和诊断的。

第二十四条 医疗机构及其医务人员应当如实出具与劳动能力鉴定有关的各项诊断证明和病历材料。

第二十五条 劳动能力鉴定委员会组成人员、劳动能力鉴定工作人员以及参加鉴定的专家与当事人有利害关系的,应当回避。

第二十六条 任何组织或者个人有权对劳动能力鉴定中的违法行为进行举报、投诉。

第四章 法律责任

第二十七条 劳动能力鉴定委员会和承担劳动能力鉴定委员会日常工作的机构及其工作人员在从事或者组织劳动能力鉴定时,有下列行为之一的,由人力资源社会保障行政部门或者有关部门责令改正,对直接负责的主管人员和其他直接责任人员依法给予相应处分;构成犯罪的,依法追究刑事责任:

(一)未及时审核并书面告知申请人需要补正的全部材料的;

(二)未在规定期限内作出劳动能力鉴定结论的;

(三)未按照规定及时送达劳动能力鉴定结论的;

(四)未按照规定随机抽取相关科别专家进行鉴定的;

(五)擅自篡改劳动能力鉴定委员会作出的鉴定结论的;

(六)利用职务之便非法收受当事人财物的;

(七)有违反法律法规和本办法的其他行为的。

第二十八条 从事劳动能力鉴定的专家有下列行为之一的,劳动能力鉴定委员会应当予以解聘;情节严重的,由卫生计生行政部门依法处理:

(一)提供虚假鉴定意见的;

(二)利用职务之便非法收受当事人财物的;

(三)无正当理由不履行职责的;

(四)有违反法律法规和本办法的其他行为的。

第二十九条 参与工伤救治、检查、诊断等活动的医疗机构及其医务人员有下列情形之一的,由卫生计生行政部门依法处理:

(一)提供与病情不符的虚假诊断证明的;

(二)篡改、伪造、隐匿、销毁病历材料的;

(三)无正当理由不履行职责的。

第三十条 以欺诈、伪造证明材料或者其他手段骗取鉴定结论、领取工伤保险待遇的,按照《中华人民共和国社会保险法》第八十八条的规定,由人力资源社会保障行政部门责令退回骗取的社会保险金,处骗取金额2倍以上5倍以下的罚款。

第五章 附 则

第三十一条 未参加工伤保险的公务员和参照公务员法管理的事业单位、社会团体工作人员因工(公)致残的劳动能力鉴定,参照本办法执行。

第三十二条 本办法中的劳动能力鉴定申请表、初次(复查)鉴定结论书、再次鉴定结论书、劳动能力鉴定材料收讫补正告知书等文书基本样式由人力资源社会保障部制定。

第三十三条 本办法自2014年4月1日起施行。

附件:1. 劳动能力鉴定申请表(略)

2. 初次(复查)鉴定结论书(略)

3. 再次鉴定结论书(略)

4. 劳动能力鉴定材料收讫补正告知书(略)

(4) 工伤待遇

人力资源社会保障部关于工伤保险待遇调整和确定机制的指导意见

- 2017年7月28日
- 人社部发〔2017〕58号

各省、自治区、直辖市及新疆生产建设兵团人力资源社会保障厅(局):

工伤保险待遇是工伤保险制度的重要内容。随着经济社会发展,职工平均工资与生活费用发生变化,适时调整工伤保险待遇水平,既是工伤保险制度的内在要求,也是促进社会公平、维护社会和谐的职责所在,是各级党委、政府保障和改善民生的具体体现。根据《工伤保险条例》,现就工伤保险待遇调整和确定机制,制定如下指导意见:

一、总体要求

全面贯彻党的十八大和十八届三中、四中、五中、六中全会精神,深入贯彻习近平总书记系列重要讲话精神和治国理政新理念新思想新战略,紧紧围绕统筹推进"五位一体"总体布局和协调推进"四个全面"战略布局,坚持以人民为中心的发展思想,依据社会保险法和《工伤保险条例》,建立工伤保险待遇调整和确定机制,科学合理确定待遇调整水平,提高工伤保险待遇给付的服务与管理水平,推进建立更加公平、更可持续的工伤保险制度,不断增强人民群众的获得感与幸福感。

工伤保险待遇调整和确定要与经济发展水平相适应,综合考虑职工工资增长、居民消费价格指数变化、工伤保险基金支付能力、相关社会保障待遇调整情况等因素,兼顾不同地区待遇差别,按照基金省级统筹要求,适度、稳步提升,实现待遇平衡。原则上每两年至少调整一次。

二、主要内容

(一)伤残津贴的调整。伤残津贴是对因工致残而退出工作岗位的工伤职工工资收入损失的合理补偿。一级至四级伤残津贴调整以上年度省(区、市)一级至四级工伤职工月人均伤残津贴为基数,综合考虑职工平均工资增长和居民消费价格指数变化情况,侧重职工平均工资增长因素,兼顾工伤保险基金支付能力和相关社会保障待遇调整情况,综合进行调节。伤残津贴调整可以采取定额调整和适当倾斜的办法,对伤残程度高、伤残津贴低于平均水平的工伤职工予以适当倾斜。(具体计算公式见附件1)

五级、六级工伤职工的伤残津贴按照《工伤保险条例》的规定执行。

(二)供养亲属抚恤金的调整。供养亲属抚恤金是工亡职工供养亲属基本生活的合理保障。供养亲属抚恤金调整以上年度省(区、市)月人均供养亲属抚恤金为基数,综合考虑职工平均工资增长和居民消费价格指数变化情况,侧重居民消费价格指数变化,兼顾工伤保险基金支付能力和相关社会保障待遇调整情况,综合进行调节。供养亲属抚恤金调整采取定额调整的办法。(具体计算公式见附件2)

(三)生活护理费的调整。生活护理费根据《工伤保险条例》和《劳动能力鉴定 职工工伤与职业病致残等级》相关规定进行计发,按照上年度省(区、市)职工平均工资增长比例同步调整。职工平均工资下降时不调整。

(四)住院伙食补助费的确定。省(区、市)可参考当地城镇居民消费支出结构,科学确定工伤职工住院伙食补助费标准。住院伙食补助费原则上不超过上年度省(区、市)城镇居民日人均消费支出额的40%。

(五)其他待遇。一次性伤残补助金、一次性工亡补助金、丧葬补助金按照《工伤保险条例》规定的计发标准计发。工伤医疗费、辅助器具配置费、工伤康复和统筹地区以外就医期间交通、食宿费用等待遇,根据《工伤保险条例》和相关目录、标准据实支付。

一次性伤残就业补助金和一次性工伤医疗补助金,由省(区、市)综合考虑工伤职工伤残程度、伤病类别、年龄等因素制定标准,注重引导和促进工伤职工稳定就业。

三、工作要求

(一)高度重视,加强部署。建立工伤保险待遇调整和确定机制,关系广大工伤职工及工亡职工供养亲属的切身利益。各地要切实加强组织领导,提高认识,扎实推进,从2018年开始,要按照指导意见规定,结合当地实际,做好待遇调整和确定工作,与工伤保险基金省级统筹工作有机结合、紧密配合、同步推进,防止出现衔接问题和政策冲突。

(二)统筹兼顾,加强管理。要统筹考虑工伤保险待遇调整涉及的多种因素,详细论证,周密测算,选好参数和系数,确定科学、合理的调整额,建立科学、有效的调整机制。省(区、市)人力资源社会保障部门要根据《工伤保险条例》和本指导意见制定调整方案,报经省(区、市)人民政府批准后实施。要加强管理,根据《工伤保险条例》规定,统筹做好工伤保险其他待遇的调整、确定和计发,进一步加强待遇支付管理,依规发放和支付,防止跑冒滴漏、恶意骗保,维护基金安全。

(三)正确引导,确保稳定。工伤保险待遇调整直接涉及民生,关乎公平与效率。要加强工伤保险政策宣传,正确引导舆论,争取社会对待遇调整工作的理解与支持,为调整工作营造良好舆论氛围。做好调整方案的风险评估工作,制定应急处置预案,确保待遇调整工作平稳、有序、高效。待遇调整情况请及时报人力资源社会保障部。

附件:1.一级至四级工伤职工伤残津贴调整公式
2.供养亲属抚恤金调整公式

附件1

一级至四级工伤职工伤残津贴调整公式

$$Z_1 = S \times (G \times a + X \times b) \pm C$$
$$a + b = 1, a > b, C \geq 0。$$

其中:Z_1——一级至四级工伤职工伤残津贴人均调整额。
S——上年度省(区、市)一级至四级工伤职工月人均伤残津贴。
G——上年度省(区、市)职工平均工资增长率。
X——上年度省(区、市)居民消费价格指数。
a——职工平均工资增长率的权重系数。
b——居民消费价格指数的权重系数。
C——省(区、市)工伤保险基金支付能力和相关社会保障待遇调整等因素综合调节额。

当职工平均工资下降时,G=0;当居民消费价格指数为负时,X=0。

附件2

供养亲属抚恤金调整公式

$$Z_2 = F \times (G \times a + X \times b) \pm C$$
$$a + b = 1, a < b, C \geq 0。$$

其中:Z_2——供养亲属抚恤金人均调整额。
F——上年度省(区、市)月人均供养亲属抚恤金。
G——上年度省(区、市)职工平均工资增长率。
X——上年度省(区、市)居民消费价格指数。
a——职工平均工资增长率的权重系数。
b——居民消费价格指数的权重系数。
C——省(区、市)工伤保险基金支付能力和相关社会保障待遇调整等因素综合调节额。

当职工平均工资下降时,G=0;当居民消费价格指数为负时,X=0。

非法用工单位伤亡人员一次性赔偿办法

· 2010年12月31日人力资源和社会保障部令第9号公布
· 自2011年1月1日起施行

第一条 根据《工伤保险条例》第六十六条第一款的授权,制定本办法。

第二条 本办法所称非法用工单位伤亡人员,是指无营业执照或者未经依法登记、备案的单位以及被依法吊销营业执照或者撤销登记、备案的单位受到事故伤害或者患职业病的职工,或者用人单位使用童工造成的伤残、死亡童工。

前款所列单位必须按照本办法的规定向伤残职工或者死亡职工的近亲属、伤残童工或者死亡童工的近亲属给予一次性赔偿。

第三条 一次性赔偿包括受到事故伤害或者患职业病的职工或童工在治疗期间的费用和一次性赔偿金。一次性赔偿金数额应当在受到事故伤害或者患职业病的职工或童工死亡或者经劳动能力鉴定后确定。

劳动能力鉴定按照属地原则由单位所在地设区的市级劳动能力鉴定委员会办理。劳动能力鉴定费用由伤亡职工或童工所在单位支付。

第四条 职工或童工受到事故伤害或者患职业病,在劳动能力鉴定之前进行治疗期间的生活费按照统筹地区上年度职工月平均工资标准确定,医疗费、护理费、住院期间的伙食补助费以及所需的交通费等费用按照《工伤保险条例》规定的标准和范围确定,并全部由伤残职工或童工所在单位支付。

第五条 一次性赔偿金按照以下标准支付:

一级伤残的为赔偿基数的16倍,二级伤残的为赔偿基数的14倍,三级伤残的为赔偿基数的12倍,四级伤残的为赔偿基数的10倍,五级伤残的为赔偿基数的8倍,六级伤残的为赔偿基数的6倍,七级伤残的为赔偿基数的4倍,八级伤残的为赔偿基数的3倍,九级伤残的为赔偿基数的2倍,十级伤残的为赔偿基数的1倍。

前款所称赔偿基数,是指单位所在工伤保险统筹地区上年度职工年平均工资。

第六条 受到事故伤害或者患职业病造成死亡的,

按照上一年度全国城镇居民人均可支配收入的 20 倍支付一次性赔偿金，并按照上一年度全国城镇居民人均可支配收入的 10 倍一次性支付丧葬补助等其他赔偿金。

第七条 单位拒不支付一次性赔偿的，伤残职工或者死亡职工的近亲属、伤残童工或者死亡童工的近亲属可以向人力资源和社会保障行政部门举报。经查证属实的，人力资源和社会保障行政部门应当责令该单位限期改正。

第八条 伤残职工或者死亡职工的近亲属、伤残童工或者死亡童工的近亲属就赔偿数额与单位发生争议的，按照劳动争议处理的有关规定处理。

第九条 本办法自 2011 年 1 月 1 日起施行。劳动和社会保障部 2003 年 9 月 23 日颁布的《非法用工单位伤亡人员一次性赔偿办法》同时废止。

因工死亡职工供养亲属范围规定

- 2003 年 9 月 23 日劳动和社会保障部令第 18 号公布
- 自 2004 年 1 月 1 日起施行

第一条 为明确因工死亡职工供养亲属范围，根据《工伤保险条例》第三十七条第一款第二项的授权，制定本规定。

第二条 本规定所称因工死亡职工供养亲属，是指该职工的配偶、子女、父母、祖父母、外祖父母、孙子女、外孙子女、兄弟姐妹。

本规定所称子女，包括婚生子女、非婚生子女、养子女和有抚养关系的继子女，其中，婚生子女、非婚生子女包括遗腹子女。

本规定所称父母，包括生父母、养父母和有抚养关系的继父母。

本规定所称兄弟姐妹，包括同父母的兄弟姐妹、同父异母或者同母异父的兄弟姐妹、养兄弟姐妹、有抚养关系的继兄弟姐妹。

第三条 上条规定的人员，依靠因工死亡职工生前提供主要生活来源，并有下列情形之一的，可按规定申请供养亲属抚恤金：

（一）完全丧失劳动能力的；

（二）工亡职工配偶男年满 60 周岁、女年满 55 周岁的；

（三）工亡职工父母男年满 60 周岁、女年满 55 周岁的；

（四）工亡职工子女未满 18 周岁的；

（五）工亡职工父母均已死亡，其祖父、外祖父年满 60 周岁，祖母、外祖母年满 55 周岁的；

（六）工亡职工子女已经死亡或完全丧失劳动能力，其孙子女、外孙子女未满 18 周岁的；

（七）工亡职工父母均已死亡或完全丧失劳动能力，其兄弟姐妹未满 18 周岁的。

第四条 领取抚恤金人员有下列情形之一的，停止享受抚恤金待遇：

（一）年满 18 周岁且未完全丧失劳动能力的；

（二）就业或参军的；

（三）工亡职工配偶再婚的；

（四）被他人或组织收养的；

（五）死亡的。

第五条 领取抚恤金的人员，在被判刑收监执行期间，停止享受抚恤金待遇。刑满释放仍符合领取抚恤金资格的，按规定的标准享受抚恤金。

第六条 因工死亡职工供养亲属享受抚恤金待遇的资格，由统筹地区社会保险经办机构核定。

因工死亡职工供养亲属的劳动能力鉴定，由因工死亡职工生前单位所在地设区的市级劳动能力鉴定委员会负责。

第七条 本办法自 2004 年 1 月 1 日起施行。

· 指导案例

1. 重庆市涪陵志大物业管理有限公司诉重庆市涪陵区人力资源和社会保障局劳动和社会保障行政确认案①

【关键词】

行政 行政确认 视同工伤 见义勇为

【裁判要点】

职工见义勇为，为制止违法犯罪行为而受到伤害的，属于《工伤保险条例》第十五条第一款第二项规定的为维护公共利益受到伤害的情形，应当视同工伤。

【相关法条】

《工伤保险条例》第十五条第一款第二项

【基本案情】

罗仁均系重庆市涪陵志大物业管理有限公司(以下简称涪陵志大物业公司)保安。2011年12月24日，罗仁均在涪陵志大物业公司服务的圆梦园小区上班(24小时值班)。8时30分左右，在兴华中路宏富大厦附近有人对一过往行人实施抢劫，罗仁均听到呼喊声后立即拦住抢劫者的去路，要求其交出抢劫的物品，在与抢劫者搏斗的过程中，不慎从22步台阶上摔倒在巷道拐角的平台上受伤。罗仁均于2012年6月12日向被告重庆市涪陵区人力资源和社会保障局(以下简称涪陵区人社局)提出工伤认定申请。涪陵区人社局当日受理后，于2012年6月13日向罗仁均发出《认定工伤中止通知书》，要求罗仁均补充提交见义勇为的认定材料。2012年7月20日，罗仁均补充了见义勇为相关材料。涪陵区人社局核实后，根据《工伤保险条例》第十四条第七项之规定，于2012年8月9日作出涪人社伤险认决字[2012]676号《认定工伤决定书》，认定罗仁均所受之伤属于因工受伤。涪陵志大物业公司不服，向法院提起行政诉讼。在诉讼过程中，涪陵区人社局作出《撤销工伤认定决定书》，并于2013年6月25日根据《工伤保险条例》第十五条第一款第二项之规定，作出涪人社伤险认决字[2013]524号《认定工伤决定书》，认定罗仁均受伤属于视同因工受伤。涪陵志大物业公司仍然不服，于2013年7月15日向重庆市人力资源和社会保障局申请行政复议，重庆市人力资源和社会保障局于2013年8月21日作出渝人社复决字[2013]129号《行政复议决定书》，予以维持。涪陵志大物业公司认为涪陵区人社局的认定决定适用法律错误，罗仁均所受伤依法不应认定为工伤。遂诉至法院，请求判决撤销《认定工伤决定书》，并责令被告重新作出认定。

另查明，重庆市涪陵区社会管理综合治理委员会对罗仁均的行为进行了表彰，并做出了涪综治委发[2012]5号《关于表彰罗仁均同志见义勇为行为的通报》。

【裁判结果】

重庆市涪陵区人民法院于2013年9月23日作出(2013)涪法行初字第00077号行政判决，驳回重庆市涪陵志大物业管理有限公司要求撤销被告作出的涪人社伤险认决字[2013]524号《认定工伤决定书》的诉讼请求。一审宣判后，双方当事人均未上诉，裁判现已发生法律效力。

【裁判理由】

法院生效裁判认为：被告涪陵区人社局是县级劳动行政主管部门，根据国务院《工伤保险条例》第五条第二款规定，具有受理本行政区域内的工伤认定申请，并根据事实和法律作出是否工伤认定的行政管理职权。被告根据第三人罗仁均提供的重庆市涪陵区社会管理综合治理委员会《关于表彰罗仁均同志见义勇为行为的通报》，认定罗仁均在见义勇为中受伤，事实清楚，证据充分。罗仁均不顾个人安危与违法犯罪行为作斗争，既保护了他人的个人财产和生命安全，也维护了社会治安秩序，弘扬了社会正气。法律对于见义勇为，应当予以大力提倡和鼓励。

《工伤保险条例》第十五条第一款第二项规定："职工在抢险救灾等维护国家利益、公共利益活动中受到伤害的，视同工伤。"据此，虽然职工不是在工作地点、因工作原因受到伤害，但其是在维护国家利益、公共利益活动中受到伤害的，也应当按照工伤处理。公民见义勇为，跟违法犯罪行为作斗争，与抢险救灾一样，同样属于维护社会公共利益的行为，应当予以大力提倡和鼓励。因见义勇为、制止违法犯罪行为而受到伤害的，应当适用《工伤保险条例》第十五条第一款第二项的规定，即视同工伤。

另外，《重庆市鼓励公民见义勇为条例》为重庆市地方性法规，其第十九条、第二十一条进一步明确规定，见义勇为受伤视同工伤，享受工伤待遇。该条例上述规定符合《工伤保险条例》的立法精神，有助于最大限度地保障劳动者的合法权益、最大限度地弘扬社会正气，在本案中应当予以适用。

---

① 案例来源：最高人民法院指导性案例94号。

综上，被告涪陵区人社局认定罗仁均受伤视同因工受伤，适用法律正确。

2. 王明德诉乐山市人力资源和社会保障局工伤认定案①

【关键词】

行政诉讼　工伤认定　程序性行政行为　受理

【裁判要点】

当事人认为行政机关作出的程序性行政行为侵犯其人身权、财产权等合法权益，对其权利义务产生明显的实际影响，且无法通过提起针对相关的实体性行政行为的诉讼获得救济，而对该程序性行政行为提起行政诉讼的，人民法院应当依法受理。

【相关法条】

《中华人民共和国行政诉讼法》第12条、第13条

【基本案情】

原告王明德系王雷兵之父。王雷兵是四川嘉宝资产管理集团有限公司峨眉山分公司职工。2013年3月18日，王雷兵因交通事故死亡。由于王雷兵驾驶摩托车倒地翻覆的原因无法查实，四川省峨眉山市公安局交警大队于同年4月1日依据《道路交通事故处理程序规定》第五十条的规定，作出乐公交认定〔2013〕第00035号《道路交通事故证明》。该《道路交通事故证明》载明：2013年3月18日，王雷兵驾驶无牌"卡迪王"二轮摩托车由峨眉山市大转盘至小转盘方向行驶。1时20分许，当该车行至省道S306线29.3KM处驶入道路右侧与隔离带边缘相擦挂，翻覆于隔离带内，造成车辆受损、王雷兵当场死亡的交通事故。

2013年4月10日，第三人四川嘉宝资产管理集团有限公司峨眉山分公司就其职工王雷兵因交通事故死亡，向被告乐山市人力资源和社会保障局申请工伤认定，并同时提交了峨眉山市公安局交警大队所作的《道路交通事故证明》等证据。被告以公安机关交通管理部门尚未对本案事故作出交通事故认定书为由，于当日作出乐人社工时〔2013〕05号（峨眉山市）《工伤认定时限中止通知书》（以下简称《中止通知》），并向原告和第三人送达。

2013年6月24日，原告通过国内特快专递邮件方式，向被告提交了《恢复工伤认定申请书》，要求被告恢复对王雷兵的工伤认定。因被告未恢复对王雷兵工伤认定程序，原告遂于同年7月30日向法院提起行政诉讼，请求判决

撤销被告作出的《中止通知》。

【裁判结果】

四川省乐山市市中区人民法院于2013年9月25日作出（2013）乐中行初字第36号判决，撤销被告乐山市人力资源和社会保障局于2013年4月10日作出的乐人社工时〔2013〕05号《中止通知》。一审宣判后，乐山市人力资源和社会保障局提起了上诉。乐山市中级人民法院二审理过程中，乐山市人力资源和社会保障局递交撤回上诉申请书。乐山市中级人民法院经审查认为，上诉人自愿申请撤回上诉，属其真实意思表示，符合法律规定，遂裁定准许乐山市人力资源和社会保障局撤回上诉。一审判决已发生法律效力。

【裁判理由】

法院生效裁判认为，本案争议的焦点有两个：一是《中止通知》是否属于可诉行政行为；二是《中止通知》是否应当予以撤销。

一、关于《中止通知》是否属于可诉行政行为问题

法院认为，被告作出《中止通知》，属于工伤认定程序中的程序性行政行为，如果该行为不涉及终局性问题，对相对人的权利义务没有实质影响的，属于不成熟的行政行为，不具有可诉性，相对人提起行政诉讼的，不属于人民法院受案范围。但如果该程序性行政行为具有终局性，对相对人权利义务产生实质影响，并且无法通过提起针对相关的实体性行政行为的诉讼获得救济的，则属于可诉行政行为，相对人提起行政诉讼的，属于人民法院行政诉讼受案范围。

虽然根据《中华人民共和国道路交通安全法》第七十三条的规定："公安机关交通管理部门应当根据交通事故现场勘验、检查、调查情况和有关的检验、鉴定结论，及时制作交通事故认定书，作为处理交通事故的证据。交通事故认定书应当载明交通事故的基本事实、成因和当事人的责任，并送达当事人"。但是，在现实道路交通事故中，也存在因道路交通事故成因确实无法查清，公安机关交通管理部门不能作出交通事故认定书的情况。对此，《道路交通事故处理程序规定》第五十条规定："道路交通事故成因无法查清的，公安机关交通管理部门应当出具道路交通事故证明，载明道路交通事故发生的时间、地点、当事人情况及调查得到的事实，分别送达当事人。"就本案而言，峨眉山市公安局交警大队就王雷兵因交通事故死亡，依据所调查的事故情况，只能依法作出《道路交通事故证明》，而无

---

① 案例来源：最高人民法院指导性案例69号。

法作出《交通事故认定书》。因此,本案中《道路交通事故证明》已经是公安机关交通管理部门依据《道路交通事故处理程序规定》就事故作出的结论,也就是《工伤保险条例》第二十条第三款中规定的工伤认定决定需要的"司法机关或者有关行政主管部门的结论"。除非出现新事实或者法定理由,否则公安机关交通管理部门不会就本案涉及的交通事故作出其他结论。而本案被告在第三人申请认定工伤时已经提交了相关《道路交通事故证明》的情况下,仍然作出《中止通知》,并且一直到原告起诉之日,被告仍以工伤认定处于中止中为由,拒绝恢复对王雷兵死亡是否属于工伤的认定程序。由此可见,虽然被告作出《中止通知》是工伤认定中的一种程序性行为,但该行为将导致原告的合法权益长期,乃至永久得不到依法救济,直接影响了原告的合法权益,对其权利义务产生实质影响,并且原告也无法通过对相关实体性行政行为提起诉讼以获得救济。因此,被告作出《中止通知》,属于可诉行政行为,人民法院应当依法受理。

二、关于《中止通知》应否予以撤销问题

法院认为,《工伤保险条例》第二十条第三款规定,"作出工伤认定决定需要以司法机关或者有关行政主管部门的结论为依据的,在司法机关或者有关行政主管部门尚未作出结论期间,作出工伤认定决定的时限中止"。如前所述,第三人在向被告就王雷兵死亡申请工伤认定时已经提交了《道路交通事故证明》。也就是说,第三人申请工伤认定时,并不存在《工伤保险条例》第二十条第三款所规定的依法可以作出中止决定的情形。因此,被告依据《工伤保险条例》第二十条规定,作出《中止通知》属于适用法律、法规错误,应当予以撤销。另外,需要指出的是,在人民法院撤销被告作出的《中止通知》判决生效后,被告对涉案职工认定工伤的程序即应予以恢复。

· 典型案例

1. 安民重、兰自姣诉深圳市水湾远洋渔业有限公司工伤保险待遇纠纷案[①]

【裁判摘要】

用人单位为职工购买商业性人身意外伤害保险的,不因此免除其为职工购买工伤保险的法定义务。职工获得用人单位为其购买的人身意外伤害保险赔付后,仍然有权向用人单位主张工伤保险待遇。

【案情】

原告:安民重。

原告:兰自姣。

被告:深圳市水湾远洋渔业有限公司。

原告安民重、兰自姣因与被告深圳市水湾远洋渔业有限公司(以下简称水湾公司)发生工伤保险待遇纠纷,向广州海事法院提起诉讼。

原告安民重和兰自姣诉称:2012年7月,安民重和兰自姣之子安东卫在水湾公司处任职,担任大管轮职务。2013年8月5日,安东卫工作的船舶"中洋26"轮在法属波利尼西亚南方群岛拉帕岛附近海域遇险侧翻,包括安东卫在内的8名船员遇难。2015年3月16日,深圳市人力资源和社会保障局认定安东卫遭受事故伤害情形属于工伤,依法应当享受工伤保险待遇。安民重和兰自姣作为安东卫的法定继承人,请求判令水湾公司支付拖欠安东卫的工资及奖金,以及丧葬补助金、供养亲属抚恤金、一次性工亡补助金等工伤保险待遇。

被告水湾公司辩称:水湾公司没有为安东卫办理工伤保险的责任不在水湾公司,而且安东卫生前与水湾公司约定以商业保险替代工伤保险。原告安民重和兰自姣已经拿到商业保险金60万元,无权再主张工伤保险赔偿金。

广州海事法院一审查明:

2011年11月,被告水湾公司与浙江鑫隆远洋渔业有限公司(以下简称鑫隆公司)签订委托招聘合同,约定:鑫隆公司为水湾公司名下"中洋16"轮、"中洋18"轮、"中洋26"轮等6艘船舶招聘远洋船员,以鑫隆公司名义与应聘船员签订聘用合同,合同的权利义务由水湾公司享有和承担;鑫隆公司在与应聘船员签订聘用合同时应当口头向其披露委托方,经应聘船员无异议后方可签订聘用合同。

2012年7月8日,安东卫与鑫隆公司签订大管轮聘用合同,合同约定:鑫隆公司招聘安东卫为远洋大管轮职务船员,聘用期限为两年半,自安东卫出境日9月1日起至安东卫所在船只抵境日或合同到期日止;鑫隆公司负责为安东卫投保人身意外险,如在聘用期内发生因工伤亡,按有关意外保险条款执行。

2012年8月22日,被告水湾公司作为投保人,为包括

[①] 案例来源:《最高人民法院公报》2017年第12期。

安东卫在内的48名船员向中国人民财产保险股份有限公司深圳市分公司(以下简称人保公司)投保团体意外伤害保险,保障项目为额外身故、残疾、烧伤给付,每人保险金额为60万元,保险期间为2012年8月23日至2013年8月22日。水湾公司于投保当日缴纳了保费。

2012年9月,安东卫等14名船员被派遣至"中洋26"轮上进行远海捕鱼作业。2013年8月5日1730时,"中洋26"轮在法属波利尼西亚南方群岛拉帕岛附近海域遇险侧翻。2014年1月16日,安东卫被河南省栾川县人民法院宣告死亡。人保公司向原告安民重和兰自姣实际支付了安东卫身故赔偿金60万元。

2014年12月10日,浙江省绍兴市越城区人民法院作出(2014)绍越民初字第1799号民事判决,确认鑫隆公司与安东卫签订聘用合同的行为属于隐名代理,鑫隆公司与安东卫签订的聘用合同直接约束水湾公司和安东卫,水湾公司与安东卫存在劳动关系。水湾公司对该判决结论予以认可。2015年3月16日,深圳市人力资源和社会保障局认定安东卫于2013年8月5日因工外出在法属波利尼西亚南方群岛拉帕岛附近海域遇险,经法院判决宣告死亡属于工伤。

另查明:原告安民重是安东卫的父亲,原告兰自姣是安东卫的母亲。兰自姣持有栾川县残疾人联合会填发的残疾人证,记载残疾类别为肢体,残疾等级为3级。

广州海事法院一审认为:

2012年9月1日至2013年8月5日期间,安东卫受被告水湾公司聘用在"中洋26"轮上进行远海捕鱼作业,安东卫与水湾公司存在劳动合同关系。水湾公司没有为安东卫买工伤保险,根据《广东省工伤保险条例》第四十三条关于"职工所在用人单位未依法缴纳工伤保险费,发生工伤事故的,由用人单位支付工伤保险待遇"和第五十七条第一款关于"用人单位依照本条例规定应当参加工伤保险而未参加或者未按时缴纳工伤保险费,职工发生工伤的,由该用人单位按照本条例规定的工伤保险待遇项目和标准向职工支付费用"的规定,水湾公司应向原告安民重和兰自姣支付安东卫依法应享有的工伤保险待遇。水湾公司虽然为安东卫购买了意外伤害商业保险,并与安东卫在聘用合同中约定在聘用期内如因工伤亡,按有关意外保险条款执行,但依法缴纳工伤保险是用人单位的法定义务,该项义务不能通过当事人协商予以免除。安民重和兰自姣以意外伤害保险单受益人身份取得商业保险赔偿金后,仍有权主张工伤保险赔偿。水湾公司关于安民重和兰自姣已取得60万元商业保险金即无权再主张工伤保险赔偿金的抗辩不能成立。

综上,广州海事法院根据《中华人民共和国劳动合同法》第三十条和《广东省工伤保险条例》第三十七条、第四十三条、第五十七条第一款的规定,于2015年10月8日作出判决:一、被告水湾公司向原告安民重、兰自姣支付安东卫的工资、奖金共计26 709.2元;二、水湾公司向安民重、兰自姣支付丧葬补助金、一次性工亡补助金共计520 808元;三、驳回安民重、兰自姣的其他诉讼请求。

水湾公司不服一审判决,向广东省高级人民法院提起上诉。

上诉人水湾公司上诉称:广州海事法院认为被上诉人安民重和兰自姣获得商业保险赔偿后仍有权向水湾公司主张工伤保险赔付错误。因船员流动性强,用人单位无法也不能为船员购买工伤保险,为保护船员利益,水湾公司和船员安东卫在劳动合同中约定由水湾公司为其购买商业保险,并约定船员获得商业保险赔偿后不得再向水湾公司主张工伤保险赔付。安民重和兰自姣已经获得了60万元的商业保险赔付,一审法院再支持其向水湾公司提出的工伤保险赔付,实质上支持了二者的不诚信行为,违反公平原则,应予改判。

被上诉人安民重、兰自姣在二审中未提交答辩意见。

广东省高级人民法院经二审,确认了一审查明的事实。

本案二审的争议焦点为:被上诉人安民重和兰自姣获得上诉人水湾公司为其子安东卫购买的商业保险的保险赔付后,能否再向水湾公司主张安东卫的工伤保险待遇。

广东省高级人民法院二审认为:

《中华人民共和国工伤保险条例》第二条第一款规定:"中华人民共和国境内的企业、事业单位、社会团体、民办非企业单位、基金会、律师事务所、会计师事务所等组织和有雇工的个体工商户(以下称用人单位)应当依照本条例规定参加工伤保险,为本单位全部职工或者雇工(以下称职工)缴纳工伤保险费",根据该规定,为职工缴纳工伤保险费是水湾公司的法定义务,该法定义务不得通过任何形式予以免除或变相免除。《工伤保险条例》第六十二条第二款又进一步规定:"依照本条例规定应当参加工伤保险而未参加工伤保险的用人单位职工发生工伤的,由该用人单位按照本条例规定的工伤保险待遇项目和标准支付费用"。在上诉人水湾公司未为安东卫缴纳工伤保险费的情况下,水湾公司应向安东卫的父母被上诉人安民重和兰自姣支付工伤保险待遇。水湾公司为安东卫购买的商业性意外伤害保险,性质上是水湾公司为安东卫提供的一种福利待遇,不能免除水湾公司作为用人单位负有的法定的缴纳工伤保险费的义务或支付工伤保险待遇的义务。

此外,法律及司法解释并不禁止受工伤的职工或其家属获得双重赔偿。最高人民法院《关于审理工伤保险行政案件若干问题的规定》第八条第一款规定:"职工因第三人的原因受到伤害,社会保险行政部门以职工或者其近亲属已经对第三人提起民事诉讼或者获得民事赔偿为由,作出不予受理工伤认定申请或者不予认定工伤决定的,人民法院不予支持",第三款规定:"职工因第三人的原因导致工伤,社会保险经办机构以职工或者其近亲属已经对第三人提起民事诉讼为由,拒绝支付工伤保险待遇的,人民法院不予支持,但第三人已经支付的医疗费用除外",由此可见,上述规定并不禁止受工伤的职工同时获得民事赔偿和工伤保险待遇赔偿。上诉人水湾公司称被上诉人安民重和兰自姣同时获得保险金和工伤保险待遇属一事二赔、违反公平原则,没有法律依据,不予支持。一审法院判决水湾公司向安民重和兰自姣支付工伤保险待遇正确,予以维持。

综上,一审法院认定事实清楚,适用法律正确,处理结果恰当,应予维持。水湾公司上诉理据不足,予以驳回。依照《中华人民共和国民事诉讼法》第一百七十条第一款第一项的规定,于 2016 年 5 月 24 日作出判决:

驳回上诉,维持原判。

本判决为终审判决。

2. 伏恒生等诉连云港开发区华源市政园林工程公司工伤待遇赔偿纠纷案①

【裁判摘要】

未达到法定退休年龄的企业内退人员,在与原用人单位保留劳动关系的前提下,到另一单位从事劳动、接受管理的,劳动者与新用人单位之间的用工关系为劳动关系。劳动者在新用人单位工作期间发生工伤事故的,新用人单位是工伤保险责任的赔偿主体,应由其承担工伤待遇赔偿的各项义务。

【案情】

原告:伏恒生(伏运山父亲),男,住江苏省某市。
原告:张正花(伏运山妻子),女,住江苏省某市。
原告:伏彩军(伏运山之子),男,住江苏省某市。
被告:连云港开发区华源市政园林工程有限公司。

原告伏恒生、张正花、伏彩军因伏运山与被告连云港开发区华源市政园林工程有限公司(以下简称华源公司)发生工伤待遇赔偿纠纷,向江苏省连云港市连云区人民法院提起诉讼。

原告伏恒生、张正花、伏彩军诉称:三原告亲属伏运山于 2006 年 8 月份至被告处从事环卫保洁,2008 年 12 月 14 日,伏运山在打扫卫生时遭受交通事故受伤。2011 年 8 月 30 日连云港市人力资源和社会保障局作出了连人社工伤开认字[2011]第 98 号工伤认定书,认定伏运山受伤部位及伤情为工伤。2012 年 3 月 27 日,连云港市劳动能力鉴定委员会评定伏运山工伤伤残等级为五级。原告于 2013 年 3 月向连云港经济技术开发区劳动争议仲裁委员会提出仲裁申请,仲裁委于 2014 年 9 月 28 日作出第 2013-027 号终止审理确认书。请求判决被告支付三原告医疗费、住院伙食补助费、护理费等费用及伤残补助金、伤残津贴、工资、一次性医疗补助金、一次性就业补助金合计 161 365 元,庭审中原告变更要求赔偿项目要求被告赔偿:停工留薪期工资 43 700 元、一次性伤残补助金 24 642 元、一次性工伤医疗补助金 69 119.4 元、一次性伤残就业补助金 14 109 元,合计 151 570.4 元。

被告华源公司辩称:伏运山是盐场工人,享有社保,内退期间至被告处工作,被告无法为其交纳社保,原、被告间应属雇佣关系。本起案件已过诉讼时效。

连云港市连云区人民法院一审查明:

2008 年 12 月 14 日三原告的亲属伏运山在被告华源公司从事工作期间发生交通事故受伤。2009 年 12 月 15 日,伏运山向连云港经济技术开发区劳动争议仲裁委员会申请劳动仲裁要求确认其与被告间存在劳动关系,该委以 2010-023 号案件终止审理确认书确认终止该案审理。伏运山不服向法院提起诉讼,连云港市连云区人民法院以(2011)港民初字引 104 号民事判决书判决伏运山与被告间自 2006 年 8 月起至 2010 年 6 月止存在劳动关系。且该判决书已经二审维持原判。伏运山于 2011 年 8 月 30 日被连云港市人力资源和社会保障局确认系工伤并经连云港市劳动能力鉴定委员会鉴定为工伤五级。伏运山于 2013 年 3 月 22 日向连云港经济技术开发区劳动争议仲裁委员会申请仲裁要求工伤赔偿,该委于 2014 年 9 月 28 日以第 2013-027 号案件终止审理确认书终止对该案件审理工作。2013 年 12 月 9 日伏运山因病死亡。本案在审理过程中,三原告申请变更诉讼主体作为原告参加诉讼。同时查明,伏运山 1955 年 6 月 23 日出生,原告伏恒山系其父亲,原告张正花系其妻子,原告伏彩军系其之子。伏运山因同一起交通事故向侵权人提起民事赔偿,于 2009 年 6 月

---

① 案例来源:《最高人民法院公报》2018 年第 3 期。

24日评残。连云港市连云区人民法院以（2009）港民一初字第0845号民事判决书确认原告误工期自伤起至评残前一日。

连云港市连云区人民法院一审认为：

本案伏运山一直在主张权利，故本案并未过诉讼时效。企业未达到法定退休年龄的内退人员与新用人单位之间的关系为劳动关系。即使内退职工的原用人单位为其缴纳了工伤保险费，新用人单位亦应自用工之日起为职工办理工伤保险的转移手续并续缴工伤保险费，从而实现分散企业用工风险和保护工伤职工合法权益的立法宗旨。新用人单位未履行该法律义务，劳动者在该单位工作期间发生工伤事故的，依法应当由实际用人单位承担工伤待遇赔偿的法律义务。伏运山与被告华源公司自2006年8月至2010年6月存在劳动关系已经由（2011）港民初字第01014号生效民事判决予以确认，伏运山于2008年12月14日在被告从事卫生保洁工作时发生交通事故受伤，被告依法应对伏运山因工伤产生的各项待遇损失承担赔偿责任。伏运山受伤后经连云港市劳动能力鉴定委员会认定为工伤同时经鉴定为五级伤残，法院予以确认。对伏运山申请仲裁和各项费用，法院认定如下：一、停工留薪期工资43 700元。伏运山停工留薪期经（2009）港民一初字第0845号民事判决书确认自伤起至评残前一日（伏运山于2009年6月24日评残）。伏运山主张按12个月计算未能举证，不予采信。2008年连云港市社保缴费基数为1369元，伏运山停工留薪期工资应为8670元（6月×1369元/月+1369元/30天×10天）。二、一次性伤残补助金24 642元。根据伏运山伤残五级，伏运山一次伤残补助金为24 642元。三、一次性工伤医疗补助金69 119.4元。伏运山与被告于2010年解除劳动关系，故应按2009年连云港市当地职工平均工资28 212元/年计算其工伤医疗补助金，根据统计数据当地人口平均寿命为76周岁，伏运山一次性工伤医疗补助金应为69 119.4元（21年×1.4元/年×28 218元/12月）。四、一次性伤残就业补助金14109元。伏运山于2010年6月与被告解除劳动关系已超过55周岁，应给予六个月当地职工平均工资，应以2009年连云港当地职工平均工资28 212元/年计算，故对三原告主张的一次性伤残就业补助金14 109元（6月×28 212元/12月）予以支持。

综上，连云港市连云区人民法院依照《工伤保险条例》第三十六条第一款第（一）项、《江苏省实施〈工伤保险条例〉办法》第二十二条、第二十四条、《中华人民共和国民事诉讼法》第六十四条第一款之规定，于2014年12月20日作出判决：

被告华源公司于本判决发生法律效力之日起10日内支付原告伏恒生、张正花、伏彩军工伤赔偿金合计116 084.4元。

华源公司不服，向连云港市中级人民法院提起上诉称：1. 伏运山属于雇工，其交通事故已获赔偿，上诉人不应承担赔偿责任。2. 原审认定赔偿项目和数额错误。请求依法改判上诉人不承担责任或发回重审。在连云港市中级人民法院组织的听证过程中，华源公司补充四点意见：（1）2008年连云港市的社保缴费工资基数是890元，而非1369元，原审停工留薪期的工资计算错误；（2）伏运山月工资为800元左右，原审一次性伤残补助金计算错误；（3）根据最新解释，自2015年6月1日起没有一次性工伤医疗补助金这一项；（4）伏运山已经超过法定退休年龄，故不应给一次性伤残补助金。

被上诉人伏恒生、张正花、伏彩军辩称：1. 原审法院认定事实清楚，适用法律正确；2. 上诉人华源公司并无证据证明2008年连云港市社保缴费工资基数为890元，原审中上诉人已经提交证据证明是1369元；3. 上诉人主张的关于没有一次性医疗补助金的规定自今年起执行，本案工伤发生在几年前，该规定不适用本案；4. 伏运山达到退休年龄不享受就业补助金没有明确的法律规定，不能成立；5. 原审认为上诉人提交的关于伏运山工资的证据不具有客观性，故没有认可上诉人的主张。请求维持原判。

连云港市中级人民法院经二审，确认了一审查明的事实。

连云港市中级人民法院二审认为：

当事人对自己的主张，有责任提供证据。本案中，上诉人华源公司并未提供合法有效的证据证明其主张。《工伤保险条例》第六十四条第二款规定，本条例所称本人工资，是指工伤职工因工作遭受事故伤害或者患职业病前12个月平均月缴费工资。一审法院关于2008年社保缴费工资基数的认定及相应工伤保险待遇的计算数额均无不当。

综上，一审判决认定事实清楚，适用法律正确。据此，连云港市中级人民法院依照《中华人民共和国民事诉讼法》第一百六十九条、第一百七十条第一款第（一）项之规定，于2015年7月3日作出判决：

驳回上诉，维持原判。

本判决为终审判决。

3. 吴江市佳帆纺织有限公司诉周付坤工伤保险待遇纠纷案①

【裁判摘要】

劳动者因第三人侵权造成人身损害并构成工伤的,在停工留薪期间内,原工资福利待遇不变,由所在单位按月支付。用人单位以侵权人已向劳动者赔偿误工费为由,主张无需支付停工留薪期间工资的,人民法院不予支持。

原告:吴江市佳帆纺织有限公司。

法定代表人:钱传大,该公司董事。

被告:周付坤,男,住云南省某市。

原告吴江市佳帆纺织有限公司(以下简称佳帆公司)因与被告周付坤发生工伤保险待遇纠纷,向苏州市吴江区人民法院提起诉讼。

原告佳帆公司诉称:苏州市吴江区劳动人事争议仲裁委员会作出的仲裁裁决严重与事实不符和与立法精神背道而驰,被告周付坤是在上班途中因交通事故受伤引起的工伤,无论是交通事故中的误工费还是工伤待遇中的停工留薪期工资,都是因被告本次交通事故受伤需要休息无法工作而造成的实际收入减少的款项,故不能因为两者名称不同,因同一受伤事实,误工费已在交通事故中得到赔偿,又在工伤中再次赔偿停工留薪期工资,显然与不再重复赔偿原则的立法精神背道而驰。故原告不服仲裁裁决而诉至法院,请求依法判令:1.原告无须支付给被告停工留薪期工资 7028 元;2.本案诉讼费由被告承担。

被告周付坤辩称:仲裁程序合法,仲裁裁决适用法律正确,请求依法判决。

苏州市吴江区人民法院一审查明:

2019 年 4 月 19 日,被告周付坤向苏州市吴江区劳动人事争议仲裁委员会(以下简称仲裁委)申请仲裁,请求原告佳帆公司支付其一次性伤残补助金 30 571.8 元、一次性医疗补助金 30 000 元、一次性就业补助金 15 000 元、医药费 239.4 元、停工留薪期工资 7028 元。在 2019 年 5 月 14 日的仲裁庭审中,周付坤当庭增加诉讼请求,要求从申请仲裁之日起与佳帆公司解除劳动关系。2019 年 5 月 21 日,仲裁委裁决周付坤与佳帆公司的劳动关系于 2019 年 4 月 19 日解除,佳帆公司支付周付坤一次性伤残就业补助金 15 000 元、停工留薪期工资 7028 元,共计 22 028 元,驳回周付坤的其他仲裁请求。佳帆公司在法定期间内向一审法院起诉。

被告周付坤于 2015 年 10 月至原告佳帆公司工作,佳帆公司为周付坤缴纳了社会保险。2018 年 7 月 9 日,周付坤在下班途中驾驶普通二轮摩托车与张玲妹驾驶电动自行车发生碰撞,导致两车受损、周付坤与张玲妹受伤。2018 年 7 月 10 日,苏州市吴江区公安局交通警察大队就本起事故作出认定书,认定张玲妹负主要责任,周付坤负次要责任。周付坤的伤情经吴江区第四人民医院于 2018 年 7 月 9 日诊断为头面部外伤、多处挫伤。周付坤于 2018 年 7 月 10 日至 7 月 16 日在吴江区第四人民医院住院治疗。后周付坤又两次至该院接受门诊治疗,并支付医疗费 239.4 元。2018 年 7 月 16 日、7 月 30 日、8 月 14 日,吴江区第四人民医院分别为周付坤开具了"休息二周""休息二周""休息一周"的病假证明。

2018 年 7 月 31 日,经交警部门调解,被告周付坤与张玲妹达成协议:张玲妹的医药费 600 元、误工费 1900 元,由周付坤承担;周付坤的医药费 8000 元,由张玲妹承担 4800 元,周付坤承担 3200 元,另张玲妹赔偿周付坤误工费、营养费等合计 3800 元。

2018 年 10 月 30 日,苏州市吴江区人力资源和社会保障局作出苏吴江人社工认字〔2018〕3041 号认定工伤决定书,认定周付坤受到的伤害属于工伤。2019 年 2 月 20 日,苏州市劳动能力鉴定委员会作出苏吴江工伤初〔2019〕92 号劳动能力鉴定结论通知,核准周付坤的伤残等级符合十级。

一审庭审中,原告佳帆公司陈述称:被告周付坤受伤前一年的平均工资为 5000 元/月,由佳帆公司打卡发放。周付坤陈述称:周付坤受伤前一年的平均工资为 8000 元/月,由佳帆公司打卡发放。

苏州市吴江区人民法院一审认为:

《工伤保险条例》实施后,职工因工作遭受事故受伤,经认定为工伤,理应按照《工伤保险条例》的规定享受相应的工伤保险待遇。被告周付坤于 2019 年 5 月 14 日的仲裁庭审中,要求解除与原告佳帆公司的劳动关系,故双方的劳动关系于 2019 年 5 月 14 日解除。因佳帆公司已为周付坤缴纳了社会保险,故相关的工伤保险待遇项目分别由工伤保险基金和佳帆公司向周付坤赔偿,其中医疗费、一次性伤残补助金、一次性工伤医疗补助金应由工伤保险基金支付。

关于被告周付坤主张的一次性伤残就业补助金,一审法院认为,根据《工伤保险条例》第三十七条的规定,周付坤被鉴定为十级伤残,周付坤提出与原告佳帆公司解除劳

---

① 案例来源:《最高人民法院公报》2021 年第 6 期。

动关系,佳帆公司应支付周付坤一次性伤残就业补助金15 000元。另根据法律规定,职工因工作遭受事故伤害需要暂停工作接受工伤医疗的,在停工留薪期间内,原工资福利待遇不变,由所在单位按月支付,停工留薪期工资应当凭伤者就诊的签订服务协议的医疗机构出具的休假证明确定。停工留薪期工资与误工费系基于不同的法律关系而产生,伤者可以兼得,故对佳帆公司的相关主张,一审法院不予采信。在周付坤受伤后,医疗机构共计为周付坤开具了休息35天的休假证明,故一审法院认定停工留薪期为35天;关于停工留薪期的工资标准,因双方均未提交证据证明周付坤的工资标准,仲裁裁决认定佳帆公司应提交考勤、工资计算标准等材料予以核算,但佳帆公司未提交,应承担不利后果,并认为周付坤受伤前的工资每月为8000元,属于合理范围,据此认定停工留薪期工资为7028元在法定范围内,一审法院认为,仲裁裁决并无不当,一审法院予以支持。

综上,苏州市吴江区人民法院依照《工伤保险条例》第三十条、第三十三条、第三十七条、第六十四条,《中华人民共和国民事诉讼法》第六十四条之规定,于2019年8月5日作出判决:

一、吴江市佳帆纺织有限公司与周付坤之间的劳动关系于2019年5月14日解除。

二、吴江市佳帆纺织有限公司于判决生效之日起十日内支付周付坤停工留薪期工资7028元、一次性伤残就业补助金15 000元,共计22 028元。

三、吴江市佳帆纺织有限公司无需支付周付坤医疗费、一次性伤残补助金、一次性工伤医疗补助金。

一审宣判后,佳帆公司不服一审判决,向江苏省苏州市中级人民法院提起上诉。

佳帆公司上诉称:本案是被上诉人周付坤在上班途中因交通事故受伤而引起的工伤,无论是交通事故中的误工费还是工伤中的停工留薪期工资,都是因周付坤本次交通事故受伤需要休息无法工作而造成的实际收入减少的款项,现误工费已经在交通事故中得到赔偿,故不应再支持停工留薪期工资。请求撤销原判,依法改判。

被上诉人周付坤未作答辩。

江苏省苏州市中级人民法院经二审,确认了一审查明的事实。

江苏省苏州市中级人民法院二审认为:职工因工作遭受事故伤害进行治疗,享受工伤医疗待遇。本案中,被上诉人周付坤遭受工伤,应享受相应工伤待遇。因佳帆公司已为周付坤缴纳了社保,故周付坤可享有的一次性伤残补助金和一次性工伤医疗补助金应由工伤保险基金支付。

关于一次性伤残就业补助金。被上诉人周付坤构成十级伤残,上诉人佳帆公司应当支付周付坤一次性伤残就业补助金15 000元。关于停工留薪期工资。周付坤因工伤休息35天,应视同其正常提供劳动而享有工资,一审酌定佳帆公司支付周付坤停工留薪期工资为7028元并无不当。关于佳帆公司认为周付坤系因第三人侵权构成工伤,其已经获得误工费赔偿,故不能同时享有停工留薪期工资。法院认为,一方面,现行法律并未禁止工伤职工同时享受工伤保险待遇和人身损害赔偿;另一方面,工伤保险待遇与民事侵权赔偿二者性质不同,前者属公法领域,基于社保法律关系发生,后者属私法领域,基于民事法律关系发生,不宜径行替代。

综上,一审判决认定事实清楚,适用法律正确,应予维持。江苏省苏州市中级人民法院依照《中华人民共和国民事诉讼法》第一百七十条第一款第一项的规定,于2019年12月13日判决如下:

驳回上诉,维持原判。

本判决为终审判决。

4. 张成兵与上海市松江区人力资源和社会保障局工伤认定行政上诉案[①]

(一)裁判要旨

用工单位违反法律、法规规定将承包业务转包或者发包给不具备用工主体资格的组织或者自然人,该组织或者自然人聘用的职工因工伤亡的,用工单位为承担工伤保险责任的单位

(二)基本案情

南通六建公司系国基电子(上海)有限公司A7厂房工程的承包人,其以《油漆承揽合同》的形式将油漆工程分包给自然人李某某,约定李某某所雇人员应当接受南通六建公司管理。李某某又将部分油漆工程转包给自然人王某某,王某某招用张成兵进行油漆施工。李某某和王某某均无用工主体资格,也无承揽油漆工程的相应资质。2008年3月10日,张成兵在进行油漆施工中不慎受伤。11月10日,松江区劳动仲裁委员会裁决确定张成兵与南通六建公司之间存在劳动关系,但该裁决书未送达南通六建公司。12月29日,张成兵提出工伤认定申请,并提交了劳动仲裁

---

① 本部分案例5-案例8来源:2014年8月21日最高人民法院发布的四起工伤保险行政纠纷典型案例。

裁决书。上海市松江区人力资源和社会保障局立案审查后，认为张成兵受伤符合工伤认定条件，且南通六建公司经告知，未就张成兵所受伤害是否应被认定为工伤进行举证。上海市松江区人力资源和社会保障局遂于2009年2月19日认定张成兵受伤为工伤。南通六建公司不服，经复议未果，遂起诉请求撤销上海市松江区人力资源和社会保障局作出的工伤认定。

（三）裁判结果

经上海市松江区人民法院一审，上海市第一中级人民法院二审认为，根据劳社部发〔2005〕12号《劳动和社会保障部关于确立劳动关系有关事项的通知》第四条规定，建筑施工、矿山企业等用人单位将工程（业务）或经营权发包给不具备用工主体资格的组织或自然人，对该组织或自然人招用的劳动者，由具备用工主体资格的发包方承担用工主体责任。本案中，南通六建公司作为建筑施工单位将油漆工程发包给无用工主体资格的自然人李某某，约定李某某所雇用的人员应服从南通六建公司管理。后李某某又将部分油漆工程再发包给王某某，并由王某某招用了上诉人张成兵进行油漆施工。上海市松江区人力资源和社会保障局依据上述规定及事实认定上诉人与被上诉人具有劳动关系的理由成立。根据《工伤保险条例》规定，张成兵在江苏南通六建设集团有限公司承建的厂房建设项目中进行油漆施工不慎受到事故伤害，属于工伤认定范围。据此，维持上海市松江区人力资源和社会保障局作出被诉工伤认定的具体行政行为。

5. 孙立兴诉天津新技术产业园区劳动局工伤认定行政案

（一）裁判要旨

工作原因、工作场所的认定应当考虑是否与履行工作职责相关，是否在合理区域内受到伤害的

（二）基本案情

孙立兴系中力公司员工，2003年6月10日上午受中力公司负责人指派去北京机场接人。其从中力公司所在天津市南开区华苑产业园区国际商业中心（以下简称商业中心）八楼下楼，欲到商业中心院内开车，当行至一楼门口台阶处时，孙立兴脚下一滑，从四层台阶处摔倒在地面上，经医院诊断为颈髓过伸位损伤合并颈部神经根牵拉伤、上唇挫裂伤、左手臂擦伤、左腿皮擦伤。孙立兴向园区劳动局提出工伤认定申请，园区劳动局于2004年3月5日作出《工伤认定决定书》，认为没有证据表明孙立兴的摔伤事故是在工作场所、基于工作原因造成的，决定不认定为工伤。

（三）裁判结果

经天津市第一中级人民法院一审，天津市高级人民法院二审认为，该案焦点问题是孙立兴摔伤地点是否属于工作场所和工作原因。《工伤保险条例》规定，职工在工作时间和工作场所内，因工作原因受到事故伤害，应当认定为工伤。该规定中的"工作场所"，指职工从事职业活动的场所，在有多个工作场所的情形下，还应包括职工来往于多个工作场所之间的必经区域。本案中，位于商业中心八楼的中力公司办公室，是孙立兴的工作场所，而其完成去机场接人的工作任务需驾驶的汽车，是其另一处工作场所。汽车停在商业中心一楼的门外，孙立兴要完成开车任务，必须从商业中心八楼下到一楼门外停车处，故从商业中心八楼到停车处是孙立兴来往于两个工作场所之间的必经的区域，应当认定为工作场所。园区劳动局认为孙立兴摔伤地点不属于其工作场所，将完成工作任务的必经之路排除在工作场所之外，既不符合立法本意，也有悖于生活常识。孙立兴为完成开车接人的工作任务，从位于商业中心八楼的中力公司办公室下到一楼，并在一楼门口台阶处摔伤，系为完成工作任务所致。上诉人园区劳动局以孙立兴不是开车时受伤为由，认为孙立兴不属于"因工作原因"摔伤，理由不能成立。故判决撤销被告园区劳动局所作的《工伤认定决定书》，限其在判决生效后60日内重新作出具体行政行为。

6. 何培祥诉江苏省新沂市劳动和社会保障局工伤认定行政案

（一）裁判要旨

关于"上下班途中"的认定

（二）基本案情

原告何培祥系原北沟镇石涧小学教师，2006年12月22日上午，原告被石涧小学安排到新沂城西小学听课，中午在新沂市区就餐。因石涧小学及原告居住地到城西小学无直达公交车，原告采取骑摩托车、坐公交车、步行相结合方式往返。下午15时40分左右，石涧小学邢汉民、何继强、周恩宇等开车经过石涧村大陈庄水泥路时，发现何培祥骑摩托车摔倒在距离石涧小学约二三百米的水泥路旁，随即送往医院抢救治疗。12月27日，原告所在单位就何培祥的此次伤害事故向被告江苏省新沂市劳动和社会保障局提出工伤认定申请，后因故撤回。2007年6月，原告就此次事故伤害直接向被告提出工伤认定申请。经历了二次工伤认定，二次复议，二次诉讼后，被告于2009年12月26日作出《职工工伤认定》，认定：何培祥所受机动

车事故伤害虽发生在上下班的合理路线上,但不是在上下班的合理时间内,不属于上下班途中,不认定为工伤。原告不服,向新沂市人民政府申请复议,复议机关作出复议决定,维持了被告作出的工伤认定决定。之后,原告诉至法院,请求撤销被告作出的工伤认定决定。

(三)裁判结果

经江苏省新沂市人民法院一审、徐州市中级人民法院二审认为:上下班途中的"合理时间"与"合理路线",是两种相互联系的认定属于上下班途中受机动车事故伤害情形的必不可少的时空概念,不应割裂开来。结合本案,何培祥在上午听课及中午就餐结束后返校的途中骑摩托车摔伤,其返校上班目的明确,应认定为合理时间。故判决撤销被告新沂市劳动和社会保障局作出的《职工工伤认定》;责令被告在判决生效之日起六十日内就何培祥的工伤认定申请重新作出决定。

7. 邹政贤诉广东省佛山市禅城区劳动和社会保障局工伤认定行政案

(一)裁判要旨

由于不属于职工或者其近亲属自身原因超过工伤认定申请期限的,被耽误的时间不计算在工伤认定申请期限内

(二)基本案情

宏达豪纺织公司系经依法核准登记设立的企业法人,其住所位于被告广东省佛山市禅城区劳动和社会保障局辖区内。邓尚艳与宏达豪纺织公司存在事实劳动关系。2006年4月24日邓尚艳在宏达豪纺织公司擅自增设的经营场所内,操作机器时左手中指被机器压伤,经医院诊断为"左中指中节闭合性骨折、软组织挫伤、仲腱断裂"。7月28日邓尚艳在不知情的情况下向被告申请工伤认定时,列"宏达豪纺织厂"为用人单位。被告以"宏达豪纺织厂"不具有用工主体资格、不能与劳动者形成劳动关系为由不予受理其工伤认定申请。邓尚艳后通过民事诉讼途径最终确认与其存在事实劳动关系的用人单位是宏达豪纺织公司。2008年1月16日,邓尚艳以宏达豪纺织公司为用人单位向被告申请工伤认定,被告于1月28日作出《工伤认定决定书》,认定邓尚艳于2006年4月24日所受到的伤害为工伤。2008年3月24日,宏达豪纺织公司经工商行政管理部门核准注销。邹政贤作为原宏达豪纺织公司的法定代表人于2009年3月10日收到该《工伤认定决定书》后不服,向佛山市劳动和社会保障局申请行政复议,复议机关维持该工伤认定决定。邹政贤仍不服,向佛山市禅城区人民法院提起行政诉讼。广东省佛山市禅城区人民法院判决维持被告作出的《工伤认定决定书》。宣判后,邹政贤不服,向广东省佛山市中级人民法院提起上诉。

(三)裁判结果

法院经审理认为,因宏达豪纺织公司未经依法登记即擅自增设营业点从事经营活动,故2006年7月28日邓尚艳在不知情的情况下向禅城劳动局申请工伤认定时,错列"宏达豪纺织厂"为用人单位并不存在主观过错。另外,邓尚艳在禅城劳动局以"宏达豪纺织厂"不具有用工主体资格、不能与劳动者形成劳动关系为由不予受理其工伤认定申请并建议邓尚艳通过民事诉讼途径解决后,才由生效民事判决最终确认与其存在事实劳动关系的用人单位是宏达豪纺织公司。故禅城劳动局2008年1月16日收到邓尚艳以宏达豪纺织公司为用人单位的工伤认定申请后,从《工伤保险条例》切实保护劳动者合法权益的立法目的考量,认定邓尚艳已在1年的法定申请时效内提出过工伤认定申请,是因存在不能归责于其本人的原因而导致其维护合法权益的时间被拖长,受理其申请并作出是工伤的认定决定,程序并无不当。被告根据其认定的事实,适用法规正确。依照行政诉讼法的规定,判决维持被告作出的《工伤认定决定书》。

• 文书范本

1. 工伤认定申请表

编号：

工伤认定申请表

申请人：
受伤害职工：
申请人与受伤害职工关系：

填表日期：　年　月　日

职工姓名		性别		出生日期	年月日	
身份证号码				联系电话		
家庭地址				邮政编码		
工作单位				联系电话		
单位地址				邮政编码		
职业、工种或工作岗位				参加工作时间		
事故时间、地点及主要原因				诊断时间		
受伤害部位				职业病名称		
接触职业病危害岗位				接触职业病危害时间		
受伤害经过简述（可附页）							
申请事项： 　　　　　　　　　　　　　　　　　　　　　　　申请人签字：　　　　　　　　　　　　　　　　　　　　　　　　年　月　日						
用人单位意见： 　　　　　　　　　　　　　　　　　　　　　　　经办人签字　　　　　　　　　　　　　　　　　　　　　　（公章）　　　　　　　　　　　　　　　　　　　　　　　　年　月　日						

社会保险行政部门审查资料和受理意见	经办人签字： 　　　　年　月　日
	负责人签字： 　（公章） 　　　　年　月　日
备注：	

填表说明：

1. 用钢笔或签字笔填写，字体工整清楚。

2. 申请人为用人单位的，在首页申请人处加盖单位公章。

3. 受伤害部位一栏填写受伤害的具体部位。

4. 诊断时间一栏，职业病者，按职业病确诊时间填写；受伤或死亡的，按初诊时间填写。

5. 受伤害经过简述，应写明事故发生的时间、地点，当时所从事的工作，受伤害的原因以及伤害部位和程度。职业病患者应写明在何单位从事何种有害作业，起止时间，确诊结果。

6. 申请人提出工伤认定申请时，应当提交受伤害职工的居民身份证；医疗机构出具的职工受伤害时初诊诊断证明书，或者依法承担职业病诊断的医疗机构出具的职业病诊断证明书（或者职业病诊断鉴定书）；职工受伤害或者诊断患职业病时与用人单位之间的劳动、聘用合同或者其他存在劳动、人事关系的证明。

有下列情形之一的，还应当分别提交相应证据：

（一）职工死亡的，提交死亡证明；

（二）在工作时间和工作场所内，因履行工作职责受到暴力等意外伤害的，提交公安部门的证明或者其他相关证明；

（三）因工外出期间，由于工作原因受到伤害或者发生事故下落不明的，提交公安部门的证明或者相关部门的证明；

（四）上下班途中，受到非本人主要责任的交通事故或者城市轨道交通、客运轮渡、火车事故伤害的，提交公安机关交通管理部门或者其他相关部门的证明；

（五）在工作时间和工作岗位，突发疾病死亡或者在48小时之内经抢救无效死亡的，提交医疗机构的抢救证明；

（六）在抢险救灾等维护国家利益、公共利益活动中受到伤害的，提交民政部门或者其他相关部门的证明；

（七）属于因战、因公负伤致残的转业、复员军人，旧伤复发的，提交《革命伤残军人证》及劳动能力鉴定机构对旧伤复发的确认。

7. 申请事项栏，应写明受伤害职工或其近亲属、工会组织提出工伤认定申请并签字。

8. 用人单位意见栏，应签署是否同意申请工伤，所填情况是否属实，经办人签字并加盖单位公章。

9. 社会保险行政部门审查资料和受理意见栏，应填写补正材料或是否受理的意见。

10. 此表一式二份，社会保险行政部门、申请人各留存一份。

2. 劳动能力鉴定、确认申请表

市(区县)　　(年)劳鉴第　号

姓　名		性别		公民身份号码		相片
单位名称				联系电话		
申请鉴定原因		1.工伤评残;2.工伤直接导致其他疾病确认;3.延长停工留薪期确认;4.配置辅助器具确认;5.更换辅助器具确认;6.因病提前退休劳动能力鉴定。7.医疗期满;8.再次鉴定;9.复查鉴定。
认定编号			工伤证号	colspan="3"	
工伤认定结论		
伤病发生时间			诊治医疗机构	colspan="3"	
医疗机构伤病诊断结论		
伤病诊治过程简述(可附页):		
提供资料情况		1.定点医疗机构出具的诊断证明　　张;2.工伤医疗服务机构出具的休假证明　　张;3.工伤医疗服务机构安装辅助器具建议　　份;4.门诊(住院)病历　　页;5.检查、化验单　　张;6.其他材料　　页。
职工本人意见		签　字 年　月　日
用人单位意见		盖　章 年　月　日
备　注		

填表说明:
一、工伤认定结论一栏,按《工伤认定结论通知书》填写。
二、申请鉴定原因一栏,根据申请鉴定内容在1-9中的方框内打"√"。申请"2.工伤直接导致其他疾病确认"时,应当在申请"1.工伤评残"时一并提出其确认申请,并将具体申请内容填写在职工本人意见一栏或用人单位意见一栏中。
三、诊治医院一栏,申请工伤鉴定、确认时填写职工本人的工伤定点医疗服务机构,申请其他鉴定时填写职工本人的基本医疗保险定点医院。
四、伤病治疗过程简述一栏,应写明伤病治疗过程,伤病检查、化验、休假等情况和医疗机构诊断结果。
五、提供资料情况一栏,"2.工伤医疗服务机构出具的休假证明"一项,由提出申请延长停工留薪期确认者提供并填写;"3.工伤医疗服务机构安装辅助器具建议"一项,由提出申请配置辅助器具确认者提供并填写。
六、职工本人意见一栏,如职工本人不能填写由亲属代写时,应写明与伤病者的关系。
七、本申请表一式一份,由劳动鉴定机构存档。

5. 失业保险

失业保险条例

- 1998年12月26日国务院第11次常务会议通过
- 1999年1月22日中华人民共和国国务院令第258号发布
- 自发布之日起施行

第一章 总 则

第一条 【立法目的】为了保障失业人员失业期间的基本生活，促进其再就业，制定本条例。

第二条 【适用范围】城镇企业事业单位、城镇企业事业单位职工依照本条例的规定，缴纳失业保险费。

城镇企业事业单位失业人员依照本条例的规定，享受失业保险待遇。

本条所称城镇企业，是指国有企业、城镇集体企业、外商投资企业、城镇私营企业以及其他城镇企业。

第三条 【主管部门】国务院劳动保障行政部门主管全国的失业保险工作。县级以上地方各级人民政府劳动保障行政部门主管本行政区域内的失业保险工作。劳动保障行政部门按照国务院规定设立的经办失业保险业务的社会保险经办机构依照本条例的规定，具体承办失业保险工作。

第四条 【失业保险费征缴】失业保险费按照国家有关规定征缴。

第二章 失业保险基金

第五条 【失业保险基金构成】失业保险基金由下列各项构成：

（一）城镇企业事业单位、城镇企业事业单位职工缴纳的失业保险费；

（二）失业保险基金的利息；

（三）财政补贴；

（四）依法纳入失业保险基金的其他资金。

第六条 【缴费主体】城镇企业事业单位按照本单位工资总额的2%缴纳失业保险费。城镇企业事业单位职工按照本人工资的1%缴纳失业保险费。城镇企业事业单位招用的农民合同制工人本人不缴纳失业保险费。

第七条 【统筹层次】失业保险基金在直辖市和设区的市实行全市统筹；其他地区的统筹层次由省、自治区人民政府规定。

第八条 【失业保险调剂金】省、自治区可以建立失业保险调剂金。

失业保险调剂金以统筹地区依法应当征收的失业保险费为基数，按照省、自治区人民政府规定的比例筹集。

统筹地区的失业保险基金不敷使用时，由失业保险调剂金调剂、地方财政补贴。

失业保险调剂金的筹集、调剂使用以及地方财政补贴的具体办法，由省、自治区人民政府规定。

第九条 【费率调整】省、自治区、直辖市人民政府根据本行政区域失业人员数量和失业保险基金数额，报经国务院批准，可以适当调整本行政区域失业保险费的费率。

第十条 【支出项目】失业保险基金用于下列支出：

（一）失业保险金；

（二）领取失业保险金期间的医疗补助金；

（三）领取失业保险金期间死亡的失业人员的丧葬补助金和其供养的配偶、直系亲属的抚恤金；

（四）领取失业保险金期间接受职业培训、职业介绍的补贴，补贴的办法和标准由省、自治区、直辖市人民政府规定；

（五）国务院规定或者批准的与失业保险有关的其他费用。

第十一条 【收支管理】失业保险基金必须存入财政部门在国有商业银行开设的社会保障基金财政专户，实行收支两条线管理，由财政部门依法进行监督。

存入银行和按照国家规定购买国债的失业保险基金，分别按照城乡居民同期存款利率和国债利息计息。失业保险基金的利息并入失业保险基金。

失业保险基金专款专用，不得挪作他用，不得用于平衡财政收支。

第十二条 【预算、决算】失业保险基金收支的预算、决算，由统筹地区社会保险经办机构编制，经同级劳动保障行政部门复核、同级财政部门审核，报同级人民政府审批。

第十三条 【财会制度】失业保险基金的财务制度和会计制度按照国家有关规定执行。

第三章 失业保险待遇

第十四条 【失业保险金领取条件】具备下列条件的失业人员，可以领取失业保险金：

（一）按照规定参加失业保险，所在单位和本人已按照规定履行缴费义务满1年的；

（二）非因本人意愿中断就业的；

（三）已办理失业登记，并有求职要求的。

失业人员在领取失业保险金期间，按照规定同时享受其他失业保险待遇。

第十五条 【停止领取失业保险金】失业人员在领取失业保险金期间有下列情形之一的，停止领取失业保险金，并同时停止享受其他失业保险待遇：

（一）重新就业的；

（二）应征服兵役的；

（三）移居境外的；

（四）享受基本养老保险待遇的；

（五）被判刑收监执行或者被劳动教养的；

（六）无正当理由，拒不接受当地人民政府指定的部门或者机构介绍的工作的；

（七）有法律、行政法规规定的其他情形的。

第十六条 【失业证明】城镇企业事业单位应当及时为失业人员出具终止或者解除劳动关系的证明，告知其按照规定享受失业保险待遇的权利，并将失业人员的名单自终止或者解除劳动关系之日起7日内报社会保险经办机构备案。

城镇企业事业单位职工失业后，应当持本单位为其出具的终止或者解除劳动关系的证明，及时到指定的社会保险经办机构办理失业登记。失业保险金自办理失业登记之日起计算。

失业保险金由社会保险经办机构按月发放。社会保险经办机构为失业人员开具领取失业保险金的单证，失业人员凭单证到指定银行领取失业保险金。

第十七条 【领取期限】失业人员失业前所在单位和本人按照规定累计缴费时间满1年不足5年的，领取失业保险金的期限最长为12个月；累计缴费时间满5年不足10年的，领取失业保险金的期限最长为18个月；累计缴费时间10年以上的，领取失业保险金的期限最长为24个月。重新就业后，再次失业的，缴费时间重新计算，领取失业保险金的期限可以与前次失业应领取而尚未领取的失业保险金的期限合并计算，但是最长不得超过24个月。

第十八条 【失业保险金标准】失业保险金的标准，按照低于当地最低工资标准、高于城市居民最低生活保障标准的水平，由省、自治区、直辖市人民政府确定。

第十九条 【医疗补助金】失业人员在领取失业保险金期间患病就医的，可以按照规定向社会保险经办机构申请领取医疗补助金。医疗补助金的标准由省、自治区、直辖市人民政府规定。

第二十条 【丧葬补助金与抚恤金】失业人员在领取失业保险金期间死亡的，参照当地对在职职工的规定，对其家属一次性发给丧葬补助金和抚恤金。

第二十一条 【一次性生活补助】单位招用的农民合同制工人连续工作满1年，本单位并已缴纳失业保险费，劳动合同期满未续订或者提前解除劳动合同的，由社会保险经办机构根据其工作时间长短，对其支付一次性生活补助。补助的办法和标准由省、自治区、直辖市人民政府规定。

第二十二条 【失业保险关系转迁】城镇企业事业单位成建制跨统筹地区转移，失业人员跨统筹地区流动的，失业保险关系随之转迁。

第二十三条 【城市居民最低生活保障待遇】失业人员符合城市居民最低生活保障条件的，按照规定享受城市居民最低生活保障待遇。

第四章 管理和监督

第二十四条 【劳动保障部门职责】劳动保障行政部门管理失业保险工作，履行下列职责：

（一）贯彻实施失业保险法律、法规；

（二）指导社会保险经办机构的工作；

（三）对失业保险费的征收和失业保险待遇的支付进行监督检查。

第二十五条 【社保经办机构职责】社会保险经办机构具体承办失业保险工作，履行下列职责：

（一）负责失业人员的登记、调查、统计；

（二）按照规定负责失业保险基金的管理；

（三）按照规定核定失业保险待遇，开具失业人员在指定银行领取失业保险金和其他补助金的单证；

（四）拨付失业人员职业培训、职业介绍补贴费用；

（五）为失业人员提供免费咨询服务；

（六）国家规定由其履行的其他职责。

第二十六条 【收支监督】财政部门和审计部门依法对失业保险基金的收支、管理情况进行监督。

第二十七条 【经费拨付】社会保险经办机构所需经费列入预算，由财政拨付。

第五章 罚　则

第二十八条 【骗取失业待遇的处理】不符合享受失业保险待遇条件，骗取失业保险金和其他失业保险待遇的，由社会保险经办机构责令退还；情节严重的，由劳动保障行政部门处骗取金额1倍以上3倍以下的罚款。

第二十九条 【开具单证违规责任】社会保险经办机构工作人员违反规定向失业人员开具领取失业保险金或者享受其他失业保险待遇单证，致使失业保险基金损失的,由劳动保障行政部门责令追回;情节严重的,依法给予行政处分。

第三十条 【失职责任】劳动保障行政部门和社会保险经办机构的工作人员滥用职权、徇私舞弊、玩忽职守,造成失业保险基金损失的,由劳动保障行政部门追回损失的失业保险基金;构成犯罪的,依法追究刑事责任;尚不构成犯罪的,依法给予行政处分。

第三十一条 【挪用责任】任何单位、个人挪用失业保险基金的,追回挪用的失业保险基金;有违法所得的,没收违法所得,并入失业保险基金;构成犯罪的,依法追究刑事责任;尚不构成犯罪的,对直接负责的主管人员和其他直接责任人员依法给予行政处分。

第六章 附 则

第三十二条 【社会团体等组织的适用】省、自治区、直辖市人民政府根据当地实际情况,可以决定本条例适用于本行政区域内的社会团体及其专职人员、民办非企业单位及其职工、有雇工的城镇个体工商户及其雇工。

第三十三条 【施行日期】本条例自发布之日起施行。1993年4月12日国务院发布的《国有企业职工待业保险规定》同时废止。

失业保险金申领发放办法

- 2000年10月26日劳动保障部令第8号公布
- 根据2018年12月14日《人力资源社会保障部关于修改部分规章的决定》第一次修订
- 根据2019年12月9日《人力资源社会保障部关于修改部分规章的决定》第二次修订
- 根据2024年6月14日《人力资源社会保障部关于修改和废止部分规章的决定》第三次修订

第一章 总 则

第一条 为保证失业人员及时获得失业保险金及其他失业保险待遇,根据《失业保险条例》(以下简称《条例》),制定本办法。

第二条 参加失业保险的城镇企业事业单位职工以及按照省级人民政府规定参加失业保险的其他单位人员失业后(以下统称失业人员),申请领取失业保险金、享受其他失业保险待遇适用本办法;按照规定应参加而尚未参加失业保险的不适用本办法。

第三条 劳动保障行政部门设立的经办失业保险业务的社会保险经办机构(以下简称经办机构)按照本办法规定受理失业人员领取失业保险金的申请,审核确认领取资格,核定领取失业保险金、享受其他失业保险待遇的期限及标准,负责发放失业保险金并提供其他失业保险待遇。

第二章 失业保险金申领

第四条 失业人员符合《条例》第十四条规定条件的,可以申请领取失业保险金,享受其他失业保险待遇。其中,非因本人意愿中断就业的是指下列人员:

(一)终止劳动合同的;

(二)被用人单位解除劳动合同的;

(三)被用人单位开除、除名和辞退的;

(四)根据《中华人民共和国劳动法》第三十二条第二、三项与用人单位解除劳动合同的;

(五)法律、行政法规另有规定的。

第五条 失业人员失业前所在单位,应将失业人员的名单自终止或者解除劳动合同之日起7日内报受理其失业保险业务的经办机构备案,并按要求提供终止或解除劳动合同证明等有关材料。

第六条 失业人员应在终止或者解除劳动合同之日起60日内到受理其单位失业保险业务的经办机构申领失业保险金。

第七条 失业人员申领失业保险金应填写《失业保险金申领表》,并出示下列证明材料:

(一)本人身份证明;

(二)所在单位出具的终止或者解除劳动合同的证明;

(三)失业登记;

(四)省级劳动保障行政部门规定的其他材料。

第八条 失业人员领取失业保险金,应由本人按月到经办机构领取,同时应向经办机构如实说明求职和接受职业指导、职业培训情况。

第九条 失业人员在领取失业保险金期间患病就医的,可以按照规定向经办机构申请领取医疗补助金。

第十条 失业人员在领取失业保险金期间死亡的,其家属可持失业人员死亡证明、领取人身份证明、与失业人员的关系证明,按规定向经办机构领取一次性丧葬补助金和其供养配偶、直系亲属的抚恤金。失业人员当月尚未领取的失业保险金可由其家属一并领取。

第十一条 失业人员在领取失业保险金期间,应积极求职,接受职业指导和职业培训。失业人员在领取失业保险金期间求职时,可以按规定享受就业服务减免费用等优惠政策。

第十二条 失业人员在领取失业保险金期间或期满后,符合享受当地城市居民最低生活保障条件的,可以按照规定申请享受城市居民最低生活保障待遇。

第十三条 失业人员在领取失业保险金期间,发生《条例》第十五条规定情形之一的,不得继续领取失业保险金和享受其他失业保险待遇。

第三章 失业保险金发放

第十四条 经办机构自受理失业人员领取失业保险金申请之日起10日内,对申领者的资格进行审核认定,并将结果及有关事项告知本人。经审核合格者,从其办理失业登记之日起计发失业保险金。

第十五条 经办机构根据失业人员累计缴费时间核定其领取失业保险金的期限。失业人员累计缴费时间按照下列原则确定:

(一)实行个人缴纳失业保险费前,按国家规定计算的工龄视同缴费时间,与《条例》发布后缴纳失业保险费的时间合并计算。

(二)失业人员在领取失业保险金期间重新就业后再次失业的,缴费时间重新计算,其领取失业保险金的期限可以与前次失业应领取而尚未领取的失业保险金的期限合并计算,但是最长不得超过24个月。失业人员在领取失业保险金期间重新就业后不满一年再次失业的,可以继续申领其前次失业应领取而尚未领取的失业保险金。

第十六条 失业保险金以及医疗补助金、丧葬补助金、抚恤金、职业培训和职业介绍补贴等失业保险待遇的标准按照各省、自治区、直辖市人民政府的有关规定执行。

第十七条 失业保险金应按月发放,由经办机构开具单证,失业人员凭单证到指定银行领取。

第十八条 对领取失业保险金期限即将届满的失业人员,经办机构应提前一个月告知本人。失业人员在领取失业保险金期间,发生《条例》第十五条规定情形之一的,经办机构有权即行停止其失业保险金发放,并同时停止其享受其他失业保险待遇。

第十九条 经办机构应当通过准备书面资料、开设服务窗口、设立咨询电话等方式,为失业人员、用人单位和社会公众提供咨询服务。

第二十条 经办机构应按规定负责失业保险金申领、发放的统计工作。

第四章 失业保险关系转迁

第二十一条 对失业人员失业前所在单位与本人户籍不在同一统筹地区的,其失业保险金的发放和其他失业保险待遇的提供由两地劳动保障行政部门进行协商,明确具体办法。协商未能取得一致的,由上一级劳动保障行政部门确定。

第二十二条 失业人员失业保险关系跨省、自治区、直辖市转迁的,失业保险费用应随失业保险关系相应划转。需划转的失业保险费用包括失业保险金、医疗补助金和职业培训、职业介绍补贴。其中,医疗补助金和职业培训、职业介绍补贴按失业人员应享受的失业保险金总额的一半计算。

第二十三条 失业人员失业保险关系在省、自治区范围内跨统筹地区转迁,失业保险费用的处理由省级劳动保障行政部门规定。

第二十四条 失业人员跨统筹地区转移的,凭失业保险关系迁出地经办机构出具的证明材料到迁入地经办机构领取失业保险金。

第五章 附 则

第二十五条 经办机构发现不符合条件,或以涂改、伪造有关材料等非法手段骗取失业保险金和其他失业保险待遇的,应责令其退还;对情节严重的,经办机构可以提请劳动保障行政部门对其进行处罚。

第二十六条 经办机构工作人员违反本办法规定的,由经办机构或主管该经办机构的劳动保障行政部门责令其改正;情节严重的,依法给予行政处分;给失业人员造成损失的,依法赔偿。

第二十七条 失业人员因享受失业保险待遇与经办机构发生争议的,可以依法申请行政复议或者提起行政诉讼。

第二十八条 符合《条例》规定的劳动合同期满未续订或者提前解除劳动合同的农民合同制工人申领一次性生活补助,按各省、自治区、直辖市办法执行。

第二十九条 《失业保险金申领表》的样式,由劳动和社会保障部统一制定。

第三十条 本办法自二〇〇一年一月一日起施行。

人力资源社会保障部、财政部、国家税务总局关于延续实施失业保险援企稳岗政策的通知

·2024年4月26日

·人社部发〔2024〕40号

各省、自治区、直辖市人民政府,新疆生产建设兵团:

为贯彻落实中央经济工作会议精神,充分发挥失业

保险保生活、防失业、促就业功能作用，支持企业稳定岗位，兜住、兜准、兜牢民生底线，经国务院同意，现就有关事项通知如下：

一、延续实施阶段性降费率政策。阶段性降低失业保险费率至1%的政策延续实施一年，执行期限至2025年12月31日。

二、延续实施失业保险稳岗返还政策。参保企业足额缴纳失业保险费12个月以上，上年度未裁员或裁员率不高于上年度全国城镇调查失业率控制目标，30人（含）以下的参保企业裁员率不高于参保职工总数20%的，可以申请失业保险稳岗返还。大型企业按不超过企业及其职工上年度实际缴纳失业保险费的30%返还，中小微企业按不超过60%返还。稳岗返还资金可用于职工生活补助、缴纳社会保险费、转岗培训、技能提升培训等稳定就业岗位以及降低生产经营成本支出。社会团体、基金会、社会服务机构、律师事务所、会计师事务所、以单位形式参保的个体工商户参照实施。实施上述稳岗返还政策的省（自治区、直辖市），上年度失业保险基金滚存结余备付期限应在1年以上。政策执行期限至2024年12月31日。

三、延续实施技能提升补贴政策。参加失业保险1年以上的企业在职职工或领取失业保险金人员取得技能人员职业资格证书或职业技能等级证书的，可按照初级（五级）不超过1000元、中级（四级）不超过1500元、高级（三级）不超过2000元的标准申请技能提升补贴。每人每年享受补贴次数最多不超过三次，同一职业（工种）同一等级只能申请并享受一次，且技能提升补贴和职业培训补贴不得重复享受；已享受同一职业（工种）高级别证书技能提升补贴的，不再享受低级别证书补贴。实施上述技能提升补贴政策的省（自治区、直辖市），上年度失业保险基金滚存结余备付期限应在1年以上。政策执行期限至2024年12月31日。

四、全力保障失业人员基本生活。各地要持续做好失业保险金、代缴基本医疗保险（含生育保险）费、价格临时补贴等保生活待遇发放工作。

五、持续优化经办服务。各地要采取免申即享的经办模式，通过后台数据比对，向符合条件的企业精准发放稳岗返还资金，并通过短信等方式告知企业；对没有对公账户的小微企业，可将资金直接返还至当地税务部门协助提供的其缴纳社会保险费的账户；指导劳务派遣单位主动申请稳岗返还，并规定及时拨付和使用资金，避免出现截滞留问题。进一步畅通失业人员申领失业保险金渠道，大力推广免跑即领、免证即办经办模式，全面取消证明材料、申领时限、捆绑条件和附加义务，确保失业人员仅凭身份证或社保卡即可申领；用好待遇申领和转移接续两个全国性平台，提高审核办理效率，推动实现失业人员随时随地申领。

六、切实防范基金风险。各地要密切监测失业保险基金运行状况，加强监督检查、形势研判和工作指导，基金结余不足时要适时调整基金支出方向和结构，优先保障保生活支出，确保基金收支平衡和安全可持续。健全审核、公示、拨付等监督机制，动态更新经办风控点，梳理事前事中事后的风控规则，及时嵌入信息系统，加强数据共享和对待遇领取资格条件的信息核验。按月及时、准确上报失业保险联网数据，充分利用全国社保信息比对查询系统功能，在待遇审核和发放环节加强数据比对，严防冒领、骗取基金和多发待遇风险。严格执行社会保险基金要情报告制度，不得瞒报谎报。

七、加强组织领导。各地要进一步提高政治站位，把落实失业保险各项惠企利民政策作为重要政治任务，大力开展失业保险待遇"畅通领、安全办"、援企稳岗"护航行动"和技能提升"展翅行动"，结合本地实际细化实化工作举措，推动政策落地见效。加强政策宣传解读，既通过官网官微、报刊广播、政务大厅展板等多种渠道广泛推广，又向符合条件的参保主体精准推送，切实提高政策知晓度。加强工作调度，及时跟踪掌握实施情况，分析研判遇到的实际问题，确保落实到位。

6. 生育保险

中华人民共和国人口与计划生育法

· 2001年12月29日第九届全国人民代表大会常务委员会第二十五次会议通过
· 根据2015年12月27日第十二届全国人民代表大会常务委员会第十八次会议《关于修改〈中华人民共和国人口与计划生育法〉的决定》第一次修正
· 根据2021年8月20日第十三届全国人民代表大会常务委员会第三十次会议《关于修改〈中华人民共和国人口与计划生育法〉的决定》第二次修正

第一章 总 则

第一条 为了实现人口与经济、社会、资源、环境的协调发展，推行计划生育，维护公民的合法权益，促进家庭幸福、民族繁荣与社会进步，根据宪法，制定本法。

第二条 我国是人口众多的国家，实行计划生育是国家的基本国策。

国家采取综合措施，调控人口数量，提高人口素质，推动实现适度生育水平，优化人口结构，促进人口长期均衡发展。

国家依靠宣传教育、科学技术进步、综合服务、建立健全奖励和社会保障制度，开展人口与计划生育工作。

第三条 开展人口与计划生育工作，应当与增加妇女受教育和就业机会、增进妇女健康、提高妇女地位相结合。

第四条 各级人民政府及其工作人员在推行计划生育工作中应当严格依法行政，文明执法，不得侵犯公民的合法权益。

卫生健康主管部门及其工作人员依法执行公务受法律保护。

第五条 国务院领导全国的人口与计划生育工作。

地方各级人民政府领导本行政区域内的人口与计划生育工作。

第六条 国务院卫生健康主管部门负责全国计划生育工作和与计划生育有关的人口工作。

县级以上地方各级人民政府卫生健康主管部门负责本行政区域内的计划生育工作和与计划生育有关的人口工作。

县级以上各级人民政府其他有关部门在各自的职责范围内，负责有关的人口与计划生育工作。

第七条 工会、共产主义青年团、妇女联合会及计划生育协会等社会团体、企业事业组织和公民应当协助人民政府开展人口与计划生育工作。

第八条 国家对在人口与计划生育工作中作出显著成绩的组织和个人，给予奖励。

第二章 人口发展规划的制定与实施

第九条 国务院编制人口发展规划，并将其纳入国民经济和社会发展计划。

县级以上地方各级人民政府根据全国人口发展规划以及上一级人民政府人口发展规划，结合当地实际情况编制本行政区域的人口发展规划，并将其纳入国民经济和社会发展计划。

第十条 县级以上各级人民政府根据人口发展规划，制定人口与计划生育实施方案并组织实施。

县级以上各级人民政府卫生健康主管部门负责实施人口与计划生育实施方案的日常工作。

乡、民族乡、镇的人民政府和城市街道办事处负责本管辖区域内的人口与计划生育工作，贯彻落实人口与计划生育实施方案。

第十一条 人口与计划生育实施方案应当规定调控人口数量，提高人口素质，推动实现适度生育水平，优化人口结构，加强母婴保健和婴幼儿照护服务，促进家庭发展的措施。

第十二条 村民委员会、居民委员会应当依法做好计划生育工作。

机关、部队、社会团体、企业事业组织应当做好本单位的计划生育工作。

第十三条 卫生健康、教育、科技、文化、民政、新闻出版、广播电视等部门应当组织开展人口与计划生育宣传教育。

大众传媒负有开展人口与计划生育的社会公益性宣传的义务。

学校应当在学生中，以符合受教育者特征的适当方式，有计划地开展生理卫生教育、青春期教育或者性健康教育。

第十四条 流动人口的计划生育工作由其户籍所在地和现居住地的人民政府共同负责管理，以现居住地为主。

第十五条 国家根据国民经济和社会发展状况逐步提高人口与计划生育经费投入的总体水平。各级人民政府应当保障人口与计划生育工作必要的经费。

各级人民政府应当对欠发达地区、少数民族地区开展人口与计划生育工作给予重点扶持。

国家鼓励社会团体、企业事业组织和个人为人口与计划生育工作提供捐助。

任何单位和个人不得截留、克扣、挪用人口与计划生育工作费用。

第十六条 国家鼓励开展人口与计划生育领域的科学研究和对外交流与合作。

第三章 生育调节

第十七条 公民有生育的权利，也有依法实行计划生育的义务，夫妻双方在实行计划生育中负有共同的责任。

第十八条 国家提倡适龄婚育、优生优育。一对夫妻可以生育三个子女。

符合法律、法规规定条件的，可以要求安排再生育子女。具体办法由省、自治区、直辖市人民代表大会或者其常务委员会规定。

少数民族也要实行计划生育，具体办法由省、自治区、直辖市人民代表大会或者其常务委员会规定。

夫妻双方户籍所在地的省、自治区、直辖市之间关于再生育子女的规定不一致的，按照有利于当事人的原则适用。

第十九条 国家创造条件，保障公民知情选择安全、有效、适宜的避孕节育措施。实施避孕节育手术，应当保证受术者的安全。

第二十条 育龄夫妻自主选择计划生育避孕节育措施，预防和减少非意愿妊娠。

第二十一条 实行计划生育的育龄夫妻免费享受国家规定的基本项目的计划生育技术服务。

前款规定所需经费，按照国家有关规定列入财政预算或者由社会保险予以保障。

第二十二条 禁止歧视、虐待生育女婴的妇女和不育的妇女。

禁止歧视、虐待、遗弃女婴。

第四章 奖励与社会保障

第二十三条 国家对实行计划生育的夫妻，按照规定给予奖励。

第二十四条 国家建立、健全基本养老保险、基本医疗保险、生育保险和社会福利等社会保障制度，促进计划生育。

国家鼓励保险公司举办有利于计划生育的保险项目。

第二十五条 符合法律、法规规定生育子女的夫妻，可以获得延长生育假的奖励或者其他福利待遇。

国家支持有条件的地方设立父母育儿假。

第二十六条 妇女怀孕、生育和哺乳期间，按照国家有关规定享受特殊劳动保护并可以获得帮助和补偿。国家保障妇女就业合法权益，为因生育影响就业的妇女提供就业服务。

公民实行计划生育手术，享受国家规定的休假。

第二十七条 国家采取财政、税收、保险、教育、住房、就业等支持措施，减轻家庭生育、养育、教育负担。

第二十八条 县级以上各级人民政府综合采取规划、土地、住房、财政、金融、人才等措施，推动建立普惠托育服务体系，提高婴幼儿家庭获得服务的可及性和公平性。

国家鼓励和引导社会力量兴办托育机构，支持幼儿园和机关、企业事业单位、社区提供托育服务。

托育机构的设置和服务应当符合托育服务相关标准和规范。托育机构应当向县级人民政府卫生健康主管部门备案。

第二十九条 县级以上地方各级人民政府应当在城乡社区建设改造中，建设与常住人口规模相适应的婴幼儿活动场所及配套服务设施。

公共场所和女职工比较多的用人单位应当配置母婴设施，为婴幼儿照护、哺乳提供便利条件。

第三十条 县级以上各级人民政府应当加强对家庭婴幼儿照护的支持和指导，增强家庭的科学育儿能力。

医疗卫生机构应当按照规定为婴幼儿家庭开展预防接种、疾病防控等服务，提供膳食营养、生长发育等健康指导。

第三十一条 在国家提倡一对夫妻生育一个子女期间，自愿终身只生育一个子女的夫妻，国家发给《独生子女父母光荣证》。

获得《独生子女父母光荣证》的夫妻，按照国家和省、自治区、直辖市有关规定享受独生子女父母奖励。

法律、法规或者规章规定给予获得《独生子女父母光荣证》的夫妻奖励的措施中由其所在单位落实的，有关单位应当执行。

在国家提倡一对夫妻生育一个子女期间，按照规定应当享受计划生育家庭老年人奖励扶助的，继续享受相关奖励扶助，并在老年人福利、养老服务等方面给予必要的优先和照顾。

第三十二条 获得《独生子女父母光荣证》的夫妻，独生子女发生意外伤残、死亡的，按照规定获得扶助。县级以上各级人民政府建立、健全对上述人群的生活、养老、医疗、精神慰藉等全方位帮扶保障制度。

第三十三条 地方各级人民政府对农村实行计划生育的家庭发展经济，给予资金、技术、培训等方面的支持、优惠；对实行计划生育的贫困家庭，在扶贫贷款、以工代赈、扶贫项目和社会救济等方面给予优先照顾。

第三十四条 本章规定的奖励和社会保障措施，省、自治区、直辖市和设区的市、自治州的人民代表大会及其常务委员会或者人民政府可以依据本法和有关法律、行政法规的规定，结合当地实际情况，制定具体实施办法。

第五章 计划生育服务

第三十五条 国家建立婚前保健、孕产期保健制度，防止或者减少出生缺陷，提高出生婴儿健康水平。

第三十六条 各级人民政府应当采取措施，保障公民享有计划生育服务，提高公民的生殖健康水平。

第三十七条 医疗卫生机构应当针对育龄人群开展优生优育知识宣传教育，对育龄妇女开展围孕期、孕产期保健服务，承担计划生育、优生优育、生殖保健的咨询、指导和技术服务,规范开展不孕不育症诊疗。

第三十八条 计划生育技术服务人员应当指导实行计划生育的公民选择安全、有效、适宜的避孕措施。

国家鼓励计划生育新技术、新药具的研究、应用和推广。

第三十九条 严禁利用超声技术和其他技术手段进行非医学需要的胎儿性别鉴定;严禁非医学需要的选择性别的人工终止妊娠。

第六章 法律责任

第四十条 违反本法规定,有下列行为之一的,由卫生健康主管部门责令改正,给予警告,没收违法所得;违法所得一万元以上的,处违法所得二倍以上六倍以下的罚款;没有违法所得或者违法所得不足一万元的,处一万元以上三万元以下的罚款;情节严重的,由原发证机关吊销执业证书;构成犯罪的,依法追究刑事责任:

(一)非法为他人施行计划生育手术的;

(二)利用超声技术和其他技术手段为他人进行非医学需要的胎儿性别鉴定或者选择性别的人工终止妊娠的。

第四十一条 托育机构违反托育服务相关标准和规范的,由卫生健康主管部门责令改正,给予警告;拒不改正的,处五千元以上五万元以下的罚款;情节严重的,责令停止托育服务,并处五万元以上十万元以下的罚款。

托育机构有虐待婴幼儿行为的,其直接负责的主管人员和其他直接责任人员终身不得从事婴幼儿照护服务;构成犯罪的,依法追究刑事责任。

第四十二条 计划生育技术服务人员违章操作或者延误抢救、诊治,造成严重后果的,依照有关法律、行政法规的规定承担相应的法律责任。

第四十三条 国家机关工作人员在计划生育工作中,有下列行为之一,构成犯罪的,依法追究刑事责任;尚不构成犯罪的,依法给予处分;有违法所得的,没收违法所得:

(一)侵犯公民人身权、财产权和其他合法权益的;

(二)滥用职权、玩忽职守、徇私舞弊的;

(三)索取、收受贿赂的;

(四)截留、克扣、挪用、贪污计划生育经费的;

(五)虚报、瞒报、伪造、篡改或者拒报人口与计划生育统计数据的。

第四十四条 违反本法规定,不履行协助计划生育管理义务的,由有关地方人民政府责令改正,并给予通报批评;对直接负责的主管人员和其他直接责任人员依法给予处分。

第四十五条 拒绝、阻碍卫生健康主管部门及其工作人员依法执行公务的,由卫生健康主管部门给予批评教育并予以制止;构成违反治安管理行为的,依法给予治安管理处罚;构成犯罪的,依法追究刑事责任。

第四十六条 公民、法人或者其他组织认为行政机关在实施计划生育管理过程中侵犯其合法权益,可以依法申请行政复议或者提起行政诉讼。

第七章 附则

第四十七条 中国人民解放军和中国人民武装警察部队执行本法的具体办法,由中央军事委员会依据本法制定。

第四十八条 本法自2002年9月1日起施行。

企业职工生育保险试行办法

· 1994年12月14日
· 劳部发〔1994〕504号

第一条 为了维护企业女职工的合法权益,保障她们在生育期间得到必要的经济补偿和医疗保健,均衡企业间生育保险费用的负担,根据有关法律、法规的规定,制定本办法。

第二条 本办法适用于城镇企业及其职工。

第三条 生育保险按属地原则组织。生育保险费用实行社会统筹。

第四条 生育保险根据"以支定收,收支基本平衡"的原则筹集资金,由企业按照其工资总额的一定比例向社会保险经办机构缴纳生育保险费,建立生育保险基金。生育保险费的提取比例由当地人民政府根据计划内生育人数和生育津贴、生育医疗费等项费用确定,并可根据费用支出情况适时调整,但最高不得超过工资总额的1%。企业缴纳的生育保险费作为期间费用处理,列入企业管理费用。

职工个人不缴纳生育保险费。

第五条 女职工生育按照法律、法规的规定享受产假。产假期间的生育津贴按照本企业上年度职工月平均工资计发,由生育保险基金支付。

第六条 女职工生育的检查费、接生费、手术费、住院费和药费由生育保险基金支付。超出规定的医疗服务费和药费(含自费药品和营养药品的药费)由职工个人负担。

女职工生育出院后,因生育引起疾病的医疗费,由生育保险基金支付;其他疾病的医疗费,按照医疗保险待遇的规定办理。女职工产假期满后,因病需要休息治疗的,按照有关病假待遇和医疗保险待遇规定办理。

第七条 女职工生育或流产后,由本人或所在企业持当地计划生育部门签发的计划生育证明、婴儿出生、死亡或流产证明,到当地社会保险经办机构办理手续,领取生育津贴和报销生育医疗费。

第八条 生育保险基金由劳动部门所属的社会保险经办机构负责收缴、支付和管理。

生育保险基金应存入社会保险经办机构在银行开设的生育保险基金专户。银行应按照城乡居民个人储蓄同期存款利率计息,所得利息转入生育保险基金。

第九条 社会保险经办机构可从生育保险基金中提取管理费,用于本机构经办生育保险工作所需的人员经费、办公费及其他业务经费。管理费标准,各地根据社会保险经办机构人员设置情况,由劳动部门提出,经财政部门核定后,报当地人民政府批准。管理费提取比例最高不得超过生育保险基金的2%。

生育保险基金及管理费不征税、费。

第十条 生育保险基金的筹集和使用,实行财务预、决算制度,由社会保险经办机构作出年度报告,并接受同级财政、审计监督。

第十一条 市(县)社会保险监督机构定期监督生育保险基金管理工作。

第十二条 企业必须按期缴纳生育保险费。对逾期不缴纳的,按日加收2‰的滞纳金。滞纳金转入生育保险基金。滞纳金计入营业外支出,纳税时进行调整。

第十三条 企业虚报、冒领生育津贴或生育医疗费的,社会保险经办机构应追回全部虚报、冒领金额,并由劳动行政部门给予处罚。

企业欠付或拒付职工生育津贴、生育医疗费的,由劳动行政部门责令企业限期支付;对职工造成损害的,企业应承担赔偿责任。

第十四条 劳动行政部门或社会保险经办机构的工作人员滥用职权、玩忽职守、徇私舞弊、贪污、挪用生育保险基金,构成犯罪的,依法追究刑事责任;不构成犯罪的,给予行政处分。

第十五条 省、自治区、直辖市人民政府劳动行政部门可以按照本办法的规定,结合本地区实际情况制定实施办法。

第十六条 本办法自1995年1月1日起试行。

四、人大代表建议的答复

1. 就业创业

对十三届全国人大四次会议第2035号建议的答复

——关于关注就业新形态短板的建议

- 2021年8月17日
- 人社建字〔2021〕162号

您提出的关于关注就业新形态短板的建议收悉，经商中央文明办，现答复如下：

近年来，随着经济社会多元化发展，移动互联时代全面到来，以新就业形态为代表的灵活就业大量涌现，规模不断扩大。党中央、国务院对此高度重视，出台了一系列政策文件，推动新就业形态规范有序健康发展。

一、关于鼓励和支持新就业形态发展

2020年7月，国务院办公厅出台了《关于支持多渠道灵活就业的意见》（国办发〔2020〕27号），明确提出要拓宽灵活就业发展渠道，鼓励个体经营发展，增加非全日制就业机会，支持发展新就业形态，加快推动网络零售、移动出行、线上教育培训、互联网医疗、在线娱乐等行业发展，创造更多灵活就业岗位。《中共中央关于制定国民经济和社会发展第十四个五年规划和二〇三五年远景目标的建议》明确提出，要完善促进创业带动就业、多渠道灵活就业的保障制度，支持和规范发展新就业形态。今年政府工作报告也明确要求，支持和规范发展新就业形态，加快推进职业伤害保障试点；继续对灵活就业人员给予社保补贴，推动放开在就业地参加社会保险的户籍限制。

为落实党中央、国务院决策部署，各地区、各有关部门迅速响应，出台了一系列政策措施，大力支持劳动者多渠道灵活就业。一是加强场地资金支持。部分地方规划建设夜市、便民市场等经营场所，并明确经营种类、经营时间、环卫清洁等。部分地方要求政府创业载体提供一定比例的免费场地，对减免房租、物业费用的基地园区给予一次性奖补。二是给予登记注册便利。各地进一步优化企业开办服务，部分地方实行市场主体住所（经营场所）"申报承诺+清单管理"登记，部分地方推动动产抵押登记全流程网上办理。三是强化就业管理服务。各地放宽失业登记地域限制，对灵活就业人员失业登记实行个人承诺制。部分地方规划建设零工市场，发展村级劳务中介，对规范运营、成效突出的零工市场给予就业创业服务补助。四是大力开展针对性培训。部分地方开展了新就业形态技能提升项目试点，将网约配送员、网约车驾驶员、直播带货员等纳入培训补贴范围。部分地方灵活安排培训时间和方式，推行"培训券"、订单式等多样化培训。五是维护劳动保障权益。有的地方将网约车司机、快递小哥、外卖骑手等新业态从业人员纳入工伤保险参保范围。多数省份允许外省户籍灵活就业人员在就业地参加企业职工基本养老保险、基本医疗保险。有的地方明确界定网约配送员用工关系不同情形，分类维护合法权益。这些政策措施的实施对支持新就业形态发展、扩大劳动者就业渠道发挥了积极作用。

下一步，我们将按照党中央、国务院决策部署，全面贯彻落实各项政策措施，进一步畅通灵活就业渠道，强化支持灵活就业人员政策服务供给，持续加大对新就业形态支持力度，推动新就业形态规范有序健康发展。

二、关于加强新就业形态劳动者权益保障

诚如您所言，平台用工形式和新就业形态劳动者就业方式相对灵活，部分新就业形态劳动者与企业之间的关系难以直接确认为劳动关系并纳入劳动法和劳动合同法等现行劳动保障法律法规适用范围，劳动者权益保障面临挑战。为支持和规范发展新就业形态，保障平台灵活就业人员合法权益，人力资源社会保障部会同有关部门出台《关于维护新就业形态劳动者劳动保障权益的指导意见》（人社部发〔2021〕56号），提出要根据企业用工形式和新就业形态劳动者就业方式的不同，明确企业应对劳动者权益保障承担相应责任，同时，聚焦新就业形态劳动者面临的突出问题，健全公平就业、劳动报酬、休息、劳动安全、社会保险制度，强化职业伤害保障，完善劳动者诉求表达机制。

下一步，我们将按照党中央、国务院决策部署，支持和规范新就业形态发展，指导地方加快出台具体实施办法，部署实施专项行动，全面贯彻落实维护新就业形态劳动者劳动保障权益政策措施。同时，开展基本劳动标准立法的研究工作，并将适时向立法部门提出立法建议，为从根本上解决新就业形态劳动者权益保障问题奠定法律基础。

三、关于将支持新就业形态发展纳入文明城市等创建示范活动

就业是最大的民生工程、民心工程、根基工程，是社会稳定的重要保障。各类创建示范活动是指导实践、推动工作的重要抓手，对激发地方工作的积极性和创造性具有重要作用。近年来，中央文明办认真贯彻落实习近平总书记关于就业工作的重要指示精神，充分发挥文明城市测评"指挥棒"作用，将做好就业工作作为全国文明城市创建的重要内容，明确要求各地特别是全国文明城市及提名城市"落实就业优先政策，健全就业公共服务体系、劳动关系协调机制、终身职业技能培训制度，保障劳动者待遇和权益"，取得了较好效果。

目前，新就业形态快速发展，创造了大量就业岗位也拓宽了劳动者创业新天地，新就业形态等灵活多样的就业方式已经成为吸纳就业的重要渠道，新就业形态从业人员等灵活就业人员是当前以及未来劳动力市场不容忽视的就业群体。下一步，中央文明办将在相关部门出台具体政策及考评机制后，研究将支持新就业形态发展纳入全国文明城市创建内容。人力资源社会保障部也将会同有关部门加强研究，考虑将支持新就业形态发展纳入创业型城市相关创建内容，引导推动各地加强对灵活就业特别是新就业形态的支持。

感谢您对人力资源和社会保障工作的理解与支持。

对十三届全国人大四次会议第3237号建议的答复

——关于推进新职业应用型技术技能人才培养的建议

· 2021年7月1日
人社建字〔2021〕34号

您提出的关于推进新职业应用型技术技能人才培养的建议收悉，现就涉及我部职能的内容答复如下：

2019年以来，我部会同市场监管总局、国家统计局发布了4批56个新职业。新职业的发布，对于增强从业人员的社会认同度、促进就业创业、引领职业教育培训改革、推动产业发展等，都具有重要意义。为加快培养大批高素质劳动者和技术技能人才，改善新职业人才供给质量结构，支持战略性新兴产业发展，我部会同有关部门全面加强新职业从业人员队伍建设。

一、关于完善新职业的职业保障体系

近年来，随着数字经济的繁荣发展，新就业形态不断成长壮大。习近平总书记指出要顺势而为，要及时跟上研究，把法律短板及时补齐，在变化中不断完善。为贯彻落实党中央、国务院关于支持新就业形态发展的决策部署，我部积极研究推动有关工作。

一是在劳动权益保障方面。为维护好新就业形态劳动者劳动权益，针对部分新就业形态劳动者与企业之间难以直接确认劳动关系，纳入现行劳动保障法律法规适用范围的问题，我部正在研究起草有关维护新就业形态劳动者劳动保障权益的政策文件，健全适应新就业形态的劳动权益保障机制，维护新就业形态劳动者劳动报酬、劳动安全、社会保障等权益。同时，积极向立法部门提出立法建议，开展基本劳动标准立法的研究工作，为解决新就业形态劳动者权益保障问题奠定法律基础。

二是在养老保险方面。我国已构建城镇职工和城乡居民两大基本养老保险制度平台，全面建成覆盖全民、城乡统筹、权责清晰、保障适度、可持续的多层次社会保障体系。与用人单位建立劳动关系的职工应参加城镇职工基本养老保险；无雇工的个体工商户、未在用人单位参加基本养老保险的非全日制从业人员以及其他灵活就业人员都可以根据自身情况，自愿选择参加城镇职工基本养老保险或城乡居民基本养老保险。为鼓励灵活就业人员参加职工基本养老保险，考虑灵活就业人员特点，在职工养老保险制度上做了特殊设计：在缴费比例上，灵活就业人员费率为20%，比企业和职工养老保险总费率低4个百分点；在缴费基数上，灵活就业人员可以在本省上年度全口径平均工资的60%-300%之间自主选择缴费基数；在缴费方式上，可以自主选择按月、按季、按年缴费。参保灵活就业人员中断缴费后又继续缴费的，中断前、后的缴费年限累计计算；跨省流动就业的，养老保险关系可以转移接续，缴费年限也累计计算。同时，在养老金计发和调整上对灵活就业人员和企业职工实行统一的办法，灵活就业人员不会因为缴费比例低、参保方式不同而影响待遇水平。

三是在工伤保险方面。我部积极适应灵活就业不断扩大趋势，针对完善包括新就业形态在内的灵活就业人员工伤保障政策问题进行深入研究。目前，根据平台企业经营管理的特点和平台网约劳动者的保障需求，围绕参保缴费、职业伤害确定、待遇计发、基金管理等多个环节，已形成职业伤害保障的相关考虑。

下一步，我部将大力支持新就业形态健康发展，加强新就业形态劳动者劳动保障权益、职业伤害保障等方面的政策研究，积极推进包括新业态人员在内的各类灵活就业人员参加企业职工基本养老保险。

二、关于新职业标准开发和职业技能等级认定

2019年8月，我部印发《关于改革完善技能人才评价制度的意见》（人社部发〔2019〕90号），提出建立由国家职业技能标准、行业企业评价规范、专项职业能力考核规范等构成的多层次、相互衔接的职业标准体系，作为开展技能人才评价的依据。新职业发布后，我部会同有关部门根据相关行业发展面临的新形势、新情况，结合企业生产经营的新特点、新要求，组织制定相应国家职业标准，并指导用人单位、社会培训评价组织制定行业企业评价规范。今年4月，我部印发《关于加强新职业培训工作的通知》（人社厅发〔2021〕28号），提出组织制定新职业标准，同时面向社会广泛征集新职业标准或评价规范。对于征集到的新职业标准或评价规范，经我部组织评估论证后，及时上升为国家职业标准。有条件的省（自治区、直辖市）和部门（行业）可依托本地区、本部门（行业）的龙头企业、行业组织和院校等开发职业标准或评价规范，经我部审定后，作为国家职业标准予以颁布。探索职业标准开发新模式，增强国家职业标准的灵活性和适应性。截至目前，我部已会同工业和信息化部、农业农村部等部门颁布电子竞技运营师、工业机器人系统操作员、农业经理人、供应链管理师等13个新职业的职业标准。另有一批新职业标准正面向社会征求意见，后续将陆续颁布。

为促进新职业从业人员技能提升，《关于加强新职业培训工作的通知》指出，按照有关规定，组织新职业评价机构的征集遴选，积极稳妥推行社会化评价。经备案的评价机构根据职业特点，探索多元化评价方式。对评价认定合格的人员，由评价机构按照有关规定制作并颁发证书（或电子证书）。获证人员信息纳入人才统计范围。

下一步，我们将积极发挥行业、企业作用，加快推动新职业标准开发工作，为指导技能人才培养培训、开展职业技能评价和规范从业人员行为提供基本依据。健全完善职业技能等级制度，指导用人单位和社会培训评价组织积极开展新职业的职业技能等级认定。

三、关于开展职业技能培训

2019年5月，国务院办公厅印发《职业技能提升行动方案（2019-2021年）》，对就业重点群体开展职业技能提升培训和创业培训。2020年7月，国务院办公厅印发《关于支持多渠道灵活就业的意见》（国办发〔2020〕27号），明确支持互联网平台企业、各类院校等，更多组织开展新兴产业、先进制造业、现代服务业等领域新职业技能培训。同月，我部会同财政部、共青团中央印发《百万青年技能培训行动方案》，提出立足青年特点，面向新职业、新技能和新就业形态，重点开展人工智能、大数据、云计算等新技术培训和媒体运营、网络营销、电子竞技、健康照护等新职业培训。2021年4月，《关于加强新职业培训工作的通知》提出，根据区域经济社会发展需要，适应市场需求，坚持就业导向，突出能力建设，大力开展新职业培训特别是数字经济领域人才培养。

与此同时，我部积极做好培训基础资源开发工作。《关于加强新职业培训工作的通知》指出，加快新职业培训大纲、培训教材、教学课程、职业培训包等基础资源开发，引导社会力量积极参与。为适应大力推行终身职业技能培训制度、大规模实施职业技能提升行动需要，职业培训教材建设工作坚持"需求导向、加快开发、规范管理、质量优先"的建设原则，在做好各类培训教材开发的同时，重点推进了国家基本职业培训包和企业新型学徒制教材建设工作。此外，我部加强线上培训平台建设，开发完善"新职业在线学习平台"，截至目前，共上线数字化管理师、电子竞技员、无人机驾驶员、农业经理人、物联网安装调试员等15个新职业在线学习课程，时长共计600余小时，累计访问次数256万次。

下一步，我们将进一步加强新职业培训工作，推动新职业培训基础资源开发，加快新职业标准颁布，加大新职业培训课程上线和更新力度，为社会公众提供更多的优质学习资源。

感谢您对人力资源和社会保障工作的理解和支持。

对十三届全国人大三次会议第7621号建议的答复

——关于落实乡村振兴战略推动农村牧区
人才队伍建设的建议

· 2020年11月4日
· 人社建字〔2020〕156号

你们提出的关于落实乡村振兴战略推动农村牧区人才队伍建设的建议收悉，经商教育部、公安部、农业农村部，现答复如下：

一、关于出台返乡创业支持政策

支持农民工、高校毕业生、退伍军人等人员返乡入乡

创业,是落实就业优先政策、实施乡村振兴战略、打赢脱贫攻坚战的重要举措。国家对此高度重视,连续出台一系列政策措施,大力引导和支持返乡创业:一是降低门槛。持续深化商事制度改革,放宽经营范围限制,清理和取消涉及返乡创业的行政许可审批事项。明确返乡入乡创业企业平等享受各类创业扶持政策。二是融资支持。将返乡创业农民工纳入创业担保贷款政策支持范围,提供个人最高20万元、小微企业最高300万元的财政贴息贷款。对10万元及以下的个人创业担保贷款免除反担保要求。三是资金补贴。农民工等人员首次创办小微企业或从事个体经营且正常运营满一定期限的,可申请一次性创业补贴。创办企业吸纳就业困难人员、农村建档立卡贫困人员就业的,按规定给予社会保险补贴。符合相关条件的还可获得各项支农惠农资金支持。四是减税降费。按照国家定向减税和普遍性降费政策,符合条件的返乡创业企业可享受减征企业所得税、免征增值税、营业税、教育费附加、地方教育附加等税费减免和降低失业保险费率政策。五是场地支持。在年度建设用地指标中单列一定比例专门用于支持返乡入乡创业。建设返乡创业园等创业载体,向返乡创业人员提供低成本场地支持,落实房租物业费减免、水电暖费定额补贴等优惠政策,降低入驻企业和创业者经营成本。六是培训服务。大规模开展返乡创业培训并落实培训补贴,提高创业创新能力。加强公共就业服务机构创业服务功能,依托县乡政务服务中心设立服务窗口,为返乡入乡创业人员就地就近提供服务。

下一步,我们将认真贯彻落实党中央、国务院决策部署,加大返乡创业工作力度,推动各地强化责任,完善落实扶持引导更多农村牧区人才返乡创业工作。

二、关于确保人才留得住用得上

诚如你们所言,推动返乡入乡创业、助力乡村振兴离不开人才的智力支持,必须处理好引进人才的工资待遇、子女就学、户口迁移等实际问题。

工资保障方面,我国实行市场机制调节、企业自主分配、职工民主参与、政府监督指导的企业工资体制机制。同时实施最低工资保障制度,明确规定企业支付给劳动者的工资报酬不得低于最低工资标准。指导企业参照劳动力市场工资价位并结合企业经济效益,通过集体协商等形式合理确定不同岗位工资水平,并向关键岗位、生产一线岗位倾斜。子女教育方面,按照《义务教育法》免试就近入学的规定,教育部指导各地积极推进"属地管理、以县为主、划片招生、就近入学"的招生入学改革,维护广大适龄儿童平等接受义务教育权利。同时教育部还将提高农村牧区教育质量,改善义务教育薄弱学校基本办学条件,指导有关省份调研农村牧区人才子女入学困难和问题,结合实际研究提出有针对性的解决措施,努力解决好农村牧区人才子女就学问题。户口迁移方面,近年来,公安部指导各地积极稳妥推进户籍制度改革,创新实施了一系列支持农村地区人才队伍建设的落户政策。例如,内蒙古自治区规定,农村牧区考入自治区大中专院校就读的学生,毕业后可根据实际情况,将户口迁入经常居住地、就业创业地或入学前户籍所在地。云南省规定,农村转移劳动力返乡创业符合条件的,可将户口迁回农村原籍。

下一步,我们将指导各地积极探索、大胆创新,配套完善返乡入乡创业人才政策,帮助各类人才消除干事创业的后顾之忧,引导更多优秀人才投身乡村广袤天地,为推动返乡入乡创业发展、助力乡村振兴战略实施注入持久动力。

感谢你们对人力资源和社会保障工作的理解和支持。

对十四届全国人大一次会议第1404号建议的答复
——关于高校毕业女生就业合法权益保障的建议

· 2023年8月23日
· 人社建字〔2023〕147号

您提出的关于高校毕业女生就业合法权益保障的建议收悉,经商教育部、国家医保局、最高人民法院,现答复如下:

一、关于建立健全就业法律法规体系

国家高度重视妇女权益保护工作,出台了一系列法律法规,形成了一整套妇女劳动保护法律体系,为切实维护妇女劳动就业权益提供了坚强的法治保障。《中华人民共和国宪法》规定:国家保护妇女的权利和利益,实行男女同工同酬,培养和选拔妇女干部。《中华人民共和国劳动法》规定:在就业渠道上,妇女享有与男子平等的就业权利。在录用职工时,除国家规定不适合妇女的工种或岗位外,不得以性别为由拒绝录用妇女或提高对妇女的录用标准。《中华人民共和国就业促进法》规定:国家保障妇女享有与男子平等的劳动权利。用人单位录用女职工,不得在劳动合同中规定限制女职工结婚、生育等内容。2023年1月1日,新修订的《中华人民共和国妇女权益保障法》正式施行，此次修订突出了党对妇女权益保障工作的领导，突出了对妇女全面发展的促进，突出了对妇女人身和人格权益的保障，突出了对个体妇女权益的救济。此外，《人口与计划生育法》《女职工劳动保护规定》等法律法规也从不同角度维护了妇女的相关权益。

您提出的"国家应该设立有关女大学生就业的专门机构或法庭，保障女大学生就业合法权益"的建议非常重要，我们对此进行了深入研究。目前，人民法院根据当事人之间是否存在劳动关系，对于平等就业纠纷确立了侵权民事诉讼和劳动争议诉讼模式。在就业争议符合劳动争议构成要件的情况下，人民法院将其作为劳动争议案件依法受理。劳动争议案件属于人民法院传统民事案件的重要组成部分，基于该类型案件审理的专业性，人民法院积极探索建立劳动争议专业法庭、专业团队。比如，为进一步推进劳动人事争议审判专业化，最高人民法院批复同意在苏州市中级人民法院内设专门审判机构并集中管辖部分劳动人事争议。当女性高校毕业生因就业产生的纠纷属于劳动争议案件时，由人民法院的劳动争议专业法庭、团队进行审理，能够及时处理纠纷，充分保障女性高校毕业生就业的合法权益。

下一步，我们将继续按照党中央、国务院决策部署，认真落实各项法律法规和政策措施，为妇女就业创业提供法律保障，切实保障妇女就业合法权益。

二、关于建立平等就业的制度机制

反对就业歧视、促进公平就业，是维护广大劳动者合法权益的必然要求。国家对此高度重视，出台了一系列政策措施，制定了相关激励政策、优惠措施促进女大学生等妇女就业创业。

一是出台专门文件，促进公平就业。2019年2月，人力资源社会保障部会同教育部、司法部、国家卫生健康委、国家医保局、全国总工会、全国妇联、最高人民法院等九部门制定出台了《关于进一步规范招聘行为促进妇女就业的通知》(人社部发〔2019〕17号)，聚焦求职招聘环节，提出了用人单位和人力资源服务机构开展招聘行为中的"六个不得"，即不得限定性别或性别优先，不得以性别为由限制求职就业、拒绝录用，不得询问妇女婚育情况，不得将妊娠测试作为入职体检项目，不得将限制生育作为录用条件，不得差别化提高妇女录用标准，明确了就业性别歧视具体表现。畅通了"三条救济渠道"，即强化人力资源市场监管，建立联合约谈机制，健全司法救济机制。2022年，人力资源社会保障部推动将文件相关规定列入了新修订的妇女权益保障法，更好保障妇女平等就业权益。

二是制定相关激励政策，鼓励女大学生就业创业。2021年8月，全国妇联、教育部、人力资源社会保障部印发了《关于做好女性高校毕业生就业创业工作的通知》，从加强思想引领、开展指导培训、支持促进就业、加强创业扶持四方面提出14条措施；2022年2月，国家发展改革委、全国妇联、人力资源社会保障部等八部门印发了《关于深入实施创业带动就业示范行动力促高校毕业生创业就业的通知》，提出要多措并举，深度挖掘工作岗位，为高校毕业生特别是女性高校毕业生等群体找工作创造机会。全国近20个省区市出台支持女性高校毕业生就业工作的相关文件，为促进女性高校毕业生就业创业提供政策支持。

三是强化监察执法力度，维护女性平等就业权利。人力资源社会保障部指导各地不断畅通举报投诉渠道，通过日常巡视检查、书面审查、案件调查和双随机抽查等方式开展执法活动，严厉查处侵害女职工权益违法行为，规范人力资源市场秩序，保障劳动者享有平等就业权利。日前，人力资源社会保障部会同市场监管总局印发通知，部署开展清理整顿人力资源市场秩序专项行动，以打击性别、年龄等就业歧视为重点，将包括发布含有歧视性内容的招聘信息、违规设置限制人力资源流动的条件等在内的违法行为作为执法重点内容，严厉打击影响平等就业的不合理限制和就业歧视，有效维护劳动者就业权益，为劳动者提供公平的就业环境。

下一步，我们将指导各地进一步畅通举报投诉渠道，加大日常监察执法和宣传普法力度，扎实推进专项行动，依法纠正各类就业歧视行为，切实保障女性平等就业权利。

三、关于为提升女大学生就业创造条件

党中央、国务院高度重视高校毕业生就业工作，尤其对于女性高校毕业生等群体就业尤为关注，人力资源社会保障部、教育部等有关部门认真贯彻落实党中央、国务院决策部署，凝聚社会各方力量，合力促进女大学生就业。

一是完善公共就业服务。国家不断健全覆盖城乡的公共就业服务体系，各级公共就业服务机构均免费向女性求职者提供政策咨询、职业指导、职业介绍等有针对性的就业服务，提升标准化、智慧化、便民化水平。持续做好"春风行动"等就业专项服务活动，将妇女作为重点服务对象，促进人岗对接，对符合就业困难人员条件的妇女劳动者实施就业援助。今年以来，人力资源社会保障部以"职引未来"为主题,接续开展城市联合招聘、百日千万招聘等专项活动,发动人力资源市场服务机构拿出招聘岗位,重点面向女大学生等青年,举办行业性、区域性专场,做到时时有岗位、周周有招聘。教育部会同全国妇联、中央广播电视总台举办"奋斗有我国聘行动"女大学生就业专场,为女毕业生提供优质就业岗位,促进女性高质量就业。

二是强化就业指导。人力资源社会保障部深入了解女大学生就业择业过程中存在的困难和问题,以问题为导向,加强思想引领,在心理辅导、职业规划等方面提供指导,帮助女大学生在就业过程中树立正确的价值导向。教育部推动各地各高校开设就业指导课程,开展就业育人主题教育活动,持续推出"互联网+就业指导"公益直播课,帮助解答包括女大学生在内的高校毕业生在求职过程中的实际问题。

三是开展攻坚行动。近日,人力资源社会保障部印发通知,部署启动2023年高校毕业生等青年就业服务攻坚行动,于7月至12月,以"服务促就业筑梦赢未来"为主题,以2023届离校未就业高校毕业生和在各级人力资源社会保障部门登记的失业青年为对象,强化政策落实、服务保障、权益维护、困难帮扶,力争有就业意愿的女性未就业毕业生和登记失业青年年底前都能实现就业或参加到就业准备活动中。

下一步,我们将会同相关部门进一步完善政策措施,加强对女大学生的就业指导,提供精准就业服务,为女大学生就业保驾护航。

四、关于积极营造友好的女性就业氛围

大力优化社会文化环境,对于促进女大学生就业具有积极意义。人力资源社会保障部、教育部、全国妇联等有关部门充分发挥新时代数字媒体平台作用,开展形式多样的宣传活动,鼓励、激励广大女大学生积极就业、勇于创业。

一是发挥榜样力量传授经验。邀请各行业、各领域优秀女性代表,与女性高校毕业生开展线上对话,在线寄语女性高校毕业生,向初入职场的女性高校毕业生传授就业技巧,帮助他们消除求职焦虑和职场困惑。

二是选树优秀典型示范引领。开展"全国高校毕业生基层就业卓越奖"推荐活动,选树赴基层就业并做出突出业绩的包括女大学生在内的普通高校毕业生作为优秀典型,引导大学生树立坚定理想信念,把个人理想追求融入党和国家事业之中。

三是走进大学校园宣讲激励。开展以"成才观、职业观、就业观"为核心的就业教育活动,组织成功创业女性走进中国人民大学、复旦大学等学校,宣讲创业经验,引领激励女性高校毕业生到经济社会发展最前沿就业创业,为国家重大工程、重大项目、重要领域建设贡献力量。

下一步,我们将认真抓好各项政策措施的落实落地,进一步强化大学生就业创业工作,继续加大宣传力度,积极营造女大学生公平就业良好氛围。

感谢您对人力资源和社会保障工作的理解和支持。

2. 劳动关系

对十三届全国人大二次会议第6979号建议的答复
——关于撤销《中华人民共和国劳动合同法实施条例》第二十一条的建议

- 2019年7月24日
- 人社建字〔2019〕37号

您提出的关于撤销《中华人民共和国劳动合同法实施条例》第二十一条的建议收悉,现答复如下:

劳动合同法实施条例第二十一条的规定,主要考虑是:劳动者达到法定退休年龄,不再符合劳动法律法规规定的主体资格,即不具备建立劳动关系的条件,劳动合同自然终止。加之,2008年劳动合同法施行后,大量用人单位反映,劳动者已达到法定退休年龄而未享受基本养老保险待遇的情况很复杂。有的是用人单位依法为劳动者缴纳了社会保险费,但由于劳动者累计缴费年限达不到规定年限,达到退休年龄时不能享受基本养老保险待遇。也有部分农民工因种种原因不愿意参加社会保险,而无法享受基本养老保险待遇的情况。还存在个别用人单位的高级管理人员即便达到法定退休年龄,也不办理退休手续,领取基本养老保险待遇。如果用人单位不能与已达到法定退休年龄而未享受基本养老保险待遇的劳动者终止劳动合同,用人单位可能将不得不一直与该劳动者保持劳动关系,直到劳动者死亡或用人单位注销。这对用人单位有失公平。为此,根据劳动合同法第四十四条第六项关于有"法律、行政法规规定的其他情形"劳动合同终止的授权,2008年9月公布施行的劳动合同法实施条例第二十一条明确,劳动者达到法定退休年龄的,劳动合同终止。对超过法定退休年龄的劳动者,愿意继续工作的,用人单位与劳动者的关系可以按劳务关系处理,依据民事法律关系调整双方的权利义务。

但由于我国劳动法律法规对劳动者权益的保障是建

立在劳动关系的基础上,司法实践中,为保障超龄劳动者的权益,特别是妥善解决职业伤害问题,导致了对超过法定退休年龄但未享受基本养老保险待遇的劳动者与用人单位之间的法律关系认定不一致的问题。江苏、广东等地从保护劳动者权益角度出发,结合本地实际,区别不同情况在劳动争议仲裁和司法实践中对超龄劳动者基本劳动权益保护如工作时间、最低工资、劳动保护等进行了一定探索。我部也在积极与最高人民法院交换意见,拟对此问题加强裁审衔接。为了更好地保障超龄劳动者的权益,尽可能避免裁审衔接不畅问题,我部《关于执行〈工伤保险条例〉若干问题的意见(二)》明确,符合一定情形的超龄劳动者,由用人单位承担工伤保险责任,但未明确超龄劳动者和用人单位存在劳动关系。

下一步,我们将加强对此问题的研究,适时向立法机关提出完善劳动合同法律制度的建议,以更好地保障超龄劳动者的合法权益。同时,我部将按照十三届全国人大常委会立法规划的要求,对已纳入第三类需要继续研究论证的"基本劳动标准"立法项目开展深入研究论证,积极推动尽早出台《劳动基准法》,为难以纳入现行劳动保障法律法规调整的劳动者的基本劳动权益保障提供法律依据。

感谢您对人力资源和社会保障工作的理解和支持。

人力资源社会保障部对十二届全国人大三次会议第2803号建议的答复

——关于在《劳动合同法实施条例》中增加企业用人权利双向对等条款的建议

· 2015年6月25日
· 人社建字〔2015〕27号

您提出的关于在《劳动合同法实施条例》中增加企业用人权利双向对等条款的建议收悉,现答复如下:

一、关于记录劳动者"说走就走"的失信行为的建议

劳动合同法第三十七条规定了劳动者解除劳动合同的提前通知义务。同时劳动合同法第九十条明确规定,劳动者违法解除劳动合同,给用人单位造成损失的,应当承担赔偿责任。因此,对于那些违法违约擅自离职的劳动者,用人单位可以依法追究其民事责任。但是,正如您所言,实践中,企业追究部分劳动者"说走就走"的法律责任相对耗时费力。您提出的设立离职劳动者失信信息平台的建议,对于规范劳动者的离职行为和完善我国的诚信制度建设具有积极意义。下一步,我部将在完善劳

动用工备案制度和推动建立全国统一信用信息平台工作中充分考虑您的意见和建议。

二、关于明确要求员工入职时提供离职证明的建议

劳动合同法虽未明确要求员工入职时提供原单位离职证明,但通过第八条的规定,赋予了用人单位了解劳动者基本情况的权利,明确了劳动者如实说明情况的义务。因此,用人单位可以要求劳动者作出入职声明或提供书面离职证明。同时,劳动合同法第九十一条规定,用人单位招用与其他用人单位尚未解除或者终止劳动合同的劳动者,给其他用人单位造成损失的,应当承担连带赔偿责任,该规定并不否认新用人单位向员工进行追偿的权利。对您提出的明确要求劳动者提供离职证明的建议,我部将在完善劳动合同法相关配套规章中予以考虑。

三、关于企业因员工不胜任工作解除劳动合同应酌情调减经济补偿的建议

经济补偿是劳动合同制度中的一项重要内容。立法机关认为,经济补偿是企业承担社会责任的主要方式之一,可以有效缓解失业者的焦虑情绪和生活实际困难,维护社会稳定。经济补偿不同于经济赔偿,不是一种惩罚手段。因此,劳动合同法并未考虑不同情形下经济补偿的差异。对您提出的企业因员工不胜任工作解除劳动合同的应酌情调减经济补偿的建议,我部将加强对企业执行经济补偿有关法律法规情况的调查研究,适时向全国人大立法机关提出修改完善的建议。

感谢您对人力资源和社会保障工作的理解和支持。

人力资源社会保障部对十三届全国人大二次会议第7385号建议的答复

——关于设立"孝亲假"的建议

· 2019年4月4日
· 人社建字〔2019〕184号

您提出的关于设立"孝亲假"的建议收悉,经商国家发展改革委,现答复如下:

1981年颁布的《国务院关于职工探亲待遇的规定》(国发〔1981〕36号)对职工探亲假作出了规定。在计划经济时期,探亲假政策的实施,较好地满足了单位职工与亲人团聚的愿望,受到了广大职工和群众的拥护,对促进家庭和社会的和谐稳定发挥了重要作用。正如您所言,随着时代发展和社会进步,现行的探亲假制度规定已经明显不能适应当前经济社会发展的需要。一是市场经济

条件下我国就业情况发生了很大变化,非公有制企业、非企业法人单位及个体工商户吸纳的就业人员占全社会就业人员的比例逐年提高,他们中的相当一部分人员不能按照这个规定享受探亲待遇,出现了不同所有制单位职工福利待遇的不公平。二是我国的工时制度由原来的每周工作6天休1天调整为工作5天休2天,在公休日延长、交通运输快速便捷的情况下,享受探亲待遇的条件(与父母或配偶不住在一起又不能在公休日团聚)也发生较大变化。加之随着独生子女家庭的逐渐增多和我国社会老龄化进程的加快,子女探望、照顾父母的需求有所增加。因此,您提出改革探亲假、设立"孝亲假"的建议,具有很强的现实意义。

鉴于职工假期制度与经济社会发展水平、就业情况等紧密相关,我们将在进一步研究完善职工假期制度时,对您提出的具体建议予以统筹考虑。一是鼓励单位与职工结合工作安排和个人需要分段灵活安排带薪年休假,为职工探望陪护父母创造条件;二是不断完善节假日制度,推动形成分布合理、配置均衡的假期格局,满足职工包括探亲陪护在内的合理要求;三是深入调研,择机向立法机关提出有关意见和建议。

感谢您对人力资源和社会保障工作的理解和支持。

3. 专业技术人员管理

对十三届全国人大三次会议第2383号建议的答复

——关于进一步改革我国职称评审管理规定的建议

· 2020年11月11日
· 人社建字〔2020〕70号

您提出的关于进一步改革我国职称评审管理规定的建议收悉,经商人民银行,现答复如下:

职称是专业技术人才学术技术水平和专业能力的主要标志。职称制度是专业技术人才评价和管理的基本制度。2016年,中办、国办印发《关于深化职称制度改革的意见》,全面深化职称制度改革。2019年,我部印发《职称评审管理暂行规定》,从源头上规范职称评审程序,依法加强职称评审管理。通过深化职称制度改革,进一步健全了制度体系,完善了评价标准,丰富了评价方式,改革取得了积极成效,广大专业技术人员获得感不断增强。同时,在改革过程中,我们通过调研发现职称评审仍然存在一些问题:一是评价标准不够科学,未能充分体现职业行业特点,有些地方仍然强调论文、专著等成果数量。二是评价方式单一,评审委员会代表性、权威性不强,个别地方评审过程不规范。三是需进一步加强监管,确保职称评审公平公正。针对各地在组织职称评审工作中存在的突出问题,我们将采取以下措施:

1. 实行分类评价。《关于深化职称制度改革的意见》明确提出,坚持科学分类评价专业技术人才能力素质。以职业属性和岗位需求为基础,分系列修订职称评价标准。注重考察专业技术人才的专业性、技术性、实践性、创造性,突出对创新能力的评价。合理设置职称评审中的论文和科研成果条件,不将论文作为职称评价的限制性条件,以专利成果、项目报告、工作总结、工程方案、设计文件、教案、病历等成果形式替代论文要求。正在推进的27个职称系列改革中,都进一步贯彻落实科学分类评价要求,各地和各单位可以根据不同岗位特点、工作特点、职业特色,在职称系列框架下,动态设立各专业,分类制定科学合理、各有侧重的人才评价标准。

2. 完善同行评价。《关于深化职称制度改革的意见》明确提出,建立以同行专家评审为基础的业内评价机制,注重引入市场评价和社会评价。基础研究人才评价以同行学术评价为主,应用研究和技术开发人才评价突出市场和社会评价,哲学社会科学研究人才评价重在同行认可和社会效益。完善评审专家遴选机制,加强评审专家库建设,积极吸纳高校、科研机构、行业协会学会、企业专家,实行动态管理。健全职称评审委员会工作程序和评审规则,严肃评审纪律,明确评审委员会工作人员和评审专家责任,遵守利益相关方评审专家回避原则,强化评审考核,建立倒查追责机制。

3. 加强评审监督。《职称评审管理暂行规定》要求,建立职称评审公开制度,实行政策公开、标准公开、程序公开、结果公开。职称申报人所在单位应当对申报材料进行审核,并在单位内部进行公示。申报人通过提供虚假材料、剽窃他人作品和学术成果或者通过其他不正当手段取得职称的,由人力资源社会保障行政部门或者职称评审委员会组建单位撤销其职称,并记入职称评审诚信档案库,纳入全国信用信息共享平台,记录期限为3年。根据《征信业管理条例》,个人信用信息应当依法依规纳入金融信用信息基础数据库,从事信贷业务的机构在获得信息主体同意后,向金融信用信息基础数据库提供其个人信贷信息。目前,职称评审申报材料真实性纳入征信系统缺乏相关法律依据。

下一步,我们将继续深化职称制度改革,加强职称评审监督,指导各地贯彻落实职称制度改革,释放政策红利，发挥职称人才评价"指挥棒"作用，进一步激发各类专业技术人才工作的积极性、主动性、创造性。

感谢您对人力资源和社会保障工作的理解和支持。

4. 社会保险

对十三届全国人大三次会议第7736号建议的答复
——关于在退休审批过程中对有"除名"和"自动离职"两类情形职工原工作年限视同缴费年限的建议

- 2020年11月19日
- 人社建字〔2020〕219号

您提出的关于在退休审批过程中对有"除名"和"自动离职"两类情形职工原工作年限视同缴费年限的建议收悉，现答复如下：

我国职工基本养老保险制度自上世纪八十年代开始改革，1991年，《国务院关于企业职工基本养老保险制度改革的决定》(国发〔1991〕33号)建立了个人缴费制度。1995年，《国务院关于深化企业职工养老保险制度改革的通知》(国发〔1995〕6号)明确，实行个人缴费制度前，职工符合国家规定的连续工龄可视同缴费年限。缴费年限，包括视同缴费年限和实际缴费年限，成为体现参保人员养老保险权益、计算参保人员基本养老金的重要参数。

建立养老保险制度前，职工养老实行单位退休制度，由退休前所在单位根据职工连续工龄计算退休费，由单位负责发放。职工被除名或自动离职后，原工作单位不再负责支付其退休费；重新参加工作后，连续工龄重新计算。因此，职工除名或自动离职前的工作年限不能作为连续工龄的组成部分，也不能视同缴费年限。正如您在建议中指出的，"除名"和"自动离职"具有计划经济时期劳动用工管理制度的特点，相关的工龄政策根据当时国家工龄政策精神制定，也适应当时实行单位退休制度的养老保障方式。改革开放后，随着经济社会发展特别是国有企业改革不断深化，逐步实现政企分离，企业用工制度不断改革完善；同时，养老保险制度改革也不断深化，由"单位保障"变为"社会保障"，建立了个人缴费制度，通过实际缴费年限对职工养老权益予以记录和更好地保障。

为了更好地保障职工的养老保险权益，妥善处理除名职工连续工龄政策与实际缴费年限政策的衔接，《劳动部办公厅〈关于除名职工重新参加工作后工龄计算有关问题的请示〉的复函》(劳办发〔1995〕104号)明确，应以各地实行企业职工个人缴纳养老保险费的时间，作为除名职工计算连续工龄的起始时间。《关于企业职工要求"停薪留职"问题的通知》(劳人计〔1983〕61号)规定，职工要求停薪留职，未经企业批准而擅自离职的，或停薪留职期满后一个月内既未要求回原单位工作，又未办理辞职手续的，企业对其按自动离职处理，并可依据有关规定作出除名处理；因自动离职处理发生的争议按除名争议处理。因此，除名或自动离职人员，均从地方实行企业职工个人缴纳养老保险费的时间起，计算连续工龄和缴费年限。由于工龄政策涉及时间跨度长、人员范围广，在养老保险制度改革过程中，需要妥善处理好与原单位退休制度和工龄政策的衔接问题，建立个人缴费制度前的原有工作年限，还应适用当时的工龄政策。

对于部分"除名"和"自动离职"人员原工作年限不能视同缴费年限，达到退休年龄时因累计缴费年限不足15年而不满足领取基本养老金条件的问题，根据国家有关政策规定也有解决办法。按照2011年颁布的《实施〈中华人民共和国社会保险法〉若干规定》(人力资源社会保障部令第13号)的规定，参保人员达到法定退休年龄时，累计缴费年限不足十五年的，可以延长缴费至满十五年；社会保险法实施前参保、延长缴费五年后仍不足十五年的，可以一次性缴费至满十五年。同时，国家建立了对部分困难就业人员参加社会保险给予适当社会保险补贴的机制，减轻他们的缴费负担，鼓励企业吸纳困难就业人员就业。参加职工基本养老保险的人员达到法定退休年龄后，累计缴费不足十五年(含依照上述规定延长缴费)的，还可以申请转入户籍所在地城乡居民基本养老保险，享受相应的养老保险待遇。

目前，对参保人员办理正常退休已不再实行审批。对单位及个人申报领取基本养老金，人社部门须审核是否符合待遇领取条件，重点审核是否达到规定的退休年龄、缴费年限(包括实际缴费年限和视同缴费年限)累计是否达到15年，对有视同缴费年限的还需要根据本人档案等资料确认其符合国家规定的连续工龄，同时，根据其历年缴费记录、退休年龄等因素核定其基本养老金水平。

为切实保障广大参保人员的基本养老保险权益，我们将严格按照国家法律法规及有关政策规定，认真做好参保人员的权益记录，进一步规范退休条件核准、报批程序、待遇审核等工作程序和标准。同时，将深入推进养老保险制度改革，进一步研究完善相关政策，增强养老保险制度的公平性，促进养老保险制度可持续发展，更好地维护职工的养老保险权益。您提出的建议，我们将进一步研究参考。

感谢您对人力资源和社会保障工作的理解和支持。

对十三届全国人大三次会议第4296号建议的答复
——关于对《中华人民共和国社会保险法》有关先行支付条款修订的建议

- 2020年11月18日
- 人社建字〔2020〕188号

您提出的关于对《中华人民共和国社会保险法》有关先行支付条款修订的建议收悉，经商国家医疗保障局，现答复如下：

工伤保险是为因工作遭受事故伤害或者患职业病的职工获得医疗救治和经济补偿，促进工伤预防和职业康复，分散用人单位工伤风险而建立的一项社会保障制度。随着工伤保险制度的建立和完善，工伤保险的受益人群逐步扩大，工伤保险待遇水平逐步提高，较好地维护了用人单位和工伤职工的合法权益。

2011年实施的社会保险法第三十条"医疗费用应当由第三人负担，第三人不支付或者无法确定第三人的由基本医疗保险基金先行支付。医疗保险基金先行支付后，有权向第三人追偿"、第四十一条"职工所在用人单位未依法缴纳工伤保险费，发生工伤事故的，由用人单位支付工伤保险待遇，用人单位不支付的，从工伤保险基金先行支付。从工伤保险基金先行支付的工伤保险待遇应当由用人单位偿还"和第四十二条"由于第三人的原因造成工伤，第三人不支付工伤医疗费或者无法确定第三人的，由工伤保险基金先行支付"对医疗保险和工伤保险基金先行支付作出了原则规定。为贯彻落实上述规定，我部在2011年印发了《社会保险基金先行支付暂行办法》（人力资源社会保障部令第15号），对社会保险基金先行支付管理予以规范，目的是为了更好保护劳动者特别是农民工的合法权益，使其能够获得及时的医疗救治。但是，由于先行支付是一项创新的制度安排，实践中确实存在不少突出问题，主要是道德风险、代位追偿风险、审计风险等。比如第三人故意逃避支付责任时，没有强有力的法律处罚措施，来自第三人道德风险方面的因素将加大先行垫付后的追偿风险。

您提出的删除社会保险法有关先行支付的条款，由政府补贴等方式设立先行支付专项基金的建议非常重要，我们将对此问题进一步深化研究，并与相关部门加强沟通协调，在社会保险法修订时积极提出合理化的意见建议，在此之前我们也将积极完善政策、细化流程，争取有关部门支持，切实贯彻好社会保险法的相关规定。同时，切实加强宣传力度和执法力度，不断扩大工伤保险覆盖范围，更好地保护工伤职工的合法权益。

感谢您对人力资源和社会保障工作的理解和支持。

对十三届全国人大三次会议第4905号建议的答复
——关于允许大学生、研究生自愿缴费参保的建议

- 2020年11月9日
- 人社建字〔2020〕212号

您提出的关于允许大学生、研究生自愿缴费参保的建议收悉，经商财政部，现答复如下：

一、关于大学生参保问题

目前，我国基本养老保险已经构建起城镇职工和城乡居民基本养老保险两大制度平台，从制度上实现了全覆盖。根据社会保险法，在各类用人单位就业的职工应当依法参加职工基本养老保险，由用人单位和职工共同缴费；无雇工的个体工商户、未在用人单位参加基本养老保险的非全日制从业人员以及其他灵活就业人员，可以自愿参加职工基本养老保险，由个人缴纳基本养老保险费。从目前制度规定看，城镇职工基本养老保险的参保人员范围主要是城镇各类就业人员，全日制大学生、研究生在身份上仍属于在校学生，不是就业人员，不属于基本养老保险参保范围；全日制在校学习期间按照国家规定不属于工作年限，不能认定为视同缴费年限，按规定也不能补缴。

职工养老保险制度实行社会统筹与个人账户相结合，遵循权利与义务相对应原则，建立了多缴多得、长缴多得的激励约束机制，退休后养老金水平与参保人员历年缴费工资水平和缴费年限等因素相关，缴费年限长、缴费水平高，退休后养老金水平也相应较高。大学生、研究生等在校接受高等教育后参加工作时间和参保时间确实会相对晚一些，但参加工作后职业发展和收入水平提升空间较大，工资水平总体上会相对高一些，能够提高退休后的养老金水平。下一步，我们将进一步推动养老保险制度改革，完善激励约束机制，扩大养老保险制度覆盖面，引导各类参保人员积极参保缴费。您提出的建议，我们将在研究完善养老保险制度、制定相关政策时，进一步

研究论证。

二、关于完善国家社会保险公共服务平台

2019年9月,国家社会保险公共服务平台门户网站正式上线运行,同时,人力资源社会保障部印发《关于建立全国统一的社会保险公共服务平台的指导意见》(人社部发〔2019〕103号),对下一步平台建设进行了部署,将继续拓展优化完善国家社会保险公共服务平台门户网站功能,逐步推动跨地区、跨部门、跨层级社会保险公共服务事项的统一经办、业务协同和信息共享。此外,将进一步完善社保经办服务,提高服务能力,提供更多便捷化的参保缴费、养老保险关系转移接续等服务,促进劳动力流动。

感谢您对人力资源和社会保障工作的理解和支持。

对十三届全国人大三次会议第2467号建议的答复

—— 关于完善农民工社保缴纳的建议

- 2020年11月2日
- 人社建字〔2020〕149号

您提出的关于完善农民工社保缴纳的建议收悉,现答复如下:

农民工已成为我国产业工人的主体,国家现代化建设的重要力量。党中央、国务院高度重视保障和维护农民工权益,人力资源社会保障部门依法保护包括农民工在内的各类劳动者依法享有社会保险待遇,通过全面实施全民参保计划、优化经办服务模式、创新宣传方法、加大行政执法力度等措施,将更多农民工纳入社保参保范围,提供便捷可及社保服务,推动农民工平等享受基本公共服务。

一、关于农民工参保相关政策

目前,我国基本养老保险已经构建起城镇职工和城乡居民基本养老保险两大制度平台。农民工无论在城镇就业还是在农村务农,都有相应的制度安排。一是与用人单位建立劳动关系的农民工,应依法参加企业职工基本养老保险,由用人单位和农民工个人共同缴费。二是农民工在城镇从事个体经营或灵活就业,可以灵活就业人员身份自愿参加企业职工基本养老保险,也可以选择参加城乡居民养老保险。参加职工养老保险制度的农民工,跨省流动就业的,养老保险关系可以转移接续,缴费年限累计计算;农民工达到职工法定退休年龄后,可以按规定办理城镇职工养老保险制度和城乡居民养老保险制度衔接。截至2020年6月底,全国已有6375万农民工参加企业职工养老保险,农民工养老保险权益初步得到保障。

关于您特别强调的农民工补缴社保问题,社会保险法第十六条规定,参保基本养老保险的个人,达到法定退休年龄时累计缴费不足十五年的,可以缴费至满十五年,按月领取基本养老金,也可以转入新型农村社会保险或者城镇居民养老保险(现已统一为城乡居民养老保险),按照国务院规定享受相应的养老保险待遇。

但是,正如您所说,当前,确实有部分农民工因参保意识不强或企业未履行相应责任,没有及时纳入到养老保障中。下一步,我们将不断改革和完善职工基本养老保险制度,积极推进全民参保计划,加大扩面力度,鼓励和引导农民工积极参保,切实保障农民工合法社保权益。

二、关于加快联网步伐

党的十九大报告作出"建立全国统一的社会保险公共服务平台"部署,我们按照十九大报告重要改革举措实施规划,稳步推进全国统一的社会保险公共服务平台建设工作。截至9月底,国家社会保险公共服务平台可提供个人权益记录查询、社保待遇资格认证、社保关系转移接续、养老保险待遇测算、失业保险金申领等9类27项服务功能。平台开通了门户网站、"掌上12333"手机APP等服务渠道,并通过向电子社保卡集成,借助第三方可信渠道提供服务。上线以来,平台功能不断优化完善,总访问量累计超过5亿次,包括农民工在内的各类参保群体,可以更加便捷地享受到跨地区、全国性的社会保险公共服务。

下一步,我们将继续按照《人力资源社会保障部关于建立全国统一的社会保险公共服务平台的指导意见》要求,加快统一平台建设,指导各地通过建立健全组织架构体系、技术支撑体系、标准规范体系、协同管理体系、风险防控体系和全面推进社会保障卡发行应用,整合经办资源,创新服务模式,优化业务流程,推动线上线下服务深度融合,不断增强包括农民工在内的广大参保群众获得感和幸福感。

三、关于允许转移接续

2009年,国务院办公厅转发《人力资源社会保障部财政部关于城镇企业职工基本养老保险关系转移接续暂行办法的通知》(国办发〔2009〕66号)规定,参保人员跨省流动就业的,在新就业地按规定建立基本养老保险关系和缴费后,可向新参保地社保经办机构提出基本养老保险关系转移接续申请,办理养老保险关系转移接续手续。根

据现有政策，农民工到异地就业时能够进行基本养老保险关系的转移接续，实现全国范围内的社保随人走。

同时，为提升养老保险异地转移服务的便捷化水平，我部在国家社会保险公共服务平台开通了养老保险关系转移网上申请和进度查询服务，支持参保人员通过登录平台门户网站、手机APP、电子社保卡等渠道申请办理转移业务。截至9月底，全国所有地市全部开通网上申请服务，接收网上申请超过67万人次。同时，我们全面优化转移经办流程并完善部级转移系统，取消纸质办理材料和表单，缩短办理时限，施行部级督办和争议处理，提高转移接续工作效率。

下一步，我们将继续提升转移接续服务的便利化和智能化水平，加快实现养老保险关系转移接续的网上办理和顺畅衔接。一是继续完善全国转移平台建设及应用，推动养老保险关系转移业务全面通过系统办理，进一步提升转移网上申请审核率。二是指导各地按照优化后转移接续经办流程，压缩业务办理时间，精简有关证明材料和表单，减轻参保群众的办事负担。三是开展养老保险关系转移接续系列宣传，引导参保群众了解相关政策和办事流程，推广转移网上申请等便民新举措，减少农民工办理转移接续的时间、人力成本，提高农民工社保参保率。

四、关于加大宣传力度

2019年以来，我部创新宣传方式，进一步强化养老保险政策解读，大力开展养老保险政策"看得懂、算得清"宣传，着眼群众关注的养老保险热点话题，在政务微信公众号开设"看得懂、算得清"栏目，化繁为简，用接地气的语言，开展养老保险政策解读。中国政府网、共产党员网以及各类主流新闻媒体相继转载，取得了良好的宣传效果。各地也纷纷结合本地实际进行深加工，在全系统营造出了强大的宣传声势，努力帮助包括农民工在内的广大劳动者理解养老保险"长缴多得，多缴多得"原理，促使劳动者提前对老年生活保障作出合理规划。

下一步，我们将在前期宣传工作的基础上，聚焦农民工、灵活就业人员等重点群体，鼓励各地社保经办机构创新并丰富宣传形式，深入企业、街道、社区、乡村、工地等基层一线，以群众喜闻乐见的形式和语言，生动形象地解读社保政策，开展现场解读和经办服务指引，帮助农民工等群体明理算账，提高对于社保政策的知晓度。我们将提升宣传工作的针对性和精准度，鼓励各地对农民工密集的行业企业，采取走访、专题座谈、专项辅导等方式，宣传最新社保政策，让更多劳动者了解社保、主动参加社保，自觉维护自身社保权益。

五、关于加强行政执法

近年来，我部指导各地劳动保障监察机构加大日常监察执法力度，依法对用人单位参加各项社会保险和缴纳社会保险费的情况进行监督检查，督促用人单位履行用工主体责任，严肃查处未参加社会保险登记、未缴纳社会保险费等严重侵害劳动者权益的违法行为。据统计，2019年全国各级劳动保障监察机构共查处各类劳动保障违法案件11.2万件；督促5377户用人单位办理社保登记；督促缴纳社会保险费6.7亿元，努力维护劳动者合法权益。

下一步，我部将以农民工等群体为重点，继续加大对劳动者合法权益的执法检查工作力度，特别是用人单位参加各项社会保险和缴纳社会保险费的情况。对于用人单位不依法办理社会保险登记，经行政处罚后仍不改正的，按照《社会保险领域严重失信人名单管理暂行办法》（人社部规〔2019〕2号）规定，列入社会保险严重失信人名单，实施联合惩戒，加大对违法行为震慑力度，依法维护包括农民工在内的各类劳动者的劳动保障权益。

感谢您对人力资源和社会保障工作的理解和支持。

对十三届全国人大二次会议第6160号建议的答复

——关于加快出台企业退休人员继续务工社会保险政策的建议

- 2019年7月8日
- 人社建字〔2019〕16号

您提出的关于加快出台企业退休人员继续务工社会保险政策的建议收悉，现答复如下：

一、关于协调企业为退休后继续务工人员缴纳工伤保险费的建议

工伤保险是为保障因工作遭受事故伤害或者患职业病的职工获得医疗救治和经济补偿，促进工伤预防和职业康复，分散用人单位的工伤风险而建立的社会保障制度。我国现行工伤保险保障制度是建立在劳动关系基础上的。2010年9月《最高人民法院关于审理劳动争议案件适用法律若干问题的解释（三）》（法释〔2010〕12号）第七条规定，用人单位与其招用的已经依法享受养老保险待遇或领取退休金的人员发生用工争议，向人民法院提起诉讼的，人民法院应当按劳务关系处理。因此已经达到法定退休年龄并依法领取养老保险待遇或退休金的劳动者目前无法参加工伤保险。

近年来，企业退休人员继续务工的现象普遍存在。

为更好地保障这些人的工伤保险权益,2016年我部印发了《关于执行〈工伤保险条例〉若干问题的意见(二)》(人社部发〔2016〕29号),对达到或超过法定退休年龄人员参加工伤保险作了明确规定:一是达到或超过法定退休年龄,但未办理退休手续或者未依法享受城镇职工基本养老保险待遇,继续在原用人单位工作期间受到事故伤害或患职业病的,用人单位依法承担工伤保险责任。二是用人单位招用已经达到、超过法定退休年龄或已经领取城镇职工基本养老保险待遇的人员,在用工期间因工作原因受到事故伤害或者患职业病的,如招用单位已按项目参保等方式为其缴纳工伤保险费的,应适用《工伤保险条例》。这一方面明确了用人单位应当承担的工伤保险责任,另一方面也充分考虑了部分行业按项目参加工伤保险的实际,有利于更好地保障超过法定退休年龄人员的工伤保险权益。

您在建议中提到,超过退休年龄人员继续务工的情况在制造业和建筑业尤为明显。2014年,人力资源社会保障部、住房城乡建设部、安全监管总局、全国总工会四部门印发《关于进一步做好建筑业工伤保险工作的意见》(人社部发〔2014〕103号),作出了"工伤优先、项目参保、概算提取、一次参保、全员覆盖"的制度设计。2018年年初,人力资源社会保障部会同交通运输部、水利部等六部门联合印发《关于铁路、公路、水运、水利、能源、机场工程建设项目参加工伤保险工作的通知》(人社部发〔2018〕3号),将在各类工程建设项目中流动就业的超龄农民工纳入工伤保险保障,有效保障了工程建设领域退休后继续务工人员的工伤保险权益。

为回应广大用人单位和劳动者扩大工伤保险制度覆盖范围的诉求,部分省市出台了超过法定退休年龄人员参加工伤保险的指导意见。例如,2018年7月,浙江省人社厅等3部门联合出台了《关于试行职业技工等学校学生在实习期间和已超过法定退休年龄人员在继续就业期间参加工伤保险工作的指导意见》(浙人社发〔2018〕85号),在浙江省内推进试行超过法定退休年龄人员参加工伤保险工作,将未享受机关事业单位或城镇职工基本养老保险待遇,男性不超过65周岁,女性不超过60周岁的超龄就业人员纳入试行参保范围。目前,浙江省多个地市开展了超过法定退休年龄人员试行参保工作。

下一步,我们将进一步指导地方贯彻落实《关于执行〈工伤保险条例〉若干问题的意见(二)》(人社部发〔2016〕29号)。同时,根据已开展超过法定退休年龄人员参保地市试行情况,加强政策研究,完善工伤保险制度,逐步探索扩大工伤保险制度覆盖范围,让工伤保险惠及更多人群,化解用人单位的工伤风险,切实保障劳动者权益,促进社会和谐稳定。

二、关于政府出台养老金补助方案的建议

我国企业职工基本养老保险制度遵循权利与义务相对应的原则。参保人员在劳动年龄段履行缴费义务,达到法定退休年龄且缴费年限达到国家规定的最低年限的,即可按月领取基本养老金。目前国家规定的最低年限为15年。参保人员达到法定退休年龄时,累计缴费年限不足15年的,可以在以下3个途径中选择其一处理自己的养老待遇:一是可以延长缴费至满15年,然后按月领取基本养老金;二是可以申请转入户籍所在地城乡居民社会养老保险,享受相应的养老保险待遇;三是个人可以书面申请终止职工基本养老保险关系。对没有参加企业职工基本养老保险,或参保后达不到按月领取基本养老金条件的人员,不宜采取出台养老金补助方案的办法解决其养老问题。

下一步,我们将加强企业职工基本养老保险政策的宣传以及对地方工作的指导,采取措施努力实现"应保尽保",鼓励参保人员履行缴费义务,切实保障他们的养老权益。

感谢您对人力资源和社会保障工作的理解和支持。

对十三届全国人大二次会议第6293号建议的答复

——关于罪犯在服刑期间通过劳动获得相应的报酬用于购买基本养老保险的建议

· 2019年7月3日
· 人社建字〔2019〕11号

您提出的关于罪犯在服刑期间通过劳动获得相应的报酬用于购买基本养老保险的建议收悉,现答复如下:

国家建立基本养老保险等社会保险制度,是为了保障公民在年老、疾病、工伤、失业、生育等情况下依法从国家和社会获得物质帮助的权利。目前,基本养老保险已经建立职工和城乡居民基本养老保险两大制度平台,实现了对社会全体成员的覆盖。按照《中华人民共和国社会保险法》规定,职工应当参加基本养老保险,由用人单位和职工共同缴纳基本养老保险费。无雇工的个体工商户、未在用人单位参加养老保险的非全日制从业人员以及其他灵活就业人员可以参加基本养老保险,由个人缴纳基本养老保险费。按照现行规定,职工基本养老保保障程度相对较高,它遵循公平与效率相结合、权利与义务相对应的原则,主要覆盖城镇就业人员。城乡居民基本养老保险实行个人缴费、集体补助、政府补贴相结合的办法,适用于不属于职工基本养老保险制度覆盖范围的适龄(年满16周岁,不含在校学生)城乡居民。

按照《中华人民共和国监狱法》规定,监狱是国家的刑罚执行机关,根据改造罪犯的需要,组织罪犯从事生产劳动,国家提供罪犯劳动必需的生产设施和生产经费。可见,监狱不是用人单位,罪犯也不是与用人单位建立劳动关系的职工。因此,在监狱服刑期间的罪犯按照法律规定,不能参加职工基本养老保险。在监狱服刑的罪犯,其生活经费、改造经费等均已列入国家预算。服刑人员在服刑之前和服刑之后,其职工基本养老保险缴费年限,以及个人账户储存额可以累计计算,按规定应享有的基本养老保险权益不受影响。关于罪犯在服刑期间能否缴纳城乡居民基本养老保险费问题,下一步我们将会同有关部门进行深入研究。

感谢您对人力资源和社会保障工作的理解和支持。

对十三届全国人大三次会议第1707号建议的答复
——关于尽快完善我国现行工伤认定法律程序的建议

· 2020年11月18日
· 人社建字〔2020〕189号

您提出的关于尽快完善我国现行工伤认定法律程序的建议收悉,经商最高人民法院,现答复如下:

我国现行的工伤保险条例自实施以来,对于及时为工伤职工提供医疗救治和经济补偿,分散企业工伤风险,促进社会经济发展,实现社会繁荣稳定发挥了重要作用。与此同时,我国工伤保险制度建立时间不长,实践中仍有许多问题不够明确,需要不断的改进和完善。

您建议中提到的行政机关与司法机关在工伤认定过程中由于理念存在差异导致分歧,影响劳动者利益的问题,实践中确实存在,但总体看来,工伤认定还是有序有效的。据统计,2019年,全国共认定(视同)工伤人数为113.27万人,其中工伤认定争议申请行政复议5850件,占认定总数0.5%,复议维持率92.5%;工伤认定争议提起行政诉讼14984件,占认定总数1.3%,诉讼胜诉率91.29%,说明绝大多数工伤认定案件都能得到职工和用人单位认可,职工能够及时获得工伤保障和待遇补偿。

您建议中提到关于尽快完善相关法律法规,协调统一工伤认定标准的问题非常重要。对此,我部非常重视,为解决条例执行中遇到的问题,我部先后出台了《人力资源社会保障部关于执行〈工伤保险条例〉若干问题的意见》(人社部发〔2013〕34号)和《人力资源社会保障部关于执行〈工伤保险条例〉若干问题的意见(二)》(人社部发〔2016〕29号),对相关问题作了明确。下一步,我们将进一步加强研究,适时以适当方式明确认定条款的法律适用,加强对各地工作的指导。

在加强司法与行政沟通方面,我们已经建立了包括全国人大法工委、司法部(原国务院法制办)、最高人民法院参加的工伤保险联席会议机制,在出台相关政策时,彼此征求意见、相互沟通。诚如您所言,工伤认定案件中确实还有不少问题未达成一致意见,下一步,我们将充分发挥联席会议机制作用,对工伤认定相关争议问题共同进行调研,特别是加强与最高人民法院的沟通,实现法律的统一规范运用。

关于将《工伤保险条例》从行政法规上升到法律的建议,我们认为将《工伤保险条例》上升为法律,有利于工伤保险制度的进一步落实。下一步我们将适时提请立法机关,共同研究,完善工伤保险制度。

感谢您对人力资源和社会保障工作的理解和支持。

对十三届全国人大三次会议第8243号建议的答复
——关于健全完善工伤保险法规政策的建议

· 2020年11月18日
· 人社建字〔2020〕192号

您提出的关于健全完善工伤保险法规政策的建议收悉,经商财政部、退役军人事务部、国家医疗保障局、最高人民法院,现答复如下:

《工伤保险条例》自2004年1月1日施行以来,在及时为工伤职工提供医疗救治和经济补偿,分散用人单位风险等多个方面发挥了重要作用。同时,由于我国工伤保险制度建立时间不长,还在发展完善中,确有一些政策问题需要在实践中不断探索解决。

您提出的"在《工伤保险条例》中明确将公务员纳入工伤保险制度覆盖范围"的建议具有很强现实意义。2019年6月1日起施行的公务员法已明确,"公务员依法参加社会保险,按照国家规定享受保险待遇。公务员因公牺牲或者病故的,其亲属享受国家规定的抚恤和优待。"我们正在积极会同有关部门研究出台有关政策,推进公务员参加工伤保险,做好工伤保险制度与现行抚恤政策的衔接,努力在统一的社会保险制度体系下解决好公务员因工伤残和因工(公)死亡的保障问题。

我们赞同您提出的科学界定工伤、视同工伤的范围和下放工伤认定行政确定权限的建议。近年来,人力资源社会保障部先后出台《关于执行〈工伤保险条例〉若干问题的意见》《关于执行〈工伤保险条例〉若干问题的意见(二)》,最高人民法院出台《关于审理工伤保险行政案件若干问题的规定》《最高人民法院行政法官专业会议纪要(七)(工伤保险领域)》,在明确工伤认定的情形、统一工伤认定裁判标准等方面发挥积极作用。但是,实践中仍然有一些问题需要解决,我们将继续开展调研,协调相关部门完善制度规定。在下放工伤认定行政确定权限方面,2018年9月,我部印发了《关于推进工伤认定和劳动能力鉴定便民化服务工作的通知》,要求各地全面下放省级人社部门工伤认定和劳动能力初次鉴定事项,全面推进工伤认定和劳动能力鉴定事项进驻大厅,进一步压实地方社会保险部门的属地责任,有效推进工伤保险便民化服务工作。

您提出的"合理分配申请人与用人单位的举证责任,合理确定工伤保险待遇"的建议有一定参考价值。《工伤保险条例》第十五条规定的视同工伤的三种情形,虽然有些并不完全符合认定工伤的"三工"(在工作时间内、处于工作场所、因工作原因遭受职业伤害)原则,但是同样可以享受工伤保险规定的待遇,主要考虑是工伤保险作为一项社会保险,参保职工抢险救灾的善行义举、因公、因战负伤致残的退役军人应当得到尊重和保护,通过适当扩展工伤认定情形,可以最大限度地保障这部分人的合法权益,促进社会公平正义。关于工伤医疗补助金不予一次性支付的建议,我们将认真研究、深入调研,在优化工伤保险待遇的结构和项目设置中统筹考虑,并积极配合立法部门不断完善工伤保险制度。

感谢您对人力资源和社会保障工作的理解和支持。

对十三届全国人大三次会议第5161号建议的答复

——关于修改上下班途中交通事故工伤认定的建议

· 2020年11月2日
· 人社建字〔2020〕166号

您提出的关于修改上下班途中交通事故工伤认定的建议收悉,现答复如下:

《工伤保险条例》第十四条规定"在上下班途中,受到非本人主要责任的交通事故或者城市轨道交通、客运轮渡、火车事故伤害的",应认定为工伤。这一规定实际上是延伸了工伤认定的范围,将发生工伤的情形从工作时间和工作地点延伸到了上下班途中,目的是为了最大限度地保障工伤职工的权益。该规定参考了世界上一些国家的通行做法。

如您在建议中提到的,该条款在适用时确实存在一些问题。为此,我们对于上下班途中受到交通事故伤害的,作了进一步明确。一是"非本人主要责任",人力资源社会保障部出台的《人力资源社会保障部关于执行〈工伤保险条例〉若干问题的意见》(人社部发〔2013〕34号)规定:《工伤保险条例》第十四条第(六)项规定的"非本人主要责任"的认定,应当以有关机关出具的法律文书或者人民法院的生效裁决为依据。二是"上下班途中",《人力资源社会保障部关于执行〈工伤保险条例〉若干问题的意见(二)》(人社部发〔2016〕29号)规定:职工以上下班为目的、在合理时间内往返于工作单位和居住地之间的合理路线,视为上下班途中。所以,只有符合上述两个条件,才能认定为工伤。

这一规定在实践中出现的问题需要不断完善和改进,我们将加强研究,提出优化方案,条件成熟时配合立法部门推动相关法律法规的修订。在此之前,我们将按照依法行政原则,依现行法律法规妥善处理相关案件。

感谢您对人力资源和社会保障工作的理解和支持。

对十三届全国人大三次会议第3781号建议的答复

——关于将种养殖企业按项目纳入工伤保险参保范围的建议

· 2020年11月2日
· 人社建字〔2020〕177号

您提出的关于将种养殖企业按项目纳入工伤保险参保范围的建议收悉,现答复如下:

工伤保险是为保障因工作遭受事故伤害或者患职业病的职工获得医疗救治和经济补偿,促进工伤预防和职业康复,分散用人单位风险而建立的社会保障制度。根据《工伤保险条例》规定,中华人民共和国境内的企业、事业单位、社会团体、民办非企业单位、基金会、律师事务所、会计师事务所等组织和有雇工的个体工商户应当参加工伤保险,为本单位全部职工或者雇工缴纳工伤保险费。

一、季节性、临时性用工工伤保障问题

如您所提，随着乡村振兴等国家重要战略实施，种养殖企业等众多农村新型经营主体快速发展，其工伤事故抗风险能力弱、季节性、临时性用工占比较高等行业特点对于工伤保障工作提出了新要求。此前，对于临时性用工占比高的建筑行业，我们已出台政策允许建筑业临时用工可按照项目参加工伤保险。同时，对于商贸、餐饮、住宿等难以按照工资总额缴纳工伤保险费的小型服务业，我们也出台规定允许按照营业面积大小核定参保缴费。此外，在实践当中，不少地方对于临时性、流动性用工占比较高的其他行业，也在积极根据其产业特点创新参保管理方式。如浙江东阳出台《影视群众演员参加工伤保险办法》，通过影视劳务公司将当日参加演出任务的群众演员派工名单及时发送给社保经办机构并实时动态调整人员名单的方式为其办理参保，较好解决了影视行业临时用工工伤保障问题。目前，我们正在积极指导各地结合地区产业结构实际，开展多种创新参保方式探索，在此基础上进一步规范各地做法，总结地方经验进行推广。

二、超劳动年龄用工工伤保障问题

您提到因农村大部分青壮年劳动力进城务工，导致60岁以上超龄劳动者成为农村新型经营主体和种养殖企业的用工主体问题。工伤保险保障制度中，企业依法用工、劳动者与用人单位间存在劳动关系是工伤保险关系构成的前提。在实践当中，为进一步做好超龄人员工伤保障工作，人力资源社会保障部印发了《关于执行〈工伤保险条例〉若干问题的意见（二）》（人社部发〔2016〕29号），其中对于达到、超过法定退休年龄人员在原用人单位工作或已按项目参保两种情形作了规定，有利于更好保障这部分超龄人员的工伤保险权益。

您提到的将养殖企业季节性用工按项目纳入工伤保险参保范围、合理确定缴费基数、费率并优先办理参保的建议，对于进一步保障这一行业用工人员的工伤保险权益，完善我国工伤保险制度，保护和发展劳动力资源具有重要意义。下一步，我们将进一步指导各地做好对包括养殖企业在内的众多农村新型经营主体的工伤保障工作，切实维护这部分从业人员的工伤保险权益。

感谢您对人力资源和社会保障工作的理解和支持。

对十三届全国人大三次会议第4027号建议的答复

——关于对不依法缴纳工伤保险费及拒不支付劳动者工伤待遇的用人单位追究其刑事责任的建议

· 2020年11月2日
· 人社建字〔2020〕178号

您提出的关于对不依法缴纳工伤保险费及拒不支付劳动者工伤待遇的用人单位追究其刑事责任的建议收悉，经商全国人大常委会法工委，现答复如下：

工伤保险是为保障因工作遭受事故伤害或者患职业病的职工获得医疗救治和经济补偿，促进工伤预防和职业康复，分散用人单位的工伤风险而建立的社会保障制度。根据《工伤保险条例》的规定，中华人民共和国境内的企业、事业单位、社会团体、民办非企业单位、基金会、律师事务所、会计师事务所等组织和有雇工的个体工商户应当参加工伤保险，为本单位全部职工或者雇工缴纳工伤保险费。

对于用人单位不依法缴纳工伤保险费的处理，有关法律法规作了有针对性的明确规定。社会保险法第四十一条规定，职工所在用人单位未依法缴纳工伤保险费，发生工伤事故的，由用人单位支付工伤保险待遇。用人单位不支付的，从工伤保险基金中先行支付。从工伤保险基金中先行支付的工伤保险待遇应当由用人单位偿还。用人单位不偿还的，社会保险经办机构可以依法追偿。第六十三条对用人单位未按时足额缴纳社会保险费的情形，规定了由社会保险费征收机构责令其限期缴纳或者补足，县级以上有关行政部门作出划拨社会保险费的决定，社会保险征收机构申请人民法院扣押、查封、拍卖其价值相当于应缴纳社会保险费的财产等处理办法。第八十六条规定，用人单位未按时足额缴纳社会保险费的，由社会保险费征收机构责令限期缴纳或者补足，并自欠缴之日起，按日加收万分之五的滞纳金；逾期仍不缴纳的，由有关行政部门处欠缴额一倍以上三倍以下的罚款。《工伤保险条例》第六十二条规定依照条例应当参加工伤保险而未参加工伤保险的用人单位职工发生工伤的，由该用人单位按照条例规定的工伤保险待遇项目和标准支付费用。职业病防治法第五十九条规定，劳动者被诊断患有职业病，但用人单位没有依法参加工伤保险的，其医疗和生活保障由该用人单位承担。

正如您在建议中提到的，实践中还存在一些用人单

位不依法缴纳工伤保险费，造成员工发生工伤后不能得到及时救治的情况。您提出的关于对不依法缴纳工伤保险费及拒不支付工伤保险待遇的单位追究其刑事责任的建议，对督促用人单位依法为职工参加工伤保险有重要的意义，我们将认真加以研究，并提请全国人大常委会法工委等立法机关在完善工伤保险法律制度过程中予以参考。我部将继续认真贯彻实施社会保险法、劳动合同法和《工伤保险条例》，大力开展普法宣传，加大执法力度，加强对企业的用工指导和服务，加强劳动保障监察，督促企业依法规范用工并依法缴纳工伤保险费。

感谢您对人力资源和社会保障工作的理解和支持。

对十三届全国人大三次会议第2814号建议的答复
——关于失业人员领取失业保险金的建议

- 2020年10月10日
- 人社建字〔2020〕35号

您提出的《关于失业人员领取失业保险金的建议》收悉，现答复如下：

失业保险是保障失业人员基本生活的重要制度安排，可避免劳动者因失业暂时中断生活来源导致本人及其家庭陷入贫困。近年来，我部按照党中央、国务院决策部署，立足职责职能，及时足额为符合条件的失业人员发放失业保险金等待遇，为保障失业人员基本生活、维护社会稳定作出积极贡献。

一、关于"非因本人意愿中断就业"领金条件

社会保险法和《失业保险条例》规定，失业人员领取失业保险金，需同时满足参保缴费满1年、非因本人意愿中断就业和办理失业登记并有求职要求的领金条件。《实施〈中华人民共和国社会保险法〉若干规定》（人力资源和社会保障部令第13号）对"非因本人意愿中断就业"的情况进行了细化，其中规定由用人单位提出解除聘用合同或者被用人单位辞退、除名、开除的属于非因本人意愿中断就业情形之一。

"非因本人意愿中断就业"领金条件是在20年前就业不充分、国有企业就业为主、职工变更单位不经常、基金结余不多的情况下制定的条件。将失业原因与领金条件挂钩，在当时有其现实意义，对失业保险制度的起步和平稳发展发挥了积极作用。但是，随着国企职工集中下岗分流阶段的结束，特别是随着改革开放不断深入，劳动用工主体逐渐多元，劳动关系趋于复杂多样，职工权利意识越来越强。新形势下，在执行该领金条件的过程中逐渐产生了一些问题。我们通过到多地走访、组织座谈、发放问卷等方式开展了一系列调研，实际操作中，确实会出现如您所提问题，即一方面，有些离职人员为了能享受失业保险金，采取旷工、打架等故意违反公司制度的方式逼迫用人单位辞退，一定程度上加大企业的管理难度，增加企业的运营成本；另一方面，也会出现一些用人单位为逃避参保和支付经济补偿金等责任，规避规模性裁员规定的制约，常以减薪、调岗等方式逼迫职工主动辞职等现象。这些行为不仅破坏劳动关系的和谐，也损害法律法规的权威。

对该项领金条件执行中出现的问题和各方提出的意见，我们进行了深入研究。您提出的"主动离职且在限定期限内没有再就业的可享受失业保险金"、"恶性违纪视情考虑享受失业保险金"等细化申领失业保险金条件、完善相关法律规定的建议，有很高的参考价值。我们总体认为可择机对该项条件作出适当调整，扩大受益范围。主要理由：一是落实十九大提出的"兜底线、织密网、建机制"、"人人尽责、人人享有"和完善失业保险制度的要求，保障更多失业人员能够在共建共享发展中有更多获得感、幸福感、安全感。二是在理论上，体现权利义务相一致原则，维护参保职工履行了缴费义务后应当享受的相应权益。三是在制度功能上，适当扩大受益范围，保证失业保险制度保生活基本功能的发挥。四是在执行效果上，解决用人单位和劳动者为规避该项规定而采取种种非常手段的问题，促进劳动关系和谐稳定。同时我们也注意到，目前国际上也在对该项领金条件进行反思和调整，如法国失业保险制度改革规定，雇员每五年可以有一次"主动辞职同时获得失业保险"的权利；德国规定，如果职工主动离职，在面临最长达3个月的"封锁期"后可以继续申领失业保险金；我国台湾地区规定，主动辞职满一个月后仍未就业的失业人员，可以享受失业保险金。但考虑到对于主动辞职能否享受失业保险待遇，学界、社会、各部门尚未完全形成共识，法律法规又明确规定需满足"非因本人意愿中断就业"领金条件，因此，还需我们继续研究探索，积累更多经验，寻求合适时机，充分研究论证后加以推进。

为应对突发疫情影响，按照党中央、国务院关于扩大失业保险保障范围、更好保障失业人员基本生活的决策部署，确保失业人员待遇应发尽发、应保尽保，5月份，我部会同财政部下发《关于扩大失业保险保障范围的通知》（人社部发〔2020〕40号），明确规定阶段性实施失业补助金政策,即 2020 年 3 月至 12 月,领取失业保险金期满仍未就业的失业人员、不符合领取失业保险金条件的参保失业人员,可以申领 6 个月的失业补助金,标准不超过当地失业保险金的 80%。将保障范围扩展至所有参保失业人员,拓展了现行法律法规的受益范围。实际操作中,各地普遍把参保缴费不满 1 年、参保缴费满 1 年但主动离职等情形纳入失业补助金政策适用范围,大大提高了政策受益面,在关键时期兜牢兜实民生底线。可以说,失业补助金政策的出台阶段性解决了主动离职无法申领失业保险金的问题,能有效避免劳动者或用人单位双方恶意规避法律法规情形,为我们今后适当放宽"非因本人意愿中断就业"领金条件、更好发挥失业保险制度功能提供了政策样本。

二、关于停发失业保险金

您提出的"一边领失业保险金一边做临时工"的问题和"找到工作后即不再享受失业保险金"的建议,本质上指的是停发失业保险金的条件。社会保险法和《失业保险条例》规定,失业人员领取失业保险金期间出现重新就业、应征服兵役、移居境外、享受基本养老保险待遇等情形之一的,停发失业保险金。

需要说明的是,在当前失业保险制度框架内,"重新就业"指的是用人单位招用并为其缴纳社会保险费。主要原因是社会保险法和《失业保险条例》本身调整的是单位就业的权利义务,不调整自雇就业。社会保险法规定,职工应当参加失业保险,由用人单位和职工共同缴纳失业保险费。《失业保险条例》规定,城镇企事业单位、城镇企事业单位职工依法缴纳失业保险费,按规定享受失业保险待遇。上述规定说明,失业保险制度框架建立在用人单位与劳动者形成正规劳动关系的基础之上。鉴于此,《人力资源社会保障部办公厅关于进一步推进失业保险金"畅通领、安全办"的通知》(人社厅发〔2020〕24 号,以下简称畅通领文件)明确规定,经办机构以失业人员重新就业为由停发失业保险金时,可以用人单位为其缴纳社会保险费为标准确定是否重新就业。

由于临时工并无法律界定,实践中界定临时工是否重新就业,需具体问题具体分析。若临时工与用人单位签订劳动合同,为规范用工关系,应认定双方建立劳动关系,必须依法参加失业保险,视为"重新就业"并停发失业保险金。若临时工因工时短、流动性大、工作不稳定,与用工单位之间不是规范的劳动关系,无法实现单位为其参保缴费,此种情形不属于失业保险认定范畴内的"重新就业",不构成法定停止领金情形,不影响其领取失业保险金等待遇。此外,为防止劳动者因被动离职记录影响再就业,畅通领文件规定失业人员领取失业保险金,经办机构不得要求失业人员转移档案,不得将领金情况计入档案,是否停发失业保险金也就不能以档案为依据。

三、下一步工作考虑

保障失业人员基本生活是失业保险的最基础功能。下一步,我部将充分发挥失业保险功能作用,切实维护参保对象合法权益。一是抓好现有政策落实,指导各地深入落实扩大失业保险保障范围政策,提高经办服务水平,让符合条件的失业人员都能方便快捷地享受到制度保障。二是加强顶层设计,积极向全国人大等立法部门反映,建议尽快修订《社会保险法》,进一步调整完善失业保险金申领条件,充分发挥失业保险兜牢民生底线的作用。

感谢您对人力资源和社会保障工作的理解和支持。

对十三届全国人大二次会议第 1104 号建议的答复

——关于解决缴费未满 15 年的一级到四级工伤职工无法办理退休手续问题的建议

- 2019 年 7 月 22 日
- 人社建字〔2019〕29 号

您提出的关于解决缴费未满 15 年的一级到四级工伤职工无法办理退休手续问题的建议收悉,现答复如下:

工伤保险是为因工作遭受事故伤害或者患职业病的职工获得医疗救治和经济补偿,促进工伤预防和工伤康复,分散用人单位风险的一项社会保障制度。《工伤保险条例》自施行以来,为工伤职工及时提供医疗救治和经济补偿,分散用人单位风险,发挥了重要作用。

《工伤保险条例》第三十五条规定:职工因工致残被鉴定为一级至四级伤残的,保留劳动关系,退出工作岗位,享受由工伤保险基金支付的一次性伤残补助金和伤残津贴以保障工伤职工的生活;一级到四级工伤职工按照伤残等级可领取的一次性伤残补助金分别为 27 个月、25 个月、23 个月、21 个月的本人工资;伤残津贴按月支付,按照伤残等级每月可分别领取本人工资的 90%、85%、80%、75%。

工伤职工达到退休年龄并办理退休手续后,停发伤残津贴,按照国家有关规定享受基本养老保险待遇。基本养老保险待遇低于伤残津贴的,由工伤保险基金补足差额。通过补差方式规定,目的是保证一级到四级工伤职工退休后生活水平不降低。《工伤保险条例》对于一级到四级工伤职工是否继续缴纳养老保险费没有作明确规定,主要考虑一是减轻一级至四级工伤职工需个人缴纳费用的负担,二是减轻企业负担,三是基金补差政策使少数一级至四级工伤职工即使没有缴纳够15年养老保险费,也能保证其退休后的养老待遇不低于退休前的伤残津贴。

您提到的一级至四级工伤职工养老保险累计缴费不足15年无法办理退休手续的问题,的确在部分一级到四级工伤职工中存在。按照《实施〈中华人民共和国社会保险法〉若干规定》(人社部令第13号)规定,参加职工养老保险的个人达到退休年龄时,累计缴费年限不满15年的,可以延长缴费至满15年,然后按月领取养老保险金。其中在2011年7月1日社保法实施前已经参加职工基本养老保险的人员,延长缴费5年后仍不足15年的,可以一次性缴费至满15年。这一规定在一定程度上解决了缴费未满15年无法办理退休手续的问题。

对于您建议中提出的修订《工伤保险条例》第三十五条第二款,一级到四级工伤职工由用人单位和职工个人以伤残津贴为基数,继续缴纳基本养老保险费和基本医疗保险费的建议,我们将积极会同相关部门和地方人社机构加强对一级到四级工伤职工退休养老和医疗待遇的衔接等问题开展调研,并积极配合立法机构在修订《工伤保险条例》时不断完善工伤保险政策法规。

感谢您对人力资源和社会保障工作的理解和支持。

图书在版编目（CIP）数据

中华人民共和国劳动和社会保障法律法规全书：含规章及法律解释：2025年版 / 中国法治出版社编. -- 北京：中国法治出版社，2025.1. --（法律法规全书）.
ISBN 978-7-5216-4889-8

Ⅰ. D922.509

中国国家版本馆 CIP 数据核字第 20246QP826 号

| 策划编辑：袁笋冰 | 责任编辑：李璞娜 | 封面设计：李 宁 |

中华人民共和国劳动和社会保障法律法规全书：含规章及法律解释：2025 年版
ZHONGHUA RENMIN GONGHEGUO LAODONG HE SHEHUI BAOZHANG FALÜ FAGUI QUANSHU：
HAN GUIZHANG JI FALÜ JIESHI：2025 NIAN BAN

经销/新华书店
印刷/三河市紫恒印装有限公司
开本/787 毫米×960 毫米　16 开　　　　　　　　印张/ 44.75　字数/ 1233 千
版次/2025 年 1 月第 1 版　　　　　　　　　　　　2025 年 1 月第 1 次印刷

中国法治出版社出版
书号 ISBN 978-7-5216-4889-8　　　　　　　　　　　定价：96.00 元

北京市西城区西便门西里甲 16 号西便门办公区
邮政编码：100053　　　　　　　　　　　　　　　传真：010-63141600
网址：http：//www.zgfzs.com　　　　　　　　　 编辑部电话：010-63141670
市场营销部电话：010-63141612　　　　　　　　　印务部电话：010-63141606

（如有印装质量问题，请与本社印务部联系。）